Markt- und Werbepsychologie

SCHÄFFER
POESCHEL

Hans Mayer / Tanja Illmann

Markt- und Werbepsychologie

3., überarbeitete und ergänzte Auflage

2000
Schäffer-Poeschel Verlag Stuttgart

Verfasser:

Prof. Dr. phil. habil. Hans Mayer, Wirtschaftspsychologe, Professor für Psychologie
an der Universität Mannheim

Tanja Illmann, Dipl.-Psychologin, freie Mitarbeiterin

Die Deutsche Bibliothek – CIP-Einheitsaufnahme

Mayer, Hans:
Markt- und Werbespsychologie / Hans Mayer/Tanja Illmann. - 3., überarb. und erg. Aufl.
- Stuttgart : Schäffer-Poeschel, 2000
bis 2. Aufl. u.d.T.: Mayer, Hans: Werbepsychologie
ISBN 3-7910-1625-3

Gedruckt auf säure- und chlorfreiem, alterungsbeständigem Papier.

ISBN 3-7910-1625-3

© 2000 Schäffer-Poeschel Verlag für Wirtschaft · Steuern · Recht GmbH & Co. KG
Einbandgestaltung: Alfred Krugmann, Stuttgart
Druck und Bindung: Franz Spiegel Buch GmbH, Ulm
Printed in Germany

Schäffer-Poeschel Verlag Stuttgart
Ein Tochterunternehmen der Verlagsgruppe Handelsblatt

Inhaltsverzeichnis

C. Werbepsychologie

Verzeichnis der Abbildungen

Verzeichnis der Tabellen

A. Grundlagen zur Markt- und Werbepsychologie

1. Definition und Gegenstand der Markt- und Werbepsychologie

Sowohl die **Marktpsychologie** als auch die **Werbepsychologie** lassen sich als Teildisziplinen der Psychologie unter den Oberbegriff der *Wirtschaftspsychologie* subsumieren. Diese ist wiederum, je nach der spezifischen Fragestellung, auch als angewandte Sozialpsychologie aufzufassen. Urheber der Bezeichnung *Marktpsychologie* als Teilgebiet der **Angewandten Psychologie** ist *Spiegel*, der im Rahmen seines im Jahr 1961 vorgestellten *Psychologischen Marktmodells* diesen Begriff in die Fachliteratur einführte.

In neueren Quellen *amerikanischen* Ursprungs (vgl. dazu *Engel, Blackwell, & Miniard, 1995*) findet man marktpsychologische Problemstellungen unter den inhaltlich etwas generelleren Schlagwörtern wie *Consumer Psychology* oder *Consumer Behavior* wieder. In der etwas älteren Literatur sind partiell inhaltlich ähnliche, umfangmäßig jedoch etwas bescheidenere Darstellungen als Teile der sogenannten *Industrial Psychology* (*Gilmer*, 1960) anzutreffen. Im *deutschen Sprachraum* werden hingegen, in Abhängigkeit von der fachlichen Herkunft der betreffenden Autoren (Wirtschaftswissenschaften oder Psychologie), weitgehend identische Fragestellungen unter Titeln wie *Käuferverhalten* (*Bänsch*, 1998), *Konsumentenverhalten* (*Trommsdorff*, 1998; *Kroeber-Riel & Weinberg*, 1996) oder *Konsumentenpsychologie* (*Felser*, 1997) behandelt. Nur vereinzelt wird hierfür *Marktpsychologie* als Titel einer umfangreicheren, grundlegenden Arbeit verwendet. Eine der wenigen Ausnahmen bilden die Veröffentlichungen von *Rosenstiel v. & Ewald* (1979), von *Sauermann* (1980) sowie die von *Irle* (1983) herausgegebenen Teilbände innerhalb der Serie des *Handbuchs der Psychologie*.

Diesen sprachlich zwar divergierenden, inhaltlich aber weitgehend sich überdeckenden Bezeichnungen ist gemeinsam, daß dabei sowohl *Individuen* als auch *Gruppen* vor allem im Rahmen mikro-, zum Teil jedoch auch makroökonomischer Prozesse im Mittelpunkt des Interesses stehen. Eine weitere Übereinstimmung besteht darin, daß die jeweils betrachteten Kategorien des *Erlebens* und/oder des *Verhaltens* mit der Befriedigung wirtschaftlicher Bedürfnisse dieser Marktteilnehmer in engstem Zusammenhang stehen. Weniger, oder höchstens am Rande, hat jedoch in diesem Zusammenhang bislang das Verhalten von Institutionen und Organisationen sowie deren Mitglieder und Repräsentanten Berücksichtigung erfahren.

Marktpsychologie umfaßt sonach diejenige Teildisziplin der *Angewandten Psychologie, die* sich mit der Erforschung sämtlicher Formen des **Erlebens und Verhaltens** von *Individuen* oder *Gruppen* sowie *Organisationen* und *Institutionen* in ihrer Eigenschaft als Teilnehmer eines Marktes, d.h. sowohl in ihren Funktionen als *Anbieter* als auch *Nachfrager* wirtschaftlicher Güter und Dienstleistungen, befaßt.

Auch die **Werbepsychologie** richtet ihr Interesse auf das Erleben und Verhalten dieser Marktteilnehmer. Allerdings mit dem Unterschied, daß sie sich bevorzugt mit den Effekten oder Konsequenzen der in vielfachen Varianten in Erscheinung tretenden *kommunikationspolitischen* Maßnahmen und deren Gestaltungselemente auseinandersetzt; d.h. deren Wirkun-gen im Hinblick auf das Erleben und Verhalten von Individuen (Konsumenten) erforscht.

2. Standort der Markt- und Werbepsychologie im Verbund der Psychologie

Geht man von der Unterteilung der Psychologie in nicht direkt anwendungsbezogene Fächer (sog. Reine Psychologie) und den Fächern der Angewandten Psychologie aus, wobei Angewandte Psychologie im Sinne von Zweckorientierung verstanden wird, so sind die beiden Teildisziplinen *Markt-* und *Werbepsychologie,* im Umfeld der *Pädagogischen* Psychologie, *Klinischen* Psychologie, *Verkehrs*psychologie, *Forensische* Psychologie neben weiteren praxisbezogenen Gebieten, der Gruppe der **Angewandten Psychologie** zuzuordnen. Die Markt- und Werbepsychologie greift dabei einerseits auf Erkenntnisse aus der Grundlagen-forschung der Teilgebiete der (reinen) Psychologie, wie z.B. aus der *Allgemeinen* Psychologie, der *Differentiellen-* und *Persönlichkeits*psychologie, der *Entwicklungs-* und *Sozial*psychologie sowie anderer Gebiete zurück, muß aber ihrerseits ebenfalls spezifische Grundlagenforschung betreiben.

Vom **Anwendungsbezug**, den wirtschaftlichen Vorgängen (Wirtschaftsleben) her gesehen, lassen sich die Markt- und Werbepsychologie auch in die sogenannte *Wirtschaftspsychologie* einordnen. Aus dieser Perspektive gesehen, befinden sich die beiden Disziplinen damit in unmittelbarer Nachbarschaft zur *Arbeits-* und *Organisationspsychologie*. Andere bzw. frühere

Autoren (*Brückner*, 1966, S. 127; *Herwig*, 1970, S. 58 f.; *Gutjahr,* 1972, S. 28) sahen die Be-ziehungen zwischen der Markt- und Werbepsychologie auch im Rahmen einer hierarchi-schen Struktur, indem sie die Werbepsychologie als Teilgebiet unter die Marktpsychologie subsu-mierten. Die Verfasser bevorzugen jedoch die in der *Abbildung 1* dargestellte Alternative.

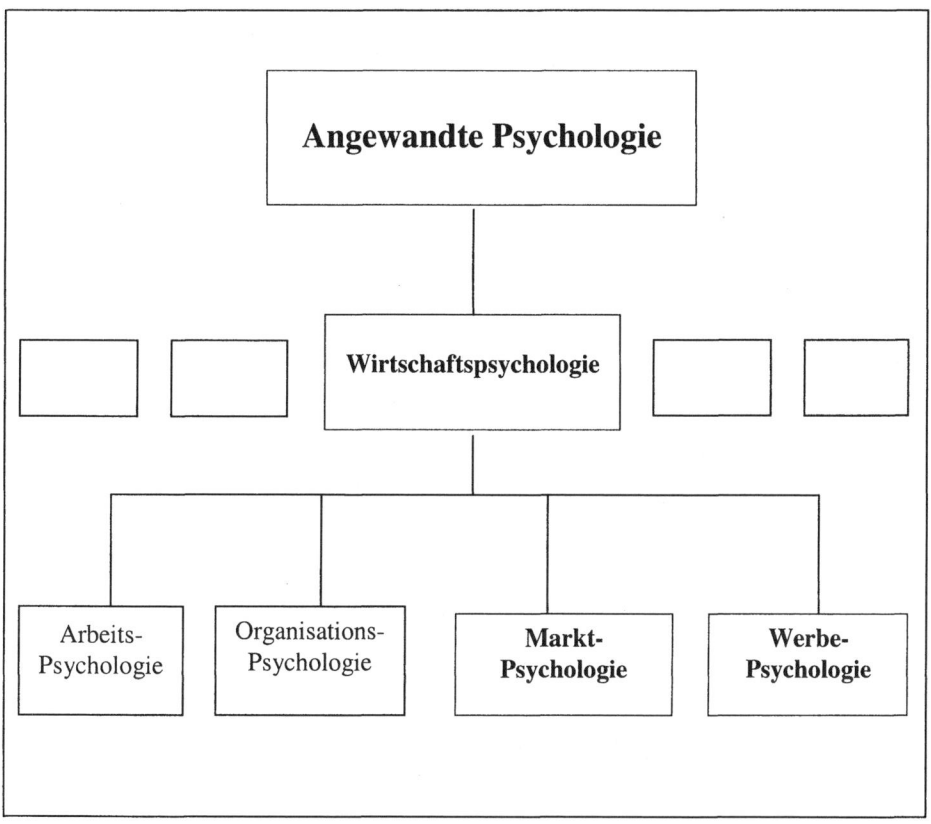

Abbildung 1: Markt- und Werbepsychologie als Teilgebiete der Angewandten Psychologie

3. Instrumente des Marketing-Mix

Das enge verwandtschaftliche Verhältnis dieser Teildisziplinen der Psychologie ergibt sich auch aus der Tatsache, daß sich beide mit den Grundlagen und erlebens- sowie verhaltensmäßigen Konsequenzen der im **Marketing-Mix** enthaltenen *absatzpolitischen* Aktivitäten bzw. deren potentiellen Wechselwirkungen befassen.

3.1 Charakterisierung der Instrumente des Marketing-Mix

Im Rahmen des **Marketing-Mix** werden die folgenden **Teilinstrumente** voneinander unterschieden; nämlich

- die **Produktpolitik** ([Aus-] Gestaltung von Gütern und Dienstleistungen),

- die **Preispolitik** (Festlegung absoluter oder relativer Preisober- und -untergrenzen, Preisvariationen, Nachlässe und sonstige Preiskonditionen, etc.),

- die **Vertriebspolitik** (Festlegung der Absatzwege etc.)

und

- die **Kommunikationspolitik**, unter die u.a. die **Werbung** zu subsumieren ist.

Für alle diese Aktivitäten mit ihren jeweils sehr vielfältigen Katalogen an Einzelmaßnahmen ist charakteristisch, daß es sich um die unterschiedlichsten Bemühungen zur Unterstützung und Förderung von Austauschprozessen gütermäßiger, monetärer oder unter Umständen auch *ideeller* Art handelt. Deshalb ist Marketing nicht einzig und allein im Sinne der absatzwirtschaftlichen Bemühungen rein *privatwirtschaftlicher* Unternehmen zu verstehen, sondern in den Grundsätzen auch auf Institutionen oder Organisationen wie *Parteien, Kirchen, Vereine, Verbände, Gewerkschaften* oder *soziale* sowie *staatliche Einrichtungen* übertragbar.

Einer besonderen *Hervorhebung* bedarf der Sachverhalt, daß in diesem Zusammenhang gelegentlich auch vom „ *... Vertrieb von Ideen ...*" die Rede ist (vgl. *Unger*, 1987, S. 9; *Meffert*, 1985, S. 30), wofür *Raffée, Wiedmann & Abel* (1983, S. 683) die Bezeichnung **Social Marke-**

ting (z.B. Anti-Rauch-Kampagnen; vgl. zur Semantik *Cook*, 1988) verwenden. Zur **Produkt-politik** gehören die *Sortimentsgestaltung* (Produktinnovation, -variation, -differenzierung und -elimination) sowie die *Produktgestaltung* unter den Aspekten der Qualität, Funktion und des äußeren Erscheinungsbilds (Packungsgestaltung und Design). Hierbei können sich unter anderem partielle Überschneidungen mit einzelnen Bereichen der Kommunikationspolitik ergeben.

Preispolitik bedeutet unternehmerische Entscheidungen zu treffen, die sich auf die Problematik des Preis-Leistungsverhältnisses bzw. Fragen der Festlegung von *Preisober- und -untergrenzen*, der Preis*differenzierung* oder der Möglichkeiten und Grenzen der Einräumung von Preis*nachlässen* (prinzipieller oder saisonaler Art) beziehen.

Die **Vertriebspolitik** bezieht sich auf Entscheidungen hinsichtlich genereller oder differentieller Absatzwege, die Gestaltung und Organisation des Verkaufs bzw. des Außendienstes bis hin zur Auswahl geeigneter Transportmittel (vgl. dazu *Nieschlag, Dichtl & Hörschgen*, 1994, S. 426 ff.).

Die **Kommunikationspolitik** besteht nicht nur aus den vielfältigen Möglichkeiten der Werbung, sondern sie schließt auch entsprechend gestaltete **Verkaufsförderung**smaßnahmen, **Pu**blic-**R**elations-Werbung sowie unter Umständen auch werbliche Aktivitäten der bereits angesprochenen **Produkt-** und **Packungsgestaltung** mit ein. Seit geraumer Zeit wird auch das **Sponsoring** (i. S. von Event-, Kultur-, Sportsponsoring u.ä.) als weitere kommunikationspolitische Variante diesem Bereich unternehmenspolitischer Entscheidungen von Firmen und sonstigen Organisationen zugeordnet (vgl. z.B. *Bruhn*, 1987, *Gardner & Shuman*, 1987; *Drees*, 1988 oder von *Meenaghan*, 1991). Eine Erfindung aus neuester Zeit stellt das sogenannte **Bartering** i.S. eines Art Kompensationsgeschäfts dar, wobei das werbungtreibende Unterneh-men Leistungen aller Art erbringen kann und dafür im Gegenzug, insbesondere von (privaten) Hörfunk- und TV-Sendern, Werbezeiten zur Verfügung gestellt bekommt (vgl. dazu *Nickel,* 1996). Für Marketingorganisationen von Unternehmen bietet sich somit eine große Vielfalt an Möglichkeiten zur Gestaltung und Beeinflussung marktwirtschaftlicher Prozesse an, deren Teilelemente zum einen miteinander kombiniert (**Marketing-Mix**) und zum anderen sowohl simultan als auch sukzessive Verwendung finden können. Die Gemeinsamkeit besteht darin, daß sich die verschiedenen Bemühungen und Aktivitäten einheitlich an den Zielen und Leitlinien des Unternehmens orientieren.

3.2 Praktische Relevanz der Instrumente

Die Frage, welches von den zur Verfügung stehenden Instrumenten oder welche Kombinationen davon für den wirtschaftlichen Erfolg die bedeutendsten sind, läßt sich nicht allgemein verbindlich beantworten. Dafür sind die Unterschiede zwischen den existierenden Wirtschaftszweigen (Güter- und Dienstleistungen) zu groß und die individuellen marktwirtschaftlichen Gegebenheiten (Konkurrenzsituation) zu sehr voneinander differierend. Eine gewissen oder groben Eindruck von der relativen Bedeutung der diversen Marketing-Instrumente aus der **Sicht der Wirtschaftspraxis** vermitteln jedoch Teile der Ergebnisse von *Hörschgen, Gaiser & Strobel* (1981, S. 10), die in *Tabelle 1* verzeichnet sind.

> Sie ließen bei 358 Unternehmen unterschiedlicher Größenordnung (Anzahl der Mitarbeiter) die Relevanz der „vorgegebenen absatzpolitischen Instrumente" durch die jeweils verantwortlichen Mitarbeiter einschätzen.

Weitgehend unabhängig von den differentiellen Kriterien bietet sich ein nahezu einheitliches Bild. Während in übereinstimmender Weise die *Produktpolitik* immer als *wichtigstes* und *Public-Relations-Aktivitäten* als das am wenigsten wichtige Instrument angesehen werden, und nahezu alle übrigen Instrumente eine ansonsten homogene Wertung erfahren, zeigen sich im Fall der *Werbung* vereinzelt minimale Differenzen in den Einschätzungen. Sie leiten sich in erster Linie aus den variierenden Bewertungen von Verkaufsförderung und Werbung ab. Großunternehmen und Konsumgüter produzierende Betriebe scheinen hier in ihrem Urteil gegenüber der Werbung etwas optimistischer zu sein; d.h. sie schätzen deren Relevanz und Erfolgsaussichten wohl etwas positiver ein.

Tabelle 1: Relevanz der diversen Instrumente des Marketing-Mix aus der Sicht von Praktikern

Instrumente	Klein-	Groß-	Konsum-	Investitions- Produktions-	insgesamt
	Betriebe		**Güter-Industrie**		
Produktpolitik	1	1	1	1	1
Vertriebspolitik	2	2	2	2	2
Preispolitik	3	3	3	3	3
Verkaufsförderung	4	5	4	4	4
Werbung	5	4	4	5	5
Public-Relations	6	6	6	6	6

4. Ansatzpunkte psychologischen Handelns

Ähnlich wie in anderen Gebieten der Psychologie stehen auch hier neben der **Beobachtung** und **Beschreibung**, vor allem die **Erklärung** und **Vorhersage** des Erlebens und Verhaltens sowie eventuell auftretende Interaktionen im Vordergrund. Nicht zuletzt kann aber, insbesondere aus der Sicht des breiten Spektrums der *absatzpolitischen Instrumentarien (Preis-, Produkt-, Kommunikations- und Vertriebspolitik)* und der in die unternehmenspolitischen Prozesse mit eingebundenen Institutionen (*Unternehmen und sonstige Organisationen*), auch die **Veränderung** von *Erleben* und *Verhalten -in Analogie zu einer Art Therapie-* gerade ein besonders relevanter Gegenstand der Betrachtung sein (vgl. auch *Schneewind*, 1977, S. 16 f.).

Beobachten und Beschreiben heißt, daß (beobachtbares) Verhalten in einer bestimmten Situation schriftlich oder mit technischen Mitteln und Apparaturen (Video-, Blickbewegungs-, polygraphische Aufzeichnungen physiologischer Reaktionen [Hautwiderstand, Blutdruck, Atemfrequenz], etc.) aufgezeichnet und im Sinne einer Berichterstattung ausgewertet wird.

> Konkret könnte es dabei zum Beispiel um die Beobachtung und Beschreibung des Kaufs bestimmter Gegenstände des täglichen Bedarfs gehen; oder um die Beobachtung und Beschreibung des Verhaltens von Konsumenten, die aus einem Regal zwischen weitgehend homogenen, d.h. substitutiven Warenangeboten ihre Entscheidungen treffen. In ähnlicher Weise könnte das Verhalten von Konsumenten beim Lesen der Tages-zeitungen, Zeitschriften oder beim Betrachten der Auslagen in Schaufenstern von Interesse sein.

Bei der *Erklärung von Erleben und Verhalten* steht die Frage nach den **Ursachen** der beobachteten und beschriebenen psychischen Phänomene im Mittelpunkt des Interesses. Beispielsweise untersucht man den Sachverhalt, weshalb sich Konsumenten am ehesten mit solchen sozialen Modellen identifizieren, die mit dem Konsumenten (Beobachter) in vieler Hinsicht große Ähnlichkeiten aufweisen. Auf der Grundlage der erforschten und als weit-gehend gesichert geltenden Gesetzmäßigkeiten können für vergleichbare situative Bedingungen unter Umständen auch *Erlebens- und Verhaltensvorhersagen* im Sinne von **Prognosen** gemacht werden.

Schließlich wird mit der *erlebens- und verhaltensändernden Absicht* psychologischen Handelns, das nicht nur in der klinischen Therapie oder bei Erziehungsprozessen im Sinne von Interventionstechniken zum Wohl des Individuums in Erscheinung tritt, das zentrale Wunschdenken bzw. das Anliegen der Werbung berührt oder angesprochen. Unter Kombination der Erkenntnisse aus den beobachtend-beschreibenden, erklärenden und prognostizierenden psychologischen Handlungsbereichen wird versucht, z.B. Einstellungen und Meinungen und Erlebens- und Verhaltensweisen von Konsumenten insbesondere mit Hilfe kommunikationspolitischer Maßnahmen zu verändern. Die Werbung rückt damit in die Nähe bzw. gerät in den Verdacht, eine Art Manipulationstechnik zu sein (vgl. dazu *Mayer*, 1993, S. 2). Diese Befürchtung ist jedoch angesichts später noch zu berichtender Ergebnisse bar jeglicher Grundlage.

Nicht nur die Ausführungen zur *vermeintlichen Effektivität* der sogenannten *unterschwelligen Werbung*, sondern auch zu vielen anderen Teilfragen werden zeigen, daß derartige Bedenken nicht aufrecht zu erhalten sind. Dem eventuellen (geheimen) Streben sind nämlich sehr enge Grenzen gesetzt, da in dem komplexen Feld des Konsumentenverhaltens kaum lineare und zugleich naive Reiz-Reaktionsverbindungen bestehen, sondern das marktwirtschaftliche Erleben und Verhalten von Individuen, Gruppen, Institutionen und Organisationen bzw. ihrer Mitglieder aufgrund der Vielfalt der Einflußvariablen *multi-* und nicht einfaktoriell *determi-niert* ist; und dabei ist Werbung *nur eine* der vielen denkbaren Einflußgrößen.

5. Erleben und Verhalten induzierende Komponenten des Markts

Versteht man hier den **Markt** zunächst als Ort des Aufeinandertreffens von *Angebot* und *Nachfrage* zum Zweck des Austauschs von Gütern und Dienstleistungen, so führt der Blick auf die Realität sehr schnell zu dem Eindruck, daß an diesem komplexen Prozeß eine Vielzahl von Variablen beteiligt sind, die letztlich ein an Varianten reiches Verhalten der Marktteilnehmer hervorrufen und beeinflussen.

Es sind nicht nur der *Preis* einer Ware, die physische und psychologische *Attraktivität* oder *Qualität des Produkts*, oder gar die Versprechungen und Zusicherungen des Verkäufers ausschlaggebend, sondern neben den vielen hier zunächst unerwähnten Parametern sind schließlich auch noch eine Reihe spezifischer *Merkmale des Individuums* und dessen Einbindungen in verschiedene *soziale Gruppen* für den Verlauf und das Ergebnis von Entscheidungs- oder Wahlprozessen von wesentlicher Bedeutung.

Um sich von der *Komplexität des Marktes* und den vielfältigen marktpsychologisch relevanten Bedingungskonstellationen eine Vorstellung zu machen, sollen im folgenden im Rahmen eines kurzen systematischen Überblicks die Haupteinflußgrößen des marktwirtschaftlichen Geschehens skizziert und charakterisiert werden:

Als *die zentrale Komponente* des Markts ist an erster Stelle das **Individuum** hervorzuheben, dessen *Motive* und *individuellen Merkmale* (biographische Merkmale, Eigenschaften der Persönlichkeit, Präferenzen, Einstellungen, Lebensstile, Produkterfahrungen und -kenntnisse, Einkommensverhältnisse, etc.) für den Erwerb, Gebrauch oder Verbrauch einer Ware oder die Inanspruchnahme von Dienstleistungen von großer Bedeutung sein können.

Nachdem Individuen im allgemeinen nicht in völliger Abgeschiedenheit leben, sondern zugleich in ein **soziales Umfeld**, d.h. in eine bestimmte *Kultur, Familie, Bezugsgruppe* und sonstige Lebensumstände (ökonomischer Status) integriert sind, nehmen auch diese Variablen verständlicherweise Einfluß auf das Erleben und Verhalten des einzelnen Individuums sowie der sozialen Gruppen.

Situative Einflüsse spielen in diesem Zusammenhang insofern eine Rolle, als diese Gegebenheiten sowohl das Verhalten der **Nachfrage** erzeugenden **Individuen** als auch der Güter und

Dienstleistungen anbietenden **Unternehmen**, Organisationen oder Institutionen verändern können. Dies bedeutet, daß diese oft variierenden (Rahmen-) Bedingungen zu aktuellen (situativen) *Anpassungsreaktionen* führen und damit wiederum auf das Verhalten der Marktteilnehmer Einfluß nehmen. Auf der Seite des Individuums kann zum Beispiel ein aktuell großer finanzieller Spielraum, die freundliche und sachkundige Beratung des Verkäufers bzw. der Verkäuferin und eine Reihe weiterer Bedingungen die Entscheidung zugunsten eines bestimmten Produkts (*situativ*) positiv beeinflussen. Oder aber im Falle besonderer Aufsässigkeit des Verkaufspersonals, mit der Folge der Empfindung der Einengung des Freiheitsspielraums des betreffenden Individuums (Kunden), kann diese situative Gegebenheit zur Gegenwehr in Form von *reaktantem Verhalten* führen, und die zunächst vielleicht aussichtsreichen verkäuferischen Bemühungen völlig zunichte machen. Auch können beispielsweise aktuelle oder in Zukunft zu erwartende *steuerpolitische Veränderungen* das Verhalten der davon betroffenen Wirtschaftseinheiten oder -subjekte gravierend modifizieren.

Auf der Seite der Güter (oder Dienstleistungen) anbietenden **Unternehmen** kann unter anderem der (situativ) unerwartet niedrige Absatz eines bestimmten Produkts (Bsp. Nahrungsmittel), in Verbindung mit den bestehenden Witterungsverhältnissen sowie dem unmittelbar bevorstehenden Verfalldatum einer Ware, zu ursprünglich nicht vorgesehenen Sonderaktionen mit Preisreduktionen veranlassen, um die finanziellen Einbußen zumindest in Grenzen zu halten oder gar ganz zu vermeiden.

Handelt es sich zum Beispiel um Sportbekleidung, so kann ein ungewöhnlich milder Winter zu nicht geplanten Konsequenzen in Form von zeitlich vorverlegten Sonderangeboten führen. Genauso gut könnte statt dessen das aktuelle Verhalten der Konkurrenz den Anstoß zu nicht vorgesehenen, d.h. *situativen* Gegenreaktionen seitens eines Anbieters geben, um dessen Position im Markt zu verteidigen oder gar zu festigen. Obwohl alle diese Beispiele wegen ihres exemplarischen Charakters zwangsläufig unvollständig und nur begrenzt generalisierbar sind, dürften sie dennoch ausreichen, um die prinzipielle Existenz und Wirkungsweise *situativer Einflußfaktoren* zu veranschaulichen. Im konkreten Einzelfall sind noch eine Vielzahl anderer oder eine Reihe weiterer Momente denkbar, die das Verhalten der an dem marktwirtschaftlichen Geschehen beteiligten Wirtschaftssubjekte letztendlich mit beeinflussen, d.h. *situationsbedingt* verändern.

Auf der gegenüberliegenden Seite der **Anbieter** befindet sich eine große Zahl von **Unternehmen** oder sonstiger **Organisationen**, die eine große Bandbreite teils konkurrierender, teils *substitutiver* oder auch *komplementärer* Güter und Dienstleistungen zu nicht selten erheblich variierenden Konditionen zur Verfügung stellen.

Nicht zuletzt ist in Abhängigkeit von der Art der Güter oder Dienstleistungen auch damit zu rechnen, daß die Reaktionen auf der Seite der Individuen oder Gruppen nicht stereotyp, uniform und zeitlich konstant sind, sondern neben einer natürlichen *intra*-individuellen **Varianz** können sie, je nach den Gegebenheiten, vor allem auch eine große *inter*-individuelle Varianzen aufweisen.

6. Bandbreite marktpsychologischen Verhaltens

Den *mehr* oder *weniger determinierenden* Einflußgrößen des Markts ist auf der anderen Seite eine bunte (*multivariate*) Palette unterschiedlichster Erscheinungsformen des Verhaltens der Konsumenten gegenüber zu stellen, in denen sich die Konsequenzen der Gegebenheiten widerspiegeln oder niederschlagen können. Dies heißt, es handelt sich *nicht nur* und in erster Linie um **Kauf,** der oft als *die zentrale* Perspektive des Konsumentenverhaltens oder des Verhaltens sonstiger Nachfrager angesehen wird, sondern um ein weit breiteres Spektrum alternativer und/oder damit im Zusammenhang stehender Varianten des Verhaltens, die zwar wesentlich seltener erforscht; aber dennoch existent und relevant sind.

Dieser Sachverhalt spiegelt sich auch in den Formulierungen *Wiswede*s (1991) wider, der den Begriff **Konsumentenverhalten** auf *jegliche* Verhaltensweisen bezieht, „… die auf die Erlangung und private Nutzung wirtschaftlicher Güter (einschließlich Dienstleistungen) gerichtet sind. Die Kaufhandlung selbst ist hierbei nur ein einzelner Schritt in einem größeren Prozeß, dem bestimmte Vorgänge vorangehen (z.B. Bedürfnisbildung, Entscheidungsvorbereitung, Informationsbeschaffung) und andere Vorgänge folgen: z.B. Nutzung, Gebrauch, Demonstration" (S. 311 f.).

Eine vergleichbare Sichtweise kommt auch in den Ausführungen von *Engel, Blackwell & Miniard* (1993, S. 4) zum Ausdruck, die unter den Begriff **consumer behavior** „… *those activities directly involved in obtaining, consuming, and disposing of products and services, including the decision process that precede and follow these actions*" zusammenfassen, wobei mit den beiden Wörtern „… *precede* …" und „… *follow* …" vor allem auf den prozessualen Charakter des Verhaltens von Konsumenten besonders abgehoben wird.

In diesen Definitionen ist zwar alleinig von dem Konsumenten die Rede. Trotzdem lassen sich diese Auffassungen in analoger Weise sowohl auf Gruppen (Mehr-Personen-Haushalte, Familie) als auch auf größere Wirtschaftseinheiten (Organisationen, Unternehmen) übertragen. Nicht zuletzt ist in diesem Zusammenhang auch an die Vielfalt derjenigen Verhaltensvarianten zu denken, die sich dem Gebrauch oder der Nutzung eines Gutes oft zwangsläufig anschließen; wie z.B. die spätere *Beseitigung* oder *Entsorgung* eventueller Überbleibsel dieser Güter (Müll, Sperrmüll) unter den heute relevanten und viel diskutierten Aspekten der Verträglichkeit mit Umwelt.

Folgt man der Idee einer Einteilung in die *dem Kauf vor-* und *nachgelagerten* Aktivitäten, so ergibt sich eine breite Palette von Verhaltensweisen, die unter den Begriff **Konsumenten-verhalten** zu subsumieren sind. Zur Veranschaulichung der Vielfalt und **Bandbreite** des Konsumentenverhalten werden dazu einige Beispiele in der *Tabelle 2* exemplarisch erwähnt. Anhand der Eintragungen in der Tabelle wird die Vielfalt der unter Umständen in Betracht kommenden Verhaltensweisen deutlich. Hierbei ist davon auszugehen, daß die einzelnen Kategorien nicht voneinander unabhängig sind, sondern zwischen ihnen in mehrfacher Hinsicht Interdependenzen, d.h. wechselseitige Beziehungen bestehen.

Tabelle 2: Bandbreite des Konsumentenverhaltens

vorgelagerte Aktivitäten	dem Kauf ... ⇔	nachgelagerte Aktivitäten
• **Grundsatz-Entscheidung** • **Konsum / • Investition** *versus* • **Sparen** • **Informationsverhalten** • **Verhandlungsverhalten** • **Reaktanzverhalten** • **Entscheidungsverhalten** • Wahl der Einkaufsstätte • Produktwahl • **Finanzierungsverhalten** • Eigenmittel • Kreditbeschaffung • etc.	**Kauf**	• **Zahlungsverhalten** • bar • per Scheck • Bankeinzug • Kredit • **Gebrauchsverhalten** • **Verbrauchsverhalten** • **Vorratshaltung** • **Kommunikationsverhalten** (Mund-zu-Mund-Werbung) • **Reduktion der Dissonanzen** • **Reklamationsverhalten** • **Umweltverhalten** • etc.

Die *Schlüsselposition* nimmt die **Entscheidung** über die Verwendung des verfügbaren Einkommens oder des in liquide Mittel umsetzbaren Vermögens ein. **Konsumieren** oder **Investieren** sind hierbei gegenüber **Sparen** die erwägbaren Alternativen, soweit das Einkommen die kritische Grenze des Existenzminimums übersteigt. Unter dieser Voraussetzung gibt es für das

Sparen **Motive** zur Genüge. Neben der Altersvorsorge oder der Vorsorge für schlechtere Zeiten kann dabei auch die Absicht eine Rolle spielen, eventuell zu einem späteren Zeitpunkt mit diesen Mitteln größere Anschaffungen (Haus, Einrichtung der Wohnung, Auto, etc.) zu finanzieren, eine größere Reise zu unternehmen, sich Luxusartikel zu leisten, oder unter Umständen damit auch die künftige Ausbildung der Kinder zu sichern. Ist die entsprechende Entscheidung aufgrund bestimmter Bedürfnisse (*Problemerkenntnis*) zugunsten des Konsums oder des Investierens gefallen, dann hält der Konsument nach geeigneten Alter-nativen zur Befriedigung seiner Bedürfnisse Ausschau; d.h. die Phasen der **Suche**, **Aufnahme** und **Verarbeitung** von **Informationen** setzen ein. Es werden *intern* und *extern* Informationen über die Angebotspalette, deren *Preise*, *Aussehen* oder *Qualitäten,* die eventuellen *Liefer-* und *Zahlungskonditionen* sowie über noch eine Reihe weiterer Merkmale eingeholt, sei es durch Gespräche mit Verkäufern, sei es durch die Sichtung von Prospekten (und/oder sonstiger Werbemittel) oder durch das Studium von *Warentest-Ergebnissen*. Im Anschluß daran werden diese Informationen hinsichtlich ihrer *Relevanz* für die bevorstehende Entscheidung selegiert und bewertet. Unter Umständen bedarf es vor der Entscheidung, insbesondere bei größeren Objekten, eventueller Rückfragen beim Anbieter der Ware oder Dienstleistung und ggf. zeitraubender Verhandlungen. Die stattfindenden Interaktionen bieten dabei dem individuellen Verhandlungsgeschick der Parteien großen Raum und genügend Gelegenheiten für die Entstehung von *Reaktanzen* als Folge der empfundenen Einengung des individuellen Freiheitsspielraums.

In der Phase der dem Kauf **nachgelagerten Aktivitäten** sind unterschiedliche Varianten im Zahlungsverhalten zu berücksichtigen. Angefangen von der unmittelbaren Barzahlung bis hin zur Nie-Zahlung oder Zahlung erst nach mehrfacher Mahnung stehen hier zahlreiche Verhal-tensalternativen zur Verfügung. Diesem Bereich sind auch die zahlreichen Varianten des Gebrauchs- und Verbrauchsverhaltens (Produkterfahrung) bis hin zur Bildung von Vorräten zuzuordnen. Als Folge der Zufriedenheit sind u.a. auch soziale Interaktionen mit der Folge von Mund-zu-Mund-Werbung zu erwarten. Oder bei sich ergebenden Zweifeln an der Richtigkeit von Entscheidungen treten Verhaltensweisen (Copingstrategien) in Erscheinung, die der Bewältigung der entstandenen Dissonanzen dienen. Eine Möglichkeiten zur Behebung oder Milderung dieses als unangenehm empfundenen psychischen Zustands bildet dabei die *Reklamation* (Rückgabe, Umtausch, Nachbesserung), wobei die Art und Weise des Vorgehens und auch der Erfolg wesentlich von der Ausprägung bestimmter Persönlichkeitsmerkmale (wie z.B. sozialer Durchsetzungsfähigkeit) oder intellektueller Fähigkeiten (u.a. verbale Gewandtheit) des jeweiligen Individuums abhängig sein dürfte.

Nicht zuletzt ist unter den Aspekt der Bandbreite des Konsumentenverhaltens auch die weitgefächerte Palette des mehr oder minder umweltfreundlichen Verhaltens der Konsumenten im Anschluß an den Konsum der Produkte zu subsumieren. Außerdem sind in diesem Zusammenhang auch die denkbar vielfältigen Reaktionsweisen nicht zu übersehen, die sich als Konsequenz der diversen absatzpolitischen Aktivitäten des Marketing-Mix ergeben können.

Anhand dieser Beispiele dürfte wohl deutlich geworden sein, daß **Kaufverhalten** nur einen *minimalen Ausschnitt* aus der breiten Palette des Konsumentenverhaltens repräsentiert und von den Ergebnissen mehrerer vorgelagerter psychischer Prozesse abhängig ist, im nachhinein aber auch selbst zahlreiche Folgeprozesse im Erleben und Verhalten eines Individuums induziert.

7. Methoden der Markt- und Werbepsychologie

Wie in anderen Teilgebieten der Psychologie stehen angesichts der betont empirischen Ausrichtung dieser Disziplin drei Methoden der Erkenntnis- oder Datengewinnung im Vordergrund, nämlich:

- das **Experiment**,
- die **Beobachtung**

sowie

- die **Befragung**.

Daneben gibt es je nach Problemstellung weitere Alternativen, wie zum Beispiel die Computer-Simulation, Rollen-, Unternehmensspiele und noch eine Reihe anderer Spezialverfahren. Welcher Weg des methodischen Zugangs die optimale Lösung darstellt, hängt in erster Linie von den situativen Gegebenheiten des Problems und den Rahmenbedingungen der jeweiligen Forschungsfragen und des Projekts ab. Nicht selten ist auch eine Kombination verschiedener Methoden, im Sinne des multi-methodalen und multi-modalen Zugangs zum Problemfeld angezeigt oder zumindest in Erwägung zu ziehen.

Jeder dieser Methodenkomplexe hat naturgemäß mehrere und zugleich verschiedene Vor- und Nachteile, auf die hier allerdings nicht im Detail eingegangen werden soll und kann (vgl. dazu u.a. *Roth*, 1987, S. 219 ff. oder *Bortz*, 1984, S. 73 ff.). Lediglich einige der zentralen Momente sollen hier kurz skizziert werden:

Das **Experiment** bietet, insbesondere im Fall des *Labor*experiments, normalerweise den Vorteil der besseren *Kontrollierbarkeit* der Bedingungen und damit eine höhere *interne Validität*. Dies bedeutet, eventuell auftretende Effekte sind mit größerer Exaktheit dem Einfluß der manipulierten *unabhängigen Variablen* zuzurechnen; d.h. *eindeutiger* interpretierbar. Wesentlicher *Nachteil* dieser Forschungsmethodik ist jedoch sehr häufig die größere *Realitätsferne* aufgrund der Künstlichkeit der Situation. Im Fall des *Feld*experiments sind diese Einschränkungen zwar vermindert, aber dennoch nicht außer Acht zu lassen.

Je nach der Distanz zur Realität drängt sich dabei mehr oder minder zwangsläufig die Frage nach der *externen Validität*; d.h. der *Übertragbarkeit* der Ergebnisse auf die Realität auf.

Beispielsweise könnte sich dieses Problem im Falle von experimentell provozierten Entscheidungssituationen im Hinblick auf den Transfer der Ergebnisse auf das Verhalten von Entscheidungsträgern in Wirtschaftsunternehmen stellen.

In diesem Zusammenhang bedarf eine besondere Variante des Experiments der ausdrücklichen Erwähnung: das sogenannte *ex-post-facto*-Experiment. Hier handelt es sich - trotz dieser Bezeichnung - im strengen Sinne nicht um ein Experiment, sondern um eine Gegenüberstellung von Datensätzen, zwischen denen man u.U. gewisse Beziehungen (theoretisch) vermutet. Insbesondere wird hierbei die unabhängige Variable nicht systematisch variiert, sondern die Ausprägungen sowohl der unabhängigen als auch der abhängigen Variablen liegen *faktisch* bereits vor. Ursächliche Beziehungen zwischen den Variablen lassen sich hier - wenn überhaupt - nur in sehr beschränktem Umfang ableiten. Diese Form des Experiments kommt hauptsächlich dann in Betracht, wenn *ethische Normen* (der Forschung) die systematische Variation der interessierenden unabhängigen Variablen verbieten, oder wenn dieses Vorgehen lediglich als Vorstufe eines zukünftigen Experiments, d.h. dem Ziel der *Hypothesen-generierung*, dienen soll, die anschließend in einem eigens dafür angelegten Experiment weiter überprüft werden. Wenn *Traxel* (1964, S. 37) feststellt, „ … jedes psychologische Wissen geht letztlich auf Beobachtungen … zurück“, so wird damit die grundlegende Bedeutung der **Methode der Beobachtung** hervorgehoben. Die Verbindung zum Experiment ist darin zu erkennen, daß das Experiment nach *Selg & Bauer* (1973, S. 52 f.) auch als „ … *unmittelbare systematische Beobachtung in künstlichen Situationen* ...“ zu bezeichnen ist.

Diese Methode ist demzufolge sowohl als selbständige Methode der Datengewinnung als auch in Verbindung mit *experimentell* provozierten Verhaltensweisen zur systematischen Registrierung des *beobachtbaren Verhaltens* einsetzbar. Es bedarf allerdings eines entsprechend strukturierten Registrierschemas (vgl. dazu *Faßnacht*, 1979, S. 37 ff.). Die Akzentuierung auf den Aspekt des *beobachtbaren Verhaltens* macht dabei einerseits auf die notwendige Unterscheidung zwischen introspektiver Erlebnisbeobachtung (i. S. von Selbstbeoachtung) und Fremdbeobachtung aufmerksam; andererseits wird damit aber auch auf das Erfordernis der *äußeren Zugänglichkeit* des betreffenden Verhaltens abgehoben. Zu unterscheiden ist in diesem Zusammenhang außerdem zwischen der reinen *Registrierung* des Verhaltens und der damit manchmal irrtümlich vermischten, jedoch erst in einer anschließenden Phase folgenden *Interpretation* der Beobachtungsdaten. Die drei Stufen wissenschaftlichen Vorgehens: Datenerhebung (Registrierung), Auswertung und Interpretation sind auch hier exakt voneinander zu trennen.

Auch diese Methode der Datengewinnung besitzt Grenzen. Es bestehen dabei nicht nur einschränkende, situationsbedingte Momente hinsichtlich der *Natürlichkeit* der Beobachtungssituation, sondern man muß sich auch der Gefahr verfälschender Urteilstendenzen der das Verhalten registrierenden Personen (z.B. Versuchsleiter-Erwartungseffekte) bewußt sein und Vorkehrungen dagegen treffen. Derartige Verfälschungstendenzen setzen sich insbesondere dann durch, wenn komplexe Verhaltensaspekte im Mittelpunkt des Interesses stehen oder mehrere, simultan auftretende Ereignisse festzuhalten sind, und die Registrierungen nur von einem einzelnen Beobachter (Experimentator) vorgenommen werden. Nicht zuletzt ist auch an die Möglichkeit zu denken, daß sich das Verhalten der zu beobachtenden Person angesichts des Wissens, daß sie beobachtet wird, *reaktiv* verändert.

Eine weitere Alternative zur Gewinnung von Daten bietet sich mit der **Befragung** an. Sie wird nicht nur im Fall von politisch orientierten Umfragen, sondern auch sehr oft für die Zwecke der marktpsychologischen Forschung eingesetzt. Gegenstand derartiger Befragungen könnten z.B. das Gebrauchs- und Verbrauchsverhalten von Ein- und Mehrpersonen-Haushalten im Fall bestimmter Produkte und Marken oder die Bekanntheit substitutiv verwendbarer Marken oder sonstige Themen, wie z.B. die Markentreue in unterschiedlichen Produktbereichen sein.

Je nach Fragestellung und Zielsetzung der Erhebung besteht die Möglichkeit, diese Methodik in mehr oder minder großem Umfang zu strukturieren und die Bedingungen der Durchführung zu standardisieren. Sie kann schriftlich, persönlich und/oder telefonisch sowie in abgewandelter Form in einer Art Gruppenexploration (-diskussion) stattfinden. Diese Methode eignet sich insbesondere zur Erhebung *erlebter Sachverhalte*, obwohl sie in der Praxis oft genug auch in den problematischen Fällen der Erhebung *unzugänglicher* und *hypothetischer Sachverhalte* (vgl. dazu *Spiegel*, 1958, S. 16 ff.) Verwendung findet. Die eventuell vorhandene *aktuelle Unzugänglichkeit* der zu erfragenden Inhalte führt häufig dazu, daß die Befragten, der *Not der*

Situation gehorchend, Antworten geben, die abseits des *wahren* Sachverhalts liegen. Dies kann insbesondere dann eintreten, wenn im Rahmen der Befragung für sie relativ belanglose Fragen angesprochen werden, oder wenn es um Handlungen geht, die in einen umfassenderen Ablauf eingebettet sind, deren Details nicht unmittelbar präsent und reproduzierbar sind. Die Folgen sind meist zwar plausibel klingende, aber nicht unbedingt *wahre* Auskünfte, insbesondere wegen der Gefahr von Rationalisierungen.

Im Fall *hypothetischer Sachverhalte,* bei denen die Fragen in der Regel mit den Worten „*Stellen Sie sich mal vor ...*" oder „*... gesetzt den Fall ...*" bzw. „*wie würden Sie entscheiden, wenn ...*" eingeleitet werden, kann das zukünftige (reale) Verhalten erheblich von dem in der Befragung projizierten abweichen, da nicht selten bei späterer, vor allen Dingen genauerer Überlegung und Auseinandersetzung neue Gesichtspunkte entdeckt werden, die die ursprünglich gemachten Angaben völlig ins Gegenteil verkehren können. Hinzu kommt noch die Möglichkeit der *Sensibilisierung* der Person für das angesprochene Problemfeld mit der Folge der Ausrichtung ihrer Auskünfte auf *sozial erwünschtes Verhalten.* Daneben leiten sich weitere Grenzen der Befragung aus der strikten Verweigerung und nicht immer uneingeschränkten Bereitschaft zur Abgabe von Stellungnahmen ab. Die Verweigerung zieht das Problem der *Selektivität* oder *mangelnden Repräsentativität* der Angaben nach sich, und die eingeschränkte Auskunftsbereitschaft läßt Zweifel am *Wahrheitsgehalt* (Validität) der Informationen aufkommen.

In diesem Zusammenhang ist mit Blick auf die Praxis insbesondere darauf zu verweisen, daß sich die Problematik des methodischen Zugangs selten auf eine einzige in Erwägung zu ziehende Alternative beschränkt. Denn nicht selten fordert die zu untersuchende Forschungsfrage eine problemadäquate Kombination mehrerer Methoden unter den besonders relevanten Aspekten einer möglichst hohen Validität der Informationen.

8. Nachbardisziplinen der Markt- und Werbepsychologie

Aus naheliegenden Gründen befinden sich im Bereich der **Psychologie** zunächst die beiden Fachgebiete selbst in engster Nachbarschaft. Diese enge intradisziplinäre Verbindung schlägt sich auch im universitären Fächerkanon in Form der Bezeichnung des Fachs, nämlich: Markt- *und* Werbepsychologie nieder. Die engen Beziehungen leiten sich insbesondere aus den Ansprüchen der **Werbung** ab, die sich im Rahmen von Kommunikationsprozessen das Ziel setzt, marktwirtschaftlich relevantes Verhalten zu verändern (vgl. dazu auch *Mayer*, 1993, S. 2), so daß sich zwischen diesen beiden Disziplinen der **Angewandten Psychologie** zwangsläufig und in mehrfacher Hinsicht Überschneidungen, d.h. Ergänzungen ergeben. Dies führte auch dazu, daß manche Autoren die Werbepsychologie einfach unter die Markt-psychologie subsumieren und als deren Teilgebiet auffassen (vgl. *Herwig,* 1970, S. 58 f.).

Der Grund für diese Zuordnung liegt in der Notwendigkeit, zunächst die Ausgangslage des Marktes zu kennen, um im Anschluß daran sinnvolle Maßnahmen werblicher Kommunikation planen zu können. Da sich Konsumentenverhalten nicht isoliert im ausschließlich individuellen Bereich, sondern - wie eingangs schon kurz erwähnt - in einem **sozialen Kontext** abspielt, ist es naheliegend, daß in diesem Zusammenhang auch Erkenntnisse aus der **Sozialpsychologie** besondere Bedeutung erlangen. Inhaltlich ist dabei beispielsweise an die Auswirkungen der *Meinungsführerschaft,* an die Orientierung von Entscheidungen sowie des Verhaltens von Individuen an *Bezugsgruppen*, an soziale Informations-, Meinungsbildungs- und Entscheidungsprozesse, die innerhalb der *Familie* stattfinden, oder an die zumindest partiell beobachtbaren Beziehungen zwischen Einstellungen und Konsumentenverhalten zu denken (vgl. *Mayer*, 1990, S. 174 ff.; *Mayer & van Eimeren*, 1985 sowie *Mayer*, 1993, S. 270). Vielfache Bezüge sind auch zu manchen Bereichen der **Allgemeinen Psychologie** vorhanden, wobei vor allem die Gebiete der *Wahrnehmung* (Kognition), *Motivation* sowie des *Lernens* hervorzuheben sind. Nicht zuletzt ergeben sich aufgrund der *ökonomischen Auswirkungen* des Verhaltens von Konsumenten im Rahmen des jeweils vorgegebenen Wirtschaftssystems (Plan- oder Marktwirtschaft) auch sehr enge Verflechtungen mit den **wirtschaftswissenschaftlichen Disziplinen** (Mikro- und Makroökonomie). Der unmittelbarste Bezug besteht dabei zum Bereich der *Betriebswirtschaft*, und dort insbesondere mit Blick auf das sogenannte *absatzpolitische Instrumentarium* zu dem Gebiet **Marketing**.

B. Marktpsychologie

1. Markt als Zentrum psychologischer Prozesse

1.1 Definition und Merkmale des Markts

Versteht man den **Markt** zunächst als Ort des Aufeinandertreffens von **Angebot** und **Nachfrage**, so sind damit zwar aus *gesamtwirtschaftlicher* Perspektive seine zentralen Komponenten global benannt. Aber die in der Realität gegebenen *marktwirtschaftlichen Strukturen* und die zwischen ihnen verlaufenden *privatwirtschaftlichen psychodynamischen Prozesse* sowie deren *Interdependenzen* sind damit bestenfalls nur unzulänglich angedeutet. Für den Fall eines einzelnen Produkts findet man zum Beispiel auf der *Angebotsseite*, je nach Zahl der Anbieter, eine Bandbreite mehr oder minder homogener Waren- oder Dienstleistungsangebote vor, zwischen denen die Nachfrager (Privatpersonen, Unternehmen oder Organisationen, Institutionen ... etc.) unter Berücksichtigung ihrer individuellen Präferenzen in einem freien Wirtschaftssystem beliebig wählen können.

Hinter diesem abstrakt und schlicht mit *Angebot* und *Nachfrage* überschriebenen Verhalten verbergen sich somit zahlreiche Varianten marktpsychologisch relevanter Einzelaktivitäten sowohl von seiten der Anbieter als auch der jeweiligen Nachfrager dieser Güter und Dienstleistungen. Dies bedeutet nicht nur, daß der Anbieter seine Güter und Dienstleistungen an den Ansprüchen und Anforderungen der potentiellen Erwerber orientiert, danach gestaltet und entsprechende Preisvorstellungen besitzt, sondern daß dieser Vorgang auf der Seite des Nachfragers auch die für den **Tauschvorgang** erforderlichen Gegenleistung in Form von *finanziellen Mitteln* erfordert. Voraussetzung ist dabei natürlich, daß der Nachfrager auch Willens ist, das betreffende Gut zu dem jeweils angebotenen **Preis** zu erwerben.

1.2 Arten von Märkten

Prinzipiell lassen sich zumindest zwei **Arten von Märkten** voneinander unterscheiden. Zum einen existieren sogenannte **Faktormärkte,** womit in Anlehnung an die traditionellen volkswirtschaftlichen Produktionsfaktoren der *Boden-* und Immobilienmarkt, der *Arbeitsmarkt,* sowie der *Kapital-* und *Geldmarkt* angesprochen werden.

Zum anderen gibt es die **Gütermärkte,** worunter die diversen Konsum- und Investitionsgütermärkte zu subsumieren sind. Je nach ihrer funktionellen Orientierung und Differenzierung lassen sich noch weitere Unterscheidungen treffen. So sind zum Beispiel die *produktspezifischen* Märkte für Nahrungsmittel, für Wohnungseinrichtungen, für Automobile, für Kosmetika, Reisen etc. voneinander zu trennen. Oder aus der Sicht eines einzelnen Unternehmens läßt sich beispielsweise der Markt für das Produkt X von dem für das Produkt Y im Umfeld der Konkurrenz abgrenzen. Berücksichtigt man zudem die *Richtung* der Güterbewegung, so kann man von **Absatz-** und **Beschaffungsmärkten** sprechen. Ferner sind *regionale, nationale* oder *internationale* Märkte voneinander zu unterscheiden, je nach dem, ob man eine gebietsweise Trennung für notwendig erachtet. Darüber hinaus sind noch eine Reihe weiterer Differenzierungen denkbar, so z.B. nach der *Zeitdimension* (Wochen- oder Jahrmärkte) oder nach sonstigen Unterscheidungsmerkmalen.

1.3 Marktteilnehmer

Das Geschehen im Markt wird aber nicht allein durch das mengenmäßige Angebot und eine entsprechende Nachfrage bestimmt, sondern in erster Linie durch die Anzahl und das *Verhalten* der darin involvierten Wirtschaftssubjekte. Den vielfältigen **Anbietern** der verschiedenartigsten Güter und Dienstleistungen, die untereinander oft auch **Wettbewerber** sind, tritt auf der anderen Seite eine mehr oder minder große Zahl an **Nachfragern** mit den unterschiedlichsten Eigenschaften (Schichtzugehörigkeit, Alter, Geschlecht, Einstellungen oder Präferenzen etc.) gegenüber. Darüber hinaus können an den marktwirtschaftlichen Prozessen, in Abhängigkeit von der Marktstruktur, auch **Absatzmittler** und **Absatzhelfer** beteiligt sein.

Als weiterer Teilnehmer greift auch der **Staat** an den verschiedensten Stellen in die marktwirtschaftlichen Vorgänge ein. So fixiert er z.B. mittels Gesetzen, Verordnungen und Erlassen die Grenzen zwischen erlaubtem und unerlaubtem wirtschaftlichen Handeln (vgl. u.a. *UWG:* Gesetz gegen den unlauteren Wettbewerb) und gewinnt damit sowohl direkt als auch indirekt auf das Verhalten der übrigen Beteiligten Einfluß. Außerdem unterstützt er vieler Orts durch Subventionen oder die Gewährung kostengünstiger Kredite und eine Reihe weiterer Maßnahmen die wirtschaftliche Entwicklung bestimmter Industriezweige und Regionen. Oder er erhebt Steuern, Abgaben und Gebühren in den unterschiedlichsten Bereichen, um diese und andere Aufgaben zu finanzieren. Nicht zuletzt tritt er aber auch als Nachfrager und in beschränktem Umfang auch als Anbieter bestimmter Güter und Dienstleistungen auf.

1.3.1 Anbieter und Wettbewerber

Güter und Dienstleistungen werden von Anbietern nicht um ihrer selbst willen produziert oder angeschafft, sondern mit ihnen verbindet sich immer die Erwartung, sie anschließend zu einem akzeptablen Preis und mit einem angemessenen Gewinn verkaufen bzw. weiterverkaufen zu können, um den Bestand des Unternehmens zu sichern. Um nicht an den Bedürfnissen des Markts vorbei zu planen, bedarf es deshalb zuvor sorgfältiger Erkundungen seiner Bedingungen und voraussichtlichen Entwicklungstendenzen.

Es gilt, sich **Markttransparenz** zu verschaffen; und zwar nicht nur hinsichtlich der aktuellen und potentiellen *Zielgruppen* und deren *Präferenzen*, sondern auch im Hinblick auf die *Wettbewerber*, deren Zahl, Größe, Vergleichbarkeit des Angebots, Konditionen und Verhalten sowie auch über **komplementäre Produkte** und die mehr oder minder angebotsnahen und angebotsfernen **Substitutionsprodukte**. Denn die marktwirtschaftliche Position des *Monopolisten* dürfte bei den gegenwärtigen Verhältnissen globaler Märkte höchst selten und wenn, dann nur von sehr begrenzter Dauer aufrecht zu erhalten sein. Viel häufiger werden auch in Zukunft die Positionen des *Oligopolisten* oder *Polypolisten* anzutreffen sein. Man ist hierbei *ein* Anbieter *neben* mehr oder weniger vielen anderen. Diese Sachlage hat insofern Konsequenzen, als sie dem individuellen Gestaltungs- und Verhaltensspielraum des Unternehmens Grenzen setzt. Sie fordert von ihm erhebliche und vor allen Dingen oft unmittelbare **absatzpolitische Anpassung**.

1.3.2 Nachfrager

Käufer oder **Nutzer** von Produkten und Dienstleistungen, seien es Privatpersonen, Unternehmen, sonstige Organisationen oder schließlich auch staatliche Institutionen, bilden gegenüber der mehr oder weniger großen Zahl von Anbietern den gewichtigsten Gegenpol im Markt. Deshalb sind detaillierte Kenntnisse über ihr Verhalten, dessen Determinanten sowie Antezedenzien von entscheidender Bedeutung. Diese Informationen können wichtige Anhaltspunkte dafür liefern, auf welche **Marktsegmente** aktuell und künftig ein besonderes Augenmerk zu richten ist.

Außerdem bieten sie zugleich Ansatzpunkte für die Gewinnung von Neu-Käufern oder Neu-Kunden. Darüber hinaus sind auch die in den letzten Jahren zunehmend in Erscheinung tretenden *Verbraucherorganisationen*, die vor allem zum Schutz und Stärkung der Position privater Nachfrager auf das marktwirtschaftliche Geschehen Einfluß nehmen, nicht zu über-sehen.

1.3.3 Absatzmittler

Viele Hersteller von Produkten unterhalten meist keine direkten Kontakte zum Kunden bzw. Endverbraucher, sondern bedienen sich als Zwischenstation sogenannter *Absatzmittler*. Diese sind zum einen der *Großhandel* als Handel unter Kaufleuten und zum anderen der *Einzelhandel* als Bindeglied zwischen Hersteller oder Großhandel zum Käufer, Endverbraucher oder Verwender der Produkte. So gilt zum Beispiel bei Markenartikeln als *"ungeschriebenes Gesetz"*, daß die Händler von den Herstellern als *un*mittelbare und die Verbraucher als *mittelbare* Abnehmer umworben werden (vgl. *Nieschlag, Dichtl & Hörschgen*, 1991, S. 625).

1.3.4 Absatzhelfer

Absatzhelfer sind nicht direkt in die Kette der einzelnen Distributionsstufen integriert, aber indirekt, vermittelnd daran beteiligt. Sie übernehmen absatzfördernde Funktionen mit einem breiten Leistungsspektrum auf dem Weg der Güter vom Produzenten oder Großhandel zum Käufer, Nutzer oder Verbraucher. Ihre Aktivitäten können sich von der *Anbahnung von Kontakten* (Handelsvertreter) zwischen den einzelnen am Marktgeschehen beteiligten Parteien äußern oder bis hin zum reibungslosen Durchfluß der Ware (Lagerei, Spediteure) zum Endverbraucher erstrecken. Zu ihnen zählen neben den bereits genannten auch beispielsweise Kreditinstitute, Werbeagenturen sowie Marktforschungsinstitute, um noch einige andere Bei-spiele hierfür zu erwähnen (vgl. *Nieschlag, Dichtl & Hörschgen*, 1994, S. 47).

1.3.5 Lieferanten

Lieferanten üben zu einem gewissen Grad sowohl in positiver als auch in negativer Hinsicht Einfluß auf die Entwicklung des Absatzes aus. Positiv geschieht dies beispielsweise mittels spezieller Maßnahmen, wie der „... gemeinsamen Werbung von Rohstofflieferanten und Herstellern von Fertigprodukten ..." (*Nieschlag, Dichtl & Hörschgen*, 1994, S. 48), was für den Handel für die Aufnahme des betreffenden Produkts in die Sortimentsliste unter Umständen entscheidend sein kann .

Negative Konsequenzen können sich aus dem Verhalten von Lieferanten dann ableiten, wenn deren Produkte „... vom Handel als ... besonders preiswerte ... Lockvögel verwendet werden ... „ und damit Imageverluste für Produkt und Produzent drohen; oder wenn „... Vertriebsbindungen ..." nicht eingehalten, der „ ... Kundendienst ..." vernachlässigt oder „ ... bestimmte Konkurrenzprodukte im Sortiment ..." geführt werden (vgl. *Nieschlag, Dichtl & Hörschgen*, 1994, S. 48).

1.3.6 Staat als Ordnungsmacht und Nachfrager

Der *Staat* gibt mittels Gesetzen die Rahmenbedingungen für die vielfältigen wirtschaftlichen Aktivitäten vor und räumt in diesen Grenzen individuelle Gestaltungsmöglichkeiten ein. Er schafft damit die Voraussetzungen dafür, daß der Wirtschaftsverkehr in rechtlicher Hinsicht in geordneten Bahnen verläuft. Je nach den Erfordernissen kann er aber auch die Freiheiten einengende Barrieren, z.B. in Form von Import-, Exportverboten (z.B. für militärische Güter) vorsehen oder auch Werbeverbote für bestimmte Produkte in bestimmten Medien (Tabakwaren) aussprechen. Außer auf die vielen gesetzlichen Regelungen des BGB und des HGB ist in diesem Zusammenhang insbesondere auf den wohl bekanntesten Eingriff in das marktwirtschaftlichen Verhalten der Marktpartner, das *UWG* (Gesetz gegen den unlauteren Wettbewerb), zu verweisen. Dieses Gesetz enthält eine Reihe von Bestimmungen hinsichtlich der im Wettbewerb bzw. geschäftlichen Verkehr akzeptablen oder noch tolerierbaren und unerlaubten Verhaltensweisen der Marktteilnehmer.

Als *potenter Nachfrager* von Gütern und Dienstleistungen aller Art tritt der **Staat** auf, wenn er zum Beispiel bei der Errichtung von staatlichen Gebäuden, dem Bau von Straßen und Autobahnen, der Anschaffung von Ausrüstungen für die Bundeswehr, der Ausstattung von Universitäten und ähnlichen Institutionen als Auftraggeber fungiert. Auf der anderen Seite betätigt er sich in gewissem Umfang auch als *Anbieter* bestimmter Güter (Energieversorgung) und Dienstleistungen (Transportwesen, Müll-Entsorgung), für die die Bürger mehr oder minder kostendeckende Preise oder Gebühren zahlen. Daneben ist der Staat der Empfänger von *Steuern* und sonstiger Abgaben, mit denen er seinen zahlreichen finanziellen Verpflichtungen nachzukommen versucht.

1.4   Strukturen und Formen des Marktes

Von besonderem Interesse sind die **Strukturen**, die innerhalb eines Markts bestehen. Diese Strukturen beschreiben die "Zusammensetzung und das Gefüge eines Marktes" (*Geisbüsch &*

Veit, 1991, S. 61). Sie lassen sich durch eine Reihe von Merkmalen kennzeichnen; nämlich durch die ...

- Anzahl der Marktteilnehmer,
- Organisation der Beschaffungs- und Absatzwege,
- Produktqualität,
- Präferenzen bei den Abnehmern,
- Grad des Wettbewerbs,
- Markttransparenz

und durch die

- bestehenden Schranken des Marktzutritts.

Die *Anzahl der Marktteilnehmer,* die ein wesentliches Teilmerkmal der Marktstruktur darstellt, gilt außerdem im Verein mit dem damit verbundenen Machtpotential (Marktbeherrschung) als Einteilungskriterium für die **Marktformen**: *Monopol, Oligopol* und *Polypol.*

Um ein *Monopol* (Angebots- oder Nachfrage-Monopol) handelt es sich, wenn nur ein einziger und damit marktbeherrschender Anbieter oder nur ein marktbeherrschender Nachfrager existieren. Ein *Oligopol* liegt vor, wenn nebeneinander mehrere, jedoch noch überschaubare Zahl von marktbeeinflussenden Anbietern oder Nachfragern existieren. Und im Fall des *Polypol*s findet man sehr viele Anbieter oder Nachfrager im Markt vor, deren individueller Einfluß relativ begrenzt ist. Unterstellt man sowohl auf seiten des Angebots als auch auf seiten der Nachfrage die potentielle Existenz aller drei Varianten oder Ausprägungen der Marktbeherrschung, so ergeben sich somit insgesamt neun Angebots- / Nachfrageverhältnisse. Diese sind in der folgenden *Tabelle 3* zusammengestellt.

Tabelle 3: Potentielle Angebots-Nachfrage-Relationen im Markt

Angebots-/Nachfrage-Situation	Nachfrage-		
Angebots-	Monopol	Oligopol	Polypol
Monopol	zweiseitiges Monopol	beschränktes Angebots-Monopol	Angebots-Monopol
Oligopol	beschränktes Nachfrage-Monopol	zweiseitiges Oligopol	Angebots-Oligopol
Polypol	Nachfrage-Monopol	Nachfrage-Oligopol	vollständige Konkurrenz

Ob diese Relationen in der Realität immer in dieser Reinkultur anzutreffen sind, ist allerdings fraglich, da die Grenzen zwischen den einzelnen Ausprägungen nicht völlig starr, sondern eher fließend verlaufen. Außerdem ist hierbei zu berücksichtigen, daß sich die Marktteilnehmer nicht zwangsläufig so verhalten *müssen*, wie es die (theoretische) Struktur zuläßt oder verlangt. Ein Monopolist kann zum Beispiel hinsichtlich der Preisgestaltung (Maximierung) auf die volle Ausnutzung seiner Macht- und Marktposition verzichten und sich zum Beispiel hinsichtlich der Preisgestaltung auch so verhalten, als ob eine oligopolistische oder polypolistische Marktstruktur gegeben wäre. Dieses Vorgehen könnte ihn unter Umständen auch vor potentiell lästigen Konkurrenten bewahren.

Des weiteren ist auch eine Differenzierung in **vollkommene** und **unvollkommene Märkte** möglich. Ein *vollkommener Markt* zeichnet sich durch:

- eine Vielzahl von Marktteilnehmern,
- eine Homogenität der Güter,
- personelle Gleichartigkeit der Verkäufer bzw. Käufer ohne persönliche Bindungen oder Präferenzen,
- keine räumlichen Differenzierungen zwischen einzelnen Anbietern und Nachfragern,
- keine zeitlichen Differenzierungen zwischen einzelnen Anbietern und Nachfragern und durch
- vollständige Markttransparenz (Marktübersicht) aus.

Ist auch nur *eine* dieser Bedingungen *nicht* erfüllt, wird von einem **unvollkommenen Markt** gesprochen. *Scherhorn* (1983, S. 49) sieht hiermit jedoch den Realitätsbezug dieses Marktmodells als begrenzt an, da man heute nicht mehr von vielen kleinen Anbietern und homogenen Produkten sprechen kann. Vielmehr findet gegenwärtig eine deutlich zunehmende *Konzentration* auf einige wenige Unternehmen statt, verbunden mit einer sich ständig vergrößernden Produktdifferenzierung.

Um die Marktstruktur adäquat bestimmen und einen Markt erschließen zu können, sollten drei wesentliche Faktoren zur **Markteingrenzung** beachtet werden, die sich *räumlichen*, *zeitlichen* und *produktbezogenen* Kategorien zuordnen lassen. In **räumlicher** Hinsicht ist relevant, inwieweit regionale Gesichtspunkte für ein Unternehmen mit seinen Produkten eine Rolle spielen. Es stellt sich beispielsweise die Frage, ob räumliche Präferenzen und Konzentration bestehen oder ob Export betrieben werden sollen. Bei der räumlichen Abgrenzung empfiehlt sich eine spezifische Marktsegmentierung.

Die **zeitliche** Komponente kommt insofern zum Tragen, als in der Regel unterschiedliche zeitliche Eingrenzungen bei Termingeschäften an der Waren- oder Devisenbörse üblich sind.

Eine **produktbezogene** Abgrenzung erfährt ein Unternehmen zwangsläufig über sein vorhandenes Produktions- und Leistungsangebot, mit dem sich das Unternehmen auf die potentiellen Nachfrager konzentriert.

1.5 Angebot und Nachfrage

1.5.1 Grundlagen

Im Laufe der letzten Jahrzehnte haben in vielen Märkte gravierende Veränderungen stattgefunden. Der wohl einschneidendste Wandel in den Strukturen der Märkte westlicher Industrieländer zeigt sich in der **Verlagerung der Machtverhältnisse** vom *Verkäufer* zum *Käufer*.

Historisch betrachtet, herrschte in der BRD nach dem zweiten Weltkrieg bis in die 50er Jahre in nahezu allen Teilmärkten ein Verkäufermarkt vor, d.h. die Anbieter verhielten sich **produkt- orientiert**, was sich in einer erhöhten Produktion niederschlug. Die Anbieter beherrschten den Markt. Aus diesem Grunde konnten sie sich auch absatzpolitisch **passiv** verhalten. Dies alles sind Zeichen einer **Marktverwaltung**. Nach den 50er Jahren wandelte sich der Verkäufermarkt in einen Käufermarkt. Die Anbieter mußten folglich ein **aktiveres** Verhalten an den Tag legen. Die Konkurrenz erhöhte sich, was in immer aggressiver werdenden Verhaltensweisen der Verkäufer zum Ausdruck kam. Dennoch war das Vorgehen nicht an den Bedürfnissen und Wünschen der Kunden ausgerichtet, sondern nach wie vor primär *produktorientiert*. Man spricht auch von **Marktvergewaltigung**.

Marktanpassung findet hingegen statt, wenn der Kunde mit seinen Bedürfnissen und Wünschen zum Dreh- und Angelpunkt jeglichen Verkäuferverhaltens wird. Das Vorgehen hierbei ist primär *kundenorientiert* und *passiv*. Bei der **Marktgestaltung** zeichnen sich die Anbieter durch eine *aktive* Verhaltensweise aus und orientieren das gesamte Unternehmensgeschehen an den *Kunden* im Sinne dessen, was man eigentlich unter *Marketing* versteht (vgl. *auch Lauer*, 1991, S. 17) und die folgende *Abbildung 2*.

Die obigen Strukturen und deren Merkmale werden anhand der folgenden *Abbildung 2* veranschaulicht.

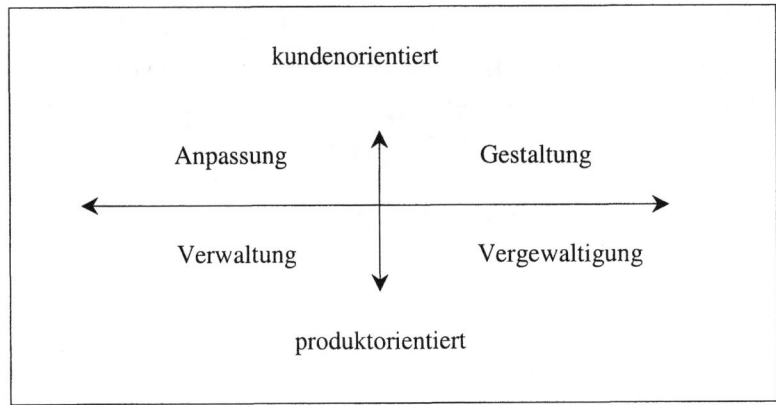

Abbildung 2: Verhaltensalternativen von Anbietern (nach *Lauer*, 1991, S. 17)

Während beim **Verkäufermarkt** die Vormachtstellung auf der Seite der Hersteller- und Lieferanten besteht, sind die Machtverhältnisse beim **Käufermarkt** zugunsten der Käufer verlagert. Hier dominiert die Nachfrageseite, was mit erheblichen Anstrengungen und besonderen Bemühungen der Anbieter um die potentiellen Kunden einhergeht. Die jeweilige Situation auf dem Absatzmarkt ist folglich für das Verhalten der Anbieter maßgebend. Allerdings kann die Kommunikation zwischen Anbietern und Nachfragern Störungen ausgesetzt sein. Diese behindern die Nachfrager insofern, als sie nur schwerlich ihre Bedarfsvorstellungen wirksam zur Geltung bringen können (vgl. *Scherhorn*, 1983, S. 46). Als "Maßnahmen zur Überwindung der Distanz zwischen Produktion und Konsumtion" treten dabei die bereits bekannten *Absatzmittler* und *-helfer* in Aktion (*Nieschlag, Dichtl, Hörschgen*, 1994, S. 434 ff.).

1.5.2 Soziale Kontrolle

Soziale Kontrolle ist dadurch gekennzeichnet, daß eine Instanz mittels der Anwendung von Macht eine andere Instanz dahingehend beeinflußt, daß diese die eigenen Interessen in einem gewissen Umfang zurückstellt (vgl. *Scherhorn*, 1983, S. 58). Auf Märkten liegt die Macht in der Regel auf Seiten der Anbieter, was durch deren Eigentum an Produktionsmitteln begründet ist. Als Quellen der Macht der Anbieter gelten zum einen die defizitäre Versorgung der Nachfrager mit Informationen und Kenntnissen und zum anderen ihre unzureichende Ausstat-tung mit Entscheidungstechniken. Als Mittel zur Erhöhung der Anbietermacht gilt die *Beschränkung des Wettbewerbs*, aber auch die Tatsache, daß das Angebot aufgrund zunehmender Heterogenität und Komplexität der Produkte für die Nachfrager immer unübersichtlicher wird.

Im Konsumgütermarkt wird die Markt-Macht der Anbieterseite folgendermaßen klassifiziert (vgl. *Wiswede*, 1983, S. 184):

- *Belohnungsmacht*, die sich in einer Weitergabe von "Vergütungen" in Form von Preisnachlässen oder Lieferzeitverkürzungen äußern kann.

- *Zwangsmacht*, die aufgrund einer künstlichen Verknappung zu einer Verteuerung eines lebensnotwendigen Gutes führt.

- *Expertenmacht*, bei der es sich um besondere Fachkenntnisse auf der Anbieterseite handelt.

- *Legitime Macht*, die der Nachfrageseite das legitime Recht zugesteht, mehrere Anbieter zu Wort kommen zu lassen.

- *Referenzmacht*, bei der sich eine besondere Wertschätzung ausdrückt, die der Beeinflußte dem Machtausübenden z.B. in Form eines besonderen Vertrauensverhältnisses entgegenbringt.

Die Anbieterseite verfügt allerdings nicht über ein unendliches Kontrollpotential. Dies wird unter anderem durch staatliche Vorschriften, insbesondere den Verbraucher- und Umweltschutz betreffend, limitiert. Dabei werden beispielsweise Nachfragern ein Rücktrittsrecht, ein Recht zum Widerspruch oder im Falle schädlicher Nebenfolgen zusätzliche Ansprüche eingeräumt (vgl. *Scherhorn*, 1983, S. 62). Daneben verfügen Nachfrager auch über eigene Strategien, um ein übermäßiges Kontrollpotential seitens der Anbieter zu verhindern. Neben dem *Widerspruch* können sie auch ihre Nachfrage auf andere Angebote verlagern oder abwandern. Letzteres motiviert die Anbieter, sich ein differenziertes Bild von den tatsächlichen Interessen der Nachfrager zu verschaffen (vgl. *Scherhorn*, 1983, S. 75). Während sich der *Widerspruch* in einer Bedarfsdarstellung oder einer Forderung auf Ausgleich, Rücktritt bzw. künftige Verhaltensänderung ausdrückt, äußert sich die *Abwanderung* entweder in einer Kaufverlagerung, einem Kaufaufschub oder in einer Kaufenthaltung.

1.6 Zielgruppen und Segmente

Da fast immer der Käufer als "Richt- und Angelpunkt aller Überlegungen" (*Nieschlag, Dichtl & Hörschgen,* 1991, S. 618) angesehen wird, sollte es das vordringliche Ziel sein, sich Kenntnisse über sein Verhalten und dessen Determinanten zu verschaffen. Als erster Schritt bietet sich hierbei zunächst eine Aufgliederung (*Segmentierung*) und Analyse nach *biologischen, geographischen* und *sozio-demographischen* Merkmalen an. Um eine möglichst genaue Vorstellung von der Struktur der aktuellen und potentiellen Nachfrager unter Berücksichtigung der diversen Aspekte (Geschlecht, Wohnort, Alter, Familienstand, Haushaltsgröße, Konfession, Beruf, soziale Schicht, Einkommens- sowie Besitzverhältnisse) zu erhalten. Diese Kriterien reichen jedoch allein nicht zur Bildung **homogener Teilmärkte** aus. Vor allen Dingen sind sie wohl kaum als besonders geeignete Prädiktoren von (Kauf-) Verhalten anzusehen. Ungeachtet dieser Tatsache erscheint diese Art der Klassifizierung auch deshalb als unergiebig, da der Aspekt der in einer Gesellschaft vorherrschenden Wertesysteme keine Berücksichtigung findet, obwohl gerade diese Systeme nach Meinung von *Adam* (1993, S. 40) „… die individuellen Denk- und Verhaltensmuster, die persönliche Daseinsgestaltung und das Konsumenten- verhalten ..." maßgeblich beeinflussen.

Demzufolge sollten vor allem auch diese Bestimmungsfaktoren des Verhaltens eruiert werden. Dabei kann das *beobachtbare Kaufverhalten* selbst herangezogen werden. Ermittelt werden dann die Wahl der Einkaufsstätte, der Einkaufszeitraum, die Einkaufshäufigkeit, aber auch Markenpräferenzen, Markenloyalität bzw. -wechsel. Auch *nicht beobachtbares Verhalten* kann zu diesem Zweck herangezogen werden kann. Dabei handelt es sich um eine **psychologische Marktsegmentierung**. Hierbei können das *Image*, das ein Produkt für den Käufer bzw. Ver- wender hat, oder auch die *Einstellungen* gegenüber Produkt, Marke und Unternehmen bis hin zur *Einstellung gegenüber einer Werbemaßnahme* im Mittelpunkt des Interesses stehen. Des weiteren können aber auch Wahrnehmungsverhalten, Motivationsstruktur oder Lebensstil das Verhalten bestimmende Faktoren sein. Ferner ist auch an die *Ansprachemöglichkeiten* (Me- dienverhalten) der jeweiligen Zielgruppen zu denken, d.h. inwieweit sie Presse, Funk und Fernsehen und sonstige Medien (bspw. www) mehr oder minder intensiv und regelmäßig nut- zen.

Diese Kriterien der Segmentierung bzw. der Identifikation von Zielgruppen bedingen jeweils immer eine nur einseitige, d.h. *eindimensionale* Betrachtungsweise. Vielversprechender und informativer erscheint demgegenüber der Weg einer simultan mehrdimensionalen Analyse und Segmentierung des Markts, wie sie in den in der *Tabelle 4* enthaltenen exemplarischen Bei- spielen zum Ausdruck kommt.

Tabelle 4: Beispiele mehrdimensionaler Segmentierung
(in Anlehnung an *Geisbüsch*, 1991, S. 73)

Kriterien der Segmentierung					
Produkt / Leistung	regional	demo-graphisch	sozio-graphisch	psycho-graphisch	Besitz- und Konsum-merkmale
Maßanzüge	BRD (Österreich Schweiz)	Einkommen > 200.000 DM (netto) über 30 Jahre männlich	obere Schicht Großunternehmer Spitzenpolitiker Manager, etc.	liberal/konservativ Stil statt Mode höchste Ansprüche	Stammkunde PKW der Ober-klasse
Spitzenweine	BRD England (USA)	Einkommen > 100.000 DM vorwiegend älter als 35 Jahre	Oberschicht obere Mittelschicht Unternehmer Freiberufler, etc.	konservativ Stil statt Mode Kenner	größerer Wein-keller Eigentümer von Immobilien

Andere Systematisierungs- bzw. Klassifikationsvorschläge und -ansätze, wie zum Beispiel von *Nieschlag, Dichtl & Hörschgen* (1994, S. 583; bzw. *Bleul*, 1982, S. 2134 f.), veranschaulichen die Vielfalt der denkbaren und zu berücksichtigenden Kategorien sowie deren Merkmals-bereiche zur Definition und Charakterisierung von Zielgruppen. Sie unterscheiden zwischen *sozio-demographischen* (v Geschlecht, v Alter, v Bildung, v Beruf, etc.), *angebotsbezogenen* (Verwenderkategorie [Produkt-, Intensiv-, Normal-Verwender ... u.a.]) , *Diffusions- und Informationsmerkmalen* (Innovatoren, Fashion-Leader, Neophile, etc., bzw. Einstellung zur Wer-bung, Informationsbedarf etc.) sowie Merkmalen des sogenannten *„inneren Handelns"* (Ein-stellungsstrukturen, Grad der Motivation, problemrelevante psychologische Faktoren).

Ergänzt werden müßte diese Liste noch um die Kategorie **differentielle Verhaltensrelevanz** der Merkmale, um Auskunft darüber zu erhalten, in welchem Umfang und in welchem Bezug das jeweilige Merkmal als *determinierend* anzusehen ist. Das maßgebliche Moment derartiger Klassifikationen ist nämlich weniger, eine an Bildern reiche Beschreibung der Zielgruppen zu liefern, sondern vielmehr die Notwendigkeit anhand dieser Kategorien im Markt **homogene Gruppen-Segmente** (Cluster) zu finden, die sich von anderen Gruppen verhaltensmäßig ein-deutig differenzieren (Käufergruppen vs. Nicht-Käufer) lassen bzw. einen engen Zusam-menhang zum Konsumverhalten aufweisen, um auf dieser Grundlage das jeweilige **Zielverhal-**

ten *prognostizieren* zu können. Der empirische Nachweis der *prädiktiven* Validität bildet dabei der Prüfstein zur Beurteilung ihrer Tauglichkeit oder Eignung.

1.6   Umweltbedingungen des Markts

Für die erfolgreiche Erschließung eines Marktes sind neben der Beschaffung von Informationen über die inneren Bedingungen und Gegebenheiten des Unternehmens selbst, vor allem auch die Transparenz der **Umweltbedingungen** im Markt wesentliche Voraussetzung. Mittels Marktforschung sind entsprechende Informationen über die Markt- und Machtverteilung, die Preise, die Vertriebsstrukturen, Konkurrenten und ähnliche Sachverhalte zu beschaffen.

Dem Vorschlag von *Nieschlag, Dichtl & Hörschgen* (1994, S. 876 f.) zufolge ist dabei nach **aufgabenspezifischen** und **generellen** Umweltbedingungen zu differenzieren. Bei den aufgabenspezifischen Umweltbedingungen handelt es sich um die **Mikro-Umwelt**, das heißt das engere Umfeld des Unternehmens. Unter die generellen Umweltbedingungen fällt hingegen die **Makro-Umwelt**, das heißt das weitere Unternehmensumfeld.

Betrachtet man dazu die *Abbildung 3*, so fallen einzelne Komponenten auf, die die Makro-Umwelt in sich birgt. Bei den *ökonomischen* Komponenten sind die Absatzmöglichkeiten immer in Abhängigkeit von und im Zusammenhang mit der Entwicklung der nationalen Gesamtwirtschaft zu sehen, wobei aber auch internationale Gesichtspunkte zu berücksichtigen sind.

Unter die *sozio-kulturelle* Komponente sind neben demographischen, sozio-organisationalen auch normative Dimensionen zu subsumieren. Bei der *technologischen* Komponente handelt es sich um den Bereich der Verfahrens-, Material- und Produktinnovationen. Unter der *physischen* Komponente ist die Infrastruktur und unter der *politisch*-rechtlichen Komponente sind diverse Rechtsvorschriften zu verstehen.

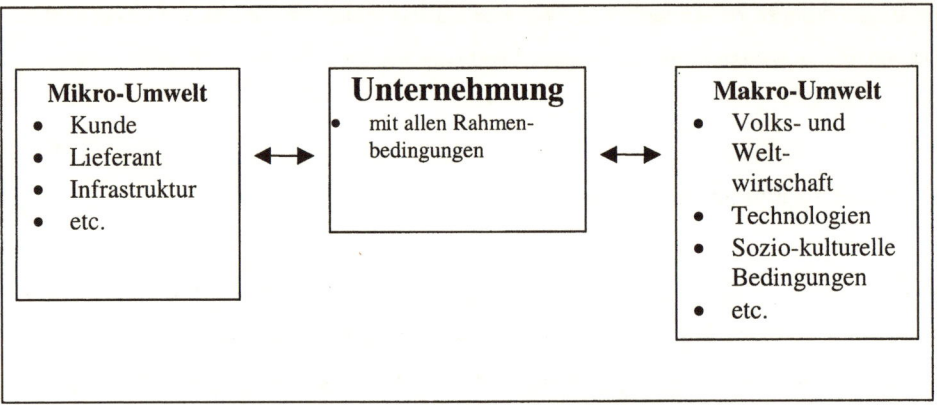

Abbildung 3: Klassifikation der Umweltbedingungen der Unternehmung
(in Anlehnung an *Nieschlag, Dichtl & Hörschgen,* 1994, S. 877)

In ähnlicher Weise unterscheidet *Wiswede* (1983, S. 181 f.) über die Grenze der direkten Beziehungen zwischen den einzelnen Marktpartnern hinaus zwischen einer Reihe von sogenannten *Rahmenbedingungen*. Im einzelnen handelt es sich dabei um ...:

- **kulturelle** Rahmenbedingungen, die insbesondere durch die Werthaltungen und Bedürfnisse von Anbietern und Nachfragern geprägt werden;

- **politische** Rahmenbedingungen, im Sinne rechtlicher Regelungssysteme oder politischer Sanktionsmechanismen;

- **ökologisch-ökonomisch-technologische** Rahmenbedingungen, die das Potential an Ressourcen (Versorgungslage) bzw. den ökonomischen Entwicklungsstand einer Gesellschaft darstellen;

- **Sozial-strukturelle** Rahmenbedingungen, im Sinne von Marktmacht oder Einfluß sozialer Gruppierungen, die beispielsweise den Konsumenten/ Nachfrager in seiner Zielsetzung und Motivation sozial prägen.

Diese Bedingungen wirken als "… normatives Gefüge, in dem sich die zwischenmenschlichen Beziehungen innerhalb des Subsystems Markt abspielen ..." zusammen (*Wiswede*, 1983, S. 182).

2. Marktsegmentierung

2.1 Definition der Marktsegmentierung

In der Literatur existiert keine allgemeingültige Theorie, sondern vielmehr eine Vielzahl von Begriffsbestimmungen. Marktsegmentierung wird dabei im engeren Sinne als *spezielle Marktforschungsmethode* angesehen, bei der die Zielgruppenbestimmung im Rahmen von Marktanalysen im Vordergrund steht. Marktsegmentierung im weiteren Sinne berücksichtigt zudem eine adäquate *Marktbearbeitung.* Mittels spezieller Marketingstrategien wird hier näher auf die zielgruppenspezifischen Präferenzen der Konsumenten eingegangen (vgl. *Kols*, 1986, S. 27). Innerhalb der Marktbearbeitung müssen zwei verschiedene Schritte vollzogen werden. In der Definition von *Freter* (1983, S. 17) finden diese zwei Gesichtspunkte ihre Berücksichtigung, wenn er zum einen von der „... *[Abgrenzung] homogener Käuferschichten ...*" innerhalb eines heterogenen Gesamtmarktes spricht, um zum anderen „... *durch einen gezielten Einsatz der Marketing-Instrumente größtmögliche Erfolge zu erreichen*".

Auch *Kotler & Bliemel* (1999, S. 426) sehen in der Marktsegmentierung die Ermittlung „... *breiterer Käuferschichten, die sich untereinander in ihren Produkterfordernissen und Reaktionen auf Marketing-Maßnahmen unterscheiden*".

In der Definition von *Engel, Blackwell & Miniard* (1995, S. 39) wird explizit auf die Produktpolitik als mögliche Marketing-Maßnahme hingewiesen. Sie bezeichnen Marktsegmentierung dabei als „... *Prozeß der Produkt- oder Service-Gestaltung ...*", die wiederum „... *eine besonders starke Anziehungskraft auf einen identifizierbaren Teilbereich des Gesamtmarktes ausübt*" („*The process of so designing or featuring a product or service that it will make a particularly strong appeal to some identifiable subpart of a total market*"). Die Vorgehensweise bei der Marktsegmentierung sieht dabei so aus, daß die „... *Verhaltensvarianz zwischen den Mitgliedern eines Segments minimiert, aber zwischen den einzelnen Segmenten maximiert wird*" („... *place each person into a group (segment) that will minimize the variance in behavior between each member of the segment and maximize the variance between segments*"; Engel, Blackwell & Miniard, 1995, S. 42).

Das Gegenstück zur Marktsegmentierung stellt das Massen-Marketing dar. Hier findet keine spezielle Unterteilung in einzelne Teilsegmente statt. Den Konsumenten werden vielmehr vergleichbare Produkte oder Service-Leistungen angeboten.

Um eine adäquate Marktsegmentierung vornehmen zu können, müssen zunächst einige **Voraussetzungen**, wie Meßbarkeit, Erreichbarkeit und Substanz des Kundensegments sowie Kongruenz innerhalb des Kundensegments erfüllt sein (vgl. *Engel, Blackwell & Miniard*, 1995, S. 43). Es sollen folglich Informationen über Größe, Art und Verhalten des Kundensegments verfügbar sein. In der Regel werden dabei größere Segmente bei der Marktsegmentierung bevorzugt. Darüber hinaus ist es wichtig, daß die einzelnen Kunden eines Segments überhaupt durch spezielle Marketing-Maßnahmen erreichbar sind.

Im folgenden wird die Marktsegmentierung hinsichtlich ihrer potentiellen Ausprägungsformen sowie ihrer Ansätze, Segmentierungskriterien und Methoden näher durchleuchtet. Abschliessend wird zudem auf ihre Relevanz und daraus folgende praktische Konsequenzen eingegangen.

2.2 Ausprägungsformen der Marktsegmentierung

In Abhängigkeit von einzelnen Kriterien kristallisieren sich unterschiedliche Ausprägungsformen der Marktsegmentierung heraus. *Wölm* (1981, S. 100) spricht in dem Zusammenhang von drei verschiedenen Formen:

- Hinsichtlich des **Grades der Marktabdeckung** sind unterschiedliche Segmentierungsstrategien denkbar. Bei der *differenzierten Strategie* werden sämtliche Marktsegmente miteinbezogen, während bei der *selektiv differenzierten Strategie* die Bearbeitung weniger Marktsegmente im Vordergrund steht. Es besteht außerdem die Möglichkeit, lediglich ein spezielles Marktsegment zu berücksichtigen, was der *konzentrierten Strategie* entspricht. Dies allerdings mit dem Ziel, innerhalb des Segments zudem eine Marktführerschaft einzunehmen (vgl. *Engel, Blackwell & Miniard*, 1995, S. 44).

42

- Darüber hinaus wird das **Marktbearbeitungsverhalten** als weitere Form angesehen. Es kann beispielsweise ein Einsatz mehrerer Instrumente vorliegen. In diesem Fall wird von *aktiver Segmentierung* gesprochen. Allerdings muß der Instrumenteneinsatz nicht zwingend zielgerichtet verlaufen. Von Kundenseite selbst kann die Wahl auf ein bestimmtes Produkt fallen, das einen unspezifischen Einsatz auf dem Gesamtmarkt erfährt (Kundenselbstselektion). Neben der aktiven Segmentierung ist folglich auch eine *passive Segmentierung* möglich.

- Es kann aber auch die **Segmentierungsstufe** als mögliche Form herangezogen werden. Bei einer *Makrosegmentierung* werden dabei im großen Rahmen Länder- oder Organisationssegmente gebildet. Die *Mikrosegmentierung* sieht hingegen vor, kleinere und homogene Gruppen innerhalb größerer Segmente zu berücksichtigen.

Die angesprochenen drei Ausprägungsformen Grad der Marktabdeckung, Marktbearbeitungsverhalten und Segmentierungsstufe ermöglichen in Abhängigkeit von ihrer jeweiligen Ausprägung Ansatzpunkte für einen adäquaten Umgang mit der Zielgruppe. Darüber hinaus können sich bei einer Kombination einzelner Segmentierungskriterien weitere Formen der Marktsegmentierung bilden.

Neben diesen primär vorkaufsorientierten Formen der Marktsegmentierung sollte außerdem die Nachkaufphase größere Bedeutung gewinnen. *Hansen & Jeschke* (1992, S. 93) heben in dem Zusammenhang die Wichtigkeit unterschiedlicher Segmentierungsstrategien vor und *nach* dem Kaufverhalten eines Konsumenten hervor. Nach dem Kaufverhalten existieren andere Bedürfnisse als vorher, wie beispielsweise Entsorgungsverhalten, Beschwerdeverhalten, ein verändertes Informationsverhalten sowie andere Erwartungen und Anspruchsniveaus etc.

2.3 Ansätze der Marktsegmentierung und Segmentierungskriterien

2.3.1 Klassische Ansätze

Es lassen sich eine Reihe von Kriterien anführen, mittels derer eine Marktsegmentierung durchgeführt werden kann. Innerhalb klassischer Ansätze finden primär *sozio-demographische* und *geographische* Segmentierungskriterien ihre Berücksichtigung. Als **sozio-demographische** Merkmale gelten dabei Geschlecht, Alter, Familienstand, Zahl der Kinder, Bildung, Beruf, Einkommen, sozialer Status des Konsumenten etc. Die **geographischen** Segmentierungskriterien beziehen sich auf Unterscheidungsmerkmale zwischen verschiedenen Regionen. Es können geographisch bedingt unterschiedliche Klimata oder auch individuelle Charaktere vorliegen. Ein in der Stadt lebender Mensch verfügt beispielsweise über andere Eigenschaften als ein auf dem Land lebender.

Daneben existiert ein weiterer Segmentierungsansatz, die 1964 von *Dik Twedt* entwickelte **Volumen-Segmentierung** (vgl. *Haley,* 1968, S. 31). Sie zeichnet sich dadurch aus, daß ungefähr die Hälfte der Konsumenten annähernd 80% des Produktkaufes bestimmen. In dem Zusammenhang wird die Frage aufgeworfen, ob es nicht sinnvoller ist, sich als Unternehmen lediglich auf diese Konsumenten zu konzentrieren. Allerdings scheint eine solche Vorgehensweise - insbesondere bei näherer Betrachtung der Ergebnisse zu Markentreue und Kundenzufriedenheit - fragwürdig zu sein.

Die Vorteile klassischer Ansätze liegen auf der Hand. Sie sind leicht erfaßbar, quantifizierbar und kostengünstig. Mittels klassischer Marktsegmentierung wird die betreffende Zielgruppe auf einfachem Weg über Kommunikations- und Distributionsmethoden erreicht (vgl. *Kols,* 1986, S. 32). Einen Überblick über mögliche Segmentierungskriterien klassischer Ansätze liefert die *Abbildung 4.*

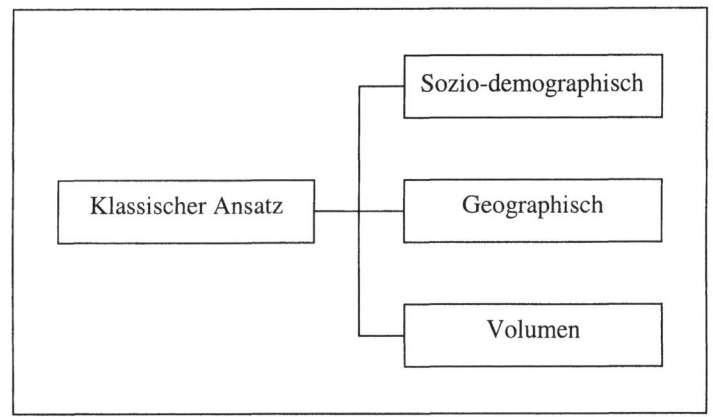

Abbildung 4: Segmentierungskriterien klassischer Ansätze

Einschränkend läßt sich allerdings sagen, daß aufgrund ihres rein deskriptiven Charakters kaum adäquate Verhaltensprognosen geliefert werden können. In erster Linie wird kritisiert, daß sie in der heutigen Zeit nicht in der Lage sind, „*... neue attraktive Nischen aufzuspüren ...*" bzw. sich überhaupt „*... im Wettbewerb zu behaupten ...*" (*Raffée & Wiedmann*, 1986, S. 45). Als alleinige Segmentierungskriterien ist ihr Einsatz folglich unfruchtbar und sinnlos. Allerdings bietet sich in der Marketingpraxis eine kombinierte Vorgehensweise an, bei der klassische Kriterien zusätzlich herangezogen werden.

Einfache Handhabbarkeit und lokale Möglichkeiten sind als Stärken geographischer Kriterien anzuführen. Demzufolge sollten neuere Ansätze sie laut *Sleight* (1993, S. 4 f.) nicht ersetzen, sondern vielmehr in ihnen eine sinnvolle Ergänzung ansehen.

Eine mikrogeographische Segmentierung wird bei der *Bertelsmann GmbH, Gütersloh* durchgeführt (vgl. *Hanke*, 1993, S. 128 f.). Die Bestimmung des geographischen Standortes und des Wohnumfeldes der Haushalte ermöglicht eine exakte Lokalisierung und optimierte Zielgruppenansprache. Mittels des Regio-Systems der *Bertelsmann GmbH, Gütersloh* werden in Deutschland dabei 49 Zielgruppensegmente identifiziert, bei denen neben geographischen Merkmalen auch die Soziodemographie, das Konsum- und Informationsverhalten sowie die Haushaltsausstattung etc. des Konsumenten berücksich-tigt werden. Darüber hinaus wird die mikrogeographische Segmentierung zur Standort-bewertung einzelner Filialen und zur Außendienststeuerung eingesetzt.

2.3.2 Psychographische Ansätze

Häufige Anwendung - insbesondere im Bereich der *Lebensstil*-Forschung - erfahren psychographische Ansätze. Im Vordergrund stehen hier Aktivitäten, Interessen und Einstellungen der Konsumenten. Als bekannte psychographische Ansätze zur Messung von Lebensstilen gelten der *Activity-Attitude-Research-Ansatz* und der *Attitude-Interest-Opinion-Ansatz*. Es können folglich unterschiedliche Merkmale, wie Leistungsmotivation, Innovationsfreudigkeit, Geselligkeitsstreben, Gruppenabhängigkeit oder Beeinflußbarkeit zur Segmentierung herangezogen werden (vgl. *Scheuch*, 1974, S. 219).

Der Vorteil psychographischer Ansätze liegt darin, daß interindividuelle Verhaltensmuster besser berücksichtigt werden können, was effizientere Marketing-Maßnahmen zur Folge hat. Allerdings werden andere Faktoren, wie die Situationsabhängigkeit, Quantifizierung und Interdependenz der Verhaltensdeterminanten eher vernachlässigt (vgl. *Kols*, 1986, S. 32 f.).

2.3.3 Ansätze zum Konsumverhalten

Als Segmentierungskriterien können allerdings auch Merkmale des Konsumverhaltens herangezogen werden. Gemeint sind damit beispielsweise Kaufverhalten, Marken- und Geschäftsstättentreue sowie Benutzungs- und Konsumhäufigkeit des Konsumenten (vgl. *Mühlbacher & Botschen*, 1990, S. 160; *Wölm*, 1981, S. 100). Mögliche Unterschiede von Konsumenten können sich darüber hinaus auch in ihren Motivationen, Bedürfnissen oder Entscheidungsprozessen äußern (vgl. *Engel, Blackwell & Miniard*, 1995, S. 42). *Kotler & Bliemel* (1999, S. 436) gehen von zwei wichtigen Segmentierungsansätzen aus. Neben den bereits angeführten *allgemeinen Verbrauchermerkmalen*, worunter sie demographische, geographische und psychographische Merkmale subsumieren, werden *spezielle Verhaltensmerkmale* zur Segmentierung herangezogen. Als spezielle Merkmale gelten beispielsweise Nutzenangebote, Verwendungsanlässe oder Markentreue. *Scheuch* (1974, S. 219) geht darüber hinaus auf Restriktionen ein, die beispielsweise das Kaufverhalten eines Konsumenten bestimmen, wenn er nicht über ausreichend finanzielle Mittel verfügt. Ebenso kann eine unterschiedliche körperliche Konstitution (z.B. Körperbehinderung oder nicht) verschiedene Auswirkungen auf das Verwendungsverhalten haben.

2.3.4 Mehrstufige segmentspezifische Produktpositionierungen

Einige mehrstufige segmentspezifische Produkpositionierungen seien an dieser Stelle nur der Übersicht halber erwähnt; beinhalten sie doch primär die Segmentierung von ganzen Organisationen und Industrien. Der Segmentierungsansatz von *Wind & Cardozo* (1974) geht dabei von *zwei Stufen* aus, die durchlaufen werden müssen. In der ersten Stufe findet die Bildung von Makrosegmenten auf der Basis von Charakteristika der Kauforganisation (Buying organization) statt. Die Aufteilung dieser Makrosegmente in einzelne Mikrosegmente erfolgt daraufhin in der zweiten Stufe. Die Aufteilung basiert dabei auf Eigenschaften der Entscheidungs-Units (vgl. *Wind & Cardozo*, 1974, S. 156 ff.). *Scheuch* (1974) spricht bei der Segmentierung von Organisationen von einem *dreistufigen* Segmentfilterungsprozess. Zur Segmentierung werden zunächst umweltbezogene (Stufe 1), anschließend innerorganisatorische Merkmale (Stufe 2) und schlußendlich Merkmale der Mitglieder von Entscheidungszentren (Stufe 3) herangezogen (vgl. *Scheuch*, 1974, S. 221 ff.). *Shapiro & Bonoma* (1984) gehen darüber hinaus bei der industriellen Segmentierung von einem *fünfstufigen* Prozeß aus. Sie berücksichtigen dabei demographische und betriebliche Merkmale. Ein weiteres Augenmerk wird zudem auf das Kaufverhalten der Kunden, sonstige situationsbedingte Faktoren und auf persönliche Charakteristika des Käufers gelegt (vgl. *Shapiro & Bonoma*, 1984, S. 105 ff.).

2.3.5 Einstufige Nutzensegmentierungsverfahren

Im folgenden wird auf unterschiedliche einstufige Ansätze eingegangen, die primär den Aspekt des Produktnutzens hervorheben. Hierbei sind die „Benefit Segmentation" von *Haley* (1968), die Nutzensegmentierung von *Yankelovich* (1971) und die Produktsegmentierung von *Barnett* (1969) anzuführen. Einen Überblick über mögliche ein- oder mehrstufige Segmentierungsansätze gibt *Tabelle 5*.

Tabelle 5: Mögliche Segmentierungsansätze

Mehrstufige Segmentierungsansätze	Einstufige Segmentierungsansätze
Zweistufige Segmentierung von *Wind & Cardozo* (1974)	Nutzensegmentierung von *Haley* (1968)
Dreistufige Segmentierung von *Scheuch* (1974)	Nutzensegmentierung von *Yankelovich* (1971)
Fünfstufige Segmentierung von *Shapiro & Bonoma* (1984)	Produktsegmentierung von *Barnett* (1969)

2.3.5.1 Nutzensegmentierungsansatz von Haley (1968)

Für *Haley* (1968, S. 30 ff.) liegt die Ursache für die Entwicklung einer „Benefit Segmentation" darin, daß bisherige Segmentierungsansätze, wie die geographische, sozio-demographische und Volumen-Segmentierung, lediglich beschreibenden Charakter aufweisen. Dadurch zeigen sie keine kausalen Zusammenhänge zwischen Segmentierungsart und Kaufverhalten des Konsumenten auf. Seiner Ansicht nach führt die stärkere Berücksichtigung von *Nutzenerwartungen*, die ein Konsument von einem Produkt besitzt, zu einer hohen Prognosefähigkeit seines weiteren Kaufverhaltens. Nach der Klassifikation in einzelne Nutzensegmente findet pro Segment noch eine zusätzliche Differenzierung hinsichtlich Demographie, Kaufvolumen, Mediengewohnheiten, Persönlichkeit sowie Lebensstil des Konsumenten statt.

Kols (1986, S. 54) kritisiert an diesem Ansatz die mangelnde Absicherung durch empirische Ergebnisse. Außerdem weist sie daraufhin, daß *Haley* (1968) weder die Identifizierung der zusätzlichen Segmentierungskriterien noch die methodische Vorgehensweise dieser Nutzensegmentierung detailliert darstellt.

Mühlbacher & Botschen (1990, S. 160) heben hingegen die Wichtigkeit der „Benefit Segmentierung" von *Haley* (1968) hervor, die sich „... *über alle Branchen hinweg bisher als recht brauchbar erwiesen [hat]"*. Ihr Vorteil liegt zum einen darin, daß sie eine Prognose des weiteren Konsumentenverhaltens ermöglicht. Zum anderen berücksichtigt sie vorweggenommene Konsumsituationen und verschiedene Entscheidungssituationen (vgl. *Mühlbacher & Botschen*, 1990, S. 166).

2.3.5.2 Nutzensegmentierungsansatz von Yankelovich (1971)

Yankelovich hebt in seinem 1971 entwickelten Nutzensegmentierungsansatz die Wichtigkeit von *Produktvorstellungen* und *-anforderungen* hervor (vgl. *Kols*, 1986, S. 50 ff.). In Abhängigkeit von verschiedenen Produktvorstellungen sollen folglich unterschiedliche, in sich homogene *Nutzensegmente* gebildet werden. Durch diesen Gedankengang versucht *Yankelovich* - ebenso wie *Haley* (1968) - den Mangel bisheriger Segmentierungsansätze zu beseitigen, die lediglich beschreibenden und keinen ursächlichen Charakter aufweisen.

Kritisch anzumerken wäre allerdings, daß in dem Ansatz die Identifizierung der Nutzensegmente nicht präzise angesprochen wird und zudem seine Aussagen *„relativ vage"* dargestellt sind (vgl. *Kols*, 1986, S. 52).

2.3.5.3 Produktsegmentierungsansatz von Barnett (1969)

In der Produktsegmentierung von *Barnett* (1969, S. 153 ff.) stehen das *Produkt selbst* und nicht die damit verbundenen Nutzenerwartungen im Vordergrund. Dies führt er darauf zurück, daß innerhalb menschlicher Bedürfnisstrukturen keine Konstanz liegt. Folglich variieren die Erwartungen, die ein Konsument an ein Produkt stellt. Dabei wird die Wichtigkeit der Produkteigenschaften hervorgehoben. Die Produktsegmentierung erfolgt mittels dreier Analyseschritte:

1) Ermittlung differenzierender Produktmerkmale im Vergleich zum Konkurrenz-Angebot
2) Ermittlung von Präferenzen der Konsumenten hinsichtlich neuer und „alter" Produkte
3) Ermittlung einer Produktbeschreibung mittels der Konsumenten-Präferenzen und Produktgestaltung

Diesem Ansatz wird vorgeworfen, daß kein adäquater Umgang mit dem Identifizierungsproblem des jeweiligen Kundensegmentes stattfindet. *Barnett* (1969, S. 162) geht vielmehr davon aus, daß die Zielgruppe, die das Produkt aufgrund spezieller Eigenschaften bevorzugt, *„relativ unwichtig"* ist. Letztendlich sollte aber die gezielte Zielgruppenansprache als *„... wichtiger Bestandteil einer Strategie der Marktsegmentierung ..."* angesehen werden (vgl. *Kols*, 1986, S. 59).

2.4 Methoden der Marktsegmentierung

Es existiert eine Vielzahl potentieller Methoden der Marktsegmentierung. Es kann hierbei von zwei prinzipiellen Richtungen ausgegangen werden. Bei der *a priori* **Segmentierung** werden zunächst einige demographische oder psychographische Variablen herausgegriffen, anhand derer eine Klassifikation stattfindet. Die ***post hoc* Segmentierung** wird auch als *Cluster-*Segmentierung bezeichnet. Eine Clusterbildung erfolgt dabei mittels verschiedener, miteinander verbundener Variablen, wobei innerhalb des Clusters die Ähnlichkeit zwischen den Konsumenten sehr hoch und zwischen den verschiedenen Clustern sehr gering ausfällt (vgl. *Green & Krieger*, 1991, S. 21).

Es besteht allerdings auch die Möglichkeit, mittels der bereits angesprochenen Segmentierungskriterien erst *a posterior* eine Analyse vorzunehmen. In diesem Fall erfolgt zunächst eine Segmentierung nach unterschiedlichen Konsumentenreaktionen, worauf im Anschluß Differenzen demographischer und psychographischer Natur bzw. hinsichtlich der Merkmale des Konsumentenverhaltens aufgezeigt werden (vgl. *Bucklin & Gupta*, 1992, S. 202).

Bei einem Vergleich verschiedener Segmentierungsmethoden kann ermittelt werden, daß sich die Effizienz von Kaufverhaltensprognosen in Abhängigkeit von der Methode erhöht. Bei einer Segmentierung, die die Unterscheidung zwischen abhängigen und unabhängigen Variablen berücksichtigt (Bsp.: Diskriminanzanalyse, CART-Segmentierung), erweist sich die Kaufverhaltensprognose als sicherer und fehlerfreier als bei der a priori Segmentierung, der Cluster-Analyse und einer Methode ohne Segmentierung (vgl. *Morwitz & Schmittlein*, 1992, S. 401).

2.5 Relevanz der Marktsegmentierung

2.5.1 Segmentation mittels Typologien

Ein Vorteil der Marktsegmentierung ist darin zu sehen, daß dadurch eruiert werden kann, „*... nicht nur wieviele, sondern welche Menschen [ein bestimmtes Produkt] kaufen ...*" (*Morwitz & Schmittlein*, 1992, S. 392). Auch aufgrund des zunehmenden Wettbewerbs im Konsum- und

Industriegüterbereich spielt die Marktsegmentierung eine immer wichtigere Rolle. Neben der Marktstruktur- und der Image-Analyse stellt sie einen wichtigen Bestandteil der Einkaufsstättenpositionierung dar (vgl. *Theis*, 1993, S. 59 ff.). Durch die sich in der Nachkriegszeit entwikkelnde Einkommenssteigerung des Konsumenten bilden sich außerdem immer mehr Gruppierungen, die sich mittels materieller oder kultureller Statussymbole voneinander abgrenzen lassen (vgl. *Drieseberg*, 1995, S. 23). Eine adäquate Zielgruppenansprache wird dann oftmals durch die Präsenz spezieller Typologien ermöglicht. In der heutigen Zeit gibt es davon eine hohe Anzahl im Bereich des Lebensstils, die unterschiedliche Aspekte des Konsumentenverhaltens hervorheben.

Die Deutsche Lufthansa AG beispielsweise berücksichtigt bei Linienflugreisen primär das Profil von Geschäftsreisenden, das sich deutlich gegenüber dem von Privatreisenden unterscheidet (vgl. *Tabelle 6*). Durch die Anwendung spezieller Marketingmaßnahmen kann dabei auf die Wünsche des jeweiligen Kundensegments eingegangen werden (vgl. *Höring*, 1983, S. 120 f.).

Tabelle 6: Vergleich der Anforderungen von Geschäfts- und Privatreisenden im Linienflugverkehr (Quelle: *Höring*, 1983, S. 121)

..... Prozent der Geschäfts- bzw. Privatreisenden halten für *„sehr wichtig"*

Anforderungen	Geschäftsreisende	Privatreisende
Häufige technische Kontrolle der Flugzeuge	87%	80%
Hohe Pünktlichkeitsquote	79%	59%
Schnelle Abfertigung beim Einchecken	77%	58%
Sitze mit viel Beinfreiheit	75%	59%
Möglichkeit der Platzreservierung	70%	44%
Freundliches, aufmerksames Bodenpersonal	65%	60%
Dichtes Flugnetz mit großem Flugangebot	55%	35%
Günstige Flugpreise	55%	82%
Großzügig bei Übergepäck	44%	35%
Deutsch sprechendes Personal	42%	65%

Urlaubertypologien ermöglichen eine bessere Ansprache von Reisenden. In der Typologie deutscher Inlandreisender von *Wölm* (1981, S. 100 ff.) wird auf fünf verschiedene Typen eingegangen, bei denen Urlaubsreisen auf unterschiedliche Art und Weise kommuniziert werden sollten. Beim Deutschlandreisenden Typ 1, dem älteren Erholungsurlauber, sollten beispielsweise folgende Punkte im Marketing-Mix abgedeckt werden:

- Ruhe und Erholung in Deutschlands Natur
- Reizvolle Spaziergänge und Ausflüge
- Gewohnte Umgebung (Essen wie zuhause, Sauberkeit, Verstehen der Sprache)
- Preisgünstigkeit eines Deutschlandurlaubs
- Kurze, bequeme Anreise, evtl. mit Bus oder Bahn

2.5.2 Segmentationsfallen

Blickhäuser & Gries (1989, S. 7) betonen die zunehmende Wichtigkeit der Marktsegmentierung, machen aber zugleich auf mögliche Segmentationsfallen aufmerksam. Insbesondere die Vielzahl der jüngsten Zielgruppentypologien muß kritisch hinsichtlich der *Wirtschaftlichkeit* und *Erreichbarkeit* ihrer Zielgruppen gesehen werden. Die *zeitliche Stabilität* solcher Typen, wie den *Ultras, Euro-Yuppies, Dinks* etc. wird dabei von den Autoren stark angezweifelt. Darüber hinaus ist ihrer Ansicht nach der Einsatz herkömmlicher Segmentierungsansätze nicht mehr sinnvoll, da es durch die zunehmende *„Individualisierung des Konsums"* (*Blickhäuser & Gries*, 1989, S. 7) immer schwieriger erscheint, unterschiedliches Konsumentenverhalten mittels einzelner Typen abzudecken. In Zukunft werden sich vielmehr primär Mischtypen und dadurch neue Zielgruppen bilden, was veränderte und situationsangepaßte Marketingstrategien zur Folge hat. Zur Veranschaulichung dieses Sachverhaltes dient folgende *Tabelle 7*.

Tabelle 7: Beispiele für zielgruppenübergreifende neue Zielgruppen
(Quelle: *Blickhäuser & Gries*, 1989, S. 8)

Nummer	Bedürfnis	Beispiele aus dem Gastronomiebereich
1	Zeitersparnis	Fast-Food-Restaurant
2	Gesundheit	Ökoshop
3	Prestigestreben	Luxus-Restaurant
4	Kombination 1, 2	Ökoburger
5	Kombination 1, 3	Fast Food: Gänseleber-Pastete, Trüffel
6	Kombination 2, 3	Vegetarisches Feinschmeckerrestaurant
7	Kombination 1, 2, 3	Hummer und Sekt-Bar (z.B. Hanseviertel Hamburg)

Auch *Karmasin* (1993, S. 103) spricht das Problem der Mischtypenbildung an. Ihrer Ansicht nach gibt es in der heutigen Zeit Konsumenten, die parallel verschiedene Lebensstile ausleben. Darüber hinaus zweifelt sie die Stabilität der Zielgruppen an. Ihr erscheint es fragwürdig, ob „... *eine Person, die einer Zielgruppe zugerechnet wird, in jedem Produktfeld wieder diesem Typ zugerechnet werden kann*".

2.6 Zusammenfassung und praktische Konsequenzen

Es existiert keine allgemeingültige Definition von Marktsegmentierung. Im ersten Schritt dient die Marktsegmentierung der Abgrenzung von Zielgruppen, um im zweiten Schritt eine zielgruppenspezifische Ansprache zu ermöglichen. Der Grad der Marktabdeckung, das Marktbearbeitungsverhalten und die Segmentierungsstufe gelten dabei als mögliche Ausprägungsformen der Marktsegmentierung.

Es besteht eine Vielzahl von Ansätzen und Segmentierungskriterien, die unterschiedliche Aspekte der Marktsegmentierung hervorheben. Bei den *klassischen Ansätzen* sind sozio-demographische und geographische Segmentierungskriterien sowie die Volumen-Segmentierung zu subsumieren. *Psychographische Ansätze* finden vor allem im Rahmen der Lebensstil-

Forschung ihre Berücksichtigung. Zu ihnen zählen der Activity-Attitude-Research- und der Attitude-Interest-Opinion-Ansatz. Als mögliche Segmentierungskriterien bieten sich auch spezielle *Merkmale des Konsumverhaltens* an.

Dem oft kritisierten beschreibenden Charakter herkömmlicher Ansätze wird in weiteren Ansätzen Rechnung getragen. Hierzu zählen *mehrstufige segmentspezifische Produktpositionierungen*, bei denen es um die Segmentierung ganzer Organisationen und Industrien (vgl. *Wind & Cardozo*, 1974; *Scheuch*, 1974; *Shapiro & Bonoma*, 1984). Im Vordergrund dieser Ausführung stehen primär *einstufige Nutzensegmentierungsverfahren* (vgl. *Haley*, 1968; *Yankelovich*, 1971; *Barnett*, 1969).

Es existiert eine Vielzahl an Methoden der Marktsegmentierung. Beispielhaft wurden die *a priori*-, die *post hoc*- und die *a posterior*-Segmentierung kurz dargestellt.

Der permanent wachsende Konkurrenzkampf im Konsum- und Industriegüterbereich hebt die Bedeutung der Marktsegmentierung hervor, deren Vorteil in einer adäquaten Zielgruppenansprache liegt. Allerdings darf ihr Einfluß auf der anderen Seite nicht überschätzt werden. Im Bereich des Lebensstils begegnet man einer Vielzahl von Typologien mit einer wahren Fülle verschiedener Typen, deren zeitliche Stabilität fragwürdig erscheint. In der heutigen Zeit nimmt außerdem die Individualität des Konsumenten wieder einen besonderen Stellenwert ein. Demzufolge läßt eine Einordnung in einzelne Typen oder Segmente lediglich Teilaspekte der Persönlichkeit des Konsumenten zu. Wer adäquat mit dem Instrument der Marktsegmentierung umgehen und Zugeständnisse hinsichtlich ihrer Wirksamkeit machen kann, für den lohnt sich allerdings auch in weiterer Zukunft der Einsatz der Marktsegmentierung.

3. Produkt, Produktgestaltung und Konsumentenverhalten

3.1 Produktarten

Produkte kann man sowohl nach *funktionalen* als auch *psychologischen* Gesichtspunkten unterteilen. Bei einer **funktionalen** Differenzierung lassen sich drei verschiedene Gruppen unterscheiden, und zwar nach Konsumgütern, Dienstleistungen und Produktions- bzw. Investitionsgütern. Bei *Konsumgütern* findet entweder ein direkter Kontakt mit dem Endverbraucher oder ein indirekter über den Handel statt. Unter Konsumgüter subsumieren sich *Verbrauchsgüter* (Bsp.: Nahrungsmittel) und *Gebrauchsgüter* (Bsp.: Möbel). Es gibt weiterhin für den Verbraucher die Möglichkeit, nicht nur Produkte in Form von Gütern, sondern auch in Form von *Dienstleistungen* (Bsp: Banken, Versicherungen) in Anspruch zu nehmen. Bei der dritten Produktart handelt es sich um *Produktions-* bzw. *Investitionsgüter*, die vor allem in Unternehmen Verwendung finden, die ihrerseits Güter der unterschiedlichsten Art produzieren.

Die **psychologische** Klassifikation von Produkten führt zur Unterteilung in High- und Low-Involvement-Produkte. Mit *High-Involvement*-Produkten sind komplexe Entscheidungsprozesse des Verbrauchers verbunden, da die Produkte Risiken der unterschiedlichsten Art enthalten (vgl. *Meffert*, 1992, S. 67). Unter High-Involvement-Produkten werden beispielsweise Autos, Radios und Kassettenrecorder (vgl. *Korgaonkar & Moschis,* 1982, S. 34), aber auch Computer und Schmuck (vgl. *Zaichkowsky*, 1987, S. 33) verstanden.
Im Gegensatz dazu liegen bei *Low-Involvement*-Produkten u.a. aufgrund des geringen Risikos hingegen nur begrenzte Entscheidungsprozesse vor. Zu Low-Involvement-Produkten zählen Massenartikel mit niedrigem Preis und wenig Prestige (vgl. *Rehorn*, 1989, S. 263), wie zum Beispiel Zigaretten, Soft-Getränke oder Handcremes (vgl. *Korgaonkar & Moschis*, 1982, S. 34).

Im folgenden werden Gestaltung und Eigenschaften des Produktes näher betrachtet. Im Anschluß daran wird auf die subjektive Produktwahrnehmung eingegangen. Des weiteren wird dargestellt, was unter Produktinnovationen zu verstehen ist, bevor ein abschließender zusammenfassender Überblick über das Thema Produkt gegeben wird.

3.2 Produktgestaltung

3.2.1 Allgemeine Kriterien

Die Produktgestaltung hat vor allem aus dem Grunde an Bedeutung gewonnen, weil aufgrund gesättigter Märkte einzelne Produkte immer austauschbarer werden. Bei der Gestaltung von Produkten ist zu beachten, daß sie bestimmten grundsätzlichen Ansprüchen genügen müssen.

Bei der Gestaltung steht zunächst das Produkt mit seinen Eigenschaften im Vordergrund. Erst wenn das Produkt spezielle Kriterien erfüllt, wird die Gestaltung der Verpackung berücksichtigt. Als wichtige Aspekte der Produktgestaltung gelten Produktqualität, Produktpreis oder auch Produktpersönlichkeit. Je nach Produkt sollten dabei Eigenschaften, wie Stabilität (Bsp: Wohnungseinrichtung), Langlebigkeit (Bsp.: Auto), guter Geschmack (Bsp.: Nahrungsmittel), angenehmer Duft (Bsp.: Parfüm) oder ausgefallenes Design (Bsp.: Markenkleidung) erfüllt sein.

Durch die individuelle Gestaltung eines Produktes kann sich ein Unternehmen außerdem von den Produkten seines Konkurrenten differenzieren. Man spricht dann von einer **externen Produktdifferenzierung**. Das eigene Produkt wird mit einer besonderen Idee versehen, die im Idealfall ein Kaufverhalten zur Folge hat. Dies kann mittels eines niedrigen Preises, aufgrund besonderer Qualität oder durch eine individuelle Gestaltung geschehen. Es erscheint sinnvoll, innerhalb eines Unternehmens keine extremen Veränderungen hinsichtlich der Produktgestaltung vorzunehmen, da nur dadurch ein Wiedererkennungswert und eine adäquate Zuordnung des Produktes zu einem Unternehmen gewährleistet werden kann (vgl. *Schultz & Koppelmann*, 1983, S. 229).

Auch die **psychologische Produktdifferenzierung** erweist sich als wesentliches Gestaltungselement. Neben dem sachlich funktionalen Nutzen eines Produktes kann ein zusätzlicher Erlebniswert vermittelt werden. Diese emotionalen Erlebnisse können beispielsweise Gefühle in Form von Erotik, sozialer Anerkennung, Freiheit, Abenteuer, Natur, Gesund-heit, Genuß, Lebensfreude oder Gesellugkeit darstellen (vgl. *Kroeber-Riel & Weinberg*, 1996, S. 114). Als spezielles Gestaltungsinstrument kann hierbei der Einsatz bestimmter **Farben** auf Produkten angeführt werden, die einerseits eine effizientere Informationsverarbeitung, andererseits vor allem eine positive Beeinflussung von Anmutungsqualitäten zur Folge haben können (vgl. *v. Keitz*, 1986, S. 115). Letztendlich ruft der Einsatz von Farben gewisse „... *Farb-Stimmungen* ...“ hervor, die „... *erleb- und erlernbar* ...“ sind und vor allem eine „... *Identifikation mit dem Produkt* ...“ ermöglichen (*Bonse*, 1988b, S. 540). Da der Trend nach funktionalen und schönen Produktformen häufig austauschbare Produkte zur Folge hat und sich zudem immer mehr ein Trend zum Erlebniskonsum entwickelt, sollte demzufolge ein Produkt **erlebnisbetonter** gestaltet werden (vgl. *Weinberg & Gröppel*, 1988, S. 190 f.; *Dichtl & Müller*, 1991, S. 66). Die ästhetische Komponente bei der Gestaltung von Tankstellen bewirkt beispielsweise eine Veränderung im Sinne eines positiveren Image (vgl. *Karmasin*, 1993, S. 243). Man kann sogar soweit gehen, nicht mehr von der Vermarktung eines Produktes, sondern von der eines Lebensstils zu sprechen. Aufgabe eines erlebnisorientierten Produktes ist es dabei, beim Verbraucher mehrere Sinne anzusprechen, sich an diesen Lebensstilen und -gewohnheiten zu orientieren und ferner auch Freizeiterlebnisse und Lebensfreude zu vermitteln. Letztendlich gewinnt die kreative Produktgestaltung mittels *Duftstoffen*, *Oberflächengestaltung*, *Bildern* und *Tönen* immer mehr an Bedeutung (vgl. *Blickhäuser & Gries*, 1989, S. 8). Vor allem von der emotionalen Beeinflussung durch **Bilder** ist in der Literatur häufig die Rede. Sie ermöglichen eine „... *effiziente Kommunikation* [mit] *ausgezeichnetem Wiedererkennungswert* [und] *arbeiten als Blickfang* ...“ (*v. Keitz*, 1986, S. 112). Sie können weiterhin zu „*gefühlsmäßigen Vorentscheidungen*“ führen, „... *welche die rationalen Auswahlentscheidungen [bei einem Kaufverhalten] bestimmen*“ (*Kroeber-Riel & Weinberg*, 1996, S. 120). Einen weiteren wichtigen Stellenwert nimmt die Gestaltung des **Produktumfelds** ein, in dem ein Produkt dargeboten wird. Es zeigen sich beispielsweise bei *Weinberg & Gröppel* (1988, S. 194 f.), daß Besucher bei einer erlebnisorientierten Einkaufsstättengestaltung eine positivere Einkaufs-stimmung erleben und dieser Einkaufsstätte auch ein besseres Sortiment und Preis-Leistungs-Verhältnis zubilligen. Beide Autoren schließen aus ihren Ergebnissen, daß der Vorgang des Einkaufens nicht auf einen Vorgang der Bedarfsdeckung reduziert werden dürfe, sondern vielmehr als Freizeitbeschäftigung angesehen werden müsse. Eine Einkaufsstätte verfügt folglich über ein bestimmtes Image, das es zielgruppenspezifisch umzusetzen gilt. Letztendlich kann die Marke mittels der angeführten Kriterien dabei zum *„Bestandteil der Gesellschaftskultur"* („becomes part of the popular culture") werden (*Anschütz*, 1997, S. 65).

Betrachtet man sich die Reihenfolge des *Produktgestaltungsprozesses*, so muß eine Produktverpackung zunächst *formalen* **Kriterien** genügen, wie optimaler Schutz des Packungsinhalts, leichtes Öffnen und Verschließen, problemlose und im Idealfall umweltbewußte Entsorgung und keine im Verhältnis zum Inhalt aufwendige Verpackung. Aber auch bei der Produktgestaltung selbst sollten Faktoren, wie Natürlichkeit, Gesundheit und Umweltverträglichkeit des Produktes berücksichtigt werden. Vor allem in der heutigen Zeit wird zunehmend Wert auf umweltschonendere Produkte bzw. wiederverwendbare Verpackungen gelegt.

Als formale Gestaltungselemente für jede Produktverpackung gelten das Rahmen-Layout, die Logo-Einheit, der Typo-Charakter, die Farb-Wirkung und die Bild-Inszenierung (vgl. *Bonse*, 1988a, S. 382). Auch wenn die Rede von einer kreativen Verpackungs-Gestaltung ist, sollte einem vor Augen bleiben, daß sich diese Gestaltung an gewissen Normen zu orientieren hat. Die Gestaltungselemente können dabei zwar variiert werden, sollten aber eine bestimmte Grenze nicht überschreiten.

Sind diese formalen Kriterien erfüllt, treten weitere, nunmehr *emotionale* **Kriterien** in den Vordergrund, die gefühlsmäßige Reaktionen seitens der Konsumenten auslösen und die der Verpackung eine gewisse *Art von Persönlichkeit* verleihen. Ziel ist es, eine emotionale Beziehung zwischen Konsument und Verpackungs-Persönlichkeit aufzubauen, wobei letztere *glaubwürdig* wirken und diese Glaubwürdigkeit auf das Produkt übertragen sollte (vgl. *Wallentin*, 1989, 259). *Kaloff* (1986, S. 194) spricht in dem Zusammenhang auch von einer sogenannten *„Gefühlsmarke"*, bei der nicht der rational technische Produktnutzen im Vordergrund steht, sondern der emotionale Zusatznutzen im Sinne der Erfassung von „Sinn-Gemüt-Herz" der Verbraucher.

3.2.2 Leistungs- und Objektansprüche des Konsumenten

Händler und Lieferanten können Ansprüche in Form von ausgezeichneter Vermarktung, guter Lagerung oder problemlosem Transport stellen. Interessant hierbei sind auch die Ansprüche der Hersteller selbst, die sich beispielsweise durch Produktions-Absatz-, Forschungs- oder Entwicklungsansprüche äußern können (vgl. *Koppelmann*, 1982, S. 166 f.). Der Konsument kann zum einen **Leistungsansprüche**, zum anderen aber auch **Objektansprüche** an ein Produkt stellen.

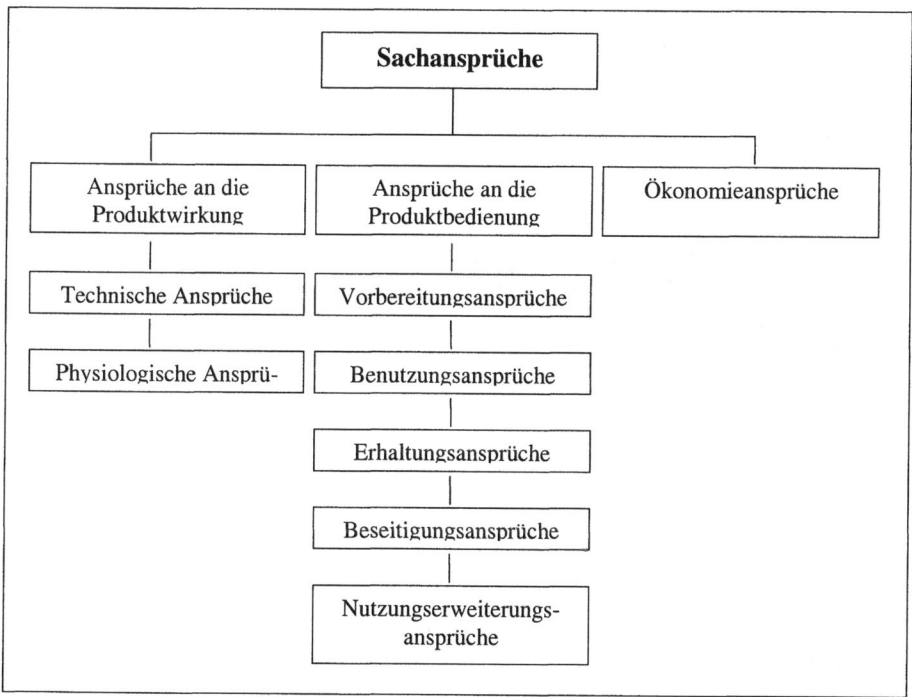

Abbildung 5: Darstellung der Sachansprüche (angelehnt an *Koppelmann*, 1982, S. 169)

Die eher kognitive oder physische Komponente der Leistungsansprüche findet man bei den *Sachansprüchen* wieder, während affektive und soziale Erwartungen sich in den *Anmutungs-ansprüchen* äußern (vgl. *Abbildung 5* und *Abbildung 6*).

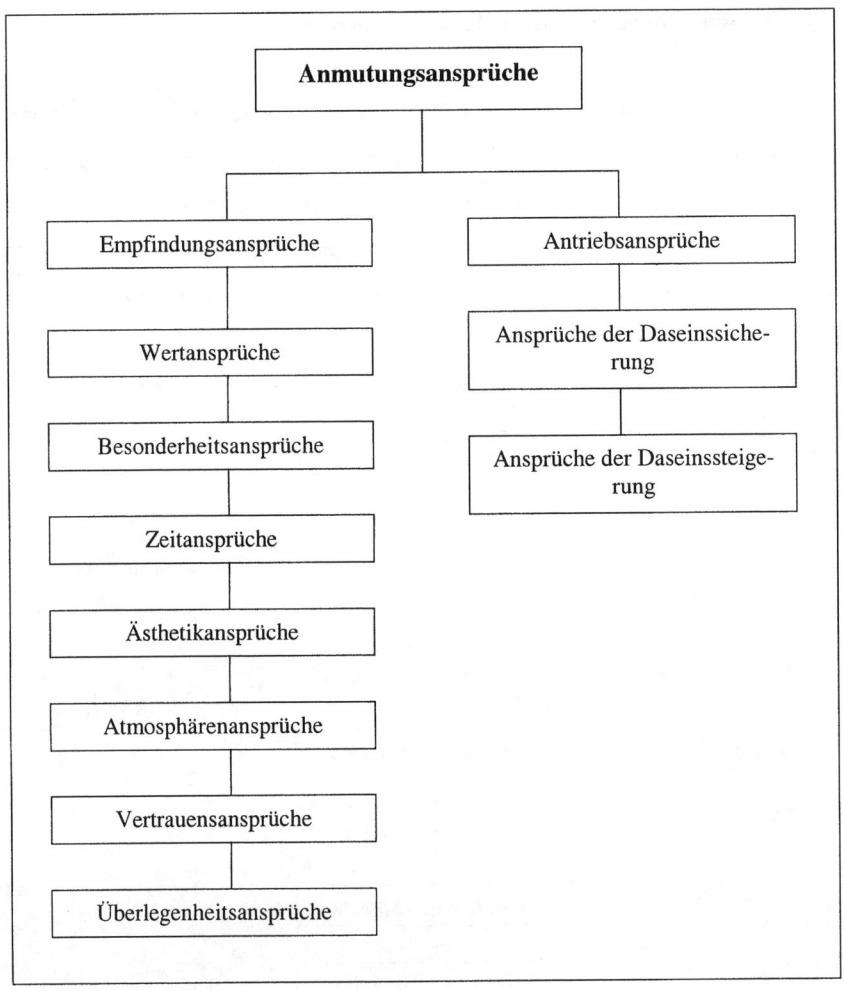

Abbildung 6: Darstellung der Anmutungsansprüche (angelehnt an *Koppelmann*, 1982, S. 170)

Bei den Objektansprüchen hingegen treten konkrete *Gegenstands-* oder *Wahrnehmungs-ansprüche* auf (vgl. *Abbildung 7; siehe auch* ausführlicher *Koppelmann*, 1982, S. 167 f.).

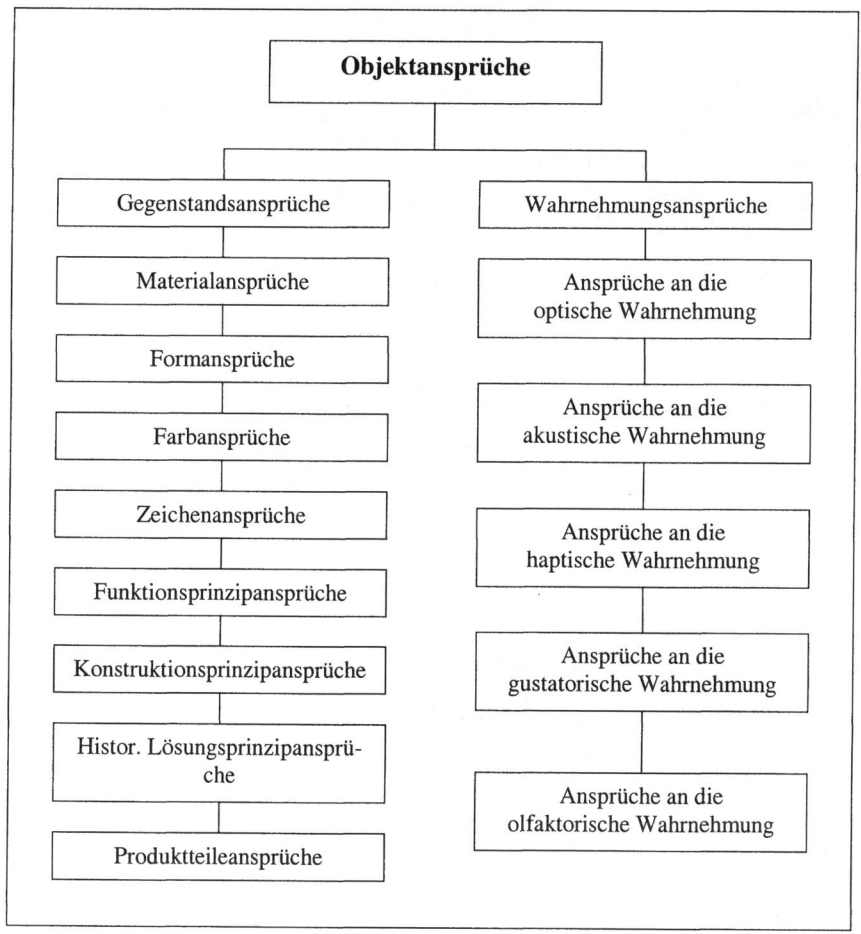

Abbildung 7: Darstellung der Objektansprüche (angelehnt an *Koppelmann*, 1982, S. 171)

3.2.3 Modell zur Produktgestaltung von *Bloch* (1995)

In dem Modell von *Bloch* (1995, S. 17 ff.) wird ausführlich auf Bedingungen und Einfluß-größen der Produktgestaltung sowie deren psychologische und verhaltensmäßige Konsequenzen bei den Konsumenten eingegangen (vgl. *Abbildung 8*).

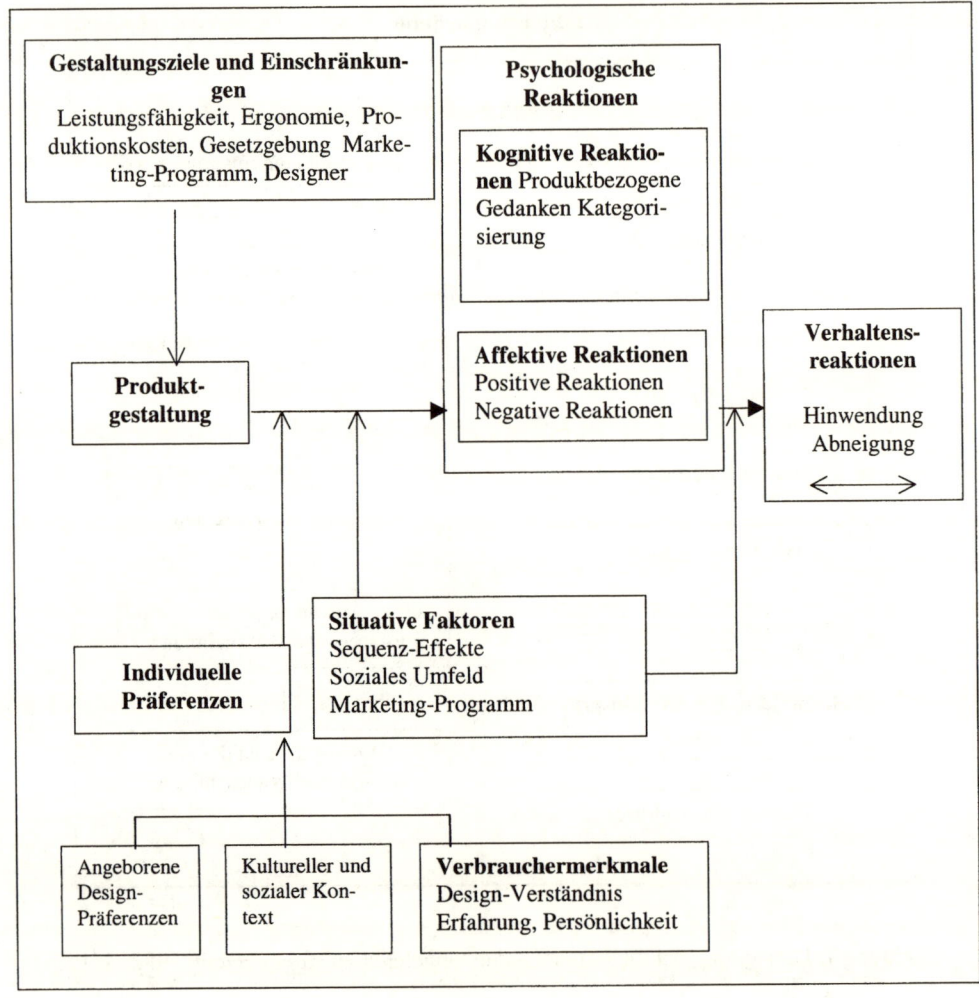

Abbildung 8: Modell der Verbraucherreaktionen auf die Produktgestaltung
von *Bloch* (1995, S. 17)

Das Modell von *Bloch* (1995, S. 17 ff.) basiert auf einer Anzahl an Disziplinen, wie Technik,
Kunst, Psychologie und Ethologie sowie Arbeiten in den Bereichen Marketing und Konsumentenverhalten. Es stellt in anschaulicher Weise die Zusammenhänge zwischen den Bedingungen
und Einflußgrößen der Produktgestaltung auf der einen Seite und den psychologischen und
verhaltensmäßigen Reaktionen auf der anderen Seite dar. Dadurch bietet es in übersichtlicher
Form einen ersten Grobeinblick über die Determinanten der Produktgestaltung.

Als **Bedingungen der Produktgestaltung** werden in dem Modell zunächst *Gestaltungsziele* und deren *Einschränkungen* aufgeführt (vgl. *Bloch*, 1995, S. 18 f.). Die Produktgestaltung muß dabei funktionalen und technischen Kriterien genügen. Faktoren, wie Sicherheit, Effizienz des Gebrauchs (Nützlichkeit) und Komfort üben einen direkten Einfluß auf die Gestaltung eines Produktes aus. Darüber hinaus dürfen die Kosten der Produktion nicht unberücksichtigt bleiben, begrenzen sie doch nicht selten die Gestaltung möglicher Produktalternativen. Dies kann auch mittels gesetzlicher Restriktionen erfolgen. Beispielsweise müssen bei der Produktgestaltung Kriterien wie Sicherheit oder Umweltschutz berücksichtigt werden. Auch das Marketing-Programm kann Einschränkungen aufweisen. Es müssen dabei Aspekte der Logistik und der Lagerung beachtet werden. Die Gestaltung eines Produktes hängt beispielsweise auch von der anderer Produkte ab, falls das marketingpolitische Ziel eine Produktfamilie vorsieht. Letztendlich kann aber auch der Designer selbst diversen Einschränkungen unterliegen. Er kann seine Kreativität nur bedingt ausleben, solange sie nicht in Konflikt mit anderen, vorgegebenen Kriterien kommt. Auf der einen Seite sollte ein Produkt folglich kreative und originelle Aspekte in sich bergen, auf der anderen Seite muß es allerdings auch anderen Aspekten, wie Nützlichkeit, Praktikabilität, Herstellungskosten oder Umweltschutz genügen. Betrachtet man sich nun die erwähnten Einschränkungen und Vorgaben, erscheint eine Produktgestaltung vor dem Hintergrund eine anspruchsvolle, nicht zu unterschätzende Aufgabe darzustellen.

In dem Modell kommen außerdem die **Auswirkungen der Produktgestaltung** zum Tragen, die sich in psychologischen Reaktionen bzw. im Verhalten des Konsumenten äußern. Das *Verhalten* eines Konsumenten kann sich dabei durch Hinwendung oder durch Abneigung äußern. Größere Komplexität weisen allerdings seine *psychologischen Reaktionen* auf. Ähnlich wie bei dem potentiellen Verhalten auf das Produkt können auch *affektive Reaktionen* positiver oder negativer Art auftreten. Im Vordergrund steht hierbei die Beziehung zum Produkt. Positiv ist sie, wenn das Produkt die ästhetischen Ansprüche des Konsumenten erfüllt und er außerdem schöne Gefühle mit dem Produkt in Verbindung bringt. Eine negative Beziehung hingegen ist dadurch gekennzeichnet, daß der Konsument keine angenehme und schöne Bindung zum Produkt aufbauen kann. Neben seinen Affekten können allerdings auch *kognitive Reaktionen* auftreten. Hierbei ist eine Unterscheidung zu machen zwischen produkt-bezogenen Gedanken und Kategorisierung.

Unter *produkt-bezogenen Gedanken* werden dabei die Gedanken verstanden, die durch die jeweilige Produktgestaltung hervorgerufen, somit mit dem Produkt assoziiert werden. Mit dem Produkt verbundene Eigenschaften wären dabei beispielsweise einfache Handhabbarkeit, Beständigkeit, finanzieller Wert oder Prestige. *Kategorisierung* stellt die Tendenz des Konsumenten dar, ein Produkt innerhalb einer bereits bestehenden Produkt-kategorie aus Gründen des besseren Verständnisses einzuordnen. Bei der Entwicklung neuer Produkte ist dabei zu beachten, daß Konsumenten vielmehr Produkte bevorzugen, die eine moderate Inkongruenz zu anderen, bereits bestehenden Produktkategorien aufweisen (vgl. *Meyers-Levy & Tybout*, 1989, S. 39 ff.; *Bloch*, 1995, S. 20).

Als zusätzliche moderierende **Einflußgrößen der Produktgestaltung** gelten in dem Modell zum einen individuelle Präferenzen und zum anderen situative Faktoren. Unter *individuelle Präferenzen* subsumieren sich dabei natürliche bzw. angeborene Design-Präferenzen, der kulturelle und soziale Kontext, in dem der Konsument lebt, und dessen individuelle Charakteristika. Als *situative Faktoren* gelten Sequenz-Effekte, das soziale Umfeld des Produkts sowie das Marketing-Programm. Darüber hinaus üben situative Faktoren außerdem einen moderierenden Einfluß auf verhaltensmäßige Reaktionen der Konsumenten aus.

3.3 Produkteigenschaften

Ein Produkt verfügt über eine Reihe von Eigenschaften. Im folgenden finden insbesondere die Produktqualität, der Produktpreis sowie die Relation zwischen Qualität und Preis ihre Erwähnung. Außerdem werden die Markenpersönlichkeit und die Wichtigkeit von Markennamen und Markensymbolen hervorgehoben. Nach einem Überblick über Produktinformation und Produktimage wird auf das Herkunftsland des Produktes als weitere mögliche Produkteigenschaft eingegangen.

3.3.1 Produktqualität

Als wesentliche Voraussetzung für ein Kaufverhalten muß eine gute Produktqualität angeführt werden. In der Regel erfüllen heutzutage Produkte *„sachliche Qualitätsstandards"* (*Blickhäuser & Gries*, 1989, S. 6) und zeichnen sich nicht mehr durch Unterschiede, sondern eher durch Ähnlichkeiten im Aufbau, in der Handhabung oder im Aussehen aus.

Es existieren allerdings verschiedene Dimensionen der Produktqualität. Diese läßt sich näher hinsichtlich Kern- und Zusatzleistung differenzieren. Zur *Kernleistung* zählen beispielsweise technisch-funktionale Qualität, Dauerqualität sowie Ausstattungsqualität. *Zusätzliche Leistungen* können durch Service-, Umwelt-, Preis- und Designqualität erbracht werden, um nur einige zu nennen (vgl. *Scharnbacher & Kiefer*, 1998, S. 29 f.).

Fillip (1997, S. 36) geht noch detaillierter auf einzelne Dimensionen der Produktqualität ein. Gemäß seiner Kategorisierung existieren vier verschiedene Qualitätsdimensionen. Bei der *Ausstattungsqualität* steht die Ausstattung des Produktes und der Funktionsumfang im Vordergrund. Die *Ausführungsqualität* berücksichtigt Aspekte wie Ausführung, Funktion, Design und Haltbarkeit. Über die Produktqualität hinausgehend, stellt auch die *Kontaktqualität* des Unternehmens sowie dessen *ideelle Qualität* eine wichtige Rolle dar. Von entscheidender Relevanz sind hierbei die Qualität des Kontaktpersonals, dessen Vertrauenswürdigkeit und Betreuung, sowie das Image des Unternehmens und der Markenname.

Im Laufe der letzten Jahrzehnte ist die Anspruchshaltung seitens der Konsumenten immer mehr angestiegen. Dies hat zur Folge, daß die Produktqualität aufgrund gesättigter Märkte als selbstverständlich angesehen wird, oder um es in den Worten von *Theis* (1993, S. 62) auszudrücken: *„Die Zeit des genügsamen Kunden gehört der Vergangenheit an"*.

Vor diesem Hintergrund sind nicht nur die objektiven Produktvorteile, sondern vielmehr die *„... subjektive Wahrnehmung der Produkteigenschaften ..."* (*Blickhäuser & Gries*, 1989, S. 8) entscheidend. Gemeint ist damit letztendlich der Qualitäts*eindruck*, den der Konsument von einem Produkt hat (vgl. *Trommsdorff*, 1991, S. 183).

Die Produktqualität darf allerdings nicht unabhängig von anderen Kriterien gesehen werden. Die Basis der Produktqualität stellt beispielsweise die Qualität im Unternehmen selbst dar, denn schließlich sind es die Mitarbeiter, die mit ihren Ideen und Verhaltensweisen zu einer Verbesserung des Produktes bzw. der Marke beitragen. Oder anders formuliert: *„ Die Marke ist ein Abbild der Persönlichkeiten, die das Unternehmen führen"* (*Simon*, 1991, S. 97).

3.3.2 Produktpreis

Für den Konsumenten kann der Preis zwei verschiedene Funktionen haben. Zum einen kann er die *Qualität* und zum anderen die *Kosten* des Produktes anzeigen. Ähnlich wie bei der Produktqualität ist auch in diesem Zusammenhang die subjektive Wahrnehmung des Preises von entscheidender Relevanz.

Im Vergleich mit anderen Kriterien bei Kaufentscheidungen spielt neben der Marke der Preis eine wichtige Rolle, während das Markenzeichen und der Aufdruck lediglich von untergeordneter Bedeutung sind. Dieses Ergebnis kommt unabhängig von der jeweiligen Produktdarbietung (hypothetisch versus real) zustande (vgl. *Sattler*, 1994, S. 35). Preisinformationen scheinen vor allem bei geringem Produktwissen, unbekannter Marke oder großer Variationsbreite der Qualitäten relevant zu sein (vgl. *Fritz & Thiess*, 1986, S. 165).

Als gängigste Preistechniken gelten plakative Hervorhebung, Verwendung von gebrochenen Preisen (*„odd pricing"*; Unterschreiten runder Preisfiguren), Preisbrechersymbolen (Bsp.: Sterne, Blitze) und bestimmte Preisattribute (Bsp.: Sonder- oder Fabrikpreise) (vgl. *Nieschlag, Dichtl & Hörschgen,* 1997, S. 333 f.). Diese Preistechniken sind allerdings kritisch zu betrachten, denn *„... solche Gags werden von Kunden häufig als Indikator für eine von ihnen nicht weiter nachgeprüfte Preisgünstigkeit des Angebots aufgefaßt ..."* (*Nieschlag, Dichtl & Hörschgen*, 1997, S. 334).

Einschränkend muß allerdings gesagt werden, daß der Preis *nicht zwingend* Einfluß auf das Kaufverhalten ausübt.

Interessanterweise scheint in einer Untersuchung von *Dickson & Sawyer* (1990, S. 47 f.) der Preis eines Produktes in der Informationsverarbeitung keine besonders große Rolle zu spielen. Zwar behaupten Konsumenten, daß sie beim Kauf eines Produktes mit speziellem Preis eine extensive Suche und Preiskontrolle vornehmen, tatsächlich aber verbringen sie definitiv nicht mehr Zeit beim Produktkauf. Außerdem ist ihre Preiseinschätzung inkorrekt, was sich darin äußert, daß sie ihn 10% unter dem tatsächlichen Preis einschätzen. Unerwarteterweise unternehmen häufige Einkäufer einer bestimmten Produkt-kategorie keine Preiskontrollen und besitzen ebenfalls keine adäquate Preiskenntnis. Was die Verwendung unterschiedlicher Informationsquellen anbelangt, muß auch wider Erwar-ten festgestellt werden, daß keine weiteren Quellen als zusätzliche Preisinformationen herangezogen werden. Dieses Verhalten ist auf fehlende Zeit, Glauben an einen zufrieden-stellenden Preis oder markentreues Verhalten zurückzuführen. Es erscheint verwunderlich, daß so wenig Preisinformationen herangezogen werden. Weniger als die Hälfte der Ein-käufer kann sich weder an den tatsächlichen Preis ihrer gewählten Marke noch daran erinnern, daß es sich hierbei um ein Produkt mit reduziertem Preis handelt. Lediglich für eine kleine Minderheit sind Preis bzw. Preisreduzierung gedanklich präsent.

Obwohl Konsumenten die Wichtigkeit des Preises für ihr Kaufverhalten hervorheben, erinnern sich viele nicht an den tatsächlichen Produktpreis oder nehmen im nachhinein eine fehlerhafte Preiseinschätzung vor. Kritisch anzumerken ist allerdings, daß die Untersuchungsergebnisse auf Recall-Werten basieren. Anders verhält es sich womöglich, wenn Recognition-Werte als Erinnerungskriterium herangezogen werden (vgl. *Dickson & Sawyer*, 1990, S. 47 f.).

3.3.3 Relation zwischen Qualität und Preis

Hinsichtlich der Relation zwischen Qualität und Preis kann davon ausgegangen werden, daß bei der Befriedigung von Grundbedürfnissen immer mehr die Tendenz besteht, das Preis-Leistungs-Verhältnis der Produkte zu berücksichtigen. Gerade vor dem Hintergrund, daß die Produkt-qualität seitens der Konsumenten als selbstverständlich angesehen wird, erscheint es plausibel, daß eine Kompensation schlechter Produktqualität mittels niedrigen Preises nicht bzw. nur in seltenen Ausnahmefällen erfolgen kann (vgl. *Karmasin*, 1993, S. 225).

3.3.3.1 Merkmals- und globalorientierte Qualitätseinschätzung

Der Konsument scheint, in der Regel von einzelnen Produkteindrücken auf die gesamte Qualität zu schließen. Im Prinzip handelt es sich dabei um nichts anderes als Schlüsselinformationen, die die komplexe Informationsverarbeitung des Konsumenten erleichtern. Eine entscheidende Schlüsselinformation stellt dabei neben dem Markennamen, dem Geschäftsimage oder dem Qualitätsurteil einer Warentestinstitution der Preis dar (vgl. *Kroeber-Riel & Weinberg*, 1996, S. 299 ff.). Neben dieser primär *merkmalsorientierten* Qualitätseinschätzung existiert außerdem konsumentenabhängig eine eher *globalorientierte* Qualitätseinschätzung.

In einer umfangreichen, länderübergreifenden Studie von *Dawar & Parker* (1994, S. 88 f.), bei der 38 verschiedene Nationen ihre Berücksichtigung finden, konnte ermittelt werden, daß die Beziehung zwischen Qualität und Preis enger ist als die zwischen Qualität und dem Ansehen des Einzelhändlers. Interessanterweise können keine signifikanten interkulturellen Unterschiede gefunden werden, was die Rolle nichtkultureller, sondern vielmehr individueller Faktoren für eine Marktsegmentierung hervorhebt. Es gibt Personen, die primär merkmalsorientiert vorgehen, was die Qualitätseinschätzung anbelangt, während andere Personen einzelne Merkmale nicht als Qualitätskriterien heranziehen. Je häufiger beispielsweise die Tendenz vorhanden ist, Marke oder Preis als Qualitätsindikatoren anzusehen, desto häufiger werden auch das Erscheinungsbild des Produktes und der Ruf des Einzelhändlers berücksichtigt (vgl. *Dawar & Parker*, 1994, S. 89).

Dawar & Parker (1994, S. 88 f.) finden in ihrer Studie hohe Korrelationen zwischen merkmalsorientiertem Vorgehen als Qualitätsindikator und erhöhter Informationssuche, erhöhter Risikoneigung, erhöhter Zahlungs- und Kaufbereitschaft sowie erhöhter Wahrnehmung von Produktvorteilen. Eine geringe Korrelation wird bei technischem Wissen der Verbraucher gefunden, was mit der in der Studie gewählten Produktart (Beurteilung elektronischer Produkte) zusammenhängt.

3.3.3.2 Subjektive Preisgrenzen

In der Regel präferiert der Konsument das Produkt mit der höchsten Qualität. Dabei ist davon auszugehen, daß er die Höhe des Preises auch als angemessen wahrnimmt. *Stroschein* (1988, S. 158) spricht in dem Zusammenhang von der *„psychologischen Preisgrenze"*. Diese Grenze ist erreicht, sobald dem Konsumenten auf subjektiver Ebene der Preis für die dargebotene Qualität zu überhöht erscheint.

Es ist durchaus plausibel, daß sich der Konsument von der größten Differenz im Sinne von höchster Qualitätsbeurteilung kombiniert mit niedrigstem Preis leiten läßt. Aus dem Grunde kann man unter Umständen von einem immer mehr steigenden Konsum von No Name-Artikeln sprechen, die dieses Kriterium zu erfüllen scheinen. In diesem Zusammenhang führt *Grey* (1996, S. 12) eine Studie durch, bei der drei verschiedene Verbrauchersegmente eruiert werden. Während die *„Schnäppchen-Käufer"* (35 %) viel Zeit für die Preis-Recherche aufbringen und die *„Smart Shopper"* (29 %) sehr preis-leistungsbewußt vorgehen, orientieren sich die *„Qualitätskäufer"* (36 %) primär an Herstellermarken und betonen weniger den Preisaspekt. Die erhöhte Bereitschaft, für eine hohe Qualität auch einen besonders hohen Preis zu bezahlen, kann u.a. auch darauf zurückzuführen sein, daß sich der Konsument von seinem Kauf noch einen anderen Nutzen in Form von Prestige oder Status verspricht.

Die Höhe des Preises kann somit zum einen als Indikator für die Qualität des *Produktes* gelten, zum anderen aber auch Aussagen über die Qualität des *Käufers* treffen. Vor diesem Hintergrund rückt die Strategie der Preissenkung in ein völlig anderes Licht. Wenn mit einer Preissenkung gedanklich eine Qualitätsverschlechterung in Zusammenhang gebracht wird, können unerwünschte Nachfrageabnahmen die Folge sein.

3.3.3.3 Entscheidungsstrategien

Auch die Ergebnisse von *Tellis & Gaeth* (1990, S. 40) sprechen dafür, daß ein hoher Preis häufig eine hohe Qualität impliziert. Ihrer Ansicht nach gibt es bei der Qualitätsbeurteilung drei verschiedene Entscheidungsstrategien: *„Bester Gegenwert"*, *„Preis-Suche"* und *„Preis-Aversion"*.

Tellis & Gaeth (1990, S. 34 f.) gehen davon aus, daß es sich bei dem **„besten Gegenwert"** um eine rationale Entscheidung handelt. Hierbei berücksichtigt der Verbraucher sowohl Preis als auch Qualität und entscheidet sich für die Marke, bei der die Relation dieser zwei Kriterien den geringsten finanziellen Aufwand ausmacht. Verfolgt der Konsument hingegen die **„Preis-Suche"** - Strategie, wird die Marke mit dem höchsten Preis gewählt, weil sie mit einer erwarteten Erhöhung der Qualitätsleistungen einhergeht. Es handelt sich folglich hierbei um einen Rückschluß von der bereits bekannten Variablen *Preis* auf die unbekannte Variable *Qualität*. Mittels dieser Strategie kann der Konsument allerdings seine eigene Person in den Vordergrund stellen. Dieses Phänomen ist auch bekannt unter dem *„Veblen-Effekt"*, der auf den amerikanischen Sozialwissenschaftler *Veblen* zurückgeht. In seiner *„Theorie der feinen Leute"* von 1899 beschreibt er diese besondere Verhaltensweise der Verbraucher. Dabei kann ein hoher Produktpreis die „ *...finanzielle Stärke [des Käufers] demonstrieren..."* (*Kroeber-Riel & Weinberg*, 1996, S. 156) und zugleich einen Zusatz-nutzen in Form von erhöhtem Prestige oder besserem Status darstellen. Eine **„Preis-Aversion"** - Strategie hat hingegen die Wahl der günstigsten Marke zur Folge, um unmittelbare Kosten einzusparen. Dadurch wird das Risiko, bei einer schlechten Markenwahl zu hohe Kosten zu haben, minimiert (vgl. auch hierzu *Tabelle 8*).

Tabelle 8: Entscheidungsstrategien bei der Markenwahl unter Berücksichtigung der Relation zwischen Preis und Qualität (nach *Tellis & Gaeth*, 1990, S. 34 f.)

Entscheidungsstrategie	Markenwahl
Bester Gegenwert	Adäquates Preis-Leistungs-Verhältnis
Preis-Suche	Teuerste Marke
Preis-Aversion	Günstigste Marke

Beim Vergleich der drei Strategien zeigt sich, daß bei steigender Information über die Produktqualität vor allem die „Bester Gegenwert" - Strategie im Gegensatz zu den „Preis-Suche" - oder „Preis-Aversion" - Strategien gewählt wird. Bei Zunahme der Bedeutung der Produktqualität ist allerdings ein signifikantes Ansteigen der „Preis-Suche"-Strategie festzustellen.

3.3.3.4 Einflußfaktoren

Es kann ferner eine unterschiedliche Preis-Qualitäts-Relation in Abhängigkeit von der **Bekanntheit der Marke** festgestellt werden (vgl. *Moore & Olshavsky*, 1989, S. 189 ff.). Bei bekannten Marken findet bei ständiger Preisreduktion ein erhöhter Kauf der Marke statt. Unbekannte Marken hingegen werden nur bis zu einer gewissen Preisreduktionsgrenze von 30% erhöht gekauft. Findet eine höhere Preisreduktion statt, geht das Kaufverhalten der Konsumenten zurück. Dies hängt damit zusammen, daß bei unbekannten Marken seitens der Konsumenten ein extrem reduzierter Preis mit mangelnder Markenqualität gleichgesetzt wird. Zur Veranschaulichung dient folgende *Abbildung 9*.

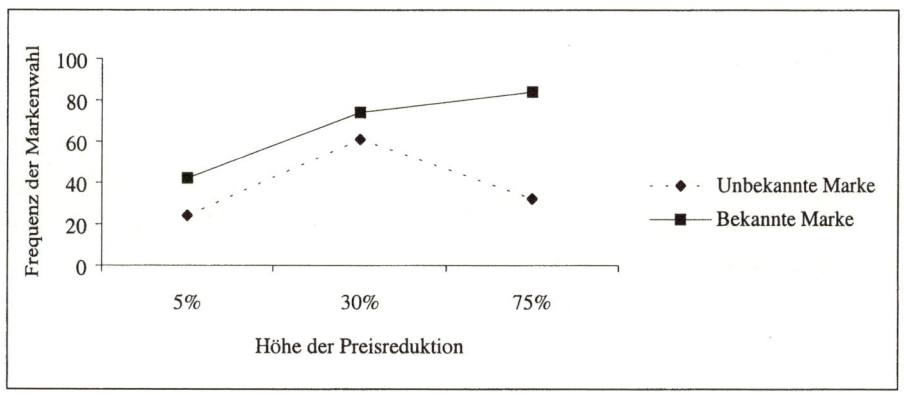

Abbildung 9: Frequenz der Markenwahl bei steigender Preisreduktion in Abhängigkeit von der Bekanntheit der Marke (Quelle: *Moore & Olshavsky*, 1989, S. 190)

Auch hinsichtlich der **Produktarten** treten Unterschiede im Qualitäts- und Preisbewußtsein auf. Es ist in der heutigen Zeit davon auszugehen, daß Handelsmarken im Vergleich zu Herstellermarken eine immer wichtigere Rolle spielen. Sie stellen dabei eine „*... echte und preislich attraktive Alternative zu den teuren Herstellermarken ...*" dar (*Grey Strategic Planning*, 1996, S. 12).

Innerhalb der drei untersuchten Produktbereiche Kaffee, Sekt und Kühlschrank ergibt sich ein einheitliches Bild in dem Sinne, daß der Preis bei Handelsmarkenkäufern nicht den entscheidenden Faktor darstellt, wenn dieser mit einer verminderten Qualität einhergeht.

Allerdings ist davon auszugehen, daß Handelsmarkenkäufer im Vergleich zu Hersteller-markenkäufern preisbewußter und weniger qualitätsbewußt entscheiden (vgl. *Berekoven & Bernkopf*, 1986, S. 214 f.).

Bei *Arznei-* sowie einfachen *Lebensmitteln* bietet sich ebenfalls eine differenzierte Betrachtungsweise an. Es erscheint sinnvoller, den Preis bei Arzneimitteln höher als den bei einfachen Lebensmitteln anzusetzen, was mit der vom Verbraucher assoziierten Wirksamkeit und Glaubwürdigkeit des Arzneimittels zusammenhängt (vgl. *Stroschein*, 1988, S. 158).

Darüber hinaus ist eine Unterscheidung zwischen *Produkten* und *Dienstleistungen* vorzunehmen. Die Beziehung zwischen Qualität und erhöhter Zahlungsbereitschaft ist bei Produkten stärker ausgeprägt als bei Dienstleistungen (vgl. *Zeithaml et al.*, 1996, S. 42).

3.3.4 Markenpersönlichkeit

Nicht nur ein Individuum verfügt über Persönlichkeit. In Analogie dazu kann auch eine Marke mit einem bestimmten Geschlecht, Alter, Schicht oder sonstigen persönlichkeitsspezifischen Eigenschaften in Zusammenhang gebracht werden. Und folglich kann wie zu einem Menschen auch zu einer Marke eine Beziehung aufgebaut werden.

Die Praxis der Werbung zeichnet sich durch eine Vielzahl unterschiedlicher Werbemaßnahmen aus. Häufig steht dabei nicht die Marke, sondern die ausgefallene Werbung im Vordergrund. Gemeint ist damit beispielsweise die Darstellung eines erotisch besonders attraktiven sozialen Modells oder auch eine lustige und humorvolle Werbung, die von der eigentlichen Marke unter Umständen ablenken kann. Die Marke sollte aber immer als *„Hauptdarsteller"* (*Nemetz*, 1992b, S. 575) angesehen werden, um ihre Aktualität und Bekanntheit darzustellen oder sich von Konkurrenzmarken abzuheben.

Da in der Marketing-Literatur bislang keine adäquaten Skalen existierten, um eine Messung der Markenpersönlichkeit vorzunehmen, entwickelt *Aacker* (1997, S. 349 ff.) eine 42-Item-Markenpersönlichkeits-Skala, die die Kriterien der Reliabilität, Validität und Generalisierbarkeit erfüllt. Sie ermittelt dabei, daß eine Marke über fünf unterschiedliche Persönlichkeits-dimensionen, nämlich Echtheit, Aufregung, Kompetenz, Kultiviertheit und Härte/Widerstands-fähigkeit verfügt (vgl. *Tabelle 9*).

Tabelle 9: Darstellung der 5 Persönlichkeitsdimensionen (Quelle: *Aacker*, 1997, S. 351)

Dimension	Name	Erklärte Varianz	Eigenwert
1	Echtheit	26,5 %	31,4
2	Aufregung	25,1 %	27,9
3	Kompetenz	17,5 %	14,2
4	Kultiviertheit	11,9 %	9,2
5	Härte	8,8 %	6,7

Ein Prototyp für Kultiviertheit ist beispielsweise die Automarke Mercedes, während Härte zum Beispiel durch die Zigarettenmarke Marlboro repräsentiert wird.

Von besonderem Interesse ist außerdem, einzelne Markenpersönlichkeiten in Abhängigkeit von unterschiedlichen Kulturen zu betrachten. In Kulturen, in denen Werte wie Individualismus und Unabhängigkeit hervorgehoben werden, werden seitens der Konsumenten Markenper-sönlichkeiten zur Abgrenzung gewählt. Im Gegensatz dazu werden in Kulturen, in denen primär kollektives Denken und Konformität im Vordergrund stehen, Markenpersönlichkeiten zur Demonstration der gemeinsamen Ähnlichkeit gewählt (vgl. *Markus & Kitayama*, 1991, S. 224 ff.; *Aaker*, 1997, S. 355).

3.3.5 Markenname und Markensymbole

3.3.5.1 Allgemeine Grundlagen

Der Markenname gilt in Kombination mit anderen, einzelnen Produkteindrücken als eine wichtige Schlüsselinformation. Dabei „... *beeinflußt [er] automatisch die gesamte Produkt-wahrnehmung*" (*Kroeber-Riel & Weinberg*, 1996, S. 291). Er trägt zur Identifizierung des Produktes und zur Abgrenzung von Produkten im Wettbewerb ebenso bei wie zur Imagebildung und übt damit einhergehend eine spezielle Anziehungskraft auf Konsumenten aus. Der Markenname stellt letztendlich die Basis des Markenimage dar (vgl. *Kohli & LaBahn*, 1997, S. 67). Die Wichtigkeit des Markennamens wird insofern hervorgehoben, als 60 % der Unternehmen aus der Konsum- und Industriegüterbranche dem Markennamen allein - ohne jegliche Werbeunterstützung - einen entscheidenden Einfluß auf das Kaufverhalten der Konsumenten beimessen. Darüber hinaus wird die Wahl eines adäquaten Markennamens seitens der Unternehmen als signifikant wichtiger erachtet als die Attraktivität der Verpackung oder der Anreiz, das Produkt früh zu verwenden (vgl. *Kohli & LaBahn*, 1997, S. 69). Der Markenname stellt außerdem einen wichtigeren Qualitätsindikator als der Preis oder das Erscheinungsbild des Produktes dar (vgl. *Dawar & Parker*, 1994, S. 88 f.). Demzufolge sollte vielmehr ein besonderes Augenmerk auf ihn gerichtet werden.

Zur geschichtlichen Entwicklung läßt sich sagen, daß bereits im Mittelalter Symbole in Form von Tieren verwendet werden, um ein bestimmtes Familien-Wappen darzustellen. Zunächst sind es primär Herrschafts-Signets führender adliger Familien, wobei in der heutigen Zeit die Verwendung von Symbolen auch bei Firmen-Namen und Firmen-Zeichen immer mehr zum Tragen kommt. Dies ist nicht verwunderlich, stellen Signets zum einen Bekanntheit und Erfolg von Unternehmen dar und tragen sie doch zum anderen zu deren Unverwechselbarkeit und Prägnanz bei (vgl. *Leonhard*, 1989, S. 155).

Bei der Darstellung von Firmen-Signets gibt es Variationsmöglichkeiten. Sie können *abstrakt* oder auch *konkret* dargestellt werden. Als Beispiel eines abstrakten Firmen-Signets ließe sich der „Mercedes-Stern" anführen. Hierbei besteht kein direkter formaler Zusammenhang mit dem werbenden Unternehmen oder dessen Marke. Schließlich stellt dieses Unternehmen nicht Sterne, sondern Automobile her. Als Beispiel für konkrete Firmen-Signets gilt die Verwendung von Tier-Symbolen, die im direkten formalen Zusammenhang mit dem Unternehmen und dessen Marke stehen. Ihre Aufgabe ist es dabei, beim Verbraucher Assoziationen und spontane Sympathien auszulösen. Darüber hinaus ist davon auszugehen, daß sie aufgrund ihres Signalcharakters zu einer erhöhten Wiedererkennung führen und damit ihre Bekanntheit gesteigert wird. Oft wird dabei ein Imagetransfer von den Tiereigenschaften auf das Produkt angestrebt. Demzufolge werden manche Auto-Marken mit kraftvollen, starken und geschmeidigen Tieren belegt, wie es bei der Auto-Marke „Jaguar" oder beim „Ferrari"-Hengst der Fall ist. Weitere bekannte Marken-Symbole wären beispielsweise das „Camel"- Kamel, das „Lacoste"-Krokodil oder auch der grüne Umwelt-"Frosch" (vgl. *Leonhard*, 1989, S. 156).

3.3.5.2 Prozeß der Markennamensfindung

Bei der Markennamensfindung gehen *Kohli & LaBahn* (1997, S. 69 ff.) von einem fünfstufigen Prozeß aus (vgl. *Abbildung 10*).

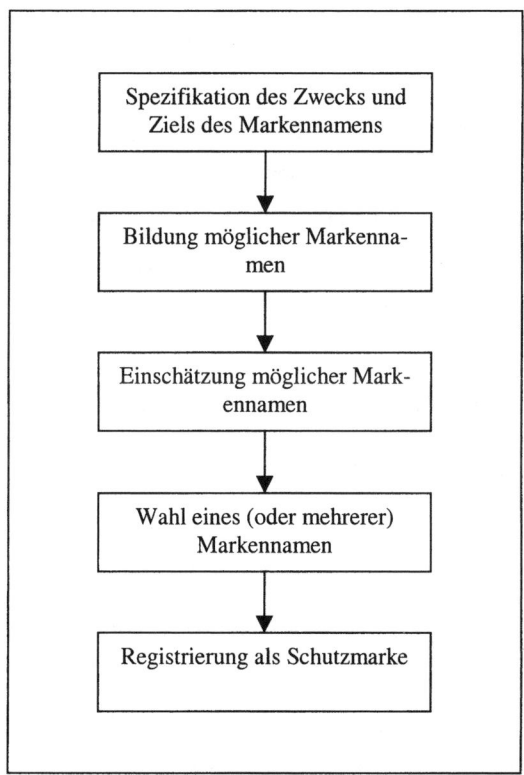

Abbildung 10: 5-stufiger Prozeß der Markennamensfindung
(Quelle: *Kohli & LaBahn*, 1997, S. 69)

Häufigster Zweck des Markennamens (*Stufe 1*) stellt die Vermittlung der beabsichtigten Produktpositionierung dar (61 % der befragten Unternehmen). Dem folgen die Etablierung von Produktdifferenzierung (41 %) und die eines unterschiedlichen, klar abgegrenzten Segments (41 %). Als weniger relevante Zwecke gelten die Etablierung eines charakteristischen Image (20 %), die Produktidentifikation (12 %) und die Einfachheit der Schutzmarkenregistrierung (9 %) (vgl. *Kohli & LaBahn*, 1997, S. 70).

Bei der Bildung von Markennamen (*Stufe 2*) werden seitens der Unternehmen zahlreiche Methoden angewandt. Die häufigsten stellen das Brainstorming (89 %) und das individuelle kreative Denken (87 %) dar. Selten werden Vorstellungen von Kunden (14 %), bereits existierende Namen anderer Unternehmen (14 %) oder Computer-Softwareprogramme (9 %) angewandt.

Bei der Einschätzung der Markennamen (*Stufe 3*) werden eine Vielzahl an Kriterien, wie beispielsweise Produktbezug, Bedeutung, Gefallen, gute Wiedererkennbarkeit sowie Besonderheit des Namens herangezogen. Außerdem fällt die Diskrepanz zwischen der dargestellten Wichtigkeit des Markennamens auf der einen Seite und dem geringen Markennamen-Testen auf der anderen Seite auf. Gemäß der Untersuchung von *Kohli & LaBahn* (1997, S. 71 f.) verwenden 45 % der Unternehmen Gruppendiskussionen oder andere qualitative Methoden, während lediglich 35 % mittels quantitativer Methoden vorgehen. Bei der quantitativen Vorgehensweise ist dabei ein entscheidender Unterschied zwischen der Konsumgüter- (48 %) und der Industriegüter-Branche (29 %) festzustellen.

Bei der Wahl des Markennamens (*Stufe 4*) scheinen lediglich 79 % der Unternehmen die Namenszwecke, die in der 3. Stufe herausgearbeitet werden, zu einer endgültigen Entscheidung heranzuziehen.

Letztendlich schlagen bei der Schutzmarkenregistrierung (*Stufe 5*) 11 % der Unternehmen überhaupt keine, 40 % mehrere und 48 % lediglich einen Markennamen vor. In der Regel kann dabei davon ausgegangen werden, daß bis zu drei Namen abgelehnt werden, bevor ein Markenname registriert wird.

3.3.6 Produktinformation

Die Produktgestaltung, die Produktqualität und der Preis vermitteln dem Konsumenten Informationen über das Produkt. Darüber hinaus spielen für den Konsumenten auch die tatsächlichen Informationen, die er durch ein Produkt erhält, eine Rolle. In der Regel weisen beispielsweise an die 75 % der Lebensmittelverpackungen eine gewisse *„Standard-Gestaltung"* (*Wallentin*, 1989, S. 258) auf, die durchaus auch auf andere Produktbereiche übertragbar ist. Es befindet sich auf der Produktverpackung ein **Markenname**, der dem Konsumenten Informationen über den Hersteller vermittelt. Des weiteren gibt es eine **Produktbezeichnung**, bei der das Produkt noch zusätzlich allgemein beschrieben wird. Außerdem ist meistens eine **Illustration** von dem betreffenden Produkt beigefügt, was dem Konsumenten eine genauere Vorstellung darüber ermöglicht, wie das fertig zubereitete Produkt - wie es nicht selten bei Nahrungsmitteln der Fall ist - aussieht (vgl. *Wallentin*, 1989, S. 258). Auf Lebensmittelverpackungen befindet sich darüber hinaus noch ein **Haltbarkeitsdatum**, das dem Konsumenten Aufschluß über die Länge der Haltbarkeit eines Produktes gibt.

Da allerdings auch immer mehr von der ökologischen Verantwortung des Markenartikels die Rede ist, sind sich folglich Unternehmen der Notwendigkeit bewußt, mittels einer Verpackung auch über **Umweltverträglichkeit** bzw. **umweltbewußte Inhaltsstoffe** zu informieren (vgl. *Dichtl & Müller*, 1991, S. 69).

Neben diesen direkten Produktinformationen können dem Konsumenten allerdings auch Informationen über das **Produktumfeld**, wie beispielsweise über die Geschäftsausstattung oder das Verkaufspersonal, geliefert werden (vgl. *Kroeber-Riel & Weinberg*, 1996, S. 277).

3.3.7 Produktimage

Neben den Produktinformationen ist für den Konsumenten das Produktimage von entscheidender Relevanz. Obwohl Image ein häufig verwendeter Begriff in der Werbe- und Marketing-Literatur ist, gibt es dennoch keine durchgehende und einheitliche Definition. Dies mag unter Umständen daran liegen, daß es *„... tatsächlich ein verschwommenes, uneinheitliches Konstrukt darstellt"* (*Herzig*, 1991, S. 3). In verschiedenen Definitionen wird Image als

„Vorstellungsbild" (*Kotler & Bliemel*, 1999, S. 526), als *„ ...Bild, das sich jemand von einem Gegenstand macht ..."* (*Kroeber-Riel & Weinberg*, 1996, S. 196) oder als *„schematisierte Vorstellungen"* (*Schweiger & Schrattenecker*, 1989, S. 80) angesehen.

In der heutigen Zeit, in der wir regelrecht mit Informationen überflutet werden, die Märkte gesättigt sind und eine Vielfalt des Warenangebots vorherrscht, spielt das Image aufgrund seiner Entlastungsfunktion eine entscheidende Rolle. Eine Produktdifferenzierung wird immer schwieriger, da sich die einzelnen Qualitäten zunehmend einander angleichen, so daß dem Konsumenten schließlich nicht mehr Eigenschaften, sondern Emotionen vermittelt werden. Das Image, speziell auch das Produkt-Image, wird somit *„... für viele Unternehmen zum wichtigsten Wirtschaftsgut ..."* (*Herzig*, 1991, S. 7), das *„... in besonderem Maße auf die Durchschlagkraft der Bilder angewiesen (ist)"* (*Kroeber-Riel*, 1993, S. 7).

Es gibt unterschiedliche Arten von Image. Das **Produkt-Image** basiert auf allen Meinungen und Urteilen des Konsumenten, die er mit einem bestimmten Produkt verbindet. Diese Meinungen konzentrieren sich allerdings beim **Marken-Image** noch spezifischer auf einen bestimmten Markenartikel.

> In einer Untersuchung, in der es um die Image-Einschätzung des Produktes Auto geht, wird das Produktimage durch die Faktoren Eindruck, Qualität und Preis sowie Sportlichkeit beschrieben. Die Anwendung eines weiblichen und männlichen sozialen Modells bewirkt dabei beim Eindruck und bei der Sportlichkeit keine signifikanten Unterschiede. Allerdings wird das Produkt Auto seitens des Konsumenten als *qualitativ wertvoller* und *preislich akzeptabler* bei der Präsentation durch das weibliche Modell wahrgenommen (vgl. *Mayer & Illmann*, 1996, S. 312 ff.).

Beim **Firmen-Image** hingegen äußern sich die Vorstellungen des Konsumenten über die Herstellerfirma. Mittels einer adäquaten Produktgestaltung kann das Unternehmen als *designbewußt* gelten und sich mit seinem Gesamtangebot gegenüber *konkurrierenden Unternehmen differenzieren*. Auch die *Glaubwürdigkeit* eines Unternehmens kann dadurch gesteigert werden, was beim Konsumenten wiederum mit einer Risikoreduktion einhergeht (vgl. *Schultz & Koppelmann*, 1983, S. 230).

Beim Image eines Automobilunternehmens erweist sich, daß vor allem weibliche im Gegensatz zu männlichen Konsumenten das Unternehmen als *fortschrittlicher* und *erfolgreicher* wahrnehmen. Dies zeigt sich insbesondere bei der Präsentation des Produktes Auto durch ein männliches soziales Modell (vgl. *Mayer & Illmann*, 1996, S. 316 ff.).

Sowohl das Glaubwürdigkeitsimage als auch das designbewußte Firmenimage sind Aspekte, die vor allem nach „außen", also extern wirken. Eine Kombination dieser beiden Aspekte hätte durchaus auch intern innerhalb des Unternehmens Folgen in Form einer entwickelten *Corporate-Identity*, bei der sich die einzelnen Mitarbeiter mit den Angeboten und deren Gestaltungsmaßnahmen im Sinne einer großen Familie identifizieren können. Bei einer grundlegenden Image-Analyse sollten allerdings auch noch das **Konkurrenz-Image**, also das Bild, das sich der Konsument von der Konkurrenz eines Produktanbieters - sei es bezüglich ihres Firmenaufbaus oder ihrer Produkte - gemacht hat, und das **Selbst-Image** berücksichtigt werden. Das Selbst-Image beinhaltet dabei alle Gedanken und Ansichten des Konsumenten über seine eigene Persönlichkeit.

3.3.8 Herkunftsland des Produktes

Das Herkunftsland des Produktes stellt eine wichtige Produkteigenschaft dar. Zur Messung dieses Effektes entwickeln *Martin & Eroglu* (1993, S. 193 ff.) eine 14-Item-Skala. Mittels des Semantischen Differentials werden die drei Dimensionen Politik, Ökonomie und Technologie erfaßt. Im Vordergrund steht dabei das Image des Landes und nicht das des Produktes bzw. die Einstellungen gegenüber dem Produkt.

Bei der politischen Dimension geht es u.a. um die Fragestellung demokratisches versus diktatorisches oder kapitalistisches versus kommunistisches System. Um die ökonomische Dimension eines Landes festzustellen, werden beispielsweise Lebensstandard und Produktqualität erfragt. Bei der technologischen Dimension werden u.a. Industrialisierung und Forschung des Landes als Items herangezogen (vgl. *Martin & Eroglu*, 1993, S. 198).

Zahlreiche Untersuchungen belegen einen prinzipiellen Einfluß des Herkunftslandes auf die *Produktbeurteilung* und die *Einstellung zum Produkt* (vgl. *Hastak & Hong*, 1991, S. 138; *Lee & Brinberg*, 1995, S. 289; *Chakraborty et al.*, 1996, S. 382 f.; *Lantz & Loeb*, 1996, S. 376 f.).

In einer Untersuchung von *Lantz & Loeb* (1996, S. 376 f.) wird auf den Herkunftsland-effekt bei dem Produkt Computer-Mauspads näher eingegangen. Dabei wird zwischen kanadischen und amerikanischen Konsumenten unterschieden. Kanadier beurteilen Computer-Mauspads aus Kanada besonders positiv, das U.S.A.-Produkt leicht positiv und das mexikanische Produkt extrem negativ. Bei den amerikanischen Konsumenten ist ein vergleichbarer Effekt feststellbar. Sie beurteilen das amerikanische Produkt besonders positiv, während das kanadische leicht negativ und das mexikanische extrem negativ eingeschätzt werden.

Im Speziellen kann das Herkunftsland die Suche nach Produktinformationen (vgl. *Hong & Wyer,* 1989, S. 175 ff.; *Hong & Wyer*, 1990, S. 277 ff.) oder die Kaufabsicht eines Konsu-menten beeinflussen (vgl. *Mittal & Tsiros*, 1995, S. 294). Gerade bei Kaufentscheidungs-prozessen kommt diesem Merkmal eine wichtige Rolle zu, dient es doch neben anderen Merkmalen, wie zum Beispiel dem Markennamen (vgl. *Hausruckinger*, 1993, S. 2) oder dem Preis (vgl. *Hastak & Hong*, 1991, S. 138), als entscheidende Schlüsselinformation.

Hausruckinger (1993, S. 172 f.) kommt in zwei Untersuchungen mit einer Gesamtstichprobe von 887 bzw. 909 Personen, die in vier europäischen Ländern (Deutschland, Großbritannien, Frankreich, Spanien) durchgeführt werden, zu dem Schluß, daß Herkunftsbezeichnungen eine wichtige Rolle bei der Präferenzbildung zukommt. Dabei steht das Herkunftsland als wichtiges Merkmal im Vergleich zu weiteren, noch zu beurteilenden Merkmalen in Frankreich auf den 3. Rangplatz, in Deutschland und Spanien auf den 4. Rangplatz, während es in Großbritannien lediglich den 13. Rangplatz belegt. Vor diesem Hintergrund kann man immerhin von drei Ländern ausgehen, die das Herkunftsland als wichtig einstufen. Allerdings muß diese Wichtig-keit immer in Abhängigkeit von dem zu beurteilenden Produkt gesehen werden. In diesem Fall handelt es sich um ein Automobil. Wie es sich bei einem anderen Produkt, nämlich im Falle von Waschmaschinen verhält, zeigt die folgende *Tabelle 10.*

Tabelle 10: Wichtigkeit des Herkunftslandes bei Waschmaschinen (in %)
(Quelle: *Hausruckinger*, 1993, S. 173)

Einstufung des Herkunftslandes	Untersuchungsland			
	D (n=180)	**GB** (n=162)	**F** (n=117)	**E** (n=163)
Wichtig	27,2	20,4	22,2	27,6
Unwichtig	72,8	79,6	77,8	72,4

Das Produkt Waschmaschine scheint in allen vier Ländern keinen sehr hohen Stellenwert bezüglich der Wichtigkeit des Herkunftslandes einzunehmen. Es scheint nur in Abhängigkeit von der Produktart ein Herkunftslandeffekt aufzutreten. Beim Vergleich der einzelnen Länder mit-einander, erhalten vor allem deutsche Produkte in allen vier Ländern hohe Präferenzwerte. Die Werte fallen dabei beim Produkt Auto höher aus als beim Produkt Waschmaschine.

In einer weiteren Untersuchung aus dem Automobilbereich treten signifikante Unter-schiede zwischen einzelnen Ländern auf. Jugoslawien und Korea teilen dich dabei ein ähnlich negatives Image, während Autos aus Deutschland und Japan mit einem positiveren Image versehen sind (vgl. Hastak & Hong, 1991, S. 138).

Insgesamt kann aber bei beiden Produkten, dem Auto und der Waschmaschine, festgestellt werden, daß das „Made in Germany" bei den untersuchten Ländern einen hohen Stellenwert einnimmt (vgl. *Hausruckinger*, 1993, S. 176). Dies erweist sich ebenfalls bei der aktuellen Studie des *Burda Advertising Centers* (1998/99). Auch wenn der Anteil der Deutschen, die „Made in Germany" als das Beste beurteilen, um 10 % rückläufig ist, werden dennoch Produkte aus Deutschland im gesamten als positiv angesehen (vgl. *Abbildung 11*).

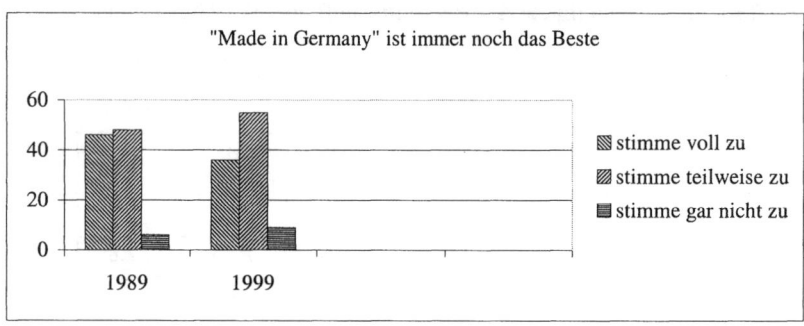

Abbildung 11: Stellenwert des „Made in Germany" (Quelle: TdW Intermedia, 1998/99)

Es kann davon ausgegangen werden, daß Herkunftsbezeichnungen auch in Zukunft die Beurteilung verschiedenster Produktkategorien seitens der Konsumenten entscheidend beeinflussen werden. Als Ansatzpunkt für die weitere Forschung wäre es interessant zu verfolgen, ob innerhalb verschiedener Phasen eines Kaufentscheidungsprozesses oder bei verschiedenen Konsumentengruppen auch eine unterschiedliche Beeinflussung durch das Herkunftsland stattfindet. Zu letzterem Punkt erweist sich, daß psychographische Merkmale einen adäquateren Erklärungswert für unterschiedliche Herkunftspräferenzen liefern als soziodemographische (vgl. *Hausruckinger*, 1993, S. 22).

3.4 Produktwahrnehmung

Bei der Produktwahrnehmung ist neben der eigentlichen Wahrnehmung des Produktes die Produkt- und Markenbewertung sowie die bereits bestehende Vertrautheit mit dem Produkt zu berücksichtigen.

3.4.1 Produktwahrnehmung und Selbstimage

Produktwahrnehmung läßt sich zunächst definieren als die „... *Begegnung von Rezipient und Produkt. Der Betrachter sieht nur das, was seine Rezeptionsstruktur zuläßt ...*" (*Jaspersen,* 1985, S. 6). Die Produktwahrnehmung hängt folglich von zwei Faktoren ab, der Eigenschaft des Produktes und der des Konsumenten. Seine Persönlichkeit, seine Erfahrungen und seine individuellen Einstellungsmuster bedingen gewissermaßen seine Produktwahrnehmung.

Da der Konsument immer als Bestandteil eines sozialen Netzwerkes, in dem er unterschiedliche soziale Beziehungen unterhält, angesehen werden muß, kann auch die Welt des Produktes nicht unabhängig von den Auswirkungen auf das soziale Gefüge gesehen werden. Man spricht in dem Zusammenhang von der *sozialen Funktion* des Produktes. Bei der Produktwahrnehmung spielen folglich Umwelt und Gesellschaft, die im Laufe mehrerer Generationen zu einem Produktwandel im Sinne einer veränderten Produktwahrnehmung beitragen kann, eine wichtige Rolle.

Die *expressive Funktion* von Produkten kommt zum Tragen, wenn ein Konsument durch die Wahl eines Produktes etwas über sich und seine individuellen Persönlichkeitsmerkmale nach „außen" ausdrückt. Eine weitere Möglichkeit bietet sich dem Konsumenten, sich durch ein spezielles Produkt zum einen von anderen Personen oder Personengruppen zu differenzieren und zum anderen die eigene Zugehörigkeit zu einer bestimmten Gruppe zu demonstrieren, was als *distinktive Funktion* von Produkten bezeichnet wird (vgl. *Karmasin*, 1993, S. 234).

> Mit der Wahl eines bestimmten Produktes möchte der Konsument seine Identität ausdrücken. Kinder unterscheiden sich beispielsweise hinsichtlich der Produktwahrnehmung und -wahl von ihren Eltern, oder es werden nach einer Scheidung von den geschiedenen Eheleuten neue und andere Produkte gewählt. Dies geschieht primär aus dem Grunde, die eigene Persönlichkeit durch die veränderte Produktwahl situationsabhängig abzugrenzen und seine unter Umständen neugewonnene Identität auszudrücken (vgl. *Olsen*, 1993, S. 577).

Die Wahl eines Produktes hat letztendlich Signalfunktion. Mittels des Erwerbs oder Verbrauchs dieses Produktes kann der Konsument beispielsweise Prestige bzw. einen hohen Status in der Gesellschaft signalisieren und sich damit Anerkennung und Bewunderung verschaffen. Der Konsument will durch die Wahl eines bestimmten Produktes zwar seine Zugehörigkeit zu einer bestimmten Personengruppe offenlegen, aber dennoch nicht seine Individualität verlieren. Dies kann sich zum einen durch eine eigene zusammengestellte Produktkombination innerhalb eines großen Sortiments oder durch die Wahl eines unverwechselbaren Produktes äußern, das einen speziellen Stil darstellt (vgl. *Karmasin*, 1993, S. 242).

Bei der Produktwahrnehmung des Verbrauchers treten folglich seine persönlichen Lebensziele und Lebenswerte in den Vordergrund. Schließlich werden neue Informationen bewertet, indem ein Vergleich mit bereits bestehenden Werten, Normen oder eigenen bereits gemachten Erfahrungen stattfindet. Der Verbraucher integriert diese neuen Informationen in ein bereits vorhandenes Bezugs-System (vgl. *Liebel*, 1994, S. 150), bringt sich gewissermaßen bei diesem Prozeß der Wahrnehmung mit seiner ganzen Persönlichkeit mit ein. Er hat bestimmte Vorstellungen und Erwartungen, die zu einer *selektiven Wahrnehmung* führen können, bei der nur bestimmte Reize wahrgenommen werden, die im Einklang mit seinem Produktbild oder auch dem Bild von sich selbst stehen. Diese selektive Wahrnehmung kann aber außerdem auf die immer zunehmende Informationsüberlastung seitens der Konsumenten zurückzuführen sein (vgl. *Blickhäuser & Gries*, 1989, S. 9). Als methodisches Instrumentarium zur Aufschlüsselung des persönlichen Bezugs-Systems sei in diesem Zusammenhang die *„Bedeutungsstruktur-Analyse"* erwähnt, die als *„... Abbild der gedanklichen Bedeutungswelt eines Produktes ..."* (*Liebel*, 1994, S. 151) die Relationen zwischen Produkteigenschaften, möglichen Konsequenzen der Produktnutzung und vor allem persönlichen Lebenszielen und Werten offenbart.

3.4.2 Produkt- und Markenbewertung

Hinsichtlich der Produkt- und Markenbewertung zeigen sich *Veränderungen* der affektiven Produkteinschätzung im Laufe der Zeit (vgl. *Jaspersen*, 1985, S. 209 f.). Bei der Wahrnehmung der Produktentwicklung von 1950 bis 1980 erweist sich, daß eine konsistentere Einschätzung „neuer" Produkte im Vergleich zu „alten" Produkten stattfindet. Bemerkenswert hierbei ist auch die Tatsache, daß „neue" Produkte im Gegensatz zu „alten" Produkten durchweg positiver eingeschätzt werden, wobei diese Einschätzung mittels „objektiver" kognitiver Kriterien erfolgt (vgl. *Jaspersen*, 1985, S. 203).

In Abhängigkeit von der *Reihenfolge* der dargebotenen positiven oder negativen Informationen kommt es zu unterschiedlichen Beurteilungen des Produktes Auto (vgl. *Park*, 1995, S. 161). In der Regel kann ein Recency-Effekt festgestellt werden, was sich darin äußert, daß vor allem die zuletzt wahrgenommenen Informationen von entscheidender Relevanz für die Produktbeurteilung sind. Werden folglich den Konsumenten erst negative, dann positive Informationen präsentiert, führt dies zu einer positiveren Einschätzung des Produktes Auto als bei der umgekehrten Darbietung.

Bei der Betrachtung von *verbraucherspezifischen Merkmalen* fällt die unterschiedliche Markenbewertung von Handelsmarkenkäufern und Herstellermarkenkäufern ins Auge. Als einzustufende Marken werden in der Untersuchung von *Berekoven & Bernkopf* (1986, S. 217) Kaffee, Sekt und Kühlschrank herangezogen. Wenn für die Markenwahl das Kriterium die Marke selbst ist, ergibt sich bei Kaffee- und Kühlschrank-Kauf ein geringeres Markenbewußtsein bei Handelsmarkenkäufern als bei Herstellermarkenkäufern. Bei Sekt kann zwischen den zwei Käuferarten kein signifikanter Unterschied festgestellt werden, was möglicherweise auf das Phänomen der sozialen Erwünschtheit seitens der Handelsmarkenkäufer zurückzuführen ist. Hinsichtlich ihrer Markenzufriedenheit läßt sich außerdem anführen, daß Handelsmarkenkäufer eine zumindest tendenziell geringere Zufriedenheit aufweisen als Herstellermarkenkäufer (vgl. *Berekoven & Bernkopf*, 1986, S. 220 f.).

Darüber hinaus treten bei der Produkt- und Markenbewertung *kulturelle Unterschiede* auf. Beim Vergleich des Umweltbewußtseins von Konsumenten in vier europäischen Ländern (Deutschland, Großbritannien, Frankreich, Spanien) erscheint es plausibel, daß je nach Land unterschiedliche Wertvorstellungen vorherrschen. Der 3-Wege-Katalysator bei Automobilen wird dabei in den Ländern Deutschland, Großbritannien und Frankreich durchaus als wichtig eingestuft, was in Spanien nicht in dem Ausmaße der Fall ist. Außerdem erweist sich Deutschland als das Land, das dem 3-Wege-Katalysator die höchste Bedeutung beimißt (vgl. *Herker*, 1995, S. 158) (vgl. *Tabelle 11*).

Tabelle 11: Vergleiche der Beurteilung des 3-Wege-Katalysators in vier Ländern (in %)
(Quelle: *Herker*, 1995, S. 158)

3-Wege-Katalysator	D (n=219)	GB (n=197)	F (n=178)	E (n=293)
Wichtigkeit	87,2	51,3	21,9	12,6
Rang 1	32,9	11,7	2,2	1,7
Rang 1-5	15,5	7,8	2,6	1,9

Neben der unterschiedlichen Produktbewertung kann noch ein zusätzliches Ergebnis fest-gehalten werden. Es tritt in puncto Umweltschutz ein bekanntes Phänomen auf, das eine eindeutige Diskrepanz zwischen Einstellung und tatsächlichem Verhalten widerspiegelt. Umweltschutz wird von über 80 % der Bürger als wesentlich und wichtig erachtet, wobei aber tatsächlich nur 20% - 30% sich als umweltbewußt im Sinne eines Kaufes umwelt-freundlicher Produkte verhalten (vgl. *Karmasin*, 1993, S. 242). Der Schluß liegt nahe, daß es auf jeden Fall sozial erwünscht zu sein scheint, sich im sozialen Austausch mit anderen als umweltbewußt darzustellen.

Die Art des *werblichen Appells* scheint Einflüsse auf die Markenbewertung auszuüben. Ein indirekter, unbewußter Appell im Sinne eines emotionalen Spotszenarios führt dabei zu einer höheren Einschätzung der Attraktivität der Marke und zu einer erhöhten Kaufbereitschaft als ein direkter, bewußter Appell in Form verbaler, sachlicher Aussagen (vgl. *Nemetz*, 1992a, S. 459). Die Verwendung sozialer Modelle bewirkt außerdem eine unterschiedliche Produktbeur-teilung. Das Produkt Auto wird bei der Präsentation durch ein weibliches Modell als qualitativ hochwertiger und preislich akzeptabler angesehen als bei der Präsentation durch ein männ-liches bzw. überhaupt kein Modell (vgl. *Mayer & Illmann*, 1996, S. 313). Auch das Produkt-umfeld spielt eine nicht unerhebliche Rolle bei der Produktbeurteilung. Vor allem emotionale Reize verfügen über einen beeinflussenden Charakter. In einer Untersuchung von *Russo & Medvec* (1995) wird der Einfluß positiver Gefühle auf das Informationssuchverhalten und die Produktwahl nach-gewiesen. Von der positiven Darstellung eines Restaurants überzeugte Ver-braucher suchen darüber weniger Informationen. Die positive Akzeptanz schlägt sich außer-dem in einer bevorzugten Wahl dieses speziellen Restaurants nieder (vgl. *Moorman & Rindfleisch*, 1995, S. 565).

3.4.3 Vertrautheit mit dem Produkt

Die Vertrautheit mit dem Produkt ist ein weiterer wichtiger Faktor, der bei der Produktwahrnehmung mitberücksichtigt werden sollte. Schließlich gelten persönliche Kommunikation,
Massenkommunikation und vor allem eigene Produkterfahrungen als wichtige Bestimmungsgrößen bei der Bildung von Produktimage bzw. Einstellungen zu einem Produkt (vgl. *Voss,*
1983, S. 119). Zum einen bestimmen somit die Einstellungen, die von der Werbung erzeugt
werden „*... in entscheidender Weise den Werbeerfolg und das Verhalten gegenüber Firmen
und Marken ...*" (*Kroeber-Riel,* 1993, S. 236), zum anderen gelten die auf Produkterfahrung
basierenden Einstellungen als erheblich geeignetere Prädiktoren des Konsumentenverhaltens
(vgl. *Mayer,* 1990, S. 175).

Die Rolle von eigenen Produkterfahrungen ist dabei so gewichtig, daß einmal gemachte Erfahrungen kaum durch nachträgliche werbliche Aussagen modifiziert werden können (vgl.
Nemetz, 1992b, S. 574 f.). Es ist entscheidend, daß der Konsument die ihm in der Werbebotschaft vermittelten Aussagen und Versprechungen durch eigene Selbsterfahrung auch
realisieren kann. Letztendlich wird nämlich das Image einer Marke und eines Unternehmens
nicht nur durch die Werbebotschaft selbst gebildet, sondern durch die wahrgenommene Kongruenz zwischen Werbung und eigener Produkterfahrung.

Die Relevanz von Produkterfahrungen zeigt sich auch darin, daß Konsumenten mit Produkterfahrungen eher zu *Kaufverhalten* neigen, unabhängig davon ob sie eine Kaufabsicht geäußert
haben oder nicht (vgl. *Morwitz & Schmittlein,* 1992, S. 396). In einer Untersuchung von *Tellis
& Gaeth* (1990, S. 40) ergibt sich allerdings, daß die eigene Produkterfahrung keinen
signifikanten Einfluß auf die Wahl einer bestimmten Marke hat. Dies mag damit zusammenhängen, daß Konsumenten bevorzugt erst *kürzlich* gemachte Produkterfahrungen in eine Entscheidungsfindung integrieren, während *langfristige* Erfahrungen eher unberücksichtigt bleiben
(vgl. *Tellis & Gaeth,* 1990, S. 43).

Produkterfahrene weisen darüber hinaus auch andere *Gedächtnisstrukturen* auf als Nicht-
Produkterfahrene. Konkret äußert sich das darin, daß Produktverwender in unterschiedlichen
Situationen ausschließlich Informationen über die eigene Marke heranziehen, während Ver-
wender anderer Marken sich auch unterschiedlichen Markeninformationen zuwenden (vgl.
Finlay, 1996, S. 283 f.).

3.5 Produktinnovation

Die Produktpolitik ist neben der Preis- , Distributions- und Kommunikationspolitik ein Teilin-strument des Marketing-Mix. Wesentlicher Bestandteil der Produktpolitik ist die Veränderung und Gestaltung bereits bestehender Produkte, aber auch die Entwicklung neuer Produkte.

Unter produktpolitischen Entscheidungen sind Innovation, Variation, Differenzierung und Elimination des Produktes subsumiert. Im folgenden wird vor allem auf die Produktinnovation eingegangen, die mittels sieben verschiedener Kriterien beschrieben werden kann (vgl. aus-führlicher *Trommsdorff*, 1991, S. 179). Bezogen auf eine rein betriebliche Produktinnovation ist nicht die objektive Neuartigkeit des Produktes von Belang, sondern vielmehr das für das *einzelne Unternehmen subjektive Neuartige*. Auch der *Grad der Neuartigkeit* kann variieren. Für ein Unternehmen erscheint vor allem der Mittelweg zwischen lediglich leichter Modifikation des Produktes und extremer Produkt-Veränderung eine adäquate Lösung dar-zustellen. Produktinnovationen müssen ferner nicht nur technischer Art sein, sondern können auch *sozial-technische Komponenten* in Form neuer „... *durch menschliches Verhalten geprägter Dienstleistungen ...*" (*Trommsdorff*, 1991, S. 179) beinhalten. Des weiteren können Produktinnovationen auch identisch sein mit *Prozeßinnovationen* bzw. diese bewirken. Letzteres würde einhergehen mit einem neuen Produkt, das neue Verhaltensweisen im Unter-nehmen selbst zur Folge hätte. Bei diesen neuen Produkten handelt es sich weiterhin auch nicht um Momentaufnahmen, sondern vielmehr um *Abläufe*, die aufgrund ihrer Komplexität unter Umständen schlecht strukturierbar sind. Demzufolge erscheint eine Aufteilung in *Innovations-phasen* durchaus sinnvoll, bei denen Problemstellungen und Lösungswege klar gegliedert sind. Hinsichtlich der Entwicklung innovativer Produkte heben *Olson et al.* (1995, S. 49 ff.) die Rolle verschiedener funktionaler Strukturen hervor. Ihr Modell läßt den Schluß zu, daß Spezialisten aus verschiedenen Funktionsbereichen zu einer effektiveren und zeitlich effizien-teren Entwicklung neuer Produkte beitragen, während eher bürokratische Strukturen bei weniger innovativen Produkten bessere Ergebnisse erzielen.

Ein nicht zu unterschätzender Faktor stellt hierbei auch das *Innovationsrisiko* dar, das logischerweise so minimiert wird wie möglich. Nicht selten können diese Neueinführungen zu

Mißerfolgen führen (vgl. *Sattler*, 1994, S. 31), wobei Mißerfolge möglicherweise unzureichenden Produkttests zugeschrieben werden können. Eine Konsequenz wäre hier die Verwendung realer Produkte im Gegensatz zur hypothetischen Produktdarbietung (vgl. *Sattler*, 1994, S. 39).

Da bei den meisten Studien über die Einführung neuer Produkte nordamerikanische und europäische Firmen herangezogen werden, konzentrieren sich *Song & Parry* (1997, S. 66 ff.) primär auf japanische Firmen. Der Erfolg neuer Produkte hängt maßgeblich von einigen Faktoren ab, von denen der Produktwettbewerbsvorteil, die Wettbewerbs- und Marktfähigkeit sowie die überfunktionale Integration („cross-functional integration") von Marketing, Forschung, Entwicklung und Herstellung einen wesentlichen Teil zu beitragen. Darüber hinaus beeinflussen technische Fähigkeiten und das Marketing des Unternehmens den Erfolg neuer Produkte ebenfalls (vgl. *Song & Parry*, 1997, S. 71).

Dies zeigt sich auch in einer weiteren Untersuchung, bei der vor allem das Marketing des Unternehmens, die Produktqualität und die Orientierung von Fähigkeiten nach Bedürfnissen („Skill/Needs Alignment") einen positiven Einfluß auf die Einführung eines neuen Produktes bei japanischen Firmen haben (vgl. *Song et al.*, 1997, S. 96 ff.). Als Kriterien des Produkterfolges gelten unter anderem Gewinn, Marktanteil, Absatz, Marktführerschaft und Kundenzufriedenheit (vgl. *Song et al.*, 1997, S. 91).

Die Einstellungen bezüglich der Vorteile von Produktinnovationen sind allerdings gespalten. Zum einen wird es als sinnvoll erachtet, eher eine bereits vorhandene Marke effizient auszubauen als sich mit *„... den kostspieligen und langwierigen Aufbau einer neuen, eigenständigen Markenpersönlichkeit ..."* (*Kaloff*, 1986, S. 194) zu beschäftigen, zumal es seine Zeit braucht, um den Verbraucher auch zu erreichen. Zum anderen sehen Unternehmen in der Einführung neuer oder veränderter Produkte eine Steigerung ihres Unternehmenswachstums. In der Wirtschaft überwiegt außerdem immer mehr die Überzeugung, daß Produktinnovationen einen entscheidenden Ausweg bei der zunehmenden Individualisierung des Bedarfs darstellen (vgl. *Dichtl & Müller*, 1991, S. 66).

3.6 Zusammenfassung und praktische Konsequenzen

Es existieren verschiedene Produktarten. Eine funktionale Aufteilung von Produkten findet sich bei Konsum-, Produktions- bzw. Investitionsgütern und Dienstleistungen wieder. Von einer psychologischen Aufteilung wird eher bei High- und Low-Involvement-Produkten gesprochen.

Hinsichtlich der Produktgestaltung sind eine Vielzahl von Kriterien zu beachten. Im allgemeinen müssen Produkte diversen *Leistungs- und Objektansprüchen* genügen. Konkret sollten folglich *formale und emotionale Kriterien* beachtet werden. Da in Deutschland insbesondere der Umweltgedanke im Mittelpunkt des Interesses steht, sollte sich auch die Produktgestaltung daran orientieren. Es sollte angestrebt werden, Packungs-Materialien zweckmäßiger und umweltfreundlicher zu gestalten.

Mittels einer adäquaten Produktgestaltung kann sich das Hersteller-Unternehmen von anderen Unternehmen *differenzieren*. Bei der Differenzierung gilt es allerdings zu beachten, daß eine angemessene Produktgestaltung weder durch extreme Veränderungen noch durch ein Verharren auf bereits gängigen Mustern und Formen vorgenommen werden sollte. Es sollten vielmehr neue Gestaltungswege beschritten werden, deren Produkte aber über einige bereits bekannte Merkmale verfügen. Letztendlich besteht das Ziel darin, den „goldenen Mittelweg" zwischen Stagnation und permanenter Modifikation zu wählen.

Darüber hinaus sollte die *psychologische Produktdifferenzierung* als entscheidendes Gestaltungselement immer mit im Vordergrund stehen. Aufgrund gesättigter Märkte werden die Produkte immer austauschbarer. An diesem Punkt sollte das Produktdesign ansetzen, um dieser Austauschbarkeit durch den „... *Aufbau unverwechselbarer 'Produktwelten' und Produktimages [zu] begegnen ...*" (*Dichtl & Müller*, 1991, S. 69). Insbesondere dem Kommunikationswunsch der Kunden sollte Rechnung getragen werden. Dies kann durch die Vermittlung einer besonderen Atmosphäre mittels einer ausgefallenen Einkaufsstättengestaltung geschehen, bei der den Kunden auf der einen Seite aufregende Überraschungselemente, auf der anderen Seite aber auch entspannende Elemente in Form von Sitzmöglichkeiten oder Grünpflanzen geboten werden. Nicht nur das Produkt, sondern auch die Gestaltung der Einkaufsstätte sollten folglich im Vordergrund stehen und „... *sich selbst als Marke verkaufen*" (*Theis*, 1993, S. 59).

Neben den Kriterien der Produktgestaltung sind allerdings auch deren Auswirkungen auf den Konsumenten relevant. In dem Modell der Verbraucherreaktionen auf die Produktgestaltung von *Bloch* (1995) werden dabei sowohl die Bedingungen und Einflußgrößen der Produktgestaltung, als auch deren psychologische und verhaltensmäßige Verbraucherreaktionen anschaulich dargestellt.

Ein Produkt läßt sich außerdem mittels verschiedener Eigenschaften beschreiben, zu denen unter anderem Qualität, Preis, Markenpersönlichkeit, Markenname, Markensymbol, Produktinformation, Produktimage und Herkunftsland zählen.

Hinsichtlich der *Qualitätseinschätzung* läßt sich sagen, daß bei einer globalorientierten Vorgehensweise verschiedene Kriterien zur Beurteilung herangezogen werden. Bei einer primär merkmalsorientierten Vorgehensweise wird hingegen von einzelnen Schlüsselinformationen, wie beispielsweise der Höhe des *Preises*, auf die Produktqualität geschlossen. Dies gilt es, seitens der Marketingpraxis zu beachten, insbesondere wenn mittel- bis langfristig Preissenkungen oder Preiserhöhungen anstehen.

Sowohl *Markenpersönlichkeit* als auch *Markenname* oder *Markensymbol* haben bei der Darstellung des Unternehmens nach außen sowie der Abgrenzung von konkurrierenden Marken und Unternehmen einen wichtigen Stellenwert. Hierbei ist es wichtig, daß sie auch zum Unternehmen passen und mit den Unternehmenszielen in Einklang stehen.

Bei einer adäquaten *Produktinformation* sollten Standardinformationen, wie Markenname, Produktbezeichnung, Illustration, sowie Haltbarkeitsdatum berücksichtigt werden. Darüber hinaus bieten sich aufgrund des heutigen Umweltgedankens zusätzliche Informationen in Form von Umweltverträglichkeit oder umweltbewußter Inhaltsstoffe des Produktes an. Bei der Gestaltung von Produktinformationen sollte berücksichtigt werden, daß dem Konsumenten ansprechende und aktivierende Aussagen vermittelt werden, um beispielsweise Variablen wie Aufmerksamkeit oder emotionale und kognitive Reaktionen hervorzurufen.

Ein Produkt kann ferner über ein bestimmtes *Produktimage* verfügen. Durch den Kauf bzw. die Verwendung eines Produktes kann der Konsument zum einen etwas über seine Person nach außen tragen (expressive Funktion), und sich zum anderen von weiteren Personen differenzieren bzw. seine Zugehörigkeit zu einer bestimmten Gruppe demonstrieren (distinktive

Funktion). Neben dem Produktimage gilt es außerdem das Marken-, Firmen-, Konkurrenz- sowie das Selbst-Image zu beachten.

Auch das *Herkunftsland* kann ein wichtiges Produktmerkmal darstellen. Es kann von einem prinzipiellen Herkunftslandeffekt ausgegangen werden. In der Zukunft scheint somit das ‚*Made in Germany*' noch einen hohen Stellenwert einzunehmen.

Bei der Produktwahrnehmung muß zwischen der tatsächlichen Produktwahrnehmung, der Produkt- und Markenbewertung sowie der Vertrautheit mit dem Produkt differenziert werden. Die *Produktwahrnehmung* wird dabei bestimmt durch Einstellungen, Meinungen und Lebens- ziele des Konsumenten auf der einen Seite und durch das soziale Umfeld, somit durch die Gesellschaft auf der anderen Seite. Wenn ein Produkt wahrgenommen wird, findet folglich zunächst ein Vergleich mit bereits vorhandenen Informationen über das Produkt sowie mit Werten und Normen statt, bevor eine Produktbewertung erfolgt.

Bei der *Produkt- und Markenbewertung* existieren eine Reihe von Einflußfaktoren in Form von Informationsreihenfolge, werblichem Appell, verbraucherspezifischen Merkmalen sowie kultu- rellen Unterschieden. Außerdem können zeitliche Veränderungen auftreten.

Die *Vertrautheit mit dem Produkt* gilt als wichtige Bestimmungsgröße bei der Bildung des Produktimage. Die positiven Erfahrungen, die ein Konsument mit einem Produkt gemacht hat, sind entscheidende Voraussetzung für gutes Produktimage, damit einhergehend für gute Markenbewertung und Kaufverhalten.

Schließlich stellen Produktinnovationen entscheidende Bestandteile bei der Unternehmens- entwicklung dar. Sie lassen sich dabei charakterisieren durch für das einzelne Unternehmen subjektiv Neuartige, den Grad der Neuartigkeit, sozialtechnische Komponenten, Prozeßinno- vationen, Abläufen, Innovationsphasen und Innovationsrisiko. Stärkere Berücksichtigung sollte insbesondere das potentielle Innovationsrisiko erfahren. Beispielsweise kann dieser Gefahr durch „moderate" Produktinnovationen begegnet werden, die sich durch vertretbare und unter Umständen minimale Änderungen bereits bestehender Produkte auszeichnen.

4. Modellvorstellungen zum Verhalten von Konsumenten

Ehe sowohl ansatzweise als auch im Detail auf einzelne Modellvorstellungen zum Verhalten von Konsumenten eingegangen wird, sollen zuvor als Hintergrundinformation die wesentlichsten wissenschaftstheoretischen Grundlagen und Kriterien zur Entwicklung von Modellen dargestellt werden. Bei diesen Kriterien handelt es sich um *generelle* Anforde-rungen, die nicht nur für die sich anschließenden *marktpsychologische* Konzeptionen gelten, sondern gleichermaßen auch für die Beurteilung und Bewertung der später noch darzustellenden *werbepsychologischen* Modellvorstellungen maßgeblich sind.

4.1 Wissenschaftstheoretische Grundlagen der Modellentwicklung

In der Wissenschaft ist ein **Modell** als mehr oder weniger detailliertes, meist *vereinfachtes Abbild der Wirklichkeit* aufzufassen. Die Vereinfachung besteht darin, daß sich das Modell auf die **zentralen**, d.h. wichtigsten **Merkmale** der Realität konzentriert und von den übrigen, für den betreffenden Sachzusammenhang weniger relevanten Rand- und Nebenbedingungen, abstrahiert (vgl. dazu *Eichhorn*, 1979, S. 60 ff.; *Bagozzi*, 1980, S. 63 ff.).

In der Psychologie handelt es sich dabei um ein Netzwerk der verschiedensten psychologischen Variablen und Konstrukte (*Strukturmodell*), die durch **Annahmen** (*Hypothesen*) oder auch aufgrund bereits vorhandenen faktischen Wissens miteinander in Beziehung gesetzt werden (*Prozeßmodell*). Je nach Zielsetzung können Modelle sowohl als Denkmodelle konzipiert sein als auch zur **Beschreibung** und **Erklärung** oder **Vorhersage** des Erlebens und Verhaltens von Individuen dienen. Je nach Bezugsrahmen umfassen sie entweder nur gewisse, ganz spezifische Ausschnitte des zu betrachtenden Erlebens und Verhaltens (*Partialmodelle*), oder sie beziehen sämtliche relevanten Variablen und Vorgänge der interessierenden Bereiche des Erlebens und Verhaltens in die Betrachtung mit ein (*Totalmodelle*). Damit die daraus resultierenden Modelle auch die gesetzten Ziele erfüllen, sind verschiedene **Anforderungen** an ihre Entwicklung zu stellen:

Im Rahmen eines Modells müssen **Realitätsbezug** und **Informationsgehalt** gegeben sein, d.h. außer den vorgesehenen Konstrukten sind ggf. auch die Rahmenbedingungen der Entstehung der jeweiligen Verhaltensweisen zu berücksichtigen. Darüber hinaus müssen die im Modell enthaltenen Annahmen **wahr** oder möglichst **gut bestätigt** und zudem **widerspruchsfrei** sein. Außerdem wird verschiedentlich verlangt, insbesondere wenn die Zielsetzung des Modells die *Erklärung* oder die *Prognose* (von Erleben und/oder Verhalten) ist, daß „*... mindestens eine der Annahmen eine nomologische Hypothese (allgemeines, raum-zeitlich invariantes Gesetz) ist"* (*Eichhorn*, 1979, S. 76; vgl. auch *Raffée*, 1985, S. 155). Diese Forderung dürfte jedoch wegen der Komplexität der bestehenden Interdependenzen im strengen Sinne kaum oder nur höchst selten in psychologischen Bereichen zu erfüllen sein.

Darüber hinaus muß das Modell zum Zweck der Beurteilung seiner Tauglichkeit **empirisch überprüfbar** sein. Wünschenswert und hilfreich ist dabei außerdem, wenn der oder die Konstrukteure über die nominalen Definitionen der Konstrukte und Variablen hinaus, zugleich verbindliche Angaben über deren Operationalisierung machen würden. Unter diesen Voraussetzungen ließen sich nicht nur viele unnötige Diskussionen über die Akzeptanz oder Ablehnung des Konzepts ersparen und die Prüfung des Modells ökonomischer gestalten, sondern auch die Dauer des Entscheidungsprozesses über die Tauglichkeit des Konzepts und die gegebenenfalls erforderlichen Modifikationen erheblich verkürzen.

4.2 Skizzierung diverser Modellvorstellungen

Zum Verhalten von Konsumenten gibt es eine Reihe sich ergänzender und konkurrierender Modellansätze, die teils von wirtschaftswissenschaftlicher teils von psychologischer Seite entwickelt wurden (vgl. dazu insbesondere *Wiendieck, Bungard & Lück*, 1983). Besonderes Interesse erwecken dabei diejenigen Vorschläge, die der Gruppe der komplexeren S-O-R- und Wechselwirkungsmodelle (*Wiendieck et al.*, 1983, S. 23) zuzuordnen sind. In diesen Konzeptionen werden einerseits der Entscheidungsprozeß des Konsumenten mit seinen vielfältigen Variablen sowie gegenseitigen Abhängigkeiten betrachtet, und andererseits die absatzpolitischen Bemühungen von Unternehmungen - vor allen Dingen die Werbung - in die Modellbetrachtung mit einbezogen.

Zunächst handelt es sich dabei um die schon etwas älteren Konzeptionen, wie z.B. das Modell von *Nicosia* (1966) oder das im Grunde partiell ähnliche Modell von *Howard-Sheth* (1969) sowie um das in manchen Teilen verwandte Modell von *Engel, Blackwell & Miniard* (1995). Gerade das zuletzt genannte Modell wurde während des letzten Jahrzehnts kontinuierlichen und zahlreichen Modifikationen unterzogen.

Nachdem das Modell *Nicosia*s von den verschiedensten Seiten weit mehr Kritik als Anerkennung erfahren hat (vgl. insbesondere *Hunziker*, 1972; *Schulz*, 1972 sowie *Rosenstiel & Ewald*, 1979), soll auf dessen Darstellung hier verzichtet werden. Ebenso soll auch auf eine detaillierte Präsentation des *Howard-Sheth*-Modells und dessen Modifikation durch *Farley & Ring* (1974) nicht näher eingegangen werden. Damit man wenigstens eine gewisse Vorstellung bekommt, soll dieses Konzept lediglich in Form einer Grafik vorgestellt werden (*Abbildung 12*). In erster Linie ist hier, im Vergleich zu dem wesentlich ergiebigeren und deshalb im Anschluß etwas ausführlicher zu behandelnden Modell von *Engel, Blackwell & Miniard* in der Version aus dem Jahr 1995, die Zahl der berücksichtigten Input-Variablen weit geringer (vgl. auch *Raffée*, 1974, Sp. 1040 oder *Bänsch*, 1986, S. 152). Außerdem ergeben sich bei einer *metatheoretischen Bewertung* noch eine Reihe weiterer Einschränkungen bezüglich der konzeptionellen Einheitlichkeit und Falsifizierbarkeit (vgl. *Zaltman, Pinson & Angelmar*, 1973, S. 122). Zusätzliche Kritikpunkte werden daneben von *Wiendieck, Bungard & Lück* (1983, S. 33) angeführt.

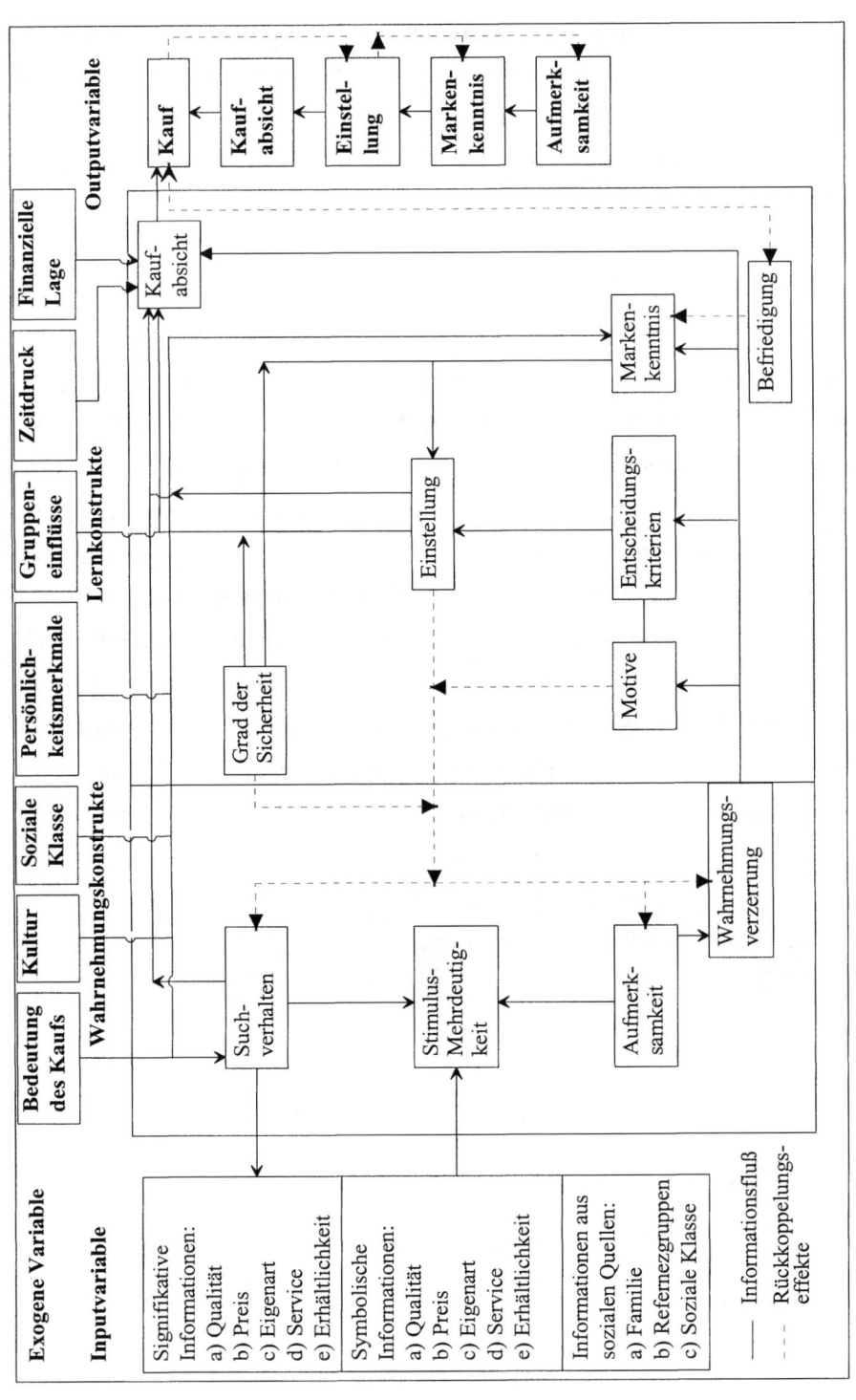

Abbildung 12: *Howard-Sheth*-Modell (1969)

4.3 Modell des Konsumentenverhaltens von *Engel, Blackwell & Miniard* (1995)

4.3.1 Skizzierung des Modells

Grundlage der Modellkonstruktion ist die Übernahme des von *Dewey* schon im Jahr 1910 beschriebenen Prozesses bei der Lösung von Problemen; genauer gesagt, beim Treffen von Entscheidungen. Er unterscheidet insgesamt fünf Phasen: Am Beginn befindet sich die **Problemwahrnehmung**, daran schließen sich die **Informationssuche**, die **Bewertung der Alternativen** und die **Auswahl** unter den verfügbaren Alternativen an. Darauf folgt die letzte Phase, in welcher die getroffene Wahl entweder von **Zufriedenheit** oder von **Zweifeln** an der Richtigkeit der Entscheidung gefolgt wird.

Jeder **Entscheidungsprozeß** wird von der *Erkennung des Problems* eingeleitet. Diese Erkennung findet statt, wenn die Person eine (spürbare) Diskrepanz zwischen einem von ihr als ideal angesehenen und ihrem gegenwärtigen Zustand wahrnimmt. Ursachen dieser Wahrneh-mung können entweder externe Stimuli (u.a. Information, Werbung oder auch Erfahrungen) oder die Aktivierung eines Motivs sein. Denkbar sind auch Anstöße aus der *sozialen Umwelt* (Kultur, Bezugsgruppen, Familie etc.) oder durch *situative* Einflußfaktoren.

Ist das Problem identifiziert, so sucht das Individuum innerhalb des Gedächtnisses nach Informationen und prüft dabei, ob die vorhandenen Informationen für die anstehende Entscheidung ausreichend sind *(interne Suche)*. Führt dieser interne Suchprozeß zu dem Ergebnis, daß die vorliegenden Informationen unzulänglich sind, so wird nach *externen* Informationen und Informationsquellen Ausschau gehalten *(externe Suche)*.

*In dieser Phase kommt der **Werbung** entscheidende Bedeutung zu.*

Der nächste Schritt ist die Verarbeitung der eingehenden Informationen, die einer gewissen Selektion unterliegen. Der Anteil der verbleibenden Informationen bildet das *Gedächtnis*. Es dient als eine Art Filter. Das Ergebnis des Informationsverarbeitungsprozesses sind neue Informationen oder Erfahrungen, die auf Dauer gespeichert werden und somit alle dort bereits vorhandenen Inhalte beeinflussen können. Im Anschluß daran nimmt der potentielle Käufer eine *Bewertung der Alternativen* vor. Die Folgen sind die Bildung oder Veränderung von Überzeugungen bezüglich des Produkts. Diesen schließt sich eine Änderung der *Einstellung* gegenüber dem Kauf des betreffenden Produkts an, die zu der *Absicht* führt, im Einklang mit der Einstellung zu handeln und schließlich den **Kauf** nach sich zieht. **Vor** diesem letzten Schritt können sich jedoch noch eine Reihe von Einflüssen störend bemerkbar machen. Es kommen dafür internalisierte Einflüsse der Umwelt in Betracht, wie die Befolgung von gewissen *Normen* und bestimmte Zukunftserwartungen. Hinzu kommen noch andere Einflüsse, z.B. von seiten der *Persönlichkeit* und des individuellen *Lebensstils*, der seinerseits wieder von kulturellen Normen und Wertvorstellungen beeinflußt wird.

Die **Wahl** oder Entscheidung (*Kauf*) folgt aus der Kaufabsicht, wobei sich auch hier wiederum unvorhersehbare Umstände als Barrieren auswirken können; sei es in Form von Veränderungen des Einkommens, des Eintritts unerwarteter Ereignisse innerhalb der Familie, der Nichterhältlichkeit der gewählten Alternative oder sonstiger, überraschender Momente und Vorkommnisse. Dieser Prozeß endet allerdings nicht mit dem Kauf des betreffenden Produkts. Die Konsequenzen der Entscheidung können einerseits persönliche *Zufriedenheit* sein mit entsprechend positiven Auswirkungen auf die Überzeugungen und Einstellungen. Andererseits kann auch Unzufriedenheit entstehen, die sich in einer als unangenehm empfundenen **Dissonanz** äußert. Dieser Zustand führt dann möglicherweise zu erneutem Suchverhalten oder zur Veränderung der Überzeugung, um eventuell auf diesem Weg Konsonanz zu erzielen.
Die mehr oder minder unmittelbar stattfindende **Entscheidung**, kann je nach den individuellen Gegebenheiten einen sehr unterschiedlichen Verlauf nehmen und ist demzufolge verschiedenen **Typen** zuzuweisen (vgl. dazu auch *Wiswede*, 1991, S. 330; *Kuß*, 1991, S. 25; *Engel, Blackwell & Miniard*, 1993, S. 41 ff.).
Sie kann als:

- **extensive Kaufentscheidung**,

- **limitierte Kaufentscheidung**,

- **Wiederholungskauf**

oder als

- **Gewohnheitskauf** (habituelles Verhalten)

charakterisiert werden. In der Realität sind natürlich oft auch zahlreiche Varianten oder Mischformen dieser Klassen denkbar. Zum Zweck der klareren Kennzeichnung des einen oder anderen Typus sind die jeweils charakteristischen Merkmale in der folgenden Übersicht (*Tabelle
12*) zusammengefaßt.

Tabelle 12: Merkmale diverser (Kauf-) Entscheidungstypen

Merkmale	Erstmalige Entscheidung		Wiederholte Entscheidung	
	extensiver Problemlö-sungsprozeß	**limitierter** Problemlösungsprozeß	**wiederholter** Problemlösungsprozeß	**habitueller** Problemlösungsprozeß
Art des Problemlösungs-prozesses				
Ausmaß kognitiver Beteiligung	hoch	niedrig	mittel	niedrig
Informationssuche	extensiv	Reduktion der Informationsmenge sowie der bei der Bewertung zugrunde gelegten Kriterien	Reduktion der Informationssuche im Hinblick auf substitutive / alternative Marken	weitgehend eingestellt
Wert / Preis des Produkts / Dienstleistung	relativ hoch	niedrig	mittel	niedrig
Komplexität des Produkts	hoch	mittel	niedrig	sehr niedrig
Komplexität des Entscheidungsprozesses	hoch	mittel	niedrig	sehr niedrig
Beispiele	Auto, Wohnungsein-richtung, Computer, etc.	Impulsiv-Kauf	Markentreue versus Markenwechsel	Produkte des täglichen Bedarfs: Brot, Butter Getränke, etc.

Für das Zustandekommen eines mehr oder minder extensiven Problemlösungs- bzw. Entscheidungsprozesses sind mehrere Variablen verantwortlich. Vor allen Dingen sind in diesem Zusammenhang die *wahrgenommenen Unterschiede* der vorhandenen (Entscheidungs-) *Alternativen*, das vorgegebene *Zeitlimit*, das persönliche *Involvement* sowie die *Häufigkeit*, mit der vergleichbare Entscheidungen schon getroffen wurden (vgl. *Engel, Blackwell & Miniard*, 1993, S. 45 ff.) von besonderem Belang (*Tabelle 13*).

Tabelle 13: Bedingungen der Extensität des Entscheidungsprozesses

		Unterschiede der Alternativen			
		groß		klein	
		Zeitlimit		Zeitlimit	
Involvement	Entscheidungen (f)	weit	eng	weit	eng
	wenige				
hoch					
	viele				
	wenige				
niedrig					
	viele				

Die Extensität des Problemlösungs- bzw. Entscheidungsprozesses erreicht sein Maximum, wenn die Unterschiede zwischen den diversen Alternativen *groß*, das zeitliche Limit *weit*, d.h. der Zeitdruck *gering* sowie das individuelle Involvement *hoch* sind, und von dem betreffenden Individuum bislang nur *wenige* gleichartige Entscheidung getroffen wurden (siehe in der *Tabelle 6* die Zelle *links oben*). Umgekehrt ist anzunehmen, daß sich dieser Prozeß auf das Minimum hin bewegt, wenn die Produktunterschiede gering, der Zeitdruck hoch und das Involvement niedrig sowie schon viele gleichartige Entscheidungsprozesse abgelaufen sind. Er gleicht dann einer Routineentscheidung (siehe in der *Tabelle 13* die Zelle *rechts unten*). Der Vielfalt der Einflußgrößen und der damit verbundenen Komplexität des Verhaltens von Konsumenten sowie den dabei zu beachtenden Zusammenhängen und Einflußgrößen wird in dem von *Engel, Blackwell & Miniard* (1995, S. 52) entwickelten **Modell des Konsumenten-verhaltens** Rechnung getragen (vgl. *Abbildung 13*).

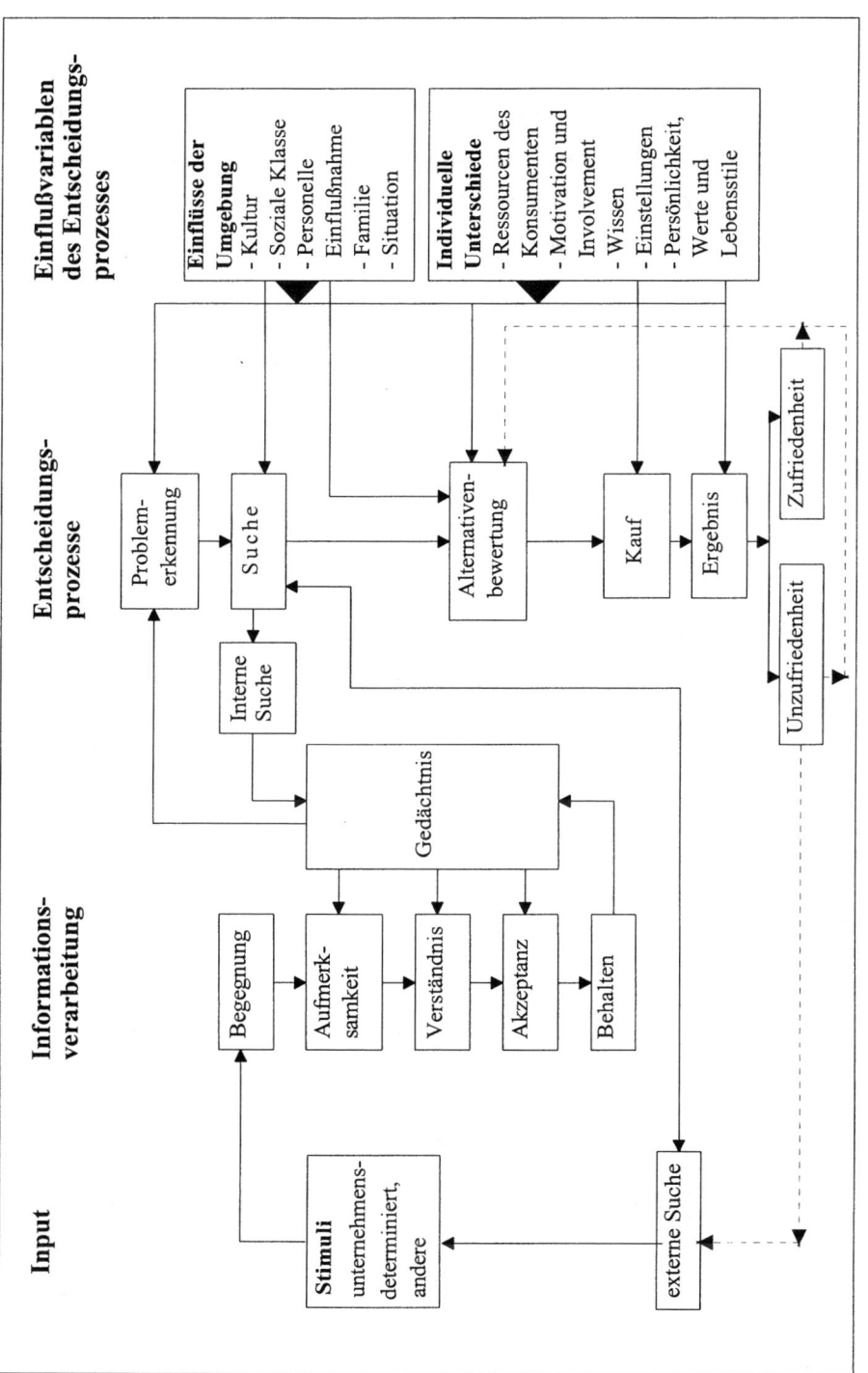

Abbildung 13: Modell des Konsumentenverhaltens von *Engel, Blackwell & Miniard* (1995, S. 52)

4.3.2 Kritik des Modells

Ungeachtet der größtenteils noch ungeklärten funktionalen Beziehungen zwischen den verschiedenen Variablen und Einflußgrößen, wird anhand des Modells deutlich, daß Entscheidungsprozesse, bzw. generell das Verhalten von Konsumenten oder Käufern außerordentlich komplex sein können. Kaufhandlungen hängen offenbar von einer Vielzahl von Einzelvariablen ab. Nur wenige davon sind von seiten der Unternehmungen beeinflußbar und direkt kontrollierbar.

Eine der Ausnahmen bildet dabei die **Werbung**, die im Fall von spürbaren Informationsdefiziten als *eine Quelle* ergänzender Informationen im Rahmen des externen Suchvorgangs von Bedeutung sein kann; und zwar in erster Linie in Abhängigkeit von der *Relevanz der anstehenden Entscheidung*. Bei homogenen Gütern und sehr geringen mit der Entscheidung verbundenen Risiken, verliert sie ihre Bedeutung als Einflußvariable fast völlig.
Im übrigen ist bei den einzelnen Schritten des Informationsverarbeitungs- und Produktbewertungsprozesses eine gewisse Analogie zu den später noch darzustellenden hierarchisch aufgebauten Werbewirkungsmodellen wiederzuerkennen. Ganz deutlich wird diese Parallelität am Beispiel des Informationsverarbeitungsprozesses.

Durch die Berücksichtigung **externer Einflußfaktoren** (Bezugsgruppen, Familie, vorhersehbare und nicht vorhersehbare Ereignisse), die auf seiten des Käufers eintreten können, wird sicherlich ein Teil der zu den ursprünglichen Erwartungen des Modells diskrepanten Entscheidungen erklärbar. Nicht zuletzt weisen gerade diese Gesichtspunkte für den Bereich der Empirie, insbesondere für die Werbewirkungsforschung, auf *methodische Konsequenzen* hin. Vor allem im Fall von Studien mit kleinen Stichproben ergibt sich hieraus die Notwendigkeit, diese Variablen im Rahmen des Versuchsplans sorgfältig zu *kontrollieren*. Je nach Fragestellung und den spezifischen Bedingungen der Untersuchung bieten sich hier *Elimination, Konstanthaltung, Parallelisierung* oder auch der *Einbau in den Versuchsplan* an, um möglichst eindeutige und auf die manipulierte Variable zurückführbare *(Werbewirkungs-)* Effekte zu erhalten.

5. Persönlichkeit und Konsumentenverhalten

Auf der Suche nach relevanten Determinanten des Konsumentenverhaltens hoffte man, angesichts der vorwiegend negativen Erfahrungen mit anderen Differenzierungskriterien (z.B. soziodemographischen Variablen) zur Strukturierung von (Teil-)Märkten, durch die Erforschung der Beziehungen zwischen den unterschiedlichsten *Persönlichkeitsvariablen* und vielfältigen Erscheinungsformen des Verhaltens von Konsumenten erfolgversprechendere Ergebnisse zu erzielen.

Aufgrund des geradezu natürlichen Vorkommens derartiger psychischer Merkmale eines Individuums war man dabei der Meinung, mit Hilfe einzelner dieser Variablen oder eventuell auch anhand eines multiplen Variablenkomplexes nennenswerte Anteile der Varianz spezifischer Aspekte des Verhaltens von Konsumenten (z.B. Kauf-, Ge- und Verbrauchs-, Spar- oder auch ökologisches Verhalten) zu erklären, wenn nicht gar vorhersagen zu können. Ein eher fernerer Gedanke war dabei außerdem, auf diesem Wege auch Anregungen und Hinweise für die Gestaltung von Produkten und Werbemaßnahmen zu gewinnen.

5.1 Definition des Begriffs *Persönlichkeit*

Mit diesem Begriff verbinden sich zugleich mehrere Eigenschaften. Zunächst handelt es sich *nicht* nur um ein *einziges psychographisches Merkmal* eines Individuums, sondern es werden ein Bündel oder eine Kombination aus *mehreren Merkmalen* eines Individuums damit verbunden. Geht man davon aus, daß das Individuum bereits das Erwachsenenalter erreicht hat, so wird angenommen, daß das betreffende Merkmal bzw. die Merkmalskombination in *zeitlicher* Hinsicht und *situationsspezifisch* betrachtet, relativ **stabil** ist; d.h. lediglich geringe **intra**-individuelle **Variationen** aufweist. Gravierende Unterschiede zwischen Meßwerten unterschiedlicher Erhebungszeitpunkte - ansonsten eine weitgehend identische Befindlichkeit des Individuums vorausgesetzt- sind demzufolge nicht Reifungs-, Lern- oder sonstigen Entwicklungsprozessen zuzuschreiben, sondern in erster Linie als Meßfehler, z.B. als Folge der unzulänglichen Gütekriterien des Instrumentariums (Reliabilität, Validität, Objektivität), zu interpretieren. Ein weiteres Kennzeichen dieses Begriffs ist die damit verbundene **Einzigartigkeit** der Merkmalsausprägung und Merkmalskombination. Dies bedeutet, innerhalb einer genügend großen Population bestehen mehr oder minder deutliche **inter-**individuelle **Unterschiede** in der Ausprägung der betreffenden Merkmale und deren Kombinationen. Diese Vorstellungen kommen auch in der Definition von *Herrmann* (1991, S. 29) zum Ausdruck, der **Persönlichkeit** als „*... ein bei jedem Menschen einzigartiges, relativ überdauerndes und stabiles Verhaltenskorrelat ...*" zusammenfaßt.

Das im vorliegenden Zusammenhang wichtigste Moment ist jedoch die *Erwartung*, daß die individuelle Merkmalsausprägung oder auch Merkmalskombination mit einem in engen Grenzen *konsistenten* (Konsumenten-) **Verhalten** einhergeht; bzw. dieses geradezu bedingt. *Engel, Blackwell & Miniard* (1993, S. 353) bringen diesen Zusammenhang in etwas allgemeinerer Form in den Worten zum Ausdruck, daß auf dieser Basis vom jeweiligen Individuum konsistente Antworten oder Reaktionen auf Umweltreize erwartet werden.

5.2 Perspektiven der Persönlichkeitsforschung

Das Interesse an den Möglichkeiten und Grenzen der Verhaltensvorhersage und damit auch der Beeinflussung besteht nicht nur bei dem im Marketing tätigen Praktiker, sondern auch bei dem großen Kreis der Forscher, die sich auf wissenschaftlicher Ebene mit der Analyse und Modifikation von Verhaltensweisen (Klinische Psychologie) befaßt. Verhaltens*vorhersagen* und die Möglichkeiten der Verhaltens*änderung* werden jedoch durch die Existenz **inter-** und **intra-**individueller **Verhaltensunterschiede** erschwert. Der theoretischen Fundierung dieser Unterschiede nimmt sich die Persönlichkeitsforschung an.

Auf diesem Gebiet begegnet man gegenwärtig einer Vielfalt theoretischer Ansätze (*psychoanalytische, behavioristische, humanistische, lerntheoretische, kognitive, faktorenanalytische, u.a.*), die auf den unterschiedlichsten Methoden und theoretischen Konstruktionen beruht (vgl. dazu *Fisseni*, 1991). Aus der breiten Palette lassen sich im wesentlichen drei Ansätze identifizieren, innerhalb derer die Problematik angegangen wird; nämlich den *Dispositionismus, Situationismus* und *Interaktionismus*.

106

- **Dispositionismus:** Der dispositionsorientierte Ansatz vereinigt eine ganze Reihe unterschiedlicher theoretischer und methodischer Richtungen. Die bedeutendsten stammen von den Faktorentheoretikern *Cattell* (1950), *Eysenck* (1953) und *Guilford* (1959). Sie gehen von der Annahme verhaltensmäßig *stabiler, individuumspezifischer* Merkmale aus, die die Basis jedweden Erlebens und Verhaltens bilden. Die dabei unterstellten Merkmale unterschiedlicher **Ausprägung** werden Dispositionen genannt, die das betreffende Individuum in einer bestimmten Situation mit einer mehr oder weniger erhöhten Wahrscheinlichkeit für bestimmte Erlebens- und Verhaltensweisen (*Gedanken, Gefühle und Handlungen*; vgl. *McCrae & Costa*, 1993, S. 22 ff.) disponieren.

Dispositionen sind *latent* vorhanden und stellen *hypothetische Konstrukte* zur beschreibenden Bestimmung und Erklärung dar. Sie müssen zur Präzisierung kontinuierlich beobachtet und gemessen werden. Dispositionstheoretiker operieren folglich auf zwei analytischen Ebenen, nämlich der des manifesten Verhaltens und der diesem Verhalten zugrunde liegenden latenten Dispositionen.

- **Situationismus:** Dieser Begriff wird als Syno- oder Pseudonym für *Behaviorismus* angesehen (vgl. *Graumann*, 1975). Die Vertreter dieses Ansatzes stellen der These von der transsituativen Generalität ihre auf *Watson* (1968) zurückgehende *Spezifitätsthese* entgegen: „Im allgemeinen sind wir das, was die Situation von uns fordert, unserem Pfarrer und unseren Eltern gegenüber respektvoll, vor den Augen der Frauen ein Held, ein radikaler Abstinenzler in der einen Gruppe, ein trunksüchtiger Kumpan in einer anderen" (*Watson*, 1968, S. 272).

Entsprechend dieser Konzeption sind intra- und interindividuelle Unterschiede im Verhalten in erster Linie eine Funktion *situativer* Gegebenheiten, wobei die Betrachtung ausschließlich auf der Ebene des beobachtbaren manifesten Verhaltens stattfindet. Dies zieht ein bevorzugt experimentelles Vorgehen nach sich, während im Unterschied dazu dispositionsorientierte Forscher vorwiegend korrelationsstatistisch vorgehen.

Individuelle Verhaltensunterschiede in ein und derselben Situation werden dabei entweder Meßfehlern oder unterschiedlichen Lerngeschichten mit dem das Verhalten auslösenden Stimulus zugeschrieben.

• **Interaktionismus:** Diese jüngste Strömung in der Persönlichkeitspsychologie verfügt über alte Wurzeln. Bereits 1935 formulierte *Lewin* die Hypothese V = f (P, U), was bedeutet, daß Verhalten sowohl als eine *Funktion* der *Person* als auch der *Umwelt* verstanden wird. Person und Situation sind innerhalb dieses Konzepts nicht voneinander unabhängig, weil die Situation nicht der objektiv gegebenen physikalischen Reizkonstellation entspricht. Sie umfaßt vielmehr die jeweils individuumspezifisch erlebte und subjektiv bewertete Reizkonstellation.

Im Interaktionismus wird die Persönlichkeit zwar auch als ein relativ stabiles Verhaltenskorrelat angesehen, es sind jedoch *Wechselwirkungen* zwischen Person und Situation möglich.

5.3 Perspektiven der Erforschung des Konsumentenverhaltens

Versteht man *Konsumentenverhalten* allgemein als *all'* jene Handlungen oder Aktivitäten von Individuen, die sich auf Erwerb, Ge- und/oder Verbrauch sowie auf die Inanspruchnahme von Waren und Dienstleistungen ausrichten und letztendlich auf die Befriedigung von Bedürfnissen abzielen, so sind im wesentlichen zwei Perspektiven zu identifizieren, anhand derer man diesen Erlebens- und Verhaltensbereich wissenschaftlich zu erfassen versucht; nämlich einmal aus der *ökonomischen* und zum anderen aus der *verhaltenswissenschaftlichen* Blickrichtung.

Die **ökonomische** Betrachtungsweise ist die ältere von beiden, da zumindest in der ferneren Vergangenheit das Verhalten von Konsumenten in erster Linie Untersuchungsgegenstand der Wirtschaftswissenschaften darstellte. Der Konsument wird hierbei prinzipiell als gleichwertiger Marktpartner des Produzenten oder Anbieters angesehen. Er versucht im Rahmen seiner Konsumhandlungen stets absolute Nutzenmaximierung anzustreben und zu realisieren.

Nachdem u.a. die Fiktion des *homo oeconomicus*, d.h. das Bild des Konsumenten als zweckrationales, dem Erwerbsstreben verfallenes Wesen, das mit der Gabe ausgestattet ist, sämtliche Marktdaten einzuholen und miteinander zu verrechnen sowie auf veränderte Marktkonstellationen mit unendlicher Geschwindigkeit zu reagieren, von der Empirie *falsifiziert* wurde, war es angesichts dieses Umstands notwendig, nach einer anderen Perspektive der Betrachtung Ausschau zu halten. Aus naheliegenden Gründen erwartete man Hilfestellung und Unterstützung vor allem durch die beiden Disziplinen Psychologie und Soziologie, d.h. von seiten der Verhaltenswissenschaften.

Im Rahmen des **verhaltenswissenschaftlichen** Zugangs wurden zunächst die zum Standardinventar der soziologischen Forschung gehörenden demographischen Variablen eingesetzt. Nachdem diese Variablen jedoch nur einen kleinen Sektor der Gesamtvarianz des Konsumentenverhaltens aufzuklären vermochten, erschien die *psychologische* Deskription und Analyse des Konsumenten die naheliegendste Lösung.

Wells & Beard (1973) charakterisieren diese Einstellung und Hoffnung mit dem folgenden Beispiel: Vielleicht ist die beste Chance für ein Reinigungsprodukt nicht lediglich eine Frau mittleren Alters aus der Mittelklasse, sondern eine Frau mittleren Alters aus der Mittelklasse mit einem zwanghaften oder starken Streben nach Reinlichkeit (vgl. S. 17).

Aus **psychologischer Sicht** stellt Konsumentenverhalten einen dynamischen, fortlaufenden Prozeß dar, der sich aus mehreren Teilprozessen unterschiedlicher Dauer und Bedeutung zusammensetzt. Deshalb muß sich die Marktpsychologie mit der Nutzbarmachung von psychologischen Konzepten und Methoden zur Beschreibung, Erklärung und Vorhersage der Dynamik befassen, der das Verhalten von Konsumenten unterliegt. Als besonders fruchtbar hat sich in diesem Zusammenhang das **Konzept der Wahl-** bzw. **Entscheidungssituation** erwiesen. Hierbei geht man davon aus, daß jeder Konsumhandlung eine Wahl- bzw. Entscheidungssituation vorausgeht, in die Hinweisreize aus der Umwelt (z.B. Markenname, Preis, Verpackungsdesign u.a.) und *Prädispositionen* des Konsumenten (z.B. Persönlichkeit, Einstellungen, Wissen, Vorerfahrungen etc.) eingehen.

Der relative Anteil der Prädispositionen des Konsumenten und Hinweisreizen aus der Umwelt an der Konsumhandlung sowie die diversen Charakteristika der Entscheidungssituation soll hier nicht weiter diskutiert werden. Statt dessen soll im folgenden auf die Darstellung der Art und Bedeutung des Zusammenhangs zwischen Persönlichkeitsvariablen und Konsumentenverhalten auf der Grundlage des sogenannten **Trait-Ansatz** eingegangen werden.

5.3.1 Trait-Ansatz: Theoretische Basis und prinzipielles Vorgehen

Dieser Ansatz geht von einem Modell der Persönlichkeit aus, innerhalb dessen jedes Individuum durch ein System fester, latenter und spezifischer Eigenschaften (sog. *Traits*) definiert und beschrieben werden kann. Auf der Grundlage dieser Eigenschaften, die für jedes Individuum als in einzigartiger Ausprägung und Kombination vorliegend angesehen werden, wird eine Erklärung des Verhaltens vorgenommen.

> Kauft beispielsweise in einem konkreten Fall ein Konsument seit vielen Jahren ein Waschmittel der Marke X, so könnte man im Rahmen des Trait-Ansatzes dieses manifeste Verhalten auf einen im Konsumenten vorhandenen, stabilen Trait, wie z.B. Rigidität, zurückführen.

Das *prinzipielle Vorgehen* des Trait-Ansatzes, das in der *Abbildung 14* graphisch veranschaulicht wird, stützt sich zum einen auf die Feststellung des jeweiligen Verhaltens des Konsumenten und zum anderen auf die Erfassung der Traits (mittels entsprechender *Testverfahren*), für die in theoretischer Hinsicht ein begründeter Verdacht hinsichtlich der Beziehungen besteht. Die Maßzahlen beider Variablen werden dann miteinander *korreliert* und anhand der Größe des korrelativen Zusammenhangs (r bzw. den Determinationskoeffizienten R^2) der Anteil der gemeinsamen Varianz geschätzt. Der Betrag an gemeinsamer Varianz wird dann als derjenige Teil am Konsumentenverhalten interpretiert, der auf den mit ihm korrelierten Trait *zurückzuführen* ist. Unter statistischen und inhaltlichen Aspekten informativer wäre bei den entsprechenden Voraussetzungen jedoch ein regressionsanalytisches Vorgehen.

Dieses Vorgehen erfuhr im Laufe der Zeit eine Reihe von Modifikationen, deren wesentlichste von *Spark & Tucker* (1971, S. 67) angeregt wurde. Angesichts der Tatsache, daß nahezu alle Studien zu diesem Thema bivariate Inferenztechniken (Regressions- und multiple Korrelationsrechnung) benutzten, wiesen sie darauf hin, daß es nicht der einzelne Trait ist, welcher in und mit der Umwelt agiert, sondern vielmehr die Persönlichkeit in ihrer gesamten Gestalt. Für die statistische Auswertung schlugen sie deshalb die Anwendung kanonischer Datenanalysetechniken vor.

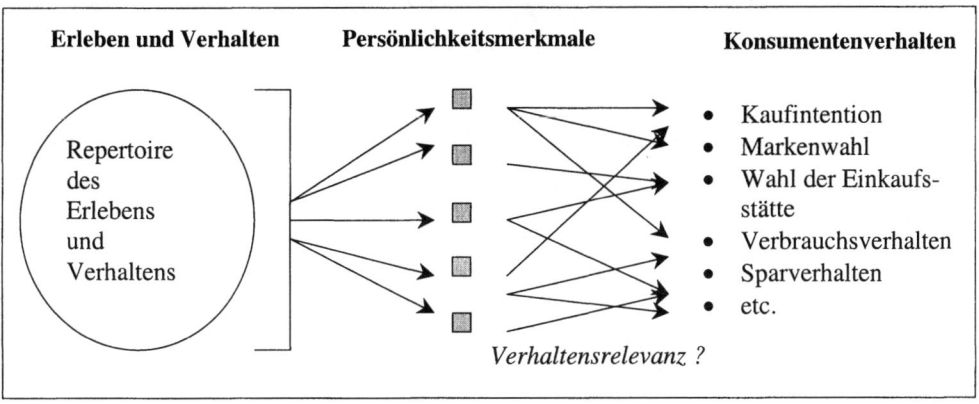

Abbildung 14: Prinzipielles Vorgehen des Trait-Ansatzes

Weitere Anregungen gaben *Brody & Cunningham* (1969; vgl. auch *Fry,* 1971, S. 298). Sie forderten die Berücksichtigung von *Moderatoren,* um dadurch Zusammenhänge, die *u.U. nur* für spezifische *Sub*populationen gelten, aufzudecken. An einem Beispiel demonstrieren sie diese Anregung. Unter Berücksichtigung der *Moderator*variablen *Selbstvertrauen in die Fähigkeit, Kaffee beurteilen zu können,* vergrößerten sich die Zusammenhänge zwischen Testwerten und der **Markenwahl** deutlich, so daß der durch acht Traits erklärte Anteil an der Gesamtvarianz bei absolut markentreuen Konsumenten nun immerhin 32% ausmachte.

5.3.1.1 Diverse Traits und Konsumentenverhalten

Eine detaillierte Gesamtübersicht über die vielen bislang entdeckten, aber nur selten auch theoretisch begründeten Zusammenhänge zwischen verschiedenen Traits und spezifischen Verhaltensweisen von Konsumenten (*Produktgebrauch, Entscheidungsverhalten, Markentreue, Kauf innovativer Produkte, Reaktion auf Werbemaßnahmen, Akzeptanz von Produkten;* vgl. *Shank & Langmeyer,* 1994; *bis hin zur Beachtung ökologischer Aspekte,* vgl. *Balderjahn,* 1988; *subjektive Wertschätzung des Gelds,* vgl. *Brandstätter & Brandstätter,* 1996) würde den Rahmen des hier vorgesehenen Umfangs sprengen. Deshalb soll im folgenden lediglich eine knapp gehaltene exemplarische Darstellung von empirischen Einzelergebnissen erfolgen, die von den vielfältigen mehr oder *eher minder* gegebenen Beziehungen einen Eindruck vermitteln.

- **Aggressivität:** *Worthing, Venkatesan & Smith* (1973) differenzierten anhand dieses Merkmals Konsumenten und Nicht-Konsumenten in sehr breit streuenden Produktkategorien (Zigaretten, Bier, alkoholfreie Getränke, Kopfschmerzmittel und Deodorants), wobei *positive* Zusammenhänge in der Größenordnung zwischen r = .19 und .33 gefunden wurden. Dies bedeutet, daß bestenfalls etwa 10% gemeinsame Varianz zwischen den beiden Variablen vorliegen. Anders ausgedrückt könnte man auch feststellen, daß rund 90% des Konsums dieser Produkte mit anderen Variablen oder Gegebenheiten (andere Persönlichkeitsvariablen oder andere, soziale/sonstige Umstände) *kovariieren*, um nicht zu sagen, durch sie hervorgerufen wurden.

- **Ängstlichkeit:** Dieses Konstrukt scheint insbesondere im Zusammenhang mit dem *wahrgenommenen Risiko* beim Kauf der verschiedensten Produkte von Bedeutung zu sein. Zum Zweck der Reduzierung des wahrgenommenen Risikos neigen ängstliche Individuen eher zur Wahl von Produktmarken, die **teuer** sind und zudem die **Identifikation** des Herstellers erlauben (vgl. dazu *Schaninger*, 1976; *Horton*, 1979).
Den Ergebnissen *Horton*s zufolge führten die Variablen **generelle Ängstlichkeit** in Verbindung mit *Aufgabenorientierung* (*task orientation*) in sehr heterogenen Produktklassen (Seife, Instant-Kaffee, Zahnpasta, Aspirin, Deodorant) zu erwähnenswerten Einflüssen auf die *Wahlentscheidungen* der untersuchten Konsumenten. Außerdem stellen **soziale Ängstlichkeit** in Kombination mit der *Familienstruktur* in spezifischen Situationen (stimulus settings) relevante Größen dar.

- **Dominanzstreben:** Insbesondere im Bereich des **innovativen** Konsumentenverhaltens ergeben sich Hinweise für einen Zusammenhang mit diesem Merkmal (vgl. *Boone*, 1970). Außerdem zeigen Ergebnisse aus der bereits erwähnten Studie von *Worthing, Venkatesan & Smith* (1973) darauf hin, das gewisse, jedoch wiederum eher bescheidene Zusammenhänge (r = .16 bis .21) zwischen den Konsum der dort untersuchten Produkte (wie Zigaretten, Bier etc.) und diesem Merkmal bestehen; was immer sie in theoretischer Hinsicht auch bedeuten mögen.

• **Extra-/Introversion:** Dieses Merkmal fand bislang in den vielfältigsten psychologischen Zusammenhängen Berücksichtigung; d.h. nicht nur im Rahmen von Studien zum Verhalten von Konsumenten. Den Hypothesen der Persönlichkeitstheorie *Eysencks* zufolge, bauen *Extravertierte* schneller reaktive Hemmungen auf als Introvertierte. Sie suchen zur Aufrechterhaltung eines optimalen Stimulusniveaus mehr Umweltstimulation auf.

Introvertierte wenden hingegen ihren Blick mehr nach innen und zeigen weniger Interesse an der Reizvielfalt der Außenwelt. Im Bereich des Konsumverhaltens hat die Konzentration auf das eigene Ich sowie die Abschirmung gegenüber Umwelt die Konsequenz, daß sie sich - zumindest bei den Produkten Kaffee und Tee- durch eine größere **Markentreue** im Vergleich zu den eher auf die soziale Umwelt orientierten, d.h. extravertierten Individuen auszeichnen (vgl. auch *Chakrapani*, 1974; vgl. in ähnlichem Zusammenhang auch *Shank & Langmeyer*, 1994, S. 161).

• **Maskulinität/Femininität:** Aus der Sicht der empirischen Befunde besteht hier quasi eine Parallelität zwischen den Ausprägungen dieser Eigenschaften und **Produktwahlverhalten.** Es werden Produkte bevorzugt, die aufgrund sozialer Stereotype als der Ausprägung dieses Traits entsprechend wahrgenommen werden. So tendieren feminine Männer und Frauen zu femininen Zigarettenmarken, und sich selbst maskulin einschätzende Männer neigen zu Automobil- und Zigarettenmarken mit stark maskulinem Image (vgl. *Fry*, 1971; *Orpen & Low*, 1973).

• **Zwanghaftes (*compulsives*) Kaufen:** Im Gegensatz zu Individuen, die den Kauf von Waren als ein eher alltägliches, routinemäßiges Ereignis empfinden und darüber auch die volle Kontrolle besitzen, gibt es Konsumenten, die geradezu von einem *zwanghaften* Verlangen getrieben werden, irgend etwas *kaufen zu müssen*. Ihnen geht es nicht um den Erwerb und Nutzung der betreffenden Ware oder Dienstleistung, sondern sie versuchen durch den *Vorgang des Kaufens* an sich, Befriedigung zu erlangen. Solche Personen stellen nicht nur für sich selbst, sondern auch für ihre soziale Umwelt eine Gefährdung hinsichtlich ihrer wirtschaftlichen Existenz dar. Oft ist dieses Merkmal auch noch mit anderen Eigenschaften, wie *Angst, niedrige Selbstachtung, Perfektionismus, ausgeprägte Phantasievorstellungen, Impulsivität,* und eine Reihe anderer gepaart (*Jacobs*, 1986; insbes. *O'Guinn & Faber*, 1989, S. 153 ff. und *DeSarbo & Edwards*, 1996, S. 234 ff.). So differenzieren beispielsweise *DeSarbo & Edwards* (1996) zwischen zwei Variablenkategorien, die für die Entstehung compulsiven Kaufens in erster Linie in Betracht kommen: einerseits bestimmte **Prädispositionen** (i.S. der genannten Paarung mit Angst, niedrige Selbstachtung, etc.); andererseits *umstands-* oder *temporär bedingte* **Faktoren** (wie Vermeidung von Coping, Leugnen, Isolation u.a.).

Die **Konsequenzen** dieser Veranlagung schlagen sich in verschiedenen Bereichen nieder (vgl. z.B. *O'Guinn & Faber*, 1989, S. 153 ff.). So besitzen diese Individuen zwar mehr Kreditkarten (3,7 vs. 2,2), vorwiegend mit einer Limitierung bis 100$, die auf diesem Weg getätigten Umsätze sind jedoch betragsmäßigen geringer als die der Vergleichsgruppe. Sie müssen außerdem einen größeren Anteil des verfügbaren Einkommens zur Schuldentilgung verwenden (46% vs. 22%), wohl als Folge zeitlich früher stattgefundener *compulsiver* Käufe. Außerdem treten bei dieser Gruppe eher Schuldgefühle im Anschluß an den Einkauf auf. Die wohl negativste Folge dieses zwanghaften Verhaltens ist die Empfindung der Frustration angesichts der selbst erkannten Ohnmacht, dieses Verhalten unter Kontrolle zu bringen.

Die Liste der Beispiele ließe sich noch um einige Positionen, mit im wesentlichen aber vergleichbaren Erfahrungen verlängern. Da es sich aus der Sicht der Befunde jedoch nicht besonders lohnt, sie im Detail darzustellen, werden einige wenige zumindest zum Zweck der Vermittlung einer Vorstellung in der folgenden *Tabelle 14* zusammengefaßt (vgl. dazu auch *Mayer & Galinat*, 1979, S. 190 ff.).

Tabelle 14: Zusammenhänge zwischen diversen Persönlichkeitsmerkmalen und Konsumentenverhalten

Merkmal	Population	Produkte	Ergebnisse	Studie
Dogmatismus	Käufer vs. Nicht-Käufer	Übernahme von Mode-trends, neuen Produkten und Marken	r = -.32 bis -.47 (ne-gative Beziehungen zu innovativem KV)	*Blake, Perloff & Heslin* (1970) *Jacoby* (1971) *Coney* (1972)
Geselligkeit	Benutzer vs. Nicht-Benutzer	• innovative Produkte • Bier, Mund- und Rasierwasser, Parfum	mäßiger positiver Zusammenhang zu innovativen Produkten und zu Produkten mit sozialer Relevanz	*Bonne* (1970) *Alpert* (1972) *Worthing, Venka-tesan & Smith* (1973) *Sparks & Tucker* (1973)
Geltungs-Bedürfnis -Streben	Käufer vs. N-Käufer	teuere Güter, i.S. de-monstrativer Konsum (*conspicious consumpti-on*)	überraschenderweise kein Zusammenhang	*Frank, Massy & Lodahl* (1969) *Alpert* (1972)

Die vorangegangen Feststellungen sollen nun kurz zusammengefaßt und einer kritischen Analyse im Hinblick auf die möglichen Ursachen dieser Inkonsistenzen unterzogen werden.

5.3.1.2 Kritische Diskussion der Befunde

Bei einer zusammenfassenden Betrachtung der vorliegenden Ergebnisse muß der *Trait-Ansatz*
zur Erklärung und Vorhersage des Verhaltens von Konsumenten als unzureichend bezeichnet
werden. Lediglich ein sehr bescheidener Anteil, in der Größenordnung von etwa 10% der Gesamtvarianz des Verhaltens, kann durch die dabei zugrunde gelegten Eigenschaften der Persönlichkeit aufgeklärt werden. Nicht selten sind es noch weniger. Anders formuliert kann man
auch feststellen, daß ungefähr 90% der Gesamtvarianz des Verhaltens auf andere, d.h. nicht
identifizierte Einflußgrößen zurückgeführt werden müssen. Für diese Beobachtung gibt es sicherlich nicht nur eine einzige Ursache, sondern vielfältige Einzelaspekte sowie auch deren
Kombinationen sind miteinander als potentielle Quellen für diese bescheidenen Beziehungen
zwischen Persönlichkeitsmerkmalen und dem Verhalten von Konsumenten in Erwägung zu
ziehen.

(1) An erster Stelle ist auf das gravierende **Defizit mangelnder theoretischer Fundierung** der ins Auge gefaßten Beziehungen zwischen den unabhängigen und abhängigen Variablen aufmerksam zu machen. Die Regel ist eine willkürliche, auf den ersten Blick vielleicht plausible, im Grund aber oberflächlich assoziative Verknüpfung von speziellen Merkmalen der Persönlichkeit mit bestimmten Erscheinungsformen des Konsumentenverhaltens. Diese Vorgehensweise dürfte eher zufällig als systematisch zu korrespondierenden Ergebnissen führen.

(2) Ein Teil der enttäuschenden Ergebnisse geht sicherlich auch zu Lasten der Tatsache, daß zur Messung der Merkmale meist für den **klinischen Gebrauch** standardisierte Persönlichkeitsinventare Verwendung finden. *Reliabilität* und *Validität* der gängigen Inventare sind in der Regel nur für spezifische Aufgaben (Diagnose abweichenden Verhaltens, Berufseignung etc.) und an spezifischen Populationen (psychiatrischen Patienten, Berufsgruppen, etc.) getestet. Selbst wenn sich diese Instrumente dort bewährt haben, so sind sie deshalb bei weitem noch nicht zur Eruierung von vermuteten (ursächlichen) Zusammenhängen im Bereich des Konsumentenverhaltens geeignet oder verwendbar.

(3) Hinzu kommt noch der Umstand, daß an diesen Verfahren für die Zwecke der Studien sowohl **Modifikationen** als auch Verkürzungen vorgenommen wurden, damit leichter zu handhabende und inhaltlich *besser* auf das Konsumentenverhalten *abgestimmte* Versionen entstehen sollten. Dies führt dann zwar zu Messungen und Daten, die sich durch *Ökonomik* und sog. *Face-Validität* auszeichnen, ihre Testgüte hat sich durch diese Manipulation jedoch kaum verbessert, sondern eher verschlechtert (vgl. insbesondere *Brooker*, 1978).

(4) Ein weiteres Moment für die Inkonsistenzen ist außerdem darin zu sehen, daß die **Meßebenen** der beiden Variablen (*Prädiktor* und *Kriterium*) oft einen sehr unterschiedlichen Grad der Spezifizierung aufweisen. Dies heißt, mit sehr allgemeinen Variablen bzw. Prädiktoren wird versucht, sehr spezifisches Konsumentenverhalten zu erklären bzw. vorherzusagen; und umgekehrt. Dieser Versuch ist von vornherein zum Scheitern verurteilt.

(5) Nicht nur die Erfassung der Persönlichkeitsmerkmale wirft Probleme auf, sondern auch die **Erhebung** des jeweils interessanten Aspekts des Konsumentenverhaltens ist möglicherweise mit Fehlern und Unzulänglichkeiten behaftet, da oftmals lediglich Aussagen über eine realitätsferne *„als ob Situation"* erhoben werden. Es ist wohl zur Genüge bekannt, daß häufig erhebliche Diskrepanzen zwischen dem verbal Geäußerten und dem faktisch Vollzogenen zu erwarten sind; d.h. die in unterschiedlichem Maß verfälschenden Responsestile (z.B. sozial erwünschtes Verhalten u.a.) können hierbei ihren Niederschlag finden. Es können somit keine bedeutungsvollen Beziehungen zwischen Persönlichkeit und Konsumentenverhalten erzielt werden, ganz gleich wie exakt oder gut auch die Messung der Persönlichkeit ausfällt. Außerdem sollte man sich nicht auf Einzelmessungen verlasen, sondern wie die Ergebnisse und Empfehlungen von *Lastovicka & Joachimsthaler* (1988) empfehlen, *multiple-act*-Messungen vornehmen.

(6) Die verwendeten Designs sind außerdem durch **Vieldeutigkeit** in den Beziehungen gekennzeichnet. Einmal da sich derselbe *Trait* in unterschiedlichen Handlungen manifestieren kann, je nach den räumlichen, zeitlichen und sozialen Bedingungskonstellationen. Zum anderen kann identisches Konsumentenverhalten auch das Resultat verschiedener Einzeltraits und/oder deren Interaktionen sein.

> So kann z.B. der intensive Gebrauch von Deodoranten seine Ursache sowohl in einem starken Bedürfnis nach Kontakt mit dem anderen Geschlecht als auch die Folge sozialer Unsicherheit oder Ängstlichkeit sein.

Angesichts der vorgetragenen Argumente, die - ungeachtet des zumindest fraglichen *wahren Sachverhalts*- einem bedeutsamen Zusammenhang zwischen Traits und Konsumentenverhalten entgegenstehen, muß man sich schon fast wundern, überhaupt Beziehungen gefunden zu haben. Es gilt aber auch einige *positive* Aspekte zur Forschung auf diesem Gebiet zu erwähnen. So wird, im Unterschied zu vielen anderen Arbeiten in anderen Fachgebieten, bei diesen Studien relativ häufig mit *realen* Konsumentenstichproben und nicht unkritisch mit aus Studenten sich zusammensetzenden Populationen gearbeitet und außerdem eine breite Palette an Produkten einbezogen. Aus dieser Perspektive sind sonach kaum Einschränkungen hinsichtlich der Generalisierbarkeit der schwachen Ergebnisse zu befürchten.

Ferner ist in den Studien neueren Datums ein Trend zu mehr theoriegeleitetem und hypothesentestendem Vorgehen vorhanden. Es werden also zunehmend Überlegungen darüber angestellt, *welche* spezifischen Persönlichkeitsmerkmale *wie und warum* mit spezifischen Verhaltensweisen von Konsumenten verknüpft sind.

Zusammenfassend betrachtet läßt sich feststellen, daß das Desaster dadurch etwas gemildert wird, daß einzelne Merkmale für die Beschreibung, Erklärung und unter Umständen auch zur Vorhersage des Verhaltens von Konsumenten einen begrenzten Stellenwert zu besitzen scheinen, und zwar insbesondere jene, die im Rahmen von umfassenderen Modellen Wahrnehmungs- und Entscheidungsprozesse erklären helfen. Dennoch muß man sich der Komplexität des Verhaltens von Konsumenten und dessen vielfältig denkbaren Determinanten sowie deren **Interaktionen** bewußt sein, um sich vor allzu großen Hoffnungen und Enttäuschungen bei der Beschreibung, Erklärung und Vorhersage dieses Verhaltensbereichs zu bewahren. Isolierte, einfaktorielle Ansätze dürften - wie im übrigen bei allen Teilgebieten der Psychologie - nur höchst selten Aussicht auf Erfolg haben. Diese Idee bringen auch *Kassarjian & Sheffet* (1981, S. 171) zum Ausdruck, indem sie auf die Notwendigkeit einer umfassenden ganzheitlichen Betrachtung des Individuums („... *that the individual must be perceived as a dynamic whole* ...; S. 171; vgl. auch *Albanese*, 1990, S. 4 ff.) verweisen. Dazu gehört unter Umständen auch die Berücksichtigung von *Moderatorvariablen* und eventueller *vermittelnd* wirksamer Variablen (vgl. *Haugtvedt, Petty & Cacioppo,* 1992, S. 256).

5.3.2 Alternative Konzepte

Nach den nicht immer gerade überzeugenden Erfolgen des Trait-Ansatzes hielten immer mehr Forscher nach Alternativen Ausschau. Auf mehrere der aus diesen Aktivitäten hervorgegangenen Ansätze soll hier kurz eingegangen werden. Auf die Darstellung des eigentlich mit dazu gehörigen *Lifestyle-Ansatzes* wird hier verzichtet, da er an anderer Stelle gesondert und detailliert vorgestellt werden soll.

5.3.2.1 Selbstkonzept und Konsumentenverhalten

Die zentralen Momente dieses Konzepts sind das **Focusieren** der eigenen Person (das Selbst) und der dynamische Aspekt des Focusierens des Selbst. Der Aspekt des Focusierens beruht auf der Annahme, daß erstens das **Selbstkonzept**, also die Einstellungen und Eigenschaften, die sich das Individuum nach Art und Ausprägung *selbst zuschreibt*, das Resultat der Interaktion zwischen Organismus und Umwelt repräsentiert und einem ständigen Entwicklungsprozeß unterliegt. Ferner wird unterstellt, daß das Individuum dazu tendiert, sich in Übereinstimmung mit seinem **Selbstbild** konform zu verhalten. Außerdem wird angenommen, daß das Individuum dem jeweiligen Selbstbild widersprechende Eindrücke als Bedrohung erlebt. Das Selbstkonzept stellt sonach ein **Orientierungs-** und **Steuerungssystem** des Verhaltens dar.

Diesen Ansatz hat sich die Konsumentenforschung vor allem in Untersuchungen zur Beziehung zwischen *Selbst-* und *Produktimage* zunutze gemacht. Es wird dabei angenommen, daß die **Korrespondenz** zwischen Selbst- und Produktimage die Wahl oder Präferenz für bestimmte Produkte und Marken bestimmt. In der Praxis ist der Glaube an diesen Mechanismus („... *fit* zwischen Produkt und Konsument ..."; vgl. *Kleine, Schultz Kleine & Kernan*, 1993, S. 209) zwar weitverbreitet, und von der Forschung auch hinsichtlich seiner prinzipiellen Existenz im Ansatz empirisch schon seit geraumer Zeit nachgewiesen (u.a. von *Dolich*, 1969), aber von stringenten Beziehungen kann bislang noch nicht die Rede sein.

In Anlehnung an *Maslow*s Triebhierarchie betonen manche Forscher neben der Existenz des Selbstimages auch die Existenz einer Vorstellung vom *idealen Selbst. Landon* (1974) berichtet in diesem Zusammenhang, daß Selbstimage und *ideales* Selbstimage positiv miteinander korrelieren, und die *Kaufabsicht* je nach Art des Produkts einmal mehr mit Selbst-, das andere Mal mehr mit dem idealen Selbstimage korreliert. In den Fällen besonders ausgeprägter Korrelationen zwischen Kaufabsicht und Selbstimage spricht er von sogenannten *Selbstverwirklichern*; in analogen Fällen hoher Korrelationen zwischen Kaufabsicht und dem idealen Selbstimage verwendet er die Bezeichnung *Perfektionisten*.

Eine etwas andere inhaltliche Beziehung zwischen dem Selbstkonzept und dem Verhalten von Konsumenten wird in der Studie von *Prince* (1993) aufgegriffen. Hier geht es um die Relationen zwischen individuellem Selbstkonzept und Einstellungen bzw. Überzeugungen *zum Geld* und die damit verbundenen *Wertvorstellungen.* Im Grunde handelt es sich um eine Problemstellung aus dem speziellen Gebiet der *Psychologie des Geldes,* die jedoch in die große Bandbreite des Verhaltens von Konsumenten einzureihen ist. Das Selbstkonzept wird dabei als ein System von Gedanken und Gefühlen über das Selbst sowie als treibende Kraft für menschliches (Konsum-)Verhalten aufgefaßt.

Zwei Fragen stehen in dieser Studie im Mittelpunkt: einmal die Frage nach den *Überzeugungen* über andere Individuen und ihrem *Umgang mit Geld*; zum zweiten die *Vorstellungen* über die *ideale Funktion* des Gelds, wobei den Hypothesen zufolge Kongruenz zwischen dem Selbstkonzept und den jeweiligen Vorstellungen bestehen soll. Die Messung der verschiedenen Aspekte (money beliefs, money values und Selbstkonzept) erfolgte mittels Statements, zu denen die Antworten (Zustimmung/Ablehnung) anhand einer 5-stufigen Skala zum Ausdruck gebracht werden sollten.

In den Ergebnissen zeigt sich ein *signifikanter Zusammenhang* zwischen dem Selbstkonzept und den beiden Einstellungsbezügen (Überzeugungen und Wertvorstellungen). Konkret ist zum Beispiel *Neid*, der sich in niedriger Selbstachtung, Mißtrauen gegenüber anderen Individuen und Streben nach Status dokumentiert, mit **negativen Gefühlen** gegenüber anderen Personen und deren Wohlstand oder Reichtum verbunden. Im Fall der Vorstellungen von der idealen Funktion des Gelds steht *Neid* hingegen direkt mit Variablen in Verbindung, die das persönliche **Streben nach Besitz** (Bedürfnis nach teurer Kleidung, Wertung von Geld i.S. von Erfolg und einer gewissen Disposition, auf illegalem Wege an Geld zu kommen) widerspiegeln. Nicht nur die mehr oder minder unbegrenzte Verfügbarkeit von Geld trägt dazu bei, das individuelle Selbstkonzept zu gestalten, entwickeln und zu stützen, sondern ähnliches gilt auch für den Besitz bestimmter Produkte, die die **Identität des Selbst** quasi *reflektieren.* Nach einer Studie von *Ball & Tasaki* (1992) eignen sich (ungeachtet des jeweiligen Besitzstands) dafür in erster Linie das eigene Haus, Hobbyutensilien, das Auto, Juwelen, die Einrichtung des Wohnzimmers und wie die folgende *Abbildung 15* veranschaulicht noch eine Reihe weiterer Gegenstände.

In ähnlichem Zusammenhang betrachten *Dittmar, Beattie & Friese* (1995) verschiedene Produkte im speziellen Fall des **Impulskaufs**. Den Produkten werden dabei einerseits eine *instrumentelle*, andererseits eine *symbolische* Funktion zugeschrieben. Die hier relevante emotions-

bezogene symbolische Funktion gilt dabei als Ausdruck dessen, *„wer oder was jemand ist".*
Sie umfaßt sowohl die selbst-expressive *persönliche* als auch die *soziale Identität* (vgl. *Dittmar, Beattie & Friese,* 1995, S. 496).

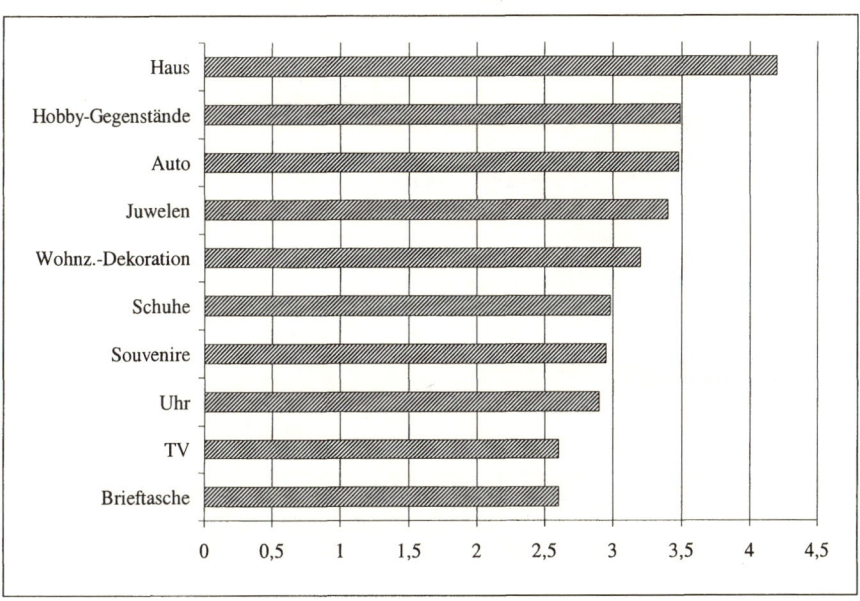

Abbildung 15: Reflektion des Selbstkonzepts mittels diverser Produkte

Wie die Ergebnisse zeigen, sind in erster Linie *identitätsrelevante Produkte* Gegenstand von Impulskäufen, wobei jedoch *geschlechtsspezifische* Unterschiede zu beachten sind. Am ehesten unterliegen Tonträger (Musik) und Kleidungsstücke einem Impulskauf; während Möbel und Autozubehörteile am seltensten auf diesem Weg erworben werden. Berücksichtigt man die Haupt-Produktgruppen auf der Grundlage der Angaben der „am ehesten impulsiv gekauften Produkte" für Frauen und Männer, so ergeben sich die in der *Abbildung 16* dargestellten Konstellationen (%-Werte; vgl. S. 500).

Während in der Studie von *Hong & Zinkhan* (1995) die Übereinstimmung (congruence) zwischen *Selbstkonzept* und der *Art* der verwendeten *Appelle* (inkongruente vs. kongruente) und deren Effekte auf die *Markenerinnerung, Markenpräferenz* und die *Kaufabsicht* im Mittelpunkt des Interesses stehen, wendet sich *Graeff* (1996) der Frage zu, inwiefern die Imagekongruenz in Abhängigkeit davon, ob das Produkt in der Öffentlichkeit oder im privaten Bereich ge-, verbraucht oder benutzt wird, für die Bewertung von Produkten (A_{Marke} und Kaufintention) eine Rolle spielt.

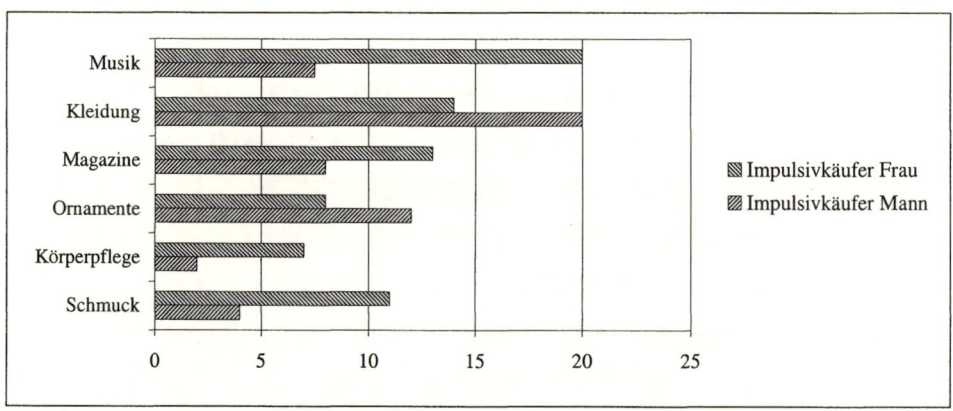

Abbildung 16: Frau und Mann als (potentielle) Impulsivkäufer diverser Produkte
(Quelle: *Dittmar, Beattie & Friese*, 1995, S. 500)

Im erstgenannten Fall zeigen sich zwar Effekte in den Bereichen der *Präferenzen* für die betreffende Marken (Auto und Shampoo) und der jeweiligen *Kaufabsicht*, jedoch *nicht* auf der Ebene der Erinnerung an die Marke; und bei *Graeff* treten deutliche Effekte auf, wenn es sich um öffentlich benutzte Produkte (Camaro [Auto], Reebok-Schuhe) handelt. Konkret bedeutet dies, je größer die Kongruenz zwischen Markenimage und Selbstimage ist, desto positiver fällt die Bewertung des betreffenden Produkts aus. Hierbei ist zu berücksichtigen, daß das sogenannte **Self-monitoring** (Grad, in dem ein Individuum sein Ausdrucksverhalten und sein Auftreten in der Öffentlichkeit in Abhängigkeit von sozialen cues beobachtet, kontrolliert und abstimmt) die Beziehungen zwischen der Imagekongruenz und den Produktbewertungen der in der Öffentlichkeit, nicht aber der im privaten Bereich benutzten Produkte moderiert.

5.3.2 2 Sozialer Charakter und Konsumentenverhalten

Diese Typologie wurde von dem Soziologen *Riesman* begründet, der weit davon entfernt war, sein Konzept als Persönlichkeitsschema zu interpretieren. Da jedoch in der Literatur der sogenannte soziale Charakter wegen seiner offensichtlichen Verwandtschaft mit den Konstrukten *Konservatismus, Introversion* und *Extraversion* mit Persönlichkeit gleichgesetzt wurde, ist es angemessen, diesen Ansatz im vorliegenden Zusammenhang zu berücksichtigen. In seiner soziologisch orientierten Typologie, die einer Analyse des Trends der politischen und sozialen Geschichte der Industrienationen entspringt, geht *Riesman* (1950) von drei **sozialen Charakteren** aus: dem *traditions*-geleiteten, dem *innen*-geleiteten und dem *außen*-geleiteten Individuum aus.

In der empirischen Forschung finden sich sowohl Studien mit dem Ergebnis eines nur geringen Zusammenhangs zwischen dem Kauf *neu* in den Markt eingeführter Produkte und diesen Merkmalen (z.B. *Barban, Sandage, Kassarjian & Kassarjian*, 1970) als auch solche, die bemerkenswerte Beziehungen (*Donnelly & Ivancevich*, 1974) zwischen diesen Variablen aufweisen. Angesichts dieser Feststellungen meinen *Rosenstiel & Ewald* (1979, S. 126): „Dieser ... Charakterzug scheint ... schwer in das bisher gezeichnete Bild des *Innovators* zu passen, als wir ihn als modernen, ganz offensichtlich aber auch auf Beifall bedachten Zeitgenossen kennengelernt haben, dem durchaus am Urteil seiner *„Peers"* gelegen ist".

Zusammenfassend läßt sich festhalten: Der Stand der Forschung stellt sich wieder einmal *„unentschieden"* dar; einige Arbeiten sprechen für bedeutungsvolle Zusammenhänge; andere wiederum widersprechen dieser Feststellung.

5.3.2.3 Informationsverarbeitung und Konsumentenverhalten

Bei diesem Ansatz wird das Individuum als ein Informationen verarbeitendes System aufgefaßt, wobei sich die Forschung im wesentlichen auf die Klärung zweier Fragestellungen konzentriert: *Wie* und *warum* findet Informationsverarbeitung statt? Mit dem *„wie"* sind die sogenannten *direktiven* Aspekte der Persönlichkeit gemeint, während mit dem *„warum"* die *dyna-mischen* Aspekte der Persönlichkeit angesprochen werden. Zu diesem Ansatz hat *McGuire* (1976) ein Modell konzipiert, bei dem die *direktiven informationsverarbeitenden* Aspekte der Persönlichkeit aus acht in fester Folge angeordneten Stufen bestehen; nämlich der *Begegnung* (exposure), *Wahrnehmung* (perception), *Verständnis* bzw. Encodierung (comprehension), *Ak-zeptierung* (agreement), *Behalten* (retention), *Erinnern* (retrieval), *Entscheidung* (decision) und *Handlung* (action).

Die dynamischen Aspekte der Persönlichkeit, die die Informationsverarbeitung motivieren und als *Traits* gedacht werden können, faßt *McGuire* (1976) in ein Schema, das anhand der Dimen-sionen *kognitive* und *affektive Motive* sowie *Aktivität* und *Passivität*, die jeweils in *Beibehal-tung* und *Wachstum* sowie *internal* und *external* untergliedert sind, insgesamt 16 **Motive** be-schreibt. Jedes dieser Motive kann, ebenso wie die spezifischen Eigenarten der Informations-verarbeitung auf den genannten acht Stufen als Teil der menschlichen Persönlichkeit angese-hen werden. Eine Verbindung dieser Auffassung der Persönlichkeit mit dem Konsumentenver-halten findet sich bei *McGuire* (1976). Soweit bekannt, liegt jedoch zu dem informationsver-arbeitenden Ansatz *und* Konsumentenverhalten so gut wie kein empirisches Material vor, obwohl dieses Konzept unter Umständen fruchtbare Akzente setzen könnte.

5.3.2.4 Motivationen des Kaufens und Konsumentenverhalten

Einen relativ neuen Vorschlag zur Betrachtung und Analyse des Zusammenhangs zwischen Persönlichkeit und Konsumentenverhalten unterbreiten *Mooradian & Olver* (1996). Im Rah-men ihrer Studie konzentrieren sie sich nicht, wie früher meist üblich, auf sehr weite Verhal-tensbereiche abdeckende Persönlichkeitseigenschaften eines Individuums, sondern stellen statt dessen sehr *spezifische Traits* in den Mittelpunkt der Betrachtung. Im vorliegenden Fall sind es konkrete **Kaufmotive** (Suche nach Zerstreuung, Selbstbelohnung, Freude am Handeln i.S. von Feilschen, ..., Kommunikation; u.a.). Diese sollen ihrer Auffassung nach einen Zusammenhang mit *globalen Traits* (Neurotizismus, Extraversion, Offenheit für Erfahrungen, Umgänglichkeit, Gewissenhaftigkeit) aufweisen, bzw. sich aus ihnen ableiten.

In den *Pearson'schen* Korrelationskoeffizienten, die sich für den Zusammenhang zwischen den genannten Traits und den verschiedenen Kaufmotivationen ergeben, sehen *Mooradian & Olver* zwar eine Bestätigung ihrer generellen Hypothese hinsichtlich des unterstellten Zusammenhangs, indem sie feststellen, daß nahezu alle der angenommenen Beziehungen zwischen den spezifischen Traits und den Motiven des Kaufens bestätigt wurden („... *almost all of the proposed relationships between specific traits and shopping motives were supported*; vgl. S. 588). Betrachtet man jedoch die Größe der Koeffizienten, von denen lediglich einer .32 erreicht und alle übrigen mehr oder weniger deutlich darunter liegen, so läßt sich darin kaum ein überzeugender Beleg für eine stringente Beziehung erkennen. Zu berücksichtigen ist hierbei allerdings, daß es sich um einen ersten Versuch dieser Art handelt. Insofern bedarf es noch weiterer Überprüfungen, um zu einem abschließenden Urteil bezüglich der Tauglichkeit dieser Betrachtungsweise zu gelangen.

5.3.2.5 Sonstige Konzepte

Eng verwandt mit dem soeben skizzierten Ansatz der Informationsverarbeitung ist der Vorschlag von *Haugtvedt, Petty & Cacioppo* (1992) das Merkmal **Need for Cognition** (NfC) mit dem Verhalten von Konsumenten in Verbindung zu bringen. Theoretischer Hintergrund bildet dabei das zu den aktuelleren *Werbewirkungsmodellen* gehörende **Elaborations-Wahrscheinlichkeits-Modell** (vgl. *Petty & Cacioppo*, 1981; *Petty, Cacioppo & Schumann*, 1983). *Need for Cognition* ist im Verständnis von *Cacioppo & Petty* (1982) in erster Linie ein *motivationaler* Faktor, der bei hoher Ausprägung als *intrinsische Freude am Denken* interpretieren. Umgekehrt unterstellen sie bei einem niedrigen Score die Vermeidung geistiger Arbeit, was nicht heißt, daß diese Individuen nicht dazu in der Lage wären. Sie meiden oder scheuen lediglich geistige Anstrengungen.

Praktische Folgen hat diese Eigenschaft z.B. bei der Begegnung mit kommunikativen Maßnahmen und die daraus resultierenden Konsequenzen der Informationsverarbeitung, wie z.B. der Einstellungsänderung, Präferenzbildung oder Kaufintention sowie auf daran sich anschliessenden Entscheidungsprozesse.

Zhang (1996) konnte z.B. zeigen, daß die Effekte *humoristisch* gestalteter Print-Maßnahmen für Fotoapparate von der Ausprägung dieses Merkmals moderiert werden. Im Fall niedriger Ausprägung der *Freude am Denken* sind positivere Ergebnisse, d.h. Interaktionseffekte zwischen NfC und Humor sowie zwischen NfC und der Stärke (Überzeugungskraft) der Argumente zu verzeichnen.

Diese Beobachtungen weisen darauf hin, daß die Informationsverarbeitung je nach Ausprägung der NfC unterschiedlich verläuft. Während die Effekte bei Individuen mit hoher NfC mehr von der Ernsthaftigkeit oder Triftigkeit der Argumentation abhängig sind, d.h. die Informationen hinterfragen, unterliegen Individuen mit niedriger NfC, wegen der oberflächlicheren Auseinandersetzung, eher den peripheren Informationen (cues: Humor) in den Anzeigen. Aber auch im Bereich eher *erklärungsbedürftiger Produkte* dürfte dieser Merkmalskomplex von Bedeutung sein. Je nach den Gegebenheiten, d.h. im Fall hoher oder niedriger Ausprägung, könnte diese Merkmal die Marktchancen entsprechender Produkte in der Zielpopulation sowohl deutlich fördern als auch erheblich beeinträchtigen, weil eben die Bereitschaft und Intensität zur Auseinandersetzung mit Informationen eben unterschiedlich ist.

In der anfangs schon erwähnten Studie (*Haugtvedt, Petty & Cacioppo,* 1992) zeigt sich, daß die *Einstellungen zum Produkt* (elektronische Schreibmaschine) in Abhängigkeit von der *Überzeugungskraft der Argumente* und vor allen Dingen bei unterschiedlicher Ausprägung der **Need for Cognition** im Fall der Verwendung *starker Argumente* bei Individuen mit *hoher* Ausprägung dieser Eigenschaft besonders positiv ausfallen. Dieses Ergebnis wird in der nachfolgenden *Abbildung 17* dargestellt.

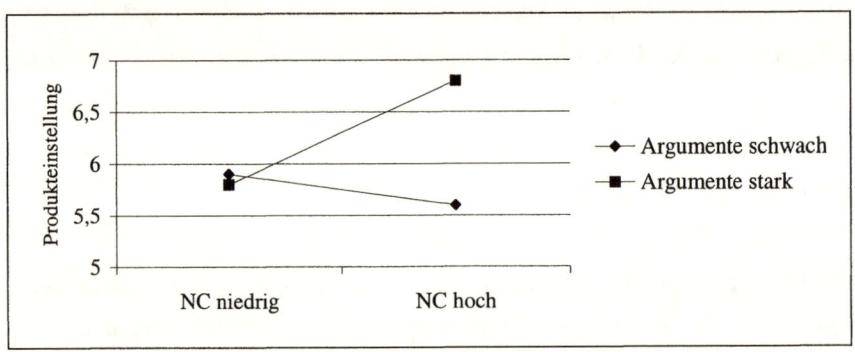

Abbildung 17: Effekte unterschiedlicher *Need for Cognition* und unterschiedlicher *Überzeugungskraft von Argumenten* auf die Produkteinstellung

Einen etwas anderen Aspekt fassen *Foxall & Bhate* (1993) ins Auge. Theoretisch gehen sie von der **Adoptions-Innovationstheorie** *Kirton*s (1989) aus. Dieser Ansatz nimmt an, daß der individuelle Stil der Kreativität, Entscheidungsfindung und des Problemlösens ein Kontinuum bilden, an dessen einen Ende sich der extreme *Adoptor* und am anderen Pol der *sogenannte Innovator* befinden. Der Adoptor zeichnet sich durch Ordnung, Genauigkeit, Konformität, Disziplin und noch eine Reihe in dieselbe Richtung weisende Merkmale aus. Demgegenüber stellt der *Innovator* vorhandene Regeln und schon seit langem praktizierte Vorgehensweisen in Frage und bricht mit gewohnten Methoden. Im Gegensatz zum Adoptor ist er für neue Wege und Stimulation offen oder geradezu dafür empfänglich, besitzt einen Hang zum Risiko, zur Exploration und zum Experimentieren (*Goldsmith*, 1989). Der Klarheit wegen ist hervorzuheben, daß beide Denk- oder Vorgehensweisen nichts mit der Adaption neuer Produkte oder dem Innovationsverhalten zu tun haben.

Im Rahmen der empirischen Studie wird außer den beiden Stilvarianten (adaptiv versus innovativ) der Kognition noch zusätzlich das Involvement berücksichtigt und deren Beziehungen zur gekauften Menge (Anzahl und Häufigkeit) von Produkten einer etwas ausgefallenen Kategorie (sog. healthy food innovations) untersucht. Im Vordergrund stehen dabei die Annahmen, daß die involvierteren der Adoptoren das höchste Niveau aufweisen, während die weniger involvierten Adoptoren das niedrigste Niveau und die mehr oder weniger involvierten *Innovatoren* in etwa das gleiche Niveau haben, jedoch zwischen den beiden Adoptorengruppen liegen sollten. Die Ergebnisse bestätigen die Annahmen; d.h. die involvierteren der Adoptoren kauften am meisten von diesen Produkten, während die weniger involvierten am wenigsten davon kauften. Die folgende *Abbildung 18* verdeutlicht nochmals graphisch die Befunde.

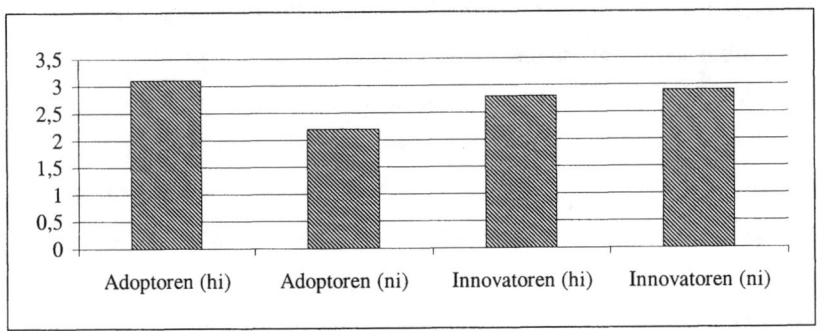

Abbildung 18: Kognitiver Stil der Informationsverarbeitung und Kaufvolumen

Ein weiterer Vorschlag von *Bruner* (1990) stellt den **Stil der Problemerkennung** (problem recognition style) in den Mittelpunkt der Betrachtung, wobei damals zunächst die Konstruktion eines geeignetes Instrumentariums zur Erfassung dieses Merkmalsbereichs im Vordergrund stand. Umfangreiche empirische Studien sind dazu noch nicht erstellt. In bislang vorliegenden Ergebnissen deutet sich lediglich an, daß dieser Stil von Bedürfniskategorie zu Bedürfniskategorie eher variiert.

5.4 Zusammenfassung und praktische Konsequenzen

Nachdem die Erklärung und Vorhersage des Verhaltens von Konsumenten auf der Basis anderer Merkmale eines Individuums (z.B. soziodemographischer) nur wenig erfolgreich blieben, versuchte man durch die Berücksichtigung von *Persönlichkeitsmerkmalen* bessere Ergebnisse zu erzielen. Im Mittelpunkt der Bemühungen steht dabei vor allen Dingen der sogenannte Trait-Ansatz. Das Vorgehen erfolgt meist jedoch *atheoretisch*, d.h. ohne theoretische Fundierung der Beziehungen nach dem *Prinzip des Versuchs und Irrtums*. Merkmale, wie z.B. Aggressivität, Ängstlichkeit, Dominanzstreben, Extra-und Introversion bilden neben vielen anderen die unabhängige Variable oder den Prädiktor des in der Regel korrelativen Designs der Untersuchungen.

Die Ergebnisse sind jedoch alles andere als ermutigend; nicht zuletzt auch wegen der vielfachen methodischen *Unzulänglichkeiten* bei der Messung der Variablen. Wenn es hoch kommt, so lassen sich auf dieser Grundlage bestenfalls 10% des jeweils als Kriterium benutzten Aspekts des Konsumentenverhaltens erklären oder vorhersagen; d.h. 90% des Verhaltens sind durch andere, zugleich *unbekannte* Variablenkomplexe determiniert. Diese Feststellung gilt im wesentlichen für alle traditionellen Ansätze. Die neueren Ansätze (*Need for Cognition, Stil der Problemerkennung,* und andere) scheinen zwar erfolgversprechender, aber angesichts der multifaktoriellen Determiniertheit bzw. der Komplexität des Verhaltens von Konsumenten sind auch deren Chancen von vornherein eher begrenzt, so daß kaum gravierende Verbesserungen der Erklärungs- und Vorhersagekraft der Variablen zu erwarten sind; schon gar nicht auf der alleinigen Basis eines einzelnen Merkmalbereichs.

6. Einstellungen und Konsumentenverhalten

Einstellungen gehören zu den am meisten untersuchten Konzepten sozialwissenschaftlicher Forschung mit einer kaum überschaubaren Zahl theoretischer sowie empirischer Forschungsarbeiten. Auch im Bereich der Markt- und Werbepsychologie gibt es eine Reihe von Studien, die sich vor allem mit den Beziehungen zwischen Einstellungen, z.B. zu einem Produkt oder einer Marke (A_B), zu einem Unternehmen bzw. zu einer Botschaft oder einer spezifischen Werbemaßnahme (A_{ad}) und den damit mehr oder weniger eng verknüpften Verhaltensweisen von Konsumenten oder Rezipienten befassen. In der Regel werden dabei die betreffenden Einstellungen als Indikatoren und Weichenstellung für nachfolgendes Erleben und/oder Verhalten angesehen.

6.1 Definition von Einstellungen

Einstellungen sind im Sinne der Tendenz oder Disposition des Individuums zu verstehen, auf Stimuli der sozialen Umwelt mit einer gewissen Wahrscheinlichkeit mit bestimmten Formen des Erlebens und/oder Verhaltens zu antworten. Mit den Worten von *Petty & Cacioppo* (1981, S. 7) könnte man sie stattdessen auch als „... *eine generelle und über die Zeit beständige, negative oder positive Bewertung einer Person, eines Objekts oder eines Sachverhalts*" bezeichnen. Hierbei handelt es sich um „... *systembedingte und erlernte Reaktionsweisen eines Individuums, die dessen Denken, Behalten, Empfindungen und Handeln bestimmen*" (*Bledjian & Stosberg*, 1972, S. 111).

Einstellungen sind somit *hypothetische Konstrukte*, die nicht direkt und unmittelbar beobachtbar sind, sondern im allgemeinen aus verbalen Stellungnahmen gegenüber dem jeweiligen Meinungsgegenstand oder aus offenem Verhalten ihm gegenüber erschlossen werden. Die individuelle Ausprägung wird dabei aus einer relativ großen Anzahl verschiedener Verhaltensäußerungen oder Reaktionen bestimmt, die untereinander korrelieren.

6.2 Theoretisches Konzept von Einstellungen

Wie aus den oben erwähnten Definitionen zu entnehmen ist, besitzen Einstellungen *Objekt-bezug*. Sie entstehen außerdem durch *Lernprozesse* und zeichnen sich durch *Systembedingtheit* aus. Von manchen Autoren wird ihnen zusätzlich *Konstanz*, d.h. in zeitlicher Hinsicht relative Stabilität oder Unveränderlichkeit zugeschrieben (vgl. *Laberenz*, 1988, S. 27). Führt man sich vor Augen, daß es sich dabei immer um eine ganz bestimmte (positive, indifferente oder negative) Einstellung *zu* oder *gegenüber* einem Meinungsgegenstand (Person, Produkt, Partei, Medium, Organisation, etc.) handelt, so wird der *Objektbezug* deutlich.

Die Tatsache, daß Einstellungen vornehmlich das Ergebnis von vielen mehr oder minder selektiven Beobachtungen und persönlichen Erfahrungen darstellen und dabei eine *individuelle Lerngeschichte* aufweisen, macht verständlich, daß sie von Individuum zu Individuum variieren sowie in Abhängigkeit von diesen Prozessen im Lauf der Zeit und in gewissen Grenzen Veränderungen und Wandlungen unterworfen sind (vgl. z.B. *Triandis*, 1975; *Roth*, 1967; *Eyferth & Kreppner*, 1972).

Die *Systembedingtheit* dokumentiert sich in der von *Krech, Crutchfield & Ballachey* (1962, S. 149) vorgeschlagenen **Drei-Komponenten-Theorie**. Diesem Konzept zufolge wird der Komplex Einstellung in drei Komponenten differenziert, indem eine *kognitive*, eine *affektive* sowie eine *konative* Komponente voneinander unterschieden werden. Hierbei wird angenommen, daß zwischen den Einzelkomponenten „*... Beziehungen ... bestehen, die ein überdauerndes System im Sinne gegenseitiger Abhängigkeiten (Interdependenzen) bilden"* (*Süllwold*, 1969, S. 475; *Roth*, 1967).

Die **kognitive** Komponente äußert sich in den Vorstellungen, Kenntnissen und Meinungen gegenüber einem Ereignis oder Objekt. Sie schlägt sich auch in Urteilen und Schlußfolgerungen des Individuums nieder.

Die **affektive** Komponente bezieht sich auf eine gefühlsmäßige Haltung, die mit einem Ereignis, Objekt oder einer Kategorie von Objekten verbunden ist. Sie führt im Zusammenhang mit dem jeweiligen Ereignis oder Objekt zu einem bestimmten, mehr oder minder angenehmen Zustand oder Befinden.

Die **konative** Komponente bezeichnet hingegen eine Handlungstendenz, die in einer grundsätzlichen Bereitschaft (Disposition) zum Ausdruck kommt, aber nicht unbedingt zu einer Handlung führen muß.

Das bei manchen Autoren anzutreffende Merkmal der *Konstanz* steht auf den ersten Blick im Widerspruch zu der Feststellung, daß Einstellungen auf dem Wege über Lernprozesse erworben werden. Insofern gilt diese Eigenschaft sicherlich nicht für den Beginn oder während der Phase der Entstehung von Einstellungen, sondern bezieht sich in erster Linie auf das schon weitgehend ausgereifte Endstadium. Besondere Betonung ist deshalb auch auf die Feststellung „... *relative Stabilität* ...“ zu legen. Ganz abgesehen davon, ist die Eigenschaft Veränderbarkeit bzw. Stabilität von Einstellungen von einer Reihe später noch anzusprechender Merkmale abhängig.

Das Grundkonzept von Einstellungen mit seinen Teilkomponenten und konkreten Erscheinungsformen im Erleben und Verhalten von Individuen wird in *Abbildung 19* veranschaulicht.

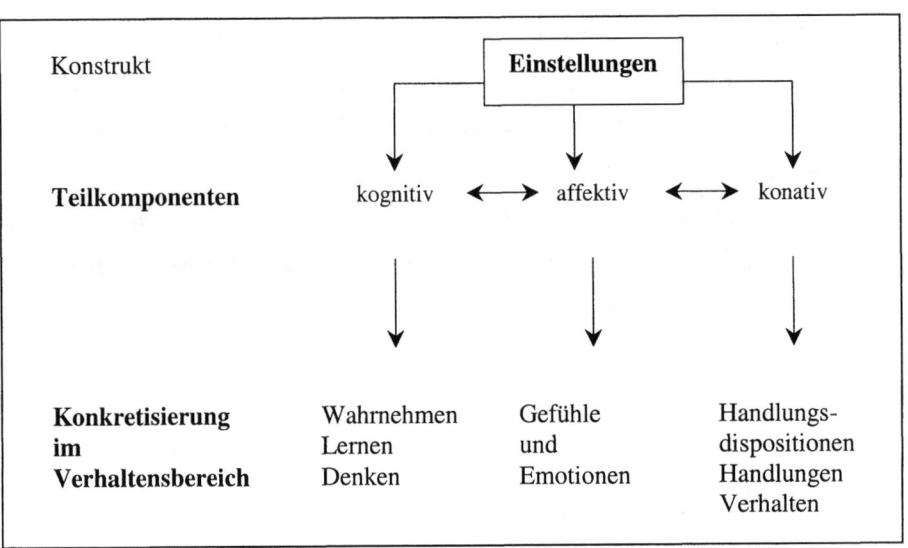

Abbildung 19: Theoretisches Grundkonzept von Einstellungen

Da die unterschiedlichen Teilaspekte von Einstellungen untereinander in enger Verbindung stehen, *können* Änderungen im einen Bereich auch zu Umstrukturierungen in den anderen Bereichen führen. Sie können aber auch divergieren, z.B. wenn sich die kognitive Bewertung eines Ereignisses oder Objekts ändert, die verhaltensorientierte Komponente jedoch konstant bleibt. Beispielsweise sieht jemand die Notwendigkeit der Luftreinhaltung ein oder bekennt sich zum Energiesparen, fährt aber mit dem Auto genauso häufig, unnötig und schnell, wie eh und je.

Außer durch die genannten Teilkomponenten sind Einstellungen durch eine Reihe weiterer **Dimensionen** zu charakterisieren, deren Ausprägungen vor allem für die soeben schon erwähnte **Veränderbarkeit** von Einstellungen große Bedeutung haben. So ist die *Extremität* einer Einstellung, d.h. die Stärke der jeweiligen positiven oder negativen Valenz zu einem Einstellungsobjekt sowie die *Intensität*, mit der ein Individuum auch diese Einstellung vertritt, zur Wahrscheinlichkeit des Einstellungswandels umgekehrt proportional, wobei diese beiden Dimensionen wiederum eng miteinander korrelieren. Des weiteren ist zwischen den Dimensionen *Bedeutsamkeit (salience)* und *Zentralität* zu differenzieren (*Newcomb, Turner & Converse*, 1965). Auch diese beiden sind eng miteinander verknüpft, sie können sich aber in ihrer Dauerhaftigkeit unterscheiden; beispielsweise, wenn auch weniger zentrale Einstellungen durch situative Ereignisse kurzfristig bedeutsam werden.

Die Chancen der **Veränderung** zentraler Einstellungen, z.B. im Fall der Zugehörigkeit zu einer religiösen oder politischen Gruppe, sind gegenüber eher peripheren (Produkt) weitaus geringer (*Stouffer*, 1955; *Bledjian & Stosberg*, 1972; *Adorno et al.*, 1950). Mit ähnlichen Schwierigkeiten ist auch bei komplexen, differenzierten und zu einem festen Gefüge verbundenen Einstellungen zu rechnen (*Krech, Crutchfield & Ballachey*, 1962; *Roth*, 1967).

Mit Ausnahme der *Richtung* der Einstellung haben die genannten Dimensionen für den Bereich der Markt- und Werbepsychologie nur eine relativ begrenzte Bedeutung, da die Auseinandersetzung, insbesondere bei Gütern des täglichen Bedarfs in großem Maße situationsabhängig ist, und übergreifende Einstellungssysteme eher eine geringe Rolle spielen. Vor allem ist hierbei die *affektive Ladung* der Einstellung relevant, die über die Ausprägung der Zu- oder Abneigung gegenüber einem Produkt entscheidet (*Thurstone*, 1946; *Krech, Crutchfield & Ballachey*, 1962).

6.3 Marktpsychologische Effekte von Einstellungen

Die Auswirkungen von Einstellungen können sowohl in markt- als auch werbepsychologischen Bereichen ihren Niederschlag finden. An dieser Stelle soll zunächst lediglich auf die markt-psychologischen Konsequenzen eingegangen werden. Die werbepsychologischen Aspekte werden später in entsprechend dafür vorgesehenen Abschnitten, z.B. im Zusammenhang mit den empfängerabhängigen Bedingungen werblicher Kommunikation oder der Prognose-leistung diverser Werbewirkungskriterien angesprochen.

Theoretisch können die Folgen bestimmter Einstellungen, je nach Bezug (Produkt, Marke, u.ä.), Inhalt oder Facette (Qualität, Preis) sowie Ausprägungsintensität (z.B. [extrem] positiv vs. [extrem] negativ), in sehr vielfältigen Formen des Erlebens und Verhaltens in Erscheinung treten. Meist äußern sie sich in **Selektions-**, **Bewertungs-** und **Transfer**mechanismen im Rahmen von Wahrnehmungs-, Informations-, Lern- und Gedächtnisprozessen. Relativ selten läßt sich hingegen sowohl aus methodischen als auch sachlichen Gründen eine konsistente Be-ziehung zum konkreten Verhalten beobachten (vgl. *Mayer & van Eimeren*, 1985). Dabei kann man nicht einfach von *der* Einstellung sprechen, sondern es ist eine Differenzierung im Sinne des jeweiligen Bezugs (Facette: Einstellung zu ...) vorzunehmen. Die Chancen des Nach-weises konsistenter Beziehungen zwischen Einstellungen und bestimmten Verhaltensweisen ist nicht zuletzt in hohem Maße vom *Spezifizierungsgrad* sowohl auf seiten der Einstellungs- als auch der Verhaltensebene abhängig.

Eine ausgeprägt positive **Einstellung gegenüber einer Marke** (A_{Brand}), z.B. unter den Aspek-ten Qualität, Verläßlichkeit, Preiswürdigkeit, kann dazu führen, daß dem Konsumenten sämt-liche Produkte dieses Herstellers im Umkreis gleichzeitig präsentierter Konkurrenzprodukt bevorzugt *ins Auge springen*. Ähnliche Effekte sind im übrigen, jedoch mit umgekehrtem Vor-zeichen, auch im Fall negativer Einstellungen zu erwarten. Außerdem ist es denkbar, daß Kon-sumenten die auf ein einzelnes Produkt bezogene positive Einstellung auf die gesamte Pro-duktpalette dieses Herstellers generalisierend übertragen, so daß alle Produkten des Herstellers in dem bereits bekannten *positiven Licht* erscheinen.

134

Aus der Werbepsychologie ist bekannt, daß die Einstellung gegenüber einer Werbemaßnahme (A_{ad}) auch für die Wahrnehmung und Einstellung gegenüber der Marke (A_B) von Bedeutung ist, d.h. diese in einem gewissen Umfang beeinflußt. Nach einer Studie von *Heath & Gaeth* (1994) sind jedoch auch umgekehrte Effekte zu erwarten, insbesondere in Verbindung mit positiven Produkterfahrungen, die eine positive Einstellung zur Marke (A_B) nach sich ziehen. Dies bedeutet, daß (A_B) im Rahmen der angenommenen *zweiseitigen Kausalität* in umgekehrter Richtung die Wahrnehmung der Qualitäten der Werbemaßnahme (A_{ad}) beeinflußt (S. 132 f.).

In einem etwas anderen Bezug untersuchen *Laroche, Kim & Zhou* (1996) die Auswirkungen der *Einstellung* zum Marke (A_B) auf die *Kaufabsicht* (B_I). Sie gehen zunächst davon aus, daß die Einstellung zum Marke (A_B) zum einen von der Vertrautheit (familiarity) mit der Marke abhängig ist, und zum andern nehmen sie an, daß diese zusammen mit der Urteilssicherheit (confidence) die Kaufabsicht bezüglich der betreffenden Marke bestimmt. Dieses Beziehungsgefüge wird in der folgenden *Abbildung 20* dargestellt.

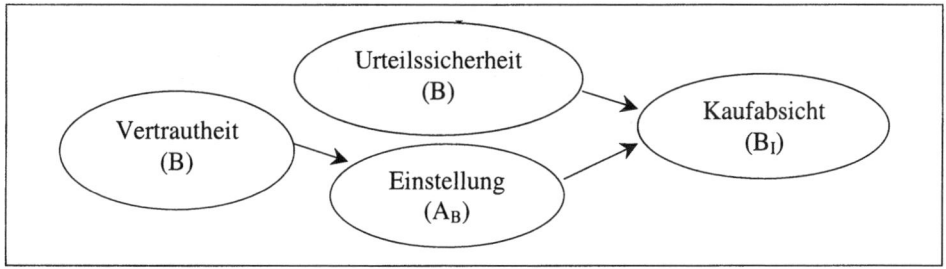

Abbildung 20: Modell der Beziehungen zwischen Vertrautheit, Urteilssicherheit und Kaufabsicht bezüglich einer Marke (Quelle: *Laroche, Kim & Zhou*, 1996, S. 117)

Laroche, Kim & Zhou (1996) überprüfen dieses Beziehungsgefüge für vier konkurrierende Marken im Rahmen eines Strukturgleichungsmodells. Hierbei ergeben sich, je nach der jeweiligen Marke, signifikante Pfadkoeffizienten für die im Modell unterstellten Relationen. Diese bewegen sich beispielsweise für die Beziehung (A_B) → (B_I) in der Größenordnung zwischen .48 und .41, je nach der dabei zugrundelegten Marke. Ferner ist den Koeffizienten für die Beziehung *Vertrautheit* mit der Marke und der *Einstellung* zur Marke(A_B) zu entnehmen, daß die Vertrautheit mit der Marke eine außerordentlich wichtige Grundlage der Einstellung zur Marke darstellt. Und aus den Koeffizienten für die Relation *Urteilssicherheit* und (B_I) läßt sich ableiten, daß die Möglichkeit - wenn nicht gar die Notwendigkeit- besteht, mittels Produktinformationen (Werbung) oder durch direkte Produkterfahrung die Urteilssicherheit zu verbessern, um damit die Kaufabsicht zu steigern.

Alle diese Studie zeigen zwar, daß Einstellungen in der Lage sind, eine Reihe marktpsychologisch mehr oder minder relevante Größen in einem gewissen Umfang zu beeinflussen, aber die eigentlich entscheidende Frage nach der *direkten Beziehung* zwischen **Einstellungen** und **Verhalten** (sog. *E&V-Relation*) wird damit nicht beantwortet; es sei denn, man würde im oben vorgestellten Fall von einer nennenswerten Prognoseleistung der Verhaltensintention im Hinblick auf das letztendlich relevante Kaufverhalten ausgehen können.

Vor allen Dingen in schon etwas älteren Literaturquellen begegnet man derartig optimistischen Einschätzungen. So kommt diese Vorstellung beispielsweise sehr deutlich in der Bemerkung *Hoffmanns* (1972, S. 64) zum Ausdruck, der einleitend zur Kennzeichnung des Einstellungsmodells der Werbeforschung feststellt: *„Der Verbraucher trifft seine Entscheidung gemäß der bewertenden Einstellung, die er zum Wahlgegenstand hat. Es kommt in der Werbung also allein auf die Änderung der Einstellung zugunsten des Gegenstandes an".* Diese Aussage lehnt sich eng an das behavioristische Modell der E & V-Relation an, wonach sich eine Einstellung als gelernte Antworttendenz auf direktem Wege in eine Reaktion (Verhalten) umsetzt. *Allport* (1935, S. 810) war einer der ersten, die diese Auffassung vertrat. Im Vergleich zu heute lagen damals allerdings nur vereinzelt empirische Studien und Ergebnisse dazu vor.

Die *konträre* Position, nämlich daß zwischen der Einstellung zu einem Sachverhalt oder Meinungsgegenstand und dem Verhalten diesem gegenüber kein systematischer Zusammenhang besteht, wird oft mit dem Verweis auf die inzwischen schon klassische Studie von *LaPière* (1934) vertreten.

Der amerikanische Forscher reiste mit einem chinesischen Ehepaar zwei Jahre durch die USA, übernachtete in 66 Hotels und besuchte 184 Restaurants, wobei er nur ein Mal - und dies in einer eher unterdurchschnittlichen Raststätte - abgewiesen wurde.
Nach Beendigung der Reise verschickte LaPière an alle besuchten Hotels und Restaurants einen Fragebogen mit der Frage, ob sie auch chinesische Gäste beherbergen oder bewirten

würden. Bei einer Rücklaufquote von 50% waren die Antworten zu 90% negativ; d.h. in diesen Fällen wollte man *keine* Chinesen bewirten.

Damit standen tatsächliches Verhalten und die Einstellungen gegenüber chinesischen Gästen im krassen Widerspruch zueinander. Trotz erheblicher Mängel dieser Studie, z.B. wurde die Einstellungs- und Verhaltensebene bei verschiedenen Referenzgruppen erhoben, diente sie nicht selten als Begründung dafür, um das Einstellungskonzept insgesamt als wertlos zu klassifizieren. Daß diese extremen Positionen die realen Verhältnisse nur sehr ungenau charakterisieren, belegen zahlreiche Untersuchungen, die einen zwar mäßigen, jedoch systematischen Zusammenhang zwischen Einstellungen und Verhalten nachweisen.

Den direkten, und vor allen Dingen auch *engen* Bezug zum (Kauf)verhalten haben bislang schon sehr viele Arbeiten nachzuweisen versucht; allerdings mit höchst bescheidenem Erfolg. Weder die marktpsychologische Forschung, noch die viel frühere sozialwissenschaftliche Forschung förderten enge Relationen zu Tage (vgl. *Irle*, 1975; *Six*, 1980; *Lilli*, 1980). Meist lagen die Werte für den Anteil gemeinsamer Varianz zwischen der jeweils erhobenen Einstellung und dem ins Auge gefaßten Verhalten der unterschiedlichsten Art bei einer Größenordnung um 10% (vgl. *z.B. Smith & Swinyard*, 1983; *Murray*, 1986; *Day & Deutscher*, 1982; *Mayer & van Eimeren*, 1985); d.h. für die restlichen 90% der ungeklärten Varianz kommen andere, meist unbekannte Quellen der Verursachung in Betracht.

Die wenigen Untersuchungen älteren Datums, die über bemerkenswert *positive Resultate* hinsichtlich des Zusammenhangs zwischen Einstellungen und Kaufverhalten berichten, stammen von *Achenbaum* (1972), *Aaker & Day* (1974) sowie von *Voss* (1983). *Achenbaum* (1972), der in einer Mehrwellen-Erhebung 19 Marken aus sieben, sehr heterogenen Produktkategorien (Schmerzmittel, Zigaretten, ... Erdnußbutter) für seine Untersuchung auswählte, erwartete (S. 7: „... *one would expect to find a relationship between attitudes and behavior. And so there was.*") entsprechend deutliche Ergebnisse. Von der Enge der (aggregierten) Beziehungen vermittelt die folgende *Abbildung 21* einen Eindruck.

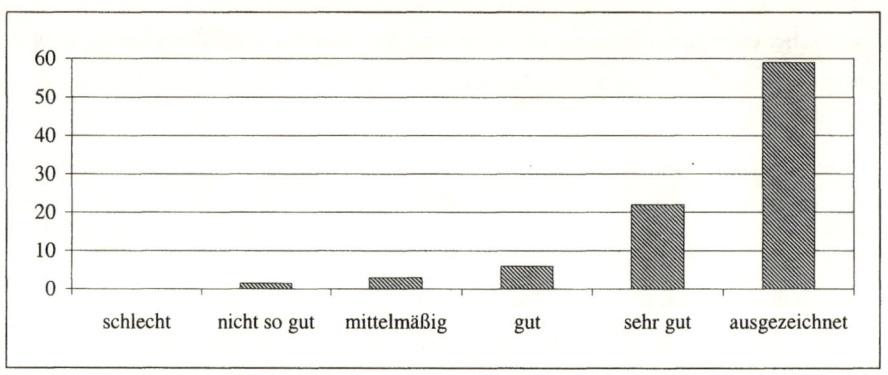

Abbildung 21: Einstellungen zu den Produkten und Kaufverhalten
(Quelle: *Achenbaum*, 1972, S. 7)

Aaker & Day (1974) untersuchten über die Zeitspann von drei Jahren hinweg die Beziehungen zwischen *Produkteinstellungen* und *Kaufverhalten* (Marktanteil) für fünf Pulverkaffee-Marken. Von einer Ausnahme abgesehen, ergaben sich für alle anderen Marken signifikante Regressionskoeffizienten; d.h. das in der anschließenden Zeitperiode realisierte Kaufverhalten, ließ sich relativ gut auf der Grundlage der Produkteinstellungen der Vorperiode prognostizieren. Vergleichbare Feststellungen machte auch *Voss* (1983, S. 213), der zwischen den Einstellungen zu einer Zahnpastamarke, je Zeitpunkt (t oder t + 1) und Bezugsebene (wert- oder mengenmäßiger Marktanteil) Korrelationskoeffizienten in Höhe von .76 und .78 bzw. .73 und .76 erhielt.

Auch in der Studie von *Michels* (1996), bei der es sich um einen korrelativen ex-post-facto Ansatz handelt, werden zwar gewisse Beziehungen erkennbar, aber bei weitem keine so stringenten Zusammenhänge entdeckt. Grundlage der Analyse bildet die Einstellung zur *Natürlichkeit der Ernährung* als unabhängige Variable in den Stufen *weniger ausgeprägt, teils teils* und *eher ausgeprägt*. Diese Einstellung wird wie so oft *ohne* eine nähere *theoretische Begründung* zum Einkaufsverhalten an der Käsetheke in Verbindung gebracht, wobei es sich zeigt, daß vor allem Individuen mit einer *eher ausgeprägten Einstellung zur Natürlichkeit der Ernährung* Thekenware bevorzugen. Außerdem kauft diese Gruppe im Vergleich zu den Individuen mit geringer Ausprägung dieser Einstellung häufiger dort ein und gibt sowohl insgesamt als auch je Einkauf mehr Geld (DM 132,40 zu 81,50 bzw. 6,02 vs. 5,09 DM) an der Käsetheke aus.

Ähnliche, und wiederum nicht gerade überzeugende Relationen zeigen sich zwischen dieser Einstellung auch hinsichtlich der Präferenzen für bestimmte Verpackungsarten bei dem Produkt Fruchtjoghurt, bzw. unter Berücksichtigung der Merkmale *Innovationsbereitschaft* (konservativ, teils teils, innovativ) oder *Preis-* versus *Qualitätsbewußtsein* (preisbewußt, keine Vorlieben, qualitätsbewußt) hinsichtlich des Einkaufs bestimmter Gemüsekonserven oder von Tiefkühlkost. So gesehen wiederholt sich auch in neueren Studien das bereits hinlänglich bekannte Dilemma der höchst mäßigen oder eher unzulänglichen Konsistenz zwischen Einstellungen und Verhalten.

Diese sehr unbefriedigenden Erfahrungen veranlaßten eine ganze Reihe von Forschern dazu, über die möglichen Ursachen nachzudenken und entsprechende Experimente zur Überprüfung der Vermutungen sowie der zum Teil spekulativen Ideen vorzunehmen. In diesem Zusammenhang wird insbesondere auf den Einfluß *situativer Variablen* (*Fishbein & Ajzen*, 1972; *Sheth*, 1974; *Jones & Nisbett*, 1971), auf die Rolle der *Selbstverpflichtung* (commitment; *Kiesler*, 1971; *Goodmanson & Glaudin*, 1971) oder auf die Relevanz der *Indikatormenge des Verhaltens* (*Fishbein*, 1973; *Fishbein & Ajzen*, 1974) hingewiesen. Beispielsweise vervierfachten sich, weitgehend unabhängig von der Art der Operationalisierung (Selbstrating, Semantisches Differential, *Guttmann-*, *Likert-* oder *Thurstone*-Skala) die Koeffizienten für die E&V-Beziehung bei Verwendung eines *multiplen* Verhaltenskriteriums gegenüber einem *single-act*-Kriterium (*Fishbein & Ajzen*, 1974, S. 63).

Ein Aspekt, der immer wieder als Argument für die mangelnde Kongruenz zwischen Einstellung und Verhalten angeführt wird, ist der unterschiedliche *Allgemeinheits-* bzw. *Differenzierungsgrad der Meßebenen* der Variablen; d.h. auf relativ allgemeinem Niveau erhobene Einstellungen werden oft als Prädiktoren für sehr spezifisches Verhalten benutzt; und umgekehrt. Den Ergebnissen mehrerer Studien zufolge ist davon auszugehen, daß die E&V-Relationen mit zunehmender Spezifizierung der Variablen enger werden (vgl. dazu *Wicker & Pomazal*, 1971; *Jaccard, King & Pomazal*, 1977; *Weinstein*, 1972; *Tuck*, 1973; *Heberlein & Black*, 1976; *Sutton*, 1998, S. 1325 ff.).

Sowohl die vielen, bislang meist oder eher erfolglosen Versuche, Verhalten auf der Basis von Einstellungen zu prognostizieren als auch die zahlreich geäußerten Kritikpunkte veranlaßten zunächst *Fishbein* (1967) allein und später in Zusammenarbeit mit *Ajzen* (*Fishbein & Ajzen*, 1972) dazu, ein etwas anderes Modellkonzept zu entwickeln, um unter Umständen auf diesem Wege zu besseren Verhaltensprognosen zu gelangen.

6.4 Modell zur Einstellung-Verhalten-Relation von *Fishbein & Ajzen*

6.4.1 Konzeption des Modells

Ausgangspunkt des Modells ist die Annahme, daß Individuen rational handeln und die ihnen zur Verfügung stehenden Informationen systematisch nutzen. Unter diesen Voraussetzungen sind die Ziele des Modells, das Verhalten von Individuen vorherzusagen und zu erklären. Hierbei stellt die **Verhaltensabsicht** die unmittelbare Determinante des Verhaltens dar, was allerdings nicht bedeutet, daß unvorgesehene Ereignisse diese Verhaltensdetermination nicht doch beeinträchtigen könnten. Die Verhaltensabsicht besitzt ihrerseits wieder zwei grundlegende Determinanten: zum einen die persönliche, positive oder negative Bewertung der Ausführung des betreffenden Verhalten oder anders formuliert, die *Einstellung gegenüber dem Verhalten*. Die zweite Determinante der Verhaltensabsicht bildet der seitens des Individuums subjektiv empfundene Druck im Fall der Ausübung oder Nicht-Ausübung des Verhaltens; dieser Faktor wird deshalb als **subjektive Norm** bezeichnet. In Abhängigkeit von der jeweiligen Verhaltensabsicht und dem einzelnen Individuum variieren die *relativen Gewichte* des einstellungs- und des normbedingten Faktors.

Die Frage danach, warum Individuen bestimmte Einstellungen und subjektive Normen haben, führt zu der Feststellung, daß Einstellungen die Folge von Überzeugungen (*beliefs*) darstellen. Überzeugungen, die einer Einstellung gegenüber einem Verhalten zugrunde liegen, werden **verhaltensmäßige Überzeugungen** genannt (*behavioral beliefs*). Auch subjektive Normen sind die Folge von Überzeugungen; allerdings mit dem Unterschied, daß damit diejenigen Überzeugungen einer Person gemeint sind, die sich aus den Bewertungen des Ausführens oder

Unterlassens des betreffenden Verhaltens aus der Perspektive anderer Personen oder Gruppen ergeben. Diese Überzeugungen, die der subjektiven Norm eines Individuums zugrunde liegen, werden von *Ajzen & Fishbein* (1980, S. 7) als **normative Überzeugungen** (*normative beliefs*) bezeichnet. In eine Grafik übertragen, erhält das multiattributive Einstellungsmodell von *Ajzen & Fishbein* das folgende Aussehen (*Abbildung 22*).

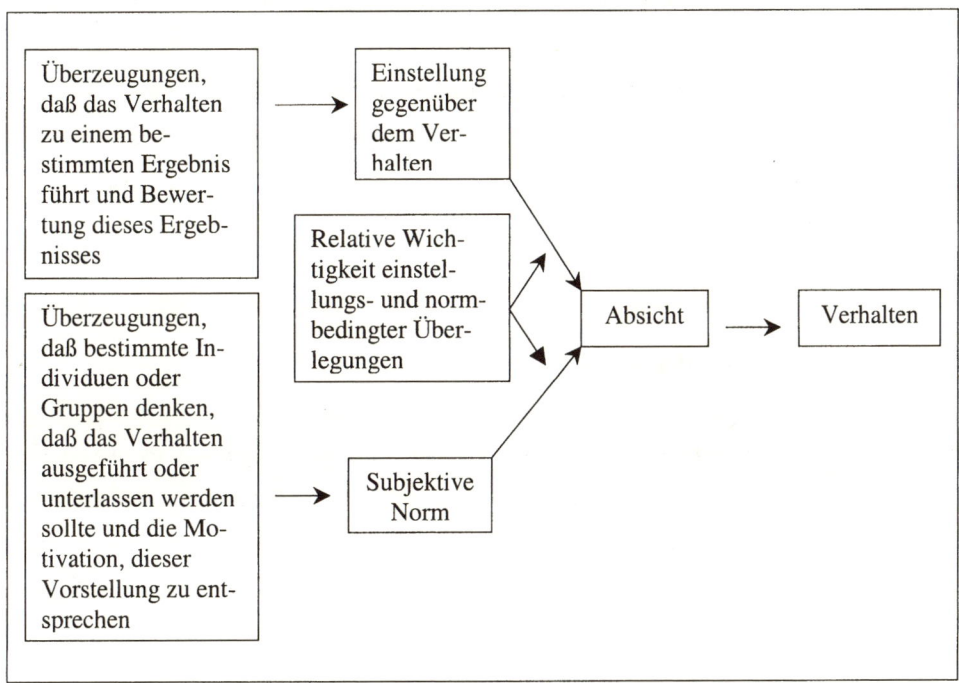

Abbildung 22: E&V-Relation nach dem Modell von *Ajzen & Fishbein*
(Quelle: *Ajzen & Fishbein*, 1980, S.8)

Alle übrigen potentiellen Einflußvariablen, wie z.B. Persönlichkeitsvariablen oder sozio-demographische Merkmale werden unter der Kategorie *externe Variablen* zusammengefaßt. Diese Variablen mögen zwar die Überzeugungen oder die relative Wichtigkeit der einstellungs- und normbedingten Überlegungen beeinflussen, aber sie haben nach Auffassung von *Ajzen & Fishbein* (1980, S. 9) im Rahmen des Modells keinen direkten Einfluß auf das betreffende Verhalten. Sie bestreiten aber nicht, daß es in der Realität Fälle geben mag, in welchen *externe* Variablen einen *direkten* Einfluß auf das Verhalten ausüben (vgl. S. 82 ff.). Die Weiterentwicklung dieses Ansatzes, in Form der sogenannten *Theory of reasoned action*, führte einige Jahre später zur der *Theory of planned behavior* (*Ajzen*, 1985; 1987; 1991). Wesentliche Modifikation ist dabei die Ergänzung des Modells durch eine dritte Determinante der Verhaltensabsicht; die wahrgenommene oder empfundene Verhaltenskontrolle (*perceived behavioral control:* PCB). Hierunter ist zu verstehen, inwiefern das Individuum das Gefühl der Kontrolle über das auszuführende Verhalten hat. Auch für diese Modellkonzeption bestehen in der Zwischenzeit schon wieder neue Vorschläge, weitere Variablen in das Modell miteinzubeziehen (u.a. früheres Verhalten/Gewohnheiten, ... moralische Normen, Selbstidentität, ... affektive Überzeugungen), um die Beziehungen zwischen Einstellungen und Verhalten noch transparenter zu gestalten (vgl. dazu insbesondere *Conner & Armitage*, 1998, S. 1429; *Parker, Manstead & Stradling*, 1995).

6.4.2 Operationalisierung der Variablen

Die im Rahmen der Modellkonzeption oft sehr abstrakt klingenden Begriffe gewinnen an Klarheit, wenn man eine Vorstellung von den dazugehörigen Operationalisierungen erhält. Sie sind zugleich als Handanweisungen für die Konstruktion eines entsprechenden Instruments für die eigenen Belange anzusehen. Deshalb sollen diese nun erläutert werden (vgl. dazu *Ajzen & Fishbein*, 1980, S. 261 ff.).

- Zunächst ist das *Verhalten* zu definieren, das untersucht werden soll; d.h. die *Handlung*, das *Handlungsziel*, der *Kontext*, in welchem die Handlung ausgeführt wird, und die *Zeit*, in der sie ausgeführt wird, sind zu bestimmen.
  Beispiel: Kauf eines neuen Autos zu Beginn des Jahres 2000.

- Danach ist die korrespondierende *Verhaltensabsicht* festzulegen.
  Beispiel: Anschaffung eines neuen Autos zu Beginn des Jahres 2000.
  Operationalisierung mittels des Items: Ich beabsichtige, zu Beginn des Jahres 2000 ein neues Auto anzuschaffen.
  Zur Beantwortung dieses Items wird die folgende Skala vorgegeben.

wahrscheinlich								unwahrscheinlich
	sehr	ziemlich	etwas	weder noch	etwas	ziemlich	sehr	

- Nun sind die entsprechende *Einstellung* und die *subjektive Norm* zu definieren.

  Beispiel (Einstellung): Einstellung zum Kauf eines neuen Autos.

  Beispiel (subjektive Norm): Subjektive Norm bezüglich des Kaufs eines neuen Autos.

  Operationalisierung (*Einstellung*) mit Hilfe des Items: Der Kauf eines neuen Autos ist ...

nachteilig								von Vorteil
gut								schlecht
belohnend								bestrafend
unangenehm								angenehm
	sehr	ziemlich	etwas	weder noch	etwas	ziemlich	sehr	

Operationalisierung (*subjektive Norm*) anhand des Items: Die meisten Personen, die für mich wichtig sind, meinen ...

Ich sollte							Ich sollte nicht

... ein neues Auto im Jahr 2000 kaufen.

- Erhebung hervor- oder *ins Auge springender* Ergebnisse und Bezugspersonen.

  Einer repräsentativen Stichprobe werden die folgenden Fragen gestellt:

  (a) auf die *Ergebnisse* bezogen:

  (1) Worin sehen Sie die Vorteile des Kaufs eines neuen Autos?

  (2) Worin sehen Sie die Nachteile des Kaufs eines neuen Autos?

  (3) Gibt es noch irgend etwas anderes, das Sie mit dem Kauf eines neuen Autos assoziieren?

  (b) auf die *Bezugspersonen* ausgerichtet:

  (1) Gibt es irgendwelche Gruppen oder Personen, die den Kauf eines neuen Autos anerkennen würden?

  (2) Gibt es irgendwelche Gruppen oder Personen, die den Kauf eines neuen Autos mißbilligen würden?

(3) Gibt es andere Gruppen oder Personen, die Ihnen im Fall des Kaufs eines neuen Autos einfallen würden?

- Definition der *verhaltensmäßigen Überzeugung, Ergebnisbewertung, normative Überzeugung* und *Motivation zur Ausführung* des Verhaltens.
  Beispiel (a) verhaltensmäßige Überzeugung: Der Kauf eines neuen Autos sichert Arbeitsplätze.
  Operationalisierung der *verhaltensmäßigen Überzeugung* anhand des Items: Der Kauf eines neuen Autos sichert Arbeitsplätze.

wahrscheinlich									unwahrscheinlich
	sehr	ziemlich	etwas	weder noch	etwas	ziemlich	sehr		

Beispiel (b) Ergebnisbewertung
Operationalisierung anhand des Items: Dazu beizutragen, daß Arbeitsplätze erhalten bleiben, ist ...

gut									schlecht
	sehr	ziemlich	etwas	weder noch	etwas	ziemlich	sehr		

Beispiel (c) normative Überzeugung
Operationalisierung anhand des Items: Meine Frau meint ...

Ich sollte								Ich sollte nicht

... im Jahr 2000 ein neues Auto kaufen.

Beispiel (d) Motivation zur Ausführung des Verhaltens
Operationalisierung anhand des Items: Insgesamt gesehen, in welchem Ausmaß würden Sie gerne den Wünschen Ihrer Frau nachkommen?

überhaupt nicht								voll und ganz

Dieses Beispiel veranschaulicht die Vorgehensweise bei der Konstruktion eines Standard-Fragebogens. Sie ist modifizierbar und dem jeweiligen Untersuchungsgegenstand anzupassen. Dies führt in der Regel zu einer weiteren Differenzierung der Fragenkomplexe; beispielsweise könnten im Rahmen der normativen Überzeugung nicht nur die Meinung der Ehefrau, sondern zugleich auch die Meinungen von engen Freunden und Arbeitskollegen von Bedeutung sein (vgl. *Ajzen & Fishbein*, 1980, Anhang B, S. 265 ff.).

6.4.3 Empirische Erfahrungen

Das Konzept der beiden Autoren wurde bislang in sehr verschiedenartigen Bereichen der Praxis hinsichtlich seiner Tauglichkeit getestet; so z.B. im Zusammenhang mit Aktivitäten zur Abnahme des Körpergewichts, im Falle von Berufsorientierungen, der Familienplanung, dem Stimmverhalten (Wahlen) oder schließlich auch im Bereich des Konsumentenverhaltens (*Fishbein & Ajzen*, 1980, S. 148 ff.). Ganz im Gegensatz zu den früheren Erwartungen von *Irle* (1975, S. 353), sind jedoch kaum marktpsychologische Studien vorhanden. Erstaunlicherweise liegen vor allen Dingen keine Arbeiten aus neuester Zeit dazu vor (vgl. dazu auch *Ajzens homepage* im *Internet*).

Erwähnenswert erscheint jedoch eine - allerdings schon etwas ältere - Studie, die *Fishbein & Ajzen* (1980, S. 165) in eigener Regie durchführten. Hierbei waren Automobile, Zahnpasta und Bier die Untersuchungsobjekte. Je nach Produktklasse wurde bei den *Verhaltensabsichten* hinsichtlich des *Zeitpunkts* des geplanten Verhaltens (nicht näher bestimmt, in den nächsten drei Jahren, in den nächsten zwei Wochen) und danach, ob das betreffende Produkt zur Deckung des eigenen Bedarfs der nächsten Woche oder zum Zweck der Bewirtung von Freunden gekauft werden soll. Die Vorhersage sollte auf der Basis der entsprechenden *Einstellung* und der *subjektiven Norm* stattfinden.

Im Fall von Bier zeigte sich beispielsweise, daß die drei Absichten mit relativ hoher Präzision vorhergesagt werden konnten. Die Koeffizienten (R) beliefen sich, je nach Bezug, auf die Werte .79 (Absicht, *Miller* Bier zu kaufen), .70 (für den *eigenen Bedarf*) und .75 (zum Zweck der Bewirtung von Freunden). Auch die übrigen Koeffizienten bestätigten den Ansatz der Autoren (vgl. S. 169). Ähnlich positive Ergebnisse erzielten sie auch für den Fall von *Wein*, der zusammen mit den Eltern getrunken werden sollte. Der Mittelwert der multiplen Korrelation lag bei .75, wobei sich die *Korrespondenz* zwischen der *Einstellung zum Verhalten* und der *subjektiven Norm* als besonders bedeutsam herausstellte. Ist diese Entsprechung beeinträchtigt, so sinken auch die Koeffizienten der multiplen Korrelation (R). Im übrigen sehen sie in diesem Umstand die *Hauptursache* der vielfachen Mißerfolge früherer Studien.

6.4.4 Zusammenfassung und praktische Konsequenzen

Insgesamt gesehen läßt sich somit feststellen, daß sich Erklärung und Vorhersage des Konsumentenverhaltens auf der Grundlage des Konzepts von *Fishbein & Ajzen* erheblich verbessern lassen, insbesondere, da diese Konzeption außer der Handlung an sich, das Ziel und den Kontext sowie auch die Zeit, in der die Handlung ausgeführt wird, mit berücksichtigt. Demgegenüber legen die konventionellen Forschungsansätze zur Relation zwischen Einstellung und Verhalten lediglich das **Zielelement** Produkt der Erklärung oder Vorhersage zugrunde, so daß die *Einstellung zur Marke* (A_B) im Rahmen des Modells eine *externe* Variable darstellt, die nicht zwangsweise eine systematische Beziehung zur Verhaltensabsicht oder zum Verhalten aufweisen *muß*. Es sei denn, diese Einstellung reflektiert sowohl die Einstellung gegenüber dem betreffenden Verhalten als auch die normativen Überzeugungen.

Mit Blick auf die Praxis, wo die **Verhaltensrelevanz** von Einstellungen, insbesondere von Einstellungen zum Produkt (A_B) des öfteren schlichtweg unterstellt wird, ist darauf hinzuweisen, daß die Enge der Beziehungen empirisch zuvor zu überprüfen ist, um sie für die weitere und vor allen Dingen sinnvolle Planung, z.B. des werblichen Vorgehens, ernsthaft zugrunde legen zu können. Jegliches andere Vorgehen gleicht ansonsten eher einem Lottospiel.

146

7. Involvement und Konsumentenverhalten

7.1 Definition des Involvement

Das Verhalten der Konsumenten hängt von vielen verschiedenen Faktoren ab. Das *Involvement* tritt dabei als potentielle Einflußgröße in Erscheinung. Eine allgemeingültige Definition liegt bislang noch nicht vor; trotz der häufigen Verwendung dieses Begriffs in der Marketing-Literatur. Sehr oft wird Involvement mit anderen Konstrukten, wie *persönliche Relevanz*, *besonderes Interesse*, *Wichtigkeit* und ähnlichen Begriffen in Verbindung gebracht oder mit ihnen gleichgesetzt. Angesichts der Vielzahl unterschiedlicher Definitionen wird ein direkter Vergleich verschiedener Studien und deren Ergebnisse nicht immer einfach sein.

Bereits *Rothschild* (1984, S. 216) weist auf die *„... nicht allgemein akzeptierte Definition von Involvement ...“* (*„no commonly accepted definition of involvement“*) und den damit einhergehenden *„... Richtungsmangel, den die Involvement-Forschung hat ...“* (*„(lack of) direction that involvement research is taking“*) hin.

Seiner Ansicht nach ist Involvement ein *„... Zustand der Motivation, Erregung oder Interesse. Es wird angetrieben durch externe Variablen (Situation, Produkt) und vergangene interne Variablen (Beständigkeit, Ich). Seine Konsequenzen stellen verschiedene Arten der Suche, der Verarbeitung und der Entscheidungsfindung dar.“* (*Rothschild*, 1984, S.217).

In einer weiteren Definition (vgl. *Rehorn*, 1989, S. 263) wird Involvement als *„... Grad der materiellen und immateriellen Bedeutsamkeit, den ein Produkt für einen Menschen besitzt ...“* angesehen. Während in *Rothschilds* Definition von einem Zusammenwirken von internen und externen Variablen die Rede ist, treten hier vor allem interne Variablen des Verbrauchers selbst in den Vordergrund.

Das Gleiche gilt auch für einen weiteren Vorschlag von *Kroeber-Riel & Weinberg* (1996, S. 360). Sie verstehen unter Involvement ein *„Zustand der Aktiviertheit"*, durch den der Konsument dazu angeregt wird, *„... sich kognitiv oder emotional mit der Entscheidung auseinanderzusetzen"*.

Das Fehlen einer allgemeingültigen Theorie verhindert allerdings eine genaue Unterscheidung zwischen Involvement und seinen Voraussetzungen sowie seinen Konsequenzen. Als *Voraussetzungen* für das Involvement führen *Poiesz & de Bont* (1995, S. 449) sowohl physikalische als auch soziale Aspekte der Umgebung an. Das Produkt selbst stellt mit einer Vielzahl von Eigenschaften einen möglichen Auslöser für Involvement dar, wobei allerdings auch Persönlichkeitseigenschaften des Konsumenten nicht unberücksichtigt bleiben dürfen.

7.2 Varianten des Involvement

7.2.1 Komponenten des Involvement

Involvement gliedert sich in unterschiedliche Komponenten auf, d.h. es wird zwischen *persönlichem*, *reizabhängigem* und *situativem* Involvement differenziert. Beim **persönlichen** Involvement ist der Konsument mit seiner ganzen Person involviert. Der jeweilige Sachverhalt ist für ihn von entscheidender Relevanz. Dies äußert sich darin, daß er sich aufgrund seiner Bedürfnisstruktur, seines Wertesystems und Selbstkonzepts andauernd mit einem Objekt oder einer Idee verbunden fühlt (vgl. *Bloch & Bruce*, 1984, S. 197). Beispielsweise könnte sich der wichtige Stellenwert, den der Umweltschutz für einen Konsumenten einnimmt, im bevorzugten Kauf umweltbewußter Produkte äußern.

Vom **reizabhängigen** Involvement wird beim Produkt-, Werbemittel- und Werbeträger-Involvement gesprochen, wobei dem Produktinvolvement eine besondere Bedeutung zukommt. Lange ging man von der Annahme aus, daß Produkt-Involvement nur bei teuren und langlebigen Produkten vorhanden ist (vgl. *Jeck-Schlottmann*, 1987, S.71). Hierbei spielt außerdem die Produktverwendung eine nicht unwesentliche Rolle, da zwischen beiden eine enge Beziehung existiert (vgl. *Zaichkowsky*, 1985, S. 297).

Das **situative** Involvement drückt sich vor allem im Entscheidungsinvolvement aus. Das Involvement ist hierbei nicht von langer Dauer, sondern tritt eher kurzfristig bei Produkten auf, die zum Beispiel nur für einen bestimmten Anlaß gekauft werden müssen. Bei hohem Situationsinvolvement zeigt sich außerdem, daß „... *mehr Informationen aufgenommen und Anzeigen länger betrachtet [werden] als bei geringem"* (*Jeck-Schlottmann*, 1988, S. 40; vgl. *Rehorn*,

1989, S. 265). Der Meinung von *Jeck-Schlottmann* (1987, S. 216) zufolge ist das Involvement im wesentlichen situationsabhängig, was sich in ihren Worten ausdrückt: *"Es ist nicht davon abhängig, ob wir uns generell für etwas interessieren, sondern davon, ob wir uns im Moment dafür interessieren und Zeit haben: Das aktuelle Situationsinvolvement dominiert das latent vorhandene Produktinvolvement."* Es erscheint fragwürdig, ob diese Komponente des Involvement über die anderen dominiert. Letztendlich beeinflussen *alle* Komponenten des Involvement das Verhalten des Konsumenten.

Darüber hinaus können noch weitere Komponenten von entscheidender Relevanz sein. Involvement kann dabei *kognitiv* oder *emotional* sein. Je nach der *persönlichen Relevanz* des Produkts können unterschiedliche Wirkungen auf Informationsaufnahme, -verarbeitung und -speicherung die Folge sein (vgl. *Meffert*, 1992, S. 66). Ist dies der Fall, so wird von einem **kognitiven** Involvement gesprochen. Bei einem **emotionalen** Involvement hingegen treten weder eine verstärkte Informationssuche, noch ein Kosten-Nutzen-Vergleich in Erscheinung, sondern stärkere emotionale Reaktionen und Verhaltensweisen (vgl. *Park & Young*, 1983, S. 320 f.; *Zaichkowsky*, 1987, S. 32).

7.2.2 Ausprägungen des Involvement

Involvement weist außerdem verschiedene Ausprägungen auf. *Kapferer & Laurent* (1985b, S. 293) gehen von 10 verschiedenen Involvementtypen aus. Da diese feine Differenzierung in der Praxis allerdings wenig praktikabel ist, wird Involvement in der Regel in ein geringes, mittleres und hohes Involvement unterteilt. Darauf wird an anderer Stelle noch detailliert eingegangen. Von besonderem Interesse stellt hierbei der Zusammenhang von Involvement und Kaufverhalten dar.

Bei **High**-Involvement-Käufen handelt es sich um komplexe Entscheidungsprozesse, da sie für den Konsumenten von großer Wichtigkeit sind. Außerdem stehen sie in enger Verbindung zu Persönlichkeit und Selbsteinschätzung des Individuums und enthalten Risiken finanzieller (teure Güter), sozialer (Produkte, die im Hinblick auf die Bezugsgruppe wichtig sind) und psychologischer (falsche Produktentscheidung kann Sorge/Angst verursachen) Art (vgl. *Meffert*, 1992, S. 67). Als High-Involvement-Produkte gelten beispielsweise Autos, Radios und Kassettenrekorder (vgl. *Korgaonkar & Moschis*, 1982, S. 34) bzw. auch Computer und Schmuck (vgl. *Zaichkowsky*, 1987, S. 33).

Bei **Low**-Involvement-Käufen hingegen liegen nur begrenzte Entscheidungsprozesse vor, da sie für den Konsumenten weniger wichtig sind und geringere Risiken jeglicher Art besitzen. Der Konsument, der sich durch eine geringe Aufmerksamkeit und ein geringes Interesse auszeichnet, sucht dabei nicht aktiv nach Informationen, sondern nimmt diese eher beiläufig auf und läßt sich dadurch *"... in besonderem Maße durch periphere und situative Beeinflussungsreize ansprechen"* (*Kroeber-Riel*, 1990, S. 381). Als Low-Involvement-Produkte gelten dabei Massenartikel mit geringem Preis und wenig Prestige (vgl. *Rehorn*, 1989, S. 263), wie zum Beispiel Zigaretten, Soft-Getränke und Handcremes (vgl. *Korgaonkar & Moschis*, 1982, S. 34).

7.2.3 Objekte und Verhaltensweisen

Involvement kann sich ferner auf eine Vielzahl unterschiedlicher Objekte und Verhaltensweisen beziehen. Neben dem *Produkt-, Anzeigen-, Programm-, Botschafts- und Ergebnis-Involvement* kann auch ein Bezug zu speziellen Verhaltensweisen in Form von beispielsweise *Kauf- und Reaktions-Involvement* bestehen. Darüber hinaus existieren noch zahlreiche weitere und vielseitige Involvement-Typen, wie beispielsweise *Nutzen-* (Value) und *Eindruck-* (Impression) *relevantes Involvement* (vgl. *Poiesz & de Bont*, 1995, S. 448). Eine Übersicht über mögliche Varianten des Involvement, deren Merkmalsebenen auch kombiniert auftreten können, liefert die folgende *Tabelle 15*.

Tabelle 15: Varianten des Involvement

Varianten des Involvement	
Merkmalsebenen	Ausprägungen
Komponenten	• Persönliches • Reizabhängiges • Situatives } Involvement • Kognitives • Emotionales
Ausprägungen	• Geringes • Mittleres } Involvement • Hohes
Objekte und Verhaltensweisen	• Produkt- • Anzeigen- • Programm- • Botschafts- } Involvement • Ergebnis- • Kauf- • Reaktions- u.a.

7.3 Modelle

Hinsichtlich der Konzeptualisierung ergeben sich unterschiedliche Ansätze seitens der Wissenschaftler. Im folgenden werden einige Modelle kurz erläutert, die Involvement aus verschiedenen Perspektiven betrachten.

7.3.1 Vergleich der Modelle von *Lavidge & Steiner* (1961) und *Krugman* (1965)

Im **Hierarchie der Effekte-Modell** von *Lavidge & Steiner* (1961) wird davon ausgegangen, daß aus uninformierten und desinteressierten Konsumenten im Rahmen eines mehrstufigen

Prozesses erst überzeugte Käufer werden müssen, bevor eine Kaufhandlung eintreten kann. Es handelt sich somit um ein High-Involvement-Konzept. Aus diesem Gedanken heraus entwickelt sich die Folge *Kognition - Affekt - Handlung.* In dem Konzept finden allerdings potentielle passive Konsumenten, die - beeinflußt durch eine Botschaft jeglicher Art - eine Kaufhandlung ausführen, keine Berücksichtigung.

Dieser Sachverhalt kommt im **Low-Involvement-Konzept** von *Krugman* (1965) zum Tragen. *Krugman* geht davon aus, daß das Fernsehen im Gegensatz zu den Print-Medien dazu imstande ist, auch eine passive Seherschaft zu beeinflussen.

Diese Annahme wird durch empirische Ergebnisse unterstützt, bei der er Parallelen zwischen dem Lernen von TV-Spots und dem von sinnlosen Silben findet. Er führt dies auf das mangelnde Involvement der Zuschauer zurück und entwickelt daraufhin die Vorstellung vom Lernen ohne Involvement. Die Beeinflussung einer passiven Seherschaft geschieht dabei vor allem bei Produkten des alltäglichen Bedarfs, für die in der Regel entweder kein oder höchstens noch ein schwaches Interesse besteht. Die Verteidigungsmechanismen des Konsumenten sind somit entweder nur schwach ausgeprägt oder in dem Moment überhaupt nicht vorhanden. Es findet kein direkter Einstellungswandel statt, aber durch mehrmalige Wieder-holung kann die Werbebotschaft nun vom Konsumenten aufgenommen werden, ohne daß es diesem besonders bewußt wird. Nach dem Modell entwickelt sich also die Folge *Kognition - Handlung - Affekt,* was bedeutet, daß sich zunächst durch ständige Wiederholung die kogni-tiven Strukturen des Konsumenten verändern. Im Anschluß daran tritt der Kauf der beworbenen Marke ein, zu der sich erst danach eine affektive Verbindung entwickelt. Letztendlich entwickeln sich somit die Einstellungen erst nach dem Kauf als Resultat der Produktver-wendung.

Innerhalb dieser beiden Konzepte wird allerdings immer nur eine Ausrichtung des Involvement postuliert. Beim Hierarchie der Effekte-Modell von *Lavidge & Steiner* (1961) steht ein hohes Involvement der Konsumenten im Vordergrund, während das Low-Involvement-Konzept von *Krugman* (1965) lediglich auf das geringe Involvement der Konsumenten eingeht (vgl. *Tabelle 16*).

Tabelle 16: Vergleich der Modelle von *Lavidge & Steiner* (1961) und *Krugman* (1965)

Modell	Ausprägung	Folge
Hierarchie der Effekte Modell von *Lavidge & Steiner* (1961)	Hohes Involvement	**Kognition - Affekt - Handlung**
Low Involvement Konzept von *Krugman* (1965)	Geringes Involvement	Kognition - Handlung - Affekt

7.3.2 Elaborations-Wahrscheinlichkeits-Modell von *Petty & Cacioppo* (1983)

Eine Kombination beider Aspekte findet sich im Elaborations-Wahrscheinlichkeits-Modell von *Petty & Cacioppo* (1983). Je nach Ausmaß des Involvement gibt es dabei verschiedene Strategien bzw. Wege der Informationsverarbeitung, die auf einem Kontinuum anzusiedeln sind. Als zusätzliche beeinflussende Faktoren sind noch Motivation (Bereitschaft zur Auseinandersetzung mit der Botschaft) und persönliche Relevanz (Produkterfahrung) zu nennen. Bei hoher Bereitschaft zur intensiven Auseinandersetzung und ausgeprägter Relevanz des betreffenden Sachverhalts (Vorliegen von Produkterfahrung), wird von einer **hohen Elaborations-Wahrscheinlichkeit** gesprochen, was mit einer Informationsverarbeitung über die **zentrale Route** (eine Extremposition innerhalb des Kontinuums) einhergeht. Eine Einstellungsbildung oder -änderung ergibt sich durch die intensive kognitive Verarbeitung und Berücksichtigung von Produkt- und Werbeaussagen. Dies äußert sich beispielsweise in einer bestimmten Erwartungshaltung gegenüber der Botschaft, oder es wird ein Bezug zu bereits gemachten Erfahrungen hergestellt. Die Folge stellen zumeist relativ beständige Einstellungen dar, die eine gute Verhaltensprognose liefern können (vgl. *Tabelle 17*).

Eine **niedrige Elaborationswahrscheinlichkeit** liegt hingegen vor, wenn nur eine geringe Bereitschaft zur intensiven Auseinandersetzung mit der Information vorhanden ist und der betreffende Sachverhalt persönlich nicht besonders relevant ist. Es findet vielmehr eine eher oberflächliche Auseinandersetzung mit der Botschaft in Form von einfachen Schemata oder Heuristiken statt. Man spricht dann von einer Informationsverarbeitung über die **periphere Route** (andere Extremposition innerhalb des Kontinuums). Dies zeigt sich konkret darin, daß eine Botschaft nicht wegen einer intensiven Auseinandersetzung oder einer sorgfältigen Prüfung der Informationen, sondern wegen verschiedener Hinweisreize - seien es die Anzahl der Argumente oder Vorteile, schöne Hintergrundmusik oder die Glaubwürdigkeit und Attraktivität des Kommunikators - akzeptiert oder zurückgewiesen wird.

Tabelle 17: Hauptkomponenten des Elaborations-Wahrscheinlichkeits-Modells
von *Petty & Cacioppo* (1983)

Elaborationsgrad	Strategien der Informationsverarbeitung	Art der Informationsverarbeitung
Hoch	Zentrale Route	• **Komplex** • **Kognitiv**
Niedrig	Periphere Route	• Oberflächlich • Mithilfe einfacher Schemata und Heuristiken

Das Elaborations-Wahrscheinlichkeits-Modell von *Petty & Cacioppo* (1983) hat in der Literatur einiges an Kritik hervorgerufen. *Bitner & Obermiller* (1985, S. 421 f.) setzen sich mit dem Modell kritisch auseinander und weisen auf seine Unterspezifikation hin. Zwar kann der Einstellungswandel beschrieben werden, aber eine Vorhersage der Höhe der Elaborationswahrscheinlichkeit ist nicht möglich. Ferner bemängeln sie unter anderem, daß die Grenzen zwischen den jeweiligen Routen nicht eindeutig festgelegt oder daß die Auswirkungen der peripheren Verarbeitung im affektiven Bereich noch ungeklärt sind. Außerdem kann auch ein interaktiver Effekt zwischen beiden Routen verlaufen. Möglicherweise wird die Aufmerksamkeit eines Rezipienten anfänglich nur durch die optische Gestaltung der Werbebotschaft bewirkt (periphere Route), wobei er sich aber in einem späteren Schritt der spezifischen Werbeaussage zuwendet (zentrale Route).

Von *Park & Hastak* (1995, S. 435) wird als bedingt limitierender Faktor die Verfahrensweise angesehen, daß Auseinandersetzungen mit Informationen oder Produkteinschätzungen lediglich „on-line" stattfinden, d.h. *während* die Verbraucher der Anzeigenbotschaft ausgesetzt sind. Das ELM-Modell macht folglich keine Aussagen über die gedächtnisgestützte Art der Informationsverarbeitung *nach* der Darbietung der jeweiligen Informationen. Ferner kritisieren sie, daß in weiteren ELM-Studien den Probanden keine expliziten Hinweise zu der Einschätzung der Marke gegeben werden. Zwar soll mittels anders formulierter Instruktionen der eigentliche Zweck der Untersuchung verdeckt werden, allerdings können diese Instruktionen dadurch eine adäquate Auseinandersetzung mit der Marke während der Darbietung unterbinden. Um auf den letztgenannten Kritikpunkt einzugehen, geben beide Autoren in ihrer Hauptstudie den Probanden eine Instruktion, in der sie direkt auf den Zweck der Markeneinschätzung hinweisen. Sie replizieren außerdem die Vorgehensweise typischer Studien, die sich an dem ELM-Modell orientiert haben, um eine Vergleichbarkeit der Studien zu ermöglichen. Mit ihren Ergebnissen können sie die Annahmen des ELM-Modells bestätigen. Außerdem bewirken sie durch die Anwendung ihrer neuen Instruktion, in der sie die Konsumenten explizit dazu auffordern, eine bestimmte Marke einzuschätzen, „... *den aussagestärksten Test des ELM*" („*the strongest possible test of the ELM*"; *Park & Hastak*, 1995, S. 438).

7.3.3 Affect-Reason-Involvement-Modell von *Buck & Chaudhuri* (1995)

Einen weiteren Ansatz stellt das ARI-Modell von *Buck & Chaudhuri* (vgl. *Buck & Chaudhuri et al.*, 1995, S. 440 ff.) dar. Das Affect-Reason-Involvement-Modell beschreibt die Beziehung zwischen Affekt, Vernunft und Involvement und geht davon aus, daß sowohl das affektive als auch das rationale Involvement von entscheidender Wichtigkeit sind. **„Reason"** beinhaltet dabei eher analytische Kognitionen, die mit der linken Gehirn-Hemisphäre in Verbindung gebracht werden können. **„Affect"** hingegen besteht aus eher synkretischen Kognitionen, die in der rechten Gehirn-Hemisphäre anzusiedeln sind.

Das Modell besteht aus einem **A/R-Kontinuum** (Affect/Reason), bei dem „Affect" und „Reason" je zwei entgegengesetzte Pole darstellen. Eine weitere wichtige Komponente stellt der **Involvement-Level** (Level of Involvement LI) dar, der sich nach Ansicht der Autoren aus dem Mittelwert von affektivem und rationalem Involvement bildet. Das Modell besteht nun aus einer dreidimensionalen Figur, wobei die eine Seite mittels des A/R-Kontinuums und die andere Seite durch einen geringen/hohen Level der Involvement-Dimension dargestellt wird. Als weitere Dimension ist die **Einschätzung** (Evaluation) eines Gegenstandes im Sinne von Gefallen oder Mißfallen anzuführen. Nur die Kombination dieser drei Dimensionen ermöglicht dabei eine adäquate Bestimmung der prinzipiellen Grundhaltung gegenüber dem Produkt (vgl. *Abbildung 23*).

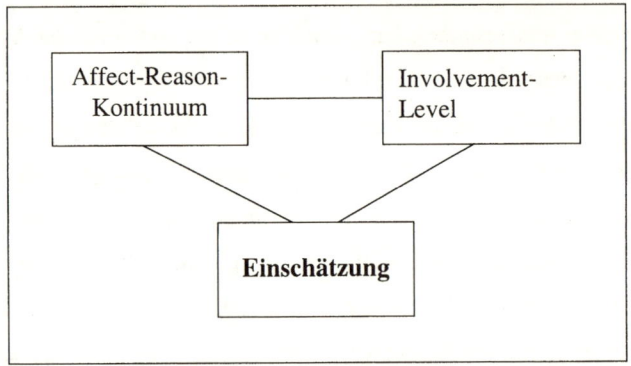

Abbildung 23: Dimensionen des ARI-Modells von *Buck & Chaudhuri* (1995)

Im formalen Aufbau weist das Modell prinzipielle Ähnlichkeit mit dem ELM-Modell von *Petty & Cacioppo* auf. Gibt es im ELM-Modell die Dimension zentrale / periphere Route, so gibt es hier die rationale und affektive Dimension. Allerdings stellt das ARI-Modell durch die Einbeziehung von sowohl affektiven als auch rationalen Komponenten eine neue Modellart im Bereich des Involvement dar. Wie sich das Modell in der zukünftigen Forschungsrichtung weiterhin behauptet, bleibt abzuwarten.

Zusammenfassend kann festgehalten werden, daß es in dem Bereich Involvement kein allgemeingültiges Modell gibt, sondern vielmehr eine Vielzahl möglicher Ansätze, die von unterschiedlichen Prämissen ausgehen. Beispielhaft wurden hier einige, verschiedene Konzepte dargestellt, wie das Hierarchie der Effekte-Modell von *Lavidge & Steiner* (1961), das Low-Involvement-Konzept von *Krugman* (1965), das Elaborations-Wahrscheinlichkeits-Modell von *Petty & Cacioppo* (1981,83) sowie das Affect-Reason-Involvement-Modell von *Buck & Chaudhuri* (1995). Einschränkend muß allerdings gesagt werden, daß keines dieser Modelle als vollständiger Erklärungsansatz des Involvement von Konsumenten gelten kann.

7.4 Messung von Involvement

In der Literatur gibt es eine Vielzahl von Involvement-Skalen, die auf unterschiedliche Art und Weise versuchen, Involvement zu messen. Dabei existieren *„multiple-item-scales"* von *Lastovicka & Gardner* (1979), *Kapferer & Laurent* (1985) und *Zaichkowsky* (1985, 1987). Es gibt allerdings auch Forscher, die mit *„2-item-scales"* oder sogar mit einer *„single-item-scale"* arbeiten (vgl. *Poiesz & de Bont*, 1995, S. 449).

7.4.1 Personal Involvement Inventory von *Zaichkowsky* (1985, 1987)

Bei dem Personal Involvement Inventory (PII) von *Zaichkowsky* (1985, 1987) handelt es sich um eine Skala, die basierend auf dem Semantischen Differential mithilfe von 20 Items Involvement mißt. Laut *Mittal* besteht dieses Meßverfahren aus drei verschiedenen Konstrukten, nämlich dem Produkt-Involvement selbst, einer hedonistischen Determinante des Produkt-Involvement und einer Mischung aus einzelnen Items, die eher der Einstellungsmessung als der des Involvement dienen (vgl. *Mittal*, 1989, S. 698; *Schneider & Rodgers*, 1996, S. 249).

Dieses inzwischen klassisch gewordene Meßverfahren für unterschiedliche Involvement-Niveaus erfährt seit seiner Konzeption diverse *Modifikationen*. Laut *Rifon, Mavis, Tucker & Stöffelmayr* (1992) besteht zwar eine Generalisierbarkeit des PII über verschiedene Situationen und Objekte, allerdings nicht über Personen. Die teilweise schwer verständlichen Items setzen ein überdurchschnittliches Intelligenzniveau voraus und scheinen nur für studentische Populationen geeignet zu sein. Demzufolge entwickeln sie eine neue, gekürzte PII-Version, bei der schwer verständliche Items eliminiert werden. Damit kann auch das Involvement von nicht-studentischen Populationen adäquat erfaßt werden (vgl. *Rifon, Mavis, Tucker & Stöffelmayr*, 1992, S. 679 f.).

Auch *McQuarrie & Munson* (1992, S. 108 f.) führen einige Kritikpunkte an der PII-Skala an. Ihre **Anwendung** scheint aufgrund ihrer Länge und ihres teilweise komplizierten Vokabulars eher begrenzt zu sein. Hinsichtlich der **inhaltlichen Validität** stellen die Autoren fest, daß 20%-30% des Inhalts aus Items besteht, die sich lediglich auf die Einschätzung eines Objektes und nicht auf das Involvement als solches beziehen. Hinsichtlich der **kriteriumsbezogenen**

Validität bzw. der **Vorhersage-Validität** läßt sich sagen, daß lediglich zwei von dem im PII enthaltenen 20 Items adäquate Vorhersageleistungen erbringen. Auch bezüglich der **Konstrukt-Validität** läßt sich einiges anmerken. Involvement wird im PII als persönliche Relevanz beschrieben. Allerdings findet keine adäquate Unterscheidung zwischen einzelnen Facetten des *„Felt Involvement"*, wie nämlich zwischen *Wichtigkeit* und *Interesse* statt. Aufgrund dieser angeführten Kritikpunkte entwickeln *McQuarrie & Munson* (1992) ein *„Revised Product Involvement Inventory" (RPII)*. Dieses neue Meßverfahren hat zum Ziel, die eben angesprochenen Kritikpunkte aufzugreifen und weitestgehend zu eliminieren. Die empi-rische Überprüfung ergibt dabei, daß der RPII ein vergleichbares Meßverfahren wie die PII-Skala darstellt. Es wird eine etwas niedrigere Reliabilität im Vergleich zum PII festgestellt. Die Reliabilität bei einer Vielzahl von Produktkategorien beträgt dabei beim PII .98 und beim RPII .95. Hinsichtlich der Test-Retest-Korrelation ergeben sich auch Unterschiede (PII: .59-.85 und RPII: .53-.78). Diese Unterschiede können aber aufgrund ihres geringen Charakters vernach-lässigt werden, zumal die RPII-Skala die PII-Skala in einigen Bereichen, wie beispielsweise hinsichtlich Kürze und Verständlichkeit sowie kriteriumsbezogener Validität, übertrifft (vgl. *McQuarrie & Munson*, 1992, S. 111 f.).

7.4.2 Consumer Involvement Profile-Skala von *Laurent & Kapferer* (1985)

Bei der von *Laurent & Kapferer* (1985) entwickelten Consumer Involvement Profile-Skala (CIP) handelt es sich um eine Likert-Skala, die mittels 16 Items Involvement messen kann. Sie besteht aus weiteren fünf Unterskalen, da *Kapferer & Laurent* (1985a, S. 49 f.) davon ausgehen, daß die Entwicklung des Involvement auf fünf verschiedenen Determinanten basiert. Bei diesen Determinanten handelt es sich um *Interesse* (Interest) und *Gefallen* (Pleasure) am Produkt, dessen *symbolischem Wert* (Sign) sowie der *Wahrscheinlichkeit* (Risk Probability) und *Wichtigkeit* (Risk Importance) *des Risikos.* In einigen nachfolgenden Studien scheinen allerdings die zwei Faktoren *Interesse* und *Gefallen* am Produkt zu konfundieren, was die Reduzierung auf vier verschiedene Involvement-Unterskalen nahelegt.

Um den Grad der Aktivierung, der durch das Involvement gegenüber Objekt oder Sachverhalt ausgelöst wird, festzustellen, entwickeln sie 10 Involvementtypen, die in ihrer Stärke und Dominanz der Involvement-Komponente differieren (vgl. *Tabelle 18* und ausführlicher bei *Kapferer & Laurent*, 1985b, S. 293). Um eine adäquate Anwendung in der Praxis zu ermöglichen, erscheint eine Unterteilung in geringes, mittleres und hohes Involvement allerdings sinnvoller zu sein.

Tabelle 18: Darstellung der 10 Involvement-Typen
(Quelle: *Kapferer & Laurent*, 1985b, S. 293)

Anzahl	Involvement-Typ
1	Minimal involvement
2	Functional differentiation
3	Undramatized risk
4	Small pleasure
5	Conformist purchase
6	Riskless involvement
7	Functional involvement
8	Pleasure involvement
9	Need for help
10	Total involvement

7.4.3 Kritik beim Vergleich der Skalen von *Zaichkowsky* (1985, 1987) und *Laurent & Kapferer* (1985)

Schneider & Rodgers (1996, S. 249 f.) führen beim Vergleich des PII von *Zaichkowsky* und des CIP von *Laurent & Kapferer* an, daß beide Meßverfahren das Involvement nicht adäquat erfassen. Beim PII wird zwar die persönliche Relevanz oder Wichtigkeit (Personal Relevance or Importance) erfaßt, allerdings wird nur auf *eine* mögliche Determinante des Involvement in Form von Interest-Pleasure (hedonistic antecedent) eingegangen. Die Vielzahl möglicher Determinanten finden wiederum beim CIP seine Berücksichtigung, allerdings erfolgt hier keine *direkte* Messung des Involvement selbst. *Schneider & Rodgers* sprechen zum einen eine mögliche Kombination beider Skalentypen an, was sich allerdings aufgrund der unterschiedlichen Meßformate (Semantisches Differential versus Likert-Format) als schwierig erweisen könnte. Zum anderen könnte das CIP durch eine weitere Subskala in Form von *Wichtigkeit/-Bedeutung* (Importance) ergänzt werden. Dies wird in zwei Studien von den Autoren untersucht, deren Ergebnisse vergleichbar ausfallen. Die Subskala *Wichtigkeit/Bedeutung* (Impor-tance) weist signifikante und lineare Beziehungen zu den Subskalen *Interesse-Gefallen* am Produkt (Inte-rest-Pleasure), dessen *symbolischen Wert* (Sign) und zur *Risikowichtigkeit* (Risk Importance) auf, wobei vor allem die Beziehung zu letztgenanntem besonders ausgeprägt ist (vgl. *Schneider & Rodgers*, 1996, S. 251 f.). Bei der Beziehung zwischen *Wichtigkeit/-Bedeutung* (Importance) und *Risikowahrscheinlichkeit* (Risk Probability) hingegen ergibt sich ein negativer, curvilinearer Koeffizient. Konkret äußert sich dies darin, daß Konsumenten ein höheres Involvement bei der Wahl eines Finanzinstitutes aufweisen, wenn sie entweder ihrer eigenen guten Entscheidungsfähigkeit trauen oder ihr auf der anderen Seite Mißtrauen entgegenbringen. Beide Extremhaltungen führen folglich zu einem höheren Involvement als die moderate Mittelposition zwischen diesen zwei Extremen. Für die weitere Forschung bleiben einige Schwerpunkte noch offen, da mittels dieser Untersuchungen keine Generalisierungen auf andere Bereiche möglich sind. Es existiert allerdings nun eine weitere Subskala des von *Laurent & Kapferer* entwickelten CIP, die nun auch neben vier möglichen Determinanten das Involvement selbst messen kann.

Die klassischen Meßverfahren - gemeint sind PII und CIP - stoßen allerdings auch bei weiteren Forschern, wie *Mulvey, Olson, Celsi & Walker* (1994) auf eine gewisse Ablehnung. Ihrer Ansicht nach stellen sie kein adäquates Meßinstrument dar, weil sie die grundlegenden Ursachen des Involvement nicht bzw. nur in ungenügendem Maße erfassen. Die Autoren vermissen eine kognitive Basis, die sie im Rahmen ihrer *„means-end knowledge"*-Forschung sehen. Durch die Beschreibung sogenannter *„Gedankenketten"* können die wahren Beweggründe und Einstellungen der Konsumenten eruiert werden. Dies ist umso wichtiger vor dem Hintergrund, daß manche Konsumenten die gleiche Involvementhöhe aufweisen und zugleich *„... die Produktbedeutung auf unterschiedliche Art und Weise wahrnehmen"* (*„perceive the self-relevance of the product in completely different ways"*; *Mulvey, Olson, Celsi & Walker*, 1994, S. 57).

7.4.4 CASC-Skala von *Chaudhuri & Buck* (1994)

Ein weiteres Meßverfahren für Involvement stellt die Communication via Syncretic and Analytic Cognition Skala (CASC) von *Chaudhuri & Buck* (1994) dar. Ihr Ziel besteht in der Messung von sowohl *affektiven* als auch *rationalen* Kognitionen. Affektive Komponenten kommen bei ihnen insofern zum Tragen als sie von einer Anzahl unterschiedlicher Emotionen ausgehen, die beispielsweise durch Werbung hervorgerufen werden können. Die Skala basiert dabei auf *„reptilian"*, *„individualistic-limbic"*, *„prosocial-limbic"*, *„social"*, *„cognitive"* und *„moral"* Emotionen. Demzufolge besteht sie neben der rationalen, analytischen Unterskala aus drei weiteren Unterskalen, nämlich den *reptilian* (Aggression), *individualistic* (Wut, Angst) und *prosocial* (Zuneigung) Unterskalen (vgl. *Buck, Chaudhuri et al.*, 1995, S. 446). Die Vielfalt emotionaler Unterskalen läßt den Schluß zu, daß hierbei ein sehr komplexes Konstrukt vorliegt. Die Autoren stellen fest, daß es sich bei dieser CASC-Skala um ein völlig neues Meßverfahren handelt, was die Messung von Affekt im Kontext der Involvement-Forschung angeht. Gerade aufgrund ihrer Andersartigkeit verglichen mit traditionellen, primär kognitiv orientierten Skalen und Modellen verspricht diese Skala einen interessanten Ansatz für weitere Forschung auf diesem Gebiet zu sein.

7.5 Konsequenzen in Abhängigkeit von der Involvementausprägung

Je nach Ausprägung des Involvement können unterschiedliche Auswirkungen auf einzelne Kriterien festgestellt werden. Sowohl unterschiedliche Informationsquellen als auch die Gedächtnisleistungen und Einstellungen der Konsumenten sowie sonstige konsumentenspezifische Eigenschaften sollten in Abhängigkeit von dem Involvement des Konsumenten gesehen werden.

7.5.1 Involvement und Informationsquellen

Der Einfluß von Informationsquellen fällt insbesondere im Bereich des Low Involvement ins Auge. Die Verwendung **sozialer Modelle**, die für ein bestimmtes Produkt werben, führt vor allem bei gering Involvierten zu positiven Produkteinschätzungen, während hoch Involvierte davon mehr oder weniger unbetroffen sind und eher den Aspekt der **Qualität der Argumente** hervorheben. Diese Ergebnisse kommen auch bei Variation der sozialen Modelle - seien es Experten oder berühmte Athleten - zustande (vgl. *Petty & Cacioppo*, 1984, S. 669). Die von den Verbrauchern wahrgenommene hohe **Glaubwürdigkeit einer Quelle** führt dabei bei geringem *„Felt“*-Involvement - gemeint ist damit das Involvement, das sich auf das Umfeld des Produktes konzentriert - zu positiveren Einschätzungen. Bei einer Informationsquelle, die ledig-lich eine moderate Ausprägung an Glaubwürdigkeit aufweist, kann dieser Effekt nicht festgestellt werden (vgl. *Park & Hastak*, 1995, S. 438). Ähnliches gilt auch bei der Verwendung von Stars als besondere Variante sozialer Modelle. Berühmte Personen können als *„periphere Hinweisreize“* (peripheral cues) in der Regel nur bei Low Involvement eine *Einstellungsbildung* bzw. *-veränderung* bewirken (vgl. *Heath, Mothersbaugh & McCarthy*, 1993, S. 706, Experiment 1). Allerdings kann sich dieser Effekt auch unter High-Involvement-Bedingungen abzeichnen, wenn eine Variation der Berühmtheit der Stars erfolgt und die *„zentralen Hinweisreize“* (central cues) neutralisiert werden. Darüber hinaus besteht eine erhöhte Bereitschaft des Konsumenten zur Markenwahl. Dies äußert sich darin, daß 82 % der Konsumenten Marken wählen, die von Stars präsentiert werden (vgl. *Heath, Mothersbaugh & McCarthy*, 1993, S. 707, Experiment 2).

7.5.2 Involvement und Gedächtnisleistungen

Hoch involvierte Konsumenten weisen bessere Gedächtnisleistungen als wenig involvierte Konsumenten auf, was sich in einer **schnelleren Informationsaufnahme** und einer **besseren Informationsspeicherung** ausdrückt (vgl. *Leven*, 1988, S. 171). Hoch Involvierte zeichnen sich außerdem durch eine größere Bereitschaft aus, sich *länger* mit Informationen *auseinanderzusetzen*, was zudem mit **besseren Erinnerungsleistungen** einhergeht (vgl. *Park & Hastak*, 1995, S. 436). Dies mag mit ihrer stark kognitiven Verarbeitungsweise und mit der Tatsache zusammenhängen, daß hoch Involvierte sich häufiger Informationsquellen zuwenden und diese verarbeiten als niedrig Involvierte (vgl. *Bleicker*, 1983, S. 169 f.; *Deimel*, 1989, S. 156). Interessanterweise scheint die Höhe des Involvement aber keinen Einfluß auf die **Suche nach mög-lichen Ursachen eines Produktmißerfolges** zu haben (vgl. *Somasundaram*, 1993, S. 216).

In Abhängigkeit von der **Produktkategorie** ergeben sich auch Unterschiede. Bei High-Involvement-Produkten äußern sich die besseren Gedächtnisleistungen der Konsumenten durch eine erhöhte Erinnerung sowohl an die Anzeige (vgl. *Woodside*, 1983, S. 140 ff.) als auch an die Marke (vgl. *Young & Saegert*, 1982).

Hoch Involvierte wollen außerdem bei einer Anzeige eher eine sinnvolle Beziehung zwischen den einzelnen Elementen schaffen, während dies für niedrig Involvierte nicht so von Interesse ist (*Leven*, 1988, S. 171). Dies kann auf **unterschiedliche Gedächtnisleistungen** zurückzu-führen sein. Im Rahmen sogenannter **Gedankenketten** (means-end knowledge) aktivieren hoch Involvierte mehr produktbezogene Attribute und verknüpfen diese auch häufiger mitein-ander als niedrig Involvierte. Hohes Involvement hat auch Auswirkungen auf die Länge dieser Gedankenketten und die komplexe Struktur des Produktwissens (vgl. *Mulvey, Olson, Celsi & Walker*, 1994, S. 53). Niedrig Involvierte weisen eine eher einfache *„means-end"* Struktur auf. Sie schließen mehr von einzelnen Produktsignalen, wie dem Markennamen, auf die Qualität eines Produktes, während hoch Involvierte viel mehr Kriterien heranziehen, um den Aspekt der Produktqualität adäquat zu klassifizieren (vgl. *Mulvey, Olson, Celsi & Walker*, 1994, S. 55).

Einfluß auf diverse Produkteinschätzungen übt außerdem das Zusammenwirken des **„category schemas"** eines Konsumenten und die Ausprägung seines Involvement aus (vgl. *Lee*, 1995, S. 213). Die Produkteinschätzungen erfolgen dabei aufgrund **unterschiedlicher Informations-verarbeitungsprozesse.** Bei einer wahrgenommenen Übereinstimmung zwischen neuer Infor-mation und bereits bestehendem Schema findet keine komplexe Informationsverarbeitung statt, da sie einen zu großen kognitiven Aufwand darstellt. Es werden vielmehr bereits bestehende Informationen zur Produkteinschätzung herangezogen (category-based processing). Anders verhält es sich bei einer Inkonsistenz zwischen neuer Information und bereits bestehendem Schema. Hier findet eine komplexe Informationsverarbeitung statt, um eine Annäherung dieser Widersprüche zu bewirken (contrast or piecemeal processing). Dies tritt allerdings nur bei ho-hem Involvement der Konsumenten auf, was interessante Anreize für die weitere Forschung in sich birgt.

163

7.5.3 Involvement und Einstellung

Hinsichtlich einer möglichen Einstellungsänderung läßt sich sagen, daß ein höheres Involvement auch eine höhere **Resistenz gegenüber Beeinflussungsversuchen** bewirkt. Dies mag damit zusammenhängen, daß *„... bei hohem Involvement die Toleranz gegenüber abweichenden Meinungen sehr gering [ist] ...“* (Bleicker, 1983, S. 166).

Bei hohem Involvement nimmt außerdem die Anzahl produktbezogener Gedanken zu und die Einstellung gegenüber der Marke sowie das Kaufinteresse der potentiellen Konsumenten verbessert sich (vgl. *Woodside*, 1983, S. 143 ff.). Auch im Dienstleistungssektor bewirkt hohes Involvement eine positivere Einschätzung. Dies äußert sich darin, daß Teilnehmer eines bestimmten Gesundheitsförderungsprogrammes dieses positiver wahrnehmen als andere Förderungsmaßnahmen (vgl. *Rifon, Mavis, Tucker & Stöffelmayr*, 1992, S. 685).

Haugtvedt & Schumann stellen außerdem fest, daß in Abhängigkeit von der Reihenfolge einzelner Produktargumente die Werbebotschaft zu unterschiedlichen Involvement-Levels führt. Es ergibt sich ein Interaktionseffekt dergestalt, daß die Einstellung der Konsumenten hauptsächlich durch die **Variation in der Reihenfolge der Darbietung** beeinflußt wird. Die Autoren gehen davon aus, daß dieser Interaktionseffekt sich in einem höheren Involvement und einer größeren Elaborationsbereitschaft äußert (vgl. *Hawkins*, 1995, S. 63). Allerdings spielt nicht nur die Reihenfolge der Argumente, sondern auch deren Qualität eine entscheidende Rolle. Bei hohem *„Felt“*-Involvement übt die **Qualität der Botschaft** dabei einen größeren Einfluß aus als bei geringem *„Felt“*-Involvement (vgl. *Park & Hastak*, 1995, S. 438).

7.5.4 Involvement und konsumentenspezifische Eigenschaften

Involvement hängt in besonderem Maße von Eigenschaften des Konsumenten, wie Umweltbewußtsein oder Geschlecht ab. In Abhängigkeit vom **Umweltbewußtsein** der Konsumenten ergeben sich *unterschiedliche Verhaltensweisen* (vgl. *Stanley & Lasonde*, 1996, S. 184 f.). Es wird prinzipiell ein signifikanter Zusammenhang zwischen Umwelt-Involvement und umweltbewußtem Verhalten festgestellt. Vor allem beim Kauf- und Recycle-Verhalten ergeben sich dabei signifikante Unterschiede zwischen geringem, mittlerem und hohem Involvement. Hoch

Involvierte legen dabei ein größeres Kauf- und Recycle-Verhalten an den Tag als Konsumenten mit mittlerem oder geringem Involvement. Allerdings tritt umweltbewußtes Verhalten teilweise nur unter der Bedingung auf, daß Informationen zu dieser Thematik leicht und problemlos erreicht werden und daß außerdem dieses Verhalten nicht mit finanziellen Anforderungen an die Konsumenten verbunden ist.

Es treten ferner auch **geschlechtsspezifische** Unterschiede auf. So wird bei Männern ein höheres Involvement bei Computern festgestellt, während im Gegensatz dazu Frauen bei Diamant-Ringen involvierter sind (vgl. *Zaichkowsky*, 1987, S. 33).

7.6 Zusammenfassung und praktische Konsequenzen

Das Involvement des Konsumenten läßt sich nur schwer definitorisch einordnen. In der Marketing-Literatur sind häufig Synonyme in Form von persönlicher Relevanz, Interesse oder Wichtigkeit aufzufinden. Beim Involvement handelt es sich um ein komplexes Konstrukt, das sich auf unterschiedliche Objekte und Kernelemente beziehen, verschiedene Komponenten sowie Ausprägungen aufweisen kann.

Hinsichtlich seines theoretischen Hintergrunds lassen sich einige Modelle anführen. Das Modell von *Lavidge & Steiner* (1961) geht in seiner Konzeption von hoch involvierten Konsumenten aus, während das Low-Involvement-Konzept von *Krugman* (1965) primär den Aspekt des geringen Involvement abdeckt. Eine adäquate Integration beider Aspekte - sowohl hohes als auch geringes Involvement des Konsumenten - findet sich im Elaborations-Wahrscheinlichkeits-Modell von *Petty & Cacioppo* (1981, 1983). In jüngster Zeit ist außerdem das Affect-Reason-Involvement-Model von *Buck & Chaudhuri* (1994) im Gespräch, das eine Unterteilung in affektives und rationales Involvement vornimmt. Letztendlich kann keines dieser Modelle als vollständiger Erklärungsansatz des Involvement angesehen werden. Immerhin kann jedes der Modelle als theoretischer Bezugsrahmen verstanden werden, der Orientierungscharakter aufweist.

Zur Messung des Involvement sind beispielsweise das Personal Involvement Inventory von *Zaichkowsky* (1985, 1987) und die Consumer Involvement Profile-Skala von *Laurent & Kapferer* (1985) zu nennen, die im Laufe ihres Bestehens bereits einige Modifikationen erfahren haben. Die Communication via Syncretic and Analytic Cognition Scale von *Chaudhuri & Buck* (1994) betont insbesondere die Rolle von Emotionen bei der Messung des Involvement. In der Zukunft wird sich zeigen, inwieweit sie sich gegenüber traditionellen, primär kognitiv orientierten Skalen behaupten kann.

Hinsichtlich möglicher Konsequenzen zeigen sich Unterschiede in Abhängigkeit von der Ausprägung des Involvement. Informationsquellen, Gedächtnisleistungen und Einstellungen sowie sonstige konsumentenspezifische Eigenschaften äußern sich bei hoch involvierten Konsumenten anders als bei gering involvierten. Für Werbung betreibende Unternehmen ist es folglich wichtig, die jeweilige Involvementhöhe ihrer Kunden zu berücksichtigen.

Bei der Gestaltung der Werbung sollte den unterschiedlichen Gedächtnisleistungen Rechnung getragen werden. Für hoch involvierte Konsumenten, die sich besser an Informationen erinnern und diese auch schneller aufnehmen, könnte eine einfache Werbegestaltung eine geistige Unterforderung darstellen und möglicherweise Reaktanz hervorrufen. Letztendlich sollte seitens Werbung betreibender Unternehmen detailliert festgelegt werden, wen die Werbebotschaft erreichen soll, den gering oder den hoch involvierten Konsumenten. Eine Lösung im Sinne der sonst so bewährten „goldenen Mitte" scheint in dem Zusammenhang nicht sinnvoll zu sein, handelt es sich hierbei schließlich um zwei grundverschiedene Positionen innerhalb des Konsumenten.

8. Informationsbeschaffung, Informationsverarbeitung und Konsumentenverhalten

8.1 Einführende Grundlagen

Wurde das Verhalten des Menschen im Laufe vieler Jahrzehnte nur aus motivationaler Perspektive betrachtet, so hat sich dies spätestens seit den 70-er Jahren geändert. Neuere Ansätze beinhalteten zu diesem Zeitpunkt eine Kombination von motivationalen und informationsverarbeitenden Komponenten. Mitte der 70-er Jahre prägte diese Forschungsrichtung den Begriff „Soziale Kognition" (vgl. *Strack*, 1987, S. 308; *Dauenheimer*, 1996, S. 46). Während bei reinen motivationalen Ansätzen das Verhalten der Verbraucher durch deren Motive und zentralen Bedürfnisse gelenkt wird, gehen informationsverarbeitende Ansätze von kognitiven Strukturen innerhalb des menschlichen Gedächtnisses aus, die das Verhalten steuern. In den Vordergrund der Forschung treten dabei Faktoren, wie Wahrnehmung, Transformation, Speicherung, Organisation und Erinnerung von Informationen.

Das zentrale Konzept des informationsverarbeitenden Ansatzes bilden unter anderem die *Schemata* des Menschen. Darunter werden Wissensstrukturen verstanden, die Orientierung über einzelne Sachverhalte und Ereignisse, aber auch über Personen vermitteln. Dabei können Schemata vorliegen über Personen, die dem sogenannten Alltagsleben oder fremden Kulturen und Rassen angehören. Auch über sich selbst und über die eigenen persönlichen Lebensumstände können sogenannte Selbst-Schemata bestehen. Mit diesen Vorstellungen und Erwartungen tritt dabei jedes Individuum mit seiner sozialen Umgebung in Interaktion.

Mehrere wissenschaftliche Traditionen führen zu dem heutigen Verständnis der Informationsverarbeitung. Zu erwähnen sind hierbei der Neobehaviorismus, Verbal Learning, Human Engineering, Kommunikationswissenschaft, Linguistik und Computer-Wissenschaft. Vor allem letztere übt einen wesentlichen Einfluß auf die Sichtweise der sozialen Informationsverarbeitung aus (vgl. *Strack*, 1987, S. 306).

8.2 Allgemeiner Ablauf des Informationsverhaltens

Das Informationsverhalten ist als wichtiger Bestandteil des Konsumentenverhaltens anzusehen. Es hat dabei vor allem konkrete Auswirkungen auf das weitere Entscheidungs- und Kaufverhalten des Konsumenten.

Grundlegende Basis des Informationsverhaltens stellt zunächst das **Informationsbedürfnis** seitens des Konsumenten dar. Sein Verhalten ist folglich davon abhängig, ob er selbst ein Informationsdefizit zur Lösung eines Problems oder zur Kaufentscheidung empfindet. Bei ungenügender Information wird er sich auf aktive Informationssuche begeben. Eine tatsächliche **Informationsnachfrage** findet dabei vor allem statt, wenn der Kauf eines bestimmten Produktes Risiken in sich birgt. Bei hoher Risikowahrnehmung wird der Konsument bestrebt sein, möglichst viele Informationen aufzunehmen, um das Kaufrisiko zu minimieren. Nach dem Informationsbedürfnis und der Informationsnachfrage im Sinne einer Informationsbeschaffung erfolgt im Anschluß seitens des Konsumenten die **Informationsverarbeitung, -speicherung** und **-weitergabe** (vgl. *Silberer,* 1981, S. 28; *Fritz & Thiess*, 1986, S. 143).

Das Informationsverhalten wird allerdings von weiteren Faktoren bestimmt. Es hängt beispielsweise von individuellen Charakteristiken der jeweiligen Verbraucher ab. Des weiteren üben aber auch der Hersteller selbst bzw. der Handel Einfluß auf das Informationsverhalten aus. Durch sein **Informationsangebot** bestimmt er in nicht unerheblichem Maße das Verhalten des Konsumenten. Nicht selten wird seitens der Konsumenten ein Informationsdefizit festgestellt, was mit *Mängeln* des tatsächlichen Informationsangebots zusammenhängt. Ursache dafür sind nicht verfügbare oder wenig hilfreiche Informationen (vgl. *Fritz & Thiess*, 1986, S. 144), aber auch Informationen, deren Beschaffung einen nicht adäquaten Aufwand darstellen. In einer von *Dedler et al.* (1984, S. 113) durchgeführten Studie ergibt sich, daß der Konsument beim Kauf von Personenkraftwagen mit einer Vielzahl von Informationen konfrontiert wird. Diese Informationsfülle wird allerdings unsystematisch mittels vieler unterschiedlicher Informationsquellen dargeboten, so daß eine Überforderung des Konsumenten die Folge ist. Bei der heutigen Vielfalt möglicher Produktalternativen erscheint dies nicht verwunderlich.

Im folgenden werden Informationssuche, Informationserwerb und Informationsverarbeitung näher erläutert. Der Stand der Forschung wird anhand empirischer Ergebnisse wiedergegeben. Abschließend soll im Rahmen eines zusammenfassenden Überblicks auf praktische Konsequenzen eingegangen werden.

8.3 Informationsbeschaffung

8.3.1 Arten der Informationsbeschaffung

Die Informationsbeschaffung umfaßt zum einen die *Informationssuche*, zum anderen den *Informationserwerb*. Das eingangs angesprochene Informationsbedürfnis stellt die Basis für die Informationsbeschaffung dar. Ziel der Informationsbeschaffung bildet wiederum die Deckung dieses Bedürfnisses.

Eine Vielzahl von Informationsquellen können seitens des Konsumenten innerhalb seines Kaufentscheidungsprozesses herangezogen werden. Der Konsument kann sich seine Informationen auf unterschiedliche Art und Weise beschaffen (vgl. *Fritz & Thiess*, 1986, S. 145). Zum einen kann eine **interne** Informationssuche bzw. -erwerb erfolgen. Dabei setzt sich der Konsument mit seinem eigenen Wissen auseinander, das er aus seinem Gedächtnisspeicher abruft. Diese bereits vorhandenen Informationen haben sich im Laufe vieler persönlicher Erfahrungen gebildet und dienen dem Konsumenten als zuverlässige Quelle. Es besteht aber auch die Möglichkeit, daß eine interne Informationsbeschaffung seitens des Konsumenten als nicht ausreichend erlebt wird. In diesem Fall findet eine **externe** Informationsbeschaffung statt. Dabei kann der Konsument einer Vielzahl von Informationsquellen begegnen. *Gespräche* mit anderen Konsumenten, wie zum Beispiel mit Freunden, Bekannten oder Familienmitgliedern können einen adäquaten Informationserwerb ermöglichen. Eine weitere mögliche Informationsquelle stellen *verbraucherpolitische Institutionen* wie zum Beispiel die *Stiftung Warentest* dar, die mit ihren Veröffentlichungen ein eher neutrales Informationsangebot liefern. Aber auch durch den *Hersteller* können neue Informationen erworben werden. Dabei kommuniziert der Hersteller seine Botschaft im kleineren Rahmen beispielsweise mittels eines besonders geschulten Verkaufpersonals oder einer entsprechenden Schaufenstergestaltung und im größeren Rahmen mittels Werbung in verschiedenen Medien (Print-, TV-Medien, Internet). Die Werbung vermittelt dem Konsumenten dabei Informations- und darüber hinaus Animationsnutzen in Form des Unterhaltungswerts (vgl. *Mühlenkamp*, 1992, S. 162 ff.). Außerdem bietet auch das *Produkt* selbst in Form der Produkt- und Verpackungsgestaltung spezifische Informationen an.

Unabhängig von der jeweiligen Informationsquelle muß insgesamt festgehalten werden, daß sich der Konsument zeitlich nur relativ kurz mit Informationen auseinandersetzt, die ihn in Form einer Anzeige oder Packungsgestaltung dargeboten werden. Für die Betrachtung von Anzeigen investiert der Konsument durchschnittlich 2-3 Sekunden (vgl. *v. Keitz*, 1986, S. 111), in denen lediglich eine 30 %-ige Informationsaufnahme stattfindet (vgl. *Leven*, 1988, S. 171). Eine vergleichsweise längere Betrachtungszeit hängt mit individuellen Merkmalen des Konsumenten zusammen. So werden beispielsweise in Abhängigkeit vom *Involvement* des Konsumenten Werte von 1,5 bis 6 Sekunden Betrachtungszeit einer Anzeige erreicht. Hoch Involvierte setzen sich dabei im Gegensatz zu wenig Involvierten bedeutend länger, nämlich durchschnittlich 6 Sekunden, mit einer Anzeige auseinander (vgl. *Jeck-Schlottmann*, 1988, S. 37). Produktpackungen in Verkaufsregalen werden in der Regel beim Einkauf nur kurz registriert (vgl. *v. Keitz*, 1986, S. 111).

Es ist folglich davon auszugehen, daß bei hohem Involvement eine **aktive** und bewußte Informationsbeschaffung seitens des Konsumenten stattfindet, während wenig involvierte Konsumenten lediglich **passives** und unbewußtes Informationsverhalten praktizieren (vgl. *Deimel*, 1989, S. 156). Das passive Informationsverhalten wird dabei vor allem durch aufmerksamkeitsstarke Reize in Form visueller Präferenzsignale beeinflußt (vgl. *Jeck-Schlottmann*, 1988, S. 41).

8.3.2 Theoretische Ansätze der Informationsbeschaffung

8.3.2.1 Allgemeine Ansätze

Es gibt eine Vielzahl von theoretischen Ansätzen, die das Informationssuchverhalten der Konsumenten zu erklären versuchen. Laut *Silberer* (1981, S. 33 ff.) lassen sich folgende Ansätze anführen:

- Der **risikotheoretische Ansatz** geht davon aus, daß seitens des Konsumenten Informationen gesucht werden, um mögliche Risiken, die beim Kauf eines Produktes auftreten können, zu minimieren. Es existieren hierbei verschiedene Strategien der Risikoreduktion, wie beispielsweise *Markentreue*, Berücksichtigung der Vorteile von *Warentestorganisationen* etc. sowie *Informationssuche* (vgl. *Hertrich*, 1985, S. 60). Hinsichtlich der Rangordnung einzelner Strategien läßt sich sagen, daß bevorzugt markentreues Verhalten und das Hauptmarkenimage als effiziente Risikoreduktion herangezogen wird. Informationssuche wird als neutrales bzw. teilweise günstiges Verhaltensmerkmal angesehen, um potentielle Risiken zu minimieren. Neutral bzw. negativ wirken sich allerdings Unterstützung und Sanktionen sowie Umtausch- bzw. Geldrückgabegarantien aus (vgl. *Roselius*, 1971, S. 58 f.).

- Beim **dissonanztheoretischen Ansatz** findet eine *selektive* Informationsaufnahme statt, um kognitive Dissonanzen zu minimieren. Dieser als unangenehm empfundene psychische Zustand kann mittels verschiedener Strategien behoben werden. Eine Möglichkeit besteht darin, sich dissonanzreduzierende Informationen zu beschaffen und dissonanzverstärkende Informationen zu meiden. Auf die „Kognitive Dissonanz-Theorie" von *Festinger* (1957) wird an anderer Stelle noch ausführlich eingegangen.

- Der **Aktivierungs**- oder **Arousal-Ansatz** basiert auf dem Gedanken, daß ein Konsument ein *mittleres* Anreiz- oder Aktivierungsniveau bevorzugt, folglich ein gesundes Mittelmaß zwischen reizarmen und reizüberladenen Situationen wünscht. Demzufolge bewirkt ein mittlerer Anreiz eine adäquate Informationsbeschaffung in einer Kaufsituation.

- Beim **Komplexitäts-Ansatz** wird postuliert, daß bei einer Interaktion von sozialer Umwelt und kognitiven Fähigkeiten des Konsumenten die Komplexität der Umwelt entscheidend für die Informationsbeschaffung ist. Bei extrem hoher Komplexität findet dabei aufgrund des eingeschränkten kognitiven Verarbeitungssystems keine Informationsbeschaffung mehr statt. Die Informationsbeschaffung scheint für den Konsumenten keinen besonderen Nutzen für seine Kaufentscheidung darzustellen. Wie auch beim Arousal-Ansatz scheint ein *mittleres* Niveau an Umweltkomplexität eine adäquate Informationsbeschaffung zu bewirken.

- Der **Kosten/Nutzen-Ansatz** geht davon aus, daß eine erhöhte Informationsaufnahme stattfindet, wenn der Konsument einen bestimmten *Wert* oder *Nutzen* daraus zieht. Dies kann auch einhergehen mit einer Reduzierung von Kaufrisiken. Wenn im Gegenzug die Kosten und der Aufwand als zu hoch wahrgenommen werden und sich der Konsument keinen adäquaten Nutzen daraus verspricht, wird die Informationsaufnahme eingestellt.

8.3.2.2 Modell der Reihenfolge der Informationssuche von Hertrich (1985)

Alle bisher angesprochenen Ansätze berücksichtigen jeweils nur *eine* mögliche Dimension zur Erklärung der Informationssuche. Es gibt weitere Modellansätze, die außerdem die **Reihenfolge** der Informationssuche berücksichtigen und dabei aus unterschiedlichen Perspektiven Licht in diesen Vorgang bringen wollen (vgl. *Hertrich*, 1985, S. 33 ff.). Die *deskriptiven* Modelle gehen mittels Beobachtungs-, Befragungs- und experimenteller Verfahren vor; können allerdings aufgrund ihres primär beschreibenden Charakters keine adäquaten Erklärungen oder Vorhersagen des Konsumentenverhaltens treffen. Dieses Defizit wird partiell mittels der *erklärenden* Modelle aufgefangen, wobei die erklärenden Variablen in der Umwelt des Konsumenten, sei es in Form von Werbebotschaften, Produkten, Verkäufern, Bekannten und Familie, oder beim Konsumenten selbst gefunden werden. Ein Nachteil dieser Modelle ist allerdings aufgrund ihres hohen Abstraktionsgrades und in ihrer fehlenden empirischen Überprüfbarkeit zu sehen. Bei den *normativen* Modellen steht die tatsächliche Beschreibung und Erklärung der Informationssuche und nicht die potentiellen oder idealen Verhaltensweisen der Konsumenten im Vordergrund. Dabei werden Aussagen über die optimale Reihenfolge und Umfang der Informationssuche getroffen. *Hertrich* (1985, S. 88 f.) entwickelt basierend auf den vorangegangenen Ansätzen ein „*Modell der Reihenfolge der Informationssuche auf der Grundlage des*

Informationsnutzens". Ziel des Modells ist es, die Reihenfolge und Anzahl der Information-sentscheidungen bestmöglich wiederzugeben (vgl. *Abbildung 24*).

Einfluß auf die Informationssuche üben zunächst *individuelle Erwartungen* und bereits *bestehendes Wissen* des Konsumenten aus. Der *Nutzen*, den eine Produktinformation für ihn besitzt, wird dabei als erklärende Variable des Modells herangezogen. Seitens des Konsumenten wird eher die Produktinformation herangezogen, die einen größeren *Informationsnutzen* verspricht. Das Modell basiert auf einer Reihe von Hypothesen. Beispielhaft werden hier nachfolgend zwei aufgeführt:

H1: Je größer die Summe der Eigenschaftsnutzen der erwarteten und bekannten Eigenschaftsausprägungen eines Produktes ist, desto größer ist der Informations-nutzen der Nachfrageaktivität für dieses Produkt.

H2: Je größer das Risiko für eine Versuchsperson ist, operationalisiert durch die Summe der Eigenschaftsnutzen der erwarteten Spannweiten der Eigenschaftsausprägungen eines Produktes, desto geringer ist der Informationsnutzen der Nachfrageaktivität für dieses Produkt.

Dabei werden die Wahl des Produktes als Informationsquelle sowie die Wahl der Produkteigenschaften berücksichtigt. Es existieren zwei Modellvarianten, die Informationssuche aufgrund *absoluter* und die aufgrund *relativer* Werte der Eigenschaftsnutzen.
Das Modell weist darüber hinaus *dynamische* Aspekte auf, da durch die Aufnahme neuer Produktinformation der Informationsstand des Konsumenten verändert wird, was wiederum Konsequenzen für sein weiteres Informationsverhalten in sich birgt.

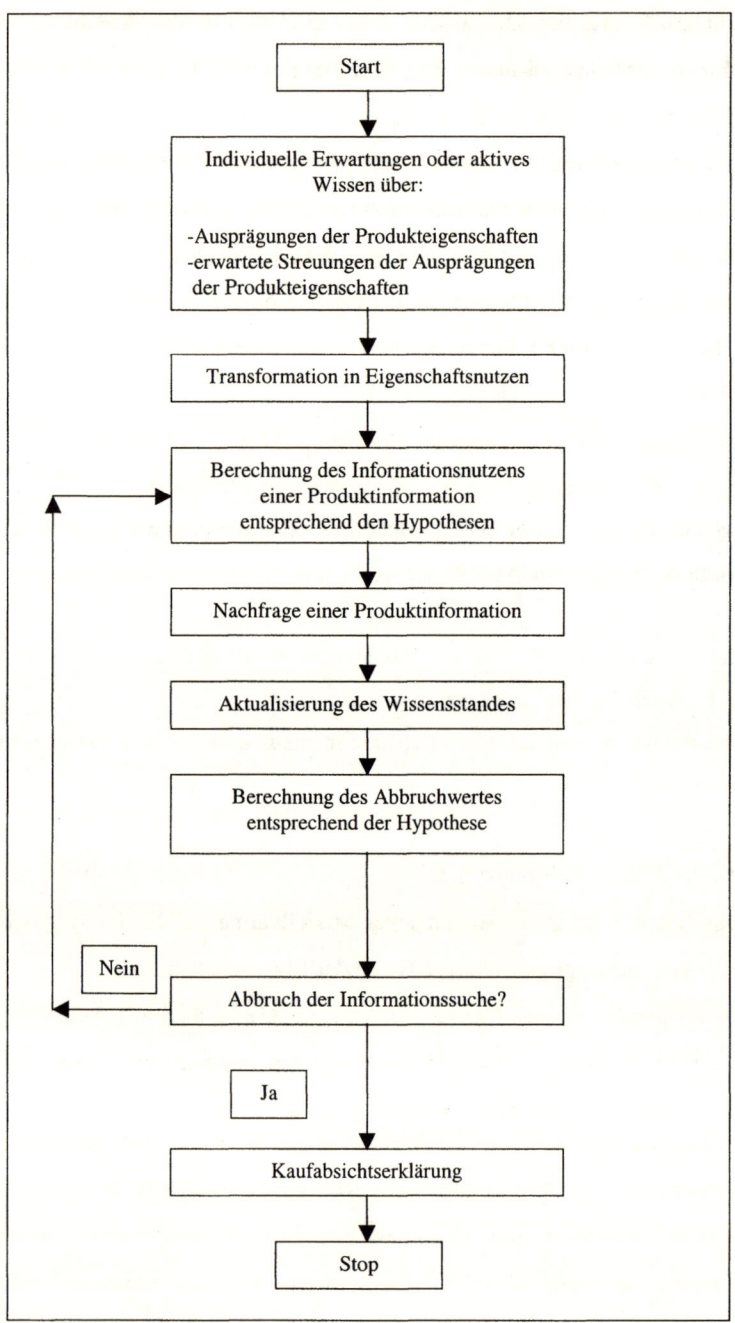

Abbildung 24: Modell der Reihenfolge der Informationssuche (Quelle: *Hertrich*, 1985, S. 102)

Findet kein Abbruch der Informationssuche statt, geht der Informationssuchprozeß weiter. Es wird wiederum der Informationsnutzen für jede Produktinformation berechnet, wobei die Aufnahme erneut den Wissensstand des Konsumenten beeinflußt. Bei Abbruch der Informationssuche kommt es zu einer *Kaufabsichtserklärung*. Der Konsument ist sich seiner Entscheidung sicher und wählt das für ihn subjektiv beste Produkt.

Die empirischen Befunde sprechen dafür, daß sich das Modell als Erklärungsansatz für die Reihenfolge der Informationssuche als geeignet erweist (vgl. *Hertrich*, 1985, S. 237).

8.3.3 Determinanten der Informationsbeschaffung und Kaufentscheidung

Informationen stellen notwendige Voraussetzungen für adäquate und positive Kaufentscheidungen des Konsumenten dar. *Mühlenkamp* (1992, S. 163) spricht in dem Zusammenhang auch die Wichtigkeit des „... *subjektive[n] Gefühl[s] einer besseren Kaufentscheidung ...*" an, das dem Konsumenten durch die Bereitstellung ausreichender Information vermittelt wird. Im folgenden wird auf das vorliegende Informationsangebot, Risikowahrnehmung, Wichtigkeit einer Entscheidung und Produktart näher eingegangen, bei denen ein unterschiedliches Informationssuchverhalten auftritt. Aber auch verbrauchertypische Faktoren, wie soziale Schicht, Informationsvertrautheit, Leistungsorientierung und Affekte bewirken unterschiedliches Informationsverhalten.

8.3.3.1 Vorliegendes Informationsangebot

Hinsichtlich der verwendeten **Informationsquellen** läßt sich sagen, daß für eine Kaufentscheidung primär eigene Produkterfahrungen des Konsumenten und weniger externe Informationen relevant sind. Dies mag mit der schnelleren und besseren Verfügbarkeit von Produkterfahrungen im Gedächtnis zusammenhängen (vgl. *Park et al.*, 1994, S. 78 f.). Erfahrungen scheinen dabei im Dienstleistungsbereich einen größeren Stellenwert einzunehmen als bei der Entscheidung für ein bestimmtes Produkt (vgl. *Murray*, 1991, S. 19).

Falls aber doch seitens des Konsumenten für die Kaufentscheidung zusätzliche Informationen benötigt werden, legt er insbesondere Wert auf das Gespräch mit Freunden und Bekannten oder das Verkaufsgespräch. Werbung oder verbraucherpolitische Institutionen nehmen in diesem Zusammenhang eher einen geringeren Stellenwert ein (vgl. *Murray*, 1991, S. 12; *Keaveney*, 1995, S. 79; *Kroeber-Riel & Weinberg*, 1996, S. 252). Dies mag damit zusammenhängen, daß *personelle* Informationsquellen dem Konsumenten eine höhere Vertrauenswürdigkeit vermitteln. Unter Umständen haben sich diese Informationsquellen außerdem schon seit Jahren bewährt, so daß der Verbraucher ihnen vollstes Vertrauen entgegenbringt. Bevorzugen Konsumenten im allgemeinen also persönliche Informationsquellen, so kann dieses Verhalten bei sogenannten „*Information Seekers*" nicht festgestellt werden. Diese heben sich vom Durchschnittskonsumenten ab und bevorzugen vielmehr Informationen aus den Massenmedien. Durch ihre stärkere Informationsneigung ziehen sie bedeutend mehr Informationen für eine Entscheidung heran (vgl. *Kroeber-Riel & Weinberg*, 1996, S. 247 und S. 252).

Vor allem *zufällig* erworbenen Informationen scheint eine größere Bedeutung zuzukommen. Dies zeigt sich darin, daß externe Informationen durch Freunde, Bekannte oder durch den Einzelhändler selbst lediglich auf zufälligem Wege in eine Entscheidungsfindung integriert und selten gezielt erworben werden (vgl. *Duncan & Olshavsky*, 1982, S. 39).

Interessanterweise werden unterschiedliche Informationen in Abhängigkeit von der Informationsquelle gesucht und erworben. Wenn *Experten* als Quelle *konsonanter* und Laien als Quelle *dissonanter* Informationen fungieren, führt dies zu einer höheren Suche *konsonanter* Informationen. Dieses Ergebnis kann auch im umgekehrten Fall repliziert werden. Dabei zeigt sich, daß *dissonante* Informationen eher gesucht werden, wenn die Informationsquelle ein *Experte* und nicht ein Laie ist. Die vom Konsumenten empfundene hohe Kompetenz des Experten bewirkt eine Stabilisierung seines gesamten kognitiven Systems (vgl. *Frey*, 1981, S. 157 ff.). Auch die Wahl einer Marke, bei der ein ausgewogenes Preis-Leistungsverhältnis vorhanden ist, wird primär getroffen, wenn dem Konsumenten *objektive* Informationen in Form eines neutralen Experten vorliegen. Diese objektiven Informationen bewirken dabei zugleich, daß andere Wahlstrategien (Wahl der teuersten bzw. billigsten Marke) seitens des Konsumenten weniger angewandt werden (vgl. *Tellis & Gaeth*, 1990, S. 40).

Es erfolgt ferner eine Variation der herangezogenen Informationsquellen in Abhängigkeit davon, welche Produktmerkmale vom Konsumenten als Hinweis für Produktqualität angesehen werden. Wird beispielsweise von der *Marke* auf die Produktqualität geschlossen, werden bevorzugt Informationen von anderen Personen, seien es Freunde, Bekannte oder Verkaufspersonal gesucht. Anders verhält es sich, wenn der *Preis* als maßgebend für die Produktqualität angesehen wird. In diesem Fall findet eine Informationssuche mittels Verkaufspersonal und Massenmedien in Form der Fernsehwerbung statt (vgl. *Dawar & Parker*, 1994, S. 90).

Es kann außerdem eine Wechselwirkung zwischen **Informationsinhalt** und **Umfang des Informationsangebots** beim Informationssuchverhalten festgestellt werden. In der kognitiven Dissonanztheorie von *Festinger* wird bereits auf das prinzipielle menschliche Streben nach Konsonanz hingewiesen. Im Zusammenhang mit der Informationssuche zeichnet es sich ab, daß bei *hohem* Informationsumfang vor allem *konsonante* Informationen (im Gegensatz zu dissonanten Informationen) bedeutend mehr gesucht werden (81,3 %) als bei niedrigem Informationsumfang (46,9 %). Dies mag damit zusammenhängen, daß die Informationsverarbeitung des Konsumenten bei hohem Informationsumfang überfordert wird und demzufolge keine dissonanten, sondern lediglich konsonante Informationen gesucht werden. Analog dazu kann aufgezeigt werden, daß eine *geringe* Informationsmenge eher eine *dissonante* Informationssuche bewirkt, da in diesem Fall die Möglichkeit des Widerlegens der Informationen besteht (vgl. *Frey*, 1981, S. 128 ff.). Gemäß der Ergebnisse von *Frey* (1981) zur prinzipiellen Bevorzugung konsonanter Informationen dürfte eine variierende Auseinandersetzung mit einzelnen Informationsquellen zu erwarten sein. Möglicherweise wird seitens des Konsumenten nur eine Informationsquelle herangezogen, die die eigene bereits gebildete Produktentscheidung auch bestätigt. Falls im Gegensatz dazu eine Informationsquelle gegenteilige Informationen vermittelt, werden diese vermutlich ignoriert. Eine Auseinandersetzung dürfte dann nur stattfinden, wenn der Konsument aufgrund eines Gefühls der Sicherheit diese Informationen widerlegen kann.

Die Informationssuche hängt außerdem von der **Informationsdarbietung** ab. Informationen werden dabei bevorzugt gesucht, wenn sie mittels *bildlicher* oder *musikalischer* Darstellungen dem Verbraucher kommuniziert werden (vgl. *Jeck-Schlottmann*, 1988, S. 41; *Kroeber-Riel*,

1993, S. 5 f.). Dies geschieht in der Marketingpraxis häufig durch die Verwendung eines erotischen sozialen Modells. Darüber hinaus können *Widersprüche* innerhalb einer Werbebotschaft oder anzeigenspezifische Gestaltungskriterien, wie Größe oder Farbe, eine erhöhte Aufmerksamkeitszuwendung bewirken (vgl. *v. Keitz*, 1986, S. 112 ff.). Gerade im Bereich der Werbung existieren vielfältige formale und inhaltliche Gestaltungsmerkmale, auf die an anderer Stelle eingegangen wird.

8.3.3.2 Risikowahrnehmung und Wichtigkeit der Entscheidung

In einer Untersuchung von *Heide & Weiss* (1995, S. 31 ff.) geht es um die Informationssuche bei unterschiedlichem „*consideration set*" (vgl. *Abbildung 25*).

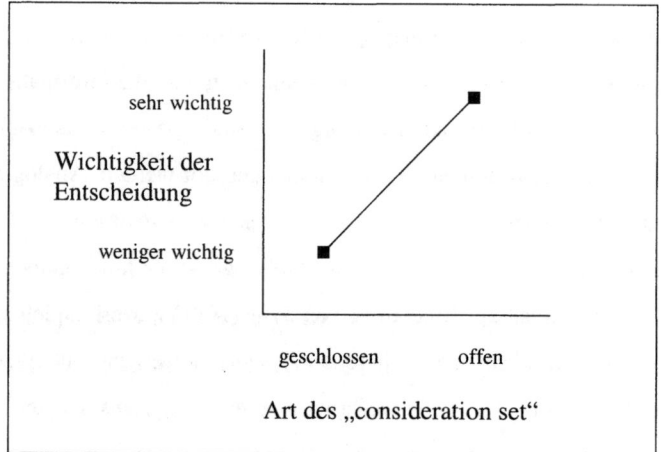

Abbildung 25: Zusammenhang zwischen Entscheidungswichtigkeit
und Art des „consideration set" (nach *Heide & Weiss*, 1995, S. 36 ff.)

Ein *geschlossenes* „consideration set" äußert sich durch die Wahl bereits bekannter Anbieter, während ein *offenes* „consideration set" zusätzlich eine Suche nach neuen Informationen in Form neuer Anbieter offenläßt.

Bei **hoher** Risikowahrnehmung findet sich seitens der Konsumenten eine erhöhte Bereitschaft, auch neue Informationen heranzuziehen („open consideration set"), allerdings erhöht sich andererseits auch die Wahrscheinlichkeit, daß ein bereits bekannter Anbieter vom Konsumenten eher gewählt wird („closed consideration set").

Ferner übt die Wichtigkeit einer Entscheidung einen Einfluß auf den Erwerb von Informationen aus (vgl. *Heide & Weiss*, 1995, S. 36 ff.). Bei wichtigen Entscheidungen wird im Gegensatz zu unwichtigen Entscheidungen seitens des Konsumenten primär ein offenes „consideration set" angewandt (vgl. *Abbildung 25*).

8.3.3.3 Einfluß der Produktart

Auch hinsichtlich der Produktart tritt ein unterschiedliches Informationssuchverhalten auf. In einer experimentellen Untersuchung von *Murray* (1991, S. 18 f.) erweist sich, daß vor allem im Bereich *Dienstleistungen* ein ausgiebiger Informationssuchprozeß stattfindet. Dies hängt damit zusammen, daß Dienstleistungen im Vergleich zu Produktgütern vom Verbraucher als risikoreicher wahrgenommen werden. Damit geht auch einher, daß bei Dienstleistungen häufiger die eigene Produkterfahrung oder andere Personen als Informationsquellen herangezogen werden als bei Produktgütern. Persönliche Informationsquellen bewirken eher einen Risikoabbau, da sie über eigene Erfahrungswerte verfügen und der Verbraucher ihnen Vertrauen entgegenbringt. Außerdem werden sie im Bereich Dienstleistungen als überzeugender erlebt als bei Produktgütern. Hier scheint vor allem aufgrund des geringer wahrgenommenen Risikos die direkte Beobachtung bzw. der eigene Versuch als effiziente Informationsquelle angesehen zu werden.

Finden bisher primär Aspekte der Informationsquelle oder des Produktes Berücksichtigung, wird im folgenden ein besonderes Augenmerk auf die Konsumentenseite gelegt.

8.3.3.4 Konsumentenspezifische Merkmale

In Abhängigkeit von konsumentenspezifischen Merkmalen kann ein unterschiedliches Informationsverhalten festgestellt werden. Dabei spielen Sozialschicht, Informationsvertrautheit, Leistungsorientierung und Affekte des Konsumenten eine nicht unwesentliche Rolle.

In Abhängigkeit von der **Sozialschicht** des Konsumenten werden unterschiedlich viele Informationen herangezogen.

In einer empirischen Untersuchung von *Bernemann* (1989, S. 84 f.) erhöhen sich mit *steigender* Sozialschicht die Kenntnisse über das Automobilangebot. Ungenügende Informationen über diesen Sachverhalt liegen demgegenüber bei der unteren Sozialschicht zu 14 %, bei der mittleren zu 9 % und bei der oberen zu 7 % vor (vgl. *Abbildung 26*).

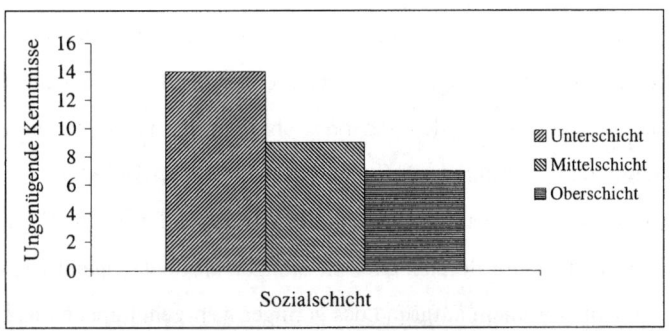

Abbildung 26: Einfluß der Sozialschicht auf Kenntnisse über das Automobilangebot
(nach *Bernemann*, 1989, S. 84 f.)

Die **Vertrautheit mit Informationen** spielt insofern eine Rolle, als Personen ohne vorherige Kenntnis von Informationen eher konsonante gegenüber dissonanten Informationen bevorzugen. Dieses Verhalten zeigt sich allerdings nicht bei Personen, die im Vorfeld irgendeine Information - sei es konsonanter oder aber auch dissonanter Art - erhalten. Eine Vertrautheit mit Informationen bewirkt folglich eine *prinzipielle Offenheit* gegenüber auch dissonanter Information (vgl. *Frey*, 1981, S. 169 f.).

Empirische Untersuchungen ergeben außerdem, daß Konsumenten selten gezielt externe Produktinformationen aufnehmen, sondern vielmehr eigene *Produkterfahrungen* für ihre Kaufentscheidungen heranziehen (vgl. *Park, Mothersbaugh & Feick,* 1994, S. 77 ff.). Es findet eine bevorzugte Wahl der Markeninformationen statt, die dem Konsumenten aufgrund eigener Produkterfahrungen oder aufgrund des *Bekanntheitsgrades* des Produktes vertraut erscheinen (vgl. *Hofacker,* 1985, S. 46). In diesem Zusammenhang ist allerdings besonders relevant, zu welchem Zeitpunkt diese Erfahrungen seitens des Konsumenten gemacht worden sind. Insbesondere *kürzlich* gemachte Produkterfahrungen bestimmen das weitere Verhalten und dominieren über andere Informationsquellen, wie beispielsweise der objektiven Information durch einen neutralen Experten (vgl. *Tellis & Gaeth,* 1990, S. 43).

Es besteht ferner bei der Entscheidungsfindung ein Zusammenhang zwischen **Leistungsorientierung** und Informationsverhalten. *Extrem hoch* Leistungsorientierte scheinen bei der Entscheidung für eine mögliche Arbeitsstelle *mehr* Informationen über den Aspekt Karriere zu suchen als weniger Leistungsorientierte (vgl. *Schröder,* 1986, S. 116). Hingegen suchen *hoch* leistungsorientierte Personen bei einer leistungsthematischen Entscheidung *weniger* Informationen als niedrig leistungsorientierte. Dies ist darauf zurückzuführen, daß sie in ihrer Informationssuche selektiver vorgehen und nur bestimmte Informationsaspekte für eine Entscheidung heranziehen (vgl. *Schröder,* 1986, S. 114).

Aus marktpsychologischer Sicht wäre es interessant festzustellen, ob Rückschlüsse auf ein unterschiedliches Informations- bzw. Kaufverhalten von extrem hoch oder wenig leistungsorientierten Verbrauchern möglich sind.

Einen weiteren wichtigen Einfluß auf die Art der Informationsbeschaffung üben außerdem mögliche **Affekte** des Konsumenten aus. Ein Affekt stellt nichts anderes dar als ein *„Sammelbegriff für innere Zustände"*, die *„von Stimmungen einerseits bis zu starker emotionaler Erregung andererseits"* gehen können (*Schwarz,* 1987, S. 101). Affekte können dabei Ursache für eine aktive Informationssuche sein, wobei sich diese Suche auch auf bestimmte Arten von Informationen konzentrieren kann. Sie können außerdem einer externen Informationsaufnahme entgegenwirken bzw. eine interne Aufnahme verhindern, indem sie die Verfügbarkeit von im Langzeitgedächtnis gespeicherten Informationen für den Konsumenten unterbinden (vgl. *Schwarz,* 1987, S. 101).

8.4 Informationsverarbeitung

8.4.1 Theoretische Ansätze der Informationsverarbeitung

Wie auch im Bereich der Informationssuche existiert eine Vielzahl von Ansätzen, die aus unterschiedlichen Perspektiven die Informationsverarbeitung zu beleuchten versuchen. Gemeint sind damit das „lens model"" von *Brunswik* (1952), das „sorting rule model" von *Cox* (1967), das „Modell der Informationsverarbeitungs-Intensität" von *Burnkrant* (1976), der aktivierungs- und komplexitätstheoretische Ansatz, das Konzept des „information overload" sowie das „Entscheidungsprozeß-Modell der Informationsverarbeitung" von *van Raaij* (1977) (vgl. *Silberer*, 1981, S. 40 ff.). *Liebel* (1994, S. 150) geht beispielsweise davon aus, daß sich der Konsument aufgrund seines *„komplizierten Informations-Netzwerkes"* über die Richtigkeit seiner *Kaufentscheidung* sicher ist. In diesem Informations-Netzwerk finden dabei Bewertung, Vergleich und Integration der neuen Informationen in ein bereits bestehendes Bezugs-System ihre Berücksichtigung.

Darüber hinaus existiert ein allgemeines Modell der Informationsverarbeitung und -speicherung. Seit Jahrzehnten geht die Forschung von unterschiedlichen Gedächtnisspeichern aus, in denen eine *Verarbeitung*, *Speicherung* und *Abruf von Informationen* erfolgt. Die vom Konsumenten wahrgenommene Information erreicht zunächst den **sensorischen Informationsspeicher (SIS)**, in dem sich die Information zwar nur für sehr kurze Zeit befindet (0,1 bis 1,0 Sekunden), diese kurze Zeit allerdings die Basis für eine weitere Verarbeitung im **Kurzzeitspeicher (KZS)** darstellt. Hierbei handelt es sich um das Arbeitsgedächtnis. Auf der einen Seite bezieht es Informationen vom SIS, wählt, interpretiert und verarbeitet die betreffenden Informationen, bevor sie in den **Langzeitspeicher (LZS)** weitergeleitet werden. Auf der anderen Seite ruft der KZS auch bereits vorhandene Informationen aus dem LZS ab. Er nimmt gewissermaßen eine mittlere Position zwischen den anderen beiden Speichersystemen ein und dient der Verarbeitung jeglicher Information, die ihm von den Systemen übermittelt werden. Dies setzt eine gewisse Speicherkapazität des KZS voraus, die mindestens mehrere Sekunden hält. Der LZS verfügt hingegen über eine fast unbeschränkte Speicherkapazität und kann mit dem eigentlichen Gedächtnis des Menschen gleichgesetzt werden. Die folgende *Abbildung 27* demonstriert die unterschiedliche Systemaufteilung des Gedächtnisses.

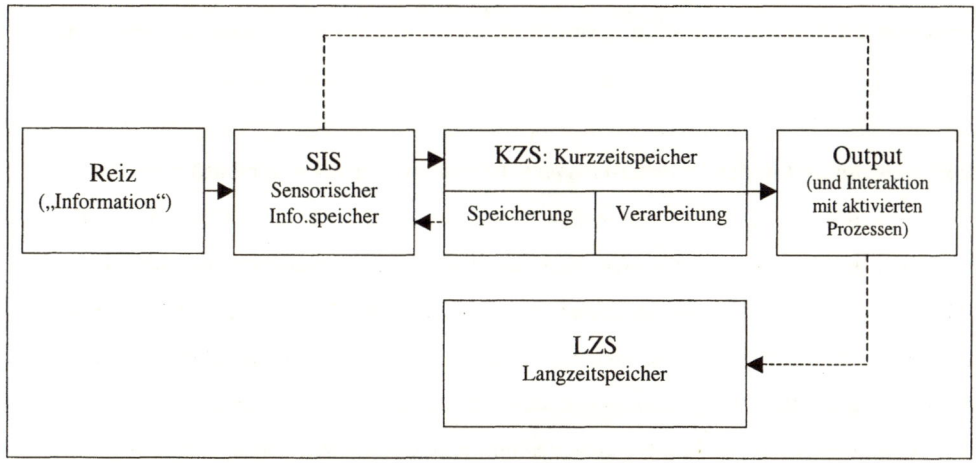

Abbildung 27: Mehrspeichermodell des menschlichen Gedächtnisses
(Quelle: *Kroeber-Riel & Weinberg*, 1996, S. 225)

Im Laufe der letzten Jahre hat sich allerdings eine neue Richtung unter einigen Wissenschaftlern entwickelt, die die ursprüngliche Postulation eines Mehrspeichermodells bezweifeln. Aufgrund der Komplexität der menschlichen Informationsverarbeitung, die sich unter anderem durch einen flexiblen und kontextabhängigen Charakter auszeichnet, erscheint für einige Forscher die traditionelle Sichtweise des Drei-Speicher-Modells nicht mehr länger tragbar zu sein. Als Ansätze einer neuen Sichtweise sind die von *Barsalou* (1993) und *Glenberg* (1997) anzuführen. Basis dieses in der Wissenschaft neuen Paradigmas stellt die „*Embodied Cognition*" dar. Hierbei handelt es sich um einen Ansatz, der ein *einziges* Gedächtnissystem postuliert. In diesem System finden sämtliche Prozesse der Informationsverarbeitung mehr oder weniger automatisch statt. Das ganze System weist einen eher *fundamentalen* Charakter auf, der in Abhängigkeit von der äußeren Umgebung gebildet wird. Dabei wird vor allem der *strukturelle* Aspekt des Gedächtnissystems in Form einer hierarchischen Anordnung hervorgehoben. Das System zeichnet sich durch absolute *Flexibilität* und *Anpassung* an kontextgegebene Umstände aus. Die Flexibilität äußert sich dabei auch in dem *produktiven* Charakter des ganzen Systems, das immer neue konzeptuelle Kombinationen bildet. Dies geschieht bei jedem Individuum auf unterschiedliche Art und Weise und muß in Abhängigkeit von der Interaktion mit dem *Kontext* des individuellen Systems gesehen werden. Dabei beeinflussen die eigenen Erfahrungen und das eigene Wissen eine neue Bildung konzeptueller Prozesse (vgl. zusammenfassend *Malter*, 1996, S. 273 f.).

8.4.2 Determinanten der Informationsverarbeitung und Kaufentscheidung

Wie auch bei der Informationssuche und bei dem Informationserwerb üben eine Reihe von Faktoren einen Einfluß auf die Informationsverarbeitung des Konsumenten aus. Dabei kann je nach Informationsumfang, Entscheidungszeit, Wichtigkeit, Darbietungsform und Reihenfolge der Informationsdarbietung sowie verbraucherspezifischen Merkmalen eine unterschiedliche Wahrnehmung und Verarbeitung von Markeninformationen stattfinden.

8.4.2.1 Umfang des Informationsangebotes und Entscheidungszeit

In Abhängigkeit vom *Umfang des Informationsangebots* tritt ein unterschiedliches Informationsverhalten auf. Oft ist der Konsument innerhalb seines Kaufentscheidungsprozesses einer Vielzahl von Informationen ausgesetzt. Der Bedarf nach einer großen Anzahl an Informationen ergibt sich insbesondere bei der Kaufentscheidung für Produkte, die ein hohes Kaufrisiko in sich bergen (vgl. *Murray*, 1991, S. 10), wie es sich beispielsweise beim Kauf von PKWs verhält (vgl. *Dedler et al.*, 1984, S. 113).

Je größer das dargebotene Informationsangebot ist, desto mehr reduziert sich allerdings die Anzahl der nachgefragten Produktinformationen (vgl. *Hertrich*, 1985, S. 52). Um eine kognitive Überforderung des Konsumenten zu vermeiden, können nicht sämtliche Informationen aufgenommen und verarbeitet werden. Konsumenten versuchen vielmehr einen maximalen Entscheidungserfolg kombiniert mit einem minimalen Entscheidungsaufwand zu erzielen. Das äußert sich beispielsweise bei der Entscheidung für ein Markenprodukt darin, daß lediglich einige Produkte miteinander verglichen werden und daraus das Produkt mit den größten Vorteilen ausgewählt wird (vgl. *Coupey & DeMoranville*, 1996, S. 228 f.). Außerdem orientiert sich der Konsument aufgrund seines beschränkten Informationsverarbeitungssystems an gewissen *Schlüsselinformationen*, wie beispielsweise Markenname oder Preis eines Produktes. Diese geben ihm Aufschluß über ein bestimmtes Produkt und wirken zugleich aufgrund ihres zusammenfassenden Charakters einer kognitiven Überbelastung entgegen (vgl. *Hofacker*, 1985, S. 45 f.; *Fritz & Thiess*, 1986, S. 146). Auch für die Kaufentscheidung werden seitens des Konsumenten Schlüsselinformationen herangezogen.

> Dabei können auch situative Einflüsse zum Tragen kommen. Die Ergebnisse einer Untersuchung von *Bauer & Herrmann* (1993, S. 185 ff.) sprechen dafür, daß die Kaufsituation einen signifikanten Einfluß sowohl auf die Präferenzen als auch auf die Wahrnehmung des Konsumenten ausübt. Für eilige Konsumenten ist vor allem die *Marke* ausschlaggebend für ihre Kaufentscheidung, während der *Gesundheitsaspekt* primär aufgrund einer Empfehlung besonders hervorgehoben wird. Der *Geschmack* ist insbesondere dann wichtig für die Kaufentscheidung, wenn die Konsumenten besondere Lust auf den Müsli verspüren. Der *Preis* stellt primär für gut informierte Konsumenten eine entscheidende Schlüsselinformation dar - mehr als für Konsumenten, die in Eile sind, Lust auf das Produkt verspüren oder einer Empfehlung folgen (vgl. *Bauer & Herrmann*, 1993, S. 185 ff.).

Häufig liefert auch die **Entscheidungszeit** einen nicht unwesentlichen Beitrag zur Kaufentscheidung des Konsumenten. Kaufentscheidungen werden dabei nicht selten unter Zeitdruck getroffen. Es wird nur eine begrenzte Anzahl von Informationen gesucht und für eine Entscheidungsfindung herangezogen. *Alba et al.* (vgl. *Malter*, 1996, S. 275) führen dieses Verhalten auf eine Verwendung von bereits im Gedächtnis des Verbrauchers bestehenden Informationen zurück. In dem Gedächtnismodell von *Glenberg* (1997) wird eine Vermischung von neuer mit bereits existierender Information postuliert. Dabei können einige Gedankengänge als dominierend erlebt werden, was dem Konsumenten das Gefühl vermittelt, genügend Informationen für eine adäquate Kaufentscheidung zu besitzen (vgl. *Malter*, 1996, S. 275).

Eine kürzere Entscheidungszeit findet sich außerdem bei einer eher *affektiv* orientierten Entscheidung. Diese Entscheidungsart läuft primär automatisch ab und sagt etwas über die individuellen Eigenschaften des Konsumenten aus. Sie wird seitens des Konsumenten angewandt, um Zeit und Aufwand zu minimieren. Im Gegensatz dazu steht die *kognitive* Entscheidungsart, bei der die getroffenen Beurteilungen eher auf tatsächliche Charakteristiken des Produkts zurückzuführen sind. Sie ist mit hohem zeitlichen Aufwand verbunden und setzt eine gewisse Auseinandersetzungsbereitschaft des Konsumenten voraus (vgl. *Helgeson & Ursic*, 1994, S. 505 f.).

8.4.2.2 Wichtigkeit von Informationen

Allgemein kann gesagt werden, daß die Wichtigkeit von Informationen einen entscheidenden Einfluß auf Erinnerungsleistungen der Verbraucher hat. *Alba & Hutchinson* (1987, S. 433) gehen davon aus, daß vor allem *wichtige* Informationen besser erinnert werden als unwichtige. In diesem Zusammenhang stellt sich die Frage, inwieweit beispielsweise Preisinformationen vom Verbraucher als wichtig angesehen werden.

In einer empirischen Untersuchung von *Dickson & Sawyer* (1990, S. 47 ff.) werden Verbraucher direkt während des Einkaufvorgangs nach dem Preis der von ihnen gewählten Marke angesprochen. Nur 47,1 % können den genauen Preis angeben, während 31,8 % eine ungenaue Schätzung vornehmen und 21,1 % keine Angaben machen (vgl. *Abbildung 28*).

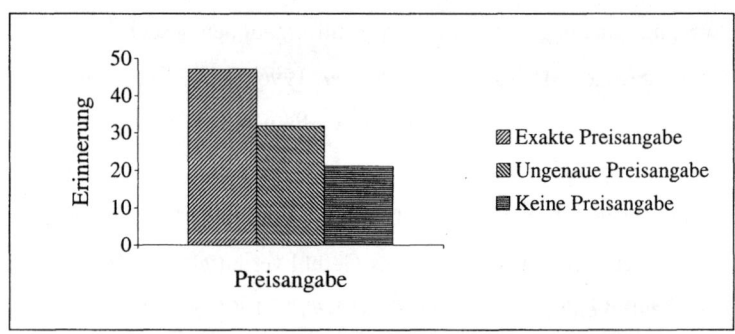

Abbildung 28: Zusammenhang zwischen Preisangabe und Erinnerung
(nach *Dickson & Sawyer*, 1990, S. 47 ff.)

186

Die schlechten Erinnerungsleistungen sprechen folglich dafür, daß die Preisinformation nicht zwingend eine wichtige Information darstellt. Auf der anderen Seite muß zumindest die Frage aufgeworfen werden, ob Erinnerungsleistungen überhaupt als allgemeingültiges Kriterium für die Wichtigkeit von Informationen gelten können. Schließlich werden sie auch im Bereich der Vorhersage des Kaufverhaltens in der Marketingpraxis weit überschätzt (vgl. *Mayer*, 1990, S. 169 ff.).

8.4.2.3 Darbietungsform von Informationen

Die Art der Informationsdarbietung kann die Kaufentscheidung eines Konsumenten beeinflussen. Bei Entscheidungen werden in der Regel die zur Verfügung stehenden Informationen nicht modifiziert, sondern vielmehr direkt übernommen (vgl. *Stoddard & Fern*, 1996, S. 215 f.). Konsumenten vertrauen außerdem ihren Entscheidungen mehr, wenn die dafür herangezogenen Informationen in einer miteinander vergleichbaren Art dargeboten werden (vgl. *Coupey & De-Moranville*, 1996, S. 228 f.).

Die unterschiedlichen Darbietungsformen einer Information können außerdem Auswirkungen auf die Informationsverarbeitung der Verbraucher haben. Bei Verwendung *spezieller* Gestaltungsmerkmale, wie Farbe, Textgestaltung, Bilder, Anzeigengröße sowie Anzeigenplazierung ist häufig eine effizientere Informationsverarbeitung die Folge.

Von Keitz (1986, S. 115) spricht im Zusammenhang **Farbe** die besseren Sympathiewerte *farbiger* Anzeigen an, die im Gegensatz zu schwarz-weiß Anzeigen auch zu besseren Erinnerungsleistungen führen.

Hinsichtlich der **Textgestaltung** läßt sich sagen, daß insbesondere eine gute Lesbarkeit in Form einer *kontrastreichen* und *angenehmen* Schriftgröße die Bereitschaft eines Konsumenten erhöht, sich auch für einen längeren Zeitraum mit ihm dargebotenen Informationen auseinanderzusetzen. Allerdings ist die Bereitschaft zu einer langen Informationsverarbeitung davon abhängig, ob seitens des Konsumenten keine weiteren Informationsinteressen für andere Bereiche vorliegen. In dem Fall wäre auch eine nahezu perfekte Textgestaltung kein Auslöser für eine intensive Auseinandersetzung (vgl. *v. Keitz*, 1986, S. 117).

Der gleiche Sachverhalt wie bei der Textgestaltung gilt auch für die Verwendung von **Bildern**. Allerdings erregen Bilder im Gegensatz zu Texten seitens des Konsumenten eine *höhere* Aufmerksamkeitszuwendung (vgl. *Jeck-Schlottmann*, 1988, S. 35). Durch eine klare und kontrastreiche Struktur können Bilder eine Informationsüberlastung verhindern. Dies hängt damit zusammen, daß Bildinformationen in einem anderen Gedächtnissystem und weitgehend automatisch verarbeitet werden, was bei sprachlichen Informationen nicht der Fall ist (vgl. *Kroeber-Riel & Weinberg*, 1996, S. 347).

Des weiteren kann die **Anzeigengröße** eine nicht unerhebliche Rolle spielen. Die Informationen, die mittels einer großen Anzeige präsentiert werden, können dabei Auswirkungen auf einzelne Werbewirkungskriterien haben und vor allem eine *höhere* Aufmerksamkeit seitens der Konsumenten bewirken.

Tabelle 19: Durchschnittliche Fixationshäufigkeiten für links und rechts plazierte Anzeigen in Abhängigkeit vom Involvement (Quelle: *Jeck-Schlottmann*, 1988, S. 38)

Situations-Involvement	**Plazierung**	
	Links	Rechts
Gering	4,3	12,2
Hoch	19,1	34,2

Hinsichtlich der **Anzeigenplazierung** ist von einer *prinzipiellen Bevorzugung* der *rechten* gegenüber der linken Seite auszugehen (vgl. *Jeck-Schlottmann*, 1988, S. 38 ff.). In Abhängigkeit vom *Involvement* sind dabei allerdings unterschiedliche Werte zu erwarten (vgl. *Tabelle 19*).

Des weiteren kann hinsichtlich potentieller Kaufentscheidungen in 7 Experimenten ermittelt werden, daß die dafür herangezogenen Informationen in der Regel so angenommen und verarbeitet werden, wie sie präsentiert werden. Diese Ergebnisse lassen den Schluß zu, daß Verbraucher kaum Informationstransformationen vornehmen, wenn sie Kaufentscheidungen zu treffen haben (vgl. *Stoddard & Fern*, 1996, S. 215 f.). Bei der Darbietung von Informationen im Bereich der Ernährung, ergibt sich eine bessere Beurteilung und Erinnerung von **verbalen Informationen** im Gegensatz zu numerischen.

Die verbale Information äußert sich dabei durch eine Beschreibung eines Ernährungssachverhalts oder einzelner Ernährungskriterien, während die numerische Information mittels Zahlenwerten Angaben über Ernährungsinhalte einzelner Marken macht. Den 90 Studenten werden vier fiktive Marken sowohl mit verbalen als auch numerischen Angaben präsentiert. Dabei zeigt sich eindeutig, daß verbale Informationen mehr Vorteile bei der Beurteilung der Gesundheit oder einzelner Kriterien aufweisen. Außerdem werden Markeninformationen seitens der Verbraucher besser erinnert, wenn diese verbalen Charakter haben (vgl. *Viswanathan*, 1996, S. 279 f.).

Interessanterweise wird in diesem Zusammenhang außerdem seitens einiger Wissenschaftler festgestellt, daß Konsumenten mehr auf Informationen reagieren, wenn diese eher **negative Inhalte** (Bsp: Zucker) als positive (Bsp: Vitamine) beinhalten (vgl. *Caudill*, 1994, S. 213). Über diese Ergebnisse muß allerdings einschränkend gesagt werden, daß sie *nur im Bereich Ernährung* ihre Gültigkeit besitzen und nicht auf andere Bereiche generalisiert werden können. Allerdings wird in der Marketingliteratur die *prinzipielle Tendenz* des Konsumenten angesprochen, primär negative im Vergleich zu positiven Informationen stärker zu gewichten, unabhängig von welchem Bereich ausgegangen werden muß (vgl. *Klein & Shiv*, 1996, S. 456).

8.4.2.4 Reihenfolge der Informationsdarbietung

In Abhängigkeit von der Reihenfolge der Informationsdarbietung ergeben sich außerdem unterschiedliche Effekte.

122 MBA Studenten sollen in einer Untersuchung (vgl. *Park*, 1995, S. 161 f.) ein Automobil hinsichtlich vorgegebener Kriterien einschätzen. Dabei werden ihnen in einem Fall erst negative, dann positive Items präsentiert (positive-last conditions), während im anderen Fall die umgekehrte Reihenfolge auftritt (negative-last conditions). Die Verbraucher, denen erst im zweiten Schritt positive Informationen dargeboten werden (positive-last conditions), beurteilen das Produkt Auto signifikant positiver als Verbraucher, die sich zuerst mit positiven und dann mit negativen Informationen auseinandersetzen (negative-last conditions).

Diese Ergebnisse bestätigen einen *Recency-Effekt*, der sich zum einen bei der Produktbeurteilung, zum anderen aber auch bei den Erinnerungsleistungen niederschlägt. Letztendlich werden vor allem die zuletzt wahrgenommenen Informationen besser erinnert und zu einer potentiellen Produktbeurteilung herangezogen. Allerdings erfährt der Recency-Effekt nur eine bedingte Gültigkeit. Wenn nämlich den Verbrauchern *vor* ihrer Produkteinschätzung eine *Hinweisinformation* in Form einer Erinnerung an ein Item geliefert wird, das ihnen ganz am Anfang präsentiert wird (early-cue conditions), hat die Reihenfolge der Darbietung keinerlei Auswirkungen auf die Produktbeurteilung. Der vorgegebene Hinweisreiz lenkt die Kognitionen der Verbraucher gewissermaßen in eine andere Richtung, was die Einschätzung des Produktes betrifft. Auswirkungen auf Erinnerungsleistungen können in dem Fall allerdings nicht nachgewiesen werden (vgl. *Park*, 1995, S. 162).

8.4.2.5 Konsumentenspezifische Merkmale

Es findet außerdem eine unterschiedliche Informationsverarbeitung in Abhängigkeit einzelner Verbraucherkriterien statt. Zu erwähnen wären hier Unterschiede, bedingt durch Geschlecht, Produktverwendung und Zielen des Konsumenten.

Die Variable **Geschlecht** übt zwar keinen signifikanten, aber dennoch einen tendenziellen Einfluß auf die Konsumentenentscheidung aus. Konkret äußert sich dies darin, daß Männer eher dazu tendieren, kognitiv orientierte Entscheidungen zu treffen, während Frauen primär den affektiven Aspekt einer Entscheidung hervorheben (vgl. *Helgeson & Ursic*, 1994, S. 504). In Abhängigkeit vom Geschlecht treten außerdem unterschiedliche Informations-Verarbeitungs-Strategien auf. Frauen besitzen im Gegensatz zu Männern eher eine geringe Verarbeitungsschwelle, was sich darin äußert, daß sie sich *intensiver* mit dem *Inhalt* einer Botschaft auseinandersetzen und dadurch eine größere Sensibilität für deren Einzelinhalte entwickeln. In einer Untersuchung von *Meyers-Levy & Sternthal* (1991, S. 88) geht es dabei um den Vergleich verschiedener Fernsehprogramme. Inkongruente Botschaftsinhalte zweier Fernsehprogrammes ziehen bei entsprechender Ausprägung (moderate und hohe Inkongruenz versus geringe Inkongruenz) vor allem die Aufmerksamkeit der Frauen auf sich, was Auswirkungen auf die Programmbeurteilungen hat. Bei Männern kann dieser Effekt nicht festgestellt werden. Sie werden nur in geringem Maße von der Höhe der Botschafts-Inkongruenz beeinflußt (vgl. *Abbildung 29*).

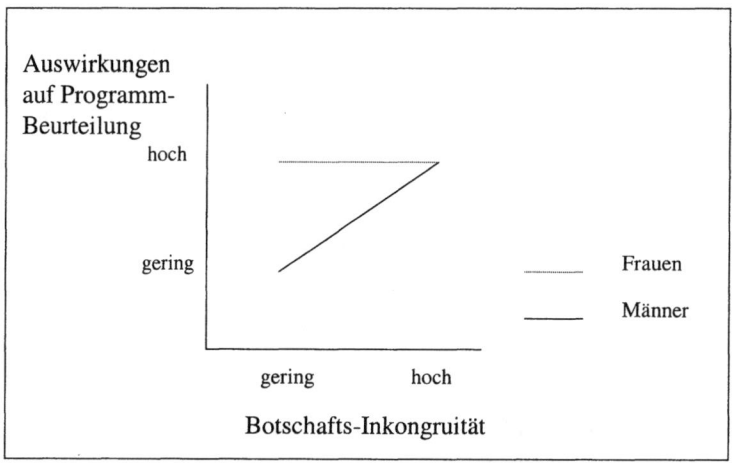

Abbildung 29: Einfluß der Botschafts-Inkongruität auf die Programmbeurteilung
(nach *Meyers-Levy & Sternthal*, 1991, S. 88)

Betrachtet man sich weiterhin die Erinnerungsleistungen, zeigen sich wiederum geschlechtsspezifische Unterschiede in Abhängigkeit von der *Ausprägung* der Inkongruenz. Bei mittlerer oder hoher Inkongruenz ist das Erinnerungsverhalten, das sich in einer eher detaillierteren Strategie äußert, von Männern und Frauen vergleichbar. Bei geringer Inkongruenz hingegen wird die detaillierte Verarbeitungsstrategie nur von den Frauen beibehalten, während die Männer eher schema-orientiert vorgehen. Bei Männern steht folglich eher die *Gesamtbotschaft* im Vordergrund, so daß sie weniger auf *Details* achten (vgl. *Meyers-Levy & Maheswaran*, 1991, S. 67 f.). Zur Veranschaulichung dient folgende *Abbildung 30*.

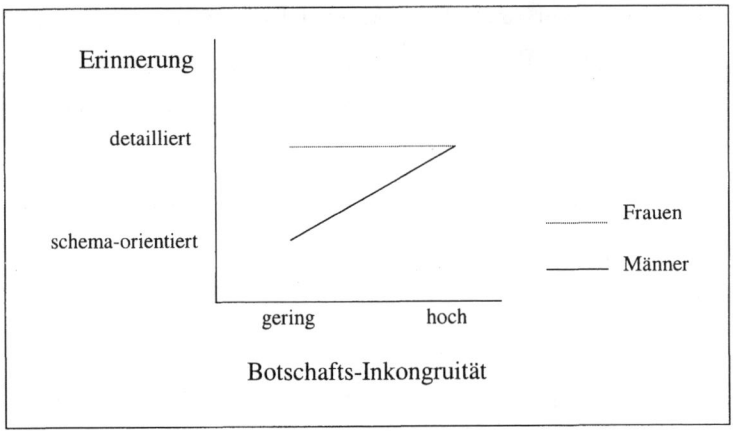

Abbildung 30: Einfluß der Botschafts-Inkongruität auf die Erinnerungsleistungen (nach *Meyers-Levy & Maheswaran*, 1991, S. 67 f.)

Die Art der Informationsverarbeitung variiert außerdem in Abhängigkeit von der **Produktverwendung**. *Finlay* (1996) ermittelt in ihrer Untersuchung über Gedächtnisinhalte und -strukturen, daß Produktverwender über eine *eindimensionale* kognitive Gedächtnisstruktur verfügen. Ihr Fokus ist vor allem auf die eigene verwendete Marke gerichtet, was sich darin äußert, daß sie in unterschiedlichen Gelegenheiten immer die gleiche Markeninformation abrufen. Die kognitive Gedächtnisstruktur von Verwendern anderer Marken hingegen weist einen eher *mehrdimensionalen* Charakter auf. Dabei zeigt sich, daß in Abhängigkeit von unterschiedlichen Gelegenheiten auch immer unterschiedliche Markeninformationen im Gedächtnis abgerufen werden (vgl. *Finlay*, 1996, S. 283 f.). Diese Ergebnisse werden mittels der Markenkategorie der Soft-Getränke ermittelt. Es stellt sich die Frage, ob eine Generalisierung auf andere Markenkategorien möglich ist, was beim jetzigen Stand der Forschung noch offen bleibt. Auf jeden Fall bleibt unbestritten, daß dieser Sachverhalt, in Abhängigkeit von der Produktverwendung unterschiedliche Gedächtnisstrukturen heranzuziehen, für die Forschung, aber auch für die Praxis der Werbung einen wichtigen Faktor darstellt. Ähnliches gilt für die Informationsverarbeitung von **Experten** versus **Laien**, bei denen sich unterschiedliche Gedächtnisstrukturen ergeben.

In einer Untersuchung von *Cowley* (1994, S. 60 f.) werden 66 Studenten zunächst den Kategorien „Experte", „Laie" oder „Intermediate (Mittelglied)" in Abhängigkeit von ihrem Wissens- und Erfahrungsstand zugeordnet. Weiterhin gibt es unterschiedliche Kontextbedingungen mit eher imagebezogenen (image related context) oder funktionalen Aspekten (functional related context) des Produktes Fahrrad. Als abhängige Variable fungiert dabei die Erinnerungsleistung in Abhängigkeit von der jeweiligen Kontextbedingung.

Die Ergebnisse lassen den Schluß zu, daß Experten ein *elaborierteres* Gedächtnisschema besitzen als Laien. Je nach Kontextbedingung rufen sie unterschiedliche Produktinformationen ab, die für den jeweiligen Sachverhalt als wichtig einzuordnen sind. Bei Laien hingegen variiert die Wiedergabe von Informationen nicht, auch wenn unterschiedliche Kontextbedingungen vorgegeben werden. Die Prozesse während des Enkodierens neuer Informationen scheinen bei Laien folglich keinen Einfluß auf den Abruf dieser Informationen zu haben (vgl. *Cowley*, 1994, S. 60 f.). Hinsichtlich der Ursachenzuschreibung von Produktmißerfolgen kann außerdem festgehalten werden, daß Verbraucher, die über ein hohes Produktwissen verfügen, auch eine größere Anzahl möglicher Gründe für einen Mißerfolg anführen. Durch ihre komplexeren Wissensstrukturen findet eine effizientere Informationsverarbeitung und Wiedergabe statt (vgl. *Somasundaram*, 1993, S. 217).

Auch die Kaufentscheidung wird in Abhängigkeit von der Produktverwendung unterschiedlich getroffen. Die Ergebnisse von *Fiske et al.* (vgl. *Moorman & Rindfleisch*, 1995, S. 564) sprechen dafür, daß bei einer komplexen Entscheidungsaufgabe - in der Untersuchung geht es um den Kauf eines Computers - *Laien* eher keine selbständige Entscheidung treffen und primär Informationen von *Experten* oder anderen Informierten suchen. Experten scheinen mehr Informationen für eine Entscheidungsfindung heranzuziehen als Laien. Dieser Effekt kommt allerdings nur dann zustande, wenn einzelne Elemente der Aufgabenstellung einen besonderen Reiz ausüben und die Experten motivieren.

Die Verwendung von Informationen hängt unter anderem auch von den **Zielen** der Verbraucher ab. *Caudill* (1994, S. 216) ist der Überzeugung, daß hinsichtlich der Motivation von Verbrauchern, sich bestimmten Informationen (konkret: Ernährungsinformationen) hinzuwenden und diese zu verarbeiten, der jetzige Stand der Forschung als unbefriedigend angesehen werden muß. Sie sieht in der Motivation eine „*driving force*", die als wichtige Verhaltensdeterminante angesehen werden und in der zukünftigen Forschung größere Berücksichtigung finden sollte.

Neben den Zielen der Verbraucher existieren noch weitere konsumentenspezifische Variablen, die einen Einfluß auf das Informationsverhalten ausüben. Letztendlich können beispielsweise *Affekte* eine adäquate kognitive Informationsverarbeitung des Konsumenten verhindern (vgl. *Schwarz*, 1987, S. 101), was auch für das *Involvement* oder das *Selbstkonzept* des Konsumenten gilt. Exemplarisch wird im folgenden die Variable Selbstkonzept des Konsumenten herausgegriffen und deren Zusammenhang mit dem Informationsverhalten näher erläutert.

8.5 Informationsverhalten und Selbstkonzept

Das Selbstkonzept des Konsumenten übt neben einer Reihe anderer Faktoren einen Einfluß auf sein Informationsverhalten aus. *Stroebe* und andere Autoren (vgl. *Dauenheimer,* 1996, S. 9) grenzen zunächst das Selbstkonzept, dem sie eine eher *kognitive* Komponente zuschreiben, von dem *affektiv* gerichteten Selbstwertgefühl ab. Unter Selbstkonzept einer Person verstehen sie dabei alle Persönlichkeitseigenschaften, die eine Person mit sich selbst in Verbindung bringt, während das Selbstwertgefühl die Summe der positiven und negativen Bewertungen all dieser Eigenschaften darstellt. Andere Autoren wiederum sehen in dem Selbstkonzept die Kombination von kognitiver und affektiver Struktur, was wie so oft in der Psychologie ein fehlendes einheitliches Modell zur Folge hat.

Wie bereits an anderer Stelle angesprochen, tritt in den 70-er Jahren eine Veränderung von motivationalen Ansätzen in Richtung informationsverarbeitende Ansätze ein. In der Sozialpsychologie scheint allerdings zum heutigen Zeitpunkt ein neuer Trend erkennbar zu sein. Motivationale Aspekte finden wieder vermehrte Berücksichtigung und werden ergänzend zu informationsverarbeitenden Aspekten herangezogen. Demzufolge berücksichtigt der **Integrative Selbstschemaansatz (ISSA) von *Petersen & Stahlberg* (1995)** sowohl motivationale als auch kognitive Faktoren des Informationsverhaltens. In ihrem Ansatz ermitteln sie dabei den Einfluß des Elaborationsgrades involvierter Selbstschemata auf selbstkonzeptrelevante Informationssuche und -verarbeitung. Bezüglich der **Informationsverarbeitung** können signifikante oder zumindest tendenzielle Zusammenhänge festgestellt werden, so daß der ISSA in diesem Bereich als bestätigt angesehen werden kann (vgl. *Petersen & Stahlberg*, 1995, S. 43 ff.).

Konkret äußert sich die Bestätigung des ISSA darin, daß auf der Ebene der *affektiven Reaktion* bei Vorliegen eines elaborierten Selbstschemas eine größere Zufriedenheit durch selbstschemakonsistente Information hervorgerufen wird. Wenn allerdings kein elaboriertes Schema vorliegt, werden seitens der Personen bevorzugt positive Informationen herangezogen, da sie ihr Selbstwertgefühl erhöhen. Auf der Ebene der *kognitiven Reaktion* werden konsistente Rückmeldungen als adäquater erlebt, was die Einschätzung der eigenen Person anbelangt. Dieses Resultat kommt allerdings nur bei elaboriertem Selbstschema vor. Es existieren keine signifikanten Unterschiede zwischen konsistenten, positiven oder negativen Rückmeldungen, wenn kein elaboriertes Selbstschema vorliegt (vgl. *Petersen & Stahlberg*, 1995, S. 54 f.).

Eine Bestätigung des ISSA im Bereich der **Informationssuche** kann allerdings nicht aufgezeigt werden.

Entgegen der postulierten Annahme des ISSA werden von Personen mit gering elaboriertem Selbstschema weniger konsistente Informationen gesucht, sondern vielmehr bevorzugt negative und tendenziell positive Informationen herangezogen (vgl. *Petersen & Stahlberg*, 1995, S. 55 f.).

Die Ergebnisse einer Reihe weiterer Untersuchungen sprechen dafür, daß ein signifikanter oder zumindest tendenzieller Zusammenhang zwischen dem Selbstkonzept und dem Informationsverhalten des Konsumenten besteht.
Von Hecker (1995, S. 37 f.) eruiert in seiner Studie, bei der es um das Lernen von verbundenen bzw. unverbundenen Relationen geht, einen Selbstschemaeffekt.

Die Probanden stellen sich dabei vor, im Rahmen eines Austauschsemesters einen Aufenthalt in England zu verbringen. Sowohl positive als auch negative Beziehungen zwischen einzelnen Personen bzw. zwischen dem Probanden selbst und anderen Personen sollen behalten werden. Der Selbstschemaeffekt äußert sich konkret darin, daß die Kombination zweier Namen besser gelernt wird, wenn sie durch ein „ICH" verbunden sind. So wird die Beziehung „ICH - Jim" besser behalten als die Beziehung „Tom - Sam" (vgl. *von Hecker*, 1995, S. 37 f.).

Auch *Sweeney & Moreland* (1980) finden in ihrer Untersuchung heraus, daß das Selbstschema einen Einfluß auf das Informationsverhalten der Konsumenten hat. Falls nämlich keine Übereinstimmung zwischen Informationen und eigenem Selbstschema besteht, werden diese neuen Informationen nicht akzeptiert und zurückgewiesen (vgl. *Dauenheimer*, 1996, S. 55).

Laut *Mittag* (1990) findet eine effizientere Informationsverarbeitung statt, wenn die dem Konsumenten dargebotenen Informationen auch mit seinem Selbstschema übereinstimmen. Das Ergebnis muß allerdings in Abhängigkeit von der *Ausprägung* des Selbstschemas der Personen gesehen werden. So findet lediglich bei Personen mit hoher wahrgenommener Begabung eine effiziente und selbstbildkonsistente Informationsverarbeitung statt. Bei niedrig wahrgenommener Begabung kann dieser Effekt nicht nachgewiesen werden (vgl. *Mittag*, 1990, S. 45). *Mittag* führt dieses erwartungswidrige Ergebnis auf einen möglichen Stichprobeneffekt zurück, da es sich bei den Versuchspersonen lediglich um eine studentische Population handelt, die nicht als repräsentativ für die Bevölkerung gelten kann.

Auch *Spies* (1994, S. 625 f.) ermittelt in ihrer Studie erwartungswidrige Ergebnisse. Zwar ergibt sich ein signifikanter Zusammenhang zwischen Ichbezug von Werbespots und Behaltensleistung für einzelne Produktnamen. Aber der Ichbezug hat lediglich einen tendenziellen Einfluß auf die Behaltensleistung, wenn es um Detailfragen geht.

Allerdings gibt es in dieser Untersuchung noch eine zweite unabhängige Variable, den emotionalen Gehalt der Werbespots, der sowohl auf die Behaltensleistung für Produktnamen als auch für Detailfragen einen signifikanten Einfluß ausübt. Es besteht die Möglichkeit, daß eine Konfundierung beider Variablen eintritt, die zur Unterschätzung des Effekts des Ichbezugs führt. *Spies* (1994, S. 628) führt außerdem an, daß der Ichbezug (Bsp: Gesamtsituation, beteiligte Personen) über nicht so viele Trägermerkmale verfügt wie der emotionale Gehalt (Bsp: Musik, Verhaltensweisen, Mimik und Gestik der Personen, lustige Äußerungen) eines Werbespots. Demzufolge werden bei Werbespots mit Ichbezug im

Sinne des Konzepts der Elaboriertheit der Verarbeitung weniger Knoten im Netzwerk des Gedächtnisses gebildet als bei emotionalem Gehalt.

Es muß allerdings angeführt werden, daß seitens empirischer Untersuchungen unterschiedliche, einander widersprechende Ergebnisse zu diesem Sachverhalt vorliegen. Diese Ambivalenz der Befundlage mag auf methodische Fehler einzelner Untersuchungen zurückzuführen sein. *Rudolph* (1989, S. 259) spricht in diesem Zusammenhang vor allem die Schwächen der Operationalisierung an. In zwei eigenen Experimenten werden *Latenzzeit* und *Erinnerungsleistungen* der Versuchspersonen in Abhängigkeit von unterschiedlichen Instruktionsbedingungen gemessen. Dabei ergeben sich sowohl bei der Latenzzeit als auch bei der Erinnerung bessere Leistungen in der Reihenfolge „*strukturelle*" („Ist dieses Wort in Großbuchstaben geschrieben?"), „*semantische*" (Urteil über Bedeutungsähnlichkeit Satz-Wort), „*selbstbezogene*" („Beschreibt das Adjektiv mich selbst?") und „*fremdbezogene*" („Beschreibt das folgende Adjektiv die ausgewählte Person?") Instruktionsanleitung (vgl. *Rudolph*, 1989, S. 263 ff.). Diese Ergebnisse widerlegen wiederum den postulierten Selbstschemaeffekt.

8.6 Zusammenfassung und praktische Konsequenzen

Das Informationsverhalten des Konsumenten besteht aus dem Bedürfnis und der Nachfrage nach Informationen sowie deren Speicherung und Weitergabe. Im vorliegenden Kapitel wurde insbesondere auf die Informationsbeschaffung und -verarbeitung näher eingegangen. Informationsbeschaffung kann auf unterschiedliche Weise erfolgen. Zum einen findet eine Differenzierung zwischen interner und externer, zum anderen zwischen aktiver und passiver Informationssuche statt. Welche Art der Informationsbeschaffung gewählt wird, hängt letztendlich mit konsumentenspezifischen Eigenschaften zusammen.

Es existiert eine Vielzahl theoretischer Ansätze, die als Erklärungsversuch des Informationsverhalten des Konsumenten zu sehen sind. Insbesondere im Bereich der Informationsverarbeitung hat sich ein neuer Forschungstrend ergeben. Für einige Wissenschaftler tritt das klassische

Mehrspeichermodell des menschlichen Gedächtnisses immer mehr in den Hintergrund, während ein neues Paradigma, das der *„Embodied Cognition"*, Einzug in die Forschung findet. Ob die Postulierung eines einzigen Gedächtnissystems, in dem sämtliche Prozesse der Informationsverarbeitung stattfinden, langfristig in der Wissenschaft haltbar ist, bleibt abzuwarten.

Hinsichtlich der Determinanten des Informationsverhaltens lassen sich eine Vielzahl anführen. Das Informationsverhalten hängt dabei ab vom vorliegenden Informationsangebot, Risikowahrnehmung, Entscheidungswichtigkeit sowie Produktart. Darüber hinaus tragen auch verbraucherspezifische Eigenschaften in Form von Geschlecht, Schichtzugehörigkeit, Produktverwendung, Informationsvertrautheit, Leistungsorientierung sowie Zielen und Affekten des Konsumenten zu einem unterschiedlichen Informationsverhalten bei.

Unabdingbare Voraussetzung für eine adäquate **Informationssuche** stellt ein großes Informationsangebot dar. Im Idealfall sollten folglich seitens Hersteller- oder Handelsseite ausreichende Informationen bereitgestellt werden, die der Konsument für seine Entscheidungsfindung benötigt. Um dem Problem der Informationsüberlastung entgegenzuwirken und den Blick eines Konsumenten im Rahmen der Informationssuche überhaupt auf eine Anzeige oder Verpackung zu richten, erscheint es sinnvoll, die Kommunikationsbotschaft mittels bestimmter Reize zu kommunizieren. Vor allem *emotionale Reize* in Form von Musik, bildlichen Darstellungen bzw. mittels der Darbietung eines Produktes durch ein erotisches soziales Modell führen dabei zu einer Aufmerksamkeitszuwendung. Aber auch *physische Reize*, wie der formale Aufbau einer Anzeige, und *kognitive Reize*, die sich in Widersprüchen und Überraschungen innerhalb einer Werbebotschaft äußern, bewirken seitens der Konsumenten eine gezielte Auseinandersetzung mit der Werbebotschaft. Dies kann zusätzlich mit einer Informationsaufnahme von beispielsweise in der Werbung vermittelten Produkteigenschaften einhergehen. Emotionale, physische oder kognitive Elemente dienen allerdings mehr dazu, bei dem lediglich passiv Informationssuchenden eine Auseinandersetzung mit der Werbebotschaft zu bewirken. Zwar können diese Elemente auch Einflüsse auf den Konsumenten mit aktivem Informationsbedürfnis haben, allerdings sind sie für ihn nicht vorrangig für eine Entscheidungsfindung. Im Vordergrund des Konsumenteninteresses steht vielmehr das tatsächliche Informationsangebot, das er auf kognitivem Wege erschließen möchte.

Hinsichtlich der **Informationsverarbeitung** muß zunächst festgehalten werden, daß das kognitive Verarbeitungssystem nur eine beschränkte Kapazität aufweist. Demzufolge können nicht alle wahrgenommenen Informationen verarbeitet werden. Als Konsequenz sollten sich bessere Anbieterinformationen ergeben, die diesen Gesichtspunkt berücksichtigen. In der Regel findet außerdem lediglich ein flüchtiger Kontakt des Konsumenten mit dem Werbemittel statt. Vor diesem Hintergrund erscheint es für Marketing betreibende Unternehmen um so wichtiger, diesen flüchtigen Kontakt mit wesentlichen Informationen zu füllen, die zudem auch schnell wahrgenommen werden müssen. Um eine effiziente Informationsverarbeitung zu ermöglichen, ist es für den Konsumenten demzufolge wichtig, sich an gewissen *Schlüsselreizen* zu orientieren. Bei der gestalterischen Darstellung von Informationen sollten dabei insbesondere aufmerksamkeitserregende formale Gestaltungselemente integriert werden. Vor allem die Verwendung von *Farben* und *Bildern*, die Anmutungsqualitäten wecken können, sowie eine kontrastreiche *Textgestaltung* bewirken hierbei eine effizientere Informationsverarbeitung. Der gleiche Sachverhalt gilt auch für die Gestaltung der *Anzeigengröße* sowie für die *Anzeigenplazierung*. Hierbei ist von einer prinzipiellen Bevorzugung der rechten gegenüber der linken Seite auszugehen.

Finden diese angeführten Punkte seitens Werbung betreibender Unternehmen Beachtung und besitzt der Konsument darüber hinaus ein tatsächliches Informationsbedürfnis, kann durchaus von einem adäquaten Informationsverhalten des Konsumenten ausgegangen werden.

9. Kognitive Dissonanz und Konsumentenverhalten

9.1 Theoretisches Grundkonzept

Innerhalb eines sozialen Systems stellt das prinzipielle Streben nach Konsonanz die Basis für jegliche soziale Beziehung dar. Aber auch innerhalb der kognitiven Struktur eines Individuums wird ein harmonisches, kognitives Gleichgewicht angestrebt. Die Wahrnehmung eines *Ungleichgewichts* wird als sehr unangenehmer psychologischer Zustand empfunden, so daß dessen Vermeidung oder Reduzierung für das einzelne Individuum an oberster Stelle steht.

Eine theoretische Verankerung dieser Grundannahmen findet sich in den **Konsistenztheorien,** die die Beschreibung kognitiver Systeme zum Inhalt haben und deren oberste Maxime die Annahme eines *homöostatischen Prinzips* darstellt. Unter dem Oberbegriff Konsistenztheorien werden die Balance-Theorie von *Heider* (1946), die Kongruenz-Theorie von *Osgood & Tannenbaum* (1953), die Konsistenz-Theorie von *Rosenberg & Abelson* (1960) und die Dissonanz-Theorie von *Festinger* (1957) subsumiert.

Exemplarisch wird aus der Gruppe der Konsistenztheorien die **Theorie der kognitiven Dissonanz** von *Festinger* (1957) herausgegriffen und etwas detaillierter dargestellt.

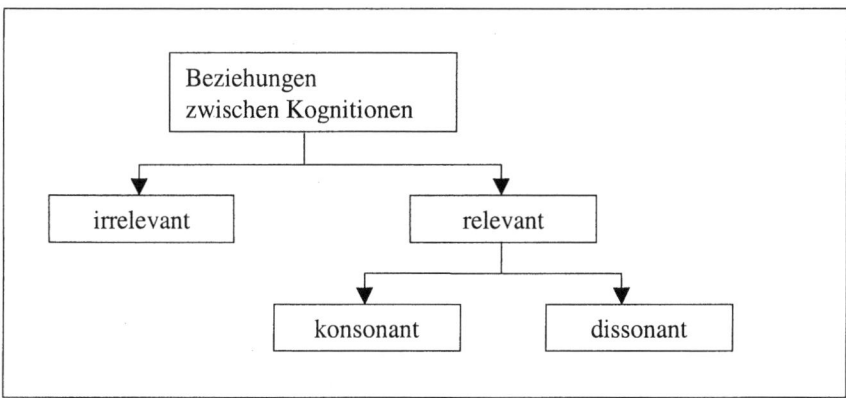

Abbildung 31: Beziehungen zwischen Kognitionen (nach *Festinger*, 1957, S. 11)

Unter Kognitionen versteht *Festinger* (1957, S. 9) dabei *"elementare Einheiten"* eines kognitiven Systems, die sich in Meinungen, Ansichten und Erwartungen eines Individuums über sich selbst und seine Umwelt äußern. Diese kognitiven Elemente können in unterschiedlicher Beziehung zueinander stehen (vgl. *Abbildung 31*).

Von einer *irrelevanten* Beziehung wird gesprochen, wenn sie zu einem gewissen Zeitpunkt im Bewußtsein eines Individuums nichts miteinander zu tun haben (vgl. *Festinger*, 1957, S. 11). Von besonderem Interesse sind die *relevanten* Beziehungen. Hier wird eine Unterscheidung gemacht, ob es sich um eine *konsonante* oder *dissonante* Relation handelt. Bei einer **konsonanten** Beziehung passen die kognitiven Elemente inhaltlich zusammen und harmonieren miteinander. Hier zur Veranschaulichung ein vereinfachtes Beispiel:

> Ein Student ist davon überzeugt, daß in der heutigen Zeit vor allem der Gedanke des Umweltbewußtseins sehr entscheidend ist und gefördert werden sollte. Unabhängig davon fährt er sehr gerne Fahrrad, weil er sich dadurch sportlich fit hält und einen Beitrag für seine Gesundheit leistet. Diese zwei verschiedenen Kognitionen passen zusammen, weil das Fahrradfahren des Studenten nicht seinem Umweltbewußtsein widerspricht, es sogar vielmehr unterstützt.

Eine **dissonante** Beziehung bedeutet hingegen, daß die kognitiven Elemente nicht aufeinander abgestimmt sind, sondern sich vielmehr widersprechen. Auch hierzu ein kurzes Beispiel:

> Der nach wie vor von der Wichtigkeit des Umweltschutzes überzeugte Student ist allerdings begeisterter Formel I Zuschauer und fährt selbst gerne höhere Geschwindigkeiten auf der Autobahn. Dies hat einen immensen Kraftstoffverbrauch und Schadstoffausstoß zur Folge. Beide Kognitionen stehen im Widerspruch zueinander. Auf der einen Seite fühlt sich der Student dem Umweltschutz verpflichtet, auf der anderen Seite legt er ein völlig entgegengesetztes Verhalten an den Tag.

9.2 Erweiterung der Theorie der kognitiven Dissonanz *Festingers* (1957)

Im Laufe der Jahre gibt es von verschiedenen Autoren Kritik, die zu einigen Modifikationen der kognitiven Dissonanztheorie führen. Im folgenden werden drei verschiedene Neuformulierungen der Theorie der kognitiven Dissonanz näher erläutert.

9.2.1 Neufassung der Theorie durch *Lawrence & Festinger* (1962)

Lawrence & Festinger (1962) nehmen leichte Veränderungen der ursprünglichen Annahmen vor, indem sie ihr Hauptaugenmerk auf die *„cumulative dissonance"* und die *„extra attractions"* richten, die sie in das bestehende Konzept dieser Theorie integrieren. Zur Beschreibung und Erklärung dieses Phänomens bedienen sie sich nicht nur des Verhaltens von Menschen. Um die Allgemeingültigkeit der Theorie zu demonstrieren, finden auch Verhaltensweisen von Tieren Berücksichtigung (vgl. *Irle & Möntmann*, 1978, S. 281 ff.).

> In ihren Rattenexperimenten stellen *Lawrence & Festinger* (1962) fest, daß sich die Dissonanz bei immer geringer werdender Belohnung eines Verhaltens erhöht („cumulative dissonance"), das Verhalten aber trotzdem nicht aufgegeben wird. Neben der geringen bzw. ausbleibenden Belohnung werden aktiv zusätzliche Valenzen („extra attractions"), wie beispielsweise die Befriedigung exploratorischer Bedürfnisse oder sensorischer Stimulation, seitens der Ratten herangezogen, um das Verhalten weiterhin aufrechtzuerhalten und kognitive Dissonanzen zu reduzieren. Eine Dissonanzreduktion durch zusätzliche Valenzen findet statt, wenn keine bzw. nur geringe extrinsische Verstärkung vorliegt. In Abhängigkeit von der Stärke des Motivs (hier konkret: ausgeprägter Hunger) erhöht sich dabei die Bereitschaft, weitere verstärkende Valenzen zu finden.

Allerdings finden diese lerntheoretischen Überlegungen von *Lawrence & Festinger* (1962) in der Forschung keine allzu große Beachtung, da zu diesem Zeitpunkt vor allem noch die Einstellungsforschung im Vordergrund des Interesses steht.

9.2.2 Neufassung der Theorie durch *Brehm & Cohen* (1962)

Basis für diese *Neufassung* durch *Brehm & Cohen* (1962) bildet die Erkenntnis, daß die ursprüngliche Annahme, die Dissonanz entstehe als Folge einer kognitiven Inkonsistenz, nicht bestätigt wird. Es scheinen vielmehr andere Kriterien für das Entstehen von Dissonanz relevant zu sein. Die Autoren heben die Bedeutung von *Commitment* (Selbstverpflichtung / Engagement in eine Handlung) und *Volition* (Entscheidungsfreiheit) hervor (vgl. *Irle & Möntmann*, 1978, S. 285 ff.).

Commitment kann *privat* oder *öffentlich* sein (vgl. *Raffée et al.*, 1973, S. 31). *Privates Commitment* bezieht sich auf Erwartungen und Ansprüche, die das Individuum an sich selbst stellt. Trotz der Anonymität des Commitments ist die Änderung eines einmal eingenommenen Standpunktes erschwert, weil sich das Individuum in diesem Fall unter Umständen selbst in Frage stellen bzw. vor sich selbst rechtfertigen muß. *Öffentliches Commitment* meint, sich an das in der sozialen Umwelt gezeigte Verhalten gebunden zu fühlen. Die Revision der in der Öffentlichkeit vertretenen oder zum Ausdruck gebrachten Haltung oder Meinung wird hier problematisch. Von Seiten der Personen oder Gruppen, die annehmen, daß der angekündigte Entschluß auch aufrechterhalten wird, sind dann eventuell Sanktionen zu erwarten (vgl. *Bramel*, 1968; *Frey & Irle*, 1972).

Durch die Einführung von *Commitment* und *Volition* beziehen sich mögliche Dissonanzen folglich nur auf Entscheidungen und Handlungen, für die sich die jeweilige Person bewußt und in freier Wahl ausgesprochen hat. Umweltbedingungen, auf die die Person keinen Einfluß hat, lösen demzufolge keine Dissonanz aus. Es erscheint plausibel, daß Dissonanz-Stärke oder -Reduktion von der Intensität des persönlichen Engagements bzw. Commitments abhängen.

Die Neufassung stellt durch die Einbeziehung von Commitment und Volition einen möglichen Erklärungsansatz für das Scheitern der ursprünglichen Annahme dar. Auch *Festinger* stimmt der Hervorhebung des Commitment-Gedankens zu, wobei er allerdings kritisch anführt, daß „... *Brehm & Cohen hinsichtlich der konzeptuellen Bedeutung des Commitments unbestimmt und ungenau sind*" („*Brehm & Cohen are somewhat vague with respect to the conceptual meaning of commitment*"; *Festinger*, 1964, S. 156). *Festinger* betont, daß eine Entscheidung unter der Bedingung ein Commitment mit sich bringt, wenn diese vom Individuum definitiv als Ursache für sein Verhalten angesehen wird.

9.2.3 Neufassung der Theorie durch *Irle* (1975)

Eine weitere *Neuformulierung* der Theorie stammt von *Irle* (1975), der sich aber auf die *Hypothesen-Theorie der sozialen Wahrnehmung* (vgl. *Tolman*, 1932; *Bruner*, 1957; *Mischel*, 1964) stützt. Zweck dieser Neuformulierung stellt die genauere Bestimmung des Auftretens von Dissonanz dar. Die Art der Beziehungen zwischen unterschiedlichen Kognitionen werden dabei durch subjektive Hypothesen erklärt, die jede Person über bestimmte Sachverhalte besitzt. Die subjektiven Hypothesen sind intern im Selbst verankert und von entscheidender Relevanz. Sie nähern sich damit dem Commitment-Begriff in der Fassung der Theorie von *Brehm & Cohen* (1962) an. Subjektive Hypothesen stellen dabei nichts anderes dar als „... *dritte Kognitionen theoretischer, abstrakter Realitäten in einer Beziehung von je zwei Kognitionen konkreter Realitäten"* (*Irle*, 1975, S. 312).
Kognitive Dissonanz tritt dann auf, wenn ein Widerspruch zwischen einer Hypothese und zwei Kognitionen oder einem Ereignis besteht. Durch die Einführung von Hypothesen in diesem Kontext kann die Wahrscheinlichkeit ihres Auftretens in Abhängigkeit vom jeweiligen Individuum bestimmt werden. Dabei „... *[ist] die Stärke kognitiver Dissonanz eine Funktion von dem Verhältnis der subjektiven Wahrscheinlichkeit von [Person] P ..."*, mit dem bestimmte Kognitionen auftreten können (*Irle*, 1975, S. 314).

9.3 Allgemeine Dissonanz beeinflussende Faktoren

Die Stärke der Dissonanz ist von einer Reihe von Faktoren abhängig. Einen entscheidenden Einfluß auf die Dissonanzstärke üben die **Wichtigkeit** oder Bedeutung der beteiligten Elemente, die relative **Attraktivität** der nicht gewählten Alternative und der Grad der **kognitiven Überlappung** einzelner Alternativen aus (vgl. *Abbildung 32*). Die Wichtigkeit wird dabei von

Festinger formal nicht definiert (vgl. *Weber*, 1978, S. 25 ff.; Kritik und Reformulierung der Theorie in diesem Punkt vgl. *Irle*, 1975, S. 313 ff.). Je wichtiger allerdings einzelne Elemente der nicht gewählten Alternative vom Verbraucher wahrgenommen werden, desto größer ist auch seine Dissonanz. Eine erhöhte Dissonanz kann auch vorliegen, wenn die abgewählte Alternative dem Verbraucher als attraktiver erscheint, weil sie beispielsweise über qualitativ bessere oder designerisch ausgefallenere Kriterien verfügt. Das Gleiche gilt auch, wenn die abgewählte Alternative andere kognitive Elemente beinhaltet als die gewählte, was mit einer geringen kognitiven Überlappung gleichzusetzen ist. Im Idealfall sollten folglich die qualitativen Unterschiede zwischen zwei Alternativen möglichst gering sein, damit keine Dissonanzen entstehen.

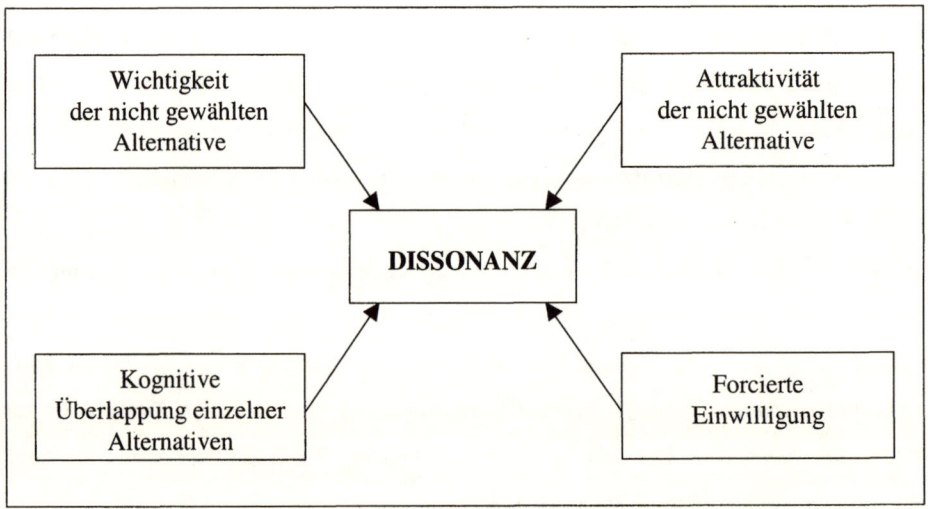

Abbildung 32: Potentielle dissonanzbeeinflussende Faktoren (nach *Festinger*, 1978, S. 91 f.)

Dissonanz kann außerdem als Folge einer **forcierten Einwilligung** entstehen. Die forcierte Einwilligung erfolgt unter Umständen mittels Androhung von Strafe oder durch eine Belohnungsmotivation. Dabei steht die öffentliche Meinung im Widerspruch zu der eigenen privaten Meinung (vgl. *Festinger*, 1978, S. 91 f.). Einen Überblick über potentielle dissonanzbeeinflussende Faktoren gibt die *Abbildung 32*.

9.4 Dissonanz bei Kaufentscheidungen

Die Möglichkeit oder Gefahr der Entstehung von Dissonanz ist für den Bereich des Konsumentenverhaltens vor allem unter zwei Gesichtspunkten relevant, der Dissonanz *vor* und der *nach* Entscheidungen. **Vor** Entscheidungen kann eine Dissonanz auftreten, wenn eine Inkonsistenz zwischen der neuen Informationsaufnahme und der vorhandenen kognitiven Gedächtnisstruktur des Verbrauchers besteht. Der Veranschaulichung dieses Sachverhalts dient das folgende Beispiel:

> Ein Mann hat sich vor einigen Jahren einen bestimmten Markencomputer zugelegt, weil dieser ihm zum einen am zuverlässigsten und zum anderen technisch auf dem neuesten Stand erschien. Nun steht eine erneute Kaufentscheidung an und er tendiert wie immer zu diesem Markenprodukt. Allerdings erfährt er von anderen Bekannten, die mit No-Name-Computern aus Lebensmittelmärkten schon gute Erfahrungen gemacht haben, daß diese auch qualitativ sehr hochwertig und zudem erheblich preiswerter sind. Dies bringt ihn in ein gedankliches Dilemma. Er ist unsicher, wie er sich am besten entscheidet.

Dissonanzen treten allerdings vor allem **nach** Entscheidungen auf, wie sie beispielsweise ein Produktkauf mit sich bringt (vgl. *Kroeber-Riel & Weinberg*, 1996, S. 184). Dies erklärt sich aus der Tatsache, daß die abgewählte Alternative auch positive Seiten hat. Insbesondere nach dem Kauf hoch involvierender Produkte ist die kognitive Dissonanz sehr hoch, was auf das vom Konsumenten als höher empfundene Kaufrisiko zurückzuführen ist (vgl. *Meffert*, 1992, S. 67). Sie beeinflußt dabei in entscheidender Weise die Einschätzung dieser Produkte (vgl. *Korgaonkar & Moschis*, 1982, S. 38 f.). Zur Veranschaulichung der Dissonanz nach Kaufentscheidungen wiederum ein kurzes Beispiel:

> Ein junger Mann, der mit seinen finanziellen Mitteln sparsam umgehen muß, zieht den Kauf eines Computers in Erwägung. Nach langer und reiflicher Überlegung entscheidet er sich für einen, der sowohl den Qualitätsaspekt abdeckt und zugleich sehr kostengünstig ist. Nach dem Kauf kommen ihm Zweifel, ob er auch wirklich die richtige Entscheidung getroffen hat, weil andere Markencomputer ebenfalls eine Vielzahl von Vorteilen besitzen.

Nach Kaufentscheidungen kann Dissonanz auch als Folge persönlicher **Produkterfahrungen** auftreten, die beim Konsumenten Zweifel zum Beispiel bezüglich der Qualität des gekauften Produktes aufkommen lassen (vgl. *Raffée, Sauter & Silberer*, 1973, S. 23; *Schub von Bossiazky*, 1992, S. 32). Dies ist insbesondere vor dem Hintergrund zu sehen, daß Produkterfahrung bei der Entscheidungsfindung ein sehr wichtiges, wenn nicht überhaupt *das wichtigste* Kriterium darstellt und darüber hinaus nachträglich durch werbliche Aussagen kaum modifiziert werden kann (vgl. *Nemetz*, 1992b, S. 574 f.).

Aber auch **Informationen** über Konkurrenzprodukte oder über bessere, nicht verwendete Informationsquellen können seitens des Verbrauchers zu Dissonanz-Reaktionen führen (vgl. *Raffée, Sauter & Silberer*, 1973, S. 23; *Schub von Bossiazky*, 1992, S. 32). Bei der gezielten Informationssuche läßt sich eine *prinzipielle* Bevorzugung konsonanter Informationen beobachten. Beispielsweise äußert sich diese Präferenz nach dem Kauf von Automobilen, insbesondere bei Neuwagenkäufern, in einer vermehrten Beachtung von Anzeigen, die sich mit der vom Konsumenten gekauften Marke und dem Typ des Autos auseinandersetzen. Im Gegensatz dazu findet bei Besitzern älterer Autos vor allem eine Auseinandersetzung mit Anzeigen der nicht gewählten Automarken statt (vgl. *Ehrlich et al.*, 1957, S. 99 f.).

In Abhängigkeit von der *Vertrautheit mit Informationen* (vgl. *Frey*, 1981, S. 169 f.) zeichnet sich ab, daß teilweise auch dissonante Informationen gesucht werden. Möglicherweise hängt dies zudem mit einem gewissen Neugierverhalten seitens der Konsumenten zusammen, die sich bewußt auch einmal fremden und andersartigen Gedanken aussetzen möchten. Dissonante Informationen werden auch bei geringer Informationsmenge bevorzugt gesucht, da hier keine kognitive Überforderung der Informationsverarbeitung vorliegt und außerdem eine Möglichkeit des Widerlegens dissonanter Informationen besteht (vgl. *Frey*, 1981, S. 128 ff.).

Neben der Produkterfahrung und der gezielten Informationssuche kann aber auch ein vollkommen anderer Faktor zu Dissonanzreaktionen führen. Eine Integration innerhalb eines sozialen Systems ist für jeden Menschen von entscheidender Wichtigkeit. Demzufolge kann die fehlende **soziale Unterstützung** (social support) bzw. die Mißbilligung einer Bezugsgruppe Dissonanzen bezüglich der Kaufentscheidung aufkommen lassen (vgl. *Raffée, Sauter & Silbe-*

rer, 1973, S. 23; *Schub von Bossiazky*, 1992, S. 32). Einen Überblick über dissonanzbeeinflussende Faktoren nach Kaufentscheidungen liefert die folgende *Abbildung 33*.

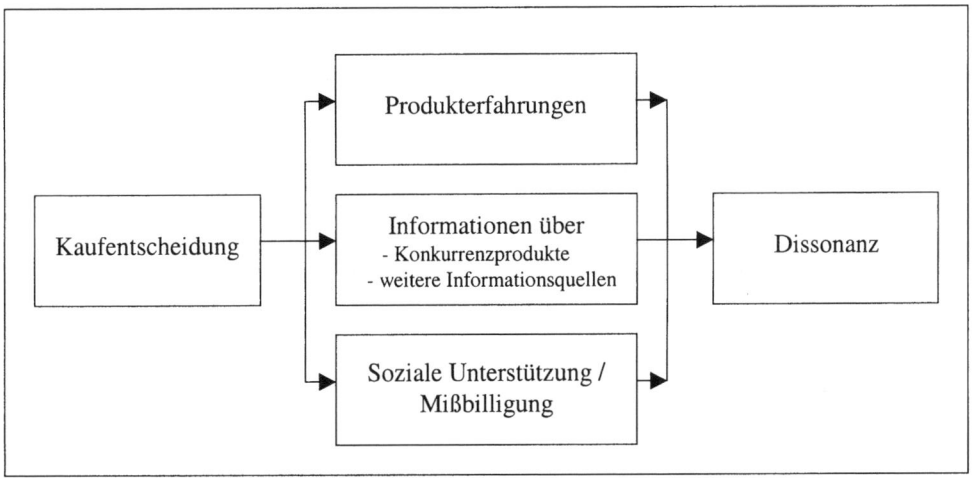

Abbildung 33: Dissonanzbeeinflussende Faktoren im Rahmen von Kaufentscheidungen

9.5 Strategien der Dissonanzreduktion

Hinsichtlich möglicher Strategien der Dissonanzreduktion ist eine Unterscheidung dahingehend zu machen, ob es sich um individuelle, konsumentenspezifische oder von Unternehmen aus marketingpolitischen Überlegungen heraus ausgelöste Strategien handelt. Im folgenden wird auf diese zwei unterschiedlichen Strategieansätze gesondert eingegangen.

9.5.1 Strategien des Individuums bzw. Konsumenten

Da das Streben nach kognitiver Harmonie elementar im Individuum verankert ist, löst eine dissonante Beziehung kognitiver Elemente folglich einen Spannungszustand aus, der beseitigt und vermieden werden möchte. Im Rahmen seiner Theorie der kognitiven Dissonanz geht *Festinger* (1957, S. 21) dabei auf verschiedene Strategien der Dissonanzreduktion ein. Dies sollte allerdings vor dem Hintergrund gesehen werden, daß die Existenz kognitiver Dissonanz ein normaler Bestandteil unseres Alltagslebens ausmacht und durchaus auch einen überdauernden Charakter aufweisen kann. Bereits *Festinger* (1978, S. 20) geht auf diesen Sachverhalt ein, indem er feststellt, daß „... *es keine Garantie dafür [gibt], daß eine Person in der Lage sein wird, Dissonanz zu reduzieren oder sie zu beseitigen.*" Nichtsdestotrotz besteht seitens dieser Person ein stetiges Bestreben, ihre kognitive Dissonanz zu reduzieren. Dabei kann sie sich vier unterschiedlicher, sich ergänzender Strategien bedienen:

- Aufnahme neuer kognitiver, konsonanter Elemente (Informationssuche)
- Elimination dissonanter Kognitionen (Informationsselektion)
- Umdeutung der Wichtigkeit einer Kognition (Umbewertung)
- Verhaltensänderung

Die Dissonanz beeinflußt somit das **Informationsverhalten,** wobei sie allerdings nur eine von vielen Determinanten darstellt. Informationen, welche die Entscheidung stützen, werden folglich aufgenommen (*Informationssuche*), während solche, welche die Entscheidung in Frage stellen, vermieden werden (*Informationsselektion*). Es besteht auch die Möglichkeit, daß die Wichtigkeit von Informationen seitens des Konsumenten umgedeutet bzw. umbewertet wird (*Umbewertung*). Nach dem Kauf eines Produktes ist aus Gründen der Dissonanzreduktion mit einer *Auf*wertung des gekauften und einer *Ab*wertung des nicht gewählten Produktes zu rechnen. In diesem Fall kann davon ausgegangen werden, daß „... *die Werbung des gekauften Produktes wahrgenommen [wird], um die eigene Kaufentscheidung zu bestätigen (Bolstering Effekt)*" (*Schenk, Donnerstag & Höflich*, 1990, S. 57). Dissonanz kann neben dem Informationsverhalten auch das **tatsächliche Verhalten** beeinflussen. Im Bereich des Kaufverhaltens kann sich eine *Verhaltensänderung* beispielsweise in einem Markenwechsel äußern. Zur Veranschaulichung dieses Sachverhalts soll das folgende Beispiel dienen:

Ein Konsument hat einen Artikel gelesen, in dem die Rede davon war, daß großer Alkoholkonsum zur Alkoholabhängigkeit führen kann und daß die Anzahl der in Deutschland erkrankten Alkoholiker ständig wachse. Da der Konsument selbst sehr gerne einem guten alkoholischen Tropfen frönt, entsteht Dissonanz, die er mittels verschiedener Strategien abbauen kann. Er kann sich vergegenwärtigen, daß in seinem Freundeskreis viele Alkohol trinken und dadurch nicht gleich zum Alkoholiker werden (Informationssuche). Des weiteren kann er die Wissenschaftlichkeit des Artikels anzweifeln, der schließlich nur in einer Publikumszeitschrift und nicht in einer seriösen, medizinischen Fachzeitschrift erscheint (Informationsselektion). Außerdem kann er zu der Meinung gelangen, daß ein Alkoholverzicht negative Auswirkungen auf seinen Kreislauf und damit auf seine Gesundheit hat und daß zudem Alkoholabhängigkeit viel zu sehr hochgespielt wird und Alkohol schließlich keine Droge wie Heroin sei (Umbewertung der Wichtigkeit). Schlußendlich besteht für ihn auch noch die Möglichkeit, sein Verhalten zu ändern und weniger bzw. überhaupt keinen Alkohol mehr zu trinken (Verhaltensänderung).

Dissonanzen können außerdem wie bereits erwähnt als Folge einer forcierten Einwilligung entstehen. Besteht ein Widerspruch zwischen öffentlicher und privater Meinung, kann eine Dissonanzreduktion auf zweierlei Arten erfolgen. Zum einen kann die Person ihre persönliche Meinung ändern, damit wieder Konsonanz besteht. Zum anderen kann durch die Erhöhung der Strafe oder Belohnung eher eine Übereinstimmung zwischen Verhalten und persönlicher Meinung stattfinden (vgl. *Festinger*, 1978, S. 100). Bei näherer Betrachtung der Neuformulierung der kognitiven Dissonanztheorie von *Irle* (1975) erfolgt eine Dissonanzreduktion durch eine Änderung der Kognitionen oder der subjektiven Hypothese. Primär werden die Kognitionen oder die Hypothese gewählt, deren Änderung den geringsten psychischen Aufwand darstellt. Allerdings zeichnen sich Hypothesen durch eine größere Resistenz gegenüber Veränderungen aus als Kognitionen.

9.5.2 Strategien des Unternehmens

In der Marketingpraxis werden spezielle Maßnahmen angewandt, um Nachkaufdissonanzen zu begegnen bzw. diese zu reduzieren. Unternehmen berücksichtigen folglich nicht mehr nur die Kaufphase, sondern legen immer mehr Wert auf die Nachkaufphase. Hier wird angestrebt, beim Konsumenten **Zufriedenheit** mit dem Kauf eines Produktes oder einer Dienstleistung hervorzurufen. Diese positive Produkterfahrung kann dann im Idealfall mit **markentreuem Verhalten** einhergehen. Um diese möglichen Verhaltensweisen hervorzurufen bzw. Dissonanz abzubauen, bedient sich das Nachkaufmarketing einiger spezieller Strategien (vgl. *Tabelle 20*).

Tabelle 20: Kerninstrumente des Nachkaufmarketing-Mix
(Quelle: *Hansen & Jeschke*, 1992, S. 94)

1) **Nachkaufservice**	2) **Beschwerde- management**	3) **Nachkauf- kommunikation**	4) **Redistribution**

• Auslieferung
 	
• Installation
 	
• Wartung
 	
• Reparatur
 	
• Kundenschulung
	• Beschwerde-
	  Input
	• Fallbearbeitung
	
	• Informations-
	  gewinnung
		• Gebrauchsan-
		  weisungen
		• Nachkauf-
		  werbung
		• Kundenkontakt-
		  programme
		• Nachkauf-
		  beratung
			• Vollständige /
			  partielle Produkt-
			  rücknahme
			
			• Recycling
			
			• Entsorgung

Die Strategien des Nachkaufservice, des Beschwerdemanagements, der Nachkaufkommunikation und der Redistribution wirken möglichen Dissonanzen beim Konsumenten entgegen. Dem Konsumenten wird dadurch vermittelt, daß Zweifel hinsichtlich der Richtigkeit seiner Entscheidung vollkommen unbegründet sind. Vor allem die Nachkaufkommunikation spielt hierbei eine wichtige Rolle, denn insbesondere in der Nachkaufphase besteht aus Gründen des Dissonanzabbaus und der Risikominimierung ein hoher Informationsbedarf (vgl. *Hansen & Jeschke*, 1992, S. 91). *Einseitige Informationsmedien* stellen dabei Gebrauchsanweisungen, Nachkaufwerbung und Kundenzeitschriften dar. Eine gelungene Dissonanzreduktion wird beispielsweise durch den folgenden Text ausgelöst, der in der Gebrauchsanweisung eines bekannten Faxgeräteherstellers erscheint:

Sehr geehrter Kunde,

Sie haben sich für den Kauf des ..... FAX der Firma ..... entschieden und damit eine gute und wie wir meinen zukunftsorientierte Entscheidung getroffen. Bei der Konzeption des Gerätes haben wir großen Wert auf Bedienerfreundlichkeit gelegt. So sind für jede Funktion nur wenige Tasten zu betätigen. Trotzdem bitten wir Sie, diese Bedienungsanleitung sehr aufmerksam zu lesen, damit Sie alle Funktionen des Gerätes sinnvoll einsetzen können. Wir wünschen Ihnen nun viel Spaß mit dem .....FAX.

Von besonderer Relevanz sind allerdings vielmehr die *zweiseitigen Kommunikationsmedien*, da sie eine Interaktion zwischen Konsument und Unternehmen gewährleisten. Dies findet im Rahmen einer individuellen und persönlichen Nachkaufberatung und -betreuung statt (vgl. *Hansen & Jeschke*, 1992, S. 94).

Im Einzelhandel wird der Nachkauf-Dissonanz durch die Möglichkeit des Umtauschs unbeschädigter Ware begegnet. Vereinzelt besteht auch die Möglichkeit, bei Reklamationen oder aufgrund diverser persönlicher Gründe die Ware zurückzugeben und dafür den Warenpreis wieder erstattet zu bekommen. Einige Luftverkehrsgesellschaften bieten außerdem im Rahmen von Bonusprogrammen ihren Kunden Prämien an, die aufgrund ihres Belohnungscharakters möglichen Dissonanzen entgegenwirken. Spezielle Service-Teams setzen sich mit den Wünschen oder Vorstellungen der Reisenden auseinander und beugen damit einer möglichen Dissonanzentstehung vor (vgl. *Schmengler & Thieme*, 1995, S. 131).

9.6 Zusammenfassung und praktische Konsequenzen

Aus der Gruppe der **Konsistenztheorien** wurde die Dissonanztheorie von *Festinger* (1957) exemplarisch herausgegriffen und kurz skizziert. Trotz einiger Modifikationen blieb der wesentliche Grundgedanke erhalten, daß jeder Mensch innerhalb seiner kognitiven Struktur ein harmonisches Gleichgewicht anstrebt. Ein Ungleichgewicht wird dabei als sehr unangenehm empfunden. Demzufolge versucht man, diesem Ungleichgewicht durch verschiedene Strategien der Dissonanzreduktion entgegenzuwirken.

Dissonanz kann man sowohl im marktpsychologischen als auch im werbepsychologischen Bereich begegnen. Im Rahmen von Kauf- und Entscheidungsverhalten, aber auch mittels der Gestaltung von Werbemaßnahmen kann Dissonanz erzeugt werden. Teilweise kommt die Frage auf, ob eine bewußte Schaffung von Dissonanzen im Bereich der Werbung oder anderer absatzpolitischer Instrumente nicht von Vorteil wäre. Denn der Abbau relativ starker Dissonanzen kann eine engere Produktbindung seitens des Konsumenten bewirken (vgl. *Kroeber-Riel & Weinberg*, 1996, S. 186).

Dissonanzen werden zum Beispiel im Rahmen der vergleichenden Werbung, die zum jetzigen Zeitpunkt mittlerweile im deutschen Raum bedingt erlaubt ist, absichtlich und bewußt hervorgerufen. Auf ihre Gefahren und Risiken wird in der Literatur häufig hingewiesen (vgl. *Raffée et al.*, 1973, S. 73 f.; *Schub von Bossiazky,* 1992, S. 34; *Kroeber-Riel & Weinberg*, 1996, S. 185). Je nach Zielgruppe müßte die Verwendung von Dissonanzen unterschiedlich gewichtet und gewissermaßen dosiert sein. Eine adäquate Festlegung scheint in diesem Fall relativ schwierig und schwer kontrollierbar zu sein. Unabhängig davon sprechen allerdings auch ethisch-moralische Gründe gegen eine bewußte Erzeugung von Dissonanzen. Der Konsument würde dadurch zum Werkzeug der Werbetreiber und der Absatzpolitik avancieren. Der Vorwurf der Manipulation und des „mit den Gefühlen der Konsumenten spielen" wäre vor diesem Hintergrund dann vollkommen berechtigt.

Die **Kommunikationspolitik** sollte folglich derart gestaltet sein, daß kognitive Dissonanzen vermieden oder zumindest verringert werden. Zur Erhöhung der Effizienz der angewandten Reduktionsstrategien sollten diese keine einmalige Vorgehensweise zu einem bestimmten Zeitpunkt darstellen, sondern sollten sich vielmehr über einen längeren Zeitraum hinziehen. Insbesondere wenn die Dissonanz wegen des mit dem Produkt verbundenen Involvement größere Dimensionen angenommen hat, ist dieser Aspekt von entscheidender Bedeutung.

Im Bereich der **Marktpsychologie** sollte sich die Vorgehensweise der Dissonanzreduktion in einer prinzipiellen Bereitstellung konsonanter Informationen sowohl in der Kaufphase selbst als auch in der Nachkaufphase äußern. Die Informationen sollten in schriftlicher Form beispielsweise durch Verbraucherzeitschriften, Firmenbroschüren oder Texte bei Gebrauchsanweisungen im gekauften Produkt selbst vorliegen. Auch mündlich sollten seitens eines geschulten Verkaufspersonals konsonante Informationen kommuniziert werden, um einer möglichen dissonanten Reaktion seitens des Konsumenten entgegenzuwirken.

Aus **werbepsychologischer** Perspektive sollte ein besonderes Augenmerk auf die Gestaltung von Anzeigen bzw. Spots aus TV und Hörfunk gelegt werden. Vergleichende Werbung würde seitens der Konsumenten nur Unsicherheit und Dissonanz erzeugen. Die Werbemaßnahme sollte vielmehr die jeweiligen positiven Eigenschaften des betreffenden Produktes hervorheben. Es versteht sich von selbst, daß die in der Werbebotschaft vermittelten Produktmerkmale keine leeren Versprechungen darstellen dürfen, sondern vielmehr durch eigene Produkterfahrung repliziert werden können. Falls dies nicht der Fall sein sollte, können negative Auswirkungen in Form von Glaubwürdigkeitsverlusten der Unternehmung (vgl. *Raffée et al.*, 1973, S. 73) oder Bevorzugung von Konkurrenzprodukten die Folge sein.

Insgesamt gesehen ist zu empfehlen, alle im Zusammenhang mit der Dissonanzentstehung und -reduktion erwähnten psychologischen Mechanismen, soweit sie kommunikativ umsetzbar, d.h. operationalisierbar sind, zu nutzen, um bestehende Dissonanzen zu verringern oder ihre Entstehung schon im Keim zu ersticken. Um die Schädigungen durch Dissonanzen zum Zeitpunkt ihrer Entstehung zu begrenzen, ist auch zu erwägen, den Weg über die zweiseitige Argumentation zu beschreiten. Sie schützt nicht nur vor den unliebsamen Folgen negativer Produkterfahrungen, sondern macht den Empfänger gegenüber den Beeinflussungsversuchen der Konkurrenz resistenter.

10. Kundenzufriedenheit und Konsumentenverhalten

Die Relevanz des Faktors Kundenzufriedenheit zeigt sich durch eine vermehrte Forschung auf diesem Gebiet seit Mitte der 70-er Jahre. Allerdings muß eingeräumt werden, daß die überwiegende Zahl der Untersuchungen eher betriebswirtschaftliche und nicht psychologische Faktoren heranzieht, damit folglich die Hintergründe des Faktors Zufriedenheit nicht vollkommen erfaßt (vgl. *Nieschlag, Dichtl & Hörschgen*, 1997, S. 949).

Aber nicht nur in der Marketingforschung offenbart sich die Relevanz der Kundenzufriedenheit. Auch im Bereich der Marketingpraxis spielt sie eine immer wichtigere Rolle, weil sie einen entscheidenden Einfluß auf einzelne Größen des Konsumentenverhaltens ausübt. Das **Wiederkaufverhalten** des Konsumenten, seine **Markentreue,** seine **positive Mund-zu-Mund-Werbung** und sein **Beschwerdeverhalten** hängen eng mit der Variable Kundenzufriedenheit zusammen (vgl. *Hansen et al.*, 1995, S. 80 f.; *Nyer*, 1996, S. 255).

10.1 Definition der Kundenzufriedenheit

Die Zufriedenheit eines Kunden mit einer gewählten Marke kann definiert werden als „*... das Ergebnis einer komplexen Informationsverarbeitung ...*" (*Lingenfelder & Schneider*, 1991, S. 110) bzw. als „*... das Ergebnis einer subjektiven Einschätzung („post-consumption evaluation"), daß die gewählte Alternative den Erwartungen zumindest entspricht oder diese übertrifft*" (*Engel, Blackwell & Miniard*, 1995, S. 273). Im Vordergrund der Definition steht der Vergleich zwischen den **Erwartungen** des Kunden und den **Leistungen,** die ein Produkt zu bieten hat. Diese Definition bezieht sich folglich auf die jeweilige Produktwahl des Konsumenten.

In der Definition von *Dröge & Mackoy* (1995, S. 533) wird dieser Aspekt noch erweitert. Ihrer Ansicht nach besteht neben der Zufriedenheit mit der jeweiligen Produktwahl zusätzlich noch eine „Zufriedenheit" mit der nicht gewählten Alternative. Beide Zufriedenheitsformen stellen die Basis für die sich daraufhin entwickelnde Gesamtzufriedenheit dar. Die Gesamtzufriedenheit ist dabei umfassender als die Zufriedenheit und äußert sich in einer positiven Konsumerfahrung.

Bloemer & Kasper (1995, S. 315) differenzieren in diesem Zusammenhang weiterhin zwischen *manifester* und *latenter* Zufriedenheit, wobei sie zwischen diesen beiden Gegenpolen ein Kontinuum postulieren. Eine **manifeste** Zufriedenheit ist durch eine bewußte kognitive Auseinandersetzung des Kunden in Form eines expliziten Vergleichs seiner Erwartungen mit den Leistungen des Produktes gekennzeichnet. Die Beurteilung des Konsumenten weist daher einen hohen Grad an Elaboration auf. Im Gegensatz dazu steht die **latente** Zufriedenheit. Hier liegt ein geringer Elaborationsgrad vor. Der Kunde hat folglich keinen expliziten Vergleich vorgenommen, so daß er sich des Grades seiner Zufriedenheit nicht vollkommen bewußt ist. Dies mag mit seinen kognitiven Fähigkeiten oder möglicherweise seinem Mangel an Motivation zusammenhängen.

Im folgenden wird auf Meßverfahren der Kundenzufriedenheit näher eingegangen. Einige Modelle liefern einen Überblick über den theoretischen Hintergrund der Kundenzufriedenheit. Es wird näher auf die Bestimmungsfaktoren der Kundenzufriedenheit eingegangen, welche Variablen hierbei als Moderatoren gelten und mit welchen potentiellen Konsequenzen zu rechnen ist. Außerdem wird im Rahmen der Strategien des Nachkaufmarketing das Beschwerdemanagement als eine Spezialform dargestellt. Zur Abrundung werden wichtige Ergebnisse hinsichtlich ihrer praktischen Konsequenzen nochmals aufgegriffen.

10.2 Messung der Kundenzufriedenheit

10.2.1 Objektive und subjektive Verfahren

Gemäß einer Unterteilung von *Andreasen* (1982, S. 183 ff.) existieren *objektive* und *subjektive* Indikatoren der Verbraucherzufriedenheit bzw. -unzufriedenheit. Diese Unterteilung wurde als Basis für eine weitere Entwicklung und Verfeinerung herangezogen (vgl. *Scharnbacher & Kiefer*, 1998, S. 18 ff.):

218

- Eine Messung anhand **objektiver Verfahren** beinhaltet die Beobachtung *ökonomischer* Größen, wie Umsatz, Marktanteil, Wiederkaufs-, aber auch Zurückgewinnungs- oder Abwanderungsrate. Diese Kriterien werden als Indikatoren der Zufriedenheit angesehen. Ihr Vorteil ist darin zu sehen, daß sie unabhängig von subjektiven Einschätzungen zu einer Zufriedenheitsmessung herangezogen werden. Aus dem Grunde stellen sie wohl die am häufigsten angewandten Verfahren in der Unternehmenspraxis dar (vgl. *Lingenfelder & Schneider*, 1991, S. 110). Allerdings ist ihre Praktikabilität in einem kritischen Licht zu sehen. Schließlich stellen diese Variablen nicht nur Indikatoren der Kundenzufriedenheit dar, sondern werden auch „... *von zahlreichen anderen Faktoren als der Kundenzufriedenheit und der Kundenbindung stark beeinflußt ...*" (*Werner*, 1998, S. 147). Besonders hervorzuheben ist hierbei auch, daß die eigentliche Ursache für Zufriedenheit, die psychologische Komponente, nicht berücksichtigt wird.

- Bei den **subjektiven Verfahren** werden *psychologische* Größen zur Zufriedenheitsmessung herangezogen. Hierbei ist eine Unterteilung in *implizite* und *explizite* Verfahren vorzunehmen (vgl. *Scharnbacher & Kiefer*, 1998, S. 20). Eine **implizite Messung** bedient sich solcher *Indikatoren*, die einen Rückschluß auf die Kundenzufriedenheit erlauben. Gemeint sind damit Indikatoren, wie Beschwerden, Problem-Panels oder Personenbefragungen in Unternehmen. Allerdings ist auch in diesem Zusammenhang ihre Gültigkeit eingeschränkt. Schließlich erfolgt hier eine Messung lediglich anhand von Indikatoren und nicht durch eine direkte Auseinandersetzung mit der Zufriedenheit bzw. Unzufriedenheit des Konsumenten. Werden beispielsweise keine Beschwerden oder Probleme geäußert, muß nicht zwingend von Zufriedenheit ausgegangen werden. Ebenso müssen die subjektiven Interpretationen der Unternehmensmitarbeiter, was die Einschätzung ihrer Kunden hinsichtlich Zufriedenheit oder Unzufriedenheit anbelangt, kritisch betrachtet werden. Eine weitere Möglichkeit bietet die Anwendung **expliziter Meßverfahren**. Diese können dabei hinsichtlich ihrer Dimensionalität differenziert werden (vgl. *Werner*, 1998, S. 150). Bei *eindimensionalen* Verfahren wird lediglich ein Indikator zur Messung herangezogen. Da es sich aber bei der Kundenzufriedenheit um eine komplexe Größe handelt, deren vielfältige Bestandteile es zu berücksichtigen gilt, haben sich in der Praxis mittlerweile *mehrdimensionale* Verfahren durchgesetzt. Bei diesen Verfahren wird Kundenzufriedenheit anhand mehrerer Dimensionen gemessen, wobei die Messung auch zu unterschiedlichen Zeitpunkten erfolgen kann. Des weiteren kann eine *indirekte* oder *direkte* Messung der Zufriedenheit zum Tragen kommen (vgl. *Scharnbacher & Kiefer*, 1998, S. 22). Die *indirekte* Messung erfolgt dabei in Form des Erfüllungsgrades von Erwartungen. Es stellt sich allerdings auch hier die Frage, ob der Erfüllungsgrad der Erwartungen überhaupt imstande ist, die Zufriedenheit in adäquater Art und Weise zu messen. Letztendlich wird hiermit eher die Bestätigung oder Nichtbestätigung der Erwartungen und nicht die Zufriedenheit der Kunden gemessen.

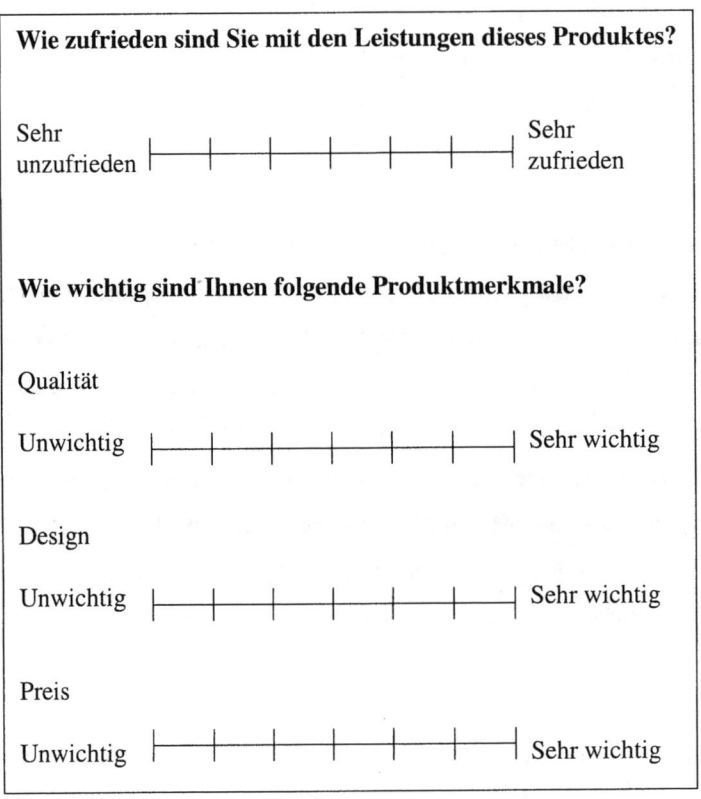

Abbildung 34: Beispielfragen bei der direkten Messung von Kundenzufriedenheit

Vor diesem Hintergrund erscheint es folglich sinnvoller, sich der *direkten Messung* im Rahmen der Zufriedenheitsskala zu bedienen. Die befragten Kunden werden dabei gebeten, den Grad ihrer Zufriedenheit sowie die Wichtigkeit einzelner Produktmerkmale anzugeben (vgl. *Abbildung 34*).

Um zu vermeiden, daß seitens der Kunden sämtliche Merkmale als wichtig eingestuft werden, bietet sich eine relative Gewichtung an. Dabei steht den Kunden lediglich eine begrenzte Punktanzahl zur Verfügung, die sie auf die verschiedenen Merkmale zu verteilen haben. Letztendlich erscheint dieses Meßverfahren das geeignetste darzustellen, weil hier nicht diverse Indikatoren der Zufriedenheit, sondern der Grad der Zufriedenheit selbst herangezogen werden.

In einer Untersuchung von *Lingenfelder & Schneider* (1991, S. 111 ff.) geht es um die Kundenzufriedenheit mit Kfz-Werkstattleistungen (vgl. *Tabelle 21*). Dabei kommt eine relative Gewichtung zum Tragen.

Tabelle 21: Intensität der Leistungsattribute
(Quelle: *Lingenfelder & Schneider*, 1991, S. 112)

Leistungsattribut	Intensität (in %)
Qualität der durchgeführten Arbeiten	21,8
Fachkenntnisse des Personals	18,5
Einhaltung des vereinbarten Auftragsumfangs bzw. telefonische Benachrichtigung im Falle zusätzlich notwendiger Arbeiten	10,9
Günstigkeit der Preise	10,3
Freundlichkeit und Hilfsbereitschaft des Personals	10,0
Einhaltung des vereinbarten Termins	7,8
Einhaltung des Kostenvoranschlags	6,9
Erklärung der durchgeführten Arbeiten	5,4
Verständlichkeit der Rechnung	4,5
Optischer Zustand des Wagens beim Abholen aus der Werkstatt	3,9

Die befragten Kunden haben die Aufgabe, zehn Leistungsdimensionen hinsichtlich ihrer Wichtigkeit zu beurteilen. Dafür stehen ihnen 20 Punkte zur Verfügung. Durch diese relative Gewichtung werden die unterschiedlichen Wichtigkeitsgrade der einzelnen Dimensionen hervorgehoben. Wie aus der *Tabelle 21* ersichtlich, werden *Leistungsqualität* und *Fachkenntnisse* als besonders wichtige Kriterien angesehen, was Kfz-Werkstattleistungen anbelangt. Es darf allerdings nicht der Fehlschluß begangen werden, daß der *optische Zustand des Wagens* als unwichtig betrachtet wird. Vielmehr ist der geringe Wert dahingehend zu deuten, daß dieses Kriterium seitens der befragten Kunden eine Selbstverständlichkeit darstellt.

10.2.2 Meßebenen

Eine direkte Messung der Zufriedenheit sollte mehrere Meßebenen beinhalten, wie beispielsweise eine *konkrete*, eine *mittlere* und eine *globale* Ebene. Durch diese Aufteilung kann die Variable Kundenzufriedenheit adäquater differenziert werden.

In einer umfangreichen Fallstudie der Norwegischen Telecom (vgl. *Djupvik & Eilertsen*, 1993, S. 54) erfolgt die Messung der Kundenzufriedenheit auf drei Ebenen:

- **Ebene A:** Hierbei handelt es sich um eine **konkrete Handlungs- bzw. Ereignis-Ebene**. Die Kunden werden dabei nach konkreten Erfahrungen gefragt, die sie mit der Norwegischen Telecom gemacht haben. Zur Veranschaulichung seien hier einige Items angeführt:
  „Wie zufrieden waren Sie mit der Norwegischen Telecom als das ..... passierte?"
  „Wie zufrieden waren Sie mit der Möglichkeit, eine Beschwerde einzubringen?"
  „Wie zufrieden waren Sie mit der Zeit der Geschwindigkeit, in der man auf Ihre Beschwerde einging?"

- **Ebene B:** Hierbei handelt es sich um eine **mittlere Ebene**, bei der nach der Zufriedenheit mit einzelnen Abteilungen oder Bereichen gefragt wird. Basis für diese Zufriedenheitsabfrage stellen die konkreten Handlungen und Ereignisse dar, die auf der *Ebene A* eruiert worden sind. Zu jedem ermittelten Bereich wird die Frage gestellt:

  „Aufgrund Ihrer Erfahrungen im Bereich XX, was ist Ihr Gesamteindruck von diesem Bereich?"

- **Ebene C:** Hierbei handelt es sich um eine **globale Ebene**, bei der die Norwegische Telecom als Ganzes im Mittelpunkt des Interesses steht. Dabei werden Variablen, wie Gesamtzufriedenheit, Unternehmenstreue und Unternehmensimage ermittelt.

10.2.3 Messung mittels neuer Medien

Eine besondere Art der Kundenzufriedenheitsmessung findet im heutigen Internet-Alltag mittels Online-Befragung statt. Da es sich hierbei um eine immer häufigere Befragungsart handelt (vgl. *Bogner*, 1996, S. 9), stellt sich die Frage nach deren Validität im Bereich der Kundenzufriedenheit.

In einer umfangreichen Untersuchung (vgl. *Bogner*, 1996, S. 9 ff.) werden zwei Varianten der Online-Befragung miteinander verglichen, wobei eine zusätzliche Telefonbefragung als repräsentativer Maßstab herangezogen und jegliche Abweichung von diesem Maßstab somit als Abweichung von der Repräsentanz angesehen wird (vgl. *Abbildung 35*).

Zwischen den Online-Befragungen und der Telefonbefragung ergeben sich demographische Unterschiede hinsichtlich Alter, Schulausbildung und Beruf. Auch das Online-Nutzungsverhalten fällt unterschiedlich aus. Was die Kundenzufriedenheit anbelangt, muß ein erwartungswidriges Ergebnis festgestellt werden. Bei der Online-Befragung wirken tendenziell mehr zufriedene als unzufriedene Personen mit.

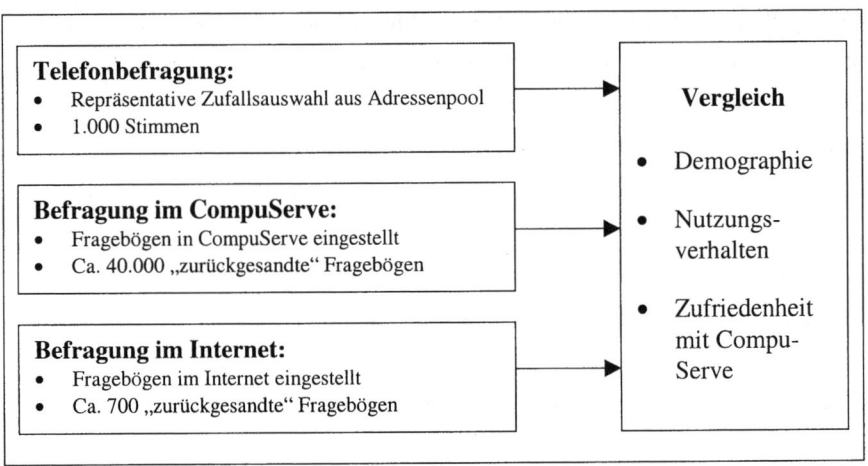

Abbildung 35: Methoden der Online-Befragung (Quelle: *Bogner*, 1996, S. 10)

Die Ergebnisse sprechen dafür, daß bei Online-Befragungen mit Repräsentativitätsproblemen zu rechnen ist. Ihre Anwendung scheint allerdings dafür im qualitativem Bereich sinnvoll zu sein, wenn es beispielsweise um Design und Gestaltung einer Homepage geht. In diesem Zusammenhang kann folglich von einer künftigen Zunahme der Online-Forschung ausgegangen werden (vgl. *Bogner*, 1996, S. 12).

10.3 Modelle der Kundenzufriedenheit

Da die Erhaltung der Kundenzufriedenheit in der praktischen Anwendung ein wichtiges Marketing-Instrument darstellt, gibt es auch seitens der Forschung unzählige Modelle, die in ihrer Konzeption unterschiedliche Aspekte berücksichtigen und in ihrer Gesamtheit ein differenziertes Bild der Kundenzufriedenheit abgeben. Beispielhaft seien im folgenden einige dieser neueren Modelle herausgegriffen und kurz skizziert.

10.3.1 Modell von *Kano* (1984)

In dem Modell selbst werden drei Anforderungsvarianten postuliert, nämlich Basis-, Leistungs-
und Begeisterungsanforderungen (vgl. *Abbildung 36*). Unter **Basisanforderungen** werden sogenannte *Muß-Leistungen* eines Produktes verstanden. Sie werden als vollkommen selbstverständlich angenommen, so daß eine Erfüllung dieser Kriterien keine besondere Zufriedenheit
bewirkt. **Leistungsanforderungen** stellen technische und spezifische Kriterien dar, die vom
Kunden explizit *erwartet* werden. Eine Erfüllung dieser Kriterien kann zu Zufriedenheit führen.

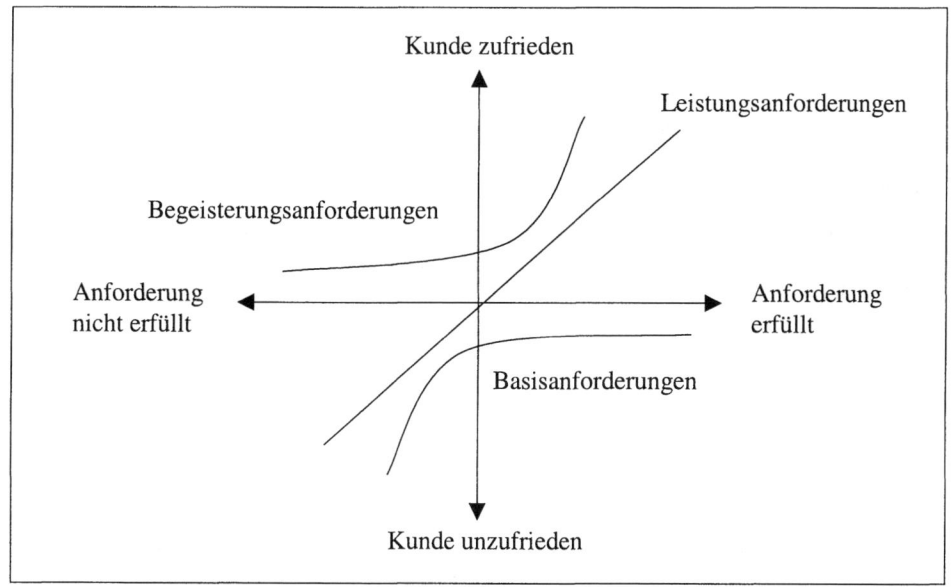

Abbildung 36: *Kano*-Modell der Kundenzufriedenheit (Quelle: *Bailom et al.*, 1996, S. 118)

Die höchste Zufriedenheit kann allerdings mittels der **Begeisterungsanforderungen** erreicht
werden, da der Kunde mit ihrer *Erfüllung nicht rechnet*. Aus dem Grunde bewirkt ihr Auftreten
eine erhöhte Zufriedenheit auf seiner Seite.

Basierend auf dem Kano-Modell (1984) führen *Bailom, Hinterhuber, Matzler & Sauerwein*
(1996, S. 117 ff.) eine Großuntersuchung durch, bei der mehr als 10.500 Kunden der Skiindu-
strie befragt werden. Das Modell weist entscheidende Vorteile auf (vgl. *Bailom et al.*, 1996, S.

118 f.). Beispielsweise können durch die Berücksichtigung verschiedener Anforderungsvarianten einzelne Produktkriterien, die für die Zufriedenheit des Konsumenten determinierend sind, besser ermittelt werden. In Abhängigkeit von der Zufriedenheit bzw. Unzufriedenheit mit einer speziellen Anforderungsvariante kann das Veränderungspotential der jeweiligen Varianten eruiert werden. Dies kann zu schnellen und adäquaten Maßnahmen in einzelnen Entwicklungsbereichen führen. Insbesondere die Identifikation von *Begeisterungsanforderungen* liefert dabei durch ihre Differenzierung von Konkurrenzprodukten entscheidende Ansatzpunkte für die weitere Entwicklung.

10.3.2 „Dual Role Model" von *Krishnan & Olshavsky* (1995)

Im Dual Role Model von *Krishnan & Olshavsky* (1995) wird die unterschiedliche Rolle von **Emotionen** hervorgehoben. Entgegen bisheriger Modellvorstellungen wird die Zufriedenheit mit einem eher hedonistisch anmutenden Produkt oder einer Aktivität dabei durch verschiedene Emotionen bestimmt. Es handelt sich dabei um Emotionen, die direkt *während* des Verbrauchs bzw. der Aktivität selbst wahrgenommen werden und solchen, die erst *nach* dem Verbrauch hervorgerufen und eingeschätzt werden.

> Empirische Unterstützung des Modells finden die Autoren in zwei Untersuchungen (vgl. *Krishnan & Olshavsky*, 1995, S. 456 ff.), in denen sich die Konsumenten an ihre Emotionen erinnern sollen, die während und nach einem Horrorfilm, einer Achterbahnfahrt bzw. einem Basketballspiel auftreten. Interessanterweise stellen Konsumenten bei sich unterschiedliche Emotionen fest. Beispielsweise kann der Horrorfilm bei ihnen *während* der Darbietung negative Emotionen, wie Furcht, hervorrufen, und zugleich *nach* der Darbietung eine zufriedene und positive Grundstimmung auslösen, da ihre Erwartungen hinsichtlich der Spannung des Horrorfilmes erfüllt werden.

Die Ergebnisse ihrer Untersuchungen interpretieren die Autoren als Hinweis für die Richtigkeit ihrer Modellkonzeption, wobei sie allerdings selbst auf einige Grenzen hinweisen (vgl. *Krishnan & Olshavsky*, 1995, S. 459). Unter anderem sollte die Erfassung von Emotionen, die während des Verbrauchs auftreten, auch *währenddessen* und nicht erst danach erfolgen. Außerdem stützen die Ergebnisse nur Teilbereiche des Modells. Für die zukünftige Forschung scheint es von Interesse zu sein, wie es sich im Kontext anderer und gängigerer Modelle behaupten wird.

10.3.3 Zufriedenheitsmodell von *Dröge & Mackoy* (1995)

In der Regel wird davon ausgegangen, daß nach der Wahl eines bestimmten Produktes oder Dienstleistung im Idealfall Zufriedenheit mit der gewählten Alternative verbunden ist, aus der wiederum eine Gesamtzufriedenheit resultiert. *Dröge & Mackoy* (1995, S. 534) kritisieren diese einseitige Sichtweise, die die möglichen Auswirkungen der *nicht gewählten* Alternativen vollkommen außer acht läßt (vgl. *Abbildung 37*).

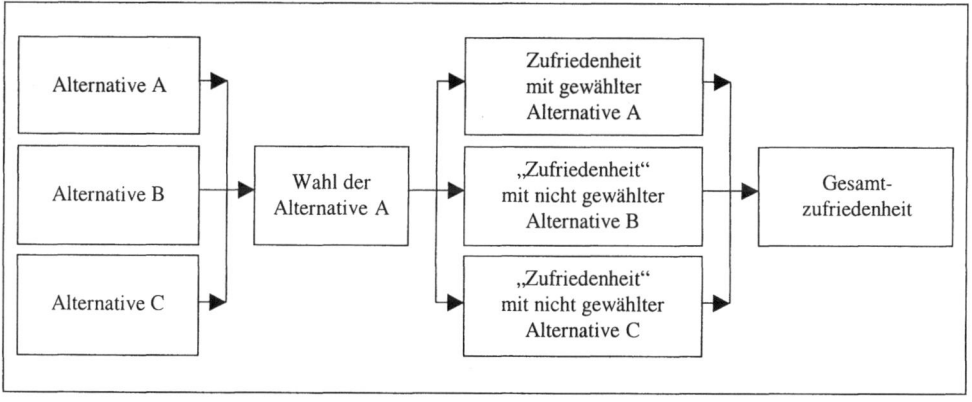

Abbildung 37: Zufriedenheitsmodell von *Dröge & Mackoy* (1995, S. 534)

In ihrem Zufriedenheitsmodell (vgl. Abbildung 37) berücksichtigen sie demzufolge die Auswirkungen der gewählten sowie der *nicht* gewählten Alternativen und postulieren in diesem Zusammenhang fünf Grundannahmen:

1. Sowohl die gewählte als auch nicht gewählte Alternativen üben einen Einfluß auf die Zufriedenheit der Konsumenten aus.

2. Bei der Bildung von Zufriedenheit besteht eine Wechselbeziehung zwischen gewählter und nicht gewählten Alternativen.

3. Größere Unzufriedenheit mit der gewählten Alternative erhöht die Wichtigkeit der nicht gewählten Alternativen.

4. Höheres Involvement, das mit einem intensiven Vergleichsprozeß aller möglichen Alternativen einhergeht, erhöht die Wichtigkeit der nicht gewählten Alternativen.

5. Größere Ähnlichkeit zwischen den Alternativen erhöht die Wichtigkeit der nicht gewählten Alternativen.

Die Relevanz der nicht gewählten Alternativen wird bereits in der *Theorie der kognitiven Dissonanz* von *Festinger* (1957) deutlich. Unter Umständen treten ihre positiven Eigenschaften nach der Entscheidung in den Vordergrund und bewirken beim Konsumenten ein psychisches Ungleichgewicht, eine kognitive Dissonanz.

Ob das Modell einer empirischen Überprüfung standhält, ist allerdings noch nicht erwiesen. Auf jeden Fall liefert es Anreize für die weitere Forschung auf diesem Gebiet. Allerdings ist der Gedankengang, daß auch nicht gewählte Alternativen einen entscheidenden Einfluß auf die Zufriedenheit der Konsumenten bewirken, nicht neu. Er findet sich bereits in einem alten Sprichwort des dänischen Philosophen *Kierkegaard* wieder, das besagt: *„Das Vergleichen ist das Ende des Glücks und der Anfang der Unzufriedenheit."*

10.4 Bestimmungsfaktoren und Moderatoren der Kundenzufriedenheit

10.4.1 Bestimmungsfaktoren der Kundenzufriedenheit

Die Zufriedenheit des Kunden kann auf viele Bestimmungsfaktoren zurückgeführt werden. Verantwortlich für die Zufriedenheit mit einem Produkt oder einer Dienstleistung zeigen sich insbesondere positive **Produkterfahrungen** und spezielle **Nachkaufaktivitäten**. Positive Produkterfahrungen stellen dabei die unabdingliche Basis dar. In gewisser Hinsicht implizieren sie die Zufriedenheit des Konsumenten. Bei Nachkaufaktivitäten handelt es sich um gezielte, von Unternehmen eingesetzte Strategien, auf die später noch näher eingegangen wird. Durch diese

Strategien fühlt sich der Konsument in seiner Entscheidung bestätigt und kann damit zugleich mögliche auftretende **Dissonanzen** abbauen. Nachkaufaktivitäten können eine hohe Kundenzufriedenheit und damit einhergehend auch Wiederkaufsverhalten bewirken. Ist dies der Fall, geht die Nachkaufphase auf direktem Weg in die folgende Vorkaufphase über (vgl. *Hansen & Jeschke*, 1992, S. 90; *Schmengler & Thieme*, 1995, S. 131).

In einer umfangreichen Untersuchung von *Fornell* (1992, S. 6 f.) wird mittels eines „*Customer Satisfaction Barometer*" (CSB) die Kundenzufriedenheit in mehreren Unternehmen Schwedens gemessen. Damit war die Basis für eine Zufriedenheitsmessung auf nationaler Ebene geschaffen, der in den nächsten Jahren noch weitere Länder folgten. Die Ergebnisse belegen, daß ein höherer CSB-Index in Unternehmen vorliegt, wenn die Homogenität bzw. Heterogenität in der Nachfrage dem des Angebotes *angepaßt* ist als wenn dies nicht der Fall ist. Interessanterweise bewirken außerdem *Produkte* eine höhere Zufriedenheit seitens der Konsumenten als Dienstleistungen (vgl. *Fornell*, 1992, S. 14).

10.4.2 Moderatoren der Kundenzufriedenheit

Neben den Bestimmungsfaktoren der Kundenzufriedenheit existieren auch Faktoren, die für sich allein genommen keine Zufriedenheit bewirken, sondern vielmehr *indirekt* beeinflussende Funktion besitzen. Solche Faktoren werden Moderatorvariablen genannt, weil sie den Zusammenhang zweier Merkmale entscheidend beeinflussen (vgl. *Bortz*, 1993, S. 428). Empirische Untersuchungen heben insbesondere die unterschiedliche Rolle von **Produktleistungen, Erwartungen** und **Involvement** als Moderatorvariablen sowie deren Einfluß auf die Zufriedenheit der Kunden hervor.

10.4.2.1 Produktambiguität

In einer Studie von *Yi* (1993, S. 502 ff.) wird auf Produktambiguität als moderierende Variable eingegangen. Ein Produkt mit **hoher** Ambiguität zeichnet sich dabei durch *extreme* Komplexität aus, wie es beispielsweise bei Computern, Kameras oder Mikrowellenherde der Fall ist. Eine objektive Einschätzung und Beurteilung der Produkteigenschaften scheint schwierig zu sein. Bei einem Produkt mit **niedriger** Ambiguität hingegen ist aufgrund *geringer* Komplexität eine einfache Einschätzung möglich. Als Produkte mit niedriger Ambiguität gelten beispielsweise Softgetränke oder Jeans. Die *Abbildung 38* demonstriert den Einfluß unterschiedlicher Kriterien auf die Kundenzufriedenheit, wobei in Abhängigkeit von der jeweiligen *Ausprägung* der Produkt-Ambiguität die einzelnen Bestimmungsfaktoren variieren.

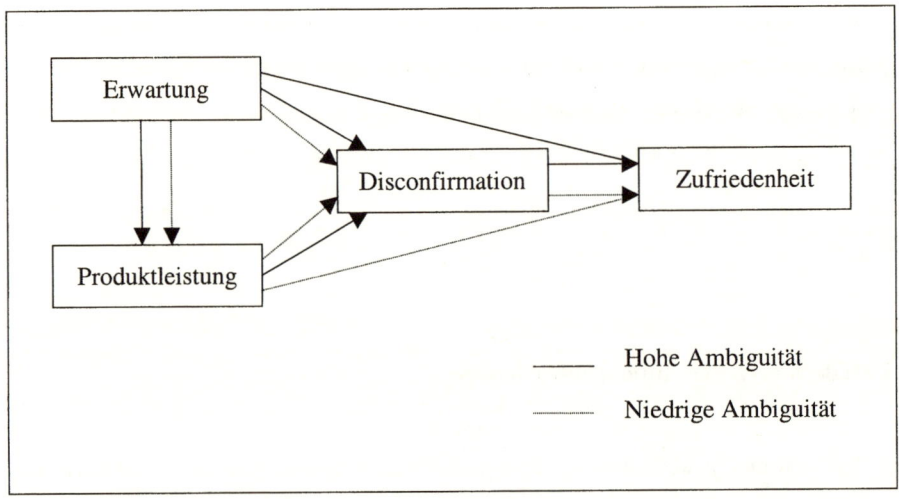

Abbildung 38: Prozeß der Kundenzufriedenheit bei hoher und niedriger Produktambiguität
(Quelle: *Yi*, 1993, S. 505)

Hierbei wird veranschaulicht, daß bei *hoher* Produkt-Ambiguität vor allem den **Erwartungen** des Konsumenten eine entscheidende Rolle zukommt. Bei *niedriger* Produkt-Ambiguität hingegen treten die einzelnen **Produktleistungen** mehr in den Vordergrund.

Als Nebeneffekt kann der indirekte Einfluß von Erwartungshaltung und Produktleistung über die *Disconfirmation* (Level zwischen Enttäuschung und positiver Übererfüllung) auf die Kundenzufriedenheit angeführt werden. Außerdem scheint die *Erwartungshaltung* des Konsumenten unabhängig von der jeweiligen Ausprägung der Produkt-Ambiguität die Wahrnehmung von Produktleistungen zu bestimmen.

10.4.2.2 Erwartungsambiguität

Nyer (1996, S. 255 ff.) greift diesen Gedankengang in seiner Studie auf und erweitert ihn. Neben der Ambiguität der Produktleistungen berücksichtigt er zudem die *Ambiguität der Erwartungen*. Eine hohe Erwartungsambiguität liegt dabei vor, wenn Informationen sehr komplex oder schwer verständlich sind. Sie kann sich allerdings auch in einem Mangel an Informationen äußern. Die empirischen Befunde bestätigen zum einen die Ergebnisse von *Yi* (1993, S. 504 f.), zum anderen sprechen die Befunde dafür, daß bei *hoher* Erwartungs-Ambiguität weniger die *Erwartungen*, sondern vor allem die **Produktleistungen** die Kundenzufriedenheit beeinflussen (vgl. *Nyer*, 1996, S. 256 f.). Neben den Auswirkungen unterschiedlicher Produktkategorien auf die Zufriedenheitsbildung finden hier zudem auch unterschiedliche Erwartungshaltungen ihre Berücksichtigung. Von Interesse für die künftige Forschung wäre allerdings die zusätzliche Berücksichtigung einer anderen Konstellation. Nach getrennter Betrachtung von hoher versus niedriger Produkt- oder Erwartungs-Ambiguität sollten beide Variablen bei *hoher Ausprägung* betrachtet werden (vgl. *Tabelle 22*).

Tabelle 22: Bisherige und künftige Forschung im Bereich
Produkt- und Erwartungs-Ambiguität

Bisherige Forschung		Künftige Forschung
Produkt-Ambiguität	Erwartungs-Ambiguität	Produkt-/Erwartungs-Ambiguität
Hoch versus Niedrig	Hoch versus Niedrig	Hoch versus Hoch

Es wäre hierbei interessant festzustellen, inwieweit die *Kombination* von hoher Produktambiguität und hoher Erwartungsambiguität einen Einfluß auf die Zufriedenheit des Konsumenten ausübt.

10.4.2.3 Involvement

Auch das Involvement gehört zu den Variablen, die moderierende Auswirkungen auf die Bildung der Zufriedenheit haben. In einer Untersuchung von *Babin, Griffin & Babin* (1994, S. 406 ff.) werden in dem Zusammenhang die Interaktionen der Moderatorvariablen Involvement mit den Faktoren Disconfirmation (Level zwischen Enttäuschung und positiver Übererfüllung), Stimmung (Mood) und Kundenzufriedenheit näher beleuchtet.

Es kann mit einer *hohen* Ausprägung an Kundenzufriedenheit gerechnet werden, wenn einerseits die Erwartungen *übertroffen* werden (positives Level an Disconfirmation) und andererseits ein *hohes* Involvement vorliegt. Bei geringem Involvement kann zwar ebenfalls eine Steigerung der Zufriedenheit stattfinden, wobei dieser Effekt allerdings nicht so ausgeprägt ist (vgl. *Abbildung 39*).

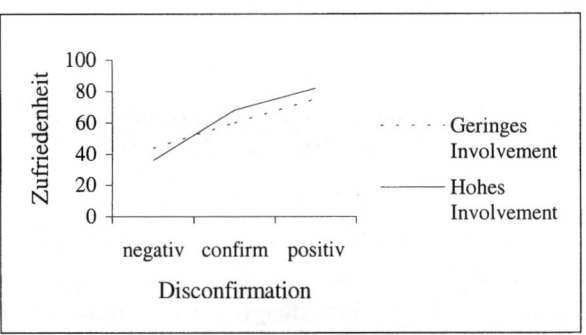

Abbildung 39: Einfluß von Involvement und Disconfirmation auf die Zufriedenheit
(Quelle: *Babin, Griffin & Babin*, 1994, S. 409)

Involvement tritt auch in Kombination mit der Stimmung des Konsumenten als Moderatorvariable auf. Hier bewirkt allerdings bei *hoher* Ausprägung des Faktors Stimmung lediglich ein *geringes* Involvement eine hohe Zufriedenheit (vgl. *Abbildung 40*).

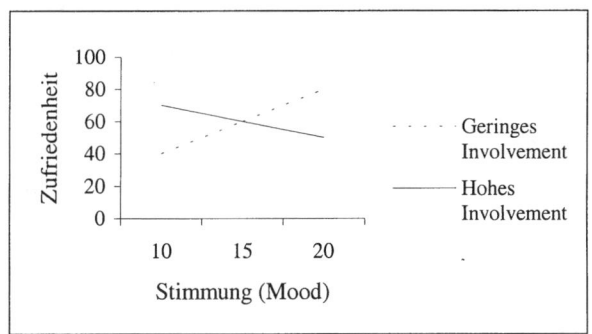

Abbildung 40: Einfluß von Involvement und Stimmung (Mood) auf die Zufriedenheit
(Quelle: *Babin, Griffin & Babin*, 1994, S. 409)

Abschließend läßt sich sagen, daß die Ergebnisse die Annahme unterstützen, daß eine Vielzahl von Bestimmungsfaktoren und Moderatoren existiert, die einen entscheidenden Einfluß auf die Bildung der Kundenzufriedenheit ausüben.

10.5 Teilaspekte der Kundenzufriedenheit

10.5.1 Service-Qualität

Service-Qualität nimmt in der heutigen Zeit einen immer wichtigeren Stellenwert ein (vgl. *Reichheld & Sasser*, 1990, S. 105). Sie stellt neben Leistung, Preis, Werbung und Image eine der entscheidenden Variablen dar, die sich für den Unternehmenserfolg verantwortlich zeigen (vgl. *Zeithaml, Berry & Parasuraman*, 1996, S. 32).
In einer Untersuchung von *Cronin & Taylor* (1992, S. 60 ff.) wird ihr Zusammenhang mit Kundenzufriedenheit eruiert. Die 660 Kunden beurteilen hierbei die Qualität in den Bereichen Bankwesen, Schädlingsbekämpfung, chemische Reinigung und Fast Food. Ein entscheidendes Ergebnis stellt allerdings der Zusammenhang zwischen Service-Qualität und Kundenzufriedenheit dar. In allen vier Industriebereichen beeinflußt die Service-Qualität auf signifikante Weise die Zufriedenheit der Kunden.

Einschränkend muß allerdings gesagt werden, daß diese Ergebnisse *ausschließlich* im Servicebereich Gültigkeit haben und eine Generalisierung hinsichtlich eines potentiellen Zusammenhangs zwischen Produktqualität und Kundenzufriedenheit nicht vorgenommen werden kann. Von Interesse wäre außerdem, in die künftige Forschung weitere Industriebereiche zu integrieren, die ein höheres Involvement seitens der Kunden voraussetzen (vgl. *Cronin & Taylor*, 1992, S. 65).

In einer weiteren Untersuchung (vgl. *Zeithaml, Berry & Parasuraman*, 1996, S. 42) führt eine **erhöhte** Service-Qualität zu Kundenzufriedenheit, was sich in positiven Verhaltensabsichten der Kunden äußert. Die Kunden beabsichtigen beispielsweise, dem Unternehmen treu zu bleiben, oder zeigen eine erhöhte Bereitschaft, mehr für eine Leistung zu bezahlen. Dabei erweist sich der Zusammenhang zwischen Qualität und Unternehmenstreue größer als der zwischen Qualität und erhöhter Zahlungsbereitschaft. Demgegenüber kann eine **verminderte** Service-Qualität Unzufriedenheit und damit einhergehend unvorteilhafte Verhaltensabsichten in Form von Unternehmenswechsel oder Beschwerdeverhalten gegenüber anderen Konsumenten zur Folge haben.

10.5.2 Preis

Die Wichtigkeit der Variable Preis für die Kundenzufriedenheit offenbart sich im Servicebereich darin, daß der Preis nach Servicefehlern und Beziehungen zum Verkaufspersonal als *dritthäufigster* Grund eines Wechsels angesehen wird (vgl. *Keaveney*, 1995, S. 74 ff.).

Welchen Stellenwert der Preis einnimmt, zeigt sich auch bei einer Segmentierung von Kunden hinsichtlich ihrer Zufriedenheit mit ihrer Autowerkstatt (vgl. *Tabelle 23*).

Tabelle 23: Unterschiedliche Segmente von Werkstattkunden
(Quelle: *Lingenfelder & Schneider*, 1991, S. 113 f.)

Segment	Häufigkeit (in %)
Der preisorientierte Werkstattkunde	50,0
Der risikominimierende Werkstattkunde	24,0
Der qualitätsbewußte Werkstattkunde	21,0
Der auf Leistungsqualität fixierte Werkstattkunde	5,0

Für immerhin 50 % der Werkstattkunden stellt der Preis das entscheidende Kriterium für ihre Zufriedenheit dar. Die Ergebnisse sprechen in diesem konkreten Fall dafür, daß insbesondere risikominimierende und qualitätsbewußte Werkstattkunden eine überdurchschnittliche Zufriedenheit an den Tag legen. Im Gegensatz dazu weisen preisorientierte und auf Leistungsqualität fixierte Werkstattkunden eine relativ geringe Zufriedenheit auf (vgl. *Lingenfelder & Schneider*, 1991, S. 117).

10.5.3 Verkaufspersonal

Negative Beziehungen zum Verkaufspersonal führen oft zum Wechselverhalten der Kunden (vgl. *Keaveney*, 1995, S. 74 ff.). Die Leistung vom Verkaufspersonal wird indirekt durch verschiedene Varianten der Aufsichtskontrolle beeinflußt. Je nach Kontrollvariante kann Zufriedenheit mit dem Supervisor die Folge sein (vgl. *Challagalla & Shervani*, 1996, S. 89 ff.). Wie bereits an anderer Stelle angesprochen, besteht zwischen Kundenzufriedenheit und Markentreue ein enger Zusammenhang. Vor diesem Hintergrund ruft die Fachkompetenz des Verkaufspersonals eher markentreues Verhalten und damit einhergehend möglicherweise Zufriedenheit hervor, wenn diese Kompetenz seitens der Kunden als „exzellent" und nicht als „ziemlich gut", „indifferent", „ziemlich schlecht" oder „sehr schlecht" beurteilt wird (vgl. *Kasper*, 1988, S. 394).

10.6 Konsequenzen von Zufriedenheit bzw. Unzufriedenheit des Kunden

Die Relevanz der **Kundenzufriedenheit** offenbart sich insbesondere in ihren Konsequenzen für ein Unternehmen in Form einer erhöhten Umsatz-, Absatz- und Wiederkaufrate. Aus dem Grunde ist auf die Auswirkungen von Zufriedenheit und Unzufriedenheit ein besonderes Augenmerk zu legen. Die Zufriedenheit der Kunden äußert sich darin, daß sie eine *erhöhte Kaufabsicht* an den Tag legen (vgl. *Cronin & Taylor*, 1992, S. 63). In Abhängigkeit von der Produkttreue und der Zufriedenheit kann ein Trend dahingehend festgestellt werden, daß Kunden im Laufe der Jahre eine erhöhte Bereitschaft zeigen, auch *Preiserhöhungen* in Kauf zu nehmen (vgl. *Reichheld & Sasser*, 1990, S. 106 f.). Der *höhere Konsum* äußert sich darin, daß die Zeit zwischen den Käufen bei zufriedenen Kunden tendenziell geringer ausfällt als bei unzufriedenen (vgl. *Evans*, 1994, S. 1179 ff.). Vor diesem Hintergrund erscheint es um so ratsamer, bestehende Kunden zu halten. Wenn die Abwanderung unzufriedener Kunden lediglich um 5% reduziert wird, liegen in Abhängigkeit von der Unternehmensbranche die Zusatzgewinne bei 25% bis 85% (vgl. *Tabelle 24*).

Tabelle 24: Durchschnittliche Unternehmenszusatzgewinne bei 5 %iger Reduzierung der Kundenabwanderung (nach *Reichheld & Sasser*, 1990, S. 110)

Branche	Höhe des Zusatzgewinnes
Auto-Service-Kette	30 %
Bank-Filialen-Depots	85 %
Kreditkarten-Institute	75 %
Versicherung	25 %
Office-Management	40 %
Software	35 %

Für ein Unternehmen ist es außerdem von Vorteil, daß sich hohe Zufriedenheit in einer gewissen *Resistenz* gegenüber substitutiven Angeboten von Konkurrenzunternehmen äußert (vgl. *Fornell*, 1992, S. 17). Es erscheint nicht verwunderlich, daß die Kundenzufriedenheit häufig als

„*... bester Indikator für künftige Unternehmensgewinne ...*" (*Fornell*, 1992, S. 10) angesehen wird. Konkret offenbart sich das Verhalten zufriedener Kunden darin, daß sie sich von *saisonalen* oder *finanziellen* Veränderungen sowie Veränderungen bei den Abrechnungspraktiken der Unternehmen nicht beeinträchtigen lassen.

Der enge Zusammenhang zwischen Kundenzufriedenheit und Markentreue zeigt sich außerdem darin, daß im Automobilbereich sowohl Händler- als auch Produktzufriedenheit zu einer ausgeprägten Kundentreue führt (vgl. *Korte*, 1995, S. 38).

Unzufriedenheit mit einem Produkt oder einer Dienstleistung kann beim Konsumenten *unterschiedliche Reaktionsweisen* hervorrufen. Es besteht die Möglichkeit, daß Kunden trotz Unzufriedenheit *keinerlei Verhaltensreaktionen* an den Tag legen. Dieses Verhalten bzw. dieses Ausbleiben von Verhalten sollte nicht zwingend nur positiv bewertet werden, weil unter Umständen mit einem künftigen Wechselverhalten zu rechnen ist. Der Kunde kann allerdings auch eine Verhaltensreaktion in Form von *Widerspruch* oder *Abwanderung* zeigen. Dem ursprünglichen Service-Anbieter werden außerdem in den seltensten Fällen Gründe für den Wechsel mitgeteilt; in einer Untersuchung von *Keaveney* (1995, S.79) sind es insgesamt lediglich 7% aller Konsumenten. Aus dem Grund wird der Kunde seitens vieler Unternehmen regelrecht zum Beschwerdeverhalten motiviert, da hier noch Potential für die weitere geschäftliche Beziehung vorhanden ist. Eine Übersicht seiner möglichen Reaktionsweisen findet sich bei *Abbildung 41*.

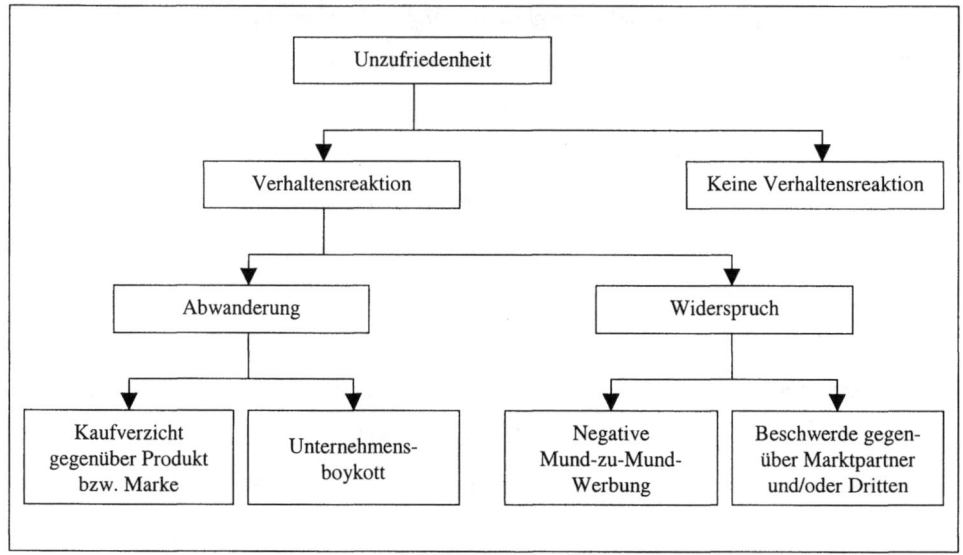

Abbildung 41: Verhaltensreaktionen eines Kunden bei Unzufriedenheit
(Quelle: *Nieschlag, Dichtl & Hörschgen*, 1997, S. 951)

10.7 Strategien zur Erhaltung der Kundenzufriedenheit

Hat im Laufe der letzten Jahrzehnte ausschließlich die Vorkaufphase im Rahmen von potentiellen Kaufabschlüssen besondere Berücksichtigung gefunden, so ist zum jetzigen Zeitpunkt ein neuer, wenn auch langsamer Trend feststellbar. Die Nachkaufphase im Rahmen des Nachkaufmarketing findet immer mehr Beachtung, zumal hier künftige verhaltenswirksame Bausteine gelegt werden. Für viele Unternehmen ist allerdings noch der kurz- bis mittelfristige Umsatz bzw. Gewinn von besonderer Relevanz. Vor diesem Hintergrund werden Maßnahmen zur Erhaltung der Kundenzufriedenheit nicht als Investitionen für einen langfristigen Unternehmenserfolg, sondern vielmehr als Kosten und Gewinneinbußen angesehen (vgl. *Hansen & Jeschke*, 1992, S. 89).

Insbesondere im deutschen Raum findet die Entwicklung zur stärkeren Berücksichtigung der Kundenzufriedenheit recht langsam statt. Es ist nicht umsonst von der *„Servicewüste Deutschland"* (*Loewenheim*, 1997, S. 50) die Rede, in der alle nur auf sich selbst fixiert sind und Kunden als störende Elemente erlebt werden. Nicht selten begegnet der Verbraucher schlecht gelaunten Verkäuferinnen, die kaum Motivation zeigen, ihre Arbeit zu erledigen. Falls man dennoch ihre Hilfe in Anspruch nehmen muß, sollte man sie im deutschen Raum nach dem Motto „... *Entschuldigen Sie bitte, daß ich es wage, Sie anzusprechen und Sie in Ihrem Privatgespräch mit Ihrer Kollegin zu stören, aber ich bräuchte eine Information ...*" ansprechen, um sie nicht zu verstimmen. Letztendlich sollte jedem Unternehmen bewußt sein, daß Kundenwünsche das zentrale Element für die Zukunft des Unternehmens darstellen. Daß Kundenwünsche größere Berücksichtigung finden sollten, offenbart sich auch in den Worten von *Duesberg & Kalleder* (1994, S. 17): „*Wir [leben] nicht auf einer Insel, wo wir uns nur mit uns selbst beschäftigen*".

Im folgenden wird zunächst ein Überblick über allgemeine Strategien des Nachkaufmarketing gegeben. Im Anschluß daran wird das Beschwerdemanagement exemplarisch aus den potentiellen Nachkaufmarketing-Maßnahmen herausgegriffen und näher erläutert.

10.7.1 Allgemeine Strategien

Das Nachkaufmarketing nimmt mittlerweile in der Marketingpraxis einen immer größer werdenden Stellenwert ein. Hinsichtlich seiner Zielsetzung wird eine Unterscheidung zwischen **psychologischen** und **ökonomischen Nachkaufzielen** gemacht (vgl. *Hansen & Jeschke*, 1992, S. 93; *Hansen et al.*, 1995, S. 81). Die folgende *Tabelle 25* liefert eine Übersicht über die jeweiligen Nachkaufziele.

Um möglichen negativen Verhaltensreaktionen von Kunden entgegenzuwirken bzw. auch zufriedene Kunden zu halten, sollten spezielle **Nachkaufmarketing-Maßnahmen** angewendet werden. Gemeint sind damit *Nachkaufservice, Beschwerdemanagement, Nachkaufkommunikation* und *Redistribution*.

Tabelle 25: Zielsystem des Nachkaufmarketing (Quelle: *Hansen & Jeschke*, 1992, S. 93)

1) Psychologische Nachkaufziele	2) Ökonomische Nachkaufziele
• hohe Nachkaufzufriedenheit • hohe Beschwerdezufriedenheit • hohe Kundenloyalität • positive Mund-zu-Mund-Werbung • kundennahes Marken- und Unternehmensimage	• Absatz-, Umsatz-, Gewinnsteigerung • hohe Kundendeckungsbeiträge • minimale Nachkaufkosten • hohe Folgekauf- und Wiederkaufrate

Unter Redistribution wird dabei die Rücknahmeverpflichtung und Produktentsorgung des Unternehmens verstanden, was sich beispielsweise in Form von Produkt-Recycling äußern kann. Unternehmen können damit bei ihren Kunden eine höhere Zufriedenheit mit Produkten oder Dienstleistungen hervorrufen (vgl. *Hansen & Jeschke*, 1992, S. 94). Dies geht zudem einher mit einem gezielten Abbau von **Dissonanzen** und einem möglichen **markentreuem** Verhalten, das sich im Idealfall in einem Wiederkaufverhalten äußert.

Die Tendenz, Kundenwünschen eine größere Wichtigkeit einzuräumen, offenbart sich in den Bemühungen vieler Unternehmen, eigene Produkt- und Service-Leistungen ständig zu verbessern. In mittelständischen bis großen Unternehmen ist es mittlerweile Usus geworden, in zeitlichen Abständen **Kundenzufriedenheitsanalysen** durchzuführen.

In einer Kundenzufriedenheitsanalyse hat beispielsweise die „Bayerische Vereinsbank" eruiert, daß ihre Firmenkunden vor allem Wert auf *Problemlösungs-Kompetenz, Leistungsgarantie* und *fachliche Beratung und Information* legen, während Kriterien wie *Abwicklungsqualität* oder *Preis-Leistungs-Verhältnis* eher in den Hintergrund treten (vgl. *Ehresmann & Hensche*, 1996, S. 35 f.). Interessanterweise scheinen für Firmenkunden vor allem die Kriterien für eine positive Kundenbindung relevant zu sein, die im persönlichen Kontakt mit einem Kundenbetreuer begründet sind. Es handelt sich folglich nicht um vorgegebene, abstrakte Größen, sondern um veränderbare menschliche Eigenschaften, die mittels Seminaren und Schulungen bei der „Bayerischen Bank" auf die jeweilige Firmenkundengruppe „zugeschnitten" erworben werden können.

Langner (1995, S. 101) fordert allerdings, daß neben der Kundenebene noch **weitere Ebenen** ihre Beachtung finden sollten. Sie geht davon aus, daß auch der Vergleich mit dem Wettbewerbsumfeld und die Einstellungen der Mitarbeiter einen entscheidenden Einfluß auf die bestmögliche Entwicklung eines Unternehmens und damit zwingend auch auf die damit einhergehende Kundenzufriedenheit haben. *Duesberg & Kalleder* (1994, S. 19) heben die Zufriedenheit der *Mitarbeiter* hervor, indem sie sie als *„Schlüssel zum Erfolg"* ansehen. In ihren Augen stellen zufriedene Mitarbeiter die notwendige Voraussetzung für die Zufriedenheit der Kunden dar.

Eine besondere Art, um Kundennähe zu bewirken, wird von der Siemens AG Österreich betrieben. Im Rahmen des Kultursponsoring als gezieltes Marketing-Instrument wird in privater Form der „Ernst von Siemens"-Musikpreis vergeben. Im Laufe seines immerhin fast zwei Jahrzehntelangen Bestehens ist dieser Musikpreis in Fachkreisen zum Nobelpreis avanciert (vgl. *Kolarz-Lakenbacher*, 1992, S. 143). Innerhalb der Siemens AG Österreich hat sich außerdem ein Siemens-Künstlerclub gebildet, der die Förderung künstlerisch begabter Mitarbeiter zum Ziel hat. Der Künstlerclub tritt dabei bei internen Firmenveranstaltungen auf, wobei vor allem Ausstellungen und Aufführungen für Kunden bzw. für die allgemeine Öffentlichkeit stattfinden. Die Maßnahmen dieses Kulturprogramms bewirken seitens der Kunden ein positiveres Unternehmensimage und führen zu einer engeren Kundenbindung. Oder um es treffender auszudrücken: *„Kunst führt ein Unternehmen zum Erfolg"* (*„It takes art to make a company great"*) (*Kolarz-Lakenbacher*, 1992, S. 143).

Die zunehmende Kundenorientierung der Unternehmen wird von *Naumann* (1996, S. 38 f.) in einem kritischen Licht gesehen. Seiner Ansicht nach funktioniert sie in vielen Branchen nicht adäquat, weil in dem Kopf vieler Unternehmenschefs noch der altertümliche Gedanke vorherrscht, der Kunde sei König. Letztendlich sollte das *Verhältnis* allerdings nicht distanziert und „untertanig" sein, sondern es sollte vielmehr wie das zu einem guten (Geschäfts-) Freund sein. Falls die Beziehung allerdings zu intensiv sein sollte, ist Vorsicht geboten, denn ein enger Freund stellt hohe Forderungen und eine Argumentation läuft selten auf einer fachlich-sachlichen Ebene ab (vgl. *Holzheu*, 1995, S. 338 f.). Letztendlich scheint wie immer der goldene Mittelweg die richtige Lösung darzustellen.

Ein besonderes Augenmerk sollte allerdings auf **unzufriedene** Kunden gelegt werden. Durch eine Auseinandersetzung mit Problemen und Reklamationen kann ein Unternehmen wertvolle Informationen gewinnen und diese bei einer gezielten Veränderung von Problembereichen einsetzen. Eine Abwanderung von Kunden kann in dem Zusammenhang als frühes Warnsignal angesehen werden, das einen Lern- und Veränderungsprozeß beim Unternehmen bewirken kann (vgl. *Reichheld & Sasser*, 1990, S. 109). Vor diesem Hintergrund erscheint es sinnvoll, innerhalb eines Unternehmens ein Abwanderungs- oder auch Beschwerdemanagement einzurichten, um in adäquater Form auf unzufriedene Kunden eingehen zu können.

10.7.2 Beschwerdemanagement als Spezialform

In engem Zusammenhang mit der Zufriedenheit der Kunden steht das Beschwerdeverhalten, das im Laufe der letzten Jahre immer mehr an Bedeutung gewinnt. Ursprünglich kommt der Begriff Beschwerdemanagement (Complaint Management) aus der amerikanischen Literatur. Beschwerden werden dabei im engeren Sinn als Kundenartikulation von Unzufriedenheit, im weiteren Sinne als jegliche Kundenanfragen als solche angesehen (vgl. *Hansen et al.*, 1995, S. 77). In der Definition von *Günter* (1998, S. 287) kommt noch ein weiterer Aspekt zum Tragen, nämlich daß es sich beim Beschwerdemanagement um die „... *anbieterseitige Handhabung von geäußerter oder nicht artikulierter Kundenunzufriedenheit ...*" handelt.

Hinsichtlich der Entwicklung des Beschwerdemanagement erscheint allerdings eine Unterscheidung zwischen Marketing-Forschung und -Praxis ratsam. Während die Marketingforschung sich schon Mitte der 70-er Jahre mit diesem Verhalten auseinandersetzt (vgl. *Lingenfelder & Schneider*, 1991, S. 109), findet die Entwicklung in der Marketingpraxis erst langsam und zögernd ihren Einzug (vgl. *Hansen et al.*, 1995, S. 79). Dies erscheint nicht verwunderlich, zumal die Auseinandersetzung mit Beschwerden aus betriebswirtschaftlicher Sicht mit Kosten verbunden ist. Viel schwerer wiegt allerdings der psychologische Faktor, daß Beschwerden unbequem sind und vor allem auf eigene Fehler aufmerksam machen. Ein Ignorieren bzw. Verdrängen einzelner Beschwerden erscheint vor diesem Hintergrund nur plausibel zu sein.

Nichtsdestotrotz ist das Beschwerdemanagement mittlerweile ein wichtiger Bestandteil im Rahmen von Nachkauf-Marketingmaßnahmen von Unternehmen geworden. Dies mag damit zusammenhängen, daß ein wesentliches Ziel des Beschwerdemanagements darin besteht, eine erhöhte Kundentreue zu bewirken bzw. zu intensivieren (vgl. *Günter*, 1998, S. 289). Durch die Auseinandersetzung mit seinen Beschwerden, wird dem Kunden das Gefühl vermittelt, daß seine Ansichten und Wünsche wichtig für das Unternehmen sind. Dies hat wiederum Auswirkungen auf sein weiteres Verhalten. Des weiteren dienen Beschwerden dem jeweiligen Unternehmen als eine Art Qualitätssicherung und offenbaren künftiges Veränderungspotential im Sinne von Innovationen oder Weiterentwicklungen im allgemeinen.

Allerdings darf nicht der Fehler eines Umkehrschlusses begangen werden. Denn ein Ausbleiben von Beschwerden ist nicht zwingend mit Kundenzufriedenheit gleichzusetzen. Es scheinen vielmehr nur wenige der Beschwerden bei der Geschäftsleitung einzugehen, während ein Großteil bei nicht zuständigen Stellen innerhalb eines Unternehmens ankommt, von denen sie außerdem nicht weitergeleitet werden (vgl. *Tabelle 26*). Ein Teil der unzufriedenen Kunden gibt ihre Beschwerden überhaupt nicht an das Unternehmen weiter, sondern tauscht sich lediglich im Bekanntenkreis aus (vgl. *Loewenheim*, 1997, S. 51).

Tabelle 26: Häufigkeit der Weitergabe von Beschwerden bei unzufriedenen Kunden (nach *Loewenheim*, 1997, S. 51)

Weitergabe von Beschwerden	Häufigkeit der Beschwerden
Innerhalb des Unternehmens (Zuständige Stellen)	15 %
Innerhalb des Unternehmens (Nicht zuständige Stellen)	70 %
Außerhalb des Unternehmens (Freunde, Bekannte, etc.)	15 %

Die Reaktionen der Unternehmen auf das Beschwerdeverhalten ihrer Kunden sind von entscheidender Relevanz für das weitere Kundenverhalten (vgl. *Hill & Baer*, 1994, S. 404). Sie können beispielsweise bewirken, daß diese den jeweiligen Schaden nicht mehr so negativ wahrnehmen. Außerdem besitzen sie in gewisser Hinsicht auch erzieherische Komponenten, indem sie eine künftig realistischere Erwartungshaltung des Konsumenten bewirken. Der Konsument kann ferner Entschuldigungen von Unternehmen als wichtige Informationsquelle für sein weiteres Kaufverhalten verwenden.

Unternehmen wenden in der Regel „*Linkage*"- (Verbindung) oder „*Valence*"- (Wert) *Strategien* an, um mehr oder weniger adäquat auf das Beschwerdeverhalten zu reagieren (vgl. *Hill & Baer*, 1994, S. 400) (vgl. *Tabelle 27*).

Tabelle 27: Häufigkeit der Anwendung von „Linkage"- und „Valence"- Strategien in der Marketingpraxis (nach *Hill & Baer*, 1994, S. 400)

„Linkage"-Strategien		„Valence"-Strategien	
Variante	**Häufigkeit**	**Variante**	**Häufigkeit**
Ablenkung („Mein Kollege bearbeitet diesen Fall")	47,4 %	Rechtfertigung („Das Ganze hat auch seine positiven Seiten")	5,2 %
Begründung („Ich hatte einen schlechten Tag")	30,9 %	Minimierung („Es ist nicht so gravierend")	4,1 %
Leugnung („Ich war es nicht")	12,4 %		

„Linkage"-Strategien nehmen dabei Bezug auf die Rolle des beschuldigten Handelnden und werden bevorzugt von Unternehmen angewandt. Bei „Valence"-Strategien steht hingegen die Handlung und die Reduzierung ihrer negativen Wahrnehmung im Vordergrund. Hinsichtlich einer Anwendung in der Marketingpraxis nehmen sie eher einen geringen Stellenwert ein (vgl. *Tabelle 27*).

Die Ergebnisse einer Untersuchung, die die Auswirkungen unternehmensspezifischer Entschuldigungsstrategien auf die Konsumentenwahrnehmung zum Gegenstand hat, sprechen allerdings gegen die Anwendung von „Linkage"-Strategien (vgl. *Hill & Baer*, 1994, S. 402 f.). Seitens der Konsumenten finden „Valence"-Entschuldigungen eine größere Akzeptanz, zumal sie mit einer geringeren Schadens- und Schuld-Wahrnehmung einhergehen. Rechtfertigungen der Unternehmen als Spezialform von „Valence"-Strategien scheinen dabei die effektivste Entschuldigungsvariante darzustellen.

10.8 Zusammenfassung und praktische Konsequenzen

Die Zufriedenheit des Kunden weist enge Zusammenhänge mit seiner **Markentreue**, dem **Abbau möglicher Dissonanzen** und seinem **Wiederkaufverhalten** auf.

Bei der Messung von Kundenzufriedenheit bedient man sich objektiver und subjektiver Verfahren. Darüber hinaus ist es sinnvoll, einerseits verschiedene Meßebenen und andererseits aufgrund des Internet-Zeitalters Messungen mittels neuer Medien zu berücksichtigen.

Innerhalb der Marketingforschung gibt es eine Vielzahl möglicher Modellansätze, die die Beschreibung und Erklärung der Kundenzufriedenheit anstreben. Die seitens der Autoren angesprochenen Modelle (vgl. *Krishnan & Olshavsky*, 1995; *Dröge & Mackoy*, 1995; *Bailom et al.*, 1996) berücksichtigen dabei unterschiedliche Aspekte der Zufriedenheit, vermögen es aber nicht, diese vollständig zu erfassen. Wie in vielen Bereichen der Psychologie erscheint es aufgrund der Komplexität unterschiedlichster Konstrukte sehr schwierig, diese in adäquater Form zu berücksichtigen. Vor diesem Hintergrund sollten Ansätze lediglich als Partialmodelle verstanden werden, die einzelne Aspekte der Zufriedenheit hervorheben und dadurch Anreize für die künftige Forschung liefern.

Hinsichtlich ihrer Bestimmungsfaktoren kann festgestellt werden, daß Produkt- und Erwartungs-Ambiguität sowie das Involvement der Konsumenten einen moderierenden Einfluß auf die Bildung seiner Zufriedenheit ausüben (vgl. *Yi*, 1993; *Babin, Griffin & Babin*, 1994; *Nyer*, 1996). Auf Kundenseite sind insbesondere positive Produkterfahrungen maßgeblich für die weitere, zufriedene Grundhaltung, während auf Unternehmensseite das Angebot spezieller Nachkaufstrategien am erfolgversprechendsten zu sein scheint.
Im Rahmen des Beschwerdemanagement weisen „Valence"-Strategien gegenüber „Linkage"-Strategien entscheidende Vorteile auf. Zukünftig sollte dieser Strategie in der Marketingpraxis mehr Rechnung getragen werden, wobei eine vollständige Integration in bestehende Konzepte des Beschwerdereaktionsverhaltens wünschenswert wäre.

Im Laufe der letzten Jahre hat sich die Bewahrung der Kundenzufriedenheit zu einem immer wichtigeren Marketing-Instrument entwickelt. Schließlich gilt die Kundenzufriedenheit als ein wichtiger Schlüssel zum dauerhaften Erfolg eines Unternehmens bzw. einer Marke (vgl. *Korte*, 1995, S. 36). Für die weitere Zukunft auf diesem Gebiet ist demzufolge von einer vermehrten Orientierung an der Kundenzufriedenheit von Unternehmensseite auszugehen, was die Bedeutung von Nachkaufaktivitäten hervorhebt. Vor allem aufgrund der Relevanz der Zufriedenheit für das weitere Verhalten des Kunden ist die Anwendung spezieller Unternehmensstrategien unabdingbar. Im Extremfall kann Unzufriedenheit zur Abwanderung des Kunden führen, was für das Unternehmen mit hohen Kosten verbunden ist. Um dies zu verhindern, bieten sich Strategien in Form von Nachkaufservice, Beschwerdemanagement, Nachkaufkommunikation und Redistribution an (vgl. *Hansen & Jeschke*, 1992, S. 94). Die Wichtigkeit eines zufriedenen Kunden äußert sich außerdem in seiner Funktion als Meinungsführer oder um es in den Worten von *Ehresmann & Hensche* (1996, S. 34) auszudrücken: *„Ein unzufriedener Kunde gibt seine Unzufriedenheit an 10 bis 15 Personen weiter, ein zufriedener nur an drei".*

Was von vielen Unternehmen außerdem vernachlässigt wird: Der adäquate Umgang mit einem zufriedenen Kunden setzt einen zufriedenen Mitarbeiter voraus, der sich mit den Aufgaben und Zielen seines Unternehmens identifizieren kann (vgl. *Duesberg & Kalleder*, 1994, S. 16 f.; *Langner*, 1995, S. 103; *Naumann*, 1996, S. 39). Vielleicht ist darin die Ursache zu finden für das schlechte Serviceverhalten, das in Deutschland vor allem im Einzelhandel vorzufinden ist. Nicht ohne Grund spricht *Loewenheim* (1997, S. 50) in dem Zusammenhang von der *„Servicewüste Deutschland"*.

Es scheint wie immer seine Zeit zu dauern, bis theoretische Ansätze vollständig ihren Einzug in die Marketingpraxis finden. Nichtsdestotrotz besteht in Deutschland jedenfalls bei vielen Unternehmen mittlerweile die Tendenz, sich mehr am Kunden zu orientieren und dessen Wünsche und Vorstellungen zu realisieren. Die Bedeutung des Kunden scheint den Werbung betreibenden Unternehmen immer bewußter zu werden, denn ein Unternehmen ohne Kunden kann irgendwann nicht mehr als Unternehmen bezeichnet werden.

11. Markentreue, Markenwechsel und Konsumentenverhalten

Markentreue stellt neben dem Markenwechsel ein mögliches Verhalten des Konsumenten dar. Sie steht in engem Zusammenhang mit der **Zufriedenheit** und dem **Wiederkaufverhalten** (vgl. *Bloemer & Kasper*, 1995, S. 320). Durch **positive Produkterfahrungen** verstärkt, kauft der zufriedene Kunde unter Umständen wiederholt ein bestimmtes Produkt.

Markenwechsel hingegen hängt eng mit der **Unzufriedenheit** des Konsumenten mit den Produkten oder Dienstleistungen zusammen. Bei Unzufriedenheit mit einem Produkt wird sich der Konsument folglich eher einer neuen und anderen Marke zuwenden. Unzufriedenheit kann sich dabei in verschiedenen Bereichen äußern. Möglicherweise empfindet der Konsument das Produkt als qualitativ minderwertig im Vergleich zu anderen Produkten, ihm mißfällt dessen Gestaltung, oder der Preis erscheint ihm zu überhöht.

Letztendlich sind aber nicht nur einzelne Produktmerkmale für ein markentreues oder wechselndes Verhalten verantwortlich. Es ist davon auszugehen, daß auch das Image und die Glaubwürdigkeit des Unternehmens einen wesentlichen Beitrag zur Markentreue bzw. Markenwechsel liefern.

11.1 Definition und Varianten der Markentreue

Eine allgemeingültige Definition von Markentreue oder Markenwechsel ist in der Literatur nicht zu finden. Allerdings einigen sich die meisten Autoren darauf, daß Markentreue sich im wiederholten Kauf einer Marke äußert (vgl. *Kroeber-Riel & Weinberg*, 1996, S. 393).

Bloemer & Kasper (1995, S. 313 f) differenzieren darüber hinaus zwischen einer *echten* (*true brand loyalty*) und einer *unechten* (*spurious brand loyalty*) Markentreue. Der wesentliche Unterschied liegt dabei im *Commitment* des Konsumenten, das sich unter anderem bei **echter** Markentreue zeigt. Unter Commitment wird ein besonderes Engagement in eine Handlung verstanden. Der Konsument offenbart dabei eine Bereitschaft, sich explizit mit der jeweiligen Kaufentscheidung auseinanderzusetzen. **Unechte** Markentreue geht mit einer gewissen Bequemlichkeit des Konsumenten einher, der beim Kauf eines bestimmten Produktes keinerlei kognitive Anstrengungen unternimmt und einfach gewohnheitsmäßiges Verhalten zeigt. Die Abhängigkeit zwischen dem Niveau des Commitment und Markentreue zeigt die folgende *Tabelle 28*.

Tabelle 28: Zusammenhang von Varianten der Markentreue und Ausprägung des Commitment
(nach *Bloemer & Kasper*, 1995, S. 313 f.)

Variante der Markentreue	Ausprägung des Commitment
Echte Markentreue	Hohes Commitment
Unechte Markentreue	Geringes Commitment

Hinsichtlich der Klassifizierung der Markentreue ist je nach Perspektive von unterschiedlichen **Arten** auszugehen. Die Verbraucherperspektive faßt die Markentreue des *Konsumenten* ins Auge; bei der Herstellerperspektive steht die Markentreue des *Produzenten* im Mittelpunkt, die sich in der fortdauernden Produktion einer bestimmten Marke äußert. Die *Händler*-Markentreue dokumentiert hingegen den kontinuierlichen Vertrieb einer bestimmten Marke. Daneben existieren noch weitere Treue-Varianten, wie die *Kundentreue*, die *markenübergreifende Produkttreue*, die *Modelltreue* (z.B. bei einem Automobil) sowie die *Hersteller-* und *Firmentreue* (vgl. *Bernemann*, 1989, S. 18 ff.).

Interessanterweise kann ein hoher Zusammenhang zwischen *Markentreue* und *Geschäftstreue* festgestellt werden. Konsumenten wählen folglich für den wiederholten Kauf einer Marke bevorzugt das gleiche Geschäft, in dem sie diesen Kauf tätigen. Die Korrelationskoeffizienten verschiedener Untersuchungen bewegen sich dabei im Bereich von 0.70 bis 0.90 (vgl. *Kroeber-Riel & Trommsdorff*, 1973, S. 61; *Weinberg*, 1977, S. 79; *Kroeber-Riel & Weinberg*, 1996, S. 396).

Im folgenden wird auf theoretische Erklärungs- und Operationalisierungsansätze der Markentreue eingegangen. Da markentreues Verhalten von einer Vielzahl möglicher Faktoren abhängt, finden im Anschluß daran die jeweiligen Determinanten der Markentreue ihre Erwähnung. Das Gleiche gilt für die Anwendung unterschiedlicher Unternehmensstrategien, um markentreues

Verhalten seitens ihrer Kunden zu gewährleisten. Schlußendlich wird eine kurze Zusammenfassung dieses Sachverhalts gegeben, wobei auch mögliche Konsequenzen ihre Berücksichtigung finden.

11.2 Theoretische Erklärungsansätze zur Markentreue

11.2.1 Lerntheoretischer Ansatz

Markentreue kann auf einen Lernprozeß zurückgeführt werden. Eine operante Konditionierung findet dabei statt, wenn seitens des Konsumenten *positive Erfahrungen* als Verstärkung für den erneuten Kauf einer Marke herangezogen werden. Des weiteren können bestimmte Erfahrungen und Konsumgewohnheiten von dem sozialen Umfeld, insbesondere der eigenen Familie, übernommen werden. In dem Fall kann von einem *„Lernen am Modell"* (vgl. Theorie des sozialen Lernens von *Bandura*, 1976) ausgegangen werden. Solche Lernmechanismen können ein markentreues Verhalten beim Konsumenten bewirken, zumal dieses Verhalten für ihn eine *kognitive Entlastung* darstellt. Neben dieser primär kognitiven Treueentscheidung kann eine kognitive Entlastung und der Wunsch des Konsumenten nach *Vertrautheit* mit Produkten aber auch zu einem routinemäßigen Kaufverhalten führen, aus dem sich Markentreue entwickelt (vgl. *Tichelli*, 1979, S. 349).

11.2.2 Risikotheoretischer Ansatz

Der Kauf von Produkten kann außerdem mit Risiken verbunden sein. Hierbei lassen sich insbesondere Risiken *finanzieller*, *funktioneller*, *gesundheitlicher* und *psycho-sozialer* Art anführen (vgl. *Silberer*, 1981, S. 33). Um mit dem wahrgenommenen Risiko adäquat umzugehen, kann sich der Konsument verschiedener Strategien bedienen. Es besteht für ihn die Möglichkeit, sein Anspruchsniveau oder sein Kaufziel herabzusetzen, seine Kaufentscheidung am Preis zu orientieren oder andere Konsumenten nachzuahmen. Außerdem kann er sich vor dem Kauf mit zusätzlichen Informationen auseinandersetzen, um seine Unsicherheit zu reduzieren (vgl. *Silberer*, 1981, S. 33). Eine weitere entscheidende Strategie stellt das markentreue Verhalten dar, das als spezielle Variante sowohl der Risikoreduzierung als auch der Konfliktbewältigung gilt (vgl. *Tichelli*, 1979, S. 355). Laut *Roselius* (1971, S. 58 f.) gilt markentreues Verhalten als *effizienteste* Strategie, um mögliche Risiken zu minimieren. Der erneute Kauf der gleichen Marke wird getätigt, weil der Konsument bereits eigene positive Markenerfahrungen gemacht hat und negative Konsequenzen von seiner Seite nicht erwartet werden. Durch diesen Wiederkauf gelingt es dem Konsumenten letztendlich, eine Reduktion des von ihm wahrgenommenen Risikos herbeizuführen.

11.2.3 Dissonanztheoretischer Ansatz

Eine weitere Ursache markentreuen Verhaltens ist darin zu finden, daß der Konsument ständig bestrebt ist, seine kognitiven Dissonanzen möglichst gering zu halten. Auf die Theorie der kognitiven Dissonanz von *Festinger* (1957) wird an anderer Stelle ausführlich eingegangen. Unter einer kognitiven Dissonanz wird dabei ein unangenehmer psychischer Zustand verstanden, der insbesondere *nach* dem Produktkauf auftritt. Der Konsument muß gewissermaßen mit den Nachteilen der von ihm gewählten Marke leben und auf die Vorteile der abgelehnten Alternativmarken verzichten. Als Strategie der Dissonanzreduktion kann er eine *Umbewertung der Produkteigenschaften* vornehmen, so daß die Vorteile seiner gewählten Marke mehr in den Vordergrund treten. Oft findet in derartigen Situationen eine *selektive Informationsaufnahme* statt, d.h. es werden lediglich die Informationen herangezogen, die die eigene Kaufentscheidung bestätigen. Die Folge ist eine Präferenz für eine bestimmte Marke. Die Dissonanzreduktion motiviert den Konsumenten dabei, künftig markentreues Verhalten an den Tag zu legen. Insbesondere bei komplexen Entscheidungen, die eine Unsicherheit seitens des Konsumenten bewirken, bietet sich markentreues Verhalten zur Vermeidung kognitiver Dissonanzen an. Unsicherheit wird dabei durch geringe Kauffrequenz, häufig wechselnde Angebote, soziale Auffälligkeit sowie Risikobeladenheit der Marktleistung hervorgerufen (vgl. *Tichelli*, 1979, S. 354 f.).

11.3 Operationalisierungsansätze und Modelle des Treue- und Wechselverhaltens

Zur Messung der Markentreue finden sich in der Literatur unzählige Ansätze, die allerdings von unterschiedlichen Perspektiven ausgehen. Innerhalb **behavioristischer Modelle** wird der Verhaltensaspekt in Form der eigentlichen Kaufhandlung betont, während bei **einstellungsorientierten Konzepten** die Einstellung des Konsumenten zu einer Marke eine entscheidende Rolle spielt (vgl. *Nolte*, 1976, S. 71 ff.). Eine Übersicht über die Operationalisierungsansätze der Markentreue liefert die folgende *Tabelle 29.*

Tabelle 29: Operationalisierungsansätze der Markentreue (nach *Nolte*, 1976, S. 71 ff.)

Behavioristische Modelle	Einstellungsorientierte Modelle
Kaufreihenfolge-Konzept	Markenpräferenz-Konzept
Marktanteils-Konzept	
Markenanzahl-Konzept	Wiederkaufsabsicht-Konzept
Wiederkaufs-Wahrscheinlichkeits-Konzept	Substitutionsbereitschafts-Konzept

Darüber hinaus existieren auch im Bereich *Dienstleistungen* theoretische Ansätze der Markentreue und des Markenwechsels.

11.3.1 Behavioristische Konzepte

Der eher beschreibende Charakter behavioristischer Konzepte findet sich im Kaufreihenfolge-, Marktanteils-, Markenanzahl- und im Wiederkaufswahrscheinlichkeits-Konzept wieder (vgl. *Nolte*, 1976, S. 17 ff.):

- Beim *Kaufreihenfolge-Konzept* steht die Ermittlung von Kauffolgen im Mittelpunkt der Betrachtung. Wenn eine hohe Anzahl von Käufen einer bestimmten Marke vorliegt, wird dies als markentreues Verhalten bezeichnet. Maximale Markentreue äußert sich beispielsweise in der Kauffolge AAAAA, während dies bei der Kauffolge ABCDE nicht der Fall ist.

Allerdings existiert keine genaue Angabe darüber, ab wieviel Kauffolgen von Markentreue gesprochen werden kann. In der Regel wird von drei bis fünf Kauffolgen ausgegangen (vgl. *v. Rosenstiel & Ewald*, 1979, S. 104).

- Beim *Marktanteils-Konzept* wird die Anzahl der Markenkäufe in Relation zu den Gesamt-käufen innerhalb der entsprechenden Produktkategorie gesetzt. Dadurch erhält man den Anteil der am häufigsten gekauften Marke. Es liegt auch bei diesem Konzept keine genaue Angabe über die Höhe des Marktanteils vor (vgl. *v. Rosenstiel & Ewald*, 1979, S. 105). Ab einem Anteilswert von ungefähr 50-70% wird von Markentreue gesprochen (vgl. *Nolte*, 1976, S. 25).

- Beim *Markenanzahl-Konzept* bestimmt die Anzahl der gekauften Marken einen Marken-treuewert. Hier sind allerdings Fehlurteile vorhersehbar, wenn nicht auch die Kauffolge zu-sätzliche Beachtung findet. Ein Konsument mit der Kauffolge ABCDBADCBADC würde dabei durch die Wahl von 4 Marken als markentreuer angesehen als mit der Kauffolge ABCDEFFFFFFF, da hier von ihm 6 Marken gewählt werden. Tatsächlich liegt aber nur bei der zweiten Kauffolge markentreues Verhalten vor, das sich darin äußert, daß Marke F wiederholt nacheinander gekauft wird (vgl. *Nolte*, 1976, S. 28).

- *Wiederkaufswahrscheinlichkeits-Konzepte* haben zum Ziel, Wahrscheinlichkeitsangaben für einen wiederholten Kauf zu ermöglichen. Das Auffinden stochastischer Gesetzmäßig-keiten bei Wiederholungskäufen steht folglich hierbei im Vordergrund. *Gierl & Marcks* (1993, S. 105 ff.) setzen sich speziell mit dem Meßmodell von *Bawa* (1990) auseinander, das die Ermittlung von Haushaltspaneldaten hinsichtlich der jeweiligen Ausprägung an Markentreue bezweckt. Sie gehen dabei auf theoretische und empirische Grenzen des Mo-dells ein und kommen zu dem Schluß, daß zum jetzigen Zeitpunkt kein Meßmodell imstan-de ist, die verschiedenen Variablen des markentreuen Verhaltens vollständig abzudecken.

Kritisch anzumerken ist außerdem, daß *behavioristische Konzepte* lediglich beschreibenden Charakter aufweisen und nur den Verhaltensaspekt berücksichtigen. Viel wichtiger erscheint vielmehr, nach den Ursachen dieses Verhaltens zu forschen, somit die dahinterliegende Ein-stellung des Konsumenten mehr zu betrachten. Dies hebt die Wichtigkeit *einstellungsorien-tierter Konzepte* hervor, auf die im folgenden eingegangen wird.

11.3.2 Einstellungsorientierte Konzepte

Als bekannte einstellungsorientierte Konzepte gelten dabei das Markenpräferenz-, das Wieder-
kaufsabsicht- und das Substitutionsbereitschafts-Konzept. Diese drei Konzepte können folgendermaßen beschrieben werden (vgl. *Nolte*, 1976, S. 71 ff.):

- Beim *Markenpräferenz-Konzept* wird die *affektive* Seite der Einstellung hervorgehoben.
  Wenn ein Konsument eine bestimmte Marke präferiert, hat er ihr gegenüber eine positivere
  Einstellung als gegenüber einer anderen Marke. Der Markentreuewert ergibt sich hierbei
  als Resultat einer Übereinstimmung der Markenpräferenzen über einen längeren Zeitraum
  hinweg. Ab welchem Zeitpunkt allerdings von Markentreue gesprochen werden kann, findet keine explizite Erwähnung (vgl. *Nolte*, 1976, S. 75; *v. Rosenstiel & Ewald*, 1979, S.
  106).

- Die *konative* Komponente der Einstellung wird beim *Wiederkaufsabsicht-Konzept* betont.
  Im Mittelpunkt steht die Absicht des Konsumenten, beim nächsten Kauf wiederum der
  zuletzt gekauften Marke den Vorzug zu geben. Ob allerdings die Kaufabsicht überhaupt als
  angemessener Indikator des tatsächlichen Kaufverhaltens gelten kann, ist als fragwürdig
  anzusehen. *Mayer* (1990, S. 190) geht in dem Zusammenhang von einer „... *fehlenden
  oder nur mäßigen Prognosefähigkeit dieses Indikators ...* " aus.

- Wenn seitens des Konsumenten die Bereitschaft zu einem *Markenwechsel* vorliegt, kommt
  der Meßwert des *Substitutionsbereitschafts-Konzepts* zum Tragen. Um die Bereitschaft eines Wechsels zu ermitteln, muß sich der Konsument mit Situationen auseinandersetzen,
  die Markentreue erschweren. Es existieren zwei Ansätze, um diesen Sachverhalt zu klären.
  Innerhalb einer Situation wird angegeben, daß eine Preiserhöhung der zuletzt gekauften
  Marke stattfindet. Im Gegensatz dazu bleibt allerdings der Preis bei den Konkurrenzmarken unverändert. Eine ausgeprägte Markentreue besteht, wenn erst bei einer großen Preis-
  differenz der Konsument eine Bereitschaft zum Markenwechsel zeigt. Kritisch anzumerken ist auch hier, daß keine Aussage darüber getroffen wird, ab welchem Zeitpunkt von
  Markentreue gesprochen werden kann.

  Innerhalb einer anderen Situation erfährt der Konsument, daß seine zuletzt gekaufte Marke
  nicht vorrätig ist. Falls seitens des Konsumenten eine erhöhte Bereitschaft besteht, den

Kauf aufzuschieben bzw. diesen in einem anderen Geschäft zu tätigen, kann von einer ausgeprägten Markentreue ausgegangen werden. Zwar existiert hier eine genaue Angabe, wann Verhalten als markentreu bezeichnet werden kann; allerdings scheint eine Differenzierung der Markentreue in verschiedene Grade schwierig zu sein. Eventuell könnte hierbei die Zeitdauer des Aufschiebens als Kriterium herangezogen werden.

Behavioristische und einstellungsorientierte Ansätze gehen von unterschiedlichen Aspekten aus. Wird bei behavioristischen Modellen lediglich der Verhaltensaspekt hervorgehoben, setzen sich einstellungsorientierte Ansätze insbesondere mit der Einstellung des Konsumenten auseinander. Allerdings liegen keinerlei Aussagen über den tatsächlichen Zusammenhang zwischen Einstellung und Verhalten in einer Kaufsituation vor. Letztendlich müssen diese Ansätze als Orientierungsrahmen verstanden werden, um ein besseres Verständnis für ein Treue- oder Wechselverhalten zu ermöglichen.

11.3.3 Ansatz zur Kundenbindungsintensität von *Scharioth* (1996)

Es gibt weitere Ansätze, die sich nicht nur auf Marken begrenzen, sondern die vielmehr auch Dienstleistungen in ihrer theoretischen Konzeption mitberücksichtigen. Bei der Messung der Kundenbindungsintensität werden hierbei verschiedene Komponenten berücksichtigt (vgl. *Scharioth*, 1996, S. 12 f.). Bei den einzelnen Komponenten handelt es sich um die rationale Leistungsbewertung, die emotionale Kundenzufriedenheit, die intentionale Kundentreue sowie die Einzigartigkeit des Anbieterangebotes (vgl. *Abbildung 42*). Zusammengenommen ergeben sie einen einzigen Indikator, der die vollständige Intensität der Kundenbindung widerspiegelt.

254

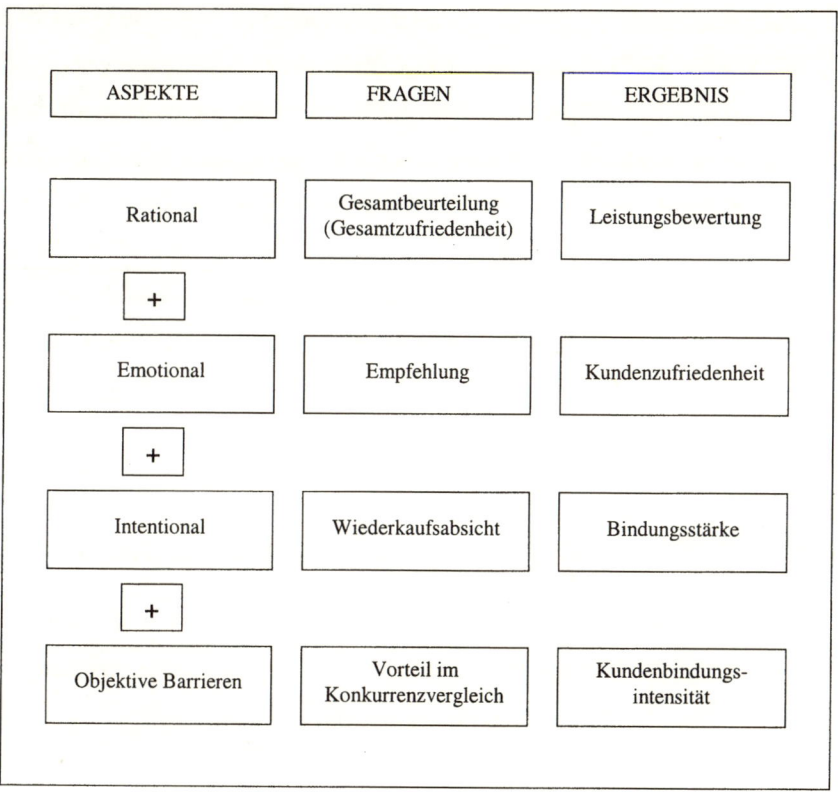

Abbildung 42: Komponenten der Kundenbindungsintensität (Quelle: *Scharioth*, 1996, S. 13)

11.3.4 Modell zum Wechselverhalten von *Keaveney* (1995)

Im Sektor Dienstleistungen stellt *Keaveney* (1995, S. 74 ff.) mittels der Ergebnisse ihrer umfangreichen Untersuchung ein Modell zum Wechselverhalten auf (vgl. *Abbildung 43*).

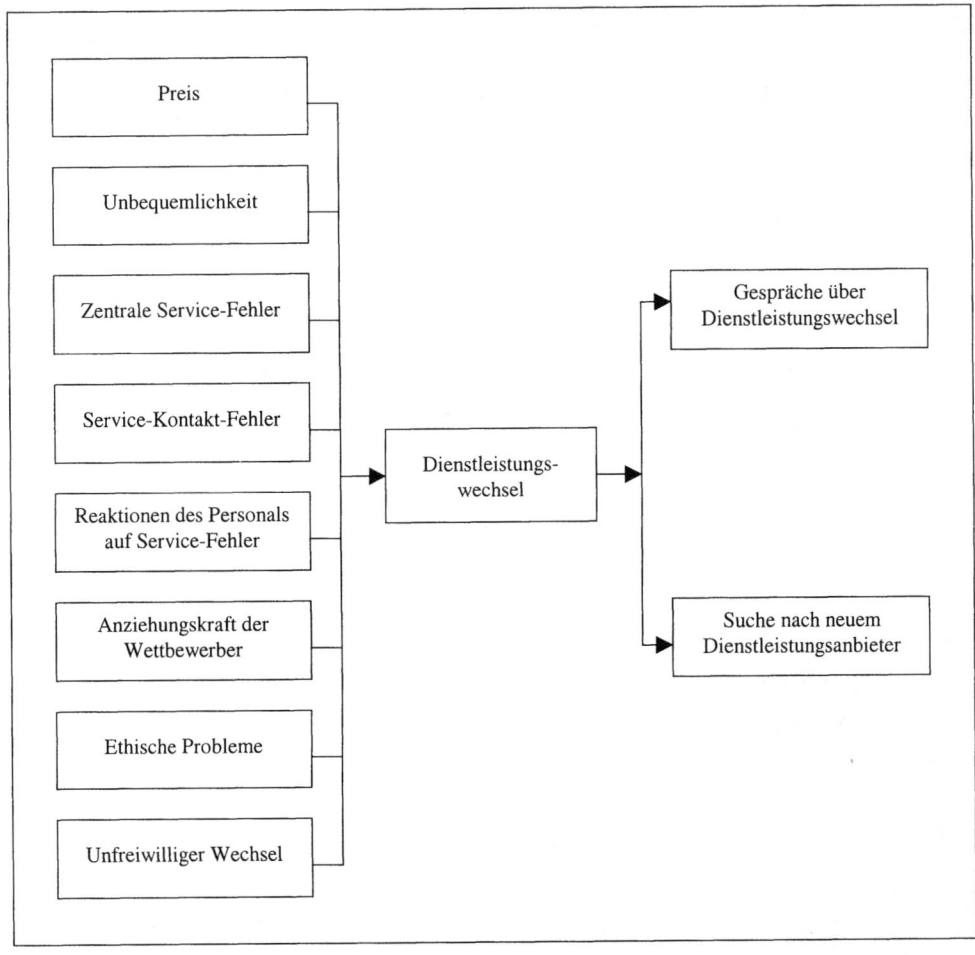

Abbildung 43: Modell des Wechselverhaltens im Sektor Dienstleistungen
von *Keaveney* (1995, S. 76)

Dabei werden 526 Konsumenten befragt, die im Laufe des letzten halben Jahres unterschiedliche Dienstleistungen in Anspruch genommen haben. Bei den in der Untersuchung
herangezogenen 45 verschiedenen Dienstleistungen handelt es sich beispielsweise um
Autowerkstätten, Restaurants, Hotels, Fluglinien, Arztpraxen oder *Banken*. Insgesamt
werden 838 kritische Verhaltensweisen von Firmen angesprochen, die Auslöser für einen
Wechsel sind. *Keaveney* komprimiert diese Verhaltensweisen zu 8 Kategorien, die wesentliche Bestandteile ihres Modells zum Wechselverhalten im Sektor Dienstleistungen
ausmachen (vgl. *Abbildung 43*).

Bei den **zentralen Service-Fehlern** (core service failures) handelt es sich um die Kategorie, die häufigster Auslöser für einen Wechsel darstellt (vgl. *Tabelle 30*). Konkrete Gründe sind hier Fehler allgemeiner Art und Fehler, die negative Auswirkungen auf das soziale Umfeld des Konsumenten haben, oder inkorrekte Rechnungsstellungen.

Tabelle 30: Häufigkeit der Ursachen für einen Dienstleistungswechsel
(nach *Keaveney*, 1995, S. 74 ff.)

Ursache	Relative Häufigkeit
Zentrale Service-Fehler	44 %
Service-Kontakt-Fehler	34 %
Preis	30 %
Unbequemlichkeit	20 %
Reaktion des Personals auf Service-Fehler	17 %
Anziehungskraft der Wettbewerber	10 %
Ethische Probleme	7 %
Unfreiwilliger Wechsel	6 %
Selten erwähnte Ursachen	5 %

Die **Service-Kontakt-Fehler** (service encounter failures) werden am zweithäufigsten als Ursache für einen Wechsel angesehen. Hierunter sind die Beziehungen zwischen dem Konsumenten und dem Servicepersonal zuzuordnen. Es wird als sehr negativ wahrgenommen, daß das Personal sich häufig nicht um die Belange der Kunden kümmert, unhöflich ist oder über kein adäquates Wissen in dem jeweiligen Fachgebiet verfügt. Der **Preis** (pricing) wird als dritthäufigster Grund für einen Wechsel angegeben. Der jeweiligen Dienstleistung werden zu hohe Preise oder ein extremer Preisanstieg vorgeworfen. Als negativ werden außerdem unfaire oder irreführende Preisstrategien erlebt. Als weitere Ursachen werden **Unbequemlichkeit** (inconvenience), **Reaktionen des Personals auf Service-Fehler** (employee responses to service failures) und **Anziehungskraft der Wettbewerber** (attraction by competitors) genannt. Weniger häufige Gründe für einen Wechsel stellen **ethische Probleme** (ethical problems) und **unfreiwilliger**

Wechsel (involuntary switching) dar, wobei es noch eine zusätzliche Kategorie gibt, in der die am **seltensten erwähnten Ursachen** subsumiert sind (seldom-mentioned incidents) (vgl. *Tabelle 30*).

Abschließend läßt sich sagen, daß es sich hierbei um das *erste* Modell des Wechselverhaltens im Sektor Dienstleistungen handelt. Mithilfe des Modells werden mögliche Gründe für den Wechsel eruiert, aber der Prozeß des Wechsels selbst bleibt noch ungewiß. Die Autorin wirft für weitere Modellentwicklungen die Frage nach der Rolle kognitiver und emotionaler Einschätzungen auf (vgl. *Keaveney*, 1995, S. 80). Ebenso stellt sich die Frage, ob Einschätzungen hinsichtlich Service-Zufriedenheit und Service-Qualität Einfluß auf das Wechselverhalten haben, dieses unter Umständen reduzieren und sich für markentreues Verhalten verantwortlich zeigen. Zukünftig sollte der kognitive Verarbeitungscharakter des Konsumenten nicht unberücksichtigt bleiben. Möglicherweise spielt er eine nicht unwesentliche Rolle bei dem Wechselverhalten, wenn es um die Verarbeitung eigener Handlungen oder der Handlungen von Service-Anbietern geht.

11.4 Determinanten der Markentreue und des Markenwechsels

11.4.1 Produktspezifische Einflußfaktoren

In Abhängigkeit von der **Produktkategorie** kann unterschiedliches Treueverhalten auftreten. Sowohl wenig markierte Produkte des alltäglichen Bedarfs (convenience goods) als auch selten gekaufte Gebrauchsgüter (shopping and speciality goods) führen zu einer geringen bis mittleren Markentreue. Eine hohe Ausprägung an Markentreue äußert sich primär bei stark markierten Produkten des alltäglichen Bedarfs (vgl. *Kroeber-Riel & Weinberg*, 1996, S. 395). Aber auch eine bestimmte Art der **Produktgestaltung** kann Auswirkungen auf Markentreue oder Markenwechsel der Käufer haben. Wenn ein Konsument zufrieden mit einem Produkt ist, das mittels eines unverwechselbaren Designs Qualität vermittelt (vgl. *Wallentin*, 1989, S. 259) oder dessen Preis-Leistungs-Verhältnis auch in sich stimmig ist, kann sich das durchaus in einer erhöhten Wiederkaufsrate äußern. Interessanterweise zeigt sich, daß Markentreue insbesondere auftritt, wenn seitens der Konsumenten eine *„exzellente"* Einschätzung von Produkt oder Dienstleistung bzw. von der Fachkompetenz des Verkaufspersonals vorgenommen wird, als wenn diese lediglich *„ziemlich gut"*, *„indifferent"*, *„ziemlich schlecht"* oder *„sehr schlecht"* ausfällt (vgl. *Kasper*, 1988, S. 394). Wenn sich der Konsument darüber hinaus auch noch mit der Produktaussage und möglicherweise dem Unternehmen identifizieren kann, kann sich daraus eine langfristige Markentreue entwickeln. In diesem Zusammenhang spielt die Vermittlung emotionaler Produkt- und Markenerlebnisse eine nicht unwichtige Rolle, kann sie doch *„...emotionale Konsumentenbindungen an einen Anbieter verstärken"* (vgl. *Kroeber-Riel & Weinberg*, 1996, S. 115).

Unabhängig von der Produktebene kann auf der **Service-Ebene** eine hohe Markentreue bei gleichzeitigem Vorliegen einer erhöhten Service-Qualität festgestellt werden. Kunden zeigen insbesondere die Bereitschaft zu markentreuem Verhalten, wenn keine Service-Probleme existieren. Existieren doch Service-Probleme, die allerdings schnell gelöst werden können, legen sie ein markentreueres Verhalten an den Tag als wenn diese Probleme zu keiner Lösung führen (vgl. *Zeithaml, Berry & Parasuraman*, 1996, S. 42).

11.4.2 Soziale Einflußfaktoren

Der soziale Einfluß ist eine wichtige Variable hinsichtlich Treue- bzw. Wechselverhalten. Von Interesse ist vor allem, den Aspekt der Markentreue, wie er sich über verschiedene **Generationen** hinweg darstellt, miteinzubeziehen. Es erscheint plausibel, daß Kinder im Rahmen ihres Sozialisationsprozesses von ihren Eltern bestimmte Verhaltensweisen und Kommunikationsmuster übernehmen. Demzufolge könnte dies auch ein markentreues Verhalten über verschiedene Generationen hinweg miteinschließen. Die Befunde zu diesem Sachverhalt sind ambivalent. In der Literatur können laut *Bernemann* (1989, S. 121) keine signifikanten Ergebnisse gefunden werden, was markentreues Verhalten innerhalb der Familie betrifft. Allerdings setzt sich *Olsen* (1993, S. 576 ff.) in einer rein qualitativ orientierten Studie mit diesem Gedankengang auseinander. Die dort angeführten Ergebnisse sprechen dafür, daß Kinder vor allem von ihren Müttern markentreues Verhalten erlernen, während Väter in diesem Zusammenhang eine untergeordnete Rolle spielen. Ausnahme bildet allerdings das Produkt Auto, bei dem überwiegend Väter ihren Söhnen eine bestimmte Automarke vermitteln. Die Marke und damit einhergehend die Markentreue wird gewissermaßen zum *„Symbol der Sozialisation"* (*Olsen*, 1993, S. 578).

Daß die Werbung betreibenden Unternehmen sich des dominierenden Einflusses der Familie hinsichtlich Markentreue und auch anderer Kriterien bewußt sind, zeigt sich vor allem in der Werbung. Hier wird der Familiengedanke in zahlreiche TV- und Hörfunkspots integriert.

In einer bekannten deutschen Fernsehwerbung treffen sich einige Familienmitglieder und Freunde anläßlich einer Feierlichkeit zu Kaffee und Kuchen. Die Gastgeberin stellt dabei mit Erschrecken fest, daß ihr angebotener Kaffee bei ihren Gästen anscheinend kaum Zustimmung findet. Zum Glück ist ihre Mutter anwesend und rät ihr, eine bestimmte Kaffeemarke auszuprobieren, die sie selbst schon seit Jahren verwendet. Als sie diesen Kaffee ihren Gästen anbietet, sind alle vollkommen begeistert, und die Gastgeberin nimmt sich vor, künftig nur noch diesen speziellen Kaffee zu trinken.

In einer Studie über das Wechselverhalten von Konsumenten (vgl. *Keaveney*, 1995, S. 79) stellt sich vor allem der **familiäre** oder **freundschaftliche Kontakt** als ausschlaggebend heraus. Die Gründe für ihren Wechsel tauschen 75% aller Konsumenten mit einer oder mehreren anderen Personen in einem persönlichen Gespräch aus. Hier fällt der Faktor Nähe ins Gewicht. Es findet insbesondere ein Austausch mit Familienmitgliedern, Freunden, Nachbarn oder Kollegen statt. Bei der Suche nach einem neuen Anbieter nimmt ein Großteil der Konsumenten das Gespräch mit Familienmitgliedern oder Bekannten zu Hilfe. Nur ein Teil findet den neuen Anbieter durch eine eigene aktive Suche oder durch Marketingmaßnahmen (vgl. *Tabelle 31*).

Tabelle 31: Häufigkeit der Kriterien für die Wahl eines neuen Anbieters
(nach *Keaveney*, 1995, S. 79)

Kriterium	Relative Häufigkeit
Gespräch mit Familie und Bekannten	50 %
Eigene aktive Suche	20 %
Marketingmaßnahmen	20 %

11.4.3 Konsumentenspezifische Einflußfaktoren

11.4.3.1 Produkterfahrungen

Von einigen Autoren wird die positive Einstellung und Erfahrung des Konsumenten hervorgehoben, die für die Entstehung von markentreuem Verhalten maßgeblich sind (vgl. *v. Rosenstiel & Ewald*, 1979, S. 103; *Brand & Bungard*, 1982, S. 265). Als wesentliche Bestimmungsgrößen markentreuen Verhaltens gelten allerdings insbesondere die *Produkterfahrungen*. *Tellis & Gaeth* (1990, S. 43) gehen davon aus, daß vor allem kürzlich gemachte Produkterfahrungen eher als langfristige Erfahrungen in eine Entscheidungsfindung eingehen. Dies steht auch mit ihren Ergebnissen zum Markenwechsel in Einklang, bei dem vor allem die Markenerfahrung der zeitlich letzten Periode Einfluß auf das Konsumentenverhalten hat. Bei schlechten Erfahrungen findet ein Markenwechsel statt, während gute Erfahrungen ein eher markentreues Verhalten zur Folge haben.

11.4.3.2 Zufriedenheit

Es ist davon auszugehen, daß markentreues Verhalten gelernt werden kann. Es können verhaltenswirksame Prozesse wie die operante Konditionierung ablaufen, um markentreues Verhalten zu evozieren. Hierbei führt die Belohnung bzw. positive Verstärkung eines Verhaltens dazu,

261

daß dieses immer wiederholt wird. In dem Zusammenhang ließe sich die *Zufriedenheit* als weitere, wichtige Determinante der Markentreue anführen. Bei einer differenzierteren Sichtweise muß allerdings festgehalten werden, daß nicht zwingend Beziehungen zwischen Markentreue und Zufriedenheit sowie Markenwechsel und Unzufriedenheit bestehen. Es besteht ohne Frage ein enger Zusammenhang zwischen Markentreue und Umfang (hoch versus gering) bzw. Art (manifest versus latent) der Zufriedenheit (vgl. *Bloemer & Kasper*, 1995, S. 322). Allerdings sind die Ergebnisse zu diesem Sachverhalt in der Marketingliteratur uneinheitlich. Beispielsweise zeigen in einer Studie von *Kasper* (1988, S. 392 ff.) 17% zufriedener Kunden die Bereitschaft eines Wechsels, während 46% unzufriedener Kunden weiterhin eher markentreues Verhalten an den Tag legen wollen. Vor dem Hintergrund scheinen neben dieser rein lernpsychologischen Sicht noch weitere Faktoren eine entscheidende Rolle zu spielen.

11.4.3.3 Involvement

In Abhängigkeit vom *Involvement* des Konsumenten zeigt sich ein unterschiedliches Verhalten. Die Ergebnisse von *Babin, Griffin & Babin* (1994, S. 408 f.) sprechen dafür, daß ein vermehrter Markenwechsel insbesondere bei *hohem* Involvement auftritt. Wenn sich Konsumenten lange mit einzelnen Produkten bzw. Dienstleistungen auseinandersetzen - in dem Zusammenhang gilt ihre Auseinandersetzung als Indikator für ihre *kognitiven Fähigkeiten* - ist eine Abnahme der Markentreue feststellbar. Konsumenten, die über eine größere Aufnahmekapazität verfügen, integrieren in ihre Überlegungen eine Vielzahl von Konkurrenzprodukten und neigen aus dem Grund vermehrt zu Markenwechsel (vgl. *Bloemer & Kasper*, 1995, S. 324). Markentreues Verhalten hingegen äußert sich dabei vor allem bei geringem Involvement. Es findet im Rahmen von routinemäßigen Einkäufen statt, bei denen keine starke emotionale Bindung zur Marke besteht. Dies geht einher mit der potentiellen Neigung des Konsumenten, den Aufwand einer Kaufentscheidung so gering wie möglich zu halten (vgl. *Müller-Hagedorn*, 1986, S. 64).

11.4.3.4 Entscheidungssicherheit

Der Kauferfolg wird von markentreuen Neuwagenkäufern als sicherer eingeschätzt als von nicht markentreuen Käufern (vgl. *Bernemann*, 1989, S. 145). Markentreue hängt folglich mit einer gewissen *Entscheidungssicherheit* und damit auch mit der *Verringerung möglicher kognitiver Dissonanzen* zusammen. Interessanterweise wird in dem Zusammenhang ermittelt, daß markentreues Verhalten vor allem im Rahmen der Verringerung *starker* Dissonanzen auftritt, während bei *leichten* Dissonanzen dieser Effekt nicht in dem Ausmaß stattfindet (vgl. *Kroeber-Riel & Weinberg*, 1996, S. 186). Die Faktoren *Unsicherheit* und *Kosten* eines Wechsels spielen eine nicht unwesentliche Rolle beim Wechselverhalten von Konsumenten. Innerhalb eines Marktes, in dem ein schneller technologischer Wandel seitens der Konsumenten wahrgenommen wird, besteht folglich eine hohe Unsicherheit. Dies geht mit einem eher verkäufertreuen Verhalten einher und schließt ein Wechselverhalten mehr oder minder aus. Ein Wechsel wird ferner auch nicht in Erwägung gezogen, wenn die damit einhergehenden Kosten als zu hoch wahrgenommen werden (vgl. *Heide & Weiss*, 1995, S. 36 ff.). Einen weiteren, interessanten Gesichtspunkt liefert *Kasper* (1988, S. 394), dessen Untersuchungsergebnisse dafür sprechen, daß eine größere Markentreue bei Konsumenten besteht, die sich im Vorfeld einer Kaufhandlung mit vielen *Informationen* über das Produkt bzw. die Dienstleistung auseinandergesetzt haben.

11.4.3.5 Sozialer Status

Auch *soziodemographische Faktoren* üben einen entscheidenden Einfluß auf das markentreue Konsumentenverhalten aus. Eine höhere Markentreue findet sich bei geringem *sozialen Status*, da hier aufgrund der geringen Bildung eine Kaufunsicherheit vorherrscht (vgl. *Kroeber-Riel & Weinberg*, 1996, S. 396). Auch *Kasper* (1988, S. 394) geht davon aus, daß seitens Konsumenten mit geringer Bildung sowie mittlerem Einkommen eine Tendenz in Richtung markentreuem Verhalten besteht. Vergleichbare Ergebnisse ergeben sich in einer Studie über die Markentreue privater Neuwagenkäufer, deren Markentreue bei steigendem Sozialstatus abnimmt (vgl. *Ber-*

nemann, 1989, S. 97). Kriterien sind dabei der eigene Schulabschluß sowie der des Partners und das Haushaltsbruttoeinkommen. Möglicherweise hängt das geringere Treueverhalten bei höherem sozialen Status damit zusammen, daß die Konsumenten über mehr finanzielle Mittel verfügen, demzufolge in ihrer Markenwahl auch wechseln können. Neben dieser größeren finanziellen Freiheit kann ihr Verhalten auch auf eine Art demonstrativen Konsum zurückzuführen sein. Man kann es sich gewissermaßen nur bei höherem sozialen Status erlauben, Markenwechsel vorzunehmen und mit dem Kauf teurer Marken seine eigene soziale Stellung zu demonstrieren. Allerdings trägt der *Prestigewert* eines Produktes entschieden zu markentreuem Verhalten bei. Je mehr ein Produkt über ein bestimmtes Image oder Prestige verfügt, desto motivierter ist der Konsument, dieses ständig zu erwerben (vgl. *Kroeber-Riel & Weinberg*, 1996, S. 396).

11.4.3.6 Alter

Bei der Wahrnehmung eines hohen Kaufrisikos kann markentreues Verhalten auftreten, um mögliche Risiken zu vermeiden (vgl. *Müller-Hagedorn*, 1986, S. 64; *Kroeber-Riel & Weinberg*, 1996, S. 396; *Nieschlag, Dichtl & Hörschgen*, 1997, S. 446). In Abhängigkeit vom *Alter* werden Risiken dabei unterschiedlich wahrgenommen. Ältere Menschen weisen eine verstärkte Risikowahrnehmung beim Autokauf auf als jüngere Verbraucher (vgl. *Bernemann*, 1989, S. 215). Markentreues Verhalten zeigt sich außerdem eher im Alter, da dies mit einer verminderten Risikobereitschaft und Flexibilität einhergeht (vgl. *Kroeber-Riel & Weinberg*, 1996, S. 396; *Bernemann*, 1989, S. 90).

11.4.4 Zusammenfassender Überblick

Zusammenfassend läßt sich sagen, daß es eine Vielzahl von Determinanten gibt, die markentreues oder Wechselverhalten mehr oder weniger determinieren. Sicherlich muß oft auch von einer Kombination einzelner Determinanten ausgegangen werden, da es sich bei der Markentreue bzw. beim Markenwechsel um ein komplexes und vielschichtiges Konstrukt handelt. Im Prinzip kann vor allem gerade diese *Kombination* von personen- und situationsabhängigen Einflußgrößen zu der Neigung führen, ein markentreues Kaufverhalten oder ein Wechselverhalten an den Tag zu legen. Von entscheidender Relevanz ist in diesem Zusammenhang auch die durch die Markenwahl ausgelöste Empfindung bei der Kaufhandlung, da sie als Motivationsfaktor für ein weiteres mögliches Kaufverhalten gelten kann (vgl. *Gierl & Marcks*, 1993, S. 103 f.).

11.5 Strategien zur Bewahrung von Markentreue und Vermeidung von Markenwechsel

Im Laufe der letzten Jahre hat sich der Wettbewerb zwischen den Unternehmen immer mehr verschärft. Jeder Kunde gewinnt für ein Unternehmen an Wichtigkeit, denn „... *verlorene Kunden bedeuten verlorenen Ertrag*" (*Ehresmann & Hensche*, 1996, S. 34). Darüber hinaus ist die Gewinnung neuer Kunden extrem kostenintensiv. Dies hängt damit zusammen, daß Neukunden erst nach mehreren Jahren für ein Unternehmen von profitablem Wert sind und zu einem erhöhten Konsum neigen (vgl. *Reichheld & Sasser*, 1990, S. 106 ff.; *Zeithaml, Berry & Parasuraman*, 1996, S. 32 f.). Vor dem Hintergrund räumen Unternehmen der Entwicklung von Strategien zur Erhaltung markentreuer Kunden eine besondere Priorität ein.

Im Bereich des **Nachkaufmarketing** werden gezielte Anstrengungen unternommen, mittels besonderer Service-Leistungen oder einer vermehrten Berücksichtigung von Kundenreklamationen dem Konsumenten das Gefühl zu vermitteln, daß das Unternehmen auf die Wünsche und Vorstellungen seiner Kunden eingeht und diese mit vollem Einsatz bestrebt ist zu befriedigen. Es sollte dem Kunden ferner auch kommuniziert werden, daß es sich dabei nicht nur um leere Phrasen handelt, sondern vielmehr die tatsächliche Entwicklung und Verbesserung der Unternehmensleistungen in Form von Produkten oder Dienstleistungen von entscheidender Relevanz ist.

11.5.1 Barrieren des Markenwechsels oder Zufriedenheit?

Fornell (1992, S. 10) unterscheidet zwei verschiedene Strategieformen. Ein Unternehmen kann sich markentreue Kunden erhalten, indem es sich zum einen sogenannte **Barrieren des Markenwechsels** (*„switching barriers"*) zu Nutze macht (vgl. *Abbildung 44*) oder zum anderen bestrebt ist, bei ihren Kunden **Zufriedenheit** hervorzurufen. In Abhängigkeit von bestimmten Unternehmensbereichen scheinen allerdings die Barrieren des Markenwechsels nicht zwingend ein markentreues Verhalten hervorzurufen. Dies ist der Fall im Bereich Automobile, Nahrung, Charter-Reisen und Computer (vgl. *Fornell*, 1992, S. 16).

Es stellt sich die Frage, ob Hindernisse des Markenwechsels oder Kundenzufriedenheit für die Erhaltung von Kundentreue sinnvoller sind. Langfristig erscheinen positive Produkterfahrungen sowie die Überzeugung des Kunden, daß Produkt und Unternehmen zufriedenstellende Leistungen erbringen, eine größere Garantie für Kundentreue darzustellen.

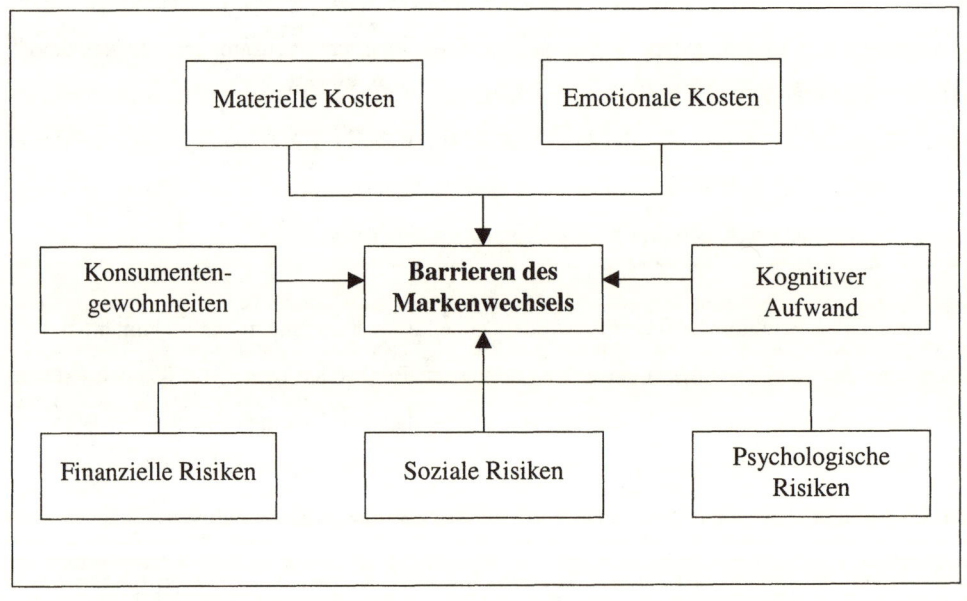

Abbildung 44: Mögliche Barrieren des Markenwechsels (nach *Fornell*, 1992, S. 10)

11.5.2 Kunden-Clubs

Zur Förderung einer intensiven Kundenbindung treten in jüngster Zeit vor allem *Kundenclubs* in den Vordergrund (vgl. dazu *Butscher*, 1996, S. 46 f.). Für jede potentielle Zielgruppe scheint es einen adäquaten Club zu geben. Den ADAC-Club für den sicherheitsliebenden, den Porsche-Club für den elitären Autofahrer, den Steiff-Club für den Teddybärenliebhaber, den Pro7-Club für den interessierten Fernsehzuschauer. Auch im Bereich von Buchclubs finden sich solche Marketingmaßnahmen, um einem Markenwechsel entgegenzuwirken. Konsumenten, die schon seit mehreren Jahren Mitglied in diesen Clubs sind, werden mit Treuerabatten motiviert, weiterhin als Kunde dieser Clubs Käufe zu tätigen. Es ließen sich noch unzählige weitere Kundenclubs aufzählen. Heute ist es geradezu „in", diese als Marketing-Instrument einzusetzen, um eine enge Kundenbindung zu bewirken. Denn der Club kann dem Kunden noch den zusätzlichen Vorteil bieten, durch seine Mitgliedschaft ein Gefühl der Zugehörigkeit zu einer besonderen sozialen Gruppe zu empfinden. Dieser Gesichtspunkt ist vor allem vor dem Hintergrund relevant, daß Konsumenten häufig bei einem Produkt oder einer Dienstleistung einen Zusatznutzen vermissen. Dieser Zusatznutzen könnte dabei möglicherweise durch den Clubgedanken abgedeckt werden (vgl. *Butscher*, 1996, S. 49).

11.5.3 Zusätzliche Service-Leistungen

Durch den zunehmenden Wettbewerb ist im Bereich des Luftverkehrs immer mehr eine Entwicklung in Richtung Markenwechsel festzustellen (vgl. *Schmengler & Thieme*, 1995, S. 130). Zur Befriedigung der Kundenbedürfnisse und zur Belohnung treuer Kunden bieten Luftverkehrsgesellschaften neben ihrer eigentlichen Leistung des Flugtransportes noch *zusätzliche Service-Leistungen*, wie Zubringerdienste und Mietwagen-Service vor bzw. nach dem Flug sowie Verpflegung und Unterhaltungsprogramm während des Fluges an. Darüber hinaus wird im Rahmen des *Prämiensystems bei Bonusprogrammen* dem Reisenden einiges geboten, was zusätzlich zu seiner Zufriedenheit beitragen soll. Die Rede ist von Freiflügen, Flügen in einer höheren Klasse als ursprünglich bezahlt, Hotelaufenthalte, Mietwagenreservierungen oder sonstigen Leistungen, wie Theaterkarten bzw. Einkaufsgutscheine (vgl. *Schmengler & Thieme*, 1995, S. 130 f.).

11.5.4 Zufriedenheitsuntersuchungen

Allerdings können auch andere Marketing-Instrumente ihren Einsatz finden, um Kundenbindung und Zufriedenheit seitens des Kunden hervorzurufen. Laut *Pawlik* (1995, S. 182) vermag das Produkt allein nicht, die Kundenwünsche nach Anerkennung, Sicherheit, Sozialisierung, Selbstachtung oder Selbstverwirklichung zu erfüllen. Es ist vielmehr die gesamte Dienstleistung als solches, die den jeweiligen Vorstellungen und Erwartungen gerecht wird. Weitere Maßnahmen finden sich beispielsweise in Hotels, die in ihren Hotelzimmern *Kurzfragebogen* liegen haben und ihre Kunden damit zu schriftlicher Kritik oder auch positiven Äußerungen anregen. Viele Unternehmen besitzen mittlerweile *Beschwerdetelefone* oder sogenannte *„Meckerkästen"*, um den Konsumenten die Möglichkeit zu geben, ihren Unmut zu äußern, und damit einem Wechselverhalten entgegenzuwirken.

Ein Beispiel für eine außergewöhnliche Maßnahme liefert Anfang der 90-er Jahre der Automobilhersteller Audi. Einzelne Vorstandsmitglieder übernehmen dabei die *Patenschaft* für Kunden, die das neue Audimodell V8 erworben haben (vgl. *Nieschlag, Dichtl & Hörschgen*, 1997, S. 957). Letztendlich ist seitens vieler Unternehmen das Bestreben erkennbar, mittels spezieller Maßnahmen auf Kundenwünsche einzugehen, um somit markentreues Verhalten zu evozieren.

11.6 Zusammenfassung und praktische Konsequenzen

Es besteht ein enger Zusammenhang zwischen markentreuem Verhalten und der **Zufriedenheit** des Kunden. Bereits bestehende positive **Produkterfahrungen** können dabei als wesentliche Bestimmungsgrößen angesehen werden. Markentreues Verhalten tritt allerdings auch in Abhängigkeit von Produktmerkmalen, sozialen oder konsumentenspezifischen Einflußfaktoren auf. Die Vielzahl potentieller Determinanten markentreuen Verhaltens verhindert eine eindeutige Ursachenzuschreibung dieses Phänomens. Es scheint vielmehr wahrscheinlicher zu sein, daß eine *Kombination* einzelner Bestimmungsgrößen einen adäquateren Erklärungsansatz für Markentreue bzw. Markenwechsel liefert. Für die weitere Forschung wäre die Berücksichtigung dieses Gesichtspunktes von besonderer Relevanz, zumal man damit mehr Aufschluß über einzelne Voraussetzungen und Bedingungen des Konsumentenverhaltens erhalten würde.

Zur Beschreibung und Erklärung dieses Phänomens läßt sich anführen, daß Markentreue Folge eines Lernprozesses sein und zur Reduzierung von Risiken sowie zur Prävention und zum Abbau kognitiver Dissonanzen beitragen kann. Hinsichtlich der Operationalisierung von Markentreue finden verschiedene Modellansätze ihre Berücksichtigung. Zu den deskriptiv orientierten *behavioristischen Modellen* zählen hierbei das Kaufreihenfolge-, das Marktanteils-, das Markenanzahls- und das Wiederkaufswahrscheinlichkeits-Konzept. Im Gegensatz dazu stehen *einstellungsorientierte Ansätze*, wie das Markenpräferenz-, das Wiederkaufsabsicht- und das Substitutionsbereitschafts-Konzept. Die angesprochenen Mängel in allen Ansätzen lassen diese lediglich als Orientierungsrahmen für ein besseres Verständnis des Treue- und Wechselverhaltens erscheinen. Besondere Beachtung sollte das Modell des Wechselverhaltens von *Keaveney* (1995) finden, das erstmalig den Sektor Dienstleistung in den Vordergrund der Forschung stellt.

Zwar ist seitens der Unternehmen ein Bestreben erkennbar, die Markentreue ihrer Kunden zu erhalten, allerdings sind zum gegenwärtigen Zeitpunkt eher gegenläufige Tendenzen seitens der Kunden feststellbar. Barrieren des Markenwechsels und eine Erhöhung der Kundenzufriedenheit nehmen in dem Zusammenhang einen immer größer werdenden Stellenwert ein. Durch die in den letzten Jahren gestiegene Vielfalt des Produktangebots, das in objektiver Hinsicht kaum noch Unterschiede aufzuweisen hat, gestaltet es sich immer schwieriger „... *differenzierende und relevante [Marken-] Aussagen zu formulieren"* (Nemetz, 1992a, S. 459) und Unterschiede zwischen einzelnen Marken aufzuzeigen. Auch die Tendenz des Konsumenten, sich im Konsum selbst zu verwirklichen, trägt zu einem eher markenwechselndem Verhalten bei. Das Konsumentenverhalten wird immer unberechenbarer und kann sich im Extremfall in einer „*Werte-*

schizophrenie" (*Blickhäuser* & Gries, 1989, S. 7) äußern, gewissermaßen einem Schwanken zwischen Extremen, was logischerweise eine Markenbindung immer mehr erschwert.

Sowohl Marketing-Forschung als auch -Praxis sollten sich aus dem Grunde über die besondere Relevanz markentreuer Konsumenten im Klaren sein. Gerade aufgrund zunehmender Marktsättigung und des immer stärker werdenden Konkurrenzkampfes einzelner Unternehmen sollte die langfristige Sicherung des Kunden einen hohen Stellenwert einnehmen. Dies vor allem wenn man sich bewußt macht, welche Kosten die Abwanderung eines treuen Kunden und der Aufbau einer neuen Kundenbeziehung mit sich bringen. Eine Vielzahl potentieller Maßnahmen werden im Rahmen des Nachkaufmarketing dabei angewandt. Zur Erhaltung treuer Kunden setzen Unternehmen besondere Service-Leistungen oder Prämiensysteme ein. Durch den Einsatz häufiger Zufriedenheitsanalysen besteht seitens der Unternehmen die Möglichkeit, gezielt auf spezielle Kundenwünsche einzugehen. Die Folge kann eine intensive Kundenbindung und einen entscheidenden Beitrag zur Erfüllung der Kundenbedürfnisse sein. Vor diesem Hintergrund wird bewußt, wie fließend die Grenzen zwischen Markentreue und **Zufriedenheit** sind und daß zwischen ihnen ein enger Zusammenhang besteht.

12. Lebensstil und Konsumentenverhalten

In der Zeit nach dem Krieg war es den Menschen zunächst ein Bedürfnis, einen gewissen *Lebensstandard* als Ausdruck eines bestimmten Einkommens zu erlangen. Damals lautete die Devise: „Ich bin, *was ich ausgeben kann*". In der heutigen Zeit gilt eher die Maxime: „Ich bin, *wie ich es ausgebe*". Der Lebensstil kennzeichnet somit die Unterschiede im Erwerb, dem Besitz und der Verwendung von Gütern (und Dienstleistungen) und dokumentiert sich auch in einem ausgeprägten Streben nach Genuß. Tourismus und Freizeit nehmen immer mehr zu, und das Interesse am Nahrungs- und Genußmittel-Konsum verlagert sich zusehends in diesen Bereich (vgl. *Institut für Freizeitwirtschaft*, 1988, S. 8 ff.; 1990, S. 240 ff.). Der Anspruch an die Qualität von Produkten wächst, und die Demonstration einer gewissen Lebensart kommt in der Wahl bestimmter Produkte, Einkaufsstätten und exklusiver gastronomischer Angebote zum Ausdruck. Allerdings scheint die „... Hinwendung zum Prestige- und Luxuskonsum nur bei einzelnen Segmenten voll zum Tragen (zu) komm(en)" (*Wiedmann*, 1987, S. 207), während sich ansonsten eine ökologische Orientierung als determinierende Komponente im (Konsum-) Verhalten abzeichnet.

Die **Lebensstilforschung** als spezifischer interdisziplinärer Ansatz der Verhaltensforschung ist dem Ursprung nach der *Sozialpsychologie* zuzuordnen. Mittlerweile sind hier allerdings auch zahlreiche Theorieelemente aus der Soziologie, Anthropologie, Biologie und den Wirtschaftswissenschaften enthalten (vgl. *Banning*, 1987, S. 26). Vor allem im Bereich des **Marketing** findet die Lebensstilforschung heute Verwendung (vgl. *Kroeber-Riel & Weinberg*, 1996, S. 550). Dabei dient sie der Abgrenzung von Subkulturen (Bsp.: Lebensstil des deutschen Mannes) oder der Entdeckung produktbezogener Lebensstile (Bsp.: Lebensstil von Hobbyköchen, Büchernarren, Sammlern von Briefmarken, etc.). Besonderes Interesse gilt der *Marktsegmentierung*, bei der sich das Verhalten der einzelnen Segmente durch große Homogenität auszeichnet, was die adäquate Ausrichtung von Produktpositionierungen und Werbung erleichtert (vgl. *Kroeber-Riel*, 1993, S. 582). Die enge Verknüpfung von differenzierten Marketingkonzepten und **Markt-Segmentierung** mit Hilfe der Lebensstilforschung führte schließlich zum Begriff *Life Style Segmentation* (vgl. *Banning*, 1987, S. 53). Für die BRD kann die Lebensstilforschung als ein weitgehend „etabliertes Segmentierungsverfahren" angesehen werden, nachdem den Ergebnissen der Studie von *Drieseberg* (1995, S. 30 f.) zufolge, sich mehr als drei Viertel (76%) der befragten deutschen Marktforschungsinstitute und Werbeagenturen im Rahmen ihrer Arbeit an Lebensstildaten orientieren oder sie dafür verwenden.

12.1 Definitionen des Lebensstils

Der *Begriff* Lebensstil wurde erstmals 1963 anläßlich Konferenz der *American Marketing Association* von *Lazer* mit Aspekten des verhaltensorientierten Marketing in Verbindung gebracht. Aus der Marketingforschung kamen dann verstärkt Impulse zur weiteren Verfolgung des Lebensstil-Konzepts (vgl. *Banning*, 1987, S. 29).

Da es sich hierbei um ein komplexes **theoretisches Konstrukt** handelt, erscheint es nicht sonderlich überraschend, daß dazu sowohl in der Praxis als auch in der Wissenschaft keine allgemeingültige Definition existiert (vgl. *Drieseberg*, 1995, S. 28). In der zuvor schon zitierten Umfrage bei deutschen Marktforschungsinstituten und Werbeagenturen ergibt sich ein sehr diffuses Bild. 63% der Befragten kamen zu keinem Konsens hinsichtlich der Definition von Lebensstil. Vielmehr werden Begriffe genannt, die Lebensstil auf unterschiedliche Art und Weise um- oder beschreiben; wie z.B. *Einstellungen, Konsumstil, Umwelt, Freizeitstil*, oder die *Entschuldigung etwas gekauft oder nicht gekauft zu haben*, oder *Lustprofil bei Respektierung sozialer Anforderungen, etc.* (vgl. *Drieseberg, 1995, S. 28*).

Demgegenüber spiegeln sich in den vorliegenden wissenschaftlichen Definitionen verständlicherweise in erster Linie die theoretische Position des jeweiligen Forschers wider. So versteht beispielsweise *Commer* (1990, S. 16) darunter die „ ... *Gesamtheit aller Lebensäußerungen, Lebensvorstellungen (und) Lebensweisen der Personen, die in einer bestimmten Zeit leben*". Kultur und soziales Umfeld werden als wichtige Determinanten eines allgemeinen und individuellen Lebensstils betrachtet, wobei dieser außerdem durch die Persönlichkeit des Individuums geprägt wird (vgl. *Commer*, 1990, S. 18). Dieser Aspekt tritt auch bei *Kroeber-Riel* (1992, S. 579) in Erscheinung, wenn er von einer „... *Kombination typischer Verhaltensmuster einer Person oder einer Personengruppe im weiteren Sinne*" spricht, wobei der Lebensstil sowohl Muster äußerlich *beobachtbaren* Verhaltens, sei es in Form von Kleidung, Wohnungseinrichtung oder Autobesitz, als auch Muster von nur indirekt erfaßbaren *psychischen* Größen, wie

Werthaltungen, Einstellungen und *Meinungen* umfaßt. Diese Ansicht bringen auch *Engel, Blackwell & Miniard* (1993, S. 179) zum Ausdruck, wenn sie von **Life Styles** als Ergebnisse der Interaktion *sozialer* und *persönlicher* Variablen sprechen. In ihrer bekanntesten Definition wird Lebensstil als **patterns** (Muster) bezeichnet, die die Art und Weise wie Menschen leben, ihre Zeit verbringen und ihr Geld ausgeben, beschreiben. Dabei sollen diese *patterns* der *Erklärung* und möglichst auch der *Vorhersage* komplexer, relativ stabiler und vom Selbstkonzept gesteuerter Verhaltensmuster von Individuen und Gruppen dienen.

Ein unmittelbarer und vor allen Dingen konkreterer Bezug zum Konsumentenverhalten kommt in dem Vorschlag *Lastovicka*s (1982, S. 126) zum Ausdruck, wenn er einen jeweils vorliegenden Lebensstil als „*... eine sekundäre Disposition ...*" ansieht, die „*... für den Erwerb, den Gebrauch und die Disposition von Gütern und Dienstleistungen*" entscheidend (relevant) ist.

12.2 Methodik der Lebensstilforschung

12.2.1 Vorläufer psychographischer Ansätze

In früheren Zeiten versuchte man vor allem durch die Erhebung **soziodemograhischer** *Merkmale*, wie Alter, Geschlecht, Einkommen oder Schichtzugehörigkeit, Beziehungen mit dem Verhalten von Konsumenten herzustellen, bzw. **Marktsegmentierung** zu betreiben. Insbesondere wollte man auf diesem Wege mittels des Vergleichs von Käufern und Nicht-Käufern, Besitzern und Nicht-Besitzern bzw. Nutzern und Nicht-Nutzern relevante *demographische* Variablen identifizieren, die sich für die Zwecke der Clusterbildung eignen und nennenswerte Anteile des Konsumentenverhaltens zumindest *erklären* oder gar *vorhersagen* sollten.

Trotz der Vorteile der leichten Zugänglichkeit der Daten und kostengünstigen Erhebung wurden die Erwartungen jedoch bei weitem nicht erfüllt. Im Hinblick auf die Erklärung und Vorhersage des Verhaltens von Konsumenten hielt sich nämlich die Diffenzierungsfähigkeit dieser Merkmale in sehr engen Grenzen. Es ergaben sich kaum nennenswerte Zusammenhänge. Der Anteil der erklärten Varianz des Konsumentenverhalten bewegte sich in der Größenordnung um 10%. Diese Erfahrungen führten dann zur Suche nach neuen Mitteln und Wegen und damit zu den **psychographisch** orientierten Ansätzen.

12.2.2 Psychographische Ansätze

Seitens der Forschung wurden im Laufe der Zeit auf diesem Gebiet diverse Wege beschritten, um Populationen unter dem Aspekt des *Konstrukts* **Lebensstil** zu identifizieren, zu differenzieren und in homogene Teilpopulationen (*Cluster*) zusammenzufassen. In erster Linie haben sich zwei *psychographische* Ansätze etabliert. Zum einen handelt es sich um den **Activity and Attitude Research-Ansatz** und zum anderen um den weitaus bekannteren **Attitude-Interest-Opinion-Ansatz**, der seinerseits wieder den Anstoß zur Konzipierung eines im inhaltlichen Aufbau ähnlichen Meßinstruments, der **List of values** (LOV), gab.

12.2.2.1 Activity-Attitude-Research-Ansatz

Im Rahmen dieses Ansatzes werden systematisch Daten über *Aktivitäten* und *Einstellungen* mit dem Ziel erfaßt, eine quantitative Beschreibung und Vorhersage des Konsums bestimmter Marken oder Produkte zu ermöglichen. Dieser Ansatz zielt somit auf eine strenge produktspezifische Analyse ab, was allerdings nicht die Erhebung genereller Daten ausschließt. Mit dem dafür entwickelten Instrumentarium wurden Daten zu *fünf* Bereichen erhoben; nämlich Markenwahrnehmung und Präferenzen, Marken- und Produktvorteile, Produktwissen, Marken- und Produkt-Kaufverhalten, generelle Einstellungen gegenüber dem Kauf sowie dem Produktgebrauch (vgl. *Hustad & Pessemier*, 1974).

Positivum dieses Ansatzes ist, daß die Messungen relativ zuverlässig und praktisch sind. Demgegenüber ist kritisch zu bemerken, daß eine direkte Anbindung an theoretische Modelle der Lebensstil-Forschung fehlt, und sich dieser Ansatz auf rein *quantitative* und vor allem *produktspezifische* Analysen beschränkt. Diese Vorteile rechtfertigten (damals) seine häufige Anwendung. Wesentlicher ist jedoch, daß von ihm entscheidende Impulse für weitere Entwicklungen, insbesondere des *AIO-Ansatzes* ausgingen.

12.2.2.2 Activity-Interest-Opinion-Ansatz

Beim **AIO-Ansatz** von *Wells & Tigert* (1971) stehen die Aktivitäten, Interessen und Opinions (Meinungen) im Mittelpunkt der Messungen. Die *Aktivitäten* beziehen sich zum Beispiel auf Verhaltensweisen gegenüber den Medien, auf das Einkaufen, auf soziale Kontakte mit den Nachbarn u.ä.. Die zu erfassenden *Interessen* heben auf die Familie, den Job, Mode etc. ab. *Meinungen* betreffen wiederum Aspekte wie soziale Angelegenheiten, Bildungsfragen, Politik, Produkte, zukünftige Erwartungen und einiges mehr. Einen Überblick über die Bandbreite der verschiedenen Kategorien gibt die *Tabelle 32*. Die Antwortkategorien der einzelnen Items haben das Format einer *Likert*-Skala; d.h. es wird eine Feststellung (Statement) getroffen, und die Versuchsperson erhält die Aufgabe, das Ausmaß ihrer Zustimmung (stimme voll und ganz zu - stimme überhaupt nicht zu) durch Ankreuzen derjenigen Antwortalternative auf der 5- oder mehrstufigen Skala zum Ausdruck zu bringen, die ihre Meinung am besten wiedergibt.

Tabelle 32: AIO-Kategorien von Lifestyle-Studien

Aktivitäten	Interessen	Meinungen	Demographie
Arbeit	Familie	Über sich selbst	Alter
Hobbies	Wohnung	soziale Aspekte	Ausbildung
soziale Ereignisse	Arbeit	Politik	Einkommen
Ferien	Gemeinde	Geschäftsleben	Beruf
Unterhaltung	Erholung	Wirtschaft	Größe der Familie
Clubs-/Vereine	Mode	Bildung	Wohnsitz
Gemeinde	Ernährung	Produkte	Region
Einkaufen	Medien	Zukunft	Größe der Stadt
Sport	Leistung	Kultur	Lebenszyklus

Eine Auswahl der *Items* enthält die folgende *Tabelle 33*.

Tabelle 33: Beispiele AIO-Items

Statements	Grad der Zustimmung				
	überhaupt nicht (1)	etwas (2)	ziemlich (3)	sehr (4)	voll und ganz (5)
Ich ging während des letzten Jahres zum Kegeln.	❑	❑	❑	❑	❑
Ich möchte mich im Ausehen von anderen unterscheiden.	❑	❑	❑	❑	❑
Während der Hauptsendezeit gibt es im Fernsehen zu viel Sex.	❑	❑	❑	❑	❑
In jedem Haushalt sollte ein Gewehr vorhanden sein.	❑	❑	❑	❑	❑
Die Musik, die ich am liebsten höre, ist Classic Rock.	❑	❑	❑	❑	❑
Musik höre ich am liebsten leise.	❑	❑	❑	❑	❑
Ehepaare sollten vor dem Heiraten zusammen wohnen.	❑	❑	❑	❑	❑
Meine größten Leistungen stehen mir noch bevor.	❑	❑	❑	❑	❑

12.2.2.3 Values and Lifestyles (VALS)

Andere Vorschläge zur Messung von Lebensstilen wurden von *Mitchell* (1983) und von *Kahle* (1983) gemacht. Ursprünglich enthielt das von *Mitchell* entwickelte Instrument (VALS und später VALS II [verkürzte Version]), als Abkürzung für *The values and lifestyles typology*, angeblich insgesamt 800 Items. Davon betrafen 40 Items nach dem Muster einer 6-stufigen *Likert*-Skala *Einstellungen*, 15 zusätzliche Fragen die Bereiche Politik, Finanzen, Arbeitszufriedenheit u.ä., und eine Reihe weiterer Fragen bezogen sich auf demographische Variablen, Mediagewohnheiten, Aktivitäten, die finanzielle Situation, den Haushalt und den Produktgebrauch.

Theoretischer Hintergrund der Konstruktion des Instruments war die auch in anderen wissenschaftlichen Disziplinen (Arbeits- und Organisationspsychologie, Wirtschaftswissenschaften, etc.) oft zitierte Bedürfnishierarchie von *Maslow* (1954). In der folgenden *Tabelle 34* sind zur Veranschaulichung zu den beiden Komplexen *Einstellungen* und *Hintergrundinformationen* einige Items aufgeführt (vgl. dazu auch *Bearden, Netemeyer & Mobley*, 1993, S. 89 ff.).

Tabelle 34: Beispiel-Items aus dem Instrument VALS

Items zum Komplex *Einstellungen*
Ich würde sagen, daß ich dagegen rebelliere, wie ich erzogen wurde.
Im allgemeinen ist es für mich wichtiger, mich selbst zu verstehen, als berühmt, machtvoll oder wohlhabend zu sein.
Meine größten Leistungen stehen mir noch bevor.
Ich bin davon überzeugt, daß eine Frau auch eine gute Mutter sein kann, wenn sie arbeiten geht, selbst wenn die Kinder noch klein sind.
Items zum Komplex *Hintergrundinformationen*
Was ist ihr Familienstand? Wie alt sind Sie jetzt? Welche Stufe haben Sie in Ihrer Ausbildung erreicht? Welche Stufe hat Ihr Vater in seiner Ausbildung erreicht? Zu welcher ethnischen Gruppe gehören Sie? Halten Sie sich selbst eher für einen Republikaner, eher Demokraten oder eher Unabhängigen? bis ...
Haushaltseinkommen (vor Steuern) und Größe des Wohnorts

Die Scores bildeten die *Prozentsätze* der Individuen (1.635 Erwachsene und 1.078 Ehepartner oder Lebensgefährten einer repräsentativen nationalen Stichprobe), die den folgenden neun **Lifestyle-Typen** zugeordnet wurden: den sogenannten *survivors* (4%), *sustainers* (7%), *belongers* (35%), *emulators* (9%), *achievers* (22%), *I-am-me* (5%), *experiental* (7%), *societally conscious* (9%) und den *integrated* (2%).

12.2.2.4 List of Values (LOV)

Ein verwandtes und zugleich konkurrierendes Instrument (LOV = *List of values*) stellte *Kahle* (1983) vor. Diese *Liste der Werte* wurde nahezu zeitgleich wie das VALS-Instrument veröffentlicht. Es wird eine Unterscheidung zwischen *internen* und *externen* Werten getroffen und die Bedeutung der interpersonellen Beziehungen für die Werterfüllung besonders hervorgehoben. Im Mittelpunkt stehen diejenigen Werte, die existentiell als relevant angesehen werden, bzw. bei welchen die persönliche Betroffenheit hoch ist (Ehe, Elternschaft, Arbeit, Freizeit sowie der tägliche Konsum). Theoretische Grundlagen für die Konzipierung sind *Wertkategorien* von *Feather* (1975), *Maslows Bedürfnishierarchie* (1954) sowie *Rokeachs* (1973) *Terminal values*. Die Einschätzung der verschiedenen Wertkategorien (*self-respect, security, warm relations with others, self of fulfillment, sense of accomplishment, being well respected, sense of belonging, fun and enjoyment in life*) finden entweder unter dem Aspekt ihrer Wichtigkeit (sehr unwichtig - sehr wichtig) mittels einer 9- oder 10-Punkte Skala oder durch Rangordnung dieser Wertkategorien statt. Ein empirischer Vergleich der beiden Instrumente (VALS und LOV) zeigte, daß LOV in größerem Umfang Trends im Konsumentenverhalten erkennt. Zudem sind die Determinationskoeffizienten (R^2) bei vielen Items für LOV höher als bei VALS ausgefallen (vgl. *Kahle, Beatty & Homer*, 1986, *Tabelle 1*, S. 408).

In einer späteren Veröffentlichung machen *Beatty, Homer & Kahle* (1988, S. 379) noch auf weitere Vorteile von LOV aufmerksam. Sie heben hervor, daß LOV einfacher und schneller durchführbar ist, wesentlich weniger Rechenaufwand erfordert, die Übersetzung in andere Sprachen einfacher und die praktischen Konsequenzen für die Gestaltung von Werbemaßnahmen offenkundiger sind, und das damit erzielte höhere Skalenniveau der anfallenden Meßdaten eine anspruchsvollere statistische Auswertungen erlaubt. Von diesem Instrument liegt in der Zwischenzeit auch eine *deutsche* Version (GLOV) von *Grunert & Scherhorn* (1990) vor. Aufgrund semantischer Probleme liegt jedoch noch keine Endversion vor. Dennoch ist hierin für die BRD ein unter Umständen interessanter Forschungsansatz zu sehen.

12.3 Lebensstilforschung in Theorie und Empirie

12.3.1 Entwicklung theoretischer Konzepte

12.3.1.1 Lazers Life-Style-Konzept (1963)

Lazers Meinung nach ist das Zusammenleben von Individuen in Gruppen und in der Gesellschaft bestimmender Faktor für den Lebensstil. Sein Augenmerk richtet sich folglich weniger
auf individuelle Persönlichkeitsmerkmale als vielmehr auf soziologische bzw. sozialpscholi-
gische Ansätze. Konkret äußert sich dies darin, daß kulturelle und soziale Einflüsse auf die
Zielvorstellungen und Werte von Individuen und Gruppen einwirken. Dabei entwickeln sich
individuelle Verhaltensmuster, die sich in der allgemeinen Art der Lebensführung, vor allem
aber in Kaufentscheidungen und im Konsumverhalten äußern (*Abbildung 45*).

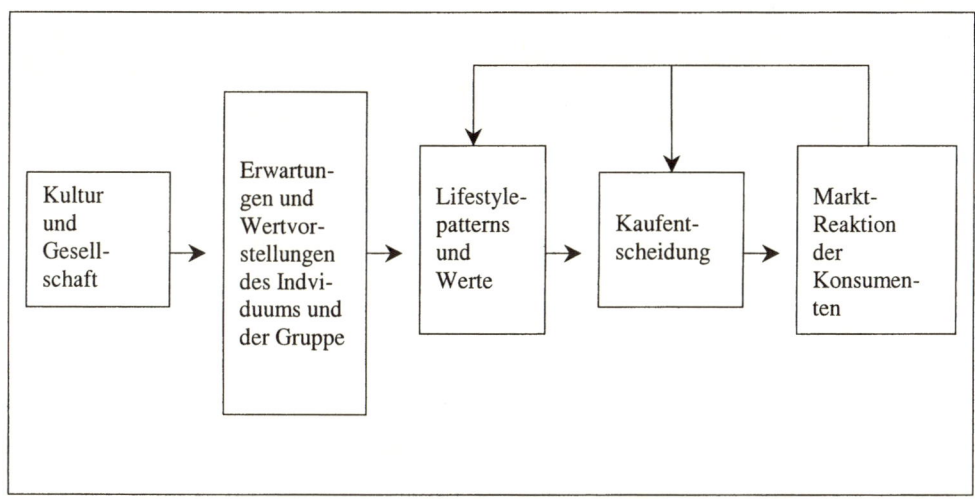

Abbildung 45: Lebensstil-Konzept nach *Lazer* (1964)

Er betrachtet das individuelle Konsumentenverhalten als in den gesamtgesellschaftlichen
Kontext eingebettet, d.h. auf der Ebene „... gesellschaftlicher Gruppen oder gar Kulturen"
(*Banning*, 1987, S. 76); im Sinne des *American Way of Life*. Wie anhand der obigen Abbildung
ersichtlich ist, handelt es sich hierbei um eine sehr allgemeine und zugleich einfache Modellkonzeption, die nur sehr wenige Variablen und deren Folgen enthält. Hinzu kommt noch die

Tatsache, daß man Operationalisierungsvorschläge sowohl hinsichtlich des Anwendungsbereichs als auch in Bezug auf die Methodik völlig vermißt.

12.3.1.2 Konzept von Wind & Green (1974)

Dieser Ansatz wurde von *Wind* (1971) vorgestellt und später in Zusammenarbeit mit *Green* 1974 weiterentwickelt. Die am *Lazerschen* Konzept geäußerte Kritik der fehlenden Operationalisierung wurde hier aufgegriffen und in methodischer Hinsicht verbessert. Die Absicht war die Erstellung eines modelltheoretisch fundierten Orientierungsrahmens für die Entwicklung methodischer Konzepte für die Lebensstilforschung (*Banning*, 1987, S. 78). Hiermit soll gewährleistet sein, daß die wichtigsten Lebensstilmerkmale systematisch und *möglichst vollständig* erfaßt werden, was seiner Meinung nach mit den AIO-Items nicht ganz gelungen sein soll (*Wind*, 1972, S. 303).

> Kurz skizziert hat sein Konzept folgendes Aussehen: Ausgangspunkte seines Klassifikationsvorschlags sind *Werthaltungen* und *Persönlichkeitsmerkmale*, die sich in den *Aktivitäten, Interessen* und *Einstellungen* des Individuums widerspiegeln. Diese Kategorien haben ihrerseits wieder Bezug zur *Freizeit, Arbeitstätigkeit* und *Konsum*, wo das Individuum entweder *allein* oder *in Gesellschaft* mit anderen aktiv wird. Hierbei kann es sich dann sowohl um *generelles* oder um *spezifisches* Verhalten gegenüber Produktklassen und Marken handeln (*Wind & Green*, 1974, S. 108).

Die Anwendbarkeit dieses Ansatzes ist allerdings begrenzt, da er sich hauptsächlich auf methodisch-konzeptionelle Fragestellungen psychographischer Ansätze bezieht. Dennoch ist er als wichtiger Schritt in der Entwicklungsfolge anzusehen.

12.3.1.3 Integrativer Ansatz Bannings (1987)

Nach eingehender Auseinandersetzung mit bisherigen Ansätzen, macht *Banning* (1987) nun seinerseits einen entsprechenden Vorschlag. In seinem Modell sind dem *Entscheidungsprozeß des Konsumenten* eine Reihe *das Verhalten beeinflussende Variablen* vorgeschaltet. Als **verhaltensbeeinflussend** gelten dabei sowohl *individuelle Determinanten* als auch die *soziokulturelle Umwelt*, die im Zusammenspiel miteinander die Persönlichkeit eines Individuums formen und somit in entscheidendem Maße *Selbstbild, Selbstkonzept* und *Weltbild* des jeweiligen Individuums bestimmen. Diese nehmen nun wiederum Einfluß auf Faktoren, die das Handlungsergebnis und den Entscheidungsstil determinieren. Betrachtet man die Einflußfaktoren des Handlungsergebnisses, so fällt auf, daß dort der Lebensstil differenzierter betrachtet wird. Es werden *bisher* realisierter, *bisher nicht* realisierter und *erwünschter* Lebensstil voneinander unterschieden. Außerdem werden noch sogenannte *restriktive Bedingungen* berücksichtigt, die sich aus zeitlichen, finanziellen u.ä. Ressourcen ableiten können und für die Realisation und Realisierbarkeit des angestrebten Lebensstils maßgeblich sind (vgl. *Abbildung 46*).

Der **Entscheidungsprozeß** findet nun in mehreren Einzelschritten statt. Die wichtigsten Stufen sind zunächst die *Bedürfnisaktualisierung*, die *Entscheidung* darüber, ob nach weiteren Lösungsalternativen gesucht werden muß, um die Entscheidung bezüglich des *präferierten* Lebensstils zu treffen. Nach weiteren Stationen gelangt das Individuum schließlich zum *angestrebten* Lebensstil sowie dem letztlich praktizierten oder *realisierten* Lebensstil. Vorteil dieses Konzepts ist, neben seiner Komplexität und Realitätsnähe die Tatsache, daß auch die relevanten Feedback-Prozesse Berücksichtigung finden. Der Nachteil ist allerdings, daß es für diesen Vorschlag bislang noch keine empirische Überprüfung gibt. Inwiefern es sich um einen „... verbesserungsfähigen Entwurf" (*Banning*, 1987, S. 150) handelt, bleibt somit vorerst noch ungeklärt. Zur besseren Transparenz der außerordentlich vielfältigen Beziehungen sollen die Ausführungen durch eine graphische Darstellung mit den zentralen Bausteinen des Modells unterstützt werden (*Abbildung 46*).

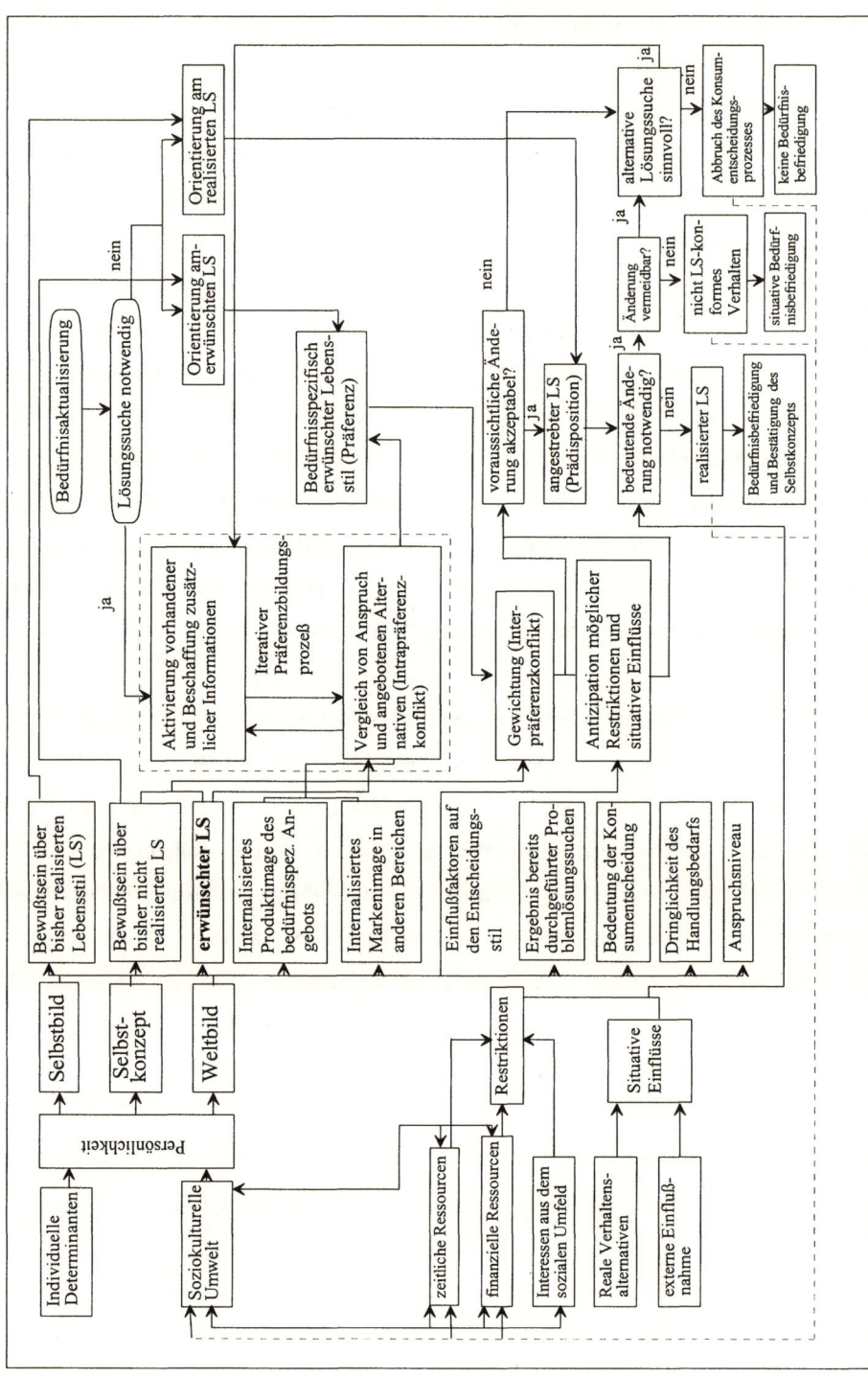

Abbildung 46: Lebensstil-Modell nach *Banning* (1987, S. 151 f.)

12.3.1.4 Dynamisches Lebensstil-Modell von Drieseberg (1995)

Von bisherigen Ansätzen ausgehend, ist das *Subjekt-bezogene* Lebensstil-Modell *Driesebergs* (1995) als Synopse zu verstehen. Dabei kann der Lebensstil eines Menschen nur im Kontext bestehender Gesellschaftsstrukturen, Klassen- und Lebenslagen gesehen und mittels spezifischer Indikatoren, wie Modernität, Status und Alter, erkannt werden. Gerade die **Gesellschaftsstruktur** stellt eine entscheidende Komponente dar, da sie gewissermaßen die Ausgangsbedingungen für die Entwicklung von Lebensstilen liefert (vgl. *Drieseberg,* 1995, S. 126 f.). *Drieseberg* geht nicht von einem statischen Modell aus, sondern betont vielmehr dessen *dynamischen* Charakter.

Die zwei **Hauptkomponenten** für die Bildung von Lebensstilen bilden die *Existenzbedingungen*, die in einer Gesellschaftsstruktur vorherrschen, und die subjektiven *Aktivitätspotentiale* des jeweiligen Individuums. Dabei beabsichtigt das Individuum keine Veränderung seines Lebensstils, wenn es einen „*... harmonischen Zustand zwischen dem gewünschten und dem subjektiv wahrgenommenen Lebensstil ...*" (*Drieseberg,* 1995, S. 140) empfindet. Bei den subjektiven Aktivitätspotentialen, die mit zeitlich relativ stabilen Konstrukten der Persönlichkeit vergleichbar sind, finden langfristige Veränderungen in der Regel nur aufgrund eigener und neuer Erfahrungen oder Erwartungen statt. Eine langfristige Veränderung der Existenzbedingungen kann hingegen nur mittels der individuellen Leistungserbringung von über- bzw. unterdurchschnittlicher Leistung des Individuums bewirkt werden.

Da es sich um ein *dynamisches Lebensstil-Modell* handelt, sind vor allem *kurzfristige Veränderungen* von besonderem Interesse. Sowohl Existenzbedingungen als auch subjektive Aktivitätspotentiale sind kurzfristig durch **kritische Lebensereignisse**, wie Verlust des Partners, Unfälle, etc. oder durch Faktoren, wie Glück, Pech oder Zufall beeinflußbar. Letztendlich kann von einem Zusammenspiel dieser zwei Komponenten gesprochen werden, wobei eine Veränderung der Existenzbedingungen direkten Einfluß auf die subjektiven Aktivitätspotentiale hat. In der *Abbildung 47* werden die Strukturen und dynamischen Prozesse des Modells graphisch veranschaulicht. Hinsichtlich der Bewährung dieses Konzepts stehen jedoch bislang noch keine Ergebnisse zur Verfügung.

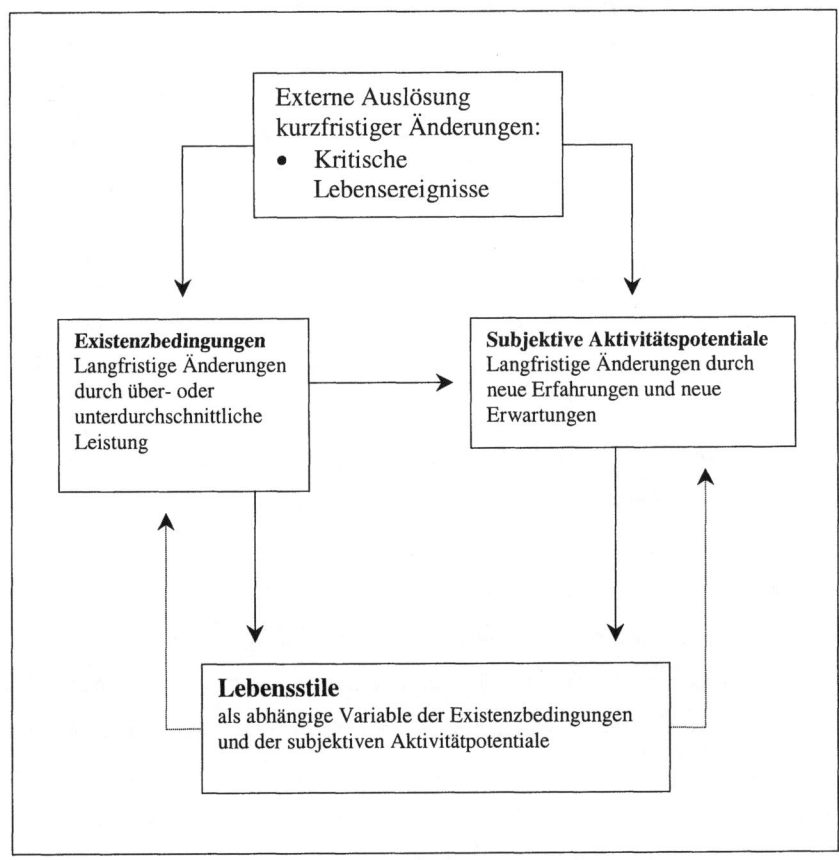

Abbildung 47: Dynamisches Lebensstil-Modell von *Drieseberg* (1995, S. 141)

12.3.2 Ergebnisse aus der empirischen Lifestyle-Forschung

12.3.2.1 Burnetts Life Style Research (1985)

In dieser Studie wurden anhand des sogenannten *Life Style-Indikator*s neben grundlegenden soziodemographischen Daten die *Aktivitäten, Interessen* und *Meinungen* sowie die *Mediennutzung* und *Konsumgewohnheiten* der *Bundesbürger* erhoben. Für die Basisstudie wurden dabei 1997 Personen befragt, die zu 4 reinen Männer-Typen, zu 3 Frauen-Typen sowie 4 Unisex-Typen führte. Die Ergebnisse werden in der folgenden *Tabelle 35* dargestellt, wobei die

Grenzen *zwischen* den Typen fließend verlaufen (vgl. *Banning*, 1987, S. 46; *Kramer*, 1991, S. 159 ff.; insbesondere *Drieseberg*, 1995, S. 149 ff.).

Tabelle 35: Übersicht über die 11 Lifestyle-Typen nach *Burnett* (1985)

Cluster	Anteil an der Ge-samtpopulation (%)	Bezeichnung
Cluster 1	ca. 8	Gerd & Gerda: Die resignierten Unzufriedenen
Cluster 2	9	Andreas & Andrea: Die alternativ orientierten Intellektuellen
Cluster 3	9	Erwin: Der autoritäre Arbeiter
Cluster 4	7	Alexandra: Die vielseitig interessierte Selbstbewußte
Cluster 5	12	Wilhelm & Wilhelmine: Die pflichtbewußten Rentner
Cluster 6	9	Tom: Der spontane, gruppenorientierte Jugendliche
Cluster 7	8	Monika: Die moderne Angepaßte
Cluster 8	5	Martin & Martina: Die trend- und modebewußten Freizeitorientierten
Cluster 9	15	Erika: Die konventionelle Häusliche
Cluster 10	7	Jochen: Der sportliche, aufgeschlossene Facharbeiter
Cluster 11	11	Eberhard: Der selbstbewußte, arrivierte Konservative

Auch wenn es sich hierbei in plakativer Form um *charakteristische* Merkmale des jeweiligen Lebensstils handelt, vermitteln diese allerdings kein umfassendes Bild von dem jeweiligen Typus. Eine differenziertere Vorstellung bekommt man durch die detaillierte Beschreibung der Cluster. Exemplarisch werden einzelne Cluster herausgegriffen und mit ihren charakteristischen Einzelmerkmalen vorgestellt.

Gerd & Gerda: Die resignierten Unzufriedenen

„Dieser Typ ist geprägt von der Enttäuschung über das Nichterreichte. Die Erkenntnis einer negativen persönlichen Lebensbilanz hat erheblich an seinem Selbstwertgefühl genagt und bestimmt zusammen mit einer konservativ-reaktionären Grundeinstellung sein Verhalten den Mitmenschen gegenüber: Er hat sich weitgehend verbittert aus dem sozialen Leben zurückgezogen und begegnet seiner Umwelt mit von Enttäuschung und Neid geprägter Aggressivität ...“ (*Conrad & Burnett*, 1985, S. 32). Männer und Frauen sind nahezu zu gleichen Teilen vertreten. Meist über 45 Jahre alt, relativ geringes Bildungsniveau, Netto-Haushaltseinkommen < 2.500 DM, kaum Freizeitaktivitäten außer Fernsehen, keine spezifischen Leseinteressen oder musikalischen Präferenzen, nur wenige lesen Zeitungen und Zeitschriften mit *Ausnahme von Funkuhr, Weltbild, 7 Tage*. Konsum spielt Nebenrolle, auf gepflegte äußere Erscheinung wird wenig Wert gelegt. Manchmal wird über die eigenen Verhältnisse gelebt (vgl. *Drieseberg*, 1995, S. 150).

Erwin: Der autoritäre Arbeiter

„Dieser Typ ist in jeder Beziehung dem traditionellen Rollenverständnis verhaftet. Er steht ebenso zur etablierten Gesellschaftsordnung mit ihren Moralprinzipien wie zur autoritären Struktur in der Familie. Sein Verhalten ist bestimmt von dem Bestreben nach gesellschaftlicher Konformität. Zeitgemäße Neuerungen oder gar modische Erscheinungen sind ihm grundsätzlich suspekt" (*Conrad & Burnett*, 1985, S. 54).

Es handelt sich um einen nahezu reinrassigen Männertyp (98% Männer), Alter vorwiegend zwischen 45 und 59 Jahren, meist (85%) verheiratet, ein Großteil Facharbeiter oder Handwerker, das monatliche Netto-Einkommen liegt im Mittel zwischen 2.500 und 3.500 DM. Er ist nicht besonders aktiv, besucht bevorzugt Sportveranstaltungen, denen er sich auch beim Fernsehen gerne zuwendet. Für ihn müssen Produkte solide, handfest und haltbar sein. Er ist sparsam und kümmert sich nicht um Stil und Mode. Treuer Leser von *Bild* und *Bild am Sonntag* (vgl. *Drieseberg*, 1995, S. 151).

Alexandra: Die vielseitig interessierte Selbstbewußte

„Dieser Frauentyp hat sich aufgrund seiner deutlich überdurchschnittlichen Bildung und einer gewissen materiellen Unabhängigkeit auf selbstverständliche Weise emanzipiert. Ob als Alleinstehende oder als Familienmutter hat sie eine gleichberechtigte Eigenständigkeit erreicht, die nicht nur in ihrer geistigen Kompetenz zum Ausdruck kommt. Sie nimmt gerne und intensiv am öffentlichen Leben jeder Art teil, ist prestigebewußt und luxusorientiert; im Hinblick auf Mode und Kultur zählt sie zur Avantgarde" (*Conrad & Burnett*, 1985, S. 65).

Es sind hauptsächlich jüngere Frauen (< 35 Jahre alt), etwa die Hälfte ist verheiratet, das Netto-Haushaltseinkommen ist relativ hoch (44% 2.500 - 4.000 DM; 15% > 5.000 DM), breites Spektrum an Aktivitäten (sozialer und sportlicher Art), legt viel

Wert auf die äußere Erscheinung. Sie gibt viel Geld für Mode und Luxus aus, liest gerne in Monatszeitschriften über Mode, Wohnen, Haushalt und Familie (vgl. *Drieseberg*, 1995, S. 152).

Für alle übrigen Typen gibt es ähnlich ausführliche Beschreibungen, die von dem jeweiligen Cluster eine recht gute Vorstellung vermitteln. (vgl. dazu *Drieseberg*, 1995, S. 150 ff.)

12.3.2.2 Nine american Lifestyles (Mitchell, 1983)

Mit Hilfe des früher skizzierten Meßinstruments VALS gelang es *Mitchell* (1983), in der amerikanischen Gesellschaft *neun*, inhaltlich und umfangmäßig unterschiedliche **Lebensstil-Typen** (*survivors, sustainers, belongers, emulators, achievers, I-am-me, experiential, societally conscious und integrated*) zu identifizieren, die drei charakteristischen Marktsegmenten zugeordnet wurden. Die erste Gruppe bilden die *von ihren Bedürfnissen* bestimmten Konsumenten, die zweite Gruppe werden als *außen-geleitete* und die letzte Gruppe als *innen-geleitete* Konsumenten bezeichnet (*Tabelle 36*). *Kahle, Beatty & Homer* (1986) sowie *Beatty, Homer & Kahle* (1988) replizierten diese Studie mit einer allerdings geringen Zahl (193 bzw. 167) von Studenten. Sie konnten zwar die gleichen Typen identifizieren, die jeweiligen Scores wurden jedoch nur partiell bestätigt (vgl. dazu *Bearden, Netemeyer & Mobley*, 1993, S. 90).

Von den Angaben in der nachfolgenden *Tabelle 36* sind vor allen Dingen die Beziehungen zwischen dem Lifestyle und den sogenannten *buying patterns* interessant. Aufgrund des ex-post-facto-Ansatzes der Studie können diese jedoch nur als *korrelative Beziehungen* angesehen werden, die nicht unbedingt die Annahme einer ursächlichen Wirkungsrelation erlauben. Dazu bedürfte es eines quasi-experimentellen oder zumindest regressionsanalytischen Designs.

Tabelle 36: Exemplarische Beispiele der Lifestyle-Typen nach *Mitchell* (1983)
(Quelle: *Engel, Blackwell & Miniard*, 1993, S. 375 f.)

% der Population	Typus	Werte und Lifestyle	Demographie	Kaufverhalten (*buying patterns*)
von Bedürfnissen bestimmt (*need-driven consumers*)				
4	survivors	Kämpfen ums Überleben, ohne Selbstvertrauen, sozial unangepaßt, vom Hunger bestimmt	arm, geringe Bildung, Mitglieder von Minoritäten, leben in Slums	sensibel für Preise, Einkäufe konzentrieren sich auf das zum Leben Notwendige
außen-geleitete Konsumenten (*outer-directed consumers*)				
35	belongers	konformistisch, konventionell, nicht experimentierend, traditionsverbunden, formell, nostalgisch	niedriges bis mittleres Einkommen, niedrige bis durchschnittliche Bildung, Blue-collar jobs, wohnt eher auf dem Lande	Familie, Heim, launisch, bevorzugt mittlere und einfachere Massenmärkte
innen-geleitete Konsumenten (*inner-directed consumers*)				
5	I-am-me	extrem individualistisch, dramatisch, impulsiv, unbeständig	jung, oft Singles, Studenten oder Anfänger im Job, wohlhabendes Elternhaus	Stellt Geschmack zur Schau, launenhaft, Quelle plötzlicher Einfälle, kauft gerne mit der Clique ein

12.3.2.3 Ergebnisse auf der Basis von LOV und GLOV

Das Instrument LOV wurde vor allem von Kahle in Zusammenarbeit mit einem variierenden Kreis von Kollegen in zahlreichen Studien entweder zu Zwecken des nationalen oder internationalen Vergleichs eingesetzt (vgl. z.B. *Kahle*, 1983; 1986; *Kahle & Kennedy*, 1988; *Kahle, Poulos & Sukhdia*, 1988; *Kahle, Liu & Watkins*, 1992). Die deutsche Version GLOV verwandten *Grunert & Scherhorn* (1990), wobei auch hier ein Vergleich mit den USA stattfand. Es ist allerdings zu beachten, daß die Spannweite der Skalen unterschiedlich war. *Kahle* verwandte ein 7-stufige, *Grunert & Scherhorn* eine 9-stufige Skala zur Rangordnung der Kategorien. Der folgenden *Abbildung 48* liegen Importance-Werte aus der Arbeit *von Kahle, Lui & Watkins* aus dem Jahr 1992 (Mittelwert 4) sowie von *Grunert & Scherhorn* aus dem Jahr 1990 (S. 104) zugrunde.

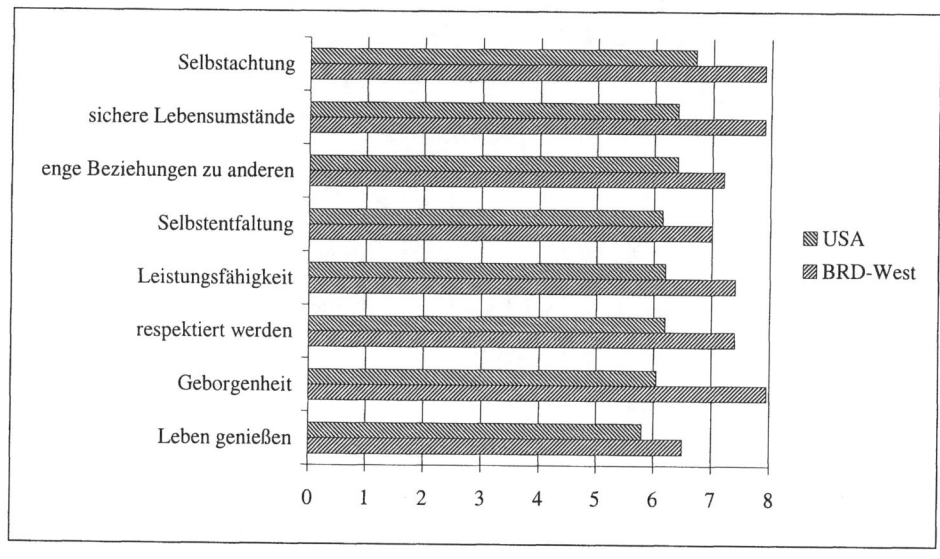

Abbildung 48: Einschätzung der Relevanz der Werte nach LOV und GLOV

Der deutlichste Unterschied ist bei der Wertkategorie *Geborgenheit* zu verzeichnen, deren Stellenwert in der BRD$_{West}$ im Vergleich zu den USA (damals) als besonders hoch eingeschätzt wurde (vgl. dazu auch *Tabelle 5* bei *Grunert & Scherhorn*, 1990, S. 104). Hinweise ergeben sich in diesem Zusammenhang auch für die Abhängigkeit der Einschätzungen vom *Bildungsniveau* des untersuchten Personenkreises sowie von den im Laufe der Zeit stattfindenden Veränderungen (*Wertewandel*) innerhalb einer Nation (*Kahle, Poulos & Sukhdial*, 1988, S. 37; *Oppitz & Rosenstiel*, v., 1983, S. 269).

12.3.2.4 Überblick über verwandte Forschungsarbeiten der Praxis

Von privatwirtschaftlicher Seite, insbesondere seitens des Verlagshaus *Gruner & Jahr* und des *Sinus-Instituts*, liegen für die BRD noch weitere Typologien zur Beschreibung von Lebensstilen vor, die im folgenden jedoch nur kurz skizziert werden sollen (vgl. dazu *Gruner & Jahr*, 1981; 1982, 1986, 1987; *Becker & Nowak*, 1983; *Burda,* 1983, 1984; *Sinus*, 1985; *Flaig et al.*, 1993 oder *Scharf, Döring & Jellinek*, 1996). Darüber hinaus existiert eine Vielzahl entsprechender Studien mit anderen Nationen und aus anderen Kontinenten unserer Welt (vgl. z.B. für China: *Wei*, 1997).

In der Studie *Dialoge 2* von *Gruner & Jahr* (1986) werden vier **Bezugsebenen** des Individuums (Bürgers) im Rahmen der Analyse voneinander unterschieden: der Bürger als *Mitglied* der Gesellschaft, der Bürger als *Privatperson*, der Bürger als *Informant* und *Kommunikationspartner* sowie der Bürger als *statistische* Person. Der Lebensstil ist hierbei *eine* Komponente neben den vielen anderen (wie: Gesellschaftliches Engagement, Umweltfreundlichkeit, Sensibilität für Trends, Einstellungen zu Technik und Wirtschaft etc.).

Im Ergebnis präsentieren sich vor allem der *Status* (Einkommen), das *Alter*, das in Verbindung mit dem Status interessante Aufschlüsse „... über die Stellung der einzelnen Typen innerhalb ihres Lebenslaufs" gibt (*Drieseberg*, 1995, S. 190) sowie die sogenannten *subjektiven Aktionspotentiale*, neben den *sonstigen Dimensionen* und der *Modernität,* als zentrale Bestandteile des Konzepts.

Das weniger bekannte **Lebenswelt-Konzept** des *Sinus-Instituts* setzt sich zum Ziel, „... das Alltagsleben der Zielgruppen in seiner ganzen Vielfalt zu beschreiben" (*Drieseberg*, 1995, S. 192). Die Erhebungen, die ursprünglich mittels *Explorationen* stattfanden und sich dabei in erster Linie auf die Bereiche *Arbeit, Familie, Freizeit und Konsum* richteten, werden in der Zwischenzeit mit dem daraus hervorgegangenen **Milieu-Indikator** durchgeführt. Auf diesem Wege wurden zunächst acht, seit 1991 neun verschiedene Milieus identifiziert, die je nach dem zwischen 2,3% (alternatives Milieu) bis 26,7% (aufstiegorientiertes Milieu) der Population in sich vereinigen (vgl. *Flaig, Meyer & Ultzhöffer*, 1993; Werte von 1990). Die sozialen Milieus, die sich unter verschiedenen Aspekten anhand von Bausteinen kennzeichnen lassen, enthalten u.a. auch den *Lebensstil*. Er bezieht sich auf ästhetische Grundbedürfnisse und milieuspezifische Stilwelten.

Die bisher bekannten Studien des Instituts führten zu sehr anschaulichen und blumigen Bezeichnungen und Beschreibungen der Milieu-Typen. Mangels entsprechender Angaben über die Testgüte der Daten sowie angesichts der Tatsache, daß das Instrument lediglich etwa 4C

Items enthält, empfiehlt es sich jedoch, aus methodischen Gründen vorläufig noch Zurückhaltung in der Verwendung der Typologie walten zu lassen.

Nahezu zeitgleich wie *Gruner & Jahr*, versuchte auch der *Burda-Verlag* (1983; 1984) anhand von 122 bzw. 83 Items Lebensstile für Männer und Frauen zu identifizieren. Hierbei sollte die **Lebensorientierung** bundesdeutscher Männer und Frauen erfaßt werden. Es ergaben sich für die Männer neun Lebensstil-*Typen* (Familienoberhäupter [12%], Orientierungslose [18%], Unzufriedene [8%], Egozentriker [5%], Verunsicherte [7%], Anerkennungsorientierte [11%], Realisten [12%], Erfolgsorientierte [11%], Pflichtbewußte [16%]) und für die *weibliche* Population acht unabhängige Lebensstil-*Faktoren* der **Lebensgestaltung**.

Für die Werte aus der *Männer-Typologie* ergibt sich im Rahmen einer graphischen Darstellung das folgende Bild (*Abbildung 49*):

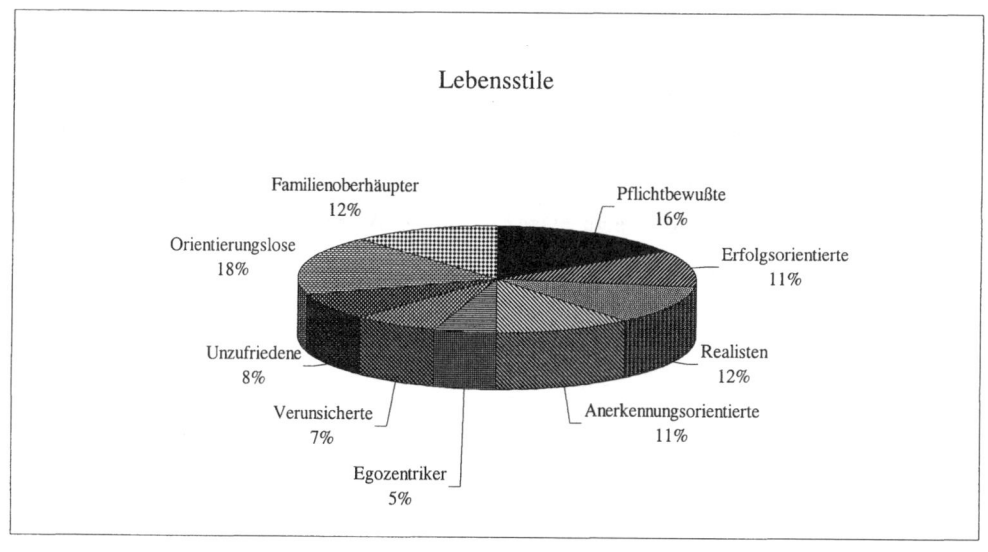

Abbildung 49: Männertypologie der *Burda*-Studie (1983)

Einen weiteren Versuch, nun allerdings mit **internationaler Perspektive**, unternahm die *GfK-Nürnberg* (1989), indem sie im Rahmen des Projekts **Euro-Styles** das Ziel verfolgte, in 15 europäischen Ländern soziokulturelle Konsumententypen zu entdecken. Auf der Grundlage von 24.000 schriftlichen Befragungen ergaben sich dabei 16 *Euro-Typen*, die mittels der Positionierung auf drei Dimensionen mit den Polen *Bewegung - Beharrung* (modern, aufgeschlossen vs.

291

konservativ, etabliert), *Güter - Werte* (materialistische Ausrichtung vs. immaterielle Orientierung) und *Rational - Emotional* (denken und planen vs. gefühlsbetont und impulsiv) eruiert wurden (vgl. *Europanel & CCA*, 1989, S. 106 f.).

Darüber hinaus wurden noch eine Reihe derartiger Versuche und Forschungen von anderen Instituten (u.a. von *GMF-GETAS*, 1989) oder von privaten Werbeagenturen bzw. Marktforschungsinstituten betrieben (z.B. *Berger*; *Young & Rubicam*; *Bates*; *Ogilvy & Mather*; u.a.; vgl. *Drieseberg*, 1995, S. 211) und in anderen Kulturen (China: *Tai & Tam*, 1997).

Zum Schluß soll nun noch kurz auf eine erst in neuerer Zeit entstandene Studie von *Scharf, Döring & Jellinek* (1996) hingewiesen werden. Hier stand die **Markenwahl** bei *Parfums* und *Duftwässern* im Mittelpunkt des Interesses, und es ergaben sich fünf Frauentypen: die *Erfolgsorientierten* (Typ 1: 16,9%), die *Alternativen* (Typ 2: 20,3%), die *Normalverbraucher* (Typ 3: 28,3%), die *exklusiven Erfolgsorientierten* (Typ 4: 23,8%) sowie die *Bescheidenen* (Typ 5: 10,7%).

Auf eine detaillierte Merkmalsbeschreibung der verschiedenen Typen soll in diesem Fall verzichtet werden. Statt dessen werden zur Veranschaulichung der Relevanz einzelne der Informationen unter dem Aspekt der segmentspezifischen Verwendung bestimmter Marken (Chanel, Ellen Betrix und Yves Rocher) exemparisch herausgegriffen und graphisch in der *Abbildung 50* veranschaulicht (vgl. dazu *Scharf, Döring & Jellinek*, 1996, S. 67).

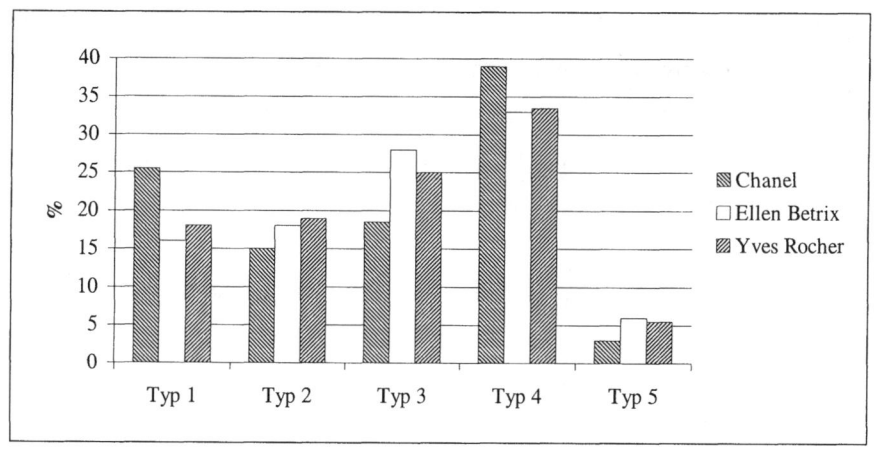

Abbildung 50: Typusspezifische Verwendung diverser Marken

Anhand der *Abbildung 50* wird vor allen Dingen deutlich, daß die Präferenzen für bestimmte Parfum- und Duftwässer-Marken in Abhängigkeit von der Zugehörigkeit zu einem bestimmten Typus erheblichen Variationen unterliegen können.

12.4 Zusammenfassende Diskussion und praktische Konsequenzen

Die vorausgegangenen Ausführungen haben veranschaulicht, daß mittels der Erhebung von Lifestyles Wege existieren, über eine Gesamt- oder Teilpopulation mehr zu erfahren als es bislang auf der Grundlage soziodemographischer Variablen möglich und der Fall war. Vor allen Dingen erfährt man damit mehr über psychologische Variablen, die sich mit unterschiedlichen Bezügen (z.B. Medienverhalten, Kaufverhalten) zu sogenannten *Patterns* zusammenfügen lassen. Die Anonymität des Marktes wird dadurch aufgehoben und konkretere Strukturen werden unter den verschiedensten Merkmalsbereichen erkennbar. Der Beweis, auf diesem Wege das Verhalten von Konsumenten erklären zu können, fehlt bislang noch. Zwar lassen sich damit zumindest partiell gültige Erklärungen für Teile des Konsumentenverhaltens anbieten. Die Tatsache, daß lediglich Zusammenhänge zu vermuten sind, läßt jedoch keine exakten Schlußfolgerung über Ursache-Wirkungs-Relationen zu; schon gar nicht unter dem besonders relevanten Aspekt der *Vorhersage-Validität*. Obwohl auf der einen Seite in die Entwicklung von Instrumenten zur Erfassung von Lifestyles und in den Nachweis entsprechender Typologien viel Arbeit investiert wurde, sind auf der anderen Seite nur in den wenigsten Fällen die **Testgütekriterien** der Meßinstrumente einer genaueren Überprüfung unterzogen worden. Deshalb ist auch nicht verwunderlich, daß manche Autoren gegenüber der Segmentierung nach Lifestyles ihre Vorbehalte und Zweifel angemeldet haben (vgl. z.B. *Wells*, 1975; *Lastovicka*, 1982; *Rentz*, 1988).

Nach der Studie von *Lastovicka, Murry & Joachimsthaler* (1990) scheinen diese Zweifel auch berechtigt zu sein, da sie zum Beispiel für das VALS-Instrument nur eine sehr bescheidene Diskriminanz- und Konstruktvalidität erhielten (vgl. S. 19). Vor allem stehen Informationen zur *face-* bzw. *inhaltlichen Validität* (vgl. *Lastovicka*, 1982) zur Verfügung. Dies ist verständlich, da sie sich ohne größeren Aufwand per Augenschein überprüfen läßt. Trotz dieser Umstände lassen sich jedoch dennoch einige praktische Konsequenzen ziehen; wenn auch unter Vorbehalt, bzw. im konkreten Fall der Praxis in Abhängigkeit von der *Testgüte* der Daten.

Schon die **Identifizierung** von **Segmenten** und deren **Beschreibung** mittels psychologischer Verhaltensmerkmalen stellt einen wesentlichen Fortschritt gegenüber der Charakterisierung auf der Grundlage soziodemographischer Daten dar. Dies gilt insbesondere, wenn das betreffende Segment einen großen Teil der Gesamtpopulation umfaßt. Noch detailliertere und vor allen Dingen auch ergiebigere Informationen lassen sich aus den ohnehin schon vorhandenen Datensätzen gewinnen, wenn diese weiteren statistischen Analysen unterzogen werden (Kreuztabellen, Faktorenanalyse, Diskriminanzanalyse etc.). So läßt sich beispielsweise der Aspekt *Medienverhalten* oder sonstige Verhaltensweisen mit den vielen anderen Variablen in Beziehung setzen, um auf diesem Wege explorativ über weitere Relationen Aufschlüsse zu gewinnen und sie transparenter zu machen.

Aus der *Segmentierung* auf der Basis von *Lifestyles* lassen sich für einige Überlegungen und Maßnahmen im Rahmen **absatzpolitischer Entscheidungen** praktische Konsequenzen ableiten. Vor allen Dingen in den Bereichen der *Produkt-*, und *Kommunikationspolitik* und für Einzelprobleme der *Distributions-* und unter Umständen auch in der *Preispolitik* lassen sich eine Reihe wertvoller Hinweise gewinnen.

So ergibt sich zum Beispiel im Bereich der **Produktpolitik** für Entscheidungen der **Positionierung**, sowohl **von** bereits existierenden als auch neu zu konzipierenden **Produkten**, die Möglichkeit, sich an derjenigen Gruppe zu orientieren, die den Hauptanteil der Population repräsentiert. Dasselbe gilt im wesentlichen auch für die *Produktgestaltung* und unter Umständen auch für die in Erwägung zu ziehende *Produktdifferenzierung*.

Im Bereich der **Kommunikationspolitik** bieten die Informationen zum Medienverhalten die Chance, Streuverluste weitgehend zu vermeiden und sich stattdessen auf diejenigen *Medien* zu konzentrieren, die wesentlicher Bestandteil oder gar Ausdruck des jeweiligen Lifestyles sind. Auch für die *formale* und *inhaltliche* Gestaltung werblicher Maßnahmen lassen sich Anhaltspunkte gewinnen; zum Beispiel für die Ausgestaltung der *Produkt-* und *Firmen-Images*. Der bevorzugte Einsatz gewisser Varianten *sozialer Modelle* (dekorative Modelle, Präsenter- oder Konsumenter-Modelle) in einem entsprechend gestalteten sozialen Umfeld, mit gewissen symbolischen Accessoires versehen, könnten dabei eine entscheidende Rolle spielen.

Für die **Distributionspolitik** sind Hinweise denkbar, daß sich gewisse Absatzwege (Einkaufsstätten) als inadäquat erweisen, weil sie sich nicht mit den Wertkategorien des betreffenden Segments decken (z.B. Kaufhaus, Spezialgeschäfte, exklusive Geschäfte). Diese Überlegungen könnten insbesondere bei Produkten des höheren Bedarfs (Mode, Schmuck etc.) aber auch bei bestimmten Dienstleistungen (z.B. Frisör, Kosmetik) in Betracht kommen.

Schließlich sind auch Konsequenzen im Bereich der **Preispolitik** in Erwägung zu ziehen. Je nach den Merkmalen der im Markt zu identifizierenden Lebensstile und der vom Unternehmen anvisierten Zielpopulation und Segmente sind Auswirkungen auf die Gestaltung des *Preisniveaus* der Produkte oder Dienstleistungen denkbar und zu erwarten.

13. Bezugsgruppen und Konsumentenverhalten

Von wenigen Ausnahmen abgesehen, leben Individuen nur sehr selten isoliert oder in völliger Abgeschiedenheit. Vielmehr stehen sie ständig sowohl mit anderen Individuen als auch Gruppen in Kontakt. Oftmals gehören sie auch der einen oder anderen Gruppe entweder freiwillig oder auch zwangsweise als Mitglied an. Hieraus können sich vielfältige (indirekte und direkte) *Einflüsse* auf das *Erleben* und *Verhalten* der davon betroffenen Individuen ableiten, die unter anderem auch im Bereich des Konsumentenverhaltens ihren Niederschlag finden. Mit welchen Konsequenzen dabei zu rechnen ist und unter welchen Bedingungen diese zustande kommen, soll Gegenstand der nun folgenden Ausführungen sein.

13.1 Definition und Merkmale von Bezugsgruppen

Hyman (1942) verwendet die Bezeichnung der Bezugsgruppe (*reference group*) für solche Gruppen, die das Individuum im Rahmen des Vergleichs zur Bestimmung des eigenen Standorts heranzieht; bzw. als Maßstab zur Einschätzung der individuellen Zufriedenheit und Selbst-be-wertung verwendet. In ähnlicher Weise sprechen *Bearden & Etzel* (1982, S. 184) von einer *reference group,* wenn *eine oder mehrere* Personen das Verhalten eines Individuums in wesentlichem Umfang beeinflussen.

Die jeweilige Bezugsgruppe muß nicht notwendigerweise in der Realität existieren, sondern könnte auch lediglich fiktiv in der Vorstellung vorhanden sein. Wie der obigen Definition zu entnehmen ist, muß es sich im Gegensatz zu ihrer Bezeichnung dabei auch *nicht* immer zwangsläufig um mehrere Personen, sondern im Extremfall kann es sich auch lediglich um ein Individuum handeln. Außerdem bedarf es nicht unbedingt der Mitgliedschaft, und für ein Individuum können je nach Sachlage (je nach Verhaltensbereich oder -aspekt) gleichzeitig mehrere Bezugsgruppen und -personen existent und relevant sein.

13.2 Theoretische Konzepte zu Bezugsgruppen

Bezugsgruppen sind in verschiedenen theoretischen Ansätze (sozialpsychologische und soziologische: *Merton & Rossi,* 1950; *Merton & Kitt,* 1949) Gegenstand der Betrachtung (vgl. dazu *Hyman & Singer,* 1968; *Bandura,* 1979 sowie *Festinger,* 1950; 1954). Zentrales Moment aller dieser Theorien ist das Phänomen des *sozialen Vergleichs.* Dieser ist auch Ausgangspunkt der von *Festinger* (1954) konzipierten **Theorie sozialer Vergleichsprozesse**, die sich aus seiner *Theorie der informellen sozialen Kommunikation* (1950) ableitet. Anstoß des Vergleichs ist die *Motivation* des Individuums, seine Meinungen und Fähigkeiten mit denen anderer Individuen zu vergleichen (*Festinger,* 1954, S. 117), um in der sozialen Realität adäquat reagieren zu können bzw. zurecht zukommen.

Stellt das Individuum im Rahmen des Vergleichs Diskrepanzen in Meinungen und Fähigkeiten fest, so ist es bestrebt, diese zu verringern. Dieses Anliegen besteht insbesondere, wenn es sich um existentiell relevante Diskrepanzen handelt. Dazu sucht es nach Kriterien, die einen möglichst zuverlässigen Vergleich erlauben. In Betracht kommen somit einerseits *objektive*, andererseits *soziale* Kriterien, wobei *Festinger* davon ausgeht, daß objektive Kriterien präferiert werden; vorausgesetzt sie stehen zur Verfügung. Zweifel an der Vorrangstellung objektiver Kriterien führten zu einer Reihe von Experimenten, mit dem Ergebnis, daß diese nicht als uneingeschränkt gültig anzusehen ist (vgl. *Frey et al.,* 1993, S. 90 f.).

Das *zweite* Motiv für die Entstehung von Vergleichsprozessen sieht *Festinger* in dem Ziel des Individuums, seine Fähigkeiten sowie Fertigkeiten zu verbessern (S. 124). Nachdem diese Thematik wenig Bezug zum Konsumentenverhalten aufweist, soll hier auf eine detaillierte Darstellung verzichtet werden.

Interessanter ist hingegen die Annahme der *Ähnlichkeitshypothese,* die zum Ausdruck bringt, daß in erster Linie solche Personen für die Vergleiche herangezogen werden, die sich in Relation zur eigenen Person in ihren Meinungen und/oder Fähigkeiten durch große Ähnlichkeit auszeichnen. *Festinger* meinte damals mit Ähnlichkeit die *Ähnlichkeit bezüglich der Leistung.* *Goethals & Darley* (1977) haben diese Ansicht aufgrund ihrer Untersuchungsergebnisse etwas modifiziert, indem sie statt dessen von *Ähnlichkeit in den relevanten Attributen* ausgehen, die individuell und situationsspezifisch variieren kann.

298

Wird nun seitens des Individuums der Versuch unternommen, die wahrgenommenen Meinungsdiskrepanzen zu vermindern oder gar zu beseitigen, so bestehen zunächst die Möglichkeiten, entweder die eigene Position anzupassen oder die der Bezugsgruppe zu verändern. Falls diese Alternativen nicht in Betracht kommen, kann die Gruppe verlassen oder das Individuum auch von dieser ausgeschlossen werden. Daneben sind noch andere Techniken (u.a. Umbewertungen, Informationssuche, Wechsel und Abwertung der Vergleichspersonen) denkbar, die ansonsten auch als Alternativen im Rahmen der bekannten Strategien zur Bewältigung von Dissonanzen und Frustrationen in Erwägung zu ziehen sind.

Welche Strategie gewählt wird, hängt u.a. von der *Relevanz* der eigenen Position und der *Attraktivität* der Bezugsgruppe ab. Eine Reihe empirischer Studien haben in der Zwischenzeit gezeigt, daß auch noch andere Gesichtspunkte für die Wahl der in Frage kommenden Strategie entscheidend sind. So zum Beispiel die *Anzahl der Gruppenmitglieder*, zu denen Meinungsdiskrepanzen feststellbar sind, die *Stellung der Meinung* im Rahmen des individuellen kognitiven Systems oder die *Sicherheit* bezüglich der eigenen Meinung sowie noch eine Reihe anderer Umstände (vgl. dazu *Frey et al.*, 1993, S. 96 ff.).

Nicht zuletzt ist im Rahmen der theoretischen Grundlagen der Thematik auch auf die *Theorie des sozialen Lernens* von *Bandura* (1979) zu verweisen, die insbesondere für den Fall von Bezugspersonen in Form sozialer Modelle, Veränderungen des Beobachters (Konsumenten) beschreiben, erklären und vorherzusagen vermag.

13.3 Funktionen von Bezugsgruppen

Folgt man den zuvor beschriebenen theoretischen Grundlagen und zugleich dem Vorschlag von *Kelley* (1947), so lassen sich zwei zentralen Funktionen von Bezugsgruppen erkennen: eine **komparative** und eine **normative Funktion** (*Kelley*, 1947; vgl. auch *Bearden, Netemeyer & Teel*, 1989, S. 477).

Während die Bezugsgruppe im Fall ihrer *komparativen Funktion* zur Bestimmung der relativen Position des Individuums im sozialen Umfeld, also vor allem zur Selbsteinschätzung dient, besteht die *normative Funktion* der Bezugsgruppe darin, durch die Vorgabe bestimmter Verhaltenserwartungen (*Normen, Einstellungen, Wertvorstellungen*) direkt oder indirekt das Erleben und Verhalten von Individuen Einfluß zu nehmen. Die Übernahme und Einhaltung der Normen kann sowohl durch Belohnung gefördert als auch unter Umständen durch Sanktionen erzwungen wird. Dies gilt verstärkt für die Mitglieder; kann aber auch für Nicht-Mitglieder verbindlich sein oder werden, insbesondere wenn diese als *Aspiranten* eine Mitgliedschaft in der betreffenden Gruppe anstreben.

Die psychischen Veränderungen im Erleben und Verhalten eines Individuums erfolgen im Fall einer *komparativen* Bezugsgruppe vorwiegend freiwillig; d.h. das Individuum zieht die eventuellen Konsequenzen (Anpassung oder Distanzierung) aufgrund der gemachten Beobachtungen und Erfahrungen weitgehend selbständig.

Im Fall der *normativen* Funktion der Bezugsgruppe ist der individuelle Verhaltensspielraum eher eingeengt. Anpassungs- oder Veränderungsprozesse entstehen aufgrund mehr oder weniger starken *sozialen Drucks*. Das Individuum ist diesem Druck mehr oder minder intensiv, direkt oder indirekt aufgrund der in der Bezugsgruppe geltenden Normen, der *Attraktivität* der Bezugsgruppe oder anläßlich der eventuellen Zugehörigkeit zu dieser Gruppe ausgesetzt.

Daß von Bezugsgruppen Effekte ausgehen, belegen zahlreiche Studien mit den unterschiedlichsten Problemstellungen (vgl. z.B. siehe *Bearden & Etzel*, 1982, S. 184 oder *Childers & Rao*, 1992, S. 198 f.). Hier eine stichwortartige Skizze einzelner Beispiele:

- *Cocanongher & Bruce* (1971) berichten, daß Referenzgruppen Konsumenten beeinflussen können, wenn diese positive Einstellungen gegenüber deren Einstellungen und Aktivitäten haben.

- *Stafford* (1966) zeigte, daß die Markenwahl vom Einfluß der Bezugsgruppe abhängig ist.

- *Witt & Bruce* (1972) identifizierten mindestens sieben verschiedene Determinanten des Einflusses, so z. B. das wahrgenommene Risiko, die Expertise der Gruppe sowie das Bedürfnis nach sozialer Anerkennung oder Bestätigung.

In Studien, die 1977 und später veröffentlicht wurden, begegnet man alternativen Unterscheidungen in den Funktionen oder *Varianten des Einflusses* von Bezugsgruppen. Unter Verwendung eines von *Park & Lessig* (1977) entwickelten und immer wieder modifizierten Instrumentariums zur Messung des Einfluß von Bezugsgruppen (*Bearden, Netemeyer & Teel*,

300

1989; 1990; *Childers & Rao,* 1992; *Bachmann, Roedder & Rao,* 1993), wird dort zwischen *informativen* (*informational*), *utilitaristischen* (*utilitarian*) und *wert-ausdrückenden* (*value-expressive*) Funktionen von Referenzgruppen differenziert. Die informationale Funktion ist weitgehend mit der früher bezeichneten komparativen Funktion vergleichbar; während sich die beiden anderen Bezeichnungen unter die normative Funktion subsumieren lassen.

Der *informationale Einfluß* beruht auf dem Streben des Individuums, Entscheidungen auf möglichst breiter Grundlage von Informationen zu treffen. Eventuelle Unsicherheit führt zur Informationssuche, wobei in erster Linie diejenigen Quellen bevorzugt werden, die in den Augen des Individuums glaubwürdig sind.

Der *utilitaristische Einfluß* wird in dem Bestreben des Individuums erkennbar, in Übereinstimmung mit anderen zu handeln, um Belohnung oder Anerkennung zu erhalten, bzw. Bestrafung oder Mißbilligung zu vermeiden.

Der *wert-ausdrückende Einfluß* wird von dem Bedürfnis des Individuums bestimmt, mit einer Person oder Gruppe eine (sozial-)psychologische Einheit zu bilden, die sich im Akzeptieren von Meinungen der Mitglieder niederschlägt oder äußert. Diese Verbindung kann einmal dadurch in Erscheinung treten, daß das Individuum sich bemüht, mit der Gruppe *als eins* zu erscheinen; zum zweiten, daß das Individuum für die Gruppe Zuneigung empfindet und sich für sie verantwortlich fühlt (*Bearden & Etzel*, 1982, S. 184).3.4 Varianten von Bezugsgruppen.

13.4 Varianten von Bezugsgruppen

An erster Stelle sind hier die sogenannten **Primärgruppen** zu nennen. Paradebeispiel hierfür ist die Familie. Wie alle übrigen Gruppen zeichnet sich diese Art durch eine Reihe charakteristischer Merkmale aus. Zunächst handelt es sich um eine überschaubare Zahl von Mitgliedern, zwischen denen außerdem sozio-emotionale Beziehungen bestehen. Zwischen den Mitgliedern bestehen persönliche (face-to-face) Interaktionen. Es existieren ein enger Zusammenhalt (Kohäsion) zwischen den Mitgliedern und in vielfacher Hinsicht Übereinstimmungen in Überzeugungen sowie im Verhalten.

Daneben existieren **Sekundärgruppen**. Beispiele hierfür sind u.a. Berufsverbände, Gewerkschaften oder gemeindliche Organisationen. In der Regel bestehen diese Institutionen oder Organisationen aus einer größeren Zahl von Mitgliedern, zwischen denen nur sporadisch Kontakte bestehen. Die Beziehungen innerhalb der Gruppe gestalten sich nicht allzu eng, und der Einfluß auf das einzelne Mitglied ist im allgemeinen begrenzt und vornehmlich auf ganz bestimmte Aktivitäten (z.B. Streiks) beschränkt.

Eine weitere Variante stellt die **Aspirantengruppe** dar. Dieser Kreis von Individuen übernimmt *antizipativ* die Normen, Werthaltungen und Verhaltensweisen derjenigen Gruppe, zu der sie in Zukunft gerne gehören möchten; d.h. die Mitgliedschaft anstreben. Es findet eine *Antizipation* der Mitgliedschaft statt, indem sich die betreffenden Interessenten schon vorab so verhalten, als ob sie Mitglieder wären. Konkret kann sich dieser Sachverhalt im Produktwahlverhalten niederschlagen, indem Marken gewählt werden, die für diese Gruppe *typisch* oder *in* sind.

Dissoziative Gruppen zeichnen sich dadurch aus, daß Individuen bestrebt sind, möglichst *nicht* mit diesen in Verbindung gebracht zu werden. Die betreffenden Individuen vermeiden deshalb alles, was einen diesbezüglichen Verdacht aufkommen lassen könnte. Im Bereich des Konsumentenverhalten könnte sich dies zum Beispiel in der Vermeidung derjenigen Produkte oder Marken äußern, die gerade für die dissoziative Gruppe charakteristisch sind.

Ferner sind in diesem Zusammenhang **formale** und **informale Gruppen** zu erwähnen. Im Fall der *formalen* Gruppe existiert eine definierte und bekannte Liste der Mitglieder (Beispiel: Golfclub). Organisation und Struktur sind mittels einer Satzung kodifiziert. Ihr Einfluß ist jedoch sehr unterschiedlich. Je nach *Grad der Identifikation* des Mitglieds mit der Gruppe und je danach, welche Verhaltensregularien nach der Satzung gelten, oder je nach dem, welche Regeln und Normen sich die Mitglieder (informell) selbst auferlegen und auch entsprechenden

Konformitätsdruck ausüben, bestehen mehr oder weniger große Abhängigkeiten bzw. Freiheitsspielräume hinsichtlich des individuellen Verhaltens.

Die **informale Gruppe** ist demgegenüber weniger strukturiert, die Beziehungen basieren vielfach auf Freundschaften und kollegialen Verbindungen. Die Normen können aber dennoch streng, und je nach Attraktivität der Gruppe und Ausmaß an Identifikation kann der Einfluß auf das einzelne Mitglied durchaus massiv sein.

Nach diesen doch eher theoretischen, einführenden und zugleich grundlegenden Ausführungen nun zu den bislang nachgewiesenen Effekten von Bezugsgruppen auf Individuen (oder Gruppen) in dem hier zur Diskussion stehenden Bereich des Verhaltens von Konsumenten. 3.5 Effekte von Bezugsgruppen im Bereich des Konsumentenverhaltens.

13.5 Effekte von Bezugsgruppen im Bereich des Konsumentenverhaltens

Erste Hinweise dafür, daß Individuen ihre Meinungen über einen Gegenstand an den Äußerungen von Gruppenmitgliedern messen und sich diesen Urteilen u.U. anpassen, finden sich bereits in dem in der Literatur schon oft zitierten sozialpsychologischen Experiment von *Asch* (1951).

> In diesem Experiment wurde von den Vpn verlangt, aus 3 verschieden langen Linien diejenige auszuwählen, die der Länge einer 4. Linie entsprach. Es fanden Gruppenversuche statt, bei der die übrigen (instruierten) Personen absichtlich ein gemeinsames Fehlurteil abgaben. Als die Vp mit diesen Urteilen konfrontiert wurde, machte sie in zunehmendem Maße die gleichen Fehler in Übereinstimmung mit dem Gruppenurteil. Im Vergleich dazu gab sie jedoch weitgehend richtige Urteile im Fall alleiniger Entscheidung ab, d.h. nicht in Anwesenheit anderer und ohne Kenntnis deren Meinung.

Trotz der Tatsache, daß diese Ergebnisse für den Bereich des Konsumentenverhaltens nur Orientierungsfunktion erfüllen, sind im engeren Gebiet der Marktpsychologie nur wenige Studien mit vergleichbarer Fragestellung aufzufinden. Konjunktur hatte diese Thematik in den Jahren 1965 bis 1970. Vor und nach dieser Zeitspanne ist in diesem Feld jedoch nicht allzu viel passiert; obwohl die Relevanz des potentiellen Bezugsgruppeneinflusses im Bereich des Konsumentenverhaltens von vielen Seiten immer wieder beteuert wurde (vgl. dazu *Stafford & Coca-nongher*, 1977, S. 370 f. sowie *Kumpf*, 1983, S. 299).

13.5.1 Auswirkungen auf die Beurteilung von Produkten

1.3.5.1.1 Komparativer Bezugsgruppeneinfluß

Zwei der seltenen Experimente zur Bezugsgruppenthematik unter dem Aspekt des Konsumentenverhaltens unternahm *Venkatesan* (1966). Dort zeigte sich einmal, daß sich Individuen bei Kenntnis von Urteilen anderer über die (vermuteten) Eigenschaften bestimmter Produkte (*Herrenanzüge*) diesen Meinungen mehr oder minder (freiwillig) anschlossen. Wurde jedoch (milder) Druck ausgeübt (per instruierte Vpn, die sich wie folgt äußerten: *"Obwohl ich nicht sicher bin, schließe ich mich ebenfalls an, damit wir uns einig werden."*), also Reaktanz erzeugt (*Brehm*, 1966), so fielen die Urteile deutlich weniger konform aus; d.h. die Bereitschaft zur Anpassung an das Gruppenurteil war nur bei gut einem Drittel der Vpn vorhanden. Die Angaben der nachfolgenden *Tabelle 37* veranschaulichen die Ergebnisse.

Tabelle 37: Ergebnisse der Studie von *Venkatesan* (1966, S. 89)

Versuchsbedingung	*Der qualitativ beste Anzug ist ...*			n (Vpn)
	A	B	C	
Kontrollgruppe	17	10	20	47
Konformitäts-Bedingung	11	22	9	42
Reaktanz-Bedingung	14	14	19	47

In methodischer Hinsicht ist bei diesen Ergebnissen jedoch zu berücksichtigen, daß es sich einmal um Studenten als Probanden handelte und dem potentiellen Käufer in der Realität mehr Informationen zur Beurteilung der Qualität zur Verfügung stehen, so daß es fraglich ist, inwieweit eine (direkte) Übertragbarkeit der Befunde in die Praxis besteht.

Daß in diesem Zusammenhang auch *bereits bestehende* Meinungen, Einstellungen oder Präferenz hinsichtlich des zur Diskussion stehenden Objekts für den Umfang und die Bereitschaft zur *Konformität* maßgeblich sein können, erscheint plausibel. Empirisch belegt wurde dieser Sachverhalt von *Weber & Hansen* (1972) in einem eigens dazu durchgeführten Feldexperiment. Hierbei zeigte es sich außerdem, daß das Ausmaß des Einflusses vom sozialen Status des Individuums abhängig sein kann.

Hierbei wurden Hausfrauen gebeten, ihre Präferenzen bezüglich diverser Markenprodukte (Kaffee, Pudding, Zahnpasta) in eine Rangreihe zu bringen; d.h. sie sollten diesen Marken die Rangplätze 1, 2 oder 3 zuweisen. Einige Zeit nach dieser Befragung wurden die Vpn über die Ergebnisse informiert. Im dritten Schritt der Studie wurden sie dann aufgefordert, für sich eine Marke aus den verschiedenen Alternativen als Dankeschön für die Teilnahme an der Studie auszuwählen.

- In den Fällen, in denen das Mehrheitsurteil nicht der eigenen Präferenz entsprach, wählte etwa die Hälfte die von der Mehrheit präferierte Marke.

- Außerdem war die Bereitschaft, eine andere zu Marke zu wählen, stärker, wenn die Präferenz gegenüber der an erster Stelle stehenden Marke schwächer war, und die von der Mehrheit präferierte Marke ohnehin die zweite Position einnahm.

- Ferner waren Hausfrauen mit niedrigerem sozioökonomischen Status eher willens, eine andere als die von ihnen an erster Stelle präferierte Marke zu wählen.

Ungeachtet dieser Ergebnisse stellt sich in methodischer Hinsicht jedoch die Frage, ob der hier in Erscheinung getretene Markenwechsel als *wahrhaftig* anzusehen ist oder, ob er nicht eher als Folge des kostenlosen Angebots, auf diesem Wege 'mal eine andere Marke ausprobieren zu können, zu interpretieren ist.

Während im vorangegangenen Abschnitt die *komparative* Funktion der Bezugsgruppe im Mittelpunkt des Interesses stand, soll nun der *normative* Einfluß von Bezugsgruppen anhand der Ergebnisse einzelner empirischer Studien veranschaulicht werden.

13.5.1.2 Normativer Bezugsgruppeneinfluß

Ein *normativer Einfluß* liegt dann vor, wenn sich ein Individuum an Verhaltensweisen und/ oder Normen der Bezugsgruppe orientiert, für deren Einhaltung es entweder eine *Belohnung*, z.B. durch soziale Anerkennung, Verbesserung des Status innerhalb der Gruppe etc., und bei Mißachtung eine *Bestrafung* (soziale Mißbilligung, Statusverlust, Ausschluß) erwartet. Ob es sich dabei um eine (objektive) Norm im wahrsten Sinne des Wortes handelt, ist unwesentlich. Allein entscheidend ist die persönliche Auffassung des betreffenden Individuums (vgl. *Kumpf*, 1983, S. 304).

Obwohl Studien auch zu diesen Fragen im Bereich des Konsumentenverhaltens relativ selten sind, gibt es doch einige, die die Problematik etwas zu verdeutlichen helfen. Die zitierten Arbeiten sind jedoch nicht ganz frei von methodischen Bedenken. So versuchten *Cocanougher & Bruce* (1971) die Extensität der Orientierung von Individuen an den Normen einer Nicht-Mitgliedschaftsgruppe in Abhängigkeit von deren wahrgenommenen *Attraktivität* zu untersuchen. Allerdings handelt es sich dabei um einen korrelativen Ansatz, der keinen eindeutigen Schluß über Ursache-Wirkungs-Relationen erlaubt.

> Versuchspersonen waren Studenten, die zunächst ihre Einstellung zu einer Management-Laufbahn und zum Managerberuf angaben, um anschließend 38 Produkte unter dem Aspekt des angestrebten Besitzes nach 5 Jahren nach Abschluß des Studiums rangordnen sollten. Außerdem sollten sie für diese Produkte angeben, wie *typisch* ihr Besitz für Manager ist. Die Übereinstimmung zwischen diesen beiden Einschätzungen wurde als Maß für den Einfluß der (vorgegebenen) Bezugsgruppe gewertet.

In den Ergebnissen zeigte sich, daß die individuelle Einschätzung der Attraktivität der beruflichen Position von Managern und deren Laufbahn eng mit der beabsichtigten Anschaffung von für diese Gruppe *sozial-typischen Güter* (Stereoanlage, offener Kamin, Golfschläger, Smoking) korrelierte. Ob dieser Zusammenhang jedoch ausschließlich als normativer Einfluß zu verstehen ist, erscheint zweifelhaft.

Nachfolgende Studien beschäftigten sich vornehmlich mit differentiellen Aspekten der Fragestellung. So interessierten sich *Cohen & Golden* (1972) oder *Burnkrant & Cousineau* (1975) zum Beispiel für die Frage, ob die Erwartung der *öffentlichen Bekanntgabe des individuellen*

Urteils zu einer stärkeren Berücksichtigung des Gruppenurteils führt. Über die Ergebnisse dieser Studien lohnt es sich allerdings nicht im Detail zu berichten, da die vorgenommene Operationalisierung der unabhängigen Variablen (hypothetische *normative* Bezugsgruppe) sowie die Transparenz der experimentellen Situation wohl *keine* angemessene *interne Validität* der Experimente gewährleisteten (vgl. dazu ausführlich bei *Kumpf*, 1983, S. 306 f.).

Die Vpn sollten die Qualität einer angeblich neuen Kaffeemarke einschätzen. Ehe sie ihr eigenes Urteil abgaben, erfuhren sie die Urteile einer anderen (*angeblich hypothetisch normativen Bezugs-*) Gruppe. In der Öffentlichkeitsbedingung wurden die (fiktiven) Namen der Mitglieder dieser Gruppe genannt; in der Anonymitätsbedingung blieben die (fiktiven) Namen der Gruppenmitglieder unbekannt. Nach der Kaffeeprobe wurden die Urteile der Vpn verlangt.

In der Öffentlichkeitsbedingung sollten die Vpn dem Urteil ihren eigenen Namen hinzufügen, in der Anonymitätsbedingung war diese Angabe nicht erforderlich.

Angesichts dieser Umstände ist es nicht überraschend, wenn die Ergebnissen nicht den Erwartungen entsprachen. In der Öffentlichkeitsbedingung trat keine größere, sondern vielmehr eine geringere Konformität in den Urteilen auf; d.h. offenbar wurde die Gruppe seitens der Versuchspersonen wohl nicht als normativ empfunden und akzeptiert.

13.5.2 Einfluß auf die Wahl von Produkten und Marken

Eine andere abhängige Variable wählte *Bourne* (1957, 1972) in seinen Arbeiten. Hier wurde die **Auffälligkeit** von Produkten (i.S. exklusiv, von anderen gesehen und [mit Bewunderung] beachtet) in Verbindung mit dem hypothetisch erwarteten Bezugsgruppeneinfluß auf den Kauf derartiger *Produkte* sowie entsprechender *Marken* untersucht. So konnte er zum Beispiel für die Produkte Autos und Zigaretten sowie erstaunlicherweise auch für Medikamente einen bemerkenswerten Einfluß von Bezugsgruppen auf die *Markenwahl* beobachten, während aber im Fall von Klimaanlagen und Pulverkaffee lediglich Einflüsse im Hinblick auf die Wahl der *Produktgruppe* zu verzeichnen waren. Auch diese Studien enthalten in methodischer Hinsicht einige Ungereimtheiten oder Unklarheiten (vgl. *Kumpf*, 1983, S. 308).

Ähnlich unergiebig und mit denselben Konsequenzen verbunden, ist auch die Studie von *Park & Lessig* (1977) zu beurteilen, da es sich nicht um experimentelle Belege normativer Bezugsgruppeneinflüsse, sondern lediglich um die Darstellung von Meinungen oder Einschätzungen von Hausfrauen zu den von den Autoren unterstellten *motivationalen Funktionen von Bezugsgruppen* (*informational, utilitarian, value-expressive*) handelt.

Ausgehend von den Studien *Bourne*s sowie partiell von *Park & Lessig,* griffen *Bearden & Etzel* (1982) die damalige Fragestellung nochmals auf, indem sie durch die Dichotomisierung der Variablen *Konsumsituation* mit den Stufen *öffentlich* und *privat* und der *Art von Produkten* mit den Alternativen *Luxusgüter* und *Güter des täglichen Bedarfs* zunächst vier Zellen im Versuchsplan erhielten. Ferner berücksichtigten sie dabei, ob die zu treffende Entscheidung ein bestimmtes *Produkt* oder eine bestimmte *Marke* betraf. Je nach Konstellation der Bedingungen erwarteten sie entweder einen schwachen oder starken Einfluß seitens der Bezugsgruppe für das jeweilige Produkt und die betreffende Marke.

Zum Beispiel:
Im Fall eines *öffentlich konsumierten Luxusguts* (Golfclub, Skier, Segelboot), sagten sie einen starken Einfluß der Bezugsgruppe vorher. Da der Gebrauch dieser Produkte außerdem von anderen *be(ob)achtet* wird, ist ebenfalls ein starker Einfluß der Bezugsgruppe für die betreffende *Marke* zu erwarten.
Auf der anderen Seite erwarteten sie im Fall eines *Produkts des täglichen Bedarfs* (Bodenlampe, Gefrierschrank), das *privat* ge- oder benutzt wird, einen geringen Bezugsgruppeneinfluß und außerdem einen schwachen Effekt im Hinblick auf die betreffende *Marke,* weil der Konsum oder Gebrauch von anderen Individuen nicht gesehen werden kann (vgl. dazu auch *Bearden & Etzel*, 1982, S. 184 f.).

Die abhängige Variable *Bezugsgruppeneinfluß* wurde durch insgesamt 13 Items aus der Studie von *Park & Lessig* (1977, S. 105) unter den Aspekten der dort unterstellten Varianten des Bezugsgruppeneinflusses (*informational, utilitarian, value-expressive*) operationalisiert. Zu Veranschaulichung sind im folgenden einzelne Beispiele für die diversen Itemkategorien aufgelistet (vgl. auch *Bearden, Netemeyer & Teel,* 1989, S. 477 und 1990, S. 770).

Zur Messung des *informational influence* finden Items Verwendung, wie ...

- The individual seeks information about various brands of the product from an association of professionals or independent group of experts.

- The individual seeks information from those who work with the products as profession.

- The individual seeks brand related knowledge and experience (such as how Brand A's performance compares to Brand B's) from those friends, neighbors, relatives, or work associates who have reliable information about the brands.

Für die Erfassung des *utilitarian influence* werden z.B. die folgenden Items benutzt:

- To satisfy the expectations of fellow work associates, the individual's decision to purchase a particular brand is influenced by their preferences.

- The individual's decision to purchase a particular brand is influenced by the preferences of people with whom he has social interaction.

- The individual's decision to purchase a particular brand is influenced by the preferences of family members.

- The desire to satisfy the expectations which others have of him has an impact on the individual's brand choice.

Und für die Erhebung des *value-expressive influence* finden Items Verwendung, wie

- The individual feels that the purchase or use of a particular brand will enhance the image which others have of him.

- The individual feels that those who purchase or use a particular brand possess the characteristics which he would like to have.

- The individual sometimes feels that it would be nice to be like the type of person which advertisements show using a particular brand.

- The individual feels that the people who purchase a particular brand are admired or respected by others (vgl. dazu *Park & Lessig,* 1977, S. 105).

In den Ergebnissen zeigte sich kein durchgängiger Effekt der verschiedenen Varianten des Bezugsgruppeneinflusses. Die *Bezug der Entscheidung* (Produkt vs. Marke) erreichte lediglich unter dem Aspekt des *informationalen* Gruppeneinflusses Signifikanz. Außerdem hatten - in Übereinstimmung mit *Bourne* - die *Produktkategorie* (Luxusgut vs. Produkt des täglichen Bedarfs) sowie der Faktor *Auffälligkeit* (öffentlich vs. privat) einheitlich zu signifikanten Effekten geführt. Angesichts der Ergebnisse empfehlen die Autoren weitere Überprüfungen, insbesondere die Berücksichtigung der Kaufsituation. Trotz dieser an sich durchaus ermutigenden Feststellungen ist allerdings nicht übersehen, daß es sich hier um die Ergebnisse einer Befragung mit allen ihren Vor- und Nachteilen handelt.

Childers & Rao (1992) replizierten wiederum die Studie von *Bearden & Etzel* (1982) zu einem Großteil und nahmen zugleich eine partielle Differenzierung der Problemstellung vor. Dazu änderten sie jedoch zuvor das Konstrukt der Referenzgruppe, indem sie in Anlehnung an *Cocanongher & Bruce* (1971) zwischen *normativen,* zugleich *unmittelbaren* (socially proximal) und sozial ferner stehenden (socially distant) Bezugspersonen bzw. -gruppen unterschieden.

Zur ersten Variante zählten sie Eltern, Lehrer und Peer-Gruppen, die mit dem Individuum in direktem Kontakt stehen und durch Interaktion, d.h. quasi *aus nächster Nähe* Normen, Einstellungen sowie Werthaltung vermitteln. Für die Zwecke der daraufhin konzipierten Studie heben die Autoren im Licht der vielfältigen Hinweise über den Einfluß von Familienmitgliedern auf das Verbrauchsverhalten gezielt auf eine weitere Trennung zwischen familiären Bezugspersonen und den sogenannten Peer-Gruppen ab (*Childers & Rao,* 1992, S. 199). Die zweite Variante ist mit einer komparativen Bezugsgruppe in allerdings exklusiverer Besetzung (Sportler, Personen aus der Unterhaltungsbranche) vergleichbar, mit deren Mitgliedern entweder keine oder bestenfalls höchst selten direkte Interaktionen stattfinden.

Die Autoren erwarteten, daß die verschiedenen Referenzgruppen in Abhängigkeit von der *Öffentlichkeit* des Konsums (Gebrauchs [privat vs. öffentlich]) und der *Art des Produkts* (Luxusgut vs. Gut des täglichen Bedarfs) in unterschiedlichen Umfang auf das Verhalten der Konsumenten (Produkt- Markenentscheidungen) Einfluß nehmen. Das Design der Studie und die damit verbundenen Erwartungen hinsichtlich der Ergebnisse verdeutlicht die folgende *Tabelle 38.*

310

Tabelle 38: Versuchsplan und Hypothesen der Studie von *Childers & Rao* (1992)

Art des Produkts	Referenzgruppen			
	familiäre Gruppe		Peer-Gruppe	
	Konsum		Konsum	
	öffentlich	*privat*	*öffentlich*	*privat*
Luxusgut	• Schwacher Einfluß	• starker Einfluß der Kernfamilie • sehr starker Einfluß der Familie i.w.S.	• starker Einfluß auf die Produktwahl • starker Einfluß auf die Markenwahl	• starker Einfluß auf die Produktwahl • schwacher Einfluß auf die Markenwahl
Gut des täglichen Bedarfs	• Schwacher Einfluß	• starker Einfluß der Kernfamilie • sehr starker Einfluß der Familie i.w.S.	• schwacher Einfluß auf die Produktwahl • starker Einfluß auf die Markenwahl	• schwacher Einfluß auf die Produktwahl • schwacher Einfluß auf die Markenwahl

In allen Teilen der Ergebnisse wiederholen sich die bereits bekannten Beobachtungen von *Bearden & Etzel* (1982), d.h. keines der Ergebnisse steht im Widerspruch zu denen der früheren Studie. Im Detail bedeutet dies zunächst einmal folgende drei **Haupteffekte**:

- Peer-Gruppen wird im Vergleich zu familialen Gruppen sowohl im Fall von Produkt- als auch Marken-Entscheidungen ein größerer Einfluß *bescheinigt*.

- Die *Art des Produkts* spielt im Hinblick auf die Beeinflussung sowohl von Produkt als auch Marken-Entscheidungen eine wesentliche Rolle.

- Auch die *situativen Bedingungen des Konsums* haben einen signifikanten Einfluß auf Produkt und Marken-Entscheidungen.

Außerdem waren - mit der Ausnahme der Wechselwirkung zwischen der Art der *Referenzgruppe* und der Art des *Produkts* - sämtliche Wechselwirkungseffekte für beide Entscheidungsvarianten signifikant.

Vergleichbare Studien mit ähnlicher Fragestellung und Messung des Bezugsgruppeneinflusses wurden im übrigen auch mit Kindern unterschiedlichen Alters durchgeführt (vgl. z.B. *Bach-*

mann, Roedder & Rao, 1993); hierauf soll jedoch nicht näher eingegangen werden. Ebenso wird an dieser Stelle auch lediglich auf die Existenz einer Studie von *Webster & Faircloth* (1994) verwiesen, in welcher die Abhängigkeit des Einflusses vom Ausmaß der Identifizierung mit der ethnischen (Hispanics) Referenzgruppe auf der Ebene der *utilitarian- und value expressive-Skala* untersucht und belegt wurde. Interessant war dabei die Feststellung, daß diejenigen, die sich in hohem Maße mit der Referenzgruppe identifizierten, dies vor allem durch den Kauf oder die Benutzung sogenannter Status-Marken zum Ausdruck brachten bzw. demonstrierten.

13.6 Zusammenfassende Diskussion und praktische Konsequenzen

Die von der Theorie prognostizierten komparativen und normativen Einflüsse von Bezugsgruppen auf das Erleben und Verhalten von Individuen sind zwar dem Prinzip nach, d.h. aus der Sicht ihrer Existenz in der bislang geringen Zahl empirischer Studien mehr oder weniger deutlich in Erscheinung getreten, sie reichen allerdings gegenwärtig noch nicht aus, um für den Bereich des Konsumentenverhaltens ein lückenloses Bild aller möglichen Bedingungskonstellationen und deren Auswirkungen zu erstellen.

Nicht ganz unproblematisch ist dabei auch die Tatsache, daß die *Beweise* auf indirektem Wege mittels Befragungsergebnissen erbracht und nicht anhand objektiverer Daten der Verhaltensbeobachtung gewonnen wurden. Diese Unzulänglichkeit der Ergebnisse ist jedoch nicht unbedingt Ausfluß der Bequemlichkeit der Experimentatoren, sondern eher als eine Folge der problemimmanten Unzugänglichkeit und begrenzten Kontrollierbar- und Manipulierbarkeit der experimentellen Situation in diesem Feld zu sehen. Problematisch ist auch die Tatsache, daß in den Studien nicht immer eindeutig erkennbar wird, ob das mit der abhängigen Variablen repräsentierte Verhalten auf komparativen oder normativen Einflüssen oder auf beiden beruht.

Zusammenfassend läßt sich sagen, daß sich gegenwärtig von den vielfältigen **Merkmalen der Bezugsgruppe** vor allem deren *Attraktivität* sowie die *soziale Distanz* zwischen Bezugsgruppe und Individuum als wichtige Einflußgrößen erwiesen haben.

Auf der **Seite des Produkts** treten demgegenüber hauptsächlich dessen *soziale Geltung* (Luxusgut vs. alltägliches Gut), die *Öffentlichkeit des Ge- und Verbrauchs* des Produkts sowie die

Bezugsebene der Entscheidung (Produkt vs. Marke) als wesentliche Variablen in Erschei-nung, die den Umfang des Einflusses maßgeblich mitbestimmen, wobei nach den bisherigen Erfahrungen zwischen diesen Größen zumindest partiell auch Wechselwirkungen zu erwarten sind.

Die **praktischen Konsequenzen** der Bezugsgruppenorientierung von Individuen schlagen sich in erster Linie in den verschiedenen Bereichen des *absatzpolitischen Instrumentariums* nieder. Unumgängliche Voraussetzung hierfür ist jedoch zunächst der empirische Nachweis der Existenz (Identifikation) mindestens einer oder ggf. mehrerer Bezugsgruppen innerhalb der betreffenden Zielgruppe. Folglich bedarf es zunächst der *Erforschung des Markts,* um zu prüfen, ob und ggf. welche Bezugspersonen und -gruppen sich für den Kreis der wirtschaftlich relevanten Zielgruppen identifizieren lassen, und in welchem Umfang diese einen potentiellen Einfluß auf das Verhalten der Käufer oder Konsumenten ausüben.

Unter diesen Bedingungen könnten sich zum Beispiel im Fall von Luxusgütern und zugleich hoher Attraktivität der Bezugsgruppe im Bereich der **Preispolitik** die Chancen der Akzeptanz eines gehobenen Preisniveaus für bestimmte Produkte verbessern.

Daneben erscheinen auch Auswirkungen auf **produktpolitische Maßnahmen** *(Produktgestaltung),* insbesondere bei Luxusprodukten, die in der Öffentlichkeit ver- und gebraucht werden, denkbar. Schon früh in der konstruktiven Phase der Entwicklung der Produkte könnte hier eine Orientierung an den Wertvorstellungen und Präferenzen der Bezugsgruppe stattfinden, um die Produkte nach den Präferenzen der maßgeblichen Teilpopulation des Markts zu gestalten und damit die Absatzchancen insgesamt zu begünstigen.

Im Rahmen der **Vertriebspolitik**, insbesondere wenn es um die Einführung von Produktinnovationen geht, besteht die Möglichkeit, sich zunächst auf die existierenden Bezugsgruppen zu konzentrieren, um auf diesem Wege den Diffusions- und Adoptionsprozeß von Produkten in der Gesamtheit der Zielgruppe bzw. des Markts zu erleichtern bzw. zu beschleunigen. Ferner besteht in diesem Zusammenhang auch die Möglichkeit, bestimmte Vertriebswege (Geschäftswahl) zu forcieren, indem die Produkte bevorzugt in den Geschäften angeboten werden, für die ohnehin schon eine gewisse Präferenz besteht.

Schließlich ergeben sich aus dem Sachverhalt der Existenz und Relevanz von Bezugsgruppen Hinweise für den Bereich der **Kommunikationspolitik**. Dies betrifft schon die Frage der Medienwahl, d.h. unter Umständen sind die von der Bezugsgruppe präferierten Medien bei der Schaltung von Werbemaßnahmen gegenüber denen von der *breiten Masse* genutzten zu bevorzugen. Denkbar sind auch Auswirkungen auf die textliche und sprachliche sowie die bildliche Gestaltung, indem entweder einzelne Vertreter oder ein größerer Kreis der Bezugsgruppe in Werbemaßnahmen als *soziale Modelle* fungieren und/oder zu Wort kommen, um damit sowohl in komparativer als auch ggf. in normativer Hinsicht auf Teile der Zielpopulation Einfluß zu nehmen.

Als Beispiel sei hier auf die schon etwas zurückliegende Kampagne von *Colgate* verwiesen, die die sozialen Folgen des Mundgeruchs aufzeigte. Die Lösung des Problems wurde dann in dem Slogan "Colgate macht der Einsamkeit ein Ende" zum Ausdruck gebracht. Ein weiteres Beispiel ist die Kampagne "Busse und Bahnen - Grüne Welle der Vernunft", bei der einzelne Bezugspersonen als soziale Modelle fungierten, um die Bevölkerung zur Vermeidung von Umweltverschmutzung und Einsparung von Energie sowie vor allem zu verstärkter Benutzung öffentlicher Verkehrsmittel anzuregen.

Sicherlich sind hiermit nicht alle denkbaren Konsequenzen erfaßt. Für den konkreten Einzelfall der Praxis sind noch eine Reihe weiterer und anderer Konsequenzen erwägenswert, auf die hier nicht eingegangen werden kann. Die Beispiele sollten lediglich im Ansatz die potentiell praktische Relevanz des Bezugsgruppenkonzepts für die verschiedenen Bereiche absatzpolitischer Aktivitäten aufzeigen.

14. Familie und Konsumentenverhalten

Das Konsumverhalten sozialer Gruppen, zu denen vor allem die Familie zählt, wird durch eine Vielzahl interner und externer Variablen bestimmt. Wie die folgenden Darstellungen zeigen werden, sind **Entscheidungen** der Familie in erster Linie von den *strukturellen* (Größe des Haushalts) und *wirtschaftlichen* Verhältnissen (Einkommen) der Familie, dem Grad der Beeinflussung ihres Erlebens und Verhaltens durch die engere und weitere *soziale Umwelt* (Partner und Kinder, Bekannte oder Freunde), von bestehenden *Rollenstrukturen* und *Rollenerwartungen*, von emotionalen *Beziehungen* zwischen den Mitglieder sowie von deren *Einflußnahme* in den verschiedenen Phasen der *Entscheidungsprozesse* (Initiierung bis Kauf) abhängig. Nicht zuletzt spielen hierbei auch die *Art* der dabei zur Diskussion stehenden *Güter oder Dienstleistungen* und deren spezifischen Merkmale eine wesentliche Rolle. Schließlich dürfte dabei außerdem zu berücksichtigen sein, in welchem Stadium des *Lebenszyklus* sich die Familie gerade befindet.

14.1 Definition der Familie

Eine Gruppe von Individuen qualifiziert sich dann als *familiales System*, wenn von ihr fünf **Grundfunktionen** erfüllt werden. Diese setzen sich aus der *ökonomischen*, der *politischen* und *emotionalen* Funktion, der *Reproduktions-* sowie der *Sozialisationsfunktion* zusammen (vgl. *Dahlhoff*, 1980, S. 7 ff. oder *Ruhfus*, 1976, S. 31 ff.; *Williams*, 1993, S. 111 ff.). Aufgrund der Vielzahl der denkbaren Kombinationen von Individuen oder Varianten in der Zusammensetzung von Familien, die den strukturellen Erfordernissen entsprechen und zugleich die fünf Grundfunktionen erfüllen, werden familiale Systeme traditionell in zwei Klassen aufgeteilt; nämlich die **Kernfamilie** und die erweiterten **Familiensysteme**. In der Gegenwart findet man darüber hinaus noch **familienähnliche Systeme** bzw. Modifikationen davon vor, zu denen z.B. die alleinerziehenden Single- oder Lebenspartner-Haushalte gehören. Kernfamilien bestehen aus Ehefrau, Ehemann und gegebenenfalls deren Kinder, während die generationsmäßige Ausdehnung zu den erweiterten Familiensystemen führt.

Daneben gibt es noch eine Reihe von (ehemaligen) Kernfamilien, in denen sich im Lauf der Zeit, insbesondere durch sogenannte *kritische Lebensereignisse* (Tod, Trennung), gravierende Veränderungen vollzogen haben, deren Konsequenzen sich meist auch in den verschiedenen Bereichen des Konsumentenverhaltens niederschlagen.

14.2 Familien aus der Perspektive der Statistik

Nach offiziellen Angaben des *Statistischen Jahrbuchs* (1997, S.65 ff.) lebten in der Bundes-republik Deutschland im April 1996 rund 82,1 Millionen Menschen in 37,3 Millionen privaten Ein- und Mehrpersonen-Haushalten. Ein Haushalt umfaßte damals im Mittel 2,20 Personen (vgl. *Tabelle 39*).

Tabelle 39: Anzahl von 1- und Mehrpersonen-Haushalten in der BRD (in 1.000)

Personen	1 Person	2 Personen	3 Personen	4 Personen	5 und > Personen	Haushalte	Personen je Haushalt
82 069	13191	12039	5770	4556	1725	37281	2,20

Die Zahl der kinderlosen Haushalte beträgt rund 10,9 Millionen, die der Haushalte mit Kindern unterschiedlichen Alters etwa 13,2 Millionen. Über alle Mehrpersonen-Haushalte betrachtet, sind am häufigsten solche mit einem Kind anzutreffen, während Familien mit vier und mehr Kindern heute eher eine Ausnahme darstellen.

Tabelle 40: Mehrpersonen-Haushalte (in 1.000) und Zahl der Kinder

Haushalt mit ... Personen	ohne Kin-der	mit ... 1 Kind	mit ... 2 Kindern	mit ... 3 Kindern	mit ... 4 und > Kindern	Σ
2	10608	1431				12039
3	280	4984	506			5770
4	28	182	4240	106		4556
5 und >	5	32	159	1146	383	1725
Σ	10921	6629	4905	1252	383	24090

Das monatliche Haushaltsnettoeinkommen von Ein- und Mehrpersonen-Haushalten ist in der folgenden *Tabelle 41* verzeichnet.

Tabelle 41: Verteilung des Haushaltsnettoeinkommens privater Ein- und Mehrpersonen-Haushalte (in 1.000)

Personen im Haushalt	Haushalte (1.000)	Privathaushalte mit einem monatlichen Haushalts-Nettoeinkommen von ... bis ... unter ... DM								
	insgesamt	1.000	1.000-1.800	1800-2.500	2.500-3.000	3.000-4.000	4.000-5.000	5000-7.500	7500-und mehr	Sonstige Haushalte
1	13191	1532	3985	3862	1388	1119	424	264	103	513
2	12039	150	838	1945	1643	2865	1884	1632	583	500
3 und mehr	12051	85	362	823	962	2734	2438	2890	1171	585
Σ	37281	1767	5185	6630	3993	6718	4746	4786	1857	1598

Die Verteilung der Nettoeinkommen der Zwei- und Mehrpersonen-Haushalte wird, nach Gruppen getrennt, in der anschließenden *Abbildung 51* graphisch veranschaulicht.

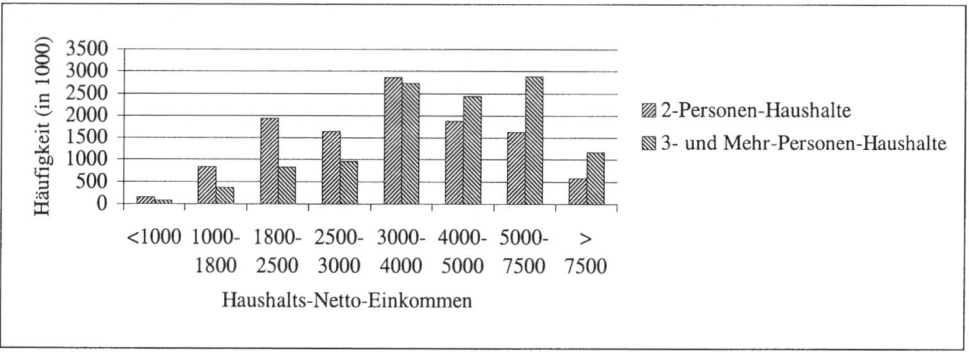

Abbildung 51: Verteilung der Netto-Einkommen von 2- und Mehrpersonen-Haushalten (*Statistisches Jahrbuch*, 1997 S. 65 ff.)

Wie die obige Abbildung zeigt, überwiegen bei den niedrigeren Einkommensklassen bis zu einem Einkommen von 3000 bis unter 4000 DM die 2-Personen-Haushalte, während man bei den höheren Einkommensklassen vorherrschend 3- und Mehrpersonen-Haushalte vertreten sind, was vermutlich auf die Tatsache zurückzuführen ist, daß hier mehr Personen einen Beitrag zum Haushaltseinkommen leisten. Auf der anderen Seite dürfte das Pro-Kopf-Einkommen bei dieser Gruppe wiederum geringer sein.

Erwähnenswert ist in diesem Zusammenhang noch die Differenzierung der Familien unter Berücksichtigung des Familienstands. Die folgende *Tabelle 42* gibt hierüber Auskunft.

Tabelle 42: Familien nach Familienstand (in 1.000)

Σ	Ehe-paare	Σ	Alleinerziehende									
			Männer					Frauen				
			Σ	ledig	verh. / getrennt lebend	ver-witwet	geschie-den	Σ	ledig	verh. / getrennt lebend	ver-witwet	geschie-den
22 362	19 590	2 772	493	112	76	133	171	2 279	576	268	574	862

Den Angaben der *Tabelle 42* zufolge sind alleinerziehende Personen hauptsächlich Frauen, während Männer hier die Minderheit bilden; vermutlich eine Konsequenz der Rechtsprechung, in der nur in Ausnahmefällen dem Mann das Sorgerecht für das Kind zugesprochen wird. Für weitere und detaillierte Angaben z.B. über die Aufteilung der Häufigkeiten unter Berücksichtigung der Größe der Familie, des Alters der Kinder, des Alters zum Zeitpunkt der Heirat und sonstiger Aspekte, empfiehlt es sich, das jeweilige *Statistische Jahrbuch* zu Rate zu ziehen.

14.3 Entscheidungsprozesse als Ansatzpunkt der Einflußnahme

Nachdem die direkte Einflußnahme oder auch indirekte Beeinflussung *nicht nur* und *erst* bei der endgültigen Entscheidung oder dem Kauf offenkundig wird, sondern auch schon in früheren Phasen des Prozesses stattfinden kann und in der Realität auch stattfindet, sollen zunächst die Möglichkeiten des Eingriffs und der Einflußnahme anhand verschiedener **Stufen des Entscheidungsprozesses** aufgezeigt werden.

Hierbei lassen sich (zumindest theoretisch) die folgenden Stufen oder Phasen unterscheiden:
- **Initiierung:** In dieser einleitenden Phase des Entscheidungsprozesses kann im Grunde jedes *Mitglied der Familie* (Partner, Kind[er]) aktiv werden. Sei es, daß aktuell hinsichtlich eines bestimmten Guts ein Mangelzustand empfunden wird oder, daß entsprechende Anregungen von *Dritten* (Freunden, Bekannten, Bezugspersonen und -gruppen, Pro-

duktwerbung, u.a.) erfolgen, oder weil beispielsweise die Präsentation von Waren am *Point of Purchase* den Anstoß zu entsprechenden Überlegungen, Vorschlägen oder Forderungen geben. Am Ende dieser Phase kann das Ergebnis der weiteren Auseinandersetzung mit dem betreffenden Gut, oder aber auch die Konsequenz des Abbruchs des soeben initiierten Entscheidungsprozesse stehen (vgl. z.B. *Donkin, Neale & Tilston*, 1993; *Ahuja & Stinson*, 1993).

- **Informationssuche:** In dieser Phase können wiederum alle Familienmitglieder beteiligt sein; je nach Art des Produkts und Einflußdominanz die einen mehr, andere eventuell weniger. Hierbei steht die **Beschaffung von Informationen** über das zunächst in Erwägung gezogene Produkt, dessen Vor- und Nachteile, und über eventuelle Alternativen mit allen ihren Eigenschaften im Mittelpunkt des Interesses (vgl. dazu z.B. *Mayerhofer*, 1994).

- **Evaluation:** Die zuvor gesammelten Informationen sind anhand von **Kriterien**, z.B. unter dem Aspekt ihrer Bedeutsamkeit, Verläßlichkeit, Kostenträchtigkeit und ähnlichen Gesichtspunkten zu bewerten, um eine Rangfolge zu erstellen und/oder um gewisse Alternativen von der weiteren Behandlung und Diskussion auch auszuschließen.

- **Entscheidung:** In dieser Phase des Entscheidungsprozesses wird über Erwerb bzw. den Nicht-Erwerb des Guts oder der Dienstleistung entschieden. Das Ergebnis ist der Entschluß des Erwerbs einer bestimmten Marke der betreffenden Produktkategorie, zwangsläufig aber auch die Entscheidung über den Nicht-Erwerb zuvor in Erwägung gezogener anderer Alternativen. Denkbar ist aber auch die Möglichkeit, daß der Erwerb angesichts fehlender finanzieller Mittel gänzlich gestrichen oder zeitlich zumindest vorläufig noch zurückgestellt wird.

- **Kauf:** In dieser letzten Phase findet der Kauf statt, d.h. das betreffende Gut wird erworben und die Familie wird der rechtmäßige Eigentümer und Besitzer der Ware. Aber auch hier sind noch Interventionen seitens der Familienmitglieder denkbar, die eine Modifikation der ursprünglichen Entscheidung und unter Umständen eine Rückkehr in frühere

Phasen des Entscheidungsprozesses bewirken können. Darüber hinaus können insbesondere bei hochwertigen Gütern unerwartet eintretende Veränderungen in den Lebensumständen einen Kauf verhindern oder zur Aufschiebung veranlassen.

Daß nicht alle Mitglieder in allen Phasen des Entscheidungsprozesses gleichermaßen involviert oder beteiligt sind, lehrt die tägliche Erfahrung. Vielmehr sind je nach den spezifischen Gegebenheiten sind sehr unterschiedliche Beteiligungsverhältnisse zu erwarten.

14.3.1 Einflußdominanz der Familien-Mitglieder

Während in früheren Zeiten kultureller Rollenverständnisse zufolge jedes Mitglied innerhalb des Haushalts fest umschriebene Zuständigkeits- und Verantwortungsbereiche innehatte, gilt dies für unsere heutige Gesellschaft wohl nicht mehr. Durch den **Wandel der Geschlechterrollen** bedingt, der sich in dem Trend weg von der *patriarchalisch* hin zur *partnerschaftlich* geführten Familie zeigte, kann heute - von einigen wenigen Ausnahmen abgesehen- kaum mehr von einer absoluten Entscheidungsautonomie die Rede sein. Angemessener erscheint es stattdessen von einer **Dominanz** einzelner Familienmitglieder im Rahmen des Entscheidungsprozesses auszugehen. Die Dominanz einzelner Familienmitglieder kann ihrerseits wieder von einigen Konstellationen abhängig sein; so zum Beispiel von .

- dem *finanziellen Beitrag*, den ein Familienmitglied zum Unterhalt der Familie leistet;

- der *Persönlichkeit*, insbesondere ihrer Fähigkeiten zur Durchsetzung der individuellen Vorstellungen;

- den *schichtspezifischen Machtstrukturen* innerhalb der Familie;

- der *Entscheidungsaufgabe* (Produktwahl)

sowie

- von *situativen Einflüssen*, die sich aus Gegebenheiten der sozialen Umwelt ableiten.

14.3.1.1 Methodische Probleme der Erfassung der Einflußdominanz

Bei der Erfassung des Einflusses der verschiedenen Mitglieder in den diversen Phasen des Entscheidungsprozesses zum Kauf eines Produkts oder der Inanspruchnahme einer Dienstleistung ergeben sich mehrfacher Hinsicht methodische Probleme. Traditionell handelt es sich hier um sogenannte **Self-Reports**, bei welchen der bzw. meist *die* Befragte Angaben über den *wahrgenommen Einfluß* auf bestimmte Entscheidungen der Familie macht. In der klassischen Studie von *Davis & Rigaux* (1974, S. 52) sollte die jeweilige Antwort auf die Frage nach dem Haupteinfluß in den diversen Phasen des Entscheidungsprozesses anhand der nominalen Alternativen Mann (1), gemeinsam (2) und Frau (3) zum Ausdruck gebracht werden.

Oder es wurde der vermeintliche Einfluß mittels bipolarer Skalen (1 = Mann dominiert ... 5 = Frau dominiert; vgl. *Wolfe,* 1959 oder *Burns & Orintau,* 1979) erfaßt. Entsprechende Angaben werden dann und wann zur Kontrolle auch vom Ehe- oder Lebenspartner erhoben. Im Idealfall müßten diese Angaben nahezu identisch sein, bzw. möglichst gut miteinander übereinstimmen. Zumindest wäre damit die Interrater-*Reliabilität* der Daten gewährleistet, womit auch eine der Voraussetzungen für die *Validität* (Angaben des Partner als Außenkriterium) der Daten erfüllt ist.

Daneben gibt es andere Vorschläge zur Datenerfassung; z.B. die Auswertung von eigens dazu angelegten Tagebüchern (Ereignis- und Zeitstichprobentagebuch; vgl. *Kirchler,* 1988, S. 307) oder von Aufzeichnungen technischer Geräte (Tonband; *Webb,* 1978) bis hin zur teilnehmenden Beobachtung, bei der der Versuchsleiter in der Familie mit lebt und die jeweils interessierenden Ereignisse registriert (*Vetere & Gale,* 1987). Inwieweit damit geradezu reaktive Messungen provoziert werden, ist zwar ungeklärt, muß aber befürchtet werden.

Die empirischen Erfahrungen, die mit allen diesen, oft sehr aufwendigen, ethisch auch nicht immer ganz unbedenklichen Vorgehensweisen und den daraus resultierenden **Operationalisierungen** bislang gemacht wurden, sind allerdings nicht besonders ermutigend. Wie die Daten der *Tabelle 43* - für den Fall der Befragung - zeigen, bewegen sich die Übereinstimmungen in den Grenzen zwischen 37% und 85,5%, je nach *Art des Produkts,* der *Phase des Entscheidungsprozesses* (54% bis 56% identische Angaben) und der jeweiligen *Vergleichsperson* (*Kirchler,* 1990, S. 52).

Tabelle 43: Übereinstimmungen in den Angaben zur Einflußdominanz der Familienmitglieder
(Auszug aus Tabelle 5 in *Kirchler*, 1990, S. 52)

Produkt / Dienstleistung	Mann : Frau	Vater : Kind	Mutter : Kind
Putzmittel	85,5	85,2	85,2
Auto	57,6	52,9	54,5
Urlaub	48,8	46,8	46,1
Kinderspielzeug	42,4	37,4	37,0

Je nach Gegenstand der Entscheidung bestehen zwischen den Angaben der Familienmitglieder offensichtlich mehr oder weniger deutliche Divergenzen. Diese heben sich jedoch weitgehend auf, wenn die Angaben auf *aggregiertem Niveau*, d.h. unter Berücksichtigung der gesamten Untersuchungspopulation, betrachtet werden (vgl. *Kirchler*, 1988, S. 301 f.). Die individuellen Über- und Unterschätzungen scheinen sich in diesen Fällen größtenteils auszugleichen.

Dennoch wird die **Validität** der Daten zweifelhaft. Die Frage lautet hierbei, inwiefern spiegeln die Angaben der Auskunftsperson(en) (Frau, Mann oder beide, Kinder) die *wahren Relationen* des Einflusses wider, oder werden sie durch Erinnerungslücken, Urteilstendenzen oder sonstige Mechanismen und Vorgänge verfälscht. Auch wenn davon auszugehen ist, daß es sich in den wenigsten Fällen um absichtliche Täuschungen handelt, sind in diesem Zusammenhang mit mehr oder minder großen Abweichungen oder Diskrepanzen zwischen den Angaben zu rechnen. Denn angesichts der *Komplexität* der Prozesse bei Familienentscheidungen dürften in erster Linie in *inter*individuellen Differenzen der *Wahrnehmung*, der *Erinnerungsfähigkeit*, den *Gewichtungs-* und *Bewertungsprozessen* die Hauptquellen abweichender oder gar widersprüchlicher Angaben bilden.

Folgt man beispielsweise Erfahrungen aus verwandten Studien zur Einschätzung sozialer Machtverhältnisse, wobei beobachtet wurde, daß Frauen eher zur *Unter-*, während Männer zu *Überschätzung* ihres Einflusses tendieren (vgl. *Olson*, 1969), so ist dies auch hier nicht auszuschließen; oder, daß Männer die Dominanz des Partner sensibler als Frauen wahrnehmen (vgl. *Munsinger, Weber & Hansen*, 1975), so scheint eine Überschätzung des relativen Einflusses plausibel. Daneben dürften auch noch einige andere Abhängigkeiten und Quellen (*Involvement, Relevanz der Entscheidung, Qualität der Partnerbeziehung, soziale Erwünschtheit des Ver-*

haltens, individuelles Rollenverständnis, u.a.) für die eventuelle Unzulänglichkeit derartiger Daten in Erwägung zu ziehen sein, auf die hier nicht im Detail eingegangen werden kann (vgl. dazu auch *Kirchler*, 1988, S. 303 ff. sowie *Corfman*, 1991; insbesondere S. 127 ff.).

Ungeachtet der jeweiligen Umstände des Einzelfalls, die Folgen sind immer Abweichungen von der Realität (tatsächlicher vs. vermeintlicher Einfluß). Man hat zwar Daten, aber weiß nicht, inwieweit man auf sie vertrauen kann. Dieser Sachverhalte sollte man sich bei der Auseinandersetzung mit dem Problemfeld Einfluß auf Familienentscheidungen immer wieder bewußt werden. Angesichts dieses Dilemmas machen *Kim & Lee* (1997) den Vorschlag, in Zukunft in erster Linie *multiple* Informanten bei der Erfassung der relevanten Konstrukte zu berücksichtigen und diese mittels *multipler* Messungen (Items) zu erfassen. Ihre bisherigen Erfahrungen scheinen ihnen recht zu geben (vgl. S. 319).

Dies heißt nun bei weitem nicht, daß man den nachfolgend zu berichtenden Ergebnissen grundsätzlich und überhaupt kein Vertrauen entgegenbringen sollte. Vielmehr soll damit diesem Hinweis die Anregung verbunden sein, sie mit entsprechender Vorsicht und Distanz zur Kenntnis zu nehmen und sich nicht an geringfügigen Prozentwertdifferenzen, trotz statistisch nachgewiesener Signifikanzen, allzu sehr festzuhalten. Man sollte mehr die grundsätzlichen Relationen im Auge behalten. Außerdem ist nicht auszuschließen, daß sich allein durch den Wandel der Zeiten in diesem Themenfeld sehr kurzfristig Veränderungen in den Einflußrelationen vollziehen können.

14.3.1.2 Einflußdominanz: Ehefrau versus Ehemann

Studien zu der Frage von Dominanzbereichen der Ehepartner bei Haushaltsentscheidungen konzentrieren sich primär auf die drei Problembereiche:

1. Entscheidungsdominanz der *Frau oder des Mannes* beim Kauf spezifischer Produkte und Dienstleistungen;

2. differenzierte Betrachtung zur Dominanz der Partner in den verschiedenen *Phasen* des Entscheidungsprozesses

und

3. Auswirkungen *sozio-demographischer, persönlichkeits-* und *lebensstilbezogener* sowie *struktureller* Merkmale auf die Dominanz von Frau und Mann bei Kaufentscheidungen.

Zum ersten beiden Punkten existiert eine fast nicht mehr überschaubare Zahl von Studien, die die Rollenverteilung von Mann und Frau beim Kauf spezifischer Produkte zum Gegenstand haben (vgl. dazu die Übersichten bei *Kirchler*, 1990; *Krampf, Burns & Rayman*, 1993; *Lackman & Lanasa*, 1993; *Williams*, 1993).

Als eine der bekanntesten Arbeiten zu dieser Thematik, die für andere immer wieder als Vorbild diente, ist in diesem Zusammenhang zu aller erst die schon als klassisch geltende Studie von *Davis & Rigaux* (1974) zu erwähnen, die im Jahr 1970 durchgeführt wurde und insgesamt 73 belgische Haushalte einbezog. Eine ähnliche Erhebung führte *Dahlhoff* 1978 bei 201 westdeutschen Haushalten durch (vgl. *Dahlhoff*, 1980).

Zur Visualisierung der Ergebnisse wird von beiden Forschern das sogenannte **Rollendreieck** verwendet, das die erhaltenen **Dominanzbereiche** von Frau und Mann gut veranschaulicht.

Das Rollendreieck gibt auf aggregierter Ebene den Einfluß von Frau und Mann auf die Kaufentscheidung an. Auf der *Ordinate* werden die durchschnittlichen Antworten der Befragten zur Dominanz bei Kaufentscheidungen zu spezifischen Produkten abgetragen. Auf der *Abszisse* wird der Prozentsatz der Antworten vermerkt, welche die Entscheidung als gemeinsame Entscheidung der Ehepartner deklarieren (*Ausmaß der Rollenspezialisierung*). Auf die Produkte bezogen, gibt der Wert 1 der Ordinate an, daß alle Befragten der Ansicht sind, bei der Kaufentscheidung dominiere der Mann. Werte > 1,5 signalisieren, daß weder die Frau noch der Mann bei der Entscheidung dominieren. Werte > 2,5 weisen einen dominanten Einfluß der Frau aus.

Ordinatenwerte in den Grenzen zwischen 1,5 und 2,5 können auf unterschiedliche Weise zustande kommen. Er wird im wesentlichen durch die Angaben bestimmt, die Entscheidung werde gemeinsam von Frau und Mann getroffen (Wert 2). Oder er entsteht durch Mittelung der Angaben mit den Werten 1 und 3, was zum Ausdruck bringt, daß teils die Frau, teils der Mann dominieren.

Diese Fälle lassen sich unter Einbeziehung der Abszissenwerte genauer differenzieren. Ist das Ausmaß an Rollenspezialisierung > 50%, so sind die Ordinatenwerte zwischen 1,5 und

2,5 als gemeinsame Entscheidungen von Frau und Mann zu interpretieren. Werte < 50% weisen auf autonome Entscheidungen hin, die teils von der Frau, teils vom Mann getroffen werden.

Demnach lassen sich im Rollendreieck vier Bereiche unterscheiden (*Abbildung 52*):

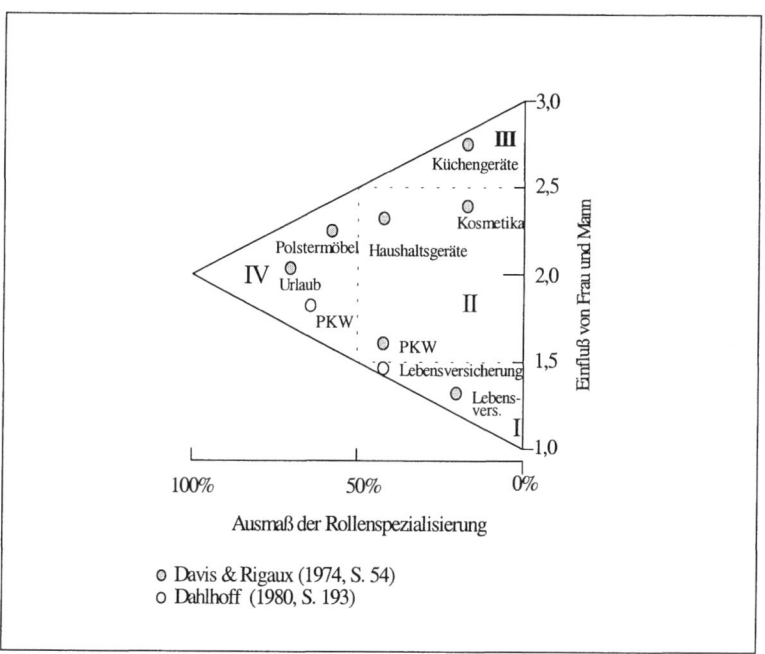

Abbildung 52: Einflußdominanz von Ehepartner beim Kauf verschiedener Produkte und Dienstleistungen (Rollendreieck)

- im Bereich I: Mann dominiert,
- im Bereich II: autonome Entscheidungen von Frau und Mann,
- im Bereich III: Frau dominiert,
- im Bereich IV: Frau und Mann sind an den Entscheidungen gemeinsam beteiligt.).

Zum Zweck des Vergleichs enthält die *Abbildung 52* sowohl Teile der Ergebnisse von *Davis & Rigaux* als auch von *Dahlhoff*, wobei es sich in seinem Fall nur um die Angaben der Männer handelt. Wie die Grafik anhand der Eintragungen zu verschiedenen Produkten und Dienstleistungen zeigt, sind die Ergebnisse im Prinzip zwar ähnlich, aber nicht identisch. Dies ist keine Besonderheit bei zwei Untersuchungen, die in zwei verschiedenen Ländern, mit Personen unterschiedlicher sozialer Herkunft und zu Erhebungszeitpunkten, zwischen denen immerhin eine Spanne von ungefähr acht Jahren klafft, durchgeführt wurden. Sicherlich sind noch andere Ursachen, insbesondere methodische Probleme, als Quellen der Differenzen denkbar. Wegen des vorwiegend spekulativen Charakters soll darauf jedoch nicht weiter eingegangen werden (vgl. dazu *Kirchler*, 1988 oder *Corfman*, 1991).

14.3.1.2.1 Einflußdominanz und Art des Produkts

Wie schon aus der Abbildung des Rollendreiecks hervorgeht, steht die Dominanz des einzelnen Ehepartners im Rahmen des Entscheidungsprozesses mit der **Art des Produkts** im Zusammenhang. So ist einerseits anzunehmen, daß der Mann eher bei Entscheidungen zu technischen Produkten dominiert; vorausgesetzt, er besitzt auch dafür den entsprechenden Sachverstand. Andererseits tritt der Einfluß der Frau bei Produkten, die die Versorgung der Familie und den häuslichen Bereich betreffen, in erster Linie in Erscheinung; sei es aus Gründen der Arbeitsteilung, sei es, weil sie vor allen Dingen von den Konsequenzen der Entscheidungen tangiert wird. Diese Sachverhalte lassen sich auch an Angaben der folgenden *Tabelle 44* aus der Studie von *Böcker & Hubel* (1986, S. 439) ablesen. Hierbei wird von einem 2-Personen-Haushalt (Frau/Mann) mit Freunden ausgegangen.

Bei diesen Angaben ist zu beachten, daß Beteiligung nicht mit Wirkung gleichzusetzen ist. Sie schafft lediglich die Voraussetzungen dafür. Unter zusätzlicher Berücksichtigung des **Wirkungsindex** als „... *Einfluß einer Person für den Fall ..., daß diese am Entscheidungsprozeß beteiligt ist*" (S. 439), ergibt sich der **Einflußgrad**. Dieser beträgt zum Beispiel im Fall der PKW-Entscheidung für den Mann .71 und den komplementären Wert von .29 für die Frau; auf die Endauswahl bezogen.

Tabelle 44: Beteiligungsquoten (%) verschiedener Personen an familialen Entscheidungen in Abhängigkeit vom Produkt

Produkt	2-Personen-Haushalt		
	Mann	Frau	Freunde
PKW	91	76	52
Geschirrspüler	67	89	67
Videorecorder	69	54	92

Diese Verhältnisse können sich wandeln, wenn man die gesamte Population nach **Segmenten** differenziert betrachtet. Je nach dem, welches spezifische Segment ins Auge gefaßt wird, kann es durchaus passieren, daß die ansonsten vorhandene Vormachtposition des Mannes völlig abgebaut ist. So z.B. im *Segment 3* der obigen Studie, wo die Relationen mit .87 zugunsten der Frau und .13 für den Mann sich in das Gegenteil verkehrten; oder wie *Böcker & Hubel* es ausdrücken, hier die „... *Frauen den Ton angeben"* (S. 439).

Eine große Zahl von Belegen dafür, daß die Einflußverteilung zwischen Frau und Mann von Fall zu Fall starken **Variationen** unterliegt, verdeutlichen einige bei *Kirchler* (1990) verzeichnete Ergebnisse. Allerdings sind die wenigsten davon direkt miteinander vergleichbar. Zum einen betreffen die Entscheidungen eine große Zahl sehr verschiedener *Objekte* (Wahl des Wohnsitzes, Zeitpunkt des Autokaufs, Sparen, Initiative zum Kauf eines Hauses, verschiedene Produkte und Dienstleistungen, etc.), zum anderen bestehen auch ansonsten große *Differenzen* in den untersuchten Populationen und *Operationalisierungen* der maßgeblichen Fragen, und nicht zuletzt handelt es sich dabei außerdem um *aggregierte Daten*, die naturgemäß in sich eine gewisse Varianz besitzen.

Insofern sind die in der *Tabelle 45* auszugsweise angegebenen Werte nur eingedenk dieser Sachverhalte zu verstehen. Für die Einflußverteilung zwischen Mann und Frau, differenziert nach Produkten/Dienstleistungen, ergibt sich sonach das folgende Bild (*Tabelle 45*), wobei die Werte nach Transformation in den Grenzen zwischen - 1= Dominanz der Frau und +1 = Dominanz des Mannes variieren.

Tabelle 45: Einflußverteilung zwischen Frau und Mann
(Quelle: *Kirchler*, 1990, Tabelle 2, S. 174; auszugsweise)

Produkt/Dienstleistung	Frau dominant	Produkt/Dienstleistung	Mann dominant
Putzmittel	-0,90	Versicherung	0,43
Arzt	-0,66	Auto	0,37
Lebensmittel	-0,61	Kamera	0,35
Kosmetika	-0,51	Bankkredit	0,30
Medikamente	-0,39	Sparen	0,22

Wie die Daten der *Tabelle 45* zeigen, scheint sich der Einfluß der Frau hauptsächlich auf solche Entscheidungen zu konzentrieren, die das unmittelbare Wohlergehen oder Wohl-befinden und die lebensnotwendige Versorgung der Familie betreffen. Ihre Dominanz ist in diesen Fällen auch deutlich ausgeprägter als die der Männer. Der Einfluß des Mannes dokumentiert sich hingegen vornehmlich in Lebensbereichen, die einerseits seiner Rolle als Ernährer entsprechen und andererseits auf solche Entscheidungen, die auf die Vorsorge und langfristige Sicherung der wirtschaftlichen Existenz der Familie ausgerichtet sind. Die diversen Einflußbereiche kommen in der folgenden *Abbildung 53* prägnant zum Ausdruck.

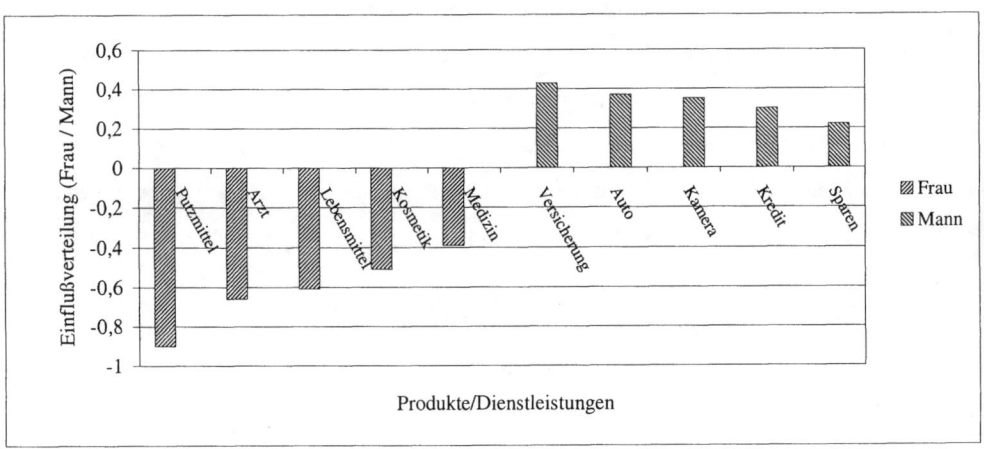

Abbildung 53: Einflußdominanz von Frau und Mann je nach Produkt oder
Art der Dienstleistung

Eine neue Situation ergibt sich, wenn ganz spezifische Aspekte des Konsumentenverhaltens ins Auge gefaßt werden; so zum Beispiel das **Innovationsverhalten**. Hier zeigt sich bei einer

328

Vielzahl von Produkten, angefangen vom CD-Spieler bis hin zu Katzenfutter, Kartoffelchips und noch eine Reihe anderer, daß unter Berücksichtigung des *Bedürfnisses nach Sensation* (*need for sensation: „need for varied, novel and complex sensations and experiences, and willingness to take physical and social risks for the sake of such experiences"*; vgl. *Zuckerman,* 1979, S. 10), das sich unter anderem auch in der Adoption *neuer* Produkte niederschlagen kann, bei den Ehefrauen engere Beziehungen zum Innovationsverhalten als bei Männern bestehen (*Burns,* 1992). Diese Beziehungen treten besonders deutlich bei den Subskalen *Suche nach Erfahrung* (r = .33) und *Enthemmung* (r = .34; vgl. Tabelle 3, S. 183) zu Tage. Demzufolge sind offensichtlich kaum die Männer, sondern vornehmlich die Ehefrauen die treibenden Kräfte, wenn es um den *Kauf innovativer Produkte* geht. Ob dies immer so ist, läßt sich allerdings noch nicht abschließend beurteilen. Zumindest besteht der Verdacht, daß dabei auch das Niveau des *Produkt-Involvements* eine wesentliche Rolle spielt (*Krampf, Burns & Rayman,*1993). **Praktische Konsequenzen** sind hieraus in erster Linie für die Definition der vorrangigen Zielpopulation (*Segmentierung*) und die s*ensations-orientierte* Gestaltung *kommunikativer Maßnahmen* bei der Einführung *neuer* Produkte abzuleiten.

14.3.1.2.2 Einflußdominanz und Phase des Entscheidungsprozesses

Aufgrund der Tatsache, daß manche der Kaufentscheidungen der Familien nur in besonderen Ausnahmen autonom, sondern vor allem bei der Anschaffung finanziell aufwendigerer Objekte gemeinsamer Überlegung und Diskussion bedürfen, erscheint es notwendig, den Einfluß der Ehepartner differenziert, d.h. in den verschiedenen **Phasen** des Entscheidungsprozesses (*Initiierung, Informationssuche ... Kauf*) zu betrachten.

Zwischen den Arbeiten, die sich dieser Problematik widmen, sind in mehrfacher Hinsicht Unterschiede zu verzeichnen. Sowohl die Anzahl der Stufen als auch deren Bezeichnung und hauptsächlich ihr jeweiliger Inhalt variieren erheblich (vgl. *Kirchler,* 1990, Tabelle 5, S. 176); ganz zu schweigen von der jeweils angewandten Untersuchungsmethodik. Drei, weitgehend miteinander vergleichbare Studien sind die frühere von *Davis & Rigaux* (1974) und die Replikationen von *Kirchler* (1988) und *Kirchler & Kirchler* (1990, S. 51). Ihre Ergebnisse werden in *Tabelle 46* einander gegenübergestellt.

Tabelle 46: Dominanz (%) von Frau und Mann in verschiedenen Phasen des
Entscheidungsprozesses

Entscheidungs- phase	Frau dominant	syn- kratisch	aus- balanciert	Mann dominant	Studie	N (Paare)
Initiierung	24	28	40	8	*Davis & Rigaux* (1974)	73
	20	24	28	28	*Kirchler* (1988)	53
	32	24	32	12	*Kirchler & Kirchler* (1990)	99
Info-Suche	28	24	36	12	*Davis & Rigaux* (1974)	73
	24	12	28	36	*Kirchler* (1988)	53
	32	12	44	12	*Kirchler & Kirchler* (1990)	99
Kauf	20	52	20	8	*Davis & Rigaux* (1974)	73
	24	20	44	12	*Kirchler* (1988)	53
	32	24	40	4	*Kirchler & Kirchler* (1990)	99

In allen drei hier berücksichtigten Phasen des Entscheidungsprozesses sind Unterschiede zu verzeichnen. Über ihre potentiellen Ursachen muß spekuliert werden. Trotz weitgehend ähnlichen methodischen Vorgehens können sich hierin die zeitlichen Unterschiede der Erhebung, die Tatsache verschiedener Nationalitäten oder sonstige, vielfältige und unbekannte Quellen der Variation widerspiegeln.

Unterschiede hinsichtlich der Einflußdominanz von Frau und Mann sind im Rahmen des Entscheidungsprozesse auch zu erwarten, wenn man dabei die verschiedenen *Merkmale von Produkten* berücksichtigt.

14.3.1.2.3 Einflußdominanz und spezifische Produktmerkmale

Die Reihe der bisher festgestellten Unterschiede setzt sich noch weiter fort, wenn man verschiedene **Produktmerkmale**, wie z.B. die *Marke*, den *Preis*, das *Modell* oder den *Stil* bzw. die *Farbe* des Produkts und ähnliche Eigenschaften berücksichtigt. Nicht alle Studien haben dieses Merkmal und die jeweilige Einflußverteilung zwischen Frau und Mann gesondert erfaßt. Bei *Kirchler* (1990) sind die Ergebnisse von insgesamt 10 Studien verzeichnet. Dabei zeigt sich, daß die Einflußanteile von Frau und Mann *je nach Produkt und Merkmal* zwar nicht identisch sind; dies ist auch nicht zu erwarten, sie streuen aber meist eng um den jeweiligen Durchschnittswert. Wertet man die dort enthaltenen Daten z.B. hinsichtlich der Merkmalsbereiche **Preis**, **Marke** und **Modell** bzw. **Stil** aus, so ergibt sich sowohl von den *Häufigkeiten* als auch den *Mittelwerten* her gesehen, eine zunehmende Verminderung der Dominanz des Mannes in der Reihenfolge der oben genannten Merkmalsbereiche (*Tabelle 47*).

Tabelle 47: Dominanz von Frau und Mann unter Berücksichtigung diverser Produktmerkmale

Dominanz	Merkmale des Produkts		
	Preis	Marke	Modell/Stil
Frau (f) : Mann (f)	6:19	9:15	13:14
(∅ [%])	57,96	54,71	49,52

Während der Mann im Fall des *Preises* im Mittel meist noch den führenden Part im Rahmen des Entscheidungsprozesses übernimmt, geht sein Einfluß bei der Festlegung der betreffenden *Marke* schon sichtlich zurück, und bei der Wahl des äußeren Erscheinungsbilds, d.h. des *Aussehens* des Produkts tritt der zusehends wachsende Einflußanteil der Frau in Erscheinung. Die Daten über die mittlere, vom Produktmerkmal abhängige Dominanz des Mannes sind in der folgenden *Abbildung 54* veranschaulicht.

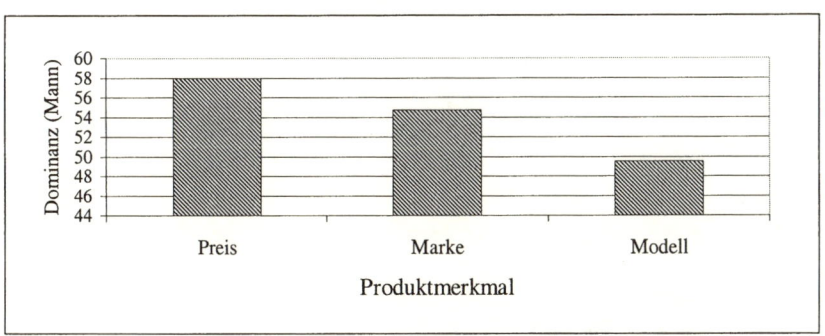

Abbildung 54: Abnehmende Entscheidungsdominanz des Mannes in Abhängigkeit vom Produktmerkmal

Allerdings bestehen hier partiell beachtliche *Wechselwirkungen* mit der **Art des Produkts**. Die *merkmalspezifische* Dominanz der Frau tritt vor allem dann sehr ausgeprägt auf, wenn es sich um die Anschaffung von Möbeln, Teppichen oder Elektro-Großgeräten, wie Waschmaschine, Staubsauger und Küchengeräte handelt. Hier übernimmt sie in allen drei Kriterienbereichen die Führungsrolle. Exemplarisch werden in der folgenden *Abbildung 55* die jeweiligen *Dominanzanteile des Mannes* (*Median*) für die Produkte *Auto* sowie *Möbel* unter Berücksichtigung der Merkmale *Preis, Marke* und *Modell* dargestellt.

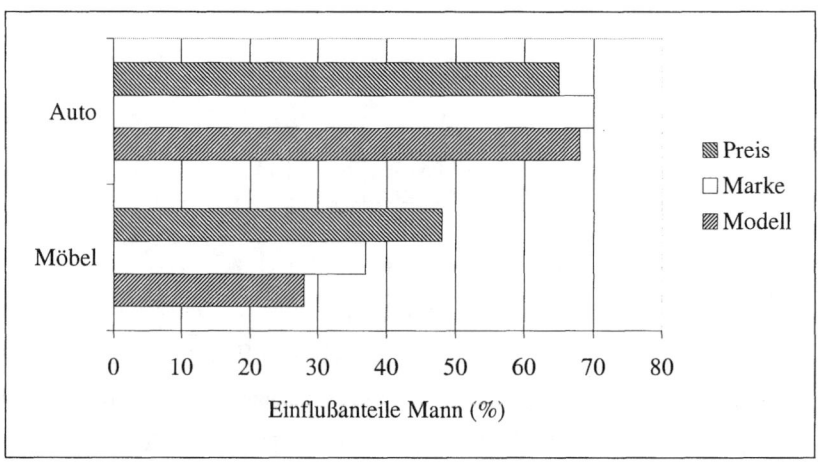

Abbildung 55: Einflußanteile (%) von Mann (Frau) bei verschiedenen Produkten und Merkmalen (nach Kirchler, 1990)

Zwischen den beiden Produkten bestehen in den genannten Merkmalsbereichen offensichtliche Unterschiede. Während die Frau bei *Möbeln* auf allen Merkmalsebenen dominiert, zeigt sich beim *Auto* ein umgekehrtes Verhältnis; hier ist der Einfluß des Mannes in allen Bereichen der vorherrschende.

14.3.1.3 Einfluß von Kindern und Jugendlichen

Dem Einfluß von **Kindern und Jugendlichen** auf Kaufentscheidungen der Familie wird auch heute noch in der Forschung relativ wenig Aufmerksamkeit geschenkt (vgl. *Mangleburg,* 1990, S. 813), obwohl der kontinuierliche Wandel der ehemals patriarchalischen zu einer gemein-

332

schaftlichen Orientierung in der Familie mit sich bringt, daß Kindern und Jugendlichen in zunehmendem Maße nicht nur ein Mitspracherecht eingeräumt wird, sondern Konsum- oder Kaufentscheidungen der Familie manchmal geradezu dominieren.

Kinder beeinflussen die Entscheidungen der Eltern sowohl *indirekt* als auch *direkt* in vielen Lebensbereichen. So kann sich der Einfluß von noch jüngeren Kindern in sehr verschiedener Art und Weise äußern; so z.B.:

- daß sie *kaufanregend* auf die Eltern einwirken, indem sie diese bitten, oder von diesen fordern, das entsprechende Produkt für ihren Bedarf zu erwerben (vgl. *Donkin, Neale & Tilston*, 1993; Foster, 1988);

oder

- daß sie *direkt* das Kaufverhalten der Eltern manipulieren, indem sie den Konsum oder Gebrauch bestimmter Produkte (vor allem bei Nahrungsmitteln, Kleidung; *Haynes, Burts, Dukes & Cloud,* 1993) *verweigern*;

oder

- sie beeinflussen das Kaufverhalten der Eltern *indirekt*, indem diese im Rahmen ihrer elterlichen Funktionen Produkte für den Bedarf der Kinder kaufen oder den Kindern den Kauf vorschlagen.

In welchem Maße und bei welchen Produkten Kinder Kaufentscheidungen der Familie beeinflussen, hängt in erster Linie von ihrem **Alter** ab. Daß ihr Einfluß außerdem mit zunehmendem Alter wächst, liegt auf der Hand und stellt keine sonderlich überraschende Beobachtung dar (*Ward, Wackman & Wartella,* 1975, S. 189; *Beatty & Talpade*, 1994). Je nach Alter reden sie zum Beispiel bei der Anschaffung eines neuen Autos, eines Fernsehgeräts, Computers oder bei der Wahl von Urlaubsorten ein *entscheidendes Wörtchen* mit und beeinflussen damit Entscheidungen der Eltern (vgl. z.B. *Williams*, 1993; *Kim, Lee & Hall*, 1991; *Haynes, Burts, Dukes & Cloud*, 1993). Oder sie sind an der Informationsbeschaffung zur Vorbereitung des Kaufs von Produkten, die vor allem auch sie nutzen (z.B. im Fall von Unterhaltungselektronik: CD-Spieler, Hifi-Anlage, Videorecorder, u.ä.), beteiligt (vgl. *Mayerhofer*, 1994, Abb. 1, S. 126).

Die Möglichkeiten der Einflußnahme sind allerdings nicht grenzenlos. Sie werden von der in der Familie vorherrschenden **Führungskonzeption** (autoritär, nachlässig, demokratisch, tolerant) in mehr oder weniger engen oder weiteren Grenzen gehalten (*Carlson & Grossbart*,

1988). In *autoritär* geführten Familien, d.h. die Eltern bilden eine strenge Instanz der Kontrolle und erwarten unbedingten Gehorsam, sind die Freiräume der Kinder sehr begrenzt. In *vernachlässigenden* Familien sind die Bindungen sehr distanziert, und die Eltern kümmern sich nicht besonders um ihre Kinder, während in der *demokratischen* Familie die Eltern die Ansprüche der Kinder und ihre eigenen in Einklang zu bringen versuchen, um die Entwicklung zur Selbständigkeit zu unterstützen, aber auch verantwortliches Verhalten erwarten.

Die *tolerante* Führungskonzeption bedeutet, daß die Eltern bestrebt sind, möglichst viele Zwänge von den Kindern fernzuhalten, verbunden mit der Auffassung, daß auch Kinder dieselben Rechte wie die Erwachsenen haben, jedoch weniger Verantwortung tragen. Je nach dem in der Familie vorwiegend praktizierten Führungsstil haben Kinder Einfluß und einen mehr oder weniger großen Anteil an den in der Familie stattfindenden Käufen und den damit verbundenen Ausgaben.

Jüngere Kinder, d.h. im Alter etwa zwischen 6 und 10 Jahren, engagieren sich besonders für Produkte, die ihrem eigenen Bedarf entsprechen, wofür *Cornflakes, Hähnchen* oder *Pommes frittes mit Ketchup* geradezu Paradebeispiele sind. Aus diesem Grunde findet man auch mehrere Studien vor, in denen insbesondere der Einfluß jüngerer Kinder auf den Kauf von Cornflakes untersucht wird (vgl. z.B. *Belch, Belch & Scilimpaglia*, 1980; *Atkin*, 1978; *Berey & Pollay*, 1968 oder *Donkin, Neale & Tilston*, 1993).

Eine schon etwas ältere, aber zur Veranschaulichung der Sachverhalte gut geeignete Studie, stammt von *Atkin* (1978). Er beobachtete Mütter bzw. Eltern mit Kindern im Alter zwischen 3 und 12 Jahren beim Einkaufen vor den Regalen mit Cornflakes in einem Supermarkt und analysierte die dabei auftretenden Interaktionen. In 66% der Fälle ergriff das Kind die *Initiative* und bat oder forderte eine bestimmte, von ihm präferierte Cornflakes-Marke. Die *Stärke des Einflusses* der Kinder auf diese Kaufentscheidung läßt sich daran ablesen, daß die Eltern in 72,7% der Fälle dem Wunsch ihrer Kinder generell und in 63,6% der Fälle auch in Bezug auf die gewählte Marke zustimmten. Nur 9,1% der Eltern lehnten die Wünsche oder Forderungen der Kinder ab, d.h. sie gingen nicht darauf ein. Daß die Kinder in diesen Kaufentscheidungen die dominante Rolle spielten, läßt sich außerdem an den Fällen ermessen, in denen die Initiative zum Kauf von den Eltern ausging (34%). In über zwei Drittel dieser Fälle bestimmten *nicht* die Eltern autonom die Marke des Produkts, sondern sie schlugen diese den Kindern vor und überließen ihnen die endgültige Entscheidung. Lediglich 8,7% der Eltern widersprachen daraufhin der Markenwahl.

Jugendlichen wird, je nach sozio-ökonomischem Status der Eltern, in der Regel eine *größere Entscheidungsmacht* zugebilligt; wobei diese Liberalisierung in erster Linie bei Familien niedrigem sozialen Status anzutreffen ist. Angesichts der Tatsache, daß Jugendliche auch zunehmend über immer mehr eigene finanzielle Mittel verfügen, verringern sich die Eingriffe der Eltern in die Entscheidungen zusehends, z.B. beim Kauf von Kleidung (*LA-Kinderpresse*, 1998, S. 187 ff.) oder vor allem von Gegenständen oder Produkten des persönlichen Bedarfs (Schallplatten, Imbisse etc.). Insbesondere bei der Anschaffung von Computern reden die Jugendlichen ein entscheidendes Wörtchen mit (*Bravo Faktor Jugend*; zit. nach *Horizont*, 4/99, S. 46). In dieser Studie liegt der sogenannte *Mitbestimmungsgrad* (Skala 0 .. 100), je nach Alter des Jugendlichen, zwischen 65,4 und 77,9. Das Ausmaß der Mitbestimmung reduziert sich allerdings im Falle von Produkten für die Familie, wiederum in Abhängigkeit vom Alter des Jugendlichen, auf die Größenordnung zwischen 28,1 und 39,3. Bei diesen Ergebnissen erscheint besonders erwähnenswert, daß die Urteile der Eltern und die der Jugendlichen nur geringfügig voneinander abweichen.

Bei etwas detaillierterer Betrachtung der Ergebnisse anderer Studien zeigt sich, daß der (anhand eigener Einschätzung wahrgenommene) Einfluß *Jugendlicher* bei **Familienentscheidungen** zur Anschaffung langlebiger Wirtschaftsgüter vor allem von der *Wichtigkeit* und von der *prospektiven Nutzung* des betreffenden Produkts abhängt, während sich detaillierte *Produktkenntnisse*, mit Ausnahme bei Stereoanlagen, als weniger relevant erweisen (*Beatty & Talpade*, 1994, S. 338). Diese Beobachtungen, die sich an den Partialkorrelationskoeffizienten der *Tabelle 48* ablesen lassen, gelten im Rahmen des Entscheidungsprozesses sowohl für die Phase *Initiierung* als auch für die *Informationssuche-* und *Entscheidungsphase*; und zwar unter Berücksichtigung verschiedener Produkte (TV, Videorecorder, Stereoanlage, Telefone, Anrufbeantworter).

Tabelle 48: Korrelationen zwischen diversen Merkmalen und dem (selbst eingeschätzten) Einfluß Jugendlicher bei verschiedenen Produkten in diversen Entscheidungsphasen

uVs	Initiierung					Informationssuche/Entscheidung				
	Alle	TV	Stereo	Tele	Möbel	Alle	TV	Stereo	Tele	Möbel
Familienkauf										
Wissen	0.05	0.03	0.08	-0.03	0.06	0.01	-0.02	.41**	-0.08	0.03
Wichtigkeit	.25**	0.08	0.09	.35**	.21*	.16**	0.07	-0.07	.23**	.31*
Nutzung	.41**	.30**	.39**	.40**	.30*	.38**	.40**	.42**	.42**	0.05

Hierbei ist jedoch zu beachten, daß diese Korrelationen nicht mit eindeutigen Ursache-Wirkungs-Relationen gleichzusetzen sind. Außerdem muß man bei exemplarischen Ergebnissen vor unkritischer Generalisierung warnen, so lange sie nicht zukünftig durch andere und weiterführende Studien bestätigt sind. Wesentlich ist jedoch die Erkenntnis der **Identifikation** potentieller **Einflußgrößen**. So haben sich bislang die verschiedenen *Phasen des Entscheidungsprozesses*, neben *individuumspezifischen Faktoren*, wie *persönliche Relevanz* und antizipierter (potentieller) *Gebrauch* des Produkts, auch die *Art des Produkts* als bedeutsame Variablen herausgestellt, die in weiterführenden Untersuchungen zu berücksichtigen sind.

Auf der anderen Seite treten **Kinder** auch als **selbständige Konsumenten** im Markt als Nachfrager bestimmter Produkte wie Süßigkeiten (vgl. *Donkin, Neale & Tilston*, 1993), Spielsachen, Schallplatten, CDs, Computer, Kleidung, u.a. auf. Nach Angaben der sogenannten *Kids Verbraucher Analyse* (KVA) aus dem Jahre 1995 verfügen Kinder im Mittel monatlich über 44 DM. Außerdem erhalten sie zu Geburtstagen und bestimmten Feiertagen (Ostern, Weihnachten) etwa rund 200 DM. Auf diese Weise ergibt sich ein beträchtliches *Nachfragepotential* in Höhe von insgesamt rund fünf Milliarden DM pro Jahr. Darüber hinaus besitzen sie *Sparguthaben* in Höhe von ungefähr 13,4 Milliarden DM, wovon zumindest zeitweise erhebliche Beträge als Nachfrage in Erscheinung treten.

14.3.1.4 Veränderungen aufgrund besonderer Lebensereignisse

Plötzliche und gravierende Ereignisse und Veränderungen im Verlauf des Familienlebens haben oft auch erhebliche Konsequenzen auf Entscheidungsprozesse und das damit verbundene

Konsumverhalten. Schon mit dem Ereignis der **Geburt eines Kinds** erfährt der bisherige Zwei-Personen-Haushalt in vieler Hinsicht einschneidende Veränderungen. Die **Bedürfnis-** und **Ausgabenstruktur** des Haushalts wandelt sich angesichts des Zuwachses der Familie. Zwangsläufig steigen die Ausgaben für den Lebensunterhalt (*Douthitt & Fedyk*, 1990, S. 121).

Meist reduziert sich auch das verfügbare **Familieneinkommen**, weil die Ehefrau anläßlich ihrer neuen Aufgabe entweder befristet oder auch über einen längeren Zeitraum aus dem Berufsleben ausscheidet oder später eventuell nur noch halbtags arbeitet. Ungeachtet der eigentlichen Ursache der Einschränkung oder Aufgabe der Berufstätigkeit der Frau, ergibt sich auf jeden Fall eine *Umstrukturierung* in den Haushaltsausgaben und der Familienvorsorge (vgl. dazu auch *Douthitt & Fedyk*, 1990).

Daneben sind weitere Auswirkungen auch in Form eines veränderten **Informationsverhaltens** zu verzeichnen (vgl. *Widgery, Angur & Nataraajan*, 1997). Es tritt eine verstärkte *Tendenz zur Selektion* und besonderer Beachtung bestimmter Inhalte der Werbung (für Autos) auf, wie z.B. der Dauer der Garantieleistung, der Höhe der Kreditzinsen oder von Sonderangeboten, was im wesentlichen auf das primäre Ziel eines möglichst sparsamen Einsatzes der nun in beschränkterem Umfang zur Verfügung stehenden Mittel hindeutet.

Etwas komplizierter wird die Situation, wenn sich der ursprüngliche 4-, 3- oder 2-Personen-Haushalt durch psychisch belastende Ereignisse, wie **Trennung, Scheidung** oder **Tod** eines Partners zu einem 3- bzw. 2-oder 1-Personen-Haushalt wandelt. Frauen und Männer müssen dann oft Doppelfunktionen übernehmen; die des Familienvorstands und Ernährers, *und* des Kochs oder der Köchin, *und* der Putzfrau oder -mannes. Oder im Fall der Existenz von Kindern, entstehen *alleinerziehende* Frauen- oder Männerhaushalte bzw. auch *Single-Haushalte*, wenn die Kinder bereits auf eigenen Beinen stehen.

Sind in der Familie noch Kinder vorhanden, so ist deren Einfluß auf die anstehenden Haushalts-Entscheidungen zugleich von mehreren Einzelbedingungen abhängig ist. Er variiert zunächst je nach *Art des Produkts* und je nachdem, wie die Mutter ihre weibliche *Rolle* versteht und auch lebt. Außerdem besteht eine Abhängigkeit von *demographischen Variablen* der Familie (Einkommen der Mutter, Haushaltsgröße, Alter des ältesten Kinds, Bildungsniveau und Geschlechtsrollen-Autonomie der Mutter) und der jeweiligen *Stufe des Entscheidungsprozesses*

(*Ahuja & Stinson*, 1993). Die zahlreichen Detailergebnisse dieser Studie sind des besseren Überblicks wegen in der folgenden *Tabelle 49* zusammengefaßt.

Tabelle 49: Einfluß des/der Kinds(er) bei vaterlosen Haushalten

Produktgruppe	Stufe im Entscheidungsprozeß				
	Initiierung	Suche	Evaluation	Entscheidung	Kauf
A: Frühstücks-flocken, hot dogs, Käse Suppen, etc.	•Alter des ältesten Kinds beeinflußt den Einfluß der Kinder	•Alter des ältesten Kinds hat positiven Effekt •Bildung der Mutter hat negativen Effekt	•Alter des ältesten Kinds hat positiven Effekt •Bildung der Mutter hat negativen Effekt	•keine Variable hat Einfluß	•wenn das Bildungsniveau und die sex role autonomy der Mutter zunehmen, verringert sich der Einfluß der Kinder
B: Waschmittel, Putzmittel	•Alter des ältesten Kinds beeinflußt den Einfluß der Kinder •Bildung der Mutter hat negativen Einfluß	•sex role autonomy und Bildung der Mutter haben negativen Effekt	•Einkommen, Bildung und •sex role autonomy haben negativen Effekt	•wenn Bildung und sex role autonomy der Mutter zunehmen, verringert sich der Einfluß der Kinder	•wenn das Bildungsniveau und die sex role autonomy der Mutter zunehmen, verringert sich der Einfluß der Kinder
C: snacks, Süßigkeiten, soft drinks	•Größe des Haushalts hat positiven Effekt bezüglich des Einflusses der Kinder	•Alter des ältesten Kinds beeinflußt den Einfluß der Kinder	•keine Variable hat Effekt	•wenn das Alter des ältesten Kinds zunimmt, vergrößert sich der Einfluß der Kinder	•je älter das älteste Kind ist, desto größer der Einfluß der Kinder •wenn die sex role autonomy der Mutter zunimmt, verringert sich der Einfluß der Kinder

Der **Tod eines Mitglieds** der Familie gehört neben einigen anderen, wie Scheidung, Trennung, Haft, schwere Krankheit, Verlust des Arbeitsplatzes und manchmal auch der Eintritt in den Ruhestand, mit zu den einschneidensten Lebensereignissen. Die Folgen sind oft nicht nur ein hohes Maß an psychischer Belastung (Streß), Schmerz, manchmal auch Krankheit oder unter Umständen wirtschaftliche Not und in sozialer Hinsicht zahlreiche Schwierigkeiten, sondern daneben finden sowohl *kurz-* als auch *langfristige* Veränderungen im Konsumentenverhalten statt (vgl. auch *Gentry, Kennedy, Paul & Hill*, 1995).

Ähnlich bringt auch die **Scheidung** der Ehepartner in vielfacher Hinsicht Konsequenzen mit sich, die sich im Konsumentenverhalten niederschlagen (vgl. auch *McAlexander*, 1991). So

338

konnten zum Beispiel *McAlexander, Schouten & Roberts* (1993) zeigen, daß frisch geschiede-
ne Ehepaare den Erwerb materieller Objekte und entsprechendes Konsumverhalten zum **Coping** (Bewältigung von Streß) der belastenden Lebensumstände benutzen. Dies bedeutet eine
verstärkte und unter Umständen geradezu *zwanghafte* (compulsive) Nachfrage nach dafür geeigneten Objekten. Analoges Verhalten ist auch bei Kindern und Jugendlichen zu erwarten, die
in solchen Verhältnissen leben und aufwachsen (vgl. *Rindfleisch, Burroughs & Denton*, 1997,
S. 318), wobei diese Gruppe außerdem noch Gefahr läuft, leichter Drogen und dem Mißbrauch
von Alkohol zu verfallen.

Vor allem im Kampf um die *Gunst* des Kindes/Jugendlichen kommen dazu noch die krampf-
haften Bemühungen der Elternteile, die Sympathie und Zuneigung des Kindes mittels Geschenken zu gewinnen bzw. zu erhalten, so daß auf diesem Wege die Entwicklung eines ausgeprägteren *Materialismus* unterstützt wird (*Rindfleisch, Burroughs & Denton*, 1997, S. 318).
Das heißt, dieser Kreis der Kinder und Jugendlichen legt mehr *Wert* auf „*Erwerb und Besitz
...*" und sieht diese zugleich als Surrogat für den fehlenden Elternteil an.

14.4 Familienzyklus und Konsumverhalten

Der *Lebenszyklus* ist ein aus der Soziologie stammendes Konzept, in dem der Lebenslauf eines
Individuums in Phasen wie Kindheit, Jugend, Ehe etc. eingeteilt wird. Ein analoges Konzept
findet man auch in der Familienforschung vor, indem die Familie nach einzelne Phasen ihres
Lebenslaufs differenziert betrachtet wird. Das jeweilige **Stadium im Familienzyklus** ist eine
demographische Variable, die mit vielen anderen Variablen, insbesondere mit bestimmten
Konsumstrukturen in enger Beziehung steht.

14.4.1 Phasen des Familienzyklus

Die in der Forschung verwendeten Phaseneinteilungen für Familienzyklen weichen im Hinblick auf die Anzahl der einzelnen Abschnitte teilweise erheblich voneinander ab (vgl. *Übersicht* bei *Wells & Gubar*, 1976, S. 169; Kroeber-Riel, 1992, S. 453 ff.). Je nach Autor begegnet

man zwischen vier und zwölf Phasen. Während beispielsweise *Meffert* (1982, S. 131), in Abhängigkeit vom dem Alter der Ehepartner, in fünf Phasen unterteilen, wählen *Hawks & Ackerman* (1990, Tabelle 1, S. 205) sechs Phasen oder *Müller-Hagedorn* (1986, S. 177 ff.) gar 12 Phasen unterscheiden, präferieren *Engel, Blackwell & Miniard* (1993, S. 179 ff.) eine Klassifikation von 9 Lebenszyklen der Familie. Sie differenzieren nach den folgenden, kurz charakterisierten **Stadien**:

- *Single-Stadium*: Relativ niedriges Einkommen, besitzt jedoch Handlungsfreiheit in dessen Verwendung. Teile des Einkommens werden zur Anschaffung eines Autos sowie für die Ausstattung eines Apartments verwendet. Mode- und freizeitorientiert, gibt einen großen Teil des Geldes für Kleidung, alkoholische Getränke, für Essen im Restaurant, Urlaub u.ä. aus.

- *kurz verheiratete Paare*: Haben keine Kinder, stellen sich in finanzieller Hinsicht besser als zuvor, da die Frau meist auch berufstätig ist. Ein großer Teil des Einkommens wird für Auto, Kleidung, Urlaube und andere Freizeitaktivitäten ausgegeben. Es werden außerdem größere Beträge für aufwendige Anschaffungen (Wohnungseinrichtung) verwendet. Sie scheinen durch Werbung besonders beeinflußbar zu sein.

- *volles Nest I*: Mit der Geburt des ersten Kinds, gibt die Frau ihre Arbeitstätigkeit auf; das Familieneinkommen sinkt. Es findet eine Umverteilung in den Haushaltsausgaben statt. Das Paar zieht ein größeres Heim um, neue Möbel werden benötigt; vor allem auch für das Kind. Waschmaschine, Trockner und weitere Großgeräte werden angeschafft. Die vielfältigen Ansprüche an die Familienkasse führen zu einer Reduzierung der Sparquote, und die Eltern sind des öfteren mit ihrer finanziellen Situation unzufrieden.

- *volles Nest II*: In dieser Phase ist das Kind mindestens sechs Jahre oder auch schon älter. Das Einkommen des Ehemanns ist gestiegen, und die Frau ist wieder berufstätig. Das Familieneinkommen steigt. Die Struktur des Konsums wird in großem Maße durch die Bedürfnisse des Kinds bestimmt. Es besteht eine verstärkte Tendenz zum Kauf von Großpackungen bei bestimmten Produkten (z.B. Waschmittel).

- *volles Nest III*: Mit den Jahren verbessert sich die finanzielle Situation der Familie. Die Frau geht arbeiten und ihr Gehalt steigt im Laufe der Zeit. Die Kinder verdienen sich ab und zu etwas dazu. Einzelne Möbelstücke werden ersetzt, ein neues Auto wird gekauft, verschiedene Luxusgegenstände werden erworben. Ein größer Teil des Einkommens wird in die Ausbildung der Kinder investiert.

- *leeres Nest I*: In dieser Phase ist die Familie mit ihrer finanziellen Situation und den bislang erzielten Ersparnissen weitgehend zufrieden. Die Kinder sind aus dem Haus. Es werden Verschönerungen im und am Haus vorgenommen, man leistet sich Luxusgegenstände und gibt größere Teile des verfügbaren Einkommens für Urlaub, Reisen und Erholung aus.

- *leeres Nest II*: Zu diesem Zeitpunkt hat sich der Familienvater aus dem Arbeitsleben verabschiedet, und die Familie verspürt die Folgen des geringeren Einkommens. Die Ausgaben für die Gesundheit und deren Vorsorge wachsen. Man überlegt, eventuell in eine kleinere Wohnung zu ziehen, oder sich in eine Region mit angenehmerem Klima zurückzuziehen.

- *berufstätiger alleinstehender Survivor*: Falls der überlebende Teil der Familie noch im Beruf steht, genießt er sein gutes Einkommen. Unter Umständen verkauft er sein Haus und gibt mehr für Urlaub, Erholung und Produkte aus, die seiner Gesundheit förderlich sind.

- *pensionierter alleinstehender Survivor*: Der (die) aus dem Berufsleben ausgeschiedene Witwe folgt dem soeben beschriebenen Muster des Konsums; angesichts des verminderten Einkommens jedoch auf einem niedrigeren Niveau. Es entstehen verstärkt Bedürfnisse nach Zuwendung, Zuneigung und Sicherheit.

Die Beschreibungen der verschiedenen Zyklen sind auf den ersten Blick zwar plausibel und sehr anschaulich, da sie mehr oder weniger der *allgemeinen Lebenserfahrung* entsprechen, zugleich sind sie aber auch als willkürlich, unvollständig, stereotyp und vor allem als mehrdeutig zu bezeichnen; kurz, ihre Charakterisierung ist unzulänglich. Vielmehr müßte ein *theoretisch fundierter* sowie *konsumrelevanter* **Kriterienkatalog** entwickelt werden, um die differenzierenden Merkmale zwischen den verschiedenen Zyklen im Sinnen von *Clustern* klar identifizieren und beschreiben zu können. Erst dann könnten daraus für die Praxis verwertbare und vor allen Dingen detaillierte Konsequenzen abgeleitet werden.

14.4.2 Familienzyklus und diverse Aspekte des Konsumentenverhaltens

Die Zusammenhänge zwischen verschiedenen Stadien des Familienzyklus und diversen Aspekten des Konsumentenverhaltens sind bislang nur sporadisch und ansatzweise untersucht (Einkaufsstile, Gebrauch von Informationen und Entscheidungsverhalten; vgl. *Hawks & Ak-kerman*, 1990, S. 200 f.). Detaillierte Hinweise für eine Verbindung zwischen bestimmten Lebenszyklen der Familie und der bevorzugten **Wahl der Einkaufsstätte** ergeben sich aus der Studie von *Müller-Hagedorn* (1986), in der das Hauptresultat die Erkenntnis ist, „daß bei vielen Warengruppen das Lebenszykluskonzept herangezogen werden konnte, um das Einkaufsverhalten im Sinne von bevorzugter Betriebsform zu diskriminieren" (S. 178). So rekrutierten sich (damals) bei vielen Warengruppen die Käufer in *Warenhäusern* bevorzugt aus Mitgliedern früher Phasen (z.B. Singles oder jung verheiratete Paare) des Familienzyklus; während sich der *Verbrauchermarkt* bei Individuen aus den mittleren Lebenszyklusphasen besonderer Beliebtheit erfreute. Und das *Fachgeschäft* fand besondere Beachtung bei Angehörigen späterer Phasen (leeres Nest) des Lebenszyklus der Familie.

In der Studie von *Hawks & Ackerman* (1990), in der die Verbindungen zu diversen **Einkaufsstilen** (qualitäts-, marken-, wertbewußt und Einkaufsvermeidung) untersucht wurden, tritt das *markenbewußte Einkaufsverhalten* als besonderes Merkmal hervor. Es ist vor allen Dingen ein vorherrschendes Kennzeichen für die Gruppe der *jüngeren Erwachsenen* (weiblich 52%, männlich 48%; < 35 Jahre [< 25 = 36%; 25-34 = 64%], sowohl verheiratet [33%] als auch ledig [67%], keine Kinder, sowohl berufstätig [56-63%] als auch nicht berufstätig [44-37%], je nach Geschlecht), die sich besonders deutlich von den Gruppen der *jüngeren* und *älteren* Familien abheben. Zwischen den anderen Gruppen bestehen dagegen in der Ausprägung der Faktorscores sowohl hinsichtlich dieses als auch der übrigen Merkmale keine signifikanten Unterschiede. Dieser Sachverhalt wird auch anhand der *Abbildung 56* deutlich.

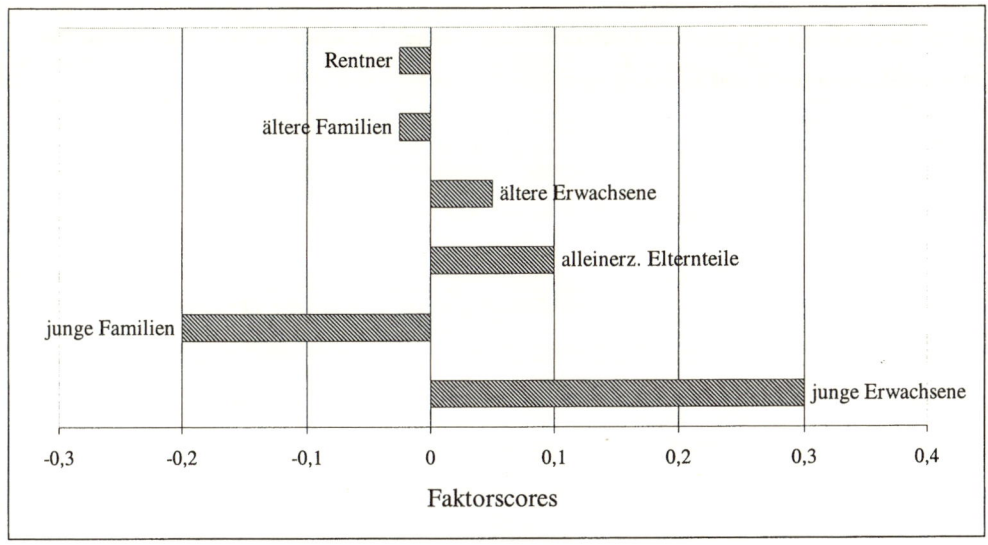

Abbildung 56: Einkaufsstil *Markenbewußtheit* in verschieden Familienzyklen

Weitere Unterschiede ergeben sich auch unter dem Aspekt der **Nutzung von Informationen** aus Verbraucherzeitschriften, wobei im allgemeinen eine intensivere Nutzung mit zunehmendem *Alter* der Familie und ihrer Mitglieder stattfindet. In die umgekehrte Richtung weisen die Ergebnisse im Fall der Scores des Faktors **Unerfahrenheit** und **externe Einflüsse**. Diese verringern sich mit zunehmenden Alter der Familie bzw. ihrer Mitglieder sukzessive; d.h. insbesondere die jüngeren sind unerfahrener oder unsicherer im Fall von Kaufentscheidungen und nehmen mehr Hilfe von externen Ratgebern in Anspruch.

Im Bereich des **Entscheidungsverhaltens** lassen sich noch weitere Unterschiede zwischen den sechs Lebenszyklen identifizieren. Zunächst schwindet der Anteil eigener Entscheidungen, wenn weitere Personen in den Haushalt aufgenommen werden (jüngere Familien vs. junge Erwachsene und alleinerziehende Elternteile) sowie, wenn die *Dauer des Bestands* der Familie länger wird. Entsprechend wächst der Anteil gemeinsamer Entscheidungen. Außerdem unterscheiden sich die *Anlässe* für die Anschaffung bestimmter Gegenstände. In jungen Jahren bildet das Fehlen der Anlaß und nach einigen Jahren der Nutzung ist der Verschleiß bzw. die *Ersatzbeschaffung* des betreffenden Produkts die Ursache des Kaufs. Wenn man dabei berücksichtigt, daß es sich konkret um das Produkt einer Matratze handelt, sind diese Erkenntnis nicht besonders umwerfend; nichtsdestotrotz sind damit weitgehend schon zu vermutenden Sachverhalte schwarz auf weiß nachgewiesen.

14.5 Interkulturelle Differenzen

Die Verhältnisse können sich jedoch im Fall der Berücksichtigung des kulturellen Hintergrunds der untersuchten Population ändern. *Ford, LaTour & Henthorne* (1995) verglichen amerikanische mit chinesischen Konsumenten unter der Annahme, daß zwischen diesen beiden Kulturen grundlegenden Unterschiede in den Vorstellungen von den hierarchischen Beziehungen zwischen der Frauen- und Männerwelt bestehen. Aufgrund eines stärkeren Rollenbewußtseins amerikanischer Frauen und ihres zunehmenden Beitrags zum Familieneinkommen sowie durch die begleitende Unterstützung feministischer Bewegungen wurde im Unterschied zur chinesischen Vergleichspopulation ein ausgeprägteres Streben nach Gleichstellung angenommen, das sich in erster Linie im Anteil der *gemeinsamen Entscheidungen* niederschlagen sollte. Die Art der Fragen waren mit denen des von *Davis & Rigaux* bereits (1974) entwickelten Instruments vergleichbar. Von den Stufen des Entscheidungsprozesses wurden die *Problemerkennung, Informationssuche* und die *Entscheidung* berücksichtigt.

In den Ergebnissen, die auf einer sehr breite Palette der verschiedenartigsten Produkte (Möbel, Kühlschrank, Fernsehgerät, über alkoholische Getränke, ..., bis hin zu Spielsachen für die Kinder, Unterhaltung; frei verkäufliche Präparate und Medikamente sowie Sparen; vgl. *Ford, LaTour & Henthorne*, 1995, Tabelle 1, S. 124) basieren, zeigt sich, daß ...:

- die chinesische Population (Frauen und Männer) signifikant unter den Werten der amerikanischen Population auf der *Jacobson*-Skala (Marriage-Role Attitude Scale; vgl. *Jacobson,* 1950) lag; d.h. in der chinesischen Population herrscht im Vergleich zu den USA ein eher an der Tradition orientiertes Verständnis der Rollen der Ehepartner vor.

- Ferner berichten sowohl die weiblichen als auch die männlichen Chinesen im Vergleich zu den USA über wesentlich geringere *Quoten gemeinsamer Entscheidungen* (Frauen: 24,59 zu 28,66 bzw. Männer: 22,12 zu 28,94; vgl. Tabelle 3, S. 126), wobei die Gemeinsamkeit besonders deutlich in der letzten Stufe des Prozesses, der *Entscheidung*, in Erscheinung tritt.

Diese Verhältnisse werden in den verschiedenen Teilen der nachfolgenden *Abbildung 57* wiedergegeben.

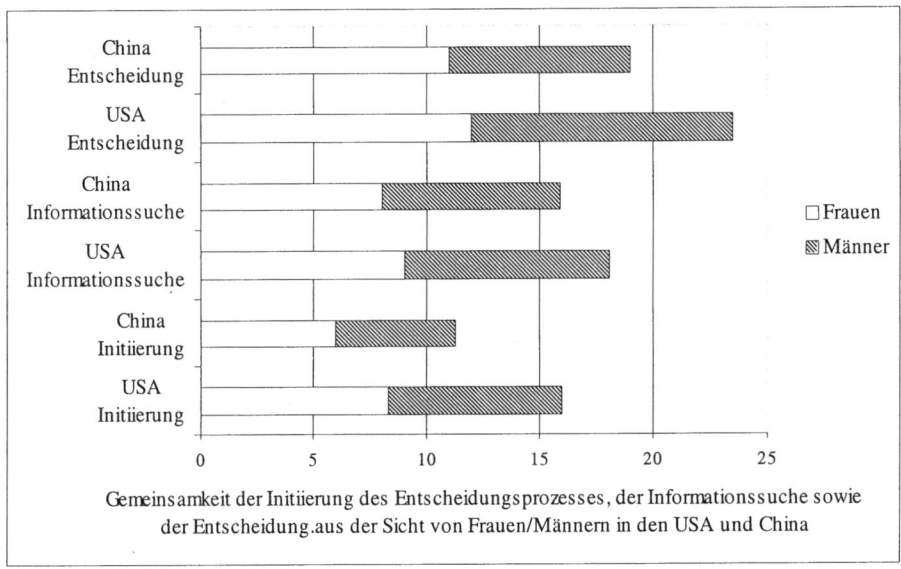

Abbildung 57: Phasenspezifische interkulturelle Unterschiede in der Einflußdominanz von Frauen und Männern

14.6 Zusammenfassung und praktische Konsequenzen

Die vorangegangen Ausführungen haben deutlich gemacht, daß die Entscheidungen der Familie und ihrer Mitglieder bezüglich der Anschaffung oder des Kaufs bestimmter Produkte und Dienstleistungen von einer Vielzahl von Bedingungen abhängig sind. Die wenigsten Entscheidungen werden hierbei völlig autonom getroffen. Meist redet und entscheidet das eine oder andere Mitglied der Familie dabei mit. Der Einfluß der Ehepartner ist nicht nur unter Berücksichtigung der Art des Produkts, sondern auch unter Einbezug der verschiedenen Phasen des Entscheidungsprozesses unterschiedlich. Vergleichbare Erfahrungen wiederholen sich auch im

345

Fall diverser Merkmale des Produkts, wie zum Beispiel dem *Preis*, der *Marke* oder der *Modellvarianten*.

An diesem Prozeß haben gegebenenfalls auch Kinder und Jugendliche, je nach der in der Familie praktizierten Führungskonzeption einen mehr oder weniger großen Anteil, indem sie ihn entweder durch ihre Wünsche und Anregungen initiieren oder auch durch die Suche nach entsprechenden Informationen sowie durch die Einbringung ihres spezifischen Wissens (z.B. im Fall von Stereoanlagen) unterstützen bzw. beeinflussen und somit ihre Vorstellungen in die Entscheidung mit eingehen. Nicht zu übersehen ist in diesem Zusammenhang auch die Tatsache, daß Kinder und Jugendliche mit oft beachtenswerten Geldbeträgen als *selbständige Nachfrager* für eine bestimmte Palette von Produkten im Markt auftreten.

Wie die entsprechenden Studien gezeigt haben, können sowohl kritische als auch besondere Ereignisse im Leben das Verhalten im Bereich des Konsums zumindest zeitweise erheblich verändern. So ergibt sich zunächst eine andere *Bedürfnis-* und *Ausgabenstruktur* im Anschluß an die *Geburt eines Kindes*, das *Familieneinkommen* sinkt, wenn die Ehefrau die ursprüngliche Berufstätigkeit aufgibt oder einschränkt. Daneben wird das *Informationsverhalten* den neuen Verhältnissen angepaßt; d.h. es wird verstärkt auf eine möglichst ökonomische Verwendung der nun in beschränkterem Umfang zur Verfügung stehenden Mittel geachtet.

Nach *Trennung*, *Scheidung* oder den *Tod* eines Partners werden weitere Modifikationen im Konsumverhalten vollzogen; und zwar in Abhängigkeit von der (Noch-) *Existenz von Kindern*, der *Art des Produkts* und einigen *demographischen Variablen* und der jeweiligen *Stufe des Entscheidungsprozesses*. Manchmal wird angesichts solcher Schicksalsschläge auf der Ebene des Konsumverhaltens versucht, durch Kauf bestimmter Produkte *Coping* zu betreiben, um sich geradezu zwanghaft Weise einen gewissen oder vermeintlichen Ausgleich für den erlittenen Verlust zu verschaffen, bzw. um sich auf diesem Wege etwas zu trösten. In der Entwicklung des Kindes können diese Lebensumstände mit dazu beitragen, daß sich unter Umständen eine verstärkte Ausprägung *materialistischer Werthaltungen* ergibt.

Mit dem jeweiligen **Stadium des Lebenszyklus** sind nahezu natürliche Veränderungen im Bereich des Konsumentenverhaltens verbunden. Die verschiedenen Stadien sind vor allen Dingen mit Veränderungen in der *Bedürfnisstruktur*, dem *Familieneinkommen*, der *An-* oder *Ab-*

wesenheit von Kindern und mit den von Fall zu Fall unterschiedlichen Aufwendungen für die Ausbildung verknüpft. Daß aufgrund dieser oft gravierenden Unterschiede in den Lebensumständen auch Veränderungen im Konsumentenverhalten stattfinden, ist unbestritten. Dafür spricht schon die eigene Lebenserfahrung. Welche diese jedoch im Detail und in welchem Ausmaß sind, ist mangels entsprechend differenzierter Forschung noch weitgehend ungeklärt. Es existieren zwar sporadisch Ergebnisse über die veränderte *Wahl bestimmter Einkaufsstätten* und über bevorzugt praktizierte *Einkaufsstile* in Abhängigkeit von der Dauer des Bestands der Familie oder die verschiedenen *Anlässe* für die Anschaffung bestimmter Gegenstände, aber ansonsten sind Informationen über viele andere, auf der Basis der verschiedenen Stadien denkbaren Konsequenzen (noch) eher spärlich, um nicht zu sagen, gar nicht verfügbar.

Nicht zuletzt sind auch unter Berücksichtigung **kulturspezifischer Gegebenheiten** grundlegende Unterschiede hinsichtlich der Einflußdominanz von Familienmitgliedern, deren Entscheidungen und Verhalten als Konsumenten zu erwarten. Diese Unterschiede beruhen einerseits auf dem divergierenden *Rollenverständnis* von Frau und Mann, andererseits leiten sie sich aber auch aus den unterschiedlichen individuellen *Beiträgen zum Familieneinkommen* ab, die quasi eine Legitimation oder einen Anspruch für die Beteiligung an den Entscheidungen der Familie darstellen.

In **praktischer Hinsicht** ergeben sich aus den Erkenntnissen Hinweise für das Marketing; und zwar insbesondere für die exakte Abgrenzung einzelner Zielpopulationen (Segmente) und für die Gestaltung kommunikativer Maßnahmen. So ist je nach Art des Produkts, der Einflußdominanz, der ins Auge gefaßten Phase des Entscheidungsprozesses sowie dem jeweils erreichten Stadium im Lebenszyklus differenziert sowohl in der verbalen Argumentation (z.B. Selektion inhaltlicher Elemente; emotionale vs. rationale Argumentation, etc.) als auch in der Visualisierung inhaltlicher Elemente (Farben, Verwendung bestimmter Varianten sozialer Modelle; etc.) zu verfahren.

Bei kommunikativen Aktivitäten in *internationalen Märkten* sind darüber hinaus die veränderten Entscheidungsstrukturen und das damit verbundene Rollenverständnis von Frau und Mann zu beachten. Hierbei sind nicht nur Konsequenzen für die Definition der Zielgruppen zu ziehen, sondern zugleich kulturspezifische Momente vor allem bei der visuellen Gestaltung der

Maßnahmen; und zwar insbesondere bei der Abbildung von Familiensituationen zu berücksichtigen.

Alle diese Konsequenzen werden jedoch in einem gewissen Umfang von der Problematik der gelegentlich eingeschränkten oder zweifelhaften **Testgüte der Daten** (Reliabilität und Validität) überschattet, die die Verläßlichkeit und Überzeugungskraft der praktischen Schlußfolgerungen beeinträchtigen kann.

15. Interkulturelle Differenzen im Verhalten von Konsumenten

Dem in manchen wissenschaftlichen Disziplinen (Anthropologie, Linguistik) seit den 80er Jahren verstärkt beobachtbaren Trend zur Erforschung interkultureller Ähnlichkeiten und vor allem von Differenzen hat sich in der Zwischenzeit auch die Psychologie angeschlossen (*Shweder & Sullivan*, 1993, S. 499). So versuchten Forscher zunächst Erkenntnisse aus der *Allgemeinen Psychologie* durch den Vergleich mit anderen Kulturen zu erhärten. Wenig später schlossen sich dieser Entwicklung auch Vertreter anderer Teildisziplinen der Psychologie an (vgl. *Thomas*, 1993); und kurz darauf wandte sich auch die Marktpsychologie unter praxisorientierten Blickwinkeln dem Gebiet der sogenannten **Cross-Cultural Psychology** zu. Diese hat es sich zur Aufgabe gemacht, Ähnlichkeiten und Differenzen sowohl im individuellen als auch sozialen Verhalten verschiedener Kulturen und ethnischer Gruppen zu identifizieren und zu erforschen (vgl. *Kagitcibasi & Berry*, 1989, S. 494). Im Bereich der Marktpsychologie gaben vor allem die zunehmende *internationale Orientierung* der Unternehmen und die damit verbundene **Globalisierung** der Märkte sowie die als Folge neu entstandenen Anforderungen an das Marketing wesentliche Anstöße zu dieser Entwicklung.

15.1 Definitionen zum Begriff Kultur

Wie schwierig es ist, den Begriff der *Kultur* in einer allgemein akzeptierten Weise zu definieren, belegen *Kroeber & Kluckhohn* schon im Jahr 1952 als sie zu diesem Zeitpunkt bereits 164 verschiedene Vorschläge verzeichneten. In der Zwischenzeit sind noch einige mehr hinzugekommen. Hierzu einige Beispiele aus neueren Quellen:

- *Engel, Blackwell & Miniard* (1993, S. 63 ff.) sprechen in diesem Zusammenhang von einem sogenannten *Set* von Werten, Ideen, Artefakten und anderen mit Bedeutung versehenen Symbolen, die dem Individuum als Mitglied einer Gesellschaft dazu verhelfen, zu kommunizieren, zu interpretieren und Bewertungen vorzunehmen. Hierbei umfaßt der Begriff sowohl *abstrakte Elemente* (Werte, Einstellungen, Ideen, Persönlichkeitstypen sowie summarische Konstrukte wie zum Beispiel die Religion) und schließt auch *materielle Komponenten* (wie Bücher, Computer, Werkzeuge u.ä.) mit ein.

Sojka & Tansuhaj (1995, S. 464) verstehen diese materiellen Komponenten auch im Sinne von kulturellen Artefakten oder kulturellen Repräsentationen.

- *Esser* (1993, S. 159) versteht *Kultur*, nun aus der Perspektive der Soziologie, als „… die erlernten, sozial angeeigneten, über Lernen, Nachahmung oder Unterweisung tradierten, strukturierten und regelmäßigen, kollektiv verbreiteten Gewohnheiten, Lebensweisen, Regeln, Symbolisierungen, Wert- und Wissensbestände von Individuen einer Population, einschließlich der Arten des Denkens, Empfindens und Handelns".

- *Sojka & Tansuhaj* (1995, S. 469) schlagen im Anschluß an die Durchsicht der Forschungsarbeiten der letzten 20 Jahre folgende Definition vor: *Kultur* sollte konzeptionell als „… ein *dynamisches Set* sozial erworbener Verhaltensmuster und Meinungen der Mitglieder einer bestimmten Gesellschaft oder Gruppe, einschließlich der Schlüsselelemente Sprache, Artefakte, Überzeugungen und Werte …", verstanden werden.

Angesichts der Vielfalt der Vorschläge ist daran zu erinnern, daß Definitionen lediglich die Funktion von Konventionen innehaben, mit der ein Autor zum Ausdruck bringt, welches Begriffsverständnis er von einem bestimmten Gegenstand besitzt und seinen Ausführungen zugrunde legt.

Objekte, in welchen sich die Kultur eines sozialen Systems konkret dokumentiert oder in Erscheinung tritt, sind zum Beispiel das Gesellschafts-, Wirtschafts- und Rechtssystem, die Religion, Ethik und Moral, Ästhetik und Kunst, die Art und Weise der Ernährung und der Umgang mit der Gesundheit sowie auch Lebensstile.

15.2 Arten kultureller Unterschiede

Je nach Bezugsebene lassen sich *intra-* von *inter*kulturellen Differenzen (oder auch Ähnlichkeiten) voneinander unterscheiden. Im ersten Fall handelt es sich um Unterschiede, die zwischen Subgruppen *innerhalb* ein- und derselben Kultur bestehen, im anderen Fall um Unterschiede zwischen zwei, meist auch von der Nationalität und Sprache her gesehen, verschiedenen Kulturen. Im Rahmen des **intrakulturellen** Vergleichs können beispielsweise das Geschlecht, das Alter, das Einkommen oder die Konfession u.ä. Merkmale die differentiellen Variablen darstellen. Je nach Zugehörigkeit zur einen oder anderen Teilpopulation *derselben* Kultur, können sich u.a. Ernährungsgewohnheiten und damit auch die Einkaufsgewohnheiten sowie die Auswahl der Einkaufsstätten, wesentlich unterscheiden.

Im Fall des **interkulturellen** Vergleichs kann z.B. die Zugehörigkeit zu einer bestimmten Religionsgemeinschaft eine gravierende Rolle für die Ernährungsweise bestimmter Bevölkerungsgruppen spielen; so dürfte bei strenggläubigen Mitgliedern des Islams niemals Schweinefleisch auf dem Speiseplan zu finden sein. Deutliche interkulturelle Unterschiede lassen sich auch entdecken, wenn man die Funktion und Bewertung von Geschenken im europäischen und im asiatischen (insbesondere japanischen) Raum einander gegenüberstellt. Ausgeprägte Unterschiede sind auch zu erkennen, wenn man im Rahmen des sogenannten *Relationship-Marketing* die chinesische mit der amerikanischen Sichtweise vergleicht (vgl. *Simmons & Munch*, 1996).

15.3 Kulturpsychologische Sichtweisen (emic und etic point of view)

Die Bearbeitung kulturpsychologischer Fragestellungen führt zwangsläufig auch zu Diskussionen über methodologische Probleme. Ein Streitpunkt innerhalb dieses Fachgebiets ist die prinzipielle Frage danach, ob es *interkulturelle Universalien* gibt, die lediglich durch kulturelle und lokale Umwelten spezifisch modifiziert werden; oder, ob grundlegende Unterschiede in den psychischen Funktionen und in der menschlichen Entwicklung bestehen (*Kagitçibasi & Berry*, 1989 sowie *Shweder & Sullivan*, 1993). Diese zentrale Problematik spiegelt sich in dem in der Kulturpsychologie gebräuchlichen Begriffspaar *etic* (von phon*etic*, Pike, 1966) und *emic* (von phon*emic*) wider.

Pike ist Linguist und verwendet die Begriffe zur Beschreibung der Lautstruktur von Sprachen. Die *Phonetik* konzentriert sich auf *universelle* Sprachmerkmale, mit der sich die Laute aller Sprachen (allgemein) kennzeichnen lassen. Die *Phonemik* hingegen isoliert die Lautmerkmale, die die Unterschiede in der Bedeutung innerhalb einer bestimmten Sprache hervorrufen.

Der erstgenannte Begriff bezeichnet folglich analog die von der Kultur *un*abhängige Sichtweise. Der zweite Begriff meint genau das Gegenteil, nämlich eine kultur*gebundene* Betrachtungsweise. Vertreter des sogenannten *emic point of view* sehen die Notwendigkeit, die Kulturen von *innen heraus* zu betrachten, d.h. ein Forscher müßte sich in diesem Fall von allen Vorstellungen, die er *von Hause aus* mitbringt, möglichst *frei machen*. Im Grunde wäre für die (extremen) Anhänger dieser Sichtweise der Vergleich zwischen zwei Kulturen ein unmögliches Unterfangen (vgl. *Thomas*, 1993, S. 44; *Grossmann*, 1993; *Helfrich*, 1993, S. 81 ff.). Demgegenüber bemühen sich die Anhänger des *etic point of view*, interkulturell gültige *Universalien* zu finden. Nach ihrer Auffassung ist *Kultur* Bestandteil des Bewußtseins (*mind*). Dieses Bewußtsein hat man sich als ein *etic grid* (Netzwerk) vorzustellen, im Sinne „... einer heterogenen und von Natur aus komplexen Ansammlung aller möglichen und vorhandenen Bedeutungen, die durch das Wirken von Kultivierung (informell oder formell, implizit oder explizit, beabsichtigt oder unbeabsichtigt) den psychologischen Prozessen eines Individuums einer Gesellschaft eine Form gegeben hat, so daß diese Bedeutungen für diese Individuen untrennbar von den Erfahrungen selbst geworden sind" (*Shweder & Sullivan*, 1993, S. 512). Zur Verdeutlichung der beiden alternativen Perspektiven werden die zentralen Unterschiede in der folgenden *Tabelle 50* zusammengefaßt (vgl. *dazu Berry*, 1980, S. 11 f.).

Tabelle 50: Charakteristik der kulturpsychologischen Forschungsansätze

Kulturpsychologische Forschungsansätze		
Unterscheidungsmerkmal	*emischer Ansatz*	*etischer Ansatz*
Standpunkt des Forschers	*innerhalb* des Systems	*außerhalb* des Systems
Spektrum des Untersuchungsgegenstands	*eine* Kultur	*mehrere* Kulturen
Identifikation der Struktur	bereits existent	Struktur wird identifiziert
Ordnungsgesichtspunkte	systemimmanent	absolut, universell

Im Fall der *etic*-Perspektive ergeben sich einige *methodologische Konsequenzen* im Hinblick auf die zu verwendenden oder zu entwickelnden Meßinstrumente. Neben der Identität des zu vergleichenden inhaltlichen Gegenstands sind unter dem Aspekt der **Äquivalenz** zugleich mehrere Anforderungen zu erfüllen; nämlich: die *konzeptionelle* Äquivalenz (konstrukt-bezogen), die *operationale* Äquivalenz (indikatorbezogen), die *Erhebungs*äquivalenz (meßoperation-bezogen) sowie die *Skalen*äquivalenz (maßstab-bezogen).

Im Rahmen kulturpsychologischer Forschung schließen sich die beschriebenen Sichtweisen nicht aus. Sie ergänzen sich vielmehr, indem sie Stufen im Prozeß der Gewinnung von Erkenntnissen darstellen. Der Vergleich kulturspezifischer Phänomene ist nur aus der universellen, d.h. kulturübergreifenden, *etischen Sichtweise* möglich. Die emische Perspektive gewährleistet dazu die notwendige **Vergleichbarkeit** unter den genannten *Forderungen nach Äquivalenz*; also hinsichtlich der zugrunde gelegten Konstrukte, der verwendeten Indikatoren, der vorgesehenen Meßoperationen sowie der jeweiligen Skala.

Wenn diese Aspekte keine Berücksichtigung finden, wie es in der kulturvergleichenden Forschung bislang nicht selten der Fall ist, so besteht die Gefahr, daß die erzielten Ergebnisse irreführend sind. Ein Beispiel hierfür schildern *Steenkamp & Baumgartner* (1998, S. 88) für den Fall der Einstellung zur Werbung, wo sich - je nach Vorgehensweise- entweder länderspezifische Unterschiede zeigten oder keine Differenzen in Erscheinung treten. Als Ursache identifizierten sie einen sogenannten *additiven Bias*, der sich in den Antworten zu den vorgelegten Items aus der *Gaski & Etzel*-Skala (1986) niederschlug.

15.4 Interkultureller Vergleich diverser Erlebens- und Verhaltensbereiche

In den folgenden Abschnitten können aus Platzgründen nicht alle denkbaren und bislang entdeckten Ähnlichkeiten und Unterschiede im Erleben und Verhalten von Konsumenten der verschiedensten Kulturbereiche dargestellt werden. Angesichts der großen Zahl an Untersuchungen mit divergierenden inhaltlichen Bezügen muß zwangsweise eine Auswahl getroffen werden, bei der in erster Linie auf *die Differenzen* abgehoben wird. Die Selektion wird unter den Aspekten der *thematischen Relevanz,* des *Bezugs zur BRD,* der *Aktualität* sowie der *internen* und *externen Validität* der Ergebnisse vorgenommen (vgl. dazu auch *Kagitcibasi & Berry*, 1989, S. 493 ff., *Shweder & Sullivan*, 1993 und *Sojka & Tansuhaj*, 1995). Auf der anderen Seite sollen Studien, die intrakulturelle Vergleiche ziehen, z.B. zwischen den innerhalb der USA oder anderen Nationen manchmal sehr zahlreich vorkommenden Subkulturen, hier *nicht* berücksichtigt werden.

Während der beiden letzten Jahrzehnte standen vor allem die Länder *Frankreich, England* im europäischen sowie in erster Linie *Japan* im asiatischen Raum im *Mittelpunkt* der Forschungsaktivitäten (*Sojka & Tansuhaj*, 1995, S. 464 f.). Von den Produkten her gesehen, ging es entweder um Gebrauchsgüter, kleinere Geräte, Kleidung, Autos, Gegenstände für den Freizeitbereich oder um Nahrungs- sowie Körperpflegemittel. Unter dem Aspekt der miteinander verglichenen Merkmalsbereiche (*Überzeugungen* und *Werthaltungen*) standen entweder die *Beziehung zur Natur, Familienrollen, Fatalismus, soziale Beziehungen zu anderen Individuen, Ästhetik, Materialismus,* die *Zeitdimension* sowie *individuelle Wahrnehmungsprozesse* im Vordergrund.

Die in diesen Zusammenhängen untersuchten Aspekte des Konsumentenverhaltens umfaßten eine breite Palette; u.a. die *Produktwahl* (*Henry*, 1976), *Markentreue* (*Saegert, Hoover & Hilger*, 1985), *Entscheidungsprozesse* (*Imperia, O'Guinn & MacAdams*, 1985), Einschätzung von *Produkteigenschaften* (*Tse, Wong & Tang,* 1988) oder die Beziehung zwischen *Produktwahl* und *Selbstkonzept* (*Wallendorf & Arnould*, 1988) sowie die Einschätzung der *Werbung* auf der Ebene verschiedener Skalen (*Kanter*, 1978 [Fatalismus]; *Belk & Pryce,* 1986 und *O'Guinn, Lee & Faber*, 1986 [Materialismus]). Weitere inhaltliche Schwerpunkte der Forschung bildeten jedoch die Gebiete Konsumenten-*Acculturation, Adoptions-* und *Diffusionsprozesse* (vgl. *Sojka & Tansuhaj*, 1995, S. 469).

Eine andere Gruppe bildeten diejenigen Arbeiten, in welchen man sich bevorzugt um die methodischen Belange der Entwicklung und Validierung von Meßinstrumenten bzw. Skalen (*Ger & Belk*, 1990; *Netemeyer, Durvasula & Lichtenstein*, 1991: *Cetscale*) bemühte.

15.4.1 Werthaltungen: Materialismus

Mit Hilfe der von *Belk* (1985) entwickelten und für die Zwecke dieser und nachfolgender Studien (*Ger & Belk,* 1996) mehrfach modifizierten *Materialismus*-Skala, verglichen *Ger & Belk* (1990) Populationen aus den USA, der Türkei, Frankreich und *Deutschland* hinsichtlich der Ausprägungen des Merkmals **Materialismus**.

Der Fragebogen bei *Ger & Belk* (1990) umfaßte zunächst 34 Einzelskalen mit 5 Stufen nach dem Muster von *Likert-Skalen,* die den Subskalen *possessiveness, nongenerosity, envy* und *tangibilization* angehören. Danach folgten Fragen, die frei beantwortet werden sollten. Im dritten Teil des Fragebogens wurden 20 Produkte oder Dienstleistungen vorgegeben, die entweder der Kategorie *Luxusgut* oder *Produkt des alltäglichen Bedarfs* zuzuordnen waren. In der Studie von 1996 wurde noch die Subskala *preservation* hinzugefügt (vgl. *Ger & Belk*, 1996, S. 65).

Auf der Ebene des *Gesamtscores* (Materialismus-Skala) zeigen sich in der Studie von 1990 kaum Unterschiede. Lediglich die Werte zwischen den Ländern Frankreich und den USA sowie zwischen den USA und der Türkei unterscheiden sich - aus statistischer Sicht- signifikant (vgl. *Abbildung 58*). Die Frage ist jedoch, ob diese Differenzen auch praktisch bedeutsam sind?

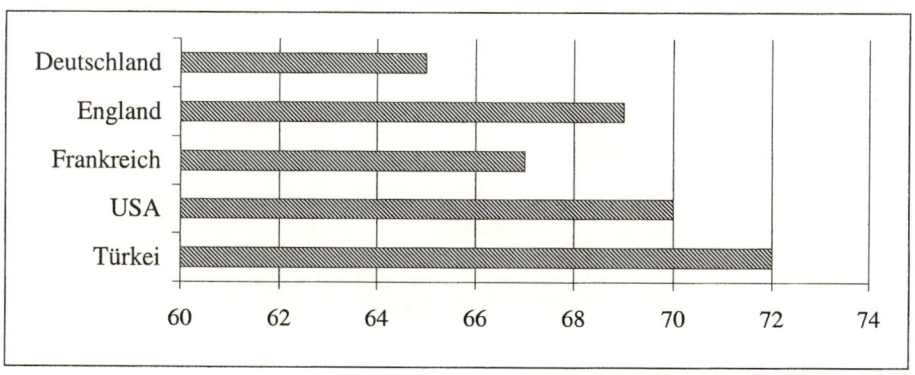

Abbildung 58: Nationale Ähnlichkeiten und Unterschiede auf der *Materialismus*-Skala
(Werte nach *Ger & Belk*, 1990, S. 189)

Zumindest lassen sich Zweifel darüber anmelden, ob die sehr dicht beieinander liegenden Ausprägungen *praktische Relevanz* besitzen, d.h. gravierende Verhaltensunterschiede markieren. Denn es ist nicht auszuschließen, daß die nur sehr sporadisch aufgetretenen Differenzen unter Umständen auch die Folge von Unzulänglichkeiten in der Testgüte (Reliabilität und Validität) des Meßinstruments darstellen (vgl. dazu *Ger & Belk*, 1990, Tabelle 2, S. 188; *Cronbach*s α bewegt sich für die Materialismus-Skala in den Grenzen zwischen .67 und .49).

In der Anschluß-Studie von 1996, die eine erheblich größere Spannweite der untersuchten Nationen aufweist (insgesamt 13), treten etwas deutlichere Unterschiede in Erscheinung. Während Rumänien mit einem Mittelwert von 63,13 die Liste anführt, liegen beispielsweise die Werte für die USA mit 61,12, für Deutschland mit 59,16 und U.K. mit 56,54 oder vor allen Dingen Schweden mit einem Wert von 53,21 mehr oder minder deutlich darunter.

In diesem Zusammenhang ist noch auf eine vergleichbare Studie von *Dawson & Bamossy* (1990) aufmerksam zu machen. Hier finden entsprechende Vergleiche gleichzeitig bezüglich mehrerer Merkmalsbereiche (einschließlich Lebenszufriedenheit) zwischen den Niederlanden und den USA statt. Die Ergebnisse veranschaulicht die folgende *Abbildung 59*.

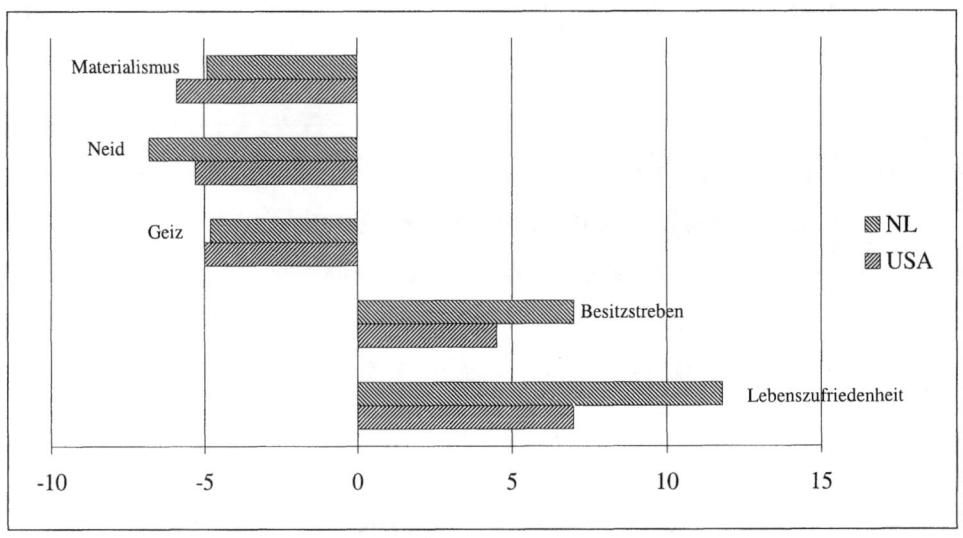

Abbildung 59: Ähnlichkeiten und Unterschiede zwischen den USA und den Niederlanden auf der Ebene diverser Merkmale (nach *Dawson & Bamossy*, 1990)

Signifikante Unterschiede bestehen nur bei den Merkmalen Neid (*envy*) und Lebenszufriedenheit (*life satisfaction*); und zwar sind sowohl *Neid* als auch die *Lebenszufriedenheit* in den Niederlanden deutlicher ausgeprägt.

Die Verbindung zwischen einer mehr oder weniger deutlich ausgeprägten materialistischen Grundhaltung und Konsumverhalten dokumentiert die Arbeit von *Richins* (1994), die die Beziehung zwischen dem Besitz bestimmter Produkte und dieser Werthaltung aufzeigt. Der Besitz *prestigeträchtiger* Produkte (Juwelen, Nerz, Cadillac) gilt als Ausdruck oder Repräsentation des Selbst bzw. der individuellen materialistischen Grundhaltung. *Hoch* materialistisch orientierte Individuen besitzen *von anderen wahrnehmbare* (social visible) und offenkundig hochwertige Gegenstände, die sich vor allem zur Befriedigung ihrer *Lebensbedürfnisse* eignen, während Individuen mit *niedrigem* Materialismus-Score bevorzugt Besitzer von Gegenständen sind, die der Freizeitgestaltung und Erholung dienen.

15.4.2 Werthaltungen und Lebensstile

Werthaltungen und Lebensstile, ein Gebiet, das in den Grundlagen an anderer Stelle schon differenziert behandelt wurde, erlangt auch in dem vorliegenden Zusammenhang mit einer etwas anderen Akzentuierung wieder besondere Bedeutung. Hier stellt sich nämlich die Frage, ob und inwiefern Ähnlichkeiten und Unterschiede zwischen den VALS-Segmenten im Rahmen der Betrachtung globaler Märkte bestehen. Zu zwei Gesichtspunkten stehen hier empirische Daten zur Verfügung; und zwar einmal zum Aspekt der *relativen Relevanz* verschiedener Wertkategorien (vgl. *Grunert & Scherhorn*, 1990) und zum zweiten zur inhaltlichen Charakterisierung der Lebensstile (vgl. *Mitchell*, 1984).

Im Fall der Studie von *Grunert & Scherhorn* (1990, S. 99) hatten die Vpn zunächst die zwei für sie wichtigsten Wertkategorien anzugeben, um im Anschluß daran die insgesamt wichtigste zu nennen. Die %-Werte-Verteilung der als am wichtigsten erachteten Kategorien wird in der *Abbildung 60* veranschaulicht.

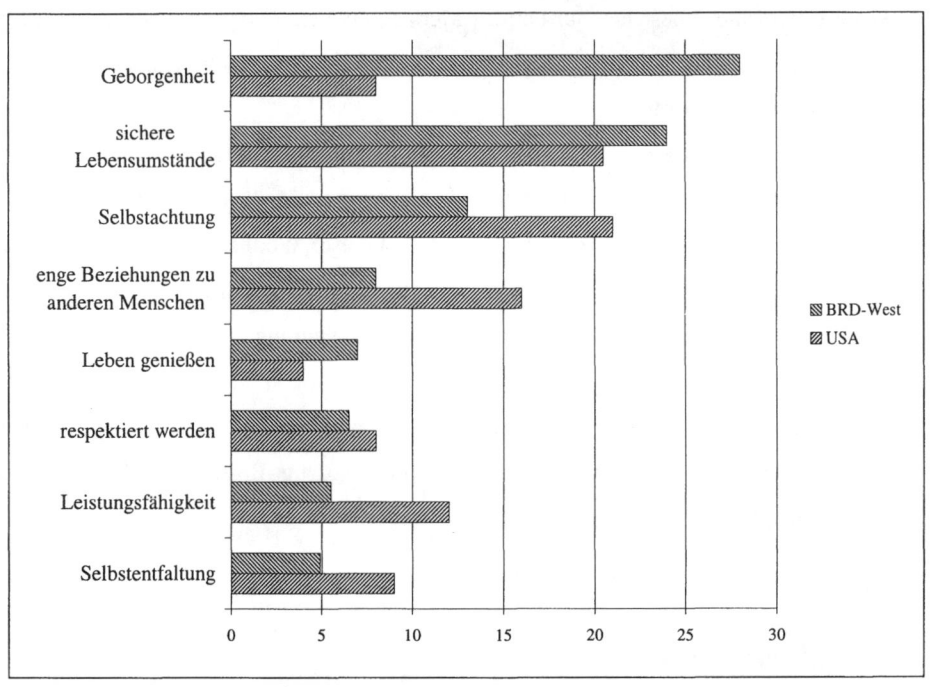

Abbildung 60: Relative Wichtigkeit diverser Wertkategorien in den USA und der BRD_West

Unter der Annahme, daß das benutzte Instrumentarium zur Erfassung der Wertkategorien in den beiden Ländern als *äquivalent* angesehen werden kann (vgl. *Grunert & Scherhorn*, 1990, S. 104), und die übrigen Erfordernisse der Vergleichbarkeit vorliegen, läßt die obige *Abbildung 60* sowohl Ähnlichkeiten als auch Unterschiede in der kulturellen Bedeutsamkeit bestimmter Werthaltungen erkennen.

15.4.3 Lebensstil-Segmente

Anläßlich der zunehmenden Bedeutung globaler Märkte liegt es nahe, auch auf der Ebene von sogenannten *Lebensstilen* interkulturelle Vergleiche vorzunehmen, um eventuelle Differenzen und Ähnlichkeiten zwischen den Märkten zu entdecken. *Mitchell* (1984) verglich deshalb mit diesem Ziel die Populationen mehrerer europäischer Nationen (Frankreich, Italien, Schweden,

England und die BRD$_{West}$) mit den USA. Grundlage des Vergleichs bilden dabei die mit dem Instrument VALS (Values and Lifestyles) identifizierten Lebensstile (*survivor, sustainer, belonger, emulator, achiever, I-am-me, experiental, societally conscious und integrated*). Die Daten für die USA und die BRD$_{West}$ sind in der folgenden *Tabelle 51* einander gegenübergestellt.

Bei den Angaben in der Tabelle ist zu beachten, daß zwischen den einzelnen Lebenstil-Typen keine scharfen Grenzen bestehen. Es handelt sich also nicht um *reine* Typen, sondern die Übergänge sind vielmehr fließend. Offen ist außerdem die Frage, ob eine ausreichende *Äquivalenz* des Instrumentariums (vgl. dazu *emic* und *etic point of view*) vorliegt. Insofern sind die Informationen nur sehr eingeschränkt miteinander vergleichbar. Auch wenn in einzelnen Zellen der Vermerk „*vergleichbar mit den USA*" vorhanden ist, sind die Lebensstile bei genauerer Betrachtung eher von mehr oder minder deutlichen Unterschieden als von Ähnlichkeiten beherrscht.

Tabelle 51: VALS Lifestyle-Segmente in globalen Märkten (im internationalen Vergleich)
(*Engel, Blackwell & Miniard*, 1993; Auszug aus Tabelle 12.6; S. 378)

Art des Lebensstils

Nation	survivor	sustainer	belonger	emulator	achiever	I-am-me	experiental	societally conscious	integrated
USA	alt, sehr arm, furchtvoll, depressiv, verzweifelt, weit vom kulturellem Zentrum entfernt, unangepaßt.	lebt an der Armutsgrenze, voller Groll, lebt auf der Straße, in die underground-Ökonomie involviert.	etwas älter, traditionell und konventionell, sehr patriotisch, sentimental, sehr stetig.	jugendlich und ambitioniert, Macho, Angeber, versucht das System aufzubrechen, um es groß zu machen.	mittleren Alters, wohlhabend, zur Führung fähig, selbstsicher, materialistisch, Erbauer des *amerikanischen Traums*.	befindet sich in einem Zwischenstadium, exhibitionistisch und narzißtisch, jung, impulsiv, experimentierend, aktiv, erfinderisch.	jugendlich, sucht direkte Erfahrung, personbezogen, künstlerisch, sehr stark innengerichtet.	missionarisch, Führer von single-issue-Gruppen, erwachsen, erfolgreich, manche lieben das einfache Leben.	psychologisch gereift, weites Feld an Visionen, tolerant und verständnisvoll, Gespür für Anpassung.
BRDwest	*survivors* im psychologischen, *nicht* im ökonomischen oder soziodem. Sinn, furchtvoll, neidisch, entfremdet; auf soziale Position, äußere Erscheinung ausgerichtet, geschäftsuntüchtig, meist weiblich.	nur im psychologischen Sinn zu verstehen, negative Gefühle gegenüber allen Aspekten des Lebens, resignierend und apathisch, vermeiden Risiken, hoch hypochondrisch.	*vergleichbar mit USA*, aber wohlhabender und besser ausgebildet, mehr auf Prestige und soziale Position bedacht.	ziemlich jung, gut ausgebildet, meist männlich, Status orientiert (Job und soziale Umwelt), auf physische Sicherheit bedacht.	*vergleichbar mit USA*, aber politisch aktiver und umweltbezogener.	älter als in den USA, finden in Arbeit Selbsterfüllung, suchen Einfluß auf die Gesellschaft zu nehmen, hohes Angstniveau, emotionale Leere, halten nach Ideologien Ausschau.	zahlenmäßig zu gering, um statistisch bedeutsam zu sein.	zahlenmäßig zu gering, um statistisch bedeutsam zu sein.	*mit USA vergleichbar.*

15.4.4 Konsumenten-Ethnozentrismus

In den 80er Jahren wurde in den USA versucht, die amerikanische Öffentlichkeit mit dem Slogans *„buy American"* und der besonderen Akzentuierung *„made in USA"* möglichst und ausschließlich auf den Kauf einheimischer Produkte zu fixieren. Durch den Kauf der im eigenen Land hergestellten Waren sollte der Konsument dazu beitragen, daß Arbeitsplätze erhalten bleiben und Amerika sich von der wirtschaftlichen Rezession wieder erholen könne. Abgeleitet aus einem ursprünglich allgemeineren soziologischen Konzept, das auf die Unterscheidung oder Abgrenzung zwischen *in-* und *out-Gruppen* abhob, entstand in diesem Zusammenhang der Begriff **Konsumenten-Ethnozentrismus** (*Shimp & Sharma,* 1987, S. 280).

Im Bereich der *Marktpsychologie* sind damit **Überzeugungen** gemeint, die die Angemessenheit des Kaufs *ausländischer* Produkte oder die Inanspruchnahme *ausländischer* Dienstleistungen betreffen. Aus der Sicht eines ausgeprägt *ethno-zentrischen* Konsumenten ist es demnach *falsch*, importierte Waren (*out-group*) zu kaufen, da damit der eigenen Wirtschaft geschadet wird und vor allen Dingen Arbeitsplätze verloren gehen. Produkte aus dem Ausland verdienen dieser Überzeugung nach nur Verachtung. Den *nicht-ethnozentrischen* Verbraucher hingegen interessiert die Herkunft des Produkts überhaupt nicht. Für ihn sind allein die Leistungen des Produkts maßgeblich; unter Umständen kann für ihn auch gerade ein Produkt, das im Ausland produziert wurde, besondere Wertschätzung genießen.

In funktioneller Hinsicht gibt eine ethnozentrische Überzeugung dem Konsumenten das Gefühl einer *Identität*, das Gefühl der *Zugehörigkeit* oder Geborgenheit, und vor allen Dingen natürlich ein *Maß* oder ein Einteilungskriterium für die Bewertung von akzeptierbarem und nicht tolerierbarem Verhalten aus der *in-group*-Perspektive. Angesichts der zunehmenden Globalisierung und Internationalisierung der Märkte können sich, je nach Ausprägung und Verhaltensrelevanz dieses Merkmalbereichs, in marketingpolitischer Hinsicht für den Absatz von Produkten erhebliche Barrieren bzw. Schwierigkeiten auftun.

Zur *Messung* dieser Überzeugung wurde von *Shimp & Sharma* (1987) zunächst auf nationaler Ebene der Versuch unternommen, eine entsprechende Skala (CET-Scale) zu entwickeln. Sie besteht aus insgesamt 17 Items und versucht, auf der Grundlage des Formats einer 7-stufigen *Likert*-Skala den Merkmalskomplex Konsumenten-Ethnozentrismus zu erfassen. Nachdem die nationalen Erfahrungen durchaus erfolgversprechend ausgefallen sind, interessierten sich *Netemeyer, Durvasula & Lichtenstein* (1991) für ihre internationale Verwendbarkeit und testeten sie deshalb an national unterschiedlichen, ansonsten aber parallelisierten studentischen Populationen aus den USA, der BRD$_{West}$, Frankreich und Japan. Die in der folgenden *Tabelle 52* enthaltenen Items sollen von dem Instrumentarium einen Eindruck vermitteln.

Tabelle 52: Beispiel-Items aus der CET-Skala (*Shimp & Sharma,* 1987, S. 282)

---

1. Amerikaner sollten immer in Amerika hergestellte an Stelle von importierten Produkten kaufen,

2. Nur in den USA nicht produzierbare Produkte sollten importiert werden.

3. Der Kauf in Amerika hergestellter Produkte, läßt Amerikaner arbeiten.

4. Amerikanische Produkte zuerst, zuletzt, zu allererst.

5. Der Kauf von im Ausland produzierten Waren gilt als nicht-amerikanisch.

6. .... 17.

Das vorrangige Anliegen der Autoren war die Überprüfung der Eindimensionalität der Faktorstruktur, die Ähnlichkeit der Faktor-Ladungsmuster und die Homogenität der internen Konsistenz sowie die Bestimmung der Reliabilitäten und Validitäten (diskriminante, nomologische) dieses Instruments. In den Ergebnissen zeigte sich, daß dieses Instrument durchaus die Möglichkeit bietet, zu *international vergleichbaren Daten* zu gelangen. Insbesondere die Faktorstruktur und die Reliabilitäten fielen weitgehend identisch aus, während im Bereich der nomologischen Validität, zumindest fallweise, noch gewisse Ungereimtheiten zu verzeichnen sind.

Diesem zunächst doch sehr ermutigenden Eindruck sind jedoch auch Grenzen gesetzt. Denn es ist zu berücksichtigen, daß die Vpn - wie so oft - Studenten waren, die in der Regel ausländischen Produkten gegenüber weniger voreingenommen bzw. aufgeschlossener als ältere Zielgruppen sind. Außerdem wurden in diese Studie nur vier Nationen einbezogen, d.h. ob weitgehend ähnliche Ergebnisse auch bei anderen Nationen zustande kommen, ist bislang noch ungeklärt.

Die wichtigste Erkenntnis aus dieser Studie ist sonach der Nachweis der **Existenz** dieses Merkmals auf *internationaler* Ebene; d.h. dieses Merkmal ist damit nicht ausschließlich auf die USA beschränkt. Damit begründet sich zumindest schon der Verdacht, daß es sich beim Konsumenten-Ethnozentrismus um einen *universellen Merkmalskomplex* handeln könnte, der auch bei vielen anderen Nationen noch anzutreffen sein wird. Der zweite Aspekt ist die Relevanz dieses Merkmalskomplexes für das Verhalten von Konsumenten, die sich aus den Korrelationen zwischen den mit der CET-Skala erhobenen Meßwerten und diversen Außenkriterien zur Bestimmung der Validität ergeben haben (vgl. dazu *Netemeyer, Durvasula & Lichtenstein,* 1991, Tabelle 2, S. 325). Die praktische Relevanz der Kenntnis des Ausprägungsgrads des Konsumenten-Ethnozentrismus ist insbesondere im Hinblick auf die **Positionierungsstrategie** der zum Export oder Import vorgesehenen Güter und Dienstleistungen multinational tätiger Unternehmen zu sehen.

15.4.5 Markenbewußtsein und Preissensibilität

Erwähnenswert sind in diesem Zusammenhang Ergebnisse von *Tai & Tam* (1997), die diese beim Vergleich der **Lebensstile von Frauen,** im Alter zwischen 18 und 35 Jahren, im Fernen Osten (*Hong Kong, Taiwan* und *China*) erhielten. Die sehr vielfältigen Aspekte des Vergleichs bildeten die Beurteilung der *Rolle der Frau,* die *Familienorientierung,* die *häusliche Sauberkeit,* das *individuelle Selbstvertrauen,* die *Einstellung zur Arbeit,* das *Gesundheits-* und *Umweltbewußtsein* sowie die Aspekte der *Markenbewußtsein* und der *Preissensibilität.* Den beiden zuletzt erwähnten Gesichtspunkten soll hier das besondere Interesse gelten. Diese Merkmale wurden mit den in der *Tabelle 53* verzeichneten Items operationalisiert (vgl. *Tai & Tam,* 1997, S. 298), wobei die Versuchspersonen ihre Zustimmung/Ablehnung zu den Statements auf einer 6-stufigen Skala zum Ausdruck bringen konnten.

Items	Tai-wan	Hongkong	China
Markenbewußtsein	Zustimmungen (%)		
Ich bin bereit, für berühmte Marken höhere Preise zu bezahlen.	43,6	48,9	45,1
Ich achte mehr auf die Bekanntheit als auf die Qualität der Marken.	21,3	19,7	40,1
Ich bevorzuge eher ausländische als einheimische Marken.	48,4	55,9	59,9
Preissensibilität			
Ich kaufe oft Sonderangebote.	56,9	53,7	34,1
Ich achte gewöhnlich auf Ankündigungen von Ausverkäufen.	59	48,4	46,2
Ich prüfe Preise selbst bei Kleinigkeiten.	57,4	41,5	45,1

Von methodischen Bedenken einmal abgesehen, daß die verschiedenen Bereiche nur mit einer sehr kleinen Zahl an Items im Erhebungsinstrument berücksichtigt sind oder der nur mäßig nachgewiesenen Eindimensionalität der Items, lassen sich in beiden Kriterienbereichen einige Unterschiede erkennen. Zur besseren Veranschaulichung werden in der folgenden *Abbildung 61* die bereichsspezifischen Item-Mittelwerte als Grundlage der Darstellung verwendet.

Wie die *Abbildung 61* zeigt, achtet offenbar die untersuchte Population aus Taiwan in einem größeren Ausmaß auf Preise beim Kauf von Produkten als dies bei den anderen Gruppen der Fall ist. Die aus China stammende Population scheint sich wiederum durch ein ausgeprägteres Markenbewußtsein auszuzeichnen. Allerdings ist daran zu erinnern, daß gerade hier der Begriff *Kultur* ein sehr heterogenes *Konglomerat* aus den unterschiedlichsten politischen und gesellschaftlichen Bedingungskonstellationen in sich vereinigt.

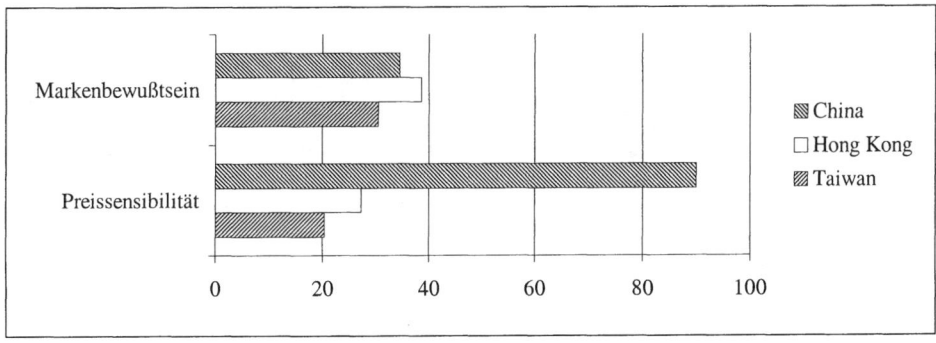

Abbildung 61: Preissensibilität und Markenbewußtsein bei Frauen in Groß-China

15.4.6 Bewertung von Produkteigenschaften

Den Sachverhalt, daß Produkte in der Welt nicht gleichartig, sondern je nach kulturellem Hintergrund auch unterschiedlich beurteilt werden können, zeigen die Ergebnisse von *Lee & Um* (1992). Basis des Vergleichs waren die Produkte *Auto, Stereoanlage, Waschmittel* und *Kaffee*. Versuchspersonen waren entweder koreanische Einwanderer oder Amerikaner. Um die *Äquivalenz des Instruments* zu gewährleisten, wurde die englische Version zunächst in die koreanische Sprache und anschließend wieder ins Englische (*translation and back-translation technique*) übersetzt. Außerdem wurde die Gruppe der Koreaner auf der Grundlage des Medians des sogenannten *Acculturation scores* in zwei Teilpopulationen getrennt (*niedrig* vs. *hoch*). Mittels produktspezifischer Diskriminanzanalysen wurden dann diejenigen Produktmerkmale identifiziert, in denen sich die Populationen wesentlich voneinander unterschieden. Diese Ergebnisse wurden anschließend mittels einer Kovarianzanalyse (Kovariat *Einkommen*) überprüft. Während die Produktmerkmale eher von sekundärer Bedeutung sind, präsentiert sich in den Ergebnissen die **Präferenz der Familie** (*family's want*) über alle vier Produktkategorien als die *zentrale Variable* zur Unterscheidung der drei Gruppen. Je nach Fortschritt oder erreichtem Stadium des bereits stattgefundenen Acculturations-Prozesses, der sich in einer mehr oder minder ausgeprägten individualisierten Orientierung äußert, bestimmt diese Variable die Bewertung der Produkte. Alle übrigen Aspekte, wie der Markenname, die Modellvariante, der Preis, spezifische Produktleistungen, die Werbung oder auch die Empfehlung von Freunden erweisen sich demgegenüber als zweitrangig. Ihre Relevanz unterscheidet sich von Produkt zu Produkt.

Anders ausgedrückt, lassen sich dieses Ergebnisse auch so verstehen, daß bereits hoch acculturierte Individuen die Bewertung von Produkten in zunehmendem Umfang an den existenten *kulturellen (individualistischen) Stilen* Amerikas orientieren, d.h. sie berücksichtigen eher, was ihre Freunde kaufen, was die Werbung sagt und folgen verstärkt den Empfehlungen ihrer Freunde.

15.4.7 Einstellung gegenüber Werbung

Die Tatsache, daß die meisten Theorien und Modelle zum Verhalten von Konsumenten amerikanischen Ursprungs sind, ihre *internationale Gültigkeit* jedoch meist ungeklärt ist, bildete für *Durvasula, Andrews, Lysonski & Netemeyer* (1993) Anlaß, am Beispiel eines Modells zur *allgemeinen* Einstellung gegenüber der Werbung eine entsprechende Überprüfung vorzunehmen. Diese Einstellung wird als „... *erlernte Prädisposition verstanden, gegenüber werblichen Maßnahmen konsistent entweder positiv oder negativ zu reagieren"* (*Lutz,* 1985, S. 53). Theoretische Basis ist das Modell von *MacKenzie & Lutz* (1989), das die in der folgenden *Abbildung 62* wiedergegebene Struktur besitzt.

Die empirische Überprüfung in den Ländern *Neuseeland, Dänemark, Griechenland, USA* und in *Indien* ergab einmal, daß die Faktorenstruktur und die Dimensionalität der Messungen über die Stichproben invariant sind. Ebenso zeigte es sich, daß die Beziehungen zwischen den Modellkomponenten strukturell vergleichbar sind. Insgesamt gesehen scheinen sonach die im Modell unterstellten Relationen *nicht kulturgebunden* zu sein, sondern eher globale Geltung zu besitzen.

Eine damit verwandte Fragestellung untersuchen *Chen & Allmon* (1998), wenn sie für verschiedene Medien (Zeitung, Radio, TV u.a.) einen Vergleich auf der Ebene einzelner Attribute (informativ, unterhaltend, langweilig und irritierend) zwischen den USA, Australien und Taiwan vornehmen. Von den 72 Paarvergleichen weisen 16 signifikante Unterschiede auf. Während zwischen den USA und Australien bei den Merkmalen *informativ, unterhaltend* und *langweilig* große Übereinstimmungen zu verzeichnen sind, grenzt sich das taiwanesische Wahrnehmungsmuster für die Medien deutlich davon ab. Dies bedeutet, daß die Medien, je nach Kulturbereich und Merkmalen, von Kontinent zu Kontinent mehr oder minder differierende Bewertungen erfahren.

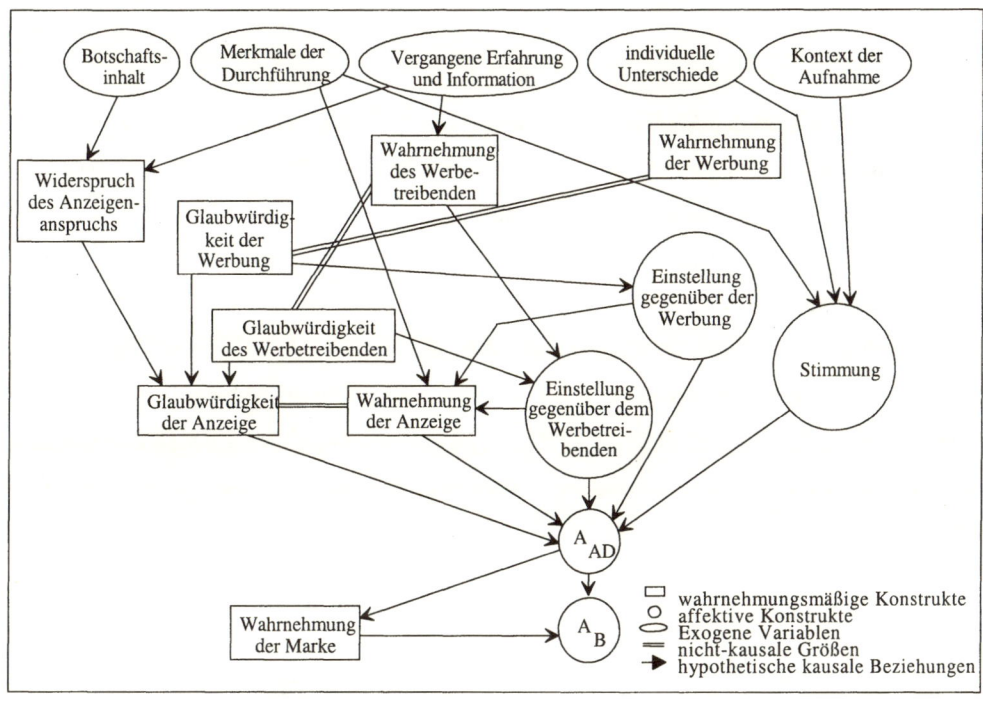

Abbildung 62: Modell von *MacKenzie & Lutz* (1989)

15.4.8 Globale und kulturspezifische Dimensionen des Humors in der Werbung

Humor ist in den USA, im Unterschied zur BRD, ein sehr gebräuchliches Gestaltungselement der Werbung. Meist ist mit seinem Einsatz die Erwartung verbunden, damit die Effektivität einer werblichen Maßnahme besonders zu fördern. Insbesondere werden die positiven Folgen, im Sinne *Gewinnung von Aufmerksamkeit, größere Erinnerbarkeit, Überwindung von Kaufwiderständen* und *Erhöhung der Überzeugenkraft,* als gravierende Vorteile angesehen (*Scott, Klein & Bryant*, 1990; *Krishnan & Chakravarti*, 1990; *Madden & Weinberger*, 1984; vgl. auch

Mayer, 1993, S. 190 ff.). Auf internationaler Ebene lag bis zur Veröffentlichung der Studie von *Alden, Hoyer & Lee* (1993) lediglich eine einzige Studie mit Blick auf die supranationalen Verwendungshäufigkeit von Humor vor (vgl. *Weinberger & Spotts*, 1989). Zentrale Komponenten des vielfach auch als *Universalsprache* bezeichneten Humors sind eine vorhandene *Inkongruenz* und deren (Auf-)Lösung durch den Humor (*incongruity-resolution structure; Suls*, 1983).

Mit Blick auf die **globalen Merkmale** des Humors nahmen *Alden, Hoyer & Lee* (1993) an, daß sich auf internationaler Ebene (USA, BRD, Thailand, Korea) in TV-Spots *inkongruente Kontraste* als übergreifende Gemeinsamkeit feststellen lassen, die in erster Linie drei dichotom gestalteten *Typen* (tatsächlich/nicht tatsächlich; erwartet/unerwartet; möglich/unmöglich) zuordenbar sein sollten.

In den Ergebnissen zeigte es sich, daß wohl mindestens einer der drei Kontraste in allen nationalen TV-Spots vertreten waren. Die BRD erreichte mit 92% das Maximum, gefolgt von Thailand mit 82%, USA mit 69% und Korea mit 57%. Wird nach dem *Typ des Kontrasts* unter Berücksichtigung der verschiedenen Länder differenziert, so ergibt sich das in der *Tabelle 54* skizzierte Bild.

Tabelle 54: Relatives Vorkommen von Humor-Kontrasten in verschiedenen Ländern
(*Alden, Hoyer & Lee*, 1993, S. 70)

Typ des Kontrasts	USA (%)	BRD (%)	Thailand (%)	Korea (%)
wirklich - unwirklich	7	14	8	12
erwartet - unerwartet	28	71	56	48
möglich - unmöglich	44	14	36	39

In der BRD, Korea und in Thailand dominieren eindeutig die erwarteten *versus* unerwarteten Kontraste, während in den USA mögliche *versus* unmögliche Kontraste vorherrschen. Zusammenfassend läßt sich feststellen, daß unter theoretischen Aspekten die grundlegende kognitive Struktur (Inkongruenz) humoristischer Werbung nicht kulturgebunden, sondern *global* ist und international auch so verstanden wird.

Als **kulturspezifische Merkmale** werden in Anlehnung an *Hofstede* (1983) die Ausprägungen der beiden Dimensionen *Individualismus-Kollektivismus* und *power distance* angesehen. Die Ergebnisse machen deutlich, daß in Ländern mit hoher Merkmalsausprägung im Bereich des Kollektivismus (Korea und Thailand), was bedeutet, daß individuelle Ziele zugunsten der Ziele einiger weniger Großgruppen in den Hintergrund treten, die TV-Spots auch mehr Gruppensituationen enthalten. Das Gegenteil ist für die USA und die BRD zu beobachten. Hier stehen kleinere Gruppen oder Einzelpersonen im Vordergrund. Im Fall des Merkmals *power distance,* das bei hoher Ausprägung im Sinne starker hierarchischer Strukturierung zu interpretieren ist (*Beispiele: Thailand und Korea),* werden in den Spots *auch mehr* statusungleiche Personen verwendet; während umgekehrt bei geringerer *power distance* (USA und BRD) eher statusgleiche Personen in Erscheinung treten.

Insgesamt gesehen läßt sich folglich feststellen, daß das Gestaltungsmerkmal Typus der Inkongruenz und Inkongruenz-Lösung in der humoristischen Werbung international als Universalie anzusehen ist. Ob damit auch die Effektivität identisch ist, bleibt ungeklärt. Andererseits gibt es in dem speziellen Gebiet der humoristischen Werbung aber auch kulturspezifische Ausprägungen von Merkmalen, die sich zu einem großen Teil im Kommunikationsverhalten der Wirtschaftsunternehmen des betreffenden Landes widerspiegeln.

15.4.9 Repräsentation kultureller Werte in der Werbung

Im Zusammenhang mit der Globalisierung der Märkte tritt zwangsläufig die Frage auf, ob und inwiefern sich in den kommunikativen Maßnahmen bestimmte kulturelle Werte (z.B. *kollektivistische* Wertkategorien: *soziale Normen* und *Rollen*) der jeweiligen kulturellen Zielgruppe oder Nation widerspiegeln sollten oder gar müssen, um positive Effekte in der Werbewirkung zu erzeugen und zu gewährleisten, bzw. im Fall von Inkonsistenzen Beeinträchtigungen zu vermeiden. *Gregory & Munch* (1997) befaßten sich mit dieser Fragestellung am Beispiel *Mexikos.* Die abhängigen Variablen bildeten hierbei die *Einstellung gegenüber der kommunikativen Maßnahme (A_{ad})* und *gegenüber dem Produkt (AB)* sowie die *Kaufintention* bei verschiedenen Produktkategorien bildeten.

In den Ergebnissen erwies sich die **Orientierung an den Werten** und **Normen** der untersuchten Kultur bei der Gestaltung kommunikativer Maßnahmen als relevant. Im Falle ihrer Berücksichtigung fielen sowohl die *Einstellung gegenüber der Anzeige* als auch die *Kaufintention* positiver aus als im Fall der Außerachtlassung. Die Effekte variierten zudem in Abhängigkeit von der *Art der Produktkategorie*. Insbesondere bei Produkten mit hohen Entscheidungsrisiko (Automobile), die in Mexiko eine Domäne *männlicher* Entscheidungen darstellen, sollte die Inkongruenz oder die Verletzung traditioneller Rollenerwartungen bei der Gestaltung von Werbemaßnahmen vermieden werden. Diese Beobachtungen sind vor allen Dingen für in internationalen Märkten tätige Unternehmen von Bedeutung, die aus Kostengründen manchmal der Versuchung verfallen, die im Heimatland entwickelten Kampagnen, lediglich nach Übersetzung der sprachlichen Bestandteile, schlicht ins Ausland zu transferieren.

15.5 Zusammenfassung und praktische Konsequenzen

Die dargestellten interkulturellen Unterschiede in den verschiedenen Bereichen des Verhaltens von Konsumenten repräsentieren zwar nur einen kleinen Ausschnitt aus der Vielfalt der potentiellen Abweichungen. Sie heben jedoch die prinzipielle **Relevanz** dieses Problemkomplexes und der damit verbundenen Variablen hervor; ganz gleich, ob sich die Fragestellungen - wie allgemein üblich- in erster Linie auf Unterschiede und in den seltensten Fällen auf Ähnlichkeiten oder gar Übereinstimmungen richten.

Unter methodischen Aspekten setzt die valide Identifizierung derartiger Differenzen in mehrfacher Hinsicht Äquivalenz; d.h. **Vergleichbarkeit** unter konzeptionellen, operationalen, Erhebungsgesichtspunkten und dem Aspekt der Skalenäquivalenz voraus. Exemplarisch für die Vielzahl der potentiellen Unterschiede sind mehr oder minder deutliche Differenzen in den Ausprägungen von **Materialismus** in verschiedenen Ländern, Nationen bzw. Kulturen zu verzeichnen. Divergierende materialistische Grundhaltungen weisen enge Beziehungen zum Besitz bestimmter Produkte auf. Hohe Materialismus-Scores sind vor allen Dingen als *Indikatoren* für den Besitz prestigeträchtiger Gegenstände und Produkte anzusehen, die die Außenwelt besonders leicht beeindrucken und *ins Auge springen*.

Gravierende Unterschiede zwischen den USA und der BRD$_{West}$ zeigen sich auch in der *subjektiven Relevanz* einer Reihe weiterer **Werthaltungen** (wie z.B. Selbstentfaltung, Leistungsfähigkeit, respektiert werden, Leben genießen, enge Beziehungen zu anderen Menschen, etc.). Von wenigen Ausnahmen abgesehen, sind diese Kategorien zum damaligen Zeitpunkt für die Amerikaner oft erheblich bedeutsamer als für die Bundesbürger (BRD$_{West}$).

Ein Merkmal, das in internationalen Vergleichen sowohl prinzipiell und dauerhaft als auch nur zeitlich beschränkt für das marktwirtschaftliche Verhalten von Konsumenten ausschlaggebend sein kann, ist der **Konsumenten-Ethnozentrismus**. Je nach Ausprägung kann er die Markt- und Absatzchancen von international agierenden Unternehmen erheblich beeinträchtigen, wobei die auslösenden Motive und Intentionen (z.B. Sicherung von Arbeitsplätzen, besondere Anforderungen an die Qualität von Produkten, nationale Vorurteile, u.a.) im konkreten Fall sehr heterogen sein können.

Nicht nur auf globaler Ebene lassen sich Unterschiede verzeichnen, sondern bei entsprechend differenzierter Analyse offenbaren sich auch Abweichungen in sehr spezifischen Bereichen des Verhaltens von Konsumenten. Beispiele hierfür sind die divergierenden Ausprägungen des **Markenbewußtseins** und der **Preissensibilität** bei unterschiedlichen Populationen aus dem Raum Groß-China.

Wie in den vielen anderen Studien fehlt jedoch auch hier der eigentlich notwendige und interessantere Bezug zu unseren engeren Nachbarn in Westeuropa bzw. vor allem zur BRD. Für die Praxis verdeutlichen die Studien und deren Ergebnisse neben der Relevanz des Problemgebiets hauptsächlich die Lücken sowie die Dringlichkeit weiterer Forschung; die insbesondere angesichts der Ausweitung der marktwirtschaftlichen Aktivitäten vieler international tätiger Unternehmen möglichst schnell geschlossen werden sollten, um die für die Planungen notwendige Grundlagen, nämlich *Markttransparenz*, zu erlangen.

Auch die **Bewertung von Produkteigenschaften** wird zu einem Teil von kulturellen Unterschieden bestimmt. Insbesondere im Fall von Einwanderern in ein kulturell fremdes Land treten die ansonsten üblichen und vielfach bedeutsamen Aspekte eines Produkts, wie der Preis oder sein spezifisches Leistungsspektrum, gemessen an den *Präferenzen der Familie*, bei dessen Bewertung in den Hintergrund. Erst mit zunehmender *Acculturation* bildet sich diese Dominanz zurück, so daß erst nach einiger Zeit die kulturellen Stile oder Gewohnheiten des Gastlands übernommen und der Einschätzung von Produkten zugrunde gelegt werden.

Weniger die Unterschiede als vielmehr Ähnlichkeiten stehen in zwei anderen Problemkreisen im Mittelpunkt; und zwar zeigt sich einmal für den Fall des **Modells zur Einstellung gegenüber der Werbung** von *MacKenzie* (1989), daß die dort unterstellten strukturellen Komponenten und deren Beziehungen über mehrere Länder hinweg weitgehend vergleichbar sind.

Außerdem lassen sich auf internationaler Ebene für das *Gestaltungselement* **Humor** formal vergleichbare Konstruktionsprinzipien (Inkongruenz und deren Auflösung) beobachten, wenn auch in der Verwendung von Details (z.B. Typus des Kontrasts) nationale Schwerpunkte bestehen.

Ferner ist für die Gestaltung von Werbemaßnahmen die **Repräsentation kultureller Werte** in werblichen Aktivitäten sowohl im Hinblick auf die *Einstellung gegenüber der Kommunikationsmaßnahme* als auch für die Ausprägung der *Kaufintention* von großer Bedeutung. Das Ausmaß der Effekte ist allerdings von der Art der Produktkategorie abhängig. Praktische Auswirkungen haben diese Erkenntnisse sowohl im markt- als auch im werbepsychologischen Bereichen. Im Bereich der Marktpsychologie dann, wenn die beschriebenen Inhalte (Materialismus; Lebenszufriedenheit, Geiz, Besitzstreben oder Neid bzw. Ethnozentrismus und sonstige Werthaltungen) mit dem jeweils interessierenden Aspekt marktwirtschaftlichen Verhaltens in engem Zusammenhang stehen und auf diesem Wege die Erreichung unternehmerischer Ziele behindern oder unter Umständen dafür gar förderlich sind. Unter Umständen dürfte es bei ausgeprägtem Markenbewußtsein außerordentlich schwierig sein, Konsumenten von bisher präferierten Marken abzuwerben. Oder bei deutlich ausgeprägter Sensibilität für Preise bieten sich diese bevorzugt als Aktionsparameter an. Unter Umständen bilden dann preiswerte Sonderangebote in Verbindung mit unterstützenden kommunikativen Maßnahmen das Konzept, das in der Lage ist, die Absatzchancen eines Produkts besonders günstig zu gestalten.

C. Werbepsychologie

1. Einführende Grundlagen zur Werbepsychologie

Zum besseren Verständnis der werbepsychologischen Problematik erscheint es sinnvoll, sich einführend zunächst mit einigen werbewirtschaftlichen Grundlagen auseinanderzusetzen, um sich im Anschluß daran den zentralen psychologischen Aspekten der Werbung zuzuwenden.

1.1 Definitionen und Merkmale der Werbung

Sowohl in der wirtschaftswissenschaftlichen als auch in der werbepsychologischen Literatur begegnet man einer Vielfalt unterschiedlichster Begriffsbestimmungen zur Werbung. Hierzu eine Auswahl exemplarischer Beispiele:

Hoffmann (1972, S. 9) sieht in der **Werbung** *"... die geplante, öffentliche Übermittlung von Nachrichten ..., wenn die Nachricht das Urteilen und/oder Handeln bestimmter Gruppen be-einflussen und damit einer Güter, Leistungen oder Ideen produzierenden oder absetzenden Gruppe oder Institution (vergrößernd, erhaltend oder bei der Verwirklichung ihrer Aufgaben) dienen soll".*

Aufermann (1973, S. 544) betont demgegenüber den **instrumentellen Aspekt**, indem er Werbung als *"... eine kommunikative Beeinflussungstechnik ..."* kennzeichnet, *"... deren generelle Zwecksetzung nur vor dem Hintergrund des politisch-ökonomischen Zielsystems der Werbungtreibenden (Auftraggeber, Anbieter) deutlich wird".*

Eine sehr ähnlich lautende Definition findet sich auch bei *Haseloff* (1973, S. 125); allerdings mit einer etwas stärkeren Akzentuierung der psychologischen Perspektive, indem er dabei ausdrücklich auf die **Veränderung menschlichen Denkens, Erlebens und Verhaltens** abhebt. Dieser Gedanke kommt auch in der Auffassung *Kroeber-Riels* (1984, S. 65 ff.) zum Ausdruck, der in der Werbung ein Instrument zur *"... gezielten Aktivierung der Konsumenten ..."* bzw. als *" ... Verhaltenssteuerung (im Dienste von Unternehmungen)"* sieht (1973, S. 138) und damit den Begriff zugleich auf den engeren Bereich der **Wirtschaftswerbung** ausrichtet.

Rosenstiel v. (1973, S. 47) bietet im Rahmen der getroffenen Auswahl die wohl umfassendste Definition an, wenn er Werbung als *"... einen Kommunikationsprozeß ..."* versteht, *"... der einen Sender, einen Empfänger, eine Botschaft und ein Medium umfaßt, durch Kommunikationshilfen positiv oder negativ beeinflußt wird, sich in spezifischen Situationen abspielt und zu einem bestimmten Ergebnis führt"*.

Wie die zitierten Beispiele veranschaulichen, lassen sich trotz des variierenden Wortlauts vor allem zwei **zentrale Merkmale** der Werbung isolieren: Zum einen handelt es sich um einen *Kommunikationsvorgang*; und zum zweiten ist dieser Prozeß kurz- oder langfristig auf die *Veränderung von Erleben und/oder Verhalten* gerichtet. Im folgenden soll demnach unter Werbung *"... ein kommunikativer Beeinflussungsprozeß ..."* verstanden werden, *"... der das Ziel hat, beim Adressaten mehr oder minder überdauernde Veränderungen des Erlebens und Verhaltens zu bewirken"* (*Mayer, Däumer & Rühle*, 1982, S. 2). Dieser Vorgang soll sich nicht nur auf bestimmte psychische Bereiche beschränken, sondern sämtliche Erlebens- und Verhaltensebenen umfassen.

Die Frage, ob und in welchem Ausmaß dabei als Folge dieses Beeinflussungsversuchs die Entscheidungsfreiheit des Individuums gewährleistet bleibt oder eingeschränkt wird, wurde schon vor Jahren außerordentlich konträr diskutiert (vgl. dazu *Steiner*, 1969; oder *Mayer, Däumer & Rühle*, 1982, S. 2). In der Zwischenzeit dürfte jedoch offenkundig geworden sein, daß dem Einfluß der Werbung in Anbetracht der *multifaktoriellen Determiniertheit das Verhaltens* von Konsumenten sehr enge Grenzen gesetzt sind, so daß der gelegentlich erhobene Verdacht oder Vorwurf der Manipulation wohl kaum aufrecht erhalten werden kann (vgl. dazu *Mayer*, 1990).

Was in sämtlichen Definitionen nicht zum Ausdruck gelangt und deshalb eigens hervorgehoben werden muß, ist die Tatsache, daß Werbung nicht nur eine typische Erscheinung markt- oder *privatwirtschaftlich* organisierter **Wirtschaftssysteme** darstellt, sondern auch unter *planwirtschaftlichen* Produktionsverhältnissen als notwendig erachtet und nach vergleichbaren psychologischen Gesetzmäßigkeiten betrieben und gestaltet wird. Sie ist dann zwar mit spezifischen Akzenten, Vorgaben und Zielsetzungen versehen, und wird angesichts der meist abweichenden Angebots- und Konkurrenzverhältnisse nicht mit der hier zu Lande üblichen Intensität betrieben; aber als absatzpolitisches Instrument dennoch vorhanden (vgl. z.B. *Jacobs*, 1986, S. 243 ff.).

Außerdem wird mit diesem Begriff meist vorrangig die Erscheinungsform der **Wirtschaftswerbung** (i. S. der Absatz- oder Produkt-, Firmen- oder Image- und Public-Relations-Werbung) assoziiert und dabei oft übersehen, daß auch andere Organisationen, wie z.B. Parteien, Kirchen, Gewerkschaften, Vereine, Behörden oder auch private Personen und Institutionen mit individuellen Zielsetzungen und Blick auf ganz spezifische Verhaltensweisen (Wahl-, Spende-, Beitritts-, Umweltverhalten, etc.) Werbung betreiben (*Erbslöh*, 1987, S. 89).

Im folgenden soll der Begriff jedoch vornehmlich in seiner herkömmlichen Bedeutung, d.h. im Sinne von *Wirtschaftswerbung* verstanden und dabei als *Teil*-Instrument des *Marketing* aufgefaßt werden.

1.2 Werbung als Wirtschaftsfaktor

Als einen **Indikator** für die wirtschaftliche Bedeutung der Werbung kann man u.a. die *jährlichen Investitionen* der Unternehmen in diese Dienstleistung heranziehen. Die gesamten Werbeausgaben erreichten z.B. in der (alten) Bundesrepublik im Jahr 1988 noch die Höhe von 35,0 Mrd. DM; für das Jahr 1992 gab es schon Vorausschätzungen in der Größenordnung von 44,5 Mrd. DM für die gesamte Bundesrepublik und für das Jahr 1998 wurden insgesamt 58,5 Mrd. prognostiziert (*ZAW-edition*, 1998, S. 9 bzw. 1992, S. 3).

Diese Angaben umfassen die Aufwendungen für Honorare, Werbemittelproduktion und auch die Ausgaben für die Medien. So wuchsen die Netto-Werbeumsätze der erfaßbaren Werbeträger in den Jahren 1988 - 1991 z.B. von rund 20,7 Mrd. DM auf über 27 Mrd. DM an, und sie beliefen sich z.B. im Jahr 1997 schon auf 38,7 Mrd. DM. Dies entspricht einer jährlichen Steigerungsrate zwischen 3,7 und 10 % (*ZAW-edition*, 1992, S. 15; 1998, S. 13). Allerdings dürften auch Preiserhöhungen ihren Teil zu diesen Zuwächsen beigetragen haben (*Tabelle 55*).

Tabelle 55: Netto-Werbeeinnahmen erfaßbarer Werbeträger in den Jahren 1994 bis 1997
(Quelle: *ZAW-edition*, 1998, S. 13)

	Netto-Werbeennahmen erfaßbarer Werbeträger in Deutschland in Mio. Mark/ohne Produktionskosten/Veränderungen in Prozent							
	BRD							
Werbeträger	**1994**	**%**	**1995**	**%**	**1996**	**%**	**1997**	**%**
Tageszeitungen	10.366,4	3,9	10.721,7	3,4	10.678,7	-0,4	10.869,7	1,8
Fernsehen	5.630,4	16,6	6.342,0	12,6	6.896,9	8,7	7.438,2	7,8
Werbung per Post	4.551,6	4,6	5.251,4	15,4	5.717,2	8,9	5.926,0	3,7
Publikumszeitschriften	3.306,5	2,8	3.505,4	6,0	3.416,6	-2,5	3.509,4	2,7
Anzeigenblätter	2.819,2	8,6	2.917,4	3,5	3.011,0	3,2	3.278,8	8,9
Adreßbücher	2.195,0	4,6	2.263,0	3,1	2.299,0	1,6	2.302,0	0,1
Fachzeitschriften	2.051,4	1,0	2.211,4	7,8	2.110,0	-4,6	2.162,0	2,5
Hörfunk	1.100,7	2,5	1.127,7	2,5	1.153,2	2,3	1.176,0	2,0
Außenwerbung	956,7	*)	1.001,6	4,7	1.038,2	3,7	1.002,4	-3,4
Wochen-/Sonntagszeitg.	416,3	-7,7	448,9	7,8	439,4	-2,1	472,3	7,5
Filmtheater	276,5	5,9	295,8	7,0	299,9	1,4	305,4	1,8
Zeitungssupplements	256,6	-4,8	252,2	-1,7	225,7	-10,5	211,5	-6,3
Gesamt	33.927,3	6,4	36.338,5	7,1	37.285,8	2,6	38.653,7	3,7

*) mit Vorjahr nicht vergleichbar.

Im übrigen ist der stetige Anstieg der Werbeausgaben nicht nur in der *Bundesrepublik* zu verzeichnen, sondern parallel auch in zahlreichen anderen europäischen Ländern beobachtbar, um nicht zu sagen als nahezu internationaler Trend vorhanden (vgl. dazu *Green*, 1990, S. 182 f.; *Howard*, 1998; *ZAW-edition*, 1998, S. 30 f.).

Informativ ist in diesem Zusammenhang auch die Aufschlüsselung der Daten nach **Branchen** (vgl. *ZAW-edition,* 1998, S.12). Auf den *Auto-Markt* (1997: 2,736 Mrd. DM) und die *Massenmedien* (1997: 2,532 Mrd. DM), die die beiden ersten Rangpositionen einnehmen, folgen *Handelsorganisationen* (1,762 Mrd. DM), Publikumswerbung für *pharmazeutische Produkte* (1,067 Mrd. DM) sowie *Schokolade* und *Süßwaren* mit 1,065 Mrd. DM. Die stärksten Zuwächse vom Jahr 1996 zum Jahr 1997 sind hier bei der die Branchen übergreifenden *Unternehmenswerbung* (+30,1%; absolut von 261 auf 340 Mio. DM), den *Putz- und Pflegemitteln* sowie den *Haarpflegemitteln* (je 19,3%; absolut von 363 auf 433 bzw. von 397 auf 473 Mio. DM) zu verzeichnen. Die größten Kürzungen von 7,3% bzw. 5,7% wurden hingegen in den Branchen

Kaffee, Tee, Kakao sowie *Spirituosen* vorgenommen. Dennoch betrugen im Jahr 1997 die Brutto-Medieninvestitionen dort immerhin noch 429 bzw. 286 Millionen DM.

Die Bedeutung der Werbung läßt sich auch noch an einem anderen Kriterium ablesen; nämlich, an der Zahl der in diesem Bereich beschäftigten Personen. Gegenwärtig sind hier etwa **350.000 Arbeitnehmer** in den unterschiedlichsten Funktionen (als Mediaexperten, Graphiker, Texter, Kontakter, Werbeleiter, Marktforscher etc.) tätig (vgl. *ZAW-edition,* 1998, S. 21 f.). Wieviel von den im Jahr 1992 (*ZAW-edition,* 1992, S. 61) optimistischerweise noch in den 90er Jahren zusätzlich erwarteten 36.000 Beschäftigten in den neuen Bundesländern auch tatsächlich einen Arbeitsplatz bekommen haben, entzieht sich der Kenntnis.

Zusammenfassend läßt sich feststellen, daß trotz des relativ niedrigen Stellenwerts, den die Wirtschaftspraxis der Werbung im Rahmen des Marketing-Mix einräumt, in ihr offenbar doch ein vielversprechendes Potential zur Beeinflussung marktwirtschaftlicher Prozesse und Interessen gesehen oder zumindest vermutet wird. Sonst ließen sich die Jahr für Jahr weltweit dafür getätigten und auch für die Zukunft zu erwartenden Steigerungsraten der Ausgaben wohl kaum vertreten (vgl. dazu *Green*, 1989, S. 89 ff.; 1990, S. 181 ff.; *Waterson*, 1992, S. 14 ff.; *Howard*, 1998; ZAW-edition, 1998, S. 30 f.).

1.3 Arten der Werbung

Legt man für die Einteilung der verschiedenen Arten der Werbung die in den marktwirtschaftlichen Prozessen hauptsächlich beteiligten Meinungsgegenstände (Produkte und Unternehmungen) zugrunde, so sind die *produkt-* oder *dienstleistungsbezogene* **Absatzwerbung** für Investitionsgüter (z.B. industrielle Anlagen) oder für Konsumgüter (Gebrauchs- und Verbrauchsgüter) und für Dienstleistungen von der unternehmensbezogenen **Imagewerbung** und der auf die *allgemeine Öffentlichkeit* gerichteten **Public-Relations-Werbung** zu unterscheiden. Alle drei Varianten der Werbung werden gemeinsam von den übergeordneten Zielsetzungen des Unternehmens (z.B. Gewinnerzielung, Substanz- oder Werterhaltung) bestimmt und leisten dazu jeweils ihren eigenen Beitrag. Am deutlichsten kommt dies in den vielfältigen Aktivitäten der *Absatzwerbung* zum Ausdruck. Wenn sich auch die genannten Arten der Werbung durch unterschiedliche kommunikative Inhalte und Schwerpunkte auszeichnen, heißt dies jedoch nicht, daß sie von den Auswirkungen her gesehen völlig unabhängig voneinander bestehen. Ganz im Gegenteil, es ist vielmehr damit zu rechnen, daß in der Regel ein Transfer zwischen den Wirkungen stattfindet. Maßnahmen der *Image-* oder der *Public-Relations-Werbung* können beispielsweise auch *positive* Auswirkungen im Bereich der Absatzwerbung haben. Aber auch Effekte in die umgekehrte Richtung sind nicht auszuschließen (vgl. z.B. *Winters*, 1986).

1.4 Erscheinungsformen der Werbung

Potentiellen Konsumenten begegnet die Werbung tagtäglich in vielen verschiedenen Erscheinungsformen. Differenziert man dabei nach **Print-** und **elektronischen Medien**, so lassen sich unter dem Gesichtspunkt der Häufigkeit ihres Auftretens hauptsächlich die in der folgenden Aufzählung enthaltenen Werbemittel nennen:

Bei den **Print-Medien** handelt es sich in erster Linie um *Anzeigenwerbung*, die in Tageszeitungen und Publikumszeitschriften meist einen großen Raum einnimmt. Daneben sind die vielfältigen Maßnahmen der *Direktwerbung* (Prospekte und Postwurfsendungen) oder regionale bzw. bundesweite *Plakat*-Aktionen zu erwähnen. Nicht zu vergessen sind auch Beschriftungen und Plakate an öffentlichen Verkehrsmitteln.

Bei den **elektronischen Medien** stehen vor allem *Spots* der *TV-* und *Hörfunk*-Werbung im Vordergrund. Nicht zu übersehen sind jedoch auch die in Zukunft zunehmend an Bedeutung gewinnenden *neuen Medien* (Btx, Internet u.a.; vgl. *Grabner*, 1986, S. 164; *ARD-Forschungsdienst*, 1997, S. 372; *Briggs & Hollis*, 1997; *Werner & Stephan*, 1997; *Bachofer*, 1998; *Zimmer*, 1998), die meist über Anzeigen hinausgehende Informationsangebote enthalten. Beispielsweise berichtet *Sturm* (1998, S. 73) von erheblichen Investitionen einzelner Unternehmen in diesen Bereich. Dennoch halten sich die Aktivitäten im Vergleich zu den konventionellen Werbeträgern noch in Grenzen (1996: 24 Millionen DM; 1997: 50 Millionen DM; *Zimmer*, 1998, S. 506). Seitens des *Prognos-Instituts* wird für das Jahr 2002 ein Volumen von 450 Millionen DM erwartet, was aber nur einem Anteil von 0,93% an den geschätzten Nettowerbeein-nahmen der Werbeträger (BRD) entsprechen würde. Ähnliche Entwicklungen vollziehen sich zur Zeit auch in den USA (vgl. *Bush, Bush & Harris*, 1998), wobei für viele Interessenten die bange Frage nach der Eignung des WWW als Marketing- bzw. Kommunikations-Instrument noch weitgehend ungeklärt ist.

In der Häufigkeit des Auftretens bzw. der Nutzung ist jedoch kein Indikator oder Garant für die Werbewirksamkeit zu sehen (vgl. dazu *Mayer, Däumer & Rühle*, 1982, S. 91 ff.). Bestenfalls sind daran Hinweise für die Erreichbarkeit mehr oder minder exakt abgrenzbarer Zielpopula-tionen erkennbar, oder die Verfügbarkeit und Flexibilität der Medien sowie der eventuelle Op-timismus der Wirtschaft hinsichtlich der Effizienz des betreffenden marketingpolitischen In-struments ablesbar.

2. Werbung als Kommunikationsprozeß

2.1 Modell des Kommunikationsprozesses

Werbung als Kommunikationsprozeß aufzufassen, liegt angesichts der vorangegangenen begrifflichen Bestimmung der Werbung nahe (vgl. insbesondere *v. Rosenstiel*, 1973, S. 47). An diesem Vorgang sind die folgenden *Strukturelemente* beteiligt:

- Ein **Sender**,
- eine (Werbe-) **Botschaft,**
- ein **Übertragungsmedium**

sowie

- die **Zielperson(en)** der Kommunikationsmaßnahme.

Im Zusammenhang betrachtet, verbinden sich die einzelnen Elemente folgendermaßen:
Sender der Botschaft sind im Falle der Wirtschaftswerbung die jeweiligen Organisationen oder Institutionen. Wesentliche Variablen, die von dieser Seite die Erfolgsaussichten maßgeblich beeinflussen, sind z.B. dessen *Glaub-* und *Vertrauenswürdigkeit* sowie die ihm unterstellte oder offenkundige *Beeinflussungsabsicht,* die je nach Ausprägung beim Adressaten unter Umständen zu extremen *Reaktanz*phänomenen führen können.

Ausgangspunkt der Gestaltung der (Werbe-)**Botschaft** bilden die vom Sender für die betreffende Kommunikationsmaßnahme fixierten *(Werbe-)* **Ziele**. Diese sind in einer möglichst effizient gestalteten **Botschaft** zu realisieren. Hierzu steht eine breite Palette an Gestaltungselementen *verbaler, visueller, akustischer, haptischer* oder gar *olfaktorischer* Art zur Verfügung. Im konkreten Fall sind dabei u.a. Detailfragen zu klären, wie:

- Sollen eine *Headline* oder ein *Slogan* vorgesehen werden, und welchen Inhalt oder Wortlaut müßte sie (er) gegebenenfalls haben?

- Welches *Bildmaterial* (Fotos, Zeichnungen, Graphik oder Tabellen) soll Verwendung finden?

- Welche Variante(n) von Personendarstellungen *(soziale Modelle)* soll(en) dabei eingesetzt werden?

Der daraus entstehende Entwurf ist unter Umständen einer Zwischenkontrolle mittels eines sogenannten **Pretests** zu unterziehen und je nach den Ergebnissen gegebenenfalls zu modifizieren.

Je nach Konkretisierung der spezifischen Konzeption und Erreichbarkeit der Zielpopulation ergibt sich das zu wählende **Übertragungsmedium** entweder aus den vorausgegangenen Überlegungen zwangsläufig, oder es ist aufgrund des zur Verfügung stehenden Budgets schon von vornherein festgelegt. Im allgemeinen stehen hierbei die bereits erwähnten *Varianten der Print-* (z.B. Anzeigen, Plakate) und der konventionellen *elektronischen Medien* (Rundfunk-, TV-Spot), in Zukunft vielleicht auch vermehrt die sogenannten *neuen* Medien zur Wahl.

Zielpersonen sind nicht nur unter dem Aspekt der von ihnen möglichst zu vollziehenden *Verhaltensänderung* von Interesse. Für die Gestaltung von Werbemaßnahmen sind auch deren individuellen Eigenschaften (soziodemographische Merkmale, Persönlichkeitsmerkmale, Überzeugbarkeit, etc.; vgl. dazu *Mayer & Reitmeier*, 1981, S. 197 ff.) von Bedeutung.

Zur **Kontrolle** des durch die Schaltung der Maßnahme in Gang gesetzten *Werbewirkungsprozesses* wird zu einem späteren Zeitpunkt oder nach Abschluß der Kampagne in einem *Soll-Ist-Vergleich* geprüft, in welchem Umfang die gesetzten Ziele tatsächlich auch erreicht wurden. Die einzelnen Teilphasen des Kommunikationsprozesses sind zur Veranschaulichung nochmals in *Abbildung 63* zusammengefaßt.

Sender	Botschaft	Kommunikationskanal (Medium)	Empfänger
Fixierung der Kommunikations-Ziele	**Entwicklung der Kommunikations-Idee** (Konzept)	**Alternative Medien und Kombinationen**	**Informationsaufnahme, -selektion, -verarbeitung und -bewertung**
• **psychologische Ziele**	**Entscheidung Werbeträger / Werbemittel**	Zeitungen	**Auslösung von Reaktionen**
Bekanntheit Produkt / Firma	**Realisation** (Selektion formale / inhaltliche Gestaltungselemente)	Zeitschriften	Änderung von Meinungen
Einstellungsänderung		Hörfunk	Änderung von Einstellungen
Intention	**Selektion**	TV	Änderung von Absichten
Verhalten / Kauf	verbale	Multimedia	Änderung von Verhalten
• **ökonomische Ziele**	visuelle	etc.	
Sicherung von Marktanteilen	olfaktorische Reize		**in Abhängigkeit von ...**
Absatz / Umsatz	**Werbemittel**	**Zeitpunkt der Schaltung**	Persönlichkeit
Gewinn	Anzeige /Plakat		bestehenden Meinungen, Einstellungen, Absichten etc.
	Hörfunk-Spot	**Häufigkeit der Schaltung**	Produkterfahrung
Kostenreduktion	TV-Spot		etc.
		Medienkombination	
Ziele	**Pre-Test**	**Soll-Ist-Vergleich**	**Post-Test**

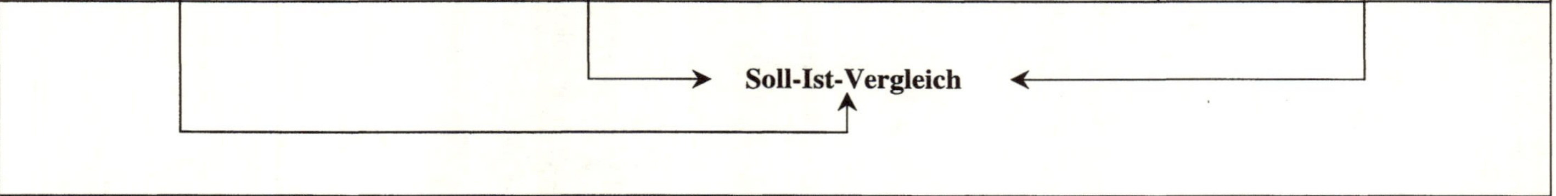

Abbildung 63: Werbung als Kommunikationsprozeß

2.2 Funktionen der Werbung

Von werblichen Kommunikationsmaßnahmen werden in erster Linie zwei Funktionsbereiche berührt: Einerseits erfüllt sie **ökonomische** und andererseits diverse **psychologische** Funktionen.

2.2.1 Ökonomische Funktionen der Werbung

Eine der **ökonomischen** Funktionen der Werbung ergibt sich zunächst aus *makroökonomischer* Perspektive; indem die Werbewirtschaft als *Arbeitgeber* fungiert und damit Volkseinkommen erzeugt. Daneben werden mit Hilfe der Werbung *Prozesse des Güteraustauschs* beschleunigt (*Horsky & Simon*, 1983) sowie die Nachfrage konzentriert, umverteilt und unter Umständen auch modifiziert (vgl. *Owari*, 1983, S. 233 ff.; *Unwin*, 1986, S. 37 ff.; *Callahan*, 1986, 215 ff.). Die zweite Variante der ökonomischen Funktionen leitet sich in *privatwirtschaftlicher* Sicht aus der Zugehörigkeit der Werbung zum Instrumentarium des *Marketing-Mix* und der damit verbundenen Verpflichtung ab, einen wesentlichen Beitrag zur Sicherung des Bestands und Verbesserung der Marktchancen des Unternehmens zu leisten.

2.2.2 Psychologische Funktionen der Werbung

Demgegenüber sind die psychologischen Funktionen der Werbung in der:

- **Informationsfunktion,**

- **Motivationsfunktion,**

- **Sozialisationsfunktion**

sowie in der

- **Verstärkungs-** *(reinforcement)* **Funktion**

zu sehen.

Die **Informationsfunktion** dokumentiert sich darin, daß die Werbung für den Adressaten eine Botschaft enthält. Diese macht zum Beispiel auf das Vorhandensein eines neuen Produkts aufmerksam, d.h. der potentielle Konsument erhält auf diesem Weg von dessen Existenz Kenntnis. Sie informiert über die Eigenschaften und Vorteile des Produkts, und/oder sie macht Angaben über Beschaffungsmöglichkeiten und Preise; kurz, die Werbung führt für den Konsumenten zu einer verbesserten **Markttransparenz**.

Unter dem **motivationalen Aspekt** der Werbung versteht man die Veränderung und Ausrichtung der Bedürfnisse auf das jeweilige Angebot. Ob mit ihrer Hilfe jedoch auch neue, d.h. bisher nicht existente Bedürfnisse geschaffen werden können, ist strittig (*Callahan*, 1986; *Johnson*, 1986; *Kalwani & Silk*, 1982; *Tellis*, 1988; *ZAW-service*, 1988, # 152/153; *Raj*, 1982). Denkbar erscheint dies in solchen Ländern, die derzeitig noch unter erheblichen Mangelzuständen zu leiden haben. Andererseits ist man sich darüber einig, daß aufgrund der Begegnung mit werblichen Maßnahmen differenzierte **Präferenzen** entstehen können, die das beworbene Produkt im Vergleich zu substitutiven Konkurrenzangeboten attraktiver erscheinen lassen. Es ist aber auch denkbar, daß das konkrete Anliegen der Werbemaßnahme nicht unmittelbar in der Erzeugung des Kaufwunsches besteht, sondern nur den Anstoß zu weiterer Informationsbeschaffung (z.B. mittels Coupons) bilden soll, um den Kauf der betreffenden Marke für einen zukünftigen Zeitpunkt vorzubereiten.

Die **Sozialisationsfunktion** der Werbung umfaßt individual- und sozial-psychologische Veränderungsprozesse in konsumrelevanten Erlebens- und Verhaltensbereichen. Allgemein handelt es sich in den Worten *Hermanns* (1972, S. 19) um die *"... Übernahme und Verinnerlichung von Verhaltensdispositionen und/oder Erwartungen..."*, wobei *"unter Übernahme und Verinnerlichung ... der Aufbau und/oder die Veränderung von individuellen sowie gruppenorientierten Dispositionen und Erwartungen verstanden"* wird. Dazu ist für den vorliegenden Zusammenhang zu ergänzen, daß diese Vorgänge durch *"... direkte und indirekte Kommunikation ..."* (*Hermanns*, 1976, S. 361) zustande kommen können.

Diese Auswirkungen müssen auch nicht unbedingt geplant sein, sondern sie können genauso auf dem Weg einer Art *funktionalen Erziehung* ungeplant, d.h. unabsichtlich oder indirekt zu-

384

stande kommen. *Ward* (1974, S. 2) versieht den Begriff *"consumer socialization"* noch mit einem weiteren, insbesondere pädagogischen Akzent, indem er darunter den Erwerb von Fertigkeiten, Wissen und Fähigkeiten versteht, die insbesondere junge Menschen in die Lage versetzen, als Verbraucher mit den Anforderungen des Marktes fertig zu werden.

Im alltäglichen Leben von Konsumenten entwickeln sich im Rahmen dieser Sozialisationsprozesse neue *Normen und Gewohnheiten* des Ver- und Gebrauchs, der Verwendung sowie des Kaufs von Waren. Am deutlichsten zeigt sich dieser (potentielle) Effekt am Beispiel der Kleidung, wenn Werbung mit gestaltet, *was Mode ist*; was *man* in Gesellschaft trinkt, und wohin *man* als moderner Mensch geht, um "in" zu sein. Daneben gibt es auch noch eine etwas engere Auslegung der Sozialisationsfunktion der Werbung, so z.B. wenn man damit diejenigen Beeinflussungsprozesse meint, die im Sinne von *Bandura* (1970) als **Lernen am Modell** beschrieben werden. Gerade gegenwärtig erfreut sich Werbung mit Personendarstellungen besonderer Beliebtheit (*Mayer*, 1988, S. 5). Hier beruhen die Verhaltensänderungen (Sozialisation) auf der Nachahmung (Imitation) des vom Modell vorgeführten Verhaltens, wobei partiell auch die Identifikation mit der Modellperson (z.B. Stars und jugendliche Zielpersonen) eine Rolle spielen kann (vgl. dazu *Mayer & Bader*, 1979 sowie *Mayer*, 1985a; 1987). Die Identifikation ist aber nicht als unabdingbare Voraussetzung für die Übernahme des demonstrierten Verhaltens anzusehen.

Die **Verstärkungsfunktion** der Werbung läßt sich unterschiedlich betrachten, je nach dem, welches Verständnis von Verstärkung man dabei zugrundelegt, werden damit zwei verschiedene psychologische Sachverhalte angesprochen. Gemeinsam ist allerdings deren Herkunft; d.h. beide stammen aus der Lernpsychologie. Faßt man Verstärkung in Analogie zum Gebrauch auf dem Gebiet der klassischen Konditionierung auf, so sind damit die Effekte gemeint, die sich aus der *wiederholten Koppelung* und Darbietung eines unkonditionierten mit einem zu konditionierenden Reiz ergeben (Bildung von assoziativen Verbindungen).

> In der Werbung ist dies der Fall, wenn z.B. eine Melodie, die sehr angenehme Gefühle hervorruft, zusammen mit einem Slogan oder Markennamen dargeboten wird. Nach einer genügend großen Zahl an Wiederholungen - wie es in der Werbepraxis oft genug geschieht- ist nach den Erkenntnissen der klassischen Konditionierung zu erwarten, daß diese (angenehme) Reaktion mit sehr großer Wahrscheinlichkeit auch eintritt, wenn der Rezi-

pient zu einem späteren Zeitpunkt dem Slogan oder dem Markennamen allein begegnet. Es ist aber auch denkbar, daß durch das Hören der Melodie Erinnerungen an den Slogan oder an die betreffende Marke hervorgerufen werden. Analoge Prozesse sind auch im Falle der **instrumentellen Konditionierung** zu unterstellen.

Andere psychologische Vorgänge sind gemeint, wenn Verstärkung im Sinne von **Belohnung** oder **Bestrafung** verstanden wird, wobei im Zusammenhang mit der Werbung insbesondere die positive Seite der Belohnung von Bedeutung ist. Sie spielt vor allen Dingen eine Rolle, wenn der Konsument risikobehaftete Entscheidungen von größerer finanzieller Tragweite zu treffen beabsichtigt oder bereits getroffen hat; z.B. im Falle der Anschaffung eines neuen Autos.

In der Praxis wird in solchen Fällen versucht, eventuell in der Nachkaufphase auftretenden **Dissonanzen** durch gezielte Maßnahmen zu begegnen, indem dem Konsumenten positive Argumente geliefert und positive Aspekte aufgezeigt werden, daß er zu der Überzeugung gelangt, die getroffene Wahl war "eine kluge Entscheidung". Mit diesem Phänomen lassen sich u.a. auch die Beobachtungen von *Ehrlich et al.* (1957) erklären, die feststellten, daß Personen, die gerade ein neues Auto erworben hatten, im nachhinein verstärkt auf Anzeigen achteten, in welchen das zuvor gekaufte Fabrikat beworben wurde (vgl. dazu auch *Mills*, 1965).
In der werblichen Argumentation wird dabei auf besonders geschätzte Merkmale abgehoben, wie z.B. die hervorragende Qualität, das Preis-Leistungs-Verhältnis, auf den großen Kreis der zufriedenen Kunden oder auf die **soziale Wertschätzung und Anerkennung**, die auf den Besitz oder Gebrauch der betreffenden Marke zurückzuführen sind. Daneben wird dieser Mechanismus der Verstärkung sowohl in der verbalen (Headline; z.B. *"Gute Hausfrauen kaufen ..."*) als auch in der bildlichen Gestaltung (demonstrativer Konsum von Luxusgütern; Verstärkung der Modellperson) gezielt als Element verwendet. Inhaltliche Schwerpunkte bilden dabei wieder sehr oft die damit verbundenen Aspekte der sozialen Anerkennung oder Bewunderung als Verstärker.

2.3 Ziele der Werbung

Die detaillierten Zielsetzungen der Werbung orientieren sich zwangsläufig an den Vorgaben für das gesamte Marketing-Mix, nämlich der Sicherung und Förderung des wirtschaftlichen Bestands des Unternehmens. Daneben sind auch volkswirtschaftliche Zielsetzungen denkbar; hierauf soll jedoch im Rahmen der Darstellungen nicht eingegangen werden. Die **Ziele der Werbung** lassen sich zunächst in zwei Kategorien einteilen; und zwar in ...

* **ökonomische**

und

* **psychologische** (sogenannte *außerökonomische*) Ziele.

Sie bilden in einer späteren Phase des Kommunikationsprozesses, der Werbe*erfolgs*- und Werbe*wirkungs*kontrolle, zugleich die Grundlagen für die Beurteilung der Effizienz der kommunikativen Aktivitäten (vgl. dazu u.a. *Behrens*, 1963, S. 106 f.; *Bender*, 1976, S. 139; *Hermanns*, 1979, S. 216; *Nieschlag, Dichtl & Hörschgen*, 1994, S. 631 ff.).

2.3.1 Ökonomische Ziele der Werbung

In den Bereich der **ökonomischen Ziele** fallen der in ökonomischen Größen erfaßbare und der Werbung zurechenbare **Werbeertrag, Werbegewinn** oder auch der **Marktanteil** eines Unternehmens innerhalb einer Güter- oder Dienstleistungsart. Diese Größen können in Mengen sowie in Geld- oder Prozentwerten ausgedrückt werden. Rechnerisch ergeben sie sich entweder als Absatz, Umsatz, Umsatzänderungen; bzw. nach Abzug der angefallenen Werbekosten als Werbegewinn oder als Relation des eigenen Anteils zum Gesamtvolumen eines spezifischen Marktes (Marktanteil). Durch die Vorgabe der zahlenmäßigen Größenordnungen für die einzelnen Produkte lassen sich die ökonomischen Planziele für einen zu definierenden Zeitraum bestimmen.

2.3.2 Psychologische Ziele der Werbung

Auf der anderen Seite befinden sich die **psychologischen** Werbeziele. Dabei kann es sich um die Verbesserung der *Marken-Bekanntheit*, der *Bekanntheit* des *Produktnamens*, die *Differenzierung* des Wissens über die individuellen *Produkteigenschaften* und -*vorteile* einer Marke, die positive Entwicklung der *Produkteinstellung* bzw. des *Images* einer Marke oder um die Steigerung der *Kaufabsicht* sowie vor allem um die positive Beeinflussung des *Kaufverhaltens* für das betreffende Produkt handeln.

Einen interessanten Einblick in die noch verbesserungswürdige *Praxis der Formulierung* von Werbezielen bieten die Studien von *Hörschgen, Gaiser & Strobel* (1981, S. 12 f.) sowie von *Steffenhagen & Siemer* (1995). In den Antworten der bei *Hörschgen, Gaiser & Strobel* (1981) untersuchten Unternehmen kommt zum Ausdruck, daß nur eine Minderheit (16,8%) *"spezifizierte Werbeziele formuliert"* hat. Das heißt, es liegen in diesen Fällen Angaben darüber vor, *"was, in welchem Ausmaß, bis wann erreicht werden soll"*. Die übrigen gestehen entweder ein, daß *"keine Werbeziele vorhanden"* sind (13,4%), oder haben sie nur *"allgemein formuliert"* (27,8%), bzw. sie sind angeblich vorhanden, *"aber nicht schriftlich niedergelegt"* (41,1%).

Nach der Betriebsgröße differenziert (< 500, > 500 und > 10.000 Mitarbeiter) zeigt die Analyse außerdem, daß dieser **Mißstand** der mangelnden Zielformulierung vor allen Dingen bei den sogenannten mittelständischen Betrieben (< 500 Mitarbeiter) anzutreffen ist. Aber auch bei den Großbetrieben wird offenbar kein besonderer Wert darauf gelegt. In nur 35,2% der Fälle liegen dort spezifizierte Zielvorstellungen vor. Bei den übrigen Unternehmen sind diese entweder wieder nur *"allgemein formuliert"* (34,1%), oder angeblich zwar vorhanden, *"aber nicht schriftlich fixiert"* (27,5%) bzw. (gar) *"nicht vorhanden"* (3,3%).

Angesichts dieser Zustände kann man die Befürchtungen der Autoren nur unterstreichen, daß sich diese Mängel aller Wahrscheinlichkeit nach in erheblichem Maß „ ... *sowohl auf die Werbeplanung als auch auf die Werbeerfolgskontrolle negativ auswirken dürften ...*" (S. 13).

Auch in der von *Steffenhagen & Siemer* (1995), in der Zielformulierungen von Agenturen und Unternehmen für werbliche Maßnahmen, die für den *Preis der Deutschen Fachpresse* eingereicht wurden, ergibt sich kein positiveres Bild. Urteilsgrundlagen bilden hierbei neben der

Bereichsadäquanz, die *Steuerungskraft* sowie die *Verhaltensrelevanz* der Ziele. Im ersten Fall ist damit gemeint, inwiefern die genannten Ziel überhaupt durch Werbung erreichbar sind; unter dem zweiten Aspekt wird geprüft, inwiefern die Kreation durch die Zielfixierung auf die zu erzeugenden Effekte ausgerichtet wird, und bei der Verhaltensrelevanz steht die Frage im Mittelpunkt, ob und inwiefern die Ziele für den ins Auge gefaßten Verhaltensaspekt von Belang sind.

Die Ergebnisse bestätigen wiederum die bereits erwähnten Defizite. Von den insgesamt 181 angegebenen Zielformulierungen waren lediglich 88 (48%) als *tauglich* zu bezeichnen; der Rest war untauglich. Meist handelte es sich hierbei um allgemeine, unverbindliche *Absichtserklärungen*. Bei den *tauglichen* Angaben dominierten mit 69% *Kenntnisse (z.B. Erhöhung des Bekanntheitsgrades)*, die durch die Maßnahmen vermittelt werden sollten.

Als *Hauptursache* dieses Dilemmas offenbarten sich die mangelnden Fachkenntnisse der Werbepraktiker, andererseits trugen Störungen im sozialen Interaktionsprozeß zwischen den beteiligten Personen mit zu diesem Ergebnis bei (vgl. *Steffenhagen & Siemer*, 1995, S. 33 und 39). Ähnliche Eindrücke lassen sich aus der unmittelbaren Praxis auch anhand der im Jahr 1996 in der Zeitschrift *Horizont* (*Schulze*, 1996, S. 82) vorgestellten Arbeiten des Werbenachwuchs gewinnen, der unter Anleitung von Top-Kreativen mehrere Entwürfe als Werbung für das Werbemuseum in Frankfurt erarbeitete. Wenn auch aus methodischen Gründen die bislang vorliegenden Ergebnisse nicht ohne Einschränkungen generalisiert werden dürfen, so läßt sich jedoch zumindest begründet vermuten, daß sie gegenwärtig die Verhältnisse für die *Bundesrepublik* und zum Teil auch für *Österreich* (vgl. *Prochazka*, 1998, S. 23) weitgehend zutreffend charakterisieren. Hier besteht sonach dringender Handlungs- bzw. Ausbildungsbedarf, um der Verschwendung finanzieller Ressourcen in Zukunft mehr Einhalt zu gebieten und zielgerichtere und damit erfolgreichere Maßnahmen zu kreieren.

3. Werbung als Werbewirkungsprozeß

Wie in den vorangegangenen Ausführungen bereits angedeutet, können entsprechend konzipierte Kommunikationsmaßnahmen im Rahmen des **Werbewirkungsprozesses** in den unterschiedlichsten *Erlebens-* und *Verhaltensbereichen* der Zielpersonen zu Effekten führen. Auf der einen Seite dieses Persuasionsprozesses stellt das jeweilige Werbemittel einen mehr oder minder komplexen Stimulus dar. Auf der anderen Seite befindet sich der Empfänger der werblichen Kommunikation (Zielperson), bei dem direkt oder indirekt beobachtbare Veränderungen (Reaktionen) im Erleben und Verhalten in Erscheinung treten. Die Ungenauigkeit der erwartbaren Reaktion (Werbewirkung) liegt dabei einerseits in der Variationsbreite der Gestaltung des Werbemittels, zum anderen in den zahlreichen individuellen, psychologischen Bedingungen und situativen Gegebenheiten des Empfängers begründet, die eine gewisse Varianz in den Auswirkungen erzeugen können (vgl. *Mayer & Reitmeier*, 1981, S. 113 ff.).

Im allgemeinen wird zwar unterstellt, daß sich die Wirkungen in den vorgesehenen Grenzen der Zielsetzungen bewegen. Dies muß jedoch nicht (immer) so sein. So zum Beispiel, wenn der Empfänger als Folge des Versuchs einer betont massiven Einflußnahme eine spürbare Einengung seines Verhaltensspielraums empfindet und als *Konsequenz Reaktanz* auftritt (*Clee & Wicklund*, 1980), die die werblichen Bemühungen entweder zunichte machen oder zu einem *Bumerang* werden lassen.

3.1 Werbewirkung und Werbeerfolg

Im Zusammenhang mit den zuvor beschriebenen ökonomischen und psychologischen Zielen der Werbung begegnet man in der Literatur zur Werbewirkungsforschung (Evaluation) zwei weiteren Oberbegriffen; und zwar den Bezeichnungen **Werbewirkung** und **Werbeerfolg**. Lange Zeit und sehr oft wurden diese beiden Bezeichnungen miteinander vermischt und je nach den Präferenzen der Autoren mal dem einen, mal dem anderen Sachverhalt zugeordnet (vgl. dazu *Jaspert*, 1966, S. 173 f.). In der Zwischenzeit besteht - von wenigen *Ausnahmen* abgesehen (z.B. *Rehorn*, 1983, S. 6) - weitgehende Übereinstimmung und Einheitlichkeit in deren Gebrauch. So wird **Werbewirkung** „*... als kommunikativ-psychische Größe ...*" (*Her-*

manns, 1979, S. 217) angesehen, während für die in ökonomischen Dimensionen feststellbaren Folgen werblicher Maßnahmen der Begriff **Werbeerfolg** verwendet wird. Die *Verbindung* zwischen beiden Größen ergibt sich aus der Annahme, daß die vielfältigen psychologischen Konsequenzen der werblichen Kommunikation den ökonomischen vorausgehen bzw. die Bedingung für das letztlich angestrebte Verhalten (Kauf) darstellen. *Barg* (1981, S. 927) drückt diesen Zusammenhang mit den folgenden Worten aus: *„Werbewirkungen ... (sind) ... jene psychischen Vorgänge beim Umworbenen, die dem Werbeerfolg vorgelagert sind und diesen determinieren."* Diese Vorstellung liegt auch der anschließenden *Abbildung 64* zugrunde.

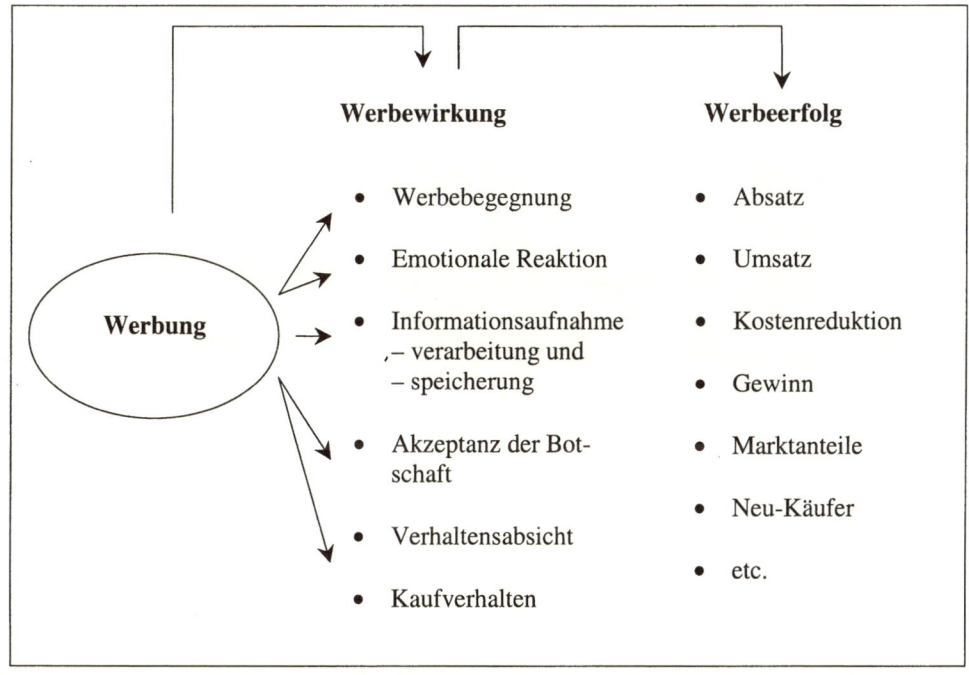

Abbildung 64: Verbindung zwischen Werbewirkung und Werbeerfolg

3.2 Diagnose und Prognose der Werbewirkung

Die voraussichtliche oder tatsächliche **Effektivität** einer Werbemaßnahme kann zu unterschiedlichen Zeitpunkten überprüft werden. Zum einen schon *während* der Entwicklung des betreffenden Werbemittels, d.h. vor dem endgültigen Einsatz im Markt. In diesem Fall handelt es sich um einen sogenannten **Pretest**, dessen Ergebnisse zur **Auswahl** zwischen den in Erwägung gezogenen (Plakat-, Anzeigen-, Spot- u.a.) Varianten führen und ggf. auch zugleich zu **Modifikationen** der geplanten Maßnahme herangezogen werden können. Dabei wird unterstellt, daß die jetzt erhaltenen Befunde **(Diagnose)** die reale Bewährung beim späteren Einsatz **(Prognose)** im Markt weitgehend zutreffend widerspiegeln.

Gelegentlich werden auch noch in späteren Phasen, nachdem schon einzelne Schaltungen der Kampagne in den Medien stattgefunden haben, weitere Kontrollen in Form von **In-Between-Tests** (*Blähser*, 1987, S. 34) vorgesehen, um den Stand der Entwicklung der Effekte in der Realität zu verfolgen. Ferner wird nicht selten im Fall einer groß angelegten Kampagne, in erster Linie mit dem Ziel einer abschließenden Gesamtbeurteilung der Auswirkungen, ein **Post-Test** durchgeführt. Die hierbei gewonnenen Ergebnisse können zugleich den Ausgangspunkt für weitere, zukünftige kommunikationspolitische Überlegungen und Maßnahmen darstellen. Je nach dem Zeitpunkt der Erhebung, der Art der Kriterien, der Leistungsfähigkeit der zur Erfassung eingesetzten Instrumente und noch einer Reihe zusätzlicher Bedingungen sind die erhaltenen Daten zu einer mehr oder minder exakten Diagnose und Kontrolle sowie auch zum Zweck der Prognose nutzbar.

Während in den beiden letztgenannten Fällen die Anliegen der Diagnose oder Kontrolle eines bestimmten Entwicklungsstadiums vorherrschen, steht im Falle des **Pretests** neben der **Diagnose** *vorwiegend* die **Prognose** der voraussichtlichen Wirksamkeit des Werbemittels im Mittelpunkt des Interesses. Unabhängig vom Zeitpunkt der Erhebung stellen dabei die im *Briefing* festgelegten (psychologischen) Werbeziele und die daraus abgeleiteten *Kriterien der Werbewirkung* die Grundlage der Beurteilung und Bewertung dar.

3.3 Kriterien der Werbewirkung

Abgeleitet aus den (*psychologischen*) Werbezielen, wie z.B. der Erregung von Aufmerksamkeit, der Vermittlung von detailliertem Produktwissen, der Entwicklung und Veränderung von Produkteinstellungen und Präferenzen oder schließlich des Kaufs eines bestimmten Produkts, lassen sich - je nach Differenzierungsgrad - mehrere Arten und eine unterschiedliche Zahl von Werbewirkungskriterien aufführen.

3.3.1 Kategorien der Werbewirkung

Den wohl ausgeprägtesten Grad an Differenziertheit und umfangreichsten Katalog über die verschiedenen Kategorien der Werbewirkung enthält die Systematik (Input-Output-Matrix) von *McGuire* (1978). Hiermit verband dieser Autor ursprünglich die Absicht, die große Zahl vorwiegend empirischer Untersuchungen aus dem Bereich der Werbepsychologie möglichst detailliert zu erfassen und zu bibliographieren. Theoretischer Hintergrund dieses Ansatzes ist ein von ihm nahezu zum selben Zeitpunkt vorgestelltes **Informations-Verarbeitungs-Modell** der Werbewirkung (*Information-Processing-Model of Advertising Effectiveness*; vgl. *McGuire*, 1978a). Der zunehmende Differenzierungsgrad vollzieht sich dabei in mehreren Stufen. Ausgangspunkte bilden zunächst die noch relativ allgemeinen **Variablen des Persuasionsprozesses**; diese sind im einzelnen:

- **Begegnung** *(exposure)*,
- **emotionale Reaktion** *(emotional response)*,
- **kognitive Auseinandersetzung mit dem Kommunikationsinhalt** *(encoding)*,
- **Akzeptanz** *(acceptance)*,
- **offene Verhaltenskonsequenzen** *(overt behavioral consequences)*

und

- **Verhaltenskonsolidierung** *(postbehavioral consolidating processes)*.

Diese Variablen werden ihrerseits wieder in Kategorien zweiter und dritter Ordnung untergliedert. Im einzelnen lauten die Kategorien *zweiter* Ordnung für die genannten Variablen wie folgt:

Im Fall der Variablen **Begegnung**:

- .. passives Ausgesetztsein sowie die
- .. aufmerksame Zuwendung.

Bei der Variablen **emotionale Reaktion** erfolgt die Differenzierung nach:

- .. Erregung (z.B. Aktivierung)

und

- .. affektiven Reaktionen.

Im Rahmen der Variablen **kognitive Auseinandersetzung mit dem Kommunikationsinhalt** wird differenziert in:

- .. Aufmerksamkeit gegenüber dem Botschaftsinhalt,
- .. Produktwahrnehmung,
- .. Verstehen (Lernen) und
- .. Erinnern der Inhalte.

Im Bereich **Akzeptanz** erfolgt die Trennung in die Teilaspekte:

- .. Akzeptanz der gemachten Aussage,
- .. Einstellungsänderung,
- .. Eindrucksbildung, positive Bewertung des Produkts, der Produktaussage oder des empfohlenen Verhaltens und
- .. Entscheidung zugunsten des Produkts.

Der Bereich der **offenen Verhaltenskonsequenzen** gliedert sich in:

- .. Verhaltensabsicht,
- .. kaufnahes Verhalten,
- .. tatsächliches Kaufverhalten,
- .. Innovationsverhalten,
- .. Wiederholungskauf

und

.. anderes Verhalten als Kauf.

Die sechste Stufe, **Konsolidierung**, umfaßt Vorgänge wie:

- .. kognitive Integration *sowie* die
- .. Nachkauf-Kommunikation (der Zielperson).

Diese Teilaspekte erfahren wiederum weitere Differenzierungen, indem unter dem betreffenden Kriterium die jeweils in der empirischen Forschung aufgetretenen **Varianten der Operationalisierung** subsumiert werden. Beispielsweise werden in die Kategorie *emotionale Reaktion* für den Teilbereich *Erregung* neben den üblicherweise verwendeten physiologischen Maßen (u.a. psychogalvanische Reaktion, Veränderungen des Pupillendurchmessers, Blutdruck, Körpertemperatur, Augenbewegungen, etc.) auch Maße des Involvements, der persönlichen Bedeutsamkeit, der Anstrengung oder Aktivität einbezogen, die eine Person auf sich zu nehmen bereit ist, um die Werbemaßnahme zu sehen oder kennenzulernen (vgl. dazu *McGuire*, 1978, S. XXXI).

3.3.2 Vielfalt der Operationalisierung der Kriterien

Wie bei jedem empirischen Meßvorgang, bedarf es auch im Fall der Werbewirkungsforschung der Umsetzung der (nominalen) Definition des interessierenden Verhaltensaspekts in eine **Meßvorschrift** (*Operationalisierung*). Je nach Ideenvielfalt des Forschers, der Verfügbarkeit technischer Apparaturen (wie z.B. Tachistoskop, Blickregistrierungs-Gerät, Polygraph u.a.), den damit verbundenen *Gütekriterien* der erzielbaren Datensätze sowie noch einer Reihe weiterer Nebenbedingungen, erfolgt die Operationalisierung der Werbewirkungskriterien in oft sehr unterschiedlicher Weise (vgl. dazu auch *Högl*, 1986, S.104 ff.; *Grimm*, 1983, S. 52 f. und S. 108 ff.; *Prochazka*, 1987, S. 35 ff.).

Das zuvor zitierte Beispiel (*emotionale Reaktion*) aus der Systematik *McGuires* hat hierzu bereits einen ersten Eindruck vermittelt. Anhand eines praxisorientierten Beispiels soll die Vielfalt der potentiellen Operationalisierungen für den speziellen Fall des sogenannten *Aufmerksamkeitswerts* aufgezeigt werden. Das Kriterium **Aufmerksamkeitswert** wird dabei als Ausmaß verstanden, inwiefern eine Anzeige oder deren Details die (aktive) Aufmerksamkeit der Zielpersonen finden. Seine Erfassung könnte in der folgenden Weise geschehen: Zum Beispiel könnte man sich für die traditionsreiche **Starch**-Methode aus dem Jahre 1922 entscheiden, bei der die betreffende Person während der gemeinsamen Durchsicht der Ausgabe einer bestimmten Zeitschrift angibt, ob sie eine bestimmte Anzeige „gesehen", oder schon „gesehen" hat und dabei in der Lage ist, das beworbene „Produkt" oder die „Marke" zu benennen, oder ob sie „mehr als die Hälfte des Textes der Anzeige gelesen" hat (*noted-, seen and associated-, read most-score*; vgl. dazu *Starch*, 1966, S. 14).

Eine andere Alternative könnte die **Beobachtung des Blickverhaltens** mit Hilfe der Aufzeichnungen einer Blickbewegungskamera sein, wobei sich hier nicht nur die Möglichkeit bietet, die Blickrichtung, sondern zugleich auch Blickdauer und -abfolge zu registrieren. Oder man sucht den Zugang zu diesem Verhaltensaspekt mittels **physiologischer Messungen** unter Verwendung eines sogenannten Polygraphen (Gerät, das simultan mehrere verschiedene physiologische Reaktionen, wie z.B. Änderungen des Hautwiderstands, Pulsfrequenz u.a. mißt und aufzeichnet; vgl. dazu *Boucsein*, 1988). Eine weitere Möglichkeit ergibt sich aus der Ermittlung von **Verwechslungsscores**, wobei die Aufgabe der Versuchsperson darin besteht, aus einer Reihe sehr ähnlich gestalteter Werbemittel das bereits gesehene zu identifizieren. Hierbei dient die Verwechslungshäufigkeit als Maßzahl für den Aufmerksamkeitswert. Ausgehend von der Annahme, daß Werbemittel, die die Aufmerksamkeit erregten auch Spuren im Gedächtnis hinterlassen haben, werden schließlich auch **Erinnerungsleistungen** als Indikatoren verwendet (vgl. z.B. *Matricon*, 1967, S. 33 oder *Book*, 1965).

Festzuhalten ist, daß selbst bei diesem (psychologisch) noch sehr einfachen Kriterium schon sehr unterschiedliche Operationalisierungen auftreten. Inwiefern die verschiedenen Formen von Operationalisierungen dieselben oder unterschiedliche Bereiche des betreffenden Verhaltensaspekts messen, und ob sie eventuell gegenseitig austauschbar sind, ist allerdings weitgehend ungeklärt. Nur äußerst selten liegen hierzu Daten vor und erschweren daher deren Vergleich.

3.3.3 Interdependenzen zwischen den Kriterien (exemplarische Beispiele)

Enge Beziehungen stellt zum Beispiel *Bernhard* (1978, S. 134 und S. 139) im Rahmen seiner Studie zum Blickverhalten bei unterschiedlich gestalteter Werbung zwischen der *Fixationshäufigkeit* und *-dauer* fest. Die Größenordnungen der Korrelationen betragen hier etwa r = .90. Aufgrund der funktionalen Abhängigkeit der Kriterien ist das Ausmaß der Beziehungen allerdings nicht besonders überraschend. Ähnlich einsichtig erscheinen die Werte, über die *Bogart, Tolley & Orenstein* (1970, S. 12) hinsichtlich der Beziehungen zwischen Wiedererkennen und Erinnerung berichten; der Korrelationskoeffizient liegt in diesem Fall bei r = .73.

Demgegenüber berichtet *Rehorn* (1981, S. 538) vorwiegend über unzureichende Zusammenhänge zwischen verschiedenen Kriterien der Werbewirkung. Von wenigen Ausnahmen (Image des Spots/Interesse an dem Spot r = .80; Interesse an dem Spot und Kaufabsicht r = .71; Image des Spots und Kaufabsicht r = .89) abgesehen, liegen die übrigen Werte in vorwiegend bescheidenen Größenordnungen zwischen r = -.09 und r = .44. Im Falle der Analyse der Beziehungen zwischen Aufmerksamkeitswerten und Einstellungsänderungen liegt der Durchschnittswert (dessen Berechnung aufgrund des Skalenniveaus eigentlich nicht zulässig ist) aus Testergebnissen von insgesamt 77 Untersuchungen sogar bei r = -.14.

Ebenso enttäuschend ist das Ergebnis aus dem Versuch *Sauermanns* (1982, S. 487), der angesichts des erhaltenen Vier-Felder-Korrelationskoeffizienten für die Beziehung „... *zwischen den elektrodermalen Werten und Anmutungserlebnissen* ..." feststellt, „...*mit r = .06 ist ein Zusammenhang praktisch nicht gegeben."* Nicht gerade enge, aber in Einzelfällen doch *beachtenswerte* Relationen zwischen verschiedenen Kriterien der Werbewirkung zeigen sich bei *von Keitz* (1983, S. 344). Wie die Werte der (Produktmoment-) Korrelationskoeffizienten der folgenden *Tabelle 56* verdeutlichen, bewegen sich die Zusammenhänge in den Grenzen zwischen r = .49 und .64. Ob allerdings die mit diesen Daten verbundenen Interpretationen und

Empfehlungen, wie: *„Werden die TV-Spots aktivierend gestaltet, so ist auch die Einstellung zur Marke besser"* (S. 343), haltbar sind, erscheint äußerst zweifelhaft, da die Signifikanz von Korrelationskoeffizienten nicht die Existenz von Ursache-Wirkungsbeziehungen beweisen (*Tabelle 56*).

Tabelle 56: Zusammenhänge zwischen verschiedenen Kriterien der Werbewirkung
(Quelle: *von Keitz*, 1983, S. 344)

	Aktivierung	Marken-	Produkt-	Einstellung	Glaubwürdig-keit	allgemeine Anmutung
		\multicolumn{2}{}{Erinnerung}				
Aktivierung		.49*	.54*	.55*	.32	.42*
Marken- Erin-nerung			.63*	.61*	.09	-.29
Produkt- Erin-nerung				.25	-.35	-.08
Einstellung					.64*	.35
Glaubwürdig-keit						.29
* p < .05						

Interessant und zugleich *überraschend* sind die Ergebnisse *Meyer-Hentschel*s (1983, S. 160) über die Zusammenhänge verschiedener Formen der Operationalisierung der **Aktivierungs-wirkung** von Anzeigen. Hierbei werden neben einer 7-stufigen Ratingskala mit den Merkma-len *„ungewöhnlich, alltäglich, durchschnittlich, ermüdend, leblos, dynamisch, lebendig"* ein *Farbzuordnungsverfahren* (S. 90 ff. mit den Farben dunkelrot, rötlich-orange, orange, dunkel-grün, blau) sowie ein *Musterzuordnungsverfahren* eingesetzt (S. 94 ff.).

Beim *Farbzuordnungsverfahren* hatten die Versuchspersonen die Aufgabe, *„...zu jeder Anzei-ge die Farbe zu suchen, die ihrer Meinung nach am besten zur Intensität der Wirkung der An-zeige paßte"*. Anschließend mußten sie für alle Farben anhand einer 9-stufigen *„Tischskala angeben, … wie intensiv sie die einzelnen Farben empfanden."* Als Meßwert für die Einschät-zung gilt die numerische Zuordnung in der Spannweite (1-9).

Im Fall des *Musterzuordnungsverfahrens* (*Abbildung 65*) erfolgte zunächst -in gleicher Weise wie beim Farbzuordnungsverfahren- die Zuordnung des Musters zur Anzeige und anschließend die entsprechende Einschätzung auf der Intensitäts-Skala (1-9). Diese Meßwerte wurden mit

398

den Meßwerten des physiologischen Maßes der elektrodermalen Reaktion (EDR) als Außen-kriterium korreliert.

Erstaunlich sind die Ergebnisse: Das sogenannte Aktivierungsprofil korreliert mit r = .92, die Farbzuordnung mit .98 und die Musterzuordnung mit .99 mit den physiologischen Meßwerten, wobei das Signifikanzniveau der Koeffizienten mindestens bei p < .01 liegt.

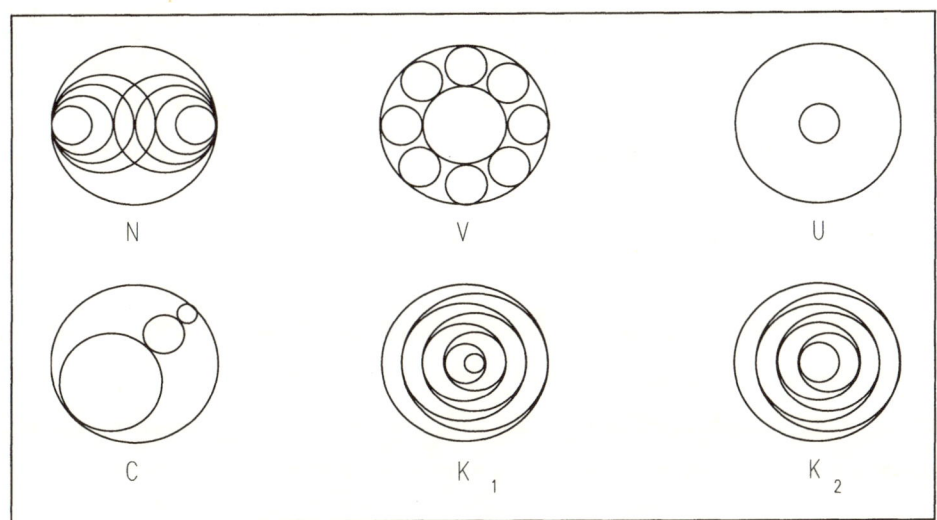

Abbildung 65: Vorlagen des Musterzuordnungsverfahrens
(Quelle: *Meyer-Hentschel*, 1983, S.94)

Unter der Voraussetzung, daß diese Beobachtungen tatsächlich auch eine Gesetzmäßigkeit und keine einmaligen Zufallsergebnisse darstellen sowie die Validität der EDR-Messungen als ge-sichert gelten kann (vgl. dazu *Sauermann*, 1982, S. 486 ff. sowie *Lohmeier, Robles & Sauer-mann*, 1984, S. 317 f.), wäre damit eine sehr ökonomische Verfahrensweise zur Erfassung der Aktivierungswirkung von Werbemitteln gegeben. Einschränkend muß an dieser Stelle jedoch erwähnt werden, daß die Ergebnisse nicht für alle Typen von Anzeigen beobachtet werden konnten. Sie gelten nur für solche, deren Bildinhalte unter dem Aspekt *sozialer Erwünschtheit* als *neutral* (vgl. S. 160) anzusehen sind.

Erste Zweifel an der ersatzweisen Verwendung des Musterzuordnungsverfahrens ergeben sich aus den Untersuchungsergebnissen von *Bernhard & Schillinger* (1987, S. 26), die wohl signifi-kante Korrelationen zwischen ihren Messungen beobachteten, jedoch nur in den Grenzen zwischen r = .43 und r = .22. Diese Beispiele mögen zur Veranschaulichung der Problematik genügen. Wesentlicher sind die daraus zu ziehenden *Schlußfolgerungen*:

Unabhängig von eventuell mehr oder weniger begründeten methodischen Einwänden und der absoluten Höhe der jeweiligen Koeffizienten wird angesichts dieser Beispiele deutlich, daß man nicht von **der** Werbewirkung schlechthin sprechen kann, ohne gleichzeitig eine **Differenzierung** in den jeweiligen Einzelaspekten vorzunehmen; und daß die Art der **Operationalisierung**, insbesondere im Hinblick auf die **Vergleichbarkeit** von Ergebnissen eine sehr wesentliche Rolle spielt.

Daneben wird - insbesondere anhand der Untersuchung von *von Keitz* (1983) - deutlich, daß die verschiedenen Aspekte der Werbewirkung oft wenig miteinander zu tun haben, d.h. weitgehend **unabhängig** voneinander sind. Außerdem werden in der Forschung (vermutlich) vorherrschend nur Messungen berücksichtigt, die sich im Bereich zwischen **kurz nach** der Begegnung mit dem Werbemittel und **knapp vor** dem eigentlich interessanten Aspekt des Kaufverhaltens befinden. Ferner ist festzustellen, daß der **Relevanz** der untersuchten Kriterien (im Sinne ihrer *Eigenschaft als Prädiktoren des Kaufverhaltens*) offensichtlich *keine besondere Beachtung* geschenkt wird. Sie wird *meist als gegeben unterstellt*. Dieser Aspekt stellt aber cinc unabdingbare Voraussetzung sinnvoller Werbewirkungsforschung dar.

3.4 Relevanz der Kriterien

Die Frage nach der Relevanz der Kriterien schließt zugleich die Frage nach der Relevanz der Werbeziele mit ein. Im Hinblick auf die Kriterien ist hierbei allerdings noch unklar, was damit konkret gemeint ist. Sind damit beispielsweise die **Ökonomie** oder die **Zugänglichkeit** bei der Erfassung des interessierenden Verhaltensbereichs, oder die **Häufigkeit der Verwendung** des betreffenden Kriteriums in der praktisch-empirischen Werbeforschung angesprochen, oder ist darunter eventuell die Eignung als **Basis für Entscheidungen** zwischen konkurrierenden Werbekonzeptionen zu verstehen? Bei der zuletzt genannten Alternative besteht außerdem die Frage, ob damit die Differenzierungsfähigkeit oder die **Eignung zur Vorhersage** zukünftigen Verhaltens gemeint ist? Wie diese Möglichkeiten bereits andeuten, ergeben sich mehrere Betrachtungsweisen; und zwar sowohl in **theoretischer** als auch **praktischer** Hinsicht.

3.4.1 Relevanz der Kriterien unter theoretischen Aspekten

Erinnert man sich an dieser Stelle vor allem an die Aufgabenstellung von Pretests im Sinne einer Überprüfung der voraussichtlichen Effektivität der Maßnahme sowie an die eigentlichen (ökonomischen) Zielsetzungen der Werbung, im Sinne der Sicherung und Verbesserung gegenwärtiger und zukünftiger Absatzchancen, so ist der Aspekt der Verhaltensvorhersage und damit die **Verhaltensrelevanz** des jeweiligen Kriteriums die wohl wichtigste Eigenschaft zu sein. Diese Präferenz wird insbesondere durch die Tatsache gestützt, daß gerade die **Vorhersage von Verhalten**, neben Beschreibung und *Erklärung*, ein zentrales Anliegen psychologischen Handelns darstellt. Damit stellt sich die Frage, welche Teilwirkungen aus der breiten Palette der Werbewirkungskriterien die genauesten Vorhersagen im Hinblick auf das interessierende Ziel- oder Endverhalten, d.h. den Kauf des beworbenen Produkts erlauben. *Bergler* (1984, S. 17) faßt diese Problematik für den speziellen Fall des Kriteriums **Einstellung** in folgende Aussage: „*Wenn z.B. die Einstellungsforschung im thematischen Umfeld von Werbung sinnvoll sein soll, dann müssen aufgrund theoretisch formulierter Beziehungen zwischen verschiedenen Konzepten Vorhersagen über die Auswirkungen von Werbung auf Verhalten gemacht werden können*". *Steffenhagen & Juchems* (1985, S. 5) bringen denselben Sachverhalt im Hinblick auf die Anforderungen an die Aussagefähigkeit von **Erinnerungswerten** als Indikatoren der Werbewirkung in der Formulierung zum Ausdruck: „*Es sollte sich um Elemente des Gedächtnisses handeln, von denen in einer Kaufsituation steuernde Impulse auf das Kaufverhalten ausgehen (Verhaltensrelevanz der Wirkungsindikatoren)*".Sie weisen auch gleichzeitig auf die Konsequenzen der Mißachtung dieser Bedingung hin, indem sie ergänzend feststellen: „*Mißt man Werbewirkung an **nicht** verhaltensrelevanten Größen, dann fällt es schwer, zu belegen, daß sich der Werbeaufwand letztlich doch lohnt*"

Überträgt man diese Erkenntnis auf die bereits vorgestellte Liste der Kriterien der Werbewirkung, so ist im Grunde in jedem Einzelfall zu fragen und zu prüfen, ob und inwiefern sich ein theoretisch begründbarer und empirisch nachweisbarer Zusammenhang zwischen den in einem Vorhersagemodell als **Prädiktoren** aufzufassenden **Indikatoren der Werbewirkung** und deren eventuellen Kombinationen und dem als **Kriterium** zu bezeichnenden **Kaufverhalten** besteht. Graphisch sind diese Ausführungen mit der folgenden *Abbildung 66* zu veranschaulichen.

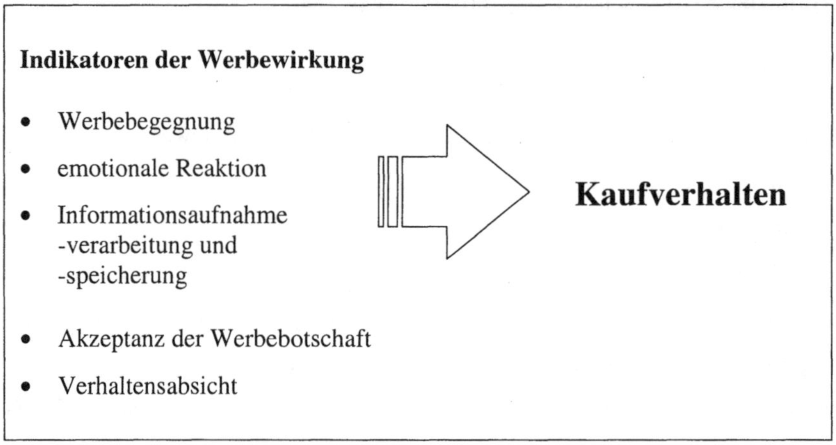

```
Indikatoren der Werbewirkung

•  Werbebegegnung

•  emotionale Reaktion

•  Informationsaufnahme                    Kaufverhalten
   -verarbeitung und
   -speicherung

•  Akzeptanz der Werbebotschaft

•  Verhaltensabsicht
```

Abbildung 66: Potentielle Relationen zwischen Indikatoren der Werbewirkung und Kaufverhalten

Ausgangspunkt der Betrachtung bildet in dem obigen Schaubild ein Werbemittel (z.B. eine Anzeige), mit dem möglichst viele Personen der Zielgruppe zum Kauf des angebotenen Produkts veranlaßt werden sollen. Im Rahmen des Pretests könnte (zunächst) die gesamte Bandbreite der potentiellen Indikatoren der Werbewirkung mit ihren unterschiedlichsten Formen der Operationalisierung in Erwägung gezogen und erhoben werden.

Die **Verhaltensrelevanz** ergibt sich aus dem Ergebnis der empirischen Überprüfung der Relationen zwischen einzelnen oder mehreren Prädiktoren und dem Zielverhalten (Kauf); mathematisch ausdrückbar als Korrelationskoeffizient (r), Determinationskoeffizient (R^2) oder in Form der ß-Gewichte im Rahmen von Regressionsgleichungen. Am relevantesten ist diejenige Prädiktorvariable, die die beste Vorhersage der Kriteriumsvariablen ermöglicht. Aus Sicht der Testtheorie, kann man dies auch als Validierungsversuch an einem Außenkriterium unter dem **Aspekt der Vorhersagevalidität** *(predictive validity)* auffassen.

3.4.2 Relevanz der Kriterien unter praktischen Aspekten

Einen ersten, wenn auch noch etwas ungenauen Eindruck von der Bedeutsamkeit der Kriterien gewinnt man anhand der von *Lipstein* (1978, S. XI) gemachten Beobachtungen bei der Auswertung der Literatur zu Fragen der Effektivität der Werbung. Diese Auswertung umfaßt etwa den Zeitraum von 15 Jahren. Allerdings wurde sie auch schon vor geraumer Zeit erstellt Wie die dortigen Angaben zeigen, sind in den bibliographisch erfaßten Daten unter dem Aspekt des Gegenstands *(output/persuasion-effect variables)* wissenschaftlicher Untersuchungen und von Studien aus der Praxis *vor allem* **Maße der Begegnung** mit den Werbemitteln und die vielfältigsten Aspekte und Varianten des **Kaufverhaltens** *(„buying, purchase behavior, sales analyses, and all the sundry measures related to the actual transaction"*, S. XI) aufgetreten. Besonderes Interesse galt damals außerdem der mehrdeutigen Kategorie **Überzeugung** *(persuasion)* und **anderen Verhaltensweisen als Kaufverhalten** *(other than buying action effects)*. Diese Angaben sind wohl grobe Hinweise über die Häufigkeit der Erwähnung (nicht unbedingt für die Verwendung) und erlauben keine Schlußfolgerungen bezüglich eventueller Verbindungen zwischen den Kriterien unter dem Gesichtspunkt Werbewirkung und Kaufverhalten. Eine Vorstellung von der Bedeutsamkeit verschiedener Kriterien in der *deutschen* Werbepraxis, erlangt man aus der Studie von *Hörschgen, Gaiser & Strobel* (1981, S. 29). Dort läßt sich an den Angaben über die eingesetzten Methoden der Werbeforschung zumindest indirekt die *Relevanz der Kriterien* aus der Sicht von Praktikern ablesen (*Tabelle 57*).

Tabelle 57: Methoden und Kriterien der Beurteilung der Werbewirkung in der Praxis
(Quelle: *Hörschgen, Gaiser & Strobel*, 1981, S. 129)

Methoden/Kriterien	Nennungen (%)
Gespräche mit Kunden	65,9
Gespräche mit den Außendienst	62,4
Wert- und mengenmäßiger Umsatzerfolg	50,3
Messung des Bekanntheitsgrads	30,3
Langjährige Erfahrung	24,7
Messung des Kaufinteresses/-absicht	23,5
Messung der Image-/ Einstellungswirkung	18,0
Messung der Gedächtniswirkung	17,3
Messung der Aufmerksamkeitswirkung	11,7
Gespräche mit Experten	11,7
Sonstige Verfahren	13,3

Neben der Ermittlung des wert- oder mengenmäßigen *Umsatzerfolgs* stehen Messungen des *Bekanntheitsgrads*, des *Kaufinteresses* oder der *Kaufabsicht*, der *Image- und Einstellungswirkung* sowie Wirkungen im Bereich des *Gedächtnisses* und der *Aufmerksamkeit* im Vordergrund. Betrachtet man in diesem Zusammenhang die übrigen Angaben (z.B. langjährige Erfahrung, etc.), so wird an diesen Feststellungen sehr deutlich, daß die Beurteilung der Effektivität der Werbung von seiten der Praxis überwiegend auf äußerst *dubiosen Wegen* erfolgt.

In einer etwas anderen Form liefert *Blähser* (1987, S. 5) Hinweise für die **praktische Relevanz** von Kriterien der Werbewirkung; und zwar auf der Grundlage der Auswertung des methodischen Inventariums, das von seiten kommerzieller Werbeforschungs-Institute (n = 50; einschließlich der Tochterunternehmen) zur Untersuchung von TV-Spots angeboten wird. Wie die Angaben der dortigen tabellarischen Übersicht verdeutlichen, besteht von den Instituten auf dem deutschen Markt ein breit gefächertes Angebot. Zunächst sieht es so aus, als ob die verzeichneten Verfahren weitgehend miteinander vergleichbar wären. Diese Vermutung erweist sich jedoch als Irrtum, da große Unterschiede in den Operationalisierungen innerhalb der von *Blähser* oft sehr allgemein gefaßten Kategorien bestehen. So werden mit der Bezeichnung **Durchsetzungsfähigkeit** meist **Erinnerungsleistungen** der Testpersonen (recall oder recognition) gemeint. Unter **Botschaftstransport** wird eine Vielfalt verschiedener Kriterien und Operationalisierungen zusammengefaßt:

Beispielsweise „... *erinnerte Inhalte, Klarheit, Verständnis, Prägnanz, Konzeptadäquanz, Produktbotschaft, Produkterwartung, Image, Einstellung zur Marke ...*", bis hin zu „... *Blickverlauf und nonverbale Aktivierungsmessungen ...*".Dabei handelt es sich nur um eine Auswahl. Das **persönliche Urteil** bezieht sich auf Angaben wie „... *Gefallen und Mißfallen, Anmutung, Irritation, Sympathie und emotionale Resonanz ...*".Für die übrigen Kategorien ließe sich eine ähnliche Variationsbreite aufzeigen. Auf deren Darstellung soll jedoch verzichtet werden. Statt dessen erscheint für den vorliegenden Zusammenhang eine **Re-Analyse** der von den Instituten gemachten Angaben über das sogenannte **zentrale Wirkungsmaß** des jeweiligen Verfahrens sinnvoller. Das Resultat ist in der nachfolgenden *Tabelle 58* enthalten.

Tabelle 58: Zentrale Wirkungsmaße kommerzieller TV-Spots
Re-Analyse der Daten von *Blähser* (1987); Basis: N = 50 Institute

Zentrales Wirkungsmaß	f	% von N
Erinnerung	26	52
Überzeugungskraft	17	34
Kommunikationsleistung	16	32
Einstellung/Image	11	22
Emotionale Wirkung	10	20
Kaufbereitschaft	9	18
Aufmerksamkeit	6	12
Glaubwürdigkeit	5	10
Sonstiges: Identifikation, Prägnanz, Kaufverhalten, Bekannheitsgrad etc.	9	18
Summe (Mehrfachnennungen)	109	

In der Konsequenz zeigt sich in diesen Daten eine ausgeprägte **Präferenz für** die Messung von *Erinnerungsleistungen* (recall oder recognition). Bei etwas mehr als der Hälfte (26 von 50 Unternehmen) bildet dieses Kriterium einen der Schwerpunkte von *TV-Spot-Tests*. Auch die Angaben von *Coe & MacLachlan* (1980, S. 51) bestätigen in diesem Punkt den gewonnenen Eindruck. Sie berichten (für die USA), daß dieses Kriterium von 71% der Unternehmen mit den größten TV-Werbeetats verwendet wird (vgl. ergänzend auch *Neibecker*, 1985, S. 477 oder *Lipstein & Neelankavil*, 1984, S. 24; *Moore*, 1985). Ähnliche Ergebnisse berichten auch *Jobber & Kilbride* (1986) bezüglich der Verhältnisse in Großbritannien.

Eine wesentliche Rolle spielen ferner die sogenannte *Überzeugungskraft* (persuasion) sowie die mehr auf einzelne Inhalte bezogene *Kommunikationsleistung*. Anschließend folgen Kriterien, die mehr emotionale Wirkungskategorien (wie z.B. Anmutungen) oder die Bereiche *Image, Einstellungen* und deren eventuellen Veränderungen betreffen. Daneben werden *Kaufbereitschaft, Aufmerksamkeit* und *Glaubwürdigkeit der Botschaft* als zentrale Beurteilungsaspekte angegeben. Vereinzelte Angaben beziehen sich auf Effekte wie *Identifikation, Prägnanz, Bekanntheitsgrad, Involvement, Preiselastizität, Aktivierung, Unterhaltung* und schließlich ... auch auf **Kaufverhalten.**

Die *Gemeinsamkeit* dieser Vorgehensweisen ist, daß für alle diese sehr verschiedenartigen Messungen in Anspruch genommen oder jeweils implizit unterstellt wird, daß sie als brauchbare **Indikatoren** für das erhoffte Endverhalten (Kauf) anzusehen sind. Theoretische Begründungen oder gar empirische Belege werden hierfür jedoch nicht vorgelegt; was nicht heißen soll, daß sie nicht doch *irgendwo* existieren.

Dennoch kann man sich, insbesondere angesichts der oft lückenhaften Angaben seitens der Institute (vgl. *Blähser*, 1987, S. 10-59), nicht des Eindrucks erwehren, als ob ausschließlich **Plausibilität**, unmittelbare **Zugänglichkeit** sowie die **Ökonomie** der Messung und die **Einfachheit** der methodischen Ansprüche das Vorgehen in der kommerziellen Werbewirkungsforschung bestimmen, während der Aspekt der **Tauglichkeit** der Prädiktoren **zur Prognose** von Kaufverhalten - wenn überhaupt - bestenfalls *am Rande* eine Rolle spielt.

3.5 Modellvorstellungen zur Werbewirkung

An Vorschlägen zu Modellen mangelt es auf dem Gebiet der Werbewirkungsforschung nicht. In der Zwischenzeit liegt eine beachtliche Zahl, teils von psychologischer, teils von wirtschaftswissenschaftlicher Seite entwickelter **Werbewirkungsmodelle** vor, die hier jedoch nicht alle vorgestellt werden sollen und können. Statt dessen werden im folgenden zunächst ein kurzer Überblick über verschiedene Ansätze gegeben und im Anschluß daran einzelne, vor allem neuere Modellentwicklungen etwas ausführlicher behandelt.

3.5.1 Überblick über verschiedene Modellansätze

Aus historischer Perspektive betrachtet, nahmen lange Zeit vor allem solche Modelle einen breiten Raum ein, die im Rahmen des Werbewirkungsprozesses eine Art **Stufenfolge** des Verlaufs unterstellten. Offenkundig spiegelt sich dabei die schon 1898 von *Lewis* bekanntgemachte **AIDA**-Regel (A = Aufmerksamkeit [attention], I = Interesse [interest], D = Wunsch [desire], A = Handlung [action]) wider, deren ursprüngliches Anwendungsfeld nicht die Werbung war, sondern es sollte damit eine Handlungsanweisung für den Aufbau von Verkaufsgesprächen erstellt werden.

Die bekannteste Version der Stufenmodelle im Bereich der Werbung ist das von *Lavidge &* *Steiner* (1961) vorgestellte **Hierarchie der Effekte-Modell**, das auch an späterer Stelle etwas detaillierter betrachtet werden soll. Ein anderes Beispiel ist *McGuires* **Modell der Informationsverarbeitung** (*McGuire*, 1978a), das als Leitlinie zur Entwicklung werblicher Kommunikationsmaßnahmen gedacht ist.

Daneben gibt es noch eine Reihe sehr ähnlicher Konzeptionen. Wie die folgende tabellarische Übersicht dieser Ansätze erkennen läßt, bestehen die Unterschiede zwischen den einzelnen Modellvarianten -außer in der sprachlichen Bezeichnung- in erster Linie in der **Anzahl der** **Stufen** und damit in der Differenziertheit der Betrachtung (*Tabelle 59*). Aus heutiger Sicht sind diese Konzeptionen eher als *klassische Modelle* zu bezeichnen, von denen in zunehmendem Maße eine Abkehr stattfindet (vgl. dazu *Prochazka*, 1987, S. 36 oder *Six*, 1987, S. 42 f.). Wesentlicher Anlaß hierfür bilden die negativen Erfahrungen empirischer Überprüfungen (vgl. dazu *Vaughn*, 1980, S. 28 f.; oder die ausführliche Kritik von *Mühlbacher*, 1982, S. 169 ff.).

Tabelle 59: Verschiedene Varianten von klassischen Stufenmodellen
(Kombination aus: *Mühlbacher*, 1982, S. 31 und *Prochazka*, 1987, S. 36)

Autoren	Stufen					
	1	2	3	4	5	6
BEHRENS	Berührungs-erfolg	Beeindruk-kungs-erfolg	Erinnerungs-erfolg	Interesse-weckungs-erfolg	...	Aktions-erfolg
COLLEY	Bewußtsein	Einsicht	Überzeugung	...	...	Handlung
LAVIDGE & STEINER	Bewußtsein	Wissen	Zuneigung	Bevorzugung	Überzeugung	Kauf
LEWIS (AIDA)	Aufmerk-samkeit	Interesse	...	...	Wunsch	Handlung
McGUIRE	Präsentation	Aufmerk-samkeit	Verstehen	Zustimmung	Behalten	Verhalten
SEYFFERT	Sinnes-wirkung	Aufmerk-samkeits-wirkung	Vorstellungs-wirkung	Gefühls-wirkung	Gedächtnis-wirkung	Willens-wirkung

Neuere Ansätze, sogenannte **erweiterte Stufenmodelle**, zeichnen sich zunächst nicht nur durch eine differenziertere Betrachtungsweise, sondern vor allen Dingen dadurch aus, daß sie in zunehmendem Umfang Erkenntnisse aus dem Bereich des Konsumentenverhaltens und der Informationsverarbeitungstheorie berücksichtigen (*Prochazka*, 1987, S. 37).

Die Folgen dieser Entwicklung sind zum Beispiel:

- Das **phasenorientierte Kommunikationsmodell** (*Hermanns*, 1979),
- das **Assoziationsmodell** (*Preston*, 1982),
- das **Modell der Wirkungspfade** (*Kroeber-Riel*, 1984),
- das **Werbekommunikations-Modell** (*Rossiter & Percy*, 1985)

sowie

- das **Elaborations-Wahrscheinlichkeits-Modell** (*Petty & Cacioppo*, 1981).

Im Vergleich zu den bisher skizzierten Konzepten bilden bei anderen Forschern davon abweichen de Verhaltensaspekte die zentralen **Bausteine** ihrer Modelle. So stellt beispielsweise *Steffenhage* (1984, S. 81) dauerhafte **Gedächtnis**reaktionen in den Vordergrund, die ihrerseits sowohl di sogenannten *momentanen Reaktionen* als auch die *finalen Verhaltensreaktionen* beeinflussen. Ir Grunde wird ein (mehrfaches) Wechselspiel zwischen diesen Wirkungskategorien unterstel (*Abbildung 67*). Die in dieser Abbildung enthaltenen Pfeile und Ziffern sollen folgende Beziehun gen zum Ausdruck bringen:

(1)„Bestehende Inhalte des. Langzeitgedächtnisses beeinflussen die momentane Reaktion;

(2) Momentane Reaktionen formen die dauerhaften Gedächtnisinhalte;

(3) Dauerhafte Gedächtnisinhalte beeinflussen das finale Verhalten;

(4) Das tatsächliche Verhalten prägt den Inhalt des Langzeitspeichers;

(5) Das tatsächliche Verhalten beeinflußt momentane Reaktionen;

(6) Momentane Reaktionen beeinflussen ohne Zwischenschaltung des Langzeitspeichers finales
   Verhalten" (Steffenhagen, 1984, S. 80).

Allerdings fehlen auch für dieses Modell empirisch abgesicherte Überprüfungen, worauf der Autor seinerseits auch hinweist und zugleich eingesteht, daß „… *insbesondere die Verhaltens- relevanz dauerhafter Gedächtnisinhalte (Pfeil 3) als ein stark umstrittener … Aspekt"* (S. 81) anzusehen ist. Empirische Ergebnisse bestätigen in der Zwischenzeit diese Warnung (vgl. *Mayer*, 1990, S. 159 ff.).

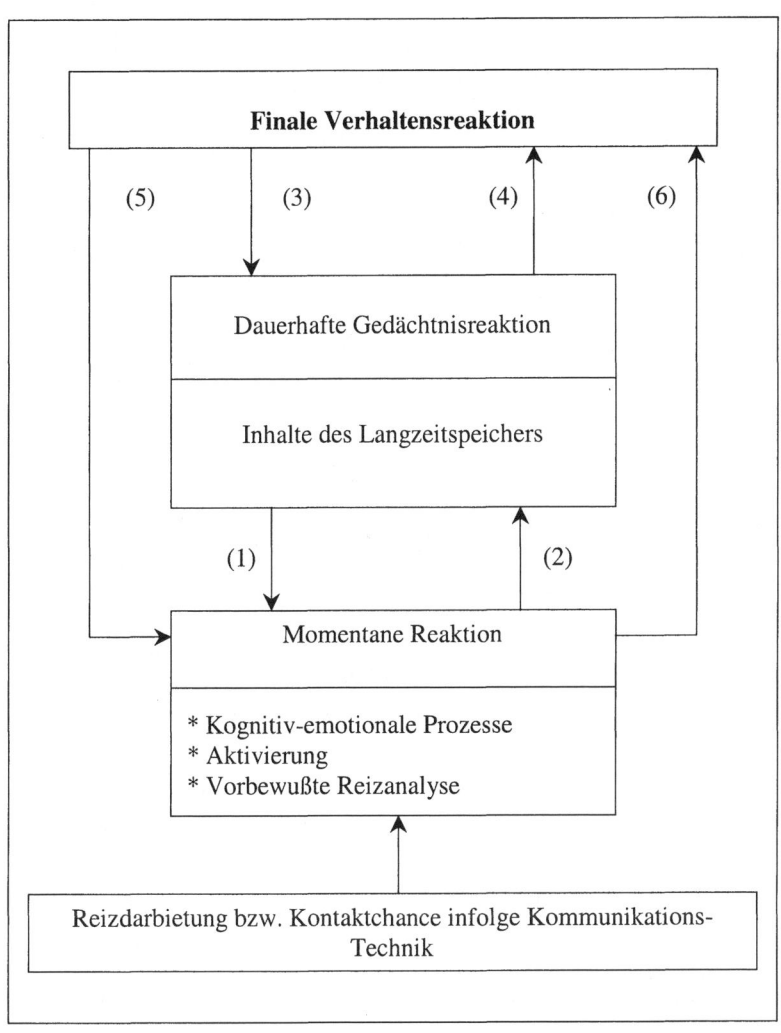

Abbildung 67: Werbewirkungsmodell von *Steffenhagen* (1984, S. 81)

Auf der anderen Seite läßt sich, trotz der negativen Erfahrungen mit der *Prognose* von (Kauf-) Verhalten auf der Basis von *Einstellungen* (*Mayer & van Eimern,* 1985), eine noch weit verbreitete Vorliebe für **Einstellungsmodelle** feststellen (vgl. auch *Six,* 1987, S. 49). Ein Beispiel hierfür ist das von *Kroeber-Riel & Meyer-Hentschel* (1982, S. 31) vorgestellte **Grundmodell der Werbewirkung**, das man insbesondere in den Arbeiten der *Saarbrücker Schule* wiederfindet (vgl. *Sieh & Bernhard,* 1984, S. 103; *Neibecker,* 1987, S. 19; und die *Abbildung 68*).

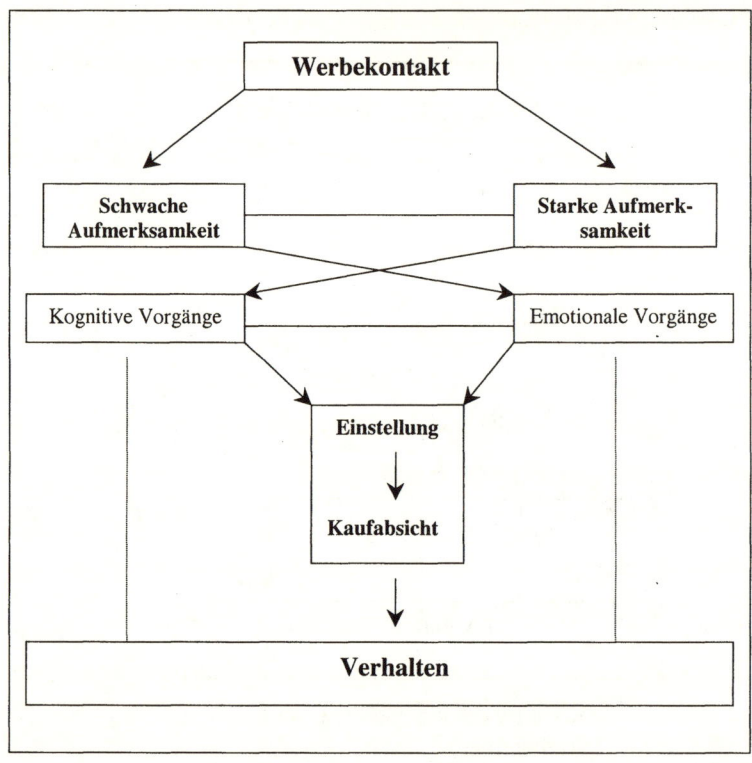

Abbildung 68: Grundmodell der Werbewirkung nach *Kroeber-Riel* (1992, S. 620)

Neu ist die Betonung des **Prognose**charakters in dieser Modellvorstellung, wenn auch die dabei berücksichtigten Variablen (Werbekontakt → schwache/starke Aufmerksamkeit → emotionale / kognitive Vorgänge → **Einstellung** → **Kaufabsicht** → **Verhalten**) noch zu allgemein gehalten und die detaillierten Beziehungen der Variablen untereinander gegenwärtig noch weitgehend ungeklärt sind.

Daneben gibt es noch eine Reihe **ökonometrischer Modellkonstruktionen**, die den Prozeß der Werbewirkung und die erzielbaren Effekte entweder mehr aus der Perspektive alternativer Mediapläne betrachten (vgl. u.a. *Vaughn*, 1980, 1986; *Zufryden*, 1981; *Vanhonacker*, 1984) oder im Rahmen von *Simulationsmodellen* analysieren (z.B. *Krautter*, 1970).

Zunehmender Beliebtheit erfreuen sich gerade in neuerer Zeit auch solche Modelle, in welchen das Konstrukt **Involvement** Berücksichtigung findet (*Mühlbacher*, 1982; *Petty & Cacioppo*, 1983; *Kroeber-Riel*, 1984, S. 607 ff.: Modell der Wirkungspfade). Für *Mühlbacher* (1982) bildet das **Involvement-Modell der Werbewirkung** nach eingehender Auseinandersetzung und Kritik der *Hierarchie-Modelle* die Alternative sowohl zu den konventionellen als auch erweiterten Hierarchie-Modellen (wie z.b. von *Wright*, 1974, S. 226: kognitives Prozeßmodell; oder von *Ray*, 1974, S. 149: Dissonanz-Attributions-Hierarchie/Low-lnvolvement-Hierarchie).

Aber auch hierzu ist zu sagen, daß dieses Konzept, trotz allen Eifers der Konstrukteure, durch die (willkürlich) einseitige Selektion und besondere Hervorhebung **einzelner** Variablen nicht über den Mangel eines noch groben Modells zum Prozeß der Werbewirkung hinwegtäuschen kann. Vor allen Dingen sind außer der sehr selektiven Auswahl einzelner Variablen in zu geringem Maße Wechselwirkungen und Feedback-Vorgänge berücksichtigt. Außerdem wurde dem besonders relevanten **Aspekt der Prognose** nicht in genügendem Umfang Rechnung getragen.

Eine abschließende Beurteilung der Tauglichkeit dieser Modellansätze ist zum gegenwärtigen Zeitpunkt kaum möglich, da vor allem umfangreichere empirische Überprüfungen noch ausstehen.

3.5.2 Darstellung ausgewählter Werbewirkungs-Modelle

3.5.2.1 Hierarchie der Effekte-Modell

Stellvertretend für die große Gruppe der sogenannten (klassischen) **Stufenmodelle** soll hier die von *Lavidge & Steiner* (1961) entworfene Konzeption vorgestellt werden. Die Gründe für diese Wahl sind einerseits die Tatsache, daß es eines der ersten umfassenderen Modelle dieses Typs ist; und zweitens, dessen weite Verbreitung in Marketingkreisen. Ausgangspunkt dieses Modells ist die Auffassung, daß aus uninformierten oder desinteressierten potentiellen Konsumenten nicht von heute auf morgen überzeugte Käufer werden. Vielmehr vollzieht sich dieser Wandel im Rahmen eines mehrstufigen Prozesses, an dessen Endposition der Kauf steht (*Lavidge & Steiner*, 1961, S. 59).

Die einzelnen **Stufen** des hierarchisch aufgebauten Verlaufsprozesses sind dabei:

(1) **Bekanntheit** der Existenz eines Produkts *(aware of its existence)*,

(2) **Kenntnis** dessen, was das Produkt bietet *(know what the product has to offer)*,

(3) **Wertschätzung** des Produkts *(like the product)*,

(4) Entstehung der **Präferenz** für das Produkt *(develop to the point of preference)*,

(5) **Kaufwunsch** und die Überzeugung gewinnen, daß der Kauf eine kluge Entscheidung ist *(desire to buy and the conviction that the purchase would be wise)*,

(6) Umsetzung dieser Einstellung in den **tatsächlichen Kauf** *(is the step which translates this attitude into actual purchase)*.

Dieses Modell, das von seiner Struktur her gesehen an die frühere *AIDA-Regel* erinnert, wurde in der Zwischenzeit von verschiedenen Seiten kritisiert. *Palda* (1966, S. 13), der eigens eine umfangreiche Untersuchung zur Überprüfung dieses Vorschlags durchführte, kam am Ende seiner Studie zu dem Urteil, daß sich aus seinen Befunden bestenfalls eine *partielle* Unterstützung für die Richtigkeit des Modells ableiten läßt; und *Howard & Hulbert* (1973) bemängeln, daß auf die Aspekte wie Erringung von Aufmerksamkeit, Erinnerung und Wiedererkennen zu großes Gewicht gelegt, und dabei die Informations- und Motivationsfunktion der Werbung in den Hintergrund gedrängt würden.

Aaker & Day (1971, 1974) weisen darauf hin, daß sich die Werbung simultan und unabhängig sowohl auf *awareness* **und** *attitude* auswirken könne. Ergänzend zeigen sie in der Arbeit aus dem Jahr 1974 (S. 286), daß Werbung in ihrer Wirkung die einzelnen Stufen *nicht* sukzessive durchlaufen muß, sondern „… über das Bewußtsein *(awareness)* Verhalten auch direkt beeinflussen kann" . Außerdem stellen sie in diesem Zusammenhang auch (Rückkopplungs-) Effekte fest, die von der **Verhaltensebene** ausgehen.

412

Diese Kritik wird in einer umfassenden Analyse von *Barry & Howard* (1990) ergänzt, wobei sie einerseits auf methodische Probleme und Unzulänglichkeiten der Operationalisierung von Kognition und Affekt aufmerksam machen (S. 127) und andererseits unter inhaltlichen Aspekten zu der Feststellung gelangen, daß die Hierarchie der Effekte durch empirische Ergebnisse bislang *zu wenig* Unterstützung erfahren hat (S. 132), so daß dieses Konzept aus heutiger Sicht vornehmlich heuristischen Wert besitzt und bestenfalls als allgemeine Leitlinie oder Orientierungshilfe für die Werbeplanung angesehen werden kann.

3.5.2.2 Assoziations-Modell der Werbekommunikation

Prestons (1982) **Assoziations-Modell der Werbekommunikation** verbindet das traditionelle Konzept eines Stufenmodells mit dem eines **kognitiven** Kommunikationsmodells. Einen wesentlichen Anstoß für diese Konzeption bildete für *Preston* die Absicht, die in der Werbewirkungsforschung üblicherweise verwendeten Wirkungsmaße in das Modell mit einzubeziehen. Grundlage der Entwicklung waren die bereits in vielfältigen Varianten bekannten Stufenmodelle (vgl. S. 10: „*... models ...; they clearly are the inspiration for the Association-Model.*"). Im Unterschied zu früheren Modellen werden Distribution und Medienbegegnung (vehicle exposure) der Werbebegegnung (ad exposure) als zwei weitere Stufen vorangestellt. Er bestreitet damit jedoch nicht, daß der Werbewirkungsprozeß eigentlich erst nach der Begegnung mit dem Werbemittel einsetzen kann (*„Thus, although the advertising technically starts with ad exposure, most advertisers can 'see' that factor by measuring vehicle exposure if available, or distribution if not, and estimating ad exposure therefrom.*", S. 4).

Im Anschluß an die *Begegnung* führt das Modell über mehrere Stufen der Bewußtheit/ Bekanntheit *(awareness)*. Die *erste Stufe* der „awareness" beinhaltet ausschließlich die Beachtung des Werbemittels (ad awareness), d.h. ohne jeglichen Bezug zu bestimmten Inhalten. Die nächste Stufe (ad elements awareness) bezieht sich auf bestimmte Teile des Werbemittels; z.B. auf solche, deren Aufgabe die Erregung der Aufmerksamkeit ist, um auf das eigentliche Anliegen des Werbemittels hinzuführen.

Produktbekanntheit *(product awareness)* betrifft den speziellen Gegenstand, für den geworben wird, d.h. im allgemeinen eine bestimmte Marke. Mit **Bewußtheit der Assoziation** *(association awareness)* wird diejenige Stufe gemeint, in welcher das Produkt näher spezifiziert wird. Es wird beschrieben, bestimmte Eigenschaften festgestellt und Vorteile herausgehoben. Die Konsequenz ist, daß Assoziationen zwischen dem Produkt und den jeweiligen Aussagen des Werbungtreibenden gebildet werden. Von dieser Stufe leitet sich auch die Bezeichnung des Modells ab. *Preston* vertritt nämlich die Auffassung, daß die Erfolgsaussichten im Hinblick auf die angestrebte Kaufhandlung grundlegend und in entscheidendem Maß davon abhängig sind, welche Assoziationen beim Verbraucher mit dem betreffenden Produkt verknüpft werden (S. 5). Daran schließt sich die **Bewertung** der bestehenden Assoziationen an *(association evaluation)*, die von Individuum zu Individuum sehr unterschiedlich erfolgen kann.

Die **Produktwahrnehmung** *(product perception)* ist der kognitive (nicht-evaluative) Gesamteindruck, den der Adressat durch die Begegnung mit dem Werbemittel erhält. Demgegenüber wird mit **vorausgegangener Wahrnehmung** *(prior perception)* die Summe aller bisherigen Wahrnehmungen von dem betreffenden Produkt bis zum Zeitpunkt vor der Begegnung mit dem Werbemittel bezeichnet. Sie können aus persönlichen Erfahrungen mit dem Produkt oder sich auch aus Informationen anderer Quellen zusammensetzen. Für den Fall, daß die bisherigen Wahrnehmungen und die vom Werbemittel erzeugten voneinander abweichen, entsteht durch die Vermischung beider Eindrücke ein Gesamtbild *(integrated perception)*, das die Grundlage für das weitere Verhalten bildet. Ähnlich vollzieht sich die Wandlung mit dem Ergebnis einer **integrierten Bewertung** *(integrated evaluation)*. Sie ergibt sich aus der Vermischung der Produktbewertung *(product evaluation)*, die sich aus der Konfrontation mit dem Werbemittel ableitet, und aus den bisherigen Bewertungen *(prior evaluation)*.

Aus der **Produktstimulation** (des Werbemittels) und der bisherigen Stimulation leitet sich analog die integrierte Stimulation ab, die die motivationale Grundlage für den letzten Schritt darstellt. Aus dieser integrierten Stimulation, die positiv oder negativ, schwach oder stark ausgeprägt sein kann, resultiert **die Handlung** als gesonderte Stufe. Sie wird von *Preston* unter Betonung der empirisch nachweisbaren Diskrepanzen zwischen Verhaltensabsicht und tatsächlichem Verhalten als eigenständige Einheit eingeführt.

Um die Unterschiede und Entsprechungen dieses Modells im Vergleich zum *Hierarchie der Effekte-Modell* besser sichtbar werden zu lassen, sollen diese beiden Konzeptionen in Form einer tabellarischen Übersicht einander gegenübergestellt werden (*Tabelle 60*).

Was die Beurteilung des Ansatzes von *Preston* angeht, so läßt sich im Vergleich zu früheren Vorschlägen die größere Komplexität und vor allen Dingen die Orientierung an dem Instrumentarium zur Messung der Werbewirkung hervorheben. Die Frage ist jedoch, ob damit ein zutreffenderes oder valideres Bild vom Prozeß der Werbewirkung gezeichnet wurde. Sicherlich vermittelt dieses Modell eine differenziertere Vorstellung von dem denkbaren Prozeß der Werbewirkung. Zum gegenwärtigen Zeitpunkt läßt sich aber keine vernünftig begründete Beurteilung vornehmen, da empirische Überprüfungen bisher völlig fehlen. Damit stellt dieses Modell zumindest vorläufig ein Zwischenstadium in einem noch abzuwartenden Prozeß zukünftiger Forschung dar.

Tabelle 60: Vergleich des Hierarchie der Effekte-Modells (*Lavidge & Steiner*, 1961)
mit dem Assoziations-Modell (*Preston*, 1982)

Stufen des Assoziations-Modells (*Preston*, 1982)	Operationalisierung	Hierarchie der Effekte-Modell (*Lavidge & Steiner*, 1961)
• Verbreitung des Werbeträgers (Distribution)	Streudaten	
• Begegnung mit dem Werbeträger (Vehicle Exposure)	Leser- / Hörerschaft	
• Bewußtheit der Werbung (Ad Awareness)	*Starch-scores* claimed recall/related recall proved commercial registration proved name registration	
• Bewußtheit von Details (Ad Elements Awareness)	*Starch-scores* für Einzelelemente	
• Bewußtheit des Produkts (Product Awareness)	Starchs „associated-score"	Bewußtheit (Awareness)
• Bewußtheit der Assoziation (Association Awareness)	Starchs „...elements stating associations" Burkes „sales messages" G & Rs „idea communication" verbatims (Burke, G & R u.a.)	Wissen (Knowledge)
• Bewertung der Assoziation	Produkt-Image-Studien, verbatims	
• Produktwahrnehmung (Product Perception)	Maße aus den früheren Stufen (Association Awareness/Evaluation)	
• vorherige Produktwahrnehmung (Prior Perception)	Produkt-Image-Studien vor Begegnung mit der Werbung	
• intergrierte Produktwahrnehmung (Integrated Perception)	Produkt-Image-Studien nach Begegnung mit der Werbung	
• Produkt-Bewertung (Product Evaluation)	G & Rs „favorable attitude"	Zuneigung (Liking)
• vorherige P-Bewertung (Prior Evaluation)	Produkt-Image-Studien vor Begegnung mit der Werbung	
• integrierte P-Bewertung (Integrated Evaluation)	Produkt-Image-Studien nach Begegnung mit der Werbung	Präferenz (Preference)
• Produkt-Stimulation (Product Stimulation)	Theater research (ASI)	
• vorherige P-Stimulation (Prior Stimulation)	Produkt-Image-Studien vor Begegnung mit der Werbung	
• integrierte P-Stimulation (Integrated Stimulation)	Produkt-Image-Studien nach Wettbewerbstest	Kaufwunsch (Desire to buy)
• Handlung (Action)	Marktdaten	Kauf (Purchase)

3.5.2.3 Elaborations-Wahrscheinlichkeits-Modell

Das Elaborations-Wahrscheinlichkeits-Modell *(elaboration likelihood model)* ist von *Petty & Cacioppo* erstmals im Jahr 1981 vorgestellt und ursprünglich als sozialpsychologisches Modell zur Beschreibung, Erklärung und Vorhersage von Einstellungsänderungen entworfen worden. Wenig später *(Petty & Cacioppo,* 1983) erfolgte dessen Übertragung auf das Gebiet der Werbung. Im Rahmen des Modells wird davon ausgegangen, daß eine Vielzahl individueller und situativer Faktoren darüber entscheiden, welche **Anstrengungen** Personen unternehmen, um Informationen kommunikativer (persuasiver) Maßnahmen kognitiv zu verarbeiten. Ist die Bereitschaft zur intensiven (kognitiven) Auseinandersetzung mit der Information hoch, weil der betreffende Sachverhalt persönlich besonders relevant ist, so ist den Annahmen der Autoren zufolge die **Elaborations-Wahrscheinlichkeit** *hoch*. Umgekehrt ist sie *niedrig*, wenn der Gegenstand oder die Inhalte der Kommunikation persönlich kaum bedeutsam sind oder gar auf völliges Desinteresse stoßen.

Das Modell postuliert ein Kontinuum hinsichtlich der Elaborations-Wahrscheinlichkeit, wobei das eine Ende, mit einer ausgeprägten Bereitschaft zur Auseinandersetzung als die **zentrale Route** *(central route)*, der andere Endpunkt als die periphere Route *(peripheral route to persuasion)* der Beeinflussung bezeichnet wird. Zur Veranschaulichung sollen im folgenden einige Hinweise auf *konkrete Verhaltensweisen* gegeben werden.

Hohe Elaborations-Wahrscheinlichkeit bedeutet beispielsweise, daß das betreffende Individuum

- gegenüber der Botschaft eine Erwartungshaltung besitzt,

- sich bemüht, zu relevanten Eindrücken und Erfahrungen aus der Vergangenheit Beziehungen herzustellen,

- die neuen Informationen im Licht der bisherigen Beobachtungen und Erfahrungen sorgfältig prüft und neu ordnet,

- Schlußfolgerungen im Sinne einer Empfehlung zieht, die sich auf die Argumente der Botschaft und die Informationen aus dem Gedächtnis stützen.

Niedrige Elaborations-Wahrscheinlichkeit heißt hingegen, daß

- die Akzeptierung oder Zurückweisung der kommunikativen Aussagen **nicht** auf einer intensiven Auseinandersetzung mit den vorgetragenen Argumenten und deren sorgfältiger Prüfung beruht,

sondern eher

- auf Sachverhalte (cues) gestützt werden, die keine intrinsische Verbindung zum Einstellungsstimulus aufweisen;

oder

- der Adressat zieht einfach Schlüsse, die sich aus verschiedenen Hinweisen (cues), wie z.B. der Anzahl der in der Kommunikationsmaßnahme genannten Argumente (je mehr Angaben über die Vorteile, desto besser) ableiten.

Auch die erwarteten Konsequenzen, die sich aufgrund des Verlaufs der Beeinflussung über die zentrale oder periphere Bahn ergeben, sind unterschiedlich. Kommt der Prozeß auf dem Wege über die **zentrale Route** zustande, so wird angenommen, daß die resultierenden Einstellungen relativ beständig sind und eine gute Grundlage für die Vorhersage zukünftigen Verhaltens bilden.

Bewegt sich dieser Prozeß jedoch auf der **peripheren Route**, so führt dies aufgrund der dort sehr oberflächlichen Auseinandersetzung („… *recipients will either conserve their cognitive resources or expend cognitive resources on another task"*; *Cacioppo & Petty*, 1984, S. 673) mit der Argumentation zu einer vernünftigen (reasonable) Einstellung, die auf den existierenden Schemata und dem Ergebnis der sehr oberflächlichen Betrachtung und Auseinandersetzung mit den Argumenten basiert (*Cacioppo & Petty*, 1984, S. 673).

Eine andere Folge dieser unterschiedlichen Wege ist, daß die zahlreichen der Werbung zur Verfügung stehenden Gestaltungselemente, je nach der beschrittenen Route, verschiedene Bedeutung gewinnen (*Petty, Cacioppo & Schumann*, 1983, S. 135; *Cacioppo & Petty*, 1984, S. 673; *Petty & Cacioppo*, 1984, S. 668).

Wie meist üblich, so ruft die Entwicklung und Vorstellung neuer Ideen binnen kurzer Zeit auch **Kritiker** auf den Plan. Insbesondere *Bitner & Obermiller* (1985) setzen sich, allerdings wohlgesonnen und konstruktiv, mit der Anwendbarkeit und den Grenzen des Vorschlags für den Bereich des Konsumentenverhaltens auseinander. Sie bemängeln vor allem die *Unterspezifikation des Modells* und heben hervor, daß es wohl den Weg des Einstellungswandels beschreiben kann, aber nicht in der Lage ist, den motivationalen Zustand (hohe vs. niedrige Elaborations-Wahrscheinlichkeit) vorherzusagen. Darüber hinaus weisen sie auch noch auf andere Lücken (mangelnde Eindeutigkeit der Grenzen zwischen der zentralen und der peripheren Route; Frage der Auswirkungen der peripheren Verarbeitung im affektiven Bereich u.a.) hin und machen selbst Verbesserungsvorschläge, auf deren Darstellung hier jedoch verzichtet werden kann, da ihre Brauchbarkeit erst selbst wieder unter Beweis zu stellen ist.

Auch wenn die Urheber dieses Modells verständlicherweise von dessen Tauglichkeit sehr überzeugt sind, oder z.B. *Six* (1987, S. 48) darin „... *eine wichtige Alternative gegenüber bisherigen Stufenmodellen und Kommunikationsmodellen ...*" sieht, so erscheint doch der Hinweis auf die Frage wichtig, ob und inwieweit diese Modellvorstellung wohl auch dann noch Anwendung finden kann, wenn der Gegenstand der Betrachtung nicht Einstellungen, sondern statt dessen andere Kriterien (der Werbewirkung) oder konkretes Verhalten sind.

3.5.2.4 Modell der Integrierten Informations-Reaktion

Anlaß und Ausgangspunkt des von Smith & Swinyard (1982) vorgestellten **Integrierten Informations-Reaktions-Modells** (Integrated Information Response Model) bilden die vorwiegend negativen Erfahrungen (vgl. dazu *Palda*, 1966; *Assael & Day*, 1968; *O'Brien*, 1971) mit dem bereits bekannten Hierarchie der Effekte-Modell. Insbesondere ist die Allgemeingültigkeit der dort als *kausal* angesehenen Abfolge von Kognition → Affekt → Handlung (*learning hierarchy*) aufgrund einiger Studien (*Sawyer*, 1971; *Heeler*, 1972; und insbesondere *Ray*, 1973 sowie *Rothschild*, 1974), deren Ergebnisse auf die alternative Version Kognition → Handlung → Affekt (low-involvement-hierarchy) hinweisen, in Zweifel geraten. Erklärbar sind diese Inkonsistenzen mit Hilfe des **Low Involvement Modells** von *Krugman* (1965):

In seinem Modell geht er davon aus, daß Print-Medien ein aktives Publikum voraussetzen, um mit einer Botschaft Effekte zu erzielen, während das Fernsehen auch eine passive Seherschaft zu beeinflussen vermag. Ferner ist im Fall von Werbemaßnahmen für alltägliche Produkte das Interesse des Betrachters so gering, daß seine selektiven Verteidigungsmechanismen entweder nur schwach ausgeprägt oder gar nicht in Aktion sind. Nur durch laufende Wiederholung dringt die Botschaft eventuell durch und ordnet die kognitiven Strukturen des Betrachters neu, wobei dann das Produkt in das Gedächtnis der betreffenden Person gelangt. Diese Veränderung findet statt, ohne daß es der Person besonders bewußt ist.

Wenn sich der Konsument nun in einer Kaufsituation befindet, so wählt er auf der Grundlage der neuen kognitiven Struktur diejenige Marke aus, für die sehr oft geworben wurde. Zu diesem Zeitpunkt hat sich jedoch noch keine affektive Verbindung zur Marke entwickelt. Diese Beziehung ergibt sich nach *Krugman* erst nach der Kaufhandlung, nach dem Produktgebrauch. Dies bedeutet: Konsumenten kaufen gewöhnliche (trivial) Produkte nicht, weil sie sie gut finden, sondern sie finden sie eher gut, weil sie sie kaufen. Auf diese Weise entsteht die Folge *Kognition → Handlung → Affekt* (*Smith & Swinyard*, 1982, S. 82 f.). Diese Überlegungen bilden die Grundlage für das in der *Abbildung 69* graphisch wiedergegebene Modell.

Folgt man in der Abbildung zunächst der nicht unterbrochenen Linie, so ist im Normalfall davon auszugehen, daß nur eine minimale Akzeptanz der Botschaft besteht. Die Folgen sind im kognitiven Bereich sogenannte **rangniedrige Überzeugungen**. Als deren Konsequenzen werden Bekanntheit (*awareness*) und Unsicherheit (*uncertainty*) unterstellt. *Bekanntheit* heißt, der Konsument identifiziert wohl die Produktkategorie, es besteht aber nur eine geringe Wahrscheinlichkeit dafür, daß sich zwischen der Marke und ihren Eigenschaften Assoziationen ergeben. Die Unsicherheit zeigt sich in der Weise, daß der Konsument nicht weiß, welche Eigenschaften er von dem betreffenden Produkt zu erwarten hat.

Aus diesen Sachverhalten können sich wiederum zwei verschiedene *Konsequenzen* ableiten: Wenn Personen an der betreffenden Produktkategorie uninteressiert sind oder aus sonstigen Gründen keinen (persönlichen) Bezug zu ihr besitzen, so endet die Verarbeitung an dieser

Stelle, da sich in diesem Fall kein besonderes Risiko für die Konsumenten offenbart. Wenn jedoch an der Produktkategorie ein großes Interesse besteht, so wird der Konsument versuchen, die Unsicherheit zu beseitigen, indem er nach weiteren Informationen Ausschau hält. Diese Informationen können aus unterschiedlichen externen Quellen stammen; beispielsweise aus anderen Werbemaßnahmen, von Freunden und Bekannten, vom Verkaufspersonal oder direkt aus der persönlichen Erfahrung (Probierkauf).

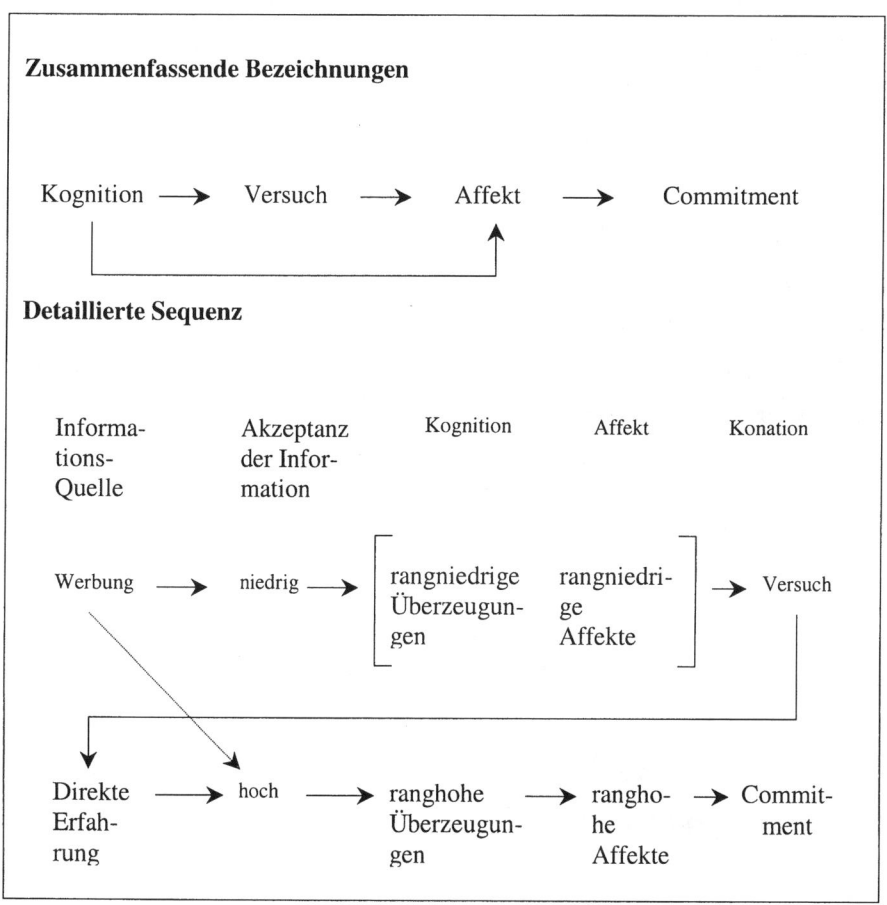

Abbildung 69: Modell der Integrierten Informations-Reaktion von *Smith & Swinyard* (1982, S. 85)

Konsumenten, denen an einer Reduzierung ihrer Unsicherheit besonders liegt, werden sich in erster Linie um direkte Erfahrungen bemühen, sei es in Form eines Probierkaufs, des Besuchs von Ausstellungen, der Durchführung von Testfahrten oder der Teilnahme an Produktdemonstrationen. Durch diese Begegnungen mit dem Produkt bilden sich **ranghohe Überzeugungen** aus. Diese führen nun zu stark ausgeprägten affektiven Beziehungen (*ranghohe Affekte*), und diese haben einen Kauf mit persönlichem Engagement zur Folge.

Diese Ausführungen mögen genügen, um eine Vorstellung von diesem Modell zu erlangen, dessen besonderer Vorteil ist, daß der **Aspekt der Prognose** des End- oder Zielverhaltens stärker in den Vordergrund gerückt wurde.

Natürlich hat auch dieser Vorschlag seine **Grenzen**, auf die die Autoren selbst schon vorsorglich hinweisen. So ist zum Beispiel ungeklärt, was passiert, wenn die (gestrichelte) Verbindung zwischen Werbung → hoher Akzeptanz der Information → higher order beliefs durch irgendwelche Umstände gestört wird; oder welche anderen Möglichkeiten -außer der direkten Erfahrung- noch zur Reduktion der Unsicherheit bestehen (vgl. dazu *Smith & Swinyard*, 1982, S. 91). Ohne auf die weiteren Aspekte einzugehen, soll an dieser Stelle lediglich noch der Hinweis erfolgen, daß auch an diesem Modell in der Zwischenzeit schon wieder Modifikationen vorgenommen worden sind. *Finn* (1984) untersuchte zum Beispiel, unter welchen Bedingungen Werbemaßnahmen direkt zu *ranghohen Überzeugungen* führen können.

Wie bei nahezu allen bisher vorgestellten Konzeptionen, so ist auch hier wiederum zu sagen, daß es weiterer empirischer Forschung bedarf, um die Aussagen des Modells detailliert zu überprüfen, um dann gegebenenfalls erneut Modifikationen vorzunehmen.

3.5.2.5 Heterarchie der Effekte-Modell

Bisherige Werbewirkungsmodelle enthalten den Ansichten von *Rossiter & Percy* (1985, S. 510) zufolge im wesentlichen zwei Hauptmängel:
Entweder sie stellen mehr oder minder ähnliche (singuläre) Varianten bereits bekannter hierarchisch aufgebauter Stufenmodelle dar, oder sie unterstellen theoretisch zwar multiple Prozesse, konzentrieren sich aber dann vorwiegend auf die Rolle oder Position der Einstellung zur Marke

als Gegenstand der kommunikativen Maßnahme. Andere notwendige Schritte im Rahmen des Prozesses der Werbekommunikation ignorieren sie hingegen. Von diesen Überlegungen ausgehend, versuchen sie die vorangegangenen Ansätze neu zu interpretieren und die inhaltlichen Zusammenhänge dieser Werbewirkungsmodelle zu erweitern, um die übrigen Variablen, die insbesondere für den Praktiker von Belang sind, in die Betrachtung mit einbeziehen zu können (*Abbildung 70*).

Sequenz	1 **Begegnung** *(Media)*	2 **Verarbeitung** *(ad)*	3 **Kommunikations-Effekte** *(Marke)*
	• Selektion • Schaltplan	• Aufmerksamkeit • Emotionen • Argumente gelernt • Argumente akzeptiert	• Bedürfnis (Kategorie) • Markenbekanntheit • Markeneinstellung • Kaufabsicht • Kauf-Erleichterung
Sequenz	4 **Zielgruppen-Aktion** *(Käufer)*	5 **Marktanteil** *(Markt)*	6 **Profit** *(Organisation)*
	• Probekauf • markentreue Käufer • Markenwechsler • konvertierende Käufer	• Verkäufe im rezessiven Markt • Verkäufe im expansiven Markt	• höherer Preis • größeres Volumen • Kostenreduktion

Abbildung 70: Heterarchie der Effekte-Modell (Quelle: *Rossiter & Percy*, 1985, S. 510)

Obwohl die obige Abbildung den Eindruck erweckt, als handle es sich um eine weitere Version der Stufenmodelle, betonen die Autoren ausdrücklich die hierbei unterstellte **Heterarchie der Effekte** im Sinne *simultaner Prozesse*, die sowohl bei der Verarbeitung der Information *(processing step)* als auch bei den verschiedenen kommunikativen Effekten *(communication effects step)* bestehen sollen (*Rossiter & Percy*, 1985, S. 510 f. sowie S. 519).

Um die anfänglich kritisierten Unzulänglichkeiten bisheriger Modelle zu korrigieren, nehmen die Autoren bei den Variablen **Markenbekanntheit** und **Einstellung zur Marke** eine Dichotomisierung vor. Die Wahl fällt auf diese Variablen, da unterstellt wird, daß diese im Gegensatz zu den anderen Zielen *immer* Gegenstand (universal objektives) der Werbung sind. Im ersten Fall unterscheiden sie unter dem Gesichtspunkt der Operationalisierung zwischen Erinnerung (recall) und Wiedererkennen (recognition). Im Fall der Einstellung zur Marke differenzieren sie im Rahmen der sogenannten *„brand attitude strategy"* auf der *emotionalmotivationalen Ebene* zwischen informationalen und transformationalen Strategien. Auf der *kognitiven Ebene* hingegen greifen sie auf das *Involvement-Konzept* und auf die *Theorie des wahrgenommenen Risikos* im Hinblick auf den Kauf eines Produkts zurück und trennen demzufolge zwischen hohem und niedrigem Involvement. Auf diesem Wege gelangen sie zu insgesamt acht (Partial-) Modellen, die sie je nach den Merkmalskonstellationen der Praxis als zutreffende Vorstellung von dem Vorgang *„Wie Werbung funktioniert"* (*„how advertising works"*) ansehen (*„The eight basic models outlined in this paper should prove adequate für most advertising applications"*, *Rossiter & Percy*, 1985, S. 521).

Wie lange dieser Optimismus währt, muß jedoch dahingestellt bleiben, da derzeitig noch keine Untersuchung zur Überprüfung dieses Vorschlags vorliegt. Auch wenn im Rahmen der Präsentation des Modells praktische Hinweise zur Gestaltung und Testung von Werbemitteln gegeben werden, so kann dies nicht darüber hinwegtäuschen, daß auch hier der Aspekt der Vorhersage von Verhalten nur am Rande berücksichtigt wird. Lediglich dann, wenn es um die Begründung des Interesses hinsichtlich der Variablen Markenbekanntheit und Einstellung zur Marke geht, wird dieses Problem kurz angesprochen (vgl. *Rossiter & Percy*, 1985, S. 512 und 514).

3.5.3 Zusammenfassende Kritik der diversen Modellansätze

Anhand der dargestellten Modellansätze läßt sich trotz der Tatsache, daß es sich nur um eine Auswahl handelt, die Entwicklung in diesem Teilgebiet der Werbepsychologie in etwa ablesen oder nachvollziehen.

Zunächst ist festzustellen, daß eine **zunehmende Abkehr** von den bisher vornehmlich hierarchisch aufgebauten Modellen stattgefunden hat, und die verschiedenen Konzeptionen in psychologischer Hinsicht differenzierter geworden sind. Dennoch ist nicht zu übersehen, daß die im Rahmen der verschiedenen Modellkonstruktionen berücksichtigten Sachverhalte meist eine **willkürliche und schwerpunktmäßige Auswahl** einzelner Variablen darstellen, die aus verständlichen Gründen in erster Linie die theoretische Position des jeweiligen Autors widerspiegelt. Außerdem ist zu beobachten, daß in vermehrtem Umfang die Einbeziehung des **Involvement-Konzepts** erfolgt, dem offenbar sowohl im Rahmen von Persuasions- als auch von (Kauf-) Entscheidungsprozessen wesentliche Bedeutung beigemessen wird. Auffallend ist auch, daß durch die verstärkte Einbeziehung des empirischen Aspekts, im Sinne einer operationalen Definition der Werbewirkungskriterien und der sonstigen in das jeweilige Modell einbezogenen Variablen, die Vorschläge eindeutiger und *empirisch besser überprüfbar* geworden sind. Auf der anderen Seite ist zum gegenwärtigen Zeitpunkt nahezu durchgängig ein großer Mangel an derartigen Kontroll-Untersuchungen zu verzeichnen. Eine gemeinsame und vor allem gravierende **Unzulänglichkeit** aller dieser Modellkonzeptionen ist jedoch, daß dem Aspekt der *Prognose von Kaufverhalten* zu wenig und meist nur *am Rande* Beachtung geschenkt wird.

Zusammenfassend ist festzustellen, daß es im Laufe der letzten Jahre wohl einige beachtenswerte Anstrengungen und auch Fortschritte auf diesem Gebiet gegeben hat. Sie haben jedoch bis zum gegenwärtigen Zeitpunkt noch nicht zu einem, allen Ansprüchen genügenden Werbewirkungsmodell geführt.

4. Werbung als Gestaltungsprozeß

Ehe auf die werbepsychologischen Konsequenzen des vielfältigen Repertoires an Gestaltungs-komponenten und -elementen eingegangen wird, sollen zunächst die für die Werbung prinzipi-ell relevanten Abschnitte aus der **Allgemeinen Psychologie** dargestellt werden, wobei es sich in erster Linie um die Gebiete **Wahrnehmung, Lernen** und **Motivation** handelt.

4.1 Allgemeinpsychologische Grundlagen

Die **Allgemeine Psychologie** versucht für alle Individuen **allgemein**gültige Aussagen zu tref-fen; interindividuell variierende Besonderheiten werden dabei vernachlässigt. Die Werbepsy-chologie bildet auf der Basis dieser Gesetzmäßigkeiten Hypothesen für spezielle, auf die Wer-bung bezogene Fragestellungen. Nachdem diese Grundlagen einen hohen Abstraktionsgrad aufweisen, stößt ihre direkte Übertragung und Anwendung auf Probleme der *Angewandten Psychologie* gelegentlich auf Schwierigkeiten; dies gilt auch für den Fall der Werbung. For-schungsergebnisse können hier nicht unmittelbar und ohne kritische Prüfung aus der Allgemei-nen Psychologie einfach übernommen werden. Sie bieten zwar meist eine Art Orientierungshil-fe, um aber im Hinblick auf spezifische Fragen der Werbepraxis gesicherte Schlußfolgerungen ziehen zu können, bedarf es meist ergänzender, auf die jeweilige Fragestellung ausgerichteter Untersuchungen.

4.1.1 Wahrnehmungspsychologische Grundlagen

Geht man davon aus, daß „ ... *die Wahrnehmung ... der zeitlicher Anfang aller psychischen Aktivitäten bildet ...* „ (*Prinz*, 1990, S. 27), so wird damit die besondere Stellung dieser Funk-tion im Rahmen werblicher Kommunikationsmaßnahmen und der durch sie initiierten psychi-schen Prozesse unterstrichen. Gegenstand, Probleme und Ergebnisse der Wahrnehmungsfor-schung *(psychophysische, kognitive)* besitzen demzufolge in diesem Bereich der **Angewandten Psychologie** große Bedeutung (vgl. dazu auch *Mayer & Pobel*, 1984).

426

Wahrnehmung umfaßt sowohl den **Prozeß** des Wahrnehmens als auch das **Endergebnis** dieses Prozesses, d.h. das durch Erfahrung und Kognition Strukturierte. Das Ergebnis des Wahrnehmungsgeschehens wird somit von Lernvorgängen, Motiven und Informationsverarbeitungsprozessen sowie von sozialen Faktoren mit beeinflußt. Wahrnehmungspsychologische Erkenntnisse sind deshalb nicht selten mit Ergebnissen der *Differentiellen Psychologie* und der *Sozialpsychologie* verknüpft.

4.1.1.1 Psychophysische Grundlagen der Wahrnehmung

In seiner allgemeinsten Bedeutung bezeichnet **Wahrnehmung** einen *Prozeß der Aufnahme, Selektion, Weiterleitung* und *Verarbeitung von Reizen* aus der Umwelt durch einen oder mehrere Wahrnehmungsapparate (Gesichtssinn, Gehör, Tastsinn, Geruch- und Geschmacks-sinn). Jedes dieser Wahrnehmungssysteme ist selektiv auf die *„ihm adäquaten Reize"* aus-gerichtet (*Reichel & Bleichert*, 1970).

Von den genannten Sensorien wird der **visuelle** Wahrnehmungsapparat als der bedeutendste angesehen. *Wittling* (1976, S. 9) geht zum Beispiel davon aus, daß durch ihn etwa 90% aller sensorischen Informationen übermittelt werden. Da vor allen Dingen das visuelle System und der Gehörsinn einen sehr engen Bezug zur Werbepsychologie aufweisen und die übrigen in diesem Zusammenhang nur am Rande eine Rolle spielen, soll im folgenden nur auf diese beiden näher eingegangen werden.

Alle Sensorien sind durch ihre Anatomie, ihren adäquaten Reiz, Intensitätsschwellen sowie durch ihr räumlich und zeitliches Auflösungsvermögen charakterisierbar. Um eine Wahrnehmung entstehen zu lassen, müssen als Voraussetzungen die **Adäquatheit des Reizes** z.B. für das Auge elektromagnetische Wellen zwischen 760-400 Nanometer (nm), für das Ohr Schallwellen zwischen 20 und 15 000 Hertz (Hz), eine bestimmte zeitliche Dauer, räumliche Größe und physikalische Intensität (z.B. Leuchtdichte) gegeben sein. Diese Merkmale können jedoch nicht allein das Endergebnis des Wahrnehmungsprozesses erklären, da noch weitere Faktoren, wie z.B. die **Selektivität** der Reizverarbeitung oder der **Wachheitsgrad** des Betrachters hinzukommen.

Die Wahrnehmungsleistung ist demnach sowohl von *Stimuluseigenschaften*, wie z.B. dem Kontrast zwischen Objekt und Umfeld, der räumlichen Lokalisation, der Dynamik des Stimulus, dem Wahrnehmungsfeld und der relativen Größe etc. abhängig als auch vom Adaptationsgrad der Sensorien, der Art der Wahrnehmungsaufgabe, dem Bekanntheitsgrad der Stimuli sowie von der Motivationslage und dem Bewußtseinsstadium des Beobachters. Der Wahrnehmungsprozeß selbst ist durch einen kontinuierlichen, ganzheitlichen Ablauf gekennzeichnet, der unter normalen Bedingungen durch Zeit und Raum in eine Ordnung gebracht wird. Der physikalische Stimulus für den Gesichtssinn ist ein relativ kleiner Ausschnitt aus dem elektromagnetischen Wellenspektrum. Dieser Sachverhalt wird in der *Tabelle 61* veranschaulicht.

Tabelle 61: Elektromagnetisches Wellenspektrum und Bereich sichtbaren Lichts

Wellenlänge	Strahlungsart	Wellenlänge	Farbe
8.10^{-6} nm	Kosmische Strahlung	380 nm	
0.0001 nm	Gammastrahlung		blau
0.005 nm			
	Röntgenstrahlung	490 nm	
	Ultraviolett		
50 nm			
400 nm	Lichtstrahlung		grün
760 nm		540 nm	
	Wärmestrahlung		gelb
1 mm	(infrarot)	600 nm	
	Hertzsche Wellen		orange
1 m			
	Radiowellen		
	und drahtlose		
	Telegraphiewellen		rot
300 km		760 nm	

Eine Lichtquelle erscheint heller, wenn die **Amplitude** der elektromagnetischen Wellen erhöht wird. Die Empfindung von Farben hingegen ist von der Wellenlänge des Lichts abhängig. Die Summe aller sichtbaren elektromagnetischen Wellen unterschiedlicher Länge führen zur Wahrnehmung *weißen Lichts* (Tageslicht). Die Sensitivität des Auges besitzt das Optimum bei einer Wellenlänge zwischen 500 und 600 nm, bei helladaptiertem Auge liegt das Optimum bei 560 nm, bei dunkeladaptiertem Auge bei 500 nm (vgl. *Kaufmann*, 1974). Dies bedeutet u.a., daß Farben zu unterschiedlichen Tageszeiten verschieden deutlich gesehen werden. Bei gleicher Lichtintensität wird gelbes Licht tagsüber heller als grünes wahrgenommen; in der Dunkelheit ist dies genau umgekehrt.

Bei den beschriebenen Zusammenhängen hat die **räumliche Lage** des Stimulus auf der Retina, d.h. seine *formale oder periphere* Abbildung auf der Netzhaut des Auges, eine wesentliche Bedeutung. So konnten *Edwards & Goolkasian* (1974) bei einer Untersuchung zu Leistungsunterschieden zwischen *fovea centralis* und Netzhautperipherie bei verschiedenen Wahrnehmungsaufgaben (vom einfachen Entdecken eines Reizes bis zur Identifikation eines Worts) einen Abfall der Leistung vom Netzhautzentrum zur Peripherie hin nachweisen.

Die **Reizdauer** ist ein weiterer Faktor bei der Wahrnehmung von visuellen Reizen. Analog zur visuellen Größe eines Reizes besteht auch hier eine umgekehrte Beziehung zwischen der Intensität und der zeitlichen Dauer eines Reizes. Die Intensität des Reizes muß um so höher sein, je kürzer er dargeboten wird. Allerdings gilt diese Beziehung nicht mehr für Stimuli, die länger als 100 msec gezeigt werden. Oberhalb dieser Grenze führt die verlängerte Darbietung nicht mehr zu einer zunehmenden Helligkeitsempfindung. Diese Befunde stehen im Widerspruch zum bekannten **Weber-Fechnerschen-Gesetz:**

$$E = a + b \times \log R \text{ (Fechnersche Maßformel, in Ableitung vom Weberschen Gesetz).}$$

Das *Weber-Fechnersche Gesetz* ist eine allgemeine psychophysische Maßformel, nach der die subjektive **Empfindungsstärke (E)** eines Reizes proportional zum Logarithmus der objektiven Reizintensität ist; d.h. bei starken Reizen ist ein großer Grenzzuwachs notwendig, um eine noch stärkere Empfindung hervorzurufen, bei einem schwachen Reiz genügt ein geringerer Zuwachs in der Intensität. Das Verhältnis zwischen der Reizintensität und dem Zuwachs bleibt aber konstant. Diese Gesetzmäßigkeit ist für die Werbung dann von Bedeutung, wenn man die relative Wirkung einer Reizänderung z.B. Anzeigen unterschiedlicher Größe abschätzen möchte.

Ein weiteres Kriterium für die Wahrnehmung visueller Stimuli ist ihre **zeitliche Auflösung** im Sinnesapparat. Die Stimulation des visuellen Systems erzeugt bioelektrische Vorgänge im Nervensystem, die nach einer bestimmten Latenzzeit ablaufen und länger als die eigentliche Stimulationszeit anhalten. Folgen nun zwei Stimuli rasch aufeinander, so können diese zu ei-

ner Wahrnehmung verschmelzen; d.h. der Fähigkeit des visuellen Systems bezüglich der zeitlichen Auflösung sukzessiver Stimulation sind Grenzen gesetzt.

Unter Laborbedingungen können Versuchspersonen (Vpn) noch 90 Lichtreize pro Sekunde differenzieren (*Roehrig*, 1959). Untersuchungen zu diesem Phänomen sind unter dem Begriff **Flimmerverschmelzungsfrequenz** zusammengefaßt. Je höher die Frequenz liegt, *„bei der periodisch wiederkehrende Lichtreize als lichtgleiche Helligkeit erlebt werden"* (*Dorsch*, 1970, S. 139), um so leistungsfähiger ist der Sehapparat. Neuere Experimente konnten zeigen, daß die Flimmergrenze sowohl von inter- und intraindividuellen Faktoren als auch von der Stimulusgröße, der Leuchtdichte des Reizes, der Ausdehnung des flimmernden Feldes, dem Bereich der gereizten Retina und der Adaptation des Auges abhängig ist (vgl. *Cornsweet*, 1970; *Ganz*, 1975). Dieser Differenzierungsvorgang ist vornehmlich für spezielle Fragen aus der Wahrnehmungspsychologie interessant, die unter Laborbedingungen ermittelt werden. Das visuelle Sensorium ist aufgrund bestimmter, vermutlich subkortikaler Prozesse eher darauf ausgerichtet, zusammenhängende visuelle Eindrücke zu vermitteln.

Der *adäquate Reiz* für den **Gehörsinn** sind Schallwellen zwischen 16 und 20 000 Schwingungen pro Sekunde (Hz). Der Bereich der Sprache umfaßt dabei einen relativ großen Teil der Hörfläche (etwa 100 bis 10 000 Hz; *vgl. Abbildung 71*).

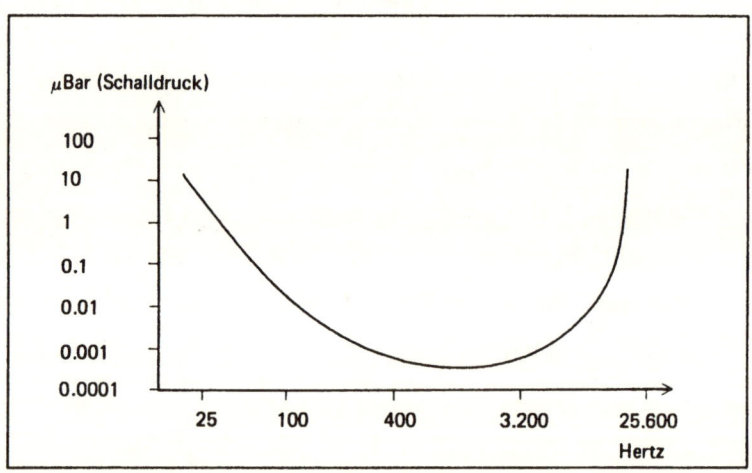

Abbildung 71: Hörschwellenkurve eines (normalen) Menschen mittleren Alters
(Quelle: *Rohracher*, 1965, S. 212)

Zur Beurteilung der erforderlichen **Intensität von Schallwellen** unterschiedlicher Frequenz wurde für die Beschreibung der Lautstärken eine logarithmische Skala (dB = Dezibel) entwikkelt. Um mit einer Schwingung von 16 Hz einen Ton hörbar zu machen (es ist der tiefste hörbare Ton), muß ein Schalldruck von 10 Mikrobar auf das Ohr einwirken. Bei den Schwingungen von 1000 bis 4000 Hz genügen aber schon 3/10.000 Mikrobar, d.h. das Ohr ist für diesen Bereich erheblich empfindlicher. Hohe und tiefe Töne werden auch wahrgenommen, wenn sie nur schwach sind.

Ankerpunkt aller Vergleiche ist die Energie (Mikrobar), die notwendig ist, damit ein Sinuston von 1000 Hz eine eben merkliche Tonempfindung erzeugt. Dieser Ausgangspunkt ist die Null-Dezibel-Linie. Bei 20jährigen beträgt die notwendige Energie einer Schallwelle mit ca. 1000 Hz und in Abwesenheit anderer akustischer Signale 2.10^{-4} Mikrobar. Mit zunehmendem Alter nimmt das Hörvermögen für die hohen Töne ab. Mit 35 Jahren ist die obere Hörgrenze bereits auf 15 000 Hz, mit 60 Jahren auf etwa 5 000 Hz gesunken (*Rohracher*, 1965, S. 211).

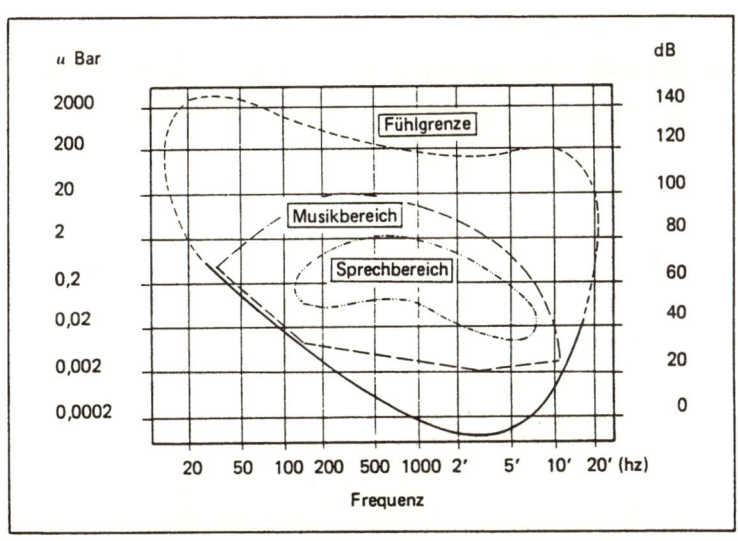

Abbildung 72: Hörbereiche des menschlichen akustischen Sensoriums
(Quelle: *Rohracher*, 1965, S. 213)

Die **Empfindungsstärke** eines Schalls wird in Phon gemessen. Dies ist ein psychologisches Maß. Die Linien im Koordinatensystem von *Abbildung 72* stellen die Isophone dar. Sie besagen, daß Töne verschiedener Frequenzen subjektiv gleich laut wahrgenommen werden, wenn der Schalldruck den Verläufen der Linien entspricht.

431

Die *auditive Wahrnehmung* der **Räumlichkeit** von Schallwellen ist primär von der Lautstärke des Reizes abhängig. Laute Töne erscheinen näher, weniger laute weiter weg. Darüber hinaus vermitteln komplexe Klänge den Eindruck von Nähe, geringe Komplexität eines Klangbilds die Einschätzung räumlich größerer Distanz. Das räumliche Differenzierungsvermögen hängt einmal von den Unterschieden der Intensität, zum anderen vom Zeitpunkt der Stimulation beider Gehörgänge ab. Zur räumlichen Differenzierung sind akustische Unterschiede von 3×10^{-5} sec für das menschliche Ohr normalerweise noch verwertbar. Das entspricht einer Wegdifferenz von 1 cm, d.h. Abweichungen der Schallquellen um 3° von der Ohrmitte werden noch wahrgenommen (*Reichel & Bleichert*, 1970).

Die wichtigsten Eigenschaften der Gehörsempfindungen lassen sich den physikalisch-physiologischen Verhältnissen eindeutig zuordnen. Bei Tönen unterscheidet man **Höhe** (Frequenz), **Stärke** (Amplitude) und **Klangfarbe**; d.h. die Eigenart der Töne. Beispielsweise besitzen verschiedene Instrumente unterschiedliche Klangfarben in Abhängigkeit von der Art und der Zahl der Teilschwingungen, die einen bestimmten Ton ausmachen. In einer Tonreihe (z.B. der Oktave) findet man unmittelbar empfundene Ordnungen. Am deutlichsten zeigt sich der Zusammenhang bei verschieden hohen Tönen, bei denen das Schwingungsverhältnis 2:1 beträgt (Oktavintervall).
Erklingen zwei Töne gleichzeitig, so kann daraus eine angenehmere oder unangenehmere Empfindung entstehen (Dissonanz/Konsonanz). Die vollkommenste Konsonanz entsteht durch Töne, die im Verhältnis der Oktave stehen (*Rohracher*, 1965, S. 219). Von diesem Verhältnis sinkt die Konsonanz über die Quinte (2:3), Quarte (3:4), große Terz (4:5) zu den dissonanten Intervallen der Sekunde (8:9) und Septime (8:15).

Bei der Gestaltung der **Werbung** mit akustischen Reizen müssen die physikalischen Gesetzmäßigkeiten der auditiven Wahrnehmung beachtet werden. Schließlich soll die Werbebotschaft von allen zumindest *akustisch verstanden* werden. Andererseits muß auch die psychologische Seite der auditiven Wahrnehmung berücksichtigt werden, da diese Reize sowohl angenehme als auch unangenehme Empfindungen hervorrufen können. Eine kurzzeitige Darbietung lauter, hoher Töne wird z.B. als sehr unangenehm erlebt, sie erzeugt neben **Aufmerksamkeit** eher

432

Abwehr. Eine Werbebotschaft begleitende musikalische Untermalung kann die gegebene Information unterstreichen. Unter Umständen kann sie aber auch lästig oder störend wirken.

4.1.1.2 Theorien der Wahrnehmung

4.1.1.2.1 Elementenpsychologischer Ansatz

Das Konzept der Assoziation von Elementen als Grundlage der Wahrnehmung und das der introspektiven Analyse als Schlüssel zur ursprünglichen Erfahrung stellt den Anfang der wissenschaftlichen Psychologie überhaupt dar. Er ist zunächst durch die Bemühung gekennzeichnet, sich von metaphysischen Spekulationen abzusetzen und sich einer auf Physiologie und Physik fundierten Methode zuzuwenden (vgl. *Graumann*, 1969).

Das Hauptinteresse galt der Beziehung zwischen einzelnen **physikalischen Außenreizen** und speziellen **psychischen Empfindungen**. Von dieser methodischen Einengung sind auch die ersten wissenschaftlichen Untersuchungen im Bereich der Werbepsychologie geprägt. Nach den Vorstellungen der elementaristischen Psychologie sollte der Verbraucher zunächst durch auffällige Reize auf die Botschaft hingewiesen werden, und stetige Wiederholungen sollten für feste Assoziationen im Gedächtnis sorgen. Man ging davon aus, daß diese Maßnahmen den Verkaufserfolg sichern. Demzufolge arbeitete man bei der Prüfung der Werbewirkung mit Methoden, die nur isolierte Teilaspekte des visuell dargebotenen Werbemittels; so z.B. den Einfluß der Anzeigengröße, Farbe, Text, Plazierung usw., im Hinblick auf die Erregung von Aufmerksamkeit erfaßten. Es wurde angenommen, daß die Summe der einzeln geprüften Bestandteile, sofern sie sich als genügend wirksam erwiesen hatten, zu einer Optimierung der Intensität der Beachtung führen würde.

Um die Beziehung zwischen reizstarken Werbemitteln und entsprechend intensiven Wahrnehmungen nachweisen zu können, wurde eine Reihe von Untersuchungen zur Wirkung der Größe von Anzeigen durchgeführt. Beispiele hierzu sind in *Tabelle 62* verzeichnet.

Tabelle 62: Beziehungen zwischen Größe und Beachtung von Anzeigen
(Quelle: *von Rosenstiel*, 1973, S. 66)

	1/1- Seite	1/2-Seite	1/4-Seite
nach dem *Quadratwurzelgesetz*	100	71	50
nach *Scott*	100	45	15
nach *Strong*	100	70,5	50
nach *Hotchkiss & Franken*	100	71	47
nach *Seyffert*	100	27,7	16,4
nach *Fielitz*	100	30,5	23

Die in der *Tabelle 62* verzeichneten Untersuchungen gingen vom elementenpsychologischen Ansatz aus. Diese Betrachtungsweise mußte ihre Grenzen erfahren, als beobachtet wurde, daß nicht nur die Reizintensität oder andere isolierbare Teile einen Effekt haben, sondern auch das Zusammenwirken der einzelnen Teile von entscheidender Bedeutung sein kann. Diese Erkenntnis war dem Einfluß der *Gestaltpsychologie* zu verdanken, die nachweisen konnte, daß sich das Psychische nicht aus einzelnen Elementen zusammensetzt, sondern sich ursprünglich immer als Gestalt vorfindet. Die Interaktion von Teilaspekten des Ganzen kann zu verschiedenen Wahrnehmungsinhalten führen.

Nach heutigen Erkenntnissen kann man davon ausgehen, daß die Abschätzung der Wirksamkeit isolierter Bestandteile nur dann sinnvoll ist, wenn alle übrigen Bedingungen konstant bleiben. In der Realität ist diese Voraussetzung relativ selten erfüllt. Das Wahrnehmungsgeschehen ist von einer Fülle von Merkmalen der Person und von Situationsvariablen abhängig, so daß ein einzeln ausgewähltes Teilelement nicht den in der Elementenpsychologie zugestandenen Stellenwert haben kann.

4.1.1.2.2 Gestaltpsychologischer Ansatz

Seit *von Ehrenfels* 1890 am Beispiel der Transponierbarkeit einer Melodie die relative *„Unabhängigkeit der Gestaltqualitäten von ihren sensorischen Elementen demonstriert hatte, rückte das Wahrgenommene als Ganzes in den Blickpunkt der Experimentatoren"* (*Graumann*, 1969,

S. 19). Später haben die Gestaltpsychologen *Wertheimer*, *Köhler* und *Koffka* diesen Aspekt aufgegriffen und in einer Fülle von Studien nachweisen können, daß Wahrnehmungsleistungen nicht von Einzelempfindungen bestimmt sind, sondern daß erst das Ganze, also z.B. auch der Kontext, Faktoren der Wahrnehmungsgliederung sowie Erfahrungen und Einstellungen, die Wahrnehmung erklärt.

Es konnte gezeigt werden, daß sich die Art wie Objekte wahrgenommen werden, nicht dadurch vorhersagen läßt, indem man Wahrnehmungen von Bestandteilen einfach zu einer Gesamtwahrnehmung aufaddiert. Insbesondere haben die Experimente zu den geometrisch-optischen Täuschungen (*Müller-Lyersche* Täuschung, *Ebbinghaussche* Kreistäuschung; vgl. *Mayer et al.*, 1982, S. 52) dazu beigetragen, daß die klassische Konstanzannahme bezüglich der Beziehung zwischen Reizvorlage und Empfindungen nicht aufrecht erhalten bleiben konnte. Ursache der Täuschung ist meist die Einordnung des der Täuschung unterliegenden Teils in den gesamten figuralen Zusammenhang, der die Wahrnehmung des Ganzen bestimmt (vgl. *Murch & Woodworth*, 1978).

Nach den **Gesetzen der Gestaltpsychologie** ist das grundlegendste Organisationsprinzip der Wahrnehmung die *Untergliederung des Wahrnehmungsfelds* in **Figur und Grund**. Folgende Eigenschaften werden Figur und Grund zugeschrieben (*Rubin*, 1921; zit. nach *Röck*, 1971, S.67):

(1) Die Figur wird als Gestalt gesehen, der Grund nicht.

(2) Der Grund liegt hinter der Figur und reicht anschaulich unter ihr hindurch.

(3) Die Figur besitzt Objektcharakter (auch als abstraktes Gebilde).

(4) Die Farbe der Figur erscheint als substantieller und härter als die des Grunds.

(5) Die Figur ist dominanter, eindrucksvoller und wird besser behalten.

(6) Die Grenzlinie zwischen Figur und Grund gehört zur Figur.

Abbildung 73 enthält das Paradebeispiel zur Veranschaulichung der Figur-Grund-Problematik, den *Rubinschen Becher*.

Abbildung 73: Rubinscher Becher

Es lassen sich auch Reizkonstellationen schaffen, in denen die *Figur-Grund-Gliederung* nicht sehr prägnant ausgeprägt ist. Dies führt dann zu zeitweiligen Umstrukturierungen; d.h. einmal ist ein Teil der Vorlage Figur, mal ein anderer Teil (siehe *Abbildung 74*). Was hier zu Grund, und was zur Figur wird, kann nach *Katzenberger* (1967) auch von der jeweiligen aktuellen Einstellung des Betrachters abhängen.

Abbildung 74: Junge oder ältere Frau (Quelle: *Boring*, 1930, S. 444)

Obwohl bisher nur Beispiele zur Figur-Grund-Differenzierung bei der visuellen Wahrnehmung angesprochen wurden, sind vergleichbare Beobachtungen auch im akustischen Bereich zu ma-

436

chen. Um ein Geräusch zu erkennen, muß es von dem akustischen Gesamtspektrum differenziert werden. Zum Beispiel tritt ein Soloinstrument akustisch in den Vordergrund, während vom Orchester ein tonaler Hintergrund geboten wird; d.h. laute Töne werden im allgemeinen als *Figuren* wahrgenommen.

Für die **Gestaltung von Werbemitteln** ist von Bedeutung, daß die Figur den wichtigsten Bestandteil der Botschaft enthält und sich auch wesentlich gegenüber konkurrierenden Teilen absetzt, z.B. durch *Hervorhebung* von Schriften (Markenname) oder Firmenzeichen (auf Briefbogen, Packungen oder Produkten). Neben diesen Aspekten werden gesetzmäßige Bedingungen angenommen, die die Wahrnehmung beeinflussen. Solche Organisatoren werden als **Gestalten** bezeichnet. Die Strukturierung des Wahrnehmungsfelds erfolgt hierbei nach dem **Prägnanz-Gesetz** (*Koffka*, 1935). Dies bedeutet, daß eine Tendenz zur besten, einfachsten und stabilsten Organisation besteht. Es wird auch **Gesetz der guten Gestalt** genannt. Aus dem Prägnanzgesetz wurden Gestaltfaktoren abgeleitet, die die Wirkungsweise der sogenannten *guten Gestalt* erklären sollen. Die Zahl dieser Faktoren liegt, je nach Autor, zwischen 114 (*Helsen*, 1933) und 7 (*Metzger*, 1966). Die bekanntesten Gestaltgesetze sind in *Abbildung 75* enthalten.

Gesetz der Ähnlichkeit Ähnliche oder gleiche Elemente werden als zusammengehörend wahrgenommen	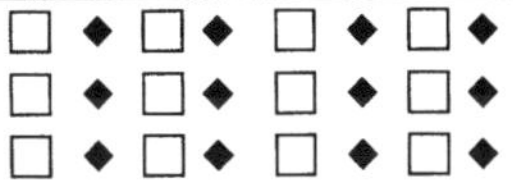
Gesetz der Nähe Gruppierungen von Elementen werden als zusammengehörend wahrgenommen	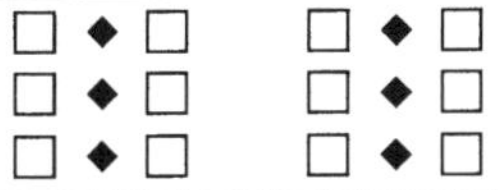
Gesetz des gemeinsamen Schicksals Elemente mit gemeinsamen Schicksal werden als zusammengehörend wahrgenommen	
Gesetz der Kontinuität Fortlaufend verbundene Elemente gleicher Form werden jeweils als Einheit wahrgenommen	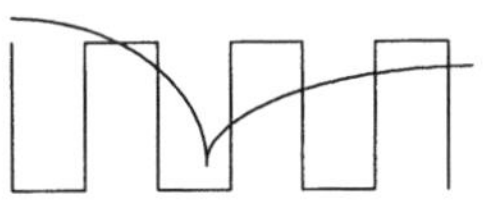

Abbildung 75: Beispiele diverser Gestaltgesetze

Nachdem diese Gesetze vor allem für die Gestaltung visueller Werbemittel wertvolle Hinweise liefern, haben sich keine allgemeingültigen Prinzipien des Entwurfs ableiten lassen. Von *Rosenstiel* (1973, S.90) weist darauf hin, daß dieser Nachteil in der Eigenart der Gestaltpsychologie selbst begründet sei. Denn, ist das **Ganze** *mehr als die Summe seiner Teile*, dann führt auch die Veränderung eines Teils zur Veränderung des Ganzen, wie dies zum Beispiel mit den in *Abbildung 76* skizzierten Gesichtern veranschaulicht wird.

Abbildung 76: Veränderung eines Teils führt zur Veränderung des Ganzen

Trotz minimaler Veränderung wirken diese beiden Gesichter doch verschieden; d.h. in diesem Beispiel ist der Ausdrucksgehalt der Pünktchenaugen von der Gestaltung der übrigen Teile oder eines *anderen Teils* abhängig. Für die Werbung wird damit zugleich veranschaulicht, daß der Charakter einer Gestalt und seine Wirkung auf das Wahrnehmungsgeschehen zuerst einmal empirisch überprüft werden sollten, ehe man verläßliche Aussagen über die Effekte eines Entwurfs machen kann. Die Gestaltfestigkeit eines Entwurfs ist um so größer, je mehr er unter ungünstigen Wahrnehmungsbedingungen eventuellen Verformungstendenzen widersteht.

Neben der *Berliner* gestalttheoretischen Wahrnehmungsforschung bildete sich in *Leipzig* eine Richtung aus, die sich mit der **Ganzheitlichkeit alles Psychologischen** befaßte. Die Ganzheitspsychologen betonen, daß auch die affektiv-emotionalen Elemente auf die psychischen Funktionen und somit auch auf die Wahrnehmung einwirken. Das Individuum orientiert sich nicht nur an dem objektiv Erfaßbaren, sondern nimmt auch gefühlsmäßige Eindrücke auf, die von der näheren und ferneren Umwelt ausgehen. Dabei läuft ein Prozeß ab, an dessen Anfang *diffuse*, d.h. wenig differenzierte Gestalten stehen, die sich dann zu einem ganzheitlichen Erlebnis zusammenfügen (*Jacobi*, 1963).

Anhänger der *ganzheitspsychologischen Richtung* in der Werbepsychologie gingen davon aus, daß diese als *Anmutungen* bezeichneten emotional getönten frühen Eindrücke darüber entscheiden, ob Verbraucher ein Produkt eher annehmen oder ablehnen. Allerdings stellen empirische Belege die Berechtigung dieser Annahme schon allein wegen der mehrdimensionalen

Determinierung des Verhaltens von Konsumenten erheblich in Frage (vgl. dazu auch *Spiegel*, 1958, S. 47 ff.).

4.1.1.2.3 Kognitionspsychologischer Ansatz

Im Rahmen des kognitionspsychologischen Ansatzes der Wahrnehmungsforschung treten die (physikalischen) Eigenschaften des Reizes in den Hintergrund. Statt dessen stehen die individuelle Perspektive des Betrachters und damit die Bedeutung eines Objekts unter Berücksichtigung bereits vorhandenen Wissens bzw. der Ergebnisse vorausgegangener Lernprozesse und deren Einflüsse (Wechselwirkung) auf das Wahrnehmungsgeschehen, kurz der Aspekt der **Informationsverarbeitung** im Mittelpunkt des Interesses.

Am Beispiel der *visuellen Wahrnehmung* veranschaulicht, gewinnt ein Reiz (beispielsweise als Bild auf der Retina abgebildet) im Rahmen eines Prozesses der wiederholten Interaktion mit diversen Sektionen eines Speichers, in dem Wissen, Lernergebnisse oder sonstige Vorerfahrungen und Erwartungen verzeichnet sind, seine individuelle *Bedeutung* (vgl. dazu auch *Prinz*, 1990, S. 73 ff.). Damit erfahren objektive Reizgegebenheiten eines Gegenstands unter dem Einfluß der mehrfachen Interaktion mit den verschiedenen Inhalten des Speichers eine Modifikation. Das Ergebnis dieses Prozesses tritt im aktuellen Bewußtsein des Individuums in Erscheinung. Diese Auffassung hat auch *Neisser* (1976, S. 23) versucht, mit der folgenden *Abbildung 77* zum Ausdruck zu bringen.

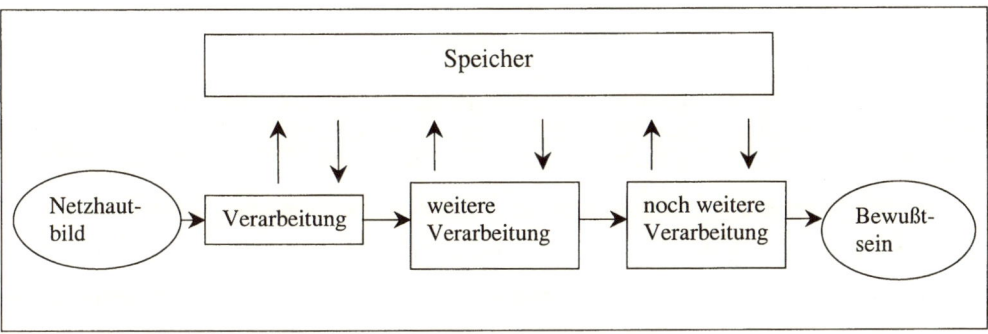

Abbildung 77: Modell der inneren Informationsverarbeitung (Quelle: *Neisser*, 1976, S. 23)

Dieser Prozeß der inneren Informationsverarbeitung endet nicht im Stadium des sogenannten Bewußtseins, sondern besitzt auch Auswirkungen auf das Verhalten (Handeln). Dies nimmt seinerseits wieder Einfluß auf die Umwelt. Unter Berücksichtigung aller potentiellen Kategorien an Sinnesreizen aus der Umwelt wird dieser Sachverhalt in der *Abbildung 78* zum Ausdruck gebracht.

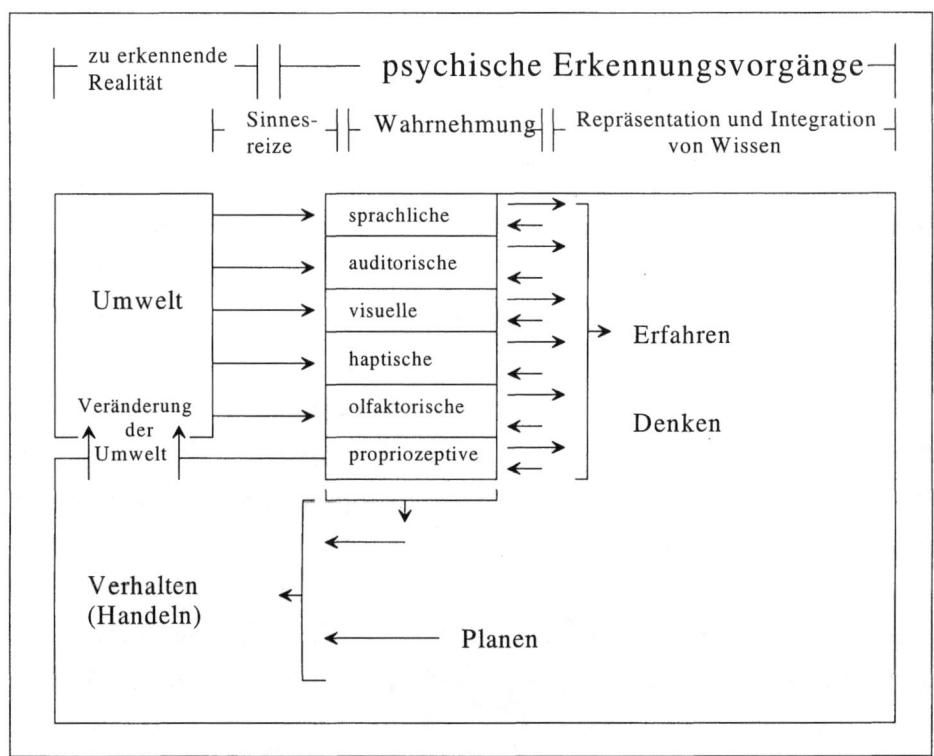

Abbildung 78: Schematische Darstellung des Informationsverarbeitungssystems
Mensch-Umwelt (Quelle: *Wimmer & Perner*, 1979, S. 24)

Für die *Werbepsychologie*, insbesondere für die Gestaltung werblicher Kommunikation hat dieser Ansatz insofern Bedeutung, als damit verdeutlicht wird, daß durch kommunikative Maßnahmen der Inhalt des Speichers mitgestaltet wird, und daß das vom Sender der Botschaft eingesetzte Codierungssystem mit dem Decodierungssystem des Rezipienten weitgehend identisch sein muß, damit dieser auch die Botschaft im beabsichtigten Sinn versteht. Außerdem werden damit Varianzen des Verständnisses bei unterschiedlichen Zielpopulationen erklärbar, wenn deren Speicherinhalte und Decodierungssysteme voneinander abweichen.

4.1.1.3 Selektive Wahrnehmung: Aufmerksamkeit

AP Folie 25 ff.

Um Umweltereignisse adäquat wahrnehmen (erkennen und selegieren) zu können, muß ein Individuum in der Lage sein, auf Reize aus der Umwelt aufmerksam zu reagieren. Dieser **Aufmerksamkeitsprozeß** sorgt für eine erhöhte **Sensibilisierung** des Organismus und hat Einfluß auf die Informationsaufnahme. Nach *Macworth* (1970) versteht man unter Aufmerksamkeit die Auswahl biologisch bedeutsamer und die Hemmung unwichtiger Reize (vgl. auch *Birbaumer*, 1975, S. 63 ff.). Neben der Wahrnehmung können auch Gedächtnis und Denken von diesem Prozeß beeinflußt werden, und umgekehrt können motivationale Zustände des Individuums die Aufmerksamkeit steuern.

Die psychologische und physiologische Basis aller Aufmerksamkeitsprozesse ist die **Orientierungsreaktion**. Jeder neue und unerwartete Reiz, komplexe Reize in ungewöhnlicher Reihenfolge, z.B. ein Produkt in ungewöhnlichem Kontext oder Reize von höherer Intensität oder unüblicher Formgebung, können eine Orientierungsreaktion hervorrufen. Auch sich widersprechende Reize oder Signalreize, z.B. das Wort *„Achtung!"* Der eigene Name oder sonstige Reize, die für das Individuum eine erhöhte Bedeutsamkeit besitzen, lösen ent-sprechende Reaktionen aus. Derartige Reize verlieren jedoch diese Fähigkeit, wenn sie häufig wiederholt werden. Ein solcher **Gewöhnungsprozeß** wird erst dann wieder durchbrochen, wenn neue Elemente hinzukommen oder der Kontext verändert wird (*Berlyne*, 1960). Andererseits spielen auch **Merkmale des Betrachters**, seine Bedürfnisse und Interessen eine Rolle, besonders dann, wenn die dargebotenen Reize einem gerade existenten Bedürfnis entsprechen. Soll also die Aufmerksamkeit auf ein Produkt gelenkt werden, so können Veränderungen, Unerwartetes, Größe des Objekts, helle, satte Farben sowie die mehrmalige, aber nicht zu häufige Wiederholung eher schwacher Reize diesen Effekt der Zuwendung erzielen.

Mit diesen Mitteln wird in der Praxis versucht, die *selektive Funktion* der Wahrnehmung zu unterstützen bzw. zu beeinflussen. Zum einen ergibt sich diese Notwendigkeit aufgrund der naturgemäßen *Begrenzung des Umfangs* der Aufmerksamkeit; zum anderen führt dieser Mechanismus zur *Auswahl spezifischer Inhalte* aus dem Überangebot der vielfältigen Reize, um schließlich das Individuum angesichts der kapazitätsmäßigen Beschränkung des Informationssystems vor einer Überlastung zu schützen.

Durch eine Reihe von Studien *Cherrys* (1953; *Cocktailparty-Phänomen*) angeregt, entwickelte *Broadbent* (1958) zu dieser Problematik der Trennung zwischen relevanten und irrelevanten Informationen eine sogenannte **Filtertheorie** der selektiven Informationsverarbeitung (*Abbildung 79*).

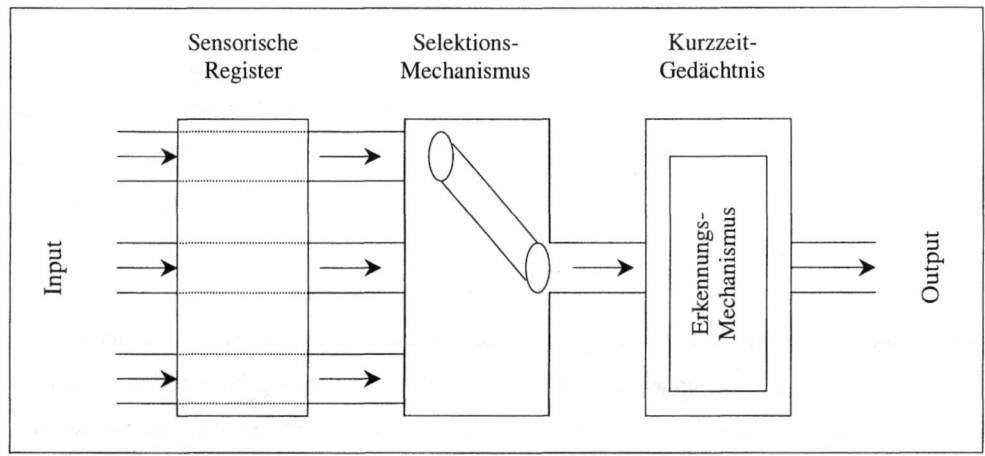

Abbildung 79: Schematische Darstellung der Filtertheorie *Broadbents* (1958)

Diese Vorstellung basiert auf einer weitgehend passiven Konzeption des Wahrnehmungsvorgangs; d.h. einlaufende Informationen werden durch einen Kanal beschränkter Kapazität geleitet (Analogon *„Flaschenhals"*), um dann zum Zweck begrifflicher Erkennung mit Inhalten des Langzeitspeichers in Verbindung gebracht zu werden. Um eine Überlastung des Erkennungsmechanismus zu verhindern, darf nur ein Bruchteil der ankommenden Informationen den Filter passieren, wobei die hier notwendige Selektion nach *Broadbent* ausschließlich auf der Basis physikalischer Reizeigenschaften erfolgt. Treismans (1969) Ergebnisse widersprechen allerdings dieser strikten Auffassung. In seinen Studien zeigte sich nämlich, daß auch der Sinngehalt von Informationen auf die Lenkung der Aufmerksamkeit eine Rolle spielt. Er spricht deshalb im Rahmen seiner **Filter-Amplituden-Theorie** nicht mehr von einer völligen Zurückweisung, sondern nur noch von *Abschwächung* nicht beachteter Informationen.

442

Diese Gesichtspunkte sind in dem von *Posner & Snyder* (1975) entwickelten Modell berücksichtigt. Sie konzipieren Aufmerksamkeit als zweigeteilte Funktion. Eine Komponente bildet die kapazitätsbeschränkte, willentlich lenkbare Aufmerksamkeit, die andere wird durch automatische Prozesse konstituiert; wobei erstere die letztgenannten Analyseprozesse nicht verhindern kann.

Zusammenfassend lassen sich daraus für die praktische Arbeit der Werbung folgende Konsequenzen ableiten (vgl. auch *Mayer & Pobel*, 1984, S. 235 ff.):

Bei der Auswahl der zu verwendenden Stimuli ist prinzipiell darauf zu achten, daß sie für die Zielpopulation *Bedeutsamkeit* besitzen;

- die Zuwendung zu bestimmten Informationen ist zusätzlich z.B. durch die den Informationsgewohnheiten entsprechende *Positionierung* der Elemente zu begünstigen;

- ferner kann durch die Verwendung bekannter, aufmerksamkeitsstiftender verbaler (z.B. neu, Achtung, aktuell, u.a.) oder visueller (attraktive oder bekannte Personen, Neuartiges oder Erwartungskonträres etc.) Stimuli

oder

- durch Reize mit emotionalem Bedeutungsgehalt die selektive Funktion der Wahrnehmung unterstützt werden.

4.1.1.4 Subliminale Wahrnehmung

Weniger wegen der werbepsychologischen Relevanz, als vielmehr mit dem Ziel einer Korrektur des in weiten Kreisen förmlich *verbissenen Glaubens* an die Existenz des Phänomens **Subliminale Wahrnehmung** (*Zanot, Pincus & Lamp*, 1983 oder *Block & Vanden Bergh*, 1985), und anläßlich des ausdrücklichen Verbots *subliminaler Techniken* in den EG-Richtlinien für grenzüberschreitendes Fernsehen (*Nickel*, 1989, S. 17), soll auf dieses *höchst wundersame* Kapitel in der Geschichte der Werbung etwas ausführlicher als sonst notwendig eingegangen werden.

Publizistischer Ausgangspunkt des nicht nur zu wissenschaftlichen Sprachverwirrungen führenden Phänomens *subliminale Wahrnehmung* ist die im Juni 1956 in der Sunday Times erschienene Meldung über ein Experiment mit Kinobesuchern, denen (angeblich) *bewußt nicht erkennbare*, extrem kurzzeitige Einblendungen von Werbeaussagen dargeboten worden sein sollen, was zu einem erhöhten Verkauf des beworbenen Produkts während der Vorführung geführt *habe*. Ein Jahr später berichtete *Vicary* auf einer Pressekonferenz über *eigene Experimente* in einem New Yorker Vorortkino, das offenbar „*... gar nicht existierte ...*" (*ZAW-service*, 1987, S. 18). Während Filmvorführungen seien Werbespots für Coca-Cola und Popcorn mit sehr kurzen Darbietungszeiten eingeblendet worden. Diese Spots hätten von den Kinobesuchern nicht wahrgenommen werden können; trotzdem seien im Verlauf einer sechswöchigen Untersuchungsdauer die Verkaufsraten für beide Produkte um 57,7% (Coca-Cola) bzw. 18,1% (Popcorn) angestiegen. Angesichts des *fiktiven Charakters* dieser Mitteilung ist es plausibel, daß keine Angaben über die Methodik dieser sogenannten *Vicary*-Studie vorhanden sind (vgl. *Brand*, 1978, S. 9; siehe auch *Rudolphi*, 1991).

Die Idee der subliminalen, d.h. unterschwelligen Wahrnehmung ist nicht neu. Sie wurde historisch schon viel früher in sehr einfachen Experimenten von *Peirce & Jastrow* (1888) aufgegriffen. Sie führten Selbstversuche zum Vergleich zweier nahezu gleich schwerer Gewichte durch. Dabei stellten sie in Fällen, in denen sie sich nur durch Raten für eines der beiden Gewichte als dem schwereren entscheiden konnten, eine überzufällige hohe Trefferzahl fest. Die Ergebnisse wurden als Hinweis auf eine subliminale Wahrnehmung bewußt nicht erkennbarer Gewichtsunterschiede interpretiert. Die Frage ist jedoch, ob es sich in diesen Fällen in der Tat um „bewußt nicht erkennbare" Unterschiede im Gewicht handelte.

Dieselbe Frage stellt sich auch bei den alten Untersuchungen von *Sidis* (1898), wo Probanden Zahlen, Buchstaben und Namen überzufällig richtig erkannten, obwohl die Angaben auf den vorgegebenen Karten aufgrund der großen Distanz zum Betrachter (nach den Angaben des Autors) nicht erkannt werden konnten.

Diese hier beispielhaft zitierten Studien deuten bereits auf die besondere Problematik des Begriffs *subliminale (oder unterschwellige) Wahrnehmung* hin. Der Begriff der **Wahrnehmungsschwelle** entstammt der klassischen Psychophysik und besagt, daß ein Reiz eine bestimmte physikalische Größe (Lautstärke, Helligkeit oder räumliche Ausdehnung) besitzen muß, um gerade **noch erkannt** zu werden. Um eine Reizschwelle zu bestimmen, wird z.B. der betreffende Stimulus wiederholt mit bestimmten Intensitäten dargeboten, wobei sich die Wahrnehmungsschwelle als diejenige physikalische Intensität des Reizes definiert, bei der ein Proband in *50%* der Darbietungen angibt, den Stimulus erkannt zu haben (S_1 in *Abbildung 80*).

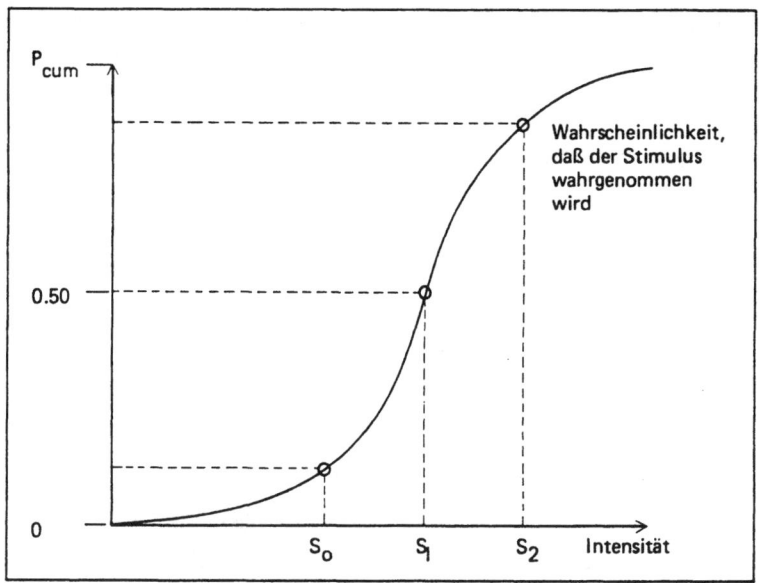

Abbildung 80: Schwellenmodell der klassischen Psychophysik

Ein Reiz mit der Intensität > S_1 wird damit als überschwellig; ein Reiz mit der Intensität < S_1 als *unterschwellig* definiert. Dies bedeutet, daß ein unterschwelliger Stimulus in einigen Fällen erkannt und umgekehrt ein überschwelliger Reiz gelegentlich auch nicht wahrgenommen wird. Um einen Reiz als **subliminal** abzusichern, muß folglich seine Intensität so verringert werden, daß die Trefferzahl so gering ist, daß sie als *rein zufällig* angesehen werden muß. Die Schwellenbestimmung muß darüber hinaus für jedes Individuum gesondert durchgeführt werden, da Wahrnehmungsleistungen erfahrungsgemäß interindividuell stark variieren. Die Problematik zum Nachweis subliminaler Wahrnehmung und deren eventuelle Konsequenzen besteht zunächst einmal darin, seine **Eigenschaft** als subliminaler Reiz **absolut** sicherzustellen. Dies bedeutet, daß die Trefferquote für den jeweiligen Stimulus erheblich unter der bekannten 50%-Grenze liegen muß (vgl. zur Diskussion der Irrtumswahrscheinlichkeit zur Bestimmung von Wahrnehmungsschwellen: *Franke*, 1966).

445

Eine etwas andere operationale Definition wählte *Hawkins* (1970), der darunter die *Dauer* oder Intensität der Darbietung versteht, bei der ein Stimulus zum ersten Mal *in einer Serie* von Präsentationen mit progressiver Dauer oder Intensität korrekt identifiziert wird. Die metho-dische Problematik, daß sich dabei diffuse Eindrücke vorausgegangener Reizpräsentationen kumulieren können, liegt auf der Hand.

Auf der anderen Seite finden sich in vielen Untersuchungen nur allgemeine Feststellungen über die sogenannte „unterschwellige" Eigenschaft der verwendeten Stimuli und dafür um so mehr euphorische Aussagen, wenn die Trefferquoten der Probanden *signifikant* über dem Erwartungswert liegen, der objektiv gar nicht ermittelbar ist (siehe z.B. *Stroh, Shaw & Washburn*, 1908; *Coyne, King, Zubin & Landis*, 1943).

Zahlreiche Untersuchungen befassen sich auch mit der unterschwelligen Einflußnahme auf **Lernprozesse** (vgl. *Brand*, 1978, S. 46 ff.). Es wurde versucht, durch akustische Stimulation Lernprozesse während des Schlafs anzuregen (*Fox & Robbin*, 1952; *Emmons & Simon*, 1956). Als Indikator für diese dem Probanden nicht bewußte Einflußnahme dienten Elektroenco-phalogramm- (EEG-) Änderungen. Ob die verwendeten akustischen Reize *tatsächlich unterschwellig* waren, bezweifeln die Autoren allerdings selbst. Sie konnten nämlich mit Hilfe einer exakteren EEG-Auswertung zeigen, daß die im Schlaf vermittelten Informationen in dem Maß schlechter reproduziert wurden, in dem die kortikale Aktivität während des Schlafs reduziert ist. Da der Schlaf aber kein einheitlich niedriger Bewußtseins- oder Aktivitätszustand darstellt, ist die Stimulation während des Schlafs auch n*icht per se unterschwellig.*

Daneben gibt es in neuerer Zeit einige Studien, die die daran (*nur*) angrenzende Thematik der Effektivität sogenannter (akustisch oder visuell) *eingebetteter Stimuli* (*Merikle*, 1988; *Vokey & Read*, 1985; *Kilbourne, Painton & Ridley*, 1985) mit theoretischem Bezug zur *Subliminalen Psychodynamischen Aktivierungstheorie Silvermans* (1976; vgl. dazu *Saegert*, 1987, S. 110) oder zur *Signalentdeckungstheorie* (*Green & Swets*, 1966; vgl. dazu *Synodinos*, 1988) untersuchen.

Unabhängig von ihrem theoretischen Hintergrund ist allen diesen Grundlagen-Studien, die bestenfalls eine indirekte Verbindung zur Werbung aufweisen, *gemeinsam*, daß sie **keine überzeugenden Beweise** für die verhaltenssteuernde Wirkung subliminal dargebotener Reize enthalten (vgl. dazu *Moore*, 1988, S. 297: *„It is concluded that there continues to be **no evidence** that subliminal messages can influence motivation or complex behavior"*). Nach diesen Feststellungen drängt sich natürlich die Frage auf, ob und ggf. welche Bedeutung eine subliminale Reizdarbietung in der Praxis der Werbung, insbesondere im Hinblick auf das Verhalten von Konsumenten haben kann.

Wenn dieses Vorgehen in diesem Bereich *funktionieren* würde, wäre damit eine Möglichkeit gegeben, das Verhalten von Konsumenten - *quasi durch die Hintertür des Unterbewußtseins* - in die gewünschte Richtung zu lenken; d.h. zu manipulieren. Ob diese Befürchtungen bzw. Erwartungen an die subliminale Werbung begründet sind, soll im folgenden anhand einzelner, der ansonsten geringen Zahl im Anwendungsgebiet der Werbung durchgeführten Untersuchungen diskutiert werden.

Dabei begegnet man zunächst einigen Studien, die bei oberflächlicher Betrachtung den Verdacht auf die potentielle Wirksamkeit entstehen lassen (vgl. z.B. *Laird*, 1932: Parfümierung von Damenstrümpfen; *Champion & Turner*, 1959: Assoziation *Wonderrice*; *Byrne*, 1959: Einblendung des Wortes *beef*). Der gemeinsame und vor allen Dingen gravierende Mangel dieser Untersuchungen ist jedoch der fehlende Nachweis für die tatsächliche Unterschwelligkeit der dargebotenen Reize. Auch für die Studien von *Spence* (1964), *Gordon & Spence* (1966) sowie *Spence & Gordon* (1967), die vor allem die Beeinflußbarkeit *primärer Bedürfnisse* im Auge hatten, gelten dieselben methodischen Einschränkungen. Dennoch herrscht gegenwärtig die Meinung vor, daß **primäre Bedürfnisse** (Hunger, Durst u.ä.) *unter Umständen* durch die Darbietung subliminaler Stimuli beeinflußt werden *könnten* (*Hart & McDaniel*, 1982).

Eine Besonderheit weist die Studie von *Hawkins* (1970) auf. Deshalb soll auf sie etwas ausführlicher eingegangen werden. Zum einen wurde sie lange Zeit und sehr oft als empirischer Beleg für die Existenz des Phänomens im Bereich des Konsumentenverhaltens benutzt, auf der anderen Seite veranschaulichen nachfolgende Ergebnisse von *Beatty & Hawkins* (1989), daß die Verteidiger dieses Glaubens Opfer eines Irrtums geworden sind. *Hawkins* (1970) untersuchte die Wirkung unter- und überschwellig dargebotener Reize sowie komplexer Informationen auf die anschließende Einstufung des Durstes der Probanden. Die im Rahmen einer Vorstudie als unterschwellig definierten Stimuli wurden 2,7 msec dargeboten. Den diversen Experimentalgruppen wurde erklärt, es ginge um die Bestimmung der Wahrnehmungsschwellen verschiedener Typenbezeichnungen für Autos.

Im einzelnen wurden folgende Reize dargeboten:

Gruppe 1: Die sinnlose Silbe „NYTP" (2.7 msec);

Gruppe 2: Die sinnlose Silbe „NYTP" (2.7 msec); und 5mal der Zielreiz COKE (*supra*liminal) mit dem Hinweis, dieses Wort auch laut zu wiederholen;

Gruppe 3: Der Zielreiz „COKE" (2.7 msec);

Gruppe 4: Die Anweisung „DRINK COKE" (2.7 msec).

Jede Gruppe wurde mit dem betreffenden Reiz innerhalb von ungefähr 15 Minuten insgesamt 40 Mal konfrontiert. Außerdem wurden die vergangene Zeit seit der letzten Flüssigkeitsaufnahme sowie das Durstgefühl (7-stufige Ratingskala mit den Polen *„not at all thirsty"* bis *„very thirsty"*) erhoben.

Im multiplen Paarvergleich zeigte sich, daß sowohl die subliminale Darbietung von „COKE" (Gruppe 3) als auch von „DRINK COKE" (Gruppe 4) zu höheren Dursteinschätzungen als die Darbietung der sinnlosen Silbe führten, während zwischen den Einschätzungen der Gruppen 2 bis 4 keine signifikanten Unterschiede auftraten.

In der *Replikations-Studie* (*Beatty & Hawkins*, 1989) wurde aufgrund dieser Ergebnisse auf die Gruppe 4 verzichtet. Statt dessen wurde die Anzahl der Versuchspersonen verdoppelt (auf ungefähr 50), um gegebenenfalls auch noch schwache Effekte statistisch nachzuweisen; ansonsten wurden die übrigen Bedingungen mit denen des vorausgegangenen Experiments vergleichbar gestaltet und entsprechende Kontrollen von potentiellen Störeffekten (Versuchsleiter-Erwartungs-Effekt: Doppelblind-Versuch; Zeitpunkt der letzten Flüssigkeitsaufnahme; eventuelle sportliche Betätigung; Konstanz der Raumhelligkeit) vorgesehen.

Tabelle 63: Ergebnisse der Replikations-Studie von *Beatty & Hawkins* (1989, S. 7) Mittlere Durstratings bei sub- und supraliminaler Präsentation

Präsentation	subliminal		supraliminal
	NYTP	COKE	COKE
Mittelwert	3.73	3.92	3.69
s	1.57	1.46	1.66
n	52	48	51

Die in *Tabelle 63* zusammengefaßten Ergebnisse zeigen keine statistisch gesicherten Unterschiede zwischen den Einschätzungen der verschiedenen Versuchsgruppen, so daß die Autoren nach eingehender Diskussion der unterschiedlichsten Quellen eines eventuellen Irrtums (vgl. S.

7) zu dem Schluß gelangen, daß es ebenfalls einer sorgfältigen Replikation auch der vereinzelt verbliebenen Studien mit *unter Umständen noch verdächtigen, positiven Anzeichen* (*Cuperfain & Clarke*, 1985 und *Kilbourne, Painton & Ridley*, 1985) bedarf, um die letzten Überreste des *Aberglaubens* an die werbepsychologische Effektivität dieses vermeintlichen Phänomens zu begraben. An dieser Feststellung ändert auch die nochmalige Überprüfung der Ergebnisse durch *Theus* (1994) nichts.

4.1.2 Lernen und Gedächtnis

Ehe lern- und gedächtnistheoretische Ansätze behandelt werden, ist zuvor der üblicherweise stattfindende Ablauf eines Lernprozesses voranzustellen. Dieser Ablauf ist bei allen Formen des Lernens, z.B. *klassische Konditionierung, instrumentelle Konditionierung* oder *Beobachtungs-lernen* weitgehend identisch. *Bredenkamp & Bredenkamp* (1971, S. 78 ff.) haben dafür ein Schema erstellt, das sowohl Lern- als auch Gedächtnisphasen einschließt. Die ersten beiden Phasen (*Vorbereitung und Aneignung*) werden im allgemeinen unter Lernen, die beiden letzten Phasen (*Behalten und Erinnern*) unter Gedächtnis zusammengefaßt (*Abbildung 81*). AP 83

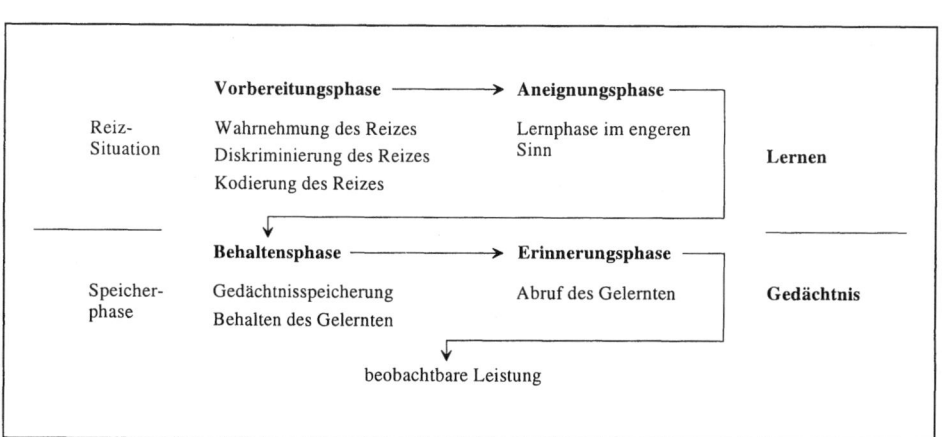

Abbildung 81: Zeitlicher Verlauf des Lernprozesses
(Quelle: *Bredenkamp & Bredenkamp*, 1971, S. 78)

449

In der

- **Vorbereitungsphase** stellt sich das Individuum auf die Aufgabe ein, wendet ihr Aufmerksamkeit zu und nimmt wahr;

und in der

- **Aneignungsphase** bearbeitet das Individuum das Material.

Um die aufgenommene Information später wiedererkennen oder reproduzieren zu können, muß sie zumindest in den *Kurzzeitspeicher* aufgenommen werden, um anschließend nach entsprechender Wiederholungsfrequenz in den *Langzeitspeicher* zu gelangen, wobei den beiden Speichern verschiedene Kapazitäten und Kodierungsmechanismen zugeschrieben werden (zum Ein- und Mehrspeicher-Modell des Gedächtnisses; vgl. *Kluwe*, 1990, S. 128 ff.).

- In der **Erinnerungsphase** werden die verfügbaren Informationen abgerufen. Zum Zeitpunkt der Reproduktion kann die geforderte Information zwar vorhanden, im Moment aber nicht verfügbar sein. Aus der Erinnerungsleistung läßt sich erschließen, ob und was gelernt bzw. behalten worden ist. Ohne eine Behaltensprüfung (Phase 4) sind keine Schlußfolgerungen im Hinblick auf einen eventuell stattgefundenen Lernprozeß möglich.

Wie aus der schematischen *Abbildung 80* zu entnehmen ist, erscheint es nicht immer einfach, die Sachverhalte Lernen und Gedächtnis exakt voneinander zu trennen. Im folgenden wird unter **Lernen** der *Erwerb neuer Verhaltensweisen* und unter **Gedächtnis** Vorgänge der *Speicherung* und des *Abrufs* verstanden. Die mit dieser willkürlichen Trennung der beiden Konstrukte verbundenen Probleme müssen dabei in Kauf genommen werden.

4.1.2.1 Lernen

Lernen meint in seiner allgemeinsten Bedeutung **Veränderung von Verhalten**; wobei hiermit nicht nur beobachtbares Verhalten, sondern z.B. auch Wahrnehmungs-, Denk- und sonstige Prozesse des Erlebens angesprochen sind. Die Lernpsychologie bemüht sich, die Bedingungen zu beschreiben, unter denen es zu solchen Veränderungen kommt, und sie gegenüber anderen

450

Quellen von Verhaltensänderungen (Vererbung, Entwicklung, Reifung, Liäsonen) abzugrenzen sowie allgemeine Gesetzmäßigkeiten lernbedingter Verhaltensänderungen abzuleiten, um diese erklären und ggf. vorhersagen zu können.

Bredenkamp & Wippich (1977, S. 19) weisen allerdings darauf hin, daß *„Lernen nicht mit einer wie auch immer bedingten Verhaltensänderung gleichgesetzt werden kann"*, und schlagen deshalb in Anlehnung an *Kimble* (1961) vor, Lernen als *„… relativ überdauernde Änderung einer Verhaltensmöglichkeit aufgrund von Übung oder Beobachtung …"* zu definieren. Außerdem empfehlen sie im Anschluß *Bandura* (1971a) ebenfalls eine Unterscheidung zwischen **Erwerb** (*acquisition*) und **Ausführung** (*performance*) des Verhaltens zu machen. Diese Trennung führt zur *„… Konzeption eines nicht beobachtbaren Lernvorgangs, der aus der Veränderung des Verhaltens aufgrund von Übung und Beobachtung erschlossen werden muß. Bleibt die Verhaltensänderung aus, so kann nicht gefolgert werden, daß kein Lernen stattgefunden hat"* (*Bandura*, 1971a, S. 20).

Erinnert man sich an dieser Stelle an die früher erwähnten definitorischen Merkmale der Werbung, und daß diese auf *Veränderung von Erleben und Verhalten* gerichtet ist, so wird anhand dieser Parallele deutlich, daß lernpsychologische Erkenntnisse auch im Rahmen von Werbewirkungsprozessen große Bedeutung haben und auftretende Änderungen partiell erklären oder vorhersagen helfen; so z.B. beim Erlernen von Produktbezeichnungen und -namen, dem Erwerb von Produktwissen, der Erinnerung an Slogans oder der Entwicklung von Assoziationen bzw. Einstellungen oder *neuen* Ge- oder Verbrauchsgewohnheiten. Dies gilt insbesondere im Zusammenhang mit der wiederholten Schaltung von Werbemaßnahmen. Auch die oben eingeführte Differenzierung zwischen *Erwerb* und *Ausführung* von Verhalten erscheint in diesem Zusammenhang sinnvoll, beispielsweise wenn der potentielle Konsument in einem neuen Produkt eine weitere Verhaltensalternative erkennt, aber dieses Wissen nicht unbedingt in eine Kaufhandlung umsetzt.

Zur Darstellung der wichtigsten Grundlagen wird im folgenden eine Auswahl theoretischer Ansätze und empirischer Befunde erörtert, aus denen sich im Hinblick auf werbliche Maßnahmen einige wesentliche Schlußfolgerungen ziehen lassen. Keines der hier darzustellenden Modelle kann Verhalten umfassend erklären. Sie ermöglichen es aber, grundlegende Aspekte bei Lernvorgängen zu erfassen. Die diversen Theorien des Lernens, die hier nur sehr kurz abgehandelt werden, repräsentieren mit ihrer Reihenfolge einzelne Abschnitte in der historischen Entwicklung der Lernpsychologie, wobei die jüngeren zunehmend größere Bedeutung für das Anwendungsfeld der Werbung erlangen.

WP 36
AP 85

4.1.2.1.1 Klassische Konditionierung

Das Paradigma der *klassischen Konditionierung* beruht auf den frühen Experimenten des russischen Physiologen *Pawlow* (1953a, 1953b). Es stellt zwar kein umfassendes Modell dar, hat aber zu einer Reihe von Entwicklungen in der späteren Lernpsychologie beigetragen. **Lernen** vollzieht sich nach *Pawlow* nach dem *Modell des Konditionierens*; d.h. der Herstellung einer bedingten Reaktion. Beim klassischen Konditionieren wird die angeborene reflexartige Verbindung zwischen Reiz und Reaktion (z.B. Anblick einer leckeren Speise → Speichelsekretion; Schreck- oder Schmerzreiz → Fluchtbewegung) mit einem bis dahin *neutralen* Reiz verbunden.

Folgt auf einen neutralen Stimulus (CS) in kurzem zeitlichen Abstand ein Stimulus (US) unkonditionierter Stimulus, der reflexhaft ein bestimmtes Verhalten (unkonditionierte Reaktion; UR) auslöst, so wird *dieselbe* unkonditionierte Reaktion (UR) nach einigen gemeinsamen Darbietungen auch durch den ursprünglich neutralen Stimulus (CS) *allein* hervorgerufen. Es entsteht eine Reiz-Reaktions-Verbindung CS → CR, wobei sich UR und CR entsprechen, d.h. identisches Verhalten darstellen.

In den Anfängen wurde in derartigen Versuchen bevorzugt mit Tieren experimentiert; bei *Pawlow* beispielsweise mit Hunden. Aber auch in der Humanpsychologie gibt es entsprechende Experimente. Ein berühmt gewordenes Beispiel ist die Untersuchung von *Watson & Rayners* (1920) zur klassischen Konditionierung von Furcht:

> Jedesmal, wenn sich der erst elf Monate alte Albert einer weißen Ratte, mit der er sich angefreundet hatte, zuwendete, ließ man hinter ihm ein lautes, unangenehmes Geräusch ertönen. Da bekannt ist, daß plötzliche laute Geräusche für Kleinkinder einen unkonditionierten Reiz darstellen, auf den Furchtreaktionen wie Abwendung, Wimmern, Schreien oder

Weinen folgen, hatte die Ratte nach mehrmaliger gemeinsamer Darbietung mit dem nachfolgenden Geräusch die Funktion eines konditionierten Reizes übernommen, der eine konditionierte Furchtreaktion auslöste. Albert hatte Furcht vor einem Tier erworben, mit dem er nie negative Erfahrungen gemacht hatte. Aufgrund dieses Lernprozesses konnte auch mit anderen, ähnlichen Tieren (Hunde, Kaninchen) oder auch mit Mutters Pelz eine identische Furchtreaktion ausgelöst werden, obwohl sich vor dem Experiment nie Anzeichen dafür gezeigt hatten; es hatte eine **Reizgeneralisierung** stattgefunden.

Klassisch konditionierte Reaktionen können prinzipiell auch wieder gelöscht (*Extinktion*) werden, wenn der konditionierte Stimulus (CS) des öfteren ohne den unkonditionierten Stimulus (US) dargeboten wird, bis die konditionierte Reaktion (CR) nicht mehr auftritt. Dieses Prinzip der **Extinktion** gestaltet sich jedoch im Fall der Furchtkonditionierung wegen ihrer höheren Extinktions-Resistenz etwas schwieriger als in anderen Bereichen des Verhaltens (vgl. *Solomon & Wynne*, 1954).

Klassisches Konditionieren blieb in der *Werbung* lange unbeachtet. Erst als *Nord & Peter* (1980) die Implikationen dieser Form des Lernens sowie des *operanten* Konditionierens für das Marketing etwas ausführlicher erörterten, rückte diese Problematik verstärkt in das Zentrum des Interesses. Die Folgen sind an einigen neueren Arbeiten (*Gorn*, 1982; *McSweeney & Bierley*, 1984; *Stuart, Shimp & Engle*, 1987; *Shimp, Stuart & Engle*, 1991) abzulesen, die neben methodischen Problemen vor allem differentielle Entstehungsbedingungen klassischer Konditionierung ins Auge fassen.

So verweisen *McSweeny & Bierley* (1984, S. 623 f.) auf fünf Situationen, in welchen diese Form des Lernens entweder nur in begrenztem Umfang oder überhaupt *nicht* stattfindet; beispielsweise:

- Wenn zwei konditionierte Stimuli (CSs) gemeinsam dem unkonditionierten Stimulus (US) vorausgehen (*overshadowing*);

- wenn zuvor die Verbindung zwischen einem ersten Stimulus (CS$_1$) und einem US gelernt wurde und anschließend mit einem neuen konditionierten Stimulus (CS2) geboten wird (*blocking*);

- wenn der unkonditionierte Stimulus (US) zuvor des öfteren alleine präsentiert wurde (*US pre-exposure effect*);

- wenn der CS zuvor des öfteren ohne den US präsentiert wurde (*latent inhibition*);

oder schließlich,

- wenn eine inkompatible Verbindung oder Koppelung von CS und US erfolgte (sog. *Garcia -Effekt*; vgl. *Garcia & Koelling*, 1966).

Positivere Ergebnisse, sind hingegen zum Beispiel im Hinblick auf die *Veränderung von Einstellungen* zu erwarten, wenn eine größere Zahl gemeinsamer Präsentationen von CS und US (Verstärkungen) vorliegt, sich die Versuchspersonen dieser Kontingenz bewußt sind (vgl. *Stuart et al.*, 1987, S. 347, Tabelle 6), und es sich dabei um eine noch weitgehend unbekannte Marke der jeweiligen Produktart handelt (vgl. *Shimp et al.*, 1991, S. 9).

4.1.2.1.2 Konditionierung durch Kontiguität

Guthries (1952) auf **Kontiguität** beruhende Lerntheorie nimmt an, daß *jede* auf einen Reiz folgende Reaktion diesem Reiz wieder folgt, wenn er wiederholt wird. Schon eine *einmalige* Verknüpfung schafft eine feste Assoziation, die dazu führt, daß beim erneuten Auftreten dieses Reizes auch die entsprechende Reaktion zu erwarten ist. Diese Theorie postuliert folglich ein **Alles-oder-Nichts-Gesetz**. Es wird aus einem einzigen Versuch gelernt; oder es wird nicht gelernt. Die Erklärungsmöglichkeiten für die Ausbildung von Beziehungen zwischen Reizen (S-S), Reaktionen (R-R) oder zwischen Reizen und Reaktionen (S-R) sind Kontiguität und Verstärkung. Die Kontiguitätserklärung besagt, daß das zeitliche und örtliche *Zusammentreffen* des in Frage kommenden Ereignisses genügt, um eine Verbindung zu schaffen. Die Verstärkung (Belohnung oder Bestrafung) bestimmt nur den Ort der Ausführung. Der Nachteil dieser Theorie liegt jedoch in den sehr beschränkten Möglichkeiten, mittels der beschriebenen Verknüpfung zwischen Reiz und Reaktion, den Erwerb komplexer Verhaltensweisen zu erklären oder vorherzusagen.

Ungefähr zur gleichen Zeit, als *Pawlow* seine ersten Versuche über die Konditionierung des Nahrungsreflexes durchführte, veröffentlichte *Thorndike* (1913) die Ergebnisse seiner Lernexperimente mit Katzen. Aufgrund seiner Beobachtungen formulierte er eine Reihe von Gesetzen, von denen das **Gesetz des Effekts** *(law of effect)* das wohl wichtigste darstellt. Es besagt, wenn zwischen einer Situation und einer Reaktion eine Verknüpfung stattgefunden hat, die von einem befriedigenden Zustand *(satisfying state of affairs)* begleitet ist, so wird die Stärke dieser Verbindung erhöht.

Weder *Pawlows klassische Konditionierungslehre* noch die *Konditionierung durch Kontiguität* und/oder *Verstärkung* können den Erwerb und die Aufrechterhaltung komplexer Verhaltensmuster hinreichend erklären. Insofern ist auch ihre Bedeutung für die Werbepsychologie als relativ begrenzt anzusehen. Ihre Kenntnis ist vielmehr eine Voraussetzung für das Verständnis der weiter entwickelten lerntheoretischen Modelle.

4.1.2.1.3 Operantes Konditionieren

Zur Genüge dürfte belegt sein, daß Verhalten zu einem großen Teil sowohl von seinen antizipierbaren als auch nachfolgenden Konsequenzen beeinflußt wird. Wenn Individuen die Auswirkungen ihrer Handlungen beobachten, lernen sie zu unterscheiden, welche Verhaltensweisen angemessen sind und welche nicht. Sie orientieren ihr Verhalten an den zu erwartenden Ergebnissen, d.h. sie wählen aus ihrem Repertoire dasjenige Verhalten aus, das ihnen Vorteile verspricht bzw. Probleme und Schwierigkeiten vermeidet.

Bei der auf *Skinner* (1938) zurückgehenden *operanten Konditionierungslehre* werden weniger die vorausgehenden Gegebenheiten des Verhaltens in den Vordergrund gestellt, sondern die Bedingungen der Verhaltens*folgen* ins Auge gefaßt. Nach *Skinner*, der sich bei seinen Versuchen, Lernen zu erklären, auf die von *Pawlow* (1926) bereits gelieferten und von *Watson* (1930) sowie *Guthrie* (1952) verfeinerten Erklärungen stützt, tritt Verhalten in zwei verschiedenen Formen auf: Entweder ausgelöst durch spezifische Reize *(respondent behavior)* oder spontan *(operant behavior)*. Beide Verhaltenstypen können im Lauf von Lernprozessen modifiziert oder überformt werden. Hierbei wird *Lernen* als die **Veränderung von Reaktionswahrscheinlichkeiten** verstanden. Die **Verstärkung** spielt dabei die wichtigste Rolle. Sie soll Verhalten nicht erklären, sondern ist die *Bedingung* dafür, daß die Auftretenswahrscheinlichkeit erhöht wird.

Bei der operanten Konditionierung folgt der Verstärker dem Verhalten. Die Bezeichnung **operant** bedeutet, daß ein Individuum etwas *tut* und dadurch bestimmte Veränderungen erzielt. Die Wahrscheinlichkeit einer Handlung wird aber nicht nur durch eine an das betreffende Verhalten sich anschließende Belohnung *(reinforcement)* im Sinne einer positiven Verstärkung erhöht, sondern kann auch durch eine Beendigung oder durch den Entzug eines unangenehmen (aversiven) Reizes erfolgen (negative Verstärkung). Beispielsweise haben Furchtreaktionen die Eigenschaften von Trieben und Bedürfnissen (*Hull*, 1952), weshalb ihre Verminderung eine bekräftigende Wirkung besitzt.

Bei den **Verstärkern** unterscheidet man *primäre* und *sekundäre*. Sekundärer Verstärker bedeutet, daß ein Reiz seine Wirkung durch die Assoziation mit einem primären Verstärker (z.B. Nahrung im Falle von Hunger) erwerben kann (Geld, um Nahrung zu kaufen); Geld ist folglich ein *sekundärer* Verstärker. Beabsichtigt man ein bestimmtes Verhalten zu erzielen, so kann dies nach dem Modell des operanten Konditionierens durch den bewußten Einsatz von Verstärkern ermöglicht werden. Zuvor muß allerdings geklärt sein, was für das betreffende Individuum verstärkend wirkt. Erst dann können geeignete Verstärkerpläne erstellt werden, die festlegen, womit, wann, wie häufig und ggf. in welchen zeitlichen Abständen verstärkt werden soll. Da die angestrebte Verhaltensweise meist nicht unmittelbar oder spontan auftritt, muß in der Anfangsphase zunächst jede Reaktion, die der erwünschten auch nur in etwa ähnelt bzw. in die entsprechende Richtung weist, schon bekräftigt werden. Anschließend wird dann nur noch Verhalten verstärkt, das sich der Zielhandlung weiter annähert, bis schließlich die gewünschte Reaktion kontinuierlich ausgeübt wird. Diesen Vorgang nennt *Skinner „shaping of behavior"* mit Hilfe von *„gradual approximation"*, d.h. die Formung neuen Verhaltens durch schrittweise Annäherung.

Die Attraktivität eines Verstärkers ist für den Verhaltenserwerb von entscheidender Bedeutung. Inwieweit aber ein auf diese Weise gelerntes Verhalten über einen längeren Zeitraum erhalten bleibt, hängt vom Modus der Verstärkerdarbietung ab. Um erwünschtes Verhalten aufzubauen und zu festigen, kann man verschiedene **Programme der Verstärkung** vorsehen:

- *Kontinuierliche* Verstärkungsprogramme: Hier wird jede *richtige* Handlung verstärkt. Sie fahren gewöhnlich zu einem raschen Erwerb *(Akquisition)*, später aber auch zu einer raschen Löschung *(Extinktion)* des Verhaltens.

- *Intermittierende* Verstärkungsprogramme: Dabei wird *nicht* jede, dem Zielverhalten sich nähernde oder mit ihm identische Handlung verstärkt. Die Folgen sind ein langsamer fortschreitender Lernprozeß mit einer größeren Resistenz gegenüber der Löschung. Derartige Programme können u.a. auf der Verhaltenssequenz (z.B. jede 10. Reaktion wird verstärkt; Quotenplan) oder auf Zeitabständen (z.B. jeweils 5 Minuten wird das Verhalten verstärkt; Intervallpläne) aufbauen. Quoten- und intervallweise Verstärkungen können sowohl konstant als auch variabel vorgesehen werden.

Die wesentlichsten Ergebnisse empirischer Untersuchungen zur Effektivität von Verstärkungsprogrammen lassen sich folgendermaßen zusammenfassen:
Je genauer das Auftreten des Verstärkers vorhersagbar ist, um so schneller lernt das Individuum. Je zufälliger der Verstärker eingesetzt wird, um so regelmäßiger und andauernder tritt das Zielverhalten auf. Entsprechend führt der Entzug von Verstärkern um so nachhaltiger zur Löschung des Verhaltens, wenn es zuvor regelmäßig verstärkt wurde. Die intermittierende Verstärkung führt zur höchsten, die kontinuierliche zur geringsten Löschungsresistenz.

Variierende, intermittierende Verstärkerpläne haben meist die besten Erfolge, wenn es um den dauerhaften Aufbau eines Verhaltens geht. Verhalten, das unter einer ständig wechselnden Umgebung bekräftigt wird, festigt sich unter variierenden Bedingungen und wird nicht nur mit einer einzigen Situation verknüpft. Die Wahrscheinlichkeit des Auftretens eines bestimmten Verhaltens kann dadurch *auf*gebaut, aber durch deren Entzug auch wieder *ab*gebaut werden. Hier ist die Unterscheidung zwischen Lernen, im Sinne von Erwerb und Ausübung wichtig. *Bredenkamp & Wippich* (1977, S. 85) weisen in diesem Zusammenhang darauf hin, daß sich die Verstärkung nicht in erster Linie auf das Lernen, sondern auf die Ausübung des Verhaltens auswirkt. Die Verstärkung ist „... *letztlich eine motivationale Bedingung für die Umsetzung des Gelernten in Verhalten".* Der Übergang von einer kontinuierlich verstärkten Lernperiode zu einer Extinktionsphase stellt in ihren Augen ein Belohnungswechsel dar, so daß der „*Abfall* *an Verhaltensstärke ... nicht so sehr ein Vergessen des Gelernten als vielmehr ein Nicht-mehr-Zeigen des Verhaltens, ... also letztlich ein motivationales Phänomen ist".*

Skinners Ergebnisse haben brauchbare Erklärungsansätze für den Erwerb neuen Verhaltens und vor allem Hilfen für pädagogische und therapeutische Probleme geliefert; insbesondere wenn dabei noch die Prinzipien der Stimulus**generalisierung** und **-diskriminierung** hinzugezogen werden. Weniger brauchbar ist das Modell, wenn der Erwerb sehr komplexer Verhaltensweisen im Mittelpunkt des Interesses steht.

Im Hinblick auf die *Werbung* kann daraus die Schlußfolgerung gezogen werden, daß auch im Rahmen der Gestaltung von werblichen Maßnahmen die Notwendigkeit und diverse Möglichkeiten des Einsatzes von (verbalen oder sozialen) Verstärkern bestehen, um die auf die unterschiedlichsten Verhaltensweisen von Konsumenten Einfluß zu nehmen (vgl. dazu insbesondere auch *Peter & Nord*, 1982).

(WP 36) **4.1.2.1.4 Imitationslernen und Lernen durch Beobachtung**

Beim *operanten* Lernen verändern sich bestimmte Aspekte des Verhaltens aufgrund der vom Individuum erfahrenen Konsequenzen des Verhaltens. Es besteht jedoch auch die Möglichkeit, daß Individuen bestimmte Verhaltensweisen erlernen, ohne daß sie selbst handeln und die damit verbundenen Folgen erfahren.

Auch durch **Nachahmung** bzw. Kopierung des Verhaltens anderer Individuen kann gelernt werden, besonders dann, wenn die gezeigten Verhaltensweisen zu einer positiven Bekräftigung führen (*Miller & Dollard*, 1941). *Mowrer* (1960) nimmt an, daß die Beobachtung einer Verstärkung, die der wahrgenommenen Handlung (des Modells) folgt, stellvertretend (*vicariously*) auf den Beobachter verstärkend wirkt. Der Beobachter lernt somit Reaktionen, für die er selbst nicht verstärkt werden muß.

Nach *Bandura* (1969b) sind weniger die Bekräftigung als vielmehr bestimmte kognitive Prozesse für das Lernen von Bedeutung, die während der **Beobachtung** eines sogenannten **Modells** innerhalb des Individuums stattfinden. Er (1969a) unterscheidet *nicht* zwischen verschiedenen Termini des Nachbildungsverhaltens *(matching behavior)*, wie z.B. *Imitation* und *Identifikation*. In seiner **Theorie des sozialen Lernens** werden diese Erscheinungen unter dem Be-

458

griff *Modellierung* zusammengefaßt, da in theoretischen Diskussionen keine Übereinstimmung über die Klassifikationskriterien erzielt werden konnte (*Bandura*, 1976, S. 11). Der Ausdruck Modellierung wird gewählt, weil das psychologische Wirkungsfeld der Modellierungseinflüsse viel weiter gesteckt ist als im Fall einer einfachen Nachahmung.

Bei Modellierungseinflüssen sind drei **Wirkungstypen** unterscheidbar:

1. Einen *Lerneffekt* durch Beobachtung: Dieser Effekt zeigt sich, wenn Modelle *neue* Verhaltensweisen demonstrieren, die vom Beobachter zuvor nicht beherrscht wurden, aber anschließend von ihm in ihren wesentlichen Bestandteilen reproduziert werden können.

2. *Hemmungseffekte*: Die Reaktionsbereitschaft wird vermindert, weil der Beobachter wahrnimmt, daß das Verhalten des Modells mißbilligt wird (*Bandura*, 1965b; *Crooks*, 1967), oder wenn das Modell mit Selbstbestrafung auf sein Verhalten reagiert (*Bandura*, 1971a; *Benton*, 1967).

3. *Enthemmungseffekte*: Diese können auftreten, wenn der Beobachter beispielsweise vor bestimmten Situationen Furcht hat, aber wahrnimmt, daß das Modell die bedrohliche Situation sorglos und ohne unliebsame Folgen meistern kann.

Die **Theorie des sozialen Lernens** geht davon aus, daß Modellierungseinflüssen hauptsächlich informative Funktion zukommt, und daß Beobachter eher symbolische Repräsentationen modellierter Ereignisse aufnehmen als eigentliche Reiz-Reaktions-Assoziationen. Die theoretische Analyse des Beobachtungslernens nimmt dabei vier miteinander verflochtene Prozesse an (*Bandura*, 1976, S. 23 ff.):

(1) Voraussetzung für die Wahrnehmung und Differenzierung von Verhaltensweisen der Modellperson ist die Zuwendung von *Aufmerksamkeit*. Aufmerksamkeitssteuernde Faktoren können beispielsweise Persönlichkeitsmerkmale des Beobachters sein (*Akamatsu & Thelen*, 1974; *Secord & Backman*, 1968). Auch können eigene Belohnung und die Bekräftigung des Modells *(vicarious reinforcement)* die Aufmerksamkeit lenken (*Bandura*, 1971a). Weitere Faktoren, die den Lernvorgang begünstigen, sind „ ... *der Anreiz, der im Lernen*

des modellierten Verhaltens liegt, die Motivation ... des Beobachters, die Differenziertheit, die das Modell von Natur aus besitzt oder erworben hat sowie seine Macht und Ausstrahlungskraft" (Bandura, 1976, S. 24).

(2) Die beobachtende Person kann ein ähnliches Verhalten, ohne es selbst auszuüben, nur dann erwerben, wenn das Modellverhalten symbolisch im *Gedächtnis* repräsentiert wird; und zwar auf der Ebene zweier Repräsentationssysteme, dem bildhaften und dem sprachlichen. Durch einen Prozeß der sensorischen Konditionierung treten überdauernde Vorstellungen vom Modellverhalten nach Reizen auf, die zusammen mit dem Modell vorkommen. Gedächtnisprozesse speichern das verschlüsselte Modellverhalten und stellen es zum späteren Abruf bereit.

(3) Die *motorischen Komponenten* des Verhaltens müssen verfügbar sein, damit die im Gedächtnis verschlüsselten Muster, d.h. das repräsentierte Modellverhalten, in ein offenes Verhalten umgesetzt werden können. Für die Durchführung der Reaktion durch den Beobachter müssen zwei Voraussetzungen gegeben sein: Zum einen muß die Person die notwendigen Fähigkeiten, Intelligenz und einen bestimmten Entwicklungsstand besitzen; zum anderen muß sie motiviert sein.

(4) *Verstärker* determinieren nur die Ausführung gelernter Reaktionen. In der Erwerbsphase wird gelernt, auch ohne daß das lernende Individuum das jeweilige Verhalten selbst ausführt und dafür verstärkt wird.

Verstärkung kann auch *antizipatorische Prozesse* einleiten, die die Aufmerksamkeit vermehrt beeinflussen und sich so indirekt auf das Nachahmungsverhalten auswirken. Die Verstärkung wird dabei eher als förderliche, weniger als unbedingt notwendige Bedingung angesehen, da auch andere Faktoren die Aufmerksamkeit lenken können; z.B. materielle Eigenschaften oder emotionale Anreize. Man braucht unter Umständen nicht verstärkt zu werden, um bestimmte Musik zu hören oder visuelle Schönheiten wahrzunehmen. Außerdem regeln Individuen „...
ihre Handlungen durch Konsequenzen, die sie antizipatorisch selbst schaffen und durch die sie sich selbst bewerten" (Bandura, 1976, S. 52).

Stellvertretende (vicarious) Verstärkung wird angenommen, wenn Beobachter ihr Verhalten ändern, weil sie gesehen haben, daß die Handlungen oder das Verhalten des Modells belohnt oder bestraft wurden. Während erfolgreiche Modelle einen erhöhten Anreiz vermitteln, dieselbe Belohnung wie das Modell zu erhalten, wird andererseits Modellen, die sich als wenig erfolgreich erwiesen haben, auch weniger Aufmerksamkeit geschenkt. Stellvertretende Verstärkung hat somit zunächst eine *informative Funktion*, da sie den Beobachter darüber aufklärt, ob sein Verhalten auf Billigung stoßen wird (*Bandura & Barab*, 1971). Darüber hinaus besitzt sie auch eine diskriminative Funktion, da sie bei mehreren Alternativen Hinweise auf das wahrscheinlich erfolgreichste Verhalten bietet (*McDavid*, 1962; *Wilson*, 1958). Ferner enthält sie eine *motivationale Funktion*, da sie beim Beobachter die Erwartung weckt, in gleicher Weise für das imitierte Verhalten verstärkt bzw. belohnt zu werden (vgl. dazu auch *Abbildung 82*).

modellierte Ereignisse →	Aufmerksamkeits-prozesse	→	Gedächtnisprozesse	→	motorische Reproduktionsprozesse	→	Motivations-prozesse	→
	Modellierungsreize • Differenziertheit • affektive Valenz • Komplexität • funktioneller Wert **Merkmale des Beobachters** • sensorische Fähigkeiten • Niveau der Erregbarkeit • Motivation • Wahrnehmungshaltung • frühere Verstärkung		• symbolische Kodierung • kognitive Organisation • symbolische Wiederholung • motorische Wiederholung		• körperliche Fähigkeiten • Verfügbarkeit der Teilreaktionen • Selbstbeobachtung bei den Reproduktionen • Feedback der Genauigkeit		• externe Verstärkung • stellvertretende Verstärkung • Selbstverstärkung	

Nachbildungsleistungen

Abbildung 82: Schematische Darstellung des Modell-Lernens (nach *Bandura*, 1976, S. 31)

In der Zwischenzeit liegt insbesondere aus den Bereichen Sozial- und Entwicklungspsychologie eine Fülle von Einzeluntersuchungen zu den verschiedensten Teilaspekten des Beobachtungslernens vor, wobei meist die Wirksamkeit unterschiedlicher **Eigenschaften des Modells**, des **Beobachters** sowie die **Art des Mediums** im Mittelpunkt des Interesses steht.

Aber auch in der Werbepsychologie hat sich die Zahl der Studien, die diese Form des Lernens im Hinblick auf ihre Effizienz im Bereich des Konsumentenverhaltens untersuchten, angesichts der verstärkten Verwendung von Personendarstellungen von Seiten der Werbepraxis zusehends vergrößert; was nicht heißt, daß nun alle Probleme gelöst wären. Vielfach stellt sich dabei die Frage, inwiefern die Ergebnisse des Einzelfalls zu verallgemeinern sind (externe Validität), da die Bedingungen, unter denen sich Beobachter und Modell verhalten, nicht selten Interaktionseffekte aufweisen, die bisher nur unzulänglich untersucht sind. Es sind allerdings hinreichende Belege dafür vorhanden, daß Modelle mit *Prestige, Macht, Intelligenz, besonderen Fähigkeiten, hohem Status* oder auch *Ähnlichkeit mit dem Beobachter* eher nachgeahmt werden als Modelle, die sich nicht durch die genannten Merkmale auszeichnen (*Bandura*, 1969b; *Blake*, 1958; *Campbell*, 1961). Wenn Individuen lediglich das Verhalten des Modells, nicht aber dessen Konsequenzen beobachten können, üben **Modellcharakteristika** den stärksten Einfluß auf das Nachahmungsverhalten aus (*Bandura*, 1976, S. 61). Beobachter achten dann auf Hinweisreize, wie Kleidung, allgemeine Ausstrahlung, Geschlecht etc., die auf die wahrscheinliche Wirkung der nachgeahmten Reaktionsweise spekulieren lassen.

In der Regel sind aber die Folgen der Handlung wirkungsvoller als die Modellmerkmale, insbesondere wenn es um den längerfristigen Bestand imitierten Verhaltens geht. Ein Modell mit Prestige kann zwar bestimmtes Verhalten initiieren. Dieses Verhalten wird aber schnell wieder aufgegeben, wenn es sich als wenig erfolgreich erweist; wodurch sich auch der künftige Einfluß des Modells verringert.

4.1.2.2 Gedächtnis

4.1.2.2.1 Reproduktion und Wiederholung

Wie schon früher erwähnt, weist die Trennung von Lernen und Gedächtnis einige Schwierigkeiten auf, da in den Konzepten, die sich mit Lernen befassen, auch immer Aussagen über das Konstrukt Gedächtnis enthalten sind. Hat ein Lernender irgendwann mehr oder minder absichtlich Informationen aufgenommen, so müssen diese Spuren hinterlassen haben, die je nach der inzwischen vergangenen Zeit mit unterschiedlicher Genauigkeit reproduziert werden können. Wie Informationen aufgenommen, gespeichert und abgerufen werden, bleibt der direkten Beobachtung verborgen. Man kann lediglich die Bedingungen, unter denen Informationen aufgenommen und wiedergegeben werden, festlegen, wobei die ablaufenden Prozesse in Abhängigkeit von der Art des Lernmaterials, der Darbietungsform oder der Länge des Behaltensintervalls und einer Reihe weiterer Faktoren variieren.

Wie **Reproduktion und Wiederholung** miteinander kovariieren, läßt sich am deutlichsten anhand von Erkenntnissen der Psychologie des verbalen Lernens veranschaulichen. Es wird dabei vornehmlich mit sprachlichem Material gearbeitet und Untersuchungen hauptsächlich mittels der Methoden des *Paar-Assoziations-Lernens (PAL)*, des *seriellen Lernens* sowie der *freien Reproduktion* durchgeführt (*Foppa*, 1970; *Kluwe*, 1990).

Beim **Paar-Assoziationslernen** ist die Bildung von Assoziationen der grundlegende Lernvorgang. Ein Beispiel aus dem schulischen Alltag ist das Lernen von Vokabeln; aus dem Bereich der Werbung kann der Slogan *„Mach' mal Pause, Coca-Cola"* zur Veranschaulichung dienen. Während beim PAL zu jedem Reiz eine bestimmte Reaktion gehört, ist beim *seriellen Lernen* eine Reihe von Items unter Berücksichtigung ihrer Abfolge einzuprägen. Als Beispiel aus der Werbung wäre dabei an die Wortfolge eines *Slogans* oder sonstiger textlicher Aussagen sowie auch an eine Serie von TV-Werbespots zu denken, die in ein Programmumfeld eingebettet sind. Die schon auf *Ebbinghaus* (1885) zurückgehende *Spezifitätshypothese* nimmt bei dieser Form des Lernens an, daß bei einer Reihe A-B-C-D die Assoziationen AB, BC, CD usw. gebildet werden. Die *ordinale Positionshypothese* behauptet demgegenüber, daß die Ordinate Position eines Items in der Reihe der Reiz ist, mit der die Reaktion verknüpft wird; beispielsweise in der Form 1-A, 2-B, 3-C, 4-D. *Young* (1962) nimmt in Analogie zum S-R-Paradigma an, daß eher die zuletzt genannte Hypothese gilt.

Werden Probanden Items (oder Inhalte) angeboten, die später in beliebiger Reihenfolge möglichst lückenlos wiedergegeben werden sollen, so handelt es sich um die Methode der **freien Reproduktion**. Die Bedeutung dieser Methode ist darin zu sehen, daß der Versuchsperson ein größerer Freiheitsspielraum im Antwortverhalten eingeräumt wird, und die Ergebnisse somit mehr Anhaltspunkte oder Aufschlüsse über eventuell stattgefundene Umformungs- und Organisationsprozesse im Rahmen der Informationsverarbeitung liefern (vgl. *Kluwe*, 1990, S. 121).

Mit Blick auf die *Werbung* ist bezüglich der Forschungsergebnisse aus diesem Bereich vor allen Dingen auf die in mehreren Studien zum *seriellen Lernen* und bei der Methode der freien Reproduktion wiederholt auftretende Beobachtung aufmerksam zu machen, daß Items in Abhängigkeit von ihrer Positionierung unterschiedlich gut eingeprägt bzw. reproduziert werden (*Murdock*, 1962, S. 483). Vor allem werden Items, die am Beginn (*primacy*) und am Ende (*recency*) einer Serie stehen, gegenüber denjenigen in der Mittelposition mit größerer Wahrscheinlichkeit behalten bzw. reproduziert. Dieser sogenannte **primacy-recency-Effekt**, der in der Gedächtnispsychologie früher vielfach als Argument für die Annahme der beiden Speichereinheiten des *Lang- und Kurzzeit-Speichers* verwendet wurde, besitzt im übrigen auch Relevanz für werbliches Material (Anzeigen, TV- und Hörfunkspots).

Ob die Positionskurve dabei durch die Differenzierung in die genannten Speichereinheiten erklärbar ist, oder wie *Raajmakers & Shiffrin* (1980, 1981) annehmen eher auf Merkmalen des Suchprozesses beruhen, ist derzeitig noch nicht endgültig geklärt. Es ist davon auszugehen, daß derartige Ergebnisse noch von einer Reihe weiterer Faktoren mit beeinflußt werden; so z.B. durch den Inhalt der Aussagen und deren persönliche Relevanz, von eventuellen Vorinformationen oder vom Zeitintervall zwischen Präsentation und Messung (*Bledjian & Stosberg*, 1972, S.51 f.).

Bei Ergebnissen aus Gedächtnisexperimenten muß zwischen *Reproduktions-* und *Wiedererkennensleistungen* unterschieden werden. Während auf der einen Seite Individuen dargebotenes Lernmaterial zu einem späteren Zeitpunkt reproduzieren müssen, wird beim Wiedererkennen geprüft, welche Informationen oder Details als bekannt identifiziert werden; d.h. alte und neue Informationen müssen auseinandergehalten werden. Nach der Darbietungsphase wird deshalb das gelernte Material im Prüfdurchgang mit neuem vermischt, wobei diese Mischung in zufälliger Reihung, sukzessiv, simultan oder im *multiple-choice*-Verfahren geschehen kann.

Da **Wiedererkennen** im Vergleich zum Reproduzieren die einfachere Leistung darstellt, bringt sie (numerisch) auch meist die höheren Werte. Ob der Aspekt des Wiedererkennens oder des Reproduzierens für die Werbung der relevantere ist, entscheidet sich nach der Zielsetzung der Maßnahme bzw. nach der Prognoseleistung des betreffenden Prädiktors (vgl. dazu *Mayer*, 1990). So kann zum Beispiel das Wiedererkennen einer Produktmarke bei Einkäufen aus den Regalen des Supermarkts ausreichend und allein bedeutsam sein, während für die Realisation einer Kaufintention im Fachgeschäft sowohl Benennung als auch Beschreibung des Produkts in seinen detaillierten Merkmalen erforderlich sind, d.h. es werden differenziertere Reproduktionsleistungen verlangt.

4.1.2.2.2 Behalten und Vergessen

Bereits *Ebbinghaus* stellte fest, daß nach einmaliger Darbietung einer Reihe unverbundener Elemente normalerweise etwa sieben richtig reproduziert werden können. Bei sinnhaltigen Texten oder organisierten Mustern liegen die Behaltensleistungen sogar noch höher. Wie lange die Inhalte im Gedächtnis haften bleiben, hängt nicht nur vom Sinngehalt, sondern auch von der **Zeitspanne** zwischen der **Lern-** und **Prüfphase** ab. Mit zunehmend zeitlicher Distanz sinkt die Qualität der Erinnerungsleistung erheblich, wobei die Hemmungseffekte mit dem Umfang des Lernmaterials und mit dem Ausmaß der zwischenzeitlichen Störungen variieren.

Gelerntes Material erfährt mit der Zeit Veränderungen. Schon *Ebbinghaus* (1885) konnte zeigen, daß sich die Anzahl der reproduzierbaren Elemente im Laufe der Zeit in Form einer Asymptote zur x-Achse nähert, deren Wert größer Null ist; d.h. ein kleiner Rest des gelernten Materials bleibt auch nach längeren Intervallen noch erhalten.

Der Verlauf der sogenannten **Vergessenskurve** verdeutlicht, daß ein gelernter Inhalt anfänglich sehr schnell, später jedoch immer langsamer vergessen wird; d.h. die Grenzrate nimmt im Verlauf der Zeit kontinuierlich ab (siehe dazu *Abbildung 83*). Versucht man diese Kurve auf den Bereich der Werbung zu übertragen, so zeigt sich, daß sie dort nur vom Prinzip her, nicht aber in allen Details Geltung besitzt. Änderungen oder Unterschiede hinsichtlich der Variablen Lernmaterial, Lern- und Prüfmethode (Reproduktion, Wiedererkennen, Wiedererlernen), inhaltlicher Kontext, zeitliche Verteilung der Lerninhalte sowie zahlreiche individuelle Bedingungen (persönliche Relevanz) führen fallweise zu sehr unterschiedlichen Vergessens-kurven. Beispiele für den Fall von werblichen Lern- bzw. Vergessensprozessen (*Marken-bekanntheit*) finden sich u.a. bei *Colman & Brown*, 1985, S. 169 f.).

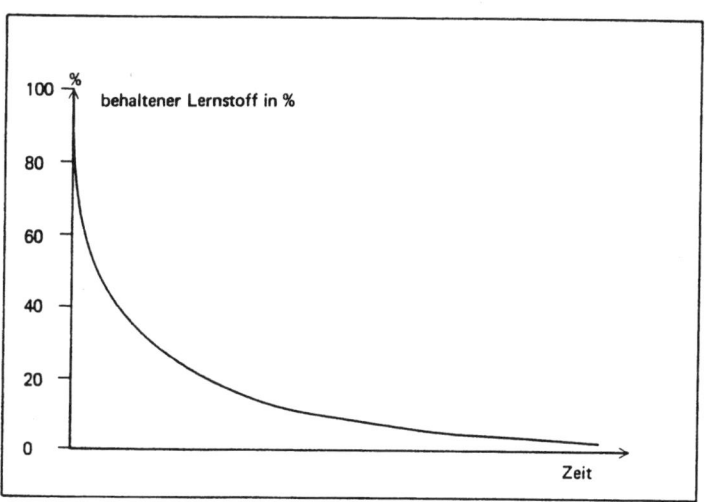

Abbildung 83: Exemplarischer Verlauf einer Vergessenskurve

Im Hinblick auf die praktische Bedeutung für die Werbung läßt sich feststellen, daß die naheliegende Erwartung der Zunahme von Erinnerungswerten bei steigender Anzahl an Wiederholungen zwar nicht generell aber weitgehend bestätigt werden kann (vgl. dazu auch *Mayer*, 1993). Zugleich weisen die Beobachtungen bei der Vergessenskurve auf die große Bedeutung des **Meßzeitpunkts** und des damit verbundenen Aussagegehalts von Ergebnissen hin. Unterschiede in den Effekten der wiederholten Begegnung mit Werbemitteln sind hier zum Beispiel hinsichtlich der Art des Produkts, der inhaltlichen und formalen Gestaltung des Werbemittels, der Art des Mediums und der Zusammensetzung der Zielgruppe zu erwarten; um nur einige der wichtigsten Variablen zu nennen.

Ein Vergleich der Meßwerte innerhalb verschiedener *Zeitspannen* ist dabei genauso wichtig wie die Frage des Transfers von Ergebnissen aus *Labor-* auf Realsituationen. Insbesondere ist zu prüfen, inwiefern die spezifischen situativen Bedingungen vergleichbar sind. Ferner sind in diesem Zusammenhang nicht nur die Erinnerung an Markennamen und Werbebotschaft bedeutsam, sondern ebenso relevant können Einstellungen gegenüber dem beworbenen Produkt sowie die Kaufabsicht oder noch mehr das Kaufverhalten selbst sein.

Nicht zuletzt können individuelle Dispositionen (u.a. *Involvement*) des Lernenden den Verlauf von Lern- sowie Vergessenskurven modifizieren. Sehr oft ist im Fall des werblichen Kommunikationsprozesses davon auszugehen, daß kein besonderes Involvement besteht (periphere Route der Informationsverarbeitung); es sei denn, daß sich das betreffende Individuum zu diesem Zeitpunkt gerade in einem Prozeß der Entscheidung befindet (zentrale Route). Im erstgenannten Fall muß von der Art der Gestaltung ein Anreiz zur Auseinandersetzung mit der werblichen Maßnahme ausgehen, um zumindest eine gewisse Aussicht auf Erfolg zu haben. Im zweiten Fall kann dazu die inhaltliche Relevanz der Botschaft einen wesentlichen Beitrag leisten.

4.1.3 Motivation

Die **Psychologie der Motivation** fragt nach dem »Warum«, d.h. nach den Ursachen des Verhaltens. Motivation beschäftigt sich sonach mit den Motiven des Handelns. Motive im Sinne von *„... individuellen Voreingenommenheiten für die Bewertung bestimmter Ereignisse und Sachverhalte ..."* (*Schmalt & Heckhausen*, 1990, S. 453) sollen menschliches Verhalten verständlich machen. Nach *Tolman* (1948) sind Motive *intervenierende Variablen*, die nur erschlossen werden können. Sie sind nicht unmittelbar beobachtbar und somit auch *nicht direkt* meßbar. Man kann zwar Situationen, Reize und Reaktionen beobachten, aber über die psychologischen Prozesse, die sich dazwischen abspielen, sind nur indirekt Schlüsse zu ziehen. Insofern ist Motivation nur eine begriffliche Vorstellung, ein **hypothetisches Konstrukt** (vgl. *McCorquodale & Meehl*, 1948; *Ruch & Zimbardo*, 1975). Schlußfolgerungen bezüglich der *absolut eindeutigen* Verursachung des Verhaltens bleiben jedoch problematisch, weil neben Motiven noch andere Mechanismen bestehen, die das Verhalten beeinflussen oder steuern. Über die Art und Anzahl von Motiven gibt es sehr unterschiedliche Vorstellungen. Das Angebot reicht hier von einem Motiv (z.B. Sexualtrieb, *Freud*, 1905) bis hin zu mehr oder minder vollständigen Aufzählungen als potentielle Erklärungsgrundlagen des Verhaltens (*Murray*, 1938).

4.1.3.1 Klassifikation von Motiven

Der Versuch einer Klassifikation führt zunächst zu der Unterscheidung zwischen **primären** und **sekundären Motiven**. Primär und sekundär können dabei zweierlei bedeuten: *„In einer ersten Bedeutung ist primär das, was phylo- und ontogenetisch zuerst vorhanden ist; sekundär das, was später an zweiter Stelle durch Erfahrung und Lernen hinzukommt. In der zweiten Bedeutung werden die primären Triebe als alle weiteren Triebe und Motive und Motivationsarten verstanden"* (*Kruse & Rogge*, 1971, S. 109).

Unter **primären Trieben** versteht man die Aktivierung solcher Verhaltensweisen, die ein biologisches Gleichgewicht im Organismus aufrechterhalten (Homöostase). Diese Eigenschaft kennzeichnet jedoch *nicht jeden* primären Trieb, da nicht alle primären Triebe diesen regelhaften Mechanismus durchlaufen (beispielsweise der Sexualtrieb). Deshalb unterscheidet *Grossman* (1967) zwischen homöostatischen und *nicht*-homöostatischen Triebmechanismen. Homöostatische Triebe, wie Hunger, Durst und Schlaf, leiten regulatorische Prozesse ein, die das physiologische Gleichgewicht im Organismus aufrechterhalten helfen. Sie werden von internen Reizen ausgelöst, die einen biologischen Mangelzustand anzeigen, während nichthomöostatische Triebe (u.a. Neugierde) weitgehend durch Veränderungen der externen Umwelt des Organismus ausgelöst und reduziert werden. *„Gelernte Verbindungen (Tageszeit, Gerüche z.B. bei Hunger) modulieren auch homöostatische Triebprozesse in erheblichem Ausmaß, während nicht-homöostatische Triebe von Reizen gesteuert werden, deren Wirksamkeit ausschließlich auf Lernprozessen basiert"* (*Birbaumer*, 1975, S. 73).

Es ist davon auszugehen, daß *sekundäre* (auch psychologische oder soziale Motive genannt) erlernt werden. Sie sind relativ überdauernde Merkmale eines Individuums, die allerdings im Lauf der Zeit auch durch Sozialisationsprozesse überformt und modifiziert werden (*Heckhausen*, 1963). Bei der Analyse der Ursache des Verhaltens wird von äußeren Stimulusbedingungen ausgegangen. Motive sind durch ihre *Stärke, Richtung* und *Ausdauer* gekennzeichnet und entstehen aus der Interaktion von Person und Umwelt. Dabei ist aber eine spezifische Zuordnung von Motiven zu bestimmten Handlungsweisen nicht immer eindeutig vorzunehmen, da sowohl verschiedenes Verhalten durch ein und dasselbe Motiv verursacht sein kann als auch identische Verhaltensweisen manchmal auf unterschiedlichen Motiven basieren (*Irle*, 1975, S. 144).

Sekundäre oder soziale **Motive** werden meist durch äußere Reize ausgelöst, die einerseits stark genug sind und andererseits in Interaktion zwischen Person und Situation stehen. Dieser Standpunkt hat dazu geführt, **Motivation** von den Anreizen her zu charakterisieren. Anreize haben „*... die Fähigkeit ..., entweder durch Lernen oder angeborenermaßen ...*" aufgrund von Erwartungshaltungen, Erregungszustände hervorzurufen, „*... d.h.... zu motivieren*" (*Cofer*, 1975, S. 128). Anreize haben aber auch die Funktion, das Verhalten zu bekräftigen, d.h. die Auftretenswahrscheinlichkeit des Verhaltens zu erhöhen (*Cofer*, 1975, S. 133). Anreize können aber erst dann motivaktivierend wirken, wenn sie „*... mit einer bestimmten Befindlichkeit einer Person in einer gegebenen Situation korrespondieren*" (*Graumann*, 1955). Erst dann werden Veränderungen hinsichtlich der Richtung und Intensität des Verhaltens vorgenommen.

Motivation tritt oft gemeinsam mit Emotionen auf. Die Gründe für diese Verbindung ist nicht vollkommen geklärt. Aus neuropsychologischer Sicht lassen sich Emotion und Motivation nicht scharf auseinanderhalten, da „*... nach ihren organischen Grundlagen ... keine eindeutige Abgrenzung vorgenommen werden*" kann. „*Beide sind Ausdruck der Aktivität einer einzigen psychologischen Grunddimension, deren Auswirkungen durch den psychologischen Begriff* **Aktivierung** *[Hervorhebung des Verfassers] umschrieben werden können*" (*Guttmann*, 1972, S. 187). Motivation *und* Emotion sind beide ein Produkt aus physiologischer Erregung und kognitiver Bewertung der Situation (vgl. auch *Schachter & Singer*, 1962).

4.1.3.2 Motivation durch Erwartung und Anreiz

Die Vorstellung, daß Motive durch Darbietung entsprechender Anreize wachgerufen werden können, ist in der Praxis der Werbung häufig anzutreffen, obwohl sich in der werbepsychologischen Literatur nur wenige Versuche finden lassen, die diesen Zusammenhang empirisch überprüfen. Noch seltener sind Studien, die die Auswirkungen auf das Kaufverhalten untersuchen, wobei meist auf eine theoretische Ableitung der Hypothesen verzichtet wird. Dies erscheint verständlich, wenn man berücksichtigt, daß bislang noch keine Motivationstheorie existiert, die in jeglicher Hinsicht befriedigend das Motivationsgeschehen beschreibt und erklärt (*Herrmann*, 1969, S. 215).

Beschränkt man sich auf den Aspekt der Aktivierung von Motiven durch Anreize (kritische Anmerkungen dazu finden sich bei *Cofer*, 1975, S. 207 ff.), dann stellt das Modell von *McClelland* (1961) eine potentielle theoretische Fundierung zur Erklärung von Motivaktivierung durch Anreize dar. Nach diesem Modell besitzen *äußere Reize* die Fähigkeit, Verhalten zu motivieren, wenn sie in einer assoziativen Verknüpfung mit früheren Reizsituationen stehen, die von angenehmen oder unangenehmen Emotionen begleitet wurden und nun **Erwartungshaltungen** hervorrufen, den bereits bekannten Zustand erneut zu erleben. Das Verhalten kann die Form der Annäherung an die Situation oder die des Rückzugs einnehmen. Die Wahl der Richtung ist unabhängig von der Antizipation, d.h. der Vorwegnahme der Emotion, die das Handlungsergebnis voraussichtlich auslösen wird.

Vermag ein äußerer Reiz, in Form eines Hinweisreizes, früher erfahrene angenehme Gefühlszustände zu erzeugen, so wird eine Annäherung an die Situation erfolgen. Wird die Wiederholung eines unangenehmen Zustands (z.B. Furcht, Schmerz) erwartet, so ist ein Rückzug mit dem Ziel der Vermeidung der Situation wahrscheinlich. Hinweisreize können nach dieser Theorie jedoch nur dann verhaltenswirksam sein, wenn „... *nur ein Teil des emotionalen Zustands aktiviert wird und dies zur Erwartung fahrt, der Eintritt der Situation werde das Erleben der ganzen Emotion ermöglichen"* (*Cofer*, 1975, S. 135). Handlungsaktivierend ist demnach die Erwartung der ganzen Emotion. Verhaltenswirksame Hinweisreize dürfen folglich nur unvollständige affektive Zustände auslösen, da „... *das Erleben der ganzen Emotion der Zielzustand ist"* (*Cofer*, 1975, S. 135).

Versucht man *McClellands* Motivationsmodell auf werbepsychologische Prozesse zu beziehen, so heißt dies, daß Anreize durch ein von der Gestaltung her darauf ausgerichtetes Werbemittel dann zum Kauf eines Produkts motivieren kann, wenn die Gestaltungselemente die Funktion von Hinweisreizen erfüllen und das Erleben möglichst angenehmer Gefühle vorwegnehmen;

verbunden mit der Erwartung, erst durch den Erwerb des Produkts die „ganze Emotion" erfahren zu können.

Bei *Atkinson* (1958) hingegen, der ein sogenanntes **Erwartungsmodell** entwickelt hat, das er vorrangig am Leistungsmotiv demonstriert, wird Verhalten als Produkt aus Antrieb, Erwartung (i.S. subjektiver Erfolgswahrscheinlichkeit) sowie dem Anreizwert eines Ziels bestimmt. Der Anreiz ist dabei von der relativen Attraktivität bzw. Unattraktivität eines Ziels abhängig. Aus der multiplikativen Verknüpfung ergibt sich, daß ein (Leistungs-)Ergebnis dann am größten ist, wenn sowohl Anreiz als auch Erfolgserwartung mittlere Ausprägungen besitzen (vgl. dazu auch *Heckhausen*, 1980, S. 172 ff.; *Schmalt & Heckhausen*, 1990, S. 451 ff.).

Die früher angesprochene Kritik der mangelnden theoretischen Orientierung motivationspsychologischer Untersuchungen ist jedoch nur mit Einschränkungen gerechtfertigt, da gegenwärtig noch nicht feststeht, welcher Ansatz den wissenschaftstheoretischen Kriterien Widerspruchsfreiheit, Einheitlichkeit, Voraussetzungsexplikation und Überprüfbarkeit am besten entspricht. Angesichts dieser Umstände schlägt *Herrmann* (1969, S. 215) vor, nicht Motivation allgemein zum Thema der Forschung zu machen, sondern spezifische Motive genau zu untersuchen, um sie damit als inhaltliche Klasse von Handlungszielen zu definieren (*Schmalt & Heckhausen*, 1990, S. 459). Beispiele hierfür liegen u.a. in den Fällen der Leistungsmotivation, Furcht und Angst sowie Gesellung vor. Dabei wird versucht, in einem begrenzten Segment das Verhalten in seiner Interaktion von biologischen Faktoren, Umweltbedingungen und kognitiven Komponenten zu analysieren.

Obwohl die Motivklasse *»Angst und Furcht«* wegen gesetzlicher Verbote und moralisch-ethischer Grenzen hierzulande nur im Ausnahmefall (Maßnahmen zur Veränderung des Verkehrsverhaltens auf Autobahnen, Gesundheitsvorsorge, Umweltverhalten) in Betracht kommen dürfte, aber um so mehr im Ausland in der Praxis der Gestaltung werblicher Maßnahmen eine Rolle spielt, soll hierauf etwas detaillierter eingegangen werden (vgl. auch *Mayer & Beiter-Rother*, 1980, 1981).

4.1.3.3 Angst und Furcht

Angst und Furcht können mit den Worten *Krohnes* (1975, S. 11) als „... *gefahrenbezogene Emotionen bezeichnet werden ...*", wobei ihnen ein „... *hochgradig erlebter Erregungsanstieg angesichts der Wahrnehmung bestimmter Gefahrenmomente ...*" gemeinsam ist. Die psychologische Fachsprache unterscheidet zwischen diesen beiden Begriffen hinsichtlich folgender Merkmale:

Angst nimmt in der Aufnahme und Verarbeitung von Gefahrenreizen ihren Ausgang. Diese Reize sind „... *komplex, mehrdeutig bzw. unbestimmt, so daß die betreffende Person nicht in der Lage ist, in sinnvoller Weise auf die in den Gefahrenreizen angezeigte Bedrohung zu reagieren ...*" (*Krohne*, 1975, S. 11). Auslöser der Angstmotivation kann neben der Wahrnehmung der Bedrohung auch die Wahrnehmung der Unmöglichkeit einer angemessenen Reaktion (Reaktionsblockierung) auf diese Bedrohung sein.

Furcht ist im Gegensatz dazu mit der spezifischen Verhaltenskonsequenz der *Flucht* verbunden. Sie ist als Reaktion auf eine spezifische, bewußt wahrgenommene externe Gefahr, die von einem bestimmten Objekt ausgeht, zu verstehen (vgl. *Mayer & Beiter-Rother*, 1980, S. 317; siehe *Abbildung 84*).

Furcht und Angst werden den *sekundären* Motiven zugeordnet. Sie entstehen, wenn durch Stimulus-Konditionierung sekundäre Reize an die Stelle primärer Reize treten. Vermutlich besteht eine angeborene Verbindung von Schmerz/Furcht-Stimuli mit Schmerz/Furcht-Reaktionen. Geht dem Auftreten einer derartigen Verbindung des öfteren ein neutraler Stimulus voran, so vermag dieser nach einiger Zeit schon allein die Furcht-Reaktion auszulösen. Handelt das Individuum nach einem solchen Schmerz/Furcht-Erlebnis in bestimmter Weise, und führt dieses Verhalten zu einer Minderung der Intensität der Schmerz/Furcht-Empfindung, dann wird diese Verhaltensweise (lerntheoretisch) verstärkt, d.h. sie wird in einer vergleichbaren Situation aller Wahrscheinlichkeit nach wieder auftreten.

Da die *Vermeidungsreaktion* die Beseitigung der Furcht-Empfindung zur Folge hat und somit immer wieder eine Verstärker*funktion* übernimmt, erklärt sich auch, weshalb das so erworbene Verhalten Bestand hat, d.h. in hohem Maße löschungsresistent ist (*Miller*, 1948; *Solomon &*

ynne, 1954). Die Konstanz des Verhaltens wird außerdem noch durch die Besonderheit unterstützt, daß die beharrliche Meidung oder das Fluchtverhalten von vornherein neue Erfahrungen, z.B. die Feststellung der unter Umständen jetzigen Gefahrlosigkeit der Situation, verhindert.

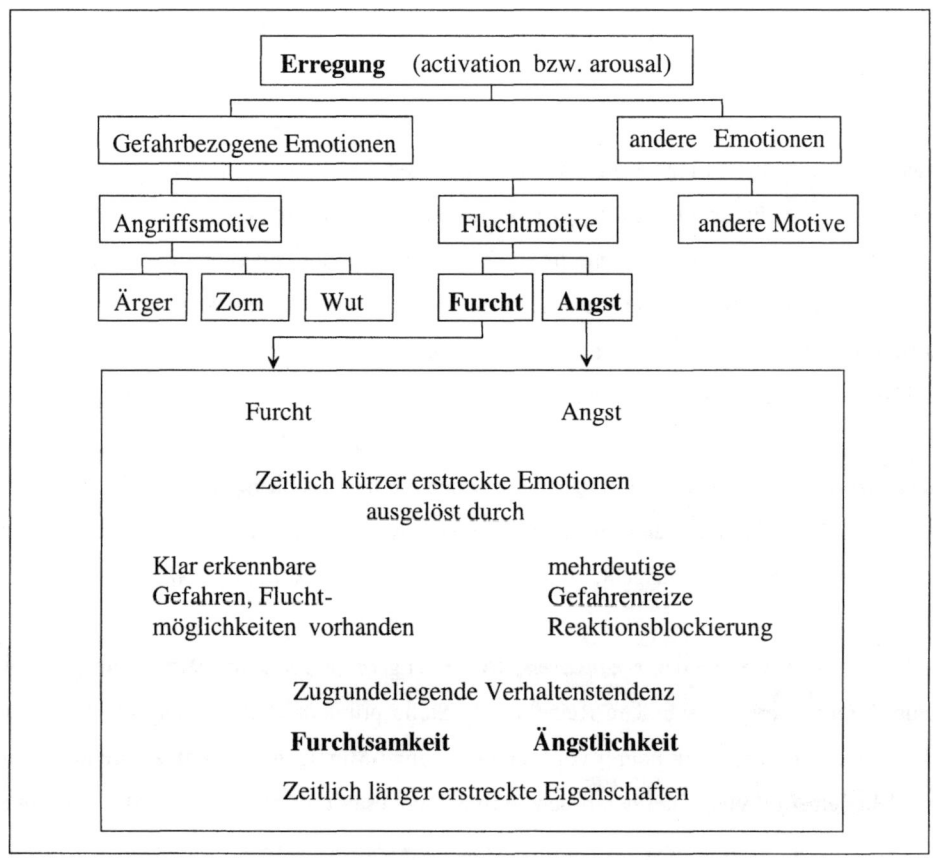

Abbildung 84: Unterscheidung zwischen Angst und Furcht (nach *Krohne*, 1975, S. 17)

Neue Angstkonzepte verlassen die eingeschränkte reiz-reaktionspsychologische Betrachtungsweise und beziehen kognitive Vorgänge mit ein. So postuliert *Lazarus* (1966) personenspezifische Angstbewältigungsprozesse (*coping*), denen Situationen vorausgingen, die das Individuum als bedrohlich eingeschätzt hat. Oder *Epstein* (1967) versucht reiz-reaktions-theoretische Modelle, physiologische Konzepte der Aktivierung und kognitive Vorstellungen, die um den

Begriff der *Erwartung* zentriert sind, zu einer *Theorie der Angst* zusammenzufassen. Er geht von der Möglichkeit einer Kontrolle der Angstverarbeitung aus, wenn der häufige Umgang mit den Gefahrenstimuli Gewöhnungsprozesse eingeleitet hat, die eine Hemmung in Gang setzen (*Krohne*, 1976, S. 75). Mit Gefahren vertraute Individuen können sich demnach antizipatorisch auf die Bewältigung neuer bedrohlicher Situationen einrichten, wodurch die Fähigkeit zur erfolgreichen Bewältigung derartiger Situationen verbessert wird.

In der *Werbung können* furchterzeugende Elemente wegen ihres aktivierenden Effekts eingesetzt werden. Die Furcht vor Schmerz oder die Furcht, nicht anerkannt oder nicht geachtet zu werden, sind verhaltenswirksame Motive, die sich relativ einfach mit verschiedenen Produkten (Kleidung, kosmetische Produkte) und bestimmten Verhaltensweisen in Verbindung bringen lassen. Der Erfolg solcher Maßnahmen ist jedoch nicht generell gewährleistet (vgl. *Mayer & Beiter-Rother*, 1981).

Insbesondere Untersuchungen aus dem Bereich der *Allgemeinen* und der *Persönlichkeitspsychologie*, die den Zusammenhang zwischen Angstniveau, Wahrnehmung und Verarbeitung von Informationen nachweisen, liefern Anhaltspunkte zum besseren Verständnis von Ergebnissen aus werbepsychologischen Experimenten. So zeigen Studien von *Krohne* (1973), daß zunehmende emotionale Erregung den Bereich von Hinweisreizen einengt, der einem Individuum bei einer Problemlösung nützlich sein kann. Diese mit der Erhöhung des emotionalen Niveaus einhergehende Einschränkung trifft zunächst nur die weniger relevanten Hinweisreize, während die Beachtung zentraler Hinweise erhalten bleibt; unter Umständen gar erhöht wird. Ursache dieser Bereichseinengung ist auf psychologischer Ebene vermutlich die Konzentration auf die gefahrenrelevanten Aspekte des Wahrnehmungsfelds (*Krohne*, 1975, S. 48).

Die kontinuierliche Erhöhung des emotionalen Niveaus und die damit verbundene Einengung des Wahrnehmungsbereichs kann sich am Ende auch verhaltensstörend auswirken, da ab einem gewissen Punkt auch relevante Hinweise zunehmend von der Verarbeitung ausgeschlossen werden; d.h. unter sehr ausgeprägter Furcht ist die gezielte Aufmerksamkeit erheblich herabgesetzt. Unberücksichtigt bleiben bei diesem Ansatz die interindividuell variablen Mechanismen der Angstverarbeitung, wie sie von *Epstein* (1967) postuliert werden (vgl. *Epstein*, 1972; *Epstein & Fenz*, 1965).

4.2 Werbepsychologische Aspekte der Gestaltung von Werbemitteln

4.2.1 Briefing als Grundlage der Gestaltung

Das sogenannte **Briefing** bildet die *theoretische* und *praktische* Basis für die gestalterisch-kreative Tätigkeit der Werbeagentur bzw. des Graphik-Designers. Es enthält als Kurzfassung (Brief) diejenigen Daten und Informationen, die für die Entwicklung einer werblichen Maßnahme von Belang sind. Trotz seiner großen Bedeutung ist das Briefing in der Praxis heute noch für viele eher ein Fremdwort als die Grundlage für die zielgerichtete gestalterische Arbeit, wie u.a. auch die früher schon angesprochenen Ergebnisse aus den Untersuchungen von *Hörschgen, Gaiser & Strobel* (1981) oder *Steffenhagen & Siemer* (1995) sehr deutlich zum Ausdruck bringen.

Im einzelnen handelt es sich dabei um Angaben über die gegenwärtige **Marktsituation** des zu bewerbenden Produkts (*Situationsanalyse*). Gegebenenfalls enthält es auch Informationen über vorausgegangene Kommunikationsmaßnahmen und deren Erfolge oder Mißerfolge. Ferner wird über das **Verhalten der Konkurrenz** und andere relevante Daten des Markts berichtet. Von besonderem Interesse sind in diesem Zusammenhang die Beschreibung der Zielgruppe(n) nach sozio-demographischen und sonstigen (werbe-) psychologisch relevanten Merkmalen. Auf alle Fälle muß es auch **Angaben über das Produkt** enthalten, d.h. über seine Eigenschaften, seine Vorzüge gegenüber substitutiven Produkten sowie ggf. auch über die Nachteile oder Schwächen Auskunft geben.

Neben Rahmenbedingungen, wie die individuellen **Gestaltungsrichtlinien** des betreffenden Unternehmens und eventuelle Termin- sowie Kostenvorgaben, sind außerdem Informationen bezüglich des in Erwägung gezogenen **Mediums** erforderlich.

Der *wichtigste Teil* für die Entwicklung einer geeigneten Werbekonzeption sind jedoch die zu verfolgenden und zu erreichenden **psychologischen Ziele** der Werbemaßnahme (vgl. dazu auch *Zenz*, 1982, S. 2831 f.). Aber auch die **ökonomischen Zielsetzungen** spielen hier eine Rolle. Wegen des vornehmlich indirekten gestalterischen Bezugs sind diese jedoch mehr als eine Art Orientierungs- oder nachgeordnete Kontrollgröße zu verstehen. Dennoch sollte auf ihre Vorgabe nicht verzichtet werden.

Für die Angabe der **psychologisch relevanten Ziele** genügt es nicht, nur eine oberflächliche Beschreibung vorzugeben in dem Sinne: *„... es ist ein möglichst positives Produktimage zu erzeugen ..."*, sondern es bedarf der **Eindeutigkeit** wegen einer differenzierten *Beschreibung* der bedeutsamen Merkmalsbereiche und der Angabe des *Umfangs* der erwarteten Veränderungen. Dies wird in der Praxis fast immer versäumt, wie die Studien von *Hörschgen, Gaiser & Strobel* (1981) oder *Steffenhagen & Siemer* (1995) sehr anschaulich demonstrierten.

Zur Vermittlung einer möglichst präzisen Vorstellung ist es auch wünschenswert, daß die **Art der Operationalisierung des Kriteriums** für den Fall eines eventuell vorgesehenen *„Tests"* angegeben wird. Diese Informationen helfen nicht nur dem (Graphik-) Designer bei seiner Arbeit, indem er daran erkennt oder sich besser vorstellen kann, *„worauf es ankommt"*. Diese Angaben bieten außerdem die Gewähr dafür, daß die Ergebnisse nicht, *wie so oft in der Praxis*, von der Ausstattung des Werbeforschungs-Instituts und dessen manchmal willkürlichen, mehr oder weniger angemessenen Operationalisierungen abhängig sind.

4.2.2 Komponenten der Gestaltung

Auf dem Hintergrund des Briefings sind nun detaillierte Überlegungen bezüglich der Gestaltung der Werbekonzeption anzustellen. Ausgangspunkte bilden die dazu vorgegebenen psychologischen Ziele. Konkret stellt man sich die Frage: Mit welchen gestalterischen Komponenten aus dem vielfältigen Repertoire an *verbalen, visuellen, akustischen* sowie unter Umständen auch *olfaktorischen Stimuli* und deren *Kombinationen* lassen sich die gesetzten Ziele am ehesten und effizientesten erreichen?

Zur Auswahl stehen dabei eine Vielzahl von **formalen** und **inhaltlichen Einzelkomponenten der Gestaltung,** deren Auswirkungen im Hinblick auf das gesteckte Ziel additiv, gegenläufig oder auch neutral sein können. Im einzelnen fallen beispielsweise in die Kategorie der **formalen Komponenten** die Typographie *(mikro- und makrotypographische Aspekte)*, die Verwendung von Farben vs. Schwarz-weiß-Darstellungen, die Größe der Anzeige, bzw. in Analogie dazu im Fall der TV- oder Rundfunkwerbung, die zeitliche Länge des Spots.

Beispiele für **inhaltliche Komponenten** der Gestaltung von Werbemitteln sind neben der inhaltlichen Aussage u.a. die Art der Argumentation (ein- oder zweiseitig), die Verwendung von Warentest-Ergebnissen, Humor, erotische sowie furcht- oder schuldinduzierende Darstellungen oder auch der Einsatz der vielfältigen Varianten sozialer Modelle; um nur einige der markantesten zu nennen.

Für die Auswahl der in Betracht zu ziehenden gestalterischen Elemente ist es wesentlich, diejenigen ausfindig zu machen, die geeignet sind, beim Adressaten der Kommunikation die erwünschten Reaktionen im Sinn der werblichen Zielsetzung auszulösen. Ein wesentliches Auslesekriterium bildet in diesem Zusammenhang die **Identität des Codierungssystems** des Gestalters mit dem **Decodierungssystem** des Adressaten, wobei auf deren Seite mit mehr oder minder großen interindividuellen Unterschieden zu rechnen ist. Dabei ist nicht davon auszugehen, daß nur ein bestimmtes Element und *„nur dieses"* geeignet ist, das erwünschte Erleben oder Verhalten bei den Zielpersonen zu bewirken, sondern im Einzelfall sind auch alternative Vorgehensweisen in Erwägung zu ziehen. Im Zweifel entscheiden darüber die Ergebnisse der **Pretests**.

4.2.3 Systemimmanente Bedingungen werblicher Kommunikation

Erinnert man sich in diesem Zusammenhang an die Ausführungen zur Thematik *Werbung als Kommunikationsprozeß* und dabei vor allem an die breite Palette der an diesem Vorgang beteiligten Variablen, so wird verständlich, daß die **Effektivität** außer von den zahlreichen **formalen** und **inhaltlichen Gestaltungsmerkmalen** auch noch von einer Reihe anderer, *systemimmanenter* Begleitumstände quasi als *Randbedingungen* abhängt, die je nach Ausprägung Wirkungen werblicher Aktivitäten sowohl unterstützen aber auch erheblich beeinträchtigen können. Nicht zuletzt wird die Effektivität von dem mehr oder minder positiven Einzeldimensionen des **Images** dieses Instrumentariums *quasi überschattet*.

Als Beispiele zur Veranschaulichung dieser Problematik ist zunächst auf die zeitlich schon etwas zurückliegenden Studien von *Haller* (1974), *Greyser & Bauer* (1966) und *Pierce* (1971) zu verweisen, welche die Einstellungen zur Werbung von Geschäftsleuten und Studenten mit-

einander verglichen. Zwar wird Werbung in der Studie *Hallers* als durchaus *notwendig* angesehen, in einem Atemzug wird damit aber auch der Eindruck assoziiert, daß sie die *Preise der
Waren* nicht unbedingt verringert und kaum etwas zur Verbesserung des *Lebensstandards* beiträgt (vgl. *Bauer*, 1974, S. 35; *Mayer et al.*, 1982, Tabelle 7, S. 84).

Je nach Zielgruppe sind **populationsspezifisch** unterschiedliche, positive bzw. negative **Einstellungen** zu verzeichnen. Meist handelt es sich um mehr oder minder ausgeprägte Vorbehalte
gegenüber der Werbung, die schon eine lange Tradition besitzen (vgl. dazu *GfK*, 1976, S. 443;
oder 1992, S. 21 ff.). Zwar wird von den entsprechenden Verbänden der Werbewirtschaft immer wieder versucht, Aufklärungsarbeit und Schadensbegrenzung zu betreiben (*ZAW*, 1998, S.
64), aber am Ende geht kein Weg an der Tatsache vorbei, daß Werbung bei einem nennenswerten Teil der Zielpopulation eher auf Ablehnung oder zumindest auf mehr oder minder
deutliche Vorbehalte stößt. Dieser Sachverhalt dokumentiert sich auch in den Umfrageergeb-
nissen (vgl. *ZAW*, 1998, S. 65), die auszugsweise in der nachfolgenden *Tabelle 64* wiedergegeben sind.

Tabelle 64: Diverse Teilaspekte der Einstellung zur Werbung
(Quelle: *ZAW*, 1998, S. 65)

Statements	Juni 1996
Werbung bringt oft nützliche Tips und Hinweise	2,6 [1]
Werbung verschafft den Überblick	2,5
Ich sehe/höre mir Werbung ganz gerne an	3
Durch Werbung	**1997**
werden die Menschen dazu verführt, sich Produkte zu kaufen, die sie nicht brauchen	83,1 [2]
werden die Produkt nur unnötig teurer	74,3

[1] Skalierung: 1 = Stimme voll und ganz zu ... 4 = Stimme überhaupt nicht zu.
[2] Summe der %-Werte der Antwortalternativen *voll + ganz* und *weitgehend*.

Etwas handfester bzw. noch deutlicher kommt die kritische Haltung der Verbraucher gegenüber der Werbung in den Antworten zu folgender Frage zum Ausdruck: *Wenn es in Ihrer
Macht stünde, über Werbung zu entscheiden: Was würden Sie tun?* (vgl. *Meier*, 1998, S. 32).
Lediglich etwa ein Drittel (35,4%) des von der *GfK* befragten Personenkreises (n = 2500 Personen zwischen 16 und 69 Jahre) würde die Werbung „... *so weiterlaufen lassen wie bisher*"
.14,6% würden sie grundsätzlich „... *verbieten*", und 50% würden sie mehr oder weniger dra-
stisch „... *einschränken*". Diese Beschränkungen werden zwar einerseits von 31,7% der Be-

fragten für *alle Produkte* gefordert; auf der andere Seite steht jedoch in erster Linie Werbung für Alkohol (27,8%), Zigaretten (16,8%) und Waschmittel (12,6%) im Zentrum der Kritik. Im übrigen sind dabei die ostdeutschen Verbraucher generell etwas radikaler in ihren Forderungen. Dort würden 52,2% der Befragten die Werbung einschränken und 20,6% sie gänzlich verbieten.

Auch wenn es um den spezielleren Aspekt der **Werbung als Informationsquelle** geht, werden die Grenzen sehr deutlich (vgl. *Meier*, 1997, S. 32 und 1998a, S. 24). Zwar sehen rund 48% bzw. 60% der befragten Personen die Werbung als *sehr wichtige* oder *wichtige* Informationsquelle an, wenn es um die „*... Information über neue Produkte oder Produktverbesserungen ...*" geht, aber nicht zu übersehen sind dabei auch die erheblichen Restkategorien, die diesbezüglich etwas andere Meinungen zum Ausdruck bringen (*Tabelle 65*).

Tabelle 65: Relevanz der Werbung als Informationsquelle über neue Produkte und Produktverbesserungen (Quelle: *Meier*, 1998a, S. 24)

Antwortkategorie	BRD (gesamt)	alte Bundes- länder	neue Bun- desländer
sehr wichtig	11,7	12,9	6,9
wichtig	47	47,3	45,6
nicht so wichtig	34,4	32,7	41,1
unwichtig	6,9	7,1	6,4

Den Daten der obigen Tabelle zufolge scheinen auch hier zwischen den alten und neuen Bundesländern gewisse Unterschiede in den Einschätzungen zu bestehen. In den *neuen* Bundesländern wird Werbung in diesem Fall als *weniger wichtige* Quelle von Informationen angesehen. Unter Umständen lassen sich diese Differenzen mit dem unterschiedlichen Erfahrungshorizont der beiden Teilpopulationen mit diesem Marketinginstrument erklären.

Ein weiteres, zentrales Problemfeld ist außerdem die **Glaubwürdigkeit** der Werbung. Ein Teil der Konsumenten sieht die Werbung für die meisten Produkte für *nicht glaubwürdig* an. Ein noch größerer Kreis sieht in ihr *nicht* die richtige *Informationsquelle*, und über Qualität und Leistung der Produkte fühlt sich mehr als die Hälfte *nicht glaubwürdig* informiert. Noch drastischer tritt dieser Mangel zu Tage, wenn man die Ergebnisse einer Studie der *GfK* aus dem Jahr 1992 betrachtet. Dort ist in der Zeit von 1973 bis 1992 ein deutlicher Abfall (von ursprünglich

38 + 3% auf 20 + 1%) zu verzeichnen, je nachdem, ob man dabei die *partielle* oder *volle Zu-stimmung* zu dem Statement *„Die Werbung gibt glaubwürdige Auskünfte über die Qualität und Leistungen der Produkte"* zugrunde legt (*GfK*, 1992, S. 21 ff.). Ähnliche Vorbehalte sind dies-bezüglich auch auf **internationaler** Ebene feststellbar (vgl. *Beatson* 1984, S. 361; oder *Shavitt, Lowrey & Haefner*, 1998, S. 11 ff.).

In aktuelleren Berichterstattungen zu diesem Moment der Werbung ist von einer leicht steigen-den Glaubwürdigkeit die Rede. So ergaben sich auf die relativ allgemein formulierte Frage: *Wie glaubwürdig ist für Sie Werbung?*, die in der *Abbildung 85* dargestellten Antwort-verteilungen für die Jahre 1995 und 1997 (*Meier*, 1997, S. 32).

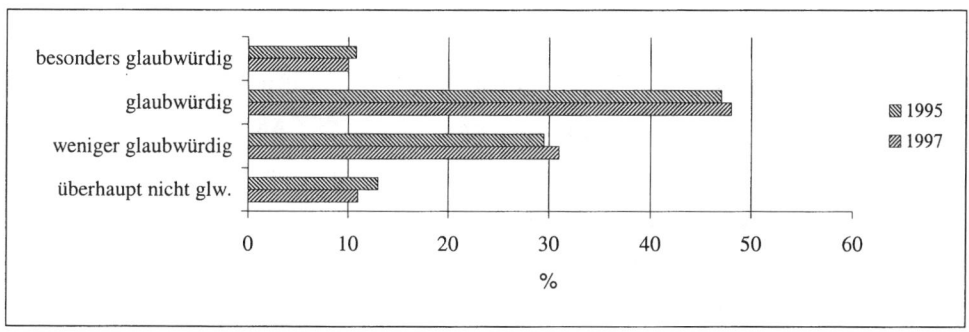

Abbildung 85: Einschätzung der Glaubwürdigkeit der Werbung in den Jahren 1995 und 1997
(Quelle: *Meier*, 1997, S. 32)

Angesichts dieser Ergebnisse stellt sich die **Glaubwürdigkeit** als die wohl gewichtigste *Hy-pothek* dar, unter deren Last die Werbung zu leiden hat. Wie sich später zeigen wird, ist dieser Gesichtspunkt im Hinblick auf ihre Effizienz in hohem Maß bedeutsam.

4.2.4 Kommunikatorspezifische Bedingungen

Unter die kommunikatorspezifischen Bedingungen fallen alle jene Einflußgrößen, die ihren Ursprung beim Kommunikator haben und nachgewiesenermaßen unterschiedliche Konsequen-zen hinsichtlich der potentiellen Wirkungen der werblichen Kommunikation besitzen. Im Rahmen der **Wirtschaftswerbung** kommen dabei vor allen Dingen die Firma, d.h. das betreffende Unternehmen mit seinen organisatorischen Einheiten wie der Presse-, Werbe-, Marketing- und Verkaufsabteilung sowie deren Repräsentanten als Kommunikatoren in Betracht. Je nach Organisationsform treten gelegentlich auch Unternehmenseigner als Kommunikatoren in Erscheinung. Es ist davon auszugehen, daß deren Botschaften vom Empfänger - außer auf der Basis ihres persönlichen Eindrucks - auf dem kommunikationspsychologischen Hintergrund der betreffenden Organisation interpretiert und mit ihm identifiziert werden.

In der Praxis sind dabei in erster Linie *zwei Fälle* zu unterscheiden: Im einen Fall tritt der Kommunikator (die Organisation) eigenverantwortlich als Urheber auf; im anderen vermittelt ein Dritter (als Sprecher) die Botschaft und handelt im Auftrag des Unternehmens, indem er aufgrund der ihm gemachten Vorgaben beispielsweise den Text eines Rundfunkspots oder einer sonstigen Werbebotschaft reproduziert und eventuell zugleich, unabsichtlich oder auch gewollt, als *soziales Modell* fungiert (vgl. dazu *Mayer*, 1985; 1985a; 1987). Hierbei ist anzunehmen, daß trotz Einschaltung eines **Präsenters** die inhaltlichen Aussagen und deren Begleitumstände dem betreffenden Unternehmen, das durch Markennamen, Produkt- oder Herstellerbezeichnung identifizierbar ist, als eigentlichem Urheber zugeschrieben werden. Die Wirkungsweise bzw. die Effektivität der Aussagen wird aber unter Umständen durch die Variablen des Sprechers mit beeinflußt. Die damit im Zusammenhang stehenden Probleme werden an späterer Stelle in einem eigens dafür vorgesehenen Kapitel ausführlich behandelt. Hier soll lediglich das erstgenannte Problemfeld, d.h. die **Organisation als Kommunikator** dargestellt werden.

Die Werbewirkung begünstigende oder hemmende Effekte können sich theoretisch aus allen Merkmalen eines Kommunikators ableiten. Zu denken wäre dabei zum Beispiel an das Erscheinungsbild, das Auftreten, die wirtschaftliche Solidität, Expertentum und Beliebtheit sowie an zahlreiche sonstigen Imagekomponenten und dabei wiederum vorrangig an seine **Glaubwürdigkeit**. Aus der Sicht der zu diesem Themenkreis vorliegenden empirischen Studien hat dieser Aspekt besonderes Interesse gefunden, während die übrigen Merkmalsbereiche bisher von der Forschung vernachlässigt wurden.

Die **Glaubwürdigkeit** eines Kommunikators zeichnet sich nicht durch *Ein-Dimensionalität* aus, sondern setzt sich aus mehreren Teilkomponenten zusammen. Während *Hovland, Janis & Kelly* (1953) noch von zwei Komponenten, nämlich *„expertness"* und *„trustworthiness"* sprechen, die in etwa mit Sachverstand, Zuständigkeit einerseits und Vertrauenswürdigkeit in Verbindung mit Redlichkeit andererseits umschreibbar sind, unterscheiden andere Forscher drei Dimensionen (*Berlo, Lemert & Mertz*, 1969), d.h. *„safety, qualification"* und *„dynanism"* *Tuppen* (1974, S. 255 ff.) unterteilt diesen Merkmalskomplex in Form von Clustern sogar in fünf Teilbereiche (Vertrauenswürdigkeit, Expertentum, Dynamik, Ko-Orientierung und Ausstrahlung). Am Ende konnte er jedoch im Rahmen seiner weiterführenden Experimente lediglich für die Dimension *Charisma*, charakterisiert durch die Variablen *„überzeugend, vernünftig, richtig, logisch, glaubhaft, intelligent, dessen Meinung respektiert und dessen Erfahrung bewundert wird sowie zu dem der Leser Vertrauen hat"; Tuppen*, 1974, S. 257) signifikante Effekte, im Sinne von *Einstellungsänderungen*, nachweisen.

VandenBergh, Soley & Reid (1981, S. 632) gelangen schließlich zu sieben Faktoren; einmal zu den aus vorausgegangenen Untersuchungen bereits bekannten; und darüber hinaus noch zu den Dimensionen *„prestigious"* und *„competitive"* .Obwohl die bisherigen Ergebnisse noch kein abschließendes Urteil bezüglich der Struktur und der Relevanz der in Betracht zu ziehenden Teildimensionen erlauben, ist auf der Basis der vorliegenden Erkenntnisse zu vermuten, daß wohl die Komponenten *Expertise* und *Vertrauenswürdigkeit* zu den wesentlichsten Bestandteilen dieses Konstrukts gehören.

Unabhängig davon stellt sich natürlich die entscheidende Frage nach den mit diesem Konstrukt verbundenen Konsequenzen.

Aus der sozialpsychologischen Forschung, die für die Werbung bei vielen Fragen oftmals Hinweischarakter besitzt, sind zunächst die Experimente von *Hovland & Weiss* (1951), *Kelman & Hovland* (1953) oder *Hovland & Mandell* (1952) zu nennen, deren gemeinsames Ergebnis die Feststellung ist, daß die von seiten des Rezipienten wahrgenommene **Glaubwürdigkeit** des Kommunikators offensichtlich auf die Beurteilung seiner Aussagen und das Ausmaß der beabsichtigten Verhaltensänderungen einen wesentlichen Einfluß ausübt.

Dieselbe Grundtendenz der Konsequenzen spiegeln auch die Studien wider, die den hier interessierenden engeren Bereich der Werbung betreffen. So erzeugte der *glaubwürdigere Kommunikator* mehr Anfragen über die diversen Alternativen des Energiesparens und führte auch verstärkt zu entsprechendem Verhalten (*Craig & McCann*, 1978). Er initiierte auch mehr positive Einstellungen und Verhaltensabsichten (*Harmon & Coney*, 1982) und bewirkte eine größere Standhaftigkeit im Fall des Auftretens von Gegenargumenten (*Hunt*, 1972).

Ergänzend zeigte sich auch, daß die **Glaubwürdigkeit in Interaktion** mit anderen Merkmalen der Botschaft, zum Beispiel der *Extremität der Produktaussage*, eine besondere Rolle spielt. *Goldberg & Hartwick* (1990) fanden in diesem Zusammenhang, daß nicht nur die Glaubwürdigkeit des Unternehmens sowie der vom Kommunikator behauptete Stellenwert der eigenen Marke im Markt (als Extremität der Produktaussage) für die Produktbewertung und die Akzeptanz des Botschaftsinhalts relevant sind, sondern daß zwischen den unabhängigen Variablen auch signifikante Wechselwirkungen entstehen.

Gewisse Kommunikatoren (Organisationen) scheinen schon von Haus aus mit einer höheren Glaubwürdigkeit ausgestattet zu sein; so gelten z.B. in der Untersuchung von *Hunt* (1972) *Verbraucherorganisationen* oder *Regierungsbehörden* im Vergleich zu *Wirtschaftsunternehmen* als wesentlich glaubwürdiger. Ein im Prinzip ähnliches Ergebnis erhielten auch *Rao & Craig* (1975) im Fall des Entscheidungsprozesses zum Kauf eines Farbfernsehgeräts. Je nach Teilaspekt der Produktqualität (Bildqualität, Garantieleistung des Herstellers, Reparaturanfälligkeit und Klangqualität) und je nach der **Quelle der Information** wurden die Angaben als unterschiedlich brauchbar angesehen (vgl. *Tabelle 66*). Über alle Einzelaspekte betrachtet galten Testberichte (consumer reports) offenbar als die verläßlichste Informationsquelle. Danach folgten *Freunde* sowie *Behörden* und an letzter Position rangierte die *Werbung der Hersteller*.

Tabelle 66: Einschätzung diverser Kommunikatoren in Abhängigkeit vom
Inhalt der Aussage (Quelle: *Rao & Craig*, 1975, S. 326)

Kommunikator	Gegenstand der Information				Σ
	Bild	Garantie	Reparatur	Klang	
Testbericht	1	3	2	6	12
Freunde/Verwandte	5	7	4	11	27
Behörde	10	13	9	8	40
Werbung	14	12	15	16	57

Darüber hinaus erscheinen noch einige weitere Konsequenzen erwähnenswert, die sich aus einzelnen Eigenschaften des Kommunikators und dessen Verhalten ergeben:

Ist beim Kommunikator zum Beispiel eine starke **Überredungsabsicht** zu erkennen, so sind seine Chancen zur Veränderung von Einstellungen von vornherein als wesentlich begrenzter im Vergleich zum sachlich und zurückhaltend argumentierenden Konkurrenten einzuschätzen.

Der allzu forsche Kommunikator hat in diesem Fall aufgrund der vom Rezipienten empfundenen *Einengung seines Freiheitsspielraums* mit Gegenwehr (*Reaktanz*) zu rechnen, die die Erreichung der Ziele seiner Maßnahme erheblich gefährdet, wenn nicht gar völlig zunichte macht (*Walster & Festinger*, 1962; *Lessne & Notarantonio*, 1988).

In diesem Zusammenhang verdient eine Erscheinung noch besonderer Erwähnung: der sogenannte **Sleeper-Effekt**. Gelegentlich wird dieses Phänomen mit der Frage der *Glaubwürdigkeit* in Zusammenhang gebracht (*Herkner*, 1975, S. 187; *Frey*, 1979, S. 32), obwohl seine wahre Existenz zumindest von einzelnen Autoren (*Gillig & Greenwald*, 1974) auch bezweifelt wird. Sie empfahlen damals angesichts des erfolglosen Versuchs eines Nachweises, *ihn zur Ruhe zu betten*. In der Zwischenzeit wurden jedoch sowohl in dieser als auch in einer Reihe anderer Studien Fehler bei der Operationalisierung der Variablen entdeckt, die die Entstehung dieses Phänomens offensichtlich verhinderten (vgl. dazu *Cook, Gruder, Hennigan & Flay*, 1979; *Hannah & Sternthal*, 1984, S. 632; *Mazursky & Schul*, 1988).

Seinen Ursprung hat dieses Phänomen in einer Studie von *Hovland & Weiss* (1951, S. 646), die im Rahmen eines *sozialpsychologischen* Experiments bei der Variation der **Glaubwürdigkeit** von Informationsquellen im Fall geringer Glaubwürdigkeit des Senders erwartungsgemäß auch eine geringe Einstellungsänderung beobachteten. Entsprechend war bei hoher Glaubwürdigkeit eine ausgeprägtere Änderung der Einstellung zu verzeichnen. Bei wiederholter Messung, nach vier Wochen, zeigte sich aber ein überraschendes Ergebnis: Die Einstellungsänderungen, die durch die hoch glaubwürdige Quelle verursacht waren, hatten sich verringert, während sich die der wenig glaubwürdigen Quelle etwas vergrößert hatten. Zurückgeführt wurde dieser Effekt auf eine **Entflechtung** von Informationsquelle und Informationsinhalt: Es wurde erinnert, *was* gesagt wurde, und vergessen, *wer* es gesagt hatte.

Für die Werbepsychologie ließe sich daraus bei oberflächlicher Betrachtung der etwas kühne Schluß ziehen, daß es zur Erzielung einer Wirkung auf die Glaubwürdigkeit des Kommunikators offenbar gar nicht so sehr ankommt. Diese voreilige Generalisierung erscheint jedoch problematisch. *Weinberger* (1961, S. 66) weist für diesen Fall auf einen fundamentalen Unterschied zwischen den erwähnten Experimenten und der Realität der Werbepraxis hin: Bei den Ausgangsstudien wurde die Botschaft nur *ein einziges Mal* dargeboten und die Effekte nach verschieden langen Zeitabständen gemessen. Die in der Werbepraxis jedoch üblicherweise *wiederholte* Schaltung und Begegnung verhindern im Gegensatz dazu gerade das Wirksamwerden eines **Sleeper-Effekts**. Werbeinhalt und eine wenig glaubwürdige Quelle werden dadurch im Lauf der Zeit nicht voneinander getrennt, sondern ganz im Gegenteil, mit jeder Wiederholung wird die assoziative Verknüpfung zunehmend verstärkt.

Zusammenfassend läßt sich demnach feststellen, daß dieses Phänomen im Anwendungsfall der *Werbung* nicht die Regel sein wird. Vielmehr ist davon auszugehen, daß die Glaubwürdigkeit des Kommunikators als zentrales Moment im Rahmen werblicher Maßnahmen weiterhin große Relevanz besitzt.

4.2.5 Medienspezifische Bedingungen

Wenn es um die Frage der **Wahl eines Mediums** zur Übertragung einer bestimmten Werbebotschaft geht, so steht zunächst das Problem im Vordergrund, mit welchem der zur Verfügung stehenden *Medien* kann man die *Zielgruppe* am besten erreichen. Die **Reichweite** bietet für sich allein betrachtet jedoch noch keine sichere Grundlage für eine angemessene Entscheidung. Neben den **Kosten** sind aus werbepsychologischer Perspektive vor allen Dingen die **Übereinstimmung** zwischen **Medien-** und **Markenimage** und nicht zuletzt die **medienspezifische Leistungsfähigkeit** im Hinblick auf die angestrebten werblichen Zielsetzungen zu berücksichtigen.

Am konkreten Fall demonstriert, kann sich beispielsweise folgende Situation ergeben: Ein PKW-Hersteller möchte auf möglichst schnellem und kostengünstigem Weg die bisherigen Käufer und Fahrer einer bestimmten Automarke über die neu entwickelten Modelle und deren Veränderungen informieren. Hierbei sind u.a. folgende Fragen zu beantworten:

- Welches Medium ist unter Berücksichtigung der Reichweite in Betracht zu ziehen?
- Welches Medium ist unter dem Aspekt des Kommunikationsinhalts und dessen Gestaltungsmerkmalen in die engere Wahl zu ziehen?

- Wie häufig soll die Botschaft geschaltet werden und in welchen zeitlichen Intervallen, um eine möglichst hohe Effizienz zu erzielen?

- Soll unter Umständen eine Kombination verschiedener Medien (Anzeigen und/oder TV-Spots) erfolgen?

- Welches Medium oder welche Medienkombination bietet schließlich auch in Anbetracht des dafür zur Verfügung stehenden Budgets die optimale Lösung?

In diese Überlegungen sind außerdem, neben dem konkreten Botschaftsinhalt, insbesondere die natürlichen Gegebenheiten des jeweiligen Mediums und dessen Grenzen, d.h. die damit verbundene Reiz**vielfalt** (verbal, visuell, auditiv) und Reiz**komplexität** mit einzubeziehen. Mit der Entscheidung für ein bestimmtes Medium sind meist auch weitere situative Bedingungen des Kontakts determiniert; so z.B. der Zeitpunkt der Begegnung mit der Information, die Präsentationsdauer oder die individuelle Wiederholbarkeit der Informationsaufnahme. Der wohl gravierendste Aspekt ist jedoch die unterschiedliche Effektivität, die mit der Wahl eines bestimmten Werbeträgers verbunden ist.

Nachdem ein **Vergleich von Medien** sowohl *innerhalb* einer bestimmten Klasse (Zeitschrift A vs. Zeitschrift B) als auch *zwischen* den Klassen (Anzeigen vs. TV-Spots) von Bedeutung sein kann und des öfteren auch *Kombinationen von Medien* im Sinne mehrkanaliger oder multimedialer Schaltpläne in Betracht gezogen werden, sollen die anschließenden Abschnitte diesen Problemstellungen folgend entsprechend gegliedert werden.

4.2.5.1 Intramediale Differenzen

Unter den *intramedialen* Aspekt fällt nicht nur der Vergleich der Wirkungen von Zeitschrift (A) versus Zeitschrift (B), sondern darunter sind auch Unterschiede und Ähnlichkeiten zu subsumieren, die auf Variationen *ein- und desselben* Mediums basieren. Im Rahmen des intramedialen Vergleichs sind neben den bereits erwähnten Image- und Kostengesichtspunkten, Kontaktzahl und -häufigkeiten in erster Linie die Übereinstimmungen zwischen den mit der Botschaft anzusprechenden Marktsegmenten und dem regelmäßigen Leserkreis von wesentlicher Bedeutung. Zum Zweck einer zielgruppengerechten Planung, Konzeptionierung und Realisation der Maßnahme oder Kampagne ist außerdem relevant, in welchem Umfang für das betreffende Medium nicht nur soziodemographische, sondern vor allem auch *verhaltensorientierte* Beschreibungen, zum Beispiel in Form von *Lifestyle-Daten* (vgl. z.B. *Banning*, 1987) des Leser-, Seher- oder Hörerkreises zur Verfügung stehen.

Da bei den verschiedenen Medienkategorien (Print; elektronische Medien) nicht über alle interessierenden Einzelaspekte vergleichbare Informationen vorhanden sind, variieren die im folgenden angesprochenen Gesichtspunkte in Abhängigkeit von den vorliegenden empirischen Befunden in größerem Umfang. Daß Auflagenhöhen und Leserkreise diverser Tageszeitungen oder Publikumszeitschriften eine große Varianz besitzen und damit oft selektiv nur bestimmte Personenkreise bevorzugt ansprechen, ist normal und bedarf keiner besonderen Erläuterung (siehe dazu die entsprechenden Leser-Analysen der Verlage).

Wesentlich bedeutsamer ist demgegenüber der Sachverhalt, daß deren **Umfang** (Heftstärke) eine große Spannweite (prototypische Titel; *Merbold*, 1991, S. 8; von 64 bis 232 Seiten) aufweist, die sich in den letzten Jahren weiter vergrößert hat. Je nach Publikumszeitschrift (z.B. Stern, Spiegel, Focus oder Bild am Sonntag) bewegt sich der Umfang pro Ausgabe im Jahr 1998 im Mittel zwischen 105 (Bild am Sonntag) und 271 Seiten (Focus). Der Anteil der Anzeigen variierte während dieses Zeitraums in diesen Medien in den Grenzen zwischen 44,5% und 37,7% (vgl. Horizont, *MediaFacts*, 11/98, S. 14 f.). Hinzu kommen noch jahreszeitliche Variationen der Heftstärken, die oftmals zu einer Verdoppelung bzw. Halbierung des Umfangs diverser Titel führen.

Im Rahmen des *werbepsychologischen* Medienvergleichs stellt sich damit das Problem, ob sich die Unterschiede in den Heftstärken unter Umständen in der Effizienz von Anzeigen niederschlagen.

Zahlreiche Studien, die von Zeit zu Zeit und in erster Linie von seiten der Verlage initiiert werden (vgl. *Merbold*, 1991), erbringen in dieser Frage unterschiedliche Antworten. Sie sind besitzen allerdings denselben Grundtenor. Je nach Kriterium, Medium und Zeitraum der Erhebung ergibt sich ein mehr oder weniger enger **negativer Zusammenhang**; d.h. mit zunehmender **Heftstärke** verminderte sich die Werbewirkung; insbesondere „... *bei höheren bis hohen Heftumfängen* ... „ und vor allen Dingen „... *in der ersten Phase der ... Aufnahme und Verarbeitung von Werbeanzeigen ...*" (*Merbold*, 1991, S. 50 f.) wirkt sich diese Variable einer Publikumszeitschrift spürbar aus. Bei der Entscheidung für oder gegen ein bestimmtes Medium muß man sich jedoch der Tatsache bewußt sein, daß der Umfang des betreffenden Mediums lediglich *eine* Planungsgröße neben anderen darstellt. Denn nicht nur diese, sondern darüber hinaus können auch noch andere Bedingungen, wie zum Beispiel **das inhaltliche Umfeld** (vgl. *Appel*, 1987; *Horizont*, 1998, S. 33) die Effektivität von Anzeigen beeinträchtigen oder auch unterstützen. *Norris & Colman* (1992) konnten zum Beispiel in diesem Zusammenhang feststellen, daß die **Erinnerung** an Anzeigen um so geringer ausfällt, je mehr die Aufmerksamkeit des Lesers von den Sachbeiträgen der Zeitschrift absorbiert wird. Allerdings wird dieses Problem seitens der Verlage als nicht so gravierend angesehen, um für derartige Studien Geld auszugeben. Ähnlich wie im Fall von Zeitungen und Zeitschriften, so stellen auch die Rundfunk und Fernsehanstalten den potentiellen Inserenten in regelmäßigen Abständen Informationen über die Nutzung des **Hör- und Werbefunks** sowie über die aktuellen Tendenzen im Zuschauerverhalten (*Eimeren, v. & Maier-Lesch*, 1997; *Darschin & Frank*, 1998) in den einzelnen Sendegebieten als Planungsgrundlage zur Verfügung. Daraus läßt sich entnehmen, daß beispielsweise im Jahr 1997 von der ARD etwa 64% der Bevölkerung (ab 14 Jahre) vom Werbefunk erreicht wurden, während die *privaten* Rundfunkanstalten etwa nur 15% der Population zu erreichen vermochten. Oder, daß sich die *mittlere Sehdauer* der Fernsehzuschauer pro Tag in den Jahren zwischen 1995 und 1997 von 186 auf 196 Minuten ausgedehnt hat, wobei die ostdeutschen Bürger, je nach Altersklasse zwischen 15 und 39 Minuten mehr für das Fernsehen aufwenden. Außerdem bestehen gravierende Unterschiede in der Sehdauer unter Berücksichtigung des Alters des Fernseh-Publikums (vgl. *ZAW-edition*, 1998, S. 67 und die folgende *Abbildung 86*).

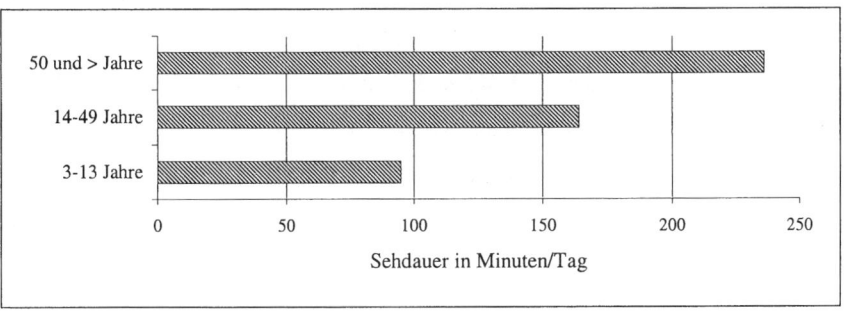

Abbildung 86: Mittlere Sehdauer verschiedener Altersgruppen pro Tag
(Quelle: *ZAW-edition*, 1998, S. 67)

Bei allen diesen Angaben kann man sich jedoch nicht des Eindrucks erwehren, als ob im Einklang mit den generellen Zielen von PR-Aktionen das zentrale Anliegen dieser Informationen auch der Nachweis der *Leistungsfähigkeit* (vgl. *Müller*, 1990, S.4; *Franz*, 1990, S. 4) der etablierten gegenüber den privaten Sendern ist.

Nachdem Daten aus diesen Bereichen kontinuierlichen Veränderungen unterworfen und deshalb binnen kurzer Zeit schon wieder überholt sind, soll auf eine detaillierte tabellarische Übersicht von Hörer- und Zuschauerzahlen einzelner Sender an dieser Stelle bewußt verzichtet werden (siehe dazu die von der Arbeitsgemeinschaft der ARD-Werbegesellschaften herausgegebenen Hefte der *Media Perspektiven*).

Statt dessen soll eine Erscheinung angesprochen werden, die mit dem sehr vielfältigen Angebot an Alternativen des Mediums *Fernsehen* verbunden ist, das sogenannte **Zapping**. Es tritt im Zusammenhang, d.h. nicht unbedingt als Folge, mit der mehr oder minder massierten Plazierung von Werbespots innerhalb des TV-Programms auf. **Motive** dieses Verhaltens sind einerseits, zu schauen, *was es sonst noch im Programm gibt*; andererseits, *um unter Umständen der Werbung aus dem Weg zu gehen* oder *Langeweile, bzw.* um bei dieser Gelegenheit *andere Bedürfnisse* oder *Interessen* (Gang zur Toilette, Anrufe erledigen, Getränke u.ä. besorgen) *zu befriedigen* (vgl. dazu *Bunn*, 1982; *Knealy*, 1988). Auf jeden Fall ist dieses Verhalten nicht eindeutig und von vornherein als *Fluchtverhalten* zu interpretieren ist (vgl. *SAT.1-Studie*, 1997, S. 3). Dafür sprechen auch die Beobachtungen von *van Meurs* (1998, S. 52), der feststellt, daß dieses Verhalten erstaunlicherweise weder im Zusammenhang mit den spezifischen *Eigenschaften der TV-Spots* (i.S. von *overload* oder *wearout*) steht, noch durch sie verursacht wird.

Ungeachtet des spezifischen Motivs führt *Zapping* immer zu einer *Reduzierung* der Zuschauerzahlen während dieser Teile der Sendung; auch dann, wenn man berücksichtigt, daß eine mehr oder minder große Zahl an Neuzugängen von anderen Programmen dazu kommen, und auf diese Weise die Verluste etwas gemildert werden. Beispielsweise beträgt der Verlust in der Studie von *van Meurs* (1998, S. 51) 28,6% gegenüber einem Zugewinn von Sehern aus anderen Kanälen in Höhe von 7,1%.

Seit Jahren neigen in den *USA* in erster Linie männliche und jugendliche Zuschauer zu diesem Verhalten (vgl. dazu *Heeter & Greenberg*, 1985, S. 16f.), und in *Deutschland* sind es vor allem

Personen mit einem Einkommen > 3.000 DM (15,8%), Personen im Alter zwischen 14 und 29 Jahren (13,8%), Männer (13,6%) und Personen mit höherer Schulbildung (11,8%). Unter zeitlichen Aspekten sind die Einblendungen während der Abendstunden (20-01 Uhr) mit einem Anteil von etwa 17% besonders stark betroffen (*Nensel*, 1993, S.16 und S. 18; vgl. auch SAT.1-Studie, 1997, S.12 f.).

Wie die Daten der SAT.1-Studie zeigen, ist der *Indexwert der Sehbeteiligung* in Relation zum Programm (=100) auch von den *Programminhalten* bzw. der *Sendezeit* (Tag/Uhrzeit) sowie von der *Häufigkeit* der Unterbrecherwerbung abhängig. Nachdem diese Variablen jedoch nicht systematisch variiert wurden, lassen sich auch ihre differentiellen, ursächlichen Grenzbeiträge nicht ermitteln. Die folgende *Abbildung 87* soll die gemachten Feststellungen exemplarisch etwas veranschaulichen helfen.

Diese Verminderung der Zielpersonen hat natürlich auch Folgekosten. *Whalan* (1986) schätzt die Verluste, die dadurch entstehen, weil die Spots vor *leeren Rängen* präsentiert werden, auf über 6 Billionen $ (der Gesamtaufwendungen von 16 Billionen US-$).

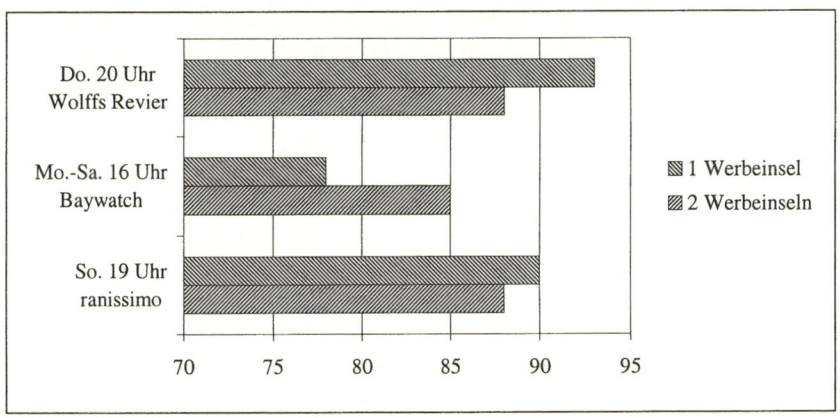

Abbildung 87: Sehbeteiligung bei 1 und 2 Werbeinseln (verschiedene Programme/Sendezeiten) (Quelle: *SAT.1-Studie*, 1997, S. 16)

Analoges Verhalten ist auch im Fall der *Aufzeichnung* von TV-Programmen zu beobachten, wobei die in das jeweilige Programm eingebetteten Werbespots *geschnitten* (**zipping**) werden; sei es durch Drücken der Pause-Taste für die Dauer der Präsentation der Spots während der Aufzeichnung; oder durch Betätigen des Schnellsuchlaufs beim Abspielen des aufgezeichneten Programms (*Kaplan*, 1985, S. 10; *Marketing News*, 1984; *Yorke & Kitchen*, 1985; *Kitchen*,

1986). Angaben von *Cronin & Menelly* (1992, S. 4 f.) zufolge beträgt der Anteil der auf diese Weise umgangenen Spots etwa 60%.

Um diesem defizitären Verhalten der Zuschauer Einhalt zu gebieten, schlägt *Nakra* (1991) ein ganzes Bündel von Maßnahmen vor: So unter anderem, in Zukunft stärker involvierende, unterhaltende und informativere Spots zu produzieren, ... bis hin zu veränderter Plazierung oder der Veränderung des Programmumfelds (S. 219 ff.). Alle diese Empfehlungen gehen jedoch am eigentlichen Problem vorbei. Sie konzentrieren sich auf das *Kurieren des Symptoms*, wobei nach geraumer Zeit ohnehin mit neuen Abwehr- bzw. Anpassungsreaktionen seitens der Zuschauer zu rechnen ist, anstatt zunächst die eigentlichen Ursachen dieses Verhaltens zu ergründen. Erst im Anschluß daran können, soweit dies überhaupt möglich ist, sinnvolle und geeignete Maßnahmen gegen dieses wenig geschätzte Verhalten der Zielpersonen ergriffen werden.

Weitere **intramediale Unterschiede** im Hinblick auf die Effizienz von werblicher Kommunikation leiten sich im Fall von TV- und Hörfunkspots auch aus emotionalen Auswirkungen des jeweiligen inhaltlichen **Umfelds der Spots** ab. Je nach dem, in welche Stimmung das Programm den Zuschauer versetzt (z.B. Heiterkeit, Traurigkeit oder Gleichgültigkeit) und durch welche Merkmale (heiter oder traurig) sich der Spot selbst auszeichnet, ergeben sich hieraus unterschiedliche Konsequenzen für die Effektivität der Werbung.

In der Untersuchung von *Kamins, Marks & Skinner* (1991) wurden im Rahmen eines 2 x 2 Designs heitere und ernst aufgemachte Spots sowohl in das Umfeld eines lustigen (happy) als auch ernsten (sad) Programms eingebettet. Im Einklang mit der sogenannten **Konsistenz Effekt-Hypothese**, die im Fall der Konsistenz von Stimmung und Stimulus positivere Reaktionen seitens des Individuums unterstellt, zeigte sich, daß der heitere Spot wesentlich weniger *negative Kognitionen* im heiteren Umfeld evozierte als im Fall der Schaltung innerhalb eines Programms traurigen Inhalts. Umgekehrt traten mehr negative Kognitionen auf, wenn der ernste Spot in einem heiteren Programmteil untergebracht war. In dieselbe Richtung wiesen die Ratings der Vpn bezüglich der *eindrucksmäßigen Überzeugungskraft (commercial effectiveness)* der Spots und die analogen Einschätzungen hinsichtlich der *Einstellung zum jeweiligen Spot (Aad)* sowie des *Gefallens* und der *Verhaltensabsicht*. Dies heißt, bei allen *abhängigen Variablen* führte der multiple Vergleich nach *Bonferroni* bei $p < .05$ zu signifikanten Unterschieden im Fall des traurigen Spots, je nach dem dieser in einen heiteren oder traurigen Kontext eingebettet wurde. Im Fall des heiteren Spots waren keine derartigen Unterschiede feststellbar (vgl. *Tabelle 67*).

Tabelle 67: Effektivität von TV-Spots in Abhängigkeit vom emotionalen Gehalt des Programms und des Spots (Quelle: *Kamins, Marks & Skinner*, 1991, S. 9)

Programm Spot	heiter heiter	traurig heiter	heiter ernst	traurig ernst
abhängige Variablen*				
Kognitionen	-.29	- 1.00	- 1.35	0.32
Effektivitäts-Rating	3.03	2.89	3.52	4.06
Einstellung gegenüber dem Spot (Aad)	3.38	3.28	3.08	3.55
Gefallen des Spots	2.26	2.00	2.16	2.74
Verhaltensabsicht	2.45	2.41	3.00	3.84
* je höher die Werte, desto positiver das Urteil.				

Vor einer allzu schnellen Generalisierung der Ergebnisse sollte man sich gegenwärtig jedoch hüten. Trotz der Plausibilität der Beobachtungen ist zu berücksichtigen, daß Sender und Inhalte der Spots etwas ungewöhnlich (Alkohol- und Drogenbehandlungscenter, Arztwahl in einem lokalen Ärztehaus) sind, und daß die Mittelwerts-Unterschiede der Messungen statistisch zwar signifikant, unter praktischen Gesichtspunkten aber nicht unbedingt relevant sind sowie, daß die Messungen auf relativ einfachem Niveau beruhen; d.h. nur mit Hilfe sehr weniger Statements erfolgten. Außerdem sind auf Dauer noch wesentlich mehr Variationen bei der Auswahl der Spots und dem sie umgebenden Programm notwendig, um ein abschließendes Urteil zu treffen. Wichtig ist jedoch, die potentiellen Effekte in die Überlegungen mit einzubeziehen.

Nicht umsonst greifen *Hoffman & Batra* (1991) gerade den zuletzt erwähnten Aspekt in ihrer Studie auf und weisen nach, daß sich der Einfluß des Programms zumindest mittels zweier Dimensionen beschreiben läßt; nämlich nach der **Intensität** und dem **Typus** (*affektive, cognitive impact*) des Programms. Die damit verbundenen Konsequenzen äußern sich zunächst im Zuschauerverhalten; genauer gesagt in der Wahrscheinlichkeit, als Zuschauer erhalten zu bleiben bzw. den Raum nicht zu verlassen. Diese Wahrscheinlichkeit ist offenbar höher, wenn sich das Programm auf der Dimension *cognitive impact* durch eine hohe Ausprägung auszeichnet.

Darüber hinaus wird die *Einstellung gegenüber dem Spot* und die daraus resultierende *Einstellung* zur beworbenen *Marke* der Studie von *Murry, Lastovicka & Singh* (1992) zufolge noch zusätzlich von dem durch den Spot erzeugten (commercial) *Involvement* und seiner *seriellen Position* beeinflußt.

4.2.5.2 Intermediale Differenzen

Im Rahmen des intermedialen Vergleichs geht es um die Frage, welches der zur Verfügung stehenden Medien (Werbeträger) zur Übermittlung der vorgesehenen Botschaft am besten geeignet ist. Im konkreten Fall steht beispielsweise die **Wahl** zwischen der Insertion in einer Publikums-, Wochen-, Fachzeitschrift oder in einer Tageszeitung gegenüber der Schaltung eines TV- oder Hörfunk-Spots, der Herstellung eines Werbefilms oder der Verbreitung eines Plakats, zur Diskussion. Neben der Erreichbarkeit der jeweiligen Zielpersonen, dem Prestige und der **Glaubwürdigkeit** bzw. dem Image des Werbeträgers, dem Inhalt der zu übermittelnden Botschaft und den jeweiligen medienspezifischen Darstellungsmöglichkeiten sowie den damit verbundenen Kosten, spielt auch hier wiederum der Gesichtspunkt der werbepsychologischen **Effizienz der verschiedenen Medien** in den Überlegungen eine wesentliche Rolle.

Tabelle 68: Glaubwürdigkeit der Werbung in verschiedenen Medien
(Quelle: *Gärtner*, 1992, S. 13)

Statement: „Werbung in … ist im allgemeinen glaubwürdig und zuverlässig"	Anteile (%) der Zustimmung
• regionale Abonnementzeitungen	49 %
• Anzeigenblätter	23 %
• Zeitschriften/Illustrierte	15 %
• öffentlichen rechtlicher Hörfunk	20 %
• privater Hörfunk	14 %
• Fernsehen	30 %

Bei der Interpretation der in *Tabelle 68* enthaltenen Daten ist allerdings zu berücksichtigen, daß sich die %-Angaben auf den *jeweils weitesten Nutzerkreis* beziehen. Die Frage ist folglich, ob die Nutzerkreise miteinander vergleichbar sind. Denn nur dann lassen sich die Angaben im Sinne *medienspezifischer Glaubwürdigkeit* verstehen. Trifft diese Voraussetzung nicht zu, so sind medien- und populationsspezifische Unterschiede unter dem Aspekt der Glaubwürdigkeit miteinander vermischt; d.h. die Ergebnisse sind mehrdeutig und nicht direkt vergleichbar. Daneben können unter Umständen auch gewisse Selektionsmechanismen hinsichtlich der Inhalte der werblichen Kommunikation an den Differenzen beteiligt sein.

Die Relationen können sich erheblich verschieben, wenn sich das Problem der *Glaubwürdigkeit* zuspitzt; so zum Beispiel im Fall *widersprüchlicher Berichterstattung*. Wie in der folgenden Grafik (*Abbildung 88*) zum Ausdruck kommt, wird unter diesen extremen Bedingungen dem Fernsehen (TV) am ehesten Glauben geschenkt, dem Hörfunk (HF) am wenigsten, während die Tageszeitung (TZ) hier die Mittelposition einnimmt. Diese Relationen sind unter den genannten Bedingungen über den Betrachtungszeitraum (1970-1995) weitgehend konstant geblieben (vgl. dazu *Schroeder*, 1997, S. 10 f.; vgl. dazu auch *Horizont*, 1997, # 15/97, S. 32).

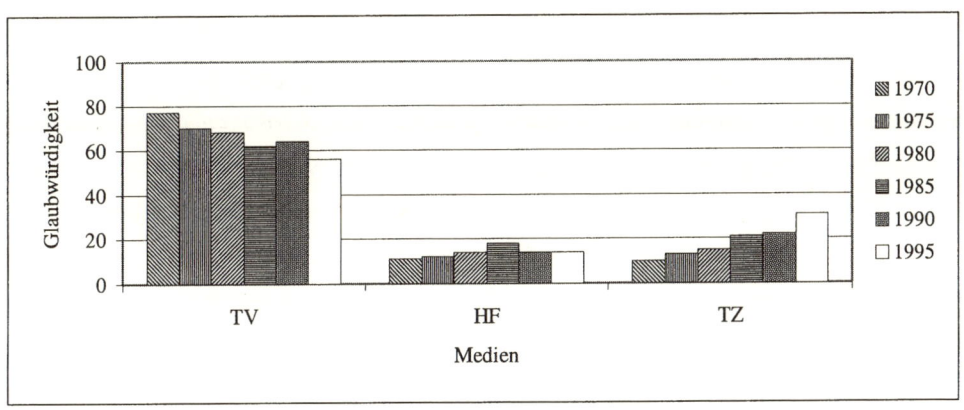

Abbildung 88: Glaubwürdigkeit von TV, HF und TZ unter Extrembedingungen
in den Jahren 1970-1995

Angesichts der in mehrfacher Hinsicht variierenden und systemimmanent mehr oder minder eingeschränkten Gestaltungsmöglichkeiten der zur Verfügung stehenden Medien erscheint es leicht vorstellbar, daß selbst bei identischen Zielvorstellungen und Inhalten der Botschaft, je nach *Art des Mediums*, deutliche Unterschiede in den Effekten von Werbemaßnahmen auftreten. Man denke in diesem Zusammenhang nur an den vorwiegend *statischen Charakter* von Anzeigen im Vergleich zu den betont dynamischen Eigenschaften von Rundfunk- oder TV-Spots. Bei letzteren ist nahezu das gesamte Register der Reizkategorien einsetzbar, wobei vor allem der Dominanz optischer Reize in Verbindung mit dem *Involvement* (hoch vs. niedrig) der

Zielperson bei der Verarbeitung (zentrale oder periphere Route) eine hervorragende Stellung zugeschrieben wird (vgl. auch *Buchholz & Smith*, 1991, S. 14 f.; *Leigh*, 1991, S. 71 f.). Demzufolge müßte man bei entsprechender Realisation insbesondere TV-Spots die größeren Erfolgsaussichten einräumen. Andererseits ließe sich aber auch die These vertreten, daß gerade wegen dieser Reizvielfalt (auditiv, visuell) **Interferenzen** resultieren, die die kognitive Verarbeitung der Informationen stören und damit die Erinnerung und eventuell auch andere Kriterien der Werbewirkung beeinträchtigen (vgl. auch *Leigh*, 1991, S. 72).

Ehe auf die Ergebnisse empirischer Studien zu dieser Thematik eingegangen wird, ist auf die grundsätzliche Problematik derartiger Vergleiche hinzuweisen. Hierbei stellt sich nämlich die *Frage*, inwiefern die verschiedenen Maßnahmen denn überhaupt *vergleichbar* sind. Wenn diese grundlegende Voraussetzung nicht gewährleistet ist, so können Unterschiede in den Effekten im Hinblick auf ihre Ursachen nicht zweifelsfrei interpretiert werden. Sie können dann sowohl auf den Unterschieden der Medien als auch auf der Tatsache beruhen, daß bei der Realisation der dem Vergleich zugrunde gelegten Maßnahme unterschiedliche Konzepte zustande gekommen sind; folglich wird meist Unvergleichbares miteinander verglichen. Insofern ist es nicht verwunderlich, wenn die eine Studie Unterschiede ausweist, während eine andere Übereinstimmungen in den Effekten verzeichnet (vgl. *Klein*, 1981; *Jacoby, Hoyer & Zimmer*, 1983; *Warshaw*, 1978; oder *Bryce & Olney*, 1988; *Edell & Keller*, 1989; *Buchholz & Smith*, 1991). Abgesehen davon stellt die völlige Identität der Versuchsbedingungen verschiedener Studien in der empirischen Forschung ohnehin die Seltenheit dar.

Im Fall von *Woodside & Ronkainen* (1982), die eine Untersuchung im Bereich nationaler Tourismuswerbung durchführten, war das Anzeigenmaterial (schwarz-weiß- und farbige Anzeigen), das in **Tageszeitung** und **Magazinen** geschaltet wurde, absolut identisch. Grundlage des Vergleichs bildete eine Art Verlust- und Gewinnrechnung. Hierbei konnte festgestellt werden, daß sich die Relationen zwischen Aufwand und Ertrag bei den schwarz/weiß- im Vergleich zu den farbigen Anzeigen und -was im vorliegenden Zusammenhang von besonderem Interesse ist- im Fall der Schaltung von Anzeigen in Tageszeitungen wesentlich günstiger gestalteten.

Im Gegensatz dazu kommt *McConnell* (1970) beim Vergleich der Effekte zwischen **Print-** und **elektronischen Medien** auf der Basis sogenannter *Learning Points* zu der Feststellung, daß -

ungeachtet der diversen Produkte - keine signifikanten Unterschiede auf dieser Kriterienebene bestehen (vgl. *Abbildung 89*).

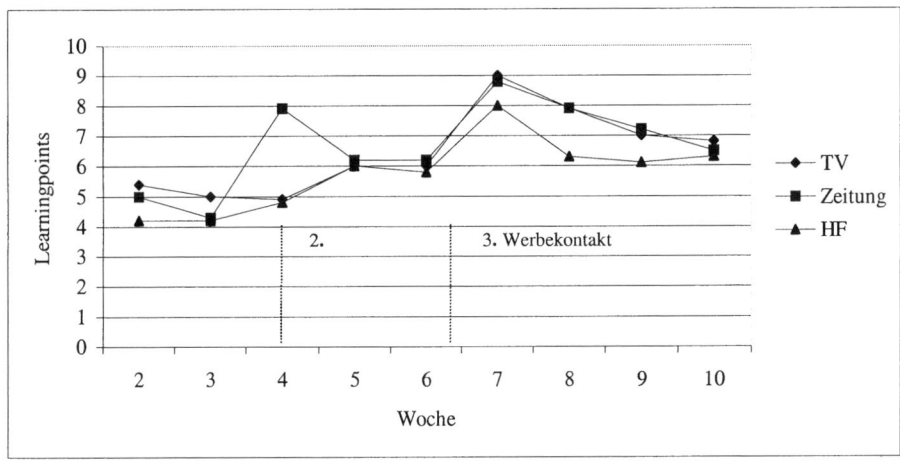

Abbildung 89: Durchschnittliche Zahl der (erinnerten) *Learning Points*
in Abhängigkeit von Medium (Quelle: *McConnell*, 1970, S. 20)

Bei **produktspezifischer** Betrachtung lassen sich jedoch Unterschiede beobachten (*Tabelle 69*). Es sind nämlich Wechselwirkungen zwischen Medium und Produkt vorhanden, wobei sich eine gewisse *Überlegenheit von TV-Spots* abzeichnet (vgl. auch *Grass & Wallace*, 1974). Dieses Ergebnis ist jedoch nicht über alle Zweifel erhaben. Es kann ein Hinweis dafür sein, daß sich bestimmte Produkte besser mit einem bestimmten Medium bewerben lassen als andere, oder auch dafür, daß sich gewisse Konzeptionen und Botschaften eventuell in unterschiedlichem Maße für die diversen Medien eignen.

Tabelle 69: Medienspezifische Effekte unter Berücksichtigung diverser Produkte
(Quelle: *McConnell*, 1970, S.21)

Vergleich	Produkt		
	Pepsi-Cola	Schlitz-Bier	Haarfestiger
Zeitung ↔ R-Spot	Z*	R	n.s.
Zeitung ↔ TV-Spot	n.s.	TV	n.s.
TV ↔ R-Spot	TV	n.s.	n.s.
* Das jeweils effizientere Medium ist angegeben; n.s. = nicht signifikant			

Bei den zuvor zitierten Studien herrscht von den Ergebnissen her gesehen ein buntes Durcheinander vor. Der besseren Übersicht wegen sollen sie deshalb in der folgenden *Tabelle 70* zusammengefaßt werden.

Tabelle 70: Intermediale Vergleiche unter Berücksichtigung diverser Kriterien

Vergleich	Kriterium	Ergebnis	Quelle
TV ↔ R-Spot*	Erinnerung	TV > R	*Warshaw* (1978); *Klein* (1981)
TV ↔ R-Spot	kognitive Aktivität	TV > R	*Edell & Keller* (1989)
TV ↔ M	Produkteinstellung *(Arznei)*	TV > M	*Morris et. al.* (1986)
TV ↔ R-Spot	Erinnerung	TV = R	*Jacoby, Hoyer & Zimmer* (1983)
TV ↔ R-Spot	Erinnerung	TV < R	*Bryce & Olney* (1988)
TV ↔ R-Spot	negative Kognitionen	TV < R	*Buchholz & Smith* (1991)
* TV = TV-Spots; R = Rundfunk-Spots; M = Magazin			

Wenn sich auch in den Ergebnissen die eingangs eher spekulativ geäußerte Vorrangposition von TV-Spots abzeichnet, so erlauben diese Beobachtungen dennoch keine Generalisierungen. In Anbetracht der **mangelnden Kongruenz** sowohl der Ergebnisse der älteren als auch neueren Arbeiten empfiehlt *Leigh* (1991, S. 74), zunächst eine gemeinsame theoretische Basis für die Forschungen auf diesem Gebiet festzulegen, wobei er eine erwägenswerte Alternative in der sogenannten *Multiple Resource Theory* von *Wickens* (1984) sieht. *Ferner* schlägt er vor, für derartige Studien auf seine Eignung zuvor überprüftes Untersuchungsmaterial auszuwählen und dieses auch per sogenannte *manipulation checks* zu kontrollieren. *Drittens* fordert er, akzeptable Operationalisierungen für die stattfindenden Verarbeitungsprozesse und die daraus folgenden kognitiven Konsequenzen sowie entsprechende Veränderungen, Ergänzungen und Spezifizierungen der theoretischen Grundlagen und empirischen Fragestellungen vorzusehen.

Nachdem dieses Vorgehen keine kurzfristige Lösung der anstehenden Probleme mit sich bringt, sondern nur eine langfristige Strategie sein kann, deren Ende kaum absehbar ist, stellt sich für die Werbepraxis die Frage, was unmittelbar getan werden kann. Als Lösung kann man -falls der Vorschlag wirtschaftlich vertretbar ist- nur empfehlen, dieses Problem im Einzelfall mit Hilfe von **Pretests** zu klären. Ansonsten muß man eben bereit sein, die mit der betreffenden Entscheidung verbundene Unsicherheit in Kauf zu nehmen.

4.2.5.3 Effekte der Medienkombination

Die Frage, welche Effekte bei der simultanen oder sukzessiven Kombination von Medien zu erwarten sind, ist für die Werbepraxis zwar außerordentlich interessant und wird in ihren Augen immer wichtiger (*Dettmar*, 1998, S.41 oder *Gill*, 1997, S. 37), aber weder dort noch von wissenschaftlicher Seite wird sie in ausreichendem Umfang empirisch untersucht. Wahrscheinlich hemmen der hohe experimentelle und finanzielle Aufwand (Anzahl der Kombinationsmöglichkeiten der Medien und der erforderlichen Kontrollgruppen) den Informationsfortschritt auf diesem Gebiet. Diese Vermutungen werden u.a. durch die Angaben bei *Dierks* (1997, S. 90) gestützt, wo für die Studie „Qualitäten der Radiowerbung II" von Ausgaben in der Größen-ordnung von 1,2 Millionen DM die Rede ist.

Daß eine Koppelung verschiedener Medien oder Maßnahmen aus mehreren Gründen *(Reichweitenvergrößerung, Ansprache heterogener Zielpopulationen oder Erzielung kurzfristig hohe Bekanntheitsgrade für eine Marke u.a.)* sinnvoll erscheint und dabei zu einem **Synergie-Effekt** mit positiven ökonomischen Konsequenzen führen kann, legen schon die Ergebnisse der Studie von *Dickson* (1972) nahe. Dort beobachtete man z.B. eine um 15,5% höhere Verkaufseffektivität schon in dem simplen Fall, in dem am **P**oint **of P**urchase das Displaymaterial Verwendung fand, das gleichzeitig auch in der Fernsehwerbung eingesetzt wurde.

Ein weiteres Beispiel zur *mehrkanaligen* Vorgehensweise und deren Konsequenzen enthält die Untersuchung von *Jain* (1975). Er koppelte einmal **Anzeigen** in Tageszeitungen mit entsprechenden **TV-Spots**; das andere Mal Anzeigen mit **Rundfunk-Spots**. Da es sich bei dem Kommunikator um ein Versandgeschäft *(Mail-Order Company)* handelte, dienten die im Anschluß an die Aktion eingegangenen Coupons im Vergleich zu einer Kontrollregion als Kriterium.

Die *Ergebnisse* zeigten, daß der Grenzbeitrag der TV-Spots im Mittel etwa 95% betrug, d.h. nahezu zu einer *Verdoppelung* des Coupon-Rücklaufs geführt hat. Damit verminderten sich die

Kosten pro erhaltenem Coupon zugleich um 41%. Auf der anderen Seite erzielte die Verbindung von Anzeigen und Hörfunk-Spots nur eine unwesentliche Steigerung des Coupon-Eingangs von durchschnittlich 9%, was zu einer Kostensteigerung von 15% führte.

Ob dabei, wie *Jain* vermutet, die Tatsache ausschlaggebend war, daß durch die Verbindung mit den TV-Spots die Zielpersonen in unterschiedlichem psychologischen Kontext angesprochen werden, oder ob dort eher die angebotenen Produkte und deren Vorzüge besser darzustellen sind, läßt sich jedoch nicht entscheiden. Anhand dieser Studie wird zwar belegt, daß verschiedene Medienkombinationen unterschiedlich ertragreich sein können, es bleibt aber ungeklärt, ob sie zum Beispiel einer mehrfachen Schaltung in dem einen oder anderen der beiden Medien über- oder unterlegen ist.

Diese Frage läßt sich exemplarisch mittels der Ergebnisse einer sehr praxisnah gestalteten Untersuchung (Lernprozesse im Test) des *Springer-Verlags* zumindest ansatzweise beantworten. Kommunikationskanäle waren dort die Bild-Zeitung, Zeitschriften und Fernsehen. Als **Kriterien** fanden die *aktive und passive Werbeerinnerung* (Marke und Produktbereich betreffend), die *spontane und gestützte Markenbekanntheit* und ähnliche Aspekte Verwendung. Den in der *Tabelle 71* enthaltenen Ergebnissen läßt sich zunächst entnehmen, daß mit jeder weiteren Wiederholung eine Zunahme der Werte; und zwar unabhängig vom spezifischen Kriterienbereich zu verzeichnen ist.

Tabelle 71: Effekte der Medienkombinationen unter Berücksichtigung der Anzahl der Kontakte (Quelle: *Springer-Verlag*, o.J., o.S.)

Kriterien	Kontakte pro Kampagne				
	1*	2		3	
	in 1 Medium	in 1 Medium	in 2 Medien	in 1 Medium	in 3 Medien
Markenerinnerung *(spontan)*	100	180	233	226	293
Produktbereichs-erinnerung *(gestützt)*	100	132	142	138	169
Markenerinnerung *(spontan, nach Produktbereichs-vorgabe)*	100	148	157	157	200
* Index: Werbewirkung nach 1 Kontakt = 100					

500

Außerdem erscheint besonders interessant, daß die Schaltung in zwei oder drei Medien bei identischer Anzahl an Kontakten immer mit einer Verbesserung der Werte verbunden ist; d.h. in diesem Fall ist ein mehrkanaliges Vorgehen gegenüber der mehrfachen Schaltung in einem einzigen Medium die wesentlich erfolgreichere Alternative.

In gewisser Weise ist damit die Studie von *Edell & Keller* (1989) vergleichbar. Der Unterschied besteht jedoch in der theoretischen Fundierung (*Information processing theory*; *Sternthal & Craig*, 1984) und in der **Kombination** von **TV-** und **Hörfunk-Spots**. Es handelte sich um eine und zwei Schaltungen, wobei der Hörfunk-Spot dem Audio-Teil des TV-Spots entsprach, und außerdem noch die Effekte der Abfolge (R → TV und TV → R) überprüft wurden. Als abhängige Variablen dienten *Messungen zur Informationsverarbeitung (processing measures)* in Form des Gedanken-Listings, *(freie) Erinnerung (recall measures)* durch die Angabe der Markennamen möglichst aller Produkte, und für die Test-Spots wurde zusätzlich nach den *Eigenschaften Vorzüge und Gebrauch* sowie nach dem *Inhalt von Szene und Dialog* gefragt. Ferner waren *Beurteilungen (judgement measures)* vorgesehen, mit welchen die *Einstellung zur Werbung* und zur *Marke* sowie die *Kaufabsicht* erhoben wurden. Darüber hinaus wurden Produktkenntnisse, Markendifferenzierung sowie die generelle Einstellung zur Werbung als *Kovariate* erfaßt.

In den vermutlich mehr für die *Wissenschaft* interessanten Ergebnissen zeigte sich, daß die Sequenz (TV → R und umgekehrt) einen Einfluß auf die Art der Informationsverarbeitung ausübt und sich außerdem von der Verarbeitung in der TV → TV-Sequenz unterscheidet, während in den vornehmlich für die *Werbepraxis* bedeutsamen Teilen der Befunde keine gravierenden Unterschiede auftraten. Ganz gleich, welches Kriterium auch betrachtet wurde, sei es *Markenerinnerung, Erinnerung an die Produktaussagen, Einstellung gegenüber der Kommunikationsmaßnahme* bzw. *zur Marke* oder die *Kaufabsicht*, in einheitlicher Weise stimmten die Ergebnisse der *Mixed-Media-Bedingung* und der Wiederholungsbedingung (TV → TV) miteinander überein. Auf die damit verbundenen theoretischen Implikationen, Notwendigkeiten und Empfehlungen für weitergehende Forschungen auf diesem Gebiet soll hier nicht näher eingegangen werden (vgl. dazu *Edell & Keller*, 1989, S. 160 f.).

In einer 1997 als Gemeinschaftsuntersuchung (ARD-Werbung, Radio Marketing Services, IP Deutschland) konzipierten und von *Dierks* (1997, S. 90) veröffentlichten Studie (Qualitäten der Radiowerbung II) werden die werbepsychologischen Konsequenzen der Kombination von HF

und TV gegenüber Monokampagnen auf der Ebene der *spontanen Markenbekanntheit* miteinander verglichen. Während die Monokampagnen (exklusiv TV bzw. exklusiv HF) gegenüber
der Kontrollgruppe (kein Kontakt) zwar ebenfalls Zuwächse von etwa rund 6% verzeichneten,
war der Wechselwirkungseffekt (TV x HF) deutlich ausgeprägter; nämlich um rund 21% höher.
Dieses Ergebnis wird mit Hilfe der *Abbildung 90* nochmals graphisch veranschaulicht.

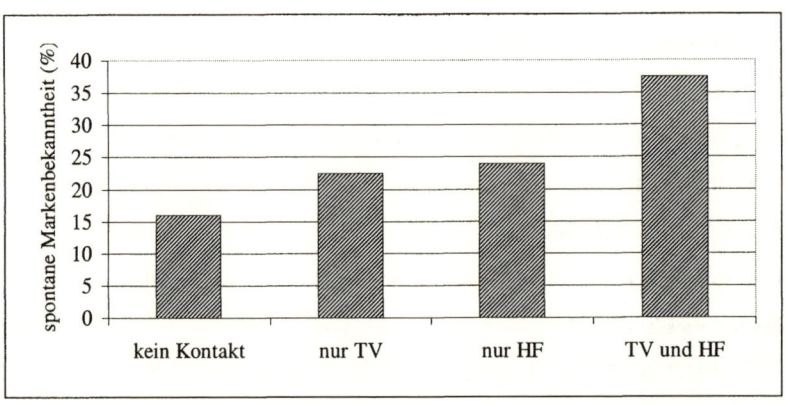

Abbildung 90: Spontane Markenbekanntheit (%) bei Mono- und Kombinationskampagnen
(Quelle: *Dierks*, 1997, S. 90)

Trotz der Tatsache, daß die Daten auf praxisnaher Feldforschung beruhen, und diese Effekte
durchaus beeindruckend sind, führt jedoch kein Weg an der kritischen Frage vorbei, ob sie nun
unter den Aspekten der Prädiktor-Kriteriumsbeziehungen auch *Relevanz* besitzen. In diesem
Fall müßten sich auf der Grundlage der Markenbekanntheit gute Vorhersagen für Kaufverhalten machen lassen. Diese Problematik wird jedoch leider mit keinem Wort erwähnt; aber sie
muß die Grundlage der Rechtfertigung für den hohen finanziellen Aufwand (1,2 Mill. DM)
bilden.

4.2.6 Effekte formaler Gestaltungskomponenten

Unabhängig davon, welche begrifflichen Vorlieben man auch bezüglich der Bezeichnung haben mag, lassen sich prinzipiell zwei große Gruppen von Gestaltungskomponenten voneinander unterscheiden. Ob man dabei zur sprachlichen Differenzierung die Bezeichnungen *Kontext-*

und *Kontentmerkmale, äußere* und *innere* oder **formale** und **inhaltliche** Aspekte der Gestaltung bevorzugt, ist weitgehend nebensächlich. Im folgenden werden den weiteren Ausführungen die beiden zuletzt genannten Kategorien zugrunde gelegt.

Stellt man sich in diesem Zusammenhang die Frage, welcher der beiden Gruppen wohl die größere Bedeutung zukommt, so läßt sich darauf keine allgemeingültige Antwort geben. Dazu sind die Einzelkomponenten zu unterschiedlich und die Zahl der daraus resultierenden Kombinationsmöglichkeiten zu umfangreich. Auch die Feststellung *Valientes* (1973, S. 18), daß die inhaltlichen Komponenten im Vergleich zu den formalen weniger auf das Interesse Einfluß nehmen, sich einer bestimmten Kommunikationsmaßnahme zuzuwenden, erscheint wenig hilfreich, da sie nur Teilaspekte der großen Spannweite der Problematik berücksichtigt.

4.2.6.1 Typographische Aspekte

4.2.6.1.1 Mikrotypographische Variablen

Betrachtet man die in der nachfolgenden *Abbildung 91* enthaltenen Beispiele verschiedener **Schrifttypen**, so werden die psychologisch bedeutsamen Merkmale einer Schrift, d.h. die **Erkennbarkeit** und **Lesbarkeit** sowie die durch sie ausgelösten **Assoziationen**, wie beispielsweise *„schön, modern, altmodisch, schwerfällig, flott, stilvoll, nüchtern...“* und noch viele andere, veranschaulicht. Der Auffassung von *Tannenbaum, Jacobson & Norris* (1964) zufolge, handelt es sich bei diesen durch den Schrifttyp ausgelösten **Assoziationen** oder Anmutungen um eine Art *Code*, der unter verschiedenen Bedingungen und bei unterschiedlichen Individuen zu sehr voneinander abweichenden Interpretationen führen kann. Eine besondere Rolle spielt diese Eigenschaft eines Schrifttyps, wenn es um die (unterstützende) Vermittlung und Erzeugung bestimmter, gefühlsartiger oder gefühlsbetonter Eindrücke geht.

Arial	Modern
Bodoni	New Gothic
Brush Sript	**Photina Casual Black**
Garamond	Rockwell light
Gill Sans	**Impact**

Abbildung 91: Beispiele verschiedener Schrifttypen

Die **Lesbarkeit** oder der innere Lesewiderstand (im Sinne typographisch bedingter Hemmnisse; *Spiegel*, 1958, S. 123) einer Überschrift oder eines Textes ist nicht nur von der Größe der Buchstaben, sondern auch von der äußeren Struktur des Textes, den Abständen zwischen den Buchstaben, der Anzahl der Wörter und Zeilen, der Entfernung zum Betrachter und dessen Motivation sowie dessen physischer Sehleistung und dem Umstand abhängig, ob sich der zu betrachtende Text oder der Beobachter selbst in Bewegung befinden. Die jeweils gegebenen Bedingungen erzeugen individuelle Unterschiede in der *Wahrnehmbarkeit* von Schriften.

Als Beispiel ist in diesem Zusammenhang auf *Elbracht* (1967) zu verweisen, der in einer ausführlichen Studie verschiedene Schriften einer Analyse unter den Aspekten der Erkenn- und Lesbarkeit unterzog. **Erkennbarkeit** wird dabei einmal im Sinn der *Identifizierbarkeit* zehn Buchstaben umfassender Wörter bei einer Projektionsdauer von 1/20 Sekunde, zum anderen als *Identifizierbarkeit* von Einzelbuchstaben einheitlicher Größe aus einer Distanz von 5 Metern operationalisiert. Dieser Teil der Untersuchungen führten zu den in *Tabelle 72* enthaltenen Rangreihen der verschiedenen Schriften.

Tabelle 72: Rangfolge der Erkennbarkeit verschiedener Schrifttypen
(nach *Elbracht*, 1967, S. 25 f.)

Rang	Einzelbuchstaben	Wörter *(mit 10 Buchstaben)*
1	Neuzeit fett	Neuzeit mager
2	Neuzeit mager	Excelsior halbfett
3	Times Roman	Optima mager
4	Excelsior mager	Optima halbfett
5	Excelsior halbfett	Excelsior mager
6	Optima halbfett	Neuzeit fett
7	Optima mager	Garamond mager
8	Garamond mager	Garamond kursiv
9	Garamond kursiv	-

Zur Bestimmung der **Lesbarkeit** diente die *Lesegeschwindigkeit*, die Versuchspersonen beim Durchlesen eines in der jeweiligen Schrift vorgegebenen Textes erzielten. Kritisch bleibt dabei jedoch auch trotz der Vorkehrung, „*... sich durch Fragen nach dem Inhalt des gelesenen Textes zu vergewissern ...*", daß diese Operationalisierung ungenaue Messungen erzeugen kann, da damit Lese- und Verständnisfehler sowie partielle Auslassungen zum größten Teil unentdeckt bleiben. Dennoch erscheinen von den Ergebnissen aus diesem Teil der Studie einige der Beobachtungen erwähnenswert.

Zum Beispiel:

- Die **Lesbarkeit** der verschiedenen Schriften weicht nur wenig voneinander ab; d.h. das Verhältnis der Lesegeschwindigkeiten zwischen der am besten und der am schlechtesten lesbaren Schrift betrug 1:1,2.

- Vermeidet man **fette Schriften**, so wird die Lesbarkeit begünstigt.

- Wegen der besseren Lesbarkeit sollte man demgegenüber halbfette und magere Schriften als Mittel *zur Auszeichnung und Hervorhebung* von Satzteilen verstärkt verwenden;

sowie

- daß man mit dem Ziel einer Verbesserung der Lesbarkeit *Negativ- und Kursivschriften* möglichst vermeiden sollte.

Die zuletzt erwähnte Empfehlung muß man allerdings im Hinblick auf die Werbung etwas einschränken. Denn dort kann es partiell durchaus wünschenswert sein, auf diesem Wege absichtlich die *Lesegeschwindigkeit* zu vermindern oder die *Verweildauer* im Text bzw. an der betreffenden Stelle des Textes zu erhöhen. Dieses Vorgehen scheint vor allem dann angebracht, wenn es sich um Proportionalschriften handelt, bei denen die normale Lesegeschwindigkeit ohnehin höher als bei Normalschriften ist, wobei hinsichtlich der Konsequenzen zwischen Schriftarten ohne und mit Serifen (z.B. Helvetica und Times Roman) offenbar keine nennenswerten Differenzen bestehen (vgl. dazu *Moriarty & Scheiner*, 1984, S. 701).

Sicherlich müssen diese Ergebnisse nicht für alle Zeiten gültig sein, da hierbei individuelle Erfahrungen und *Gewöhnungsprozesse* eine erhebliche Bedeutung haben. Für die Praxis der Werbung heißt dies vor allem, daß sich die Anfangsschwierigkeiten hinsichtlich der Erkenn- und Lesbarkeit im Fall der Einführung eines neuartigen Schrifttyps nach häufiger Begegnung (ähnlich wie im Fall einer Handschrift) infolge von Lernprozessen binnen kurzer Zeit erheblich vermindern oder langfristig gänzlich verschwinden.

Mit dem unterschiedlichen **Ausdrucksgehalt** von Schriften bieten sich für die Gestalter der Werbung zusätzliche Möglichkeiten. Auf diesem Weg können gewisse Effekte verstärkt oder bestimmte Eindrücke und damit verbundene Gefühle im Sinn eines *touch*, zum Beispiel des *Verspielten, Seriösen, Romantischen, Luxuriösen* oder des *Modernen* etc. erzeugt oder unterstrichen und zur Betonung verbal und bildlich präsentierter Inhalte herangezogen werden.

Für den Einsatz in der *Praxis* ist jedoch wesentlich, daß man das **Decodierungssystem** der jeweiligen Zielpopulation kennt, wobei eine möglichst hohe interindividuelle Übereinstimmung bestehen sollte, um voneinander abweichende Effekte zu vermeiden.

Die geforderte Deckungsgleichheit in der Interpretation konnten beispielsweise *Tannenbaum, Jacobson & Norris* (1964) für mehrere Schriften (Bodoni, Garamond, Spartan und Kabel) bei Personengruppen mit unterschiedlicher Schulung und Erfahrung im Umgang mit typographischen Fragen nachweisen. Die Faktorenanalyse führte in jeder Gruppe (professional, semi-professional, amateur-group) zum selben Faktorenmuster. Es handelte sich immer um vier Hauptfaktoren.

Im einzelnen sind dies:

- **Bewertung** (Items: angenehm-unangenehm, gut-schlecht und schön-häßlich),
- **Stärke** (Items: rauh-zart, stark-schwach, maskulin-feminin),

- **Aktivität** (Items: aktiv-passiv, schnell-langsam, jung- alt)

und

- **Komplexität** (Items: schlicht-verziert, einfach-komplex), die durch den sogenannten *more minor factor*

- **Körperlichkeit** (Items: groß-klein, eckig-rund) ergänzt wurden.

Eine ähnliche Studie führten auch *Kastl & Child* (1968) durch, indem sie acht Grundcharakteristika von Schriften (eckig - rund, fett - mager, einfach - verziert, mit Serifen - ohne Serifen) hinsichtlich einer Reihe von Eindrucksmerkmalen (*mood*) anhand von 6-stufigen Ratingskalen einschätzen ließen. Die Ergebnisse machen deutlich, daß ein bestimmtes Schriftmerkmal (z.B. *rund*) nicht nur eine, sondern zugleich mehrere Assoziationen auszulösen vermag; nämlich Eindrücke wie „*lebendig, verträumt* und *ruhig*", während sich mit einer *eckigen* Schrift Assoziationen wie „*würdevoll* und *ernst*" verbinden. In vergleichbarer Weise werden *magere* Schriften erlebt. Außerdem beschränken sich gewisse Eindrücke (Stimmungen) nicht einzig und allein auf einen Schrifttyp oder Einzelmerkmal einer Schrift, sondern sie werden auch mit anderen Schriftmerkmalen assoziiert.

Mit **fett**gedruckten Schriften verbinden sich im Vergleich dazu Eindrücke wie „*traurig, würdevoll* und *dramatisch*".Bei den Merkmalspolen *einfach vs. verziert* zeigen sich für die erste Alternative keine eindeutigen Ergebnisse; die *verzierte* Schrift löst hingegen Eindrücke wie „*lebhaft, zündend, träumerisch, still* und *emporstrebend*" aus. Der Vergleich der *mit* und *ohne Serifen* versehenen Schriften ergibt für die serifenlose Schrift die Verbindung zu „*freudig, humorvoll oder verträumt*", während das andere Extrem Assoziationen wie „*dramatisch oder majestätisch*" hervorzurufen vermag.

Am Ende dieses Abschnitts sind noch ein paar kritische Anmerkungen erforderlich: Bei allen diesen Zuordnungsexperimenten muß man sich vor Augen führen, daß die Ergebnisse nur solche Eindrücke (Qualitäten) reflektieren können, für die der Experimentator auch zuvor Antwortskalen vorgesehen hat. Insofern sind alle Merkmalsbeschreibungen dieser Art aller Wahrscheinlichkeit nach nicht erschöpfend, sondern eher unvollständig und kennzeichnen somit eventuell nur besonders *auffällige* Kategorien. Die hier skizzierten Studien können deshalb nur dazu dienen, exemplarisch die prinzipiellen Aspekte des Beziehungsgefüges *Schriftmerkmal* und *assoziierte Stimmung* zu veranschaulichen. Ein unmittelbarer praktischer Nutzen ist aus den Ergebnissen nicht nur des Alters, sondern auch methodischer Gründe wegen (auf Einzelmerkmal einer Schrift bezogen, das in der Praxis nie für sich allein auftritt; Unvollständigkeit und mangelnde Trennschärfe der Skalen; Nominalskalenniveau der Messung; Außerachtlassung der Wechselwirkungen zwischen Schrift und Aussageinhalt, etc.) nur mit einigen Vorbehalten versehen, zu ziehen.

4.2.6.1.2 Makrotypographische Variablen

Als Gegenpol zu dem im vorangegangenen Abschnitt dargestellten Problemfeld stehen im folgenden nun Fragen der räumlich-organisatorischen, **makrotypographischen Gestaltung** von Texten im Mittelpunkt des Interesses. In der Praxis begegnet man gelegentlich der Form der sogenannten **square-span-Präsentation**, einer Darstellungsweise, die schon auf *Andrews* (1949) zurückgeht. Hierbei werden dem Sinn oder dem Ziel der Aussage entsprechend, inhaltliche Teile in räumlich voneinander getrennten Einheiten oder Blöcken präsentiert; beispielsweise in folgender Form:

Dies ist	für die	der *square-span-*	von
ein Beispiel	Form	Gliederung	Texten

Daneben wurde von *North & Jenkins* (1951) die Alternative der sogenannten **space-unit-Gliederung** vorgeschlagen, die sich im wesentlichen von der oben dargestellten Form durch die *fehlende* Gliederung in inhaltliche Blöcke unterscheidet. Das obige Beispiel erhält in dieser Form das folgende Aussehen:

Dies ist ein Beispiel	für die *space-unit-*
Gliederung	von Texten

Angesichts dieser divergenten Vorschläge stellt sich natürlich die Frage, welche der Alternativen die wohl effizienteste darstellt. Den Untersuchungen von *North & Jenkins* zufolge, die sich mit dem Vergleich der Präsentationen dieser beiden Versionen *und* der konventionellen Darstellung als Fließtext im Hinblick auf die **Lesegeschwindigkeit** und das **Verständnis** beschäftigten, lassen sich zumindest einige Anhaltspunkte zur Beantwortung dieser Frage gewinnen. Sie stellten fest, daß im Fall der *space-unit-* oder der *konventionellen* Präsentation des Textes die Lesegeschwindigkeit signifikant größer war. Entgegen den Erwartungen beobachteten sie außerdem, daß die Vertrautheit mit dem jeweiligen Stil der Gestaltung hierauf keinen Einfluß hatte. Ähnliche Ergebnisse verzeichneten sie auch im Hinblick auf das Verständnis des Textes, das durch die Zahl der richtig beantworteten Fragen, die sich auf den Inhalt der Aussagen bezogen, operationalisiert wurde.

Demgegenüber stellten *Klare, Nichols & Shuford* (1957) in sehr ähnlichen Experimenten fest, daß die *Standard-Version* schneller als die *space-unit*-Gestaltung gelesen wurde, aber interessanterweise die drei Alternativen in den unmittelbar erfaßten **Behaltensleistungen** nur unwesentlich voneinander abwichen. Nicht zu übersehen ist in diesem Zusammenhang jedoch die bisherige Praxis und dadurch bessere Vertrautheit der Versuchspersonen mit der Standardform, was möglicherweise die Ergebnisse begünstigt hat.

Über die potentiellen Ursachen der differierenden Ergebnisse kann man nur spekulieren. Wesentliche Faktoren dürften neben Inhalt und innerem Lesewiderstand in erster Linie die untersuchte Population und deren Motivation bei der Aufnahme und Verarbeitung des Textes gewesen sein. Für den Einzelfall der Praxis lassen sich demnach keine allgemein verbindlichen Regeln aufstellen, sondern lediglich die Empfehlung geben, mit Hilfe eines entsprechenden Experiments die Antwort für die jeweils konkret vorliegende Frage selbst zu finden. Dies wird vor allem dann unumgänglich, wenn andere als in den bisherigen Studien verwandte Kriterien der Werbewirkung relevant, d.h. den Entscheidungen zugrunde zu legen sind.

4.2.6.2 Sprachliche Komponenten

Fast bei allen Werbemitteln sind in irgendeiner Form sprachliche Komponenten enthalten, sei es als Headline oder Slogan in einer Anzeige oder als inhaltliche Aussagen in einem TV- oder Hörfunk-Spot oder Plakat. Sie sind neben den Abbildungen oft das zentrale Element. Die **Verständlichkeit** der Aussage ist dabei eine der wesentlichsten Voraussetzungen damit die Maßnahme ihre Ziele erreichen kann. Demzufolge ist es erforderlich, bei der Formulierung das Codierungssystem des Kommunikators und das Decodierungssystem des Rezipienten (*klassisches Kommunikationsmodell*; vgl. dazu *Herrmann*, 1990, S. 287) aufeinander abzustimmen.

Zur Vermeidung von Mißverständnissen sind im Rahmen der sprachlichen Gestaltung eine Reihe von Faktoren zu beachten. Neben *soziokulturellen* Unterschieden im Sprachverhalten sind im Hinblick auf den Adressaten nicht nur dessen psychologischen Gegebenheiten, sondern vor allem semantische und syntaktische Aspekte zu berücksichtigen, wobei zwischen diesen Einzel-aspekten in mehrfacher Hinsicht Querverbindungen bestehen. So können unter anderem die soziale Schichtzugehörigkeit und linguistische Fähigkeiten sowie das Bildungsniveau mit-ein-ander korrelieren. Aus dem von *Teigeler* (1968, S. 16 f.) entworfenen schematischen Überblick lassen sich die wichtigsten, an der Verständlichkeit von Texten beteiligten Variablen entnehmen (*Abbildung 92*).

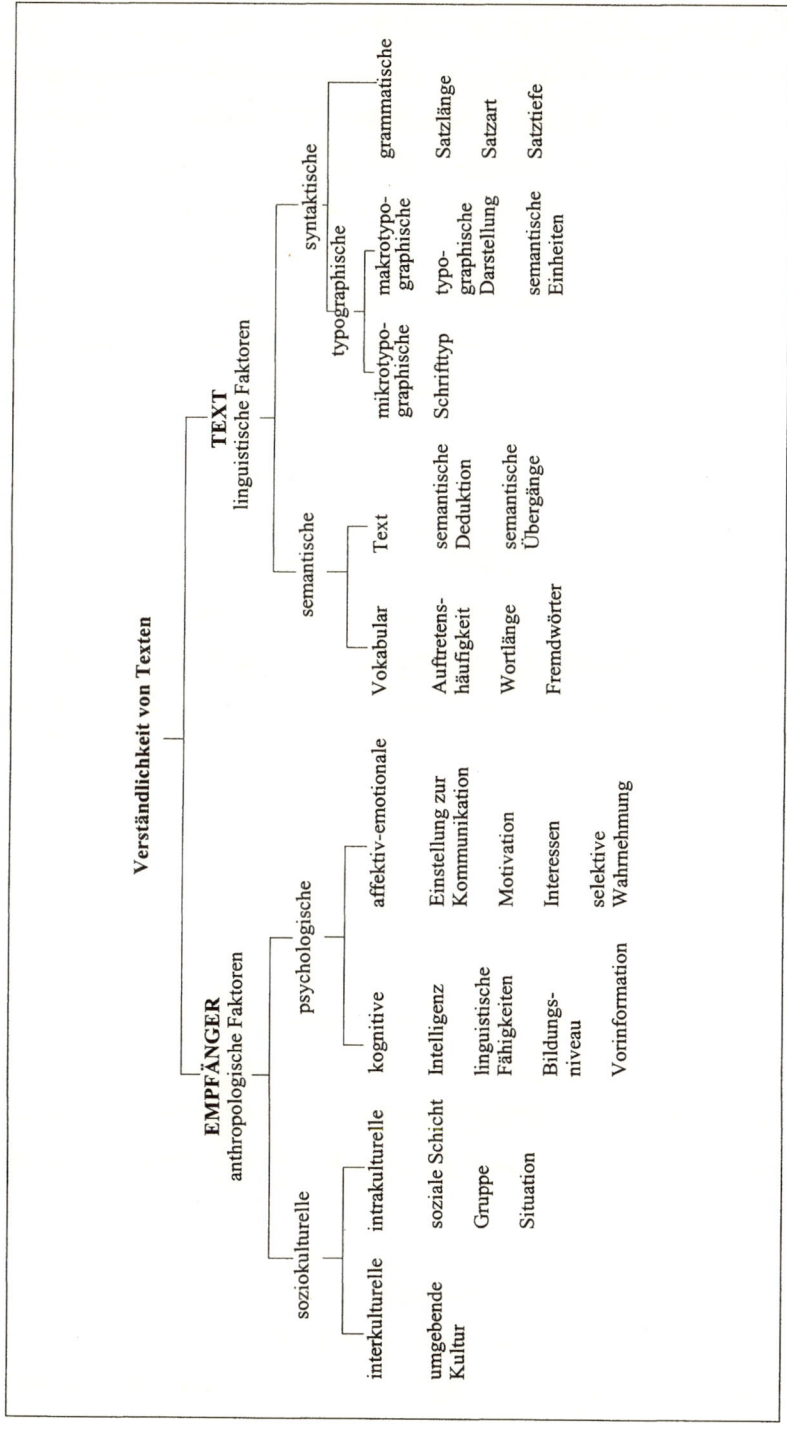

Abbildung 92: Faktoren der Verständlichkeit von Texten (Quelle: *Langer, Schulz von Thun & Tausch*, 1974, S. 13 ff.)

4.2.6.2.1 Soziokulturelle Sprachverschiedenheiten

Für eine zielgruppengerechte Ansprache ist es nicht nur erforderlich, den Markt in eine mehr oder weniger große Zahl von **Segmenten** zu unterteilen, sondern gleichermaßen ist es auch notwendig, zu prüfen, ob zwischen den voneinander abgrenzbaren Gruppen im sprachlichen Verhalten und vor allen Dingen im Verständnis sprachlicher Informationen nennenswerte Unterschiede bestehen. Daß derartige Differenzen existieren können, belegen bereits die Untersuchungen von *Bernstein* (1962). Vor allem korreliert die Verwendung anspruchsvollerer Formulierungen mit der *Schichtzugehörigkeit* des Individuums.

Oder es ist auf die Untersuchung von *Harms* (1964) zu verweisen, die zeigen konnte, daß die besten Verständigungsmöglichkeiten zwischen Individuen bestehen, wenn Sender und Empfänger der Mitteilung in etwa denselben sozialen Rang besitzen bzw. derselben sozialen Schicht angehören (vgl. dazu auch *Palermo & Jenkins*, 1964).

Sicherlich sind diese Ergebnisse nicht unmittelbar, sondern eher in ihrer prinzipiellen Bedeutung für die werbliche Kommunikation verwertbar, indem sie auf ein zu beachtendes Problemfeld bei der sprachlichen Gestaltung aufmerksam machen. Vor allen Dingen verdeutlichen sie, wie unmaßgeblich die persönlichen Präferenzen des Texters für die Wortwahl oder Satzkonstruktion im Verhältnis zu detaillierten Kenntnissen über die Sprachgewohnheiten der Zielpopulation und deren Beachtung im Hinblick auf die Verständlichkeit von Kommunikationsmaßnahmen sind. Dieses Argument gilt selbst dann, wenn im Fall *preisgekrönter* Anzeigen die sprachliche Gestaltung von *Headlines* bei einer Jury besonderen Anklang findet (vgl. *Beltramini & Blasko*, 1986), da deren Urteil in erster Linie vom Eindruck der sprachlichen Kreativität und weniger von sprachlichen Notwendigkeiten bestimmt sein dürfte.

Im konkreten Fall ist demnach immer zu prüfen, welche soziokulturellen sprachlichen Eigenheiten bei der betreffenden Zielgruppe vorherrschen, und welche Konsequenzen daraus für die Gestaltung der verbalen Bestandteile der Kommunikationsmaßnahme abzuleiten sind.

Unter die soziokulturell bedingten sprachlichen Eigenheiten ist auch die **Mundart** zu subsumieren. In der Werbepraxis spielt diese Ausdrucksform zwar keine zentrale Rolle, sie wird aber gelegentlich als besonderes Kennzeichen oder Merkmal gezielt verwendet, insbesondere, wenn man dabei als theoretischen Hintergrund das **Konzept der sozialen Identität** von *Tajfel*

(1978; vgl. auch *Giles & Johnson*, 1981, S. 204) im Auge hat. Nach der Theorie *Tajfels* werden Vertreter der eigenen Kategorie, die sich u.a. durch die gleiche mundartliche Sprechweise auszeichnen, günstiger beurteilt als Mitglieder einer Gruppe, die eine andere Mundart sprechen. Wird eine Mundart sprechende Zielgruppe mit einer im eigenen Dialekt gestalteten Werbung angesprochen, so suggeriert dies die Zugehörigkeit des Sprechers zur sozialen Gruppe des Rezipienten. Im Vergleich zur werblichen Kommunikation in einer fremden Mundart müßte der Kommunikator dann positiver beurteilt und die Botschaft eher akzeptiert werden.

Eine der wenigen Studien, die diese Problematik bisher im Rahmen eines werbepsychologischen Experiments aufgreift, haben *Mayer & Reisgys* (1990, S. 418 ff.) durchgeführt. Hierbei wurde im Fall eines Hörfunk-Spots untersucht, ob Werbung mit mundartlicher Ausdrucksweise (*pfälzisch, bayrisch, hochdeutsch*) bei Zugehörigkeit von Kommunikator und Rezipient zur selben Dialektgruppe erfolgreicher als bei Zugehörigkeit zu verschiedenen Dialekten sprechenden Gruppen ist. Abhängige Variablen waren das **Gesamturteil über den Sprecher** sowie seine **Glaubwürdigkeit**, die **Akzeptanz des Werbespots** und eine **kaufnahe Verhaltensweise**.

In den Ergebnissen zeigt sich, daß der *Sprecher* dann *positiver* beurteilt wird, wenn zwischen beiden *soziale Identität* existiert, wobei dieser Effekt von der Art des beworbenen Produkts (Tee, Terminkalender) unabhängig ist. Außerdem wird der Sprecher, wenn er Mundart spricht, in der Tendenz für *glaubwürdiger* gehalten. Hinsichtlich der **Akzeptanz des Spots** unterscheidet sich zwar die pfälzische von der hochdeutschen Version signifikant, der Vergleich zwischen der bayrischen und der hochdeutschen Fassung ergibt jedoch keinen Unterschied. Und im Bereich des **kaufnahen Verhaltens** (*Anforderung einer Produktprobe*) sind ebenfalls keine nennenswerten Unterschiede zu verzeichnen.

Obwohl es sich hier um einen ersten Versuch mit partiell positiven Ergebnissen handelt, die Wirkung von Mundart-Werbung systematisch zu untersuchen, läßt sich noch kein abschließendes Urteil zur Tauglichkeit dieser Gestaltungsvariablen treffen. Weiterführende Studien sind dazu nötig.

4.2.6.2.2 Psycholinguistische Faktoren

Wie aus *Abbildung 92* zu entnehmen ist, fallen unter die **semantischen** Aspekte eines Textes auch Probleme der Auftretenshäufigkeit, der Wortlänge und des Gebrauchs von Fremdwörtern; ferner Fragen der semantischen Deduktion und der Übergänge. Demgegenüber umfaßt der **syntaktische** Bereich die bereits dargestellten typographischen Probleme sowie grammatikalische Merkmale wie Satzlänge, Satzart und -tiefe.

Mit der Verwendungs- oder Auftretenshäufigkeit von Wörtern stehen die Identifizierbarkeit und Verständlichkeit, die Lesegeschwindigkeit sowie die Anzahl der Schriftzeichen, die zum Erkennen eines Worts notwendig sind, in enger Beziehung (*Teigeler*, 1968, S. 37). Für den *verbalen* oder textlichen Teil einer Werbemaßnahme heißt dies, daß der Einsatz von in der Umgangssprache häufig verwendeten Wörtern die Verständlichkeit und die frühzeitige optische Identifizierbarkeit von inhaltlichen Aussagen erheblich erleichtert. Probleme ergeben sich, wenn ein als außergewöhnlich anerkanntes Produkt oder ein besonderer Anlaß die Notwendigkeit wenig gebräuchlicher, exklusiverer Formulierungen angemessen erscheinen lassen. Hier hilft nur die mehrfache Wiederholung mit der Folge des sich anschließenden Lernprozesses.

Die Verwendung von **Fremdwörtern** bringt im allgemeinen mehr Schwierigkeiten als Vorteile mit sich. Sie können zwar zu einer intensiveren *Aufmerksamkeitsreaktion* führen, vor allem aber leiden die Verständlichkeit und die Identifizierbarkeit von Aussagen darunter. Trotzdem kann die Verwendung von Fremdwörtern unter werbepsychologischen Aspekten sinnvoll sein, so zum Beispiel bei Produktnamen oder Bezeichnungen mit dem Ziel der unverwechselbaren *Markierung der Herkunft* eines Produkts oder, wenn längerfristige Kampagnen Erklärungszusätze enthalten und damit der Bedeutungsgehalt im Lauf der Zeit, quasi als *„Terminus technicus"* in das sprachliche Repertoire der Zielgruppe aufgenommen wird.

Wenn *Teigeler* (1968, S. 41) im Hinblick auf die Gestaltung von Texten feststellt, *„... daß man bei der Übermittlung von Sachverhalten mit den allgemeinsten Aussagen beginnt und später zu konkreterer Aussagen ..."* gelangt (*semantische Deduktion*), wobei er diesem Vorgehen eine größere Effektivität im Sinne von *Verständnis* einräumt, so mag diese Empfehlung in erster Linie für längere Textzusammenhänge gelten. Ob sie jedoch auch für sehr kurz gefaßte Werbetexte gilt, erscheint fraglich. Im Gegensatz dazu hat die Empfehlung zur Bildung sogenannter *„guter Übergänge"*, womit einerseits der Bezug zu vorausgegangenen Inhalten, aber auch die „... *flüssige Weiterführung über bereits bekannte zu neuen Informationen ...*" (*Teigeler*, 1968, S. 42) gemeint ist, auch für die Werbung ihre Berechtigung.

Die zweite Gruppe der Variablen innerhalb der **syntaktischen Faktoren**, d.h. die grammatikalischen oder „*syntaktischen Variablen im engeren Sinne*" betreffen die Teilaspekte **Satzlänge**, **Satztiefe** und **Satzart**. Wie für viele andere Bereiche der Kommunikation (*Erzählung, Berichte, Briefe u.a.*), in welchen Mitteilungen mehr oder minder komplex, informationshaltig und ausführlich sind, empfiehlt es sich auch im Fall der Werbung im Hinblick auf eine möglichst hohe Effektivität, dem Empfänger die Informationen in möglichst kleinen Portionen, d.h. in kurzen Sätzen anzubieten. Die Erfüllung dieser Forderung ist um so dringlicher, je informationsgeladener die Mitteilung ist, und je weniger vertraut die Zielpersonen mit dem betreffenden Informationsgegenstand sind. Daneben ist auch der Umfang der Visualisierung der verbal präsentierten Informationen zu berücksichtigen. Je mehr von den Aussagen auch Form visualisiert wird, desto umfangreicher *können* die verbalisierten Informationseinheiten sein. Auf der anderen Seite können sie aber auch sehr knapp sein, wenn man dem an späterer Stelle noch ausführlich zu diskutierenden Spruch Glauben schenkt: „*Ein Bild sagt mehr als tausend Worte*" .Diese Feststellung berührt indirekt auch die damit zusammenhängende Satztiefe.

Der Begriff **Satztiefe** ist so zu verstehen, daß damit in Anlehnung an *Yngve* (1960) „*... die Anzahl der auf jeden Fall noch zu sprechenden Einheiten, bis der Satz für den Sender syntaktisch abgeschlossen ist*" (*Teigeler*, 1968, S.51), gemeint ist. Die Satztiefe läßt sich in einem Wert quantitativ ausdrücken. Je nach Abfolge der einzelnen Wörter erlangt die Satztiefe eine andere Ausprägung (vgl. *Abbildung 93*).

Anhand dieser Beispiele wird deutlich, daß die Satztiefe bei Verwendung identischer Wörter je nach Wortstellung variiert und damit auch die Verständlichkeit differiert. Aufgrund der Untersuchungen von *Mehler* (1963) sowie von *Martin & Roberts* (1966) ist anzunehmen, daß die **Erinnerung** an die Inhalte der Aussage um so detaillierter und differenzierter ist, je geringer die Satztiefe ist. Nicht ohne Einfluß auf die Verständlichkeit von Informationen ist außerdem die **Art das Satzes**. Je nach dem, ob für Aussagen *aktive* oder *passive* Formulierungen gewählt werden, oder ob in den Mitteilungen abstrakte *Substantivierungen* und *Nominalisierungen* enthalten sind, desto leichter oder schwerer sind die Aussagen zu verstehen (vgl. *Coleman*, 1965;

Slobin, 1966; *Herrmann*, 1990, S. 298 ff.). Den Ergebnissen zufolge sind aktiv formulierte Sätze, *ohne* Substantivierungen und Nominalisierungen leichter zu verstehen.

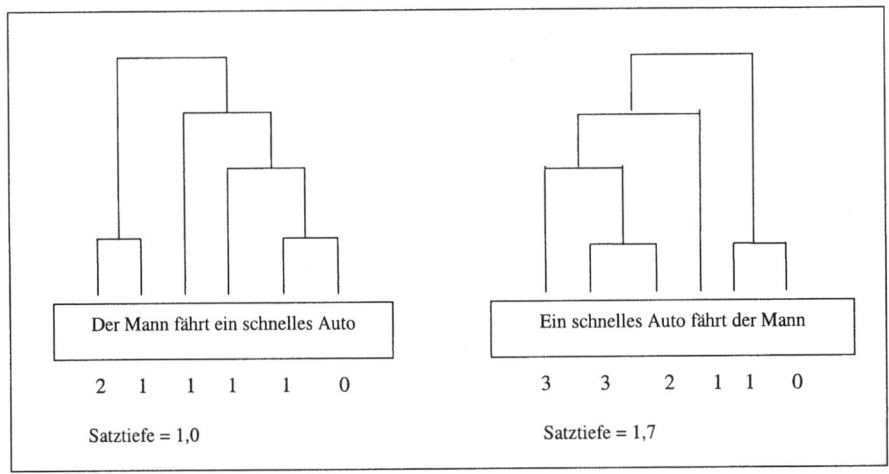

Abbildung 93: Beispiele zur unterschiedlichen syntaktischen Struktur von Sätzen
(Quelle: *Teigeler*, 1968, S. 50)

4.2.6.2.3 Dimensionen der Textverständlichkeit

Langer, Schulz von Thun & Tausch (1974) unternehmen den Versuch, eine Theorie der Textverständlichkeit zu entwickeln, die die eingeschränkte Aussagefähigkeit der Verständlichkeitsforschung überwinden will und neben der Textanalyse vor allem auch die Textgestaltung zum Ziel hat. Nach ihren Vorstellungen sind vier Eigenschaften bzw. Dimensionen von Texten für die Verständlichkeit ausschlaggebend:

- **Einfachheit** (Gegensatz: Kompliziertheit), im Sinne der Verwendung geläufiger Wörter, kurzer Sätze, konkreter und anschaulicher Ausdrucksweise. Der dargestellte Sachverhalt selbst kann dabei einfach oder schwierig sein. Hier geht es nur um die Art der Darstellung.

- **Gliederung - Ordnung** (Gegensatz: Ungegliedertheit, Zusammenhanglosigkeit), im Sinne einer inneren Folgerichtigkeit der Informationsdarbietung und äußeren Übersichtlichkeit.

- **Kürze - Prägnanz** (Gegensatz: Weitschweifigkeit), im Sinne eines Verzichts auf sprachliche Weitschweifigkeit und Beschränkung auf das Wesentliche.

516

- **Zusätzliche Stimulanz** (Gegensatz: keine Stimulanz), im Sinne von Merkmalen belebender und anregender Motivierung, die beim Leser persönliches Engagement und Anregung hervorrufen sollen.

Nach *Schulz et al.* (1974, S. 125) ist ein optimal verständlicher Text „... *durch ein hohes Ausmaß an Einfachheit und Gliederung-Ordnung, durch ein mittleres bis mäßiges hohes Ausmaß an Kürze-Prägnanz"* gekennzeichnet. *„Auch zusätzliche Stimulanz fördert das Verständnis des Lesers, allerdings nur bei gleichzeitig hohem Ausmaß an Gliederung-Ordnung; andernfalls hätte zusätzliche Stimulanz eher eine behindernde Wirkung"*. Diese vier Dimensionen werden in Dimensionsbildern dargestellt (*Abbildung 94*), wobei die gegensätzlichen Pole durch mehrere Einzelmerkmale umschrieben werden. Die Einschätzung von Texten soll mittels der vorgegebenen 5 Stufen (+2 bis -2) erfolgen. Die Autoren haben zu diesem Zweck ein Beurteilungstraining entwickelt, mit dessen Hilfe die Beurteiler lernen, Texte unterschiedlichen Inhalts nach den vier Dimensionen einzuschätzen. Außerdem ist zusätzlich ein Trainingsprogramm zur Schulung des sprachlichen Ausdrucks vorgesehen (S. 103 ff.). Der wesentlichste Vorteil dieses Ansatzes gegenüber Verständlichkeitsformeln liegt in der umfassenderen Vorgehensweise. So entspricht etwa die durch den *Flesch-Index* (1948) ermittelte Verständlichkeit lediglich der Dimension *Einfachheit*.

1. Dimension: Einfachheit

Einfachheit
+2 +1 0 -1 -2

Einfache Darstellung
kurze, einfache Sätze
geläufige Wörter
Fachwörter erklärt
Konkret
Anschaulich

Kompliziertheit

komplizierte Darstellung
lange, verschachtelte Sätze
ungeläufige Wörter
Fachwörter nicht erklärt
abstrakt
unanschaulich

2. Dimension: Gliederung - Ordnung

Gliederung – Ordnung
+2 +1 0 -1 -2

gegliedert
folgerichtig
übersichtlich

gute Unterscheidung
von Wesentlichem und
Unwesentlichem

der rote Faden bleibt sichtbar

alles kommt schön der Reihe
nach

Ungegliedertheit –
Zusammenhanglosigkeit

ungegliedert
zusammenhanglos, wirr
unübersichtlich

schlechte Unterscheidung
von Wesentlichem und
Unwesentlichem

man verliert oft den roten
Faden
alles geht durcheinander

3. Dimension: Kürze - Prägnanz

Kürze – Prägnanz
+2 +1 0 -1 -2

zu kurz
aufs Wesentliche
beschränkt
gedrängt
aufs Lehrziel
konzentriert
knapp
jedes Wort ist
notwendig

Weitschweifigkeit

zu lang
viel Unwesentliches

breit
abschweifend

ausführlich
Vieles hätte man
weglassen können

4. Dimension: Zusätzliche Stimulanz

Zusätzliche Stimulanz
+2 .. +1 0 -1 -2

anregend
interessant
abwechslungsreich
persönlich

keine zusätzliche Stimulanz

nüchtern
farblos
gleichbleibend neutral
unpersönlich

Abbildung 94: Dimensionsbilder der Verständlichkeit (Quelle: *Langer, Schulz von Thun & Tausch*, 1974, S. 13 ff.)

4.2.6.2.4 Gestaltung von Headlines

Trotz der Tatsache, daß in nahezu allen Fällen der Print- und auch anderen Formen der Werbung (analog) sogenannte Headlines vorhanden sind, deren werbepsychologische Relevanz
sowohl von praktischer als auch wissenschaftlicher Seite immer wieder betont wird (vgl. *Caples*, 1975; *Cohen*, 1988; *Ogilvy*, 1964; *Malickson & Nason*, 1982) liegen erstaunlicherweise
wenig Studien vor, die deren Auswirkungen experimentell überprüfen.

Einen Überblick über die von der Praxis bevorzugten Konstruktionsprinzipien geben die Ergebnisse von *Beltramini & Blasko* (1986), die die von einer Jury prämierten (*und damit selek-
tierten*) Headlines unter inhaltsanalytischen Aspekten hinsichtlich ihrer sprachlichen Charakteristika untersuchten. Sie konnten mehrere Typen unterscheiden, und dabei zu einem relativ
großen Teil die von *Dunn & Barban* (1984) berichteten Kategorien replizieren. Die Übereinstimmungen zwischen den Auswertern waren akzeptabel; sie lag bei r = .84. Im Detail ergaben
sich folgende Kategorien und Verwendungshäufigkeiten (*Tabelle 73*).

Tabelle 73: Typen von Headlines (Quelle: *Beltramini & Blasko*, 1986, S. 50)

Inhaltliche Kategorie	Charakteristika	Anteil (%)
Bekanntheit	neue Formulierungen bekannter Aussagen, Wortspiele, ungewöhnlicher Gebrauch bekannter Ausdrücke, bekannte Abfolge von Wörtern	32.4
Kontrast	Verwendung gegensätzlicher Wörter, Sätze oder Konzepte (*vorher/nachher; oben/unten etc.*)	23.5
Neuigkeit	Ankündigung oder Behauptung direkter Produktvorzüge	19.1
Schock	aufmerksamkeitserregende, emotionale oder unerwartete, überraschende Aussagen	11.8
Frage	Aussage endet mit ?, provoziert oder ermutigt zu einer Reaktion seitens des Lesers	8.8
Kuriosität	Wie..., Sie sollten wissen..., warten Sie bis..., hier ist wie..., etc.; Angebot, um das Interesse des Lesers zu wecken	4.4

Eine ähnliche Untersuchung, allerdings unter differenzierter Analyse des Vorkommens der
Headline-Variante des Typs *Frage*, der in 5.7% der Fälle (N = 33.023) in den Anzeigen vertreten war, führten *Howard & Barry* (1988) durch. Diese Fragen enthielten in inhaltlicher Hin-

sicht entweder Puzzles, Aufgaben, Dilemmas (*curiosity and completion*) oder Fragen, bei welchen die Antwort die betreffende Marke darstellte (*brand*); oder sie dienten der Erzeugung von Zweifeln (*doubt and disbelief*) sowie der Konfrontierung mit einem Problem (*problem identifiers*). Ein Teil dieser Headlines waren zudem mit Bildern (23.5%) kombiniert, mit deren Hilfe der betreffende Sachverhalt visualisiert wurde.

Über die Effekte dieser verschiedenen Varianten ist bisher noch wenig bekannt. Angesichts der Erwartungen, die die Werbung in diese Gestaltungskomponente setzt, ist das gegenwärtige Vorgehen in der Praxis eher mit Lernen nach *Versuch und Irrtum* vergleichbar und weniger als das Ergebnis planvollen Gestaltens anzusehen (vgl. *Hitchon*, 1991). Neben solchen Studien, die der Gestaltung von Headlines Ineffizienz bescheinigen (*Soley & Reid*, 1983), sind vereinzelt Studien mit positiven Ergebnissen vorhanden.

Eine der wenigen Ausnahmen bildet die Studie von *Milbrath & Thorson* (1991), die drei Varianten, und zwar *Neuigkeit, Hervorhebung von Produktvorzügen* und *Kuriosität* miteinander verglichen. In den Ergebnissen zeigte sich ein Haupteffekt, d.h. die drei Typen erzielten auf den Ebenen **Einstellung zur Marke** und **Kaufabsicht** unterschiedliche Effekte, wobei die auf Kuriosität (mittels Mehrdeutigkeit) abhebende Variante bei der Einstellung zur Marke zu den positivsten Ergebnissen führte.

Im Unterschied dazu stellt *Hitchon* (1991a) *metaphorisch* vs. *nüchtern* oder *sachlich* formulierte Headlines einander gegenüber, wobei die Ergebnisse die theoretisch erwartete Überlegenheit der metaphorisch gestalteten Alternative im Hinblick auf die **Produkteinstellung** bestätigen.

Schließlich ist am Rande noch auf ein Ergebnis zum Zusammenhang zwischen der typographischen *Größe der Headline* und dem von Konsumenten *erwarteten* Preisabschlag hinzuweisen. In der Studie von *Bellizzi & Hite* führten das in größeren Buchstaben gesetzte Wort „*sale*" (*Ausverkauf*) zu größeren (13%), erwarteten Preisabschlägen als die Schreibweise in kleinen (8%) Lettern. Allerdings sind die damit induzierten Erwartungen nicht ohne Probleme, wenn eine große Diskrepanz zwischen diesen Erwartungen und der Realität herrscht.

4.2.6.2.5 Sprachliche Einzelkomponenten

Außer zu den prinzipiellen Fragen der sprachlichen Gestaltung liegen gerade aus neuerer Zeit zu einigen Detailproblemen wertvolle Anregungen und Hinweise vor. So beschäftigen sich *Harris et al.* (1989) mit den Auswirkungen der *Stärke* und *Direktheit* von Formulierungen bei **Slogans** im Hinblick auf die Erinnerung und *Howard* (1990) mit den Effekten der Verwendung *rhetorischer Fragen* im Vergleich zu *Statements* auf Informationsverarbeitungsprozesse und Persuasion. *Ford, Smith & Swasy* (1990) prüfen die Frage, ob *Skepsis* oder Vorbehalte von Verbrauchern gegenüber werblichen Aussagen in Abhängigkeit von ihrer inhaltlichen Grundlage (subjektiv, objektiv, Suche, Erfahrung, Glaube) variieren; während *Olney & Bryce* (1991) sich aus aktuellem Anlaß über die vielfältigen Probleme der *Umwelt* und deren *kommunikativen Niederschläge* in Produktaussagen Gedanken machen, ohne allerdings die potentiellen Auswirkungen empirisch zu belegen. *Innis & Unnava* (1991) untersuchen die Folgen von *Garantieversprechen*, die im Rahmen von Werbemaßnahmen gegeben werden; und *Johar & Sirgy* (1991) diskutieren auf ausschließlich theoretischer Basis die zu erwartenden Konsequenzen *werte-* und *nutzenorientierter Appelle*.

Von den Ergebnissen dieser Untersuchungen erscheinen einige besonders erwähnenswert:
In der Untersuchung von *Harris et al.* (1989), die **stark** (z.B. *„Alka-Seltzer stoppt Schmerzen"*; oder: *„Damit Dich Deine besten Freunde nicht meiden ..."*; u.a.; vgl. S. 94) und **abgeschwächt** formulierte **Slogans** (*„Alka-Seltzer hilft bei Schmerzen"*; oder: *„Wenn Dich Deine besten Freunde meiden ..., verwende Listermint, das ganz andere Mundwasser"*) miteinander vergleichen, ist es nicht gelungen, Unterschiede in den Erinnerungsleistungen nachzuweisen. Hierbei ist allerdings Frage zu stellen, ob die Ursachen nicht in der vermutlich zu geringen Distanz der Formulierungen, d.h. in Form der Operationalisierung der Stufen der unabhängigen Variablen zu suchen sind.

Die Studie von *Howard* (1990) zeigt, daß *rhetorische Fragen* im Unterschied zu *Statements* innerhalb eines Hörfunk-Spots im Moment der Begegnung Urteilsprozesse mit der Folge von Einstellungsänderungen auslösen. Wenn dabei die Botschaft schon vor Auftreten der rhetorischen Frage zur Verfügung stand, so führt dies auch zu einer größeren Wahrscheinlichkeit ihrer

Nutzung. Wenn jedoch die Fragen der Botschaft vorangehen, so sind keine nennenswerten Effekte zu verzeichnen (vgl. auch *Howard & Burnkrant*, 1990).

Ford, Smith & Swasy (1990) gehen im Rahmen ihres Experiments einerseits von der **Theory of Economics of Information** *(EOI)* aus, die vorhersagt, daß in Fällen, in welchen der Konsument den Wahrheitsgehalt von Werbeaussagen vor dem Kauf eines Produkts sehr leicht durchschauen kann, in Kommunikationsmaßnahmen auch diesbezügliche Informationen meist wahr sind. Handeln Kommunikatoren nicht danach, dann diszipliniert der Markt diejenigen, die es mit der Wahrheit nicht so genau nehmen. Andererseits machen sie sich die Position *Nelsons* (1974) zu eigen, der in seinem Modell unterstellt, daß Produkteigenschaften Such-, Erfahrungs- und Glaubenskomponenten enthalten. Der EOI-Theorie folgend ist demnach zu erwarten, daß Konsumenten am ehesten gegenüber solchen Aussagen skeptisch sind, die sie selbst vor dem Kauf nicht verifizieren können. Umgekehrt haben sie am wenigsten Vorbehalte, wenn sie vor dem Kauf des Produkts die diesbezüglichen Äußerungen selbst ohne Schwierigkeiten prüfen und beurteilen können.

Mit ihrem Experiment überprüfen sie nun, ob der **Grad der Objektivität** (objektive vs. subjektive Aussagen), die **Komponente der Produkteigenschaft** (Such- vs. Erfahrungskomponente; Erfahrung vs. Glauben) und das **Preisniveau** des Produkts die Skepsis oder das Mißtrauen gegenüber den Aussagen beeinflussen.

Wie kaum anders zu erwarten, werden objektive Aussagen vertrauenswürdiger beurteilt; ferner werden gegenüber den auf Such- im Vergleich zu Erfahrungskomponenten bezogenen Aussagen weniger Skepsis entgegen gebracht. Außerdem zeigt sich bei differentieller Betrachtung ein ausgeprägteres Mißtrauen bei Produkten mit niedrigem als mit hohem Preis. Die größten Zweifel erzeugen objektive Aussagen bei Produkten mit niedrigem Preis.

Das Problem der Abgabe von **Garantieversprechen** und der damit verbundenen Konsequenzen stellt sich zwar in erster Linie bei neu in den Markt einzuführenden Produkten, es kann aber auch gelegentlich im Fall von schon seit längerer Zeit existierenden Produkten auftreten. Obwohl sich der Stellenwert eines derartigen Versprechens in den letzten Jahren erheblich gewandelt hat, d.h. früher waren solche Aussagen mehr im Sinne einer Haftungsbegrenzung des Herstellers gemeint, während sie heute eher als Qualitätssiegel zu verstehen sind, gewinnt dieser Aspekt bei kommunikativen Aktivitäten zunehmend an Bedeutung.

Im Fall von *Innis & Unnava* (1991) werden diese Aspekte exemplarisch (Produkt: Fahrrad) anhand eines 2x3-faktoriellen Experiments mit den Faktoren *Bekanntheit der Marke* (bekannt vs. unbekannt) und *Umfang der Garantie* (keine Garantie-Information, drei Monate Garantie, 10-Jahresgarantie) untersucht. Die abhängigen Variablen bilden *Produkteinstellung, Kaufabsicht* und das *Vertrauen* in bestimmte *Produkteigenschaften*.

In den Ergebnissen treten im Fall der Produkteinstellung keine Haupt-, wohl aber Interaktionseffekte auf; und zwar wirkt sich das Garantieversprechen in erster Linie bei der neuen (unbekannten) Marke positiv aus. Dies wiederholte sich jedoch nicht im Fall der Kaufabsicht. Außerdem hatte der Umfang der Garantie bei der bekannten Marke keine Bedeutung für das in die Produkteigenschaften gesetzte Vertrauen, wohl aber war bei der *unbekannten Marke* ein deutlich positiver Effekt zu verzeichnen. Sonach erscheint die Verwendung von Garantieversprechen in erster Linie bei neuen, noch unbekannten Produkten sinnvoll.

Mit den Bezeichnungen **werte- und nutzenorientierte Appelle** verbinden *Johar & Sirgy* (1991) die *theoretische* Vorstellung, daß es sich im ersten Fall um werbliche Kommunikation handelt, deren vorrangiges Ziel ist, das *Image* des jeweiligen Produkts (positiv) zu beeinflussen, während nutzenorientierte Appelle vor allem die funktionalen Leistungen des Produkts in den Mittelpunkt stellen. *Rossiter & Percy* (1987) bezeichnen diese Form auch als *informationale Werbung*. Theoretischer Hintergrund der Studie bildet einerseits ein von den Autoren konzipiertes Modell, das *self-congruity* und *functional-congruity* voneinander differenziert, die zugleich in Anlehnung an das Modell von *Petty & Cacioppo* (1986) die beiden Routen (peripher und zentral) der Informationsverarbeitung indizieren.

Wertorientierte Aussagen werden demzufolge durch einen *self-congruity*-Prozeß und nutzenorientierte Aussagen durch einen sogenannten *functional-congruity*-Prozeß vermittelt, wobei noch eine Reihe von weiteren, die Prozesse beeinflussenden Komponenten angenommen werden (*Johar & Sirgy*, 1991, S. 24). Vor allen Dingen müssen jedoch die jeweiligen Produkte mit ihren Eigenschaften die entsprechenden Voraussetzungen für diese Unterscheidung erfüllen. Am Ende ihrer Ausführungen gelangen die Autoren zu einem ganzen Bündel von Hypothesen, deren empirische Überprüfung bislang aber noch aussteht (vgl. *Johar & Sirgy*, 1991, S. 32).

4.2.6.3 Verwendung von Farben

Mit der Verwendung von Farben sind in psychologischer Hinsicht mindestens zwei Funktionen verbunden. Zum einen kann durch sie **Aufmerksamkeit** im Sinne von Zuwendung erzeugt werden. Diese Konsequenz tritt dann besonders deutlich in Erscheinung, wenn das Umfeld einer Anzeige in der Gestaltung in *schwarz-weiß* gehalten ist, oder auch wenn beispielsweise nur eine einzige Farbe zur Hervorhebung oder Unterstreichung von textlichen Aussagen eingesetzt wird (vgl. auch *Lee & Barnes*, 1990). Oft wird angesichts der damit verbundenen Kosten (je nach Medium sind Zuschläge bis zu 90% zum Preis für eine 1/1-Seite in schwarz-weiß üblich) der Einsatz von Farben mit der aufmerksamkeitssteigernden Wirkung, im Sinn einer Vergrößerung des Leserkreises, begründet (vgl. z.B. *Starch*, 1966, S. 59; *Epple & Epple*, o.J., S. 28; *Merbold*, 1991, S. 29 oder *Frieling*, 1990).

Zum anderen bietet sich durch den Einsatz mehrerer Farben die Möglichkeit, Gegenstände oder Produkte **realitätsnäher** darzustellen, sie in einer gewissen Atmosphäre zu präsentieren oder mit einem entsprechenden *„flair"* zu versehen (vgl. auch *Starch*, 1966, S. 57 f.). Dazu ein Beispiel: Es ist wohl leicht vorstellbar, daß farbige Abbildungen von Nahrungsmitteln und Speisen einem eher das *„Wasser im Munde"* zusammenlaufen lassen, als dies bei einer vergleichsweise unappetitlich (grau) wirkenden schwarz-weiß-Abbildung der Fall wäre.

Des öfteren übernimmt die Farbe beabsichtigt oder auch unbeabsichtigt eine *dritte* Aufgabe: Sie stellt eine **Identifizierungshilfe** dar oder erfüllt damit eine Kennzeichnungsfunktion. Dieser begegnet man in der Praxis zum Beispiel bei Packungen oder im Zusammenhang mit Markenzeichen und sonstigen Symbolen (oder Hausfarben), die sich durch besondere farbliche Komponenten und Akzente auszeichnen. Zwischen der Farbe der Packung eines Produkts, dem Namen oder der Art des Produkts entstehen dabei meist assoziative Verknüpfungen, die entweder zuvor gelernt wurden oder auf „natürlichen" Verbindungen beruhen. Konkrete Beispiele bilden hierzu die zahlreichen Zigarettenmarken, bei welchen (fast ausnahmslos) enge Beziehungen zwischen der farblichen Dominanz in der Gestaltung der Packung und dem Nikotin- bzw. Teergehalt bestehen.

Bevorzugte Einsatzgebiete sind im Fall von Anzeigen *Headlines* und *Schlagzeilen*, der *Text* und/oder *Schlagwörter* sowie der *Hintergrund*. In der Studie von *Bleisteiner* (1986), der 540 Anzeigen unter diesen Gesichtspunkten analysierte, ergaben sich die in *Tabelle 74* verzeichneten %-Anteile.

Tabelle 74: Bevorzugte Anwendungsgebiete von Farben in Anzeigen
(Quelle: *Bleisteiner*, 1986)

Anwendungsgebiete	%-Anteile			
	schwarz	schwarz-weiß	weiß	farbig
Headlines	21,94	12,85	24,70	35,17
Text	36,29	22,68	12,82	10.06
Schlagwörter	7,92	6,73	10,30	30,21
Hintergrund	5,90	-,-	23,80	70,30

In der Kategorie farbig dominiert bei den *Headlines* die Farbe *blau*, allerdings mit einem %-Anteil von nur 7.71, gefolgt von der Kombination *rot-weiß* mit 4.35 %. In den *Anzeigentexten* herrscht keine Farbe besonders vor; die Anteile liegen hier in den Grenzen zwischen 1.58 % (gelb-schwarz, sonstige) und 1.38 Wo (rot oder blau). *Schlagwörter* werden bevorzugt in rot (10.89 %) oder *rot-weiß* (8.50 %), in *blau* (4.95 %) oder in der Kombination *blau-weiß* und *rot-gelb* gesetzt; während beim Hintergrund neben *weiß* die am häufigsten eingesetzte Farbe *blau* (24 %) ist.

Zu den verschiedenen Assoziationsbereichen, Anmutungsqualitäten oder den emotionalen Wirkungen (*Levy*, 1984) von Farben liegen einige ältere Studien mit tendenziell ähnlichen Ergebnissen vor (vgl. *Mayer et al.*, 1982, S. 111). Eventuelle Unterschiede können dabei verschiedene Quellen haben. Neben der methodischen Vorgehensweise ist vor allem die Verschiedenheit der untersuchten Populationen (u.U. auch Nationen) mit ihren differierenden Präferenzen und Fähigkeiten des Verbalisieren von Eindrücken in Betracht zu ziehen. Daneben können die unterschiedlichen Deutungen, je nach Zeitpunkt der Erhebung der Daten, auch Ausdruck oder Niederschlag des jeweiligen *Zeitgeistes* sein.

Sowohl in älteren als auch neueren Studien zur konnotativen Funktion von Farben werden z.B. für rot sehr ähnliche Assoziationen erwähnt, wie *„aktiv, abenteuerlich, stimulierend, energiegeladen und vital"* (*Heline*, 1979; *Bellizzi, Crowley & Hasty*, 1983, S. 25; *Behrens*, 1982, S.

222; *Mahnke & Mahnke*, 1987, S. 11 ff.). Oder für grün werden Adjektive genannt, die auf eine beruhigende Wirkung hinweisen, wie *„sicher, bequem, ruhig, friedlich"* und *„gelassen")*.Im Lauf der Zeit haben sich bei einzelnen Branchen Präferenzen in der Verwendung bestimmter Farben herausgebildet. So trifft man bei Produkten aus den Bereichen der *Mund- und Zahn-pflege* in Anzeigen sehr oft die Kombination *blau* mit *weiß* an. Bei *Banken, Versicherungen* und *Bausparkassen* herrscht *blau* vor; und in der *Touristik* wird die Kombination *blau* und *gelb* bevorzugt (vgl. *Bleisteiner*, 1986). Ob diese Vorlieben zufällig entstanden oder auf systemati-schen Vergleichsstudien beruhen, läßt sich allerdings nicht sagen.

Zusammenfassend ist anhand der berichteten Ergebnisse festzustellen, daß in der Regel davon ausgegangen werden kann, daß farbige Anzeigen im Vergleich zu schwarz-weißen Alternati-ven mehr Beachtung erfahren; d.h. eine größere Leserschaft finden, intensivere und realitätsnä-here Eindrücke hinterlassen und in emotionaler Hinsicht mit entsprechenden Assoziationen verbunden sind. Dennoch dürfen diese Befunde nicht überbewertet werden, da sogenannte *no-ted-* oder *read-most-scores* nichts über die nachfolgenden Prozesse der Werbewirkung und kaum etwas über daraus resultierendes Verhalten auszusagen vermögen. Bestenfalls sind damit die Eingangsvoraussetzungen für diese Prozesse sowie für eventuell nachfolgende Konsequen-zen geschaffen.

Obwohl die oben angesprochenen Fragen und Probleme im Grunde bei *TV-Spots* in analoger Form bestehen, strebt deren Relevanz aufgrund der gegenwärtig geübten Praxis gegen Null. TV-Spots werden heutzutage in der schwarz-weiß-Version nur noch in höchst seltenen Aus-nahmen gesendet; und zwar in erster Linie deshalb, um auf diesem Weg, im Umfeld der übri-gen (konkurrierenden) Spots besondere Aufmerksamkeit zu *erheischen*. Ob sich der Inserent damit am Ende einen Gefallen erweist, oder ob er aufgrund dieses Anschauungsunterrichts zur *Manipulation durch Werbung* mit Reaktanzerscheinungen rechnen muß, ist empirisch zwar noch ungeklärt, aber nicht unwahrscheinlich. Damit könnten sich die werblichen Bemühungen unter Umständen in einen *Bumerang* mit unerwünschten negativen Konsequenzen verwandeln.

Betrachtet man unabhängig davon die empirischen Ergebnisse, die allerdings aus Zeiten stam-men als die Frage, ob farbige Spots schwarz-weiß Versionen vorzuziehen sind, noch aktueller Gegenstand kommunikationspolitischer Diskussionen war (vgl. *Schaps & Guest*, 1968), so ist eine deutliche Überlegenheit der farbigen gegenüber der schwarz-weiß Version zu verzeichnen. Erinnerungsleistungen, die aus der Präsentation eines Farb-Spots resultierten, fielen sichtlich besser aus. Hierbei spielte es auch keine Rolle, ob das Umfeldmaterial (Unterhaltungsprogramm) in Farbe oder in schwarzweiß gesendet wurde. Auf der anderen Seite zeigte sich aber auch, daß sich die Vergessensraten beider Versionen in etwa entsprachen (Vergleich der unmittelbaren Messungen mit denen nach 48 Stunden), so daß die ursprünglich aufgetretene Relation von 1,27 (Farbe vs. schwarz-weiß) weitgehend erhalten blieb. Nachdem sich in der Zwischenzeit die Verhältnisse in der Praxis völlig ins Gegenteil verkehrt haben, besitzen diese Ergebnisse wissenschaftlich nur noch historischen Wert.

4.2.6.4 Anzeigengröße

Darüber, daß die Größe von Anzeigen in Zeitungen, Zeitschriften und in vergleichbaren Medien neben sonstigen Merkmalen wie Farben, Illustrationen oder Inhalte eine wesentliche Rolle spielen, besteht in der Literatur weitgehende Übereinstimmung. In der generellen Tendenz ist davon auszugehen, daß größere Anzeigen auch zu ausgeprägteren Effekten führen; sei es in Form von Aufmerksamkeitswerten, Erinnerungs- oder Wiedererkennensleistungen oder sonstigen Kriterien der Werbewirkung (wie z.B. Image des Kommunikators). Lediglich hinsichtlich des Umfangs der Steigerungen liegen variierende Angaben vor.

Schon aus der Sicht der damit verbundenen Kosten ist es verständlich, daß diese Problematik sehr früh in der Geschichte der Werbepsychologie Beachtung fand und Anlaß zu entsprechenden Vergleichsuntersuchungen gab (vgl. *Jacobi*, 1963, S. 108 ff.). Für die prinzipielle Bedeutung der Anzeigengröße sprechen zum einen korrelative Studien, in welchen diese Variable in der Funktion als *Prädiktor* verstanden und dessen Prognosekraft im Hinblick auf **Erinnerungs-** und **Wiedererkennensleistungen** überprüft wurden (vgl. *Troldahl & Jones*, 1965, S. 25; oder *Twedt*, 1962, S. 430; *Hendon*, 1973, S. 40 f.; *Heads*, 1968). Je nach Geschlecht der Versuchspersonen waren Werte in der Größenordnung von $r = .64$ (männlich) und $r = .73$ (weiblich) zu verzeichnen.

Die Bedeutung dieser Variablen läßt sich außerdem an den Ergebnissen *faktorenanalytischer* Studien (*Twedt*, 1962; *Valiente*, 1973) ablesen. Die Ladungen dieser Variablen variieren in den Grenzen zwischen .69 (*Twedt*) und .91 (*Valiente*), je nach dem zugrunde gelegten Werbeträger, und erklären bis zu 44% der Varianz auf der Basis des Kriteriums „*Anzeige gesehen*" (*noted-score*). Ähnliche Relationen zeigten sich auch, wenn sogenannte „*read most scores*" (> *als 50% des Anzeigentextes gelesen*) die Grundlage der Analyse bilden.

Erwähnenswert sind in diesem Zusammenhang auch Daten, die die zum Teil *natürlichen* Kovariationen mit anderen Gestaltungskomponenten von Anzeigen wiedergeben (*Tabelle 75*).

Tabelle 75: Interkorrelationen (r) der Anzeigengröße mit anderen Variablen
(Quelle: *Twedt*, 1962, S. 431)

Variablen	**(r)**
Anzeigengröße und...	0.620
Anzeige gelesen oder Teile gesehen	
Anzahl der Farben	.07
Anzahle der Illustrationen	.35
Fläche der Illustrationen	.71
Anzahl der Schriftgrößen	.54
größter Buchstabe	.64
Anzahl de Wörter	.62
Anzahl der Blöcke	.57
Größe der Überschrift	.49
Anzahl der Produktvorteile	.51

Wie in vielen anderen Problemfeldern, so sind auch hier die allgemeinen Beobachtungen durch populationsspezifische Differenzierungen zu ergänzen. So spielt zum Beispiel die Tatsache eine Rolle, ob jemand **Verwender** der inserierten *Marke* oder nur der betreffenden *Produktkategorie* ist oder nicht (vgl. *Silk & Geiger*, 1972). Je nach Anzeigengröße (1/16- bis 1/1-Seite) und unter Berücksichtigung der Intensität der Auseinandersetzung mit den Anzeigen (gesehen vs. gelesen) ergaben sich in der oben genannten Untersuchung unterschiedliche Zusammenhänge (*Yules Q; usage-exposure association*), die darauf hinweisen, daß je nach Anzeigengröße unterschiedliche Selektionsmechanismen wirksam werden (*Abbildung 95*).

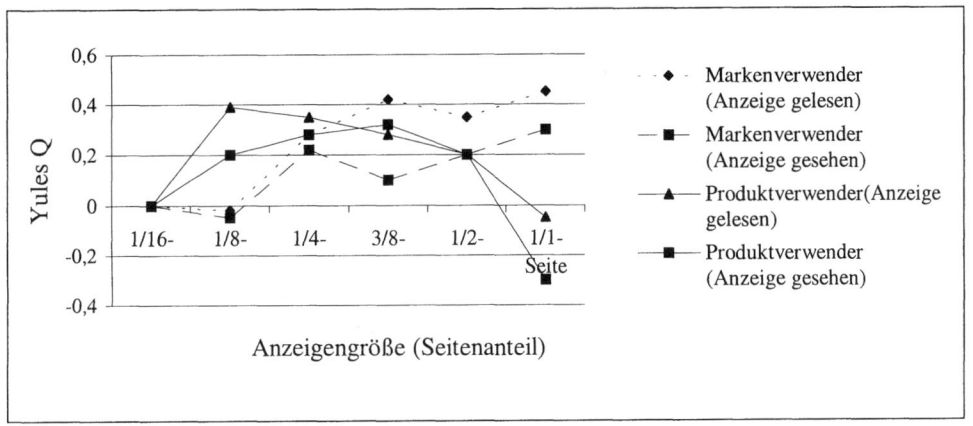

Abbildung 95: Median des Zusammenhangs (Yules Q) zwischen Verwenderkategorie (Marke/Produkt) und Intensität des Kontakts, differenziert nach Anzeigengröße (Quelle: *Silk & Geiger*, 1972, S. 24 f.)

Als generelle Tendenz läßt sich für die Gruppe der **Markenverwender** eine Zunahme des positiven Zusammenhangs mit der zunehmenden Größe der Anzeige beobachten, während bei den Verwendern der Produktart bis zur 3/8-Anzeige noch eine minimale Steigerung auftritt, die sich jedoch mit zunehmender Anzeigengröße umkehrt, um schließlich im negativen Bereich zu enden. Konkret heißt dies: Je größer die Anzeige für eine nicht persönlich benutzte Marke ist, desto weniger wird ihr von seiten der Anderen-Markenbenutzer Beachtung geschenkt. Umgekehrt widmen ihr die Verwender der betreffenden Marke zunehmend mehr Interesse. Ob diese für *Silk & Geiger* überraschenden Ergebnisse tatsächlich ihre Ursachen in den von ihnen diskutierten methodischen Problemen haben, oder eher Ausdruck des Mechanismus der **Dissonanzreduktion** darstellt, bleibt dabei ungeklärt. In Anlehnung an *Ehrlich, Guttmann, Schönbach & Mills* (1971) erscheint die zweite Alternative die wahrscheinlichere zu sein.

4.2.6.5 Länge von Hörfunk- und TV-Spots

Bei Hörfunk- und TV-Spots ergeben sich im Grund analoge Probleme wie im Fall von Anzeigen. Dort war die Größe, hier die zeitliche Länge Gegenstand der Betrachtung. Ihren Ausgang nimmt diese Problematik von den mit den Schaltzeiten verbundenen Kosten und der begrenzten Verfügbarkeit dieser Zeiten. Außerdem wird diese Frage relevant, wenn man vor der Entscheidung steht, an Stelle eines längeren Spots eventuell mehrere kurze Spots zu senden. Dieser Aspekt wurde bisher ausschließlich für TV-Spots untersucht, während er für den Fall von Hörfunk-Spots nur in Verbindung mit der zeitlichen Komprimierung von ursprünglich längeren Spots überprüft wurde; insofern lassen sich entsprechende Schlüsse nur indirekt ziehen.

Initiatoren der in der Zwischenzeit auf eine beachtliche Zahl angewachsenen Studien waren vor allem *MacLachlan* (1978) und *La Barbera* (1978; 1979), die sich als erste mit der Frage der (zeitlichen) Kürzung von **TV**-Spots normaler (30' und 60') Länge durch die Erhöhung der Präsentationsgeschwindigkeit beschäftigten. Die als *time compression* bezeichnete elektronische Technik führt dabei nicht, wie sonst üblich, zur Transposition der Melodie und veränderter Intonation gesprochener Worte, sondern die ursprünglichen Ton- oder Stimmlagen bleiben bei diesem Verfahren erhalten, sofern die Steigerung der Geschwindigkeit nicht die Grenze von 40% erheblich überschreitet.

In den Untersuchungen (*Normalversion vs. time-compressed*) bildeten die unterschiedlichsten Kriterien Grundlage des Vergleichs. Von den Ergebnissen her gesehen geriet jedoch die anfangs beobachtete Überlegenheit der verkürzten gegenüber den Normalversionen mit der zunehmenden Zahl an Studien immer mehr ins Wanken.

Im Fall von **Hörfunk-Spots** stellten *La Barbera & MacLachlan* (1979) fest, daß die beschleunigt präsentierten Fassungen fünf verschiedener Spots größtenteils als *interessanter* empfunden wurden, obwohl die Verkürzung nicht bewußt geworden war, und die nach 2 Stunden erhobenen **Erinnerungswerte** sichtlich höher ausfielen. Gleichzeitig belegen die dortigen Ergebnisse aber auch, daß diese positiven Effekte nicht generell auftreten, sondern auch vom Spot und dessen Inhalten abhängig sind (vgl. dazu *Mayer et al.*, 1982, S. 117).

In der Tendenz sehr ähnliche Befunde wurden von *MacLachlan & Siegel* (1980) auch mit **TV-Spots** erzielt. Dort zeigten sich einmal bei den um 20% (von 30 auf 24 Sekunden) gekürzten Fassungen der Spots im Durchschnitt um 36% erhöhte **Erinnerungswerte** (ungestützte Erinnerung an den Markennamen) gegenüber der Normalversion. Ein Mittelwert in etwa gleicher Höhe (40%) ergab sich auch, wenn das nach 2 Tagen erfaßte Kriterium *„demonstrated recall"* im Sinne eines aided recall-Werts (Hilfe: Markennamen) erhoben wurde (*Tabelle 76*).

Tabelle 76: Erinnerungswerte von Normal- und zeitlich komprimierten Versionen von TV-Spots (Quelle: *MacLachlan & Siegel*, 1980, S.55 f.).

Spot	Erinnerungswerte (spontan)			Erinnerungswerte (aided)		
	normal	verkürzt	Anstieg	normal	verkürzt	Anstieg
1	17,5	23,0	31 %	50,9	58,1	14 %**
2	26,3	43,2	64 %**	31,6	55,4	75 %**
3	5,4	6,8	26 %	49,1	67,6	38 %*
4	8,8	10,8	23 %	54,4	71,6	32 %*
Ø	14,5	21,0	36 %	46,5	63,2	40 %
* p < .05; ** p < .005						

Diese Befunde wurden mit diversen Hypothesen erklärt: Der *Neuartigkeits-Hypothese*, der *viewer-effort-Hypothese* und auf der Grundlage der sogenannten *Aufmerksamkeits-Präferenz-Hypothese*, die einen indirekten Effekt auf der Ebene von Einstellungen postuliert, weshalb die Quelle und/oder die Botschaft anders wahrgenommen und bewertet werden.

Nachdem andere Studien (*Koomen & Dijkstra*, 1975; *Siegman & Pope*, 1965; 1966) außerdem Hinweise dafür enthalten, daß Personen, die von ihrer Argumentation selbst überzeugt sind, schneller und flüssiger sprechen, steht mit dieser Auffassung auch die Hypothese im Einklang, daß die *Glaubwürdigkeit* solcher Sprecher positiver beurteilt wird (*source-credibility-Hypothese*). Diese Hypothese wird allerdings nur partiell durch Ergebnisse einer Studie von *MacLachlan* (1982) gestützt, wo der Sprecher eines zeitlich verkürzten Spots nur in Ausnahmen beim Hörer positivere Eindrücke bezüglich Eigenschaften wie Freundlichkeit, Klugheit, Enthusiasmus und Energie hervorrief (*MacLachlan*, 1982, S. 49 f.).

Im Gegensatz zu den vorwiegend unifaktoriellen Versuchsplänen mit sehr begrenzter Aussagekraft, bieten komplexere Designs wie im Beispiel von *Moore, Hausknecht & Thamodaran* (1986), deren Vorgehen zudem theoriegeleitet ist, wesentlich umfassendere Möglichkeiten zur Beantwortung offener Fragen. Diese Strategie erscheint in Anbetracht der zwischenzeitlich in vieler Hinsicht divergierenden Ergebnisse (vgl. *Stephens*, 1982; *Lautman & Dean*, 1983; *Riter, Balducci & McCollum*, 1982; *Schlinger, Alwitt, McCarthy & Green*, 1983; *Vann, Rogers & Penrod*, 1987; *Muehling & Bozman*, 1990) um so mehr angebracht.

Das bereits bekannte *Elaborations-Wahrscheinlichkeits-Modell* von *Petty & Cacioppo* (1981) ergänzen sie in theoretischer Hinsicht um die Perspektive der für den Verbraucher bestehenden Gelegenheit zur Antwort (response opportunity) auf die kommunizierten Inhalte, wobei sie annehmen, wenn für den (motivierten) Konsumenten nur eine beschränkte Gelegenheit zur Antwort besteht, Einstellungsurteile größtenteils von sogenannten non-message-cues (Sender-merkmalen, Gefallen der Botschaft) bestimmt werden und damit zwangsläufig variieren.

Diese Perspektive führt zu drei generellen **Vorhersagen**; und zwar:

(1) Da zeitlich verkürzte Spots weniger Aufmerksamkeits-Kapazität beanspruchen, steht dem Konsumenten weniger Zeit zur Verfügung, relevante Informationen im Gedächtnis zu spei-chern.

(2) Die Anzahl der kognitiven Antworten, hervorgerufen durch Werbeaussagen, wird sich mit zunehmender Präsentationsgeschwindigkeit verringern, d.h. wenn die werblichen Aussagen unter normalen Umständen Gegenargumente und ungünstige Reaktionen gegenüber der Marke provozieren, wird die höhere Präsentationsgeschwindigkeit die Überzeugungskraft der Werbung steigern; im umgekehrten Fall jedoch mindern.

(3) Die zeitliche Verkürzung wird den Einfluß von *cues* aus der Werbung im Hinblick auf de-ren Überzeugungsfähigkeit verändern; wenn die Geschwindigkeit der Präsentation zu-nimmt, haben nicht in der Botschaft enthaltene *cues* gegenüber den in ihr enthaltenen ein größere Chance, auf Einstellungsänderungen Einfluß zu nehmen (vgl. *Moore, Hausknecht & Thamodaran*, 1986, S. 87).

Diese Prognosen wurden in mehreren experimentellen Phasen (Experimente 1-3) überprüft, wobei die Präsentationsgeschwindigkeiten in den Grenzen von 100% bis 160% variierten, und außerdem die Produktart (je nach Experiment unterschiedlich), die Argumentationsstärke (hoch-niedrig) sowie die Glaubwürdigkeit des Senders (hoch-niedrig) in unterschiedlichen Ausprägungen berücksichtigt wurden.

In den Ergebnissen bestätigten sich diese Vorhersagen in der Form, daß Variablen des Infor-mations-Verarbeitungs-Prozesses die Effekte der zeitlichen Verkürzung vermitteln (*mediate*), indem derartige Maßnahmen mit einer **Verminderung der Aufmerksamkeit, geringeren Erinnerungsleistungen** hinsichtlich der speziellen Aussageinhalte und einer **Reduktion ko-gnitiver Antworten** auf die Aussagen und das beworbene Produkt assoziiert sind (*Moore et al.*, 1986, S. 97). Dies bedeutet somit, daß Konsumenten die präsentierten Informationen im

Fall zeitlich verkürzter Spots weniger sorgfältig verarbeiten. Demzufolge scheint die Alternative der Erklärung der Effekte auf der Basis des *Elaborations-Wahrscheinlichkeits-Modells* die bisher brauchbarste zu sein. Mit diesem Konzept lassen sich auch die Ergebnisse von *Patzer* (1991) erklären, der in seinen Untersuchungen eine deutliche Überlegenheit der 30'-TV-Spots gegenüber den 15'-Spots auf der Ebene von **Erinnerungswerten** und **Markeneinstellung** feststellen konnte.

Zusammenfassend ist angesichts der Variationsbreite der Ergebnisse festzustellen, daß längere Spots die wohl besseren Ausgangsbedingungen für ausgeprägte, positive Effekte in den verschiedenen Kriterienbereichen besitzen, aber keine absolute Gewähr für deren Eintritt bieten. Außer der zeitlichen Länge bestimmen noch eine Reihe an derer Faktoren, wie z.B. das spezifische Werbewirkungskriterium, der Argumentationsstil sowie die Tendenz zur Entstehung von Gegenargumenten bis hin zum Alter der Zielpersonen die Konsequenzen mit (*Stephens*, 1982).

Mit Blick auf die *Praxis* ist im Fall einer sequentiellen Werbestrategie zu berücksichtigen, daß sich die in der Praxis zu treffenden Entscheidungen nicht allein auf ein alternatives Vorgehen im Sinn des „*entweder-oder*" beschränken müssen, sondern wie *Fabian* (1986) aus der Perspektive des Praktikers empfiehlt, sind außerdem die Möglichkeiten des „*sowohl-als-auch*" in die strategischen Überlegungen der Medienplanung mit einzubeziehen. Insbesondere dann, wenn es sich um eine *bekannte Marke* mit einer dem Publikum bereits vertrauten Basis-*Strategie* handelt, sieht er aufgrund mehrfacher Vergleiche in der Kombination von zunächst längeren (30') mit anschließenden 15'-Spots ein aussichtsreiches Vorgehen (vgl. dazu auch *Claggett*, 1986).

4.2.6.6 Plazierungseffekte

Die Frage, an welcher *Stelle* eine Anzeige innerhalb einer Zeitung oder Zeitschrift unter dem Gesichtspunkt der maximalen Effektivität am besten zu plazieren ist, beschäftigt die Fachwelt schon seit geraumer Zeit (vgl. dazu *Jacobi*, 1963, S. 114 ff.). Diskutiert werden vor allem, ob dafür die rechte oder linke Seite (Doppelseite), die obere oder untere Hälfte, oder eventuell

Randpositionen einer Seite die besseren Voraussetzungen und Gewähr dafür bieten. Da in zahlreichen Studien meist in unterschiedlicher Form operationalisierte *Aufmerksamkeitswerte* die Grundlage der Beurteilung bilden, ist es nicht besonders überraschend, wenn dabei mehr oder minder divergierende Ergebnisse zustande kommen (vgl. *Mayer et al.*, 1982, S. 120).

Im wesentlichen zeigte sich im Fall einer 1/1-Seite eine Überlegenheit zugunsten der *oberen* gegenüber der unteren Hälfte (*König*, 1926, S. 95; *Adams*, 1920; *Fielitz*, 1955) sowie der *linken* gegenüber der rechten Seite (*König*, 1926; *Adams*, 1920). Eine etwas größere Übereinstimmung in den Antworten bezüglich der Frage der Plazierung von Anzeigen besteht bei 2/1-Seiten (Doppelseite). Hier bescheinigen sowohl *Fielitz* (1955, S. 652) als auch *Diamond* (1968, S. 379) der *rechten* Hälfte die höhere Effektivität.

Bei der Bewertung dieser Befunde ist im Hinblick auf die Praxis zu berücksichtigen, daß diese Beobachtungen unter sehr spezifischen Bedingungen entstanden, die eine uneingeschränkte Verallgemeinerung nicht zulassen. Denn es ist ungeklärt, wie sich unter Umständen die Gestaltung des Umfelds sowie die diversen Einzelmerkmale konkurrierender Anzeigen, die spezifischen Eigenheiten der untersuchten Population und viele andere, ungenannte sowie unbekannte Variablen in den Ergebnissen niedergeschlagen. Außerdem sind Aufmerksamkeitswerte nicht stellvertretend für alle übrigen Werbewirkungskriterien als Basis der Entscheidung verwendbar.

Ähnliche Probleme bezüglich der Plazierung ergeben sich auch, wenn nicht nur die Position auf einer 1/1-Seite, sondern die Anordnung von **Text und Illustration** *innerhalb einer* Anzeige, oder gar deren Infrastruktur, im Sinne der Plazierung des *Markennamens* oder *Firmenlogos* im Mittelpunkt des Interesses stehen. Mit diesen Fragestellungen beschäftigen sich *Gutman* (1972) sowie *Bernhard* (1978) und *Janiszewski* (1990).

Gutman präsentierte den Versuchspersonen 4 Dias von Plakaten, bei welchen die Anordnung der *Text- und Bildelemente* in der in *Abbildung 96* skizzierten Form erfolgte. Mittels eines Tachistoskops (Apparatur zur kurzzeitigen Präsentation optischer Reize) wurden Dias der Plakatversionen jeweils für 0.5 Sekunden in unterschiedlicher Folge dargeboten.

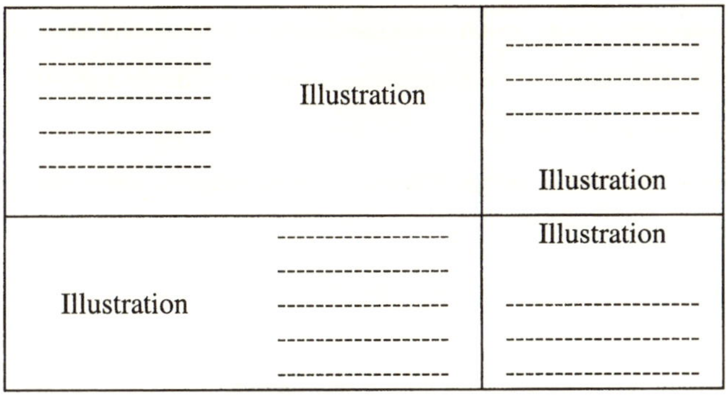

Abbildung 96: Unterschiedliche Anordnung von Text (----) und Illustration
in der Studie *Gutmans* (1972)

Im Anschluß daran sollten die Vpn darüber Auskunft geben, *was sie zuerst wahrgenommen haben*. Außerdem wurden sie zum *Namen des Inserenten* sowie zur *Identifikation der textlichen und bildlichen Aussagen* befragt. Die Ergebnisse sind in *Tabelle 77* enthalten.

Tabelle 77: Zusammenfassung der Ergebnisse *Gutmans* (1972)

Kriterien	Position der Illustration (%-Werte)*			
	rechts	links	oben	unten
zuerst wahrgenommen				
Illustration	84,35	72,9	92,75	91,65
Text	15,65	25,0	7,25	8,35
beides	-,-	2,1	-,-	-,-
Identifikation des Senders	13,55	3,15	37,5	27,1
Identifikation Text (*Grad des Wiedererkennens*)				
vollständig	4,2	2,1	-,-	1,0
partiell	31,3	58,5	14,6	15,7
* Mittelwerte aus den Ergebnissen verschiedener Anzeigen				

Den Angaben der *Tabelle 77* zufolge läßt sich festhalten, daß die Werte je nach Position der Illustration und je nach Kriterienebene zwar mehr oder minder differieren, die gravierenderen Unterschiede jedoch *zwischen* den diversen Kriterien bestehen. Unter dem Aspekt, was den Vpn *„ins Auge springt"*, zeigt sich eine ausgeprägte **Überlegenheit der Illustration**. Sie hat *im ersten Moment* der Begegnung hauptsächlich die Aufmerksamkeit der Betrachter erregt. Die

Positionen *oben-unten* führen zu in etwa vergleichbaren Werten, während sich bei den Alternativen *rechts-links* eine deutliche Dominanz zugunsten der Anordnung der Illustration auf der rechten Seite verzeichnen läßt.

Bei dem Kriterium *Identifikation des Senders* wiederholt sich das soeben geschilderte Ergebnis in seinem Grundtenor. Auch hier scheinen sowohl die *oben-* als auch die *unten-*Positionen im Vergleich zu links- oder rechtsseitigen Anordnung die günstigeren Bedingungen für die *Identifikation des Senders* zu sein.

Je nach den Anforderungen, die an den Grad der Genauigkeit des *Wiedererkennens* des Textes gestellt werden, gelangt man bei dem dritten Kriterium zu unterschiedlichen Beobachtungen. Ist *vollständiges* Wiedererkennen gefordert, so muß man zunächst feststellen, daß dieser Anspruch eine Überforderung darstellt; ansonsten sollte man die Unterschiede zwischen den einzelnen Positionen, angesichts des absoluten Niveaus der Werte, besser unbeachtet lassen. Reicht *partielles* Wiedererkennen aus, dann bietet die Anordnung der Illustration auf der linken Seite die besseren Chancen.

In den wesentlichen Tendenzen übereinstimmende Ergebnisse erhält auch *Bernhard* (1978), dessen Arbeit sich zudem noch durch den besonderen Vorzug der Verwendung inländischer Versuchspersonen auszeichnet. Kriterien der Messungen waren die *Fixationshäufigkeit* und die *Gedächtnisleistung (recognition)*. Unter dem Aspekt der *Fixationshäufigkeit* zeigten sich folgende Einzelergebnisse:

- Texte *unter* der Illustration wurden häufiger fixiert als oberhalb der Illustration;

- Texte *rechts* von der Illustration werden gegenüber der Möglichkeit, ihn links von der Illustration anzuordnen, häufiger fixiert.

Einschränkend ist allerdings zu bemerken, daß diese Beobachtungen nicht durchgängig gemacht wurden, sondern manchmal von Anzeige zu Anzeige etwas variierten.

Die quadrantenweise Überprüfung der Anordnung der Textelemente ergab ferner:

- Der Quadrant *links-oben* wurde im Vergleich zu dem *rechts-unten* häufiger fixiert,

und

- Textelemente, die *rechts-oben* gegenüber *links-unten* angeordnet waren, wurden ebenfalls häufiger fixiert.

Die Analyse der *Gedächtnisleistungen* erbringt den prinzipiellen Nachweis der Abhängigkeit dieses Kriteriums von der Plazierung. Bessere Behaltensleistungen liegen dann vor, wenn der Text *unter* dem Bild angeordnet ist. Beim Vergleich der (Text-) Positionen *rechts* versus *links* offenbart sich jedoch wiederum eine Abhängigkeit von der Gestaltung der jeweiligen Anzeige, so daß sich keine eindeutigen Aussagen bezüglich dieser Alternativen machen lassen.

Auch die quadrantenweise Analyse der Daten liefert wiederum ein uneinheitliches Bild. Die alternativen Plazierungen des Textes *links-oben* versus *rechts-unten* führen im wesentlichen zu gleichen Ergebnissen, d.h. lediglich die Position *rechts-oben* zeigt sich gegenüber der Alternative *links-unten* als überlegen.

Etwas spezifischere Probleme bei der organisatorischen Gestaltung von *Print-Werbung* hat *Janiszewksi* (1990) im Auge, wenn er sich in seiner Studie mit Problemen der Plazierung von *Markennamen* oder *Logos* befaßt. Theoretische Grundlage bildet hierbei die *Hemisphärentheorie der Informationsverarbeitung*, die von der Prämisse ausgeht, daß für einen Reiz, der im Rahmen eines unbewußten (*subconscious*) Prozesses analysiert wird, eine erhöhte Präferenz besteht. In den Ergebnissen zeigt sich, daß sich die Präferenz für einen Markennamen in Abhängigkeit von seiner Plazierung zu verbalen und bildlichen Teilen der Anzeige ändert.

4.2.6.7 Serielle Effekte der Plazierung

Anzeigen in Zeitungen oder Zeitschriften bzw. TV- oder Hörfunk-Spots können innerhalb einer Ausgabe, des Programms oder einer Werbesendung an unterschiedlichen Stellen plaziert werden. Hierbei stellt sich die Frage, ob mit diesem Vorgehen unter Umständen eine unterschiedliche Effektivität verbunden ist; sei es, weil das Interesse oder die Intensität der Zuwendung während des Lesens und Durchblätterns variieren; sei es, daß von vorangehenden oder auch nachfolgenden Programmteilen oder Spots eventuell hemmende oder auch fördernde Effekte ausgehen. Berechtigte Hinweise hierfür ergeben sich bereits aus der Lernpsychologie, beispielsweise in Form der *pro- und retroaktiven Hemmung* oder des *primacy-recency-Effekts*. Während *Frankel & Solov* (1962) im Rahmen ihrer Studie bei **Erinnerungswerten** (*Prozentsatz der Leser, der sich an eine bestimmte Anzeige noch nach einem Tag erinnern konnte*) keine nennenswerten Unterschiede erhalten haben (vgl. *Mayer et al.*, 1982, S. 123), stellt *Diamond* (1968, S. 379) im Hinblick auf die Wahrscheinlichkeit, daß eine Anzeige Beachtung findet, die folgende Rangfolge unterschiedlicher Positionierungen fest:

An *erster* Stelle rangierte die *hintere* Umschlagseite (außen); die zweite Stelle nahm die *vordere* Umschlagseite (innen) ein; und die *hintere* Umschlagseite (innen) lag an dritter Stelle. Auf die gesamte Ausgabe bezogen, ergab sich die Rangreihe erstes, zweites, drittes und viertes Viertel der Ausgabe.

In Grenzen vergleichbare Ergebnisse berichtet auch *Yamanaka* (1962), der die Frage der Plazierung von Anzeigen am Beispiel einer *japanischen* Zeitung untersucht, die sich jedoch durch manche Abweichungen gegenüber den uns vertrauten europäischen Medien auszeichnet. Sie umfaßt nur acht Seiten, die jeweils mit spezifischen Inhalten belegt sind. Seite 1 enthält internationale Nachrichten sowie sehr wichtige Informationen; die Seiten 2 und 3 Wirtschaftsmitteilungen und die Seiten 4 und 5 lokale Nachrichten. Auf Seite 6 wird über sportliche und auf Seite 7 über nationale Ereignisse berichtet; Seite 8 ist die sogenannte *home page*.

Für die einzelnen Positionierungsalternativen ergeben sich unter dem Aspekt ihres Beitrags zum sogenannten *readership score* (im Sinn von Wiedererkennen) folgende Ränge: Seite 1 erbringt die höchsten Werte; danach folgen die Seiten 8, 7, 2, 3, 4 und 5 sowie die Seite 6 mit der geringsten Effizienz. Ungeachtet der nationalen Unterschieden, biete diese Studie jedoch wegen ihres lediglich einfaktoriellen Versuchsplans keine oder bestenfalls nur sehr bescheidene Möglichkeiten für weitergehende praktische Schlußfolgerungen.

Demgegenüber besitzt die Studie von *Koeppler* (1980) schon mehr Praxisrelevanz, da hier zusätzlich wesentliche Variablen berücksichtigt werden. Auf der Seite der unabhängigen Variablen werden das konkurrierende **Umfeld** der Anzeigen, im Sinne von vielen (n=81), mittelmäßig vielen (n=61) oder wenigen (n=41) Anzeigen, die zugleich entweder vielen (n=40) oder wenigen (n=15) **Produktkategorien** angehören, in den Versuchsplan einbezogen; und auf der Seite der abhängigen Variablen werden nicht nur ein einziges (univariat) Merkmal, sondern insgesamt 10 Kriterienbereiche (multivariat) berücksichtigt. Hier wird allerdings nur auf diejenigen Kriterien eingegangen, die im Zusammenhang mit seriellen Effekten betrachtet werden. So kann z.B. festgestellt werden, daß die Betrachtungszeit, als Indikator für die Bereitschaft zur Auseinandersetzung mit der Anzeige, mit dem **Umfang der Serie** variiert (vgl. dazu *Tabelle 78*). Je umfangreicher die Serie, desto kürzer ist die mittlere Dauer der Betrachtung; und zwar unabhängig davon, ob sich die Anzeigen auf viele oder wenige Produktkategorien bezogen, d.h. die Veränderungen verlaufen in etwa parallel.

Tabelle 78: Mittlere Betrachtungszeit (sec) unter Berücksichtigung der Zahl der Anzeigen und der Vielfalt der Produktkategorien (Quelle: *Koeppler*, 1998, S. 151)

Produktkategorien	Anzahl der Anzeigen			
	viele (81)	mittel (61)	wenige (41)	Gesamt
viele (40)	1,54	1,64	2,00	1,68
wenige (15)	1,69	1,72	1,81	1,73
Gesamt	1,62	1,68	1,91	

Die Beziehungen zwischen der Betrachtungszeit (sec) und der Anzahl der Anzeigen sind unter Berücksichtigung der Plazierung in verschiedenen **sequentiellen Abschnitten** (*1. Drittel, 2. Drittel, 3. Drittel der Serie*) in der *Abbildung 97* dargestellt. Trotz des Umstands, daß die Ausgangsniveaus in Abhängigkeit vom Umfang der Serie mehr oder minder deutlich differieren, zeigt sich ein weitgehend gleichartiger Trend in der sukzessiven Verminderung der Betrachtungszeiten in der Folge der Plazierung vom ersten bis zum dritten Drittel der Serie, was als Indiz für das zunehmende Schwinden des Interesses bzw. der Bereitschaft zur Auseinandersetzung mit den Anzeigen zu werten ist.

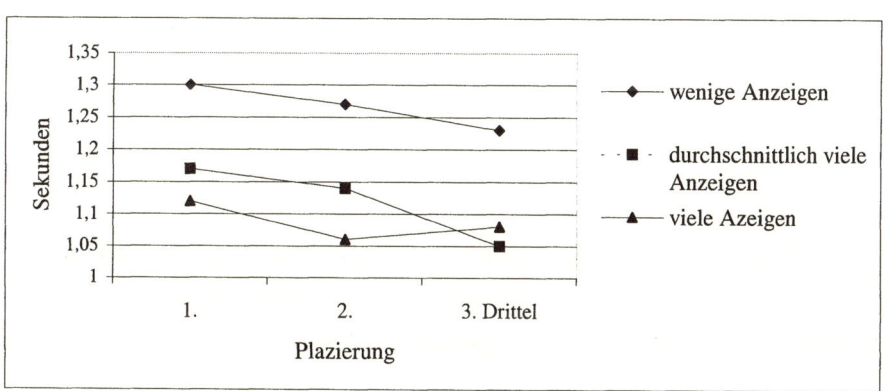

Abbildung 97: Durchschnittliche Betrachtungsdauer (sec) in Abhängigkeit von der Zahl und Position der Anzeigen (nach *Koeppler*, 1980, S. 155)

Auch beim Kriterium **ungestützte Erinnerung** traten ausgeprägte Effekte in Erscheinung, die auf die Anordnung der Testanzeigen innerhalb der Abfolge der Präsentation zurückzuführen waren. Von den Vpn sollten hier *„sämtliche Marken und Hersteller"* angegeben werden, so wie sie ihnen gerade in den Sinn kamen (*Koeppler*, 1980, S. 116). Die Ergebnisse bestätigen im wesentlichen den schon aus den lern- und gedächtnispsychologischen Grundlagen bekannten **primacy-recency-Effekt** d.h. die am Beginn (*primacy*) und am Ende (*recency*) präsentierten Anzeigen werden am ehesten erinnert, während die in der Mitte der Folge dargebotenen Anzeigen am seltensten reproduziert werden. Abweichungen hiervon ergaben sich lediglich, wenn viele oder *durchschnittlich viele* Anzeigen sowie *viele* verschiedene Produktkategorien zusammentreffen (*Koeppler*, 1980, S. 168).

Statistisch signifikant sind die Unterschiede jedoch vor allem, wenn der Vergleich zwischen dem zweiten und dritten Drittel gezogen wird. Auf der anderen Seite führt die *faktorspezifische Analyse*, d.h. der Vergleich zwischen den einzelnen Stufen des Faktors A (*Anzahl der Anzeigen*) und des Faktors B (*Anzahl der Produktkategorien*) unter dem Aspekt der *ungestützten (freien) Erinnerung* innerhalb der Sequenzen nicht zu signifikanten Unterschieden. Diese Ergebnisse werden anhand der *Abbildung 98* graphisch veranschaulicht.

Der Aussagekraft dieser Ergebnisse sind jedoch gewisse **Grenzen** gesetzt. So ist zu beachten, daß die Daten in einer Laborsituation gewonnen wurden, für die noch ungeklärt ist, ob sie sich in einer Realsituation wiederholen. Ferner ist zu berücksichtigen, daß an den Experimenten ausschließlich weibliche Personen als Vpn teilnahmen. Außerdem bleibt offen, ob und in welcher Form sich durch die umfassende und sukzessive Erhebung zahlreicher Kriterien an ein und denselben Vpn auf die Daten ausgewirkt hat. Schließlich ist zu fragen, ob und in welcher Weise die Darbietung des Untersuchungsmaterials (Anzeigen) als Dias, ohne redaktionellem Umfeld oder Begleitmaterial, die Meßwerte beeinflußt hat. Trotz dieser Einschränkungen ist jedoch festzuhalten, daß mit dieser Studie wichtige Grundlagen und Orientierungshilfen für weitere Forschungen zur Verfügung stehen.

540

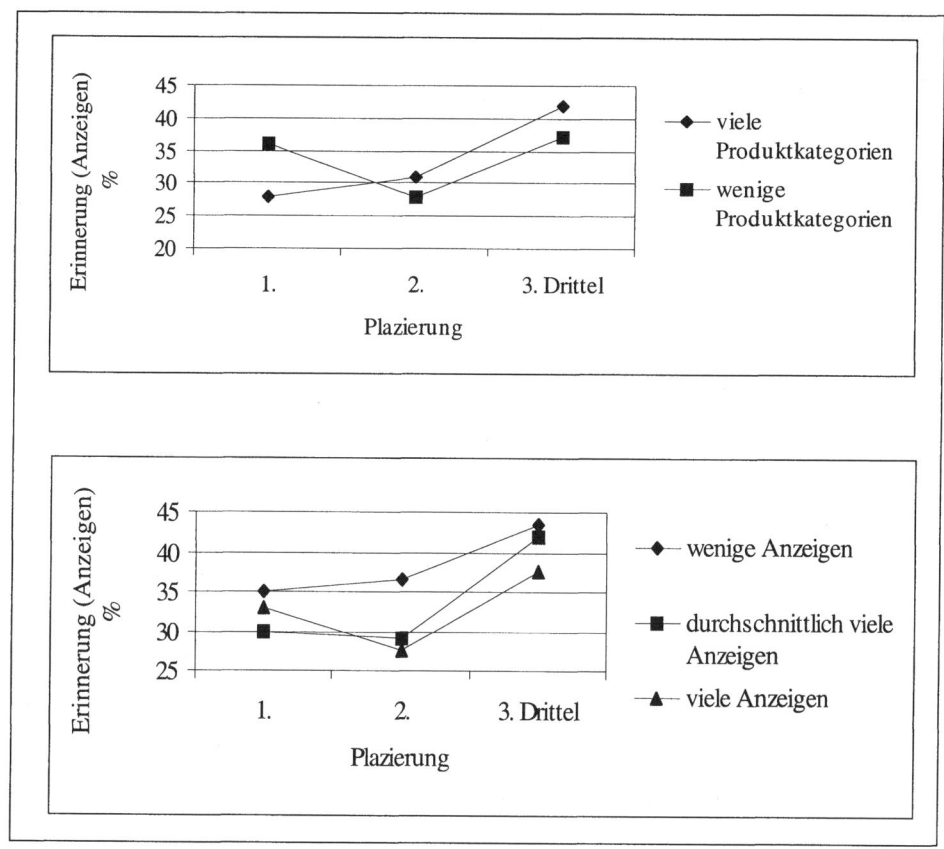

Abbildung 98: Anteil der frei erinnerten Anzeigen in Abhängigkeit von Position, Zahl der Anzeigen und Vielfalt der Produktkategorien (nach *Koeppler*, 1980, S. 174).

Die Frage nach eventuellen seriellen Effekten tritt jedoch nicht nur bei *Print-Medien*, sondern auch bei **elektronischen Medien** auf. Sie stellt sich dort in zweierlei Hinsicht. Einmal mit Blick auf die Programmgestaltung hinsichtlich der Position *im Rahmen* der **Programmabfolge;** zum zweiten hinsichtlich der Positionierung *innerhalb* **einer Serie** von Spots.

Obwohl Spots, insbesondere von privaten Sendeanstalten, im Grunde an jeder beliebigen Stelle eines Programms geschaltet werden können, lassen sich in der Praxis doch gewisse Schwerpunkte bei der Plazierung unterscheiden. So werden Spots im Fernsehen häufig *zwischen* zwei Programmteilen (*spot position*) eingefügt. Daneben werden ein oder mehrere Spots entweder *kurz nach Beginn* oder auch *kurz vor Ende* des jeweiligen Programms (*clutter position*) oder auch ungefähr in der *Mitte* einer Sendung eingeblendet (*island position*).

Zur Frage der Positionierung in einer **Programmfolge** liegen einige Ergebnisse vor. *Barclay, Doub & McMurtrey* (1965) stellen *Erinnerungswerte* einander gegenüber, die sich in einer sogenannten *Spot-Position* (zwischen zwei Programmteilen), der Schaltung am *Beginn* oder am *Ende* eines Programms (clutter-position) und aus der Plazierung in der *Mitte* eines Programms ergaben. Den Ergebnissen zufolge stellte die Plazierung zwischen zwei Programmteilen die ungünstigste Alternative dar, während zwischen den Randpositionen sowie der Mittelposition keine signifikanten Unterschiede bestanden. *Wheatley* (1968) konnte die zuletzt erwähnten Beobachtungen auf der Basis einer Vielzahl von Kriterien (*Eigenschaftsrating des Spots, korrekte Markenidentifikation, Anzahl der reproduzierten Kaufargumente, Wunsch des Produktbesitzes, Änderung der Markenpräferenz*) bestätigen. Allerdings dürfte hierbei der Erfahrungshintergrund der Vpn eine wichtige Rolle spielen, denn bei *Mayer & Schuhmann* (1981) erwies sich gerade umgekehrt die Position zwischen zwei Programmteilen im Vergleich zur Einbettung ins Programm als die effizientere im Fall der Schaltung als Block.

Die Frage nach der günstigsten Position **innerhalb einer Serie** mehrerer Spots war u.a. Gegenstand der Untersuchung von *Webb & Ray*, (1979). Sie bestätigen in mehreren Teilstudien wiederholt die Existenz des *primacy-recency-Effekts* auch im Fall des Mediums Fernsehen. Der *erste* Spot erzielte in allen Kriterienbereichen (*Aufmerksamkeit, Marken-Erinnerung, kognitive Reaktion, Einstellungsänderung und Kaufabsicht*) die höchsten Werte. Die ungünstigste Plazierung war die Mittelposition, und im Fall der Schaltung am Ende der Serie war wieder ein Anstieg der Kriterienwerte zu verzeichnen.

Die Operationalisierung der Variablen fand dabei in der folgenden Form statt:

- Der *Aufmerksamkeitswert* war als durchschnittlicher Prozentsatz der Personen einer 4er-Gruppe definiert, die (für einen Beobachter feststellbar) ihre gesamte Aufmerksamkeit dem Spot widmeten.

- Der *Erinnerungswert* bezog sich auf die korrekte Angabe des Markennamens.

- Die *kognitive Reaktion* wurde aus den Antworten auf die Frage abgeleitet: *Welche Gedanken kamen Ihnen in den Sinn, während Sie den Spot ... sahen?*

- Die *Einstellungsänderung* ergab sich aus den prozentualen Veränderungen der ersten beiden Klassen einer 7-stufigen Ratingskala.

- Und zur Operationalisierung der *Kaufabsicht* lassen sich keine detaillierten Angaben finden.

Vergleichbare Ergebnisse liegen auch von *Mayer & Schuhmann* (1981) vor. In deren Experiment wurden neben der *Position des Testspots* (Position 1, 5, 9) **innerhalb einer Serie** von 8 Begleitspots auch die Faktoren Position in der **Programmfolge** (*Blocksendung zwischen zwei Programmteilen vs. Einbettung in ein Filmprogramm*) und die **Attraktivität der Begleitspots** (*niedrige, mittlere, hohe Attraktivität*) systematisch variiert. Als die günstigsten Positionen in Bezug auf die **Erinnerung** an die Details des Testspots erwiesen sich **Anfangs- und Endposition** (*1 und 9*). Die *schlechtesten* Werte ergaben sich für die Mittelposition (*5*).

Für die **Praxis** lassen sich, je nach den speziellen Gegebenheiten, verschiedene Schlußfolgerungen bezüglich der Schaltung von TV-Spots ziehen:

- Handelt es sich beispielsweise um eine umfangreichere Serie von Spots, so sind generell die **Randpositionen**, vor allem die zu Beginn einer Serie zu bevorzugen.

- Wenn die Möglichkeit der Wahl zwischen den Alternativen der Positionierung *zwischen Programmteilen* und *innerhalb eines Programms* besteht, so sind gegenwärtig noch keine eindeutigen Empfehlungen abzugeben, da von selten der Programmgestaltung und bisherigen Seher-Erfahrungen erhebliche *(Stör-)* Einflüsse ausgehen können, deren Wechselwirkungen mit den diversen Spotpositionen und Werbewirkungskriterien bislang noch ungeklärt sind.

4.2.6.8 Wiederholungseffekte

Nur in sehr seltenen Ausnahmefällen dürfte eine einmalige Begegnung mit einer Werbemaßnahme genügen, um die gesetzten kommunikativen Ziele zu erreichen. In der Regel müssen dazu mehrfache Kontakte stattfinden. Dies lehren nicht nur Selbsterfahrung und der Verlauf von Lern- und Vergessenskurven, sondern auch die wohl nicht umsonst geübte Praxis wiederholter Schaltungen, entweder identischer oder in der Gestaltung variierender Maßnahmen, in mehr oder minder differierenden zeitlichen Abständen.

Fragen, die sich aus diesem Vorgehen ableiten, beziehen sich u.a. nicht nur auf die Problematik der **Anzahl der Wiederholungen**, sondern zugleich auch auf deren **zeitliche Verteilung** und auf die Reagibilität (Sensibilität) der verschiedensten **Werbewirkungskriterien** sowie noch auf eine Reihe anderer Aspekte, die im folgenden angesprochen werden sollen.

4.2.6.8.1 Wiederholung und Lerneffekte

Eine erste Antwort auf einen Teil dieser Fragen erhält man aus der Studie *Zielskes* (1959), der die Möglichkeiten der **massierten** und **verteilten Schaltung** miteinander verglich.

> Im einen Fall folgten die vorgesehenen 13 Kontakte mit variierenden Motiven (für ein Nahrungs- mittel) in wöchentlichem Abstand; im anderen Fall fanden die 13 Begegnungen, über ein Jahr verteilt, in 4-wöchentlichen Abständen statt. Als Kriterium diente die **Erinnerung** in Form eines sogenannten *aided-recall-scores*, der mittels einer telefonischen Befragung erhoben wurde. Die Erinnerungshilfe bestand dabei in der Nennung der Produktgattung, und die Auskünfte der Befragten sollten sich auf Aussehen und Inhalte der Anzeigen, die Produktaussage sowie auf die Angabe beziehen, wo die betreffende Person diese Anzeige gesehen hatte. Zur Vermeidung der Gefahr der Sensibilisierung und damit der Verfälschung der Ergebnisse wurde jede Person nur ein einziges Mal befragt. Um sicher zu sein, daß die Daten auch der experimentellen Manipulation zurechenbar waren, erhob man entsprechende Vergleichsdaten bei einer weiteren Kontrollgruppe. Dort zeigten sich bei den betrachteten Kriterien keine nennenswerten Veränderungen.

Die Ergebnisse der Untersuchung, d.h. der *Anteil derjenigen Hausfrauen*, die sich bei der unterschiedlichen Wiederholungsdichte an die Anzeigen erinnern konnten, lassen sich aus der *Abbildung 99* ersehen.

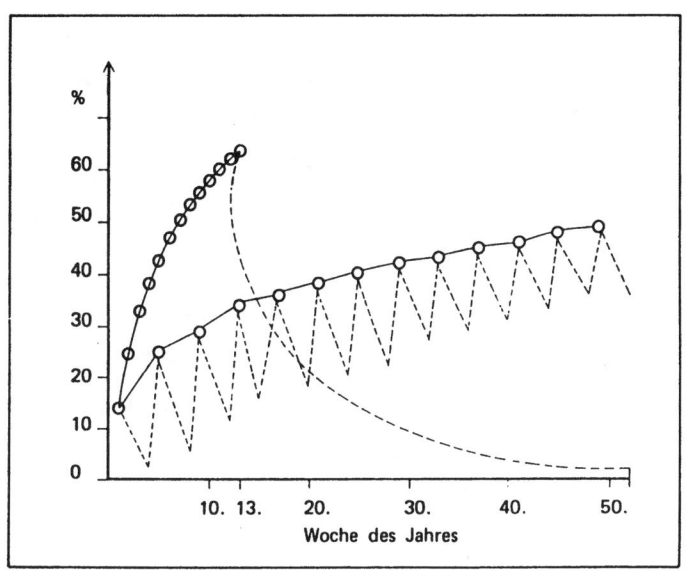

Abbildung 99: Prozent-Anteil der Erinnerer bei unterschiedlicher Wiederholungsdichte von Anzeigen (Quelle: Zielske, 1959, S. 240)

Einige Teilergebnisse sind besonders hervorzuheben:

- Zunächst ist festzustellen, daß bei der **massierten Strategie** der Grenzzuwachs der Erinnerer in der Population deutlich *größer* ist als im Fall der über das Jahr verteilten Schaltungen.

- Ferner ist das **Maximum** der Werte bei der massierten Strategie sichtlich *höher* als im Fall der Verteilung der Kontakte auf ein Jahr;

- im Fall der **massierten Strategie** strebt der Anteil derjenigen, die sich am Ende des Jahres noch an die Werbemaßnahme erinnern konnten, nahezu gegen *Null*; während er bei der **verteilten Strategie** noch etwa 36% beträgt;

- außerdem veranschaulicht der *sägezahnartige* Verlauf der Kurve bei der verteilten Strategie sehr deutlich das Phänomen des periodischen Vergessens der Botschaftsinhalte.

Einige Zeit später berichten *Zielske & Henry* (1980) in einer weiteren Untersuchung zu dieser Thematik über ähnliche Ergebnisse, wobei die Botschaftsinhalte nun mittels eines **TV-Spots** präsentiert, und die **Erinnerung** in Form eines *unaided-recall-Werts* erfaßt werden.

Für das Vorgehen in der **Praxis** ist es demnach entscheidend, welche Ziele man mit den Maßnahmen verfolgt. Ist das Anliegen, binnen eines möglichst kurzen Zeitraums einen möglichst hohen **Bekanntheitsgrad** für ein Produkt zu erreichen, so ist sicherlich die *massierte Strategie* der adäquate Weg, wobei eine allzu dichte Folge allerdings die Gefahr der Entstehung von *Reaktanz* in sich birgt.

Legt man hingegen auf die längerfristige Bekanntheit des Namens und detailliertere Produktkenntnisse auf mittlerem Niveau Wert, so erscheint die alternative Strategie der Verteilung der Kommunikationsfolge das geeignetere Vorgehen. Unter Umständen kann aber auch eine andere, eventuell gemischte Strategie (Pulsation) sinnvoll sein (vgl. *Simon*, 1979, S. 416 ff. oder *Park & Hahn*, 1991), und zwar dann, wenn es sich *nicht nur* um Erinnerungswerte als Zielvariablen handelt, sondern auch andere Kriterien der Werbewirkung im Mittelpunkt des Interesses stehen und Kostengesichtspunkte in die Überlegungen einbezogen werden. Dieselben Vorbehalte sind auch der Studie von *McConnell* (1970) voranzustellen, wobei deren Vorteil ist, daß hier **verschiedene Medien** zur Präsentation der Botschaften eingesetzt wurden. Als Meßkriterium dienten sogenannte *Learning points*, d.h. die Versuchspersonen sollten im Anschluß an jede Präsentation diejenigen Informationen aus der betreffenden Botschaft schriftlich festhalten, die sie *gelernt* hatten und demzufolge noch erinnern konnten.

Die drei Präsentationen und die unmittelbaren Messungen erfolgten in den Wochen 1, 4 und 7. Außerdem wurden die Erinnerungsleistungen in den Wochen 2, 3, 5, 6, 8, 9 und 10 erfaßt. Wie aus der schon *früher* dargestellten *Abbildung 89* hervorgeht, zeigt sich auch hier mit zunehmender Zahl der Wiederholungen eine deutliche Erhöhung der Werte. Auch hier ist geraume Zeit nach der Präsentation wieder ein Rückgang der Behaltensleistungen sowie *Wechselwirkungen* zwischen dem beworbenen Produkt und dem eingesetzten Medium zu verzeichnen.

Die Notwendigkeit einer differenzierten Betrachtungsweise und zugleich die begrenzte Allgemeingültigkeit der Ergebnisse machen *Ray & Sawyer* (1971) mit ihrer Untersuchung deutlich. Im Rahmen ihres Experiments unterscheiden sie nicht nur Werbemaßnahmen (*Anzeigen*) für verschiedene **Güter**, sondern stellen *vor allem* auch den **Verlauf der Veränderungen** in den unterschiedlichen **Kriterienbereichen** einander gegenüber. Auf der einen Seite handelte es sich um sogenannte *convenience goods* (Waren des täglichen Bedarfs, die nahezu überall erhältlich sind) und *shopping goods*, die erst nach dem Vergleich mehrerer Angebote und sorgfältigen Abwägens gekauft werden. Andererseits erfolgte der Vergleich auf der Ebene von **Erinnerungsleistungen**, **Einstellungen**, der **Kaufabsicht** sowie für den Bereich der *conveni-*

ence goods noch zusätzlich auf der Grundlage von **Coupon-Rückläufen**. Die genannten Kriterien wurden in folgender Weise operationalisiert:

- Erinnerung (*recall*): Reproduktion der Inhalte der Anzeige in beliebiger Reihenfolge;

- Einstellung (*attitude*): Einschätzung der jeweiligen Marke anhand einer 6-Punkte-Skala mit den Ausprägungen von beste Marke ... bis ... eine der schlechtesten Marken;

- Kaufabsicht (*purchase-intention*): Angabe der Marke, die im Falle des Bedarfs gekauft würde;

- Coupon-Rücklauf (*coupon return*): Erfassung der für bestimmte Waren ausgegebenen und eingelösten Coupons.

Abbildung 100 veranschaulicht graphisch die Verläufe der Kurven in den verschiedenen Kriterienbereichen.

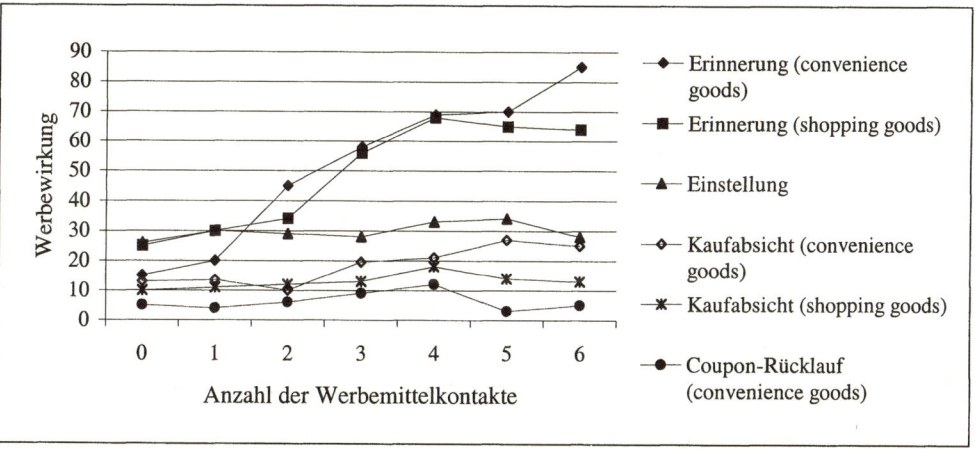

Abbildung 100: Auswirkungen der Anzahl der Werbemittelkontakte auf diverse Kriterien der Werbewirkung (nach *Ray & Sawyer*, 1971, S. 24 f.)

Aus dem Verlauf der Kurven lassen sich einige relevante Feststellungen ableiten; und zwar:

- Je nach dem interessierenden *Kriterium* ist der Grenzzuwachs von Wiederholung zu Wiederholung sehr unterschiedlich;

- *erinnerungsbezogene Messungen* stellen sehr sensibel reagierende Kriterien mit einer ausgeprägten Tendenz zu Veränderungen dar;

547

ferner

- ist auch bei der *Kaufabsicht* ein statistisch signifikanter Effekt zu verzeichnen;

während

- *Einstellungen* und *Coupon-Rückläufe* von der Wiederholungsfrequenz nur relativ schwach beeinflußt werden.

Betrachtet man die Ergebnisse zusätzlich unter dem Aspekt der **Produktart**, so stellt man bei *Waren des täglichen Bedarfs* bei den Kriterien **Erinnerung** und **Kaufabsicht** mit zunehmender Wiederholung deutlich positivere Veränderungen der Kurven als bei den übrigen Kriterien fest. Diese Beispiele dürfen jedoch nicht zu der generalisierenden Vorstellung verleiten, daß mit einer höheren Wiederholungsfrequenz *immer* und *nur* positive Effekte verbunden sind. Unter gewissen Umständen ist nämlich auch mit *Null-* oder gar *negativen* Zuwächsen bei den Werbewirkungskurven zu rechnen (vgl. dazu *Ray, Sawyer & Strong*, 1971); insbesondere dann, wenn die Anzahl der Wiederholungen größere Ausmaße annimmt.

4.2.6.8.2 Wearout-Effekte der Wiederholung

So wie es einerseits zu Beginn einer Werbeaktion im allgemeinen mehrerer Kontakte bedarf, um überhaupt einen Effekt nachweisen zu können (wearin-point; *Blair*, 1987, S. 45; *Blair & Rabuck,* 1998), so ist auf der anderen Seite als Folge der andauernden Wiederholung ein- und derselben Maßnahme ein Punkt (Wiederholungsfrequenz) zu erwarten, an dem die Werbewirkungskurven einen Wendepunkt aufweisen. Nach anfänglich zunehmenden Zuwächsen stellen sich zunächst abnehmende, dann Null- und wenig später gar negative Grenzerträge (*wearout*) ein (siehe dazu *Abbildung 101*).

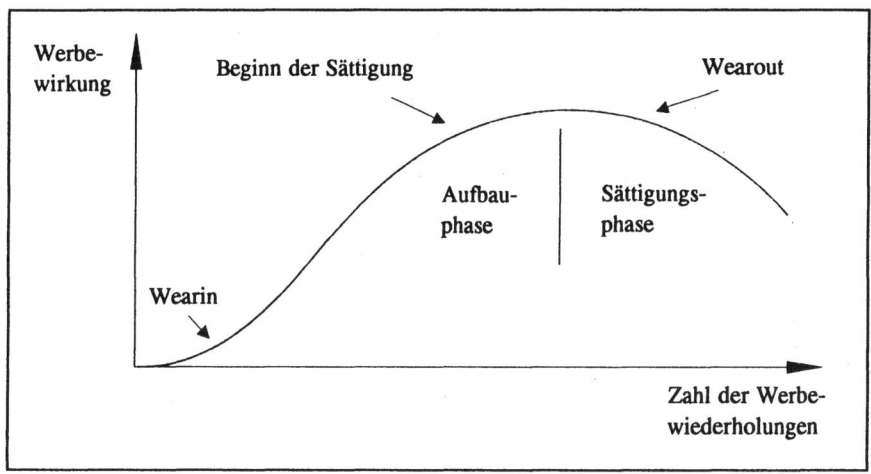

Abbildung 101: Idealtypische Entwicklung der Werbewirkung
(nach *Corkindale & Newall*, 1978, S. 332)

Wearout bedeutet soviel wie *abgenutzt*, d.h. die jeweilige Werbemaßnahme hat infolge ständiger Wiederholung das Stadium erreicht, in dem sie als *„ermüdend, verschlissen, ... zum Überdruß führend"* empfunden wird und zunehmend an Wirkung verliert. Ob man damit den Punkt der bereits beginnenden Verringerung der Grenzerträge auf der jeweiligen Kriterienbasis meint, oder diese Bezeichnung erst dann verwendet, wenn die Grenzerträge ein *negatives* Vorzeichen erhalten (*Craig, Sternthal & Leavitt*, 1976, S. 366; *Corkindale & Newall*, 1978, S. 330), ist eine Frage der individuellen Präferenz oder Definition; eine allseitig akzeptierte Konvention besteht nicht.

Hughes (1992, S. 74) macht im Zusammenhang mit der simultanen Registrierung von *affektiven* und *kognitiven* Reaktionen den Vorschlag, darunter entweder die negativen Veränderungen der beiden Response-Kurven oder den Sachverhalt zu verstehen, daß die werbliche Maßnahme nicht in der Lage ist, die Erinnerung positiver Einstellungen aus dem Langzeitgedächtnis zu evozieren.

Craig et al. (1976) untersuchten im Rahmen von zwei Experimenten sowohl die Auswirkungen relativ hoher Wiederholungsfrequenzen (7, 14, 21 Schaltungen) als auch des Meßzeitpunkts (nach einem Tag, nach 7 und nach 28 Tagen) auf die **Erinnerung an die Marke** (*brand name recall*). In den Ergebnissen, die in der *Abbildung 102* graphisch dargestellt sind, zeigt sich einmal, daß die Wiederholungsfrequenz in der Regel mehr oder minder deutliche Auswirkungen auf die Erinnerungsleistungen hat. Zum anderen ist aber auch festzustellen, daß die absoluten Werte mit zunehmender zeitlicher Distanz zwischen Präsentations- und Meßzeitpunkt geringer werden. Ferner besteht eine Wechselwirkung zwischen der Wiederholungsfrequenz und dem Zeitpunkt der Messung. Anzeichen für den sogenannten **Wearout-Effekt** sind sowohl in den Werten, die nach einem Tag oder nach 28 Tagen erhoben wurden, vorhanden. Statistisch signifikant ist jedoch nur der Unterschied bei den Messungen, die jeweils 28 Tage nach der Präsentation erfolgten (vgl. *Abbildung 102*).

Zur **Erklärung** bieten die Autoren zwei Alternativen an: Einmal vermuten sie, daß sich die *Aufmerksamkeit* im Laufe des Experiments verminderte und zu einem gewissen Maß eine Art *retroaktive Hemmung* stattgefunden hat. Andererseits ziehen sie in Erwägung, daß die hohe Präsentationshäufigkeit des identischen Materials zu einer reaktiven *Motivationsreduktion* führte, die sich dann in den Erinnerungsleistungen niederschlug.

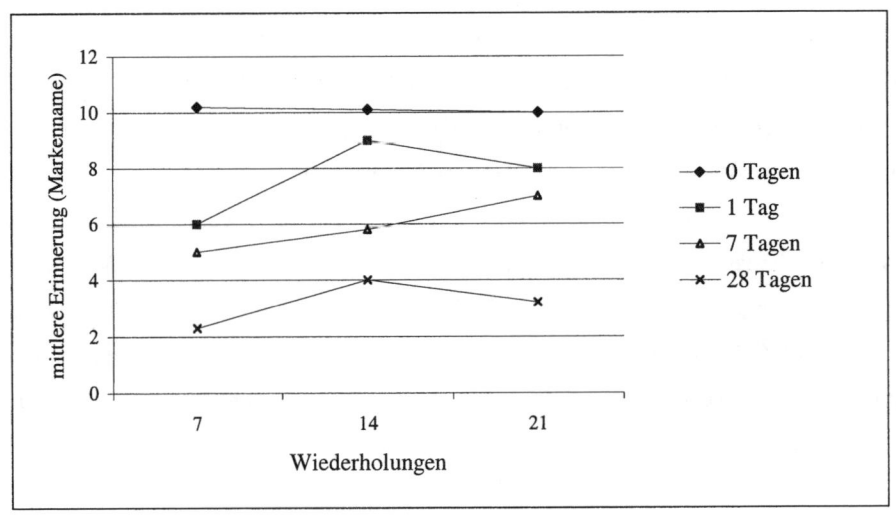

Abbildung 102: Durchschnittliche Erinnerungshäufigkeit (Markenname) bei unterschiedlichen
Wiederholungsfrequenzen und Meßzeitpunkten
(Quelle: *Craig, Sternthal & Leavitt*, 1976, S. 367)

Zum Zweck einer genaueren Überprüfung dieser beiden Erklärungsmöglichkeiten fand ein zweites Experiment statt. Dort zeigte es sich dann, daß die verringerte Aufmerksamkeit in Verbindung mit Reaktanzphänomen die zutreffendere Alternative darstellt. Wörtlich führen sie in

550

diesem Zusammenhang aus: „... *es ist wahrscheinlich, daß sowohl die Wiederholung spezieller Anzeigen als auch die in der experimentellen Situation vorhandene Massierung für die Verminderung der Aufmerksamkeit und die dabei aufgetretene Reaktanz verantwortlich sind"* (S. 370; vgl. auch *Grass & Wallace*, 1969, S.3; *Calder & Sternthal*, 1980, S. 173 ff.).

Demgegenüber sehen *Greenberg & Suttoni* (1973) die Ursachen dieses Effekts aus einer etwas anderen Perspektive. Zum einen nehmen sie an, daß es kein Produkt von universellem Interesse und keinen *creative appeal* von universeller Wirkungsbreite gibt. Zum anderen gehen sie davon aus, daß Zuschauer einer Werbesendung in der Regel in emotionaler Hinsicht nahezu völlig unbeteiligt sind, also ein geringes *Involvement* vorherrscht. Die Folge ist eine laufend wechselnde Aufmerksamkeit, die von der persönlichen Einstellung zum Programm, dem Spot und dem vorausgegangenen Teil der Sendung abhängig ist. Sie vergleichen diese Situation, wenn auch sehr extrem, aber sehr anschaulich, mit dem *Lernen von sinnlosen Silben.*

Es gibt aber auch noch andere Vorschläge zur Erklärung dieses Phänomens, die insbesondere auch dann in Erwägung zu ziehen sind, wenn nicht nur Erinnerungsleistungen, sondern zum Beispiel Einstellungen zur Diskussion stehen. Eine dieser Alternativen ist die von *Berlyne* (1970) vorgestellte **Zwei-Faktoren-Theorie**, die von *Stang* (1975) wenige Jahre später revidiert wurde. Diese Theorie geht davon aus, daß zwei gegenläufige Faktoren existieren, die die Einstellung gegenüber einem wiederholt dargebotenen Stimulus beeinflussen. Der *erste* stellt einen *positiven Lerneffekt* dar, der im Lauf der Wiederholungen Unsicherheiten bei der Begegnung mit dem zunächst unbekannten Stimulus reduziert und demzufolge *positive* Reaktionen hervorruft. Der *zweite* Faktor, *Langeweile*, der als Folge ständiger Wiederholung auftritt, führt zu einer *negativen* Haltung gegenüber dem präsentierten Material (*Stang*, 1975, S. 7). Unter der Annahme, daß beide Faktoren additiv miteinander verknüpft sind, ergibt sich als **Resultante** eine ∩-förmige Kurve (*Abbildung 103*; vgl. dazu auch *Rethans, Swasy & Marks*, 1986, S. 51). Ab einer gewissen Zahl an Wiederholungen überwiegen die negativen Reaktionen, so daß ein negativer Netto-Effekt zustande kommt.

Eine zusätzliche Erklärung bietet das zweistufige **Einstellungsänderungs-Modell** von *Cacioppo & Petty* (1979), das sich an den Kognitionen des Rezipienten orientiert. Der Rezipient wird als aktiver Informationsverarbeiter aufgefaßt, „... *der Gedanken und Assoziationen innerhalb einer persuasiven Kommunikations-Situation generiert, die die Richtung der Einstel-*

lungsänderung bestimmen" (*Petty & Cacioppo*, 1986, S. 69). In Analogie zum zuvor beschriebenen Modell entstehen auch hier zunächst positive Gedanken, die zu einer positiven Einstellung gegenüber der Botschaft führen. Bei hoher Frequenz wird dieser Prozeß jedoch durch das Auftreten negativer Assoziationen und potentieller Gegenargumente beeinträchtigt (*Pechmann & Stewart*, 1988, S. 291). Die Einstellung gegenüber der kommunikativen Maßnahme wird zusehends negativer und ihre Wirkung dadurch immer geringer.

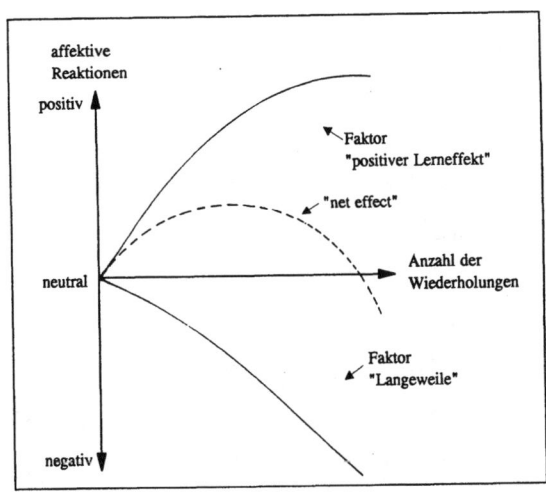

Abbildung 103: Positiver, negativer und Netto-Effekt als Folge wiederholter Präsentation nach der Zweifaktorentheorie *Berlyne*s

Zusammenfassend läßt sich hinsichtlich der Frage, welche dieser Alternativen den Wearout-Effekt am ehesten zu erklären vermag, noch keine endgültige Antwort geben. Empirische Ergebnisse bestätigen zwar, daß ein Nachlassen der Aufmerksamkeit für eine Verringerung der Erinnerungswerte verantwortlich ist. Eine Erklärung für die Beeinträchtigung von Einstellungsänderungen bietet sie jedoch nicht.

Die Annahme eines Lern- und Sättigungseffekts in Abhängigkeit von der Häufigkeit der Präsentation scheint zwar auf den ersten Blick akzeptabel; es stellt sich dabei jedoch das Problem, ob die Beziehung zwischen Kontakthäufigkeit und Akzeptanz einer Werbebotschaft nicht durch kognitive Variablen moderiert wird. Dies setzt wiederum einen involvierten Empfänger voraus, den man im Fall von werblicher Kommunikation nicht immer als gegeben unterstellen kann (*Greenberg & Suttoni*, 1973, S.48). Sämtliche Vorschläge besitzen sonach unter bestimmten Bedingungen ihre Berechtigung. Die Frage ist ohnehin, ob es angesichts der Vielge-staltigkeit der Einflußvariablen für das Phänomen der **Degression** in der Werbewirkung jemals eine allgemeingültige Erklärung geben kann.

4.2.6.8.3 Differentielle Wiederholungseffekte

Wie sich bei den bereits zuvor erwähnten Kriterien *Erinnerung* und *Einstellung* schon andeu-tete, ist davon auszugehen, daß es **kriterienspezifische** Werbewirkungs**effekte** und *Wearout-Funktionen* gibt. Während bei erinnerungsorientierten Messungen, insbesondere bei denen, die relativ geringe Ansprüche an die Differenziertheit der Erinnerung stellen, sehr frühzeitig und sehr ausgeprägte Wiederholungseffekte zu verzeichnen sind (vgl. z.B. *Ray, Sawyer & Strong*, 1971, S. 15; *Ray & Sawyer*, 1971, S. 24 f.), verhalten sich andere wiederum gegenüber Wie-derholungen wesentlich resistenter (bspw. Einstellungen, Kaufabsicht, Markenbeurteilung; vgl. dazu auch *Abbildung 37*). Ein Vergleich experimenteller Studien kann unter dem Aspekt der Wiederholung sonach nur unter Berücksichtigung des jeweils zugrunde gelegten Kriteriums erfolgen.

Auf Grenzzuwächse und den Verlauf von Werbewirkungskurven nehmen daneben auch diver-se **Gestaltungsvariablen** Einfluß; beispielsweise die **Farbe**. Im Vergleich zu schwarz-weiß Versionen sind farbige Anzeigen früher vom Wearout betroffen; möglicherweise, weil sie von Anfang an schon ein höheres Niveau in der Erinnerung erzeugen (*Ray, Sawyer & Strong*, 1971; *Corkindale & Newall*, 1978).

Auch **humorvolle** werbliche Maßnahmen unterliegen im Vergleich zu **ernst** gestalteten unter-schiedlichen Wearout-Funktionen. Trotz der die Aufmerksamkeit gewinnenden Wirkung be-steht bei Werbemaßnahmen mit humoristischem Einschlag schon binnen kurzer Zeit die Ge-fahr des Wearouts (*Sternthal & Craig*, 1973; *Madden & Weinberger*, 1984; *Gelb & Zinkhan*, 1985, S. 438; *Belch & Belch*, 1984).

Demgegenüber scheint die Verwendung **emotionaler Reize** das Auftreten des Wearouts zu verlangsamen (*Meyer-Hentschel*, 1988; *Hitchon, Thorson & Zhao*, 1988). Außerdem ist nicht auszuschließen, daß unter gewissen Umständen der **Argumentationsstil** (*zweiseitige* oder *vergleichende Argumentation*) in Verbindung mit der **Verwender**-Eigenschaft, eine ähnliche Wirkung entfaltet (*Mayer, Schmitt & Völker*, 1982); oder schließlich, daß die Wahrscheinlichkeit des Auftretens mit der **Produktart** (in erster Linie bei Verbrauchsgütern) und dem individuellen Umfang an **Produkterfahrung** im Zusammenhang steht (*Ray, Sawyer & Strong*, 1971; *Mayer & Schuhmann*, 1979).

Darüber hinaus nehmen noch einzelne **empfängerabhängige** Variablen, wie die *Bereitschaft* und persönliche *Fähigkeit* zur Auseinandersetzung mit der Botschaft (*Batra & Ray*, 1986) auf die Entstehung des Wearout-Effekts Einfluß. Wenn bei diesen Eigenschaften hohe Ausprägungen existieren, tritt diese Erscheinung besonders schnell auf. Nicht zuletzt kommt es nach *Scott & Solomon* (1998, S. 26) im Hinblick auf das Auftreten eines Wearouts nicht nur auf den Mediaplan an, sondern auch darauf, *was* man sagt, *wie* klar man es sagt, und *wer* es zu *wem* sagt.

Für die Werbe**praxis** ist angesichts dieser Feststellungen von großer Bedeutung, daß dieser potentielle Effekt zumindest in der Werbeplanung, insbesondere bei der Erstellung von Schaltplänen Beachtung findet. Besser noch, falls aus irgendwelchen anderen Gründen hohe Wiederholungsfrequenzen unumgänglich sind, müssen auch Strategien entwickelt werden, um seine Entstehung möglichst zu hemmen oder hinauszuzögern. Beispielsweise kann diesem Phänomen mittels **kosmetischer** (formaler) und/oder auch **substantieller** (inhaltlicher) Variationen in der Gestaltung werblicher Kommunikationsmaßnahmen erfolgreich begegnet werden (Beispiel: *Jägermeister:* [„*Ich trinke Jägermeister, weil ...*"] oder *Müller-Milch-Kampagne:* [*"Alles Müller oder was"]*), wobei sich bislang die *kosmetische* Variation als die aussichtsreichere Alternative präsentierte (vgl. dazu *Mayer & Haller*, 1993).

4.2.7 Effekte inhaltlicher Gestaltungskomponenten

Inhaltliche Gestaltungskomponenten stehen in enger Beziehung zur *Informations-* und *Motivationsfunktion* der Werbung. Der inhaltliche Bezug ergibt sich dabei aus direkten und indirekten Aussagen zum Meinungsgegenstand *(Produkt, Dienstleistung, Unternehmen etc.)* oder als Folge sogenannter *Aufhänger* in der Botschaft, die durch die Gewinnung der Aufmerksamkeit auf das Objekt hinführen und ggf. den Anstoß zur weiteren Auseinandersetzung mit den übrigen Kommunikationsinhalten geben.

Inhaltliche Gestaltungselemente können sowohl **thematische** als auch **unthematische** Informationen enthalten und vermitteln. Unter die thematischen Informationen sind die *reinen* **Sach**informationen zum Werbeobjekt zu subsumieren, während unter den unthematischen Informationen alle jene Bestandteile der Werbung zusammengefaßt werden, die „... *jenseits der Apperzeption und Thematisierung im Empfänger Stimmungen und Gefühlslagen auslösen bzw. verfestigen,* (und) *bestimmte Erwartungen stiften ...* " (*Brückner*, 1966, S. 91 f.). Als Beispiele sind hierzu u.a. Farben, diverse Schrifttypen oder Formulierungen, das Aussehen oder die Ausstrahlung sozialer Modelle sowie eine große Zahl weiterer, die eigentliche Botschaft quasi umrahmenden Gestaltungsvariablen zu nennen.

4.2.7.1 Formen des Appells

Neben der von *Brückner* (1966) getroffenen Unterscheidung zwischen *thematischen* und *unthematischen* Informationen gibt es weitere Versuche zur Strukturierung und Klassifikation von Werbeaussagen bzw. Appellen. So schlägt *Preston* (1968) beispielsweise als Alternative die Trennung in *emotionale* und *rationale Appelle* vor, wobei für ihn *emotionale Appelle* deshalb nicht rational sind, weil sie mit dem Werbeobjekt nur in einer willkürlichen und nicht rational begründbaren Beziehung stehen. Oder *Huang* (1998) macht im Rahmen seiner *Typologie* den Vorschlag, zwischen *allgemein-emotionalen* (basic) und *sozial-emotionalen* (social emotional) Appellen zu differenzieren. Während die sogenannten basic-Emotionen als universelle Merkmale (wie Fröhlichkeit, Liebe, Traurigkeit) aufgefaßt werden, ist die sozial-emotionale Variante (Humor, Wärme, Überraschung) kulturspezifisch bestimmt, d.h. verschieden.

In der **Praxis der Werbung** finden in Abhängigkeit von der Produktart, von Prozessen und Entwicklungsstufen des Wertewandels oder aufgrund aktueller gestalterischer Trends sehr unterschiedliche Formen von Appellen Verwendung. So extrahierte zum Beispiel *Schnabl* (1976, S. 172) aus 60 Anzeigen für Zigaretten auf inhaltsanalytischem Weg insgesamt 21 Varianten von Appellen. Diese sind der Häufigkeit ihrer Verwendung nach geordnet in der folgenden *Tabelle 79* zusammengefaßt.

Tabelle 79: Inhaltliche Formen von Appellen (Quelle: *Schnabl*, 1976, S. 172)

Formen des Appells	
• Zugreifsuggestion	• Männlichkeit
• Freizeitgestaltung, Urlaub	• Geselligkeit, Gemütlichkeit
• Lebensfreude, Vitalität	• Weiblichkeit
• Luxus, Exklusivität	• Sportlichkeit
• Natur, Gesundheit	• Identifikation mit einer Gruppe
• Goldsymbolik, Lichtreflexe	• Identifikation mit einer Person
• Frische	• Erfolg
• Nachahmungssuggestion	• Wissenschaft, Technik
• Abenteuerromantik	• Rangstreben, Status
• Identifikation mit Lebens-	• Erotik
form	• Sinn für Humor

Demgegenüber unterscheidet *Benesch* (1966, S. 216 ff.) aufgrund langjähriger Beobachtungen 10 **Suggestionsformen**, deren Beschreibungen und Begründungen allerdings manchmal sehr dubios erscheinen oder zumindest seltsam anmuten. Deshalb sollen nur einige wenige exemplarisch im vollen Wortlaut zitiert und der Rest nur dem Namen nach genannt werden:

(1)   *Suggestion durch Repetition*

Hier „... *soll der Suggestand durch Einschleifung oder Einflößung bestimmter Sachverhalte gegenüber ihrer Intention allmählich wehrlos gemacht werden, bis er der Intention entsprechend mehr oder weniger nachahmt“.*
Diese Art der Suggestion wird mit den Mechanismen der klassischen und instrumentellen Konditionierung und der etwas absonderlichen Vorstellung sogenannter Gehirnwäsche in Zusammenhang gebracht.

(2)   *Suggestion durch dynamische Struktur*

In diesem Fall „... *hat das Werbemittel als gegenständliches Gebilde die Aufgabe, die Aufmerksamkeit des Umworbenen ... zu fesseln und ihn gemäß der Intention zu beeinflussen“.*

Hier geht es hauptsächlich um die Nutzung gestaltpsychologischer Gesetze zur Erzeugung aufmerksamer Zuwendung.

(3)   *Suggestion durch Frappierung*

„Die zur Handlungsbereitschaft gehörende Gewißheit, die Aufgabe schaffen zu können sowie die Sicherheit, ... daß etwas gewußt wird oder als Meinung vertreten werden kann, sollen ... (hierdurch) gestärkt oder angegriffen werden".

(4)   *Suggestion durch Eskalation*

„Die Vorführung einer allmählichen oder ruckhaften Steigerung von physisch-emotionalen Bewegungen bewirkt ein zwanghaftes Mitgerissenwerden".
Dies soll etwa durch musikalische Untermalungen (Marschmusik) bei Fernsehspots und Rundfunkwerbungen oder durch schwungvoll-jugendliche Anzeigenmotive herbeigeführt werden.

Dieser exemplarische Einblick in die von *Benesch* vorgenommene Differenzierung mag zur Veranschaulichung genügen. Bei den übrigen Formen, die an anderer Stelle (*Mayer, Däumer & Rühle*, 1982, S. 135 f.) im Detail verzeichnet sind, handelt es sich um die Varianten: (5) Suggestion durch Regulation, (6) Suggestion durch Prospektion, (7) Suggestion durch Dispensation, (8) Suggestion durch Stimulation, (9) Suggestion durch Faszination sowie (10) Suggestion durch Repudiation.

Mit dieser kurzen Charakterisierung der *beobachteten* Suggestionsformen und ihren zahlreichen Vermutungen oder Unterstellungen hinsichtlich der erwarteten Effekte wird der Eindruck erweckt, als ob Adressaten werblicher Kommunikation als willenlose Geschöpfe dieser förmlich ausgeliefert seien. Diese Schlußfolgerung ist trotz ihrer Beliebtheit bei manchen Kritikern der Werbung völlig absurd. Spätestens nach den Abschnitten über den Zusammenhang zwischen Werbewirkung und Kaufverhalten wird man dieses schiefe Bild über die *vermeintliche Macht* der Werbung erheblich korrigieren müssen. Positiv an der Systematik von *Benesch* ist jedoch, daß damit die Vielfältigkeit oder das Repertoire der inhaltlichen Gestaltungsmöglichkeiten in der werblichen Kommunikation aufgezeigt werden.

Ein aktuellerer Vorschlag ist die Unterscheidung von *Johar & Sirgy* (1991) zwischen *wert-vermittelnden (value-expressive)* und *nutzen-orientierten (utilitarian)* Appellen. Theoretischer Hintergrund ist dabei das *Konzept der Selbstkongruenz (Claiborne & Sirgy*, 1990). Die Wahl der ersten der beiden Alternativen erscheint dann angemessen, wenn das Produkt einen wert-repräsentierenden Charakter besitzt; während die zweite Alternative zu bevorzugen ist, wenn der Nutzen des Produkts das dominante Merkmal darstellt, wobei allerdings noch eine Reihe weiterer, situativer (*Produktdifferenzierung, Stadium im Produktlebenszyklus*, u.a.; vgl. S. 31) und individueller Faktoren die Entscheidung zugunsten der einen oder anderen Variante mit beeinflussen (vgl. S. 31 f.; vgl. dazu auch die Diskussion *Shavitt*, 1992, S. 47 sowie von *Sirgy & Johar*, 1992).

4.2.7.2 Glaubwürdigkeit von Aussagen

Die Glaubwürdigkeit der Aussagen ist ein in der Werbung **zentraler** und bei deren Realisation nie außer Acht zu lassender Aspekt. Dies empfiehlt sich nicht nur angesichts der an früherer Stelle angesprochenen Bedenken (*Image der Werbung, Glaubwürdigkeit des Kommunikators*), sondern in erster Linie wegen der daraus resultierenden Konsequenzen in den diversen Bereichen der Werbewirkung. Wie die Werbepraxis tagtäglich vor Augen führt, besteht bei der Ausstattung kommunikativer Maßnahmen mit mehr oder minder hoher Glaubwürdigkeit ein großer Spielraum; angefangen bei der objektiven und für jedermann nachprüfbaren sachlichen Aussage bis hin zur Irreführung, wozu nicht selten *Übertreibungen* einen erheblichen Beitrag leisten.

Nachdem kommunikative Maßnahmen und insbesondere die Werbung definitionsgemäß immer mit einer mehr oder minder ausgeprägten Beeinflussungsabsicht verbunden sind, können sich aus Mißgriffen in der verbalen oder bildlichen Gestaltung einer Maßnahme besonders fatale Folgen ergeben, d.h. schwerlich korrigierbare *Bumerang-Effekte* für den Kommunikator entstehen lassen.

4.2.7.2.1 Ein- versus zweiseitige Argumentation

Um **einseitige Argumentation** handelt es sich, wenn in Botschaften ausschließlich die positiven Aspekte eines Produkts oder einer Dienstleistung erwähnt werden, während man eventuelle Nachteile oder Schwächen des Produkts verschweigt. Die Mehrheit gegenwärtiger Werbemaßnahmen sind durch diesen Argumentationsstil gekennzeichnet. Im Gegensatz dazu enthält die **zweiseitige Argumentation** sowohl *positive* als auch negative Gesichtspunkte des jeweiligen Meinungsgegenstands, wobei von der Zahl und Intensität der Argumente in der Regel die positiven Aspekte deutlich überwiegen. Gelegentlich werden auch die (angeblichen oder vermeintlichen) negativen Eigenschaften eines Produkts zum zentralen Inhalt der Botschaft erhoben und widerlegend argumentiert.

Die ersten Feldstudien zu den Konsequenzen dieser Alternativen wurden schon vor einigen Jahren, allerdings im Bereich der *Sozialpsychologie*, von *Hovland, Lumsdaine & Sheffield* (1949), durchgeführt. Untersuchungsgegenstand waren damals eventuell dadurch erzielbare Einstellungsänderungen bei amerikanischen Soldaten im Pazifik-Raum während des II. Weltkriegs.

Die wesentlichsten Ergebnisse lassen sich folgendermaßen kurz zusammenfassen:

Zur Erzielung von **Einstellungsänderungen** ist es demzufolge günstiger, neben positiven Argumenten auch mögliche negative Aspekte anzusprechen (*zweiseitige Argumentation*); und zwar vor allem dann, wenn die Ausgangsposition des Adressaten zum betreffenden Sachverhalt *negativ* ist, und es sich dabei um ein *gebildeteres* Publikum handelt. Auch im **Kontext der Werbung** liegen zu dieser Thematik in der Zwischenzeit einige wenige Studien vor. So untersuchen *Kanungo & Johar* (1975) den Einfluß einseitig und zweiseitig formulierter Werbeslogans im Hinblick auf deren **Glaubwürdigkeit**, die **Beliebtheit der Produkte** sowie die **Kaufneigung**. Bei den Produkten handelte es sich um Kaffee, Badeseife und Zahnpasta, deren Bezeichnungen durch die Verwendung von Phantasienamen (MOK, YUM, YUK, TOB, etc.) anonymisiert wurden. Die einzelnen Slogans hatten beispielsweise folgenden Wortlaut:

- NEP-Kaffee gibt Ihnen das beste Aroma (*wenn es Ihnen nichts ausmacht, etwas mehr zu bezahlen*);

oder

- Sie werden sicher den angenehm frischen Geschmack der VIT-Zahnpasta lieben (*auch wenn Ihnen vielleicht die Farbe nicht gefällt*);

oder

- VAM-Seife ist die beste Deodorant-Seife (*wenn auch das Abspülen etwas länger dauert*).

Bei der *zweiseitigen* Version des Slogans wurden die in Klammern stehenden Produktnachteile mit vorgegeben. Auf einer 7-stufigen Ratingskala hatten die Vpn die genannten Merkmale für die verschiedenen, mit unterschiedlichen Slogans versehenen Produkte einzuschätzen. In den Ergebnissen zeigt sich, daß die zweiseitige Fassung eine signifikant höhere **Glaubwürdigkeit** erzielte; während sich hinsichtlich der *Beliebtheit der Produkte* und der *Kaufintention* (vgl. aber *Kamins*, 1989, S. 40) keine signifikanten Unterschiede ergaben. Die höhere Glaubwürdigkeit im Fall einer zweiseitigen Formulierung der Argumentation werblicher Kommunikation bestätigte sich in einer Reihe von weiteren Studien (*Kamins, Brand, Hoeke & Moe*, 1989; *Kamins & Assael*, 1987; *Stayman, Hoyer & Leon*, 1987; *Pechmann*, 1992).

Davon partiell etwas abweichende Ergebnisse erhielten *Etgar & Goodwin* (1982). Dort hatte die zweiseitige gegenüber der einseitigen Version auf der Ebene der abhängigen Variablen *Kenntnisse über das Produkt*, *Qualitätsvorstellung* und *Kaufabsicht* zu sichtlich positiveren Ergebnissen geführt; während die *Einstellung gegenüber der Werbemaßnahme* nur für das Produkt positiver ausfiel, das für Konsumenten in der Regel eine größere *Relevanz* oder funktionalen Nutzen (Medikament) aufwies. Auf der anderen Seite spielte die *Anzahl der angesprochenen Produkt-Attribute* (2, 5 und 7) weder bei der *Einstellung gegenüber der Maßnahme* noch für die *Einstellung gegenüber der Marke* eine Rolle (siehe aber *Kamins*, 1989, S. 40).

In der Studie von *Kamins & Assael* (1987) traten noch weitere Vorzüge des zweiseitigen Argumentationsstils zu Tage. Hier wurden die Wirkungen *einseitiger Appelle* mit *zweiseitig-nicht-widerlegenden* und *zweiseitig-widerlegenden Appellen* verglichen. Als Beurteilungsmaßstäbe dienten die jeweils resultierende Anzahl an Gegen- und unterstützenden Argumenten sowie eventuelle nachteilige Rückwirkungen im Hinblick auf den Sender.

Die *einseitig* formulierte Botschaft provozierte wesentlich mehr **Gegenargumente** als die zweiseitig-widerlegende und die zweiseitig-nicht-widerlegende Version. Unterstützende (supportive) Antworten wurden signifikant häufiger im Fall der zweiseitig-widerlegenden im Vergleich zur einseitigen Argumentationsform geäußert. Die Quelle der Information beeinträchtigende Folgen traten im Vergleich zu den beiden anderen Formen wesentlich häufiger im Fall einseitiger Argumentation auf.

Die *zweiseitige* Argumentationsweise kann sich zudem noch als vorteilhaft erweisen, wenn zu einem späteren Zeitpunkt unter Umständen *negative Produkterfahrungen* gemacht werden. In diesem Fall bietet sich die zweiseitige Argumentation, den Ergebnissen eines zweiten Experiments von *Kamins & Assael* (1987, S. 38) zufolge, als Vorkehrung oder Mittel zur Schadensbegrenzung an.

Insgesamt gesehen ist es folglich zunächst für die **Glaubwürdigkeit der Botschaft** günstig, wenn in ihr auch die mehr oder minder offenkundigen negativen Eigenschaften eines Meinungsgegenstands ausdrücklich angesprochen werden. Darüber hinaus ist in diesem Fall damit zu rechnen, daß **weniger Gegenargumente** gebildet werden, und Individuen zudem **weniger empfänglich** für die Argumente der Gegenpropaganda sind. Die zweiseitige Argumentation führt folglich zu einer Art **Immunisierung** mit der Konsequenz einer erhöhten **Resistenz** gegenüber nachfolgenden Versuchen der Beeinflussung durch Maßnahmen der Konkurrenz. Außerdem bildet sie eine gewisse Vorkehr gegenüber eventuell negativen Produkterfahrungen.

4.2.7.2.2 Vergleichende Werbung

4.2.7.2.2.1 Definition

Eine allgemeingültige **Definition** für den Terminus *vergleichende Werbung* existiert nicht. Jeder Autor, der sich mit diesem Problemfeld näher befaßt, legt dazu entweder seine private Definition fest oder verzichtet gänzlich darauf (vgl. *Barry*, 1993a, S. 19; *Gnepa*, 1993, S. 70; *Donthu*, 1992, S. 54). Orientiert man sich am sogenannten „Gemeinsamen Standpunkt" der *EU-Kommission*, so ist jede Werbung vergleichend, die unmittelbar oder mittelbar einen Mitbewerber, die Erzeugnisse bzw. Dienstleistungen, die von einem Mitbewerber angeboten werden, erkennbar macht (vgl. *Pressedienst der Kommission der Europäischen Gemeinschaften*, 1996, S. V). Die nachfolgenden Ausführungen stützen sich auf eine der weiter gefaßten Betrachtungsweisen, welche **vergleichende Werbung** als eine Variante der Werbung definiert, die

- zwei oder mehrere explizit genannte oder anderweitig erkennbare Produkte, Dienstleistungen oder sonstige für den Konsumenten relevante Marktdaten miteinander in Beziehung setzt

und

- bestimmte Beeinflussungsziele verfolgt, die informierender, aktualisierender und/oder emotionaler Art sein können (vgl. *Rudlowski*, 1993, S. 15).

4.2.7.2.2.2. Rechtliche Situation

Vergleichende Werbung in ihrer direkten und expliziten Form war hierzulande bislang per Gesetz zwar prinzipiell verboten und nur ausnahmsweise als Abwehr-, Auskunfts-, Fortschritts- und Systemvergleich zugelassen. Demgegenüber ist sie in den USA schon seit Jahren eine alltägliche Erscheinung. Insbesondere der direkte Vergleich ist dort gängige Praxis (vgl. *Swayne & Stevenson*, 1987, S. 71; *Pechmann & Stewart*, 1991, S. 47; *Pfau*, 1994, S. 244). Mit der Verabschiedung der **EU-Richtlinie** zur vergleichenden Werbung und deren obligatorischer Umsetzung in nationales Recht, werden nun die bisherigen Regelungen für die Werbewirtschaft der BRD eine wesentliche Neuerung oder **Liberalisierung** erfahren. Sie wird unter verschiedenen Bedingungen eine mittelbare und unmittelbare Bezugnahme auf Mitbewerber zulassen (vgl. *Bodewig*, 1994, S. 207 f.; *ZAW-edition*, 1996, S. 83 ff.; *Tödtmann*, 1995, S. 21). Anlaß für diese Veränderung bildet in erster Linie die Idee einer besseren Information der Verbraucher. Vergleichende Werbung würde demzufolge als rechtlich **zulässig** gelten, sofern sie:

- nicht irreführend ist,

- Waren oder Dienstleistungen für den gleichen Bedarf oder dieselbe Zweckbestimmung vergleicht,

- objektiv eine oder mehrere wesentliche, relevante, nachprüfbare und typische Eigenschaften dieser Waren und Dienstleistungen vergleicht, zu denen auch der Preis gehören kann,

562

- auf dem Markt keine Verwechslung zwischen dem Werbenden und einem Mitbewerber oder zwischen den Marken, den Handelsnamen, anderen Unterscheidungszeichen, den Waren oder den Dienstleistungen des Werbenden und denen eines Mitbewerbers verursacht,

- weder die Marken, die Handelsnamen, andere Unterscheidungszeichen, die Waren oder die Dienstleistungen eines Mitbewerbers herabsetzt oder verunglimpft,

- sich bei Waren mit Ursprungsbezeichnung in jedem Fall auf Waren mit der gleichen Bezeichnung bezieht

und

- keinen ungebührenden Vorteil aus dem Ruf eines Warenzeichens, des Handelsnamens oder anderer Unterscheidungsmerkmale eines Mitbewerbers oder der Ursprungsbezeichnungen von Konkurrenzerzeugnissen zieht (vgl. *Pressedienst der Kommission der Europäischen Gemeinschaften*, 1996, S. V f.).

Gegebenenfalls hängt die Endfassung der Richtlinie von den Änderungen seitens des Europäischen Parlaments und des Ministerrats ab. Nach dem „Gemeinsamen Standpunkt" wird die Richtlinie binnen 30 Monaten nach ihrem Inkrafttreten anwendbar (vgl. *ZAW-edition*, 1996, S. 85; *Middel*, 1997, S. 16).

4.2.7.2.2.3 Varianten vergleichender Werbung

Vergleichender Werbung kann man in vielfältigen Erscheinungsformen begegnen; so z.B. in Form des unausgesprochen **impliziten Vergleichs**, bei dem die Konkurrenten und deren Produkte zwar nicht ausdrücklich genannt werden, aber im Grunde jeder weiß, wer damit gemeint ist. Schon etwas ältere Beispiele dieser eher milden Version des Vergleichs sind Formulierungen wie „*EDV ist mehr als drei Buchstaben*"; oder, wenn ein Konkurrent darauf aufmerksam macht, daß sich „*jetzt ... jemand aber ganz schön auf seine drei Buchstaben setzen*" muß (*ZV + ZV*, 1982, S. 943; vgl. *dazu auch Mayer*, 1993, S. 180 f. sowie *o.V.*, 1997, o.S.). Weitere Beispiele aus letzter Zeit unterstreichen diesen Sachverhalt (vgl. *Mayer & Siebeck*, 1997, S. 419 ff.):

So wirbt u.a. *Men's Health* in deutschen Zeitschriften mit dem Statement: „*In anderen Männerzeitschriften finden Sie die neuesten Trends. Bei uns finden Sie sich selbst.*" Oder die *Advance Bank* versucht, ihre Position mit der Aussage zu unterstreichen: „*Konkurrenz belebt das Geschäft; schade, daß wir keine haben: objektive Vermögensberatung an 7 Tagen in der Woche*". Der neue Telekommunikationsanbieter *Arcor* wagt sich noch weiter vor, indem er zwar nicht ausdrücklich den Konkurrenten nennt, aber im Grunde weiß nahezu jeder, wer damit gemeint ist: „*Es kommt nicht auf Größe an, sondern auf die Technik*". Und die Replik von *Telekom*, kurz nach der ersten Anzeigenschaltung von Arcor, zeigt 2 Gitarren und den Slogan: „*Wenn man ,neue Saiten der Telekommunikation' aufziehen will, muß man sie erst mal haben*".

Eine eindeutigere Sprache benutzt die **direkt vergleichende Form**, bei der die Stoßrichtung des Angriffs offenkundig ist: Beispielsweise, wenn eine Zielgruppe mit folgenden Worten über die (u.U. zutreffende) Rangposition eines Herstellers für Kopiergeräte in Kenntnis gesetzt wird: „*More than Xerox. More than IBM. More than Canon. More than Sharp. More than anyone*" (vgl. *ZV + ZV*, 1982, S. 943) und dabei im Sinne eines Rundumschlags gleichzeitig nach allen Seiten tritt (vgl. auch *Mayer, Schmitt & Völker*, 1982).

Darüber hinaus gibt es noch einige andere Aspekte zur Klassifizierung vergleichender Werbung. So differenzieren z.B. *Lamb, Pletcher & Pride* (1979), je nach Richtung des Vergleichs, zwischen *kritisch-* und *anlehnend-vergleichender* Werbung, oder *Muehling, Stem & Raven* (1989, S. 40) unterscheiden vier Typen (Ebenen) des Vergleichs (direkter Vergleich mit Namensnennung des Konkurrenten; Bezugnahme ohne Nennung des Namens; Vergleich mit einer fiktiven Marke; genereller, anonymer Vergleich). Außerdem wird das bereits vorhandene Repertoire noch durch eine neue Variante bereichert, durch die sogenannte *negative Werbung*. Sie wird als eine nicht immer eindeutig abgrenzbare Form der vergleichenden Werbung angesehen (vgl. *Merritt*, 1984; *James & Hensel*, 1991). Hierbei wird durch die behauptete eigene Überlegenheit absichtlich versucht, dem Konkurrenten zu schaden.

Muehling & Kangun (1985, S. 166 f.) versuchen durch die Systematisierung nach **Dimensionen** vergleichender Werbung, unter Berücksichtigung der *Ausprägung* sowie der *Art der Operationalisierung* des Vergleichs, einen Überblick über die verschiedenen Varianten zu geben. Diese Merkmale bilden die Grundlage für die Angaben in der folgenden *Tabelle 80*, die zur Veranschaulichung jedoch nur Ausschnitte der sehr umfangreichen Gesamttabelle (vgl. dazu *Mayer & Siebeck*, 1997, S. 421 f.) enthält.

Die komplette Liste der Dimensionen umfaßt folgende Merkmalsbereiche vergleichender Werbung: Identifizierung der Wettbewerber, Ähnlichkeit der Produktvergleiche, Anzahl der zum Vergleich herangezogenen Marken, Häufigkeit der Bezugnahme auf den Wettbewerber, Plazierung des Vergleichs, Richtung des Vergleichs, Natur der verglichenen Eigenschaften, Anzahl der verglichenen Eigenschaften, Untermauerung des Anspruchs, ein- oder zweiseitige Botschaft, Schlußfolgerungen im Rahmen des Vergleichs und Klarheit der Schlußfolgerungen.

Tabelle 80: Dimensionen vergleichender Werbung (exemplarische Beispiele)
(in Anlehnung an *Muehling & Kangun*, 1985, S. 116 f.)

Dimension	Ausprägung	Operationalisierung
Identifizierung der Wettbewerber	explizit implizit	• Konkurrent wird genannt • auf den Konkurrenten wird sich bezogen durch Ausdrücke wie *führende Marke* oder *andere/ gewöhnliche Marken* oder den Einsatz von *Ersatzindikatoren* (z.B. Farbe, Form oder Verpackung)
Ähnlichkeit der Produktvergleiche	sehr ähnlich ziemlich ähnlich ungefähr ähnlich unterschiedlich	• ältere Version des selben Produktes oder ein Produkt ohne die neue Eigenschaft • gleiche Produktklasse und Form • gleiche Produktkategorie • Produkt aus einer anderen Produktkategorie
Ein- oder zweiseitige Botschaft	einseitig zweiseitig	• ausschließlich positive Aspekte des Produktes des Sponsors werden genannt • positive und negative Aspekte des Produktes des Sponsors werden genannt

Nachdem aus dem deutschsprachigen Raum aus den verständlichen *Gründen des Verbots*, außer gelegentlichen und eher ablehnenden Meinungsäußerungen (vgl. *Raithel*, 1978, S. 124), keine empirischen Belege zur Effizienz der vergleichenden Werbung vorliegen, muß hilfsweise auf Erfahrungen aus den USA zurückgegriffen werden.

Dort hatte sich im Jahr 1972 angesichts der Empfehlung der FTC (*Federal Trade Commission*) an die Fernsehanstalten, in Zukunft auch vergleichende TV-Spots zu akzeptieren, ausgedehnte und oft sehr konträre Diskussionen über Nutzen und Schaden dieser Form der Werbung entfacht. Die Befürworter hatten mehr den Nutzen im Sinne einer verbesserten **Markttransparenz** für die potentiellen Verbraucher im Auge. Die Gegner befürchteten eher Nachteile in Form eines **Imageverlusts** der Werbung (vgl. *Kershaw*, 1976, S. 25;

Muehling & Stoltman, 1992; vgl. auch *Muehling, Stem & Raven*, 1989). Als Folge enthielten bereits im Jahre 1975 20% der TV-Spots Vergleiche mit der Konkurrenz (3% explizite; 17% implizite Vergleiche). Diese Tendenz breitete sich in der folgenden Zeit zunehmend aus, so daß *Levy* den Anteil vergleichender Werbung in den USA im Jahr 1987 auf mehr als 50% schätzte.

4.2.7.2.2.4 Effektivität vergleichender Werbung

In Erwartung des zunehmenden, bzw. mit Blick auf die BRD, *potentiellen Einsatzes* vergleichender Werbung in der Praxis stellt sich nun die Frage nach deren **Wirksamkeit**. Dabei geht es nicht nur um generelle Unterschiede zwischen vergleichender und konventioneller Werbung, sondern angesichts der vielfältigen Varianten vergleichender Werbung, ist auch eine Gegenüberstellung innerhalb diesen vorzunehmen. Somit ergeben sich auf der Grundlage der vorhandenen empirischen Ergebnisse insgesamt sieben **Problemkreise**:

1. Effektivität **direkt**-vergleichender gegenüber **keiner** Werbung,
2. Effektivität **indirekt**-vergleichender gegenüber **konventioneller** Werbung,
3. Effektivität **direkt**-vergleichender gegenüber **konventioneller** Werbung,
4. Effektivität **direkt**-vergleichender gegenüber **indirekt-**vergleichender Werbung und
5. Effektivität **direkt**-vergleichender gegenüber **indirekt**-vergleichender und **konventioneller** Werbung.

Daneben liegen auch vereinzelt Studien vor, die die Werbewirkung in Abhängigkeit von der **Intensität des Vergleichs** sowie von spezifischen **Gestaltungsmerkmalen** untersuchen, so daß sich hier noch zwei weitere Problemkreise anschließen. Im einzelnen sind dies die:

6. Effektivität unter Berücksichtigung der **Intensität** des Vergleichs

und die

7. Effektivität in **Abhängigkeit** von diversen Gestaltungselementen (Produkte, Plazierung des Sponsors, Argumentationsstil).

Die zu analysierenden Relationen lassen sich anhand der modifizierten **Input-Output-Matrix** von *McGuire* (1978) systematisieren, wobei die Varianten des Vergleichs als die unabhängigen Variablen aufzufassen sind, während die Output-Seite der Matrix als abhängige Variablen betrachtet werden. Die Ergebnisse sollen allerdings nicht im Detail, sondern lediglich auf die wichtigsten Feststellung beschränkt vorgestellt werden (vgl. *Mayer & Siebeck*, 1997, S. 425).

In den Ergebnissen der empirischen Untersuchungen sind nahezu alle theoretisch denkbaren Antworten vertreten. So zeigt z.B. die Studie von *Johnson & Horne* (1988) beim Vergleich der Effekte von **direkt-vergleichender** vs. **keiner** Werbung, daß direkt-vergleichende Werbung dazu beiträgt, mehr Gemeinsamkeiten zwischen eigenem und fremdem Produkt wahrzunehmen.

Oder *Goodwin & Etgar* (1980) beobachten für den Bereich *emotionale Reaktionen* nur ausnahmsweise statistisch signifikante Unterschiede *zwischen* **indirekt-vergleichender** und **konventioneller** Werbung. *Wilson & Muderrisoglu* (1979) verweisen hingegen auf eine Vielzahl signifikanter Differenzen. Unter anderem wird die *indirekt-vergleichende* Alternative als *glaubwürdiger* und *aggressiver* eingeschätzt; oder das *Involvement* des Inserenten als *höher* beurteilt.

Auf der anderen Seite werden *nicht-vergleichende* Anzeigen als *freundlicher* und *angenehmer* empfunden. Und *Neese & Taylor* (1994, S. 57 f., 62) stellen in ihrer Studie im Fall der *indirekt* vergleichenden Variante im Gegensatz zu konventioneller Werbung neben einer *positiveren Einschätzung* der *Marke* eine geringere Zahl an *Gegenargumenten* von zudem geringerer Intensität fest.

Auch auf der Ebene des **kognitiven Chiffrierprozesses**, im Sinn einer besseren *Verständlichkeit* und des *Wissenszuwachses* über das Produkt, waren keine gravierenden Unterschiede beobachtbar. Lediglich wenn dabei die *Produktklasse* berücksichtigt wurde, so ließ sich bei Produkten mit *funktionalem* Nutzen eine Überlegenheit der vergleichenden Version feststellen.

Sehr ähnlich sehen auch die Ergebnisse im Fall der **Akzeptanz der Botschaft** im Sinn der *Günstigkeit des Kaufs*, des *wahrgenommenen Kaufrisikos* sowie der *Produktqualität* aus. Es waren nur mäßig positive Tendenzen zugunsten der indirekt-vergleichenden Variante erkennbar; und bei den **verhaltensorientierten Konsequenzen**, in Form einer aus der Sicht der Vorhersage-Validität nicht ganz unbedenklichen *Kaufabsicht*, wiederholten sich die bislang gemachten Beobachtungen.

Für die Beurteilung der Relationen zwischen **direkt-vergleichende Werbung** und **konventioneller** Werbung lauten die zu machenden Feststellungen weitgehend ähnlich. Auch hier offenbart sich auf den Ebenen **emotionale Reaktionen, kognitiver Chiffrierprozeß, Akzeptanz der Werbebotschaft** und den **verhaltensmäßigen Konsequenzen** eine große Variationsbreite in den Ergebnissen. Vergleichsweise günstig schneidet die *direkt-vergleichende Werbung* ab, wenn es um die Erregung von **Aufmerksamkeit** und **Interesse** geht (*Muehling, Stoltman & Grossbart*, 1990; *Donthu*, 1993). In der Einschätzung der **Glaubwürdigkeit** sind hingegen eher nachteilige Auswirkungen zu erwarten. Unter Umständen ist es in diesem Zusammenhang zweckmäßig, eine *zweiseitige Argumentationsform* zu wählen, um die negativen Effekte zumindest partiell aufzufangen (vgl. *Swinyard*, 1981, S. 184).

Eine kaum zu vermeidende Konsequenz besteht außerdem darin, daß die Aufmerksamkeit zugleich auch auf die Konkurrenzprodukte gelenkt wird, was zu erheblichen Fehlinterpretationen führen kann. Noch entscheidender ist jedoch, daß sich bezüglich der **Produktwahl** keine nennenswerten Vorteile zugunsten der vergleichenden Werbung abzeichnen; während sich in der Zwischenzeit für die **Kaufabsicht** und **Kaufverhalten** zumindest partiell gewisse positive Einflüsse nachweisen lassen (vgl. *Ang & Leong*, 1994, S. 34 und 39 ff.; *Gotlieb & Sarel*, 1991, S. 41 f.; *Demirdijan*, 1983, S. 362 f.).

Für den Fall der Gegenüberstellung von **direkt-** vs. **indirekt-vergleichender** Werbung (*Pechmann & Rathneshwar*, 1991) läßt sich zunächst feststellen, daß die indirekt-vergleichende Version als etwas *glaubwürdiger* empfunden wird. Darüber hinaus scheint auch der inhaltliche Bezug (Eigenschaft) des Vergleichs eine Rolle zu spielen.

Im Rahmen des simultanen Vergleichs der Effekte von **direkt-** vs. **indirekt-vergleichender** *und* **konventioneller Werbung** unter zusätzlicher Berücksichtigung der *Marktposition* der Konkurrenten zeigt sich, daß ein direkt-vergleichendes Vorgehen im Vergleich zu den beiden übrigen Formen in erster Linie für Marken mit *geringem Marktanteil* sinnvoll und erfolgversprechend ist (vgl. *Pechmann & Stewart*, 1990; 1991), weil sie betont auf die Alternative aufmerksam macht, das umworbene Produkt an Stelle des Konkurrenzprodukts wählen zu können. Aus denjenigen Studien, die sich mit dem Problem der Auswirkungen unterschiedlicher **Intensitätsstufen des Vergleichs** befassen, läßt sich festhalten, daß mit Hilfe dieser Variationsmöglichkeit *Erinnerungswerte* angehoben werden können. Je intensiver der Vergleich, desto besser fällen die Erinnerungen an die *Maßnahme* und an *Details* der Botschaft aus. Jedoch scheinen intensiver bezugnehmende Maßnahmen parallel auch eine negativere Einstellung (A_{ad}) zu erzeugen.

Während zwischen den *Erinnerungswerten* direkt-vergleichender TV-Spots für Dienstleistungen oder **Produkte** keine gravierenden Unterschiede bestehen (*Donthu*, 1993, S. 98 f.), fällt die *Einstellung zur Werbemaßnahme* (TV-Spot) für Dienstleistungen jedoch erheblich schlechter aus (*Donthu*, 1993, S. 101 ff.). Dies deutet darauf hin, daß es hier einer entsprechenden Differenzierung bedarf.

Auch als Folge der unterschiedlichen **Plazierung des Senders** der Botschaft (Sponsor) deuten sich gewisse Differenzen in dem sogenannten *assoziativen Effekt* vergleichender Werbung, im Sinne der *wahrgenommen Ähnlichkeit* von Produkten oder Dienstleistungen, an. Je nach Positionierung des Sponsors wird dieser Aspekt, Ergebnissen *Johnson*s & *Horne*s (1987, S. 156 f.; 1988, S. 223, 227) zufolge, entweder unterstützt oder gehemmt. Welchen prinzipiellen oder differentiellen Stellenwert (Relevanz) dieser Gesichtspunkt im Rahmen des Gesamtkonzepts der vergleichenden Werbung besitzt, ist dabei jedoch noch ungeklärt.

Zusammenfassend läßt sich angesichts der zahlreichen und von vielen Detailbedingungen abhängigen Ergebnissen *amerikanischen Ursprungs* sagen, daß sich durch die Lockerung der rechtlichen Grenzen für den EU-Markt zwar vielfältige Chancen für die zukünftige Gestaltung von Werbemaßnahmen bestehen, deren Konsequenzen und Relevanz aber noch nicht exakt abschätzbar sind und auch nicht überschätzt werden sollten. Hierfür bedarf es zunächst einmal weiterer Forschungen im europäischen Markt. Zu vermuten ist, daß diese Liberalisierung der vergleichenden Werbung ein in mancher Hinsicht belebendes Element der Kommunikationsprozesse darstellen wird, wenn man mit ihm intelligent und sensibel umgeht (vgl. *Zils*, 1997, S. 10).

4.2.7.2.3 Werbung mit Warentest-Ergebnissen

Im Rahmen werblicher Kommunikationsmaßnahmen wird nicht selten unter Verwendung von Testergebnissen von als *neutral* und objektiv angesehenen Institutionen (z.B. *Stiftung Warentest*) versucht, den produktbezogenen Aussagen mehr Verläßlichkeit und Glaubwürdigkeit zu verleihen. Dieses Vorgehen kann unter Umständen auch als **Sonderform** der vergleichenden Werbung angesehen werden. Sie ist jedoch nur dann sinnvoll, wenn das oder die Produkt(e) des betreffenden Herstellers auch ein positives Urteil im Test erzielt haben. Die werbliche Nutzung derartiger Ergebnisse ist allerdings an gewisse Grundsätze gebunden. Mit dem Ziel, den Verbraucher vor unlauteren oder irreführenden Angaben zu schützen, hat die *Stiftung Warentest* zu diesem Zweck eigens **Empfehlungen** erarbeitet, die von der Werbung einzuhalten sind (vgl. *Stiftung Warentest*, 1982). Der Wortlaut dieser Empfehlungen wird im folgenden wiedergegeben:

1. Jede Verwendung von Urteilen der *Stiftung Warentest* in der Werbung sollte so geartet sein, daß beim Verbraucher keine falschen Vorstellungen über die von der *Stiftung Warentest* vorgenommene qualitative Beurteilung des beworbenen Produkts entstehen können.
Dazu gehört,

- daß die Aussagen in der Werbung, die sich auf den Test beziehen, abgesetzt sind von anderen Aussagen des Werbenden,
- daß die Testaussagen der Stiftung vom Werbenden nicht mit eigenen Worten umschrieben werden,
- daß die die Urteile der Stiftung kennzeichnende Terminologie nicht auch bei solchen Werbeaussagen verwendet wird, die sich nicht auf Testaussagen der Stiftung beziehen,
- daß günstige Einzelaussagen nicht isoliert angegeben werden, wenn andere weniger günstig sind,
- daß in jedem Fall auch das Gesamturteil mitgeteilt wird.

2. Der Test sollte nicht mit Produkten in Zusammenhang gebracht werden, auf die er sich nicht (oder nicht mehr) bezieht.

Dazu gehört,

- daß der Test nicht durch einen neueren Test oder durch eine erhebliche Veränderung der Marktverhältnisse überholt ist,
- daß das Produkt sich seit dem Test nicht in den Merkmalen geändert hat, die Gegenstand des Tests waren,
- daß das Testurteil für ein baugleiches Produkt, welches vom Testbericht nicht erfaßt war, nicht ohne Erwähnung des getesteten Produkts verwendet wird,
- daß die Übertragung eines Testurteils auf nicht getestete Produkte weder vorgenommen noch dem Verbraucher nahegelegt wird.

3. Die Angaben über Testurteile sollten leicht und eindeutig nachprüfbar sein.

Dazu gehört,

- daß in der Werbung Monat und Jahr der Erstveröffentlichung angegeben werden.

4. Der Rang des Urteils des beworbenen Produkts im Test sollte insbesondere dann erkennbar gemacht werden, wenn ein besseres Urteil vergeben worden ist.

Zur **Effektivität** der Werbung mit Testergebnissen liegen bisher nur wenige Befunde vor. So kann im Bereich der *Aufmerksamkeit* zunächst lediglich hypothetisch davon ausgegangen werden, daß Werbung mit Testergebnissen aufgrund ihrer Neuartigkeit insbesondere bei Personen mit hohem Produktinteresse eine zahlenmäßig größere Zuwendung erfährt und eine intensivere Auseinandersetzung hervorruft. Über die Auswirkungen derartiger Informationen auf sonstige *kognitive Verarbeitungsprozesse* können derzeitig noch keine verbindlichen Aussagen gemacht werden.

Es ist zu erwarten, daß Werbung mit Ergebnissen aus Warentests im Hinblick auf ihren Informationsgehalt gegenüber konventioneller Werbung als günstiger, im Sinne von objektiver angesehen wird. Diese Vermutung wird auch durch die Studie von *Rao & Craig* (1975) gestützt. Sie untersuchten sowohl verschiedene Quellen als auch Inhalte von Informationen bezüglich der Einschätzung unter dem Aspekt ihrer *Nützlichkeit* für den Kauf eines TV-Geräts. Die vier Informationsquellen waren: *Warentests, Freunde und Verwandte, staatliche Institutionen* sowie die *Produktwerbung des Herstellers*. Wie die Kurvenverläufe in *Abbildung 104* sehr deutlich veranschaulichen, bestehen prinzipielle Unterschiede zwischen den Informationsquellen. Unabhängig vom Inhalt der Information nehmen *Warentest-Berichte* die erste Position ein; gefolgt von den Quellen *Freunde* und *Verwandte, staatlichen Einrichtungen* und *Produktwerbung des Herstellers.* Dessen Informationen erlangen nur im Fall der Garantie-Leistungen eine bemerkenswert positive Einschätzung, die allerdings noch deutlich unterhalb der Bewertung des identischen Informationsinhalts aus Warentest-Berichten liegt.

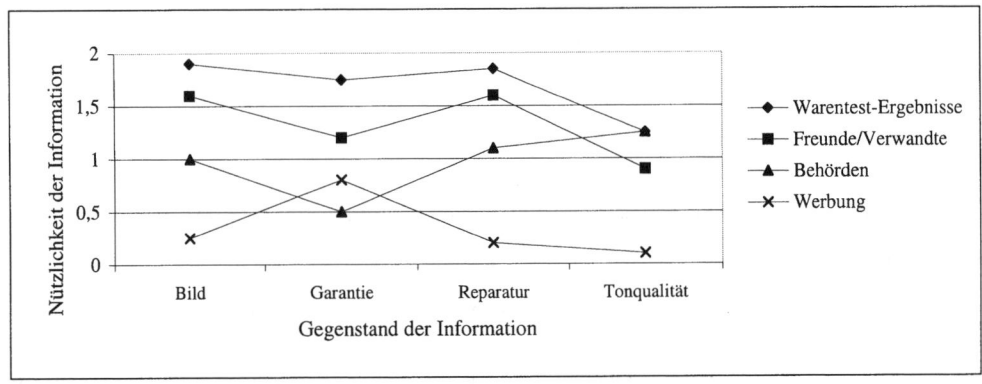

Abbildung 104: Nützlichkeit von Informationen für den Kauf eines TV-Geräts in Abhängigkeit von der Quelle und dem Gegenstand der Information (nach Rao & Craig, 1975, S. 325)

Dem Grundtenor nach vergleichbare Ergebnisse sind auch der Untersuchung von *McDougall* (1977, S. 289 f.) zu entnehmen, d.h. vergleichende Anzeigen, die auf Testergebnisse verweisen, werden hinsichtlich ihrer **Nützlichkeit** *positiver* beurteilt als Anzeigen, bei denen der entsprechende Hinweis fehlt. Allerdings ist in diesem Zusammenhang auch die Studie von *Golden* (1976, S. 67) nicht außer Acht zu lassen, in der für die **Kaufabsicht** keine signifikanten Unterschiede zwischen den Auswirkungen von Anzeigen beobachtet werden, deren Aussagen Bezug auf Ergebnisse eines unabhängigen Testinstituts nehmen und solchen, bei denen auf derartige Hinweise verzichtet wird.

Zusammenfassend ist sonach festzustellen, daß angesichts der wenigen Studien zur Effektivität der Werbung mit Warentest-Ergebnissen sicherlich keine abschließende Beurteilung vorgenommen werden kann. Die bisher vorliegenden Einzelbefunde deuten jedoch darauf hin, daß die Verwendung von Testergebnissen zu einer günstigeren Beurteilung der *Nützlichkeit* von *Produktinformationen* führt und auch zur Erhöhung der *Glaubwürdigkeit* dieser Aussagen beiträgt.

4.2.7.3 Neuartigkeit von Reizen

4.2.7.3.1 Neuartige Reize und Stimulusselektion

Die Verwendung *neuer* Elemente bei der Gestaltung werblicher Kommunikation knüpft an grundlegende Prozesse der menschlichen Stimulusselektion an. Nach *Berlyne* (1976, S. 38) ist **Neuartigkeit** eines der vier wichtigsten Reizmuster zur Beeinflussung von *Aufmerksamkeit stiftenden Prozessen*. Die drei übrigen Reizmodalitäten sind **Ungewißheit**, **Konflikt** und **Komplexität**. Zur Erklärung der spezifischen Wirkung neuartiger Reize auf die Aufmerksamkeit bietet *Berlyne* zwei **Hypothesen** an:

Nach der sogenannten **Gewöhnungshypothese** sind neuartige Reize dadurch gekennzeichnet, *„... daß sie noch keine Gelegenheit gehabt haben, Wirkungen zu verlieren, die alle Stimuli ursprünglich besitzen. Es ist offensichtlich, daß alle Stimuli irgendwann neuartig sind; infolgedessen haben alle Stimuli irgendwann die der Neuartigkeit eigenen Effekte. Nachdem sie jedoch einmal aufgetreten sind, und insbesondere wiederholt aufgetreten sind, verlieren sie diese Effekte".*

Die *zweite Hypothese* nimmt an, daß neuartige Stimuli *Konflikte* induzieren, da jedes neue Reizmuster bereits bekannten Mustern mehr oder weniger ähnelt und häufig zwischen zwei Reizklassen zu lokalisieren ist.

Diese Erklärungsansätze schließen sich nicht aus, sondern beide besitzen eine gewisse Berechtigung. Forschungsergebnisse zur *Wirkung unterschiedlicher Grade der Neuartigkeit* faßt *Berlyne* (1976, S. 42) dahingehend zusammen *„..., daß einige der den neuartigen Reizen eigenen Effekte, einschließlich ihrer Fähigkeit, die Stimulusselektion zu beeinflussen, ihren Höchstwert offenbar nicht bei maximaler Neuartigkeit erreichen. Anscheinend werden sie vielmehr durch einen mittleren Grad an Neuartigkeit am stärksten hervorgerufen: Durch einen Reiz, der etwas Vertrautes darstellt, sich von diesem aber gerade so stark unterscheidet, daß er „interessant" wirkt. Wir sind Dingen gegenüber gleichgültig, die unserer Erfahrung entweder zu fern oder zu vertraut sind."*

Mit Hilfe einer Beobachtung, die man auf dem Jahrmarkt machen kann, erläutert *Berlyne* seine Ausführungen. Seiner Ansicht nach kann die Zurschaustellung einer zweiköpfigen Dame mehr Leute anziehen oder die Aufmerksamkeit fesseln als eine Sammlung geologischer Proben, obwohl die einzelnen Proben sehr unterschiedliches Aussehen besitzen und von bisher bekannten Materialien erheblich abweichen. Zwei Köpfe auf einer Dame sind hingegen nicht sehr unähnlich dem Bild zweier Köpfe auf zwei Damen. **Neuartigkeit** ist folglich immer im Zusammenhang und im Vergleich zu einer bestimmten Serie von vorausgegangenen Erfahrungen zu sehen. *„Die zweiköpfige Dame zieht ihre Kundschaft nicht nur deshalb an, weil sie ein einmaliges Phänomen darstellt, sondern weil sie sich von den Damen unterscheidet, denen die Leute in der Vergangenheit begegnet sind „* (Berlyne, 1976, S. 42).

4.2.7.3.2 Veränderung, Überraschungswert und Inkongruenz

Diese drei Begriffe stehen in enger Nachbarschaft zur Neuartigkeit, denn auch sie beeinflussen *Richtung* und *Stärke* des Selektionsprozesses. Während bei der *Veränderung* oder Bewegung des Reizmusters vor allem Ausmaß und Geschwindigkeit eine wesentliche Rolle für die **Erzeugung der Aufmerksamkeit** spielen, beziehen *Überraschungswert* und *Inkongruenz* ihre Aufmerksamkeit gewinnende Wirkung aus nicht erfüllten Erwartungen. *Berlyne* reserviert den Ausdruck **Überraschung** für die Fälle *„..., in denen ein Reiz eine Erwartung induziert, und ein späterer Reiz dieser Erwartung nicht entspricht"* (S. 46). Um **Inkongruenz** handelt es sich hingegen *„..., wenn ein Stimulus eine Erwartung induziert, welche dann durch die begleitenden Stimuli enttäuscht wird"* (Berlyne, 1976, S. 46).

Aufgrund von Überlegungen zur ästhetischen Wirkung und zur Analyse ästhetischer Erlebnisse folgert *Linneweh* (1978, S. 32), daß das ästhetische Erlebnis aus der plötzlichen Verlagerung der Aufmerksamkeit von einem Wahrnehmungssystem auf ein anderes mit höherem Affektpotential resultiert. Er stellte folgende **Neugierreize** zusammen, die seiner Ansicht nach bewußt oder unbewußt als Neugier erzeugende Reizeigenschaften verwandt werden. Im einzelnen handelt es sich dabei um:

Reizintensität - Farbe - Kontrast- Bewegung- Wiederholung-
Asymmetrie - Lage im Gesichtsfeld - und - Isolation.

Im Zusammenhang mit dem Neugierreiz **Bewegung** ist noch auf eine physiologische Erklärung der besonderen *Bedeutung bewegter Reize* im Hinblick auf die Aufmerksamkeit kurz einzugehen: Nervenzellen organisieren in den für das Sehen zuständigen Assoziationsfeldern des menschlichen Gehirns die Wahrnehmung, indem sie die über das Auge eingehenden Lichtreize verarbeiten und integrieren. Neben den *normalen* Sehzellen gibt es in den Assoziationsfeldern sogenannte komplexe und hyperkomplexe Zellen, die - im Gegensatz zu den normalen Zellen - nur auf vom Auge aufgenommene bewegte Lichtreize ansprechen. Unbewegte Reizmuster können hier keine Aktivierung auslösen, während jede wahrgenommene Bewegung sofort die **Aufmerksamkeit** auf sich zieht.

Diese Erkenntnisse sind vor allem für die **Schaufensterwerbung** *(Verwendung bewegter Objekte; z.B. Schaukel)* und für die Leuchtreklame *(Simulation von Bewegung durch sukzessives Schalten von Leuchtelementen)* relevant und nutzbar.

4.2.7.3.3 Neuartigkeit als Gestaltungselement

Neuartigkeit wird als inhaltlicher Baustein der Gestaltung in zweifacher Hinsicht eingesetzt: Einmal soll durch neue, überraschende oder eigenwillige *Aufhänger* die Aufmerksamkeit des Empfängers gewonnen werden. Zum anderen sollen durch die Verwendung von Wörtern wie *neu*, *aktuell* oder *Neuheit* dem Produkt progressive Züge verliehen werden. Ein neues Produkt weist dem alten gegenüber meist mehrfache Verbesserungen auf, oder anders formuliert, ein neues Produkt macht bisherige Produkte automatisch *alt*.

Haseloff (1973a, S. 160 f.) nennt das Wort *neu* einen hochgradig wirksamen *cue*. Das hierzu durch Befragung gewonnene Assoziationsspektrum umfaßt Begriffe wie: modern, Auto, alt, modisch, Mode, Kleidung, Garderobe, Wohnung, Möbel, gut, positiv, vielversprechend, noch nicht dagewesen, erstmalig, neue Idee, Erfindung, ... schön, sauber, weiß, etc.. Hierbei ist allerdings zu berücksichtigen, daß dieser Aufzählung infolge des Entstehungszeitpunkts die gegenwärtig *in Mode* befindlichen und in Zukunft noch folgenden *Wortschöpfungen* verständlicherweise (noch) nicht enthält.

Durch neuartige Wege zur Gewinnung der Aufmerksamkeit von Passanten haben Dekorateure großer Kauf- und Modehäuser von sich reden gemacht. Dabei wird **Schaufensterwerbung** nicht mehr als reine Anpreisung von Waren verstanden, sondern, indem man Käufer amüsiert und zugleich provoziert, mit einer Art *Happening* gleichgesetzt. Leitlinie ist in den USA (speziell in New York) die sogenannte **Maya-Maxime** *(most advanced yet acceptable)*, bei der das Avantgardistische einen Raum einnimmt, der von seiten der Konsumenten gerade noch toleriert wird. Dies heißt: *„Die größte Kauflust, die höchste Popularität wird mit jenen Produkten erzielt, die genau zwischen dem Schein des Vertrauten und Neuheitswerten lavieren"* (*Ungeheuer*, 1977, S. 22). Interessant ist die Übereinstimmung dieser Aussage eines Praktikers mit den von *Berlyne* zusammengefaßten Erkenntnissen.

Mayer & Bender (1994) griffen in einer exemplarischen Studie diese Idee auf und versuchten zu prüfen, was es damit auf sich hat. Theoretische Grundlage bildete eine eigens dafür konzipierte **Theorie der Neuartigkeit.** Ausgangspunkt hierfür war die bei *Berlyne* (1974, S. 39 ff.) vorgenommene Unterscheidung verschiedener *Typen der Neuartigkeit*, die sich wie folgt charakterisieren lassen:

- Ein Reiz gilt als *völlig* neuartig, wenn er einem Organismus hinsichtlich seiner gesamten Erfahrung unbekannt ist.

- Wird dagegen ein Reiz lediglich in letzter Zeit oder während einer Zeitspanne von mehreren Tagen nicht wahrgenommen, so differenziert man in *kurz-* und *langfristige* Neuartigkeit.

- Berücksichtigt man die Charakteristika der als neuartig apostrophierten Reize, so ist zwischen *absoluter* und *relativer* Neuartigkeit zu unterscheiden. Während ein absolut neuartiger Reiz Attribute aufweist, die niemals zuvor wahrgenommen wurden, enthält ein relativ neuartiges Reizmuster eine ungewöhnliche Kombination bereits vertrauter Elemente.

Mit einem neuartigen Reiz sind natürlich auch **Konsequenzen** verbunden. So ist zu erwarten, daß zunehmend neuartige Reize zu *steigender Aktivierung* führen. Diese hat ihrerseits wieder Konsequenzen im Hinblick auf die *Gedächtnisleistungen*; d.h. die *Erinnerungsleistung* erhöht sich mit zunehmender Neuartigkeit. Wenn man außerdem berücksichtigt, daß ein mittleres Aktivierungspotential als optimal anzusehen ist, so gilt für den differentiellen Einzelfall, daß verschiedene Individuen *unterschiedliche Grade* der Neuartigkeit als *optimal* empfinden.

Unter Berücksichtigung der Tatsache, daß Aktivierung auch motivationale Prozesse auslöst, die z.B. in Form der Kaufintention dem Kaufverhalten vorgelagert sind, und Aussagen des Modells von *McKenzie, Lutz & Belch* (1986) über den Zusammenhang zwischen der Einstellung zu einer Anzeige (A_{ad} ; allgemein zur Werbemaßnahme) und Einstellung zur Marke (A_B) ergeben sich die in der *Abbildung 105* dargestellten Beziehungskonstellationen (vgl. dazu *Mayer & Bender*, 1994, S. 360).

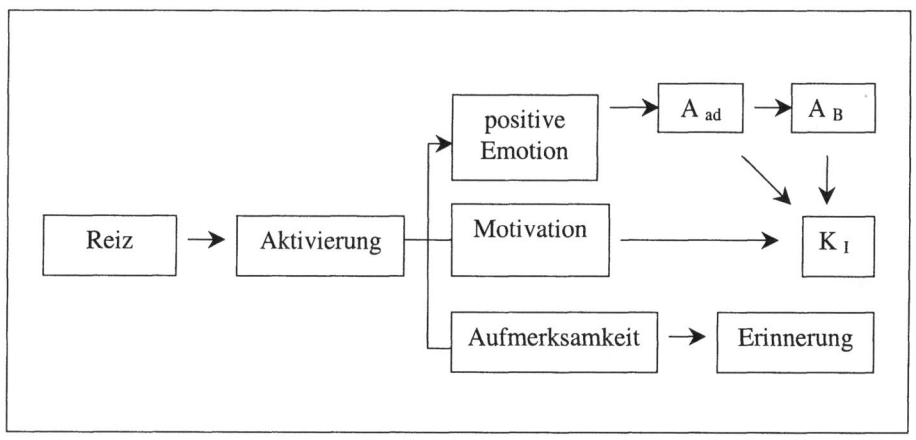

Abbildung 105: Modell der Beziehungskonstellationen

Diese Fragestellung wurde im Rahmen eines 3x2x2 varianzanalytischen Designs, mit den Faktoren *Neuartigkeit* (drei Stufen *nicht neuartig*, Neuartigkeit *mittlerer* und *hoher* Ausprägung), *Geschlecht* der Vpn sowie unter Berücksichtigung der Persönlichkeitsdimension *Intro-versus Extraversion* untersucht. Untersuchungsmaterial bildeten drei, hinsichtlich der Ausprägung des Merkmals Neuartigkeit sich unterscheidende Anzeigen für eine Armbanduhr. Eine gesonderte Voruntersuchung hatte für die erforderliche Differenzierung in den Stufen *keine*, *mittlere* und *hohe* Neuartigkeit den Nachweis erbracht (vgl. dazu *Mayer & Bender*, 1994, S. 362).

In den **Ergebnissen** zeigte sich, daß

- die *Neuartigkeit* bei der faktorisierten Variablen *Aktivierung* zu einem signifikanten Unterschied geführt hat.

- Außerdem waren auf der Ebene des Faktors *Evaluation* und der *Gesamtevaluation der Anzeige (A_{ad})* sowohl Haupteffekte für die Variable Neuartigkeit als auch Wechselwirkungen mit der Variablen *Intro- vs. Extraversion* aufgetreten;

ferner war hinsichtlich

- der *Einstellung zum Produkt (A_B)* auf der faktorisierten Variablen *Ungewöhnlichkeit* ein signifikanter Haupteffekt der Neuartigkeit zu verzeichnen; nicht jedoch unter dem Aspekt der Qualitätseinschätzung der Uhr.

- Auf der anderen Seite waren keine nennenswerten Auswirkungen auf die *Kaufintention* vorhanden;

und

- zwischen Neuartigkeit der Anzeige und *ungestützter Erinnerung* an das Produkt oder die Marke bestand ein positiver Zusammenhang.

Zusammenfassend läßt sich sonach feststellen, daß die Eigenschaft Neuartigkeit einer Anzeige oder einer Konzeption vor allen Dinge Potentiale zur Veränderung von Einzeldimensionen des Produktimages enthält und sich hauptsächlich auf die Erinnerungsleistungen auswirken dürfte. Allerdings besteht dabei auch die Gefahr, daß neuartige Ansätze oder Lösungen, eine Art Faszination auslösen, die nahezu die gesamte Aufmerksamkeit des Individuums absorbiert und den eigentlichen Zielen der Werbung zuwiderläuft. Außerdem ist anzunehmen, daß diese Mechanismen nicht für alle Individuen in identischer Weise wirksam werden, sondern differentielle, d.h. interindividuelle bzw. persönlichkeitsbedingte Unterschiede vorhanden sein dürften.

4.2.7.3.4 Probleme kreativer Werbung

Neuartigkeit als werbliches Gestaltungselement mit dem Ziel der Gewinnung von *Aufmerksamkeit* kann nicht nach dem Motto *„je neuartiger und origineller, desto besser"* eingesetzt werden. Dieser Strategie stehen schon die bereits bekannten Erkenntnisse *Berlynes* entgegen. Dazu kommt noch das Problem, daß ein extrem neuartiger Reiz zwar die Aufmerksamkeit auf sich zieht; *aber eben nur auf sich!* In der Regel ist die Aufmerksamkeitswirkung in der Werbung kein *Selbstzweck*, sondern nur die Voraussetzung oder Eingangsbedingung für nachfolgende Werbewirkungsprozesse. Dieser Sachverhalt gerät in der Praxis oft leicht in Vergessenheit, denn zu kreative, d.h. die Aufmerksamkeit geradezu fesselnde Teile der Kommunikationsmaßnahme können vom eigentlichen Anliegen ablenken. Damit ist vor allem dann zu rechnen, wenn *kein direkter Zusammenhang* zwischen *Aufhänger* und dem sonstigen Inhalt der Werbung besteht.

Schon *Politz* (1960) wies auf dieses **Dilemma kreativer Werbung** hin, wobei diese Gegensätzlichkeit in der Praxis oft und schon seit Jahren Anlaß zu heftigen Disputen zwischen Werbegrafikern und Forschern gibt (vgl. *Vaughn*, 1982, S. 45; *„... The battle between creatives and researchers is a never-ending struggle in most advertising agencies."*). Diese Schlacht ist auch in diesen Tagen noch nicht beendet, wenn man die Diskussionen in Fachkreisen zu diesem Problem weiter verfolgt *Kover, Goldberg & James* (1995). In Einzelfällen werden in solchen unendlichen Auseinandersetzungen schlicht Kreativität mit Effektivität gleichgesetzt (vgl. *Kover*, 1995). Dabei wird allerdings übersehen, daß es nicht nur die beiden Alternativen oder Extreme *außerordentlich kreativ* versus *außerordentlich unkreativ* (i.S. von gewöhnlich, alltäglich, dumm), sondern daß graduell verschiedene Ausprägungen an Kreativität durch unterschiedliche Merkmalskonstellationen innerhalb eines Bereichs, beispielsweise auf der Basis der evozierten Emotionen (und anderer Merkmale) beschrieben werden können oder dadurch zu kennzeichnen sind. Hieraus lassen sich verschiedene Varianten (Realisationen) der Kreativität ableiten, die dann differentiell hinsichtlich ihrer potentiellen Effektivität untersucht werden können.

Kover, Goldberg & James (1995) beschreiten diesen Weg und unterscheiden demzufolge vier **Cluster**. In *Cluster I* versammelt sich die größte Spannweite an Emotionen, die einen sog. *idealen Menschen* kennzeichnen; Werbung, die diese Eindrücke vermittelt wird als *kongruent,*

579

kreativ und *effektiv* angesehen (S. 36). Zur detaillierten Information werden die Merkmale und die von ihnen erzielten %-Anteil der Antworten in der *Abbildung 106* veranschaulicht.

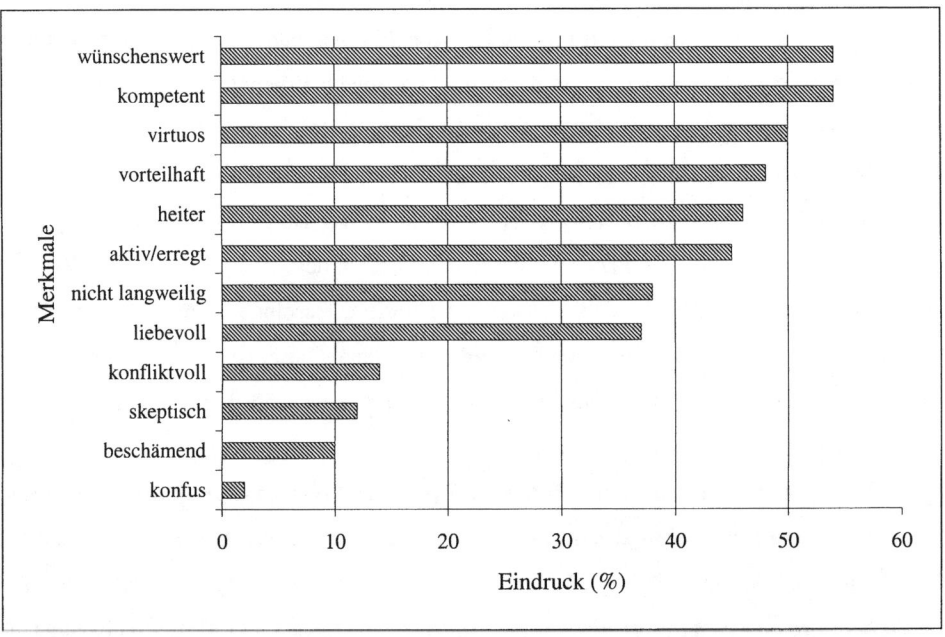

Abbildung 106: Verteilung der Eindrucksurteile (%-Anteil Antworten) zu Cluster I
(in Anlehnung an: *Kover, Goldberg & James*, 1995, S. 36)

Cluster II wird durch Aufmerksamkeit erringende Momente beschrieben, die jedoch nicht so sehr unter die Haut gehen. Werbung dieser Art enthält unrealistische Situationen und geheimnisvollen Humor; ist ein *bißchen überzeugend, kongruent* und *kreativ*, aber nicht *ergreifend*.

Cluster III: Werbung dieser Kategorie erzeugt zwar *etwas Aufmerksamkeit*, wird aber zugleich als *alt, stumpfsinnig* oder *geistlos* empfunden; und *Cluster IV* vereinigt Werbeaktionen, die *Negationen* dessen enthalten, was den Bedürfnissen eines Individuums entspricht. Sie verkörpern schlechthin die Negation der Menschheit. Der Auffassung dieser Autoren zufolge besitzt lediglich Werbung nach dem Muster des *Clusters I* (*personal enhancement*) Aussicht auf Erfolg („*... advertising that works*").

Ungeachtet der definitorischen Probleme, interessiert natürlich vor allen Dingen der (ursächliche) Zusammenhang mit der *Effektivität* (Kaufinteresse, Probierabsicht bei *Kover, Goldberg & James*, 1995, S. 32). Auch hier zeigt sich wiederum, daß die Spots aus dem Cluster I in dieser Hinsicht das größte Interesse erzeugten; was allerdings *noch nicht* mit *Kaufverhalten* gleichzusetzen ist.

Alles in allem betrachtet, werden die Streitgespräche über die Kreativität in der Werbung sicherlich noch geraume Zeit andauern. Ein Ende könnte dann in Sichtweite kommen, wenn neben der differentiellen Merkmalsabgrenzung zur konventionellen Werbung insbesondere die Frage nach der relativen Effektivität beantwortet ist. Je nach dem, vielleicht erübrigt sich dann auch eine weitere Diskussion?

4.2.7.4 Humoristische Werbung

Während in den USA für Werbemaßnahmen (30,6% der Hörfunk- und 24,4% der TV-Spots; *Madden & Campbell*, 1990; *Weinberger & Spotts*, 1989) mit humoristischem Einschlag erhebliche Beträge („... *billions of $* ...“; *Madden & Weinberger*, 1984, S. 23; *Weinberger & Campbell*, 1990) ausgegeben werden, und auch das übrige europäische Ausland in dieser Hinsicht sehr progressiv ist, steht demgegenüber die *deutsche* Werbung im Ruf, betont *ernst, sachlich, zugeknöpft* und *langweilig* zu sein (*Diehl*, 1984, S. 8). Die Frage ist, ob diese Erscheinung ihren Ursprung in zurückhaltenderen Einstellungen von Auftraggebern oder Agenturen hat, oder aus der Vorstellung resultiert, daß mit humoristisch aufgemachten Kommunikationsmaßnahmen mehr Nach- als Vorteile verbunden sind.

Der Studie von *Chattopadhay & Basu* (1990) zufolge ist zumindest in den USA die weitaus überwiegende Mehrheit (90%) der Leiter der führenden Agenturen der Meinung, daß Humor die Effektivität kommunikativer Maßnahmen in erheblichem Umfang erhöht. Vielleicht ist diese positive Einstellung darauf zurückzuführen, daß dort auf diesem Gebiet schon einige Forschungsarbeiten vorliegen, während sie hierzulande eher als Seltenheit gelten.

In der **Praxis** werden bei der Frage bezüglich des Einsatzes von Humor eine Reihe positiver und negativer Aspekte diskutiert (vgl. auch *Madden & Weinberger*, 1984, S. 25). Die *Befürworter* weisen auf die Eigenschaft des Humors als **Universalsprache** hin, oder sie heben seine

581

Aufmerksamkeit erregende Wirkung hervor. *Gegner* sehen demgegenüber vor allem bei wiederholter Begegnung die Gefahr einer sehr raschen Abnutzung (*wearout; Gelb & Zinkhan*, 1986). Sie geben ferner zu bedenken, daß ein zu erzielender Humor-Effekt zuvor aufgebaut, sozusagen erst einer Vorgeschichte bedarf, wodurch der humoristische Part bei Rundfunk- und TV-Spots einen Großteil der verfügbaren Sendezeit aufzehrt, was am Ende zu Lasten einer detaillierten Produktinformation geht.

Die Diskussion zwischen den beiden Parteien ist nicht besonders ergiebig, weil es sich hierbei meist um wenig fundierte Meinungen oder Glaubensbekenntnisse und nicht um empirisch überprüfte Aussagen handelt. Deshalb soll auf deren Verlauf nicht weiter eingegangen und statt dessen die bisherigen Belege aus der Forschung etwas näher betrachtet werden.

Zuvor jedoch ein paar kurze Bemerkungen zu den verschiedenen Definitionsmöglichkeiten und theoretischen Hintergründen von Humor.

4.2.7.4.1 Definitorische und theoretische Ansätze zum Humor

Sternthal & Craig (1973, S. 13) zeigen zur **Definition** von Humor drei Ansätze auf, die vor allem für die empirische Erforschung seiner Wirkungen Relevanz besitzen:

- *Definition nach Reizeigenschaften*

Hier stehen die verschiedenen Erscheinungsformen des Humors bzw. die alternativen Möglichkeiten seiner Erzeugung im Mittelpunkt. Konkret handelt es sich dabei entweder um Witze, Wortspiele, Unter- und Übertreibungen, Verdrehung von Aussagen, Doppeldeutigkeiten, Satire, Ironie, Situationskomik oder um Unvereinbarkeiten.

Dabei wird nicht auf die Elemente eingegangen, die den einzelnen Formen ihre spezifische humoristische Wirkung verleihen. *Taxonomien* dieser Art zeigen eher, auf welche unterschiedliche Weise man Humor erzeugen kann. Für die damit verbundenen Effekte lassen sich hieraus keine Anhaltspunkte gewinnen.

- *Definition nach den geäußerten Reaktionen*

Hier werden Einstellungsmessungen vorgenommen, d.h. es wird danach gefragt, ob und in welchem Ausmaß die Rezipienten einer Werbebotschaft diese als *humorvoll* einschätzen.

- *Definition nach den ausgelösten Reaktionen*

Hier geht es um die bei Rezipienten anläßlich humorvoller Kommunikation ausgelösten sichtbaren Reaktionen wie Schmunzeln, Lachen oder Änderung der Aktivierung. Neben Meßproblemen treten hier vor allem auch Probleme der Interpretation des beobachteten, geschätzten oder auch gemessenen Verhaltens auf.

Die Forschungspraxis stützt sich hauptsächlich auf den zweiten und dritten Definitionsansatz, wobei der zweite im Rahmen von *Vor*-Untersuchungen zur Bestimmung der Ausprägung der *unabhängigen Variablen* Humor verwendet werden kann, was angesichts der außerordentlich großen populationsspezifischen Differenzen in der Beurteilung (vgl. dazu *Hasset & Houlihan*, 1979; *Lammers, Leibowitz et. al.*, 1983; *Madden & Weinberger*, 1982 oder *Duncan & Nelson*, 1985) und in den Präferenzen für bestimmte Ausdrucksformen von Humor unumgänglich ist (vgl. *Terry & Ertel*, 1974; *Courtney & Whipple*, 1979).

Die dritte Variante ist demgegenüber dem Komplex der *abhängigen Variablen*, im Sinne potentieller Werbewirkungs-Effekte, zuzuordnen.

Theorien, die sich mit der *Natur* des Humors auseinandersetzen, lassen sich unter vier Kategorien zusammenfassen; nämlich unter *Incongruity-, Ambivalence-, Superiority-* sowie *Release-* und *Relief*-Theorien. Basis aller humorbetonter Erscheinungsformen ist das Vorhandensein komisch wirkender **Inkongruenzen**. Sie können durch Unerwartetes, Unlogisches, durch Übertreibung oder Unpassendes erzeugt werden (*McGhee*, 1979, S. 9 f.), wobei das Ausmaß der Inkongruenz für den Grad der wahrgenommenen Lustigkeit mit entscheidend ist. Je komplexer diese Inkongruenzen jedoch sind, desto schwerer ist die darin enthaltene Komik zu verstehen. Damit die humoristische Aussage oder Darstellung auch als lustig empfunden wird, bedarf es der Auflösung dieser Inkongruenz, d.h. es muß dafür eine *kognitive Regel* gefunden werden. *Suls* (1983) hat dazu das in *Abbildung 107* enthaltene Modell vorgeschlagen. In die

Kategorie des *Nonsens* fallen diejenigen Aussagen oder Darstellungen, zu denen keine solchen Regeln existieren (vgl. *McGhee*, 1979, S. 38).

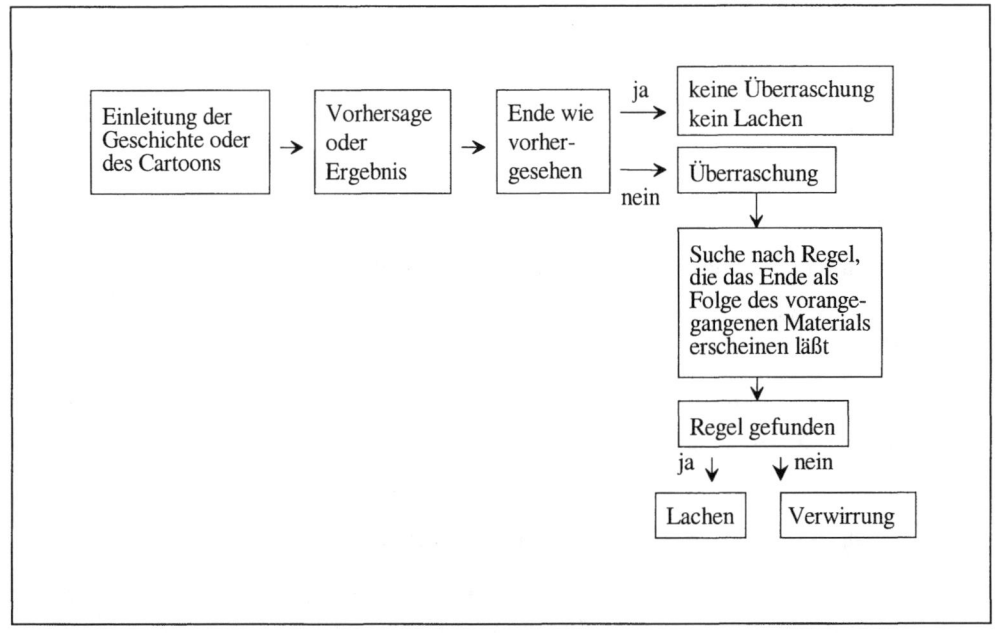

Abbildung 107: Modell zur Lösung der Inkongruenz im Humor (nach *Suls*, 1983, S. 42)

Ambivalence-Theorien gehen davon aus, daß gleichzeitig aufeinandertreffende, jedoch miteinander unvereinbare Emotionen zum Lachen anregen (*Keith-Spiegel*, 1972, S. 10). Während sogenannte *Superiority*-Theorien im Triumph über andere Menschen (oder Situationen) die Basis des Humors sehen. Begeisterung wird dadurch erzeugt, daß man sich selbst in einem positiveren Licht als andere sieht und nicht so dumm, häßlich, unglücklich oder schwach wie andere ist. Hier sind Mißgeschicke anderer Personen Gegenstand humoriger Erlebnisse.

Den *Release*- und *Relief*-Theorien zufolge, dient Humor dazu, überschüssige Energien abzulassen. So führt das Lachen zur Erleichterung von Druck und Zwang oder zur Freisetzung von übermäßigen Spannungen.

4.2.7.4.2 Effekte humoristischer Werbung

Die **Aufmerksamkeit** gewinnende Wirkung von Humor ist längstens bekannt und auch unumstritten. Dies beweisen nicht nur die Erfahrungen aus zahlreichen Kampagnen (*HB-Männchen, Dujardin, Milka-Kuh etc.*), die sehr hohe Bekanntheitsgrade erzielt haben, sondern auch die Ergebnisse einer Reihe von Studien (*Leavitt*, 1970; *Chattopadhay & Basu*, 1990; *Madden & Weinberger*, 1982, 1984; *Duncan & Nelson*, 1985 oder *Duncan, Nelson & Frontczak*, 1984). Nicht zuletzt bildet diese Beobachtung einer der wichtigsten Beweggründe für die Verwendung humorvoller Elemente seitens der Praxis. Dieser Aspekt birgt aber auch Gefahren in sich, indem der humoristische *Gag* die Aufmerksamkeit so intensiv in Anspruch nehmen kann, daß er vom eigentlichen Anliegen (Produkt) ablenkt oder sich gar verselbständigt (*asw-Report*, 1979, S. 33), und somit die Werbemaßnahme ihr eigentliches Ziel verfehlt. Auf der anderen Seite verhindert jedoch gerade diese Ablenkung unter bestimmten Voraussetzungen die Bildung von Gegenargumenten (*Osterhouse & Brock*, 1970).

Nachdem in der Studie von *Diehl* (1984) eine sehr enge Relation zwischen der Verwendung von Humor und der Beliebtheit sowie Akzeptanz einer Werbebotschaft in Erscheinung tritt, ist anzunehmen, daß diese positive **Einstellung gegenüber der Werbemaßnahme** eventuell eine günstige Ausgangsbasis für entsprechende Effekte in anderen Kriterienbereichen der Werbewirkung zu bilden vermag. Bisher vorliegende Ergebnisse von *Gelb & Pickett* (1983) stützen diese These jedoch nur partiell. Zwar zeigten sich dort positive Auswirkungen des Humors auf das **Image** des *Sponsors* und der *Marke*, jedoch nicht hinsichtlich der *Glaubwürdigkeit* und *Überzeugungskraft* der werblichen Maßnahme sowie der *Kaufabsicht*, obwohl alle vier Kriterien untereinander wiederum hoch korrelierten.

Über die Auswirkungen von Humor im Hinblick auf die **Verständlichkeit der Botschaft** besteht nach den Ergebnissen empirischer Studien keine Einheitlichkeit. Die Effekte bewegen sich in beide Richtungen. So vertreten *Duncan, Nelson & Frontczak* (1984) den Standpunkt, daß Humor in der Variante des *one-line-jokes* die Verständlichkeit fördert, während *Gruner* (1976) oder *Zillman & Bryant* (1983) demgegenüber die Gefahr der Entstehung von Mißverständnissen befürchten und hervorheben.

Auch die Ergebnisse der mit der Verwendung von Humor verbundenen **Erinnerungs-Effekte** sind äußerst heterogen, wenn nicht gar widersprüchlich. So weisen die Befunde von *Stewart & Furse* (1986) und von *McCollum & Spielmann* (1982) zwar auf positive Beziehungen hin; auf der anderen Seite wird diese Feststellung durch entsprechende Studien von *Duncan & Nelson* (1985), *Gelb & Zinkhan* (1986) wieder in Zweifel gezogen. Den gegenwärtigen Stand der Diskussion auf diesem Gebiet kennzeichnen die Ergebnisse *Sutherlands & Middletons* (1983) treffend, wenn sie im Rahmen ihrer Analyse von insgesamt 16 Vergleichsstudien feststellen, daß lediglich drei davon einen positiven Effekt, vier einen negativen und die restlichen neun keinen Unterschied beim Vergleich der Erinnerungsleistungen von ernsten versus humoristischen Versionen der Werbung enthalten.

Die **Einstellung zum Produkt** läßt sich mit Hilfe von Humor positiv beeinflussen, wobei allerdings der jeweilige *Status der Einstellung* eine wesentliche Rolle spielt. Ist die Ausgangsposition ohnehin schon positiv, so vermag humorvolle gegenüber einer ernst gehaltenen Version diesen Zustand noch zu verbessern. Ist die ursprüngliche Einstellung gegenüber einer Marke jedoch eher negativ, so ist die ernste Version die erfolgreichere im Hinblick auf eine positivere Gestaltung der Meinung. Einschränkend ist jedoch zu vermerken, daß diese Aussagen noch auf sehr mageren Fundamenten basieren. Derzeitig liegt zu diesem Komplex lediglich eine ernst zunehmende Studie (*Chattopadhay & Basu*, 1990) vor, die aber noch einiger Differenzierungen und Ergänzungen bedarf.

Inwieweit Humor letztendlich einen Einfluß auf **Kaufverhalten** ausübt, ist ebenfalls noch weitgehend ungeklärt. Zwar wird in einigen Studien auf Indikatoren wie *positives Kaufinteresse* (*Gelb & Pickett*, 1983, S. 40) verwiesen oder die (noch zweifelhafte) Prädiktorfunktion der Produkteinstellungen hervorgehoben (vgl. dazu *Zhang & Zinkhan*, 1991, S. 814; *Mayer & van Eimeren*, 1985; *Mayer*, 1990, S. 221 ff.), aber wirklich überzeugende Beweise in Form *harter Daten* liegen zu dieser Frage bislang noch nicht vor. Ganz abgesehen davon, haben diesbezüglich die in der Untersuchung von *Madden & Weinberger* (1984) befragten Experten aus der Praxis auch kaum große Hoffnungen. Sie sehen die Vorteile des Humors für die Werbung vielmehr in den zuvor beschriebenen Effekten.

Bei der Verwendung von Humor ist auch mit **Rückwirkungen** auf den *Sender*, insbesondere auf dessen *Glaubwürdigkeit*, zu rechnen. Die Richtung der Effekte, d.h. ob positiv oder negativ, ist jedoch nicht immer eindeutig vorherzusagen. So kam *Gruner* (1967) zu der positiven Feststellung, daß Humor die Glaubwürdigkeit des Senders und die Wirkung des Appells steigert; und eine Informationsquelle, die eine als *langweilig* angesehene Botschaft nun humorvoll präsentiert, dann positiver eingeschätzt wird.

In erster Linie gewinnen ohnehin schon *glaubwürdige Kommunikatoren* durch die Verwendung von Humor an Überzeugungskraft (*Sternthal & Craig*, 1973, S. 15) und verbessern ihr Image (*Gelb & Pickett*, 1983), wobei entscheidend ist, daß sich die Art des Humors mit dem Inhalt der Mitteilung verträgt. Im Vergleich dazu berichten *Sutherland & Middleton* (1983) von negativen Auswirkungen auf das Image des Kommunikators.

Für den Einsatz von Humor eignen sich nicht alle **Produktkategorien** gleichermaßen gut. Während seine Verwendung bei Gütern des *täglichen Bedarfs* unbedenklich ist und in der Regel eher positive Konsequenzen mit sich bringt (vgl. *Madden & Weinberger*, 1984; *Weinberger & Campbell*, 1990), ist dessen Angemessenheit im Fall von industriellen Produkten strittig. Insbesondere, wenn es sich dabei um von der Technologie und Anwendung noch relativ unbekannte Produkte handelt. Andererseits kann Produkten, die schon von Haus aus mit einem eher negativen Image behaftet sind (z.B. gewisse Medikamente, Anti-Kosmetika; vgl. *Hytha*, 1975, S. 274), mittels humoriger Präsentation ein etwas positiveres Erscheinungsbild (Image) gegeben werden.

Dabei erweist sich die von *Weinberger & Campbell* (1990, S. 45 f.) vorgenommene Unterscheidung zwischen *high-* und *low-involvement-* sowie zwischen *thinking-* und *feeling-*Produkten für die Differenzierung der Aussagen in Verbindung mit der Tatsache, daß Humor einen (related) oder auch keinen (unrelated) Produktbezug aufweisen kann (FCB Planning Matrix), als wertvoll. In den dortigen Ergebnissen kommt zum Ausdruck, daß Humor bei high-involvement-Produkten insbesondere dann positive Effekte (Erinnerung, Persuasion = prä-post Kaufabsicht) hervorzurufen vermag, wenn es sich um emotionsbehaftete Produkte, wie Kosmetika, Schmuck oder modische Kleidung handelt, und wenn er einen möglichst engen *Bezug zum Produkt* aufweist.

Schließlich ist in diesem Zusammenhang nochmals auf die Bedenken der Gegner im Fall **wiederholter Schaltung** humoristischer Werbung kurz einzugehen. Zunächst erfahren die Befürchtungen dieser Gruppe hinsichtlich eventuell zu erwartender Abnutzung (Wearout-Effekt) durch die Studie von *Gelb & Zinkhan* (1985) Unterstützung. Es zeigen sich dort Verschleißerscheinungen. Auf der anderen Seite erhalten jedoch *Zhang & Zinkhan* (1991) wenig später bei komprimierter, fünfmaliger Präsentation eines Spots (innerhalb von 30 Minuten) gegenteilige Ergebnisse. Die Ursachen des Widerspruchs sind ungeklärt. Man kann zwar spekulieren, ob eher die Art des Humors oder des Produkts, Besonderheiten der Gestaltung und Versuchssituation oder sonstige, vielfältige und nicht näher spezifizierte Bedingungen dafür verantwortlich sind. Dessen ungeachtet bleibt die Diskrepanz der Ergebnisse bis zum Vorliegen neuerer Ergebnisse trotzdem weiterhin bestehen.

4.2.7.5 Erotische Werbung

Wesentlich umstrittener als die Werbung mit Humor ist die Verwendung mehr oder minder eindeutiger erotischer Stimuli bei der Gestaltung von Werbemaßnahmen. Die Diskussion entzündet sich dabei nicht nur an deren Effektivität, sondern in erster Linie auch an dem Konflikt mit individuellen Wertvorstellungen einzelner Individuen und Gruppen, vor allem weiblichen Geschlechts. Gelegentlich wird die Extremität der Standpunkte noch zusätzlich durch eine betont feministische Bewertung und Argumentation verschärft (vgl. *Stern*, 1991). Anlaß der Auseinandersetzungen ist hierbei nicht allein die Tatsache, daß bevorzugt weibliche Modelle in erotisch provozierenden Situationen abgebildet sind, sondern daß diese teilweise in die Realität verkennenden, frauendiskriminierenden Rollen dargestellt werden (*Mayer*, 1982, S. 1074; *Ferguson et al.*, 1990; *ZAW-service*, 1990, S. 30 f.; *Soley & Kurzbard*, 1986). Angesichts dieser Umstände ist es im Hinblick auf die nachfolgend zu berichtenden Ergebnisse nicht verwunderlich, wenn diese je nach *Geschlecht* der Versuchsperson sehr unterschiedlich ausfallen.

Zur Erzeugung erotischer Eindrücke bedient sich die Werbung eines reichhaltigen Repertoires verschiedener Teilkomponenten. Neben Abbildungen mit graduellen Unterschieden in der Unvollständigkeit der Bekleidung des betreffenden (männlichen oder weiblichen) Modells, verbunden mit entsprechend komplementärem Ausdrucksverhalten (Blick, Körperhaltung etc.) sowie entsprechenden Accessoires, die den erotischen Eindruck noch unterstreichen, werden mit diesem Ziel auch ein- oder zweideutige textliche Aussagen verwendet.

Hin und wieder begegnet man auch mehr oder minder offenkundigen Elementen der *Freudschen Sexualsymbolik* (vgl. *Ruth & Mosatche*, 1985, 1989; oder *Gable et al.*, 1987). Von seiten der Werbepraxis werden schon seit Jahren vor allem die visuell umsetzbaren erotischen Komponenten präferiert (vgl. *Soley & Kurzbard*, 1986), wobei sich der Level an Freizügigkeit im Lauf der letzten Jahre zusehends vergrößert hat. In den elektronischen Medien bieten sich im Rahmen der Gestaltung als weitere Reizkategorien zusätzlich noch entsprechende Laute und Musik an.

4.2.7.5.1 Allgemeine Effekte erotischer Werbung

Wie die Ergebnisse mehrerer empirischer Untersuchungen zeigen, ist mit dem Einsatz erotischer Stimuli eine **erhöhte Aufmerksamkeit** gegenüber der Werbemaßnahme vornehmlich bei männlichen Rezipienten verbunden, was gleichzeitig aber nicht heißt, daß auch der Botschaft dieses ausgeprägte Interesse entgegengebracht wird (*Alexander & Judd*, 1978, S. 47; *Steadman*, 1969; *Baker*, 1961; *Bello, Pitts & Etzel*, 1983).

Normalerweise ist bei intensiverer Zuwendung zu einer Werbemaßnahme auch eine verbesserte **Erinnerung** an die Botschaft zu erwarten. Dieser Vermutung widersprechen jedoch gerade sowohl die Ergebnisse von *Steadman* (1969) als auch die von *Alexander & Judd* (1978). Dort waren Anzeigen Gegenstand der Studien, wobei die verschiedenen Ausprägungen der Variablen *Erotik* mittels mehrerer Stufen der *Nacktheit* des betreffenden Modells operationalisiert wurden. Erstaunlicherweise lagen die meisten **Erinnerungen** an die Namen der Haushaltsprodukte in der neutralen Kontrollbedingung (*non-sex-illustration*) vor, während alle übrigen Bedingungen weit schlechtere Ergebnisse erzielten. Die Autoren nehmen an, daß die in unterschiedlichem Umfang unbekleideten Modelle so sehr die Aufmerksamkeit der Betrachter fesselten (*Distraktion*), daß das Produkt bestenfalls als Nebensache galt. Diese Beobachtung wird an späterer Stelle noch zu differenzieren sein.

Im Gegensatz dazu stehen allerdings die Ergebnisse von *Davis & Welsch* (1983), die nicht nur die Effekte weiblicher Modelle an männlichen Versuchspersonen untersuchen, sondern auch die umgekehrte Kombination berücksichtigen. Zur Kontrolle bestand das Stimulusmaterial einerseits aus einer sogenannten *pastoral scene* (Schwan auf einem See), und andererseits aus einem teilweise sowie einem völlig unbekleidetem Modell. Die Erfassung des Kriteriums **Erinnerung** erfolgte in zweierlei Ausprägung. Einmal sollten die Vpn Markennamen den entsprechenden Produkten zuordnen, im anderen Fall waren die Namen den verschiedenen Anzeigenvarianten (*aided recall*) zuzuordnen. Lediglich im letztgenannten Fall, und zwar nur bei den männlichen Probanden, sind signifikante Unterschiede zu finden. Mit zunehmender Nacktheit steigt bei dieser Gruppe die Erinnerungsleistung an, wobei zu vermuten ist, daß die Art des Produkts (*male oriented*) für dieses Ergebnis die Hauptursache darstellt.

Eine oft zitierte, aber bislang weder wiederholte noch variierte Studie von *Smith & Engel* aus dem Jahr 1968 belegt, daß erotische Werbung mittels eines attraktiven weiblichen Modells auch das **Image von Produkten** zu verändern vermag, indem eine Art **Imagetransfer** stattfindet. Nachdem in der Anzeige für einen PKW neben dem Fahrzeug, quasi *zur Dekoration*, noch zusätzlich ein attraktives weibliches Modell abgebildet wurde, ergaben sich deutliche Unterschiede zum Image des *nackten* Autos, das der Kontrollgruppe präsentiert wurde. Die Experimentalgruppe schätzte das Auto als *ansprechender, lebendiger, jugendlicher* und als *schöner im Design* ein. Außerdem wurde es als *teurer, schneller, mit mehr PS ausgerüstet*, aber auch als *weniger sicher* wahrgenommen. Interessanterweise galten diese Feststellungen sowohl für weibliche als auch männliche Betrachter.

4.2.7.5.2 Differentielle Effekte erotischer Werbung

Wenn *Heimann* (1976) bei ihren Experimenten mit inhaltlich unterschiedlich erotischem Material (erotische Texte, romantische Texte, romantisch erotische Texte) in einzelnen physiologischen Daten (Blutzufuhr, Druckpulsierung im Genitalbereich) eindeutige und ausschließliche Indikatoren für sexuelle Erregung sieht und am Ende im Hinblick auf (Pornographie und) die Werbung zu der Meinung gelangt, daß "... *diese Botschaft ... [gleichermaßen; Einfügung des*

Verfassers] sowohl auf Frauen als auch auf Männer [wirkt]" (Heimann, 1976, S. 57), so ist diese Aussage aus heutiger psychologischer Sicht nicht haltbar. Es bedarf einer genaueren Differenzierung.

Zunächst weisen die Ergebnisse *Bakers & Churchills* (1977) auf die plausible Tatsache hin, daß sich die jeweiligen Betrachter üblicherweise mehr von *gegengeschlechtlichen* Modellen angesprochen fühlen. Oder *Morris & Sherman* (1972) zeigen, daß bei männlichen und weiblichen Rezipienten unterschiedliche erotische Inhalte von Anzeigen wirksam sind. Und in der Studie von *Wise, King & Merenski* (1974) treten, je nach *Alter* und *Geschlecht* der Vpn, erheblich variierende **Einstellungen** gegenüber dieser Variante werblicher Kommunikation in Erscheinung. Sowohl *weibliche* als auch *ältere* Personen sind davon weniger begeistert, d.h. sie bringen ihr gegenüber eine deutlich konservativere Einstellung zum Ausdruck (vgl. auch *Rossi & Rossi*, 1985). Ferner fanden *Perry & Perry* (1973) mit zunehmend *höherer Schulbildung* eine *aufgeklärtere*, d.h. tolerantere Haltung gegenüber dieser Kommunikationsform vor. Auch die Bereitschaft, anläßlich des erotischen Gehalts, praktische Konsequenzen in Form des **Produktboykotts** folgen zu lassen, ist (international) bei weiblichen Personen im Vergleich zu Männern erheblich stärker ausgeprägt (*Lysonski & Pollay*, 1990).

Zur Erklärung dieser und anderer differentiellen Effekte schlagen *LaTour, Pitts & Snook-Luther* (1990) ein multi-dimensionales **Aktivierungs-Modell** vor, in welchem *Aktivierung als intervenierende Variable* aufgefaßt wird. Ein *erotischer Stimulus* kann sich hier in vierfacher Weise bemerkbar machen oder seinen Niederschlag finden; und zwar in Form einer *allgemeinen Aktivierung (Energie)*, oder in einer *Deaktivierung (Schlaf)* sowie in einer *hohen Aktivierung (Anspannung)* oder in einer *allgemeinen Deaktivierung (Ruhe)*.

Dieses Modell geht nun davon aus, daß aus der *Anspannung* eine *negative* kognitive Bewertung der Maßnahme resultiert, während eine *allgemeine Aktivierung* eine *positive* Bewertung zur Folge hat. Es werden vermittelnde (mediating) Effekte durch Ermüdung und Ruhe unterstellt, wobei die Richtung der Auswirkungen unbestimmt ist. Außerdem besteht eine direkte Verbindung zwischen dem erotischen Stimulus und der kognitiven Beurteilung der Eindrücke. Diese Linie veranschaulicht diejenigen Effekte der werblichen Kommunikation, die sich aus ihrem spezifischen Inhalt und Umfeld ableiten (*Abbildung 108*).

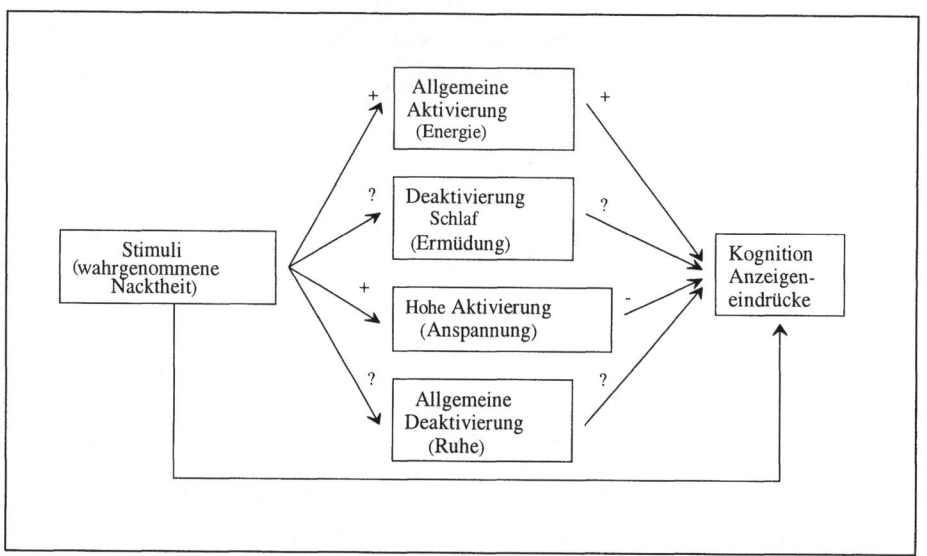

Abbildung 108: Aktivierung als intervenierende Variable der Werbekommunikation (Quelle: *LaTour, Pitts & Snook-Luther*, 1990, S. 56)

Im Rahmen ihrer Studie, in der sie mit einer Anzeige für Parfüm mit verschiedenen Stufen der Nacktheit eines weiblichen Modells experimentierten, stellten die Autoren mit Hilfe einer Pfad-Analyse fest, daß das *Geschlecht*, ungeachtet seiner sonstigen Wechselwirkungen, einen signifikanten Effekt auf die Art der Aktivierung und damit auf die Bewertung der Eindrücke von erotisch aufgemachten Anzeigen auslöste, wobei die männlichen im Unterschied zu den weiblichen Vpn im Fall des hohen Grads an Nacktheit des weiblichen Modells über eine geringere *Anspannung*, aber über eine ausgeprägtere *generelle Aktivierung*, weniger *Deaktivierung (Ermüdung)* und mehr *generelle Deaktivierung (Ruhe)* berichteten (Operationalisierung: Aktivierung-Deaktivierungs-Check List von *Thayer*, 1978). Im Fall des halb-bekleideten Zustands des Modells war beinahe das Gegenteil feststellbar, d.h. *generelle Aktivierung* und *generelle Deaktivierung* sanken, und die *Deaktivierung* nahm bei Männern stärker als bei Frauen zu. (*LaTour* et al., 1990, S. 57).

Einen anderen Aspekt greifen *Severn, Belch & Belch* (1990) auf und machen dabei zugleich die Unzulänglichkeit einfaktorieller sowie univariater Designs deutlich. Sie verbinden *erotische Stimuli* (unbekleidetes männliches und weibliches Modell) und das *Informationsniveau* (hoch = 7 Teilinhalte mit 60 Wörtern; niedrig = 3 Teilinhalte mit 14 Wörtern beschrieben) miteinander; wobei es sich bei dem Produkt um Sportschuhe handelt. Der Text war unter der Abbildung plaziert. Die abhängigen Variablen waren *Erinnerung an den Markennamen* und an die *Produktaussagen (copy-points), kognitive Reaktionen (Gedanken)*, die *Einstellung gegenüber der Anzeige* sowie die *Kaufabsicht*.

Unter dem Gesichtspunkt der Erinnerung an den Markennamen zeigte sich zunächst kein Unterschied zwischen den beiden Anzeigenversionen (erotisch vs. neutral). Wurde jedoch das Informationsniveau der Aussagen in der Kombination *hohes Informationsniveau/"erotischer Stimulus"* berücksichtigt, so fiel die **Erinnerung** an den *Markennamen* mit 82% besonders hoch aus. Demzufolge ist die Erinnerungsleistung an den Markennamen eher als eine Folge des Informationsniveaus und nicht des erotischen Inhalts der Anzeige anzusehen.

Anders verhält es sich bei der **Erinnerung** der *Produktaussagen (copy-points recall).* Hier tritt das schon bekannte Phänomen der Aufmerksamkeits-Distraktion wieder in Erscheinung, indem die Verwendung des erotischen Appeals zu einer Reduktion oder Beeinträchtigung der Erinnerungsleistungen insbesondere bei hohem Informationsniveau führt. Dies bedeutet, je höher die Ansprüche oder Anforderungen an den jeweiligen Aspekt des zu erinnernden Sachverhalts sind, desto stärker macht sich die durch den erotischen Stimulus ausgelöste Ablenkung bemerkbar. Ähnliche Störungen treten auch im Bereich der kognitiven Reaktionen auf, d.h. produktbezogene Gedanken sind im Fall von Anzeigen mit hohem Informationsniveau dann besonders spärlich, wenn diese den erotischen Stimulus enthalten. Dies wirkt sich auch auf die Gedanken aus, die sich die Vpn über die Gestaltung der jeweiligen Anzeige machen. Hier dominieren Überlegungen, die mit dem erotischen Stimulus in irgendeiner Weise in Verbindung stehen.

Angesichts dieser Beobachtungen ist es auch nicht verwunderlich, wenn die **Einstellung gegenüber der Anzeige** mit dem erotischen Stimulus weitaus positiver als im Fall der neutralen Anzeige ausfällt. Analoge Befunde sind auch für die Variable **Kaufabsicht** zu verzeichnen (vgl. *Severn, Belch & Belch*, 1990, S. 19 f.).

Zusammenfassend kann im Fall dieser Gestaltungskomponenten gesagt werden, daß hier Licht und Schatten eng beieinander liegen, wobei viele damit im Zusammenhang stehende Fragen sowohl theoretisch als auch empirisch noch ungeklärt sind. Eher unproblematisch ist der Einsatz erotischer Stimuli bei männlichen und jüngeren Zielgruppen und solchen mit höherer Schulbildung. Eher bedenklich kann es vor allem im Fall von weiblichen Modellen und weiblichen Zielpopulationen werden. Unabhängig davon dürfte in diesem Zusammenhang für die Beurteilung derartiger Maßnahmen auch aktuelle Entwicklungen des *Zeitgeists* (Wertewandel) eine wesentliche Rolle spielen. Nicht nur deshalb, sondern auch angesichts der doch noch wenigen bisher vorliegenden Studien dürften die Ergebnisse für den konkreten Fall zwar Hinweise und Anregungen zur Abschätzung potentieller Effekte bieten, aber noch keine absolut gesicherten Schlußfolgerungen erlauben. Vor allen Dingen, wenn man dabei differentielle Effekte und Aussagen im Auge hat, sind die bisherigen Ergebnisse bzw. Erkenntnisse doch erheblich überfordert.

4.2.7.6 Soziale Modelle

Die bereits früher im Zusammenhang mit den lernpsychologischen Grundlagen der Werbung angesprochene Form des Imitationslernens oder des **Lernens am Modell** bilden den *theoretischen* Ausgangspunkt für die Darstellung sogenannter **sozialer Modelle** in der Werbung. Von der Häufigkeit ihrer Verwendung her betrachtet, stellen sie *das zentrale bildliche Element* werblicher Kommunikation in nahezu allen Medien dar. *Kratzer & Silberer* (1976) fanden beispielsweise bei der inhaltsanalytischen Auswertung von 150 TV-Spots nur in 9% der Spots keine Modelle vor, bei Anzeigen waren es 45%. Diese Angaben wurden einige Jahre später von *Mayer* (1989) bestätigt, d.h. dort ergab die entsprechende Quote 44% bei einer Gesamtstichprobe von insgesamt 569 Anzeigen. Auch zum gegenwärtigen Zeitpunkt dürfte sich an diesen Relationen kaum etwas geändert haben. Wenn überhaupt, so ist eher mit einer weiteren Zunahme bei dieser Gestaltungskomponente zu rechnen.

Allerdings begegnet man hierbei nicht immer nur ein und derselben Art von Modellen, sondern sehr vielfältigen Varianten.

4.2.7.6.1 Varianten sozialer Modelle

Die in der Praxis vorkommenden Modell-Varianten lassen sich zunächst unter dem Aspekt des **Produktbezugs** voneinander unterscheiden. Ist *kein direkter Bezug zum Produkt* vorhanden, d.h. das betreffende Modell hat quasi die Funktion eines *Schmuckstücks*, so spricht man von einem **dekorativen Modell**. Ist jedoch der Produktbezug gegeben, da das Modell ein bestimmtes Produkt präsentiert und empfiehlt, so übernimmt es eine **Präsenter-Funktion**. Hierfür werden

- **Stars**,
- **Experten**,
- **Repräsentanten** des Unternehmens

oder

- typische **Konsumenten**

eingesetzt.

Unter diesen Varianten können sich auch Mischformen befinden; beispielsweise, wenn ein *Star* gleichzeitig die Eigenschaft eines *Experten* repräsentiert (ein Wimbledon-Sieger wirbt für eine bestimmte Tennisschläger-Marke; oder ein weltberühmter Dirigent oder Tenor empfiehlt eine bestimmte Hifi-Anlage). Daneben gibt es noch die Variante, bei der erwachsene *Angehörige der Zielpopulation* oder auch andere Modellversionen (z.B. Kinder; vgl. *Aufenanger*, 1993, S. 82 ff.) in einer **Konsumsituation** (Ge- und/oder Verbrauch) dargestellt werden. Die Produkt-Präsentation wird hier durch den individuellen und demonstrativen Gebrauch oder Verzehr ergänzt. Die Systematik der einzelnen Erscheinungsformen wird in *Abbildung 109* graphisch veranschaulicht.

Wie erfolgversprechend diese unterschiedlichen Formen von Personendarstellungen im Rahmen werblicher Kommunikationsmaßnahmen sind, und welche der Eigenschaften dieser Modellpersonen hierbei von besonderer Bedeutung sind, sollen die nun folgenden Ausführungen zeigen.

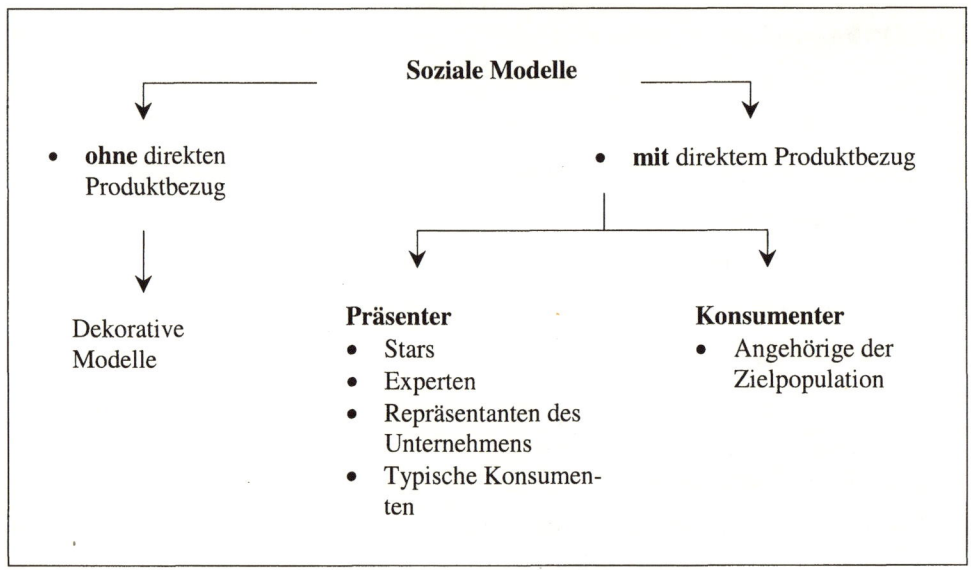

Abbildung 109: Varianten sozialer Modelle

4.2.7.6.2 Effekte sozialer Modelle

Trotz des fehlenden *direkten* Produktbezugs der **dekorativen Modelle** hat deren Verwendung dennoch Konsequenzen. Schon in einer sehr frühen Phase der Auseinandersetzung machen sich die ersten Effekte bemerkbar, denn auf diesem Weg wird für die Informationsaufnahme ein positives Klima bzw. eine *positive* **Einstellung gegenüber der Maßnahme** geschaffen. So stellten beispielsweise *Baker & Churchill* (1977) im Fall des Einsatzes eines attraktiven gegengeschlechtlichen Modells unter anderem fest, daß die präsentierten Anzeigen als *ansprechender, eindrucksvoller, attraktiver* und *aufmerksamkeitserregender* im Vergleich zur Kontrollbedingung (ohne Modell) empfunden wurden. (Vgl. Auto)

Diese die **Zuwendung** fördernde Wirkung bestätigen auch *Reid & Soley* (1981, 1983), soweit damit der sogenannte noted score (Anzeige gesehen) gemeint ist. Handelt es sich jedoch um den read most score (*Anzeige gelesen und mehr als die Hälfte des Textes gelesen*), so gilt diese Aussage nicht mehr, d.h. eine derartige Anzeige findet zwar mehr *oberflächliches* Interesse beim Publikum, regt aber nicht zu intensiverer Auseinandersetzung mit der Botschaft an.

Ähnliches berichteten auch schon *Chestnut, LaChance & Lubitz* (1977) als sie feststellten, daß die auf das Modell bezogenen Informationen im Vergleich zu produktbezogenen Angaben (Markenname) viel eher wiedererkannt wurden. Bei ausgeprägtem Produktinvolvement und informationshaltigen Aussagen ist allerdings anzunehmen, daß die Bereitschaft zu intensiverer Beschäftigung mit der Kommunikationsmaßnahme wieder steigt.

Mit Auswirkungen ist auch im Bereich von **Produktimages** zu rechnen; und zwar in der Art eines (eher partiellen) *Transfers* der vom Modell induzierten Eindrücke und Assoziationen (*Smith & Engel*, 1968). Allerdings ist noch unerforscht, welche Modellmerkmale mit welchen detaillierten kommunikativen Konsequenzen besonders leicht, und welche nur sehr schwer transferierbar sind.

Die oben erwähnte, sehr oberflächliche Zuwendung zum Botschaftsinhalt findet zwangsläufig in der *Qualität* der **Erinnerung** ihren Niederschlag, d.h. meist können sich die Rezipienten zwar noch an die Maßnahme, nicht jedoch an die beworbene Marke erinnern (*Chestnut, LaChance & Lubitz*, 1977).

Zu der Frage, in welchem Maß die **Kaufabsicht** oder der letztlich besonders relevante Aspekt des **Kaufverhaltens** von dem Einsatz dekorativer Modelle betroffen sind, lassen sich gegenwärtig nur in beschränktem Umfang Aussagen machen. Den bisher in sehr bescheidenem Umfang vorliegenden Befunden (*Baker & Churchill*, 1977) zufolge ist anzunehmen, daß sich die Effekte sowohl *produkt-* als auch *geschlechtsspezifisch* unterscheiden. Sie stellten zum Beispiel bei dem einen Produkt (Rasierwasser) im Fall eines gegengeschlechtlichen Modells einen signifikanten Effekt auf der Ebene der Kaufabsicht fest, während dieser im Fall von *Kaffee* ausblieb.

Aus der Gruppe der **Präsenter** erleben die **Stars** zum gegenwärtigen Zeitpunkt eine gut gehende Konjunktur. Von zahlreichen Unternehmen werden neben Sportlern oft Personen aus den verschiedensten Bereichen der Unterhaltungswelt (Schauspieler, Entertainer), der Raumfahrt oder der Kochkunst als Präsenter verwandt. Als gemeinsame Basis der potentiellen Wirksamkeit können neben der hohen *Bekanntheit* und meist auch *Beliebtheit* die ausgeprägte *Glaubwürdigkeit* angesehen werden. Je nach Produktart, d.h. ihrer Beziehung zur Attraktivität, können nach der sogenannten **Match-up-Hypothese** nicht nur die (physische) **Attraktivität**, sondern auch der Sachverstand (Expertise) des jeweiligen Stars von großer Bedeutung sein

(*Kahle & Homer*, 1985; *Kamins*, 1990, S. 11; *Ohanian*, 1991, S. 52, Tabelle 2). Vor allen Dingen scheint die Attraktivität auf Umwegen andere Modellcharakteristika, wie zum Beispiel die *Glaub-* und *Vertrauenswürdigkeit* des Stars zu beeinflussen (*Ohanian*, 1991, S. 47; *McCracken*, 1989, S. 320; *Kamins & Gupta*, 1994; *Lynch & Schuler*, 1994). Im Fall der Studie von *Kamins & Gupta* (1994) zeigen sich trotz des engen Zusammenhangs zwischen Attraktivität und Glaubwürdigkeit allerdings keine bedeutsamen Auswirkungen auf die Glaubwürdigkeit des Inserenten. Jedoch war ein deutlich positiver Effekt bei der *Einstellung zum Produkt* zu verzeichnen.

Effekte des Einsatzes von **Stars** machen sich schon in der allgemeinen Beurteilung oder Einstellung zur Kommunikationsmaßnahme bemerkbar. Derartige Werbung wird als *interessanter, stärker, auffälliger, effektiver* oder als *bedeutender* erlebt (*Atkin & Block*, 1983, S. 59 f.; *Freiden*, 1984, S. 40). Simultan können sich auch Effekte im Bereich der **Erinnerung** einstellen, und zwar sowohl in Bezug auf die *Anzeige* als auch an den *Markennamen* (*Friedman & Friedman*, 1979, S. 71), oder auf der Ebene des **Produktimages** (*Atkin & Block*, 1983; *Freiden*, 1984; *Kamins*, 1989) sowie der **Kaufabsicht** (*Kahle & Homer*, 1985; *Ohanian*, 1991, S. 52) auftreten. Der zuletzt genannte Effekt wird jedoch mit der Studie von *Caballero, Lumpkin & Madden* (1989) in Zweifel gezogen und darauf aufmerksam gemacht, daß er wahrscheinlich nur bei Produkten, die mit hohem Involvement und hohem finanziellen Risiko verbunden sind, zu erwarten ist.

Experten gehören zu jenem Personenkreis, der sich meist beruflich bedingt (oder aus anderen Gründen) durch außergewöhnliche Sach- und Fachkenntnis in dem jeweils zu bewerbenden Produktbereich auszeichnen (*Friedman & Friedman*, 1979, S. 63). Im konkreten Fall könnte z.B. ein Architekt die Verwendung bestimmter Baustoffe zur Wärmedämmung nahelegen, ein Rennfahrer für eine bestimmte Benzinmarke werben, oder ein Zahnarzt eine bestimmte Zahnpastamarke nicht *nur seiner Familie*, sondern der Allgemeinheit zur Vorbeugung gegen Karies empfehlen. Wesentlich ist dabei, daß seitens der Zielpersonen der Eindruck der *Objektivität* der Aussagen und Empfehlungen besteht, d.h. die Unabhängigkeit des Expertenurteils offenkundig ist. Diesen Eindruck vorbehaltlos zu erwecken, dürfte allerdings nicht immer einfach sein.

Aufgrund des besonderen *Status* des Experten ist seine Verwendung dann angezeigt, wenn die Zielpopulation nur wenig Einblick in die Funktionsweise eines komplexen Produkts besitzt, und dessen Anschaffung hohen finanziellen Aufwand erfordert oder mit erheblichen Risiken physischer oder sozialer Art verbunden ist.

Der Einsatz dieser Modell-Variante führt zunächst zu einer Erhöhung der **Glaubwürdigkeit** der Botschaft und zu einer positiveren **Produkteinstellung** im Vergleich zu den Alternativen Stars oder typische Konsumenten. Außerdem können durch sie im Bereich des **Produktimages** erhöhte *Preis-* und *Wertvorstellungen* sowie eine deutlich Anhebung der **Kaufintention** erzeugt werden (*Friedman & Friedman*, 1979). Welche Effekte mit dieser Art von Personendarstellungen ansonsten noch verbunden sind, ist zum gegenwärtigen Zeitpunkt noch ungeklärt.

Repräsentanten von Unternehmen begegnet man in der Praxis der Werbung nicht allzu oft. Diese Tatsache macht deshalb auch verständlich, daß sich nur sehr wenige Studien (*Rubin, Mager & Friedman*, 1982; *Freiden*, 1984) mit werbepsychologischen Auswirkungen befassen. Die erstgenannte Studie vergleicht die Effekte eines *Vorstands* mit denen eines unbekannten, aber *professionellen Sprechers*. Hierbei führte der Repräsentant des Unternehmens sowohl zu positiverer **Bewertung der Anzeige** als auch zu einer höheren **Glaubwürdigkeit der Aussagen**. In der zweiten Studie konnte sich der betreffende Vertreter des Unternehmens zwar keiner besonderen Akzeptanz erfreuen, aber im Vergleich zu der alternativ in Erwägung gezogenen Repräsentantin wurden ihm mehr *Sachkunde, Wissen* und *Erfahrung* zugeschrieben. Außerdem löste der männliche Vertreter des Unternehmens deutlich positivere Assoziationen im Bereich des **Produktimages**, speziell auf der *Qualitätsdimension* aus. Angesichts dieser doch sehr schmalen Basis an Erkenntnissen ist die Frage, ob und unter welchen Bedingungen man Repräsentanten des Unternehmens in der Praxis einsetzen sollte, kaum eindeutig zu beantworten. Auch hilft hier die Studie von *Caballero & Pride* (1984) trotz Verwendung des Kriteriums **Kauf** nicht weiter, da dort die Situation des Experten atypisch ist. Er bot in der Funktion des Vice President of Marketing Beziehern einer christlichen Zeitschrift religiöses Schrifttum an.

Stattdessen ist es sinnvoller, im konkreten Fall der Praxis einen Prätest der Entscheidung voranzustellen, um wenigstens für den individuellen Einzelfall eine gesicherte Grundlage und Rechtfertigung für das werbliche Vorgehen zu haben.

Typische Konsumenten zeichnen sich im allgemeinen nicht durch besondere Merkmale aus. Aus der Sicht des Betrachters müssen sie lediglich als zur Zielpopulation gehörig, im Sinne *"ein Mensch wie du und ich"*, aufgefaßt werden. Sie verfügen auch nur über die übliche Produkterfahrung und bleiben meist anonym. Insofern kommt es entscheidend auf die vom Beobachter wahrgenommenen oder dem Modell zugeschriebenen Eigenschaften an. Ein Großteil dieser werbepsychologisch relevanten Eigenschaften sind weitgehend mit jenen identisch, die auch für die Variante *Angehörige der Zielpopulation in Konsumsituationen* von Bedeutung sind. Deshalb soll auf diese erst im übernächsten Abschnitt detailliert eingegangen werden.

Sinnvoller erscheint statt dessen die Effektivität derartiger Modelle *im Vergleich* zu alternativen Präsentern (Stars, Experten, Repräsentanten von Unternehmen) zu beleuchten.

Folgt man Ergebnissen aus der Studie von *Friedman & Friedman* (1979), so ist die Präsentation von Produkten durch *typische Konsumenten* wohl dann angemessen, wenn es sich um *Güter des täglichen Bedarfs* handelt. Die Produkte sind meist zur Genüge bekannt und enthalten im allgemeinen überschaubare und kalkulierbare Risiken. Positive Effekte sind in diesem Fall hauptsächlich bei der **Produkteinstellung** sowie hinsichtlich der **Kaufabsicht** zu erwarten (vgl. *Friedman & Friedman*, 1979, S. 68; *Freiden*, 1984, S. 36).

Auf der anderen Seite haben sich in den Studien von *Mayer & Frey* (1988), unter Verwendung eines *eleganten*, eines *intellektuellen* sowie eines *sportlichen* Frauentyps, keine signifikanten Unterschiede zur Kontrollbedingung (nur Produktdarstellung) auf den Ebenen der **sozialen Akzeptanz** der in der Öffentlichkeit Bier trinkenden Frau und des **Markenimages** ergeben. Vermutlich lag die wesentliche Schwäche des Experiments in der Tatsache des einmaligen Kontakts mit den Anzeigen, der wohl für Veränderungsprozesse in diesem Bereich nicht ausreicht.

Mehr läßt sich anhand der bisher vorliegenden Experimente über die unter Umständen eintretenden Effekte nicht sagen. Eine Reihe von Hinweisen und Anhaltspunkten für die relevanten Modellmerkmale und deren voraussichtlichen Konsequenzen lassen sich allerdings aus sozialpsychologischen Untersuchungen gewinnen. Sie bedürfen jedoch noch genauerer empirischer Überprüfung im Anwendungsfeld der Werbung.

Während bei den zuvor beschriebenen Modellvarianten vornehmlich Prozesse der *Internalisation*, im Sinn der Übernahme und Befolgung von Empfehlungen, zur Veränderung des Erlebens und Verhaltens von Konsumenten im Vordergrund stehen, übernehmen nun im Fall der Variante **Angehörige der Zielpopulation in Konsumsituationen** vorwiegend *Identifikations-* und *Imitationsprozesse (Nachahmung)* diese Funktion. Ob in allen Situationen eine Identifikation mit dem Modell stattfindet, oder ob lediglich die demonstrierten Verhaltensweisen schlicht kopiert und nachgeahmt werden, ist nicht immer eindeutig zu diagnostizieren. Im Ergebnis macht dies jedoch keinen Unterschied.

Unter den differentiellen, *individuellen* und *sozialen* Merkmalen von Modellen gibt es eine Reihe von Variablen, die die Übernahme oder Praktizierung des demonstrierten Verhaltens begünstigen und hemmen können. Zunächst ist das *Geschlecht des Modells* als individuelle Teilkomponente zu erwähnen. Erinnert man sich in diesem Zusammenhang an die plausible Feststellung, daß *Ähnlichkeiten* zwischen Modell und Zielperson Imitationsverhalten fördern, so ist es naheliegend, sich bei der Auswahl des Modells an der Verteilung dieser Variablen in der Zielpopulation zu orientieren oder sich eventuell zu einer Paardarstellung zu entschließen. Analoges gilt auch für das *Alter*. Es sei denn, es handelt sich um jugendliche Gruppen, bei welchen oft eine Orientierung an *etwas* älteren Vorbildern stattfindet (vgl. auch *Macklin*, 1990). Ansonsten hat sich das Alter des Modells, auch bei Zielgruppen unterschiedlichen Alters, zumindest für den *Kauf* von Kaffee als nicht besonders beachtenswert oder relevant erwiesen (vgl. *Greco, Swayne & Johnson*, 1997, S. 27). Bei anderen Produkten ist jedoch nicht auszuschließen, daß sich die Verhältnisse etwas anders gestalten.

Nachdem sich die in den diversen Medien eingesetzten Modelle in der Regel nicht gerade durch Häßlichkeit, sondern eher durch besondere **Attraktivität** auszeichnen, stellt sich die Frage nach der Relevanz dieses Merkmals. Nach den Ergebnissen der Studie von *Baker & Churchill* (1977) ist zu vermuten, daß dieses Merkmal in einer Wechselbeziehung zur Produktart (Kosmetik vs. Kaffee) steht. Im Normalfall, d.h. wenn man von den kosmetischen Produkten einmal absieht, dürfte eine gepflegte, ansonsten jedoch eher durchschnittlich bis leicht überdurchschnittlich aussehende Person das geeignetere Modell darstellen. Angesichts der zu dieser Frage zu erwartenden großen Varianz der Urteile ist jedoch zu empfehlen, die jeweilige Ausprägung dieses Merkmals nicht am Schreibtisch, sondern anhand empirischer Ergebnisse festzulegen, wobei auch eventuelle Auswirkungen auf das Produktimage in die Überlegungen einzubeziehen sind.

Von den **sozialen Komponenten** des Modells und des Modellverhaltens ist nicht nur die bereits angesprochene *Ähnlichkeit* von Belang, sondern auch Variablen wie die *Beliebtheit* und der *Verhaltensstil* (im Sinn von freundlich, herzlich, verbindlich) nehmen Einfluß auf die Effekte. Ferner ist der *soziale Status* von besonderem Interesse, falls sozial relevante Produkte beworben werden; und zwar sowohl im Hinblick auf das Produktimage als auch auf die Nachahmung von Verhalten im Sinn des **demonstrativen Konsums**. Jedoch geht es auch hier nicht ganz ohne Einschränkungen. Insbesondere unter dem zentralen Aspekt der erlebten Ähnlichkeit zwischen Beobachter und Modell ergeben sich Grenzen. Dann nämlich, wenn die extreme Ausprägung der Statusvariablen dem Beobachter den Eindruck vermittelt, daß sich das Modell weit außerhalb seiner *realisierbaren Reichweite* befindet, ist mit einer Minderung der Nachahmungsbereitschaft zu rechnen.

Nahezu zwangsläufig stößt man in diesem Zusammenhang auch auf das Problem, ob es möglicherweise sinnvoll ist, statt eines einzigen Modells mehrere Modelle als Gruppe einzusetzen. Schon ältere Untersuchungen zum Modellernen (*Bandura & Menlove*, 1968; *Allen & Liebert*, 1969) stützen diese Idee, indem sich auf diesem Wege eine Art **additive Informationswirkung** entwickelt, die zu verstärktem Imitationsverhalten führen kann. Auf das Gebiet der Werbung übertragen, dürfte die Verwendung mehrerer Modellpersonen, die zudem eine breitere Palette der Zielgruppe repräsentieren, in erster Linie dann günstiger sein, wenn beim Produktgebrauch ohnehin soziale Situationen und geselliges Verhalten vorherrschen. Was die *Zahl der Modelle* angeht, so ist in Anlehnung an *Holzkamp* (1972, S. 1308) zu vermuten, daß sich gewisse Effekte im allgemeinen mit bis zu sechs Modellen noch verbessern lassen, wobei die Grenzzuwächse ab der Zahl drei immer niedriger werden.

Außer den aufgeführten individuellen und sozialen Eigenschaften des Modells sind noch *situative Bedingungen* oder Gegebenheiten zu berücksichtigen, die letztlich Nachahmungsverhalten erheblich mit beeinflussen. Ein wesentlicher Aspekt ist hierbei die *Verstärkung des Modellverhaltens,* was bedeutet, daß das Modell für das demonstrierte Verhalten in irgendeiner Form belohnt wird. Im allgemeinen handelt es sich dabei um sekundäre Verstärker wie *Geld, Geschenke, soziale Bewunderung, Anerkennung* oder sonstige Vorteile, die als Folge des ausgeführten Verhaltens anzusehen sind. Voraussetzung ist, daß diese Belohnung seitens des Beobachters nicht als massiver oder gar plumper Versuch der Manipulation verstanden wird. Liegen die letztgenannten Umstände vor, so sind gegenläufige Effekte, d.h. **Reaktanz** zu erwarten.

Nicht zuletzt nimmt auch die medienbedingte **Realitätsnähe der Präsentation** auf die Wahrscheinlichkeit einer Reproduktion des demonstrierten Verhaltens Einfluß. Je nach Form der Präsentation des Modellverhaltens (*verbal, schriftlich, per Film, Trickfiguren, real*) ist nach Ergebnissen mehrerer Studien (*Allen & Liebert*, 1969; *McMains et al.*, 1969; *Crusec & Skubiski*, 1970; *Bandura et al.*, 1963; *Klinger*, 1967; *Hill et al.*, 1968; *Koran et al.*, 1971) zu erwarten, daß sich die Chancen der Imitation verbessern oder verschlechtern. Eine möglichst realitätsnahe Präsentation bietet dabei die besten Voraussetzungen für die Übernahme des demonstrierten Verhaltens (vgl. dazu auch *Mayer & Bader*, 1979, S. 60 f.).

4.2.7.7 Furchtinduzierende Werbung

Nachdem der furchtinduzierenden Kommunikation, unabhängig von ihrer eventuellen Wirksamkeit, nicht nur aus prinzipiellen ethisch-moralischen Gründen, sondern vor allen Dingen auch von gesetzlicher Seite sehr enge Grenzen gesetzt sind (vgl. dazu *UWG*, § 1; *ZAW-edition,* 1989, S. 17 ff.; 1990, S. 43 ff.; 1992, S. 61), könnte man - wenn man dabei das *Social Marketing* außer Acht läßt - mit Blick auf ihre pragmatische Bedeutung für die kommerzielle Werbung eventuell auf eine Darstellung verzichten. Unter psychologischen Aspekten ist dieses Problemfeld jedoch nicht uninteressant, so daß es gerechtfertigt ist, wenigstens auf die wichtigsten Fragen dieses Gebiets kurz einzugehen (vgl. dazu auch *Mayer & Beiter-Rother*, 1980).

In der psychologischen Fachsprache wird zwischen den Begriffen **Angst** und **Furcht** unterschieden. Während *Angst* für den Betroffenen kein faßbares Objekt besitzt, sondern *frei flot-*

tiert, d.h. eine nicht greifbare Bedrohung des Selbst und der Existenz darstellt (*Irle*, 1975, S. 159; *Schneider*, 1990, S. 403 ff.), ist demgegenüber *Furcht* die Reaktion auf eine *spezifische*, bewußt wahrgenommene externe *Gefahr* bezogen, die von einem bestimmten Objekt ausgeht. Nachdem in der **Praxis** der Werbung (wenn überhaupt) fast ausnahmslos mit spezifischen Furchtobjekten (z.B. Furcht vor ... Unfall, Wasserglätte, Falten, Glatze, Krankheit, Aids, etc.) operiert wird, ist in diesem Zusammenhang Furcht der angemessenere Begriff. Die mit der Furcht oftmals verbundene Vermeidungsreaktion oder Fluchttendenz des Individuums *wäre* im Rahmen werblicher Kommunikation *nutzbar*, indem das jeweilige Produkt (Versicherung, Spezialreifen, Cremes, freiverkäufliche Präparate, Kondome) als vermeintliche oder in der Tat auch adäquate Lösung des Problems mit der potentiellen Konsequenz einer positiven Verstärkung angeboten und empfohlen wird. Daß damit mißbräuchlich auch Fehlverhalten (z.B. zu schnelles Fahren; vgl. dazu *ZAW-edition*, 1992, S. 62 f.) konditioniert werden kann, liegt auf der Hand.

Erste Versuche zur Bestimmung der optimalen **Intensität** von **Furchtreizen** wurden schon in der aus heutiger Sicht als *klassisch* zu bezeichnenden Studie von *Janis & Feshbach* (1953) unternommen. Ziel war, die Auswirkungen von drei Intensitätsstufen von Furchtappellen auf die *Einstellung zur Zahnpflege* zu erforschen und zu vergleichen. Die drei Ausprägungen der Furchtappelle wurden im Rahmen eines Bildvortrags mit identischer Grundinformation über Zahnverfall und gleichlautenden Ratschlägen zur Zahnpflege mittels mehr oder minder drastischer Darstellung (stark-mittel-gering) der Folgen mangelnder Zahnpflege operationalisiert. Mit Hilfe eines Fragebogens wurde der Einfluß des mehr oder weniger Besorgnis erregenden Materials auf die Änderung von Überzeugungen, Gewohnheiten und Einstellungen zur Zahnhygiene erfaßt.

In den **Ergebnissen** zeigt sich zunächst, daß der *stärkste* Furchtappell auch die größte Besorgnis über den Zustand der Zähne ausgelöst hat; der mittlere und schwächste Appell erzeugten entsprechend geringere Bedenken. Dieses Ergebnis entsprach somit den damals gehegten Erwartungen.
Überraschend sind jedoch die Feststellungen auf der Ebene der **Einstellungsänderung** (eine Woche nach Darbietung). Hier erweist sich die schwächste Ausprägung des Furchtappells als

die wirksamste; während die beiden übrigen Stufen der Variablen keine signifikanten Veränderungen zur Folge haben. Aus diesen Befunden schlossen damals die Autoren, daß starke Furchtappelle zwar für die Erzeugung **emotionaler Spannung** und für die **Erhöhung der Aufmerksamkeit** nützlich sein können, sollen jedoch anhaltende Einstellungs- und Verhaltensänderungen erzielt werden, so erscheinen mäßig ausgeprägte Appelle die aussichtsreicheren. In zahlreichen Anschlußexperimenten konnten diese Ergebnisse allerdings nicht bestätigt werden (vgl. z.B. *Insko, Arkhoff & Insko*, 1965).

McGuire (1968) gelangt angesichts dieses Sachverhalts zu der Meinung, daß eine nichtmonotone ∩-förmige Beziehung zwischen Furchtintensität und Einstellungsänderung besteht. Demzufolge müßten mittlere Niveaus die deutlichsten Änderungen bewirken. *Triandis* (1975, S. 284) erklärt sich diese Ergebnisse auf sehr ähnliche Weise. Er geht davon aus, daß Individuen bei einem geringen Furchtanteil nicht besonders an den Informationen interessiert sind und deshalb der Botschaft nur geringe Aufmerksamkeit schenken. Die Bereitschaft zur Aufnahme von Informationen wird aber bei ansteigendem Furchtniveau größer und führt damit zu einer größeren Beeinflußbarkeit. Bei sehr hohem Furchtniveau nimmt diese Bereitschaft aufgrund der *Abwehr der bedrohlichen Reize* wieder ab, Beeinflussung und die Änderung der Einstellung unterbleiben somit.

Ray & Wilkie (1970) versuchen die unterschiedlichen Ergebnisse zu entwirren, indem sie bei zunehmender Furchtintensität zwei unterschiedliche Arten von Effekten unterstellen, nämlich *fördernde* und *hemmende*. Die erste Variante führt mit zunehmender Furchtintensität zu einer Steigerung der Aufmerksamkeit gegenüber der Botschaft und den darin enthaltenen Handlungsvorschlägen. Die hemmenden Effekte werden hingegen darin gesehen, daß zunehmende Furcht verstärkt irrationales Verhalten provoziert, d.h. Vermeidungsverhalten, selektive Wahrnehmung oder Verzerrung der Intention der Botschaft stattfinden. Die Kombination beider Effekte ergeben die Resultante, d.h. eine Kurve, deren Maximum (für die Akzeptierung der Botschaft) bei *mittlerem* Furchtniveau liegt (*Abbildung 110*).

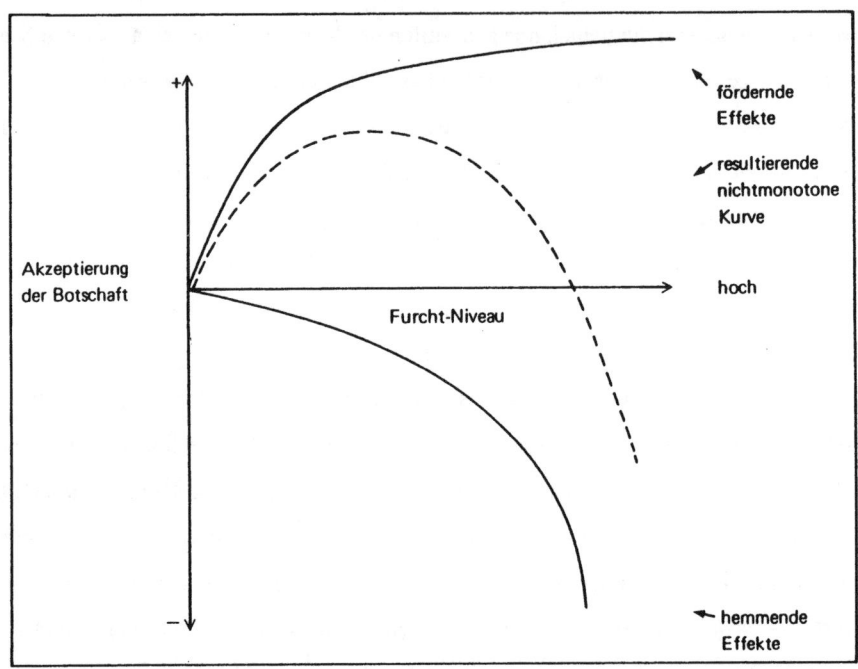

Abbildung 110: Resultante der fördernden und hemmenden Effekte von Furchtappellen zunehmenden Intensitätsgrads (Quelle: *Ray & Wilkie*, 1970, S. 56)

In der Zwischenzeit hat das als *Trieb-Reduktions-Ansatz* bezeichnete Modell durch das *Parallel-Prozeß-Modell Leventhals* (1970), das *Selbstbewältigungs-Modell* von *Bandura* (1977) sowie vor allem durch die von *Tanner, Day & Crask* (1989) in Anlehnung an *Rogers* (1975) konzipierte **Protection Motivation Theory** seine Fortsetzung und Weiterentwicklung erfahren. Der Einbezug *kognitiver Vermittlungsprozesse*, die Aspekte wie Ernsthaftigkeit und Eintrittswahrscheinlichkeit der Bedrohung, das individuelle Repertoire an Bewältigungsstrategien (coping) und deren praktische Beherrschung umfassen, macht die potentiell große Varianz im Erleben und Verhalten von Individuen im Fall der Konfrontation mit Furchtreizen verständlich (vgl. dazu *Tanner, Day & Crask*, 1989, S. 269). Das Resultat dieser Prozesse stellt die individuell erlebte Furcht-Intensität dar, die ihrerseits zu einer entsprechend ausgeprägten **Schutz-Motivation** (*protection motivation*) als *Zwischenstadium* führt, an die sich letztendlich das konkrete Bewältigungsverhalten (*Coping*: z.B. Änderung der Reizkonstellation, Einstellungsänderung, Informationssuche, und unter Umständen der Kauf eines bestimmten Produkts) anschließt.

Die **praktische Konsequenz**, die sich anhand dieses komplexen Prozesses mit seinen vielfältigen Dependenzen abzeichnet, ist - ungeachtet der einleitend geäußerten Bedenken - die unverzichtbare Notwendigkeit, vor einer eventuellen Verwendung derartiger Stimuli einen Prätest zur Bestimmung der Intensität des Furchtappells, der Protektions-Motivation sowie des in der Realität auftretenden Coping-Verhaltens vorzuschalten, um sich vor unliebsamen Überraschungen zu schützen.

Diesem Vorgehen entspricht im übrigen auch die Idee von *Quinn, Meenaghan & Brannick* (1992, S. 359), in diesem Zusammenhang eine *Segmentierung* der in Betracht kommenden Zielpopulation unter dem Aspekt der individuell erlebten Furchtintensität vorzunehmen, um die Botschaft gruppenadäquat gestalten zu können.

Auch aus der Studie von *Keller & Block* (1996) wird deutlich, daß neben der Furchtintensität auch die *Art der Verarbeitungsprozesse* (*problem elaboration* und *total message elaboration*) für das Ergebnis maßgeblich ist. Aufgrund ihrer Beobachtungen ist anzunehmen, daß Reize mit *hohem* Furchtpotential den Rezipienten dazu veranlassen, die Botschaft wegen der hohen Problem-Elaboration so gut es geht zu meiden und die Intensität der Auseinandersetzung zu reduzieren. Reize mit *niedrigem* Furchtniveau führen jedoch zu einem anderen Prozeß. Sie sind mit der Konsequenz einer sehr geringen Motivation zur Auseinandersetzung mit der Botschaft verbunden. Demzufolge müssen hier auf anderem Wege, d.h. mittels Self-Reference-oder Imagery-Prozesse Interventionen stattfinden, um das Niveau der Problem-Elaboration anzuheben und die entsprechenden Effekten zu ermöglichen.

Abschließend ist festzuhalten, daß zu dieser Thematik kaum detaillierte *werbepsychologische* Erkenntnisse vorliegen. Die bisher vorhandenen Ergebnisse entstammen vorwiegend sozialpsychologischen Studien, die nur partiell als *werbenah* anzusehen sind. Folgerungen für die werbliche Umsetzung sind aus dieser Sicht problematisch. Insgesamt gesehen steht fest, daß Furchtappelle wohl werbepsychologische Konsequenzen nach sich ziehen, wobei allerdings anzunehmen ist, daß eher solche *mittlerer Intensität* starken oder schwachen Appellen überlegen sein dürften.

4.2.7.8 Schuldinduzierende Werbung

Diese Form werblicher Kommunikation ist im Gegensatz zur furchtinduzierenden Kommunikation zwar gesetzlich nicht beschränkt, aber hinsichtlich ihres Vorkommens ähnlich selten. Sie wird in erster Linie in dem weiten Feld des **Social Marketing** eingesetzt, so zum Beispiel, wenn es um Aufrufe für Spenden zur Unterstützung in Not geratener Regionen (Hochwasser), Gruppen (Obdachlose, Flüchtlinge ...) oder Nationen (Welthungerhilfe) geht. Mittels *schuld-* und unter Umständen auch *schamerzeugender* Kommunikation soll an den Pfosten des moralischen Empfindens und Gewissens des Rezipienten gerüttelt (appelliert) werden, um das jeweils ins Auge gefaßte **Zielverhalten** (wie z.B. Spenden, Übernahme von Patenschaften, Vermeidung von Müll etc.) auszulösen.

Denkbar ist aber auch, daß auf diesem Wege versucht wird, bei der Zielpopulation *Veränderungen* des individuellen Verhaltens zu bewirken; z.B. auf dem Wege über eine Anti-Trink-Kampagne, in der auf die grobe Fahrlässigkeit abweichenden Verhaltens im Straßenverkehr und die damit verbundene Verantwortungslosigkeit sich und anderen Mitmenschen gegenüber aufmerksam gemacht wird. Jemand, der sich nicht an die empfohlenen Normen hält, soll sein Fehlverhalten diagnostizieren, sich *schuldig fühlen* und sich vor allen Dingen im Anschluß daran möglichst normkonform verhalten. Darüber hinaus könnte auch das Ziel sein, durch persönliche Kommunikation im sozialen Umfeld andere Individuen zur Einhaltung der wünschenswerten Norm zu veranlassen.

In Werbemaßnahmen trifft man schuldinduzierende Appelle bislang vor allem in Maßnahmen an, die den Bereichen *Finanzen, Gesundheit, soziale Verantwortung* und *Moral* zuzuordnen sind (vgl. *Burnett & Lunsford*, 1994). Gelegentlich tritt in Maßnahmen aber auch ein geradezu *therapeutisches Interesse* des Kommunikators in Erscheinung, dem Rezipienten das Gegenteil zu vermitteln; nämlich ein *Gefühl der Unschuld.* So z.B., wenn Übergewichtige hinsichtlich gesundheitlicher Gefahren beruhigt und unter Umständen dazu animiert oder verleitet werden, ohne Rücksicht auf ihr Körpergewicht Süßigkeiten (*Yates*, 1997) oder besonders kalorienhaltige Nahrungsmittel (*Mathews*, 1997) zu sich zu nehmen.

Bevorzugt werden schuldinduzierende Momente bei der Konzipierung von Werbemaßnahmen für Schlankheits-Produkte eingesetzt. Hier wird bei der Zielperson bezüglich ihrer Eßgewohnheiten ein *schlechtes Gewissen* erzeugt, und die Lösung des Problems in Form des präsentierten Produkts gesehen bzw. angeboten. Identische Mechanismen werden seitens der Werbung auch bei der Wäschepflege, in der Kinderbetreuung sowie noch in vielen anderen Lebensbereichen (Verhalten gegenüber der Umwelt) aktiviert, um das jeweils angestrebte Zielverhalten zu initiieren.

Ungeachtet der vielfältigen Spielarten und Verwendungsmöglichkeiten dieser Art von Appellen ergibt sich natürlich die kritische Frage, welche werbepsychologischen Konsequenzen sind mit ihrem Einsatz verbunden?

Nachdem diese Thematik, gemessen am Gesamtgebiet der Werbung, eher eine Randposition einnimmt, ist es nicht verwunderlich, daß zu dieser Problemstellung bislang nur vereinzelt Studien und empirische Befunde vorliegen. So stellen *Bizinoff & Ghingold* (1983) zwar fest, daß die von ihnen präsentierten Vorlagen des Werbematerials zwar mehr oder minder auch als schuldinduzierend empfunden wurden, im Hinblick auf die Veränderung von *Einstellungs-* und *Verhaltensänderungen* jedoch *ineffektiv* waren.

Coulter & Pinto (1995) machten Erfahrungen, wie sie auch im Bereich der furchtinduzierenden Kommunikation in analoger Form bereits früher aufgetreten sind. Bei *niedriger, mittlerer* und *hoher* Ausprägung der unabhängigen Variablen (schulderzeugender Stimulus) erbrachte *nicht* die höchste, sondern die *mittlere* Stufe des Faktors die deutlichsten Effekte; d.h. es scheint auch hier eine ∩-Funktion zwischen Reizintensität und Effekt zu bestehen. Dieser Feststellung widersprechen wiederum Ergebnisse von *Bennett* (1998, S. 494), wo die Vorlagen mit der höchsten Reizintensität zu den positiveren Werten bei den konativen Items (Spenden, Informationssuche, Hilfe, Selbstverpflichtung [nicht zu trinken], Meidung ungesunder Nahrung) führten. Hierbei ist allerdings zu berücksichtigen, daß zwischen diesen Studien in mehrfacher Hinsicht (nicht-kommerzielle Werbung, Operationalisierung der unabhängigen und abhängigen Variablen, Zielpersonen, etc.) größere Unterschiede bestehen, die die Diskrepanz in den Ergebnissen verständlich und die Notwendigkeit weiterer Untersuchungen offenkundig werden lassen.

Für die **Werbepraxis** führen diese Ergebnisse zu der Konsequenz, daß die Intensitätsstufe des schuldinduzierenden Materials nicht per Augenschein festgelegt werden sollte, sondern das *optimale Niveau* der Intensität des schuldinduzierenden Reizes ist jeweils zielgruppenspezifisch zu definieren, bzw. im Rahmen einer Voruntersuchung auszutesten, um die besten Aussichten für eine möglichst effiziente Gestaltung der Maßnahme zu gewährleisten.

5. Empfängerabhängige Bedingungen werblicher Kommunikation

Individuelle Eigenschaften des Kommunikationsinhalts, die Art und Weise der Gestaltung der Botschaft unter *formalen* und *inhaltlichen* Gesichtspunkten, die spezifische Eigenart des jeweiligen Mediums sowie die situativen Bedingungen während der Begegnung mit der Botschaft sind zwar relevante Faktoren, die den Werbewirkungsprozeß und dessen Konsequen-zen maßgeblich beeinflussen, aber sie sind nicht die alleinigen Parameter, die über Erfolg und Mißerfolg von Maßnahmen entscheiden. Daneben ist ein oft vernachlässigtes, jedoch breites Spektrum von Variablen zu berücksichtigen, dessen Relevanz gerade in den vorangegangenen Abschnitten unter den differentiellen Aspekten der jeweiligen Thematik immer wieder in Erscheinung trat: Die **Person des Empfängers** der Botschaft mit ihren in vieler Hinsicht differenzierbaren Merkmalen.

Zur Systematisierung dieser Variablenkategorien bietet sich die von Specht (1979, S. 29) vorgenommene Unterscheidung in individuelle *Zustands-* und *Verhaltensmerkmale* an. Die Struktur dieses Systematisierungsansatzes, der keine lückenlose Liste, sondern nur exemplarische Beispiele für die diversen Kategorien enthält, soll mittels *Abbildung 110* verdeutlicht werden.

Um Variablen der erstgenannten Kategorie handelt es sich beispielsweise im Fall demographischer oder sozioökonomischer Merkmale. Zur zweiten Kategorie zählen in erster Linie generelle und situationsspezifische Verhaltensweisen, die in den Verlauf des Werbewirkungsprozesses eingreifen. Sie können den Verlauf des Aufnahme- und Verarbeitungsprozesses von Botschaften mitgestalten, um nicht zu sagen bestimmen. Auf diesem Hintergrund manifestiert sich Verhalten, entscheidet sich, *welche* Information wie wahrgenommen und verarbeitet wird.

Die Spannweite des Problemfelds mit seinem vielfältigen Beziehungsgefüge und seinen zahlreichen potentiellen Interaktionen mit anderen am Werbewirkungsprozeß beteiligten Komponenten wird anhand *Abbildung 111* veranschaulicht.

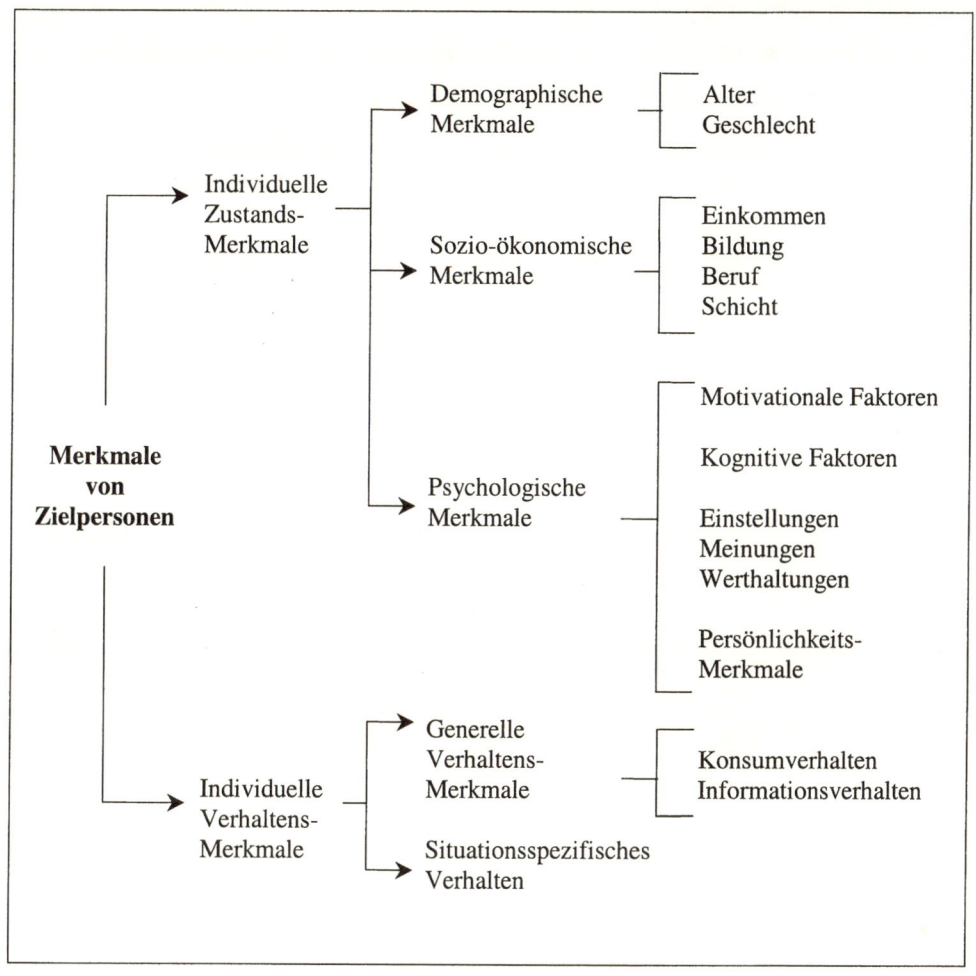

Abbildung 111: Zustands- und Verhaltensmerkmale von Zielpersonen

Von den vielfach denkbaren Fragestellungen sind bisher allerdings die wenigsten Segmente theoretisch und/oder empirisch ausreichend untersucht. Beim derzeitigen Stand der Forschung lassen sich noch am ehesten Aussagen über die differentiellen Effekte von demographischen, sozioökonomischen, kognitiven und Persönlichkeitsmerkmalen sowie über die Wirkung von Einstellungen und des Involvements im Hinblick auf das Ergebnis von Werbewirkungsprozessen machen. Sie werden deshalb bei den folgenden Ausführungen im Vordergrund stehen.

Um sich eine Vorstellung von der Komplexität der potentiellen Fragestellungen zu machen, werden in der *Abbildung 112* die wichtigsten Variablen ausschnittsweise berücksichtigt.

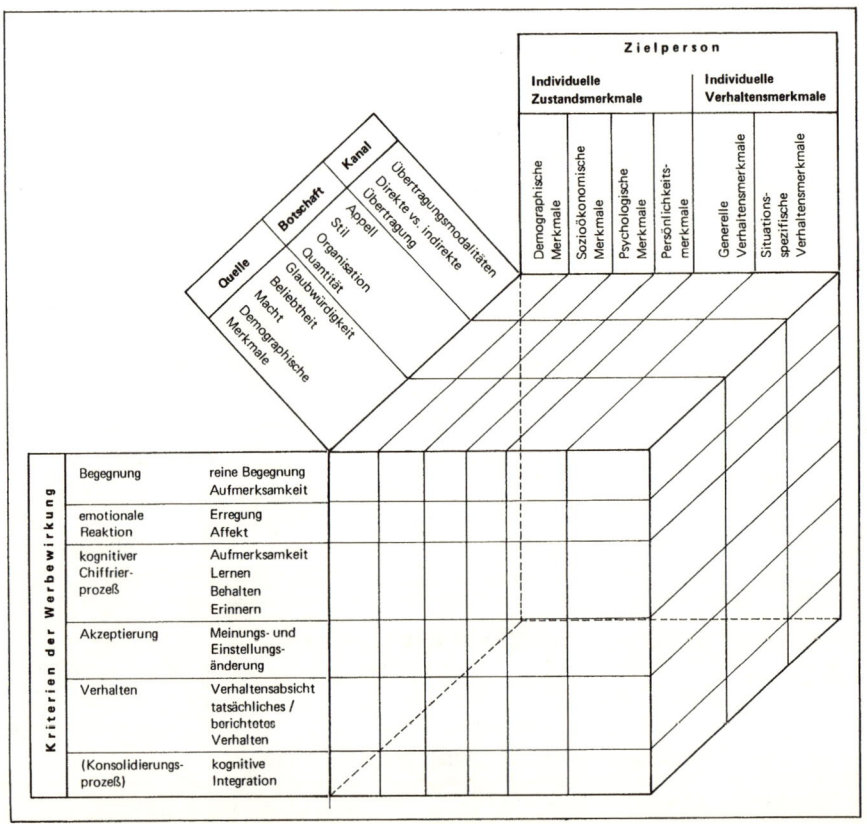

Abbildung 112: Potentielle Wechselwirkung mit Merkmalen von Zielpersonen

5.1 Effekte sozio-demographischer und sozio-ökonomischer Variablen

5.1.1 Geschlecht

Das *Geschlecht* der Adressaten kann im Rahmen werblicher Kommunikation quasi als **Moderator** eine wesentliche Rolle spielen. Dies dokumentieren die vorangegangenen Ausführungen zu den Themengebieten *erotische Werbung* oder *soziale Modelle* besonders eindrucksvoll, so daß sich eine weitere Vertiefung dieses Problems erübrigt (vgl. dazu auch *Schaninger & Sciglimpaglia*, 1981). Dies heißt jedoch nicht, daß auch bei psychologisch weniger brisanten Gestaltungselementen immer mit spezifischen Effekten zu rechnen ist. Hinweise darauf lassen sich unter Umständen in der *Sozialpsychologie* finden. Im Einzelfall empfiehlt es sich jedoch, hierfür eine empirische Überprüfung des Sachverhalts vorzusehen.

Zwar nicht gerade überzeugende, aber doch gewisse Unterschiede zeigen sich im Bereich des **Medienverhaltens**. Obwohl man eigentlich erwarten könnte, daß Frauen und Männer sich in vielen Bereichen der Mediennutzung (Hörfunk, TV und Internet) bzw. des Medienverhaltens eher unterscheiden als gleichen, muß man diese Vorstellung angesichts der Befunde der von *Eimeren v. & Oehmichen* (1999, S. 200) berichteten Ergebnissen etwas korrigieren. So bestehen einerseits zwar größere Gemeinsamkeiten in den *Präferenzen gegenüber dem Programmangebot* der Sender, andererseits aber ergeben sich hinsichtlich des Umfangs und der zeitlichen Verteilung der Nutzung doch einige Unterschiede. Frauen übernehmen hier die Vorrangposition ein. Hierbei liegt allerdings der Verdacht nahe, daß diese Beobachtungen zu einem Großteil eher die unterschiedlichen Lebensumstände als die unmittelbare Folge der Variablen *Geschlecht* widerspiegeln.

Sport, *Wissenschaft* und *Technik* bilden noch wie eh und je die Domänen der Männer. Umgekehrt werden die Themen *Kultur* und *Bildung*, neben den „... *Formen personalisierter und parasozialer Kommunikationsangebote* ...“ (*Eimeren & Oehmichen*, 1999, S. 201) von Frauen bevorzugt.

Gravierendere Unterschiede existieren im Bereich der Nutzung des *Internets*. Hier befinden sich die Frauen eher im Hintergrund; sei es wegen der angeborenen und/oder auch erworbenen Distanz zur Technik; sei es angesichts des für diese Gruppe weniger attraktiven inhaltlichen Angebots oder auch aus sonstigen Gründen (vgl. *Eimeren & Oehmichen*, 1999, S. 201).

Auch auf die vor Jahren vielfach diskutierte Frage der geschlechtsspezifischen **Beeinflußbarkeit** (*Eagly*, 1978) soll hier nicht besonders vertieft werden, da in aktuelleren Studien der *Trend der Insignifikanz* der Ergebnisse immer prägnanter zu Tage tritt, was darauf hindeutet, daß es sich eher um ein Artefakt handelt. Erklärbar ist dieses Phänomen zum einen mit der zunehmen-den Differenzierung des experimentellen Vorgehens, zum anderen aber auch mit der

Annahme einer allmählichen **Konvergenz der Geschlechterrollen** im Lauf der Zeit (vgl. auch *Mayer & Reitmeier*, 1981, S. 203 ff.).

In engem Zusammenhang steht damit jedoch ein anderes Problem, das seit geraumer Zeit zusehends das Interesse der Forschung auf sich zieht, nämlich die Frage der differentiellen **Informations-Verarbeitungs-Strategien** weiblicher und männlicher Individuen. Vor allem in den Studien von *Meyers-Levy & Maheswaran* (1991) sowie *Meyers-Levy & Sternthal* (1991) wurde festgestellt, daß zwischen weiblichen und männlichen Rezipienten Unterschiede im Engagement und in der Detailliertheit der Informationsverarbeitung (*elaboration*) bestehen können.

Weibliche Personen neigen verstärkt dazu, sich mit dem jeweiligen Inhalt der Botschaft *intensiver* auseinanderzusetzen (*Gilligan*, 1982), mit der Folge einer größeren Sensibilität für die diversen Einzelinhalte der Botschaft (*Meyers-Levy & Sternthal*, 1991).

Demgegenüber scheinen für *männliche* Rezipienten weniger die Details die zentrale Rolle zu spielen, sondern vor allem die generelle Linie der Gesamtbotschaft im Vordergrund zu stehen. Aus diesem Grund stellen sie unter anderem im Fall des Wiedererkennens Assoziationen zu dem relevanten Schema der gesamten Botschaft her und geben vornehmlich Antworten, die mit den Implikationen des betreffenden Schemas konsistent sind (*Meyers-Levy & Maheswaran*, 1991, S. 68).

Die schlichte Differenzierung nach Geschlechtern kann für die Detailplanung einer Kommunikationsstrategie zwar sinnvoll und notwendig sein, für sich allein gesehen ist sie jedoch unzulänglich. Im Einzelfall sind weitere Differenzierungen innerhalb der Klassen nach Variablen erforderlich, die mit dem Geschlecht konfundiert sind. Auf diese Notwendigkeit weisen sowohl die Ergebnisse von *Jaffe & Berger* (1988) als auch von *Barry, Gilly & Doran* (1985) hin. Je nach *Geschlechtsrollen-Identität* (*maskulin* versus *feminin*) bestehen unterschiedliche **Präferenzen** für verschiedene Produktpositionierungen (modern versus traditionell), die zudem je nach Produktkategorie noch variieren. Die Auswirkungen dieser Merkmale sind bislang allerdings nur ein Mal für den Indikator **Kaufbereitschaft** erforscht (*Jaffe & Berger*, 1988).

In dieselbe Richtung weisen auch Befunde von *Gould* (1987), der bei jüngeren Frauen (bis 29 Jahre), die im Vergleich zu den männlichen Probanden ein relativ hohes Maß an *öffentlichem Selbstbewußtsein* und *sozialer Angst* besaßen, eine besonders detaillierte **Erinnerung** an TV-Spots beobachtete.

Entsprechende Ergebnisse liegen auch in der Studie von *Barry, Gilly & Doran* (1985) vor, die Frauen nach ihrer *Karriereorientierung* (hoch-mittel-niedrig) klassifizierten und dabei je nach Ausprägung dieses Merkmals und dem Erscheinungsbild einer (fiktiven) Frauenzeitschrift sehr unterschiedliche Einschätzungen und Präferenzen (im Sinn von *ansprechend, reflektiert die Interessen,* und der *Kaufabsicht*) feststellten.

5.1.2 Alter

Für die Relevanz des *Alters* von Rezipienten im Zusammenhang mit der Gestaltung von Werbemaßnahmen und die dadurch initiierten Werbewirkungsprozesse gibt es aus verschiedenen Richtungen Hinweise. Anfang der 70er Jahre galt das Interesse der Erforschung der Wirkung werblicher Kommunikation auf Kinder und Jugendliche. Im Vordergrund stand dabei die Aufdeckung von Gefahren, denen diese Gruppe unter Umständen ausgesetzt sein könnte (*Adler*, 1977; *Rossiter*, 1979).

Ferner ging es um altersspezifisches **Verständnis** und **Erinnern** von Werbebotschaften (*Ward, Levinson & Wackman*, 1971; *Ward*, 1971; 1972) sowie um **Einstellungen gegenüber der Werbung** und altersabhängiges **Medienverhalten** (*Rossiter & Robertson*, 1976; vgl. dazu auch *Mayer & Reitmeier*, 1981, S. 207 ff.). Beispielsweise betrug die Sehdauer im Jahr 1997 bei Jugendlichen im Alter von 14 bis 19 Jahren insgesamt 112 Minuten pro Tag, während sie bei den Erwachsenen (ab 14) bei 195 Minuten lag (*Media-Perspektiven*, 1997, S. 593).
Eine andere Perspektive wählte *Stephens* (1982), indem sie in ihrer Untersuchung sowohl für die Normal- als auch verkürzte Version von TV-Spots feststellte, daß sich die **Erinnerung** hinsichtlich diverser Teilaspekte (an Spots, Produkte, Marken, Argumente) mit zunehmendem Alter (20-29, 38-52, 59-75) kontinuierlich verringerte. Ob dieses Ergebnis jedoch ausschließlich als Folge der in Erwägung gezogenen altersbedingten Beeinträchtigung der *Fähigkeit zur Informationsverarbeitung* anzusehen ist, erscheint fraglich. Diese Interpretation klingt auf den ersten Blick zwar plausibel, aber nicht sehr überzeugend. Die niedrigeren Erinnerungswerte könnten nämlich auch die Konsequenz der (zeitlich) wesentlich intensiveren Mediennutzung, des abweichenden verfügbaren Einkommens oder sonstiger kovariierender, aber nicht eigens

kontrollierten Variablen sein (vgl. *Stephens*, 1982, S. 49, Tabelle 1; *Roedder John & Cole*, 1986).

Diese Überlegungen werden vor allem durch die anschließende Studie von *Mertz & Stephens* (1986) gestützt, in der sich zeigte, daß sich ältere Konsumenten (> 64 Jahre) von jüngeren durch eine Reihe von Besonderheiten abhoben. Sie hatten nicht nur einen anderen *Einkaufsstil*, eine andere *Bedürfnisstruktur* und andere *Kaufgewohnheiten* im Vergleich zu den jüngeren Konsumenten, sondern diese Eigenschaften variierten auch *innerhalb* dieser Gruppe in erheblichem Umfang. Diese Tatsachen bergen somit noch genügend Spielraum für alternative Möglichkeiten der Interpretation der oben erwähnten Ergebnisse in sich.

Weitere Erklärungen bieten sich mit den Ergebnissen *Burnetts* (1991) an, der zudem die Gruppe der älteren Konsumenten als ein (international) zunehmend an Bedeutung gewinnendes Marktsegment hervorhebt, und insbesondere die wohlhabendere männliche Teilpopulation als besonders eifrige und *gründliche Leser* von Tageszeitungen und Zeitschriften (Medienverhalten) mit allerdings ziemlich *negativer Einstellung gegenüber der Werbung* charakterisiert (*Burnett*, 1991, S. 38 f.).

5.1.3 Einkommen

Während die Wirkung sozioökonomischer Variablen, vor allem des verfügbaren **Einkommens**, in marktpsychologischen Studien zur *Struktur von Präferenzen* zwangsläufig große Aufmerksamkeit findet, wird diesen Einflußgrößen in werbepsychologischen Untersuchungen nur in Ausnahmefällen (Luxusgüter) Beachtung geschenkt, obwohl man sich deren Bedeutung bewußt ist. Hauptsächlich *Ziff* (1974) wies schon früh auf die Notwendigkeit ihrer Berücksichtigung hin. Ausdrücklich, letztlich aber nur ansatzweise, wurde diese Komponente bei der Orientierung der Gestaltung werblicher Maßnahmen an Ergebnissen der *Lebensstil-forschung* berücksichtigt (vgl. *Banning*, 1987).

Ausgeprägte, jedoch *negative* Zusammenhänge wurden im Hinblick auf die **Mediennutzung** beobachtet, d.h. Haushalte oder Personenkreise, die über ein geringes Einkommen verfügen, sind vergleichsweise intensive TV-Zuschauer (*AGMA*, 1980, S. 175 f.). Auf der anderen Seite sind für den *Hörfunk* keine einkommensspezifischen Unterschiede zu verzeichnen. Nicht zu übersehen ist dabei der Zusammenhang mit anderen soziodemographischen Parametern, wie dem Bildungsniveau oder der Schichtzugehörigkeit, die sich als Konglomerat diverser Einzelvariablen darstellen. Eine enge Korrelation mit diesem komplexen Merkmal ergibt sich zum Beispiel für die **Informationssuche**. In höheren sozialen Schichten ist diese intensiver ausgeprägt, wobei produktspezifische Unterschiede bestehen (*Claxton, Fry & Portis*, 1974; *Thorelli, Becker & Engledow*, 1975).

Zu Fragen der *schichtspezifischen* Werbewirkung liegen, von einer Ausnahme abgesehen (*Rohe*, 1970), kaum Informationen vor. Als wichtigstes Ergebnis zeigte sich dort, daß z.B. sowohl die **Attraktivität von Anzeigen** als auch der durch sie induzierte **Kaufanreiz** von Angehörigen unterschiedlicher sozialer Schichten sehr konträr eingeschätzt werden, wobei die Art des Produkts und die spezifische Gestaltung noch als weitere Quellen der Urteilsvarianz in Erscheinung treten. Ein überraschendes und zugleich interessantes Nebenergebnis ist außerdem, daß sich bei den meisten Anzeigen die Wirkungsrichtung nicht mit der vom Werbungtreibenden erwarteten deckte. Von Anzeigen für exklusive Produkte fühlten sich besonders Angehörige unterer sozialer Schichten angesprochen, während die obere soziale Schicht Anzeigen für Produkte präferierte, die von ihrer Positionierung her gesehen eigentlich eher den unteren sozialen Schichten zuzuordnen waren.

5.2 Effekte psychologischer Variablen

5.2.1 Motivationale Variablen

Aus der Gruppe der **psychologischen Variablen** der Botschaftsempfänger sind zunächst die *Motive, Bedürfnisse, Interessen* und das *Involvement* als intervenierende Variablen zu erwähnen, die je nach Ausprägung Erleben und Verhalten des (potentiellen) Konsumenten in eine bestimmte Richtung zu lenken vermögen. Es handelt sich hierbei um aktivierende und steuernde Komponenten, die Handlungen mit Energie versorgen und ihnen die Ausrichtung auf ein bestimmtes Ziel vermitteln.

So gilt das individuelle *Produktinteresse* als ein wesentlicher Faktor, der die Selektionsprozesse der Wahrnehmung, deren Interpretation und Bewertung maßgeblich beeinflußt (vgl. *March & Swinbourne*, 1974, S. 21). *Barnes & Dotson* (1989, S. 383) weisen in ähnlichem Zusammenhang auch auf die Relevanz der *kognitiven Struktur* des Individuums vor der Begegnung mit der Werbemaßnahme hin, die das Verhalten gegenüber dem TV-Spot und im Anschluß daran gegenüber dem Produkt mitbestimmt.

Oder *Kapferer & Laurent* (1985), die ihren Überlegungen die Definition *Rothschilds* (1984) zugrunde legen und **Involvement** als „*... nicht beobachtbaren Motivationszustand, Aktivierung oder Interesse ...*" auffassen, das „*... durch einen speziellen Stimulus oder eine spezifische Situation evoziert werden kann und dabei Triebcharakter aufweist ...*", sehen die Konsequenzen im **Suchverhalten**, der **Informationsverarbeitung** und im **Entscheidungsverhalten** (S. 49). Das Involvement selbst entwickelt sich auf der Basis der fünf Antezedenzien: *Interesse, wahrgenommenes Risiko* mit den Teilkomponenten *Relevanz* und *Wahrscheinlichkeit*, dem *Belohnungswert* des Produkts (i.S. von Gefallen [pleasure value]), dem *Signalwert* der Produktwahl, i.S. der Eignung des Produkts, den eigenen *sozialen Status*, die individuelle *Persönlichkeit* oder Identität zum Ausdruck zu bringen. Diese Variablen sind sowohl isoliert als auch kombiniert wirksam und lassen eine bestimmte *Ausprägung* des Involvements entstehen.

In den Ergebnissen dieser Studie zeigte sich einmal, daß das Involvement je nach Produktkategorie in unterschiedlichem Maß vorhanden ist und, daß die einzelnen Facetten für die verschiedenen Produkte sehr unterschiedliche Relevanz besitzen (S. 51, Tabelle 2). Zum zweiten wird im Hinblick auf den hier interessierenden Zusammenhang deutlich, daß das Involvement auf der Ebene des Produktinteresses, für das **Lesen von Beiträgen** über die Produktkategorie, das **Marken-Commitment** sowie die **Extensität** von **Entscheidungsprozessen** mit verantwortlich ist.

Dieser Sachverhalt gibt zu der Frage Anlaß, ob nicht noch andere empfängerabhängige *kognitive Faktoren* im Rahmen werblicher Kommunikationsprozesse von Bedeutung sind. Positive Hinweise findet man hierfür bei *Rossiter & Percy* (1978), die die Beziehung zwischen der *Fähigkeit zur visuellen Vorstellung* (*visual imagery*) und der Wirkung werblicher Kommunikation untersuchen. Unter diesem Merkmal wird die Fähigkeit verstanden, in Bildern zu denken. Nachdem anzunehmen ist, daß diese Eigenschaft in einer Population zumindest annähernd

normalverteilt ist, bestehen folglich zwischen verschiedenen Individuen mehr oder minder große Differenzen in der Ausprägung dieser kognitiven Leistung.

In den Ergebnissen zeigt sich, daß Anzeigen, die dieser Fähigkeit im Rahmen der Gestaltung
durch die vorwiegende Verwendung visueller Reize besonders entgegenkommen, bei Individu-
en mit hoher Ausprägung dieses Merkmals zu einem positiveren **Image** für das beworbene
Produkt (Bier) führen, d.h. unter den genannten Voraussetzungen erreicht die Maßnahme am
ehesten ihr Ziel. Der Verdacht, daß dieses Ergebnis eventuell die Folge der damit gepaarten
Intelligenz ist, kann ausgeschlossen werden, da diese Variable aus diesem Grund eigens einer
entsprechenden Kontrolle unterzogen wurde.

Ganz abgesehen davon sind die Ergebnisse der Studien zur Beziehung zwischen *Intelligenz*
und der Wirkung beeinflussender Kommunikation sehr widersprüchlich (*Eagly & Warren*,
1976, S. 226). Die Ergebnisse decken nahezu die gesamte Bandbreite theoretisch denkbarer
Korrelationen ab. Diese Inkonsistenz wird erklärbar, wenn man dabei zwischen **Verständnis**
und **Akzeptanz der Botschaft** differenziert, die mit zwei gegenläufigen Wirkungsprozessen
verbunden sind (vgl. dazu auch *McGuire*, 1969, S. 246 f.).

Einerseits ist davon auszugehen, daß intelligentere Individuen eher in der Lage sind, komplexe
und komplizierte persuasive Informationen zu verstehen. Im Fall der Akzeptanz sind sie deshalb leichter beeinflußbar. Nachdem das Verständnis von Werbebotschaften in der Regel jedoch an die intellektuellen Fähigkeiten keine allzu hohen Ansprüche stellt, scheint dieser
Aspekt eher irrelevant.

Andererseits besitzt diese Gruppe ein größeres Vertrauen in die eigene Urteilsfähigkeit, so daß
sie weniger leicht persuasiven Argumenten folgt. Die Effekte der Variablen *Intelligenz* ist
folglich von der Art und der inhaltlichen Gestaltung der Botschaft abhängig; wie es sich beispielsweise auch bei der zweiseitigen Argumentation zeigt.

Die Annahme, daß das **Involvement** eines Individuums mit den unterschiedlichsten Varianten
des *Produkt-*, *Botschafts-*, *Werbemittel-* oder *Werbeträger-Involvements* für die Erfolgsaussichten werblicher Kommunikation zumindest eine günstige Voraussetzung darstellt, wurde
nicht nur schon vor Jahren von *Krugman* (1965) und im Elaborations-Wahrscheinlichkeits-
Modell von *Petty & Cacioppo* (1981) theoretisch wiederholt untermauert, sondern hat sich
inzwischen auch in zahlreichen empirischen Studien bestätigt.

Seine Auswirkungen sind dabei sehr vielschichtig. Zum Beispiel konnte *Woodside* (1983) im Fall von Sonderangeboten (Involvement) feststellen, daß die **Anzahl produktbezogener Gedanken** zunahm, die **Erinnerung** an die Anzeigen sich erhöhte sowie **Einstellungen** und **Kaufinteresse** gegenüber der Marke sich verbesserten. Oder in einer Studie von *Young & Saegert* (1982) wurde nachgewiesen, daß die **Erinnerung** an den Markennamen im Fall von *high*-involvement-Produkten wesentlich höher als bei *low*-involvement-Produkten ausfällt, und außerdem eine signifikante Interaktion mit dem individuellen Niveau des Involvements existiert.

Die Liste der Belege für die Relevanz dieses Konstrukts ließe sich nahezu endlos fortsetzen (vgl. dazu *Arora*, 1985, S. 122 f.). Hier soll exemplarisch nur auf einzelne Befunde aus den Untersuchungen von *Laczniak & Muehling* (1990) und *Kamins, Assael & Graham* (1990) aufmerksam gemacht werden. In der erstgenannten Studie wurde der moderierende Effekt des Botschaftsinvolvements auf den zeitlichen Bestand der *Einstellung gegenüber der Maßnahme* und der *Markenüberzeugungen* untersucht, wobei sich diese Kriterien bzw. deren Messungen unter der Bedingung hohen Involvements als sehr zeitstabil erwiesen, während unter der Bedingung *niedrigen* Involvements lediglich die Einstellung gegenüber der Maßnahme, nicht jedoch die Markenüberzeugungen stabil blieben.

Demgegenüber entwickelten *Kamins et al.* (1990) ein *kognitives Reaktions-Involvement-Modell* zum Prozeß der Produktbeurteilung, der sich an die Begegnung mit werblicher Kommunikation und an die Produkterfahrung (Probe) anschließt und führten dazu eine empirische Studie unter Einsatz von *Lisrel VI* (*Jöreskog & Sörbom*, 1986) durch. *Involvement* war hier in Form des Informationsverarbeitungs-Involvements berücksichtigt. Aus den Ergebnissen läßt sich ableiten, daß sich der Prozeß der Produktbeurteilung, unabhängig vom Involvement, im Sinn des entwickelten Modells auf dem Weg **Erwartung → Nicht-Bestätigung → kognitive Reaktion** vollzieht. Unter der Bedingung eines *hohen* Involvements bildet die *Gegenargumentation* die kognitive Reaktion, die zwischen Nichtbestätigung und Bewertung vermittelt, und im Fall *niedrigen* Involvements hat die *unterstützende* (*supportive*) *Argumentation* diese Funktion inne.

Aufgrund dieser Ergebnisse empfehlen die Autoren der **Werbepraxis**, nicht zu versuchen, das Involvement der Zielpersonen mit untauglichen Mitteln wie Coupons, Tönen oder Düften anzuheben, da diese ihrer Meinung nach nur zu negativen Konsequenzen führen. Statt dessen schlagen sie für die normalerweise vorherrschende *low*-Involvement-Situation der Werbung vor, sicherheitshalber mehr Wert auf *Überzeugung* zu legen. Konkret sollte deshalb vor allem mit Vorstellungsbildern (imagery), die ein betont positives **Produkt- und Markenimage** zum Ziel haben, gearbeitet werden (S. 210).

5.2.2 Einstellungen

Im Rahmen von werblichen Kommunikationsprozessen nehmen die **Einstellungen** in der Reihe der psychologischen Merkmale von Zielpersonen eine zentrale Position ein. Die generelle Bedeutung der Einstellungen der Rezipienten gegenüber der Quelle, dem Medium und der Botschaft wurde schon an anderer Stelle ausführlich erörtert. Hier soll deshalb nur noch ergänzend auf spezielle Einzeleffekte eingegangen werden, die sich an die *Einstellung gegenüber der Werbung* oder die *präkommunikativen Einstellungen zum Produkt* sowie an die *Einstellung zur Werbemaßnahme* anschließen können. Hinsichtlich der grundsätzlichen Ausführungen zum theoretischen Konzept von Einstellungen ist auf den entsprechenden Abschnitt im Teil *Marktpsychologie* zu verweisen.

Einstellungen beeinflussen vor allem die **Wahrnehmung**, **Informationssuche** und **-selektion**, **Lern-** und **Gedächtnisprozesse** sowie konkretes **Verhalten**. Das Ausmaß dieser Wirkungen, insbesondere der auf das Verhalten, ist allerdings empirisch noch nicht in genügendem Umfang nachgewiesen. Die Ergebnisse weisen bislang, teils aus sachlichen, teils aus methodischen Gründen, noch eine große Variationsbreite auf (vgl. dazu *Mayer & van Eimeren*, 1985). So lassen z.B. Ergebnisse aus den Problemkreisen *Wahrnehmungsabwehr* (perceptual defence) oder *Wahrnehmungserleichterung* (perceptual vigilance; *Postman, Bruner & McGinnies*, 1948; *Howes & Solomon*, 1951) vermuten, daß positiv bewertete Reize eher wahrgenommen werden als negativ eingeschätzte Reize.

Auswirkungen auf die **Informationssuche und -selektion** können sich aber auch in der Form äußern, daß beispielsweise der Anzeigen-Seiten-Kontakt pro Leser mit zunehmend positiver Einstellung gegenüber der Werbung zunimmt (*Infratest*, 1970; ähnlich *Thorelli, Becker & Engledow*, 1975, S. 224 ff.); oder, daß bei einer positiveren *Produkteinstellung* auch eine inten-

621

sivere Auseinandersetzung mit dem Informationsangebot des Werbemittels stattfindet als dies bei einer negativen Einstellung der Fall ist (*Clement*, 1970, S. 427).

Es sind aber auch gegenläufige Folgen zu verzeichnen, indem absichtlich Informationen gemieden werden, die Dissonanzen erzeugen und solche gesucht, die Dissonanzen beseitigen oder reduzieren (*Herkner*, 1975, S. 171). Beispielsweise werden Anzeigen über ein kürzlich erworbenes Produkt bevorzugt gelesen und Anzeigen über alternative Konkurrenzprodukte kaum oder so gelesen, daß sie die Richtigkeit der getroffenen Produktwahl stützen und nicht in Frage stellen. Diese Erkenntnis hat in der Praxis in Form der gezielten Nachkauf-Werbung bei entsprechend anfälligen Produkten ihren Niederschlag gefunden.

Darüber hinaus können als Konsequenz der Ignorierung des prä-kommunikativen **Status** einer Einstellung bei der Konzipierung von Maßnahmen zur Modifikation von Einstellungen auch Rückschläge, im Sinn einer Verschlechterung des an sich positiven Bilds einer Marke bei bisher regelmäßigen Konsumenten des Produkts eintreten (*Bumerang-Effekt*), während bei der Gruppe der zuvor eher neutral oder negativ eingestellten Konsumenten des Konkurrenzprodukts eine bemerkenswerte Verbesserung zu beobachten ist (*Pierce*, 1987; vgl. auch *Barnes & Dotson*, 1989).

Eine andere, gerade während der letzten Jahre zunehmend in den Mittelpunkt gerückte Variante aus der Palette von Einstellungen bedarf in diesem Zusammenhang noch besonderer Erwähnung, die **Einstellung zur Werbemaßnahme**, ausgedrückt durch das Kürzel A_{ad}. In einer Reihe von Arbeiten präsentiert sich diese Form der Einstellung in Verbindung mit markenbezogenen Überzeugungen als bedeutsame Determinante für die **Einstellung zur Marke** (A_B), wobei anzunehmen ist, daß ihre Relevanz je nach Botschaftsinvolvement variiert (*Petty & Cacioppo*, 1981; *Gardner*, 1985; *Batra & Stephens*, 1987; *Park & Young*, 1986; *MacKenzie, Lutz & Belch*, 1986; *Laczniak & Carlson*, 1989; *Miniard, Bhatla & Rose*, 1990).

Vor allem, wenn Empfänger ein geringes Botschaftsinvolvement aufweisen und sich deshalb statt der Botschaft eher den *peripheren* Aspekten der Maßnahme bei der Bildung der **Markeneinstellung** zuwenden, scheint die A_{ad} die wichtigste Einflußgröße dieses Urteilsprozesses und anderer, simultaner oder nachfolgender Werbewirkungsprozesse zu sein. Diese Vermutung hat sich bislang zwar nicht immer, aber größtenteils empirisch bestätigt (*Laczniak & Carlson*,

622

1989, S. 304; *MacKenzie & Lutz*, 1989, S. 48; *Miniard, Bhatla & Rose*, 1990, S. 297; *Homer*, 1990).

Die **Einstellung zur Werbemaßnahme**, die *Lutz* (1985) sowie *MacKenzie & Lutz* (1989, S. 49) als „*... eine Prädisposition zu einer mehr oder minder positiven bzw. negativen Reaktion gegenüber einer Werbemaßnahme in einer speziellen Situation der Begegnung*" definieren, hat selbst eine ganze Reihe von *Antezedenzien*, die zu ihrer Entstehung führen. Diese sind in dem schon früher angesprochenen und bereits dargestellten Modell von *MacKenzie & Lutz* (1989, S. 53) zur Struktur des Entstehungsprozesses von A_{ad} und dessen Auswirkungen auf die Einstellung zur Marke wiedergegeben (vgl. *Abbildung 62, Seite 367*).

Hierbei wird zwischen *wahrnehmungsmäßigen* und *affektiven Konstrukten, exogenen Variablen, nicht-kausalen Größen* sowie *hypothetischen kausalen Beziehungen* unterschieden. Anhand dieses Strukturmodells wird die Komplexität der Prozesse, d.h. die Vielzahl der beteiligten Variablen und ihre Abhängigkeiten, die an der Entstehung einer bestimmten A_{ad} beteiligt sind, sehr deutlich vor Augen geführt.

Als Hinweis für die prinzipielle Tauglichkeit des Modells ist zunächst die Tatsache zu werten, daß in der anschließenden empirischen Überprüfung durch die berücksichtigten Variablen mehr als 70% der Varianz von A_{ad} erklärt wurden. Gegenüber der Studie von *MacKenzie, Lutz & Belch* (1986), in der nur ungefähr 30% der Varianz erklärbar waren, stellt dieses Ergebnis eine erhebliche Verbesserung dar. Die *Einstellung gegenüber der Quelle* der Botschaft tritt dabei als besonders relevante Variable in den Vordergrund. Außerdem führte die *Glaubwürdigkeit der Botschaft* zu einem dualen Effekt, nämlich einmal direkt in Richtung auf die **Einstellung zur Marke**, zum zweiten auf indirektem Weg über die *Einstellung zur Werbemaßnahme* zur **Einstellung gegenüber der Marke** und unter Umständen zur **Markenwahl** (vgl. dazu *Biehal, Stephens & Curlo*, 1992, S. 31).

Für die **Praxis** der Werbung deuten sich in diesen Ergebnissen einige Konsequenzen an, die allerdings angesichts des gegenwärtigen Wissensstands auf diesem relativ jungen Gebiet der Forschung noch als *vorläufig* anzusehen sind. Außerdem ist hierbei zu berücksichtigen, daß die

A_{ad} nicht nur für die Einstellung zu einer Marke, sondern auch noch für andere Kriterien Der Werbewirkung bedeutsam sein kann.

Vorausgesetzt diese Beobachtungen haben auf Dauer Bestand, so sollten die Gestalter von Werbemaßnahmen besondere Akzente beim Unterhaltungswert und bei der Induzierung positiver affektiver Reaktion legen, allerdings nicht zu Lasten der Glaubwürdigkeit der Botschaft. Diese Forderung hat auch Konsequenz für die Schaltfrequenz und die Lebensdauer von Kampagnen, d.h. der Lebenszyklus derartiger Maßnahmen muß wegen des früh drohenden *Wearout*s kontrolliert werden, um die genannten Voraussetzungen für die Entstehung der positiven Effekte zu gewährleisten. Ungeachtet dieser Probleme bleibt dabei allerdings die Antwort auf die letztlich interessierende Frage völlig ungeklärt, welche Determinationskoeffizienten sich für diese Prädiktoren im Hinblick auf reales Kaufverhalten ergeben.

5.2.3 Persönlichkeitsvariablen

In der Marketingliteratur findet man die unterschiedlichsten Bemühungen, **Persönlichkeitstheorien** als Grundlage zur Klassifikation von Konsumentenverhalten zu benutzen, um daraus Gesetzmäßigkeiten abzuleiten, die die Bedingungen der Aufnahme und Verarbeitung von Werbeinformationen sowie das Kaufverhalten erklären helfen. Andere theoretische Konzepte gehen von einer engen Beziehung zwischen einzelnen *Persönlichkeitsmerkmalen* und dem individuellen *Kaufverhalten* aus, und unterstellen, daß die Kenntnis der Ausprägung eines relevanten Merkmals oder einer Merkmalskombination für Prognosen über die Wahrscheinlichkeit einer Produkt- oder Markenwahl tauglich ist. Untersuchungen, die einen Zusammenhang zwischen *Persönlichkeit* und diversen Aspekten des *Kaufverhaltens* geprüft haben, kamen jedoch zu sehr unterschiedlichen Ergebnissen. Insgesamt gesehen läßt sich feststellen, daß bei einem Anteil von ungefähr 10% nur ein sehr bescheidener Anteil der Gesamtvarianz des Kaufverhaltens auf dieser Basis erklärbar ist (vgl. dazu *Mayer & Galinat*, 1979, S. 194).

In der Werbeforschung ist in erster Linie dem Persönlichkeitsmerkmal **Überredbarkeit**, d.h. inwieweit Individuen bereit sind, aufgrund beeinflussender Kommunikation ihre Meinung zu ändern, besondere Aufmerksamkeit geschenkt worden. Mehrere Experimente legen die Annahme nahe, daß es ein allgemeines Persönlichkeitsmerkmal **Beeinflußbarkeit** gibt. So scheint es Personen zu geben, welche beeinflußbarer sind als andere, deren Meinungen aufgrund persuasiver Einflußnahme aber auch laufend fluktuieren.

Das am meisten diskutierte Ergebnis ist die Beziehung zwischen der *allgemeinen Beeinfluß-barkeit* und dem *Selbstvertrauen*. Als häufigstes Resultat zeigt sich hierbei eine inverse Beziehung. Danach scheinen Individuen mit *hohem* Selbstvertrauen in geringerem Maß beeinflußbar zu sein. Dies gilt sowohl für die Einflußnahme durch Maßnahmen der Massenkommunikation als auch für die Überredbarkeit in Situationen der *„face-to-face-Kommunikation"* (vgl. *Cox & Bauer*, 1967; *Barach*, 1967; *Eagly*, 1969; *Bither & Wright*, 1973).

Hierbei ist jedoch zwischen *generellem* und *spezifischem* Selbstvertrauen zu unterscheiden. Im ersten Fall handelt es sich um eine relativ überdauernde Eigenschaft, im Sinn der Fähigkeit, im allgemeinen mit Problemen umgehen zu können. Mit der zweiten Variante ist die individuelle Einschätzung eines Individuums gemeint, eine *bestimmte* Aufgabe bewältigen zu können; z.B. die technischen Vorzüge und Mängel eines Gebrauchtwagens beurteilen zu können. In den Studien von *Grønhaug* (1975) und *Locander & Hermann* (1979) zeigte sich, daß insbesondere das **Informationsverhalten** (Lesen von Autoanzeigen) im Fall mangelnden *spezifischen* Selbstvertrauens betroffen sein kann, was dann vor allem in risikobehafteten Entscheidungssituationen zu Tage tritt.

Der Grund für die geringere Beeinflußbarkeit von Individuen mit hohem Selbstvertrauen ist vermutlich in der häufigen Erfahrung mit richtig getroffenen Entscheidungen zu sehen. Diese Erfahrung hat zudem Belohnungscharakter und stärkt wiederum das Selbstvertrauen. Demgegenüber wehren sich Personen mit geringer Ausprägung dieses Merkmals gegen Beeinflussungsversuche, während solche mit mittlerer Ausprägung in ihren Urteilen weder sicher sind, noch einen Grund zur Verteidigung sehen, und deshalb für Beeinflussungsversuche mit die besten Erfolgsaussichten bieten (*Cox & Bauer*, 1964, S. 409; *Barach*, 1967).

Zu ähnlichen Resultaten kommt auch *Bell* (1967), der Personen während eines Autokaufs untersuchte. Zusätzliche Variable war die Beratung durch eine weitere Person aus dem Bekanntenkreis der Versuchsperson. *Bell* geht davon aus, daß Individuen mit niedrigem Selbstvertrauen eher die Hilfe anderer beanspruchen, weil sie meinen, dann besser mit den möglichen Entscheidungsschwierigkeiten fertig zu werden. Sie sind somit beeinflußbarer. Dennoch bleibt angesichts der abweichenden Ergebnisse von *Schuchmann & Perry* (1969) noch zweifelhaft, ob die hierbei unterstellte kurvilineare Beziehung zwischen den Variablen uneingeschränkt existiert.

Bei der Bewertung dieser Sachverhalte ist nämlich zu beachten, daß die Gegensätzlichkeit der Ergebnisse auf diesem Gebiet keine Seltenheit darstellt. Dadurch wird aber die konkrete Anwendung solcher Erkenntnisse in der Praxis erschwert. Vor allem stellt das Merkmal *Selbstvertrauen* kein handliches Maß zur Zielgruppenbestimmung dar, wenn es nicht massiv, sondern nur sporadisch als Einzelerscheinung in der Population vertreten ist. Insofern ist es wissenschaftlich zwar interessant, für die Praxis jedoch wenig ergiebig, wenn man um die Zusammenhänge zwischen Selbstvertrauen weiß, aber im Markt die Merkmalsträger nicht ausmachen kann, um im Rahmen werblicher Kommunikationsmaßnahmen situationsadäquat zu reagieren. Es ist deshalb *Kroeber-Riel* (1980, S. 209) zuzustimmen, wenn er in den „ ... *bisherigen Ergebnissen keine hinreichenden Anhaltspunkte für die praktische Anwendung"* sieht. In Anbetracht der in methodischer Hinsicht mehrfach vorhandenen Unzulänglichkeiten ist allerdings nicht eindeutig entscheidbar, ob und inwiefern die Inkonsistenz der Ergebnisse einen wahren Sachverhalt widerspiegeln oder eben die Folgen der manchmal fehlerhaften Methodik darstellt (vgl. dazu *Mayer & Galinat*, 1979, S. 194 ff.).

Diese prinzipiellen Einschränkungen gelten im Grunde analog für die nachfolgende Aufzählung weiterer, in diesem Zusammenhang erforschter Persönlichkeitsmerkmale, wie *Risikobereitschaft* (*Cox*, 1967; *Lipstein*, 1968; *Barach*, 1969; *Bebié*, 1978); *Selbstkonzept* (*Zinkhan & Hong*, 1991), oder sogenannter *sozialer Charakterzüge*, im Sinne *Riesman*s (*Kassarjian*, 1965; *Graham*, 1955; *Centers & Horowitz*, 1963; *Mizerski & Settle*, 1979); oder *Introversion-Extraversion* (*Cetola & Prinkey*, 1986).

5.3 Effekte genereller und situationspezifischer Verhaltensmerkmale

Mit der Bezeichnung *generelle Verhaltensmerkmale* werden relativ zeitstabile Verhaltensweisen, wie das Produktnutzungs-, das Kauf- und Innovationsverhalten oder das Informationsverhalten angesprochen, die Rückwirkungen auf das Verhalten des Rezipienten einer Botschaft haben können. Unter *situationsspezifischen Verhaltensmerkmalen* sind im Vergleich dazu jene

Bedingungen zu verstehen, unter denen die Zielperson Botschaften empfängt, etwa bei der Tätigkeit als Hausfrau, des Autofahrens und ähnlichen Ablenkungen. Da zum letztgenannten Aspekt bislang keine Untersuchungen bekannt sind, welche spezifische Formen der Werbewirkung in Abhängigkeit von derartigen situativen Bedingungen überprüften, werden sich die folgenden Erörterungen auf die Auswirkungen der generellen Verhaltensmerkmale konzentrieren.

Aus Sicht der **generellen** Merkmale ergeben sich im vorliegenden Zusammenhang Hinweise dafür, daß das *Innovationsverhalten* zumindest eine gewisse Rolle spielen kann. So zeigte sich z.B. bei *Summers* (1971), daß Innovationsverhalten sehr häufig mit einer intensiven **Nutzung der Massenmedien** einhergeht. Die Beziehung zwischen dem Medienverhalten und der Innovationsbereitschaft war dann sehr ausgeprägt, wenn der redaktionelle Inhalt des Mediums Bezug zur Produktkategorie aufwies. Die Ergebnisse *Summers* legen demzufolge die Vermutung nahe, daß Zeitschriften im Gegensatz zum Fernsehen, Hörfunk oder den Tageszeitungen eher auf eine spezifischere Gruppierung von Interessen zugeschnitten sind, weshalb die Innovatoren einer bestimmten Produktkategorie auf diesem Wege besser ansprechbar sind. Anders formuliert kann man auch sagen, je breiter der redaktionelle Inhalt eines Mediums gefächert ist, desto geringer sind die Chancen der Ansprache von Innovatoren (vgl. auch *Rogers & Shoemaker*, 1971; *Lambert*, 1972).

Als Folge des intensiveren Medienkonsums von *Innovatoren* ist auch das Ergebnis einer Studie der *Delta-Marktforschung* (1970) zu interpretieren. Sowohl im Fall der **aktiven Markenbekanntheit** als auch bei der Extensität des **Kaufs** fand man bei der Experimental- im Vergleich zur Kontrollgruppe wesentlich deutlichere Ausprägungen vor, d.h. beispielsweise, Frauen, die „*Neues gleich ausprobieren*" wollten, zeichneten sich durch größere Zuwächse bei der aktiven Markenbekanntheit und durch häufigeren Kauf des betreffenden Produkts aus.

Auf der anderen Seite versuchte *Wheatley* (1971) vergeblich, Einstellungsänderungen, Erinnerungsleistungen und Produktwünsche durch den höheren zeitlichen Umfang der Nutzung des Mediums *Fernsehen* zu erklären. Seltsamerweise waren die Meßwerte auf den verschiedenen Kriterienebenen bei den Personen mit geringerer Nutzungsintensität zwar nicht in statistisch signifikantem Umfang, aber immerhin in der Tendenz höher ausgefallen als bei den Personen mit hoher Nutzungsintensität. Diesem Ergebnis widersprechen nun wieder Erfahrungen von *Grass, Bartges & Piech* (1972). Sie stellten genau das Gegenteil fest, als sie im Rahmen einer Kontrollstudie zu einer Imagekampagne eines Chemiekonzerns beobachteten, daß beim Kreis

627

der Personen mit gewohnheitsmäßig niedrigem Medienkonsum erwartungsgemäß auch die weniger deutlichen Imageveränderungen stattgefunden hatten. Dieses Ergebnis ist nicht gerade verwunderlich. Wenn man jedoch bedenkt, welche Vielzahl sonstiger, im Versuchsdesign aber nicht eigens berücksichtigter Variablen am Entstehungsprozeß des jeweiligen Aspekts der Werbewirkung beteiligt sein können, so erscheint die Varianz der Ergebnisse verständlich.

An Ansatzpunkten zur *Kritik* und Erklärung der Heterogenität dieser Beobachtungen mangelt es nicht, wenn man der Spekulation freien Lauf läßt. In erster Linie ist das oft atheoretische Vorgehen, die Beschränkung auf eine minimale Anzahl vermeintlich relevanter Variablen, ihre nicht immer scharfe Abgrenzung und suboptimale Operationalisierung sowie eventuelle Konfundierung mit anderen, unkontrollierten Variablen oder die mangelnde Kontrolle von Ausgangs- und Randbedingungen hinzuweisen, die nur ein kleines Spektrum der großen Bandbreite potentieller Varianzquellen ausmachen, aber die Ergebnisse gravierend verändern können.

5.4 Störgrößen im Werbewirkungsprozeß

Auf der Seite der Empfänger von Werbebotschaften kann es auch zu erheblichen Störungen des Werbewirkungsprozesses kommen, die die Erreichung des ursprünglich gesetzten Ziele der werblichen Aktivitäten erschweren oder gar vereiteln können. Hierfür kommen in erster Linie die Entstehung von **kognitiver Dissonanz**, **Reaktanz** sowie die eventuell auftretende **Immunität** gegenüber gewissen Inhalten einer Botschaft in Betracht.

5.4.1 Kognitive Dissonanz

Wie bereits im marktpsychologischen Teil dieser Arbeit ausführlich erörtert und deshalb im Detail nicht wiederholten werden müssen, gibt es eine Reihe theoretischer Ansätze (Balance-Theorie: *Heider*, 1946; Kongruenz-Theorie: *Osgood & Tannenbaum*, 1953; Konsistenz-Theorie: *Rosenberg & Abelson*, 1960; Dissonanz-Theorie: *Festinger*, 1957), die in der Einstellungsforschung unter dem Begriff der **Konsistenztheorien** zusammengefaßt wird. Die grundlegende Annahme ist die eines *homöostatischen Prinzips*, wonach Individuen eine Inkonsistenz kognitiver Elemente als unangenehm erleben und bestrebt sind, dieses innere *Ungleichgewicht* langfristig zu beseitigen oder kurzfristig wenigstens zu reduzieren.

Aus der Begegnung mit der **Werbung** können sich derartige Inkonsistenzen ergeben, wenn diese *neue*, anderslautende oder gar widersprechende Informationen enthält, die eine Umorganisation der bestehenden kognitiven Strukturen notwendig machen. Wie bereits an früherer Stelle dargestellt, versucht das Individuum auf dem Hintergrund seiner *Psycho-Logik* diese Umorganisation so zu gestalten, daß die Elemente innerhalb des eigenen kognitiven Systems (subjektiv) logisch nicht mehr im Widerspruch zueinander stehen (*Abelson & Rosenberg*, 1958).

Hierzu stehen ihm die bekannten **Coping-Strategien** zur Verfügung, angefangen von der Suche weiterer Informationen, Elimination dissonanter Kognitionen, Umbewertung der Elemente bis hin zur Veränderung des eigenen Verhaltens oder der Veränderung der Umweltsituation.

Werbemaßnahmen können aber nicht nur zur *Entstehung* von Dissonanzen, sondern auch zu ihrer *Reduktion* beitragen, je nach dem, ob sie im Hinblick auf das kognitive System des Individuums konsonante oder dissonante Elemente oder Informationen enthalten. Die konsonanten Elemente wirken als positive Verstärker. Kritisch sind in erster Linie die dissonanten Elemente, denn sie stellen für das bestehende kognitive System die eigentliche psychologische Bedrohung bzw. Konfrontation dar. Dies ist zum Beispiel der Fall, wenn Werbung die Vorteile des *abgewählten* Produkts zu einem späteren Zeitpunkt besonders überzeugend herausstellt, oder die Werbung für das *gewählte* Produkt Übertreibungen über Leistungen enthält, die Erwartungen stiften, denen das Produkt in der praktischen Erfahrung nicht standhält. Dieses Vorgehen kann nur zu Enttäuschungen führen, die letztendlich auf den Produzenten und insbesondere auf die Absatzchancen des Produkts zurückschlagen (vgl. auch *Weber*, 1978, S. 155; *Raffée et al.*, 1973, S. 363 f.).

In diesem Zusammenhang stellt sich auch die Frage, ob man nicht mit Blick auf das Konkurrenzprodukt Dissonanzen absichtlich erzeugen oder induzieren sollte, um die Chancen des eigenen Produkts eventuell zu verbessern. Dieses Vorgehen ist hierzulande juristisch zwar bedenklich, wird aber anderenorts (USA) z.B. im Rahmen der vergleichenden Werbung praktiziert. Das größte Problem ist hierbei jedoch die Festlegung der *gerade* noch verträglichen Dosis der zu induzierenden Dissonanz, um mit der Maßnahme nicht gleichzeitig *Reaktanz* zu provozieren. Denn unter dieser Bedingung ist aufgrund des entstehenden Drucks (Einengung des Freiheitsspielraums) seitens des Empfängers mit erheblichem Widerstand und Aktivitäten der Befreiung, d.h. mit einem *Bumerang-Effekt* zu rechnen.

Schwierigkeiten bereitet dabei auch die Tatsache, daß wegen der bestehenden interindividuellen Varianzen bei der Entstehung von Dissonanzen kaum ein einheitliches Niveau innerhalb der Zielpopulation erzeugt werden kann. Diese Strategie ist deshalb unter werblichen Aspekten ein äußerst gefährliches und kaum exakt kontrollierbares Unterfangen anzusehen, auf das besser verzichtet werden sollte. Vernünftiger ist es hingegen, den Empfehlungen *Raffée*s *et al.* (1973, S. 74) zu folgen und sich statt dessen eher um Maßnahmen zur Unterstützung des Abbaus eventuell bestehender Dissonanzen durch gezielte Maßnahmen zu kümmern. Noch besser ist allerdings, alles dagegen zu unternehmen, um ihr Aufkommen von vornherein zu verhindern.

Falls man im Rahmen einer Kommunikationsstrategie das Ziel verfolgt, gezielte Hilfe oder Unterstützung zur Reduktion eventuell bestehender Dissonanzen anzubieten, muß man sich auch der Tatsache bewußt sein, daß die Reduktion von Dissonanz kein einmaliger Akt darstellt, sondern ein Prozeß ist, der sich über geraume Zeit hinziehen kann. Insbesondere wenn die empfundene Dissonanz wegen des mit dem Produkt verbundenen Involvements größere Dimensionen angenommen hat, ist dieser Aspekt von Bedeutung. Praktische Auswirkungen hat diese Tatsache auf die *Wiederholungsfrequenz* derartiger Maßnahmen.

Erinnert man sich an dieser Stelle an die mit der Dissonanz verbundenen Konsequenz der **Informationsselektion** (i.S. Suchen konsonanter; Meidung dissonanter Information; vgl. *Ehrlich et al.*, 1957; *Starch*, 1960), so bedeutet dies für die Gestaltung von Botschaften, daß der Schwerpunkt der Inhalte sich auf der Seite der konsonanten Elemente befinden muß. Konkret heißt dies, daß die positiven Aspekte der gewählten Alternative in den Vordergrund zu stellen sind. Diese Idee ist allerdings nicht neu, da die Praxis der Werbung normalerweise auch ohne dissonanztheoretische Vorkenntnisse darauf abhebt, die Attraktivität des Produkts mit positiven Argumenten zu fördern.

Insgesamt gesehen ist zu empfehlen, alle im Zusammenhang mit der Entstehung und Reduktion von Dissonanzen erwähnten psychologischen Mechanismen zu nutzen, soweit sie kommunikativ umsetzbar, d.h. werblich operationalisierbar sind, um bestehende Dissonanzen zu verringern oder, um sie bei ihrer Entstehung schon im Keim zu ersticken. Um die Schädigungen durch Dissonanzen zum Zeitpunkt ihrer Entstehung zu begrenzen, ist auch zu erwägen, den Weg über die *zweiseitige Argumentation* zu beschreiten. Sie schützt nicht nur vor den unliebsamen Folgen negativer Produkterfahrungen, sondern macht den Empfänger auch gegenüber den unter Umständen Dissonanz erzeugenden Beeinflussungsversuchen der Konkurrenz resistenter.

5.4.2 Reaktanz

Die Theorie der kognitiven Dissonanz postuliert, daß eine abgewählte Alternative nach der Entscheidung abgewertet oder nicht mehr beachtet wird, um eine möglichst gute Konsonanz zwischen erfolgter Wahl und einer die Wahl unterstützenden Information herzustellen. Die von *Brehm* (1966) und von *Gniech & Grabitz* (1978) spezifizierte **Theorie der Reaktanz** sagt indessen genau das Gegenteil voraus, nämlich daß das Individuum dazu neigt, eine *vorenthaltene Alternative* eher aufzuwerten, statt sie zu ignorieren. Genauer betrachtet zeigt sich, daß beiden Erklärungsversuchen unterschiedliche situative Bedingungen zugrunde liegen. Die Reaktanztheorie macht Aussagen über die Folgen der *Einschränkung des Freiheitsspielraums* und befaßt sich mit den Folgen von sozialen Beeinflussungsversuchen. Im Fall der *Theorie der kognitiven Dissonanz* entscheidet eine Person selbst, „ ... *im Fall der Reaktanztheorie werden die ihr zur Verfügung stehenden Verhaltensmöglichkeiten eingeschränkt, bevor sie wählen konnte*" (*Irle*, 1975, S. 373).

Vor allem in der westlichen Welt sind Konsumenten normalerweise gewohnt, die Freiheit der Wahl zwischen verschiedenen Alternativen zu besitzen, d.h. zwischen verschiedenen Produkten und Marken wählen zu können. Was passieren kann, wenn diese Freiheit durch massive Werbung, betonte Überredungsabsicht oder durch repressive öffentliche Maßnahmen eingeschränkt wird, darauf werden die folgenden Darstellungen eingehen.

5.4.2.1 Konzept der Reaktanztheorie

Reaktanz beschreibt einen motivationalen Spannungszustand, der dann auftritt, wenn ein Individuum eine *Bedrohung* ihres *Freiheitsspielraums* wahrnimmt. Die Wahrnehmung der Einengung der Verhaltens- oder Meinungsfreiheit ist selektiv. Die Bedrohung der Freiheit kann bei deutlichen Bemühungen zur Einflußnahme seitens eines anderen Individuums oder eines Mediums empfunden werden oder durch äußere Barrieren, z.B. durch Nicht-Verkäuflichkeit eines Produkts entstehen, das zuvor unter den wählbaren Alternativen enthalten war. Dabei ist es für das Auftreten von Reaktanz nicht notwendig, daß die ausgeschlossene Alternative zuvor als besonders attraktiv eingeschätzt wurde. Wichtigste Voraussetzung für die Entstehung von Reaktanz ist vielmehr das bewußte Wahrnehmen der Einschränkung, d.h. ein Individuum muß diese Einengung auch tatsächlich als solche erkennen (*Irle*, 1975; *Grabitz-Gniech & Grabitz*, 1973a; *Brehm*, 1972) und erwarten, die Freiheit der Wahl zu besitzen. Der bedrohte Freiheitsspielraum muß weiterhin *Wichtigkeit* besitzen (importance of freedom), was von den individuellen Bedürfnissen und Wünschen und der wahrgenommenen Möglichkeit abhängig ist, diese Bedürfnisse auch befriedigen zu können. Die Reaktanz wird um so stärker, je bedeutungsvoller die Wahlmöglichkeit und je umfangreicher der bedrohte Freiheitsspielraum sind sowie um so kompetenter sich das Individuum für eine Entscheidung fühlt. Die Schwelle, an der ein Individuum seine Einengung der Freiheit empfindet, ist auch von ihrer *Reaktanztoleranz* bzw. ihrer Reaktanzbereitschaft abhängig. Darunter ist weniger eine persönlichkeitsbedingte Disposition als vielmehr eine erhöhte *Sensibilisierung* aufgrund der individuellen Lerngeschichte zu verstehen.

Vermutete Interessengebundenheit beim Kommunikator und deutlich erkennbare Beeinflussungsabsicht können deshalb zur völligen Ablehnung führen (*Brehm*, 1966; *Wicklund, Slatturn & Solomon*, 1970; *Grabitz-Gniech*, 1973b). Dieser Bumerang-Effekt bedeutet, daß ein Einstellungswandel genau entgegengesetzt der vom Kommunikator gewünschten Richtung stattfindet. Hiermit demonstriert das Individuum seine erfolgreiche Abwehr des Beeinflussungsversuchs.

Reaktanzeffekte sind entweder gar nicht oder relativ selten zu beobachten, wenn ...:

- eine Einschränkung akzeptiert wird, d.h. wenn der Umfang des Entscheidungsspielraums einer *„internalisierten Norm"* entspricht (*Irle*, 1975, S. 375),

- kein Freiheitsspielraum erwartet wird,

- die Einengung als legitim empfunden wird (*Grabitz-Gniech*, 1971; *Wiswede*, 1976, 1977),

- Belohnungen (soziale Anerkennung) erwartet oder Sanktionen befürchtet werden,

- die Wahlobjekte in ihrer Attraktivität sehr ähnlich sind,

oder

- wenn die freiheitseinengende Person hohe Attraktivität besitzt (*Irle*, 1975, S.375; *Dickenberger & Grabitz-Gniech*, 1972).

Die *Effekte der Reaktanz* sind weiterhin abhängig von der Bewertung des Kommunikators durch das betreffende Individuum, insbesondere dessen Glaubwürdigkeit. Je geringer diese ist, je eher wird Reaktanz auf eine wahrgenommene Beeinflussungsabsicht auftreten. Die gegenläufige Wirkung tritt ein, wenn eine starke Ergebenheit bezüglich des Interaktionspartners zu unterstellen ist (vgl. *Pallak & Heller*, 1971), d.h. nur bei schwacher Ergebenheit ist mit Reaktanzeffekten zu rechnen. Nach *Wiswede* (1979) können sich solche Effekte bei Verkaufsverhandlungen zeigen, wenn z.B. ein Kunde sich wegen der geduldigen und freundlichen Verkäuferin veranlaßt sieht, deren Bemühungen mit dem Kauf eines Produkts zu honorieren, obwohl unter der angebotenen Auswahl kein Produkt sein wirkliches Interesse findet. Derartige Auswirkungen sind auch zu erwarten, wenn jemand aufgrund persönlicher Bindungen oder einer Konsumnorm sich ähnlich verhalten muß. Oder wenn der bzw. die Verkäufer(in) unaufhörlich auf den Kunden einredet, so daß sich dieser (unausweichlich) bedrängt fühlt und des *lieben Friedens willen* schließlich dann kauft.

Erscheinungsformen der Reaktanz können auch nach ihrer **Öffentlichkeit** unterschieden werden, wobei sozial weniger erwünschte Verhaltensweisen und solche, die mit dem Selbstbild nicht im Einklang stehen, wegen eventueller unangenehmer Folgen eher vermieden werden. Andererseits wird ein öffentlicher Angriff auch öffentlich beantwortet werden. In Situationen, in welchen Reaktanz nicht offen gezeigt werden kann, ist nicht auszuschließen, daß ein sogenannter *Sleeper-Effekt* der Reaktanz entsteht, d.h. der Widerstand wird solange kontrolliert und gespeichert, bis sich eine Möglichkeit der Abreaktion bietet (*Dickenberger & Grabitz-Gniech*, 1972; *Brehm & Mann*, 1975).

Ferner kann das in Erwägung gezogene Verhalten in eine öffentliche und eine private Variante aufgeteilt werden (vgl. *Wicklund*, 1977), indem nach außen hin konformes Verhalten geäußert wird (*public compliance* i.S. von *Festinger*), während im privaten Bereich „... *kontrastierendes Verhalten in Erscheinung tritt, wie z.B. aggressive, aber unschädliche Reaktionen, wie Schimpfen*" (*Wiswede*, 1979, S. 87).

5.4.2.2 Werbung als Auslöser von Reaktanz

Da mit werblicher Kommunikation definitionsgemäß die Absicht zur Beeinflussung einhergeht, ist nicht auszuschließen, daß sie eine in der Regel zwar milde, aber doch vorhandene Einengung des Verhaltensspielraums mit sich bringt. In diesem Fall der Identifikation spürbarer Einschränkungen sind somit auch Reaktanzeffekte in Erwägung zu ziehen. Gewiß sind diese Erscheinungen insbesondere bei ganz massiven, nahezu erpresserischen Werbestilen. Hinweise hierfür ergeben sich aus der Studie von *Schweitzer* (1967).

Nach den Ergebnissen seiner Experimente, bei denen Botschaften mit verschiedenen Vortragsstilen präsentiert wurden, trat bei einem sehr dynamischen, eindringlichen und herausfordernden Kommunikationsstil *Reaktanz* auf, während eine sehr gelassen wirkende Vortragsweise beim Zuhörer nicht nur geringe Aufmerksamkeit fand, sondern auch Langeweile erzeugte. In Analogie zu diesen Resultaten kann für die Beziehung zwischen Werbestil und dem Verhalten der Rezipienten eine ∩-Funktion angenommen werden. Dies bedeutet, der optimalste Werbestil ist wohl derjenige mit mittlerer Dynamik. Die Ergebnisse noch einiger anderer Experimente (*Clee & Wicklund*, 1980; vgl. auch *Wiswede*, 1979) scheinen die Vermutung, daß ein mittlerer Beeinflussungsdruck wohl die besten Voraussetzungen für einen Einstellungswandel bildet, zu bestätigen. Im Hinblick auf die Zielpopulation ist allerdings zuvor zu erkunden, was sie als mittleres Niveau empfindet.

5.4.2.3 Konsequenzen der Einengung des Verhaltensspielraums

Psychische Reaktanz ist darauf ausgerichtet, sich der drohenden Einengung zu widersetzen oder den verlorenen Verhaltensspielraum wiederzugewinnen. Die **Reduktion der Reaktanz** erfolgt, je nach dem Ausmaß der Einengung, entweder durch *kognitives Umstrukturieren*, z.B. einer *Auf- oder Abwertung* der eliminierten Alternative, oder durch eine *Änderung des Verhaltens*.

Zu den Folgen der Einengung des Verhaltensspielraums liegen im Bereich des Konsumentenverhaltens eine ganze Reihe von Belegen aus den unterschiedlichsten Zusammenhängen vor. So stellten z.B. *Wicklund et al.*, (1970) fest, daß bei der Einschätzung der Attraktivität von Sonnenbrillen diejenige am wenigsten bevorzugt wurde, die zuvor ganz besonders *hervorgehoben* worden war. Oder *Weiner & Brehm* (1966) veranlaßten Kundinnen eines Supermarktes in unterschiedlichem Maße (mäßig versus stark) zum Kauf einer bestimmten Brotmarke. Diejenige Gruppe, die den mittleren Appell erhielt, kaufte zu 70%, die Gruppe mit der starken Aufforderung zu 51%, und die Kontrollgruppe erwarb zu 24% die betreffende Brotmarke. Die Differenz von 19% kann als Folge der aufgetretenen Reaktanz angesehen werden.

Auch *Reizenstein* (1971) erhielt sehr ähnliche Ergebnisse, als er mit einem sogenannten „*hardsell*"- und mit einem „*soft-sell-Stil*" für Kristallglaswaren warb und die Konsequenzen miteinander verglich. Die *weiche* Argumentationsform, operationalisiert durch die Bemerkung „... *diese Form hat ihren eigenen Reiz*", hatte den größeren Einfluß auf die Wahl. Diese Ergebnisse lassen sich durch eine nennenswerte Anzahl weiterer Befunde ergänzen, die in dieselbe Richtung weisen (vgl. *Robertson & Rossiter*, 1974; *Freedman & Sears*, 1965b; *Kiesler & Kiesler*, 1964).

Reaktanz kann sich aber auch zeigen, wenn unabhängig von einer persönlichen oder medialen Beeinflussung sonstige, **äußere Barrieren** den Erwerb oder die Verfügbarkeit eines Produkts verhindern oder mindern; z.B. bei Knappheit des Produkts, Preiserhöhungen, Auslaufen einer

Serie, zu großer Distanz zum Verkaufsort, oder, wenn z.B. eine Verordnung zum Schutz der Umwelt (Verkaufsverbot phosphathaltiger Reinigungsmittel) die Erhältlichkeit begrenzt (*Mazis et al.*, 1973; *Henion*, 1972), wobei die jeweilige Einschränkung für den Konsumenten bedeutsam sein muß.

Der Fall der Ankündigung derartiger Barrieren unterschiedlichen Niveaus in der Werbemaßnahme und deren Konsequenzen für die Attraktivität des betreffenden Produkts wurde auch in der Studie von *Lessne & Notarantonio* (1988) untersucht. Das Ziel war einmal, zu zeigen, daß die **Attraktivität des Produkts** (Sodawasser von Coca Cola) bei mittlerer Barriere, im Sinne des *möglichen* Kaufs von 4x2 Ltr.-Flaschen gegenüber der höheren Barriere (Kauf von nur 2x2 Ltr.), zu einem Sonderpreis von 99 Cents als Folge der Reaktanz ausgeprägter war. Die abhängigen Variablen waren in Form von Statements (Stufen 1-7) operationalisiert, mit welchen die Aspekte *Kaufwahrscheinlichkeit*, die zu diesen Konditionen normalerweise eingekaufte *Menge*, die Meinung, inwiefern dies *ein gutes Geschäft* darstellt sowie die Meinung, inwiefern vermutlich eine große *Zahl von Personen* zu diesem Preis kaufen wollen, erfaßt. In den Ergebnissen zeigte sich in *Übereinstimmung mit der Reaktanztheorie*, daß die stärkere Begrenzung der zu diesem Preis erwerbbaren Mengen die Attraktivität des Produkts verringerte, während sie sich im Fall der geringeren Einschränkung erhöhte.

Mit diesen Ergebnissen kann somit das Auftreten von Reaktanz und damit zugleich die Brauchbarkeit der Reaktanztheorie im Rahmen werblicher Kommunikationsmaßnahmen prinzipiell und in den wesentlichen Teilen als bestätigt gelten.

5.4.3 Immunität

Ein drittes Phänomen, das ebenfalls der Sozialpsychologie entstammt, bedarf im Rahmen der Darstellung empfängerbedingter Störgrößen werbepsychologischer Prozesse besonderer Erwähnung: Die **Immunität** gegenüber Botschaften. Angesprochen wurde dieser Sachverhalt bereits an früherer Stelle, als es um die Problematik der *ein- und zweiseitigen Argumentation* ging. Wesentlich war dabei, daß in der Botschaft nicht nur die positiven Seiten des Produkts, sondern vor allem auch seine Schwächen oder Nachteile genannt wurden. Vorbeugend macht der Hersteller selbst darauf aufmerksam, so daß das betreffende Produkt weniger Front für die Angriffe der Konkurrenz bietet. Je nach dem, ob mittels der zweiseitigen Argumentation dahingehend bereits Vorkehrungen getroffen wurden oder nicht, muß mit unterschiedlichen Konsequenzen gerechnet werden.

5.4.3.1 Theoretisches Konzept der Immunisierung

In Analogie zum biologischen Konzept der *Impfung* (Inoculation), bei der dem menschlichen Körper eine niedrige Dosis des krankheitserregenden Serums verabreicht wird, um ihn dadurch zur Bildung von Gegenreaktionen anzuregen, die ihn in die Lage versetzen, in einem eventuell späteren Ernstfall gegen den Anflug dieser Krankheit völlig oder weitgehend immun zu sein, so wird auch der Rezipient durch die **argumentative Impfung** gegenüber den ansonsten schädlichen Äußerungen eines anderen Kommunikators (Konkurrenz oder sonstige Quelle) widerstandsfähig(er), d.h. weitgehend, bzw. mehr oder minder *immun*. Angriffe gegenüber einer bestimmten Meinung oder Position verfehlen dann ihr Ziel.

Diese **Idee der Immunisierung** gegenüber (Gegen-) Argumenten wurde von *McGuire* (1961) sowie *McGuire & Papageorgis* (1961) unter dem Schlagwort *Resistenz gegenüber Beeinflussung* in der soeben beschriebenen Form theoretisch begründet und in der Realität auch empirisch bestätigt. Allerdings zunächst nur für den inhaltlichen Bereich des Glaubens an kulturelle Wahrheiten.

Es wurde angenommen, daß der Immunisierungseffekt auf zwei Komponenten beruht: Zum einen auf der Komponente der Bedrohung, zum anderen auf der Komponente der Rückversicherung, im Sinne der Zurückweisung der die Wahrheit in Frage stehenden Argumente. Die erste Komponente (Bedrohung) warnt das Individuum vor der Gefährdung ihrer Meinung durch die zu erwartenden Angriffe und führt deshalb zu Vorkehrungen gegenüber der unter Umständen später eintretenden Bedrohung. Sie führt außerdem zur Absicherung der bestehenden Meinung, indem weitere Argumente zugunsten der zu verteidigenden Position gesammelt werden. Die Komponente der Rückversicherung umfaßt vor allem auch Überlegungen zur Strategie der Gegenwehr, um die Folgen oder Schäden des Angriffs in Grenzen zu halten.

5.4.3.2 Relevanz für die werbliche Kommunikation

Einige Zeit später erkannten *Bither, Dolich & Nell* (1971), daß dieser Ansatz auch eine Reihe von Implikationen für das Marketing enthält. Die ersten eigentlichen Experimente zur Überprüfung der Anwendbarkeit dieser Theorie im Kontext des Marketing stammen jedoch von *Szybillo & Heslin* (1973), wobei es damals schon um die gerade heutzutage aktuelle Thematik „Ausstattung von Autos mit Airbags" ging. In den Ergebnissen bestätigte sich die prinzipielle Anwendbarkeit der **Inoculationstheorie** auf dem Gebiet der werblichen Kommunikation. Sowohl die Impfung mit den in der Attacke verwandten als auch mit den dabei nicht verwandten Gegenargumenten waren gegenüber der Kontrollbedingung (Information ohne Verteidigungshilfe) deutlich überlegen.

Ein weiterer, vor allen Dingen sehr realitätsnaher Beleg, der ebenfalls die prinzipielle Brauchbarkeit dieses theoretischen Konzepts und seine praktische Relevanz stützt, ergibt sich aus einer von *Chevron* veröffentlichten, von der *Federal Trade Commission (FTC)* jedoch für irreführend befundenen Aussage über das Kraftstoff-Additiv F310. Als Konsequenz entwickelte die FTC eine Kampagne, mit dem Ziel der Korrektur der irreführenden Aussagen. *Chevron* kamen diese Pläne zu Ohren. Um die Erfolgsaussichten der Aktivitäten der FTC schon vorbeugend zu minimieren, startete nun *Chevron* seinerseits eine doppelseitige Kampagne in Tageszeitungen zur Immunisierung der Kunden gegenüber der anstehenden kommunikativen Korrektur. Der Text der Chevron-Kampagne hatte dabei folgenden Wortlaut: „*Wenn jeder Autofahrer Chevron mit F 310 für 2000 Meilen verwenden würde, dann wäre die Luftverschmutzung an einem einzigen Tag um Tausende von Tonnen geringer. Die FTC glaubt nicht, daß dies von Bedeutung ist. Wir denken, es ist*" (vgl. *Lessne & Didow*, 1987, S. 161).

Hunt (1973) verwendete nun die beiden Konzeptionen zur Operationalisierung der unabhängigen Variablen (FTC = Attacke; Chevron = Impfung) in seiner Studie. Den Ergebnissen zufolge erwies sich der theoretische Ansatz der Inoculationstheorie für das strategische Vorgehen in solchen Fällen als durchaus tauglich. Die Vpn waren gegenüber der Korrekturmaßnahme der FTC wesentlich widerstandsfähiger geworden.

Die Frage ist jedoch, ob und inwiefern sich derartige Immunisierungseffekte zunächst nicht nur auf unterschiedlichen Ebenen (affektiv, kognitiv, konativ) von Einstellungen ereignen, sondern sich auch bei völlig anderen Kriterien (z.B. Verhalten) auswirken. Die Antwort auf diese Frage bleibt angesichts der bislang sehr geringen Zahl an Arbeiten auf diesem Gebiet noch offen (vgl. auch *Lessne & Didow*, 1987, S. 162). Außerdem ist davon auszugehen, daß für den erfolgreichen Aufbau von Widerständen gegenüber Kommunikationsmaßnahmen, aber auch für die Chancen der eventuellen Oberwindung der mehr oder minder großen Resistenz noch eine Reihe weiterer Variablen (u.a. Involvement) von Belang sind.

Für die **Praxis** der Werbung ist zunächst jedoch die Erkenntnis wesentlich, daß gegen eventuell zu erwartende externe Angriffe effiziente kommunikative Vorkehrungen zur Wahrung der eigenen Position und Interessen möglich sind. Auf der anderen Seite aber auch die eigenen Chancen zur Beeinflussung und Gewinnung von Personen oder Gruppen, die z.B. nicht zum Kundenkreis gehören, aufgrund eventuell bereits vorhandener **Effekte der Immunisierung** durch die Gegenpartei sehr erschwert und begrenzt sein können.

6. Werbewirkung und Kaufverhalten

Die jeden Werbungtreibenden primär interessierende Frage ist letztendlich der Zusammenhang zwischen der psychologischen Werbewirkung und Kaufverhalten sowie den damit verbundenen wirtschaftlichen Erträgen. Bei nicht-kommerziellen Zielen dienenden Maßnahmen tritt an diese Stelle die jeweils ins Auge gefaßte Verhaltensänderung (Anlegen von Sicherheitsgurten, Beitrittsverhalten gegenüber einer Organisation, Spendenverhalten, Müll-Vermeidungs-Verhalten etc.). Die **Praxis der Werbeforschung** orientiert sich jedoch nur in seltenen Ausnahmefällen an dem Außenkriterium des *konkreten* **Verhaltens** (*Kaufverhalten*), sondern verwendet statt dessen vom Endverhalten meist noch relativ weit entfernte **Indikatoren der Werbewirkung** (Erinnerung, Einstellungen u.a.), wie sie z.B. in der **In-** und **Output-Matrix** von *McGuire* (1978) verzeichnet sind.

Die Gründe sind in erster Linie ökonomischer Natur, d.h. die bessere Zugänglichkeit dieser als Prädiktoren aufzufassenden Indikatoren sowie der Glaube und das Vertrauen, daß diese auch eine sichere Vorhersage im Hinblick auf das **Zielverhalten** (z.B. *Kaufverhalten*) erlauben. Nur wenn diese Voraussetzung gewährleistet ist, dann sind Entscheidungen auf der Grundlage solcher Prädiktoren sinnvoll und vertretbar.

Dieser betont psychologischen Sichtweise der Beziehungen steht die ökonomische Perspektive gegenüber, bei der die Zusammenhänge zwischen ökonomischen Prädiktoren (monetärer Werbeaufwand) und den ökonomischen Erträgen (monetärer Werbeertrag) im Mittelpunkt des Interesses stehen. Ähnlich wie im Fall der (psychologischen) Werbewirkung sind auch hier die verschiedenen unabhängigen und abhängigen Variablen in sehr unterschiedlicher Weise operationalisierbar. Die verschiedenen Möglichkeiten der Analyse der Beziehungen soll mit *Abbildung 113* zum Ausdruck gebracht werden.

Im vorliegenden Zusammenhang soll jedoch nicht das gesamte Problemfeld aus allen denkbaren Perspektiven betrachtet werden. Dies ist an anderer Stelle schon sehr ausführlich geschehen (vgl. im Detail dazu *Mayer*, 1990, S. 86 ff.). Vielmehr sollen sich die folgenden Ausführungen in möglichst knapper Form auf die wesentlichsten Erkenntnisse der Zusammenhänge aus den dortigen Erörterungen konzentrieren.

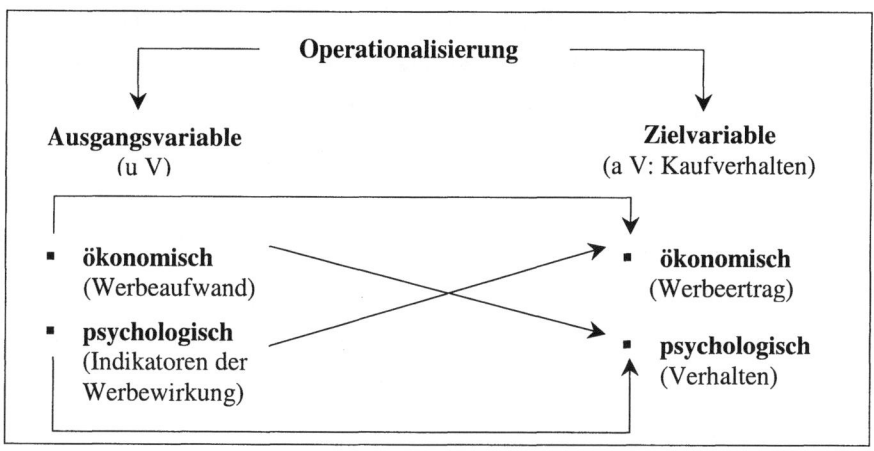

Abbildung 113: Ökonomische und psychologische Perspektive der Beziehungen zwischen Werbewirkung und Kaufverhalten

Zuvor jedoch noch einige Bemerkungen über die prinzipiellen methodischen Probleme und Grenzen der dabei zugrunde zulegenden Untersuchungen.

6.1 Methodische Probleme der empirischen Untersuchungen

In Anbetracht der Komplexität marktwirtschaftlicher Vorgänge stellt die **Zurechenbarkeit** von Effekten einer unabhängigen Variablen (z.B. der Werbung) im Hinblick auf den hier besonders interessierenden Aspekt des Kaufverhaltens ein *zentrales Problem* dar. Zurechenbarkeit bedeutet hier die ursächliche und eindeutige *Rückführbarkeit* der zu beobachtenden Effekte auf die manipulierte *Variable* **Werbung**. Insbesondere in Feldstudien beinhaltet sie aber auch die exakte zeitliche Abgrenzung der Auswirkungen gegenüber vorausgegangenen werblichen Aktivitäten (*carry-over-* sowie *hold-over-Effekte*; vgl. dazu *Buzzell & Baker*, 1972; *Woodside & Waddle*, 1975; *Parsons*, 1976; *Sawyer & Semenik*, 1978; bzw. *delay-Effekte*; vgl. dazu *Böcker*, 1974 sowie *Hutchinson & Moore*, 1984) sowie die Trennung von Effekten simultan ergänzender Maßnahmen aus dem übrigen Instrumentarium des Marketing-Mix; oder die Abgrenzung von Effekten aus Maßnahmen für verwandte Produkte (*spill-over-Effekte*; vgl. *Nieschlag, Dichtl & Hörschgen*, 1986, S. 499 oder *Hubel & Marganus*, 1986, S. 345 ff.).

Nicht zu übersehen sind in diesem Zusammenhang auch eventuelle **Störeffekte** oder Konsequenzen, die sich aus den realen Gegebenheiten des Marktes vor allem aus dem Verhalten der übrigen Teilnehmer (Konkurrenz) oder aus unerwarteten und überraschenden gesamtwirtschaftlichen Veränderungen ableiten.

Angesichts dieser vielfältigen methodischen Probleme befindet sich die Werbepsychologie bei der Erkundung der Zusammenhänge zwischen Werbewirkung und Kaufverhalten in einem **Dilemma**: Realitäts- und praxisnahe Untersuchungen im marktwirtschaftlichen Geschehen sehen sich mit den soeben skizzierten Schwierigkeiten konfrontiert. Demgegenüber verlangen vergleichsweise gut kontrollierbare Laboruntersuchungen - je nach ihren spezifischen Bedingungen -, meist Einschränkungen hinsichtlich der Übertragung (*Generalisierung*) der erhaltenen Ergebnisse auf die Realität (*Problematik der externen Validität*). Im Rahmen der später folgenden Ausführungen sind diese Umstände deshalb besonders bei der Beurteilung der Aussagefähigkeit von Ergebnissen zu berücksichtigen.

Hinzu kommt noch ein weiteres Problem: Ein *nominal* weitgehend übereinstimmend definiertes Werbewirkungskriterium bietet in Anbetracht der vielfältigen **Operationalisierungsmöglichkeiten** für sich allein noch keine Gewähr für die unmittelbare Vergleichbarkeit der Meßergebnisse. Konkret heißt dies beispielsweise, daß Aufmerksamkeitswerte aus der einen Studie, wegen der unterschiedlichen Operationalisierung, nicht ohne Einschränkungen mit Aufmerksamkeitswerten einer zweiten Studie vergleichbar sind. Dadurch erfahren die gewonnenen Ergebnisse zusätzliche Einschränkungen; es sei denn, in Vor- oder Vergleichsstudien wurde die Austauschbarkeit der Meßwerte bereits unter Beweis gestellt. Ansonsten ist die Konsequenz die erforderliche Differenzierung der Aussagen.

Nachdem hier in erster Linie dem Aspekt der **Prognose** das Interesse gilt, ist auch eine Differenzierung in der Aussagekraft der Ergebnisse unter dem Aspekt der **zeitlichen Distanz zwischen den Messungen** des Werbewirkungskriteriums einerseits und des Kaufverhaltens andererseits besondere Aufmerksamkeit zu schenken. Erfolgen die Messungen von **Prädiktor** und **Kriterium** nahezu zeitgleich, im Sinne des Konzepts zur Bestimmung der Übereinstimmungsvalidität (*concurrent-validity*), so erhalten die Ergebnisse einen anderen Stellenwert als im Fall der Erhebung der beiden Meßwerte in mehr oder weniger großen zeitlichen Abständen. Im allgemeinen ist es erstrebenswerter, möglichst exakte längerfristige Prognosen (*predictive validity*) machen zu können, als nur solche für sehr eng begrenzte Zeiträume.

Zusätzliche methodisch bedingte Einschränkungen und Probleme im Hinblick auf die Aussagekraft und Generalisierbarkeit von Ergebnissen können aus den in den jeweiligen Studien untersuchten **Populationen** und verschiedenen **Arten von Produkten** entstehen. Insbesondere wenn es sich gar um Untersuchungen mit den *so beliebten* Studentenpopulationen oder um nach anderen Gesichtspunkten *ausgelesene Personen (-Gruppen; z.B. Auswahl aufs Geratewohl)* handelt, ist ungeklärt, ob deren Verhalten mit dem der eigentlichen Zielpopulation identisch ist.

Ferner ist zu beachten, daß der weit überwiegende Teil der bisher zu diesem Themenkreis allgemein zugänglichen Untersuchungen *aus den USA* stammen, was auf die hiesigen Verhältnisse bezogen den Ergebnissen zumindest zunächst eher den Charakter von *Hinweisen* anstelle von gut gesicherten Tatsachen verleiht. Auf jeden Fall bildet dieser Sachverhalt Anlaß zum vorsichtigen Umgang mit diesen Informationen und zur Zurückhaltung bei den zu ziehenden Schlußfolgerungen.

6.2 Werbewirkung und Kaufverhalten: *Unter ökonomischen Aspekten*

Wendet man sich der Frage der Effektivität der Werbung unter ökonomischen Aspekten zu, so findet man bei dem zu untersuchenden funktionalen Bezug auf der Seite der unabhängigen Variablen in ökonomischen Größenordnungen mehr oder minder präzise fixierte Angaben vor, während auf der Seite der abhängigen Variablen entweder wieder monetäre Größen (wie wertmäßige Umsätze u.ä.) oder Verhaltensdaten stehen, die sich aber in ökonomische Währung transformieren lassen. Das spezifische Aussehen der Werbemaßnahme wird dabei entweder gänzlich außer Acht gelassen, oder es liegen nur sehr allgemeine Beschreibungen dazu vor, die keine Kategorisierung nach ihren psychologischen Eigenschaften ermöglichen.

Die bisher in diesem Bereich vorliegenden Studien lassen sich unter dem Aspekt ihrer Gemeinsamkeiten nach folgenden Gesichtspunkten klassifizieren:

(1) Einmal begegnet man solchen Untersuchungen, die zeitlich schon etwas weiter zurückliegen und sich in den Anfängen der Werbewirkungsforschung damals vornehmlich um die Klärung der grundlegenden Frage im Tenor der Formulierung „bringt Werbung überhaupt etwas" bemühten. Sie werden in dem Abschnitt Werbung und Umsatzentwicklung erfaßt. Hierbei erhält man keine konkreten Vorstellungen von der Gestaltung der Maßnahme.

(2) In der zweiten Gruppe sind Studien enthalten, bei denen eine bestehende Konzeption geändert und die jeweiligen Umsatzentwicklungen (vorher versus nachher) einander gegenübergestellt wurden. Auch hier existieren nur sehr vage Angaben über das Aussehen der Werbekonzeptionen.

(3) Danach folgen Studien, die spezielle Werbemaßnahmen betreffen, die zwar sehr heterogen sind, aber schon detailliertere Vorstellungen von deren Aussehen vermitteln.

(4) Unter der Überschrift Werbeaufwand und Werbeertrag solche Studien zusammengefaßt, die den Zusammenhang zwischen monetärem Werbeaufwand und dem zurechenbaren Ertrag betrachten und dabei auch zum Teil die Konkurrenzverhältnisse (Werbedruck und Marktanteile) berücksichtigen.

(5) Die fünfte Gruppe umfaßt jene Studien, deren Ziel der Vergleich der Werbung mit anderen Instrumenten des Marketing-Mix ist;

und schließlich findet man noch

(6) diejenigen Studien, in welchen die Werbung mit anderen Marketinginstrumenten kombiniert eingesetzt und eventuell stattfindende Interaktionen untersucht wurden.

6.2.1 Werbung und Umsatzentwicklung

Die Studien der ersten Gruppe, die unter dem Thema **Werbung und Umsatzentwicklung** zu subsumieren sind (*Bloom, Jay & Twyman*, 1977; *Wilcox*, 1985; *Sunoo & Lin*, 1978; *Wilkinson, Mason & Paksoy*, 1982; *Blattberg*, 1978), enthalten in methodischer Hinsicht mangels geeigneter Kontrollen zum Teil erhebliche Unzulänglichkeiten. Sie zeigen zwar, daß Werbung vermutlich „etwas bringt", aber außer einigen Hinweisen, die für die **Existenzberechtigung** der Werbung als Marketinginstrument sprechen, lassen sich daraus kaum wesentliche Erkenntnisse gewinnen. Derartige Schlüsse hätte man allerdings kraft eigener Erfahrung auch ohne Kenntnis dieser Studien ziehen können. Zudem ist nicht zu beurteilen, ob die Werbemaßnahmen unter wirtschaftlichen Gesichtspunkten in jedem Einzelfall rentabel waren. Vom ersten Eindruck her ist eher anzunehmen, daß die Auswirkungen auf den Umsatz begrenzt sind. Angesichts der fehlenden Informationen über das Aussehen der untersuchten Maßnahmen lassen sich außerdem keine Hinweise für die formale und inhaltliche Gestaltung erfolgreicher Werbung gewinnen.

6.2.2 Variation der Werbekonzeption und Umsatzentwicklung

Wenn die Gestaltung der Werbung eine Rolle spielt, so müßten unterschiedlich konzipierte Maßnahmen auch zu unterschiedlichen (Umsatz-) Effekten führen. Zwar ergeben sich aus den Studien von *Young* (1972) oder aus einer Fallstudie von *Bloom, Jay & Twyman* (1977, S. 11) einige Hinweise, z.B. als die Talfahrt der Umsatzanteile eines nicht näher bezeichneten Produkts unmittelbar im Anschluß an den Austausch der Kampagne gebremst wurde und sich wieder in einen sichtlichen Aufschwung verwandelte. Da aber mangels entsprechender Kontrolle, beispielsweise sonstiger Marktdaten, nicht auszuschließen ist, ob diese Entwicklung im Lauf der Zeit nicht ohnehin stattgefunden hätte, steht die unterstellte Ursache-Wirkungs-Relation auf schwachen Beinen. Aus diesen Informationen läßt sonach nur eine sehr allgemeine Bestätigung für die plausible Vermutung differentieller Effekte bei unterschiedlich gestalteten Werbekonzeptionen ablesen (*Abbildung 114*).

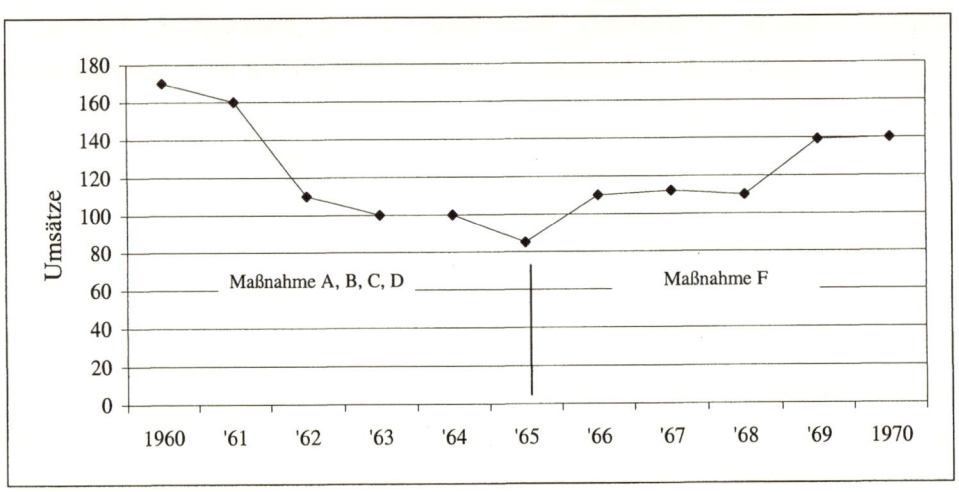

Abbildung 114: Variation der Werbekonzeption und Veränderungen des Umsatzes
(Quelle: *Young*, 1972, S. 10)

6.2.3 Spezielle Werbemaßnahmen und Umsatzänderung

Hier werden sehr heterogene Werbemaßnahmen betrachtet, aber aus den Schilderungen der Autoren gewinnt man wenigstens eine gewisse Vorstellung davon, um welche Art von Maßnahmen es sich handelte. *McClure & West* (1969) untersuchten ein *Counter Display* (Karussell zur Präsentation von Waren; hier Markierstifte), *Woodside & Waddle* (1975) sowie *Dickson* (1972) verglichen unterschiedliche Arten von POP-(point of purchase) Maßnahmen. *Mayer, Riechers & Rothacker* (1986) überprüften die Auswirkungen unterschiedlich gestalteter Werbedurchsagen auf den Absatz bestimmter Nahrungsmittel in einem Kaufhaus, und *Böcker* (1974) überprüfte die Effizienz von Prospekt-, Anzeigen-, Kino- und Schaufensterwerbung im Hinblick auf deren *time-lag*-Funktionen.

Da es sich in allen Untersuchungen nicht nur um statistisch signifikante Unterschiede zu diversen Vergleichs- und Kontrollbedingungen handelte, sondern die Veränderungen der Umsätze auch Größenordnungen von praktischer Relevanz annahmen, wird mit den dortigen Ergebnissen das **Wirkungspotential** der Werbung deutlich unterstrichen. Außerdem trat dabei zunehmend die **Produktart** als relevante Variable in Erscheinung (vgl. dazu *Mayer, Riechers &*

Rothacker, 1986). Diese Feststellung gibt nicht nur Anlaß zur Differenzierung entsprechender Aussagen, sondern ist auch als Aufforderung zur Zurückhaltung bei der Generalisierung von Ergebnissen zu verstehen.

6.2.4 Werbeaufwand und Werbeertrag

Im Vergleich zu den bisherigen ökonomischen Perspektiven der Thematik liegen zu der Beziehung **Werbeaufwand und Werbeertrag** erstaunlich viele Arbeiten vor. Diese befassen sich entweder mit dem Grundproblem des *Zusammenhangs* zwischen monetärem Werbeaufwand und dem zurechenbaren Ertrag, oder es findet die bestehende Konkurrenzsituation des Markts besondere Berücksichtigung, indem der unternehmens- oder markenspezifische Anteil am Gesamtaufwand für Werbung eines bestimmten Marktes (*advertising share*) und dessen Beziehungen zu den jeweiligen Marktanteilen (*market share*) die Grundlagen der Analysen bilden. Daneben gibt es vereinzelte Studien, die sich entweder mit Sonderfragen, wie z.B. der zeitlichen Verteilung (Pulsation) des zur Verfügung stehenden Budgets beschäftigen, oder die Entwicklung des Verlaufs der **Werbe-Reaktions-Funktion** (*advertising-sales-response-function*) in Abhängigkeit von der Höhe der Aufwendungen verfolgen. Die beiden zuletzt genannten Aspekte sollen im vorliegenden Zusammenhang jedoch außer Acht gelassen werden (vgl. dazu *Mayer*, 1990, S. 121 ff.).

6.2.4.1 Bedeutungsinhalte der Begriffe Werbeaufwand und Werbeertrag

Die beiden im Grunde eindeutig erscheinenden Begriffe werden üblicherweise mit monetären Größen in Verbindung gebracht. In der Mehrheit der Untersuchungen werden die Angaben auch darauf bezogen. Es gibt aber auch Abweichungen, so wenn die Angaben über den Werbeaufwand in Einzelfällen beispielsweise in Form von Einheiten wie Sendeminuten oder Häufigkeit der Schaltung von Spots erfolgen. Nicht nur deshalb, sondern auch angesichts der Tatsache, daß diese Größen die (psychologischen) Qualitäten der jeweiligen Maßnahme völlig unberücksichtigt lassen, ist von vornherein eine gewisse Varianz in den Ergebnissen zu erwarten.

Auch auf seiten des **Werbeertrags** ist ein größeres Spektrum an Bedeutungen und Operationalisierungen vorhanden. Er kann als *mengen-* oder *wertmäßig* erfaßte (Mehr-) **Umsätze** oder auch um den **Mehrverbrauch** einer bestimmten Ware pro Einwohner operationalisiert sein, oder sich um **Marktanteile**, um **Neukäufer** eines bestimmten Produkts, um Veränderungen des **Gewinns** und **Kostenreduktionen**, oder schließlich um die **Verbreitungsdichte** der betreffenden Marke innerhalb eines bestimmten Markts handeln.

6.2.4.2 Beziehungen zwischen Werbeaufwand und Werbeertrag

Die Ergebnisse der zu dieser Problematik vorhandenen Studien sind, wie eingangs schon vermutet, durch eine große Varianz gekennzeichnet. Neben der Mehrheit, die entweder *keine* (vgl. z.B. *Aaker & Carman*, 1982; *Grimm*, 1983) oder bestenfalls *mäßig ausgeprägte* Effekte zwischen der Höhe der Werbeausgaben und den Werbeerträgen enthalten (*Buzzel & Baker*, 1972; *Eskin*, 1975; *Eskin & Baron*, 1977; *Blattberg*, 1978; *Aaker, Carman & Jacobson*, 1982; *Franke & Wilcox*, 1987; *Arnold, Oum, Pazderka & Snetsinger*, 1987), findet sich eine kleine Zahl von Untersuchungen, die entweder *durchgängig* oder zumindest *fallweise* ausgeprägte Auswirkungen der variierenden Ausgaben nachweisen (*Starch*, 1966; *Marquardt & Murdock*, 1984; *Eskin & Baron*, 1977; *Blair*, 1987; *Franke & Wilcox*, 1987 sowie *Grønholdt & Hansen*, 1988). Besondere Aufmerksamkeit verdient die zuletzt erwähnte Arbeit, die außerdem den Vorteil enthält, daß es sich dabei um ein gut kontrollierten Feldexperiment unter weitgehend natürlichen Bedingungen handelt.

Nachdem der Norden Dänemarks im Vergleich zum Süden nicht mehr in der Reichweite des Westdeutschen Fernsehens liegt, und diese beiden Regionen hinsichtlich relevanter Merkmale (Handelsstruktur, Einkommen), sehr ähnlich sind, boten sich damit relativ günstige experimentalpsychologische Konstellationen. Der Werbeaufwand wurde in Form der durchschnittlichen Anzahl der *Sendeminuten* (pro Vierteljahr) in der Zeit von Januar 1983 bis September 1984 operationalisiert. Die abhängige Variable bildete der relative Unterschied der Marktanteile zwischen der südlichen und nördlichen Region.

Im Ergebnis zeigte sich ein sehr enger Zusammenhang zwischen den relativen Differenzen der **Marktanteile** der 49 untersuchten Produkte und dem Werbeaufwand (Sendezeit). Die Partialkorrelation (unter Ausschluß der Distribution) betrug r = .74, was einem durch diese Variable erklärten Varianzanteil von 55,1% entspricht. Damit kann davon ausgegangen werden, daß hier der Werbeaufwand in einem bemerkenswert hohen Umfang das Verhalten der Käufer beeinflußte.

Faßt man die wesentlichsten Erkenntnisse aller übrigen Studien stichwortartig zusammen, so ergibt sich folgendes Bild:

(1) Höhe und Steigerung von *Werbeaufwendungen* stellen *kaum eine Garantie* für die Erhöhung des Absatz- oder Umsatzvolumens innerhalb eines bestimmten Markts dar. Darüber können auch die in einzelnen Studien sporadisch aufgetretenen Erfolge nicht hinwegtäuschen.

(2) Es müssen folglich (noch) andere, und vor allen Dingen relevantere Variablen an der Entstehung der Werbeerträge beteiligt sein:

Zunächst ist dabei an die *qualitative Seite der Werbemittel* zu denken. Auf diesen Aspekt hat *Buzzell* bereits im Jahr 1964 aufmerksam gemacht, indem er damals schon feststellte, daß für den Erfolg einer Maßnahme die **Qualität der Werbung** wichtiger ist, als die Höhe der Werbeausgaben (S. 31). Diese Aussage konnten auch *Arnold, Oum, Pazderka & Snetsinger* (1987, S. 111) in neuerer Zeit wiederholt bestätigen.

Darüber hinaus sind im Rahmen des Denkmodells zu der Beziehung Werbeaufwand und Werbeertrag individuelle *Gegebenheiten* und Rahmenbedingungen des **Markts** (vgl. *Farris & Albion*, 1981) verstärkt in die Überlegungen und insbesondere in das experimentelle Design der jeweiligen Untersuchung mit einzubeziehen. Zu denken ist dabei an die Zusammensetzung oder an die Segmente der **Zielgruppe**, die **Höhe und Verteilung des Einkommens**, die praktizierten **Lebensstile** oder sonstige soziale Trends (vgl. dazu *Pearce, Cunningham & Miller*, 1971, zit. nach *Hendon*, 1981, S. 37; *Franke & Wilcox*, 1987). Ferner dürften die **Wettbewerbssituation** (*Gatignon*, 1984), die Produktart sowie bestimmte (psychologische) Eigenschaften des Produkts (u.a. Image, Markenbekanntheit; *Metwally*, 1980; Stadium des Produkt-Lebenszyklus) in Betracht zu ziehen sein. Wenn diese Aspekte im Rahmen von entsprechenden Studien Berücksichtigung finden, so dürfte es sich aller Wahrscheinlichkeit nach erweisen, daß der Werbeaufwand in diesem Umfeld eher zu jenen Variablen gehört, die nur relativ bescheidene Beiträge zur Erklärung der Varianz des Werbeertrags zu leisten vermögen.

6.2.4.3 Werbedruck und Marktanteile

In manchen Untersuchungen wird der **relative** Anteil (*share of advertising*) an den Werbeaufwendungen einer Branche oder Produktkategorie (Werbedruck) als unabhängige Variable verwendet, während auf der Seite der abhängigen Variablen dieser Größe wert- oder mengenmäßige **Marktanteile** (*Voss*, 1983, S. 153; *Wenzel*, 1984; *Holm*, 1985, S. 297 oder *Koeppler*, 1988, S. 32), Neu-Käufer-Gewinne (*Gullen & Johnson*, 1986) oder Erst- und Wiederkaufraten (*Brummer*, 1989, S. 16 f.) gegenübergestellt werden.

In der Studie von *Gullen & Johnson* (1986) wuchs beispielsweise der Anteil an **Neukäufern** mit steigendem Werbedruck, je nach Produktkategorie allerdings in unterschiedlichem Umfang. In ähnlicher Form hat sich in der Studie *Gold*s (1988) im Falle von 34 neuen Produkten eine konsistent positive Beziehung zwischen den jeweiligen relativen Werbe- und Marktanteilen ergeben; und zwar insbesondere bei Nahrungsmitteln. Dies deutet darauf hin, daß die Produktivität des Werbedrucks markenspezifisch unterschiedlich ausfällt. Diese Aussage ergänzt die von *Gullen & Johnson* (1986) beobachtete Abhängigkeit von der Produktkategorie.
Für die Höhe des Zusammenhangs ist dabei auch entscheidend, nach welchem Zeitraum, von der Investition der Beträge gemessen, die Erhebung der Daten (Marktanteile) stattfindet, da die Prognoseleistung des Werbedrucks mit der zeitlichen Distanz offensichtlich abnimmt (vgl. *Voss*, 1983, S. 213).

6.2.4.4 Zusammenfassung der Ergebnisse

Aufgrund der vorliegenden Befunde gestalten sich die Beziehungen zwischen dem monetären Werbeaufwand und -ertrag offenbar als nur sehr lose. Ergebnisse, die einen beachtenswerten Zusammenhang belegen, sind relativ selten. Dies ist nicht verwunderlich, da weder die **Quali-**

650

tät der Maßnahmen noch die besonderen **Bedingungen des Marktes** bei dieser Betrachtung berücksichtigt werden.

Etwas enger werden die Beziehungen, wenn wenigstens auf der Seite der unabhängigen Variablen Einzelbedingungen, wie zum Beispiel die kommunikative Wettbewerbssituation in Form des *Werbedrucks* Eingang finden, wobei sich außerdem Hinweise dafür ergeben, daß die Relationen von der Art der Produkte und nicht zuletzt auch von der speziellen Marke mit beeinflußt werden. Insgesamt wiederholt sich in den Befunden die im Forschungsfeld der Einstellungen gemachte Erfahrung, daß auf sehr allgemeinem Niveau operationalisierte Variablen von vornherein nur geringe Chancen haben, spezifische Effekte befriedigend zu erklären, geschweige denn zu prognostizieren.

6.2.5 Effektivität der Werbung im Vergleich zu anderen Marketinginstrumenten

Derartige Vergleiche wurden gerade in letzter Zeit verstärkt vorgenommen, wobei es sich vorwiegend um die Gegenüberstellung von preispolitischen und werblichen Maßnahmen bei Produkten des täglichen Bedarfs handelte. Die Ergebnisse der diversen Studien sind in der nachfolgenden *Tabelle 81* zusammengefaßt.

In allen diesen Ergebnissen dokumentiert sich *keine* eindeutige *Überlegenheit* des einen oder anderen Instruments. So führt der Vergleich zwischen **Preisvariationen** und **Werbung** einmal zu vorteilhafteren Ergebnissen für die eine, mal für die andere Seite. An den Häufigkeiten der Überlegenheit läßt sich in etwa eine gleichrangige Position ablesen, wobei dieses Kriterium nur eine äußerst oberflächliche Beurteilung des Sachverhalts erlaubt. In einigen dieser Studien deuten sich auch *produktspezifische Effekte* zwischen bestimmten Produktarten (*Eskin & Baron*, 1977; *Setharaman & Tellis*, 1991; *Schuring & Veerman*, 1998, S. 41) und deren Lebensdauer (lang- versus kurzlebig) an.

Der Vergleich preislicher Veränderungen mit speziellen Werbeformen (*point-of-purchase-, point-of-sales-Werbung*) führt zu ähnlichen Beobachtungen (*McKinnon, Kelly & Robison*, 1981; *Woodside & Waddle*, 1975; *Schuring & Veerman*, 1998), d.h. mal ist die eine, mal die andere Seite die überlegene.

Tabelle 81: Relative Effektivität der Werbung im Rahmen des Marketing-Mix

Autoren	Vergleich	Produkt	Ergebnisse
Eskin (1975)	Preis/Werbung	Nahrungsmittel	P > W*
Eskin & Baron (1977)	Preis/Werbung	Haushaltsreiniger	W > P
		snack food	P > W
		speciality food Back-	W > P
		waren	W > P
Simon (1983)	Preis/Werbung	Reinigungsmittel	W > P
Sethurman & Tellis (1991)	Preis/Werbung	Nahrungsmittel, Klei-	P > W
		dung, Möbel, Radio,	
		TV, etc.	P = W
McKinnon, Kelly & Robinson (1981)	Preis/Pop-Werbung	6 Produkte (unbekannt)	P > W
Woodside & Waddle (1975)	Preis/Pos-Werbung	Pulverkaffee	W > P
Wilkinson, Mason & Paksoy (1982)	Preis/ Regalfläche Werbung	Seife	R > P > W
		Muscheln	R > P > W
		Apfelsaft	R > P > W
		Reis	R > P > W
Brown (1974)	VF/Werbung	Pulverkaffee	VF > W
Sunoo & Lin (1978)	VF/Werbung	keine Angaben	VF > W
Fader & Lodish (1990)	Werbung/VF/Preis	Nahrungsmittel	P > VF > W
Schuring & Veerman (1998)	Werbung/VF/Preis/ anderes	Nahrungsmittel (Markanteile)	anderes > Preis > VF > Werbung
* P = Preis; W = Werbung; R = Regalfläche; VF = Verkaufsförderung			

In der Gegenüberstellung mit anderen Promotion-Aktivitäten (z.B. Variation von Regalflächen und Preissenkungen) nimmt die **Werbekommunikation** den **letzten Rang** ein (*Wilkinson, Mason & Paksoy*, 1982; *Brown*, 1974; *Sunoo & Lin*, 1978; *Fader & Lodish*, 1990).

6.2.6 Interaktionseffekte der Werbung

Die **Kombination** verschiedener Instrumente des Marketing, sei es simultan oder sukzessive, ist gängige Praxis. Dennoch wurden von der Forschung bisher nur bestimmte Kombinationen bevorzugt überprüft. Vor allem die Paarung von *Preisvariationen* (Senkung / Erhöhung) und Werbung erfreute sich besonderer Beliebtheit. Von wenigen Ausnahmen abgesehen (*Simon,*

1983; *Wilkinson, Mason & Paksoy*, 1982) konnten für die Kombination **Preissenkung und Werbung** signifikante **Interaktionen** nachgewiesen werden (*Sunoo & Lin*, 1978; *Eskin & Baron*, 1977; *Woodside & Waddle*, 1975; *McKinnon, Kelly & Robison*, 1981; *Dickson*, 1972).

Dieser Interaktionseffekt hat auch kurzfristig Bestand, wenn die preispolitische Maßnahme nicht in einer Preisreduktion, sondern in einer Preiserhöhung besteht (*Gullen & Johnson*, 1986a, S. 34). In diesem Fall sind Konsumenten bereit, vermutlich aber nur für kurze Zeit, die höheren Preise zu akzeptieren, ohne einen Markenwechsel vorzunehmen. Es ist aber davon auszugehen, daß dieser Effekt außerdem vom Ausmaß der Preissteigerung und der Intensität der Werbung bestimmt wird (vgl. dazu *Eskin*, 1975).

Die Kombination von Teilaktivitäten stellt jedoch keine Erfolgsgarantie dar. Dies zeigte die Studie von *Sunoo & Lin* (1978) sehr deutlich, als nur ein bescheidener Anteil von 8% der Gesamtveränderung aus der Interaktion von Werbung und verkaufsfördernden Maßnahmen resultierte.

Insgesamt gesehen sind bei einer auf die Interaktion der Einzelinstrumente des Marketing-Mix ausgerichtete multifaktorielle Kommunikationsstrategie im allgemeinen zwar signifikante Wechselwirkungen mit hoher Wahrscheinlichkeit zu erwarten, aber die individuelle formale und inhaltliche Ausgestaltung der Maßnahmen sowie die gegenwärtig noch zu wenig erforschten Detailbedingungen stellen noch keine genügend gesicherte Grundlage dar, um vor Enttäuschungen oder Überraschungen sicher zu sein.

6.2.7 Zusammenfassende Diskussion der Ergebnisse

Aus den Ergebnissen der im Rahmen der ökonomischen Perspektive der Thematik zu Beginn vorgestellten Untersuchungen ist zunächst nur die **Existenzberechtigung der Werbung** als Marketinginstrument ableitbar. Diese Feststellung wird durch die Studien gestützt, in welchen Änderungen von Werbekonzeptionen auch zu veränderten Absatz- oder Umsatzzahlen führten. Außerdem unterstreichen die Ergebnisse die **Relevanz** der *formalen* und *inhaltlichen Gestaltung*.

Die Ergebnisse der Untersuchungen, in welchen spezielle Werbemaßnahmen und deren Auswirkungen auf die Entwicklung der Umsätze im Mittelpunkt des Interesse standen, stützen die weitverbreitete Hoffnung, daß der Einsatz von Werbung wirtschaftlich effizient sein kann. Die Befunde erlauben allerdings keine Generalisierung für jegliche Form von Werbung; deshalb die Hervorhebung des Wortes *kann.*

Der **finanzielle Aufwand** für Werbung erweist sich in seiner Funktion als potentieller Prädiktor für die Vorhersage des Werbeertrags als weitgehend untauglich. Wenn man sich dazu vor Augen führt, daß bei dieser Betrachtung die kommunikativ relevanten und zentralen **Merkmale** der Werbung *nicht enthalten* sind, so wird die Sachlage verständlich. Hohe Werbeausgaben können für sich allein **keine Gewähr** für die Sicherung und Erhöhung der Absatzchancen von Produkten bieten.

Eine etwas **verbesserte Vorhersagekraft** deutet sich im Prädiktor **Werbedruck** (*share of advertising*) an. In Anbetracht des Wettbewerbs und der damit verbundenen Anpassungsreaktionen der Konkurrenz ist jedoch zu vermuten, daß sich die Prognosefähigkeit dieser Variablen mit der Länge des Vorhersagezeitraums vermindert. Sie scheint somit vorwiegend für kurzfristige Prognosen geeignet.

Stellt man die Frage, welche der Instrumente im **Vergleich** untereinander die marketingpolitisch aussichtsreicheren sind, so läßt sich aus den gegenwärtig vorliegenden Ergebnissen der Schluß ziehen, daß die **Werbung** sehr oft oder fast immer den zweiten Rangplatz gegenüber alternativen Aktivitäten (wie u.a. Preisreduzierungen, Variation von Regalflächen, Verkaufsförderung) einnimmt, d.h. diesen unterlegen ist.

Von der breiten Palette der denkbaren **Kombinationsmöglichkeiten** der Werbung mit den vielfältigen Instrumenten des Marketing ist bisher nur ein sehr bescheidener Teil untersucht. Bevorzugt steht dabei die Paarung mit preispolitischen Aktivitäten im Vordergrund, wobei diese Mischung vor allem bei **Preisreduktionen** erfolgversprechend ist.

6.3 Werbewirkung und Kaufverhalten: *Unter psychologischen Aspekten*

In den folgenden Abschnitten steht die Frage im Vordergrund, ob und inwiefern sich die verschiedenen als **Prädiktoren** dienenden Kriterien der Werbewirkung (Indikatoren) zur **Prognose von Kaufverhalten** eignen. Die zu analysierenden Relationen lassen sich dazu anhand einer modifizierten Version der **Input-Output-Matrix** von *McGuire* (1978) systematisieren (*Tabelle 82*).

In *vertikaler* Richtung werden zunächst die verschiedenen **Indikatoren der Werbewirkung** aufgeführt (*Begegnung, emotionale Reaktionen, kognitive Chiffrierung, Akzeptanz, etc.*). Ergänzt werden diese durch die Kategorien *Verhaltensabsicht* und *kaufnahes Verhalten*. Die beiden zuletzt erwähnten Kategorien werden zwar bei *McGuire* unter die Output-Variable **Kaufverhalten** eingeordnet, für die Zwecke der hier gewählten Fragestellung sind sie jedoch als Basis möglicher Vorhersagen der Gruppe der unabhängigen Variablen zuzuordnen. Jede Ausprägung dieser Variablengruppen ist sonach im Sinne eines individuellen **Prädiktors des Kaufverhaltens** zu verstehen.

In der *horizontalen* Ebene sind demgegenüber die verschiedenen **Varianten des Kaufverhaltens** angeordnet. Wie die Eintragungen in der tabellarischen Übersicht unter dieser Kategorie zeigen, handelt es sich dabei außer um *tatsächliches* Kaufverhalten noch um andere, dem Kaufverhalten unter spezifischen Bedingungen gleichzusetzende Verhaltensweisen. Im einen Fall sind es Kaufhandlungen, die den Erwerb neuer oder auch grundlegend *modifizierter* Produkte betreffen (*Innovationsverhalten*). Im anderen Fall handelt es sich um den *Wiederholungskauf* als weitere Variante des Kaufverhaltens.

Tabelle 82: Struktur der Analyse der Beziehungen zwischen Werbewirkung und Kaufverhalten
(unter psychologischen Aspekten)

Prädiktoren \ Kriterien		KAUFVERHALTEN		
		Kaufverhalten (reales)	Innovations- verhalten	Wiederholungs- kauf
BEGEGNUNG	- passives Ausgesetztsein - aufmerksame Zuwen- dung			
EMOTIONALE REAKTION	- Erregung - affektive Reaktion			
KOGNITIVE CHIFFRIERUNG	- Aufmerksamkeit - Produktwahrnehmung - Verstehen (Lernen) - Erinnern			
AKZEPTANZ	- Beliebtheit - Einstellung/Meinung - Einstellungsänderung - Eindrucksbildung - Entscheidung			
VERHALTENSABSICHT				
KAUFNAHES VERHALTEN				

Die sich in dieser Matrix ergebenden Zellen kennzeichnen die zentralen Problemstellungen und Inhalte der nachfolgenden Ausführungen. In jedem Einzelfall werden die Beziehungen zwischen der jeweiligen **Prädiktor-Variante** und den verschiedenen Formen des **Kaufverhaltens** Gegenstand der Betrachtung sein. Bei diesem Vorgehen ergibt sich eine zunehmende Spezifizierung der Kriterien und - aus der Sicht von Stufenmodellen- eine zunehmende Verringerung der Distanz zum Zielverhalten (Kauf).

Diese Matrix enthält zwar alle theoretisch denkbaren Prädiktoren-Kriterien-Kombinationen; dies heißt jedoch nicht, daß auch alle Zellen mit entsprechenden Untersuchungen besetzt sind. Manche dieser Zellen können mangels empirischer Belege nur sehr schwach belegt oder gar unbesetzt sein.

6.3.1 Werbebegegnung und Kaufverhalten

Damit Werbung überhaupt eine Chance hat, Wirkungen zu erzielen, ist die Begegnung mit ihr unabdingbare Voraussetzung. Hierbei kann sich der Rezipient ihr entweder *aktiv* zuwenden oder auch nur *passiv* ausgesetzt sein.

Beiden Prädiktoren ist gemeinsam, daß sie einer sehr frühen, noch undifferenzierten Phase des Werbewirkungsprozesses angehören. Außerdem fließen die qualitativen Eigenschaften des betreffenden Werbemittels nicht in die Betrachtung mit ein. Ferner ist nicht in jedem Fall eine scharfe Grenze zwischen diesen beiden Prädiktoren zu ziehen, da nicht immer absolut sicher feststeht, ob die Begegnung nicht doch schon die Schwelle zwischen passiver und aktiver Begegnung überschritten hat. Angesichts dieser Umstände ist deshalb von vornherein mit einer größeren Variationsbreite der Ergebnisse zu rechnen.

6.3.1.1 Passive Werbebegegnung und Kaufverhalten

Nachdem die Situation der schlichten *passiven* Begegnung mit einem Werbemittel prinzipiell keine großen Chancen hat, gravierende Veränderungen zu bewirken, ist es nicht besonders überraschend, daß die in diesem Feld vorhandenen Studien lediglich die *Notwendigkeit* des Kontakts unter Beweis stellen und dabei zeigen, daß sich selbst bei der quantitativen Ausweitung der passiven Begegnung, die sowohl als eine *wiederholte* passive Begegnung als auch im Sinne einer *Vergrößerung der Reichweite* aufzufassen ist, die Wahrscheinlichkeit des Kaufs oder sonstigen Verhaltens (z.B. Coupon-Rücksendungen) nur in eng gesetzten Grenzen bewegt (*Jain*, 1975; *Black & Farley*, 1977; *Hörzu*, 1983, 1983a; *Gullen & Johnson*, 1986). Für eine möglichst exakte Prognose zukünftigen Verhaltens ist dieser Prädiktor folglich eher untauglich (vgl. dazu auch *Mayer*, 1990, S. 139 ff.). Im Grunde ist dieses Ergebnis der früheren und zugleich höchst allgemeinen Feststellung vergleichbar, daß Werbung „*etwas bringen*" kann.

6.3.1.2 Aktive Werbebegegnung und Kaufverhalten

Im Fall des Prädiktors *aktive Werbebegegnung,* der i.S. von *Informationssuche* oder einer mehr oder minder intensiven aufmerksamen Zuwendung zur Kommunikationsmaßnahme zu interpretieren ist (z.B. im Sinn der Starch-scores mit den Stufen: gesehen; gesehen und mit Assoziationen verbunden ..., oder: mindestens 50% der schriftlichen Informationen gelesen; *Starch*, 1966, S. 7 ff.), zeigt sich im Vergleich zur *passiven* Werbebegegnung zwar ein zunehmend engerer Zusammenhang, aber in der absoluten Höhe weist dieser Prädiktor einen zu geringen Bezug zum Kaufverhalten auf, um eine nennenswerte Bedeutung zu gewinnen (*Starch*, 1966, S. 111 f.; *Palda*, 1969, S.12; *Stapel*, 1971, S. 33; *Peretti & Lucas*, 1975; *Carefoot*, 1982).

Anhand der dortigen Erfahrungen ist zwar zusammenfassend zu sagen, daß eine gewisse Beziehung zwischen der aufmerksamen Zuwendung zu einem Werbemittel und Kaufverhalten besteht, die sich auch mit zunehmender Intensität der Zuwendung etwas enger gestaltet, die zu prognostizierenden Größenordnungen bleiben jedoch weitgehend unbestimmt. Dies ist nicht verwunderlich, wenn man sich vor Augen hält, daß die normale Verweildauer, beispielsweise bei Anzeigen, nur eine äußerst kurze Zeit (2-3 Sekunden) beträgt (*Koeppler*, 1980, S. 151; *Gerloff*, 1988, S. 39), und dabei die *qualitativen Merkmale* der Gestaltung des Werbemittels *völlig außer acht* bleiben.

6.3.2 Emotionale Reaktionen und Kaufverhalten

Unter *emotionalen Reaktionen* sind solche psychischen Zustände eines Individuums zu verstehen, die mit gefühlsmäßigen Empfindungen wie Freude, Angst, Trauer, Zufriedenheit, Wohlbefinden, Gefallen, Sympathie, Ablehnung oder zahlreichen vergleichbaren Erlebnissen einhergehen (vgl. dazu auch *Plutchik*, 1980). Sie lassen sich außer durch ihre spezifische **Qualität**, durch individuelle Ausprägungen in den Merkmalsbereichen *Intensität, Richtung* sowie durch den *Umfang des Bewußtseins* kennzeichnen.

In der Praxis versucht man mit Hilfe der verschiedensten Gestaltungselemente möglichst *positive* Emotionen zu erzeugen, von denen man weiß oder zumindest begründet *vermutet*, daß sie der Beurteilung und Nachfrage des angebotenen Produkts zugute kommen (vgl. dazu *Kirchler*

& *Kapfer*, 1987). Mit diesem Ziel werden beispielsweise Stimuli, wie Farben, schöne Land-schaften, attraktive Personen, Ausgeglichenheit oder Gemütlichkeit vermittelnde Situatio-nen, humoristische Szenen oder Wohlbefinden, Glück und Zufriedenheit ausstrahlende Gesichter und viele andere Elemente (wie Musik) verwendet. Gelegentlich werden auch furchtinduzie-rende Darstellungen mit dem Ziel der Erzeugung *negativer* Emotionen eingesetzt; so z.B. wenn das Zielverhalten positive Konsequenzen nach sich zieht (Zahnpflege: Reduzie-rung von Kari-es; Fahrverhalten: Sicherheit im Straßenverkehr; vgl. *Mayer & Beiter-Rother*, 1980; *Zeitlin & Westwood*, 1986, S. 42).

6.3.2.1 Erregungsniveau und Kaufverhalten

Studien, die die kritische Frage nach der **Verhaltensrelevanz** des psychischen Erregungsni-veaus (*Aktivierung*) stellen, sind nahezu als Einzelerscheinungen zu bezeichnen. Zur Messung dieses Aspekts des Erlebens finden bevorzugt psychophysiologische Verfahren Anwendung (vgl. *Barg*, 1981, S. 942).

Einen der seltenen Belege zu den Beziehungen zwischen der durch die Werbemaßnahme indu-zierten psychischen Erregung und Kaufverhalten enthalten die Untersuchungen von *Eckstrand & Gilliland* (1984). Dort ergeben sich positive Zusammenhänge zwischen Maßen der (phasi-schen) Hautwiderstandsänderung und Verkäufen, was diese Forscher zu der Annahme veran-laßt, daß sich die Effektivität werblicher Kommunikationsmittel unter kontrollierten Bedingun-gen auf dieser Basis prognostizieren lassen (S. 424).

Diese These stützen auch Ergebnisse von *Krugman* (1964), allerdings mit dem Unterschied, daß der Prädiktor die *Veränderung des Pupillendurchmessers* darstellte. Daneben gibt es auch vereinzelte Experimente, die weniger überzeugende oder gar entgegengesetzte Ergebnisse lie-ferten (vgl. dazu *Mayer*, 1990, S. 156).

Die Konsequenz dieser Gegensätzlichkeiten ist, daß über die Tauglichkeit dieses Prädiktors kein abschließendes Urteil zu fällen ist, solange nicht weitere Studien die Vielzahl der hierbei noch offenen Fragen aufgreifen und beantworten. Zumindest bis dahin sollte die in der Praxis ohnehin schon weit verbreitete Skepsis und Zurückhaltung gegenüber diesen Indikatoren auch beibehalten werden (vgl. dazu *Lenz & Fritz*, 1986, S. 186).

6.3.2.2 Affektive Reaktionen und Kaufverhalten

Nach *McGuire*s Vorschlag sind unter *affektiven Reaktionen* sehr heterogene und sowohl *positive* Erlebnisaspekte, wie *Gefallen der Werbung, Grad der Neuartigkeit, allgemeiner Eindruck von der Werbung,* als auch *negative* Erscheinungen, wie sie durch Langeweile oder Sättigung entstehen, zu subsumieren. Die Methodik der Erfassung ist weitgehend dem Vorgehen bei der Messung der psychischen Aktivierung vergleichbar, nur mit dem Unterschied, daß diese Daten der Ergänzung durch zusätzliche verbale Auskünfte zum Zweck der qualitativen Identifikation bedürfen.

Die Befunde auf diesem Gebiet der Forschung sind mehr als spärlich. Zwar wurden einzelne Studien zur Thematik der Auswirkungen verschieden gestalteter Werbemittel und den daraus resultierenden affektiven Reaktionen gemacht (vgl. *Kirchler & Herman*, 1986), aber die Verbindung zum Kaufverhalten wurde nur ein einziges Mal und dabei sehr allgemein hergestellt (*Palda*, 1969, S. 12). In dieser Studie war ein Anstieg der Kaufrate von 64,3% auf 70,2% in denjenigen Fällen zu verzeichnen, in welchen der präsentierte TV-Spot den Rezipienten auch gefiel.

Auf dieser äußerst mageren Informationsbasis lassen sich keine empirisch begründeten Aussagen über die Funktion affektiver Erlebnisse oder Prozesse für das Kaufverhalten machen. Lediglich zur Bedeutung affektiver Erlebnisse für die Einstellung zur Werbemaßnahme sind in der Arbeit von *Edell & Burke* (1987) einige Anhaltspunkte vorhanden.

6.3.3 Aufnahme, Verarbeitung, Speicherung von Inhalten der Botschaft und Kaufverhalten

Die *potentiellen* Auswirkungen lassen sich in diesem Bereich in **vier Hauptkategorien**, mit jeweils weiteren graduellen Differenzierungen, darstellen:

Die *erste* Kategorie, *Aufmerksamkeit gegenüber diversen Teilinhalten der Werbebotschaft*, betrifft Aspekte der Bekanntheit oder der Identifizierung der Marke oder des Produkts. Sie schließt aber auch das Wiedererkennen von Symbolen, Aktions- oder Markenzeichen sowie die Bekanntheit von Packungen und Slogans mit ein.

Die *zweite* Gruppe umfaßt unterschiedliche, vorwiegend kognitive Aspekte der *Produktwahrnehmung*. Daran schließen sich *Verstehen und Verständnis* (*Lernen*) der Inhalte der Botschaft an. Es handelt sich zum einen um Maße, die sich in erster Linie auf den Erwerb von Wissen und Konzepten beziehen, zum anderen aber auch dessen Voraussetzungen betreffen können, wie die Verständlichkeit und Eindeutigkeit der Information sowie die Entstehung von Konfusionen bis hin zur Lesbarkeit.

Während alle bisher genannten Bereiche schon mehr oder minder die verschiedenartigsten *Erinnerungsleistungen* mit variierenden inhaltlichen Teilbezügen betreffen, stellt der *vierte* Bereich, *Behalten des werblichen Aussageinhalts*, diesen Aspekt ausdrücklich in den Mittelpunkt der Betrachtung.

6.3.3.1 Aufmerksamkeit gegenüber Teilinhalten der Werbebotschaft und Kaufverhalten

Nachdem es sich hier in erster Linie um Vorgänge der Informationsaufnahme handelt, wäre aufgrund methodischer Überlegungen zu erwarten gewesen, daß man zumindest gelegentlich Ergebnissen begegnet, die mit Hilfe der *Methode der Blickregistrierung* gewonnen wurden. Aber keine Untersuchung dieser Art ist vorhanden. Es wurden auf diesem Weg zwar einige Studien zu den Auswirkungen unterschiedlich gestalteter Werbemittel auf *Fixationsorte, Fixationshäufigkeit, -reihenfolge, -dauer, Gazegröße (Anzahl der hintereinander liegenden Fixationen eines Elements)* sowie auf die *Gesamtdauer der Betrachtung* durchgeführt, aber die Verbindung zu den sogenannten *„finalen Reaktionen"* (*Leven*, 1986, S. 87), im Sinne von Kaufverhalten, wurde nicht hergestellt. *Rehorn* (1986, S. 54) drückt diesen Sachverhalt auch mit den Worten aus: „*Der Aussagegehalt der Blickregistrierwerte über das eigentliche Werbeziel, Einstellungs- und Verhaltensbeeinflussung, ist unbekannt*".Ähnlich negativ äußern sich auch *Treistman & Gregg* (1979).

Diese Gesichtspunkte sind wohl in erster Linie dafür verantwortlich, daß in der empirischen Forschung an Stelle des Zugriffs auf Indikatoren aus der Phase der Entstehung von Encoding-Prozessen vornehmlich Messungen erfolgen, die sich an den Endergebnissen dieser Vorgänge, nämlich **Erinnerungen**, orientieren.

Das niedrigste Niveau im Rahmen der Entwicklung detaillierter (Werbe-) Kenntnisse und Erinnerungen kann sich vor allem in Messungen zur *Bekanntheit* der mitgeteilten Teilinhalte dokumentieren. Die dazu vorliegenden empirischen Befunde ergeben jedoch *kein einheitliches Bild* bezüglich der Verhaltensrelevanz dieser Kategorie. Neben Einzelbefunden, die engere Beziehungen zwischen den Prädiktoren und Kaufverhalten aufweisen, sind solche Ergebnisse anzutreffen, bei welchen sich die Autoren angesichts ihrer Erfahrungen am Ende grundsätzlich fragen, was mit Erinnerungswerten (denn) überhaupt gemessen wird (*Beattie & Mitchell*, 1985, S. 129; *Högl*, 1986, S. 196).

Einen grundlegenden Beweis dafür, daß eine unmittelbare Beziehung zwischen der Bekanntheit von Werbung und Verhalten bestehen *kann*, erbringen *Aaker & Day* (1974) im Rahmen ihrer Untersuchung („*The empirical results in this study suggest that advertising can influence behavior by working through awareness*", S. 286).

Ein anderes Beispiel aus der Gruppe der Studien mit *unzulänglichen* Relationen findet man bei *Black & Farley* (1977, S. 52 und 54). Dort lagen die Zusammenhänge zwischen der Kenntnis der Werbung (unaided recall) und der Verwendung eines Empfängnisverhütungsmittels, unabhängig vom Zeitpunkt der Messung, bei r =.16. Allerdings dürfen die Sonderstellung des Produkts und die Tatsache, daß diese Studie in Kenia durchgeführt wurde, nicht außer acht gelassen werden.

Überraschend bemerkenswerte Zusammenhänge enthalten die Untersuchungen von *Schaefer* (1985) und *Voss* (1983). Im ersten Fall ergab sich eine Korrelation von r = .94 zwischen der *Bekanntheit* verschiedener Kaffeemarken und deren *Verwendung*. Allerdings besteht dabei das Problem, daß sich hier keine eindeutige Grenzen zwischen den Entstehungsursachen der Bekanntheit (Werbung und/oder Produkterfahrung) ziehen lassen. Dieselbe Frage stellt sich auch bei den Ergebnissen von *Voss* (1983, S. 213), der zwischen dem *Bekanntheitsgrad* einer Zahnpasta-Marke und dem *mengen- oder wertmäßigen Marktanteil* eine Korrelation von r = .82 bzw. .83 erhielt.

Über ähnlich positive Zusammenhänge, die sich mangels entsprechender Daten zahlenmäßig nicht angeben, sondern sich nur aufgrund weitgehend paralleler Kurvenverläufe (aggregierter Daten) der *Bekanntheit* einer *neu* in den Markt eingeführten Nahrungsmittel-Marke und des Anteils der Käufer eindrucksmäßig vermuten lassen, berichtet auch *Kaplitza* (1983).

Anhand dieser Ergebnisse wird deutlich, daß die **Verhaltensrelevanz** von Maßen der Bekanntheit mit ansteigendem *Grad der Differenziertheit* des Bezugs zunimmt (vgl. auch *Steffenhagen & Juchems*, 1985, S. 25). Dafür sprechen auch die Ergebnisse von *Winters* (1988). Der Prädiktor heißt dort *Bekanntheit der Kampagne* und das Kriterium „... *die zuletzt gekaufte (Benzin-) Marke*". Ferner wurde im Rahmen der Studie zwischen Personen mit besonders kritischer Einstellung zur Ölindustrie (sog. *Inner-Directeds* nach *Mitchell*, 1983) und Personen aus der üblichen Zielpopulation unterschieden. Der Vergleich erfolgt anhand von Daten, die im Abstand von einem Jahr (Januar 1986 - Januar 1987) erhoben wurden.

Betrachtet man die Netto-Veränderungen des Kaufverhaltens (unter Abzug der %-Werte der Kontrollgruppen), so scheint die Bekanntheit der Kampagne sowohl bei der Normalpopulation als auch bei der Gruppe der „Inner-Directeds" binnen Jahresfrist sichtliche Auswirkungen, im Sinne eines *Gewinns an Käuferanteilen* von 8% bzw. 22%, ausgelöst zu haben. Aus methodischer Sicht ist dieser Vergleich allerdings zu kritisieren, da die Ausgangspositionen der beiden Gruppierungen (Kampagne unbekannt vs. bekannt) nicht identisch waren. Die Differenzen im Kaufverhalten können sowohl auf die ungleichen Ausgangsbedingungen (Populationsunterschiede) zurückgehen als auch auf Effekten der Image-Kampagne beruhen.

Insgesamt gesehen ist festzuhalten, daß unter der Voraussetzung einer differenzierten Erfassung von Teilaspekten der Werbebotschaft, die in *enger Verbindung mit dem Produkt stehen*, wie z.B. die Bekanntheit eines Produkts (Marke), gute Aussichten für die Erstellung von akzeptablen Prognosen für Kaufverhalten bestehen können.

6.3.3.2 Produktwahrnehmung und Kaufverhalten

Mit Produktwahrnehmung (brand [issue] perception) sind in erster Linie rationale, kognitiv erfaßbare Eigenschaften der beworbenen Marke (u.a. deren Bezeichnung, Name, Qualität, Preis oder Imagemerkmale) angesprochen; höchstens am Rande sind damit auch deren affektive Merkmale oder Komponenten gemeint (*McGuire*, 1978, S. XXXI).

Anhaltspunkte für die Bedeutung dieses Wirkungsbereichs lassen sich in den Studien von *Ostlund* (1974) sowie *Feldman & Armstrong* (1975) gewinnen. *Ostlund* gelang es, Innovatoren zu 63% bzw. 74% (unaided/aided recall des Kaufs) der Fälle anhand der Produktwahrnehmung (relativer Vorteil, Kompatibilität, Komplexität, Verfügbarkeit, Kommunizierbarkeit und dem wahrgenommenen Risiko) zutreffend zu klassifizieren. *Feldman & Armstrong* (1975) konnten diese Feststellungen im Fall eines damals noch innovativen Produkts (Auto mit Wankelmotor) bestätigen.

Ein weiteres Beispiel ist in der Studie von *Black & Farley* (1977) enthalten, wo sich im Sonderfall des Empfängnisverhütungsmittels eine Korrelation von r = .32 (p < .01) zwischen der *Erinnerung an den Markennamen* (semi-aided recall) und dem (probeweisen) *Kauf* zeigte. Aufgrund dieser wenigen und insbesondere lückenhaften Informationen, die sich zudem meist auf Sonderfälle beziehen, läßt sich kaum ein begründetes Urteil über die Tauglichkeit dieses Prädiktors treffen, es sei denn, man läßt sich zu kühnen Spekulationen verleiten. Positive Ansätze sind zwar vorhanden, definitive Empfehlungen können damit aber nur unzulänglich begründet werden. Deshalb muß die Frage der Tauglichkeit dieser Prädiktorkategorie hier unbeantwortet bleiben.

6.3.3.3 Kenntnis von Teilinhalten der Botschaft und Kaufverhalten

Auch dieser Aspekt war bislang nur selten Gegenstand empirischer Untersuchungen. Es finden sich wohl Ergebnisse darüber, daß eine genauere Kenntnis des Inhalts der Botschaft, beispielsweise in Form eines *Slogans*, den zeitlichen Verlauf von Entscheidungs- und Kaufprozessen beschleunigen kann, aber nicht darüber, ob infolge geringerer oder detaillierterer Kenntnis über die Inhalte der Aussagen der Werbung gerade diese oder jene Marke bevorzugt wird (*Cobb &*

Hoyer, 1985). Demgegenüber weisen Ergebnisse von *Robertson* (1968) darauf hin, daß weniger das Wissen über den Botschaftsinhalt, sondern vielmehr die Zugehörigkeit zu einem bestimmten **Käufertypus** (Innovatoren) das entscheidendere Moment darstellt.

Der einzige, dem es gelang, zu diesem Sachverhalt einen etwas überzeugenderen Beleg vorzulegen, ist *Schaefer* (1985, S. 42). In dieser Studie tritt die *Kenntnis von Argumenten*, mit denen sich ein Hersteller von der Konkurrenz differenzieren wollte, als wichtiger Beweggrund für den (Erst-)Kauf des Produkts in Erscheinung (*Tabelle 83*).

Tabelle 83: Kenntnis von Argumenten und Erstkaufrate (Quelle: *Schaefer*, 1985, S. 43)

Im Werbemittel genanntes ...	Erstkaufrate
Argument A_1 genannt	29
Argument A_2 genannt	31
Argument A_3 genannt	30
Argument A_{1-3} nicht genannt	18
Werbemittel nicht erinnert	11

Nachdem keine weiteren Angaben über die sonstigen Bedingungen (Produkt, Inhalt und formaler Aufbau der Argumente) vorliegen, läßt sich aus diesen Ergebnissen nur ableiten, daß die *Vertrautheit* mit relevanten, insbesondere von der Konkurrenz differenzierenden Argumenten in spezifischen Situationen oder Fällen ein erfolgversprechender Indikator zu sein vermag. Seine generelle Leistungsfähigkeit im Sinne einer *Prognose* kann jedoch erst nach weiteren, ergänzenden Studien abschließend beurteilt werden.

6.3.3.4 Erinnerung des Aussagegehalts der Botschaft und Kaufverhalten

Die Informationsbasis zu diesem Punkt ist etwas breiter als in den vorausgegangenen Abschnitten. Trotz der Beliebtheit dieses Indikators in der Praxis (*Weilbacher*, 1981, S. 16), heißt dies aber nicht, daß sich mit Blick auf seine Eignung zur Prognose ein wesentlich kongruenteres Bild zeichnen ließe. Es überwiegen hier Studien, deren Ergebnisse entweder keine oder bestenfalls *sehr geringe Beziehungen* zwischen der *Erinnerung von Botschaftsinhalten und*

Kaufverhalten erkennen lassen (z.B. *Bogart, Tolley & Orenstein*, 1970; *Young*, 1972; *Gibson*, 1983; *Beattie & Mitchell*, 1985; *Smith*, 1988; vgl. dazu auch *Mayer*, 1990, S. 169 ff.).

Nicht zuletzt trägt auch die Tatsache dazu bei, daß Erinnerungswerte (i.S. von aided und unaided recall) sehr heterogenes Verhalten widerspiegeln. Noch entscheidender scheint aber die Vernachlässigung wesentlicher Randbedingungen zu sein, wie der fehlende Einbezug der prozessualen *Strategie der Informationsverarbeitung*, des *Typs der Werbung* (*Beattie & Mitchell*, 1985, S. 153), oder des *Gefallens des Programms*, des *Zeitpunkts* und *Dauer* des der Werbung Ausgesetztseins, von *Positionseffekten*, sozio-demographischen Merkmalen der Zielpersonen, bis hin zur *zeitlichen Distanz* zwischen Begegnung mit der Werbung und Messung der Erinnerung (*Gibson*, 1983, S. 39 ff.) und noch einiger methodischer Aspekte, wie der meist ungeprüften *Reliabilität* der Meßinstrumente.

Wenn selbst unter diesen Voraussetzungen keine exakteren Prognosen möglich sein sollten, dann müßte man für die Zukunft in der Tat dem Rat *Gibson*s (1983, S. 39) folgen und in seinen Worten sagen: *„If the question is copy testing, the answer is ... „Not Recall"*, d.h. auf die Verwendung der Erinnerung des Aussagegehalts der kommunikativen Maßnahme als (Einzel-) Prädiktor verzichten. Wie er sich unter Umständen im Verbund mit anderen bewährt, ist bislang noch eine ungeklärte Frage.

6.3.4 Akzeptanz der Werbebotschaft und Kaufverhalten

Neben relativ allgemeinen psychologischen Konsequenzen, wie der prinzipiellen Akzeptanz der in der Botschaft vertretenen Position, fallen hierunter Effekte in den Bereichen *Einstellungen* und *Meinungen* sowie Maße über die auf diesen Ebenen stattfindenden Änderungen. Ferner werden darunter Konsequenzen subsumiert, die sich in *wertenden Äußerungen* gegenüber dem Produkt, der vertretenen Position oder gegenüber dem gemäß der Botschaft zu erwartenden Verhalten sowie in (vorläufigen) Entscheidungen für oder gegen die vertretene Ansicht oder das empfohlene Produkt dokumentieren, d.h. hauptsächlich *Präferenzen* und deren *Änderungen* betreffen.

6.3.4.1 Akzeptanz der Werbeaussage oder -maßnahme und Kaufverhalten

Die generelle Akzeptanz im Sinn einer Art Voreingenommenheit kann sich sowohl auf die Werbemaßnahme als auch auf ihren Aussageinhalt beziehen. Trotz dieses allgemeinen Niveaus des Prädiktors beeinflußt dieser Aspekt Kaufverhalten einerseits indirekt, d.h. auf dem Umweg über die Entwicklung spezifischer Einstellungen und Verhaltensabsichten, andererseits können aber auch direkte Verbindungen zwischen diesen beiden Variablen bestehen (vgl. *Shimp*, 1981, S. 12 ff.). Den dortigen Ergebnissen zufolge war die zunehmend positive Einschätzung der Werbemaßnahme (Aad) von einer zunehmenden Kauffrequenz begleitet. Weitere Hinweise für die Relevanz der Akzeptanz des Werbemittels ergeben sich bei *Schaefer*, der auf der Basis der sogenannten top-box-scores (Ratingstufen 5-7) eine beachtenswerte Beziehung zur Erstkaufrate feststellte.

6.3.4.2 Einstellungen, Meinungen und Kaufverhalten

Einstellungen sind - ähnlich wie Erinnerungen- sehr beliebte Prädiktoren; und zwar nicht nur in der Sozialpsychologie (vgl. *Irle*, 1975; *Six*, 1979), sondern auch in der Markt- und Werbepsychologie (*Mayer & van Eimeren*, 1985; *Laberenz*, 1988, S. 210). Wenn man sich in diesem Zusammenhang an den Erfahrungen der sozialwissenschaftlichen Forschung orientiert, wo Verhalten im allgemeinen nur zu einem bescheidenen Anteil von ungefähr 10% durch Einstellungen erklärbar ist, so werden damit die Erwartungen im Bereich der Werbepsychologie zunächst einmal gedämpft. Neben Studien, in welchen sich die bekannten Erfahrungen wiederholen (vgl. z.B. *Murray*, 1986, S. 29; *Smith & Swinyard*, 1983), gibt es aber auch solche mit positiverem Ausgang.

Hervorzuheben sind vor allem *Achenbaum* (1972), *Aaker & Day* (1974) sowie *Voss* (1983). Bei *Achenbaum* (1972), der in einer Mehrwellen-Studie 19 Marken aus sieben verschiedenen Produktbereichen berücksichtigte, ergab sich eine sehr enge Beziehung zwischen Produkteinstellung und Kaufverhalten, die numerisch nicht angegeben ist, aber in der dortigen Grafik (8) gut veranschaulicht wird. Bei *Aaker & Day* (1974) handelte es sich um diverse Kaffeemarken, wobei auf der Basis der aus der Vorperiode stammenden Produkteinstellungen das in der nachfolgenden Periode realisierte Kaufverhalten relativ gut prognostiziert wurde. Und *Voss* (1983) konnte auf der Basis von Einstellungen zu einer Zahnpasta-Marke, je nach Zeitpunkt (t oder t+1) und Bezug (wert- oder mengenmäßiger Marktanteil), einen Anteil zwischen 50 und 60% des Verhaltens erklären.

Zusammenfassend ist sonach festzustellen: Die hier skizzierten Beispiele stellen exemplarisch unter Beweis, daß Verhaltensprognosen unter bestimmten Voraussetzungen, insbesondere auf der Basis von Einstellungen zum Produkt möglich sind; und zwar vor allen Dingen dann, wenn sich die Meßebenen hinsichtlich ihres Differenzierungsgrads weitgehend entsprechen, und das Einstellungsobjekt für den Käufer Relevanz besitzt.

6.3.4.3 Einstellungsänderung und Kaufverhalten

Vorausgesetzt es ergeben sich in diesem Bereich deutliche und stabile Veränderungen, so sind in Verbindung mit den zuvor gemachten Ausführungen die Chancen, daraus brauchbare Prognosen im Hinblick auf Kaufverhalten abzuleiten, nicht ungünstig. Diese Hoffnung stützen zum einen Studien des amerikanischen Werbeforschungsinstituts *McCollum & Spielman*, aber auch Hinweise aus der Arbeit von *Klein & Tainiter* (1983). Nach Überzeugung der Autoren repräsentieren die mit der Werbung erzielten Einstellungsänderungen den „Schlüssel zum Erfolg der Marken" („*... the key to a brand's market success is Attitude Shift, and to a lesser degree, Clutter/Awareness"*, S. 17), während Marken- und Produktbekanntheit angeblich hierfür keine Garantie bieten. Allerdings sind diese Beobachtungen wegen einiger methodischer Unzulänglichkeiten (vgl. dazu *Klein & Tainiter*, 1983, S. 13: limitations) nicht im Sinne eines echten Beweises verwertbar.

Es gibt aber auch methodisch einwandfreiere Studien, in welchen sich auf der Grundlage von Einstellungsänderungen durchaus gute Prognosen für Kaufverhalten machen ließen (*Achenbaum*, 1972; *Ginter*, 1974). So stellte z.B. *Ginter* im Anschluß an seine Ergebnisse im Fall eines neu in den Markt eingeführten Produkts fest: „*... attitude change was significantly correlated with choice ...* „ (S. 38).

668

In den wesentlichen Teilen wiederholen sich damit die schon zuvor von *Achenbaum* (1972, S. 7 f.) berichteten Ergebnisse, wobei dieser einschränkend hinzufügt, daß sich die Einstellungsänderungen nicht in ihrer Gesamtheit in Veränderungen des Kaufverhaltens umsetzen. Wenn nun aus neuerer Zeit keine weiteren Untersuchungen zu dieser Problematik anzutreffen sind, so mag dies zum Teil an der eingeschränkten praktischen Verwertbarkeit dieser Erkenntnisse in der Werbewirkungsforschung, insbesondere im Fall von Prätests, liegen. Die Unabdingbarkeit mehrfacher oder wiederholter Kontakte mit der zu untersuchenden Werbemaßnahme zur Erzeugung von Einstellungsänderungen erschwert die Verwendung als Prädiktor. Änderungsprozesse benötigen Zeit, und es müssen sich Pausen zwischen den Begegnungen befinden, so daß sehr dicht aufeinanderfolgende Präsentationen (forced exposure) von Werbemitteln (im Labor) eher zu Reaktanzerscheinungen und somit zur Unbrauchbarkeit der erzielten Ergebnisse führen würden. Damit wäre jedoch das eigentliche Ziel des Prätests verfehlt.

6.3.4.4 Präferenzen, Präferenzänderungen und Kaufverhalten

Präferenzen und deren Änderungen beziehen sich den bisher vorliegenden Untersuchungen zufolge immer auf das Produkt. Präferenzen charakterisieren die relative Position des beworbenen Produkts im Umfeld konkurrierender oder substitutiver Produkte. Sie können sich entweder in der Bevorzugung gegenüber den Alternativen, dem Wechsel der Marke oder im Wiederholungskauf äußern.

In einer der ersten Studien auf diesem Gebiet (*Axelrod*, 1968), deren Schwerpunkt jedoch auf der Seite der Marktpsychologie liegt, ergaben sich zunächst Hinweise für die potentielle Eignung zur Vorhersage von Kaufverhalten. Messungen auf der Grundlage der Markenbekanntheit und mit Hilfe der sogenannten *Constant-Sum-Skala* wiesen dabei besonders enge Beziehungen zum Kaufverhalten auf. Einen direkteren Bezug enthält jedoch die Arbeit von *Bogart, Tolley & Orenstein* (1970). Dort ergab sich zwischen dem Kauf von 24 Marken und den geäußerten Präferenzen eine Korrelation in Höhe von $r = .42$. Ähnliche Befunde erzielten auch *Woodside & Wilson* (1985). Die durch Präferenzen erklärbare Varianz des Kaufverhaltens bewegte sich dabei in der Bandbreite zwischen 25% und 12%.

Im Unterschied dazu untersuchte *Ross* (1982) die Frage des Zusammenhangs in einer sehr realitätsnahen Langzeitstudie unter Berücksichtigung von Präferenzänderungen. In den Ergebnissen zeigte sich für Personen mit Präferenzänderungen ein um das 3,3 -fache verändertes Kaufverhalten im Vergleich zur Kontrollgruppe (S.15).

Zusammenfassend läßt sich feststellen, daß Präferenzen und deren Änderungen erwägenswerte Prädiktoren für Kaufverhalten darstellen. Als alleinige Grundlage der Vorhersage sind sie, wie alle übrigen Prädiktoren, jedoch unzureichend.

6.3.5 Kaufabsicht und Kaufverhalten

Bei der Kaufabsicht, im Sinn einer mehr oder minder verbindlichen Erklärung, handelt es sich um einen der Messung leicht zugänglichen und deshalb in der Forschung häufig verwandten Prädiktor (vgl. *Axelrod*, 1968; *Taylor, Houlahan & Gabriel*, 1975; *Kalwani & Silk*, 1982). Nach anfänglichen Erfolgsmeldungen (*Bloom, Jay & Twyman*, 1977), ist in der Zwischenzeit jedoch wieder etwas mehr Nüchternheit bei der Verwendung dieses Prädiktors eingekehrt vgl. insbesondere *Wong & Sheth*, 1985; *Miniard, Obermiller & Page*, 1982; *Leone*, 1983).

Einen Beitrag oder Anlaß zur größeren Zurückhaltung bei der Verwendung dieses Prädiktors geben einmal die Erfahrungen von *Schaefer* (1985) und von *Glagow* (1985). In der ersten Studie ergab sich eine Korrelation r_{pbis} von .29 zwischen der als Verhaltensabsicht interpretierbaren Probierneigung und dem Kauf. In der zweiten Studie (*Glagow*, 1985) kommt in den Daten zwar eine gewisse Abhängigkeit zum Ausdruck, aber die sonstigen, eher selektiven Informationen veranlassen zur Skepsis und Zurückhaltung gegenüber der dortigen Formulierung *„Es [das Verfahren] liefert abgesicherte Ergebnisse für die Verkaufswirksamkeit von Werbung"* (S. 159).

Daß Absichtserklärungen nicht mit Verhalten gleichzusetzen sind, sondern aus den unterschiedlichsten Gründen eine natürliche Schwundquote beinhalten, tritt in der Studie von *Stapel* (1971) in Erscheinung. Auf der Grundlage von top-box-scores ergab sich dort nur für etwa 50% der Fälle, die zuvor eine sichere Absicht erklärten (*certain to buy*), am Ende dafür auch die Bestätigung in Form einer Bestellung mittels Coupons (vgl. dazu auch *Mayer*, 1990, S. 188).

Die Vermutung, daß sich Vorhersagen bezüglich des Kaufverhaltens noch am ehesten auf der Basis des positiven Extrems solcher Skalen machen lassen, unterstützen auch Ergebnisse von *Blair* (1987). Außer dieser Bestätigung enthält diese Untersuchung noch einen besonders interessanten Aspekt, der in allen übrigen Arbeiten vernachlässigt wurde, nämlich: die Verbindung zur Qualität der Werbemaßnahmen, die sich hier in der Ausprägung des sogenannten *ARS-Persuasion-Scores* niederschlägt. Je größer dessen Veränderungen und die Reichweite der Kommunikationsmaßnahme sind, desto größer ist auch die Wahrscheinlichkeit des Ausprobierens, d.h. des Kaufs des Produkts. Außerdem zeigte sich dabei, daß diese Veränderungen zumindest die Schwelle von $> + 5.9$ überwinden müssen, um auch zu nennenswerten Umsatzdifferenzen zu führen.

Nachdem die Erzielung von größeren Reichweiten normalerweise mit erhöhten Ausgaben verbunden sind, schließt sich mit dieser Untersuchung der Kreis zwischen der ökonomischen und psychologischen Perspektive der Thematik. Einerseits ist eine nach psychologischen Aspekten konzipierte werbliche Kommunikationsmaßnahme Vorbedingung für den Erfolg, andererseits kommt diese jedoch nur zum Tragen, wenn auch die finanziellen Ressourcen für die Verbreitung dieser Maßnahme eingesetzt werden.

Dennoch sollten diese Feststellungen nicht über die Tatsache hinwegtäuschen, daß die Relationen zwischen der Kaufabsicht und Kaufverhalten zwar vorhanden sind, sich aber nach den überwiegenden Erfahrungen nicht allzu eng gestalten. Auf die Überlegungen über die möglichen Gründe, die von verschiedenen Teildisziplinen der Psychologie aus betrachtet werden, soll hier jedoch nicht näher eingegangen werden (siehe dazu *Mayer*, 1990, S. 190 ff.).

6.3.6 Kaufnahes Verhalten und Kaufverhalten

Unter diesen Aspekt fallen sogenanntes *Quasi-Kaufverhalten* in Form von simulierten Kaufhandlungen, *Coupon-Rückläufe*, das *Aufsuchen bestimmter Geschäfte*, bis hin zu einer Reihe anderer, weniger oder nur schwerlich mit einem Kauf in Verbindung zu bringende Verhaltensweisen (Rücksendung von Fragebogen; Verhalten am Ort des Kaufs), als denkbare Folge der

Begegnung mit werblichen Aktivitäten. Empirische Studien gibt es allerdings zu diesem Aspekt der Prädiktor-Kriteriums-Relation bislang nicht. Es liegen lediglich Untersuchungen vor, in welchen *kaufnahes Verhalten* die abhängige Variable in der betreffenden Untersuchung bildete. Diese sind im vorliegenden Zusammenhang jedoch nicht von Interesse (vgl. dazu *Mayer*, 1990, S. 193 ff.).

6.4 Zusammenfassende Diskussion, Schlußfolgerungen und Konsequenzen

6.4.1 Vorbemerkung zur inhaltlichen Abgrenzung

Die im Rahmen der vorausgegangenen Ausführungen in verschiedenen Zusammenhängen gemachten Feststellungen lassen sich unter einer Reihe gemeinsamer Aspekte zusammenfassen und diskutieren. Von den vielfach denkbaren Bezügen (vgl. dazu *Mayer*, 1990, S. 195 und insbesondere S. 203 ff.) soll an dieser Stelle jedoch nur ein Ausschnitt aufgegriffen werden. Auf der Basis der gewonnenen Erfahrungen soll in einer Art Gesamtschau, ein *Lagebericht zur Situation* und zum *Stand der Werbewirkungsforschung* auf dem Hintergrund der beobachteten Relationen zwischen Werbewirkung und Kaufverhalten erstellt werden. Im Rahmen dieses Reports sind die gewichtigsten Aktiv- und Passivposten der Bilanz herauszustellen. Auf die übrigen Bezüge, wie die *funktionale Leistungsfähigkeit* der ökonomischen und psychologischen Prädiktoren, die potentiellen *Ursachen unzulänglicher Prädiktor-Kriteriums-Relationen*, die Anregungen zur *Konstruktion von Prätests* sowie die von seiten der *berufsständischen Fachorganisationen*, der *Werbewirtschaft*, der kommerziellen und wissenschaftlichen *Werbewirkungsforschung* zu ziehenden Konsequenzen, wird hier nicht eingegangen. Diese Erörterungen sind zwar interessant, betreffen aber quasi als Ausläufer die Thematik dieser Arbeit nur mittelbar. Außerdem würden sie den vorgegebenen Rahmen dieses Buchs um einiges überschreiten (vgl. ausführlich dazu *Mayer*, 1990, S. 203 ff.).

6.4.2 Report: Zur Lage der Werbewirkungsforschung

Angesichts der gemachten Erfahrungen kann man sicherlich behaupten, daß sich die Werbewirkungsforschung nicht gerade von ihrer positivsten Seite zeigt. Diese Kritik gilt nicht nur für die erhaltenen Ergebnisse unter dem Gesichtspunkt der Leistungsfähigkeit der verschiedenen Prädiktoren des Kaufverhaltens. Sie betrifft im Grunde schon die *Formulierung von Werbezielen* in der Werbepraxis und erstreckt sich auf die Auswahl der Indikatoren der Werbewirkung und vor allen Dingen auch auf die *Methodik* der Überprüfung der Effizienz werblicher Maßnahmen von seiten der Werbepraxis sowie der kommerziellen Werbewirkungsforschung. Man erinnere sich hier nur an die berichtete Praxis der Formulierung von Werbezielen und an die in höchstem Maße unwissenschaftlichen *Praktiken zur Überprüfung der Effektivität* werblicher Maßnahmen.

Diese Tatsachen erscheinen um so weniger verständlich, je mehr man sich dabei die Höhe der Jahr für Jahr in Werbemaßnahmen investierten Beträge und den nahezu weltweit steigenden finanziellen Aufwand für die variantenreiche Palette werblicher Aktivitäten vor Augen führt.

In der *praktischen* Werbewirkungsforschung wird die *Auswahl der Indikatoren* der Werbewirkung fast ausschließlich von *Plausibilität, Zugänglichkeit* und *Ökonomie* der Erfassung bestimmt, während die eigentlich bedeutsame **Verhaltensrelevanz** der Wirkungskategorien - wenn überhaupt - höchstens am Rande beachtet wird. Dieses unwissenschaftliche Vorgehen schlägt sich auch in den verwandten Operationalisierungen nieder, deren Güte unter testtheoretischen Aspekten äußerst selten überprüft wird. Wenn dies kontrollhalber von anderen Forschern geschieht, dann machen die Ergebnisse eher die Unzulänglichkeiten der Instrumentarien als deren besondere Tauglichkeit deutlich. Eine niedrige Validität der Ergebnisse ist damit programmiert.

Auch die in diesem Bereich von seiten der Wissenschaft durchgeführten Studien sind nicht generell von derartigen Vorwürfen freizusprechen. Sie treffen zwar in erster Linie für die älteren Studien zu, aber auch in neueren wird dem Testinstrumentarium nicht immer die erforderliche Aufmerksamkeit geschenkt; zumindest fehlen darüber sehr oft entsprechende Mitteilungen über die *Gütekriterien* des verwandten Verfahrens. Diese Sachverhalte führen dann in der Praxis bevorzugt zu Messungen in Indikatorbereichen, für die entweder keine positiven Beweise oder von wissenschaftlicher Seite gar negative Befunde für deren Prognosekraft vorliegen. Die Folgen sind *untaugliche Entscheidungsgrundlagen*. Wenn sich unter diesen Voraussetzungen bestimmte Werbemaßnahmen später dann als sogenannte **Flops** herausstellen, darf man sich nicht wundern.

Sieht man auf der einen Seite die grundlegende Bedeutung von Prätests in ihrer Funktion als Entscheidungsinstrumente, so erstaunt auf der anderen Seite die relativ geringe Anzahl der zur Thematik *Werbewirkung und Kaufverhalten* vorliegenden Untersuchungen. Man gewinnt geradezu den Eindruck, als ob die mit einem Offenbarungseid vergleichbare Frage nach der *Verhaltensrelevanz* der potentiellen Prädiktoren absichtlich vermieden werden würde, um sich vor unangenehmen Erfahrungen und Konsequenzen zu schützen; im Sinne der Aussage, *„was ich nicht weiß, macht mich nicht heiß"*! Zu der Tatsache, daß sich nach den bisherigen Erkenntnissen nur bestimmte Prädiktoren und diese wiederum nur in beschränktem Umfang und unter gewissen Voraussetzungen als Grundlage der Prognose eignen, kommt hinzu, daß bei einigen Prädiktoren entweder keine, nur vereinzelte oder gar widersprüchliche Ergebnisse im Hinblick auf deren Eignung als Bewertungs- oder Vergleichsmaßstab vorhanden sind. *Trotzdem wird - ungeachtet dieser Umstände- in Wissenschaft und Praxis laufend von ihnen Gebrauch gemacht.*

Sie finden (als abhängige Variablen) sowohl in der relativ großen Zahl der wissenschaftlichen als auch in den in der Praxis als Prätests entstandenen kommerziellen Untersuchungen Verwendung, als auch in Studien, die sich mit den Auswirkungen der verschiedensten formalen und inhaltlichen Gestaltungselementen beschäftigen. Jedoch nur in den wenigsten Fällen wird danach gefragt, ob die untersuchten Aspekte *überhaupt verhaltensrelevant* sind. Davon wird schlichtweg ausgegangen, obwohl diese (Schein-) Kontrollen im Bereich der Print-Werbung manchmal weit höhere Kosten als die Entwicklung der Maßnahmen selbst verursachen.

Auch in *wissenschaftlichen* Untersuchungen wird nur vereinzelt die kritische Frage nach der Verhaltensrelevanz, bzw. nach der Prognosekraft der Ergebnisse gestellt. Nur wenige scheinen dieses grundlegende Problem zu erkennen, und nur einzelne bringen es auch offen zur Sprache.

Ergebnisse von Prätests provozieren damit Entscheidungen nach der Regel, *„je mehr die Ausprägung eines Indikatorbereichs, desto besser"* .Eine differentielle *Gewichtung* unter Berücksichtigung der Relevanz des Indikators wird sonach nicht vorgenommen. Sie fällt auch schwer,

674

wenn man sich um dessen Bedeutsamkeit im Sinne seiner Prognosefähigkeit nicht bemüht, bzw. sie nicht kennt.

Daneben werden die Möglichkeiten der *Kombination mehrerer Prädiktoren* zur Verbesserung von Vorhersagen bisher *nur ausnahmsweise* genutzt; und die Problematik des eventuellen Ausgleichs von Defiziten in einem Indikatorbereich durch Überschüsse in einem anderen (Kompensierbarkeit) wurde im Rahmen der derzeitigen Vorgehensweise der Praxis noch nicht beachtet. Aber auch die wissenschaftliche Forschung hat sich auf diesem Gebiet mit diesen Fragen noch nicht befaßt. Vielleicht deshalb, weil die Identifikation uneingeschränkt brauchbarer (Einzel-) Prädiktoren bisher noch aussteht.

An den beschriebenen Zuständen trägt die Werbewirkungsforschung jedoch nicht die alleinige Schuld. Es gibt mehrere Ursachen dieser Mißstände. Ausgangspunkt ist zunächst der Mangel einer umfassenden und grundlegenden *theoretischen Fundierung* der Werbung und Entwicklung empirisch bewährter Modellvorstellungen zur Werbewirkung und deren Zusammenhang mit Kaufverhalten bzw. zu den Interdependenzen zwischen den verschiedenen Wirkungskategorien. Es gibt wohl - wie die in den Grundlagen der Thematik vorgestellten Beispiele gezeigt haben - einige Ansätze, aber die meisten neueren, die als Folge von Mängeln früherer Modelle entstanden sind, wurden entweder noch nicht oder kaum empirisch überprüft.

In der Bundesrepublik kommt für die wissenschaftliche Grundlagenforschung noch die Tatsache hinzu, daß von der Seite der dafür in erster Linie in Betracht kommenden Fachdisziplin, nämlich der Psychologie, im allgemeinen außerordentlich wenig Interesse an psychologischen Fragen der Werbung und Problemen der Werbewirkungsforschung gezeigt wird. Außerdem ist eine „...*insgesamt schwache Institutionalisierung der Wirkungsforschung an den Universitäten* ...„ (*Schulz*, 1987, S. 2) zu verzeichnen.

Am meisten beschäftigen sich hierzulande die Wirtschaftswissenschaften im Rahmen des Marketings mit derartigen Problemen. Psychologische, genauer gesagt *werbepsychologische Forschungen* sind hingegen seltene Ausnahmen. Damit ist auch der Umstand erklärbar, daß der größere Teil der verfügbaren Untersuchungen und Informationen amerikanischen Ursprungs ist. Die Generalisierbarkeit der Ergebnisse ist deshalb für die hiesigen Verhältnisse mit einem prinzipiellen Vorbehalt zu versehen. Sie für ungültig zu erklären, wäre sicherlich für manchen aus dem Kreis der von diesen Feststellungen betroffenen Personen eine bequeme Lösung. Diese Konsequenz erscheint jedoch in Anbetracht der partiell auch auf nationaler Ebene gewonnenen, vergleichbaren Erkenntnisse sowie der in vielen anderen werbepsychologischen Problembereichen vorhandenen Übereinstimmungen zwischen in den USA und in Europa erzielten Ergebnissen nicht notwendig und nicht gerechtfertigt. Dennoch sollte man diesen Gesichtspunkt bei der einen oder anderen Aussage, wenn der Verdacht ergebnisrelevanter Unterschiede besteht, nicht aus den Augen verlieren.

Ein Unterschied zu den USA besteht jedoch darin, daß man sich dort schon seit geraumer Zeit verstärkt um die Lösung dieser Probleme bemüht, während man sich in unserem Land der grundlegenden Bedeutung dieser Problematik bisher kaum bewußt ist; zumindest wurde von dieser Seite bisher wenig zum Fortschritt auf diesem Gebiet beigetragen.

Die **kommerzielle Werbewirkungsforschung** hatte an deren Lösung vermutlich auch kein gesteigertes Interesse, da sich die mit den bisherigen Verfahrensweisen gewonnenen Ergebnisse *„noch verkaufen lassen"*. Dieser Sachverhalt kommt auch sehr treffend in einem Kurzbericht von *Schulz* (1987, S. 2) zum Ausdruck, wenn er in Hinblick auf die Medienwirkungsforschung der BRD in einem vernichtenden Urteil feststellt: *„..., daß mit der deutschen Werbewirkungsforschung nicht viel los ist."*; und wenig später ergänzend fortfährt: *„... aber unter kommerziellem Aspekt tut sich auch nichts Brauchbares."* Dies sind u.a. die Ausläufer der von der Psychologie in den vergangenen Jahren geübten Zurückhaltung, wenn es um Fragen der Werbung ging. Sie dürfte in einem nicht unerheblichen Maße ein Hemmnis des Fortschritts auf diesem Gebiet dargestellt haben.

Unabhängig davon sind die zentralen **Verbände der Werbewirtschaft** im Interesse aller werbungtreibenden Unternehmen aufgefordert, aktiv zu werden. Aber auch die **Werbewirtschaft** könnte sich im Verein mit den davon profitierenden Unternehmen und Institutionen in eigener Regie der Lösung dieser Probleme annehmen und entsprechende Grundlagenforschung zum Nutzen aller beteiligten Gruppen initiieren oder betreiben.

Bei den zukünftigen Aktivitäten sollte man jedoch oft begangene Fehler vermeiden. Individualdaten waren selten gegeben; vielfach handelte es sich um einen Vergleich aggregierter Daten auf der Ebene von Prozent- und Mittelwerten oder um korrelative Studien, deren Ursache-Wirkungs-Relationen auch angesichts hoher Koeffizienten nicht als bewiesen anzusehen sind. Methodische Ansätze mit dem Ziel der Anwendung multivariater Auswertungsmethoden, zum Beispiel in Form von multiplen Regressionsanalysen oder des kausal-analytischen *Lisrel*-Ansatzes, bildeten seltene Ausnahmen.

Außerdem wurde die Tauglichkeit der verwandten *Meßinstrumente* in den wenigsten Fällen vorher überprüft oder unter Beweis gestellt. Sie wurde in nahezu allen Untersuchungen unter dem Eindruck der „face validity" als gegeben unterstellt.

Unter dem Aspekt der **kriterienorientierten Validität** wurde vorwiegend die *Übereinstimmungs-Validität* ermittelt und zu wenig die hier interessantere Variante der *Vorhersage-Validität* berücksichtigt. Ganz zu schweigen davon, daß der zeitliche Aspekt der Prognose (Prognosezeitraum) bisher prinzipiell zu wenig Beachtung gefunden hat. Für einen großen Teil der Prädiktoren ist folglich nicht bekannt, ob und wie sich ihre Prognoseleistung mit der Distanz zu dem vorherzusagenden Verhalten verändert. In Anbetracht der sonstigen offenen Fragen zu den Grundlagen der Werbewirkungsforschung wäre die Untersuchung dieses Aspekts allerdings von zweitrangiger Bedeutung. Er ist sinnvollerweise erst dann in Angriff zu nehmen, wenn die geeigneten Prädiktoren für kurz- und mittelfristige Prognosen aus den potentiellen Alternativen bereits isoliert sind.

Wie anhand dieser Mängelliste und der zahlreichen offenen Fragen zu erkennen ist, befindet sich der Stand der Werbewirkungsforschung und damit auch der von Prätests noch weit davon entfernt, was man unter einem qualifizierten Entscheidungsinstrument versteht. Beim derzeitigen Stand besteht im Falle ihrer Nutzung gar die Möglichkeit, daß man sich auf diesem Wege gerade besonders der *Gefahr von Fehlurteilen* aussetzt, d.h. auf dieser Grundlage bevorzugt Entscheidungen zugunsten wenig tauglicher Werbung trifft.

Anders formuliert kann man auch sagen: Falls die gegenwärtigen Zustände keine gravierende Änderung erfahren, so muß man sich in der Tat auch noch in ferner Zukunft mit der Gültigkeit der angeblichen Aussage *Henry Ford*s abfinden, daß mindestens die Hälfte des für Werbung ausgegebenen Geldes *„zum Fenster 'rausgeworfen"* ist.

Literaturverzeichnis

Aaker, D. A. & Carman, J. M. (1982). Are you overadvertising? *Journal of Advertising Research, 22* (4), 57-70.

Aaker, D. A., Carman, J. M. & Jacobson, R. (1982). Modeling advertising-sales relationships involving feedback. A time series anlysis of six cereal brands, *Journal of Marketing Research, 19* (1), 116-125.

Aaker, D. A. & Day, G. S. (1971). A recursive model of communication processes, in. Aaker, D. A., ed.. *Multivariate analysis in marketing. Theory and application*, Belmont. Wadsworth, 101-114.

Aaker, D. A. & Day, G. S. (1974). A dynamic model of relationships among advertising, consumer awareness, attitudes, and behavior, *Journal of Applied Psychology, 59*, 281-286.

Aaker, J. L. (1997). Dimensions of Brand Personality. *Journal of Marketing Research, 34 (3)*, 347-356.

Abelson, R. P. & Rosenberg, M. J. (1958). Symbolic Psychologic. A model of attitudinal cognition, *Behavior Science, 3*, 1-13.

Achenbaum, A. A. (1972). Advertising doesn't manipulate consumers, *Journal of Advertising Research, 12* (2), 3-13.

ACMA (1980). *Media-Analyse '80, Berichtsband, Vergleichende Übersichten*, Frankfurt.

Adam, R. (1993). *Wer kauft was warum nicht? Konsequenzen für das Marketing.* Wiesbaden. Gabler.

Adams, H. F. (1920). *Advertising and its mental laws*, New York.

Adler, R. P. (1977). *Research on the effects of television advertising on children*, Washington.

Adorno, Th. W., Frenkel-Brunswik, E. et al. (1950). *The predictions of behavioral intentions in a choice situation.* New York.

Ahuja, R. D. & Stinson, K. M. (1993). Female-headed single parent family. An exploratory study of children's influence in family. *Advances in Consumer Research, 20*, 469-474.

Ailawadi, K., Farris, P. & Parry, M. (1997). Explaining variations in the advertising & promotional costs/sales ratio. A rejoinder. *Journal of Marketing, 61*(1), 93-96.

Ajzen, I. & Fishbein, M. (1980). *Understanding attitudes and predicting social behavior.* Englewood Cliffs. Prentice-Hall.

Ajzen, I. (1991). The theory of planned behavior. *Organizational behavior and human decision processes, 50*, 179-211.

Akamatsu, T. J. & Thelen, M. H. (1974). A review of the literature on observer characteristics and imitation, *Developmental Psychology, 10*, 38-48.

Alba, J. W. & Hutchinson, J. W. (1987). Dimensions of Consumer Expertise. *Journal of Consumer Research, 13 (4)*, 411-454.

Albanese, P. J. (1990). Personality, consumer behavior, and marketing research. A new theoretical and empirical approach. *Research in Consumer Behavior, 4*, 1-49.

Alden, D. L., Hoyer, W. D. & Lee, C. (1993). Identifying global and culture-specific dimensions of humor in advertising. A multinational analysis. *Journal of Marketing, 57*(2), 64-75.

Alexander, M. W. & Judd, B. (1978). Do nudes in ads enhance brand recall? *Journal of Advertising Research, 18* (1), 47-50.

Allen, M. K. & Liebert, R. M. (1969). Effects of live and symbolic deviant-modeling cues on adoption of a previous learned standard, *Journal of Personality and Social Psychology*, 11, 253-260.

Allport, G. W. (1935). Attitudes. In C. Murchinson (Hrsg.), *Handbook of Social Psychology*. Clark University Press.

Alpert, F. H. & Kamins, M. (1995). An empirical investigation of consumer memory, attitude, and perceptions toward pioneer and follower brands. *Journal of Marketing*, *59*(4), 34-45.

Andreasen, A. R. (1982). *Verbraucherunzufriedenheit als ein Beurteilungsmaßstab für die unternehmerische Marktleistung* (S. 182-195). Stuttgart. Poeschel.

Andrews, R. B. (1949). Reading power unlimited, *Tex. Outlook, 33*, 20-21.

Anschuetz, N. (1997). Point of View. Building Brand Popularity. The Myth of Segmenting to Brand Success. *Journal of Advertising Research, 37 (1)*, 63-66.

Appel, V. (1987). Editorial environment and advertising effectiveness, *Journal of Advertising Research, 27* (4), 11-16.

ARD-Forschungsdienst. (1998). Werbung im Internet -Gestaltung und Wahrnehmung. *Media-Perspektiven, 7*, 367 ff.

Arnold, S. J., Oum, T.H., Pazderka, B. & Snetsinger, D. W. (1987). Advertising quality in sales response models, *Journal of Marketing Research, 24* (1), 106-113.

Arora, R. (1985). Consumer involvement, What it offers to advertising strategy, *International Journal of Advertising, 4*, 119-130.

Asch, S. E. (1951). Effects of group pressure on the modification and distortion of judgments. In H. Guetzkow (Hrsg.), *Groups, leadership, and men*. Pittsburgh. Carnegie.

Assael, H. & Day, G. (1968). Attitudes and awareness as predictors of market share, *Journal of Advertising Research, 8* (4), 3-10.

asw-Report (1979). Etat-Entscheidung. Keinen Pfennig für Humor? *Absatzwirtschaft, 22* (2), 32-38.

Atkin, C. K. (1978). Observation of parent-child interaction in supermarket decision-making. *Journal of Marketing*, *42*(4), 41-45.

Atkin, C. K.& Block, M. (1983). Effectiveness of celebrity endorser, *Journal of Advertising Research, 23* (1), 57-61.

Atkinson, J. W. (1958). Towards experimental analysis of motives, expectations and incentives, in. Atkinson, J.W., ed.. *Motives in fantasy, action and society*, New York, 288-305.

Aufenanger, S. (1993). *Kinder im Fernsehen - Familie beim Fernsehen*. München. Saur.

Aufermann, J. (1973). Werbung, Presse und manipulierte Öffentlichkeit, in. Aufermann, J. et al., Hrsg.. *Gesellschaftliche Kommunikation und Information*, Band 2, Frankfurt a.M. Athenäum, 544-567.

Axelrod, J. N. (1968). Attitude measures that predict purchase, *Journal of Advertising Research, 8* (1), 3-17.

Babin, B. J., Griffin, M. & Babin, L. (1994). The Effect of Motivation to Process on Consumers' Satisfaction Reactions. *Advances in Consumer Research*, *21*, 406-411.

Bachmann, G. R., Roedder John, D. & Rao, A. R. (1993). Children's susceptibility to peer group purchase influence. An exploratory investigation. *Advances in Consumer Research*, *20*, 463-468.

Bachofer, M. (1998). Wie wirkt Werbung im Web? Blickverhalten, Gedächtnisleistung und Imageveränderung beim Kontakt mit Internet-Anzeigen. In *Die Stern Bibliothek*. Hamburg. Gruner & Jahr.

Bagozzi, R. P. & Yi, Y. (1992). State versus action orientation and the theory of reasoned action. An application to coupon usage. *Journal of Consumer Research, 18*(4), 505-518.

Bagozzi, R. P. (1980). *Causal models in Marketing*, Massachusetts Institute for Technology, New York, Chichaster, Brisbane, Toronto. Wiley.

Bagozzi, R. P. (1982). A field investigation of causal relations among conditions, affect, intentions, and behavior, *Journal of Marketing Research, 19* (4), 562-584.

Bagozzi, R. P. (1995). Reflections on relationship marketing in consumer markets. Special Issue. Relationship marketing. *Journal of the Academy of Marketing Science, 23*(4), 272-277.

Bailom, F., Hinterhuber, H. H., Matzler, K. & Sauerwein, E. (1996). Das Kano-Modell der Kundenzufriedenheit. *Marketing, 18 (2)*, 117-126.

Baker, M. J. & Churchill, C. A. (1977). The impact of physically attractive models on advertising evaluations, *Journal of Marketing Research, 14*, 538-555.

Baker, S. (1961). *Visual persuasion*, New York. McGraw-Hill.

Balasubramanian, S. K. & Kumar, V. (1997). Explaining variations in the advertising & promotional costs/sales ratio. A reanalysis. *Journal of Marketing, 61*(1), 85-92.

Balasubramanian, S. K. & Kumar, V. (1997a). Explaining variations in the advertising & promotional costs/sales ratio. A response, research criteria, and guidelines. *Journal of Marketing, 61*(1), 97-98.

Balderjahn, I. (1988). Personality variables and environmental attitudes as predictors of ecologically responsible consumption patterns. *Journal of Business Research, 17*, 51-56.

Ball, A. D., Tasaki, L. H. (1992). The role and measurement of attachment in consumer behavior. *Journal of Consumer Psychology, 1*(2), 155-172.

Bandura, A. (1965). Behavioral modifications through modeling procedures, in. Krasner, L. & Ullmann, L.P., eds. (1965). *Research in behavior modification,* New York. Holt, Rinehart & Winston, S. 310-340.

Bandura, A. (1969a). *Principles of behavior modification*, New York. Holt, Rinehart & Winston.

Bandura, A. (1969b). Social-Learning-Theory of identificatory processes, in. Goslin, D.A., ed.. *Handbook of socialisation theory and research*, Chicago. Rand McNally, S. 213-262.

Bandura, A. (1970). *Principles of behavior modification*, London.

Bandura, A. (1971a). *Social learning theory*, Morristown, New York. General Learning Press.

Bandura, A. (1976). *Lernen am Modell*. Stuttgart. Klett.

Bandura, A. (1977). Self efficacy. Toward a unifying theory of behavioral change, *Psychological Review, 84*, 122-147.

Bandura, A. (1979). *Sozial-kognitive Lerntheorie*. Stuttgart. Kohlhammer.

Bandura, A. & Barab, P. G. (1971). Conditions governing nonreinforced imitation, *Developmental Psychology, 5* (2), 244-255.

Bandura, A. & Menlove, F. L. (1968). Factors determining vicarious extinction of avoidance behavior through symbolic modeling, *Journal of Personality and Social Psychology, 8*, 99-108.

Bandura, A., Ross, D. & Ross, S. A. (1963). Imitation of filmmediated aggressive models, *Journal of abnormal and social Psychology, 66*, 3-11.

Banning, T. E. (1987). *Lebensstilorientierte Marketing-Theorie.* Heidelberg. Physica.

Banning, T. E. (1987). Werbung auf der Grundlage der Lebensstil-Forschung, *Werbeforschung & Praxis, 32* (1), 1-8.

Bänsch, A. (1986³). *Käuferverhalten.* München & Wien. Oldenbourg.

Bänsch, A. (1995⁶). *Käuferverhalten.* München & Wien. Oldenbourg.

Bänsch, A. (1998⁸). *Käuferverhalten.* München & Wien. Oldenbourg.

Barach, J. A. (1967). Self confidence and reactions to television commercials, in. Cox, D.F. et al., eds.. *Risk taking and information handling in consumer behavior*, Boston, 428-444.

Barach, J. A. (1969). Advertising effectiveness and risk in the consumer decision process, *Journal of Marketing Research, 6,* 314-320.

Barban, B. F., Sandage, C. H. et al. (1970). A study of Riesman's inner-other-directedness among farmers. *Rural Sociology, 35,* 232-243.

Barclay, W. D., Doub, R. M. & McMurtrey, L. T. (1965). Recall of TV commercials by time and program slot, *Journal of Advertising Research, 5* (2), 41-47.

Barg, C. D. (1981). Die Tests in der Werbung, in. Tietz, B., Hrsg. (1981). *Die Werbung, Band 1, Handbuch der Kommunikations- und Werbewirtschaft*, Landsberg. Moderne Industrie, 925-955.

Barnes, J. H. & Dotson, M. J. (1989). The role of pre-exposure cognitive structure in mediating consumer responses to advertising, *International Journal of Advertising, 8,* 383-389.

Barnett, N. L. (1969). Beyond Market Segmentation. *Harvard Business Review, 47 (1),* 152-166.

Barry, T. E., Gilly, M.C. & Doran, L. E. (1985). Advertising to women with different career orientations, *Journal of Advertising Research, 25* (2), 26-33.

Barsalou, L. W. (1993). *Flexibility, Structure and Linguistic Vagary in Concepts. Manifestations of a Compositional System of Perceptual Symbols* (S. 29-101). Hillsdale. Erlbaum.

Batra, R. & Ray, L. R. (1986). Situational effects of advertising repetition, *Journal of Consumer Research, 12* (4), 432-445.

Batra, R. & Stephens, D. (1987). *Attitudinal effects of ad-evoked affective responses. The moderating role of motivation and ability*, New York. Columbia University.

Bauer, H. H. & Herrmann, A. (1993). Eine Methode zur Erfassung situativer Einflüsse beim Kauf von Müsli-Produkten. *Marktforschung & Management, 37 (4),* 183-187.

Bearden, W. O. & Etzel, M. J. (1982). Reference group influence on product and brand purchase decisions. *Journal of Consumer Research, 9,* 183-194.

Bearden, W. O. & Rose, R. L. (1990). Attention to social comparison information. An individual difference factor affecting consumer conformity. *Journal of Consumer Research, 16*(4), 461-471.

Bearden, W. O., Netemeyer, R. G. & Mobley, M. F. (1993). *Handbook of marketing scales.* Newbury Park. Sage.

Bearden, W. O., Netemeyer, R. G. & Teel, J. E. (1989). Measurement of consumer susceptibility to interpersonal influence. *Journal of Consumer Research, 15,* 473-481.

Bearden, W. O., Netemeyer, R. G. & Teel, J. E. (1990). Further validation of consumer sucseptibility to interpersonal influence scale. *Advances in Consumer Research, 17,* 770-776.

Beatson, R. (1984). The image of advertising in Europe, *International Journal of Advertising, 3*, 361-367.

Beattie, A. E. & Mitchell, A. A. (1985). The relationship between advertising recall and persuasion. An experimental investigation, in. Alwitt, LF. & Mitchell, A.A. (1985). *Psychological processes and advertising effects*, Hillsdale. Erlbaum, 129-155.

Beatty, S. E. & Hawkins, D. l. (1989). Subliminal stimulation. Some new data and interpretation, *Journal of Advertising, 18* (3), 4-8.

Beatty, S. E. & Talpade, S. (1994). Adolescent influence in family decision making. A replication with extension. *Journal Consumer Research, 21*(2), 332-341.

Beatty, S. E., Homer, P. M. & Kahle, L. R. (1988). Problems with VALS in international marketing research. An example from an application of the empirical mirror technique. *Advances in Consumer Research, 15*, 375-380.

Bebié, A. (1978). *Käuferverhalten und Marketing-Entscheidung, Konsumgüter-Marketing aus der Sicht der Behavioral Sciences*, Wiesbaden.

Becker, U. & Nowak, H. (1983). The everyday-life-approach as a new research perspective in opinion and marketing research. *European Research, 11*, 20-29.

Behrens, G. (1982). *Das Wahrnehmungsverhalten des Konsumenten*, Thun und Ffm. Deutsch.

Behrens, G. (1990). Entwicklung und Erscheinungsformen der Marktkommunikation. In Verbraucher-Zentrale NRW e. V. (Hrsg.), *Marktkommunikation. Verbraucherpolitische Hefte.*

Behrens, K. Ch. (1963). *Absatzwerbung, Band 10 der Studienreihe Betrieb und Markt*, Wiesbaden. Gabler.

Belch, G. E. & Belch, M. A. (1984). An investigation of the effects of repetition on cognitive and affective reactions to humorous and serious television commercials, *Advances in Consumer Research, 11*, 4-10.

Belch, M. A., Belch, G. E. & Scilimpaglia, D. (1980). Conflict in family decision making - An exploratory investigation. *Advances in Consumer Research, 7*, 475-479.

Belk, R. W. (1985). Materialism. Trait aspects of living in the material world. *Journal of Consumer Research, 12*, 265-279.

Belk, R. W. & Pryce, W. J. (1986). Materialism and individual determinism in U.S. and japanes print and television. *Advances in Consumer Research, 11*, 753-760.

Bell, G. B. (1967). Self-Confidence and persnasion in car baying, *Journal of Marketing Research, 4*, 46-53.

Bellizzi, J. A., Crowley, A. E. & Hasty, R. W. (1983). The effects of color in store design, *Journal of Retailing, 59* (1), 21-45.

Bello, D. C., Pitts, R. E. & Etzel, M. J. (1983). The communication effects of controversial sexual content in television programs and commercials, *Journal of Advertising, 12* (3), 32-42.

Beltramini, R. F. & Blasko, V. J. (1986). An analysis of award-winning advertising headlines, *Journal of Advertising Research, 26* (2), 48-52.

Bender, M. (1976). *Die Messung des Werbeerfolgs in der Werbeträgerforschung*, Würzburg Physica.

Benesch, H. (1966). Die Suggestion in der Werbung, *Psychologische Beiträge, 9* (2) 212-232.

Bennett, R. (1998). Shame, guilt & response to non-profit & public sector ads. *International Journal of Advertising, 17*(4), 483-499.

Benton, A. A. (1967). Effect of the timing of negative response consequences on the observational learning of resistence to temptation in children, *Dissertation Abstracts*, 27, 2153-2154.

Berekoven, L. & Bernkopf, G. (1986). Herstellermarken und Handelsmarken im Urteil der Verbraucher. In F. Unger (Hrsg.), *Konsumentenpsychologie und Markenartikel* (S. 197-228). Heidelberg. Physica.

Berey, L. A. & Pollay, R. W. (1968). The influence role of the child in family decision-making. *Journal of Marketing Research*, 5, 70-72.

Berg, K. & Kiefer, M. L. (Hrsg.). (1996). *Massenkommunikation V. Eine Langzeitstudie zur Mediennutzung und Medienbewertung 1964-1995.* Baden-Baden.

Bergler, R. (1984³). *Werbung als Untersuchungsgegenstand der empirischen Sozialforschung*, Bonn. ZAW-edition.

Berlo, D. K., Lemert, J. B. & Mertz, R. J. (1969). Dimensions for evaluating the acceptability of message sources, *Public Opinion Quarterly, 33*, 563-576.

Berlyne, D. E. (1970). Novelty, complexity, and hedonic value, *Perception & Psychophysics, 8*, 279-286.

Berlyne, D. E. (1976). *Konflikt, Erregung, Neugier*, Stuttgart. Klett.

Bernemann, T. (1989). Die Markentreue privater Neuwagenkäufer. Eine theoretische und empirische Untersuchung der Beiträge verschiedener Konsumentenverhaltenstheorien zur Erklärung der Markentreue beim privaten Neuwagenkauf. *Dissertation der Universität Essen.*

Bernhard, U. (1978). *Blickverhalten und Gedächtnisleistung beim visuellen Werbekontakt. Unter besonderer Berücksichtigung von Plazierungseinflüssen*, Frankfurt. Haage & Herchen.

Bernhard, U. & Schillinger, M. (1987). Neue Wege in der Aktivierungsforschung *Werbeforschung & Praxis, 32* (1), 24-27.

Bernstein, B. (1962). Social class, linguistic codes and grammatical elements, *Language and Speech, 5*, 221-240.

Berry, J. W. (1980). Introduction to methodology. In H. C. Triandis & J. W. Berry (Hrsg.), *Handbook of cross-cultural psychology* (Bd. 2, S. 1-28). Boston. Allyn & Bacon.

Biehal, G., Stephens, D. & Curlo, E. (1992). Attitude toward the ad and brand choice, *Journal of Advertising, 21* (3), 19-36.

Birbaumer, N. (1975). *Physiologische Psychologie*, Berlin. Springer.

Bither, S. W. & Wright, P. L. (1973). The self-confidence-advertising response relationship. A function of situational distraction, *Journal of Marketing Research, 10*, 146-152.

Bither, S. W., Dolich, L. & Nell, D. (1971). The application of attitude immunization techniques in marketing, *Journal of Marketing Research, 8* (1), 56-61.

Bitner, M. J. & Obermiller, C. (1985). The Elaboration Likelihood Model. Limitations and Extensions in Marketing. *Advances in Consumer Research, 12*, 420-425.

Black, T. R. L & Farley, J. U. (1977). Response to advertising contraceptives, *Journal of Advertising Research, 17* (5), 49-55.

Blackston, M. (1992). A brand with an attitude. A suitable case for treatment. *Journal of the Market Research Society, 34*(3), 231-243.

Blähser, P. (1987). TV Spot Tests in Deutschland. Altbewährt ... doch immer wieder neu, in. Blickpunkte, Marketing-Media-Forum, Hrsg., *ZDF-Werbefernsehen*, Heft 18, 33-36.

Blair, M. H. (1987). An empirical investigation of advertising wearin and wearout, *Journal of Advertising Research, 27* (6), 45-50.

Blair, M. H. & Rabuck, M. J. (1998). Advertising wearin and wearout. Ten years later - more empirical evidence and successfull practice. *Journal of Advertising Research, 38*(5), 7-18.

Blattberg, R. C. (1978). Experiment in the south forty, The operation payout pilot study, 23rd Proc. Ann. Conference, Advertising Research Foundation, 41-44.

Bledjian, F. & Stosberg, K (1972). *Analyse der Massenkommunikation. Wirkungen*, Düsseldorf Bertelsmann.

Bleicker, U. (1983). *Produktbeurteilung der Konsumenten.* Würzburg, Wien. Physica.

Bleisteiner, G. (1986). Funktionen und Wirkungen von Grundfarben in der Anzeigenwerbung, *Planung und Analyse, 13*, 112-114.

Blickhäuser, J. & Gries, T. (1989). Individualisierung des Konsums und Polarisierung von Märkten als Herausforderung für das Konsumgüter-Marketing. *Marketing, 11 (1)*, 5-10.

Bloch, P. H. & Bruce, G. D. (1984). Product Involvement as Leisure Behavior. *Advances in Consumer Research, 11*, 197-202.

Bloch, P. H. (1995). Seeking the Ideal Form. Product Design and Consumer Response. *Journal of Marketing, 59 (3)*, 16-29.

Block, M. P. & Vanden Bergh, B.G. (1985). Can you sell subliminal messages to consumers, *Journal of Advertising*, 14 (3), 59-62.

Bloemer, J. & Kasper, H. (1995). The Complex Relationship between Consumer Satisfaction and Brand Loyalty. *Journal of Economic Psychology, 16 (3)*, 311-329.

Bloom, D., Jay, A. & Twyman, T. (1977). The validity of advertising pretests, *Journal of Advertising Research, 17* (2), 7-15.

Böcker, F. (1974). Die Wirkung der Werbung im Zeitablauf - Verzögerungsfunktionen bei Werbemaßnahmen, *Der Markt, 50*, 47-54.

Böcker, F. (1974). Die Wirkung der Werbung im Zeitablauf - Verzögerungsfunktionen bei Werbemaßnahmen, *Der Markt, 50*, 47-54.

Böcker, F. & Hubel, W. (1986). Kaufentscheidungsverhalten von Familien bei Gebrauchsgütern. *Planung und Analyse, 13*, 434-440.

Bogart, L., Tolley, B.S. & Orenstein, F. (1970). What one little ad can do. *Journal of Advertising Research, 10* (4), 3-13.

Bogner, W. (1996). Die Validität von Online-Befragungen. *Planung und Analyse, 23 (6)*, 9-12.

Bonse, E. (1988 a). Verpackung. Auch mit genormten Hüllen muß Ihr Produkt nicht an "Gesicht" verlieren, Teil I. *Marketing Journal, 21*(4), 380-387.

Bonse, E. (1988 b). Verpackung. Auch mit genormten Hüllen muß Ihr Produkt nicht an "Gesicht" verlieren, Teil II. *Marketing Journal, 21*(5), 540-546.

Book, A. C. (1965). Recall of institutional TV commercials, *Journal of Advertising Research, 5* (2), 38-40.

Boone, L. E. (1970). The search for the consumer innovator. *Journal of Business, 43*, 135-140.

Boring, E. G. (1930). Apparatus notes, a new ambiguous figure, *The American Journal of Psychology, 42*, 444-445.

Bortz, J. (1993). *Statistik für Sozialwissenschaftler. 4. Auflage.* Berlin, Heidelberg, New York. Springer.

Boucsein, W. (1988). *Elektrodermale Aktivität*, Berlin. Springer.

Bourne, F. S. (1957). Group influence in marketing and public relations. In R. Likert, R. & S. P. Hayes (Hrsg.), *Some applications of behavioral research.* Basel. Unesco.

Bourne, F. S. (1972). Der Einfluß von Bezugsgruppen beim Marketing. In W. Kroeber-Riel (Hrsg.), *Marketingtheorie* (S. 141-155). Köln. Kiepenheuer & Witsch.

Bramel, D. (1968). Dissonance, expectation, and the self, in. Abelson, R.P. et al. (*Sourcebook*), 355-365.

Brand, H. W. (1978). *Die Legende von den geheimen Verführern,* Weinheim. Beltz.

Brand, H. W. & Bungard, W. (1982). Markentreue - Theoretische Überlegungen und empirische Daten zu ihrer rationalen Rechtfertigung. *Jahrbuch der Absatz- und Verbrauchsforschung, 28,* 265-288.

Brandstätter, E. & Brandstätter, H. (1996). What's money worth? Determinants of the subjective value of money. *Journal of Economic Psychology, 17,* 443-464.

Bredenkamp, J. & Bredenkamp, K. (1971). Lernen und Gedächtnis, in. Rogge, K.E. Hrsg.. *Steckbrief der Psychologie,* Heidelberg. Quelle & Meyer, 76 91.

Bredenkamp, J. & Wippich, W. (1977). *Lern- und Gedächtnispsychologie, Bd. I und II,* Stuttgart. Kohlhammer.

Brehm, J. W. (1966). *A theory of social reactance.* New York.

Brehm, J. W. (1972). *Responses to loss of fredom. A theory of psychological reactance,* Morristown.

Brehm, J. W. & Cohen, A.R. (1962). *Explorations in cognitive dissonance,* New York.

Brehm, J. W. & Mann, M. (1975). Effect of the importance of freedom and attraction to group members on influence produced by group pressure, *Journal of Personality and Social Psychology, 31,* 816-824.

Brickman, G. A. (1980). Uses of voice-pitch analysis, *Journal of Advertising Research, 20* (2), 69-73.

Briggs, R. & Hollis, N. (1997). Advertising on the web. Is there response before click-through. *Journal of Advertising Research, 37*(2), 33-45.

Broadbent, D. E. (1958). *Perception and communication,* London. Pergamon.

Brody, R. P. & Cunningham, S. M. (1968). Personality variables and the consumer decision. *Journal of Marketing Research, 5,* 50-57.

Brown, G. (1985). Tracking studies and sales effects. A U.K. perspective, *Journal of Advertising Research, 25* (1), 52-64.

Brown, R G. (1974). Sales response to promotions and advertising, *Journal of Advertising Research, 14* (4), 33-39.

Brown, St. P. & Stayman, D. (1992). Antecedents and consequences of attitude toward the ad. A meta-analysis. *Journal of Consumer Research, 19*(1), 34-51.

Brückner, P. (1966). Werbepsychologie, in. Zankl, H.L, Hrsg.. *Werbeleiter-Handbuch,* München. Moderne Industrie, 126-148.

Bruhn, M. (1986). Sponsoring als Kommunikationsinstrument, in. Dahlhoff, H.D., Hrsg.. *Sponsoring, Chancen für die Kommunikationsarbeit,* Bonn. BDW, 7-232.

Bruhn, M. (1987). *Sponsoring - Unternehmen als Mäzene und Sponsoren,* Frankfurt und Wiesbaden.

Brummer, B. (1989). Was macht Telerim so interessant? Blickpunkte, Marketing-Media-Forum, *ZDF Werbefernsehen,* Heft 25, 12-17.

Bruner, G. C. (1990). Problem recognition style. is need specific or a generalized personality trait? *Journal of Consumer Studies and Home Economics, 14,* 29-40.

Bruner, J. S. (1957). On Perceptual Readiness. *Psychological Review, 64 (2)*, 123-152.

Bryce, W. & Olney, T. J. (1988). Modality effects in television advertising. A methodology for isolating message structure from message content effects, *Advances in Consumer Research, 15*, 174-177.

Buchholz, L. M. & Smith, R. E. (1991). The role of consumer involvement in determining cognitive response to broadcast advertising, *Journal of Advertising*, 20 (1), 4-17.

Buck, R., Chaudhuri, A., Georgson, M. & Kowta, S. (1995). Conceptualizing and Operationalizing Affect, Reason, and Involvement in Persuasion. The ARI Model and the CASC Scale. *Advances in Consumer Research*, 22, 440-447.

Bucklin, R. E. & Gupta, S. (1992). Brand Choice, Purchase Incidence, and Segmentation. An Integrated Modeling Approach. *Journal of Marketing Research*, 29 (2), 201-215.

Bunn, D. W. (1982). Audience presence during breaks in telovision programs. *Journal of Advertising Research*, 22 (5), 35-39.

Burda Advertising Center. (1998/99). *Typologie der Wünsche Intermedia*.

Burda-Verlag (Hrsg.). (1983). *Männer-Lebensstile*. Offenburg. Burda.

Burda-Verlag (Hrsg.). (1984). *Frauen-Lebensstile*. Offenburg. Burda.

Burnett, J. J. (1991). Examining the media habits of the affluent elderly, *Journal of Advertismg Research, 31* (5), 33-41

Burnett, M. S. & Lunsford, D. A. (1994). Conceptualising guilt in the consumer decision-making process. *Journal of Consumer Marketing, 11*(3), 33-43.

Burnkrant, R. E. & Cousineau, A. (1975). Informational and normative social influence in buyer behavior. *Journal of Consumer Research*, 2, 206-215.

Burns, A. C. & Orintau, D. J. (1979). Underlying perceptual patterns in husband and wife purchase decision influence assessments. *Advances in Consumer Research*, 6, 372-378.

Burns, D. J. (1992). Husband-wife innovative consumer decision making. Exploring the effect of family power. *Psychology & Marketing, 9*(3), 175-189.

Bush, A. J, Bush, V. & Harris, S. (1998). Advertiser perceptions of the internet as a marketing communications tool. *Journal of Advertising Research, 38*(2), 17-27.

Butscher, S. A. (1996). Kunden-Bindung durch Kunden-Clubs. Kein Erfolgsrezept für jedermann. *Marketing Journal, 1*, 46-49.

Buzzell, R. D (1964). Predicting short-term changes in market-share as a function of advertising strategie, *Journal of Marketing Research, 1* (3), 27-31

Buzzell, R. D. & Baker, M. J. (1972). Sales effectiveness of automobile advertising, *Journal of Advertising Research 12* (3), 3-8.

Byrne, D. (1959). The effect of subliminal food stimulus on verbal responses, *Journal of applied Psychology, 43*, 249-251.

Caballero, M. J. & Pride, W. M. (1984). Selected effects of salesperson sex and attractiveness in direct mail advertisements, *Journal of Marketing, 48* (1), 94-100.

Caballero, M. J., Lumphin, J. R. & Madden, C. S. (1989). Using physical attractiveness as an advertising tool. An empirical test of the attraction phenomenon, *Journal of Advertising Research, 29* (4), 16-22.

Cacioppo, J. T. & Petty, R. E. (1979). Effects of message repetition and position on cognitive response, recall, and persuasion, *Journal of Personality and Social Psychology*, 37 (1), 97-109.

Cacioppo, J. T. & Petty, R. E. (1982). The need for cognition. *Journal of Personality and Social Psychology, 42*, 116-131.

Cacioppo, J. T. & Petty, R. E. (1984). The elaboration likelihood model of persuasion, *Advances in Consumer Research, 11*, 673-675.

Calder, B. J. & Sternthal, B. (1980). Television commercial wearout. An information processing view, *Journal of Marketing Research, 17*, 173-186.

Callahan, F. X. (1986). Advertising and the economic development, *International Journal of Advertising, 5*, 215-224.

Caples, J. (1975). Fifty things I have learned in fifty years in advertising, *Advertising Age*, September 22, 47.

Carefoot, J. L. (1982). Copy testing with scanners, *Journal of Advertising Research, 22* (2), 25-27.

Carlson, L. & Grossbart, S. (1988). Parental style and consumer socialization of children. *Journal of Consumer Research, 15*(1), 74-94.

Carlson, L., Grossbart, S. & Stuenkel, J. K. (1992). The role of parental socialization types on differential family communication patterns regarding consumption. *Journal of Consumer Psychology, 1*(1), 31-52.

Caudill, E. M. (1994). Nutritional Information Research. A Review of the Issues. *Advances in Consumer Research, 21*, 213-217.

Celuch, K. G. & Slama, M. (1995). Cognitive and affective components of A(ad) in a low motivation processing set. *Psychology & Marketing, 12*(2), 123-133.

Centers, R. & Horowitz, M (1963). Social character and conformity, *Journal of Social Psychology, 60*, 343-349.

Cetola, H. & Prinkey, K. (1986). Introversion-extraversion and loud commercials, *Psychology & Marketing, 3*, 123- 132.

Chakraborty, G., Allred, A. T. & Bristol, T. (1996). Exploring Consumers' Evaluations of Counterfeits. The Role of Country of Origin and Ethnocentrism. *Advances in Consumer Research, 23*, 379-384.

Chakrapani, T. K. (1974). Personality correlates of brand loyalty. *Psychological Studies, 19*, 27-33.

Challagalla, G. N. & Shervani, T. A. (1996). Dimensions and Types of Supervisory Control. Effects on Salesperson Performance and Satisfaction. *Journal of Marketing, 60 (1)*, 89-105.

Champion, J. M. & Turner, W. W. (1959). An experimental investigation of subliminal perception, *Journal of applied Psychology, 43*, 382-384.

Chattopadhyay, A. & Basu, K. (1990). Humor in advertising. The moderating role of prior brand evaluation, *Journal of Marketing Research, 17*, 466-476.

Chattopadhyay, A. & Nedungadi, P. (1992). Does attitude toward the ad endure? The moderating effects of attention and delay. *Journal of Consumer Research, 19*(1), 26-33.

Chen, H. C. K. & Allmon, D. (1998). Perceptions of the media in three different cultures. the US, Australia & Taiwan. *International Journal of Advertising, 17*, 233-253.

Cherry, E. C. (1953). Some experiments on the recognition of speech, with one and with two ears, *Journal of the Acoustical Society of America, 25* (5), 975-979.

Chestnut, R., LaChance, C. & Lubitz, A. (1977). The 'decorative' female model. Sexual stimuli and the recognition of advertisements, *Journal of Advertising, 6*, 11-14.

Childers, T. L. & Rao, A. R. (1992). The influence of familial and peer-based reference groups on consumer decisions. *Journal of Consumer Research, 19*, 198-211.

Claggett, W. M (1986). The long view of the short commercial, *Journal of Advertising Research, 26* (4), RC 11-12.

Clatton, J. D., Fry, J. N. & Portis, B. (1974). A taxonomy of prepurchase information gathering patterns, *Journal of Consumer Research, 1*, 35-42.

Clee, M. A. & Wicklund, R. A. (1980). Consumer behavior and psychological reactance, *Journal of Consumer Research, 6*, 389-435.

Clement, W. E. (1970). An analysis of the advertising process and its influence on consumer behavior, in. Britt, S.H., ed. (1970). *Psychological experiments on consumer behavior*, New York.

Cobb, C. J & Hoyer, W. D. (1985). The influence of advertising at the moment of brand choice, *Journal of Advertising, 14* (4), 5-12.

Cocanongher, A., B. & Bruce, G. D. (1971). Socially distant reference groups and consumer aspirations. *Journal of Marketing Research, 8*, 379-381.

Coe, B. J. & MacLachlan, J. (1980). How major TV advertisers evaluate commercials, *Journal of Advertising Rescarch, 20* (6), 51-54.

Cofer, C.N. (1975). *Motivation und Emotion*, München (Juventa).

Cohen, D. (1988). *Advertising* (Scott, Foresman).

Cohen, J. B. & Golden, E. (1972). Informational social influence and product evaluation. *Journal of applied Psychology, 56*, 54-59.

Coleman, E. B. (1965). Learning of prose written in four grammatical transformations, *Journal of applied Psychology, 49*, 332-341.

Conner, M. & Armitage, C. J. (1998). Extending the theory of planned behavior. A review of avenues for further research. *Journal of Applied Social Psychology, 28*(15), 1429-1464.

Conrad, M. & Burnett, L. (Hrsg.). (1985). *Life Style-Research 1985*. Frankfurt/M..

Cook, Th. D., Gruder, C. L., Hennigan, K. M. & Flay, B. R. (1979). The history of the sleeper effect. Some logical pitfalls in accepting the null hypothesis, *Psychological Bulletin, 86*, 662-679.

Corfman, K. P. (1991). Perceptions of relative influence. Formation and measurement. *Journal of Marketing Research, 28*(2), 125-136.

Corkindale, D. & Newall, J. (1978). Advertising thresholds and wearout, *European Journal of Marketing, 12* (5), 327-378.

Cornsweet, T. N. (1970). *Visual Perception*, New York (Academic Press), 384-418.

Coupey, E. & DeMoranville, C. W. (1996). Information Processability and Restructuring. Consumer Strategies for Managing Difficult Decisions. *Advances in Consumer Research, 23*, 225-230.

Courtney, A. E. & Whipple, T. W. (1979). Advertising implications of gender differences in the appreciation of humor, in. Permut, S.E., ed.(1979). *Advances in advertising research and management*, Proceedings of the Annual Conference of the American Academy of Advertising, New Haven/Connecticut, 103-106.

Cowley, E. J. (1994). Recovering Forgotten Information. A Study in Consumer Expertise. *Advances in Consumer Research, 21*, 58-63.

Cox, D. & Bauer, R. (1964). Self-confidence and persuasibility in women, *Public Opinion Quarterly, 28* (3), 453-466.

Cox, D. F., ed. (1967). *Risk taking and information handling in consumer behavior*, Boston.

Coyne, J. W. & King, H. E. et al. (1943). Accuracy of recognition of subliminal auditory stimuli, *Journal of experimental Psychology, 33*, 508-513.

Craig, C. S. & McCann, J. M. (1978). Assessing communication effects on energy conservation, *Journal of Consumer Research, 5* (2), 82-88.

Craig, C. S., Sternthal, B. & Leavitt, C. (1976). Advertising wearout. An experimental analysis, *Journal of Marketing Research, 13*, 365-372.

Cronin, J. J. & Menelly, N. E. (1992). Discrimination vs. avoidance. "Zipping" of television commercials, *Journal of Advertising, 21* (2), 1-8.

Cronin, J. J. Jr. & Taylor, S. A. (1992). Measuring Service Quality. A Reexamination and Extension. *Journal of Marketing, 56 (3)*, 55-68.

Crooks, J. L. (1967). Observational learning of fear in monkeys, unpublished manuscript, University of Pennsylvania. Zitiert nach. Bandura, A. (1976). *Lernen am Modell*, Stuttgart. Klett.

Cuperfain, R. & Clarke, T. K. (1985). A new perspective of subliminal perception, *Journal of Advertising, 14* (1), 36-41.

Dahlhoff, H. D. (1980). *Kaufentscheidungsprozesse von Familien. Empirische Untersuchung zur Beteiligung von Mann und Frau an der Kaufentscheidung.* Frankfurt/M..

Darschin, W. & Frank, B. (1998). Tendenzen im Zuschauerverhalten. *Media Perspektiven, 4/98*, 154-166.

Dauenheimer, D. (1996). *Der Einfluß des Selbstkonzeptes auf die Informationsverarbeitung.* Aachen. Shaker.

Davis, H. L. & Rigaux, B. P. (1974). Perception of marital roles in decision processes. *Journal of Consumer Research, 1*(1), 51-62.

Davis, R. H. & Welsch, J. A. (1983). A new viewpoint on nudes in advertising and brand recall *International Journal of Advertising, 2*, 141-146.

Dawar, N. & Parker, P. (1994). Marketing Universals. Conumers' Use of Brand Name, Price, Physical Appearance, and Retailer Reputation as Signals of Product Quality. *Journal of Marketing, 58 (2)*, 81-95.

Dawson, S. & Bamossy, G. (1990). Isolating the effect of non-economic factors on the development of a consumer culture. A comparison of materialism in the Netherlands and the United States. *Advances in Consumer Research, 17*, 182-185.

Day, G. S. & Deutscher, T. (1982). Attitudinal predictions of choices of major appliance brands. *Journal of Marketing Research, 19*(2), 192-198.

Dedler, K., Gottschalk, I., Grunert, K., Heiderich, M., Hoffmann, A. & Scherhorn, G. (1984). *Das Informationsdefizit der Verbraucher.* Frankfurt, New York. Campus.

Deimel, K. (1989). Grundlagen des Involvement und Anwendung im Marketing. *Marketing, 11 (3)*, 153-161.

Delta-Markttorschung (1970). *Werbedosis - Werbewirkung, Untersuchung der Response-Funktio-nen von Anzeigen-Kampagnen*; durchgeführt im Auftrag der Zeitschriften Hör zu und Funk Uhr, Konstanz.

Dettmar, H. (1998). Thema Mediamix wird wichtiger. *Horizont, 30/98*, 41.

Devin, B. (1993). Ist die Einstellung zur Anzeige von Dauer? *Markenartikel*, (1), 41-42.

Dewey, J. (1910). *How we think*, New York. Heath.

Dhar, R. & Nowlis, S. M. (1999). The effect of time pressure on consumer choice deferral. *Journal of Consumer Research, 25*(4), 369-384.

Diamond, D. S. (1968). A quantitative approach to magazine advertisement format selection, *Journal of Marketing Research, 5*, 376-386.

Dichtl, E. & Müller, S. (1991). Herausforderungen für die Markenartikelindustrie an der Schwelle zu einem neuen Jahrzehnt. Ergebnisse einer Delphi-Befragung. In *Arbeitspapier # 94*. Institut für Marketing an der Universität Mannheim.

Dickenberger, D. & Grabitz-Gniech, G. (1972). Restrictive conditions for the occurance of psychological reactance. Interpersonal attraction, need for social approval, and a delay factor, *European Journal of Social Psychology, 2* (2), 177-198.

Dickson, J. P. (1972). Coordinating images between media, *Journal of Advertising Research, 12* (1), 25-28.

Dickson, P. R. & Sawyer, A. G. (1990). The Price Knowledge and Search of Supermarket Shoppers. *Journal of Marketing, 54 (3)*, 42-53.

Diehl, U. (1984). Plädoyer für Humor, *Werben & Verkaufen*, Heft 34, 8-l0.

Dierks, S. (1997). Radio macht Werbekampagnen effektiver. *Horizont, 44/97*, 90.

Dittmar, H., Beattie, J., Friese, S. (1995). Gender identity and material symbols. Objects and decision considerations in impulse purchases. Special Issue. Household and individual economic psychology. *Journal of Economic Psychology, 16*(3), 491-511.

Djupvik, H. & Eilertsen, D. (1993). Märkte verstehen. Eine Fallstudie zur Kundenzufriedenheitsmessung bei der Norwegischen Telecom. *Planung und Analyse, 20 (6)*, 50-57.

Dolich, I. J. (1969). Congruence relationships between self-images and product brands. *Journal of Marketing Research, 6*, 80-84.

Donkin, A. J. M., Neale, R. J. & Tilston, C. (1993). Children's food purchase requests. *Appetite, 21*, 291-294.

Donnelly, J. H. (1970). Social character and acceptance of new products. *Journal of Marketing Research, 7*, 111-113.

Donnelly, J. H. & Ivancevich, J. M. (1970). A methodology for identifying innovator characteristics of new brand purchases. *Journal of Marketing Research, 11*, 331-334.

Dorsch, F. (1970[8]). *Psychologisches Wörterbuch*, Hamburg. Meiner.

Douthitt, R. A. & Fedyk, J. M. (1990). Family composition, parental time, and market goods. Life cycle trade-offs. *The Journal of Consumer Affairs, 24*(1), 110-133.

Drees, N. (1988). Sponsoring -Eine Begriffsbestimmung, *Werbeforschung & Praxis, 33* (1), 23-24.

Dreze, X. & Zufryden, F. (1997). Testing web site design and promotional content. *Journal of Advertising Research, 37*(2), 77-91.

Drieseberg, T. (1995). Lebensstil. Grundlage moderner Marktsegmentierung. *Planung und Analyse, 22 (3)*, 22-28.

Drieseberg, T. J. (1995). *Lebensstil-Forschung. Theoretische Grundlagen und praktische Anwendungen*. Heidelberg. Physica.

Dröge, C. & Mackoy, R. D. (1995). Postconsumption Competition. The Effects of Choice and Non-Choice Alternatives on Satisfaction Formation. *Advances in Consumer Research, 22*, 532-536.

Duesberg, M. S. & Kalleder, H. W. (1994). Markt- und kundenorientierter Service oder. Der Kunde steht im Mittelpunkt. *Office Management, 11*, 16-19.

Duncan, C. P. & Nelson, J. E. (1985). Effects of humor in a radio advertising experiment, *Journal of Advertising, 14*, 33-40.

Duncan, C. P. & Olshavsky, R. W. (1982). External Search. The Role of Consumer Beliefs. *Journal of Marketing Research, 19 (1)*, 32-43.

Duncon, C. P., Nelson, J. E. & Frontczak, N.T. (1984). The effect of humor on advertising comprehension, *Advances in Consumer Research, 11*, 432-437.

Dunn, S. W. & Barban, A. M (1984). *Advertising. Its role in modern marketing*, Hinsdale. Dryden.

Eagly, A. H. (1969). Sex differences in the relationship between self-esteem and susceptibility to social influence, *Journal of Personality, 37*, 581-591.

Eagly, A.H. (1978). Sex differences in influenceability, *Psychological Bulletin, 85* (1), 86-116.

Eagly, A. H. & Warren, R. (1976). *Intelligence, comprehension and opinion change*, Journal of Personality, 44, 226-242.

Ebbinghaus, H. (1885). *Über das Gedächtnis*, Leipzig. Duncker & Humblot.

Eckstrand, C. & Gilliland, A. R. (1948). The psychogalvanometric method for measuring the effectiveness of advertising, *Journal of appplied Psychology, 32*, 415-425.

Edell, J. A. & Burke, M. C. (1987). The power of feelings in understanding advertising effects, *Journal of Consumer Research, 14* (3), 421-433.

Edell, J. A. & Keller, K. L. (1989). The information processing of coordinated media campaigns, *Journal of Marketing Research, 26* (2), 149-163.

Edwards, D. C. & Goolkasian, P. A. (1974). Peripheral vision location and kinds of complex processing, *Journal of experimental Psychology*, 1()2, 244-249.

Ehresmann, H. J. & Hensche, C. (1996). "Bayerische Vereinsbank". Durch besseren Service Kunden binden und Erträge steigern. *Marketing Journal, 1*, 34-36.

Ehrlich, D., Guttman, I., Schönbach, P. & Mills, J. (1957). Postdecision Exposure to Relevant Information. *Journal of Abnormal and Social Psychology, 54 (1)*, 98-102.

Ehrlich, D., Guttman, J., Schönbach, P. & Mills, J. (1971). Die Verarbeitung relevanter Informationen nach einer Entscheidung, in. Thomae, H., Hrsg.. *Die Motivation menschlichen Handelns*, Köln (Kiepenheuer & Witsch), 405-412.

Eichhorn, W. (1979). Die Begriffe Modell und Theorie in der Wirtschaftswissenschaft, in. Raffée, H. & Abel, B., Hrsg. (1979). *Wissenschaftstheoretische Grundfragen der Wirtschaftswissenschaften*, München (Vahlen), 60-104.

Eimeren, B. van & Maier-Lesch, B. (1997). Mediennutzung und Freizeitgestaltung von Jugendlichen. *Media-Perspektiven, 11/97*, 590-603.

Eimeren, B. van & Oehmichen, E. (1999). Mediennutzung von Frauen und Männern. *Media Perspektiven, 4/99*, 187-201.

Ekman, P., Friesen, W. V. & Ellsworth, P. (1974). *Gesichtssprache, Wege zur Objektivierung menschlicher Emotionen*, Wien.

Elbracht, D. (1967). Erkennbarkeit und Lesbarkeit von Zeitungsschriften, *Archiv*, 4, 24-2X.

Emmons, W. H. & Simon, C. W. (1956). The non-recall of material presented during sleep, *American Journal of Psychology, 69*, 76-81.

Engel, J. F., Blackwell, R. D. & Miniard, P. W. (1993[7]). *Consumer behavior*. Fort Worth. The Dryden Press.

Engel, J. F., Blackwell, R. D. & Miniard, P. W. (1995[8]). *Consumer Behavior*. Fort Worth. The Dryden Press.

Epple, E. & Epple, M. (o.J.). Die Wirkung der Farbe in der Anzeigen-Werbung, in. Schwarzweiss und farbig, hrsg. von der Frankfurter Illustrierten, Frankfurt, 27-34.

Epstein, S. (1967). Toward a unified theory of anxiety, in. Maher, B.A., ed.. *Progress in experimental personality research, 4*, New York (Academic Press), 2-90.

Epstein, S. (1972). The nature of anxiety with emphasis upon its relationship to expectancy, in. Spielberger, C. D., ed.. *Anxiety. Current trends in theory and research, 2*, New York (Academic Press), 291-337.

Epstein, S. & Fenz, W. D. (1965). Steepness of approach and avoidance gradients in humans as a function of experience. Theory and experiment, *Journal of experimental Psychology, 70*, 1-12.

Erbslöh, W. (1987). Institutionelle Kommunikation, Standortbestimmung, *Werbeforschung und Praxis, 32* (3), 89-92.

Eskin, C. J. & Baron, P. H. (1977). Effects of price and advertising in test-market experiments, *Journal of Marketing Research, 14* (4), 499-508.

Eskin, C. J. (1975). A case for test market experiments, *Journal of Advertising Research, 15* (2), 27-33.

Esser, H. (1993). *Soziologie.* Frankfurt a.M.. Campus.

Etgar, M. & Coodwin, S. A. (1982). One-sided versus two-sided comparative message appeals for new brand introduction, *Journal of Consumer Research, 8*, 460-465.

Evans, R. H. (1994). Customers' Satisfaction and the Replacement Cycle. *Psychological Reports, 75 (2)*, 1179-1182.

Eyferth, K. & Kreppner, K. (1972). Entstehung, Konstanz und Wandel von Einstellungen. In C. F. Graumann (Hrsg.), *Handbuch der Psychologie, Sozialpsychologie, Band 7* (2, S. 1342-1370). Göttingen. Hogrefe.

Fabian, C. S. (1986). 15-second commercials. The inevitable evolution, *Journal of Advertising Research, 26* (4), RC 3- RC 5.

Fader, P. S. & Lodish, L. M. (1990). A cross-category analysis of category structure and promotional activity for grocery products, *Journal of Marketing, 54*, 52-65.

Farley, J. U. & Ring, L. W. (1974). *Consumer behavior theory and application*, Boston. Allyn & Bacon.

Farris, P. & Albion, M. S. (1981). Determinants of the advertising-to-sales ratio, *Journal of Advertising Research, 21* (1), 19-27.

Feather, N. (1975). *Values in education and society.* New York. Free Press.

Feldman, L. P. & Armstrong, C. M. (1975). Identifying buyers of a major automotive innovation, *Journal of Marketing, 39* (1), 47-53.

Fellermann, R. (1993). Kinship exchange networks and family consumption. *Advances in Consumer Research, 20*, 458-462.

Felser, G. (1997). *Werbe- und Konsumentenpsychologie.* Stuttgart. Schäffer-Poeschel.

Ferguson, J. H., Kreshel, P. J. & Tinkham, S. F. (1990). In the pages of Ms. Sex role portrayals of women advertising, *Journal of Advertising, 19* (1), 40-51.

Festinger, L. & Carlsmith, J. M. (1959). Cognitive consequences of forced compliance, *Journal of abnormal and social Psychology, 58*, 203-210, deutsche Ubersetzung in. Irle, M., Hrsg. (1973). Texte aus der experimentellen Sozialpsychologie, Neuwied. Luchterhand.

Festinger, L. (1950). Informal social communication. *Psychological Review, 57*, 271-282.

Festinger, L. (1954). A theory of social comparison processes. *Human Relations, 7*, 117-140.

Festinger, L. (1957). *A theory of cognitive dissonance*, Stanford. Stanford University Press; deutsche Fassung in. Irle, M. & Möntmann, V. (1978).

Festinger, L. (1964). *Conflict, Decision and Dissonance.* Stanford. University Press.

Festinger, L. (1978). *Theorie der kognitiven Dissonanz.* Bern, Stuttgart, Wien. Huber.

Fielitz, H. (1955). Die Aufmerksamkeitswirkung bei der Anzeigenwerbung, *Wirtschaft und Werbung, 9* (24), 650-654.

Fillip, S. (1997). *Marktorientierte Konzeption der Produktqualität.* Wiesbaden. Dt. Universitätsverlag Gabler.

Finlay, K. (1996). Reliable and Valid Measurement of Memory Content and Structure as a Function of Brand Usage Patterns. *Advances in Consumer Research, 23,* 282-288.

Finn, D. W. (1984). The integrated information response model, *Journal of Advertising, 13* (1), 24-33.

Fishbein, M. & Ajzen, I. (1972). Attitudes and opinions. *Annual Review of Psychology, 23,* 487-544.

Fishbein, M. & Ajzen, I. (1974). Attitudes towards objects as predictors of single and multiple behavior criteria. *Psychological Review, 81,* 59-74.

Fishbein, M. & Ajzen, I. (1975). *Belief attitude, intention and behavior,* New York. Addison-Wesley.

Fishbein, M. (1967). Attitude and the prediction of behavior, in. Fishbein, M., ed. (1967). *Reading in attitude theory and measurement,* New York. Wiley, 472-492.

Fishbein, M. (1973). Introduction. The prediction of behavior from attitudinal variables. In D. C. Mortensen & K. K. Sereno (Hrsg.), *Advances in communication research* (S. 3-31). New York. Harper & Row.

Fiske, C. A., Luebbehusen, L. A., Miyazaki, A. D. & Urbany, J. E. (1994). The Relationship Between Knowledge and Search. It Depends. *Advances in Consumer Research, 21,* 43-50.

Fisseni, H. J. (1991). *Persönlichkeitspsychologie* (2. Aufl.). Göttingen. Hogrefe.

Fitzgerald Bone, P. & Scholder Ellen, P. (1992). The generation and consequences of communication-evoked imagery. *Journal of Consumer Research, 19*(1), 93-104.

Flaig, B. B., Meyer, T. & Ultzhöffer, J. (1993). *Alltagsästhetik und politische Kultur.* Bonn. o.A.

Flesch, R F (1948). A new readability yardstick, *Journal of applied Psychology, 32,* 221-233.

Foppa, K. (1970[7]). *Lernen, Gedächtnis, Verhalten, Ergebnisse und Probleme der Lernpsychologie,* Studienbibliothek, Köln, Berlin. Kiepenheuer & Witsch.

Ford, G. T., Smith, D. B. & Swasy, J.L. (1990). Consumer skepticism of advertising claims. Testing hypotheses from economics, *Journal of Consumer Research, 16,* 433-441.

Ford, J. B., LaTour, M. S. & Henthorne, T. L. (1995). Perception of marital roles in purchase decision processes. A cross-cultural study. *Journal of the Academy of Marketing Science, 23*(2), 120-131.

Fornell, C. (1992). A National Customer Satisfaction Barometer. The Swedish Experience. *Journal of Marketing, 56 (1),* 6-21.

Förster, F., Fritz, W., Silberer, C. & Raffée, H. (1984). Der LISREL-Ansatz der Kausalanalyse und seine Bedeutung für die Marketing-Forschung, *Zeitschrift für Betriebswirtschaft, 54* (4), 346-367.

Foster, A. C. (1988). Wife's employment and family expenditures. *Journal of Consumer Studies and Home Economics, 12,* 15-27.

Fox, D. H. & Robbin, J. S. (1952). The retention of material presented during sleep, *Journal of experimental Psychology, 43,* 75-79.

Foxall, G. R. & Bhate, S. (1993). Cognitive Styles and personal involvement of market initiators for 'healthy' food brands. Implications for adoption theory. *Journal of Economic Psychology, 14,* 33-56.

Foxall, G. R. & Goldsmith, R. E. (1988). Personality and consumer research. another look. *Journal of the Market Research Society, 30*(2), 111-126.

Franke, C. & Wilcox, C. (1987). Alcoholic beverage advertising and consumption in the United States, 1964-1984, *Journal of Advertising, 16* (3), 22-30.

Franke, H. (1966). Bemerkungen zur Problematik der sogenannten unterschwelligen Wahrnehmung, *Zeitschrift für experimentelle und angewandte Psychologie, 13,* 378-389.

Frankel, L. R. & Solov, B. M. (1962). Does recall of an advertisement depend on its position in the magazine?, *Journal of Advertising Research, 2* (4), 28-32.

Franz, C. (1990). Werbefunk, *Kommunikation,* 3/90, o. S..

Freedman, J. L & Sears, D. O. (1965b). Warning, distraction and resistance to influence. *Journal of Personality and Social Psvchology, 1,* 262-266.

Freedman, J. L. & Sears, D. O. (1965a). Selective exposure, in. Berkowitz, L., ed.. *Advances in experimental social psychology, 2,* New York. Academic Press.

Freiden, J. B. (1984). Advertising spokosperson effects. An examination of endorser type and gender on two audiences, *Journal of Advertising Research, 24* (5), 33-41.

Freter, H. (1983). *Marktsegmentierung.* Stuttgart. Kohlhammer.

Freud, S. (1905). *Drei Abhandlungen zur Sexualtheorie,* Gesammelte Werke, Bd. 5 (2) Frankfurt 1949. Fischer, 27-145.

Frey, D. & Irle, M. (1972). Some conditions to produce a dissonance and an incentive effect in a forced compliance situation, *European Journal of Social Psychology, 2* (1), 45-54.

Frey, D. (1979). Einstellungsforschung. Neuere Ergebnisse der Forschung über Einstellungsänderungen, *Marketing, 1,* 31-45.

Frey, D. (1981). *Informationssuche und Informationsbewertung bei Entscheidungen.* Bern, Stuttgart, Wien. Huber.

Frey, D. et al. (1993). Die Theorie sozialer Vergleichsprozesse. In D. Frey & M. Irle (Hrsg.), *Theorien der Sozialpsychologie* (2. Aufl., Bd. 1, S. 81-122). Göttingen. Hogrefe.

Friedman, H. H. & Friedman, L. (1979). Endorser effectiveness by product type, *Journal of Advertising Research, 19* (5), 63-71.

Fritz, W. & Thiess, M. (1986). *Das Informationsverhalten des Konsumenten und seine Konsequenzen für das Marketing* (S. 141-176). Heidelberg, Wien. Physica.

Fry, J. N. (1971). Personality variables and cigarette brand choice. *Journal of Marketing Research, 8,* 298-304.

Funk Kombi Nord. (1997). *Über kurz oder lang. Studie über die Werbewirkung unterschiedlicher Spotlängen und Spotkonzeptionen im Hörfunk.* Hamburg. Funk Kombi Nord 1997.

Gable, M., Wilkens, H.T., Harris, L. & Feinberg, R (1987). An evaluation of subliminally embedded sexual stimuli in graphics, *Journal of Advertising, 16* (1), 26-31.

Ganz, L. (1975). Temporal factors in visual perception, in. Carterette, E.C., ed.. *Handbook of Perception, V, "seeing",* New York. Academic Press, 169-231.

Garcia, J. & Koelling, R.A. (1966). Relation of cue to consequence in avoidance learning, *Psychonomic Science, 4* (3), 123-124.

Gardner, M. P. (1985). Does attitude toward the ad affect brand attitude under a brand evaluation set? *Journal of Marketing Research, 22,* 192-198.

Gardner, M. P. & Shuman, P. J. (1987). Sponsorship. An important component of the promotions mix, *Journal of Advertising, 16* (1), 11-17.

Gärtner, H. D. (1992). Regionalpresse Werbeträger Nr. 1, in. BDW, Hrsg.. *Kommunikation, #* 10/92, 10-13.

Gatignon, H. (1984). Competition as a moderator of the effect of advertising on sales, *Journal of Marketing Research, 21* (4), 387-398.

Geisbüsch, H. G. & Veit, T. (1991). Märkte, Wettbewerb, Produkte. In H. G. Geisbüsch, R. Geml, & H. Lauer (Hrsg.), *Marketing* (2. Aufl., S. 47-76). Landsberg/Lech. Moderne Industrie.

Gelb, B. D. & Picket, C. M. (1983). Attitude-toward-the-ad. Links to humor and to advertising effectiveness, *Journal of Advertising, 12* (2), 34-42.

Gelb, B. D. & Zinkhan, C. M. (1986). Humor and advertising effectiveness after repeated exposures to a radio commercial, *Journal of Advertising, 15*, 15-20.

Gelb, B. D. & Zinkhan, G. M. (1985). The effects of repetition on humor in a radio advertising study, *Journal of Advertising, 14* (4), 13-20.

Gentry, J. W., Kennedy, P. F., Paul, C. & Hill, P. (1995). Family transitions during grief. Discontinuities in household consumption patterns. *Journal of Business Research, 34*(1), 67-79.

Ger, G. & Belk, R. W. (1990). Measuring and comparing materialism cross-culturally. *Advances in Consumer Research, 17*, 186-192.

Gerloff, 0. (1988). *Blickaufzeichnung, Thesen und Erkenntnisse zum Werbemittelkontakt in Zeitschriften*, o.O. (Burda).

GfK-Nürnberg (1976). Einstellungen zum Marketing - eine empirisch-komparative Studie, in. Specht, K.G. & Wiswede, G., Hrsg. (1976). *Marketing Soziologie*, Berlin. Duncker & Humblot.

GfK-Nürnberg , Hrsg. (1992). *Einstellung des Verbrauchers zum Marketing*, Nürnberg.

GfK-Nürnberg, Hrsg. (1989). *Euro-Styles*. Nürnberg. GfK.

Gibson, L. D. (1983). "Not Recall", *Journal of Advertising Research, 23* (1), 39-45.

Gierl, H. & Marcks, M. (1993). Der Einsatz von Modellen zur Markentreue-Messung. *Marketing, 15 (2)*, 103-108.

Giles, H. & Johnson, P. (1981). The role of language in ethnic group relations,in. Turner, J.C. & Ciles, H., eds. (198 1). *Intergroup behavior*, Oxford, 199-243.

Gill, K. H. (1997). Optimierung durch Media-Mix-Strategien. *Horizont, 24/97*, 37.

Gillig, P.M. & Greenwald, A.G. (1974). Is it time to lay the sleeper effect to rest?, *Journal of Personality and Social Psychology, 29*, 132-139.

Gilligan, C. (1982). *In a different voice. Psychological theory and women's development*, Cambridge, Harvard University Press.

Gilmer, B. von H. (1960). Industrial Psychology. *Annual Review of Psychology, 11*, 323-350.

Ginter, J. L. (1974). An experimental investigation of attitude change and choice of a new brand, *Journal of Marketing Research, 24* (1), S. 30-40.

Glagow, H. (1985). Der Buy Test, Ein validiertes Testsystem zur Messung der Verkaufswirksamkeit von Werbemitteln, in. Holm, K.F., Hrsg. (1985). *Werbewirkungsforschung ohne Wirkung?* Band I, Hamburg. M+K Hansa, 137-159.

Glenberg, A. M. (1997). What memory is for. *Behavioral and Brain Sciences, 20 (1)*, 1-55.

Gniech, G. & Grabitz, H. J. (1978). Freiheitseinengung und psychologische Reaktanz, in. Frey, D., Hrsg.. *Kognitive Theorien der Sozialpsychologie*, Bern. Huber.

Goethals, G. R. & Darley, J. M. (1977). Social comparison theory. An attributional approach. In J. M. Suls & R. L. Miller (Hrsg.), *Social comparisaon processes. Theoretical and empirical perspectives.* Washington. Hemisphere.

Gold, L. N. (1988). The evolution of television advertising-sales measurement. Past, present, and future, *Journal of Advertising Research, 28* (3), 19-24.

Goldberg, M. E. & Hartwick, J. (1990). The effects of advertisers reputation and extremity of advertising claim on advertising effectiveness, *Journal of Consumer Research, 17,* 172-179.

Golden, L. L. (1976). Consumer reactions to comparative advertising, *Advances in Consumer Research, 3,* Chicago (Association for Consumer Research), 63-67.

Goodmanson, C. & Glaudin, V. (1971). The relationship of commitment-free behavior. A study of attitude towards organ transplantation. *Journal of Social Issues, 27,* 171-183.

Goodwin, S. A. & Etgar, M. (1980). An investigation of comparative advertising. Impact of message appeal, information load, and utility of product class, *Journal of Marketing Research, 17,* 187-202.

Gordon, C. M. & Spence, D. P. (1966). The facilitating effects of food set and food deprivation on responses to subliminal food stimulus, *Journal of Personality, 34,* 406-415.

Gorn, G. J. (1982). The effects of music in advertising on choice behavior. A classical conditioning approach, *Journal of Marketing, 46* (4), 94-101.

Gould, S. J. (1987). Gender differences in advertising response and self-consciousness variables, *Sex Roles, 16* (5/6), 215-225.

Grabitz-Gniech, G. (1971). Some restrictive conditions for the occurance of psychological reactance, *Journal of Personality and Social Psychology, 19,* 188- 196.

Grabitz-Gniech, G. & Grabitz, H. J. (1973). Psychologische Reaktanz. Theoretisches Konzept und experimentelle Untersuchungen, *Zeitschrift der Sozialpsychologie, 4,* 19-35.

Grabner, M. (1986). Herausforderung "Neue Medien", *Werbeforschung und Praxis, 31* (4), 164-165.

Graeff, T. R. (1996). Image congruence effects on product evaluations. The role of self-monitoring and public/private consumption. *Psychology and Marketing, 13*(5), 481-499.

Graham, E. (1955). *Inner-directed and other-directed attitudes,* unpuhlished doctoral dissertation, Yale University.

Grass, R. C. & Wallace, W. H. (1969). Satiation effects of TV commercials, *Journal of Advertising Research, 9* (3), 3-8.

Grass, R. C. & Wallace, W. H. (1974). Advertising communications. Print vs. TV, *Journal of Advertising Research,* 14 (5), 19-23.

Grass, R. C., Bartges, D. W. & Piech, I. L. (1972). Measuring corporate image ad effects, *Journal of Advertising Research, 12* (6), 15-22.

Graumann, C. F. (1975). Person und Situation. In U. M. Lehr & F. E. Weinert (Hrsg.), *Entwicklung und Persönlichkeit, Beiträge zur Psychologie intra- und interindividueller Unterschiede.* Stuttgart. Kohlhammer.

Graumann, C. F., Hrsg. (1969). *Handbuch der Psychologie,* Bd. 7, Sozialpsychologie, Göttingen. Hogrefe.

Greco, A. J., Swayne, L. E. & Johnson, E. B. (1997). Will older models turn off shoppers? *International Journal of Advertising, 16*(1), 27-36.

Green, A. (1989). International advertising expenditure trends, *International Journal of Advertising, 8*, 89-92 und 199-202.

Green, A. (1990). International advertising expenditure trends, *International Journal of Advertising, 9*, 181-185.

Green, D. M. & Swets, J. A. (1966). *Signal detection theory and psychophysics*, New York. Wiley.

Green, P. E. & Krieger, A. M. (1991). Segmenting Markets With Conjoint Analysis. *Journal of Marketing, 55 (4)*, 20-31.

Greenberg, A. & Suttoni, C. (1973). Television commercial wearout, *Journal of Advertising Research, 13* (5), 47-54.

Grey Strategic Planning. (1996). "Smart Shopping". Erste Spuren einer neuen Konsumentenhaltung. *Marketing Journal, 29 (1)*, 10-12.

Greyser, A. & Bauer, RA. (1966). Americans and advertising. Thirty years of public opinion, *Public Opinion Quarterly, 30*, 69-78.

Grimm, E. (1983). Messung von Werbewirkungen, Teil 1. Forschungsphilosophie und methodische Prinzipien, *Interview und Analyse, 10* (2), 52-57.

Grimm, E. (1983a). Messung von Werbewirkungen, Teil 2. Ergebnisbeispiele aus jüngerer Zeit, *Interview & Analyse, 10* (3), 108-112.

Grønhaug, K. (1975). How new car buyers use advertising, *Journal of Advertising Research, 15* (1), 49-53.

Grønholdt, L. & Hansen, F. (1988). The effects of german television advertising on brands in Denmark -a unique experimental situation, Teil 2, *Planung und Analyse, 15* (4), 175-178.

Grossman, S. P. (1967). *A textbook of physiological psychology*, New York. Wiley.

Großmann, K. E. (1993). Universalismus und kultureller Relativismus psychologischer Erkenntnisse. In Thomas, A. (Hrsg.), *Kulturvergleichende Psychologie* (S. 53-80). Göttingen. Hogrefe.

Großmann, K. E. (1993). Universalismus und kultureller Relativismus psychologischer Erkenntnisse. In Thomas, A. (Hrsg.), *Kulturvergleichende Psychologie* (S. 53-80). Göttingen. Hogrefe.

Gruner & Jahr-Verlag (Hrsg.). (1981). *Lebensziele - Potentiale und Trends alternativen Verhaltens*. Hamburg. Gruner & Jahr.

Gruner & Jahr-Verlag (Hrsg.). (1982). *Dialoge - Der Bürger als Partner*. Hamburg. Gruner & Jahr.

Gruner & Jahr-Verlag (Hrsg.). (1986). *Dialoge 2. Basisband Der Bürger als Partner*. Hamburg. Gruner & Jahr.

Gruner & Jahr-Verlag (Hrsg.). (1987a). *Dialoge 2. Typologien und Fallbeispiele*. Hamburg. Gruner & Jahr.

Gruner & Jahr-Verlag (Hrsg.). (1987b). *Dialoge 2. Konsequenzen für das Marketing*. Hamburg. Gruner & Jahr.

Gruner, C. (1967). Effect of humor on speaker ethos and audience information gain, *Journal of Communication, 17*, 228-233.

Gruner, C. (1976). Wit and humor in mass communication, in. Chapman A.J. & Foot, H.C, eds. (1976). *Humor and laughter. Theory, research and applications*, London, 287-311.

Grunert, S. C. & Scherhorn, G. (1990). Consumer values in West Germany underlying dimensions and cross-cultural comparison with North America. *Journal of Business Research, 20,* 97-107.

Grusec, J. E & Skubishi, S. L. (1970). Model nurturance demand characteristics of the modellng experiment and altruism, *Journal of Personality and Social Psychology, 14,* 352-359.

Gullen, P. & Johnson, H. (1986). Relating product purchasing and TV viewing, *Journal of Advertising Research, 26* (6), 9-19.

Gullen, P. & Johnson, H. (1986a). Von der Werbung zum Kaufakt, *Viertel-Jahreshefte für Media und Werbewirkung*, Heft 2, 28-34.

Günter, B. (1998). *Beschwerdemanagement* (S. 283-299). Wiesbaden. Gabler.

Guthrie, E. R (1952). *The psychology of learning*, Gioucester. Smith.

Gutjahr, G. (1983). *Taschenbuch der Marktpsychologie* (2. Aufl.). Heidelberg. Sauer.

Gutman, J. (1972). Tachistoscopic tests of outdoor ads, *Journal of Advertising Research, 12* (4), 21-27.

Haedrich, C., Adam, M., Kreilkamp, E. & Kuss, A. (1984). Zur Verhaltenswirkung der Fernsehwerbung bei Kindern, *Marketing ZFP*, Heft 2, 129-132.

Haley, R. I. (1968). Benefit Segmentation. A Decision-oriented Research Tool. *Journal of Marketing, 32 (7),* 30-35.

Haller, T. F. (1974). What students think of advertising, Journal of Advertising Research, 14 (1), 33-38.

Hanke, R. (1993). Mikrogeographische Marktsegmentierung. Das System 'regio select'. *Marktforschung und Management, 37 (3),* 128-129.

Hannah, D. B. & Sternthal, B. (1984). Detecting and explaining the sleeper effect, *Journal of Consumer Research, 11,* 632-642.

Hansen, U. & Jeschke, K. (1992). Nachkaufmarketing. Ein neuer Trend im Konsumgütermarketing? *Marketing, 14 (2),* 88-97.

Hansen, U., Jeschke, K. & Schöber, P. (1995). Beschwerdemanagement - Die Karriere einer kundenorientierten Unternehmensstrategie im Konsumgütersektor. *Marketing, 17 (2),* 77-88.

Hardyck, J. & Kardush, M. (1968) A modest modish model for dissonance reduction, in. Abelson, R. P.. *Sourcebook*, 684-692.

Harmon, R. R & Coney, K. A. (1982). The persuasive effects of source credibility in bay and lease situations, *Journal of Marketing Research, 19,* 255-260.

Harms, L. S. (1964). Listener comprehension of speakers of three status groups, *Language and Speech, 7,* 109-112.

Harris, R. J., Trusty, M. L, Bechtold, J. & Wasinger, L. (19X9). Memory for implied versus directly stated advertising claims, *Psychology & Marketing, 6* (2), 87-96.

Hart, S. S. & McDaniel, S. (1982). Subliminal stimulations -Marketing applications-, in. McNeal, J. U. & McDaniel, S. W., eds. (1982). *Consumer behavior. Classical and contemporary dimensions*, Boston. Little, Brown, 165-175.

Haseloff, O. W. (1973a). Kommunikation, Transformation und Interaktion, in. Gadamer, H C. & Vogler, P., Hrsg. (1973). *Psychologische Anthropologie*, Stuttgart. Thieme, 94-140.

Haseloff, O. W. (1973b). Über Fortschritte der Kommunikationsforschung, in. *Effektive Werbung, Bd. 5*, Kommunikation und Wissenschaft, Karlsruhe (Nadolski), 147-169.

Hassett, J. & Houlihan, J. (1979). Different jokes for different folks, *Psychology Today*, January 1979, 65-101.

Hastak, M. & Hong, S. (1991). Country-of-Origin Effects on Product Quality Judgements. An Information Integration Perspective. *Psychology and Marketing, 8 (2)*, 129-143.

Haugtvedt, C. P., Petty, R. E. & Cacioppo, J. T. (1992). Need for cognition and advertising. Understanding in the role of personality variables in consumer behavior. *Journal of Consumer Psychology, 1*(3), 239-260.

Hausruckinger, G. (1993). *Herkunftsbezeichnungen als präferenzdeterminierende Faktoren. Eine internationale Studie bei langlebigen Gebrauchsgütern.* Frankfurt. Lang.

Hawkins, D. (1970). The effects of subliminal stimulation on drive level and brand preference, *Journal of Marketing Research, 7*, 322-326.

Hawkins, S. A. (1995). Special Session Summary. The Cumulative Effects of Advertising Repetition on Product Beliefs and Attitudes Under Low Involvement. *Advances in Consumer Research, 22*, 63-64.

Hawks, L. K. & Ackerman, N. M. (1990). Family life cycle differences for shopping styles, information use, and decision-making. *Lifestyles. Family and Economic Issues, 11*(2), 199-219.

Haynes, J. L., Burts, D. C., Dukes, A. & Cloud, R. (1993). Consumer socialization of preschoolers and kindergartners as related to clothing consumption. *Psychology & Marketing, 10*(2), 151-166.

Heads, J. (1968). Ad sizes and one ad recallers, Journal of Advertising Research, 8 (4), 26-30.

Heath, T. B. & Gaeth, G. J. (1994). *Theory and method in the study of ad and brand attititudes. Toward a systemic model* (S. 125-148). Hillsdale. Erlbaum.

Heath, T. B., Mothersbaugh, D. L. & McCarthy, M. S. (1993). Spokesperson Effects in High Involvement Markets. *Advances in Consumer Research, 20*, 704-708.

Heberlein, T. A. & Black, J. S. (1976). Attitudinal specifity and the prediction of behavior in a field setting. *Journal of Personality and Social Psychology, 33*, 474-479.

Hecker, v. U. (1995). Werden Balance-Effekte im Gedächtnis durch Selbstreferenz moderiert? *Zeitschrift für experimentelle und angewandte Psychologie, 42*, 25-42.

Heckhausen, H. (1963). *Hoffnung und Furcht in der Leistungsmotivation*, Meisenheim. Hain.

Heckhausen, H. (1980). *Motivation und Handeln*, Berlin, Heidelberg. Springer.

Heeler, R. M. (1972). *The effects of mixed media, multiple copy, repetition, and competition in advertising. A laboratory investigation*, Ph.D. dissertation, Stanford University, Graduate School of Business.

Heeter, C. & Creenberg, B. S. (1985). Profiling the zappers, *Journal of Advertising Research, 25* (2), 15-19.

Heide, J. B. & Weiss, A. M. (1995). Vendor Consideration and Switching Behavior for Buyers in High-Technology Markets. *Journal of Marketing, 59 (3)*, 30-43.

Heider, F. (1946). Attitudes and Cognitive Organization. *Journal of Psychology, 21*, 107-112.

Heimann, J. (1976). Die Erbse unter der Prinzessin und was Frauen sonst noch erregt *Psychologie heute, 3* (1), 55-59.

Helfrich, H. (1993). Methodologie kulturvergleichender psychologischer Forschung. In Thomas, A. (Hrsg.), *Kulturvergleichende Psychologie* (S. 81-102). Göttingen. Hogrefe.

Helgeson, J. G. & Ursic, M. L. (1994). The Role of Affective and Cognitive Decision-Making Processes During Questionnaire Completion. *Psychology & Marketing, 11 (5)*, 493-510.

Heline, C. (1979). *Healing and regeneration through color*, 16th ed. Los Angeles. New Age Press.

Helson, H. (1933). The fundamental propositions of Gestalt Psychology, *Psychological Review, 40*, 13.

Hendon, D. W. (1973). How mechanical factors affect ad perception, *Journal of Advertising Research, 13* (4), 39-45.

Hendon, D. W. (1981). The advertising-sales relationship in Australia, *Journal of Advertising Research, 21* (1), 37-47.

Henion, K. E. (1972). The effect of ecologically relevant information on detergent sales, *Journal of Marketing Research, 9*, 10-14.

Henry, W. A. (1976). Cultural values do correlate with consumer behavior. *Journal of Marketing Research, 12*, 121-127.

Herker, A. (1995). Eine Erklärung des umweltbewußten Konsumentenverhaltens. *Marketing, 17 (3)*, 149-161.

Herkner, W. (1975). *Einführung in die Sozialpsychologie*, Bern, Stuttgart und Wien. Huber.

Hermanns, A. (1972). *Sozialisation durch Werbung*, Düsseldorf. Bertelsmann.

Hermanns, A. (1976). Sozialisationseffekte der Wirtschaftswerbung, in. Specht, K.G. & Wiswede, G., Hrsg.. *Marketing Soziologie*, Berlin. Duncker & Humblot.

Hermanns, A. (1979). *Konsument und Werbewirkung - Das phasenorientierte Werbewirkungsmodell*, Bielefeld und Köln. Gieseking.

Herrmann, T. (1990). Sprechen und Sprachverstehen, in. Spada, H., Hrsg. (1990). *Lehrbuch Allgemeine Psychologie*, Bern. Huber, 281-322.

Herrmann, T. (1991). *Lehrbuch der empirischen Persönlichkeitsforschung* (6. Aufl.). Göttingen. Hogrefe.

Hertrich, R. (1985). Die Reihenfolge der Informationssuche von Konsumenten. In *Europäische Hochschulschriften, VWL und BWL, Reihe 5, Band 652*. Frankfurt, Bern, New York. Lang.

Herzig, O. A. (1991). Markenbilder - Markenwelten. Neue Wege in der Imageforschung. In G. Schweiger (Hrsg.), *Empirische Marketingforschung, Band 9*. Wien. Service Fachverlag.

Hill, D. J. & Baer, R. (1994). Customers Complain - Business Make Excuses. The Effects of Linkage and Valence. *Advances in Consumer Research, 21*, 399-405.

Hill, J. H., Liebert, R. M. & Mott, D. E. (1968). Vicarious extinction of avoidance behavior through films. An initial test, *Psychological Reports, 22*, 192.

Hintze, M. (1991). Junge weibliche Singles. Schrittmacher im Werte-Wandel? *Marketing Journal, 24 (6)*, 536-545.

Hitchon, J. (1991). Headline make ads work. New evidence highlights of the special topic session, *Advances in Consumer Research, 18*, 752-754.

Hitchon, J. (1991a). Effects of metaphorical vs. literal headlines on advertising persuasion, *Advances in Consumer Rescarch, 18*, 752-753.

Hitchon, J., Thorson, E. & Zhao, X. (1988). *Advertising repetition as a component of the viewing environment. Impact of emotional executions on commercial repetition*; working paper, School of Journalism and Mass Communication, University of Wisconsin at Madison.

Hofacker, T. (1985). *Entscheidung als Informationsverarbeitung. Eine empirische Untersuchung zur Produktentscheidung von Konsumenten. Schriften zur empirischen Entscheidungsforschung* (Bd. 3). Frankfurt, Bern, New York. Lang.

Hoffman, D. L. & Batra, R (1991). Viewer response to programs. Dimensionality and concurrent behavior, *Journal of Advertsing Research, 31* (4), 46-56.

Hoffmann, H. J. (1972). *Werbepsychologie*, Berlin und New York. de Gruyter.

Högl, S. (1986). Werbewirkung und ihre Meßkriterien, *Planung & Analyse, 13* (3), 104-106.

Höhler, G. (1994). *Wettspiele der Macht*. Düsseldorf/Wien. Econ.

Holm, K. F. (1985). Auf dem Wege der Messung des Werbedrucks, Teil 2, *Planung und Analyse, 12* (7/8), 297-307.

Holzheu, H. (1995). Wenn der Kunde zum Freund wird. Der schmale Pfad zwischen "per Du" und "perdu". *Marketing Journal, 5*, 338-340.

Holzkamp, K. (1972). Soziale Kognition, in. Graumann, C.F., Hrsg.. *Handbuch der Psychologie*, Bd.7. Sozialpsychologie, 2. Halbband, Göttingen. Hogrefe, 1263-1341.

Homer, P. & Kahle, L. R. (1988). A structural equation analysis of the value-attitude-behavior-hierarchie. *Journal of Personality and Social Psychology, 54*, 638-646.

Homer, P. M (1990). The mediating role of attitude toward the ad. Some additional evidence, *Journal of Marketing Research, 27* (1), 78-86.

Hong, J. W., Zinkhan, G. M. (1995). Self-concept and advertising effectiveness. The influence of congruency, conspicuousness, and response mode. *Psychology and Marketing, 12*(1), 53-77.

Hong, S. & Wyer, R. S. (1989). Effects of Country-of-Origin and Product-Attribute Information on Product Evaluation. An Information Processing Perspective. *Journal of Consumer Research, 16*, 175-187.

Hong, S. & Wyer, R. S. (1990). Determinants of Product Evaluation. Effects of the Time Interval between Knowledge of a Product's Country-of-Origin and Information about its Specific Attributes. *Journal of Consumer Research, 17*, 277-288.

Höring, M. (1983). Marktforschung bei der Lufthansa. *Marktforschung im Dienst der Unternehmenssicherung und -entwicklung, 27 (4)*, 118-122.

Horizont (Hrsg.). (1998). Goldener Herbst bei Publikumspresse. *MediaFacts, 11/98*, 14-15.

Hörschgen, H., Gaiser, B. & Strobel, K. (1981). *Die Werbeerfolgskontrolle in der Industrie - Eine empirische Untersuchung*, Kommunikationstechnische Fachreihe des Vogel-Verlags, Würzburg.

Horsky, D. & Simon, L. S. (1983). Advertising and the diffusion of new products, *Marketing Science, 2* (1), 1-17.

Horton, R. L. (1979). Some relationships between personality and consumer decision making. *Journal of Marketing Research, 16*(2), 233-246.

Hörzu, Hrsg. (1983). *Plus HÖRZU, Ein Intermedia-Experiment zur Werbewirkung*, Hamburg. Springer.

Hörzu, Hrsg. (1983a). *A study of the effectiveness of advertising frequency in magazines*, o. O.

Hovland, C. J. & Mandell, W. (1952). An experimental comparison of conclusion, Drawing by the communzcator and by the audience, *Journal of abnormal and social Psychology, 47*, 581-588.

Hovland, C. J. & Weiss, W. (1951). The influence of source credibility on communicat~on effectiveness, *Public Opinion Quarterly, 15*, 635-650.

Hovland, C. J., Janis, J. L. & Kelley, H. H. (1953). Communication and persuasion, New Haven, in. Hovland, C. J., Lumsdaine, A. A. & Sheffield, F. D. (1949). *Studies in social psychology in world war II*, Vol. 3. Experiments in mass communication, Princeton. University Press, 201-227.

Howard, D. J. & Barry, Th. (1988). The prevalence of question use in print advertising Headline strategies, *Journal of Advertising Research, 28* (4), 18-25.

Howard, D. J. & Burnkrant, R.E. (1990). Question effects on information processing m advertising, *Psychology & Marketing, 7* (1), 27-46.

Howard, D. J. (1990). Rhetorical question effects on message processing and persuasion. The role of information availability and the elicitation of judgment, *Journal of experimental social Psychology, 26*, 217-239.

Howard, J. A. & Hulbert, J. (1973). *Advertising and the public interest*, Chicago. Crain Commumcations.

Howard, J. A. & Sheth, J. N. (1969). *The theory of buyer behavior*, New York. Wiley.

Howes, D. H. & Solomon, R. L. (1951). Visual duration threshold as a function of word probability, *Journal of experimental Psychology, 41*, 401-410.

Huang, M. H. (1998). Exploring a new typogy of advertising appeals. basis, versus social, emotional advertising in a global setting. *International Journal of Advertising, 17*, 145-168.

Hubel, W. & Marganus, M. (1986). Modellgestützte Werbewirkungsanalyse, *Jahrbuch der Ahsatz- und Verbrauchsforschung, 32* (4), 344-354.

Hughes, C. D. (1992). Realtime response measures redefine advertising wearout, *Journal of Advertising Research, 32* (3), 61-78.

Hull, C. L (1952). *A behavior system*, New Haven (Yale University Press).

Hunt, H. K (1972). Source effects, message effects, and general effects in counteradvertising, Proceedings, Third Annual Conference of the Association for Consumer Research, Chicago.

Hunt, K. (1973). Effects of corrective advertising, *Journal of Advertising Research, 13*, (5), 15-22.

Hunziker, P. (1972). *Erziehung zum Überfluß*, Stuttgart. Kohlhammer.

Hustad, T. P. & Pessemier, E. A. (1974). The development and application of psychographic life style and associated activity and attitude measures. In W. D. Wells (Hrsg.), *Life style and psychographics* (S. 31-70). Chicago.

Hutchinson, J. W. & Moore, D. L. (1984). Issues surronnding the examination of delay effects in advertising? *Advances in Consumer Research, 11*, 650-655.

Hyman, H. H. & Singer, E., eds. (1968). *Readings in reference group theory and research.* London. Collier-Macmillan.

Hyman, H. H. (1942). The psychology of status. *Archives of Psychology, 269*, 5-38;80-86.

Hyman, H. H. (1947). The psychology of status. In G. E. Swanson, T. M. Newcomb & E. L. Hartley (Hrsg.), *Readings in Social Psychology* (S. 410-414). New York. Holt, Rinehart & Winston.

Hytha, R K. (1975) Die versteckten Schachzüge der Humorwerbung, *Marketing-Journal, 8*, 273-276.

Imperia, G., O'Guinn, T. C. & MacAdams. (1985). Family decision making role perceptions among mexican-americans and anglo wives. A cross cultural comparison. *Advances in Consumer Research, 12*, 71-74.

Infratest (1970). *Anzeigen-Kontaktchancen in Publikumszeitschriften*, durchgeführt im Auftrag von Hör zu, München.

Innis, D. E. & Unnava, H. R. (1991). The usefulness of product warranties for reputable and new brands, *Advances in Consumer Research, 18*, 317-322.

Insko, C. A., Arkoff, A. & Insko, V. M. (1965). Effects of high and iow fear-arousing communications upon opinions toward smoking, *Journal of experimental social Psychology, 1*, 256-266.

Institut für Freizeitwirtschaft. (1988). Freizeit-Markt, Unterschiedliche Wachstumsfelder bis 1995. *Marketing Journal, 1/88*, 8-16.

Institut für Freizeitwirtschaft. (1990). Kulinarische Freizeit, Zielgruppen und Marktchancen bis 1995. *Marketing Journal, 3/90*, 238-242.

Irle, M. & Möntmann, V. (1978). *Die Theorie der kognitiven Dissonanz. Ein Resumée ihrer theoretischen Entwicklung und empirischen Ergebnisse 1957-1976.* Bern, Stuttgart, Wien. Huber.

Irle, M. (1975). *Lehrbuch der Sozialpsychologie*, Göttingen. Hogrefe.

Irle, M., Hrsg. (1983). *Enzyklopädie der Psychologie, Band 4. Marktpsychologie als Sozialwissenschaft.* Göttingen. Hogrefe.

Jaccard, J., King, G. W. & Pomazal, R. (1977). Attitudes and behavior. An analysis of specifity of attitudinal predictors. *Human Relations, 30*, 817-824.

Jacobi, H. (1963). *Werbepsychologie*, Wiesbaden. Gabler.

Jacobs, D. F. (1986). A general theory of addictions. A new theoretical model. *Journal of Gambling Behavior, 2*, 15-31.

Jacobs, E. M. (1986). New developments in soviet advertising and marketing theory International *Journal of Advertising, 5*, 243-246.

Jacoby, J., Hoyer, W. D. & Zimmer, M. R. (1983). To read, view, or listen? A crossmed~a comparison of comprehension, in. *Current Issues and Research in Advertising, 6* (1), 201-217.

Jaffc, L. J. & Bcrgcr, P. D. (1988). Impact on purchase intent of sex-role identity and product positioning, *Psychology & Marketing, 5* (3), 259-271.

Jain, C. L. (1975). Broadcast support to newspaper ads, *Journal of Advertising Research, 15*, (5), 69-72.

James, K. E. & Hensel, P. J. (1991). Negative advertising. The malicious strain ofcomparative advertising, *Journal of Advertising, 20* (2), 53-69.

Janis, I. L. & Feshbach, S. (1953). Effects of fear-arousing communications, *Journal of abnormal and social Psychology, 48*, 78-92.

Janiszewski, C. (1990). The influence of print advertisement organization on affect toward brand, *Journal of Consumer Research, 17*, 53-65.

Jaspersen, T. (1985). *Produktwahrnehmung und stilistischer Wandel.* Frankfurt, New York. Campus.

Jaspert, F. (1966) Werbe-Erfolgskontrolle, in. Zankl, H.L., Hrsg.. Werbeleiter-Handbuch, München. Moderne Industrie.

Jeck-Schlottmann, G. (1987). *Visuelle Informationsverarbeitung bei wenig involvierten Konsumenten. Dissertation.* Saarbrücken.

Jeck-Schlottmann, G. (1988). Anzeigenbetrachtung bei geringem Involvement. *Marketing, ZFP, 10 (1)*, 33-43.

Jobber, S. & Kilbride, A. (1986). How major agencies evaluate TV advertising in Britain, *International Journal of Advertising, 5*, 187-195.

Johar, J. S. & Sirgy, M. J. (1991). Value-expressive versus utilitarian advertising appeals. When and why to use which appeal, *Journal of Advertising, 20* (3), 23-33.

Johnson, L. W. (1986). Advertising expenditure and aggregate demand for cigarettes in Australia, *International Journal of Advertising, 5*, 45-58.

Jones, E. E. & Nisbett, R. R. (1971). *The actor and the observer. Divergent perceptions of the causes of behavior.* Morristown. General Learning Press.

Kagitcibasi, C. & Berry, J. W. (1989). Cross-cultural psychology. Current research and trends. *Annual Review of Psychology, 40*, 493-531.

Kahle, L. R. & Homer, P. M. (1985). Physical attractiveness of the celebrity endorser. A social adaptation perspective, *Journal of Consumer Research, 11*, 954-961.

Kahle, L. R. & Kennedy, P. (1988). Using the list of values (LOV) to understand consumers. *The Journal of Services Marketing, 2*, 49-56.

Kahle, L. R. (1983). *Social values and social change. Adaptation to life in America.* New York. Praeger Publishers.

Kahle, L. R. (1986). The nine nations of North America and the values basis of geographic segmentation. *Journal of Marketing, 50*(2), 37-47.

Kahle, L. R., Beatty, S. R. & Homer, P. (1986). Alternative measurement approaches to consumer values. The list of values (LOV) and values and life style (VALS). *Journal of Consumer Research, 13*, 405-409.

Kahle, L., Liu, R. & Watkins, H. (1992). Psychographic variation across United States geographic regions. *Advances in Consumer Research, 18.*

Kahle, L., Poulos, B. & Sukhdial, A. (1988). Changes in social values in the United States during the past decade. *Journal of Advertising Research, 28*(1), 35-41.

Kaloff, B. H. (1986). *Markenpolitik und Marktstrukturen* (S. 177-196). Heidelberg, Wien. Physica.

Kalwani, M. U. & Silk, A. J. (1982). On the reliability and predictive validity of purchase intention measures, *Marketing Science, 1* (3), 243-286.

Kamins, M. A. (1989). Celebrity and noncelebrity advertising in a two-sided context, *Journal of Advertising Research, 29* (3), 34-42.

Kamins, M. A. (1990). An investigation into the "Match-lJp" hypothesis in celebritiy advertising. When beauty may be only skin deep, *Journal of Advertisng, 19* (1), 4-13.

Kamins, M. A. & Assael, H. (1987). Two-sided versus one-sided appeals. A cognitive perspective on argumentation, source derogation, and the effect of disconfirming trial on belief change, *Journal of Marketing Research, 24* (1), 29-39.

Kamins, M. A., Brand, M. J., Hoeke, S. A. & Moe, J. C. (1989). Two-sided versus onesided celebrity endorsements. The impact on advertising effectiveness and credibility, *Journal of Advertising, 18* (2), 4-10.

Kamins, M. A., Marks, L. J. & Skinner, D. (1991). Television commercial evaluation in the context of program induced mood. Congrnency versus consistency effects, *Journal of Advertising, 20* (2), 1-14.

Kamins, M. A., Assael, H. & Graham, J. L. (1990). Cognitive response involvement model of the process of product evaluation through advertising exposure and trial, *Journal of Business Research, 20*, 191-215.

Kamins. M. A. & Gupta, K. (1994). Congruency between spokesperson and product type. A matchup hypothesis perspective. *Psychology & Marketing, 11*(6), 569-586.

Kano, N. (1984). Attractive Quality and Must-be Quality. *The Journal of the Japanese Society for Quality Control, April*, 39-48.

Kanter, D. (1978). The europeanizing of america. A study in changing values. *Advances in Consumer Research, 5*, 347-351.

Kanungo, R. N. & Johar, J. S. (1975). Effects of slogans and human model characteristics in product advertisements, *Canadian Journal of Behavior Science, 7* (2), 127138.

Kapferer, J. N. & Laurent, G. (1985 a). Consumers' Involvement Profile. New Empirical Results. *Advances in Consumer Research, 12*, 290-295.

Kapferer, J. N. & Laurent, G. (1985). Consumer Involvement profiles. A new practical approach to consumer involvement, *Journal of Advertising Research, 25* (6), 48-56.

Kaplan, B. M. (1985). Zapping -The real issue is communication, *Journal of Advertising Research, 25* (2), 9-12.

Kaplitza, G. (1983). Der kontrollierte Werbeerfolg, *Planung und Analyse, 10* (6), 264-270.

Karmasin, H. (1993). *Produkte als Botschaften*. Wien. Wirtschaftsverlag Überreuter.

Kasper, H. (1988). On Problem Perception, Dissatisfaction and Brand Loyalty. *Journal of Economic Psychology, 9 (3)*, 387-397.

Kassarjian, H. H. & Sheffet, M. J. (1981). Personality and consumer behavior. An update. In H. H. Kassarjian & T. S. Robertson (Hrsg.), *Perspectives in consumer behavior* (3. Aufl., S. 160-180). Glenview (Il). Scott & Foresman.

Kassarjian, H. H. (1965). Social character and differential preference for mass communication, *Journal of Marketing Research, 2*, 146-153.

Kastl, A. J. & Child, I. L. (1968). Emotional meaning of four typographical variahles, *Journal of applied Psychology, 52*, 440-446.

Katzenberger, L. F. (1967). *Auffassung und Gedächtnis*, München (Reinhardt).

Kaufman, L. (1974). *Sight and mind. An introduction to visnal perception*, New York, Oxford. University Press.

Keaveney, S. M. (1995). Customer Switching Behavior in Service Industries. An Exploratory Study. *Journal of Marketing, 59 (2)*, 71-82.

Keith-Spiegel, P. (1972). Early conceptions of humor. Varieties and issues, in. Goldstein, J.H. & McGhee, P., eds.. *The psychology of humor*, New York.

Keitz, B. v. (1983). Der Test von TV-Werbung, *Planung & Analyse, 10* (8), 34()-344.

Keitz, B. v. (1986). Wahrnehmung von Informationen. In F. Unger (Hrsg.), *Konsumentenpsychologie und Markenartikel* (S. 97-121). Heidelberg. Physica.

Keller, P. A. & Block, L. G. (1996). Increasing the persuasiveness of fear appeals. The effect of arousal and elaboration. *Journal of Consumer Research, 22*(4), 448-459.

Kelley, H. H. (1947). Two functions of reference groups. In G. E. Swanson, T. M. Newcomb, & E. L. Hartley (Hrsg.), *Readings in Social Psychology* (S. 410-414). New York. Holt, Rinehart & Winston.

Kelman, H. C. & Horland, C. J. (1953). "Reinstatement" of the communicator in delayed measurement of opinion change, *Journal of abnormal and social Psychology, 48*, 327-335.

Kershaw, A. C. (1976). For and against comparative advertising. Against, *Advertising Age*, July 5th, 25-26 und 28-29.

Kiefer, M. L. (1997). Hörfunk. Dauergast zur Information und Unterhaltung. *Media Perspektiven, 11/97*, 612-618.

Kiesler, C. A. (1971). *The psychology of commitment Experiments linking behavior to belief.* New York. Academic Press.

Kiesler, C. A. & Kiesler, S. B. (1964). Role of forewarning in persuasive communications, *Journal of abnormal and social Psychology, 68*, 547-549.

Kilbourne, W. E., Painton, S. & Ridley, S. (1985). The effect of sexual embedding on responses to magazine advertisements, *Journal of Advertising, 14* (2), 48-56.

Kim, C. & Lee, H. (1997). Development of family triadic measures for children's purchase influence. *Journal of Marketing Research, 34*(3), 307-321.

Kim, C., Lee, H. & Hall, K. (1991). A study of adolscent's power, influence strategy, and influence on family purchase decisions. In T. L. Childers (Hrsg.), *Marketing theory and applications* (S. 37-45). Chicago. AMA.

Kimble, C. A et al. (1961). *Conditioning and learning*, New York (Appleton Century Crofts).

Kirchler, E. (1988). Kaufentscheidungen in der Familie. Eine Replikation der Studie von Davis & Rigaux (1974) unter Berücksichtigung der Kinder. *Forschungsarbeit an der Universität Linz.*

Kirchler, E. (1988a). Wem soll vertraut werden? Probleme im Studium von Kaufentscheidungen im privaten Haushalt. *Planung und Analyse, 15*, 300-308.

Kirchler, E. (1990). Wer entscheidet über ökonomische Angelegenheiten in der Familie? *Planung und Analyse, 17*, 172-189.

Kirchler, E. (1993). Spouses' joint purchase decisions. Determinants of influence tactics for muddling through the process. *Journal of Economic Psychology, 14*, 405-438.

Kirchler, E. & Hermann (1986). Stimmung als Filter von Werbebotschaften, *Jahrbuch der Absatz- und Verbrauchsforschung, 32* (4), 355-367

Kirchler, E. & Kapfer, J. (1987). Emotionen in der Werbung -Zum Einfluß des redaktionellen Umfelds auf die Werbewirkung in Print-Medien, *Jahrbuch der Absatz- und Verbrauchsforschung, 33* (4), 379-395.

Kirchler, E. M. & Kirchler, E. (1990). Einflußmuster in familiären Kaufentscheidungen. *Planung und Analyse, 17*(2), 49-54.

Kitchen, P. J. (1986). Zipping, zapping and nipping, *International Journal of Advertising, 5*, 343-352.

Klare, C. R., Nichols, W. H. & Shuford, E. H. (1957). The relationship of typographic arrangement to the learning of technical training material, *Journal of applied Psychology 41*, 41-45.

Klein, G. (1981). Relative advertising channel effectiveness. A test of learning vs. involvement orientations, in. *Current Issues and Research in Advertising, 4*, 71-84.

Klein, J. G. & Shiv, B. (1996). Under Siege. How Consumers Respond and Marketers React to Negative Information. Special Session Summary. *Advances in Consumer Research, 23*, 456.

Klein, P. R & Tainter, M. (1983). Copy research validation. The advertiser's perspective, *Journal of Advertising Research, 23* (5), 9-17.

Kleine, R. E., Schultz Kleine, S., Kernan, J.-B. (1993). Mundane consumption and the self. A social-identity perspective. *Journal of Consumer Psychology, 2*(3), 209-235.

Klinger, E (1967). Modeling effects on achievement imagery, *Journal of Personality and Social Psychology, 7*, 49-62.

Kluwe, R. H. (1990). Gedächtnis und Wissen, in. Spada, H., Hrsg. (1990). *Allgemeine Psychologie*, l 15-188.

Knealy, D. (1988). Zapping of TV ads appears pervasive, *Wall Street Journal*, April 25, 30.

Koeppler, E. (1974). *Werbewirkungen definiert und gemessen*, hrsg. i.A. Heinrich Bauer Stiftung von Braunschweig, E., Velbert. Bauer.

Koeppler, K. (1980). *Effekte von Anzeigenhäufungen*; hrsg. i.A. Heinrich Bauer Stiftung von Braunschweig, E., Morsum. Bauer.

Koeppler, K. (1988). Führt erhöhter Werbedruck zu mehr Wirkung oder zu Ubersättigungen? *Viertel-Jahreshefte für Media und Werbewirkung*, Heft 2, 32-33.

Koffka, K. (1935). *Principles of Gestalt-Psychology*, New York (Harcourt & Brace)

Kohli, C. & Labahn, D. W. (1997). Observations. Creating Effective Brand Names. A Study of the Naming Process. *Journal of Advertising Research, 37 (1)*, 67-75.

Kolarz-Lakenbacher, J. (1992). Neue Schritte im Tanz um den Kunden. *Werbeforschung und Praxis, 4*, 142-143.

Kols, P. (1986). Bedarfsorientierte Marktsegmentierung auf Produktivgütermärkten. In *Reihe Wirtschaftswissenschaften, Band 346*. Thun, Frankfurt a.M.. Harri Deutsch.

König, T. (1926³). *Reklamepsychologie - ihr gegenwärtiger Stand - ihre praktische Bedeutung*, München und Berlin.

Koomen, W. & DiJkstra, W. (1975). Effects of question lenght on verbal behavior in a bias-reduced interview situation, *European Journal of Social Psychology, 75*, 399-403.

Koppelmann, U. (1982). Zur Entwicklung eines Abbruchkonzepts als Grundlage für innovative Marketingentscheidungen. *Marketing, 4(3)*, 165-175.

Koran, M. L., Snow, R. E. & McDonald, F. F. (]971). Teacher aptitude and observational learning of a teaching skill, *Journal of Educational Psychology, 62*, 219-228.

Korgaonkar, P. K. & Moschis, G. P. (1982). An experimental study of cognitive dissonance, product involvement, expectations, performance and consumer judgement of product performance. *Journal of Advertising, 11(3)*, 32-44.

Korte, C. (1995). Kundenzufriedenheit. Herausforderung an die marktorientierte Unternehmensführung in der Automobilwirtschaft. *Planung und Analyse, 22 (6)*, 36-39.

Kotler, P. & Bliemel, F. (1999). *Marketing-Management. 9. Auflage*. Stuttgart. Schäffer-Poeschel.

Kover, A. J. (1995). Copywriters' implicit theories of communication. An exploration. *Journal of Consumer Research, 21(4)*, 30-45.

Kover, A. J., Goldberg, St. M. & James, W. L. (1995). Creativity vs. effectiveness? An integrating classification for advertising. *Journal of Advertising Research, 35(6)*, 29-38.

Kramer, S. (1991). *Europäische Life-Style-Analysen zur Verhaltensprognose von Konsumenten*. Hamburg. Kovac.

Krampf, R. F., Burns, D. J. & Rayman, D. (1993). Consumer decision making and the nature of the product. A comparison of husband and wife adoption. *Psychology & Marketing, 10(2)*, 95-109.

Kratzer, V. & Silberer, G. (1976). *Imitationsanreize in der Konsumgüterwerbung*, Mannheim. Unveröffentlichtes Manuskript, Sonderforschungsbereich 24.

Krautter, J. (197()). *Werbewirkung und Käuferverhalten, Ein Simulationsmodell zur Analyse der Wirkungen der Werbung auf das Käuferverhalten*, Diss. Universität Mannheim.

Krech, D., Crutchfield, R. S. & Ballachey, E. L. (1962). *Individual in society, A Textbook of Social Psychology*. New York. McGraw-Hill.

Krishnan, H. S. & Olshavsky, R. W. (1995). The Dual Role of Emotions in Consumer Satisfaction / Dissatisfaction. *Advances in Consumer Research, 22*, 454-460.

Kroeber, A. L. & Kluckhohn, C. (1952). Culture. A critical review of concepts and definitions. In *Peabody Museum of American Archeology and Ethnology Papers, # 47, H. 1.* Cambridge, Mass.. Harvard University.

Kroeber-Riel, W. & Meyer-Hentschel, C. (1982). *Werbung - Steuerung des Konsumentenverhaltens*, Würzburg. Physica.

Kroeber-Riel, W. & Trommsdorff, V. (1973). *Markentreue beim Kauf von Konsumgütern - Ergebnisse einer empirischen Untersuchung* (S. 57-82). Opladen. Westdeutscher Verlag.

Kroeber-Riel, W. & Weinberg, P. (1996^6). *Konsumentenverhalten*. München. Vahlen.

Kroeber-Riel, W. (1973). Kommunikation und Werbung, in. Kroeber-Riel, W., Hrsg. (1973). *Konsumentenverhalten und Marketing*, Opladen. Westdeutscher Verlag, 137-162.

Kroeber-Riel, W. (1980^2). *Konsumentenverhalten*, München. Vahlen.

Kroeber-Riel, W. (1984^3). *Konsumentenverhalten*, München. Vahlen.

Kroeber-Riel, W. (1990). *Konsumentenverhalten. 4. Auflage.* München. Vahlen.

Kroeber-Riel, W. (1992^5). *Konsumentenverhalten*. München. Vahlen.

Kroeber-Riel, W. (1993). *Bild-Kommunikation*. München. Vahlen.

Krohne, H. (1976). *Theorien der Angst*, Stuttgart. Kohlhammer.

Krohne, H. (1975). *Angst und Angstverarbeitung*, Stuttgart. Kohlhammer.

Krohne, H. W. (1973). Der Einfluß der Angstvermeidung auf das Niveau der Informationsverarbeitung, *Zeitschrift für experimentelle und angewandte Psychologie, 20*, 408-443.

Krugman, H. E. (1965). The impact of television advertising. Learning without involvement, *Public Opinion Quarterly, 29*, 349-356.

Krugman, H. E. (1966). The Measurement of Advertising Involvement. *Public Opinion Quarterly, 30*, 583-596.

Kruse, L. & Rogge, K. E. (1971). Motivation, in. Rogge, K.E., Hrsg. (1971). *Steckbrief der Psychologie*, Heidelberg. Quelle & Meyer, 104-120.

Kumpf, M. (1983). Bezugsgruppen und Meinungsführer. In M. Irle (Hrsg.), *Enzyklopädie der Psychologie, Band 4. Marktpsychologie als Sozialwissenschaft* (S. 282-343). Göttingen. Hogrefe.

Kuß, A. (1991). *Käuferverhalten*. Stuttgart. Fischer.

LaBarbera, P. & MacLachlan, J. (1979). Time compressed speech in radio advertising, *Journal of Marketing, 43*, 30-36.

Laberenz, H. (1988). *Die prognostische Relevanz multiattributiver Einstellungsmodelle für das Konsumenten-Verhalten*, Hamburg. Kovac.

Lackman, C. & Lanasa, J. M. (1993). Family decision-making theory. An overview and assessment. *Psychology & Marketing, 10*(2), 81-93.

Laczniak, R. N. & Muehling, D. D. (1990). Delayed effects of advertising moderated by involvement, *Journal of Business Research, 20*, 263-277.

Laczniak, R.N. & Carlson, L. (1989). Examining the influence of attitude-toward-thead on brand attitudes, *Journal of Business Research, 19*, 3()3-311.

Laird, D. A. (1932). How the consumer estimates quality by subconsious sensory impressions, *Journal of applied Psychology, 16*, 241-246.

LA-Kinderpresse. (1978). *Leseranalyse Kinderpresse (LA)*. München.

Lamb, C. W., Pletcher, B. A. & Pride, W. M. (1979). Print readers perception of various advertising formats, *Journalism Quarterly, 56*, 328-335.

Lambert, Z.V. (1972). Perceptual patterns, information handling, and innovativeness, *Journal of Marketing Research, 9*, 427-431.

Lammers, B., Leibowitz, L., Seymour, G. E. & Hennessey, J. E. (1983). Humor and cognitive response to advertising stimuli. A trace consolidation approach, *Journal of Business Research, 11*, 173-185.

Landon, E. L. (1974). Self concept, ideal self concept and consumer purchase intentions. *Journal of Consumer Research, 1*(1), 44-51.

Langer, I., Schulz von Thun, F. & Tausch, R. (1974). *Verständlichkeit in Schule, Verwaltung, Politik und Wissenschaft*, München. Reinhardt.

Langner, H. (1995). Wie ernst meinen Sie es wirklich mit Ihrem "Qualitätsmanagement"? Das läßt sich auf vier Ebenen messen. *Marketing Journal, 2*, 100-103.

Lantz, G. & Loeb, S. (1996). Country of Origin and Ethnocentrism. An Analysis of Canadian and American Preferences Using Social Identity Theory. *Advances in Consumer Research, 23*, 374-378.

LaPiere, R. T. (1934). Attitudes versus actions. *Social Forces, 13*, 230-237.

Laroche, M., Kim, C. & Zhou, L. (1996). Brand familiarity and confidence as determinants of purchase intention. An empirical test in a multiple brand context. *Journal of Business Research, 37*(2), 115-120.

Lastovicka, J. L. (1982). On the validation of lifestyle traits. A review and illustration. *Journal of Marketing Research, 19*, 126-138.

Lastovicka, J. L. & Gardner, D. M. (1979). *Components of Involvement* (S. 53-73). Chicago. American Marketing Association.

Lastovicka, J. L. & Joachimsthaler, E. A. (1988). Improving the detection of personality-behavior relationships in consumer research. *Journal of Consumer Research, 14*(4), 583-587.

Lastovicka, J. L., Murry, J. P. & Joachimsthaler, E. A. (1990). Evaluating the measurement validity of lifestyle typologies with qualitative measures and multiplicative factoring. *Journal of Marketing Research, 27*(1), 11-23.

LaTour, M. ., Pitts, R. E. & Snook-Luther, D. C. (1990). Female nudity, arousal, and ad response. An experimental investigation, *Journal of Advertising, 19* (4), 51-62.

Lauer, H. (1991). Entwicklung, Bedeutung und Aufgaben des Marketing. In H. G. Geisbüsch, R. Geml & H. Lauer (Hrsg.), *Marketing* (2. Aufl., S. 15-24). Landsberg/Lech. Moderne Industrie.

Laurent, G. & Kapferer, J.-N. (1985). Measuring Consumer Involvement Profiles. *Journal of Marketing Research, 22*, 41-53.

Lautman, M. R. & Dean, K. J. (1983). Time compression of television advertising, in. Percy, L. & Woodside, A. G. (1983). *Advertising and Consumer Psychology*, Lexington (Lexington Books), 219-375.

Lavidge, R. J. & Steiner, G. . (1961). A model for predictive measurements of advertising effectiveness, *Journal of Marketing, 25*, 59-62.

Lawrence, D. H. & Festinger, L. (1962). *Deterrents and Reinforcement. The Psychology of Inssufficient Reward*. Stanford. University Press.

Lazarus, R. S. (1966). Psychological stress and the coping process, New York (McGraw-Hill).

Lazer, W. (1964). Life style concepts and marketing. In St. A. Greyser (Hrsg.), *Toward scientific marketing* (S. 130-139). Chicago.

Leavitt, C. (1970). A multidimensional set of rating scales for TV commercials, *Journal of Applied Psychology, 54*, 427-429.

Lee, D. & Brinberg, D. (1995). The Effect of the Perception of Process Technology and Country-of-Manufacture (COM) Favorableness On Consumers' Overall Brand Evaluation. *Advances in Consumer Research, 22*, 286-291.

Lee, M. (1995). Effects of Schema Congruity and Involvement on Product Evaluations. *Advances in Consumer Research, 22*, 210-216.

Lee, S. & Barnes, J. H. (1990). Using color preferences in magazine advertising, *Journal of Advertising Rescarch, 30* (6), 25-30.

Lee, W. N. & Um, K. H. R. (1992). Ethnicity and consumer product evaluation. A cross-cultural comparison of koreans immigrants and americans. *Advances in Consumer Research, 19*, 429-436.

Leigh, J. H. (1991). Information processing differences among broadcast media. Review and suggestions for research, *Journal of Advertising, 20* (2), 71-75.

Lenz, M. & Fritz, W. (1986). Die Aktivierungsforschung im Urteil der Marketingpraxis, *Marketing ZFP*, Heft 3/86, 181-185.

Leone, R. P. (1983). The usefulness of indices of consumer sentiment in predicting expenditures, *Advances in Consumer Research, 10*, 596-598.

Leonhard, A. (1989). Soll ich mir einen Jaguar kaufen? Tiere als Firmen- und Marken-Symbole. *Marketing Journal, 22 (2)*, 154-156.

Lessne, G. J. & Didew, N. M. (1987). Inoculation theory and resistance to persuasion in marketing, *Psychology & Marketing, 4*, 157-165.

Lessne, G. J. & Notarantonio, E. M. (1988). The effects of limits in retail advertisements. A reuctance theory perspective, *Psychology & Marketing, 5* (1), 33-44.

Leven, W. (1986). Werbewirkungsanalyse mittels Blickregistrierung, *Jahrbuch der Absatz- und Verbrauchsforschung, 32* (1), 71-89.

Leven, W. (1988). Involvement-Niveau und Informationsverarbeitung. *Werbeforschung und Praxis, 33 (5)*, 169-171.

Leventhal, H. (1970). Findings and theory in the study of fear communications in. Berkowitz, L., ed. (1970). *Advances in experimental social psychology, 5*, New York (Academic Press), 119-186.

Levy, B. (1984). Research into the psychological meaning of color, *American Journal of Art Therapy, 23* (2), 58-62.

Levy, R (1987). Big resurgence in comparative ads, *Dun's Business Month*, February,

Lewin, K. (1935). *A dynamic theory of personality*. New York. McGraw-Hill.

Lewis, E. S. E. (1898). Zitiert in. Jacobi, H. (1963). *Werbepsychologie*, Wiesbaden. Gabler, 54 f.

Liebel, F. (1994). Die Hausfrau scheint genau zu wissen, zu welchem Waschmittel sie greifen muß. *Marketing Journal, 27*(2), 150-151.

Lienert, G. A. (1969[3]). Testaufbau und Testanalyse Weinheim Berlin und Basel. Beltz.

Lilli, W. (1980). Zum Vorhersagewert von Einstellungen für das reale Verhalten. *Marketing ZFP, 3*, 179-184.

Lingenfelder, M. & Schneider, W. (1991). Die Kundenzufriedenheit. Bedeutung, Meßkonzept und empirische Befunde. *Marketing, 13 (2)*, 109-119.

Linneweh, K. (1978). *Kreatives Denken*, Karlsruhe. Gitzel.

Lipstein, B. (1968). Anxiety, risk and uncortainty in advertising effectiveness measurements, in. Adler, L. & Crespi, J., eds. (1968). *Attitude research on the rocks*, Chicago, 11-27.

Lipstein, B. (1978). Some observations about the literature, in. Lipstein, B. & McGuire, W.J.. *Evaluating advertising, A bibliography of the communications process*, New York. Advertising Research Foundation, XI - XIII.

Lipstein, B. & Neelankavil, J. P. (1984). Telovision advertising copy research. A critical review of the state of the art, *Journal of Advertising Research, 24* (2), 19-25.

Locander, W. B. & Hermann, P. W. (1979). The effect of self-confidence and anxiety on information seeking in consumer risk reduction, *Journal of Marketing Research, 16*, 268-274.

Lodish, L. M., Abraham, M. et al. (1995). How T.V. advertising works. A meta-analysis of 389 real world split cable T.V. advertising experiments. *Journal of Marketing Research, 32*(2), 125-139.

Loewenheim, A. G. (1997). Servicewüste Deutschland. Wettbewerbsvorsprung durch Kundenorientierung. *Mensch und Büro, 11(5)*, 50-51.

Lohmeier, N., Robles, M. & Sauermann, P. (1984). Können verbale Verfahren das Hautwiderstandsmeßgerät ersetzen? *Planung & Analyse, 11* (7/8), 317 318.

Lowin, A. (1967). Approach and avoidance. Alternative modes of selective exposure to information, *Journal of Personality and Social Psychology, 6*, 1-9.

Lowin, A. (1969). Further evidence for an approach-avoidance interpretation of selective exposure, *Journal of experimental social Psychology, 5*, 265-271.

Lutz, RJ. (1985). Affective and cognitive antecedents of attitude toward the ad. A conceptual framework, in. Alwitt, L.F. & Mitchell, A.A., eds. (1985). *Psychological processes and advertising effects. Theory, rescarch and application*, Hillsdale. Erlbaum, 45-63.

Lynch, J. & Schuler, D. (1994). The matchup effect of spokesperson and product congruency. A schema theory interpretation. *Psychology & Marketing, 11*(5), 417-445.

Lysonski, S. & Pollay, R. W. (1990). Advertising sexism is forgiven, but not forgotten. Historical, cross-cultural and individual differences in criticism and purchase boycott intentions, *International Journal of Advertising, 9*, 317-329.

MacKenzie, S. B. & Lutz, R. J. (1989). An empirical examination of the structural antecedents of attitude toward the ad in an advertising pretesting context, *Journal of Marketing, 53* (2), 48-65.

MacKenzie, S. B., Lutz, R.J. & Belch, G. E. (1986). The role of attitude toward the ad as a mediator of advertising effectiveness. A test of competing explanations, *Journal of Marketing Rescarch, 23*, 130-143.

Macklin, M. C. (1990). The influence of model age on children's reactions to advertising stimuli, *Psychology & Marketing, 7* (4), 295-310.

Mackworth, J. F. (1970). *Vigilance and attention*, Harmondsworth, Middlesex. Penguin.

MacLachlan, J. (1982). Listener perception of time-compressed spokesperson, *Journal of Advertising Research, 22* (2), 47-51.

MacLachlan, J. & LaBarbera, P. (1978). Time-compressed TV commercials, *Journal of Advertising Research, 18* (4), 11-15.

MacLachlan, J. & Siegel, M. H. (1980). Reducing the costs of TV commercials by use of time compressions, *Journal of Marketing Research, 17*, 52-57.

Madden, T. J. & Campbell, L. (1990). The use and impact of humor in radio advertising, *Journal of Advertising Research, 30* (6), 44-51.

Madden, T. J. & Weinberger, M. G. (1982). The effects of humor on attention in magazine advertising, *Journal of Advertising, 1 1* (3), 8-14.

Madden, T. J. & Weinberger, M. G. (1984). Humor in advertising. A practical view, *Journal of Advertising Research, 24* (4), 23-29.

Mahnke, F. H. & Mahnke, R. H. (1987). *Color and light in manmade environments*, New York (Van Nostrand Reinhold).

Malickson, D. L. & Nason, J. W. (1982). *Advertising. How to write the kind that works*, New York. Scribner's.

Malter, A. J. (1996). An Introduction to Embodied Cognition. Implications for Consumer Research. *Advances in Consumer Research, 23*, 272-276.

Mangleburg, T. F. (1990). Children's influence in purchase decisions. A review and critique. *Advances in Consumer Research, 17*, 813-825.

March, R. M. & Swinbourne, D. W. (1974). What is "interest" in TV commercials? *Journal of Advertising Research, 14* (4), 17-22.

Marketing News (1984). *Background of zapping*, September 14.

Markus, H. & Kitayama, S. (1991). Culture and the Self. Implications for Cognition, Emotion and Motivation. *Psychology Review, 98*, 224-253.

Marquardt, R. A. & Murdock, C. W. (1984). The sales-advertising relationship. An investigation of correlations and consistency in supermarkets and department stores, *Journal of Advertising Research, 24* (5), 55-60.

Martin, E. & Roberts, K. H. (1966). Grammatical factors in sentence retention, *Journal of verbal Learning and verbal Behavior, 5*, 211-218.

Martin, I. M. & Eroglu, S. (1993). Measuring a Multi-Dimensional Construct. Country Image. *Journal of Business Research, 28*, 191-210.

Maslow, A. H. (1954). *Motivation and Personality.* New York. Harper.

Maslow, A. H. (1970). *Motivation and personality* (2. Aufl.). New York. Harper & Row.

Mathews, V. (1997). Mellow yellow. Reports of the demise of yellow fats have been greatly exaggerated. *Supermarket, 9*, 11.

Matricon, C. P. (1967). A new index of advertising effectiveness, *Journal of Advertising Research, 7* (4), 33-39.

Mayer, H. (1982). Das Bild der Frau und des Mannes in der Werbung, in. Tietz, B. Hrsg. (1982). Die Werbung, Band 2, Landsberg. Moderne Industrie, 1073-1096.

Mayer, H. (1985a). Werbepsychologische Aspekte der Auswahl von Fotomodellen, *Jahrbuch der Absatz- und Verbrauchsforschung, 31* (4), 312-321.

Mayer, H. (1985b). Modelle für Models, Psychologische Konsequenzen der Verwendung von Personendarstellungen in der Werbung, *W&V, # 44/ 1*, 36-39.

Mayer, H. (1987). Personendarstellungen in der Werbung Forschungsergebnisse und -lücken, *Werbeforschung & Praxis, 32* (3), 77-83.

Mayer, H. (1989). Modellcharakteristik. Eine Analyse von Anzeigen in Publikums-Zeitschriften, unveröff. *Forschungsbericht 1/89*, Mannheim.

Mayer, H. (1990). *Werbewirkung und Kaufverhalten. Unter ökonomischen und psychologischen Aspekten.* Stuttgart. Poeschel.

Mayer, H. (1993). Wirkungen der Kommunikationspolitik, in. Berndt, R. & Hermanns, A., Hrsg. (1993). *Handbuch Marketing Kommunikation, Strategien - Instrumente - Perspektiven*, Wiesbaden. Gabler, 209-224.

Mayer, H. (1993²). *Werbepsychologie*. Stuttgart. Schäffer-Poeschel.

Mayer, H. (1994). Kosmetische und substantielle Variation zur Therapie des Wearout-Effekts, *Jahrbuch der Absatz- und Verbrauchsforschung, 40* (1), 83-100.

Mayer, H. & Bader, J. (1979). Zur Verwendung sozialer Modelle in der Werbung, *Format. Zeitschrift für verbale und visuelle Kommunikation, 15* (5), 56-62.

Mayer, H. & Beiter-Rother, A. (1981). Konsequenzen furcht- und angstinduzierender Kommunikation, *Jahrbuch der Absatz- und Verbrauchsforschung, 26* (4), 315-352.

Mayer, H. & Beiter-Rother, A. (1981a). Furchtappelle in Werbebotschaften, *Format. Zeitschrift für verbale und visuelle Kommunikation, 17*, 16-21.

Mayer, H. & Boor, W. (1988). Familie und Konsumentenverhalten. *Jahrbuch der Absatz- und Verbrauchsforschung, 34*(2), 120-153.

Mayer, H. & Eimeren van, B. (1985). Einstellungen als Prädiktoren von (Kauf-) Verhalten, *Jahrbuch der Absatz- und Verbrauchsforschung, 31* (3), 207-229.

Mayer, H. & Frey, C. (1988). Untersuchung zur Wirksamkeit verschiedener Varianten weiblicher Modelle in der Bierwerbung, *Jahrbuch der Absatz- und Verbrauchsforschung, 34* (1), 95-115.

Mayer, H. & Galinat, H. W. (1979). Persönlichkeit und Konsumverhalten, *Jahrbuch der Absatz- und Verbrauchsforschung, 25* (3), 185-203.

Mayer, H. & Galinat, H. W. (1982). Werbung und Innovationsverhalten, *Jahrbuch der Absatz- und Verbrauchsforschung, 28* (1), 3-49.

Mayer, H. & Illmann, T. (1996). Dekorative Modelle. Auswirkungen auf das Produkt- und Firmen-Image. *Jahrbuch der Absatz- und Verbrauchsforschung, 42 (3)*, 303-321.

Mayer, H. & Pobel, R. (1984). Erzeugung und Steuerung von Aufmerksamkeit auf der Basis kognitionspsychologischer Theorien, *Jahrbuch der Absatz- und Verbrauchsforschung, 30* (3), 230-240.

Mayer, H. & Reisgys, E. (1990). Mundart in der Werbung, Effekte unter dem Aspekt sozialer Identität, *Jahrbuch der Absatz- & Verbrauchsforschung, 36* (4), 418-432.

Mayer, H. & Reitmeier, A.F. (1981). Empfängerabhängige Bedingungen werblicher Kommunikation, *Jahrbuch der Absatz-& Verbrauchsforschung, 27* (3), 197-239.

Mayer, H. & Schuhmann, G. (1979). Wiederholungseffekte von Werbemaßnahmen, *Jahrbuch der Absatz- und Verbrauchsforschung, 25* (2), 143-161.

Mayer, H. & Schuhmann, G. (1981). Positionseffekte bei TV-Spots, *Jahrbuch der Absatz- und Verbrauchsforschung, 27* (4), 291-304.

Mayer, H., Däumer, U. & Rühle, H. (1982). *Werbepsychologie*. Stuttgart. Poeschel.

Mayer, H., Riechers, G. & Rothacker, R. (1986). Untersuchung zur Wirkung verschieden gestalteter "promotion calls" auf den Umsatz spezieller Produkte im Warenhaus, *Jahrbuch der Absatz- und Verbrauchsforschung, 32* (2), 116-132.

Mayer, H., Schmitt, R. & Völker, R (1982). Zur Effizienz vergleichender Werbung, *Jahrbuch der Absatz- & Verbrauchsforschung, 28*, 335-359.

Mayerhofer, W. (1994). Kaufentscheidungsprozeß in Familien. *Werbeforschung & Praxis*, (3), 126-127.

Mazis, M. B., Settle, B. & Leslie, D. C. (1973). Elimination of phosphate detergents and psychological reactance, *Journal of Marketing Rescarch, 10*, 390-395.

Mazursky, D. & Schul, Y. (1988). The effects of advertisement encoding on the failure of discount information. Implications for the sleeper effect, *Journal of Consumer Research, 15*, 24-36.

McAlexander, J. H. (1991). Divorce, the disposition of the relationship, and everything. *Advances in Consumer Research, 18*, 43-48.

McAlexander, J. H., Schouten, J. W. & Roberts, S. D. (1993). Consumer behavior and divorce. *Research in Consumer Behavior, 6*, 231-260.

McClare, P. J. & West, E. J. (1969). Sales effects of a new counter display, *Journal of Advertising Research, 9*, 29-34.

McClelland, D. C. (1961). *The achieving society*, New York.

McConnell, J. D. (1970). Do media vary in effectiveness, *Journal of Advertising Research, 10* (5), 19-22.

McCorquodale, K. & Meehl, P. E. (1948). On a distinction between hypothetical constructs and intervening variables, Psychological Review, 55, 95-107.

McCracken, G. (1989). Who is the celebrity endorser? Cultural foundations of the endorsement process, *Journal of Consumer Research, 16*, 310-321.

McCrae, R. R. & Costa, P. T. (1993). *Personality in adulthood.* New York, London. The Guilford Press.

McDavid, J. W. (1962). Effects of ambiguity of environmental cues upon learning to imitate, *Journal of abnormal and social Psychology, 65*, 381-386.

McDougall, G. H. (1977). Comparative advertising. Consumer issues and attitudes, *Educators' Conference Proceedings, AMA, Series 41*, 286-291.

McGhee, P. E. (1979). Humor, its origin and development, San Francisco.

McGuire, W. (1961). The effectiveness of supportive and refutational defenses in immunizing and restoring beliefs against persuasion, *Sociometry, 24*, 184-197.

McGuire, W. J. (1968). Personality and susceptibility to social influence, in. Borgotta, E. F. & Lambert, W. W., eds. (1968). *Handbook of personality theory and research*, Chicago (Rand McNally).

McGuire, W. J. (1976). Psychological factors influencing consumer choice. In R. Ferber (Hrsg.), *A synthesis of selected aspects of consumer behavior*. Washington. National Science Foundation.

McGuire, W. J. (1978). The communication/persuasion matrix, in. Lipstein, B. & McGuire, W. J.. *Evaluating advertising*, New York (Advertising Research Foundation), 27-35.

McGuire, W. J. (1978a). An information-processing model of advertising effectiveness, in. Hassy, D. & Silk, A. (1978). *Behavioral and management science in marketing*, New York, Chichester, Brisbane, Toronto, 156-180.

McGuire, W. J. & Papageorgis, D. (1961). Efficacy of various types of prior belief defense in producing immunity against persuasion, *Journal of abnormal and social Psychology, 62*, 327-337.

McKinnon, G. F., Kelly, J. P & Robison, E. D. (1981). Sales effects of point-of-purchase in-store signing, *Journal of Retailing, 57* (2), 49-63.

McMains, M. J., Liebert, R. M., et al. (1969). Children's adoption of selfreward patterns. Verbalization and modeling, *Perceptual and Motor Skills, 28*, 515-518.

McQuarrie, E. F. & Munson, J. M. (1992). A Revised Product Involvement Inventory. Improved Usability and Validity. *Advances in Consumer Research, 19*, 108-115.

McSweeney, F. K. & Bierley, F. (1984). Recent developments in classical conditioning, *Journal of Consumer Research, 11* (2), 619-631.

Media-Perspektiven (1992). Herausgegeben im Auftrag der Arbeitsgemeinschaft der ARD-Werbegesellschaften von Berg, K., Frankfurt am Main.

Meenughan, T. (1991). The role of sponsorship in the marketing communications mix, *International Journal of Advertising, 10* (1), 35-48.

Meffert, H. (1982). *Marketing* (5. Aufl.). Wiesbaden. Gabler.

Meffert, H. (1985). Was ist Marketing? *Absatzwirtschaft*, Heft 8/1985, 30.

Meffert, H. (1992²). *Marketingforschung und Käuferverhalten*. Wiesbaden. Gabler.

Mehler, J. (1963). Some effects of grammatical transformations on the recall of english sentences, *Journal of verbal Learning and verbal Behavior, 2*, 346-351.

Meier, H. J. (1997). Glaubwürdigkeit der Werbung steigt leicht. *Horizont, 15/97*, 32.

Meier, H. J. (1997a). Werbung weiter im Kreuzfeuer der Kritik. *Horizont, 41/97*, 36.

Meier, H. J. (1998). Werbung ist als Informationsquelle gefragt. *Horizont, 24/98*, 24.

Merbold, C. (1991). *Wirkungseinflüsse durch Heftstärke*, Band 2 der Schriftenreihe des Deutschen Media Institutes, o.O.

Merikle, P. M. (1988). Subliminal auditory messages. An evaluation, *Psychology & Marketing, 5* (4), 355-372.

Merrit, S. (1984). Negative political advertising. Some empirical findings, *Journal of Advertising, 13* (3), 27-38.

Merton, R. K. & Kitt, A. (1949). Contributions to the reference group behavior. In R. K. Merton & P. F. Lazarsfeld (Hrsg.), *Continuities in social research. Studies in the scope and method of "The American Soldier"*. New York. Free Press of Glencoe.

Merton, R. K. & Rossi, A. K. (1950). Contributions to the theory of reference group behavior. In R. K. Merton (Hrsg.), *Social theory and social structure* (S. 225-275). New York. The Free Press.

Mertz, B. & Stephens, N. (1986). Marketing to older american consumers, *International Journal of Aging and Human Development, 23* (1), 47-58.

Metwally, M. M. (1980). Sales response to advertising of eight australian products, *Journal of Advertising Research, 20* (5), 59-64.

Metzger, W. (1966). *Gesetze des Sehens*, Frankfurt. Kramer.

Meurs, L. van. (1998). Zapp! A study on switsching behavior during commercial breaks. *Journal of Advertising Research, 38*(1), 43-53.

Meyer-Hentschel, C. (1983). *Aktivierungswirkung von Anzeigen, Meßverfahren für die Praxis*, Würzburg (Physica).

Meyer-Hentschel, G. (1988). *Erfolgreiche Anzeigen*, Wiesbaden. Gabler.

Meyers-Levy, J. & Maheswaran, D. (1991). Exploring Differences in Males' and Females' Processing Strategies. *Journal of Consumer Research, 18 (June)*, 63-70.

Meyers-Levy, J. & Sternthal, B. (1991). Gender Differences in the Use of Message Cues and Judgements. *Journla of Marketing Research, 28 (1)*, 84-96.

Meyers-Levy, J. & Tybout, A. M. (1989). Schema Incongruity as a Basis for Product Evaluation. *Journal of Consumer Research, 16 (June)*, 39-54.

Michell, A. (1984). Nine american lifestyles and societal change. *The Futurist, 18*, 4-13.

Michels, P. (1996). Grundeinstellungen und Konsumentenverhalten. *Planung und Analyse*, (1), 48-52.

Milbrath, W. & Thorson, E. (1991). A test of Ogilvy's conceptualization of advertising effectiveness for print headlines, *Advances in Consumer Research, 18*, 752.

Miles, M. P., Good, D. J., McDonald, B. et al. (1993). Parenthoode and wildland recreation consumption. An unexplored phenomenon. *Psychology & Marketing, 10*(2), 131-149.

Miller, N. E. & Dollard, J. (1941). *Social learning and imitation*, New Haven.

Miller, N. E. (1948). Studies of fear as a acquirable drive. 1. Fear as motivation and fear reduction as reinforcoment in the learning of new responses, *Journal of experimental Psychology, 38*, 89-101.

Mills, J. (1965). Effect of certainty about a decision upon postdecision exposure to consonant and dissonant information, *Journal of Personality and Social Psychology, 2*, 749-752.

Miniard, P. W., Bhatla, S. & Rose, R. L. (1990). On the formation and relationship of ad and brand attitudes. An experimental and causal analysis. *Journal of Marketing Research, 27*(3), 290-303.

Miniard, P. W., Obermiller, C. & Page, T. J. (1982). Predicting behavior with intentions. A comparison of conditional versus direct measures, *Advances in Consumer Research, 9*, 461-465.

Mischel, T. (1964). Personal Constructs, Rules, and the Logic of Clinical Activity. *Psychological Review, 71 (3)*, 180-192.

Mitchell, A. (1983). *The nine american lifestyles. Who we are and where we're going.* New York. MacMillan.

Mittag, W. (1990). Schemabezogene Informationsverarbeitung in Abhängigkeit von der wahrgenommenen eigenen Begabung. *Archiv für Psychologie, 142*, 35-48.

Mittag, W. (1992). *Selbstkonzept und Informationsverarbeitung. Eine experimentelle Untersuchung zum Selbstschema der Begabung. Dissertation.* Berlin. Freie Universität.

Mittal, B. (1989). A Theoretical Analysis of Two Recent Measures of Involvement. *Advances in Consumer Research, 16*, 697-702.

Mittal, B. (1990). The relative roles of brand beliefs and attitude toward the ad as mediators of brand attitude. A second look. *Journal of Marketing Research, 27*(2), 209-219.

Mittal, V. & Tsiros, M. (1995). Does Country of Origin Transfer Between Brands? *Advances in Consumer Research, 22*, 292-296.

Mizerski, R. W. & Settle, R. B. (1979). The influence of social character on preference for social versus objective information in advertising, *Journal of Marketing Research, 16*, 552-558.

Mooradian, T. A. & Olver, J. M. (1996). Shopping motives and the five factor model. An integration and preliminary study. *Psychological Reports, 78*, 579-592.

Moore, D. J. & Olshavsky, R. W. (1989). Brand Choice and Deep Price Discounts. *Psychology & Marketing, 6 (3)*, 181-196.

Moore, D. L., Hausknecht, D. & Thamodaran, K. (1986). Time compression, response opportunity, and persuasion, *Journal of Consumer Research, 13*, 85-99.

Moore, T. E. (1988). The case against subliminal manipulation, *Psychology & Marketing, 5 (4)*, 297-316.

Moore, W. L. (1985). Testing advertising concepts. Current practices and opinions, *Journal of Advertising, 14 (3)*, 45-51.

Moorman, C. & Rindfleisch, A. (1995). Divergent Perspectives on the Role of Prior Knowledge in Consumer Information Search and Processing. Session Summary. *Advances in Consumer Research, 22*, 564-565.

Moriarty, S. E. & Scheiner, E. C. (1984). A study of close-set text type, *Journal of applied Psychology, 69* (4), 700-702.

Morris, L., Brinberg, D., Klimberg, R., Millstein, L. & Rivera, C. (1986). Consumer attitudes about advertisements for medicinal drugs, *Social Science & Medicine, 22* (6), 629-638.

Morrison, B. J. & Sherman, R. C. (1972). Who responds to sex in advertising? *Journal of Advertising Research, 12* (2), 15-19.

Morwitz, V. G. & Schmittlein, D. (1992). Using Segmentation to Improve Sales Forecasts Based on Purchase Intent. Which "Intenders" Actually Buy? *Journal of Marketing Research, 29 (4)*, 391-405.

Mowrer, O. H. (1960). *Learning theory and the symbolic processes*, New York. Wiley.

Muehling, D. D. & Bozman, C. S. (1990). An examination of factors influencing effectiveness of 15-second advertisements, *International Journal of Advertising, 9*, 331-344.

Muehling, D. D. & Stoltman, J. J. (1992). An investigation of factors underlying practioners' attitudes toward comparative advertising, *International Journal of Advertising, 11* (2), 172-183.

Muehling, D. D., Stem, D. E. & Raven, P. (1989). Comparative advertising. Views from advertisers, agencies, media, and policy makers, *Journal of Advertising Research, 29* (5), 38-48.

Mühlbacher, H. & Botschen, G. (1990). Benefit-Segmentierung von Dienstleistungsmärkten. *Marketing ZFP, 12 (3)*, 159-168.

Mühlbacher, H. (1982). *Selektive Werbung*, Linz. Trauner.

Mühlenkamp, C. (1992). Informations- und Animationsnutzen der Werbung. *Werbeforschung & Praxis, 37 (5)*, 162-167.

Müller, D. K. (1990). Der GRP ist wie ein grobes Sieb, W&V, # 16 vom 20.4.1990.

Müller-Hagedorn, L. (1986). *Das Konsumentenverhalten. Grundlagen für die Marktforschung.* Wiesbaden. Gabler.

Mulvey, M. S., Olson, J. C., Celsi, R. L. & Walker, B. A. (1994). Exploring the Relationships Between Means-End Knowledge and Involvement. *Advances in Consumer Research, 21*, 51-57.

Mummendey, H. D. (1983). Einstellungen und Verhalten. *The German Journal of Psychology, 7*, 133-150.

Munsinger, G. M., Weber, J. E. & Hansen, R. W. (1975). Joint home purchasing decisions by husbands and wives. *Journal of Consumer Research, 1*(1), 60-66.

Murch, G. M. & Woodworth, G.L. (1978). *Wahrnehmung*, Stuttgart. Kohlhammer.

Murdock, B. B. (1962). The serial position effect of free recall, *Journal of experimental Psychology, 64*, 482-488.

Murray, H. (1986). Advertising's effect on sales -proven or just assumed? *International Journal of Advertising, 5*, 15-36.

Murray, H. A. (1938). *Explorations in personalilty*, New York.

Murray, K. B. (1991). A Test of Services Marketing Theory. Consumer Information Acquisition Activities. *Journal of Marketing, 55 (1)*, 10-25.

Murry, J. P. jr., Lastovicka, J. L. & Singh, S. N. (1992). Feeling and liking responses to television programs. An examination of two explanations for Media-Context-Effects. *Journal of Consumer Research, 18*(4), 441-451.

Murry, J. P., Lastovicka, J. L. & Singh, S. N. (1992). Feeling and liking responses to television programs. An examination of two explanations for media context effects, *Journal of Consumer Research, 18* (4), 441-451.

Nakra, P. (1991). Zapping nonsense. Should television media planners lose sleep over it? *International Journal of Advertising, 10*, 217-222.

Naumann, C. (1996). Warum Kunden-Orientierung nicht funktioniert. Gesammelte Erfahrungen. *Marketing Journal, 1*, 38-39.

NBC, National Broadcasting Company (1950). *The Hofstra study. A measure of sales effectiveness of TV advertising*, New York. NBC.

Neibecker, B. (1985). Neue Medien und computergestützte Werbewirkungsanalyse, *Planung & Analyse, 12* (10), 476-480.

Neibecker, B. (1987). Apparative Marktforschung. Ein Beitrag zur Werbewirkungsanalyse, *Werbeforschung & Praxis, 32* (1), 19-24.

Neisser, U. (1976). *Kognition und Wirklichkeit*, Stuttgart. Klett.

Nelson, Ph. (1974). Advertising as information, *Journal of political economy, 83*, 729-754.

Nemetz, K. (1992 a). Wie lernt der Konsument? Sachliche Produktaussage vs. ambientes Spot-Szenario. *Marketing Journal, 25*(5), 458-459.

Nemetz, K. (1992 b). Wie lernt der Konsument? Lernen aus Werbung und/oder Produktverwendung. *Marketing Journal, 25*(6), 574-575.

Nensel, K. (1993). TV Spielfilm Report, 2/93, 14-18.

Netemeyer, R. G., Durvasula, S. & Lichtenstein, D. R. (1991). A cross-national assessment of the reliability and validity of the CETSCALE. *Journal of Marketing Research, 28*, 320-327.

Newcomb, T. M., Turner, R. H. & Converse, P. E. (1965). *Social psychology*, New York.

Nickel, U. (1996). *Bartering, Position, Probleme, Perspektiven*. Frankfurt/M..

Nickel, V. (1989). *Werbung in Europa*, Einführungsvortrag auf der 36. Werbewirtschaftlichen Tagung in Salzburg, 7.6.1989.

Nicosia, F. M. (1966). *Consumer decision processes. Marketing and advertising implications*, Englewood Cliffs. Prentice Hall.

Nieschlag, R., Dichtl, E. & Hörschgen, H. (1985). *Marketing*. Berlin. Duncker & Humblot.

Nieschlag, R., Dichtl, E. & Hörschgen, H. (1994). *Marketing* (14. Aufl.). Berlin. Duncker & Humblot.

Nieschlag, R., Dichtl, E. & Hörschgen, H. (1997). *Marketing. 18. Auflage*. Berlin. Duncker & Humblot.

Nolte, H. (1976). *Die Markentreue im Konsumgüterbereich*. Bochum. Brockmeyer.

Nord, W. R & Peter, J. P. (1980). A behavior modification perspective on marketing, *Journal of Marketing, 44*, 36-47.

North, A. J. & Jenkins, L. B. (1951). Reading speed and comprehension as a function of typography, Journal of applied Psychology, 35, 225-228.

Nyer, P. U. (1996). The Determinants of Satisfaction. An Experimental Verification of the Moderating Role of Ambiguity. *Advances in Consumer Research, 23*, 255-259.

o. V. (1999). Jugendliche entscheiden im Haushalt mit. *Horizont, 5/99*, 46.

O'Brien, T. (1971). Stages of consumer decision making, *Journal of Marketing Research, 8* (3), 283-289.

Ogilvy, D. (1964). *Confessions of an advertising man*, New York. Dell.

O'Guinn, T. C. & Faber, R. J. (1989). Compulsive buying. A phenomenological exploration. *Journal of Consumer Research, 16*(2), 147-157.

O'Guinn, T. C., Lee, W. N. & Faber, R. J. (1985). Acculturation. The impact of divergent paths on buyer behavior. *Advances in Consumer Research, 13*, 579-583.

Ohanian, R (1991). The impact of celebrity spokespersons' perceived image on consumers' intention to buy, *Journal of Advertising Research, 31* (1), 46-54.

Olney, T. J. & Bryce, W. (1991). Consumer responses to environmental based product claims, *Advances in Consumer Research, 18*, 693-696.

Olsen, B. (1993). Brand Loyalty and Lineage. Exploring New Dimensions for Research. *Advances in Consumer Research, 20*, 575-579.

Olson, D. H. (1969). Measurement of family power by self-report and behavioral methods. *Journal of Marriage and the Family, 31*, 545-550.

Olson, E. M., Orville, C. W. Jr. & Ruekert, R. W. (1995). Organizing for Effective New Product Development. The Moderating Role of Product Innovativeness. *Journal of Marketing, 59 (1)*, 48-62.

Oppitz, G. & Rosenstiel, L. v. (1983). Wandel der Lebensstile? Die Bedeutung von Kindern und Konsum für junge Ehepaare. *Marketing ZFP, 5*(4), 263-270.

Orpen, C. & Low, A. (1973). The influence of image conngruence on brand preference. An empirical study. *Psychology, 10*, 3-6.

Osgood, C. E. & Tannenbaum, P. H. (1953). *Method and theory in experimental psychology*, New York, Oxford (University Press).

Osterhouse, R. & Brock, T. (1970). Distraction increases yielding to propaganda by inhibiting counterarguing, *Journal of Personality and Social Psychology, 15*, 344-358.

Ostlund, L. E. (1974). Perceived innovation attributes as predictors of innovativeness, *Journal of Consumer Research, 1* (1), 23-29.

Owari, Y. (1983). Advertising in relation to economic growth, *International Journal of Advertising 2*, 233-244.

Özgen, Ö. & Gönen, E. (1989). Consumer behavior of children in primary school age. *Journal of Consumer Studies and Home Economics, 13*, 175-187.

Palda, K. S. (1966). The hypothesis of a hierarchy of effects. A partial evaluation, *Journal of Marketing Research, 3*, 13-24.

Palda, K. S. (1969). The hypothesis of a hierarchy of effects. A partial evaluation, in. Wheatley, J. J. (1969). *Measuring advertising effectiveness*, Homewood (IrwinDorsey), 7-30.

Palermo, D. S. & Jenkins, J. J. (1964). *Word association norms*, Minneapolis.

Pallak, M. S. & Heller, J. F. (1971). Interactive effects of commitment to future interaction and threat to attitudinal freedom, *Journal of Personality and Social Psychology, 17*, 325-331.

Park, C. W. & Lessig, V. P. (1977). students and housewives. Differences in susceptibility to reference group influence. *Journal of Consumer Research, 4*, 102-110.

Park, C. W. & Young, S. M. (1983). Types and Levels of Involvement and Brand Attitude Formation. *Advances in Consumer Research, 10*, 320-324.

Park, C. W. & Young, S. M. (1986). Consumer response to television commercials. The impact of involvement and hackground music on brand attitude formation, *Journal of Marketing Research, 23*, 11-24.

Park, C. W., Mothersbaugh, D. L. & Feick, L. (1994). Consumer Knowledge Assessment. *Journal of Consumer Research, 21*, 71-82.

Park, J. H., Tansuhaj, P. S. & Kolbe, R. H. (1991). The role of love, affection, and intimacy in family decision research. *Advances in Consumer Research, 18*, 651-656.

Park, J. W. & Hastak, M. (1995). Effects of Involvement on On-line Brand Evaluations. A Stronger Test of the ELM. *Advances in Consumer Research, 22*, 435-439.

Park, J. W. (1995). Memory-Based Product Judgements. Effects of Presentation Order and Retrieval Cues. *Advances in Consumer Research, 22*, 159-164.

Park, S. & Hahn, M. (1991). Pulsing in discrete model of advertising competition, *Journal of Marketing Research, 28*, 397-405.

Parker, D., Manstead, A. S. R. & Stradling, S. G. (1995). Extending the theory of planned behavior. The role of personal norm. *British Journal of Social Psychology, 34*, 127-137.

Parsons, L. J. (1976). A rachet model of advertising carryover effects, *Journal of Marketing Research, 13*, 76-79.

Patzer, G. L. (1991). Multiple dimensions of performance for 30-second and 15-second commercials, *Journal of Advertising Research, 31* (4), 18-25.

Pawlik, H. D. (1995). Was will der Kunde wirklich? Jeder Anbieter ist in jedem Fall ein Dienstleister. *Marketing Journal, 3*, 180-183.

Pawlow, J. P. (1926). *Die höchste Nerventätigkeit (das Verhalten) von Tieren*, München (Bergmann).

Pawlow, J. P. (1953a). *Zwanzigjährige Erfahrungen mit dem objektiven Studium der höheren Nerventätigkeit (des Verhaltens) der Tiere*, Sämtliche Werke, Bd. III, Berlin (Akademie).

Pearce, M., Cunningham, S. M. & Miller, A. (1971). *Appraising the economic and social effects of advertising*, Cambrigde. Marketing Science Institute.

Pechmann, C. & Stewart, D. W. (1988). Advertising repetition. A critical review of wearin and wearout, *Current issues & Research in Advertising, 11*, 285-328.

Peirce, C. S. & Jastrow, J. (1888). A critique of psycho-physic methods, *American Journal of Psychology, 1*, 271-309.

Peretti, P. O. & Lucas, C. (1975). Newspaper advertising inflnences on consumers' behavior by socioeconomic status of customers, *Psychological Reports, 37*, 693-694.

Perry, M. & Perry, A. (1973). The use of eroticism in advertising, *European Research, 1* (1), 35-37.

Petersen, L. E. & Stahlberg, D. (1995). Der Integrative Selbstschemaansatz. Die Suche und Verarbeitung selbstkonzeptrelevanter Informationen in Abhängigkeit vom Elaborationsgrad der involvierten Selbstschemata. *Zeitschrift für Experimentelle Psychologie, XLII (1)*, 43-62.

Petty, R. E. & Cacioppo, J. T. (1981). *Atttitudes and persuasion, classic and contemporary approaches*, Duhuque (Brown).

Petty, R. E. & Cacioppo, J. T. (1983). *Central and Peripheral Routes to Persuasion. Application to Advertising* (S. 3-23). Lexington, Massachusetts, Toronto. Lexington Books.

Petty, R. E. & Cacioppo, J. T. (1984). Source factors and the elaboration likelihood model of persuasion, *Advances in Consumer Research, 11*, 668-672.

Petty, R. E. & Cacioppo, J. T. (1986). *Communication and persuasion. Central and peripheral routes to attitude change*, New York. Springer.

Petty, R. E., Cacioppo, J. T. & Schumann, D. W. (1983). Central and peripheral routes to advertising effectiveness. The moderating role of involvement. *Journal of Consumer Research, 10,* 135-146.

Pierce, F. N. (1971). How foreign students see advertising, *Journal of Advertising Research, 11* (6), 26-29.

Pierce, W. D. (1987). Which coke is it? Social influence in the marketplace, *Psychological Reports, 60,* 279-286.

Plummer, J. T. (1974). The concept and application of life style segmentation. *Journal of Marketing, 38*(1), 34.

Plutchik, R. (1980). *Emotion -A psychoevolutionary synthesis,* New York. Harper & Row.

Poiesz, T. B. C. & de Bont, C. J. P. M. (1995). Do We Need Involvement to Understand Consumer Behavior? *Advances in Consumer Research, 22,* 448-452.

Politz, A. (1960). The dilemma of creative advertising, *Journal of Marketing, 24,* 1-6.

Posner, M. & Snyder, Ch. R. (1975). Attention and cognitive control; in. Solso, R, Hrsg. (1975). *Information processing and cognition. The Loyola Symposium,* Hillsdale. Erlbaum.

Postman, L., Bruner, J. S. & McGinnies, E. (1948). Personal values as selective factors in perception, *Journal of abnormal and social Psychology,* 43, 142-154.

Preißner, A. (1993). Wenn die Menschen sich ändern. *Marketing Journal, 26 (1),* 22-26.

Preston, I.L. (1968). Relationship among emotional, intellectual, and rational appeals in advertising, *Speech Monographs, 35,* 504-511.

Preston, I.L. (1982). The association model of the advertising communication process, *Journal of Advertising, 11* (2), 3- 15.

Prince, M. (1993). Self-concept, money beliefs and values. *Journal of Economic Psychology, 14,* 161-173.

Prinz, W. (1990). Wahrnehmung, in. Spada, H., Hrsg. (1990). *Lehrbuch Allgemeine Psychologie,* Bern. Huber, 25-114.

Prochazka, W. (1987). Werbewirkungskriterien und -modelle, *Werbeforschung & Praxis, 32* (2), 35-41.

Prochazka, W. (1998). Die Formulierung von Werbezielen -Theoretischer Anspruch und praktische Realität. *Werbeforschung & Praxis, 43*(2), 23-25.

Pyssler, B. de. (1992). The cultural and political economy of the indian two-wheeler. *Advances in Consumer Research, 19,* 437-442.

Raajmakers, J. C. & Shiffrin, R. M. (1981). Search of associative memory, *Psychological Review, 88* (2), 93-134.

Raajmakers, J. C. & Shiffrin, R.M. (1980). SAM. A theory of probabilistic search of associative memory, in. Bower, G., ed. (1980). *The psychology of motivation and learning, 14,* New York. Academic Press, 201-261.

Raffée, H. & Wiedmann, K. P. (1986). Wertewandel und Marketing. Ausgewählte Untersuchungsergebnisse der Studie Dialoge 2 und Skizze von Marketingkonsequenzen. *Arbeitspapier # 49, Institut für Marketing, Universität Mannheim.*

Raffée, H. (1974). *Konsumentenverhalten,* in. HdA, Stuttgart, Spalten 1025 ff.

Raffée, H. (1985). Prognosen als ein Kernproblem der Marketingplanung, in. Raffée, H. & Wiedmann, K. P., Hrsg.. *Strategisches Marketing,* Stuttgart. Poeschel, 142-168.

Raffée, H., Sauter, B. & Silberer, G. (1973). *Theorie der kognitiven Dissonanz und Konsum-güter-Marketing. Der Beitrag der Theorie der kognitiven Dissonanz zur Erklärung und Gestaltung von Kaufentscheidungen bei Konsumgütern.* Wiesbaden. Gabler.

Raffée, H., Wiedmann, K. P. & Abel, B. (1983). Sozio-Marketing, in. Irle, M., Hrsg.. *Metho-den und Anwendungen in der Marktpsychologie,* Enzyklopädie der Psychologie Band 5, Göttingen. Hogrefe, 675 - 768.

Raithel, H. (1978). Vergleichende Werbung, Ein Gesetz wird durchlöchert, *Manager Magazin, 4* 12()-124.

Raj, S. P. (1982). Attractive and retentive effects of advertising, *Journal of Advertising Research, 22* (2), 53-59.

Rao, V. R & Craig, C. S. (1975). Applications of conjoint measurement to communication research, *Communication Research, 2,* 317-328.

Ray, M. L (1973). Marketing communications and the hierarchy of effects, in. Clarke P. ed. (1973). *New models for mass communication research,* Beverly Hills. Sage Publication.

Ray, M. L. (1974). Consumer initial processing. Definitions, issues, and applications in. Hughes, C. D. & Ray, M. L., eds.. *Buyer/consumer information processing,* Chapel Hill.

Ray, M. L. & Sawyer, A. G. (1971). Repetition in media models. A laboratory technique, *Journal of Marketing Research, 8,* 20-29.

Ray, M. L. & Wilie, W.L. (1970). Fear. The potential of an appeal neglected by marketing, *Journal of Marketing, 34,* 54-62.

Ray, M. L., Sawyer, A. G. & Strong, E. C. (1971). Frequency effects revisited, *Journal of Advertising Research, 11* (1), 14-20.

Recktenwald, H. C. (1990). *Wörterbuch der Wirtschaft.* Stuttgart. Kröner.

Rehorn, J. (1983). *Was leisten Pretests?* veröffentlicht von der Agentur Hildmann, Simon, Rempen & Schmitz, Düsseldorf. (Eigenverlag).

Rehorn, J. (1986). Bessere Marktforschung durch Maschinen? *Absatzwirtschaft,* Heft 7/86, 50-56.

Rehorn, J. (1989). Nur 2 Sekunden für eine Anzeige? *Marketing Journal,* 22(3), 262-266.

Reichel, H. & Bleichert, A. (1970). *Leitfaden der Physiologie des Menschen,* Stuttgart. Enke.

Reichheld, F. F. & Sasser, W. E. (1990). Zero Defections. Quality Comes to Services. *Harvard Business Review, September-October,* 105-111.

Reid, L. N. & Soley, L C. (1981). Another look at the decorative female model. The recognition of visual and verbal ad components, in. Leigh, J.H. & Martin, C.R., eds.. *Current issues and research in advertising,* University of Michigan, 123-133.

Reizenstein, R. C. (1971). A dissonance approach to measuring the effectiveness of two personal selling techniques through decision roversal, *Proceedings,* Chicago. American Marketing Association, 176-180.

Rentz, J. O. (1988). An exploratory study of the generizability of selected marketing measures. *Journal of the Academy of Marketing Science, 16,* 141-150.

Rethans, A. J., Swasy, J. L. & Marks, L. J. (1986). Effects of telovision commercial repetition, receiver knowledge, and commercial length. A test of the two-factor-model, *Journal of Marketing Research, 23,* 50-61.

Richins, M. L. (1994). Special possessions and the expression of material values. *Journal of Consumer Research, 21,* 522-533.

Riesman, D. M., Denny, R. & Glazer, N. (1950). *The lonely crowd.* New Haven. Yale University Press.

Rifon, N. J., Mavis, B. E., Tucker, E. & Stöffelmayr, B. E. (1992). Health Promotion Services Consumption. Involvement and Program Choice. *Advances in Consumer Research, 19,* 679-687.

Rindfleisch, A., Burroughs, J. E. & Denton, F. (1997). Family structure, materialism, and compulsive consumption. *Journal of Consumer Research, 23*(4), 312-325.

Riter, Ch. B., Balducci, Ph. J. & McCollum, D. (1982). Time compression. New evidence, *Journal of Advertising Research, 22* (6), 39-43.

Robertson, T. S. & Rossiter, J. R. (1974) Children and commercial persuasion. An attribution theory analysis, *Journal of Consumer Research, 1,* 13-2().

Robertson, T. S. (1968). Purchase sequence responses. Innovators vs. non-innovators, *Journal of Advertising Research, 8* (1), 47-52.

Rochrig, W. L. (1959). The influence of area on the critical flicker fasion threshold, *Journal of Psychology, 47,* 3 17-330.

Röck, E. (1971). Wahrnehmung, in. Rogge, K.E., Hrsg.. *Steckbrief der Psychologie,* Heidelberg. Quelle & Meyer, 58-74.

Roedder John, D. & Cole, C. A. (1986). Age differences in information processing. Understanding deficits in young and elderly consumers, *Journal of Consumer Research, 13,* 297-315.

Rogers, E. M. & Shoemaker, F. F. (1971). *Communication and innovations,* New York.

Rohe, H. D. (1970). Differentielle Anzeigenwirkung bei einzelnen sozialen Schichten, Diss., Universität Köln.

Rohracher, H. (1965). *Einführung in die Psychologie,* Wien. Urban & Schwarzenberg.

Roselius, T. (1971). Consumer Rankings of Risk Reduction Methods. *Journal of Marketing, 35 (1),* 56-61.

Rosenstiel, L. v. & Ewald, G. (1979). *Marktpsychologie, Band 1. Konsumverhalten und Kaufentscheidung.* Stuttgart. Kohlhammer.

Rosenstiel, L. v. & Ewald, G. (1979). *Marktpsychologie, Band 2. Psychologie der absatzpolitischen Instrumente.* Stuttgart. Kohlhammer.

Rosenstiel, L.v. (1973). *Psychologie der Werbung,* Rosenheim. Komar.

Ross, H. L. (1982). Recall versus persuasion, *Journal of Advertising Research, 22* (1), 13-16.

Rossi, S. R. & Rossi, J. S. (1985). Gender differences in the perception of women in magazine advertising, *Sex Roles, 12* (9/10), 1033-1039.

Rossiter, J. R & Percy, L. (1978). Visual imaging ability as a mediator of advertising response, *Advances in Consumer Research, 5,* 621-629.

Rossiter, J. R & Percy, L. (1985). Advertising communication models, *Advances in Consumer Research, 12,* 510-524.

Rossiter, J. R & Percy, L. (1987). *Advertising and promotion management,* New York. McGraw-Hill.

Rossiter, J. R & Robertson, T.S. (1976). Canonical analysis of developmental, social and experimental factors in childrens's comprehension of television advertising, *Journal of Genetic Psychology, 129,* 317-327.

Rossiter, J. R (1979). Does TV advertising affect children?, *Journal of Advertising Research, 19* (1), 49-52.

Roth, E. (1967). *Einstellungen als Determinanten individuellen Verhaltens.* Göttingen. Hogrefe.

Roth, E., Hrsg. (1987). *Sozialwissenschaftliche Methoden.* München und Wien. Oldenbourg.

Rothschild, M. L. (1974). *The effects of political advertising on the voting behavior of a low-involvement electorate*, Ph.D. Diss., Stanford University, Graduate School of Business.

Rothschild, M. L. (1984). Perspectives on Involvement. Current Problems and Future Directions. *Advances in Consumer Research, 11,* 216-217.

Rubin, E. (1921). *Visuell wahrgenommene Figuren*, Kopenhagen.

Rubin, V., Mager, C. & Friedman, H. (1982). Company president versus spokesperson in television commercials, *Journal of Advertisng Research, 22* (4), 31-33.

Ruch, F. L. &Zirnbardo, P. G. (1975). *Lehrbuch der Psychologie*, Berlin. Springer.

Rudolph, U. (1989). Selbstreferenz-Effekt. Fakt oder Artefakt? *Zeitschrift für experimentelle und angewandte Psychologie, 36,* 251-273.

Rudolphi, G. (1991). Programmierte Verführung, in. *Die Zeit* vom 9.8.1991.

Ruhfus, R. E. (1976). *Kaufentscheidungen von Familien.* Wiesbaden. Gabler.

Ruth, W. J. & Mosatche, H. S. (1985). A projective assessment of the effects of Freudian sexual symbolism in liquor advertisements, *Psychological Reports, 56,* 183-188.

Saegert, J. (1987). Why marketing should quit giving subliminal advertising the benefit of the doubt, *Psychology & Marketing, 4* (2), 107-120.

Saegert, J., Hoover, R. J. & Hilger, M. T. (1985). Characterstics of mexican american consumers. *Advances in Consumer Research, 12,* 104-109.

Sample, J. & Warland, R. (1973). Attitude and the prediction of behavior, Social Forces, 51, 292-304.

SAT.1 Sales & Services Research (Hrsg.). (1997). *Sehbeteiligung bei Unterbrecherwerbung. Eine aktuelle Analyse des Zuschauerverhaltens.* Mainz.

Sattler, H. (1994). Die Validität von Produkttests. Ein empirischer Vergleich zwischen hypothetischer und realer Produktpräsentation. *Marketing, 16 (1),* 31-41.

Sauermann, P. (1980). *Marktpsychologie.* Stuttgart. Enke.

Sauermann, P. (1982). Kann mit dem Hautwiderstandsmeßgerät die Anmutungsqualität von lllustriertenanzeigen bestimmt werden?, *Interview & Analyse, 9* (11/12) 486-4X7.

Sawyer, A. G. & Semenik, R. J. (1978). Carryover effects of corrective advertising, in. Hunt, H. K., ed. (1978). *Advances in Consumer Research, 5,* 343-351.

Sawyer, A. G. & Ward, S. (1979). Carry-over effects in advertising communication, *Research in Marketing, 2,* 259-314.

Sawyer, A. G. (1971). *A laboratory experimental investigation of the effects of repetition of advertising*, Ph.D. Dissertation, Stanford University, Graduate School of Business.

Schachmann, A. & Perry, M. (1969). Self-Confidence and persuasibility, in. Marketing a reappraisal, *Journal of Marketing Research, 6,* 146-154.

Schachter, S. & Singer, J. E. (1962). Cognitive, social, and psychological determinants of emotional state, *Psychological Review, 69,* 379-399.

Schaefer, W. (1985). Zu den Beziehungen zwischen Werbewirkungen und Kauf bzw. Verwendung, in. Holm, K.F., Hrsg. (1985). *Werbewirkungsforschung ohne Wirkung?* Band II, Hamburg. M + K Hansa, 9-66.

Schaninger, C. M. (1976). Perceived risk and personality. *Journal of Consumer Research, 3,* 95-100.

Schaninger, C. M. & Sciglimpaglia, D. (1981). The influence of cognitive personality traits and demographics on consumer information acquisition, *Journal of Consumer Research,* *8,* 208-216.

Schaps, E. & Guest, L (1968). Some pros and cons of color TV, *Journal of Advertising Research, 8* (2), 28-39.

Scharioth, J. (1996). Messung der Kundenzufriedenheit im Database Marketing. *Planung & Analyse, 23 (3),* 12-14.

Scharnbacher, K. & Kiefer, G. (1998). *Kundenzufriedenheit. Analyse, Meßbarkeit und Zertifizierung.* München, Wien. Oldenbourg.

Schenk, M., Donnerstag, J. & Höflich, J. (1990). *Wirkungen der Werbekommunikation.* Köln, Wien. Böhlau.

Scherhorn, G. (1983). Die Funktionsfähigkeit von Konsumgütermärkten. In M. Irle (Hrsg.), *Marktpsychologie als Sozialwissenschaft. Serie. Enzyklopädie der Psychologie, Band 4* (S. 45-150). Göttingen. Hogrefe.

Scheuch, F. (1974). Logische Struktur und pragmatische Bedeutung der Marktsegmentierung. *Die Unternehmung, 28 (3),* 213-230.

Schlinger, M. J., Alwitt, L. F., McCarthy, K. E. & Green, L. (1983). Effects of time compression on attitudes and information processing, *Journal of Marketing, 47* (1), 79-85.

Schmalt, H. D. & Heckhausen, H. (1990). Motivation, in. Spada, H., Hrsg.. *Lehrbuch Allgemeine Psychologie,* Bern. Huber, S. 451-494.

Schmengler, H. J. & Thieme, M. (1995). Die Bedeutung eines Bonusprogramms im Marketing einer Luftverkehrsgesellschaft. *Marketing, 17 (2),* 130-135.

Schnabl, H. (1976). Die Verwendung von Appellen in der Werbung, *Jahrbuch der Absatz- und Verbrauchsforschung, 22* (2), 166-184.

Schneider, K. (1990). Emotionen, in. Spada, H., Hrsg. (1990). *Allgemeine Psychologie,* Bern. Huber, 403-449.

Schneider, K. C. & Rodgers, W. C. (1996). An "Importance" Subscale for the Consumer Involvement Profile. *Advances in Consumer Research, 23,* 249-254.

Schröder, W. (1986). *Leistungsorientierung und Entscheidungsverhalten. Schriften zur empirischen Entscheidungsforschung* (Bd. 5). Frankfurt, Bern, New York. Lang.

Schroeder, J. (1997). Glaubwürdigkeit. Die Zeitung im Vergleich mit anderen Medien. *Bertelsmann Briefe, 138,* 10-11.

Schub von Bossiazky, G. (1992). *Psychologische Marketingforschung.* München. Vahlen.

Schultz, A. & Koppelmann, U. (1983). Produktdesign als Marketinginstrument. *Marketing, 5*(4), 227-234.

Schulz von Thun, F. et al. (1974). Das Werbefernsehen als Erzieher von Millionen Zuschauern - eine vergleichende Studie BRD-DDR, *Psychologie in Erziehung und Unterricht, 21,* 355-364.

Schulz, R (1972). *Kaufentscheidungsprozesse des Konsumenten,* Wiesbaden (Gabler).

Schulz, W. (1987). Medienwirkungsforschung in der BRD, Vierteljahreshefte für Media und Werbewirkung, Heft 1, 2-3.

Schulze, N. (1996). Werbenachwuchs wirbt für die Werbung. *Horizont, 17/96,* 82.

Schuring, R. J. & Veerman, D. (1998). High brand equity. a mixed blessing. *Admap, 11/98,* 40-41.

Schwarz, N. (1987). *Affekt und Informationsverarbeitung* (S. 101-104). München, Weinheim. Psychologie Verlags Union.

Schweiger, G. & Schrattenecker, G. (1989). *Werbung. 2. Auflage.* Stuttgart. Gustav Fischer.

Schweitzer, D. (1967). *Style of representation as a credibility variable*, Dissertation Reno/Nevada.

Scott, D. R. (1998). What is wearout anyway? *Journal of Advertising Research, 38*(5), 19-28.

Secord, P. F. & Backman, C. W. (1968). *Social psychology*, New York. McGraw Hill.

Setharaman, R & Tellis, C. J. (1991). An analysis of the tradeoff between advertising and price disconnting, *Journal of Marketing Research, 28*, 160-174.

Severn, J., Belch, G. E. & Belch, M. A. (1990). The effects of sexual and non-sexual advertising appeals and information level on cognitive processing and communication effectiveness, *Journal of Advertising, 19* (1), 14-22.

Shank, M. D. & Langmeyer, L. (1994). Does personality influence brand image? *The Journal of Psychology, 128*(2), 157-164.

Shapiro, B. P. & Bonoma, T. V. (1984). How to Segment Industrial Markets. *Harvard Business Review, 62 (3)*, 104-110.

Shavitt, S., Lowrey, P. & Haefner, J. (1998). Public attitudes toward advertising. More favorable than you might think. *Journal of Advertising Research, 38*(4), 7-22.

Sheth, J. (1968). Cognitive dissonance, brand preference and product familiarity, in. Arndt, J., ed.. *Insights into consumer behavior*, Boston, 41-53.

Sheth, J. N. (1974). An investigation of relationships among evaluative beliefs affect, behavioral intentions, and behavior. In J. U. Farley, J. A. Horward & L. W. Ring (Hrsg.), *Consumer behavior* (S. 89-114). Boston. Allyn & Bacon.

Shimp, T. A. (1981). Attitude toward the ad as a mediator of consumer brand choice, *Journal of Advertising, l0* (2), 9- 15.

Shimp, T. A. & Sharma, S. (1987). Consumer ethnocentrism. Construction and validation of the CETSCALE. *Journal of Marketing Research, 24*(3), 280-289.

Shimp, T. A., Stuart, E. W. & Engle, R. W. (1991). A program of classical conditioning experiments testing variations in the conditioned stimulus and contents, *Journal of Consumer Research, 18* (1), 1-12.

Shwedder, R. A. & Sullivan, M. A. (1993). Cultural Psychology. Who needs it? *Annual Review of Psychology, 44*, 497-523.

Sidis, B. (1898). The theory of the subconscious, *Proc. Soc. Psychol. Res., 26*.

Siegman, A. W. & Pope, B. (1965). Effects of question specifity and anxiety-producing messages on verbal fluency in the initial interview, *Journal of Personality and Social Psychology, 2*, 522-530.

Siegman, A. W. & Pope, B. (1966). Ambiguity and verbal fluency in the TAT, *Journal of Consulting Psychology, 30*, 239-245.

Silberer, G. (1981). *Das Informationsverhalten des Konsumenten beim Kaufentscheid - Ein analytisch-theoretischer Bezugsrahmen* (S. 27-60). Wiesbaden. Gabler.

Silk, A. . & Ceiger, F. P. (1972). Advertisement size and the relationship between product usage and advertising exposure, *Journal of Marketing Research, 9*, 22-26.

Silverman, L. H. (1976). Psychoanalytic theory. The reports of my death are greatly exaggerated, *American Psychologist, 31*, 621-637.

Simmons, L. C. & Munch, J. M. (1996). Is relationship marketing culturally bound. A look at guanxi in china. *Advances in Consumer Research, 23*, 92-96.

Simon, H. (1983). Pulsierende Werbung, *Absatzwirtschaft*, Heft 5, S. 60-63.

Simon, H. (1991). Die Marke ist stets ein Abbild der Persönlichkeiten, die das Unternehmen führen. *Marketing Journal, 24*(2), 96-100.

Simon, J. L. (1979). What so Zielske's data really show about pulsing, *Journal of Marketing Research, 16,* 415-420.

Singh, S. N. & Charchill, C. A. (1987). Arousal and advertising effectiveness, *Journal of Advertising, 16* (1), 4-10.

Sinus-Institut (Hrsg.). (1985). *SINUS Lebensweltforschung. Ein kreatives Konzept.* Heidelberg. Sinus.

Six, B. (1980). Das Konzept der Einstellung und seine Relevanz für die Vorhersage des Verhaltens. In F. Petermann (Hrsg.), *Einstellungsmessung - Einstellungsforschung* (S. 55-84). Göttingen. Hogrefe.

Six, B. (1987). Werbewirkungsforschung -Modelle und Ergebnisse, in. Haase, H. & Koeppler, K. F., Hrsg.. *Fortschritte der Marktpsychologie -Werbung und Kommunikation-* Band 4, Bonn. Deutscher Psychologen Verlag, 63-99.

Skinner, B. F. (1938). *The behavior of organisms. An Experimental analysis*, New York. Appleton-Century-Crofts.

Sleight, P. (1993). *Targeting Customers. How to use Geodemographics and Lifestyle Data in Your Business.* Henley-on-Thames. NTC Publications Limited.

Slobin, D. J. (1966). Grammatical transformations and sentence comprehension in childhood and adulthood, *Journal of verbal Learning and verbal Behavior, 5,* 219-227.

Smith, A. (1988). Werbewirkung in Fachzeitschriften, *Vierteljahreshefte für Media und Werbewirkung*, Heft 3/88, 34-36.

Smith, C. H. & Engel, R. (1968). Influence of a female model on perccived characteristics of an automobile, *Proc. 76ᵗʰ Annual Convention*, APA, 681-682.

Smith, R. E. & Swinyard, W. R. (1982). Information response models. An integrated approach, *Journal of Marketing, 46* (1), 81-93.

Smith, R. E. & Swinyard, W. R. (1983). Attitude-behavior consistency. The impact of product trial versus advertising. *Journal of Marketing Research, 20*(3), 257-267.

Sojka, J. Z. & Tansuhaj, P. S. (1995). Cross-cultural consumer Research. A twenty-year review. *Advances in Consumer Research, 22,* 461-474.

Soley, L. & Kurzbard, C. (1986). Sex in advertising. A comparison of 1964 and 1984 magazine advertisements, *Journal of Advertising, 15* (3), 46-54.

Soley, L. C. & Reid, L. N. (1983). Industrial ad, readerships as a function of headline types, *Journal of Advertising, 12* (1), 34-38.

Solomon, R. L. & Wynne, L. C. (1954). Traumatic avoidance learning. the principles of anxiety conservation and portial irreversibility, *Psychological Review, 61,* 353-385.

Somasundaram, T. N. (1993). Consumers Reaction to Product Failure. Impact of Product Involvement and Knowledge. *Advances in Consumer Research, 20,* 215-218.

Song, X. M. & Parry, M. E. (1997). The Determinants of Japanese New Product Successes. *Journal of Marketing Research, 34 (1),* 64-76.

Song, X. M., Souder, W. E. & Dyer, B. (1997). A Causal Model of the Impact of Skills, Synergy, and Design Sensitivity on New Product Performance. *The Journal of Product Innovation Management, 14 (2),* 88-101.

Spada, H., Hrsg. (1990). *Allgemeine Psychologie.* Bern. Huber.

Spence, D. P. (1964). Effects of a continously flashing subliminal verbal food stimulus on subjective hunger ratings, *Psychological Reports, 15,* 993-994.

Spence, D. P. & Cordon, C. M. (1967). Activation and measurement of an early oral phantasy. An exploratory study, *J. Americ. Psychoanal. Ass., 15,* 99-129.

Spiegel, B. (1958). *Werbepsychologische Untersuchungsmethoden,* Berlin. Duncker & Humblot.

Spiegel, B. (1961). *Die Struktur der Meinungsverteilung im sozialen Feld, Das psychologische Marktmodell.* Bern. Huber.

Spies, K. (1994). Einfluß von emotionalem Gehalt und Ichbezug des Lernmaterials auf die Behaltensleistung. *Zeitschrift für experimentelle und angewandte Psychologie, XLI (4),* 617-630.

Springer-Verlag (o. J.). *Lernprozesse im Test,* aus der Reihe. Marken im Bild, o. O..

Stafford, J. E. (1966). Effects of group influence on consumer brand choice preference. *Journal of Marketing Research, 3,* 68-75.

Stafford, J. E. & Cocanongher, A. B. (1977). Reference group theory. In R. Ferber (Hrsg.), *Selection aspects of consumer behavior* (S. 361-379). Washington.

Stafford, J. E. & Cocanongher, A. B. (1977). Reference group theory. In R. Ferber (Hrsg.), *Selection aspects of consumer behavior* (S. 361-379). Washington.

Stang, D. J. (1975). The effects of mere exposure on learning and affect, *Journal of Personality and Social Psychology, 31,* 7-13.

Stanley, L. R. & Lasonde, K. M. (1996). The Relationship Between Environmental Issue Involvement and Environmentally-Conscious Behavior. An Exploratory Study. *Advances in Consumer Research, 23,* 183-188.

Stapel, J. (1971). Sales effects of print ads, *Journal of Advertising Research, 11* (3), 32-36.

Starch, B. (1960). Ad readership scores can be equated with attracting prospective buyers, Starch Asserts, *Advertising Age, 21,* 77-78.

Starch, D. (1966). *Measuring advertising readership and results,* New York (McGrawHill).

Statistisches Bundesamt (Hrsg.). (1998). *Statistisches Jahrbuch für die BRD.* Stuttgart. Kohlhammer.

Statistisches Bundesamt, Hrsg. (1997). *Statistisches Jahrbuch 1997 für die Bundesrepublik Deutschland.* Stuttgart. Metzler-Poeschel.

Steadman, M. (1969). How sexy illustrations affect brand recall, *Journal of Advertising Research, 9* (1), 15-19.

Steffenhagen, H. (1984). Ansätze der Werbewirkungsforschung, *Marketing ZFP,* Heft 2, 77-88.

Steffenhagen, H. & Juchems, A. (1985). *Strategien und Wirkungen der Funk- und Fernsehwerbung, Wirkungskriterien und Wirkungsverläufe,* Frankfurt. Arbeitsgemeinschaft Rundfunkwerbung.

Steffenhagen, H. & Siemer, S. (1995). Untaugliche Werbezielformulierungen der Praxis. Empirische Bestandsaufnahme und Versuch einer Erklärung. In Institut für Wirtschaftswissenschaften der TH Aachen (Hrsg.), *Arbeitsbericht 95/01*

Steiner, G. (1969). Manipulation des Menschen durch Werbung, in. Altner, C., Hrsg.. *Kreatur Mensch,* München, 157-162.

Stephens, N. (1982). The effectiveness of time compressed television advertisements with older adults, *Journal of Advertising, 11* (4), 48-55.

Stern, B. B. (1991). Two pornographies. A feminist view of sex in advertising, *Advances in Consumer Research, 18,* 384-391.

Sternthal, B. C. & Craig, C. S. (1973). Humor in advertising, *Journal of Marketing, 37* (4), 12-18

Sternthal, B. C. & Craig, C. S. (1984). *Consumer behavior. An information processing perspective*, Englewood Cliffs. Prentice Hall.

Stewart, D. M. & Furse, D.L. (1986). *Effective television advertising*, Lexington. Lexington Books.

Stiftung Warentest (1982). *Empfehlungen der Stiftung Warentest zur "Werbung mit Testergebnissen"*, Berlin (Oktober, 1982).

Stoddard, J. E. & Fern, E. F. (1996). The Effect of Information Presentation Format and Decision Frame on Choice in an Organizational Buying Context. *Advances in Consumer Research, 23,* 211-217.

Stouffer, S. A. (1955). *Communism, conformity and civil liberties.* New York.

Strack, F. (1987). Soziale Informationsverarbeitung. In *Frey, D. & Greif, S.. Sozialpsychologie. Ein Handbuch in Schlüsselbegriffen* (S. 306-311). München, Weinheim. Psychologie Verlags Union.

Stroh, M., Shaw, A. M. & Washburn, M. F. (1908). A study in guessing, *American Journal of Psychology, 19,* 243-245.

Stroschein, F. R. (1988). Aspekte zum Abgabepreis als Marketinginstrument. *Planung und Analyse, 15 (4),* 157-161.

Stuart, E. W., Shimp, T. A. & Engle, R. W. (1987). Classical conditioning of consumer attitudes. Four experiments in an advertising context, *Journal of Consumer Research, 14* (3), 334-349.

Sturm, M. (1998). Online-Werbung wächst kräftig. *Horizont, 44/98,* 73.

Süllwold, F. (1969). Theorie und Methodik der Einstellungsmessung, in. Graumann, C.F., Hrsg. (1969). *Handbuch der Psychologie*, Bd. 7 (1), Sozialpsychologie, Göttingen. Hogrefe, 475-508.

Suls, J. (1983). Cognitive processes in humor appreciation, in. McGhee, P.E. & Goldstein, J.H., eds. (1983). *Handbook of humor research*, New York, Bd. 1, 39-57.

Summers, J. O. (1971). Generalized change agents and innovativeness, *Journal ofMarketing Research, 8,* 313-316.

Sunoo, D. & Lin, L. Y. S. (1978). Sales effects of promotions and advertising, *Journal of Advertising Research, 18* (5), 37-40.

Sutherland, J. C. & Middleton, L. A. (1983). The effect of humor on advertising credibility and recall of the advertising message, *Proc. of the 1983 Convention of the American Academy of Advertising*, Lawrence.

Sutton, St. (1998). Predicting and explaining intentions and behavior. How well are we doing? *Journal of Applied Social Psychology, 28*(15), 1317-1338.

Swinyard, W. R. (1981). The interaction between comparative advertising and copy claim variation, *Journal of Marketing Research, 18,* 175-186.

Synodinos, N. E. (1988). Review and appraisal of subliminal perception within the context of Signal Detection Theory, *Psychology & Marketing, 5* (4), 317-336.

Szybillo, G. J. & Heslin, R. (1973). Resistance to persuasion. Inocculationtheory in a marketing context, *Journal of Marketing Research, 10,* 396-403.

Tajfel, H. (1978). *Differentiations between social groups*, London.

Tannenbaum, P. H., Jacobson, H. K. & Norris, E. L. (1964). An experimental investigation of typeface connotations, *Journalism Quarterly, 41,* 65-73.

Tanner, J. F., Day, E. & Crask, M. R. (1989). Protection motivation theory, *Journal of Business Research, 19*, 267-276.

Taylor, J. W., Hovlaham, J. J. & Gabriel, A. C. (1975). The purchase intention question in new product developement. A field test, *Journal of Marketing, 39* (1), 90-92.

Teigeler, P. (1968). *Verständlichkeit und Wirksamkeit von Sprache und Text, 1. Folge der Schriftenreihe "Effektive Werbung"*, Karlsruhe. Nadolski.

Tellis, G. J. (1988). Advertising exposure, loyalty, and brand purchase. A two-stage model of choice, *Journal of Marketing Research, 25* (2), 134-144.

Tellis, G. J. & Gaeth, G. J. (1990). Best Value, Price-Seeking, and Price Aversion. The Impact of Information and Learning on Consumer Choices. *Journal of Marketing, 54 (April)*, 34-45.

Terry, R. & Ertel, S. (1974). Exploration of individual differences in preference for humor *Psychological Reports, 34*, 1031-1037.

Theis, H. J. (1993). Einkaufsstätten-Positionierung. *Planung und Analyse, 20 (4)*, 58-63.

Theus, K. T. (1994). Subliminal advertising and the psychology of processing unconscious stimuli. A review of reserach. *Psychology & Marketing, 11*(3), 271-290.

Thomas, A., Hrsg. (1993). *Kulturvergleichende Psychologie*. Göttingen. Hogrefe.

Thorelli, H., Becker, H. & Engledow, J. (1975). The information seeker, An international study of consumer information and advertising image, Cambridge (Mass.).

Thorndike, E. L. (1913). *The psychology of learning*, New York, Teacher's College.

Thurstone, L. L. (1946). Comment. *American Journal of Sociology, 52*, 39-50.

Tichelli, M. A. (1979). *Markentreue von Konsumenten beim Kauf von Konsumgütern. Dissertation der Hochschule St. Gallen für Wirtschafts- und Sozialwissenschaften.*

Tietz, B. (1982). Das Konzept des integrierten Kommunikations-Mix, in. Tietz, B., Hrsg. (1983). *Die Werbung, Handbuch der Kommunikations- und Werhewirtschaft, Band 3. Die Werbe- und Kommunikationspolitik*, Landsberg. Moderne Industrie, 2265-2297.

Tolman, E. C. (1932). *Purposive Behavior in Animals and Man*. New York. Appleton-Century-Crofts.

Tolman, E. C. (1948). *Purposive behavior in animals and men*, New York (Appleton- Century-Crofts).

Treisman, A. M. (1969). Strategies and models of selective attention, *Psychological Review*, 76, 282-299.

Treistman, J. & Gregg, J. P. (1979). Visual, verbal, and sales responses to print ads, *Journal of Advertising Research, 19* (4), 41-47.

Triandis, H. C. (1975). *Einstellungen und Einstellungsänderungen*, Weinheim. Beltz.

Troldahl, V. C. & Jones, R. L. (1965). Predictors of newspaper advertisement readership, *Journal of Advertising Research, 5* (1), 23-27.

Trommsdorff, V. (1991). Innovationsmarketing. Querfunktion der Unternehmensführung. *Marketing, 13*(3), 178-185.

Trommsdorff, V. (1998). *Konsumentenverhalten* (3. Aufl.). Stuttgart. Kohlhammer.

Tse, D. K., Wong, J. K. & Tan, C. T. (1988). Towards some standardized cross-cultural consumption values. *Advances in Consumer Research, 15*, 387-394.

Tuck, M. (1973). Fishbein theory and the Bass-Talarzyk-Problems. *Journal of Marketing Research, 10*, 345-348.

Tuppen, C. J. (1974). Dimensions of communicatio credibility. An oblique solution, *Speech Monographs, 41*, 253-260.

Twedt, D. K. (1952). A multiple factor analysis of advertising readership, *Journal of applied Psychology, 36*, 207-215.

Twedt, D. K. (1962). A multiple factor analysis of advertising readership, in. Frank, R. E., Kuehn, A. A. & Massy, W. F. (1962). *Quantitative techniques in marketing analysis*, Homewood; Reprint from Twedt (1952), 427-439.

Ungeheuer, B. (1977). Verkaufen mit dem Schock im Schaufenster, *Zeit-Magazin, Nr. 50*, 2.12.1977.

Unger, F. (1986). Die Markenartikel-Konzeption. In F. Unger (Hrsg.), *Konsumentenpsychologie und Markenartikel* (S. 1-17). Heidelberg. Physica.

Unger, F. (1987). *Taschenbuch für Marketing, Grundlagen-Instrumente-Strategien*, Heidelberg. Sauer.

Unwin, S. J. F. (1986). How advertising and the economy work together, *International Journal of Advertising, 5*, 37-43.

Vakratsas, D. & Ambler, T. (1999). How advertising works. What do we really know? *Journal of Marketing, 63*(1), 26-43.

Valiente, R. (1973). Mechanical correlates of ad recognition, *Journal of Advertising Research, 13* (3), 13-18.

VandenBerg, B. C., Soley, L. C. & Reid, L. N. (1981). Factor study of dimensions of advertiser credibility, *Journalism Quarterly, 68*, 629-632.

Vanhonacker, W. R. (1984). Estimation and testing of a dynamic sales response model with data aggregated over time. Some results for the autoregressive current effects model, *Journal of Marketing Research, 21*, 445-455.

Vann, J. W., Rogers, R. D. & Penrod, J. P. (1987). The cognitive effects of time-compressed advertising, *Journal of Advertising, 16* (2), 10-19.

Vaughn, R (1980). How advertising works. A planning model, *Journal of Advertising Research, 20 (5)*, 27-33.

Vaughn, R. L. (1982). Point of view. Creatives versus researchers - Must they be adversaries? *Journal of Advertising Rescarch, 22* (6), 45-48.

Vaughn, R. L. (1986). How advertising works. A planning model revisited, *Journal of Advertising Research, 26* (1), 57-66.

Vavrik, U. (1990). Marktsegmentierung mit dem automatischen Interaktionsdetektor. Methodische Fortschritte - Reflexe im Tourismus. In *Schriftenreihe. Forschungsergebnisse der Wirtschaftsuniversität Wien*. Wien. Service Fachverlag.

Venkatesan, M. (1966). Experimental study of consumer behavior conformity and independence. *Journal of Marketing Research, 3*, 384-387.

Vetere, A. & Gale, A. (1987). *Ecological studies of famliy life*. New York. Wiley.

Viswanathan, M. (1996). A Comparison of the Usage of Numerical Versus Verbal Nutrition Information by Consumers. *Advances in Consumer Research, 23*, 277-281.

Vohey, J. R. & Read, J. D. (1985). Subliminal messages, Between the devil and the media, *American Psychologist, 40* (11), 1231-1239.

Voss, W. D. (1983). *Modellgestützte Markenpolitik*. Wiesbaden. Gabler.

Wallendorf, M. & Arnould, E. J. (1988). My favorite things. A cross-cultural inquiry into object attachment, possessiveness, and social linkage. *Journal of Consumer Research, 14*, 531-547.

Wallentin, L. G. (1989). Die Packung braucht mehr "Persönlichkeit". *Marketing Journal, 22*(3), 258-260.

Walster, E. & Festinger, L. (1962). The effectiveness of "overhead" persuasive communications, *Journal of abnormal and social Psychology, 65*, 395-402.

Ward, S. (1971). Effects of television advertising on children and adolescents, in. Rubinstein, E.A., Comstock, G.A. & Murray, J.P., eds. (1971). *Television and social behavior, Vol. 4. Telovision in the day-to-day life. Patterns of use*, Washington. Government Printing Office, 432-451.

Ward, S. (1974). Consumer socialisation, *Journal of Consumer Research, 1*, 1-17.

Ward, S., Levinson, D. & Wackman, D. (1971). Children's attention to television advertising, in. Rubinstein, E. A., Comstock, G. A. & Murray, J. P., eds. (1971). *Television and social behavior, Vol. 4. Television in the day-to-day life. Patterns of use*, Washington. Government Printing Office, 491-515.

Ward, S., Wackman, B. & Wartella, E. (1975). *Children's learning to buy. The development of consumer information processing skills* (Bde. Report # 75-120). Cambrigde/Mass..

Warshaw, P. R (1978). Application of selective attention theory to television advertising displays, *Journal of applied Psychology, 63*, 366-372.

Waterson, M. (1992). International advertising expenditure statistics, *International Journal of Advertising, 11*,14-67.

Watson, J. B. & Rayner, R (1920). Conditioned emotional reactions, *Journal of experimental Psychology, 3*, 1-14.

Watson, J. B. (1930). *Der Behaviorismus*, Berlin.

Watson, J. B. (1968). *Behaviorismus.* Köln. Kiepenheuer & Witsch.

Webb, P. H. (1978). A new method for studying family decision making. *Journal of Marketing, 42*, 12 und 126.

Webb, P. H. & Ray, M. L. (1979). Effects of TV clutter, *Journal of Advertising Research, 19* (3), 7-12.

Weber, A. B. (1978). *Die Theorie der kognitiven Dissonanz in ihrer Relevanz für Kaufentscheidungen von Konsumenten und die Gestaltung von Marketingkommunikation.* Zürich, Frankfurt. Deutsch.

Weber, J. E. & Hansen, R. W. (1972). The majority effect and brand choice. *Journal of Marketing Research, 9*, 320-323.

Webster, C. & Faircloth, J. B. (1994). The role of hispanic ethnic identification on reference group influence. *Advances in Consumer Research, 21*, 458-463.

Wei, R. (1997). Emerging lifestyles in china and consquences for perception of advertising, buying behavior and consumption preferences. *International Journal of Advertising, 16*(4), 261-275.

Weilbacher, W. M. (1981). Dilemmas in advertising research, *Journal of Advertising, 10* (3), 14-l8.

Weinberg, P. & Gröppel, A. (1988). Formen und Wirkungen erlebnisorientierter Kommunikation. *Marketing, 10*(3), 190-197.

Weinberg, P. (1977). *Die Produkttreue des Konsumenten.* Wiesbaden. Gabler.

Weinberger, M. (1961). Does the "Sleeper Effect" apply to advertising, *Journal of Marketing, 25* (6), 65-67.

Weinberger, M. & Spotts, H. (1989). Humor in US versus UK TV advertising, *Journal of Advertising, 18* (2), 39-44.

Weinberger, M. G. & Campbell, L. (1990). The use and impact of humor in radio advertising, *Journal of Advertising Research, 31* (6), 44-51.

Weiner, J. & Brehm, J. W. (1966). Buying behavior as a function of verbal and monetary inducement, in. Brehm, J.W. (1966). *A theory of psychological reactance*, New York.

Weinstein, A. G. (1972). Predicting behavior from attitudes. *Public Opinion Quarterly, 36*, 355-360.

Wells, R. D. & Beard, A. D. (1973). Personality and consumer behavior. In S. Ward & T. S. Robertson (Hrsg.), *Consumer behavior. Theories and sources* (S. 141-199). Englewood Cliffs. Prentice Hall.

Wells, W. D. & Gubar, G. (1976). Life cycle concept in marketing research. In K. G. Specht & G. Wiswede (Hrsg.), *Marketingsoziologie. Soziale Interaktionen als Determinanten des Marktverhaltens* (S. 153-172). Berlin. Duncker & Humblot.

Wells, W. D. & Tigert, D. J. (1971). Activities, interests and opinions. *Journal of Advertising Research, 11*(4), 27-35.

Wells, W. D. (1975). Psychographics. A critical review. *Journal of Marketing Research, 12*(2), 196-213.

Wenzel, W. (1984). Werbewirkungsforschung für die Mediaplanung, *Marketing ZFP, 6* (2), 89-97.

Werner, A. & Stephan, R. (1997). *Marketing-Instrument Internet.* Heidelberg.

Werner, H. (1998). *Merkmalsorientierte Verfahren zur Messung der Kundenzufriedenheit* (S. 145-164). Wiesbaden. Gabler.

Whalan, B. (1986). $ 6 billion down the drain! *Marketing News*, March 6, 1.

Wheatley, J. J. (1968). Influence of commercial's length and position, *Journal of Marketing Research, 5*, 199-202.

Wheatley, J. J. (1971) Assessing TV pretest audience, *Journal of Advertising Research, 11* (1), 21-25.

Wickens, C. D. (1984). Processing resources in attention, in. Parasuraman, R. & Daries, D. R, eds. (1984). *Varieties of attention*, New York (Academic Press), 63-102.

Wicker, A. W. & Pomazal, R. J. (1971). The relationship between attitude and behavior as a function of specifity of attitude object and presence of a significant person during assessment conditions. *Representative Research in Social Psychology, 2*, 26-31.

Wicklund, R. A. (1977). The negativistic and rebellious human. psychological reactance, in. Petermann, F. & Hormuth, S. (1977). *Sozialpsychologie der Einstellungsmessung*, Köln.

Wicklund, R. A. & Brehm, J. W. (1976). *Perspectives on cognitive dissonance*, Hillsdale, New York. Erlbaum.

Wicklund, R. A., Slatturn, V. & Solomon, E. (1970). Effects of implied pressure toward commitment on ratings of choice alternatives, *Journal of experimental social Psychology, 6*, 449-457.

Widgery, R., Angur, M. G. & Nataraajan, R. (1997). The impact of employment status on married women's perceptions of advertising message appeals. *Journal of Advertising Research, 37*(1), 54-62.

Wiedmann, K. P. (1987). Zum Stellenwert der "Lust auf Genuß-Welle" und des Konzepts eines erlebnisorientierten Marketing. *Marketing ZFP, 9*(3), 207-220.

Wiendieck, G., Bungard, W. & Lück, H.E. (1983). Konsumentenentscheidungen -Darstellung konkurrierender Forschungsansätze, in. Irle, M., Hrsg. (1983). *Enzyklopädie der Psychologie, Band 5. Methoden und Anwendungen in der Marktpsychologie*, Göttingen Hogrefe, 1-63.

Wilcox, C. B. (1985). The effect of price advertising on alcoholic beverage sales, *Journal of Advertising Research 25* (5), 33-38.

Wilkinson, J. B., Mason, J. B. & Paksoy, C. H. (1982). Assessing the impact of shortterm supermarket strategy variables, *Journal of Marketing Research, 19* (l), 72-86.

Williams, F. L. (1993). The family as an economic system. A conceptual model supported by empirical research. *Psychology & Marketing, 10*(2), 111-130.

Wilson, R. D. (1978). Comparative advertising. Some current considerations for managerial planning and strategy, in. Leigh, J. & Martin, C. R, eds. (1978). *Current issues and research in advertising*, Division of Research, Michigan. Graduate School of Business Administration, 3-22.

Wilson, R. D. & Muderrisoglu, A. (1979). Strength of claims in comparative advertising. A study of competitive vigor, in. Beckwith, N., Houston, Mittelstedt, R. et al., eds. (1979). *Educators' Conference Proceedings, AMA, Series 44*, 361-366.

Wilson, W. C. (1958). Imitation and learning of incidental cues by preschool children, *Child Development, 29*, 393-397.

Wimmer, H. & Perner, J. (1979). *Kognitionspsychologie*, Stuttgart. Klett.

Wind, Y. (1972). Life style analysis. A new approch. In F. C., Allvine (Hrsg.), *AMA combined proceedings* (S. 302-305). Chicago. AMA.

Wind, Y. & Cardozo, R. (1974). Industrial Market Segmentation. *Industrial Marketing Management, 3 (1)*, 153-166.

Wind, Y. & Green, P. E. (1974). Some conceptual, measurement, and analytical problems in life style research. In W. D. Wells (Hrsg.), *Life style and psychographics* (S. 97-126). Chicago. AMA.

Winters, L. C. (1986). The effect of brand advertising on company image. Implications for corporate advertising, *Journal of Advertising Research, 26* (2), 54-59.

Winters, L. C. (1988). Does it pay to advertise to hostile audiences with corporate advertising? *Journal of Advertising Research, 28* (3), 11-18.

Wise, C. L., King, A. & Merenshi, J. P. (1974). Reactions to sexy ads vary with age, *Journal of Advertising Research, 14* (4), 11-16.

Wiswede, G. (1976). *Soziologie konformen Verhaltens*, Stuttgart.

Wiswede,G. (1979). Reaktanz - Zur Anwendung einer sozialwissenschaftlichen Theorie auf Prohleme der Werbung und des Verkaufs, *Jahrbuch der Absatz- und Verbrauchsforschung, 25* (2), 81-110.

Wiswede, G. (1983). *Einführung in die Wirtschaftspsychologie*. München. Rheinhardt.

Wiswede, G. (1983). Marktsoziologie. In M. Irle (Hrsg.), *Enzyklopädie der Psychologie, Band 4. Marktpsychologie als Sozialwissenschaft* (S. 151-224). Göttingen. Hogrefe.

Witt, R. E. (1969). Informal social group influence on consumer brand choice. *Journal of Marketing Research, 6*, 473-477.

Witt, R. E. & Bruce, G. D. (1972). Group influence and brand choice congruence. *Journal of Marketing Research, 9*, 440-443.

Wittling W. (1976). *Einführung in die Psychologie der Wahrnehmung*, Hamburg. Hoffmann & Campe.

Wolfe, D. W. (1959). Power and authority in the family. In D. Cartwright (Hrsg.), *Studies in social power*. Ann Arbor. University of Michigan Press.

Wolfradt, U. & Petersen, L. E. (1997). Dimensionen der Einstellung gegenüber Fernsehwerbung. *Rundfunk und Fernsehen, 45*(3), 324-335.

Wölm, D. (1981). Marktsegmentierung im Tourismus. *Marketing ZFP, 3 (2)*, 99-107.

Wong, J. K. & Sheth, J. N. (1985). Explaining intention-behavior discrepancy, A paradigm, *Advances in Consumer Research, 12*, 378-384.

Woodside, A. G. (1983). *Message-Evoked Thoughts. Consumer Thought Processing as a Tool for Making Better Copy* (S. 133-147). Lexington, Massachusetts, Toronto. Lexington Books.

Woodside, A. & Ronkainen, I. A. (1982). Travel advertising. Newspaper versus magazines, *Journal of Advertising Research, 22* (3), 39-44.

Woodside, A. G. & Trappey, R. J. (1992). Finding out why consumers shop your store and buy your brand. Automatic cogniitive processing models of primary choice. *Journal of Advertising Research, 32*(6), 59-78.

Woodside, A. G. & Waddle, G. L. (1975). Sales effects of instore advertising, *Journal of Advertising Research, 15* (3), 29-33.

Woodside, A.G. & Wilson, E. J. (1985). Effects of consumer awareness of brand advertising on preference, *Journal of Advertising Research, 25* (4), 41-48.

Worthing, P. M., Venkatesan, M. & Smith, S. (1973). Personality and product use revisited. An exploration with the Personality Research Form. *Journal of applied Psychology, 57*, 179-183.

Wright, P. (1974). The harassesed decision maker. time pressures, distractions and the use of evidence, *Journal of applied Psychology, 59*, 555-561.

Yamanaka, J. (1962). The prediction of ad readership scores, *Journal of Advertising Research, 2* (1), 18-23.

Yankelovich, D. (1971). *Neue Kriterien der Marktsegmentierung* (S. 209-225). München.

Yates, K. (1997). Grey unveils hypnotic work for galaxy brand. *Campaign, 14*, 11.

Yi, Y. (1993). The Determinants of Consumer Satisfaction. The Moderating Role of Ambiguity. *Advances in Consumer Research, 20*, 502-506.

Yngve, V. H. (1960). A model for language structure, *Proceed. Americ. Phil. Soc.*, 104.

Yorke, D. A. & Kitchen, P. J. (1985). Channel flickers and video speeders, *Journal of Advertising Research, 25* (2), 21-34.

Young, R. K. (1962). Tests of three hypotheses about the effective stimulans in serial learning, *Journal of experimental Psychology, 63*, 307-313.

Young, R. K. & Saegert, J. (1982). Further experiments with lovels of processing and advertising memory, Working Paper # 18, College of Business. University of Texas.

Young, S. (1972). Copytesting without magic numbers, *Journal of Advertising Research, 12* (1), 3- 12.

Zaichkowsky, J. L. (1985). Familiarity. Product Use, Involvement or Expertise? *Advances in Consumer Research, 12*, 296-299.

Zaichkowsky, J. L. (1987). The emotional aspect of product involvement. *Advances in Consumer Research, 14*, 32-35.

Zaltman, G., Pinson, C.R.A. & Angelmar, R. (1973). *Metatheory and consumer behavior*, New York. Holt, Rinehart & Winston.

Zanot, E. J., Pincas, J. D. & Lamp, E. J. (1983). Public perceptions of subliminal advertising, *Journal of Advertising, 12* (1), 39-45.

ZAW (1971). *Jahrbuch der Werbung*, Bonn.

ZAW-edition (1989). *Werbung in Grenzen, Was Verbraucher wissen sollten*, Bonn.

ZAW-edition (1992). *Werbung '92*, Bonn.

ZAW-edition. (1998). *Werbung in Deutschland 1998*. Bonn. edition ZAW.

ZAW-service (1987). *Vance Packard's Rufmord am Verbraucher*, # 141, Februar/ März 1987, 18-19.

ZAW-service (1988). *Der Mythos von der Werbung als "Verführer" ist verstaubt*, # 152/153 vom September/Oktober 1988, 17-18.

ZAW-service (1990). *Worüber sich Verbraucher beim Werberat beschweren. Hintern, Haxen, Hinterachsen*, # 161/162, April 1990, 30-31.

ZAW-service (1991). *Werbung kommt beim Verbraucher an*, # 166, 14.

ZAW-service (1992). *ZAW-Branchenanalyse Werbung in Deutschland*, # 173/174, 3-8.

Zeithaml, V. A., Berry, L. L. & Parasuraman, A. (1996). The Behavioral Consequences of Service Quality. *Journal of Marketing, 60 (2)*, 31-46.

Zeitlin, D. M. & Westwood, R. A. (1986). Measuring emotional response, *Journal of Advertising Research, 26 (5)*, 34-44.

Zenz, K. H. (1982). Die institutionelle Werbung - Die Kommunikationsarbeit der Nichtunternehmen, in. Tietz, B., Hrsg. (1982). *Die Werbung, Handbuch der Kommunikations- und Werbewirtschaft, Band 3. Die Werbe- und Kommunikationspolitik*, Landsberg. Moderne Industrie, 2777-2854.

Zhang, Y. (1996). Responses to humorous advertising. The moderating effect of need for cognition. *The Journal of Advertising*, 25(1), 15-32.

Zhang, Y. & Zinkhan, C. M. (1991). Humor in television advertising. The effects of repetition and social setting, *Advances in Consumer Research, 18*, 813-818.

Zhao, X. (1997). Clutter and serial order redefined and retested. *Journal of Advertising Research*, 37(5), 57-74.

Zielske, H. A. (1959). The remembering and forgetting of advertising, *Journal of Marketing, 23*, 239-243.

Zielske, H. A. & Henry, W. A. (1980). Remembering and forgetting television ads, *Journal of Advertising Research, 20 (2)*, 7-13.

Ziff, R (1974). The role of psychographics in the development of advertising strategy and copy, in. Wells, W. D., ed. (1974). *Life style and psychographics*, Chicago. American Marketing Association, 129-155.

Zillmann, D. & Bryant, J. H. (1983). Uses and effects of humor in educational ventures, in. McChee, P. E. & Goldstein, J. H., eds. (1983). *Handbook of humor research*, New York, Bd. 2, 173-193.

Zimmer, J. (1998). Werbemedium World Wide Web. *Media Perspektiven, 10/98*, 498-507.

Zinkhan, G. M. & Hong, J. W. (1991). Self concept and advertising effectiveness. A conceptual model of congruency, conspicousness, and response mode, *Advances in Consumer Research, 18*, 348-354.

Zmud, J. & Arce, C. (1992). The ethnicity and consumption relationship. *Advances in Consumer Research, 19*, 443-449.

Zuckerman, M. (1979). *Sensation seeking. Beyond the optimal level of arousal*. Hillsdale, NJ.. Erlbaum.

Zufryden, F. S. (1981). A tested model of purchase response to advertising exposure, *Journal of Advertising Research, 21* (1), 7-16.

ZV + ZV (1982). Werbung aktuell, 79 (27), 943.

Zweite Kids Verbraucher Analyse (KVA). (1995). Kids zwischen 6 und 17 wissen genau, was sie wollen. *Marketing Journal, 6/95*, 448-449.

Stichwortverzeichnis